KB215166

사사기에 반하다

혼돈이 가르치는 교실

다함
도서출판 **다함**은

1. **다윗**과 **아브라함**의 자손

   아브라함과 다윗의 자손으로, 하나님 구원의 언약 안에 있는 택함 받은 하나님 나라 백성을 뜻합니다.

2. 마음과 뜻과 힘을 **다하여** 하나님을 사랑하라

   구약의 언약 백성 이스라엘에게 주신 명령(신 6:5)을 인용하여 예수님이 가르쳐 주신 새 계명
   (마 22:37, 막 12:30, 눅 10:27)대로 마음과 뜻과 힘을 다해 하나님을 사랑하겠노라는 결단과 고백입니다.

사명선언문

1. 성경을 영원불변하고 정확무오한 하나님의 말씀으로 믿으며, 모든 것의 기준이 되는 유일한 진리로 인정하겠습니다.
2. 수천 년 주님의 교회의 역사 가운데 찬란하게 드러난 하나님의 한결같은 다스림과 빛나는 영광을 드러내겠습니다.
3. 교회에 유익이 되고 성도에 덕을 끼치기 위해, 거룩한 진리를 사랑과 겸손에 담아 말하겠습니다.
4. 하나님 앞에서 부끄럽지 않도록 항상 정직하고 성실하겠습니다.

사사기에 반하다
혼돈이 가르치는 교실

초판 1쇄 인쇄 2022년 3월 18일
초판 1쇄 발행 2022년 4월 18일

지은이 | 한병수

펴낸이 | 이웅석
펴낸곳 | 도서출판 다함
등 록 | 제2018-000005호
주 소 | 경기도 군포시 산본로 323번길 20-33, 701-3호(산본동, 대원프라자빌딩)
전 화 | 031-391-2137
팩 스 | 050-7593-3175
블로그 | https://blog.naver.com/dahambooks
이메일 | dahambooks@gmail.com

ISBN 979-11-90584-46-3 (04230) | 979-11-90584-17-3 (세트)

사사기에 반하다

JUDGES

한병수 지음

혼돈이 가르치는 교실

J

다함
도서출판

목차

추천사

누군가 말하기를 사사기를 눈물의 책이라고 하였습니다. 이 말은 사사기의 내용을 잘 규정합니다. 사사기(개역한글)의 처음과 중간과 끝에 백성이 "소리를 높여 울[고]"(2:4), "애곡"하고(11:37-40), "대성 통곡"(21:2)하였다는 기록이 나옵니다. 옛 언약백성이 흘린 이 눈물은 그들의 슬프고 아픈 삶을 그대로 반영합니다. 기실 이 처절한 삶의 현실은 다름 아닌 죄로부터, 너무도 강하고 집요하게 백성들의 마음과 생각을 사로잡고 있는 죄로부터 비롯되었습니다.

사사기를 읽으면 범죄-심판-부르짖음-구원의 패턴이 계속 반복됩니다. 여기서 죄의 굴레에 메여 있는 인간 실존의 민낯을 그대로 접하며 아득한 절망감 속에 빠져듭니다. 하지만 사사기는 결코 절망을 이야기하는 책이 아닙니다. 오히려 사사기는 절망이 지배하는 인간 삶의 현실 속에서 새로운 희망을 발견하도록 해줍니다. 하나님을 배반하고 세상이 내미는 유혹의 손짓을 쫓아간 자들이지만, 그들을 버리지 않고 끝까지 그들을 돌보시는 하나님의 변함없는 사랑이 그것입니다. 사사기는 이 사랑이 옛 언약 백성의 삶을 지탱하며 그들에게 새로운 미래를 약속한다고 가르칩니다. 이런 의미에서 사사기는 희망의 책이기도 합니다.

한병수 교수님의 새로운 책 『사사기에 반하다』는 이러한 사사기의 내용을 충실하게 설명해주는 보기 드문 역작입니다. 한 교수님은 개혁신학에 정통한 역사신학자로서 히브리어와 헬라어 등 원어에 대한 탁월한 지식을 바탕으로 사사기 전체를 한절 한절 꼼꼼히 강해하였습니다. 독자들은 한 교수님의 책을 통해 사사기가 가르치는 신학의 깊이와 넓이를 새롭게 깨닫게 될 것입니다.

특히 오늘날 교회가 그 어느 때보다 위태롭게 세상의 유혹과 싸우고 있는 이 때, 한 교수님의 책은 힘든 길을 가는 교회의 훌륭한 안내자가 될 것을 확신하기에 기쁨으로 추천합니다.

김진수
합동신학대학원대학교, 구약신학 교수

한병수 교수님의 『사사기에 반하다』를 접한 제 마음을 찾아온 감정은 고마움과 감사입니다. 조직신학 즉 교리에 전문성을 지니신 학자가 성경 본문을 깊이 들여다보고, 해석하고, 묵상한 후, 설교자와 목회자의 마음으로 그 본문을 풀어가는 것을 보게 되었기 때문입니다. 신학적인 건전함이 담보된 것은 물론이겠지만, 그에 더하여 본문이 쉽게, 그리고 적절하게 전달되고 있었습니다. 그래서 고맙고 감사했습니다.

　사실 구약 본문은 해석하기가 쉽지 않은 측면이 많습니다. 고대의 정황을 알아야 하고, 히브리어 해석이 가능해야 합니다. 특별히 사사기는 언약백성이 실패를 거듭해 나는 내용이어서 해석이 어려운 측면이 많습니다. 사사기 전체의 거시적 구조 및 미시적 흐름을 잘 살펴서, 사람의 실패에도 불구하고 신실하게 역사를 주관하시고 섭리하셔서 언약을 지켜가시고 이뤄가시는 하나님을 발견해야 합니다. 한병수 교수님은 이런 모든 측면을 고려하여 개혁신학자로서, 목회자로서, 건강한 관점과 따뜻한 마음으로, 하나님의 주권적 은혜 및 그 은혜를 받은 백성들의 이야기를 풀어가고 있습니다.

　구약학자로서 저는 한병수 교수님의 이 책을 목회자 및 성도들께 적극 추천하고 싶습니다. 이스라엘 역사 가운데 일하신 하나님을 발견한 저자의 눈을 통해, 통치자이시며 진정한 주권자이신 하나님을 우리 역시 발견할 수 있으리라 생각되기 때문입니다. 사사기에 반하고, 그 주인공이신 하나님께 반하게 되는 여정이 되실 것이라 생각하며 따뜻한 마음으로 이 책의 일독을 권합니다.

김희석
총신대학교 신학대학원, 구약신학 교수

교의학자인 한병수 교수의 사사기 강해는 성경에 정통했던 위대한 개혁파 교의학자들의 전통을 재소환합니다. 바빙크, 워필드와 같은 개혁파 교의학자들의 교의학 책을 읽으면, 온통 성경 인용과 성경 해석으로 가득합니다. 성경의 텍스트를 떠나서 철학과 논리학에 기초한 현대적 교의학의 작업과는 사뭇 거리가 있습니다. 현대적 방식은 교의학과 성경의 연결 고리를 상당히 약화시키고, 교의학을 신학자만의 놀이터로 만든 감이 있습니다. 하지만 개혁파 교의학자들의 전통을 충실히 따르고 있는 한병수 교수는 교의와 성경이 뗄 수 없이 직결되어 있음을 이미 아가서 강해와 로마서 강해를 통해 보여 준 바 있습니다.

이번 사사기 강해에서도 한병수 교수는 사사기 원문을 직접 연구하여 개인 번역본을 만들 정도로 성경 본문 연구에 천착하였습니다. 이 강해서는 사사기의 핵심 주제인 '진정한 왕이 누구인지'에 대한 답을 실패한 사사들의 모습을 통해 잘 드러내 주고 있습니다. 한 교수의 사사기 강해는 단순한 강해 설교집이 아니라 각각의 절을 상세하게 주석하고 설명하며 현대적인 적용 점까지 제공하고 있어서, 설교를 준비하는 목회자들에게 큰 도움을 줄 것으로 확신합니다.

이 강해서를 읽다 보면 교리가 얼마나 성경 본문과 깊게 연관되어 있는지, 교리를 풀어 설명하지 않아도 교리 설교가 가능함을 깨닫게 되는 부수적인 유익까지도 얻을 것입니다. 한병수 교수의 통찰력있는 사사기 강해서를 적극 추천합니다.

신원하

고려신학대학원 원장, 기독교윤리학 교수

머리말

온 세상의 현실을 설명하는 혼돈과 무질서, 비평형, 불균형은 분명히 부정적인 개념이다. 그러나 그런 현실은 정돈과 질서와 평형과 균형을 가장 잘 드러내는 최고의 배경으로 작용한다. 이러한 맥락에서 어떤 노벨상 수상자는 혼돈에서 질서의 역설적인 산출을 감지했다. 긍정적인 개념은 부정적인 개념의 늪에서 보석처럼 더욱 눈부시다. 성경에서 혼돈의 시대로 손꼽히는 시기는 사사들의 시대였다. 실제로 사사기는 이스라엘 백성의 지속적인 배신과 고질적인 우상숭배, 상습적인 불순종과 윤리적인 타락으로 얼룩진 성경이다. 그러나 뒤집어서 보면, 종교와 도덕의 혼돈이 가르치는 진리의 역설적인 교실이다.

이 책은 1년 동안 사사기를 ETCBC 히브리어 성경과 70인경의 판본들 (LXXa,LXXb)에 기초하고 다른 한글 역본들과 비교하며 번역하고 묵상하고 분석하고 연구하며 쓴 강해서다.[1] 적잖은 분들이 사사기는 이스라엘 백성의 타락과 범죄, 하나님의 심판과 징벌, 이스라엘 백성의 몰락과 절규, 하나님의 응답과 치유라는 패턴으로 이야기가 반복되는 책이어서 너무도 이해하기 쉽기 때문에 연구의 대상은 아니라고 생각한다. 그러나 사사기는 하나님을 왕으로 모시지 않은 인간사의 모든 이야기, 인간의 다양한 욕망들과 감정들, 사회의 모든 불의들과 불법들, 교회의 온갖 부패들과 가식들, 지도자의 다양한 유형들과 한계들, 공동체의 다양한 모순들과 부조리들, 공동체들 사이의 미묘한 갈등과 대립 등이 골고루 전시되어 있는 인생 박람회와 같다. 그래서 사사기는 우리가 인간과 세상을 모두 이해해야 제대로 풀어진다. 사사기를 처음부터 끝까지 강해하며 나는 인생과 세상의 일그러진 실상을 체험했다. 그리고 탐구의 시선은 인간과 세상의 실상을 찍고 예수에게 도달한다.

사사기는 하나님이 왕으로 계시지 않은 이스라엘 백성의 총체적인 좌충우돌 행보를 기록하고 있다. 하나님을 근심과 전쟁과 두려움과 갈등 해소의 수단으로 삼지만 왕으로는 인정하지 않는, 때로는 하나님의 실재성도 의심하고 무시하는 백성의 곤두박질 인생을 묘사하고 있다. 그런데 사사기를 읽으면 읽을수록 내 인생의 일기장, 기독교의 자서전을 보는 듯하여 신앙의 등골이 오싹하다. 진실로 사사기는 단순히 우리와 무관한 중동 나라

---

1 이 책은 다음과 같은 사사기 문헌들을 참조했다. 존 R 프랭크 엮음, 『교부들의 성경주해: 제4권 여호수아기 판관기 룻기 사무엘기 상,하권』 (서울: 분도출판사, 2017); 박윤선, 『구약주석 사사기 4권』 (수원: 영음사, 1976); 트렌트 버틀러, 조호진 옮김, 『WBC 성경주석 제8권: 사사기』 (서울: 솔로몬, 2011); 제자원 편집, 『옥스포드 원어 성경대전 제18-19권: 사사기』 (서울: 바이블네트, 2006); 매튜 헨리, 『매튜헨리 주석 제4권: 여호수아 사사기 룻기』 (서울: CH북스, 2018); J. 클린턴 맥캔, 『현대성서주석: 사사기』 (서울: 한국장로교출판사, 2010).

의 고대사가 아니라 우리 개개인과 교회 공동체의 신앙적인 현실을 벌거 벗은 것처럼 드러낸다. 세상 속에서 세상이 되고, 세상보다 더 악하고 거짓 되고 패륜적인 교회의 종교적 자아를 보여주는 아픈 거울이다. 그리고 왜 이스라엘 백성이 이렇게 망가지게 되었는지, 사사기는 그 이유를 가르친 다. 무수히 많은 이유들의 한 가운데에 궁극적인 이유는 그 백성에게 진정 한 왕이 없었기 때문이다. 왕정시대 이전에 많은 사사들이 있었고 사사시 대 이후에도 많은 왕들이 있었지만 그들은 이스라엘 백성의 진정한 지도 자가 아니었다.

사실 이스라엘 역사의 무대에 왕들이 등장한 것은 그 백성이 요청한 결 과였다. "모든 나라와 같이 우리에게 왕을 세워 우리를 다스리게 하소서" (삼상 8:5). 이런 요청의 의미를 하나님은 이렇게 밝히셨다. "나를 버려 자기 들의 왕이 되지 못하게 함이니라"(삼상 8:7). 사사기는 왕이신 주님을 버린 시기였고, 사무엘서 시대는 그 주님을 인간 왕으로 대체한 시기였다. 주님 을 버리고 다른 존재를 자신들의 왕으로 취하는 이스라엘 백성의 타락한 모습은 하나님과 같아지려 한 아담의 태고적인 기질을 고스란히 계승했다. 이스라엘 백성이 하나님을 버리고 그들 가운데에 왕이 없었다는 사사기의 핵심적인 주제는 진정한 왕으로서 그들과 함께하실 임마누엘 하나님의 임 재를 갈구한다. 그러므로 우리가 사사기를 평화의 왕으로 오실 예수님을 가리켜 기록된 책이라고 보는 것은 해석학적 비약이 아니라 합당한 안목 이다. 사사기를 통해 우리는 자신의 왕이 된 자신을 목격하고 자신의 종교 적인 가식을 발견하고 통렬한 회개에 빠지게 되고 이로써 영적인 회복의 갈증은 더욱 깊어진다. 사사기의 영적인 쓸모는 예수를 우리의 왕으로 모 셔야 한다는 갈망의 극대화에 있다.

J

서론: "섬길 자를 선택하라"

수 24:14-15

¹⁴그러므로 이제는 여호와를 경외하며 온전함과 진실함으로 그를 섬기라 너희의 조상들이 강 저쪽과 애굽에서 섬기던 신들을 치워 버리고 여호와만 섬기라 ¹⁵만일 여호와를 섬기는 것이 너희에게 좋지 않게 보이거든 너희 조상들이 강 저쪽에서 섬기던 신들이든지 또는 너희가 거주하는 땅에 있는 아모리 족속의 신들이든지 너희가 섬길 자를 오늘 택하라 오직 나와 내 집은 여호와를 섬기겠노라 하니

❖ ❖ ❖

¹⁴그리고 이제는 여호와를 경외하고 온전함과 진실함을 가지고 그를 섬기라 너희의 조상들이 강 저쪽과 애굽에서 섬기던 그 신들을 제거하고 여호와를 섬기라 ¹⁵만일 여호와 그분을 섬기는 것이 너희의 눈에 좋지 않거든 너희가 오늘 누구를 섬길 것인지를 선택하라 혹 너희 조상들이 강 저쪽에서 섬기던 신들이든 혹 너희가 거주하는 땅에 있는 아모리 족속의 신들이든! 나와 내 집은 여호와를 섬길 것이니라

※ 독자들의 편의를 위해 대한성서공회의 개역개정역(4판, 위)과 저자의 사역(아래)을 함께 표기했습니다.

서론

"섬길 자를 선택하라"

사사기의 서론은 책의 서두에 있지 않고 여호수아 기록의 끝자락에 있다. 우리가 일평생 경외하고 섬겨야 할 왕의 정체성을 이야기로 풀어낸 사사기의 핵심이 거기에 언급되어 있기 때문이다. 그래서 선택된 본문이다. 예배는 경외와 섬김으로 구성된다. 하나님을 예배하는 것은 오직 하나님만 두려움의 대상으로 여기고 그분만 섬김의 대상으로 여겨야 가능하다. 사람을 섬기고 사랑하는 것도 그 사랑의 끝은 하나님을 겨냥해야 한다. 그렇지 않은 이웃 사랑은 보상을 바라는 조건부 사랑으로 전락할 가능성이 높다. 태초부터 하나님은 경외와 섬김으로 구성된 예배를 위해 인간을 만드셨다. 그러나 아담은 하나님을 경외하지 않고 자신을 경외의 대상으로 삼는 겉모습 속에서 사탄을 경외하는 죄를 저질렀다. 그 죄는 하나님께 최악의 배은망덕 행위였다. 왜냐하면 하나님은 아담과 하와를 위해 6일 동안 가장 좋은 삶의 환경을 조성하고 베푸셨기 때문이다. 그래서 자연의 모든 것들이 하나님의 선물이며 감사의 이유였다. 더군다나 그들을 위해 예비하신 에덴 동산은 온 세상에서 가장 아름답고 안락하고 풍요롭게 꾸며진 신혼방 같은 곳이었다. 그곳에서 그들은 하나님만 경외하며 그분만 섬기는 것이 마땅했다. 그런데도 아담은 하나님을 섬기지 않고 자신을 높여 하나님과 같아지려 했다. 하나님 섬김을 그런 도전으로 거부했다. 하지만 하나님을 섬기는 것은 인간에게 숙제가 아니라 최고의 특권이며 행복한 의무였다.

여호수아가 이스라엘 백성에게 섬길 자를 택하라고 할 때에 "섬긴다"(עָבַד)는 말은 "경작하다 혹은 기경하다 혹은 문화를 이루다"(cultivate)를 의미한다. 이는 천지를 창조하실 때에 "경작할" 사람이 없는 상황에서 (창 2:5) 인간을 만드셨고 그로 하여금 에덴 동산과 온 세상을 "경작하며 지키게 하셨다"(창 2:15)는 문맥에서 처음으로 사용된 낱말이다. 태초에 인간은 자연을 경작하는 섬김의 방식으로 하나님을 예배했다. 그런데 사람들은 오해한다. 태초에 인간에게 부여된 경작의 사명은 자연을 대상으로 했고 여호수아 시대에는 섬김의 사명이 하나님을 대상으로 한 것이라고 대조한다. 그러나 태초는 아직 죄가 세상에 들어오기 전이었다. 자연은 인간이 돌보고 사용하는 대상이다. 자연을 경작하고 지키며 돌보는 것의 목적은 그 자연의 주인이신 하나님을 섬기는 것이었다. 모든 섬김의 끝에는 하나님이 계시며 그 끝까지 이르러야 비로소 진정한 섬김으로 간주된다. 태초부터 종말까지 우리는 오직 하나님만 섬김의 대상으로 삼고 그분께만 예배해야 한다. 하나님은 보이지 않으시기 때문에 보이는 사물을 통하여 그분을 섬기며 예배한다. 이웃을 사랑하고 자연을 잘 관리하는 것은 그분을 사랑하는 방식이다.

그런데 인간은 죄를 범하였기 때문에 하나님의 영광에 이르는 예배의 특권은 박탈되고 사망에 이르는 길로 질주했다. 그래서 하나님은 회복을 위해 노아를 택하시고 은총을 베푸셨다. 그를 통하여 온 세상에게 임하는 사망의 권세가 엄습하지 못하도록 방주라는 피난처를 만드셨고 구원을 베푸셨다. 그러나 노아의 후손들은 또 다시 타락하여 아담의 근성을 따라 탑을 축조하고 자신의 이름을 하늘 끝까지 높이며 하나님과 같아지려 했다. 이에 하나님은 아브람을 택하시고 그에게 은총을 베푸셨다. 그를 믿음의 조상으로 삼으시고 인간의 모든 기준과 가치관과 전통을 떠나 "내가 네게 보여줄 땅으로 가라"고 명하셨다(창 12:1). 아브람이 믿음의 연단을 받은 이후에 하나님은 그에게 다시 땅 이야기를 꺼내시며 땅을 주려고 갈대아 사람들의 우르에서 그를 이끌어 내셨다며 이끄심의 목적을 밝히셨다. 그가 이끄시는 그 땅에서의 인생은 하나님만 섬기는 것이었다. 그래서 아브람은 어디를 가든지 하나님을 향해 제단을 쌓는 일부터 시작했다. 그런데 하나님은 아브람의 후손이 400년간 애굽에서 "객이 되어 그들을 섬길 것이라"는 예언을 전하셨다(창 15:13). 여기에서 "섬긴다"는 말의 의미도 아담에게 명령하신 경작의 섬김과 동일하다. 이스라엘 백성이 하나님이 아니라 애굽을 섬기는 이유는 아브람의 불순종 때문이다. 그러나 다시 회복되어 약속의 땅으로 돌아오게 될 것이라는 희망의 씨앗도 심으셨다(창 15:14).

예언된 400년의 세월이 흘러 이방을 섬기는 기간이 종료되는 시점에 하나님은 모세를 통해 애굽에서 종 되었던 이스라엘 백성의 해방을 이루셨다. 우르에서 아브람을 이끄실 때처럼, 애굽에서 백성을 이끄실 때에도 그 목적은 그 백성이 하나님을 섬기고 예배하기 위함이다. "내 백성을 보내라 그들이 나를 섬길 것이니라"(출 9:1). 결박과 해방의 교차는 이처럼 하나님을 섬기는 것과 결부되어 있다. 하나님을 섬기기 위해 이스라엘 백성은 광야로 들어가야 했다. 왜 하필 광야인가? 애굽은 죄를 상징하고 애굽에서 종노릇을 한 것은 죄의 종으로 살았음을 상징한다. 출애굽은 죄에서의 해방이다. 그런데 신분과 몸은 자유롭게 되었지만 죄의 종으로 살던 기질은 그대로다. 광야는 이런 종의 근성을 제거하는 아주 빡센 훈련소다. 바울도 살소망까지 끊어지는 영혼의 광야에서 하나님만 의지하는 것을 배웠다고 고백한다(고후 1:8-9). 광야 훈련의 핵심은 죄에 순응하던 영혼의 체질을 하나님께 순응하는 체질로 전환함에 있다.

모세는 광야의 삶이 주는 교훈의 본질을 이렇게 묘사한다. "너를 낮추시며 너를 주리게 하시며 또 너도 알지 못하며 네 조상들도 알지 못하던 만나를 너에게 먹이신 것은 사람이 떡으로만 사는 것이 아니요 여호와의 입에서 나오는 모든 것으로 사람이 사는 줄을 네가 알게 하려 하심이라"(신 8:3). 죄는 주로 육신의 욕망을 부추기며 인간을 지배하려 한다. 광야는 그런 유혹의 가능성이 가장 많이 제거된 환경이다. 하나님은 풍요로운 곳이 아니라 메마른 광야로 이스라엘 백성을 이끄셔서 그들을 낮추시고 주리게 만드셨다. 낮추심은 교만을 제거하기 위함이고 주리게 하심은 육신의 에너지를 제거하여 육신의 죄를 방지하기 위함이다. 그 척박한 땅에서 생명을 유지하며 하나님을 섬기는 일에 소비될 에너지만 그들에게 베푸셨다. 조상들이 경험하지 못한 "만나"라는 에너지를 땅에서가 아니라 위로부터 하늘에서 내려준 이유는 사람이 땅에서 나는 열매만이 아니라 "하나님의 입에서 나오는 모든 것"(כָּל־מוֹצָא פִי־יְהוָה)으로 산다는 사실을 깨우치기 위함이다. 하나님의 입에서 나오는 것은 무엇인가? 성령과 말씀이다. 인간은 말씀을 따라 성령의 능력으로 살아가야 한다. 그렇게 살 때에 비로소 제대로 살아진다. 이러한 삶은 하나님을 섬기는 가장 합당한 방식이다. 이 세상에 의존하지 않고 이 세상에 눈치 보지 않고 이 세상에 얽매여서 살아가지 않고, 오직 하나님만 의지하며 하나님 앞에서 살되 하나님의 뜻에만 얽매이는 삶이 참된 예배의 인생이다.

모세를 통하여 주어진 모든 율법은 하나님을 섬기는 구체적인 방법이 적시된 예배 매뉴얼로 이스라엘 백성에게 주어졌다. 이 율법에 순종하는 것이 곧 하나님을 섬기는 것이었다. 이런 섬김은 이스라엘 백성이 애굽에서 해방된 이유이며 약속의 땅에 들어가서 구현해야 하는 삶의 내용이다. 섬김의 매뉴얼을 전달한 모세는 약속의 땅 코 앞에서 동행하지 않고 남아야만 했다. 모세는 율법의 상징적인 인물이다. 모세가 이스라엘 백성을 이끌고 약속의 땅으로 들어가지 않았다는 점은 가나안 입성이 율법의 고유한 직무가 아니라는 사실을 암시한다. 지도자가 교체되어 모세의 종이었던 여호수아(יְהוֹשֻׁעַ)가 백성을 이끌고 가나안 땅으로 입성했다. 그의 히브리어 이름은 헬라어로 "이에수스"('Ἰησοῦς)이고 한글로는 "예수"로 번역된다. 이는 이스라엘 백성이 약속의 땅으로 들어가는 것이 예수로 말미암은 은혜의 결과임을 암시한다.

여호수아는 이스라엘 12지파에게 땅을 분배한다. 땅을 각 지파의 인구에 따라 분배하는 이유는 땅이 하나님을 섬기는 기반이기 때문이다. 예수님이 각 사람에게 은혜의 분량을 따라 선물을 주신 이유도 각자의 고유한 은혜가 하나님을 섬기는 기반을 마련하기 위함이다. '나'라는 땅은 일종의 소박한 성전이다. 태초에 아담에게 주신 땅으로서 에덴 동산이 하나님을 섬기는 성전과 같고, 노아에게 베푸신 방주도 일종의 성전이고, 이스라엘 백성에게 허락하신 가나안도 하나님을 섬기는 성전이다. 모든 사람은 가나안의 배당된 구역에서 하나님을 예배해야 한다. 만약 그곳에서 하나님을 섬기며 예배하지 않는다면 그것은 가나안 땅의 용도 변경이다. 이는 하나님 앞에서의 심각한 불법이다. 섬김을 중단한 아담과 하와가 에덴 동산에서 쫓겨나고, 순종하지 않은 아브라함 후손들이 애굽으로 쫓겨난 것처럼, 이스라엘 백성도 비록 약속의 땅을 얻었지만 하나님을 율법에 대한 순종의 방식으로 섬기지 않는다면 필히 쫓겨나고 만다. 모세는 백성이 순종하지 않으면 적들을 섬멸하려 한 길로 갔다가 "일곱 길로 도망할 것"이며 "땅의 모든 나라 중에" 흩되 "땅 이 끝에서 저 끝까지 만민 중에 흩으실 것"이라고 경고한다(신 28:25, 64). 모이든 흩어지든, 성읍이든 들판이든, 들어가든 나가든 저주를 받을 것이라고 한다(신 28:16-19). 가나안에 들어온 이스라엘 백성은 하나님을 섬기는 일에 사활을 걸어야 한다는 사실을 잘 인식하고 있다. 그러나 모세가 알았던 것처럼 여호수아 역시 이스라엘 백성을 인솔하며 그들의 연약함을 분명하게 인지했다. 그래서 모세의 엄중한 경고를 자신의 언어로 반복한다.

그는 여호와를 경외해야 한다고 가르친다. 여호와를 경외하는 방법을 두 가지로 소개한다. 하나는 "온전함과 진실함"을 가지고 섬기는 방식이고, 다른 하나는 다른 신들을 제거하고 하나님만 섬기는 방식이다. 하나님을 적당히 섬기거나 섬김의 모양새만 갖추는 것과, 하나님을 섬기면서 다른 신들을 겸하여 섬기는 것은 모두 합당하지 않다. "온전함"(תָּמִים)은 "전부"를 의미한다. 온전함을 가지고 섬긴다는 것은 우리에게 있는 것 중에 하나님을 경외하며 섬김에 있어서 배제되는 것이 하나도 없어야 함을 의미한다. 마음의 일부, 생각의 일부, 몸의 일부, 시간의 일부, 에너지의 일부, 재능의 일부만 가지고 섬기는 것은 하나님을 경배하는 것이 아니라는 이야기다. "온전함"은 또한 "결점의 없음"을 의미한다. 우리는 흠과 결이 없이 온전한 것을 가지고 하나님을 섬겨야만 한다. 불법으로 "토색한 물건"이나 소유할 가치가 없다고 판단되는 "저는 것과 병든 것"만 골라서 하나님께 제물로 드리는 것은 그분에 대한 모독이다.

"진실함"(אֱמֶת)을 가지고 섬긴다는 것은 올바르고 신실한 마음으로 하나님을 섬기는 것을 의미한다. 화려한 말과 왕성한 행위로만 섬기는 것이 아니라 그 모든 말과 행위에 진리와 신의가 담겨 있어야 참된 섬김이다. "진실함"은 우리가 주님을 섬기되 진리에 뿌리를 두어야 함을 의미한다. 이처럼 양적인 전부와 질적인 진실을 가지고 하나님을 섬기지 않으면 약속의 땅에서 살 자격을 상실한다. 또한 섬김의 양다리 걸치기도 금물이다. 인격과 삶에서 다른 신들의 영향을 제거해야 한다. 이는 하나님이 유일한 분이시기 때문이다. "다른 신들의 이름은 부르지도 말고 네 입에서 들리게도 하지 말지니라"(출 23:13). 다른 신들의 이름은 입술에 출입하는 것조차도 합당하지 않다. 우리 안에 하나님만 계셔야 한다는 섬김의 원리는 십계명의 일 순위를 차지할 정도로 중요하다.

다른 신들은 무엇이고 인간이 우상 혹은 다른 신들을 섬기는 이유는 무엇인가? 성경에서 다른 신들은 우상을 의미한다. 그것은 실제로 존재하는 신이 아니라 인간이 욕심과 두려움 때문에 만들어낸 가상적인 존재를 의미한다. 가지고 싶은 것이 있는데 자기 힘으로는 가질 수가 없을 때 사람들은 자기보다 강한 절대자를 요청한다. 혹은 고통이나 슬픔이나 죽음처럼 인간이 원하지도 않았는데 인기척도 없이 찾아오는 다양한 두려움을 해결하기 위해 죽음보다 강한 어떤 절대자를 요청한다. 그러면 이런 요청들에 부응해 주면서 이윤을 챙기려는 종교 기술자가 득세한다. 각각의 종교는 시간이 흐르면서 투박한 것들을 다듬고 미신적인 요소를 수정하며 끊임없이 진화한다. 오늘날의 고등종교 모습이 있기까지 다양한 변신에 변신을 거듭했다. 이는 니체를 비롯하여 많은 학자들이 종교의 기원을 설명할 때에 그들이 현상을 면밀히 관찰하고 내린 결론이다. 대부분의 종교가 실제로 니체의 주장에서 자유롭지 않다.

오직 하나님만 우리 안에 모시고 섬기는 것의 구체적인 내용은 무엇인가? 예레미야 선지자는 약속의 땅에서 "너희가 정의와 공의를 행하여 탈취당한 자를 압박하는 자의 손에서 건지고 이방인과 고아와 과부를 압제하거나 학대하지 말며 이곳에서 무죄한 피를 흘리지 말라"(렘 22:3)는 하나님의 명령을 지키라고 가르친다. 약속의 땅은 우리 자신도 사회적인 약자들을 학대하지 말고 학대하는 사람들의 손에서도 그들을 건지고 돌보는 곳이어야 한다. 만약 이 말을 듣지 아니하면 다윗의 집이 황폐하게 될 것이라고 경고한다(렘 22:5). 약속의 땅은 "광야와 주민이 없는 성읍"으로 바뀔 것이라고 한다. 지나가던 사람들이 그 황폐한 상황을 보고 '어찌 된 일이냐'고 묻는다면 이렇게 대답해야 한다. "이는 그들이 자기 하나님 여호와의 언약을 버리고 다른 신들에게 절하고 그를 섬긴 까닭이라"(렘 22:9). 가나안의 황폐함은 유일하신 하나님을 섬기지 않고 있지도 않은 신들을 섬겼기 때문에 초래되는 심판이다. 성경은 우리에게 하나님을 경외하고 섬기는 것과 이웃에게 공의와 정의를 행하는 것이 동일한 것이라고 가르친다. 하나님 사랑과 이웃 사랑이 다르지 않다는 사실은 예수님의 말씀이다(마 22:39). 이는 예수님이 교회를 자신과 동일시한 것에서도 확인된다(행 9:4).

이스라엘 백성은 가나안 땅에 들어오기 전에 다른 신들을 섬겼으며 들어온 이후에도 하나님만 섬기지 않고 주변에 사는 이방인의 신들을 섬길 가능성이 농후했다. 이에 여호수아는 "이제는" 하나님을 경외하며 그를 섬기라고 한다. 지금은 오직 하나님만 섬겨야 하고 요단강 동편에서 이스라엘 백성의 조상들이 섬기던 신들이나 요단강 서편 즉 가나안 땅에서 사는 아모리 족속의 신들은 백성 가운데서 제거해야 한다. 하나님을 섬김에 있어서는 지금 섬긴다는 현재성이 중요하고 내가 있는 곳에서 섬긴다는 현장성이 중요하다. 현재라고 일컫는 모든 순간에 우리는 서 있는 곳에서 오직 하나님만 섬기고 다른 신들을 섬기지 않도록 늘 주의해야 한다. 내가 지금 무엇을 하고 있든지 그것은 하나님을 섬기는 일이어야 한다. 모든 연약한 이웃에게 정의를 행하고 공의를 세우는 일이어야 한다.

매 순간 하나님을 섬기기 위해서는 매 순간 선택해야 한다. "너희가 오늘 누구를 섬길 것인지를 선택하라." 여기에서 "오늘"(הַיּוֹם)은 선택의 현재성을 강조한다. 모든 사람은 매 순간 섬길 신을 선택하며 살아간다. 지금 이 순간도 우리는 의식하든 의식하지 않든 선택하고 있다. 그런데 선택(בָּחַר)은 무엇인가? 너무도 익숙한 말이어서 다 안다고 여기지만 설명하려 하면 말문이 막히는 개념이다. 선택은 인간의 존엄성과 결부되어 있다. 인간에게 선택의 자유가 없다면 인간이 아니라 로봇에 불과하다. 하나님은 인간에게 선택의 자유를 베푸셨다. 그런 자유가 가져올 위험성을 다 아셨지만 제한하지 않으셨다. 이는 자유로운 선택의 부작용과 역기능을 다 책임질 것까지도 각오하신 은혜였다. 하나님의 명령에 대한 순종과 불순종 중에 선택하는 자유가 최초의 사람 아담과 하와에게 주어졌다.

선택의 자유는 선용될 수도 있고 악용될 수도 있는 것이었다. 그들은 불순종을 선택했다. 그래서 죄가 세상에 들어왔고 그들은 죄의 삯으로서 사망에 이르렀다. 이처럼 선택은 무서운 결과를 초래할 수 있는 자유의 행사였다. 선택에 있어서 그들이 실패한 이유는 무엇인가? 선택하는 행위 자체는 문제가 아니었다. 선택의 근거가 문제였다. 그들은 하나님의 말씀에 근거하지 않고 사탄의 거짓에 근거하여 선택했다. 하나님의 말씀이 아니라 사탄의 거짓을 선택한 근거는 또 무엇인가? 교만이다. 이는 하나님과 같아지고 싶은 마음이다. 이런 가치관이 선택을 좌우한다. 선택의 행위에서 가치관의 속살이 드러난다. 이처럼 선택은 근거의 싸움이고 동시에 가치관의 싸움이다. 선택의 올바른 근거를 알고 취하는 것이 올바른 선택의 관건이다.

하나님과 나의 올바른 관계는 올바른 선택의 근거를 취하는 보다 근원적인 선택의 관건이다. 우리가 하나님을 창조자와 구원자로 알고 우리가 그런 하나님에 의해 창조된 존재이며 값없이 구원을 받은 존재라는 사실을 겸손히 인정할 때 우리는 그분의 모든 명령에 순종하는 올바른 섬김을 선택하게 된다. 여호수아는 이스라엘 백성이 자신들의 눈에 좋다면 하나님을 섬기고 나쁘다면 다른 신들을 섬기라는 선택의 자유를 제안한다. 여기에서 그들이 보기에 "나쁘다"(רַע)는 것은 그들의 가치관과 도덕의 기준을 드러내는 낱말이다. 강요된 결정은 환경의 상태를 나타내 보이지만, 선택된 결정은 자신의 존재와 인생의 민낯을 드러낸다.

이스라엘 백성의 지도자는 하나님 섬기는 것을 좋게 여기는 가치관을 소유해야 한다. 좋은 기호를 소유하고 유지하는 것은 실력이다. 우리 모두는 두 가지 기호의 갈등을 늘 경험한다. 하나는 육체의 소욕이고 다른 하나는 성령의 소욕이다. 바울의 설명에 의하면, "육체의 소욕은 성령을 거스르고 성령은 육체를 거스른다"(갈 5:17). 그런데 가만히 있으면 모든 사람은 육체의 사욕을 자신의 기호로 삼아 살아간다. 그러나 기도하면 성령의 소욕이 나의 기호를 차지한다. 그러면 성령의 기호를 따라 마땅히 추구해야 할 것을 추구하게 되고 그것이 주어지면 좋아한다. 기호는 시류에 편승하여 끊임없이 변하는 생물이다. 세상에 길들여진 기호를 개인의 본래적인 기호인 것처럼 착각하고 그 기호의 종으로 살아가는 사람들이 많다. 그들은 은밀한 속임수의 희생자다. 우리가 좋아하는 것이 마땅히 좋아해도 되는 것인지, 그것이 우리가 정말 좋아하기 때문에 좋아하는 것인지, 우리는 무엇을 좋아하면 왜 좋아하게 되었는지 그 이유를 탐구해야 한다. 누군가가 내 기호를 조정하며 나를 노예로 부리고 있는지도 모르기 때문이다. 더 넓은 부동산을 좋아하고, 더 좋은 자동차를 좋아하고, 더 안락한 집을 좋아하고, 더 폭발적인 인기를 좋아하고, 더 예쁘게 보이는 것을 좋아하는 이유를 모르면, 마법에 걸린 것처럼 이성이 가출한 사람으로 살아가게 된다. 그러므로 우리는 주님께 성령의 소욕이 나의 기호가 되게 해 달라고 기도해야 한다. 하나님을 사랑하게 해 달라고, 하나님의 말씀이 달콤하게 해 달라고, 하나님의 의로운 판단력에 타는 목마름을 달라고, 이웃을 사랑하는 것이 즐겁게 해 달라고, 양보하고 희생하고 포용하고 용납하고 배려하는 것이 감격과 행복이 되게 해 달라고 기도해야 한다. 하나님은 이러한 기도를 결코 외면하지 않으신다.

여호수아는 오직 여호와만 섬기며 예배해야 한다는 당위성과 함께 섬길 대상을 택하라는 선택의 자율성을 부여한 이후에 자신의 선택을 선언한다. "나와 내 집은 여호와를 섬길 것이니라." 이런 선택은 숙제가 아니었다. 자신의 영적인 기호가 시킨 일이었다. 이처럼 여호수아는 말로만 여호와 선택을 가르치지 않고 실천으로 최고의 선택을 보여준다. 이는 본을 보여서 백성을 가르치고 권하는 지도자의 전형적인 모습이다. 여호수아는 온 가족과 함께 오직 하나님만 섬기기로 온 백성 앞에서 공언했다. 이로써 그는 다른 신들을 섬기는 조상들의 잘못된 전통과의 결별을 선언했다. 주변에서 대부분의 이방인이 섬기는 신들의 섬김도 단호히 거부했다. 그의 이러한 선택은 잘못된 과거와 세속적인 현재를 거부하고 오직 여호와 경외와 섬김의 외길을 걷겠다는 선언이다. 이 선언이 숨쉬는 동안에는 이스라엘 백성도 하나님을 섬기고 예배할 대상으로 선택했다. 여호수아는 한 민족의 운명을 좌우하는 신앙의 모델이다. 오늘날 교회에도 이런 지도자의 모델이 필요하다.

여호수아가 지도자가 되기 전까지의 삶을 잠시 주목하자. 구약에서 그의 이름은 언제나 모세와 함께 언급된다. 모세의 그림자와 같이 항상 그와 동행했기 때문이다. 모세는 그의 시대 이후로는 "모세와 같은 선지자가 일어나지 못"했다고 할 정도로 뛰어난 하나님의 사람이다(신 34:10). 그런 사람과 동거하며 그의 곁에 오래 머문다는 것은 지혜로운 선택이다. 여호수아가 자연인 모세를 추종한 것은 아니었다. 모세가 주님을 만나려고 회막에 들어갈 때에는 함께 들어가고 모세가 진으로 돌아온 이후에도 그는 회막에 머물러 있었다는 사실이 이를 입증한다(출 33:11). 이스라엘 백성은 전설의 지도자 모세와 함께 오래 있었다는 이유로 그의 몸종인 여호수아를 지도자로 존중하고 따른 것이 아니었다. 나도 2,000년의 기독교 역사에서 존경하는 인물 셋을 꼽으라면 바빙크와 칼뱅과 아우구스티누스를 언급한다. 그러나 특정한 인간을 추종하는 것은 철저히 경계해야 한다. 우리는 그들을 통하여 드러난 하나님의 진리를 사랑하고 그것을 추종해야 한다. 인간과 진리의 경계를 잘 구분해야 한다.

여호수아가 모세를 인간 지도자로 추종하지 않았다는 사실은 그에게 이스라엘 백성이 요구한 딱 한 가지의 조건에서 확인된다. 즉 "오직 당신의 하나님 여호와가 모세와 함께 계시던 것 같이 당신과 함께 계시기를 원합니다"(수 1:17). 이는 하나님이 그를 부르고 세우실 때에 주신 약속과도 일치한다. "너는 이스라엘 자손들을 인도하여 내가 그들에게 맹세한 땅으로 들어가게 하리니 강하고 담대하라 내가 너와 함께 하리라"(신 31:23). 인간 모세가 위대하지 않고 그와 함께 계신 하나님이 위대한 분이시다. 그는 이 사실을 깨달았다. 우리에게 믿음의 좋은 모델이 있다면 그 사람을 추종할 것이 아니라 그와 함께 계시는 하나님의 뜻과 섭리를 이해해야 한다. 오직 그 하나님만 섬기며 예배하는 모세처럼 여호수아 역시 그러한 섬김의 예배를 선택했다. 이제 그는 이스라엘 백성을 향하여 그 깨달음을 나누고자 한다.

이에 대한 이스라엘 백성의 반응은 어떠한가? 그들은 여호수아의 선택을 따르기로 했다. "여호와를 택하고 그를 섬기리라"(수 24:22). 그러나 비록 그들의 말은 긍정적인 반응을 보였지만 여호수아는 그들이 "여호와를 능히 섬기지 못할 것"이라는 어두운 전망을 언급한다(수 24:19). 사실 이 전망은 그의 것이 아니라 주님께서 모세에게 알리신 것이었다. "젖과 꿀이 흐르는 땅으로 그들을 인도하여 들인 후에 그들이 먹어 배부르고 살찌면 돌이켜 다른 신들을 섬기며 나를 멸시하여 내 언약을 어기리니"(신 31:20). 뼈를 때리는 아픈 말이지만 사실이다. 사사기는 이 사실을 기록하고 있다. 이스라엘 백성은 하나님만 섬기지 않고 때로는 이방인의 다른 신들을, 때로는 자아라는 신을 섬기기에 급급했다. 약속의 땅 가나안에 들어간 이스라엘 백성은 각 지파에게 분배된 땅에서 오직 하나님만 섬기는 것이 유일한 일이었다. 그런데 실제로는 하나님이 보내신 지도자가 있을 때에는 백성이 순종하여 복을 받고 그런 지도자가 사라지면 순종의 길을 벗어나 저주를 받는 양상의 지속적인 반복이 일이었다.

왕정시대 초기에 쓰여진 (오늘이라 일컫는 저작의 시기에 여부스 사람이 이스라엘 중에 있었으며(삿1:21) 이들은 다윗 왕의 치리 7년에 멸망을 당하였기 때문에(삼하 5:6-8) 그 이전에 기록된) 사사기는 어려움에 처한 이스라엘 백성의 지도자로 택하심을 받은 12사사들의 이야기로 이루어져 있다. 이들을 통하여 나타난 이스라엘 백성의 순종과 불순종의 유형은 5가지(백성의 범죄, 하나님의 진노, 이방인의 압제와 학대, 백성의 회개와 부르짖음, 하나님의 구원) 요소로 구성되어 있다. 먼저 이스라엘 백성이 범죄한다. 이것은 하나님의 진노를 촉발한다. 하나님은 그들에게 이방인을 몽둥이로 삼아 채찍질을 하시며 징계한다. 이에 이스라엘 백성은 회개하며 하나님께 돌이키고 도움을 요청한다. 이에 하나님은 그들에게 지도자를 보내서 이방인의 압제에서 구원한다. 그러나 구원의 은혜는 속히 망각되고 다시 하나님을 떠나 다른 신들을 섬기고 공의와 정의를 인진으로 바꾸는데 신속하다. 이러한 패턴은 사사기에 6번 등장한다. 이런 고질적인 역사의 쳇바퀴 속에서 이스라엘 백성은 경건의 수위가 조금씩 낮아지고 급기야 마음의 보좌로 모셔야 할 하나님을 자아로 대체하고 스스로 왕이 되어 자신의 소견을 따라 살아간다. 이러한 이스라엘 백성의 어두운 실상은 불순종의 끝 모를 반복에도 불구하고 여전히 용서와 구원을 베푸시는 하나님의 변하지 않는 신실을 더욱 선명하게 드러낸다.

이스라엘 백성만이 아니라 하나님을 섬길 자로 택하도록 그들을 이끌어야 할 인간 사사들도 잠시 하나님 섬김을 선택하는 듯하다가 배부르면 부르심의 뜻을 저버리고 인간 지도자의 추악한 욕망을 드러낸다. 이스라엘 백성이 신앙의 모델로 삼아도 될 제대로 된 지도자가 없다. 그래서 인간 사사가 있으나 없으나 이스라엘 백성은 하나님의 뜻이 아니라 각자의 소견에 옳은 대로 행하며 살아가는 인간적인 모습을 많이 나타낸다. 이러한 사람들의 이야기를 통해 사사기는 우리의 진정한 사사가 하나님 외에는 없다는 사실을 역설한다.

실제로 사사기 안에서 "사사"라는 단어가 "여호와 그 사사"(יְהוָה הַשֹּׁפֵט, 삿 11:27)라는 문구에서 특정한 대상을 가리키는 말로서는 딱 한 번 등장한다(불특정 인물을 가리키는 용도로 신 17:9, 삿 2:18에서 사용됨). 이때 사사는 인간 지도자를 가리키지 않고 "여호와"를 가리키는 동의어로 사용된다. 이 단어는 사사기의 중심에 위치한다. 여호와가 우리의 유일한 사사라는 사실을 사사기 전체가 강조하고 있음을 보여주기 위한 의도적인 배치라고 생각한다. "사사"는 누구인가? "판단하는 자 혹은 심판하는 자"를 의미한다. 선과 악, 정의와 불의, 진리와 거짓, 합법과 불법을 판단하는 사사의 자질은 인간에게 없다. 그러나 하나님은 선하고 의롭고 진리 자체이고 질서를 사랑하는 분이시다. 이것만 보더라도 사사의 직함은 인간에게 어울리지 않고 하나님께 돌려져야 함이 합당하다.

이것을 신약의 관점에서 본다면, 사사직을 예수에게 적용하는 것이 가능하다. 예수는 하늘과 땅의 모든 권세를 받으셨고 아버지의 위임을 받아 모든 것을 판단하는 분이시기 때문이다(요 5:27). 예수님 자신도 "내가 심판하러 이 세상에 왔다"고 밝히셨다(요 9:39). 이는 구약에서 다양한 인물들을 통해 예시된 우리의 진정한 사사가 예수라는 결론을 가능하게 한다. 사사기는 절묘하게 짜여진 신학적 구성을 통해 이 결론을 은은하게 드러낸다. 출애굽 이후 이스라엘 백성이 약속의 땅으로 들어가는 일에 주도적인 리더십을 발휘한 것은 요셉 지파 출신의 여호수아였다. 그가 죽은 이후의 이야기를 다루는 사사기는 서론에서 그 리더십이 요셉 지파에서 유다 지파로 이동하고 있음을 보여준다. 결론에서 사사기 저자는 사사 시대의 타락과 부패가 이스라엘 백성에게 왕이 없었기 때문에 발생한 것이라는 사실을 세 번이나 반복해서 지적한다. 이 왕의 역사적인 의미는 다윗이고 영적인 의미는 바로 그리스도 예수이다. 다윗과 예수는 모두 유다 지파 출신이다. 이렇게 여호수아 기록은 이스라엘 모든 지파들에 대한 이야기를 들려주고, 사사기는 유다 지파를 주목하고, 룻기는 유다 지파의 한 가정을 주목하고, 사무엘의 기록은 유다의 한 가정에서 태어난 다윗 왕을 주목한다. 이 다윗 왕의 가문에서 영원한 왕위가 보존될 것인데, 왕위를 영원하게 하는 유일한 분은 다윗의 자손 그리스도 예수 우리의 주님이다.

사사기의 구성을 살펴보면 다음과 같이 정리된다.

〈사사기의 구성〉

서론: 이스라엘 민족의 정복 미완성과 우상숭배 (1:1-3:6)
　　　1. 실천적인 실패 (1:1-2:5)
　　　2. 신앙적인 실패 (2:6-3:6)
본론: 인간 사사들의 이야기 (3:7-16:31)
　　　1. 옷니엘 (3:7-11)
　　　2. 에훗 (3:12-30)
　　　3. 삼갈 (3:31)
　　　4. 드보라(바락) (4:1-5:31)
　　　5. 기드온 (6:1-8:32)
　　　　　　* 반-사사 아비멜렉 (8:33-9:57)
　　　6. 돌라 (10:1-2)
　　　7. 야일 (10:3-5)
　　　8. 입다 (10:6-12:7) : 암몬을 쳐부숨 - 약속을 지키는 사람
　　　9. 입산 (12:8-10)
　　　10. 엘론 (12:11-12)
　　　11. 압돈 (12 : 13-15)
　　　12. 삼손 (13 : 1 -16 : 31)
결론: 종교적인 혼란과 도덕적인 부패 (17:1-21:25)
　　　1. 종교적인 혼란 (17:1-18:31)
　　　2. 도덕적인 부패 (19:1-21:25)

위의 사사기 구조에서 우리는 특이한 점을 발견한다. 즉 첫 번째 서론과 두 번째 결론이 이스라엘 백성의 전쟁과 분쟁을 언급하고 그 안쪽에 있는 두 번째 서론과 첫 번째 결론은 신앙적인 실패와 혼란을 언급한다. 겉으로 보기에 사사기는 사회적인 혼돈과 국제적인 갈등을 드러낸다. 그러나 속으

로는 그런 외적인 갈등의 원인인 종교적인 문제를 드러낸다. 그 종교적인 문제의 핵심은 하나님을 섬기지 않고 오히려 버리고 다른 신들을 선택한 것이었다. 이는 이스라엘 백성이 하나님을 왕으로 여기지 않고 인간 스스로가 왕이 되려고 했기 때문에 발생한 문제였다. 이러한 문제의 중심에 제도적인 성직자가 있다. 사사기 17장에서 마지막 21장까지는 종교적인 혼란과 도덕적인 부패 이야기를 하면서 레위인이 두 이야기의 핵심적인 인물로 언급된다. 그때나 지금이나 제도적인 성직자의 타락과 부패는 한 시대의 무수한 문제들을 산출하고 확대한다. 하나님을 왕으로 섬기며 종교의 최전방에 서서 모본을 보여야 할 성직자가 오직 그분께만 돌려야 할 왕의 자리를 자신이 차지하는 것이 타락과 부패의 핵심이다. 하나님의 왕 되심이 거부되는 가장 주도적인 장소는 성막이다. 이러한 왕의 종교적인 없음은 사회적인 없음으로 확산된다. 본문에 담긴 12명의 인간 사사들이 펼치는 이야기가 이를 증명한다. 자신을 왕으로 여기는 죄는 태초의 아담과 하와처럼 인간의 욕망과 교만이 시킨 짓이었다. 인간의 일그러진 기호가 하나님이 아닌 다른 신을 섬기는 종교적인 타락을 낳고 종교적인 타락은 다시 사회적인 문제를 일으킨다. 이 모든 문제는 하나님을 사랑하는 인간의 본성적인 기호가 돌아올 때에 해결된다. 사사기 전체의 공간적인 중심에는 하나님이 "그 사사"라는 규정이 차지하고 있다. 이 이야기를 통해 사사기의 저자는 하나님이, 혹은 그리스도 예수가 진정한 왕이시며 만왕의 왕이시며 이스라엘 백성과 온 인류의 유일한 사사가 되신다는 사실을 증거한다. 그런 하나님이 최고의 유일한 신이라는 사실을 알고 그 하나님을 사랑하라. 사사기는 인간의 타락한 본성과 반복적인 범죄와 소망 없는 실존을 말하면서 동시에 그 모든 인간의 배신과 반역과 도전을 길이 참으시고 용서를 베푸시고 회복을 이루시는 하나님의 신실한 사랑을 노래한다. 이 역설의 역사 속으로 들어가자. 그 역사의 생생한 현장을 목격하고 "너희가 오늘 누구를 섬길 것인지를 선택하라"는 여호수아 유언에 각자가 올바르게 반응하자.

〈사사들의 특징〉

사사이름	기간	지파	대적자	특징
옷니엘	40	유다	메소포타미아 왕 구산 리사다임	갈렙의 조카 최초의 이스라엘 사사
에훗	80	베냐민	모압 왕 에글론	게라의 아들 왼손잡이
삼갈	40	?	블레셋	아낫의 아들 막대기로 블레셋 격파
드보라(바락)	40	에브라임	가나안 왕 야빈	여사사 시스라 격파
기드온	3	므낫세	미디안	300명의 용사
돌라	23	잇사갈	?	도도의 손자 부아의 아들
야일	22	?	?	아들 30, 성읍 30
입다	6	갓	암몬	서자 잘못된 서원
입산	7	유다	?	아들 30, 이방여인 30 딸 30 이방결혼
엘론	10	스불론	?	10년 통치
압돈	8	에브라임	?	아들40, 손자 30
삼손	20	단	블레셋	나실인, 들릴라

J

1부_ 이스라엘 민족의 정복 미완성과 우상숭배

삿 1:1-9

1 여호수아가 죽은 후에 이스라엘 자손이 여호와께 여쭈어 이르되 우리 가운데 누가 먼저 올라가서 가나안 족속과 싸우리이까 **2** 여호와께서 이르시되 유다가 올라갈지니라 보라 내가 이 땅을 그의 손에 넘겨 주었노라 하시니라 **3** 유다가 그의 형제 시므온에게 이르되 내가 제비 뽑아 얻은 땅에 나와 함께 올라가서 가나안 족속과 싸우자 그리하면 나도 네가 제비 뽑아 얻은 땅에 함께 가리라 하니 이에 시므온이 그와 함께 가니라 **4** 유다가 올라가매 여호와께서 가나안 족속과 브리스 족속을 그들의 손에 넘겨 주시니 그들이 베섹에서 만 명을 죽이고 **5** 또 베섹에서 아도니 베섹을 만나 그와 싸워서 가나안 족속과 브리스 족속을 죽이니 **6** 아도니 베섹이 도망하는지라 그를 쫓아가서 잡아 그의 엄지손가락과 엄지발가락을 자르매 **7** 아도니 베섹이 이르되 옛적에 칠십 명의 왕들이 그들의 엄지손가락과 엄지발가락이 잘리고 내 상 아래에서 먹을 것을 줍더니 하나님이 내가 행한 대로 내게 갚으심이로다 하니라 무리가 그를 끌고 예루살렘에 이르렀더니 그가 거기서 죽었더라 **8** 유다 자손이 예루살렘을 쳐서 점령하여 칼날로 치고 그 성을 불살랐으며 **9** 그 후에 유다 자손이 내려가서 산지와 남방과 평지에 거주하는 가나안 족속과 싸웠고

❖ ❖ ❖

1 여호수아가 죽게 된 이후에 이스라엘 자손이 여호와께 여쭈었다 "누가 우리를 위해 올라가서 가나안 족속과 먼저 싸울까요?" **2** 여호와께서 이르시되 "유다가 올라가라 보라 내가 그 땅을 그의 손에 넘겨 주었노라" 하시더라 **3** 유다가 그의 형제 시므온에게 말하였다 "나와 함께 나의 분깃으로 올라가서 가나안 족속과 싸우자 그리하면 나도 너와 함께 너의 분깃으로 가리라" 이에 시므온이 그와 함께 가더라 **4** 유다가 올라갔다 여호와께서 가나안 족속과 브리스 족속을 그들의 손에 넘기시니 그들이 베섹에서 만 명을 제거했다 **5** 또 베섹에서 아도니 베섹을 발견했고 그를 대항하여 싸웠고 가나안 족속과 브리스 족속을 무찔렀다 **6** 아도니 베섹이 도망치자 그들은 그를 쫓아가서 잡아 그의 엄지 손가락과 엄지 발가락을 절단했다 **7** 아도니 베섹이 말하였다 "엄지 손가락과 엄지 발가락이 잘린 칠십 명의 왕들로 내 상 아래에서 주워 먹게 하였더니 내가 그들에게 행한 대로 신들이 나에게 갚았구나" 그들이 그를 예루살렘으로 데려가 거기에서 그를 죽였더라 **8** 유다 자손이 예루살렘을 공격하고 점령했다 그들은 칼끝으로 그 성읍을 치고 불살랐다 **9** 이후에 유다 자손은 내려가서 산지와 남방과 평지에 거주하는 가나안 족속과 싸웠더라

01   리더로 등장하는 유다

사사기 1장은 크게 가나안 땅의 남쪽 정복과 북쪽 정복 이야기로 구성되어 있다. 남쪽은 유다 지파와 베냐민 지파, 북쪽은 나머지 지파들의 정복 이야기다. 유다와 베냐민 지파는 분열왕국 시대에 남 유다 왕국을 형성하고, 나머지 열 지파는 북 이스라엘 왕국을 형성한다. 사사기의 저자는 그 시대를 고려하며 각 지파의 정복 이야기를 배치했다.

본문은 사사기의 시대적인 상황이 여호수아 이후라는 사실을 그의 죽음에 대한 언급으로 명시한다. 그런데 모세는 죽기 이전에 자신의 후계자를 세웠지만 여호수아 이후에는 후계자가 지목되지 않아 지도자가 없는 상황이다. 이러한 지도자의 빈자리를 유다 지파가 채우는 이야기가 전개된다. 약속의 땅에서 전쟁을 치루며 땅을 정복하는 일의 주도권은 이제 요셉 지파에 속하는 에브라임 지파에서 유다 지파로 넘어간다. 리더십의 시대적인 전환이 이루어진 것은 하나님의 때가 이르렀기 때문이다. 이스라엘 백성이 여호수아 중심으로 가나안 땅을 차지하고 그 땅이 지파별로 분배가 되었지만 실제로 그 땅을 정복하고 다스리는 일은 완수되지 않은 일이었다. 이 일은 사사 시대 안에서도 완성되지 않고 왕정시대 초기에 다윗과 솔로몬에 의해 비로소 완성된다. 이처럼 가나안 땅의 공적인 정복은 요셉 지파의 몫이었고, 정복의 구체적인 실현은 유다 지파의 과제였다.

¹여호수아가 죽게 된 이후에 이스라엘 자손이 여호와께 여쭈었다
"누가 우리를 위해 올라가서 가나안 족속과 먼저 싸울까요?"

하나님의 백성을 약속의 땅으로 이끈 여호수아, 이스라엘 백성의 그 위대한 지도자가 생을 마감했다. 그가 남긴 리더십의 공백은 그가 보여준 영적 리더십의 크기만큼 막대했다. 모세가 지도자의 삶을 끝낼 때와는 다른 상황이다. 그때에는 여호수아 같은 듬직한 후계자가 있었기에 모세의 빈자리가 가져올 혼란과 무질서는 기지개도 펴지 못하고 지나갔다. 그러나 여호수아 이후에는 하나님에 의해 지목된 후계자가 없다. 이스라엘 백성은 자신들을 대표해서 하나님께 나아가고 하나님의 뜻을 전달하며 이끌어갈 지도자가 없기 때문에 스스로 하나님께 나아가 여쭈었다. 과거에 하나님과 말을 섞는 것은 모세나 여호수아 같은 지도자의 고유한 일이었다. 그러나 이제는 백성이 하나님께 직접 나아가서 질문한다. 비록 위대한 지도자는 죽었으나 그의 선한 영향력은 여전히 유효하다. 늘 하나님과 동행하는 지도자의 모습을 오랫동안 지켜본 이스라엘 백성은 그 지도자가 없어도 그의 습관을 따라 하나님과 동행한다.

이스라엘 백성은 하나님께 나아가 질문한다. "질문하는 것"(שָׁאַל)은 답을 달라는 요청이다. 동시에 주도권의 이양이다. 하나님께 질문하는 것은 인생의 주도권을 하나님께 넘기고 그분의 생각을 답으로 삼겠다는 의지의 표명이다. 우리는 범사에 하나님께 질문해야 한다. 질문은 내가 사는 것이 아니라 주님께서 내 안에 사시게 하는 비결이다. 그래서 성도는 하나님께

질문하고 그분의 답을 살아내는 인생이다. 여호수아 시대에 기브온 주민들이 이스라엘 민족의 족장들을 찾아와 화친을 제안했다. 그런데 족장들은 "어떻게 할지를 여호와께 묻지 아니하고" 조약을 맺고 살려줄 것이라고 그들에게 맹세했다(수 9:14). 이 일로 인하여 족장들에 대한 백성의 원성이 자자했다. 백성은 하나님께 묻지도 않고 인간적인 판단을 따라 처리한 이 사건의 심각성을 기억하고 있다. 그래서 여호수아 이후 사사시대 초기에 그들은 어찌할 바를 모를 때 하나님께 나아가 질문했다. 사사시대 이후에도 하나님께 묻는 것은 지도자의 기본적인 직무였다. 성경은 이스라엘 백성의 태조인 사울이 "여호와께 묻지"도 않고 "여호와의 말씀을 지키지"도 않았기 때문에 그가 죽게 되었으며 하나님은 그 나라를 다윗에게 넘겨 주셨다고 기록한다(대상 10:13-14). 하나님께 질문하는 신앙의 효력은 모든 시대에 통용된다.

이스라엘 백성의 질문은 가나안 족속과의 싸움에 누가 먼저 나아가야 하느냐에 대한 것이었다. 이 질문의 배경은 이러하다. 이스라엘 백성이 약속의 땅 가나안에 왔고 12지파가 각자의 땅 분배를 받았지만 아직 분배된 땅을 완전히 정복하지 못한 상황이다. 미완의 정복을 완수해야 하는 과제가 각 지파에게 주어졌다. 이것은 여호수아 없이 각 지파가 스스로 해결해야 하는 일이었다. 이 일을 이루기 위해서는 신앙과 실천으로 약속의 땅을 정복하는 일의 모델이 필요하다. 질문 안에 "우리를 위하여"(לָנוּ)와 "먼저"(תְּחִלָּה)라는 단어들이 사용되고 있다는 점에서 우리는 백성이 지금 전쟁을 이끌어갈 지도자에 대해 질문하고 있음을 확인한다. 대부분의 사람들은 요셉 지파가, 그 중에서도 에브라임 지파가 전쟁을 이끌어야 한다고 생각한다. 왜냐하면 이스라엘 12지파 중에 요셉의 혈통이 두 지파를 차지하고 있기 때문이다. 요셉 지파는 이스라엘 전체에서 두 지파(에브라임 지파와 므낫세 지파)를 차지하고 있기 때문에 "두 몫"이 주어지는 "장자"의 권리와 책임이 요셉 지파에게 있다고 이해하는 것도 가능하다(신 21:17). 민수기의 인구조사 통계에 의하면, 요셉 지파의 인원(85,200명)이 다른 어느 지파보다 많다. 야곱이 죽기 직전에 열 두 아들에게 남긴 유언에도 보면 요셉은 그가 받은 "영원한 산이 한 없음 같이" 큰 복으로 인해 "그 형제 중 뛰어난 자의 정수리"로 올라올 정도라고 했다(창 49:26). 장자의 역할이 요셉에게 넘어간 것은 생물학적 장자인 르우벤이 "아버지의 침상에 올라 더럽혔"기 때문에 "탁월하지 못"할 것이라는 아버지의 예언에 근거한다. 실제로 이러한 야곱의 예언을 따라 요셉 지파는 큰 복을 받아 누렸으며 모세 이후로 이스라엘 백성은 요셉 지파에 속한 여호수아의 지도를 받아 가나안 땅으로 들어갔다. 그 안에서의 공정하고 평등한 땅 분배도 요셉 지파가 완수한 일이었다. 그러나 아직 각 지파가 분배된 땅을 정복의 발로 밟지는 못하였다. 이 정복의 완성도 요셉 지파가 마무리할 것이라는 백성의 기대감은 전혀 이상하지 않다.

2여호와께서 이르시되
"유다가 올라가라 보라 내가 그 땅을 그의 손에 넘겨 주었노라" 하시더라

그런데 주어진 여호와의 답변에 의하면, 약속의 땅을 정복하는 일의 모델과 리더는 요셉 지파가 아니라 유다 지파였다. 각 지파의 인원을 고려해 본다면 이 답변이 크게 놀랄 일은 아니었다. 요셉 지파를 에브라임 지파와 므낫세 지파로 나누어서 민수기의 인구조사 통계를 보면 단일 지파로서 인구가 가장 많은 지파는 유다(76,500명)였기 때문이다. 많이 베푸신 자에게는 많이 찾으시는 하나님의 섭리가 가나안 정벌에도 나타난다. 그러나 이스라엘 역사를 검토해 보면, 최다 인원은 유다가 전쟁의 리더십을 발휘해야 하는 본질적인 근거는 아님을 확인한다. "규가 유다를 떠나지 아니하며 통치자의 지팡이가 그 발 사이에서 떠나지 않기를 실로가 오기까지 이르

리니 그에게 모든 백성이 복종할 것이로다"(창 49:10). 이것은 유다에 대한 야곱의 예언이다. 약속의 땅 정복을 완수하는 책임과 이스라엘 백성을 지도하는 통치자의 지팡이가 유다에게 넘어간 것은 인구의 덩치가 아니라 야곱을 통한 하나님의 예언에 근거한 일이었다. 가나안 족속을 정벌하는 일에 앞장서는 것만이 아니라 이후에 이스라엘 중에서도 심히 타락하여 하나님의 징계를 받아야 할 베냐민 지파와 싸울 때에도 하나님은 유다 지파를 선두에 세우셨다(삿 20:18). 하나님의 때가 되어서 그분의 예언을 따라 은총의 리더십도 유다 지파에게 주어졌고, 징계의 리더십도 유다 지파에게 주어졌다. 그래서 하나님의 모든 예언은 개인이든 민족이든 역사의 청사진과 같다. 그 역사의 변두리가 아니라 중심에 서서 역사의 주관자와 동행하는 비결은 성서라는 예언을 온전히 신뢰함에 있다.

백성의 리더십이 요셉 지파에서 유다 지파로 이전한 이 사건을 시인은 이렇게 표현한다. "요셉의 장막을 버리시며 에브라임 지파를 택하지 않으시고 오직 유다 지파와 그가 사랑하는 시온 산을 택하시며"(시 78:67-68). 이어서 시인은 유다 지파에게 리더십이 넘어간 것과 더불어 하나님의 다윗 택하심에 대해서도 언급한다(시 78:70). 이는 이스라엘 백성에게 왕이 없어서 실패한 약속의 땅 정복의 완수가 유다 지파 출신의 다윗 왕과 그의 아들 솔로몬 왕에 의해서 이루어진 일임을 나타낸다(왕상 4:25, 대하 9:26). 그러나 다윗과 솔로몬의 정복도 하나의 상징이다. 그 실체는 예수의 정복이다. 이 유다의 계보를 따라 예수님이 이 세상에 오셨으며 그에 의하여 약속의 땅은 완전히 정복된다. 그런데 그 예수는 마치 여호수아 같아서 이스라엘 백성처럼 그의 백성인 교회도 주어진 약속의 땅 즉 태초에 약속하신 온 세상을 땅끝까지 믿음과 선행으로 정복해야 한다. 이 정복의 전쟁은 그가 보내신 성령으로 말미암아 수행된다. "오직 성령이 너희에게 임하시면 너희가 권능을 받고 예루살렘과 온 유대와 사마리아와 땅 끝까지 이르러 내 증인이 되리라 하시니라"(행 1:8).

선행자의 발자국이 보이지 않는 상황에서 인도자도 없이 먼저 전쟁터로 간다는 것은 대단히 두려운 모험이다. 그럼에도 불구하고 유다가 순종한 것은 하나님의 약속에 대한 신뢰가 그 두려움을 능가했기 때문이다. 여호 와 경외는 모든 역사를 움직이는 가장 근원적인 변수로 범사에 작용한다. 하나님은 당신을 경외하며 순종하는 유다의 손에 약속의 땅을 "넘기셨 다"(נָתַן). 여기에서 우리는 약속의 땅을 정복하는 것의 의미가 어떤 것인지 를 이해해야 한다. 땅은 한 나라의 기반이다. 약속의 땅은 하나님의 뜻이 구현되고 섭리가 펼쳐지는 하나님의 나라를 의미한다. 그 땅을 정복하는 것은 태초에 아담과 하와에게 명령하신 것처럼 복과 관계되어 있다(창 1:28). 하나님의 섭리를 따라 그분의 뜻을 펼치며 땅을 정복하고 다스리는 것은 그렇게 순종하는 인간 자신에게 복이면서 동시에 그 복을 땅끝까지 모든 족속에게 나누는 것을 의미한다. 이스라엘 백성이 가나안 땅을 정복하는 행위는 하나님의 나라와 의를 구하는 것이며 우리가 땅끝까지 정복의 깃 발을 꽂는 이유는 최고의 복인 진리의 복음을 온 세상에 나누기 위함이다. 부동산을 확대하여 부를 축적하기 위함이 아니라 십자가의 사랑으로 이웃 에게 복을 전달하기 위함이다. 어떤 사람들은 이스라엘 백성에 의한 가나 안 정벌을 기독교가 다른 종교를 가진 사람들을 마음대로 죽이고 말살해 도 된다는 정당화의 성경적인 명분으로 이해한다. 예수를 중심으로 사사기 를 해석하지 않으면 이처럼 심각한 오석과 함께 치명적인 학살을 종교의 이름으로, 하나님의 이름으로, 십자가를 앞세우며 저지르게 된다. 구약은 행동의 지침이 아니라 교훈을 위한 기록이다. 예수는 그 교훈의 끝이시다. 약속의 땅 가나안을 정복하는 것은 예수처럼 사랑으로 하나님의 나라와 의 를 구하는 일의 상징이다. 그런 관점으로 해석해야 한다.

³유다가 그의 형제 시므온에게 말하였다

"나와 함께 나의 분깃으로 올라가서 가나안 족속과 싸우자 그리하면
나도 너와 함께 너의 분깃으로 가리라" 이에 시므온이 그와 함께 가더라

하나님의 지명을 받은 유다는 순종했다. 그러나 겸손했다. 각자의 분깃
(גּוֹרָל)을 차지하기 위해 형제 시므온의 도움을 요청한다. 시므온 지파를 전
우로 선택한 이유는 무엇일까? 당시 시므온 지파는 광야에서 모압 여자와
의 음행 때문에 역병으로 24,000명이 몰살하는 바람에 인원이 급속하게 줄
어든 지파였다(22,200명). 저주의 흔적을 가진 지파였다. 그래서 이들은 여
호수아 시대에도 별도의 땅을 분배 받지 못하고 "유다 자손의 기업 중"에서
일부를 받아 마치 다른 지파에 셋방살이 하는 신세였다(수 19:1). 그러나 시
므온과 유다는 같은 어머니 레아의 소생으로 각각 둘째와 넷째 아들이다.
시므온은 유다의 형님이다. 같은 핏줄에서 태어났고 같은 지역에서 더불어
살아온 두 지파가 전투에 동행하는 것은 전혀 이상하지 않다. 유다의 배려
는 출생의 배가 같다는 이유만이 아니었다. 유다는 이복 동생인 베냐민을
구하기 위해 애굽의 총리가 된 요셉에게 이렇게 호소했다. "주의 종으로 그
아이를 대신하여 머물러 있어 내 주의 종이 되게 하시고 그 아이는 그의 형
제들과 함께 올려 보내소서"(창 44:33). 아버지의 기쁨을 위해, 죽게 된 베냐
민의 생명을 구하기 위해 스스로 종이 되겠다는 유다의 자발적인 제안이다.
이러한 유다 지파는 이제 때가 이르러서 공동체의 지도자로 세워진다. 하나
님의 영광스런 지명을 받은 이후에도 유다 지파는 교만하지 않고 여전히 연
약한 형제 시므온 지파를 자신과 동등하게 여기면서 돌아본다.

그런데 주목해야 할 한 가지는 시므온에 대한 야곱의 예언이다. 시므온
지파는 영원한 언약의 징표인 할례를 악용하여 무고한 이방인을 많이 죽
인 "폭력의 도구"였다. 이로 인하여 그들은 혹독한 저주를 받아 "이스라엘
중에서 흩"어질 것이라고 했다(창 49:5-7). 영광의 복을 받은 유다 지파와 하
나님의 저주를 받은 시므온 지파가 같은 영토에서 동거한 것은 하나님의

특별한 섭리임에 분명하다. 이는 유다 지파에서 나오신 예수님이 죄를 범하고 저주를 받은 인간, 그들 중에서도 세상의 곳곳에 흩어져 집도 없이 세들어 사는 가난한 자들과 비천한 자들과 연약한 자들과 소외된 자들과 외로운 자들의 안식처가 되심을 보여주기 때문이다.

　가장 크고 강력한 유다 지파가 가장 작고 연약한 시므온 지파에게 도움을 요청하고 도움을 주겠다는 거래의 제안은 향기로운 겸손이다. 큰 지파의 도움과 작은 지파의 도움은 그 크기가 동일하지 않고 기울어져 있다. 그럼에도 불구하고 서로에게 각자가 가진 주특기의 유익을 나누자고 한 유다의 제안은 형제에 대한 아름다운 사랑의 실천이다. 그런데 받는 사람이 도움을 받기만 하면 대단히 불편하다. 신세를 지면 갚아야 한다는 부담감 때문이다. 그러나 도움을 서로에게 주면 건강하고 친밀한 관계가 오래 지속된다. 유다는 형제를 정말 아끼기 때문에 지혜로운 손해를 통해 은밀한 배려를 실천하고 있다. 예수님도 이 세상에 오셔서 마귀의 권세 즉 그의 머리를 치시고 아버지의 뜻을 다 이루기는 하셨지만 그의 백성이 여전히 이 세상에서 환난을 당하며 전투하고 있다. 사랑과 정의로, 진리와 인내로 싸워 하나님의 나라를 확장하며 주의 날을 준비하고 있다. 그러나 이것에 근거하여 하나님을 우리에게 부당한 노역을 시키는 독재자로 이해하는 것은 부당하다. 오히려 우리를 위한 최고의 배려가 그 배후에 은밀하게 작용하고 있음을 읽어내야 한다. 하나님의 지혜는 너무도 깊고 오묘해서 측량을 불허한다.

<blockquote>
⁴유다가 올라갔다 여호와께서 가나안 족속과 브리스 족속을
그들의 손에 넘기시니 그들이 베섹에서 만 명을 제거했다
</blockquote>

시므온은 유다의 제안을 수락하고 함께 전쟁터로 올라갔다. 그런데 시므온

의 이름은 사라지고 유다가 올라간 것으로 기록되어 있다. 이는 시므온 지파의 소멸이 아니라 그들이 유다 지파처럼 간주되고 있음을 나타낸다. 이는 같은 뜻을 가지고 같이 행동하면 비록 지파가 달라도 하나가 됨을 보여준다. 그리스도 안에서 하나님의 동일한 뜻과 동일한 마음을 가지고 동일한 방향으로 걸어가는 모든 형제들과 자매들은 하나의 몸으로 간주된다. 하나님은 유다의 손에 가나안 족속과 브리스 족속을 "넘기셨다"(וַיִּתֵּן). 그 결과 유다가 자신에게 분배된 지역인 베섹에서 만 명을 정복했다. 성경은 "넘기셨다" 단어를 다시 사용한다. 첫 번째 넘기심은 은혜의 예언이고 두 번째 넘기심은 순종의 성취이다. 전쟁의 모든 승리는 하나님의 넘기심에 의존한다. 하나님의 넘기심이 없으면 우리에게 넘어옴도 없다. 이는 전쟁이 여호와께 속한 것이기 때문이다. 참새 한 마리도 하나님의 허락 없이는 떨어짐이 없다. 하물며 만 명의 사람들이 바닥에 쓰러지는 승리가 어찌 하나님의 허락 없이 일어날 수 있겠는가! 동시에 우리는 우리의 군사력이 아니라 하나님의 넘기심을 믿고 올라가야 한다. 그것은 우리 편에서의 순종이다. 이런 방식으로 하나님은 일하신다.

이 땅에서 살아가는 모든 날이 전쟁이다. 인생이 곧 전쟁이고 전쟁이 곧 인생이다. 성도의 인생은 믿음의 선한 싸움이다. 이런 인생에게 최고의 복음은 무엇인가? 우리에게 사령관이 있다는 사실이다. "너희는 이 큰 무리로 말미암아 두려워 하거나 놀라지 말라 이 전쟁은 너희에게 속한 것이 아니요 하나님께 속한 것이니라"(대하 20:15). 하나님이 우리를 지휘하며 이끄신다. 우리가 불의로 치우치고 거짓에 결탁의 부끄러운 손을 뻗으려는 유혹의 순간에도 하나님은 반듯한 공의의 판단을 내리시고 신속하게 명하신다. 우리는 그 판단과 명령에 어떠한 의구심과 망설임도 없이 그냥 순종하면 된다. 그러면 주께서 승리를 이루시고 그 승리를 우리에게 넘기신다. 한 시대가 통째로 불의의 물살에 휩쓸리는 상황 속에서도 하나님은 의의 노를 저으시며 우리를 시대에 역류하는 인생으로 이끄신다. 그런 시대에도 정의를 강물처럼, 공의를 하수처럼 흐르게 하는 게 가능하다.

5또 베섹에서 아도니 베섹을 발견했고 그를 대항하여 싸웠고
가나안 족속과 브리스 족속을 무찔렀다 6아도니 베섹이 도망치자
그들은 그를 쫓아가서 잡아 그의 엄지 손가락과 엄지 발가락을 절단했다

유다는 공격할 때에 적의 사령관을 잡으려고 했다. 대장을 제압하는 것은
전쟁에서 최소의 에너지를 써서 승리할 수 있는 비결이기 때문이다. 이는
"사람이 먼저 강한 자를 결박하지 않고는 그 강한 자의 집에 들어가 세간
을 강탈하지 못한다"(막 3:27)고 말씀하신 예수님도 동의하는 병법이다. 왕
을 찾던 유다는 베섹에서 아도니 베섹을 발견했고 그와 전투를 벌였으며
결국 가나안 족속과 브리스 족속을 일거에 무찔렀다. 하나님이 유다의 손
에 넘기시고 이끄신 전투의 승리는 이렇게 깔끔하다. 판세가 뒤집히는 일
없이 그냥 유다가 대세였다. "번개"라는 의미를 가진 베섹(בֶּזֶק) 전투는 유
다의 신속한 완승이다. 그리고 여호수아 이후로 첫 번째 승리였기 때문에
이스라엘 백성의 뇌리에 새겨졌다. 이후에 왕으로 등극한 사울은 암몬의
도발 소식을 듣고 하나님의 영에 크게 감동되어 전의를 불태우며 사사시
대 첫 승리를 거둔 베섹에 이스라엘 군대를 소집할 정도의 명소로 기념된
다(삼상 11:8).

유다에게 패한 베섹의 왕 아도니 베섹은 도주를 시도했다. 자신의 백성
과 군인들이 죽는데도 자신은 살겠다는 이기적인 지도자의 모습이 엿보인
다. "아도니 베섹"(אֲדֹנִי־בֶזֶק)의 의미는 "베섹의 주인"이다. 그러나 구약과
신약은 "땅과 거기에 충만한 것이 주의 것"이라고 선언한다(시 24:1, 고전
10:26). 땅은 주님의 소유이며 주님의 "발판"이다(사 66:1). 이 사실을 믿는 유
다는 베섹 땅을 다 차지할 것이라는 욕망이 그 이름의 의미를 장악하고 있

는 아도니 베섹을 쫓아가서 생포했다. 그런데 그 왕에게 특이한 형벌을 가하였다. 그의 엄지 손가락과 엄지 발가락을 절단했다. 엄지 손가락의 절단은 싸우지 못하게 하는 조치였고, 엄지 발가락의 절단은 도망가지 못하게 하는 조치였다. 그러나 신체의 일부를 잘라내는 잔인한 방법 외에도 싸움과 도주의 방지책은 얼마든지 있었을 텐데, 왜 하필 그렇게 한 것일까? 그 이유는 아도니 베섹의 당돌한 자백에서 확인된다.

⁷아도니 베섹이 말하였다 "엄지 손가락과 엄지 발가락이 잘린 칠십 명의 왕들로 내 상 아래에서 주워 먹게 하였더니 내가 그들에게 행한 대로 신들이 나에게 갚았구나" 그들이 그를 예루살렘으로 데려가 거기에서 그를 죽였더라

아도니 베섹은 70명의 왕들에게 몹쓸 짓을 저질렀다. "70"이라는 숫자에서 보듯이 가나안 땅에서는 지속적인 내전이 마치 일상처럼 벌어지고 있었다는 매튜 헨리의 해석은 타당하다. 아도니 베섹은 그 왕들의 엄지 손가락과 엄지 발가락을 잘랐으며 그들로 하여금 밥상 아래에서 던져진 부스러기 음식을 주워 먹게 하였다고 고백한다. 요세푸스 경우에는 엄지만이 아니라 손과 발 전체를 잘랐다고 이해한다. 어떤 학자는 "줍다"(לָקַט)라는 단어가 이 문맥 속에서는 "혀로 핥아서 올린다"는 뜻이라고 주장한다. 이는 아도니 베섹의 잔혹한 행위를 강조하는 해석이다. 70명의 왕들은 전쟁에서 패한 것도 죽을 맛인데 마치 개처럼 밥상 밑에 떨어진 더러운 것을 혀로 핥아서 먹는 것은 그들에게 죽는 것보다 더 큰 수치였을 것임에 분명하다. 죽음의 문턱에서 아도니 베섹은 참 솔직하다. 아니 뻔뻔하다. 자신이 저지른 비열한 짓을 대놓고 떠벌리기 때문이다.

그의 뻔뻔함은 여기에 그치지 않고 한 걸음 더 나아간다. "내가 그들에게 행한 대로 신들이 나에게 갚으셨다." 여기에서 "신들"(אֱלֹהִים)은 당시 신

화의 시대에 각 족속들이 믿었던 잡신들일 가능성이 높다. 아도니 베섹은 비록 여호와 하나님을 알지는 못하지만 인간의 본성에 담긴 종교성이 있었고 공평과 정의를 행하시는 어떤 절대자가 있다는 사실을 감지하고 있다. 그러나 신들의 존재를 의식하고 있고 그 신들이 "동일한 피해에 대해서는 동일한 피해로 갚는다"는 "탈리오의 법칙"(lex talionis) 즉 동해 보상법 혹은 동해 보복법을 시행하고 있음을 알고도 자신의 악행을 중단하지 않고 무려 70명의 왕들에게 잔인한 행동을 행했다는 것은 인간이 가질 수 있는 뻔뻔함의 극치를 보여준다. 그럼에도 불구하고 사사기 저자는 이방 신들에 대한 아도니 베섹의 고백을 통해 유일하신 하나님의 공의가 온 세상 곳곳에서 숨쉬고 있음을 은근히 드러낸다. 하나님의 공의로운 섭리에 대해 야고보는 이렇게 고백한다. "긍휼을 행하지 아니하는 자에게는 긍휼 없는 심판이 있으리라"(약 2:13).

사람은 절명의 순간에 대체로 신에 대한 감지력을 더욱 강하게 발휘한다. 물론 절명의 순간에도 힘껏 거부하는 사람들이 있다. 하지만 심은 대로 거두고 행한 대로 갚아지는 순리에 대해서는 어느 시대이든 모두가 수긍의 고개를 끄덕인다. 이 순리는 우연이나 자연의 법칙처럼 보이지만 사실은 늘 보이지 않도록 스스로를 숨기시는 하나님의 은밀한 손길이다. 하나님의 손이 길을 내면 다양한 종류의 순리가 형성된다. 여기에서 우리는 하나님을 인정하는 사람들이 이 순리를 거부하는 우를 범한다는 점을 우려해야 한다. 공부해야 알고 일해야 번다는 지극히 상식적인 순리를 무시하고 종교적인 요행을 바라는 사람들은 순리를 만드시고 붙드시는 하나님을 무시하는 자들이다. 그런데 척결의 대상인 아도니 베섹도 이 순리를 인정했다. 그래서 자신이 직면한 재앙과 비극은 신들의 손이 행하는 일이라고 이해했다. 알고도 악행을 서슴지 않고 지속한 뻔뻔함이 있었지만 신적인 공의가 보이지 않는 강물처럼 세상에 흐르고 있음을 그는 인정했다. 성도는 범사에 더욱 하나님을 인정해야 한다. 범사에 성실하고 진실하고 배려하고 양보해야 한다. 그렇게 하여 온 세상을 다 품어내는 우주적인 가슴을 소유해야 한다. 그렇지 않고 종교적인 이기심을 악취처럼 이웃에게 뿜어내면 온 세상의 멸시와 조롱이 마치 보응처럼 돌아온다. 하나님의 공의가 온 세상에서 조용하게 역동하고 있기 때문이다.

적잖은 사람들이 구약에서 이스라엘 백성에 의한 가나안 정복을 제국주의식의 잔인한 살육으로 이해한다. 과연 그러한가! 아도니 베섹은 신들의 공평과 정의를 알았지만 결국 예루살렘으로 끌려가 그곳에서 죽음을 맞이했다. 그가 70명의 왕을 잔혹하게 대한 것은 70개의 왕국을 유린하고 조롱한 일이었다. 진실로 아도니 베섹은 가나안 땅의 질서를 파괴하고 짓밟았다. 유다가 이토록 잔인한 폭력과 야비한 불법과 사악한 불의의 화신을 제거하여 하나님의 공의를 이루고 그 땅의 건강한 질서를 회복한 것은 가나안 거민들이 보기에도 합당한 일이었다. 그러나 유다는 아도니 베섹을 응징하되 밥상 아래에서 떨어지는 음식을 개처럼 핥아 먹게 만드는 잔인한 짓까지 그에게 되돌려 주지는 않았는데 이는 그가 신의 공의를 인지하고 고백한 것으로 충분했기 때문이다. 하나님의 공의를 명분으로 징계의 적정선을 넘어 흉내도 내지 말아야 하는 잔혹한 행위까지 저지르는 것을 교회는 경계해야 한다. 유다에게 분배된 예루살렘, 그곳은 가나안의 한 도시였다. 불의와 거짓과 폭력과 음행으로 채워진 곳이었다. 그러나 이제 그곳은 유다가 정복했다. 하나님의 나라로 변하였다. 약속의 땅은 지리적인 장소가 아니라 하나님의 언약이 실현되는 곳, 하나님의 통치가 구현되는 곳, 인생의 무질서가 하나님의 뜻이라는 질서로 대체되는 곳을 의미한다. 그곳은 절대자의 공의를 알고는 있지만 삶으로는 역행하는 아도니 베섹 같은 사람들의 무덤이다.

8유다 자손이 예루살렘을 공격하고 점령했다

그들은 칼끝으로 그 성읍을 치고 불살랐다 9후에 유다 자손은 내려가서

산지와 남방과 평지에 거주하는 가나안 족속과 싸웠더라

유다는 불법이 횡행하던 예루살렘 도시를 공격하여 점령했고 죽이고 불태웠다. 이후에 유다는 자신에게 분배된 땅을 차지하기 위해 북으로 올라갔다. 이제는 산지와 남방과 평지로 내려가 그곳에 거주하는 가나안 족속을 무찔렀다. "산지"는 사해 서쪽에 위치한 지역이고, "남방"은 사해 아래쪽에 위치한 가나안 땅의 남쪽 지역이고, "평지"는 지중해 연안과 산지 사이에 위치한 저지대를 가리킨다. 이처럼 유다가 치뤄야 하는 전투의 범위는 방대하다. 유다에게 분배된 땅은 가장 넓기 때문에 그곳을 정복하기 위해서는 그만큼 남들보다 더 많은 수고가 필요하다.

본문에서 유다에 의한 예루살렘 정복의 방식이 다소 과해 보이는 것도 사실이다. 적당히 정복하고 적당히 이용해도 문제가 없을 것 같은데 왜 이토록 집요하게 공격하고 점령하고 죽이고 태우는가? 이것은 가나안의 사회적인 질서를 회복하는 것보다 더 중요한 것으로서 영적인 이유 때문이다. "이는 그들이 그 신들에게 행하는 모든 가증한 일을 너희에게 가르쳐 본받게 하여 너희가 너희의 하나님 여호와께 범죄하게 할까 함이니라"(신 20:18). 유다는 하나님의 명령을 따라 가나안의 영적인 무질서와 윤리적인 부패가 한 조각도 남지 않도록 모조리 제거하려 했다. 가나안 족속의 철저한 진멸은 에누리 없는 개혁의 화끈한 방식이다. 이는 그 땅을 완전히 새로운 하나님의 나라로 만들기 위함이다. 어중간한 개혁은 부패의 시대로 돌아갈 불씨로 작용하기 쉽다. 그래서 개혁은 신속하고 확실하고 온전해야 한다.

유다의 예루살렘 정복이 의미하는 바는 무엇인가? 예루살렘의 문자적인 의미는 "평화의 터전"이다. 시인은 이곳을 하나님이 "영원히 쉴 곳"이라고 노래한다(시 132:14). 그곳은 안식의 터전이다. 스가랴는 이렇게 기록한다. "여호와가 이같이 말하노라 내가 시온에 돌아와 예루살렘 가운데에 거

하리니 예루살렘은 진리의 성읍이라 일컫겠고"(슥 8:3). 그곳은 하나님이 거하기를 원하시는 진리의 성읍이다. 하나님은 자기 백성도 이곳으로 데려올 것이라고 한다. "예루살렘 가운데에 거주하게 하리니 그들은 내 백성이 되고 나는 진리와 공의로 그들의 하나님이 되리라"(슥 8:8). 그들은 나의 백성, 나는 그들의 하나님이 되신다는 것은 신약과 구약을 관통하고 성경의 시작과 끝을 이어주는 언약의 총화이다. 인류의 역사, 구속의 역사, 하나님의 섭리 전체가 추구하는 하나님 나라의 완성이 성취되는 곳은 바로 예루살렘 땅이었다. 예루살렘은 하나님이 거하시는 곳이기 때문에 그곳에 거하는 "모든 사람은 거룩하다 칭함"을 받을 것이라고 이사야는 기록한다(사 4:3). 예루살렘은 하나님의 임재를 의미한다. 하나님의 나라를 의미한다. 평화와 진리와 안식의 터전이다. 장차 이곳에 하나님의 거룩한 성전이 세워지고 이 성전을 중심으로 이스라엘 백성은 살고 역사도 이 성전을 중심으로 흘러가게 된다. 그 이유는 유다의 계보에서 오실 메시아 때문이다.

그 메시아는 예루살렘이라는 비유의 실체이며 참된 평화는 그로 말미암아 온 세상에 편만하게 된다. 하나님은 그리스도 안에서 열방의 하나님이 되시고, 열방은 그리스도 안에서 그의 백성이 되기 때문이다. 영적인 예루살렘 땅은 그리스도 자신이다. 그는 죄가 전혀 없으시고 완전하게 거룩하신 분이시다. 그분을 가리키는 예루살렘 땅에는 단 한 조각의 불경건과 부도덕도 남아있지 않도록 완전히 제거해야 한다. 그래서 그 땅에는 전쟁이 발발하고 살육이 일어나고 불태움이 발생한다. 이것은 살육이 아니고 잔혹함이 아니고 거룩한 백성을 위하고 거룩하신 하나님을 위한 지극히 거룩한 사명의 실행을 의미한다. 죄의 어떠한 잔재나 흔적도 없이 완벽하게 거룩한 땅에만 진정한 평화가 주어진다. 동전의 양면처럼 전쟁과 평화는 그렇게 공존한다. 평화의 관문은 전쟁이다. 개개인도 하나님의 평화를 누리고 싶다면 자기 자신과 처절하게 전투해야 한다. 자아라는 적을 매 순간 제거하지 않으면 진정한 평화는 주어지지 않기 때문이다. 죄는 어떠한 모양도 허락하지 말고 제거하며 죄는 그 이름도 부르지 않도록 철저히 경계해야 한다. 그래서 일평생 항상 매순간 전투해야 한다. 죄악된 자아는 무덤에 들어갈 때까지 내 안에 서식하기 때문이다.

본문은 우리에게 하나님의 말씀이 우주의 질서라는 것과 하나님의 약속이 역사의 흐름을 주도하고 있음을 가르친다. 야곱이 12지파에게 한 예언은 각 지파의 역사가 되고 여호수아 중심으로 이루어진 약속의 땅 정복은 그 예언의 실행이다. 그 과정에서 리더의 자리에 선 유다 지파는 이제 그리스도 예수를 구약의 시대에도 보다 선명하게 보여주는 계시의 손잡이를 움켜쥐고 섬김과 겸손의 희생적인 리더십을 발휘한다. 하나님의 말씀은 한 마디도 그냥 땅에 떨어짐이 없고 헛되이 그에게로 돌아가지 않고 하나님의 기뻐하신 뜻을 이룬다는 이사야의 기록(사 55:11)은 사사기의 서두에 언급된 일에서도 분명히 확인된다.

그리고 본문은 하나님의 뜻이 하나님의 때에 성취되는 것처럼, 하나님의 사람도 자신의 시대에 때를 따라서 특정한 분야에서 리더로서 섬겨야 함을 가르친다. 유다는 비록 아버지 야곱에 의해 "통치자의 지팡이가 그 발 사이에서 떠나지 아니"할 것이라는 예언을 들었지만 서두르지 않고 기다렸다. 통치자의 지팡이를 쥐고 사용해야 할 때가 예언된 때(B.C. 1858)로부터 여호수아 죽음(B.C. 1390)까지 무려 468년이나 지난 이후였다. 한 세대만이 아니라 많은 세대가 지난 이후에 성취되는 예언도 있다는 사실을 알고 우리는 긴 호흡으로 인내하며 예언의 성취를 믿음으로 기다려야 한다. 물론 긴 역사만이 아니라 한 사람의 짧은 일대기 속에서도 하나님의 공평과 정의는 반드시 성취된다. 우리는 하나님의 예언인 성경의 모든 말씀이 인생의 질서가 되도록 붙들어야 한다. 붙드는 방법은 질문이다. 하나님께 날마다 매 순간 일평생 질문하며 하나님의 답변을 구하고 우리에게 넘기신 그 답변을 살아내는 삶, 즉 순종으로 그 답변을 넘겨받는 삶을 살아가야 한다. 하나님이 넘겨 주셨다는 약속은 이미 우리의 밥그릇에 밥이 들어 있는 상황과 동일하다. 그런데도 순종의 숟가락을 들어 먹으려고 하지 않고 그 밥을 방치한다. 참 게으르다. "게으른 자는 자기의 손을 그릇에 넣고서도 입으로 올리기를 괴로워 하느니라"(잠 19:24).

삿 1:10-21

¹⁰유다가 또 가서 헤브론에 거주하는 가나안 족속을 쳐서 세새와 아히만과 달매를 죽였더라 헤브론의 본 이름은 기럇 아르바였더라 ¹¹거기서 나아가서 드빌의 주민들을 쳤으니 드빌의 본 이름은 기럇 세벨이라 ¹²갈렙이 말하기를 기럇 세벨을 쳐서 그것을 점령하는 자에게는 내 딸 악사를 아내로 주리라 하였더니 ¹³갈렙의 아우 그나스의 아들인 옷니엘이 그것을 점령하였으므로 갈렙이 그의 딸 악사를 그에게 아내로 주었더라 ¹⁴악사가 출가할 때에 그에게 청하여 자기 아버지에게 밭을 구하자 하고 나귀에서 내리매 갈렙이 묻되 네가 무엇을 원하느냐 하니 ¹⁵이르되 내게 복을 주소서 아버지께서 나를 남방으로 보내시니 샘물도 내게 주소서 하매 갈렙이 윗샘과 아랫샘을 그에게 주었더라 ¹⁶모세의 장인은 겐 사람이라 그의 자손이 유다 자손과 함께 종려나무 성읍에서 올라가서 아랏 남방의 유다 황무지에 이르러 그 백성 중에 거주하니라 ¹⁷유다가 그의 형제 시므온과 함께 가서 스밧에 거주하는 가나안 족속을 쳐서 그 곳을 진멸하였으므로 그 성읍의 이름을 호르마라 하니라 ¹⁸유다가 또 가사 및 그 지역과 아스글론 및 그 지역과 에그론 및 그 지역을 점령하였고 ¹⁹여호와께서 유다와 함께 계셨으므로 그가 산지 주민을 쫓아내었으나 골짜기의 주민들은 철 병거가 있으므로 그들을 쫓아내지 못하였으며 ²⁰그들이 모세가 명령한 대로 헤브론을 갈렙에게 주었더니 그가 거기서 아낙의 세 아들을 쫓아내었고 ²¹베냐민 자손은 예루살렘에 거주하는 여부스 족속을 쫓아내지 못하였으므로 여부스 족속이 베냐민 자손과 함께 오늘까지 예루살렘에 거주하니라

❖ ❖ ❖

¹⁰그리고 유다는 나아가서 헤브론에 거주하는 가나안 족속과 싸웠고 세새와 아히만과 달매를 죽였더라 헤브론의 옛 이름은 기럇 아르바다 ¹¹그(유다)는 거기에서 드빌의 주민들을 향해 나아갔다 드빌의 이름은 기럇 세벨이다 ¹²갈렙이 "기럇 세벨을 공격하여 점령하는 자에게는 내 딸 악사를 아내로 주리라"고 말하였다 ¹³이에 갈렙의 아우 그나스의 아들인 옷니엘이 그곳을 점령했기 때문에 갈렙이 그의 딸 악사를 그에게 아내로 주었더라 ¹⁴그녀는 그녀의 아버지께 나아가서 구슬리며 밭을 요구했다 그녀가 나귀에서 내릴 때 갈렙이 그녀에게 말하였다 "네가 무엇을 원하느냐?" ¹⁵그녀가 그에게 말하였다 "나에게 복을 주십시오 남방의 땅을 내게 주셨으니 그 샘물들도 나에게 주십시오" 갈렙이 윗쪽 샘들과 아랫쪽 샘들을 그녀에게 주었더라 ¹⁶모세의 장인이 속한 겐 족속의 후손은 유다 자손과 함께 종려나무 성읍에서 올라와 아랏 남방에 위치한 유다의 황무지로 내려가서 그 백성과 함께 머무른다 ¹⁷유다가 그의 형제 시므온과 함께 가서 스밧에 거주하는 가나안 족속을 쳐서 그곳을 진멸했다 그 성읍의 이름을 호르마라 칭하였다 ¹⁸그리고 유다는 가사와 그 일대, 아스글론과 그 일대, 에그론과 그 일대를 점령했다 ¹⁹유다는 여호와가 그와 함께 계셨기에 산지를 차지했다 그러나 골짜기의 주민들은 그들에게 있는 철 병거 때문에 그가 정복하지 못하였다 ²⁰모세가 약속한 헤브론을 그들이 갈렙에게 주었더니 그가 그곳에서 아낙의 세 아들을 내쫓았다 ²¹베냐민 자손은 예루살렘에 거주하는 여부스 족속을 쫓아내지 못하여서 여부스 족속이 오늘까지 베냐민 자손과 함께 예루살렘 안에 거주하고 있다

승리의 열쇠

¹⁰그리고 유다는 나아가서 헤브론에 거주하는 가나안 족속과 싸웠고
세새와 아히만과 달매를 죽였더라 헤브론의 옛 이름은 기럇 아르바다

유다의 가나안 정복은 계속된다. 이제 그들은 헤브론을 점령한다. 그런데
이 대목에서 사사기 저자는 여호수아 15장 이야기를 가져와서 살짝 변경
한다. 이는 사사기가 시간의 순서가 아니라 사건의 신학적 연관성을 따라
기록된 문서임을 암시한다. 여호수아 15장에서 헤브론을 점령하고 그곳에
거주하던 "세세와 아히만과 달매"를 제거한 사람은 갈렙이다. 그러나 사사
기 1장은 갈렙이 아니라 유다 지파라는 보다 넓은 범위를 정복의 주체로
설정한다. 한 개인 갈렙이 아니라 유다를 지파의 차원에서 역사의 무대에
세우려는 저자의 의도가 엿보인다. 여호수아 15장은 갈렙이 쫓았다(יָרַשׁ)
고 하고, 사사기 1장은 유다가 죽였다(נָכָה)고 하는 세세와 아히만과 달매
는 "아낙의 소생"이다. 아낙은 거인족의 조상이다(민 13:22, 신 2:10). 기골이
장대한 아낙 족속이라 할지라도 가사와 가드와 아스돗을 제외한 모든 곳

에서 이미 여호수아에 의해 진멸을 당하였다(수 11:22). 이제는 헤브론에 거주하던 아낙 자손도 갈렙이 지휘하는 유다에 의해 진멸되고 헤브론은 유다의 거주지가 된다. 아낙 자손의 기골이 아무리 장대해도 하나님의 약속을 믿고 그의 이름으로 나가 싸우면 반드시 승리한다. 이는 영적 전쟁의 정석이다.

"교통 혹은 연합"이란 의미를 가진 "헤브론"(חֶבְרוֹן)은 유서가 깊은 성읍이다. 헤브론은 아브람이 롯까지도 포함된 친척과 본토를 떠나 처음으로 거주하며 "여호와를 위하여 제단을 쌓았"던 역사적인 성읍이다(창 13:18). 또한 이후에 다윗이 유다 사람들에 의해 왕위에 오르고 7년 동안 통치하는 이스라엘 수도로서 지정된 역사적인 성읍이다(삼하 2:4, 11). 여호수아 시대에 그곳의 이름은 "기럇 아르바"(קִרְיַת אַרְבַּע) 즉 아낙의 아버지인 "아르바의 도시"였다(수 15:13). 그러나 사사기 저자는 "헤브론"을 주된 호칭으로 사용한다. 이는 유다가 헤브론을 점령한 것이 하나님과 아브라함 사이의 언약적 교통 이후에 이루어진 하나님과 이스라엘 백성의 새로운 "연합"임을 나타내기 위함이다. 헤브론 정복은 땅의 정복이 아니라 하나님과 이스라엘 백성 사이의 관계적인 땅이라고 할 "연합"의 회복이다. 그곳은 믿음의 조상에게 주신 언약의 땅을 그 후손이 정복하여 하나님과 다시 연합을 이룬 곳이기 때문이다.

헤브론을 정복한 갈렙은 누구인가? "그나스 사람 여분네의 아들"(민 32:12, 수 14:14)이다. 갈렙의 아버지 여분네는 그나스 사람이다. 성경에서 그나스는 하나님이 아브람과 더불어 언약을 세우며 주시기로 한 약속의 땅에 거주하는 여러 족속들 중의 하나로 언급되고, 에서의 자손 중에서도 "그나스 족장"의 이름이 거명된다(창 15:19, 36:15). 그렇다면 갈렙은 누구인가? 가나안 땅의 이방인 출신인가 아니면 에서의 핏줄인가? 나는 아니라고 생각한다. 이는 창세기에 언급된 그나스와 갈렙 자신 그리고 그의 아버지 여분네 사이의 혈통적인 관계를 보여주는 증언이 전혀 없기 때문이다. 그런데도 연관성이 있다고 한다면 그것은 동일한 단어에 근거한 추정에 불과하다. "그나스 혹은 그니스"는 가나안 땅의 한 족속이나 에서의 후손만이 아니라 야곱의 후손도 얼마든지 사용할 수 있는 흔한 이름이다. 이름의 같음이 혈통적 관계를 증명하는 것은 아님을 유념하자. 성경이 의심하지 않으면 우리도 의심하지 말고, 성경이 강조하는 것은 우리도 강조하고, 성경이 명확하게 말하면 그 말씀을 명확하게 믿자. 머리에 출입하는 호기심을 무조건 존중하지 말고 그 호기심의 건강을 검진하자.

갈렙의 족보는 역대상 4장에 명확하게 기록되어 있다. 그 계보에는 유다로 시작되는 유다 지파의 족보 가운데에 그나스가 등장하고 이후에 여분네의 아들 갈렙의 이름이 등장하고 갈렙의 자손 중에도 그나스의 이름이 다시 등장한다(대상 4:13-15). 그나스는 또한 갈렙의 아우 이름으로 쓰이기도 한다(삿 1:13). 이 기록에 의하면, 갈렙은 분명한 유다 지파 출신이다. 그렇기 때문에 전쟁의 지도자를 선발할 때에 유다 지파에서 나손을 택한 모세가(민 1:7) 가나안 땅을 분배할 지도자를 선발할 때에는 동일한 유다 지파에서 갈렙을 택하였다(민 34:18-19). 너무도 명확한 기록의 내용이다. 성경의 복잡한 부분을 해석할 때에는 이렇게 명확한 구절에 근거하여 이해하는 것이 성경 해석학의 정석이다. 이런 해석학의 관점에서 볼 때, 갈렙은 에서의 후손도 아니고 이방 사람도 아닌 유다 지파이며 가나안 땅을 실제로 정복하고 분배한 리더였다.

갈렙은 모세를 통하여 하나님의 언약을 받은 사람이다. 그래서 헤브론 정복은 언약의 성취를 보여주는 대표적인 사건이다. "네 발로 밟는 땅은 영원히 너와 네 자손의 기업이 되리라"(수 14:9). 무엇이든 원하는 대로 구하라고 하신 예수님의 약속(요 15:7)과 유사한 하나님의 이 언약을 갈렙은 기억하고 있다. 그래서 그는 여호수아에게 하나님이 자기에게 "말씀하신 이 산지를 지금 내게 주소서"(수 14:12)라고 요청했다. 헤브론이 "갈렙의 기업"이 되어 이때까지 이른 이유는 "여호와 하나님을 온전히 좇았기 때문이다"(수

14:15). 갈렙은 여리고로 파견된 12명의 정탐꾼들 중에 있었으며 하나님의 약속을 믿고 언약의 관점에서 믿음의 눈으로 그 땅을 정탐하며 과연 하나님의 말씀처럼 젖과 꿀이 흐르는 땅이라고 이해했고 모세 앞으로 나아가 이스라엘 백성에게 이렇게 주장했다. "우리가 곧 올라가서 그 땅을 취하자 능히 이기리라"(민 13:30). 이것이 바로 갈렙이 하나님을 온전히 따른 내용이다. 헤브론은 갈렙이 언약의 발걸음을 내디디고 믿음의 깃발을 꽂아서 정복한 땅이었다. 사사기 저자는 여호수아 14장과 15장에 기록된 내용을 다시 언급하며 이런 언약의 성취를 기억나게 한다. 유다의 헤브론 정복에 대한 이 기록은 이스라엘 백성에 의한 가나안 정복이 그 백성의 강한 군사력에 근거하여 영토를 넓히고 식민지를 얻으려는 제국주의 정신의 발현이 아니라 하나님의 언약에 근거한 역사의 진보라는 사실을 가르치기 위한 교훈이다. 하나님의 약속은 반드시 성취된다. 그 땅에 버티고 있는 강하고 장대한 아낙 자손이라 할지라도 이 약속을 방해하지 못하는 이유는 하나님이 친히 자신의 약속을 이루시기 위해 일하시기 때문이다.

11그(유다)는 거기에서 드빌의 주민들을 향해 나아갔다 드빌의 이름은 기럇 세벨이다 12갈렙이 "기럇 세벨을 공격하여 점령하는 자에게는 내 딸 악사를 아내로 주리라"고 말하였다 13이에 갈렙의 아우 그나스의 아들인 옷니엘이 그곳을 점령했기 때문에 갈렙이 그의 딸 악사를 그에게 아내로 주었더라

헤브론을 정복한 이후에 유다는 드빌로 이동한다. 드빌의 옛 이름은 "책들 혹은 기록의 도시"라는 의미를 가진 "기럇 세벨"(קִרְיַת־סֵפֶר)이다. 이곳은 학자들이 많았거나 도서관 혹은 문서 보관소가 있던 도시로 추정된다. 이 도시의 정복과 관련하여 갈렙은 아주 특이한 공약을 제시한다. 즉 이 도시를 점령하는 자에게 자신의 딸을 주겠다고 한다. 갈렙의 조카인 옷니엘이 그

곳을 점령했기 때문에 갈렙의 약속을 따라 악사가 그에게 아내로 주어졌다. 딸의 운명을 아버지가 좌우하는 듯한 이 제안은 누가 보아도 과도한 가부장적 발상처럼 보이는 게 사실이다. 여성의 지위가 심히 낮았던 고대의 사회적인 분위기가 반영된 것인지도 모르겠다. 갈렙의 딸 "악사"의 이름은 장식용 "팔찌 혹은 발목 고리"를 의미한다. 그 이름의 의미처럼 한 여인이 장신구 취급을 받은 사건이다. 딸을 어떤 공적의 보상으로 제시하는 것의 의미는 무엇인가? 이 제안은 과연 남성과 여성의 동등한 존엄성에 대한 고대의 도덕적 민도가 낮았기 때문인가? 어느 정도는 맞다고 생각한다.

그러나 그런 시대의 문화적인 한계 속에서도 갈렙은 딸의 인격을 결코 무시하지 않고 자유로운 선택의 권한을 박탈하지 않는 인격적인 모습을 보여준다. 당시 갈렙은 85세의 노인이다. 전쟁의 최전선에 나아가 정복의 무거운 칼을 휘두를 수 없는 연령이다. 그래서 용사가 필요했다. 사실 그에게는 아들들이 많았는데 그들 중에는 용사감이 없었기 때문일까? 아니면 자신의 자식들은 아끼고 다른 자식은 아끼지 않아서 전쟁터에 보내려는 갈렙의 야비한 속셈 때문일까? 둘 다 아닐 가능성이 높다. 갈렙은 자신의 가족만 위하지 않고 공동체 전체를 위하는 유다 지파의 리더였다. 하지만 나이가 많아 이제는 젊은 후계자를 양성해야 할 시점이다. 그에게는 비록 많은 아들들이 있었지만 그들에게 권력을 세습할 욕망의 싹을 작심하고 자르려는 듯 그들의 여동생 악사를 보상으로 제시한다. 아들들이 도전할 기회를 아예 차단하는 제안이다. 이런 방식으로 갈렙은 리더십 계승의 기회를 유다의 모든 청년에게 제공한다.

그리고 고대 사회에서 딸의 배우자를 고르는 것은 부모의 몫이었다. 권리이자 의무였다. 더군다나 가나안 땅에 다양한 족속들이 살고 있어서 검증되지 않고 경건하지 않은 신랑감 후보들이 도처에 산재해 있는 상황이다. 하나님은 자기 백성이 이방 사람들과 통혼하는 것을 금하셨다(신 7:3). 악사에 대한 갈렙의 배우자 선발은 하나님 앞에서의 신앙적인 행위로 보아도 무방하다. 갈렙은 사위의 자질로서 전쟁의 긴박한 문맥에서 유다 지파를 통솔할 수 있는 리더십을 요구하고 있다. 과거의 화려한 스펙이 담긴 서류를 요구하지 않고 정복의 실천적인 검증을 요구한다. 악사 편에서 보더라도 아버지의 이러한 제안은 그리 나쁘지 않은 일이었다. 아버지의 지도력을 계승할 정도로 실질적인 능력을 갖춘 남성이 자신의 남편이 되는 것은 영예의 근거이고 행복의 첩경이기 때문이다. 그리고 어떠한 청년이 드빌을 점령한다 할지라도 유다 지파의 리더십은 갈렙에게 있는 많은 아들들이 아니라 악사의 남편에게 주어질 것이기 때문에 그의 아내로서 악사는 그 섬김의 중심에 서는 것은 분명한 일이었다. 이런 관점에서 보면, 갈렙은 다른 아들보다 악사를 더 아끼고 사랑했을 가능성이 높다. 아버지의 제안과 처신에 대한 악사의 반응도 이러한 추정을 지지한다.

14그녀는 그녀의 아버지께 나아가서 구슬리며 밭을 요구했다 그녀가 나귀에서 내릴 때 갈렙이 그녀에게 말하였다 "네가 무엇을 원하느냐?" 15그녀가 그에게 말하였다 "나에게 복을 주십시오 남방의 땅을 내게 주셨으니 그 샘물들도 나에게 주십시오" 갈렙이 윗쪽 샘들과 아랫쪽 샘들을 그녀에게 주었더라

악사는 어떠한 불평도 없이 아버지의 제안을 수락했다. 그리고 옷니엘이 더빌을 정복하자 그녀는 그의 아내가 되었으며 동시에 아버지께 민첩하게 나아가 선물로서 복과 땅과 샘을 "요구한다"(שָׁאַל). 이 요구는 마치 자신에게 속한 유산의 지분을 부모에게 달라는 것과 유사하다. 고대의 이스라엘 사회는 부계를 따라 상속권을 아들에게 물려주는 것이 관례였다. 물론 모세가 므낫세 지파에게 속한 슬로브핫 딸들에게 같은 지파의 땅 일부를 기업으로 준 일은 있었지만 이는 아들이 없었기 때문에 허용된 이례적인 일이었다(민 27:4-7).

이스라엘 사회가 표방하는 땅 상속의 원칙은 이러하다. "사람이 죽고 아들이 없으면 그의 기업을 그의 딸에게 돌릴 것이요 딸도 없으면 그의 기업을 그의 형제에게 줄 것이요 형제도 없으면 그의 기업을 그의 아버지의 형제에게 줄 것이요 그의 아버지의 형제도 없으면 그의 기업을 가장 가까운 친족에게 주어 받게 할지니라"(민 27:8-11). 그런데 악사의 경우에는 갈렙에게 여러 아들들이 있는데도 불구하고 상속의 이례적인 특혜가 그녀에게 주어지고 있다. 이 특혜는 딸이 먼저 요구했다. 이처럼 땅을 당당하게 요구하는 권리가 딸에게 주어져 있다는 점에서 우리는 악사를 어떤 남성에게 아내로 주겠다는 갈렙의 제안이 독재적인 가장의 처신이 아니라는 사실을 확인한다. 갈렙은 딸의 제안을 수락하되 한 걸음 더 나아가 줄만한 땅을 주겠다고 하지 않고 악사가 원하는 땅이 어디냐며 선택의 권한을 부여한다. 이처럼 갈렙은 딸을 재산의 하나로 취급한 것이 아니라 다른 누구보다 더 배려하고 존중했다. 갈렙은 딸이 요구한 "남방의 땅"과 그곳에 위치한 "샘물들," 즉 "윗쪽 샘들과 아랫쪽 샘들"을 악사에게 줬다.

본문에서 네 가지의 신학적 함의를 생각하고 싶다. 첫째, 하나님을 아는 지식의 위력이다. 악사 이야기는 하나님을 아는 지식이 아직 기억에 남아 있던 세대에는 사회의 제도와 문화가 아무리 낙후되어 있더라도 하나님의 백성은 다르게 살았음을 가르친다. 모든 사람의 인권이 공평하게 존중되지 않고 여성의 인권에 대해서는 더더욱 열악하고 무지했던 고대의 시대에도 하나님의 진리는 꺼지지 않는 빛이었고 그 빛을 품은 그의 백성은 별처럼 반짝였다. 지금도 불의와 불법이 대낮에 자행되고 있지만 그런 현상을 교회의 책임으로 통감하고 그런 어둠이 이 사회에 고개도 내밀지 못하도록 강력한 정의의 빛이 교회에서 반짝여야 한다. 이 사건을 사사기의 문맥에서 본다면, 자신의 딸을 존엄한 인격체로 대하는 갈렙은 이후에 입다가 자신의 딸을 승리의 제물로 바치게 된 사건과 심히 대조된다(삿 11:30-39).

둘째, 드빌 정복은 앞으로 발휘될 옷니엘의 지도력을 예시하고 있다. 이후에 그는 사사시대 최초의 가장 모범적인 사사로서 이스라엘 백성을 섬기며 40년간 평화의 시대를 이끌었다. 옷니엘의 지도력은 인간의 능력이 아니라 그 이름의 의미가 설명하고 있듯이 "하나님의 힘"이었다. 옷니엘은 여호수아 이후의 시대가 오직 하나님의 힘으로 살아가야 하는 때임을 가르치는 상징적인 인물이다. 본격적인 리더십을 계승하여 행사하기 전에 그는 사사기의 서두에서 인간의 힘이 아니라 하나님의 힘을 의지하는 이스라엘 용사의 모습으로 소개되고 있다.

셋째, 악사가 "나귀"를 타고 있다가 내렸다는 사실이다. 여성이 나귀를 탄 이야기는 사사기의 후반부에 다시 등장한다. 스스로 나귀에 타고 내리는 악사와는 달리, 후반부에 등장하는 여인은 인간에 의해 폭력과 살인을 당하여 타인에 의해 그녀의 죽음이 나귀의 등에 올려지고 땅에 내려진다(삿 19:28). 이 사건은 잔혹한 인간성의 증거이며 하나님을 아는 지식의 부재가 가져오는 비참하고 끔찍한 결과를 대변한다. 나귀를 탄 두 여인 이야기의 대비는 이처럼 하나님을 아는 지식의 중요성을 더욱 극명하게 드러낸다.

넷째, 악사는 하나님의 백성을 섬기는 사사에게 가장 잘 어울리는 지혜로운 여인이다. 믿음의 백성에게 가장 필요한 복과 땅과 샘을 구하였기 때문이다. "복"(בְּרָכָה)은 하나님이 믿음의 조상에게 약속한 복과 동일하다. 그 복은 지시할 약속의 땅에서 주어진다. 그리고 남방 지역은 대체로 사막이다. 그런 곳에서의 샘물은 곧 생존의 밑천이다. 이러한 것들의 요청으로 남편을 보필하는 지혜로운 여인 악사는 다른 사사인 삼손을 배신하되 3번이나 죽이고자 했고 결국 하나님의 이름이 능욕을 당하게 만든 그의 아내 들릴라와 극명하게 대조된다(삿 16:4-21).

16모세의 장인이 속한 겐 족속의 후손은 유다 자손과 함께 종려나무 성읍에서 올라와 아랏 남방에 위치한 유다의 황무지로 내려가서 그 백성과 함께 머무른다 사사기 저자는 유다 지파 이야기에 모세의 장인이 속한 겐 족속의 후손에 대한 언급을 삽입한다. 모세를 언급하는 이유는 언약과 관계한다. 유다는 모세가 이스라엘 백성에게 전달한 언약을 보존하는 지파의 대명사로 활약하고 있다. 모세의 장인은 사위 모세의 리더십을 아주 가까운 거리에서 관찰하고 조언까지 한 사람이다. 모세는 장인에게 이스라엘 민족과의 동행을 제안한다. 아니 요청한다. 모세는 장인에게 "우리의 눈"이 될 것이라는 극찬과 함께 "우리와 동행하면 여호와가 우리에게 복을 내리시는 대로 우리도 당신에게 행할 것이라"(민 10:32)고 약속했다. 하늘에서 주어지는 복의 공동 수혜자가 될 것이라는 모세의 약속을 기억하는 겐 족속은 어떤 복을 선택할까? 그들은 모세의 언약이 보존되고 있는 유다 지파의 진영에 머물기로 한다. 유다 지파를 중심으로 믿음의 사람들이 뭉치는 분위기가 고조되고 있다. 사실 이러한 판단의 배후에는 겐 족속에 대한 성경의 예언이 있었음도 기억해야 한다. "네 거처가 견고하고 네 보금자리는 바위에 있도다(민 24:21). 겐 족속에게 견고한 거처로서 "바위"가 의미하는 장소는 유다 지파의 땅이었다. 그래서 유다 자손과 동행했고 종려나무 성읍으로 올라왔고 아랫 남방으로 내려갔다. 종려나무 성읍은 황폐한 여리고일 가능성이 높다. 그런데 겐 족속이 유다에게 배당된 땅 중에서도 가장 비옥한 부동산의 노른자가 아니라 다시 세우면 저주를 받게 되는 여리고(수 6:26)로 가고, 가장 척박할 것 같은 "유다의 황무지"(מִדְבַּר)로 갔다는 점은 특이하다. 이는 장막을 치며 살아가는 유목민 기질을 가진 겐 족속의 지혜로운 처신일 수도 있겠지만 겸손의 발로일 가능성도 있다. 그들의 겸손은 이후에 유다의 미움을 받지 않고 다양한 배려와 보호를 받는다는 점에서도 그 향기를 발휘한 것으로 이해된다(삿 4:17, 삼상 15:6).

[17]유다가 그의 형제 시므온과 함께 가서 스밧에 거주하는 가나안 족속을 쳐서

그곳을 진멸했다 그 성읍의 이름을 호르마라 칭하였다 ¹⁸그리고 유다는
가사와 그 일대, 아스글론과 그 일대, 에그론과 그 일대를 점령했다

유다의 정복은 이어지고 행하는 전투마다 그들은 승리한다. 유다는 그의
형제 시므온에게 분배된 땅 스밧의 가나안 족속(수 19:4)을 진멸하고 그 성
읍의 이름을 "호르마"(חָרְמָה)로 명명한다. "호르마"로 부른 이유는 그곳의
가나안 족속을 완전히 진멸하고 그 성읍을 완전히 파괴했기 때문이다. 그
런데 "호르마"는 "진멸"만을 의미하지 않고 "봉헌 혹은 헌신"도 의미한다.
진멸과 봉헌은 의미의 등을 맞대고 있는 동전의 양면이다. 철저한 죽음은
하나님께 드려지는 온전한 제물의 요건이다. 이런 의미에서 호르마는 전쟁
의 맥락을 통해 영적인 비밀을 드러내는 은유라고 나는 생각한다. 이 은유
는 우리의 자아가 온전히 죽지 않으면 결코 하나님 앞에 흠 없는 제물이 되
지 못함을 가르친다. 이러한 가르침은 왕정 시대에도 유효해서 아말렉을
진멸해야 한다는 하나님의 명령을 미묘하게 거역한 사울 왕의 인생은 거
룩한 산 제물로 하나님께 드려지지 못하였다. 한편으로, "호르마"의 교훈을
근거로 삼아 잔혹한 학살을 마치 신에게 드리는 제물인 것처럼 이해하고
사람들을 죽이는 것은 사이비 종교의 행각이고 결코 용납되지 못할 범죄
이다. 이는 성경의 오석과 왜곡이 낳은 재앙이다.

가나안 정복은 부동산의 획득으로 부의 증대를 도모함이 아니라 하나님
의 약속이 온전히 성취되어 하나님의 거룩하신 이름이 기념되는 예배와 무
관하지 않음을 "호르마"가 가르친다. 이어서 유다는 가사, 아스글론, 에그
론과 그 주변 지역들을 점령한다. 이 성읍들은 아스돗과 가드와 더불어 블
레셋의 5대 도시였다. 여호수아 시대에는 "블레셋 사람의 모든 지역"을 하
나도 점령하지 못하였다(수 13:2). 그래서 이후로 이스라엘 백성에게 마치
옆구리의 가시처럼 늘 괴로운 존재였다. 그런데 유다는 그 블레셋의 절반
이상을 점령하는 쾌거를 거두었다. 이는 신학적인 물음을 유발한다. 어떻

게 이런 정복의 결과를 가져올 수 있었을까?

> 19유다는 여호와가 그와 함께 계셨기에 산지를 차지했다 그러나 골짜기의
> 주민들은 그들에게 있는 철 병거 때문에 그가 정복하지 못하였다

유다가 자신에게 배당된 영역을 차지할 수 있었던 것은 "여호와가 유다와 함께 계셨기" 때문이다. 전쟁의 승패를 정하시는 하나님이 함께 계시지 않는다면 어떻게 승리할 수 있겠는가? 사사기는 비록 이스라엘 백성에게 주시기로 약속하신 땅이라고 할지라도 하나님이 함께 계시지 않는다면 주어져도 정복할 수는 없음을 가르친다. 이것은 바울의 가르침과 연결된다. 바울은 자신의 아들도 우리에게 아끼지 않으시고 내어주신 분께서는 그 아들과 "함께" 모든 것을 우리에게 주실 것이라고 가르친다(롬 8:32). 즉 예수님과 함께 모든 것이 우리에게 은혜로 주어졌다. 그런데 문제는 주어진 것이라고 할지라도 그것을 취하고 누리는 것은 별개의 문제라는 사실이다. 정복의 처음과 나중, 만물의 소유와 누림, 복의 시작과 끝은 모두 하나님의 함께 하심이다. 복이 주어져도 누리지를 못하는 이유는 하나님과 함께 하지 않기 때문이다. 전도자는 이런 현상을 목격하고 이렇게 탄식한다. "어떤 사람은 그의 영혼이 바라는 모든 소원에 부족함이 없어 재물과 부요와 존귀를 하나님께 받았으나 하나님이 그가 그것을 누리도록 허락하지 않으셨기 때문에 다른 사람이 누리나니 이것도 헛되어 악한 병이로다"(전 6:2). 오늘날 교회는 전도자가 지적한 악한 질병으로 허덕이고 있다. 여기에서 우리는 또한 땅이 주어져도 그 땅을 누리지 못하는 일이 얼마든지 발생할 수 있음을 깨닫는다. 왜 그러한가? 소유와 누림은 동일하지 않고 소유이든 누림이든 하나님의 허락 없이는, 그분과의 "함께"가 없이는 이루어질 수 없는 일이기 때문이다. 각각에 대해 하나님의 개별적인 허락과 동행이 필요하다.

사사기가 승리의 원인으로 하나님의 함께 하심을 언급할 때 유다가 하나님과 함께 한 것이 아니라 하나님이 "유다와 함께"(אֶת־יְהוּדָה) 계셨다는 사실이 중요하다. 연합과 동거와 동행의 주체는 유다가 아니라 하나님 자신이다. 이처럼 전쟁은 여호와께 속한 것이고 승패의 주권도 당연히 그분에게 있기 때문에 유다가 전쟁에서 이겼다면 그 승리의 공로는 유다에게 돌리지 않고 그들과 함께 해 주신 하나님께 돌려 드리는 것이 마땅하다. 그런데 이것을 못마땅해 하는 사람들도 있다. 공로가 우리에게 돌아오지 않으면 우리는 대체로 나태와 게으름을 선택한다. 함께 하심의 주도권이 하나님께 있다면 과연 우리 편에서의 도리와 책임은 무엇인가? 감이 떨어질 때까지 입만 벌리고 있으면 충분한가? 아니다. 성경은 우리에게 믿으라고 가르친다. 예수님은 믿는 것이 우리가 마땅히 해야 할 하나님의 일이라고 한다(요 6:29). 바울은 우리가 믿으면 주님께서 우리의 마음에 거하게 되신다고 가르친다(엡 3:17). 믿음으로 인해 주님께서 우리 안에 계시면서 인생의 전쟁을 이끄시면 우리는 전쟁 같은 인생에서 승리한다. 그러므로 우리는 믿음으로 의롭게 되고 믿음으로 주님과 동거하고 믿음으로 주어진 승리의 전리품을 향유한다. 진실로 의인은 믿음으로 살아야 살아진다.

사사기의 저자는 유다가 정복하지 못한 "골짜기"가 있음을 지적한다. 정복에 실패한 이유는 그곳의 주민들이 가지고 있는 "철 병거 때문이다"(כִּי־רֶכֶב בַּרְזֶל). 진실로 철 병거 때문인가? 나는 아니라고 생각한다. 그 이유는 만약 철 병거 때문에 정복하지 못했다면, 철 병거의 함께 함이 하나님의 함께 하심보다 강하다는 결론이 나오기 때문이다. 철 병거의 유무가 아니라 하나님의 함께 하심이 전쟁의 승패를 결정한다. 우리는 바로 앞에서 이 사실을 확인했다. 이것은 또한 여호수아도 가르친 내용이다. 므낫세와 에브라임 지파가 골짜기 정복을 거부했다. 거부한 이유는 골짜기의 모든 주민들이 철 병거를 가지고 있다고 생각했기 때문이다(수 17:16). 그러나 여호수아는 그 골짜기도 "네 것"이 되리라고 확신하며 정복을 독려했다. "가나안 족속이 비록 철 병거를 가졌고 강하다고 할지라도 네가 능히 그를 쫓아낼 것이라"(수 17:18). 그는 하나님의 약속을 따라 순종하는 것이 철 병거보다 강함을 선언했다.

이러한 지도자의 확신에도 불구하고 요셉의 자손들이 가진 철 병거에 대한 두려움은 제거되지 않고 다른 지파에게 퍼졌을 가능성이 있다. 유다도 그런 의식에 사로잡혀 있었을 것이라고 나는 생각한다. 유다의 골짜기 정복의 실패는 철 병거 트라우마 때문이다. 하나님의 함께 하심 때문에 블레셋의 중요한 도시들을 정복한 경험이 있음에도 불구하고 철 병거에 대한 기존의 상념에 젖어 골짜기는 정복하지 못한다는 불신과 함께 결국 정복하지 못하는 결과를 초래했다. 아무리 화려한 은총들과 기적들을 겪었다고 할지라도 의심의 위력은 참으로 대단하여 그 모든 경험이 주는 확신도 가볍게 압도한다. "의심하는 자는 마치 바람에 밀려 요동하는 바다 물결 같아서" 그는 무엇이든 "주께 얻기를 생각하지 말라"고 야고보는 가르친다(약 1:6-7). 이처럼 유다는 하나님이 함께 계셨어도 정복에 실패한 것이 아니라 철 병거는 이기지 못할 것이라는 고질적인 의심 때문에 실패했다. 의심은 단순한 감정의 질병이 아니라 하나님의 존재를 지우는 행위이며 하나님의 위대함을 무시하는 행위이기 때문에 심각하다.

유다 지파는 분배된 땅을 정복함에 있어서 완수하지 못하고 실패한다. 이런 미완의 정복은 장차 약속의 땅을 온전하게 정복하는 누군가의 역할을 암시하는 섭리의 한 방식이다. 이는 불신이 초래한 실패도 선하게 쓰시는 하나님의 은총이다. 전쟁의 실패는 독자로 하여금 왕이 없었다는 사실을 주목하게 한다. 나아가 다윗 왕을 주목하게 한다. 다윗은 천하를 두렵게 만든 블레셋의 장수, 거의 3미터에 가까운 키를 자랑하는 골리앗을 무찔렀다. 다윗의 시대에 블레셋은 분명 사사 시대보다 더 진보한 철제 무기를 가졌을 것이지만 다윗이 승리했다. 다윗의 이김은 무기의 첨단성 때문이 아니라 "이스라엘 군대의 하나님의 이름"(삼상 17:45)으로 싸웠기 때문에 얻은 승리였다. 이러한 다윗도 비유에 불과하다. 그 비유의 궁극적인 실체는 다윗 왕을 경유하여 그리스도 예수께로 소급된다. 예수는 손에 어떠한 무기도 들지 않으시고 오히려 고난을 당하시고 죽임을 당하시는 방식으로 승리를 이루셨다. 아버지의 약속을 믿고 가장 완벽하게 순종하는 방식으로 그 승리를 다 이루셨다. 그렇게 빈 손으로 승리하신 예수는 무기에 의존하지 않고 오직 하나님의 약속을 붙드는 믿음과 순종의 승리를 가장 완벽하게 보여준다. 성경은 이런 그리스도 예수를 가르친다. 예수를 소망하게 하고 예수를 기다리게 한다. 구약은 그렇게 멀리서 예수를 바라본다.

> 20모세가 약속한 헤브론을 그들이 갈렙에게 주었더니
> 그가 그곳에서 아낙의 세 아들을 내쫓았다 21베냐민 자손은 예루살렘에
> 거주하는 여부스 족속을 쫓아내지 못하여서 여부스 족속이 오늘까지
> 베냐민 자손과 함께 예루살렘 안에 거주하고 있다

여기에서 사사기 저자는 갈렙의 헤브론 정복 이야기를 반복한다. 여호수아 15장에서 한 번, 사사기 1장에서 두 번이나 반복하되 20절이 마지막 세 번째 언급이다. 그런데 승리의 원인이 될 만한 전략이나 군사력에 대한 이야기는 없고 아낙의 세 아들을 내쫓았고 죽였다는 이야기만 있다. 아낙 자손은 앞에서도 지적한 것처럼 기골이 장대했다. 이 사실은 모세의 시대에 여리고를 정탐한 자들이 보고한 것으로서 "거기서 네피림 후손인 아낙 자손의 거인들을 보았나니 우리는 스스로 보기에도 메뚜기 같으니 그들이 보기에도 그와 같았을 것이라"(민 13:33)는 악평의 근거였다. 이러한 보고를 받은 백성은 낭패감에 빠져 통곡했다. 그러나 "하나님이 우리와 함께" 하신다면 장대한 아낙 자손들도 "우리의 밥"이라고 여긴 갈렙은 다수의 부정적인 보고가 합당하지 않다며 반론을 제기한다(민 14:9). 그는 자신이 정탐한 가

나안 땅이 심히 아름다운 땅이고 하나님이 우리를 기뻐해 주시기만 한다면 얼마든지 정복할 수 있다고 확신하며 그 비결을 이렇게 설명한다. "우리를 그 땅으로 인도하여 들이시고 그 땅을 우리에게 주시리라 이는 과연 젖과 꿀이 흐르는 땅이니라"(민 14:8). 이는 그런 정복의 하나님이 이스라엘 백성과 함께 하신다면 두려울 것이 하나도 없다는 확신이다. 정복은 하나님이 이루시는 일이었다. 이런 믿음으로 갈렙은 기발한 전략도 없이, 변변한 군사력도 없이 장대한 아낙 자손을 그냥 내쫓았다.

사사기 저자는 20절과 21절에서 성공과 실패를 대조한다. 성공은 갈렙의 헤브론 정복이고, 실패는 베냐민 자손이 여부스 족속을 쫓아내지 못하여 그들이 계속해서 예루살렘 안에 거주하게 된 것이었다. 갈렙의 헤브론 정복이 성공한 이유는 모세를 통하여 주어진 하나님의 약속을 믿고 순종하는 방식으로 하나님과 함께 했기 때문이다. 이러한 사실을 밝히면서 저자는 베냐민의 예루살렘 정복이 실패한 원인이 하나님의 약속에 대한 불신과 불순종에 있음을 암시한다. 사실 베냐민은 "물어뜯는 이리"와 같아서 "아침에는 빼앗은 것을 먹고 저녁에는 움킨 것을 나"눌 정도로 싸움에 능숙하다(창 49:27). 그럼에도 불구하고 하나님을 신뢰하지 않으면 아무리 약한 군대와 싸워도 패배자가 된다. 유다 지파와 베냐민 지파의 대조는 사사기의 후반부에 다시 등장한다. 거기에서 베냐민 지파는 한 여인을 성적으로 유린하고 살인을 저지르고, 유다 지파는 이 문제를 수습하기 위해 앞장선다. 두 지파의 동일한 대조는 시간이 흐른 이후 왕정시대 초기의 상황에 다시 등장한다. 그때에는 베냐민 지파 출신의 사울이 하나님의 말씀을 버려서 실패하고, 그의 왕위를 계승한 유다 지파 출신의 다윗이 하나님의 말씀을 주야로 묵상하고 순종하며 성공하는 모양새다.

²²요셉 가문도 벧엘을 치러 올라가니 여호와께서 그와 함께 하시니라 ²³요셉 가문이 벧엘을 정탐하게 하였는데 그 성읍의 본 이름은 루스라 ²⁴정탐꾼들이 그 성읍에서 한 사람이 나오는 것을 보고 그에게 이르되 청하노니 이 성읍의 입구를 우리에게 보이라 그리하면 우리가 네게 선대하리라 하매 ²⁵그 사람이 성읍의 입구를 가리킨지라 이에 그들이 칼날로 그 성읍을 쳤으되 오직 그 사람과 그의 가족을 놓아 보내매 ²⁶그 사람이 헷 사람들의 땅에 가서 성읍을 건축하고 그것의 이름을 루스라 하였더니 오늘까지 그 곳의 이름이 되니라 ²⁷므낫세가 벧스안과 그에 딸린 마을들의 주민과 다아낙과 그에 딸린 마을들의 주민과 돌과 그에 딸린 마을들의 주민과 이블르암과 그에 딸린 마을들의 주민과 므깃도와 그에 딸린 마을들의 주민들을 쫓아내지 못하매 가나안 족속이 결심하고 그 땅에 거주하였더니 ²⁸이스라엘이 강성한 후에야 가나안 족속에게 노역을 시켰고 다 쫓아내지 아니하였더라 ²⁹에브라임이 게셀에 거주하는 가나안 족속을 쫓아내지 못하매 가나안 족속이 게셀에서 그들 중에 거주하였더라 ³⁰스불론은 기드론 주민과 나할롤 주민을 쫓아내지 못하였으므로 가나안 족속이 그들 중에 거주하면서 노역을 하였더라 ³¹아셀이 악고 주민과 시돈 주민과 알랍과 악십과 헬바와 아빅과 르홉 주민을 쫓아내지 못하고 ³²아셀 족속이 그 땅의 주민 가나안 족속 가운데 거주하였으니 이는 그들을 쫓아내지 못함이었더라 ³³납달리는 벧세메스 주민과 벧아낫 주민을 쫓아내지 못하고 그 땅의 주민 가나안 족속 가운데 거주하였으나 벧세메스와 벧아낫 주민들이 그들에게 노역을 하였더라 ³⁴아모리 족속이 단 자손을 산지로 몰아넣고 골짜기에 내려오기를 용납하지 아니하였으며 ³⁵결심하고 헤레스 산과 아얄론과 사알빔에 거주하였더니 요셉의 가문의 힘이 강성하매 아모리 족속이 마침내는 노역을 하였으며 ³⁶아모리 족속의 경계는 아그랍빔 비탈의 바위부터 위쪽이었더라

❖ ❖ ❖

²²요셉의 가문, 그들도 벧엘로 올라가니 여호와께서 그들과 함께 하시더라 ²³요셉 가문이 벧엘 안에서 정탐하게 하였는데 그 도시의 예전 이름은 루스였다 ²⁴정탐하는 사람들이 그 도시에서 나오는 한 사람을 보고 그에게 말하였다 "부탁한다 이 도시의 입구를 보여라 그리하면 우리가 그대에게 자비를 베풀겠다" ²⁵그가 그들에게 그 도시의 입구를 보여 주었고 그들은 칼날로 그 성읍을 쳤으며 그 사람과 그의 가족은 모두 보내 주었다 ²⁶그 사람이 헷 사람들의 땅에 가서 도시를 세우고 그것의 이름을 루스라 하였는데 그것이 오늘까지 그 [도시의] 이름이다 ²⁷므낫세가 벧스안과 그 주변 사람들, 다아낙과 그 주변 사람들, 돌 거주민과 그 주변 사람들, 이블르암과 그 주변 사람들, 므깃도와 그 주변 사람들을 쫓아내지 못하였다 이에 가나안 족속이 이 땅에 머물기를 원하였다 ²⁸그리고 이스라엘이 강할 때가 되어서야 가나안 족속에게 노역을 시켰으며 온전히 내쫓지는 못하였다 ²⁹에브라임이 게셀에 거주하는 가나안 족속을 쫓아내지 못하여서 가나안 족속은 게셀에서 그(에브라임) 가운데에 머물렀다 ³⁰스불론은 기드론의 거주민과 나할롤의 거주민을 쫓아내지 못하였고 가나안 족속은 그들 중에 거하면서 노역을 감당해야 했다 ³¹아셀이 악고의 거주민과 시돈의 거주민과 알랍과 악십과 헬바와 아빅과 르홉을 쫓아내지 못하였고 ³²아셀 사람들이 그 땅에 사는 가나안 족속 가운데에 거주하게 되었는데 이는 그가 그를 쫓아내지 못하였기 때문이다 ³³납달리는 벧세메스 주민과 벧아낫 주민을 쫓아내지 못하여서 그 땅에 사는 가나안 족속 가운데에 거주하고 벧세메스와 벧아낫 주민들은 그들을 위해 노역을 감당해야 했다 ³⁴아모리 족속은 단 자손을 그 산지로 몰아넣고 골짜기에 내려오는 것을 허락하지 않았으며 ³⁵아모리 족속은 헤레스 산과 아얄론과 사알빔에 머물기를 원하였고 요셉 가문의 손이 강해지자 그들은 노역을 감당해야 했다 ³⁶아모리 족속의 경계는 아그랍빔 비탈의 바위 위쪽이다

03   내 안에 기거하는 세상

사사기 저자는 유다 지파와 베냐민 지파의 가나안 정복 이야기를 끝내고 요셉의 가문 이야기를 시작으로 하여 요셉의 가문 이야기로 끝나는 가나안의 북쪽 정복 이야기로 넘어간다. 저자는 마치 분열왕국 시대를 의식한 것처럼 이야기를 전개한다. 이는 유다와 베냐민 지파로 구성된 남 유다 왕국과 나머지 열 지파로 구성된 북 이스라엘 왕국을 순서대로 나열하기 때문이다. 각 왕국의 지파들 내에서는 땅 분배를 위한 제비뽑기 순서를 따라 기록하되 요셉 지파와 베냐민 지파의 순서만 바꾸어서 남 왕국과 북 왕국을 별도로 묶어서 구분하려 했다.

이스라엘 백성이 쫓아내지 못한 가나안 사람들은 이스라엘 민족이 강할 때에는 노예가 되어 무거운 노역을 감당해야 했다. 그 노역의 때는 다윗과 솔로몬 시대를 의미한다(삼하 20:24, 왕상 9:21). 솔로몬의 부하인 에브라임 지파 출신의 여로보암은 요셉의 가문을 대표하여 당시 가나안 족속의 노역과 관계된 관료였고, 이후에 북 이스라엘 왕국의 초대 왕으로 등극한다. 이스라엘 백성과 가나안 족속 모두에게 부과된 노역은 솔로몬 이후의 시대에 분열의 불씨로 작용한다. 쫓아내지 못한 가나안 족속에게 강제적인 노동을 시켰다는 사실은 대단히 중요하다. 이처럼 사사기는 왕정시대 및 분열왕국 시대의 중요한 배경을 제공한다.

²²요셉의 가문, 그들도 벧엘로 올라가니 여호와께서 그들과 함께 하시더라

므낫세 비파와 에브라임 지파로 구성된 "요셉의 가문"은 여호수아를 배출한 가문이다. 지금은 하나님과 동거하고 동행하는 것에 사활을 건 믿음의 지도자가 이 가문에 끼친 영향력이 아직 사라지지 않은 상황이다. 이는 그들이 벧엘로 올라갈 때 하나님이 "그들과 함께"(עִמָּם) 계셨다는 사실에서 확인된다. "벧엘"(בֵּית־אֵל)은 "하나님의 집"을 의미한다. 이곳은 예루살렘 북쪽으로 약 20키로미터 지점에 있었으며 해발 1,000미터로 지대가 높았기 때문에 그곳으로 가려면 내려가지 않고 올라가야 했다(עָלָה). "하나님의 집"은 내려가지 않고 올라가야 도달하는 최고의 장소이며 상태이며 상황이다. "하나님의 집"으로 가는 사람들은 인격이든 삶이든 상황이든 내려감이 아닌 올라감이 있다. "하나님의 집"으로 가는 길은 외롭지가 않다. 올라가는 동안 하나님이 매 순간 자신의 곁을 우리에게 주시기 때문이다. 우리가 어디로 가느냐에 따라 하나님의 동행이 결정된다. 늘 하나님이 계신 곳으로 가까이 나아가는 사람을 하나님은 결코 떠나지 않으신다.

사실 "하나님의 집"을 의미하는 "벧엘"의 남쪽은 베냐민 지파에게 배당된 지역이다(수 18:13). 그러나 힘이 약하여 베냐민 지파의 땅 위쪽에 위치한 에브라임 지파가 접수했다. "집"이라는 것은 행복과 기쁨과 풍요와 번성의 근원을 의미한다. 야곱이 요셉에게 남긴 유언은 하나님이 "위로 하늘의 복과 아래로 깊은 샘의 복과 젖먹이는 복과 태의 복"을 주신다는 것이었다(창 49:25). 이러한 복이 가득한 하나님의 집이 이제 요셉 가문의 손으로 넘

어가는 상황이다. 그러나 요셉 지파가 정복한 곳이라고 할지라도 본래 배당을 받은 베냐민 지파에게 벧엘의 "남부"를 돌려주지 않은 것은 아쉬운 대목이다. 집의 유익은 자신이 아니라 타인을 사랑하기 위해 나누어야 할 든든한 밑천이다. 돌려주지 않은 벧엘은 나중에 단과 더불어 산당이 세워지고 금송아지 신상을 두는 장소로 악용된다(왕상 12:33). 하나님의 집에 우상이 세워져 가장 강력한 하나님의 분노를 촉발하는 장소로 전락한다.

²³요셉 가문이 벧엘 안에서 정탐하게 하였는데 그 도시의 예전 이름은 루스였다

"벧엘"의 옛적 이름은 "루스"였다(창 28:19에서 처음으로 언급된 이름이다). "루스"(לוז)라는 단어는 "아몬드 나무"를 의미한다. 벧엘은 아몬드 나무가 무성한 곳이었을 가능성이 높다. "루스"는 인간에게 유익을 제공하는 자연의 두툼한 관용이 느껴지는 이름이다. 그러나 "벧엘"은 그런 자연 자체를 주목하지 않고 그 자연을 통해 인간에게 자비를 베푸시는 하나님의 이름을 기념한다. 그 도성의 이름을 "루스"에서 "벧엘"로 바꾼 사람은 야곱이다. 바꾼 이유는 야곱이 "형 에서의 낯을 피하여 도망하던 때에" "거기서 제단을 쌓으라"는 하나님의 명령을 따라 제단을 쌓았고 이에 하나님은 그에게 복을 주셨으며 야곱을 야곱이라 부르지 않고 "이스라엘"이라 부르시고 그에게 놀라운 언약을 베푸신 곳이었기 때문이다(창 35:1-11). "루스"는 풍요로운 땅의 이름이고 "벧엘"은 거룩한 하늘의 이름이다. 우리가 살아가는 모든 지역은 땅의 이름을 가지고 있지만 이 땅에서도 믿음으로 천국을 디디며 살아가는 사람은 자신의 모든 처소를 하나님의 이름이 기념되는 지역으로 변경한다. 가정이든 직장이든 학교이든 아무리 힘든 곳이라도 벧엘 즉 하나님의 집으로 만들어야 한다.

요셉 가문은 자신에게 분배된 벧엘을 정복하기 위해 정탐꾼을 그곳으로

파견한다. 이는 민수기 13장에서 모세가 각 지파에서 한 명의 정탐꾼을 뽑아 총 12명을 여리고로 파견하고(민 13:2), 여호수아가 다시 2명의 정탐꾼을 파견한 것과 유사하다(수 2:1). 그러나 모세의 정탐꾼 파견은 하나님의 명령에 근거한 것이었고 요셉 가문의 정탐꾼 파견은 하나님의 명령 없이 이루어진 일이었다. 모세가 정탐꾼을 파견하는 이유는 "그 땅이 어떠한지…그 땅 거민이 강한지 약한지 많은지 적은지와 그들이 사는 땅이 좋은지 나쁜지와 사는 성읍이 진영인지 산성인지 토지가 비옥한지 메마른지 나무가 있는지 없는지"에 대한 사항을 파악하기 위한 것이었다(민 13:18-20). 정탐에 대한 하나님의 명령은 일종의 시험이다. 이 시험에서 이스라엘 백성은 대다수 정탐꾼의 부정적인 보고를 듣고 하나님께 원망과 불평을 쏟아내며 하나님을 멸시하고 불신했다(민 14:11). 이는 정탐꾼이 믿음의 눈으로 정탐하지 않고 백성도 정탐꾼의 보고를 믿음의 귀로 듣지 않은 결과였다. 눈과 귀는 믿음으로 세상을 정탐해야 하는 파수꾼과 같은 몸의 기관이다.

모세의 시대에 발생한 정탐꾼 이야기는 긍정적인 측면보다 부정적인 측면이 강하였다. 정탐 자체가 문제가 되지는 않지만 믿음으로 수행되지 않은 정탐은 위험하다. 그런데도 요셉의 가문이 벧엘을 "정탐하는 것"(תור) 은 무엇을 위함일까? 이에 대해 사사기 저자는 침묵한다. 그러나 유다 지파가 자신에게 배당된 지역을 실제로 정복할 때를 기록한 저자가 어떠한 전략이나 병기의 상태도 언급하지 않았다는 것과 요셉이 정탐꾼을 보냈다는 언급은 대비된다. 유다의 정복 이야기 속에서 유일하게 병기가 언급된 것은 골짜기에 거주하고 있는 가나안 족속이 철 병거를 가졌기 때문에 정복하지 못했다는 실패의 인간적인 원인을 지적하기 위함이다. 이런 서사의 흐름에서 볼 때 나는 요셉의 정탐꾼 파견에서 긍정적인 의미보다 다소 부정적인 뉘앙스가 느껴진다.

벧엘을 정복할 때에 그곳의 군사적인 상황을 파악하는 행위는 하나님의 약속을 붙드는 온전한 믿음과 순종보다 파악된 환경에 따라 새로운 판단을 내릴 가능성이 있음을 시사한다. 하늘의 뜻보다 땅의 상황이 더 고려된 판단을 내릴 가능성이 높다. 물론 우리는 하늘의 뜻만 취하고 땅의 상황은 무시하는 맹목적인 신앙을 경계해야 한다. 그러나 순서를 존중하는 것은 중요하다. 하늘의 뜻이 땅의 상황보다 우선이다. 하늘의 뜻에 근거하여 땅의 상황을 정탐하면, 하늘의 뜻과 다른 판단을 내리지 않고 마치 끌려가는 종이 아니라 그 뜻의 주체가 된 것처럼 자발적인 순종으로 하늘의 뜻을 수용하고 준행하게 된다. 이런 정탐은 하나님의 언약을 최고의 감격으로 누리기 위한 방편이다. 요셉 지파가 정탐꾼을 파견한 의도는 과연 자발적인 순종과 보다 온전한 누림을 위함인가? 아니면 의심 때문인가? 하나님의 뜻을 수행할 의도와 동시에 약간의 의심도 작용했을 가능성이 있다.

24정탐하는 사람들이 그 도시에서 나오는 한 사람을 보고 그에게 말하였다 "부탁한다 이 도시의 입구를 보여라 그리하면 우리가 그대에게 자비를 베풀겠다" 25그가 그들에게 그 도시의 입구를 보여 주었고 그들은 칼날로 그 성읍을 쳤으며 그 사람과 그의 가족은 모두 보내 주었다

정탐꾼이 벧엘에서 나오는 한 사람을 만나 도움을 요청한다. 그 도시의 입구를 보여주면 자비를 베풀 것이라고 제안한다. 그러나 이것은 가나안 땅의 주민과 어떠한 언약(בְּרִית)도 체결하지 말라고 하신 규정의 위반이다(출 23:32). 여기에서 "입구"(מָבוֹא)는 누구나 아는 성읍의 입구가 아니라 대부분의 사람들이 모르는 비밀한 통로일 가능성이 높다. 이는 그렇지 않았다면 정탐꾼이 자신의 신분을 노출하는 위험까지 감수하며 지나가는 행인을 붙들고 부탁하지 않았을 것이기 때문이다. 정탐꾼은 그 행인에게 도성의 입구를 설명해 달라고 부탁하지 않고 "보이라"(יַרְאֵנוּ)고 부탁했다. 그 입구를 보여주기 위해서는 그 사람이 말로만 설명하지 않고 정탐꾼과 필히 동

행해야 한다. 그러나 동행은 그 사람의 입장에서 볼 때 다른 사람에게 발각되는 경우 자칫 민족을 배신한 자로 낙인이 찍히고 민족의 버림을 당하여 영구히 제명될 수도 있는 대단히 위험한 일이었다. 그런데도 그 사람은 이 제안을 곧장 수락했고 정탐꾼을 도시의 비밀한 입구로 안내했다. 결국 요셉의 가문은 벧엘을 가볍게 정복했다. 그리고 그 사람에게 약속한 대로 그와 그의 가문에 자비를 베풀었다. 그와 그의 온 가족을 죽이거나 감옥에 가두지 않겠다는 약속을 이행했다. 그 사람의 가족 "모두"라는 말에 암시된 것처럼 요셉의 가문은 그들에게 한 약속에 신실했다. 여기에서 쓰인 "자비"라는 단어 "헤세드"(חֶסֶד)는 주로 언약적인 신실함에 근거한 하나님의 사랑을 의미한다. 그런 자비를 실천하는 것은 하나님의 성품을 드러내는 향기로운 경건이다.

정탐꾼의 제안에 대한 그 사람의 즉각적인 수락이 의미하는 바는 무엇인가? 신앙인가 아니면 모험인가? 아니면 다른 무엇인가? 물론 가나안 족속의 간담을 서늘하게 하는 소문을 그도 듣고 목숨을 부지하기 위해 협조했을 가능성도 있다. 그러나 내가 보기에 그 사람의 수락과 협조는 벧엘이 부정과 부패가 만연하여 무질서와 부조리가 질서로 둔갑하고 군림하던 곳이었을 가능성을 암시한다. 타락한 도시의 회복에 한 가닥의 희망도 없다는 그 사람의 뼈아픈 확신이 새로운 변화의 바람을 일으킬 듯한 제안의 수락을 재촉했을 것이라고 나는 생각한다. 자기 민족에게 더 이상 희망을 걸수 없었기 때문에 민족의 원수가 되는 위험한 협력도 감수했다. 사실 이러한 주장의 근거는 하나님의 말씀이다. 믿음의 조상에게 가나안 땅을 약속하실 때에 당장 선물하지 않으시고 오랜 시간이 흐른 이후에 주신다고 하신 이유는 당시에 가나안 "족속의 죄악이 아직 가득 차지 아니함" 때문이다(창 15:16). 그때 이후로 430년이 지나 드디어 가나안 땅을 정복할 때가 되었다는 것은 그 족속의 죄악이 가득하게 되었음을 암시한다. 이제는 그들이 자신의 만성적인 죄 문제를 스스로 해결할 수 없으며 이스라엘 백성의 정복만이 유일한 해결책인 상황이다. 이런 맥락에서 보면, 이스라엘 백성에 의한 가나안 정복은 가나안 족속에 대한 빛과 소금의 사회적인 역할이다. 이 정복은 그 땅에 대해서도 유익이다. 그 사람의 즉각적인 수락은 가나안 땅의 불의하고 절망적인 상황을 대변한다.

앞서 언급한 것처럼, 그 사람이 요셉 가족에게 도움을 준 이야기는 여호수아 시대에 정탐을 위해 여리고로 두 사람을 보내었을 때 "라합이라 하는 기생의 집"(수 2:1)에서 도움을 얻은 상황과 유사하다. 그러나 의미는 사뭇 상이하다. 라합의 경우를 보면, 여리고 왕이 스파이가 자신의 성으로 들어와 라합의 집에 유숙하며 정탐하고 있다는 첩보를 듣고 군사를 그곳으로 급파했다. 이에 라합은 기지를 발휘하여 정탐꾼을 숨기고 군사들을 다른 곳으로 따돌렸다. 라합이 정탐꾼을 도운 이유는 무엇인가? 라합은 이스라엘 백성의 하나님이 하늘과 땅의 하나님이 되신다고 고백하며 다음과 같이 "헤세드"(חֶסֶד)를 베풀어 달라고 부탁한다. "나의 부모와 나의 남녀 형제와 그들에게 속한 모든 사람을 살려 주어 우리 목숨을 죽음에서 건져내라"(수 2:13). 라합의 도움은 정탐꾼의 부탁 없이 이루어진 자발적인 행위였다. 도움과 헤세드의 조건부 거래가 아니었다. 그러나 요셉의 정탐꾼은 한 사람에게 도움을 요청했고 그 사람이 도움을 준 것은 수동적인 행위였다. 자비도 그 사람이 요청한 것이 아니라 정탐꾼이 제안했다. 이 경우에는 도움과 자비의 교환은 일종의 거래였다.

> ²⁶그 사람이 헷 사람들의 땅에 가서 도시를 세우고
> 그것의 이름을 루스라 하였는데 그것이 오늘까지 그 [도시의] 이름이다

삶의 터전을 잃었어도 요셉의 자비를 얻어서 살아남은 그 사람은 온 가족과 함께 헷 사람들의 땅으로 이주했다. 그러나 헷 족속도 이스라엘 백성이

쫓아내야 할 대상으로 지목된 자들이다(신 7:1). 헷 땅으로의 이주는 이 사실을 모르는 그 사람의 잘못된 선택이다. 그는 그곳에서 도시를 세우고 그곳을 "루스"라고 칭하였다. "루스"는 벧엘의 옛적 이름이다. 그 사람은 요셉 지파와 함께 벧엘에 거주하지 않고 다른 곳으로 이동하여 "하나님의 집"으로 바뀌기 이전의 상태를 고수하려 했다. 비록 헤세드의 은총을 받았으나 그의 영적인 삶은 전혀 변하지 않고 과거에 집착하는 모습이다. 가나안의 다른 장소에 과거를 세운 그 사람은 죄악이 가득한 또 하나의 가나안을 세울 가능성이 높다. 삶의 새로운 터전은 얻었지만 하나님이 주시고자 하시는 천상적인 자비의 수혜자가 되지는 못하였다. 이 사람처럼 이 땅에서 하나님의 은총을 입었어도 은총 가운데서 살아가지 않고 과거에 미련을 두고 그 과거로 돌아가 정작 하늘의 영원한 은총은 외면하는 사람들이 많다. 이는 라합의 인생과 대조된다.

라합은 여리고 성이 멸망하고 자비로 말미암아 살아남은 이후에 계속해서 "이스라엘 중에 거주"했다(수 6:25). 그녀의 인생은 자비 이전의 삶과 완전히 달라졌다. 이제는 하나님의 백성 가운데에 거하면서 하나님의 백성으로 살아간다. 그것만이 아니라 유다 지파에 속한 살몬의 아내가 되어 보아스를 낳고 보아스는 룻에게서 오벳을 낳고 오벳은 이새를 낳고 그 이새는 다윗의 아버지가 된다. 이처럼 라합은 예수님의 족보에 참여하는 영적인 복의 수혜자가 된다. 요셉의 정탐꾼을 도와준 사람이 죽지 않고 살았다는 것은 하나님이 주시고자 하시는 자비의 궁극적인 내용이 아니었다. 벧엘에 머물면서 하나님의 집 안에 거주하는 것이 자비의 온전한 복이었다. 그런데 하나님의 약속으로 말미암아 새롭게 된 도시 벧엘을 떠나 헷 족속의 땅이라는 과거로 이주하여 그곳에 다시 사람의 도성을 건설한 것은 요셉의 정탐꾼을 위한 그 사람의 도움이 하나님에 대한 신앙과는 무관하게 자신의 생명을 유지하기 위한 일종의 세속적인 거래에 불과한 것임을 증명한다.

므낫세와 에브라임 지파가 협력하여 벧엘을 점령한 것은 과연 성공한 정복인가? 하나님의 백성에게 약속의 땅 정복이 의미하는 바는 무엇인가? 요셉 가문의 벧엘 정복은 유다가 보여준 성공적인 헤르본 정복에 비해 뭔가 개운하지 않다. 애매한 미완의 정복으로 보이기 때문이다. 하나님은 모세를 통해 가나안 땅을 정복할 때에 "호흡 있는 자를 하나도 살리지 말라"(신 20:16)고 명하셨다. 가나안의 어떤 사람과도 언약을 맺지 말고 어떠한 사람도 살리지 말라는 정복의 기준은 참으로 엄격하다. 이것은 믿음의 조상에게 집비둘기 새끼 분량의 미세한 불순종이 결국 400년의 정복 지연을 초래한 것과 더불어 이해해야 한다. 그러나 누가 이토록 엄격한 기준에 부합할 수 있겠는가! 그래서 사람들은 이 엄격한 기준의 수위를 낮추려고 한다. 하지만 인간이 순종할 수 없을 정도로 높은 기준을 낮추는 것은 올바르지 않다. 하나님의 기준이 높은 것은 우리를 향한 그분의 높은 기대 때문이고 더 중요한 것은 그 기준을 유일하게 만족시킬 수 있는 분이 바로 예수라는 사실을 가르치기 위함이다. 한 사람도 살리지 말라는 이 명령이 당시에는 가나안에 사는 모든 사람들의 숨통을 끊으라는 뜻이지만 신앙적인 면에서는 그들의 자아가 죽고 그리스도 예수가 그 안에 사는 영적인 의미의 정복을 의미한다. 라합과 그의 가족은 여리고 정복 이후에도 숨을 쉬었지만 그 호흡은 거듭난 숨이었다. 그러나 요셉 지파가 살려준 그 사람은 이스라엘 중에 거주하지 않고 세상으로 갔기 때문에 이는 가나안 정복에 있어서 미세한 실패의 구멍을 상징한다. 하나님의 명령이 거절되는 삶의 은밀한 영역을 실패가 파고든다. 이후로 사사기 텍스트는 정복의 본격적인 실패 이야기로 접어든다.

²⁷므낫세가 벧스안과 그 주변 사람들, 다아낙과 그 주변 사람들, 돌 거주민과 그 주변 사람들, 이블르암과 그 주변 사람들, 므깃도와 그 주변 사람들을 쫓아내지 못하였다 이에 가나안 족속이

이 땅에 머물기를 원하였다 ²⁸그리고 이스라엘이 강할 때가 되어서야 가나안 족속에게 노역을 시켰으며 온전히 내쫓지는 못하였다

요셉의 가문에 속한 므낫세 지파와 에브라임 지파의 개별적인 정복전쟁 이야기가 이어진다. 먼저 므낫세는 벧스안과 다아낙과 돌과 이블르암 및 므깃도와 각각의 주변들에 거주하는 사람들을 쫓아내지 못하였다. 쫓아내지 못한 이유는 무엇일까? 혹시 이곳에 거주하는 가나안 사람들도 철 병거를 소지했기 때문일까? 이러한 추정은 가나안의 철 병거가 유다 지파도 극복하지 못한 실패의 원인이기 때문에 얼마든지 가능하다. 게다가 "온전히 내쫓지는 못했다"는 사사기 저자의 기록도 이 가능성을 지지한다. "온전히 내쫓지는 못했다"는 말은 앞으로 언급되는 다른 모든 지파들의 실패에도 적용된다. 쫓겨나지 않은 가나안 사람들은 그 땅에 머물기를 "원하였다"(יֹאֶל). 그들이 머물기로 희망한 주체라는 사실은 그 땅에 머무름과 떠남의 결정권을 그들이 가지고 있었음을 의미한다. 이것은 그들이 므낫세 지파에게 예속되지 않고 그들과 대등한 관계를 가지고 독자적인 판단을 내리면서 자유롭게 살아갈 수 있었음을 의미한다.

이러한 현상을 신앙적인 측면에서 보면, 쫓아내지 못한 가나안 족속은 이스라엘 안에 거하는 세상이다. 이는 제어되지 않는 세상이 교회를 마음대로 활보하는 형국을 떠올리게 한다. 성도 각자에게 적용하면, 내 안에 세상이 거주하고 있음을 의미한다. 내 안에서 세상이 생각하고, 세상이 말하고, 세상이 분노하고, 세상이 슬퍼하고, 세상이 구타하고, 세상이 속이고, 세상이 증오한다. 하나님이 십계명 중에서도 가장 먼저 명령하신 것은 "너는 나 외에는 다른 신들을 네게 두지 말라"(출 20:3)는 것이었다. 하나님은 우리가 그분의 온전한 성전이 되기를 원하신다. 그런데 내 안에, 우리 안에, 교회 안에 세상이 특정한 부분을 차지하고 있다.

므낫세 지파는 자신이 강해진 이후에 각 지파에게 배당된 땅에 머물기

로 결정한 가나안 족속에게 강제로 노동(מַס)을 시켰다고 사사기 저자는 기록한다. 그런데 주어를 "므낫세" 대신 "이스라엘"이라고 표기한 이유는 모든 지파가 하나로 통일된 왕정시대 상황을 뜻하기도 하지만 지파별로 분배된 땅의 정복에 실패한 것과 각 지파 가운데에 가나안 족속들이 머무르는 것과 이후에 강해지면 그들에게 강제적인 노동을 부과하는 것이 이스라엘 전체에 일어난 보편적인 현상이기 때문이다. 다음 구절에서 전개되는 내용은 이러한 생각을 지지한다.

여기에서 이스라엘 민족이 강할(חָזַק) 때 가나안 족속에게 노동을 시켰다는 것의 의미는 무엇인가? 이스라엘 민족은 약해질 수도 있고 약할 때에는 오히려 가나안 족속의 영향을 받을 수도 있음을 의미한다. 강할 때에는 약한 자들이 아무리 경건하지 않고 악해도 제어할 수 있기 때문에 큰 문제가 되지 않겠지만, 만약 약해지면 악은 반드시 존재의 오만한 고개를 들고 고약한 실력을 행사한다. 이스라엘 중에는 강한 사람들도 있고 약한 사람들도 있다. 아무리 작은 악이라도 약한 자에게는 거악이다. 그렇기 때문에 백성 중에서 가장 연약한 자를 기준으로 악에 대처하는 것이 마땅하다. 믿음의 공동체 안에서도 그러하다. 채소만 먹는 연약한 믿음의 사람이 실족하지 않도록 공동체 안에는 지극히 작은 악이라도 없애야 하고 악이라면 흉내도 내지 말아야 하고 심지어 희미한 그림자만 보여도 신속하게 제거하는 조치를 취하여야 한다. 강한 때만이 아니라 약한 때에도 악의 희생물이 되지 않도록 경계해야 한다.

이스라엘 백성이 강할 때 원주민을 마치 노예처럼 강제로 노동을 시키는 것은 이스라엘 자신에게 결코 유익하지 않다. 쫓겨나지 않은 가나안 사람들이 주로 고상한 일보다는 고된 노역을 담당했을 것이라는 추정은 합당하다. 힘들고 더럽고 위험한 일들을 가나안 원주민이 해 주면 이스라엘 민족은 대단히 편안하다. 그러나 자기가 하기 싫어하는 일을 타인에게 시키는 것은 천국의 모습과 완전히 반대된다. 이스라엘 민족은 하나님의 백성이기 때문에 하늘의 모습을 이 땅에 구현하고 증거해야 하는 증인이다. 약속의 땅을 하나님의 정의가 정복하게 하고 하나님의 자비가 점령하게 할 사명을 완수해야 한다. 그런데 만약 약육강식 개념을 앞세우며 연약한 자들을 정복하고 도시를 파괴하고 인권을 유린하고 노동력을 착취하는 잔인하고 야비하고 이기적인 제국주의 모습을 이스라엘 백성이 보인다면 연약한 고아와 과부와 나그네의 하나님은 반드시 그 백성이 심은 대로 거두게 하시고 행한 대로 갚으신다.

공짜로 원주민의 노동을 이용하여 유익을 누리고 즐기면 그 달콤한 유익에 중독된다. 하나님의 명령에 순종하는 것보다 유익의 종으로 살아가기 쉽다. 실제로 사울 왕은 아마렉 족속을 진멸해야 한다는 하나님의 명령을 거역했다. 이유는 이스라엘 백성이 하나님께 예배 드리는 일에 필요한 괜찮은 양들의 유익 때문이다(삼상 15:21). 사울의 인생에서 유익은 기준과 질서였고 그에게 은밀한 왕이었다. 이 유익은 "하나님께 예배"라는 경건한 명분 속에 숨을 정도로 은밀하다. 하나님은 자신의 명령이 아니라 유익을 선택한 이스라엘 백성을 반드시 벌하신다. 단순히 그들만이 아니라 어떠한 사람이든 그런 선택을 한다면 그에게 동일한 벌이 주어진다. "이익을 탐하는 모든 자의 길은 다 이러하여 자기의 생명을 잃게 하느니라"(잠 1:19). 세상을 쫓아내지 못하고 동거한 것과 그 세상을 이용하여 이익을 취하려고 한 것은 이후 이스라엘 백성의 앞길에 위협적인 흉기로 작용한다.

우리는 우리를 무시하고 이용하고 함부로 대하는 사람들이 없도록 주의하고 사람을 두려움의 대상으로 여기지 않도록 주의하는 동시에, 우리가 무시해도 되고 이용해도 되고 함부로 대해도 되는 열등한 사람들이 없도록 주변을 잘 관리해야 한다. 이는 사람 위에 사람 있고, 사람 아래에 사람 있는 상황은 우리의 영혼과 삶을 병들게 만들기 때문이다. 하나님의 형상을 따라 지음을 받은 동일한 인간을 나와 동등한 존재로 여기지 않고 나를 타인보다 낫게 여기는 것은 교만이다. 교만은 부끄러운 부패의 원흉이다.

주변의 사람들을 낮추어서 자신을 높이는 사람은 하나님에 의해 낮아지게 된다. 이스라엘 백성이 가나안 땅의 주민들을 곁에 두었다는 것은 한 인간을 노예로 삼고 그의 노동력을 착취하는 죄를 자초하는 일이었다. 혹시 주변에 연약하고 무지하고 가난하고 비천한 사람이 있다면 그를 높여주는 동시에 자신을 낮추어 그에게 관계의 눈높이를 맞추어야 한다.

> 29에브라임이 게셀에 거주하는 가나안 족속을 쫓아내지 못하여서
> 가나안 족속은 게셀에서 그(에브라임) 가운데에 머물렀다

에브라임 지파도 므낫세 지파와 동일하게 주어진 땅의 정복에 실패했다. 그런데 실패의 강도가 심해진다. 므낫세 지파의 경우에는 쫓겨나지 않은 가나안 족속이 그 지파의 땅에 머물렀다. 그런데 에브라임 지파의 경우에는 땅이 아니라 에브라임 "가운데에(בְּקִרְבּוֹ) 머물렀다." 이는 가나안 족속이 머문 곳은 물리적인 공간만이 아니라 이제는 에브라임 안에 섞여서 살아가고 있음을 시사한다. 에브라임 지파의 이러한 상황은 오늘날 교회의 실상을 잘 보여준다. 교회는 건물이나 공간이 아니라 사람이다. 그 사람은 모든 공간을 출입한다. 사람을 중심으로 교회를 이해하면 교회와 세상의 구분이 대단히 애매하다. 교회의 예배당에 있으면 세상과 구별되는 것이 아니라 나 자신이 교회 안에 있는 세상일 수 있기 때문이다. 가나안 족속은 교회의 물리적인 울타리 바깥에서 살지 않고 교회 안에서 공생하고 있다. 이는 온전한 정복 혹은 온전한 순종의 부재가 가져오는 현상이다.

> 30스불론은 기드론의 거주민과 나할롤의 거주민을 쫓아내지 못하였고
> 가나안 족속은 그들 중에 거하면서 노역을 감당해야 했다

스불론 지파의 상황도 앞에서 언급한 지파들의 상황과 동일하다. 그러나 실패의 심각성은 이전보다 더 강화된다. 스불론은 자신에게 분배된 땅 기드론과 나할롤의 정복에 실패했다. 그곳에 사는 세상을 쫓아내지 못하였다. 쫓겨나지 않은 세상은 스불론 "가운데에"(בְּקִרְבּוֹ) 거하며 그들과 함께 살아간다. 그런 실패에서 끝나지 않고 더 나아가 가나안 족속은 스불론에 의해 노동력 착취를 당해야만 했다. 이상에서 보면, 가나안 족속이 이스라엘 안에 동거할 때 두 가지의 부작용이 발생한다. 이스라엘 백성이 약하면 그들에게 종교적인 영향을 받고, 강하면 그들에게 사회적인 학대를 저지른다. 가나안 정복의 실패는 이러한 부작용의 단초를 남겨 두는 일이었다.

31아셀이 악고의 거주민과 시돈의 거주민과 알랍과 악십과 헬바와 아빅과 르홉을 쫓아내지 못하였고 32아셀 사람들이 그 땅에 사는 가나안 족속 가운데에 거주하게 되었는데 이는 그가 그를 쫓아내지 못하였기 때문이다

가나안 정복의 실패가 아셀 지파의 경우에는 한 단계 더 심화된다. 아셀 지파에게 분배된 땅은 악고와 시돈과 알랍과 악십과 헬바와 아빅과 르홉이다. 그런데 그곳에 사는 주민들을 쫓아내지 못하였다. 그런데 이번에는 쫓겨나지 않은 가나안 족속이 아셀 가운데에 거주하지 않고 아셀이 가나안 족속 "가운데에"(בְּקֶרֶב) 거주하게 되었다고 저자는 기록한다. 이는 마치 아셀이 정복해야 할 세상이 오히려 아셀을 사방으로 둘러싸고 정복한 모양새다. 정복해야 할 땅에서 정복된 사람처럼 살아간다. 이러한 아셀 지파의 실패는 세상에 둘러싸여 있으면서 교회 자체가 세상에 종속되어 있는 모습을 잘 보여준다. 세상을 마음 속으로 초대하여 세속화 되는 것도 잘못된 것이지만 세상으로 둘러싸여 세상의 포로나 노예처럼 살아가는 것은 더더욱 올바르지 않다. 교회는 세상에 있지만 세상에 속하지 않으면서 세상과

구별되고 세상으로 나아가 세상을 변혁하는 곳이어야 한다.

> 33납달리는 벧세메스 주민과 벧아낫 주민을 쫓아내지 못하여서
> 그 땅에 사는 가나안 족속 가운데에 거주하고 벧세메스와 벧아낫 주민들은
> 그들을 위해 노역을 감당해야 했다

납달리 지파의 사정도 아셀 지파의 상황과 유사한 것 같지만 실패의 정도가 한 단계 올라간다. 납달리는 그들에게 주어진 벧세메스 및 벧아낫에 거주하는 주민들을 쫓아내지 못하여 그 주민들 "가운데에" 거주하게 된다. 이것은 아셀 지파의 사정과 동일하다. 그러나 납달리는 쫓아내지 못한 주민들 가운데에 살면서 그들의 노동력을 착취했다. 이는 마치 교회가 세상에 속하여 세상을 이용하기 위해 세상과의 공존을 선택한 모습과 유사하다. 이처럼 사사기의 저자는 가나안 정복의 다양한 실패를 언급하되 점층법을 사용하여 하나님의 백성이 약속의 땅에서 보여 주어야 할 거룩하고 정의로운 모습에서 점점 멀어지고 있음을 고발한다. 1) 가나안 족속을 온전히 쫓아내지 못한 것, 2) 그들이 약속의 땅에 머무르는 것, 3) 그들이 백성 가운데에 머무르는 것, 4) 그 가운데 머무르는 그들의 노동력을 착취하는 것, 5) 이스라엘 백성이 쫓아내지 못한 가나안 족속 가운데에 머무르는 것, 6) 그 가운데 머물면서 그들의 노동력을 착취하는 것 등으로 실패의 양상은 점점 악화된다.

> 34아모리 족속은 단 자손을 그 산지로 몰아넣고 골짜기에 내려오는 것을
> 허락하지 않았으며 35아모리 족속은 헤레스 산과 아얄론과 사알빔에 머물기를
> 원하였고 요셉 가문의 손이 강해지자 그들은 노역을 감당해야 했다

36아모리 족속의 경계는 아그랍빔 비탈의 바위 위쪽이다

끝으로 아모리 족속과 단 지파 이야기를 소개한다. 여기에는 가나안 정복의 실패 중에서도 최악의 상황이 연출된다. 단 지파는 아모리 족속을 쫓아내지 못하고 오히려 자신들이 아모리 족속에 의해 쫓겨난다. 아모리 족속은 단 자손을 "산지"라는 답답한 생존의 코너로 내몰았고 기름진 삶의 "골짜기"로 내려오는 것을 "허락하지 않았다"(לֹא נְתָנוֹ)고 한다. 반면 아모리 족속은 자신들이 거주하기 원하는 곳이라면 어디든지 가서 머무는 자유로운 결정권을 가지고 헤레스 산과 아얄론과 사알빔에 머물기를 원하였다. 나중에 요셉 가문의 힘이 커지면서 아모리 족속에게 노역을 강요했다. 그러나 당시에는 주거지의 경계가 아그랍빔 비탈의 바위 위쪽으로 명시될 정도로 자신의 고유한 땅을 차지했다. 단 지파의 경우는 이스라엘 백성의 가나안 정복사에 있어서 최악의 실패로 기록된다.

아브라함 시대에 가나안 땅의 정복이 수백년 연기된 원인은 무엇인가? 내적인 원인은 아브라함 개인이 하나님께 온전히 순종하지 않았기 때문이고, 외적인 원인은 가나안 족속 중에서도 아모리 족속의 죄가 충분히 가득하지 않았기 때문이다(창 15:16). 아모리 족속의 죄와 관련해서 보면, 지금 사사들의 시대는 아모리 족속의 죄가 심판의 임계점을 넘어 실질적인 형벌을 부과해도 될 정도의 상황이 되었음을 의미한다. 그럼에도 불구하고 그 족속의 죄에 상응하는 벌로써 하나님의 정의를 구현해야 하는 단 지파는 그 막중한 사명을 이루지 못하고 오히려 불의의 먹거리로 전락했다. 정복의 시대에도 정복의 대상에 의해 쫓김을 당하는 단 지파는 야곱의 예언처럼 구원의 영광을 누리지 못하고 여전히 "주의 구원을 기다"려야 하는 안타까운 상황이다(창 49:18).

이러한 모순적인 상황이 우리에게 가르치는 교훈은 무엇인가? 아모리 족속의 허락 없이는 어떠한 곳도 출입하지 못하는 단 지파의 모습은 세상에 완전히 사로잡힌 교회의 상황을 잘 보여준다. 진실로 오늘날 교회는 세상의 욕망을 주인으로 삼고 세상의 거짓과 불법을 수단으로 삼아 그 욕망이 지시하는 대로 땅의 끈적한 유익을 추구한다. 이는 마치 세상의 허락을 교회의 질서로 삼은 형국이다. 돈에 대한 사랑과 명예에 대한 집착이 교회를 부패와 교만의 꼭대기로 내몰아서 회개와 겸손의 낮은 골짜기로 내려오는 것을 결코 허락하지 않는 상황이 피눈물 나는 교회의 현실이다. 세상의 불의와 거짓을 질책해야 할 교회가 오히려 세상보다 더 부끄럽고 거짓되고 불의하고 추악한 일을 저지른다(고전 5:1). 그것도 하나님의 이름을 앞세우고 하나님의 뜻을 행하는 듯한 연출까지 하며 아주 은밀하고 간사하게 악의 지휘 속에서 움직인다.

세상의 빛과 소금이 되어야 할 교회가 어찌하여 이렇게 되었을까? 사사기 2장은 우리에게 이스라엘 백성이 가나안 정복에 실패한 이유를 뼈아프게 지적한다.

삿 2:1-10

¹여호와의 사자가 길갈에서부터 보김으로 올라와 말하되 내가 너희를 애굽에서 올라오게 하여 내가 너희의 조상들에게 맹세한 땅으로 들어가게 하였으며 또 내가 이르기를 내가 너희와 함께 한 언약을 영원히 어기지 아니하리니 ²너희는 이 땅의 주민과 언약을 맺지 말며 그들의 제단들을 헐라 하였거늘 너희가 내 목소리를 듣지 아니하였으니 어찌하여 그리하였느냐 ³그러므로 내가 또 말하기를 내가 그들을 너희 앞에서 쫓아내지 아니하리니 그들이 너희 옆구리에 가시가 될 것이며 그들의 신들이 너희에게 올무가 되리라 하였노라 ⁴여호와의 사자가 이스라엘 모든 자손에게 이 말씀을 이르매 백성이 소리를 높여 운지라 ⁵그러므로 그 곳을 이름하여 보김이라 하고 그들이 거기서 여호와께 제사를 드렸더라 ⁶전에 여호수아가 백성을 보내매 이스라엘 자손이 각기 그들의 기업으로 가서 땅을 차지하였고 ⁷백성이 여호수아가 사는 날 동안과 여호수아 뒤에 생존한 장로들 곧 여호와께서 이스라엘을 위하여 행하신 모든 큰 일을 본 자들이 사는 날 동안에 여호와를 섬겼더라 ⁸여호와의 종 눈의 아들 여호수아가 백십 세에 죽으매 ⁹무리가 그의 기업의 경내에 에브라임 산지 가아스 산 북쪽 딤낫 헤레스에 장사하였고 ¹⁰그 세대의 사람도 다 그 조상들에게로 돌아갔고 그 후에 일어난 다른 세대는 여호와를 알지 못하며 여호와께서 이스라엘을 위하여 행하신 일도 알지 못하였더라

❖ ❖ ❖

¹여호와의 사자가 길갈에서 보김으로 올라와서 말하였다 "내가 너희로 하여금 애굽에서 올라와 너희의 조상에게 맹세한 땅으로 들어가게 했다 그리고 내가 말하기를 '내가 너희와 함께 [맺은] 나의 언약을 영원히 깨뜨리지 않으리라 ²너희는 이 땅의 주민과 언약을 체결하지 말고 그들의 제단들을 허물어라' 하였는데 너희가 내 목소리를 경청하지 않았구나 어찌하여 너희가 이렇게 하였느냐? ³그래서 또 '내가 그들을 너희 앞에서 쫓아내지 않을 것이기에 그들이 너희의 옆구리에 있고 그들의 신들은 너희에게 올무가 될 것이라'고 내가 말하였다" ⁴여호와의 사자가 모든 이스라엘 자손에게 이 말씀들을 언급하니 그 백성은 자신의 목소리를 높여 울게 되었으며 ⁵그리고 그들은 그 장소의 이름을 보김이라 하였고 그들이 거기에서 여호와께 제사를 드렸더라 ⁶[예전에] 여호수아가 백성을 보냈고 이스라엘 자손은 각각 자신의 기업으로 가서 그 땅을 차지했다 ⁷여호수아의 모든 날들과 여호수아 이후에도 생존한 자들 즉 이스라엘을 위하여 이루신 여호와의 모든 위대한 일들을 본 장로들의 모든 날들 동안에는 그 백성이 여호와를 섬겼다 ⁸눈의 아들이요 여호와의 종인 여호수아가 백 십 세에 죽었고 ⁹그들(백성)이 가아스 산 북쪽 딤낫 헤레스에 있는 그(여호수아)의 기업의 영역 안에 그를 장사했다 ¹⁰그 세대의 모든 자들이 그 조상들 가운데로 데려감을 당하였고 그 이후에 여호와를 알지 못하고 그가 이스라엘을 위해 행하신 일도 알지 못하는 다른 세대가 일어났다

04

다른 세대, 바른 세대

분배된 가나안 땅에서 이스라엘 백성의 각 지파가 보여준 군사적인 정복의 점증적인 실패를 언급한 이후에 사사기 저자는 그 실패의 종교적인 원인을 지적한다. 하나님의 신실하신 은혜로 약속의 땅을 받았으나 취하지 못한 이유는 바로 그들이 하나님의 언약을 지키지 않았고 하나님만 섬기지 않았기 때문이다. 하나님에 대하여 그들이 저지른 불순종의 죄가 분별력의 상실을 가져왔고 군사적인 실패를 초래했다. 문제의 근원으로 소급하면 하나님 앞에서의 죄가 늘 원흉이다.

1여호와의 사자가 길갈에서 보김으로 올라와서 말하였다 "내가 너희로 하여금 애굽에서 올라와 너희의 조상에게 맹세한 땅으로 들어가게 했다 그리고 내가 말하기를 '내가 너희와 함께 [맺은] 나의 언약을 영원히 깨뜨리지 않으리라

여호와의 사자가 길갈에서 보김으로 올라왔다. "굴리다"는 의미를 가진 "길

갈"(גִּלְגָּל)은 하나님의 명령을 따라 모든 이스라엘 백성에게 할례를 행하여 그들이 종으로 있던 애굽의 수치를 끊어내어 말아서 제거한 것을 기념하는 도시의 이름이다(수 5:2-9). "울다"는 의미를 가진 "보김"(בֹּכִים)은 "통곡하는 사람들"을 의미하는 도시의 이름이다. 수치가 사라진 아름다운 도시 길갈에서 눈물에 젖은 슬픔의 도시 보김으로 "여호와의 사자"가 찾아왔다. "사자"(מַלְאָךְ)는 누구인가? 하나님의 메시지를 전달하기 위해 보냄을 받은 천사를 의미한다. 그런데 그 사자는 하늘에서 보김으로 오지 않고 길갈에서 왔다. 언약의 장소 길갈에서 왔다는 것은 메시지의 내용이 언약의 할례와 관계된 것임을 암시한다. 사사기 저자는 이처럼 지리적인 이동의 경로를 밝히면서 정복의 실패로 말미암은 통곡의 원인이 언약에 대한 태도와 관계되어 있음을 드러낸다.

하나님의 보내심을 받은 사자는 이스라엘 백성이 수치의 땅 애굽에서 약속의 땅 가나안으로 들어간 사실을 언급한다. 이 언급은 수치가 해결된 길갈에서 슬픔의 땅 보김으로 간 사자가 이동한 경로와 대조된다. 이스라엘 백성에게 무언가 완전히 거꾸로 된 상황에 놓이게 되었음을 강조하는 특이한 어법이다. 그런데 약속의 땅으로 들어간 것은 이스라엘 백성이 스스로 들어간 것이 아니라 하나님이 그들로 하여금 들어가게 하신 것이라고 한다. 이는 길갈에서 보김으로 간 것은 마치 그 백성이 하나님에 의해 이끌림을 받은 것이 아니라 스스로 간 것이라고 독자들로 하여금 생각하게 하는 어법이다. 수치에서 약속으로 가는 것은 하나님의 은혜이고, 수치의 없음에서 슬픔의 있음으로 가는 것은 백성의 자발적인 쇠락이다. 그러나 하나님은 백성의 문제를 방관하지 않으시고 그들의 발자취를 그대로 따라와 다시 회복의 기회를 베푸신다.

이스라엘 백성이 약속의 땅에 들어간 것은 그들의 조상과 맺으신 하나님의 언약이 성취된 결과였다. 하나님은 자신의 언약을 영원히 깨뜨리지 않으실 것이라고 사자는 강조한다. 하나님은 백성과 맺은 언약을 "나의 언약"(בְּרִיתִי)으로 규정한다. 이는 언약이 하나님의 주도적인 은혜에서 비롯된 것이며 언약의 유지와 파기의 결정은 하나님께 속한 권한임을 천명한다. 하나님이 조상과 맺으신 언약은 아브라함 언약이다. 언약을 체결하는 방식은 짐승과 새를 반으로 쪼개고 그 사이로 타오르는 횃불이 지나가는 식이었다(창 15:17). 언약을 파기하면 존재가 반으로 쪼개지고 심판의 불이 실시간 임한다는 메시지를 담은 방식이다. 이는 목숨과 인생을 건 언약이며, 또한 이 언약이 생명보다 소중한 것임을 나타낸다. 이는 인간만이 아니라 하나님도 이 언약에 자신의 생명을 거셨다는 말이기도 하다. 영원하신 하나님은 이 언약을 영원히 지키실 것이라고 한다. 기막힌 은총이다.

이 세상에도 아주 많은 약속들이 있다. 그러나 그 약속은 늘 위태롭다. 약속한 사람의 변덕 때문이다. 그리고 약속의 당사자가 아무리 진실하고 성실해도 약속을 파기할 수밖에 없는 상황이 발생하면 그 상황을 통제할 능력이 없기 때문이다. 그러나 하나님의 약속은 어떠한가? 하나님은 회전하는 그림자가 없기 때문에 변덕과 무관한 분이시다. 어떠한 상황이 발생해도 하나님은 언제나 그 상황보다 크신 분이시다. 얼마든지 통제하고 필요에 따라 모든 상황을 자유롭게 바꾸신다. 가장 큰 문제는 하나님의 의지인데, 하나님은 친히 자신의 약속을 영원히 지킬 것이라는 불변의 의지를 밝히셨다. 사람들은 아무리 전능하고 불변적인 하나님도 말을 바꾸실 수 있다고 우려한다. 그러나 하나님은 신적인 기질을 따라 결코 식언하지 않으시며 한 번 말을 뱉으시면 후회가 없으시다. "하나님은 인생이 아니시니 식언치 않으시고 인자가 아니시니 후회가 없으시다 어찌 그 말씀하신 바를 행치 않으시며 하신 말씀을 실행치 않으시랴"(민 23:19).

2너희는 이 땅의 주민과 언약을 체결하지 말고 그들의 제단들을 허물어라'
하였는데 너희가 내 목소리를 경청하지 않았구나 어찌하여 너희가 언약의 준수에 대한 자신의 확고한 의지를 밝히신 하나님은 언약의 파트너인 이스라엘 백성에게 가나안 땅의 주민과 어떠한 언약도 체결하지 말고 우상을 숭배하는 그들의 제단들을 허물라고 명하신다. 뭔가 이빨이 어긋난 느낌이다. 자신이 영원히 붙드니까 너희도 그 언약을 깨뜨리지 말라고 명해야 할 대목에서 가나안 주민과의 언약을 금하시는 이유는 무엇인가? 첫째, 다른 제 삼자와 언약을 체결하지 않는다는 것은 하나님과 맺은 언약만 유일하게 붙든다는 의미가 내포되어 있기 때문이다. 둘째, 다른 사람과 언약을 체결하는 것 자체가 하나님과 맺은 언약의 파기를 의미하는 것이기 때문이다. 당연한 결과로서 셋째, 하나님과 맺은 언약을 붙든다는 것은 다른 사람과는 어떠한 언약도 체결하지 않아야 가능한 일이기 때문이다. 이것은 언약의 심층적인 개념이다. 이것은 하나님 외에 다른 어떠한 신도 우리의 마음에 두어서는 안된다는 제1계명과 유사하다. 사람들의 내면에는 하나님도 섬기고 섬기는 신들이 많을수록 더 좋다는 다다익선 개념의 미신적인 종교성이 있다. 그러나 하나님은 그것을 결코 원하지 않으신다.

여호수아는 이방신과 하나님의 양자택일 속에서 여호와만 섬길 것이라고 했다. 그가 고백한 것처럼 하나님은 "질투하는"(קַנּוֹא) 분이시다(수 24:19). 자기 백성이 양다리를 걸치며 우상에게 농락 당하는 것을, 그 우상과 어울리며 영혼을 섞는 질펀한 관계 즐기는 것을 용납하지 않으신다. 단 하나의 우상도 용납하지 않고 질투하는 이유는 그분의 사랑이 지극히 크기 때문이다. 물론 사람의 "질투는 영혼의 심술"이다. 그러나 "질투가 없는 사랑은 진정한 사랑이 아니라"는 탈무드의 말처럼 하나님의 무한한 사랑에는 무한한 질투가 도사리고 있다. 하나님은 백성이 맺는 모든 언약의 유일한 파트너가 되기를 원하신다. 언약의 특성상 두 개 이상의 언약을 맺는다는 것 자체가 가능하지 않다. 이는 언약이 목숨을 걸어야 하는 일이고 모든 사람의 목숨은 하나밖에 없기 때문이다. 하나님과 맺은 언약에 목숨을 걸고서도 다른 언약에 걸 여분의 목숨을 가진 사람이 어디에 있겠는가! 이렇게 하나님의 사랑과 언약과 생명은 서로 결부되어 있다.

그런데도 이스라엘 백성은 하나님의 말씀을 거역하고 가나안 사람들과 언약을 체결했다. 이는 가나안 사람과 "어떤 언약도 하지 말라"는 명령의 명백한 위반이다. 금지를 나타내는 히브리어 낱말은 두 가지이다. "로"(לֹא)와 "알"(אַל)은 모두 부정의 의미를 가지고 있지만 "로"가 "알"보다 부정적인 뉘앙스가 더욱 강렬하기 때문에 주로 신적인 명령에서 쓰이는데 이는 십계명 중에서 8가지의 모든 부정적인 명령에 "로"가 사용된 것에서도 확인된다. 가나안 주민과 어떠한 언약도 맺지 말라는 명령에도 "로"라는 부정어가 사용된 것은 이 명령의 거역이 가져오는 죄의 막대한 심각성을 암시한다. 언약을 체결하는 문제와 함께 이스라엘 백성은 가나안 주민들이 우상을 섬기던 제단들도 허물지 않는 불순종을 저질렀다. 언약과 제단에 관한 그들의 불순종을 사사기 저자는 그들이 하나님의 목소리를 "경청하지 않은 것"(לֹא־שְׁמַעְתֶּם)이라고 규정한다.

하나님과 백성 사이의 건강한 관계성은 들음에 근거한다. 들음의 중요성은 하나님과 우리를 이어주는 관계의 끈이라고 할 "믿음은 들음에서 난다"는 바울의 말에서도 확인된다(롬 10:17). 세상에는 무수히 많은 소리가 있고 사람들은 소리에 반응한다. 어떤 소리에 반응할 것인지의 결정과 얼마만큼 반응할 것인지의 결정은 각자의 권한과 책임이다. 그런데 결코 놓치지 말아야 하고 인생 전체로 반응해야 할 목소리가 있다. 하나님의 목소리다. 그 목소리는 우리가 순종의 방식으로 경청해야 한다. 그분의 목소리를 듣는다는 것은 그 자체로 놀라운 기적이며 무한한 은총이다. 이는 귀가 있다고 듣는 것이 아니고 눈이 있다고 보는 것이 아니고 마음이 있다고 깨닫는 것이 아니기 때문이다.

그런데 이스라엘 백성이 하나님의 이러한 은총을 입었어도 여전히 듣지 못하는 이유는 무엇인가? 그것은 바로 그들이 우상을 숭배했기 때문이다. 우상들은 "입이 있어도 말하지 못하며 눈이 있어도 보지 못하며 귀가 있어도 듣지 못하며 코가 있어도 냄새 맡지 못하며 손이 있어도 만지지 못하며 발이 있어도 걷지 못하며 목구멍이 있어도 작은 소리조차 내지 못"한다고 시인은 고발한다(시 115:5-7). 그런데 이러한 "우상들을 만드는 자들과 그것을 의지하는 자들"은 다 그 우상과 같아지기 때문에 귀가 있어도 듣지 못하는 결과가 발생한다(시 115:8). 이처럼 우상을 섬기면 우상처럼 존재의 신경이 마비되는 저주가 뒤따른다. 그럼에도 불구하고 이스라엘 백성은 섬김의 대상으로 지극히 인격적인 하나님이 아니라 지극히 무기력한 우상을 선택했다. 너무도 어리석은 선택이기 때문에 하나님은 백성에게 "어찌하여 이렇게 했느냐"는 탄식을 쏟으신다.

제단을 허물라는 하나님의 명령도 주목해야 한다. "제단"(מִזְבֵּחַ)은 짐승을 잡아서 신에게 제사를 드리는 장소를 의미한다. 우상을 숭배하던 흔적이다. 그 흔적을 하나님은 지우라고 명하신다. 가나안 땅에는 제단들이 즐비하다. 가는 곳마다 발견되는 제단들을 허물지 않으면 그것들이 이스라엘 백성의 눈으로 들어오고 생각을 사로잡고 마음을 지배하기 쉽다. 보는 것에 영향을 받는 연약한 존재가 인간이다. 그래서 바울은 악이라면 모양이라 할지라도 다 버려서 눈에도 띄지 않게 만들고 흉내도 내지 말아야 한다고 가르쳤다. "본 것에 의지하여 그 육신의 생각을 따라 헛되이 과장하고" 예수와 무관하게 "꾸며낸 겸손과 천사 숭배"에 빠지지 않도록 "세상의 초보적인 것들"을 경계해야 한다고 가르쳤다. "붙잡지도 말고 맛보지도 말고 만지지도 말라"(골 2:21). 이처럼 바울은 "자의적인 숭배와 겸손과 몸을 괴롭히는 것"일 뿐, 경건에는 일말의 유익도 주지 못하는 "사람의 명령과 가르침"을 붙잡지도 말고 맛보지도 말고 만지지도 말라고 경고한다(골2:22-23).

3그래서 또 '내가 그들을 너희 앞에서 쫓아내지 않을 것이기에 그들이 너희의 옆구리에 있고 그들의 신들은 너희에게 올무가 될 것이라'고 내가 말하였다"

여기에는 이스라엘 백성의 심각한 불순종에 대한 하나님의 엄중한 조치가 언급되어 있다. 가나안 주민과 언약을 맺기 때문에 발생하는 옆구리의 고통, 제단을 허물지 않았기 때문에 발생하는 우상의 올무가 바로 그것이다. 먼저 하나님은 가나안 주민들을 자기 백성 앞에서 쫓아내지 않으실 것이라고 한다. 지금까지 이스라엘 백성이 전쟁에서 승리하고 가나안 주민들을 쫓아낸 것은 자신의 의지와 능력이 아니라 하나님이 이루신 일이었다. 하나님의 명령에 순종하는 것은 백성의 몫이었고 주민들을 쫓아내는 것은 하나님의 몫이었다. 그런데 이스라엘 백성은 순종을 거부하고 불순종을 택하였다. 그래서 하나님은 가나안 주민들이 백성의 "옆구리"(צַד)에 있을 것이라고 한다. 동일한 사안에 대하여 하나님이 모세에게 말씀하신 내용은 이러하다. "너희가 남겨둔 자들이 너희의 눈에 가시와 너희의 옆구리에 찌르는 것이 되어 너희가 거주하는 땅에서 너희를 괴롭게 할 것이요"(민 33:55). 이 말씀에 의하면, 가나안 주민이 백성의 옆구리에 있다는 것은 가시가 찌르는 듯한 지속적인 괴롭힘을 의미한다. 이것은 이방인에 의해 당하는 이스라엘 백성의 외적인 고통이다.

이것보다 심각한 고통은 제단을 허물라는 명령에 순종하지 않았기 때문에 그 이방인이 섬기는 신들이 백성에게 "올무"(מוֹקֵשׁ)가 된다는 부분이다. "올무"는 주의를 기울이지 않으면 쉽게 빠질 수밖에 없는 은밀한 함정을 의미한다. 이방의 신들을 섬기던 제단이 그대로 있으면 사람들의 마음에는 왠지 모르게 풍요와 다산의 복이 주어질 것 같은 기대감이 깃든다. 기대감 뒤에 숨은 낭패감의 원흉이 보이지 않기 때문에 그런 기대감은 위험하다. 인간은 우상의 흔적만 봐도 민첩하게 이방의 우상숭배 풍조에 뛰어드는 타락한 본성을 소유하고 있다. 그 신들을 이스라엘 백성이 섬기면 어떠한 일이 생기는가? 과거의 사례에 비추어 보면, 동족끼리 죽고 죽이는 살육이 발생한다. 자멸보다 더 끔찍한 고통이 어디에 있겠는가? 민수기 25장에는 모압 여자들과 이스라엘 남자들이 섞이면서 모압 신들에게 절하는 이야기가 기록되어 있다. 이 사건에 대해 하나님은 무서운 명령을 내리셨다. "모세에게 이르시되 백성의 수령들을 잡아 태양을 향하여 여호와 앞에 목매어 달라"(민 25:4). 이 명령을 따라 모압의 신 바알브올 숭배에 가담한 모든 사람들이 동족의 손으로 죽임을 당하였다. 이것은 내적인 고통이다. 면역학에 있어서는 어떤 세포가 적군을 아군으로 간주하여 수용하는 문제보다 아군을 적군으로 간주하여 아군끼리 공격하는 내전의 문제가 더 심각하다.

하나님의 조치는 내부의 살육으로 끝나지 않고 더 무서운 형벌이 주어진다. "나는 그들에게 행하기로 생각한 것을 너희에게 행하리라"(민 33:56). 하나님이 친히 징계의 회초리를 들고 백성의 종아리를 치신다고 한다. 이스라엘 백성의 가나안 정복은 약소국에 대한 강대국의 제국주의 침략이 아니었다. 죄에 합당한 형벌을 내리며 이 세상에 하나님의 정의를 구현하는 일이었다. 그런데 백성은 어떠한 이유로 신적인 정의 구현의 막중한 사명을 망각하고 저버렸다. 불의를 방치한 백성에게 하나님은 반드시 책임을 물으신다. 합당한 형벌의 집행으로 정의를 구현하지 못한 백성이 형벌을 받아야 할 가나안 주민들의 죄를 대신 담당하는 것은 합당하다. 이러한 하나님의 조치는 백성이 자초한 일이었다. 그러나 이러한 부정적인 사건도 하나님은 선으로 바꾸셔서 그리스도 예수가 우리의 죄를 대신 담당하는 속죄의 상징으로 삼으신다. 예수님은 자신의 사명 불이행의 결과로서 대신 죄의 형벌을 당하신 것이 아니라 무한한 자비와 긍휼 때문에 기꺼이 대속의 형벌을 선택한 분이시다.

이처럼 하나님이 약속하신 선물을 그의 백성이 취하지 못하고 오히려 희생물이 되는 이유는 무엇인가? 하나님의 사랑과 능력의 문제가 아니라 백성의 불순종 때문이다. 이에 대하여 이사야는 이렇게 표현한다. "여호와의 손이 짧아 구원하지 못하심도 아니요 귀가 둔하여 듣지 못하심도 아니라 오직 너희 죄악이 너희와 너희 하나님 사이를 갈라 놓았고 너희 죄가 그의 얼굴을 가리어서 너희에게서 듣지 않으시게 함이니라"(사 59:1-2). 하나님은 자기 백성이 어디에 있든지 그곳으로 손을 뻗으시고 "눈동자 같이 지키시고 주의 날개 그늘 아래에 감추"신다(시 17:8). 하나님은 자기 백성의 지극히 미세한 "신음"(נְאָקָה)도 귀를 기울여 들으신다(출 6:5). 문제의 근원은 하나님의 손과 귀의 무관심과 무능력이 아니라 스스로 하나님과 분리되게 만든 백성 자신의 죄악이다.

> 4여호와의 사자가 모든 이스라엘 자손에게 이 말씀들을 언급하니
> 그 백성은 자신의 목소리를 높여 울게 되었으며 5그리고 그들은 그 장소의
> 이름을 보김이라 하였고 그들이 거기에서 여호와께 제사를 드렸더라

하나님의 준엄한 조치를 통보하는 사자의 말이 끝나자 이스라엘 백성은 자신의 목소리를 높이면서(יִשְׂאוּ) 통곡했다(יִבְכּוּ). 높은 음정으로 울었다는 것은 의도적인 슬픔의 강력한 배출을 의미한다. 이들의 울음은 광야에서 백성이 하나님께 불평할 때마다 쏟은 울음과 동일한 것이었다. 그런데 이번에는 불평이 아니라 통렬한 회개였다. 하나님의 말씀에 통곡으로 반응하는 것은 영적인 건강의 상징이다. 신앙의 불씨가 남아 있다는 물증이다. "상한 심령"은 하나님이 원하시는 제사이며 "상하고 통회하는 마음"은 주께서 결코 멸시하지 않으시고 반드시 건지신다(시 51:17). 다윗도 성범죄와 살인을 저지른 이후에 자신이 태생적인 죄인임을 고백하고 통회했다. 자신이 밧세바와 우리아 가정에 몹쓸 짓을 저지르며 하나님을 멸시하고 말씀을 어겼다고 회개했다. 이에 하나님은 자비를 베푸셨다.

가나안을 정복한 이스라엘 백성도 가나안 주민을 다 쫓아내지 않으며

하나님의 언약을 멸시하는 죄를 저지르고 하나님의 사자가 전한 고소장을 받고 그 죄를 인정하고 하나님의 긍휼을 구하며 절규했다. 자신들이 거하는 성읍의 이름도 "우는 사람들"을 의미하는 "보김"으로 정하였다. 이 명칭은 백성이 거하는 삶의 터전 전체가 회개의 눈물로 축축하게 젖었음을 암시한다. 나아가 괜찮은 이름을 앞세우며 회개의 겉모양만 연출한 것이 아니라 그들은 "짐승을 잡아"(זָבַח) 하나님께 제물로 드리면서 눈물로만 회개하지 않고 죽을 죄를 지었다는 제사의 실천적인 고백으로 회개했다. 이처럼 죄를 범하여 하늘의 고소장을 받더라도 온전히 돌이키면 하나님은 자비를 베푸신다. 이스라엘 백성은 하나님의 언약을 깨뜨리고 또 깨뜨려도 하나님은 기다리고 또 기다리며 그들이 돌이키면 언제든지 용서를 베푸시고 언약을 지키신다. 돌이키지 않으면 돌이킬 수 있도록 천사를 보내시고 마지막 날에는 아들까지 보내셨다. 그 아들은 "아버지의 마음을 자녀에게," "자녀들의 마음을 그들의 아버지에게로 돌이키게" 만드셨다(말 4:6). 언약에 무한하게 신실하신 하나님에 대해 에스겔은 이렇게 기록한다. "그러나 내가 너의 어렸을 때에 너와 세운 언약을 기억하고 너와 영원한 언약을 세우리라"(겔 16:60). 하지만 우리는 이런 약속을 빌미로 삼아 언약 파기를 밥 먹듯이 하지 않도록 주의해야 한다.

6[예전에] 여호수아가 백성을 보냈고 이스라엘 자손은 각각 자신의 기업으로 가서 그 땅을 차지했다 7여호수아의 모든 날들과 여호수아 이후에도 생존한 자들 즉 이스라엘을 위하여 이루신 여호와의 모든 위대한 일들을 본 장로들의 모든 날들 동안에는 그 백성이 여호와를 섬겼다

사사기 2장 6-10절은 두 세대를 대비하고 있다. 여호수아 세대에는 그 세대에게 부과된 가나안 정복의 과제를 충실하게 이행했다. 이스라엘 자손이

각자의 기업으로 가서 배당된 땅을 차지했다. 그리고 각자의 땅에서 오직 하나님만 섬기는 일에도 충실했다. 그러나 다음 세대는 가나안 정복을 완수하는 일에도 실패하고 하나님만 섬기는 일에도 실패했다. 6절과 7절에서 사사기 저자는 정복이 끝나고 여호수아가 죽기 이전에 혹은 그가 죽은 이후라도 여호수아 시대에 하나님이 이루신 모든 위대한 일들을 목격한 장로들이 살아있을 동안에는 이스라엘 백성이 하나님을 섬겼다고 기록한다. 지도자가 죽은 이후에 이스라엘 백성은 가나안 정복을 완수하는 일에 실패했고 그 원인은 하나님의 언약을 파기했기 때문이다. 8-10절에서 사사기 저자는 오직 하나님만 섬겨야 한다는 이전 지도자의 유언도 무시하는 이스라엘 백성의 영적인 무지를 지적한다.

여호수아 외에 하나님의 위대한 일들을 목격한 자들은 누구일까? 여호수아는 55세(B.C. 1445)에 정탐꾼의 한 사람으로 선발되고, 93세(B.C. 1407)에 모세의 리더십을 계승하고, 110년(B.C. 1390)에 인생을 마감했다. 그는 자기에게 배당된 땅에 묻혔다고 한다. 출애굽 1세대에 속하는 장로들 중에는 여호수아 외에 갈렙이 유일하다. 갈렙 외에 다른 "장로들"(הַזְּקֵנִים) 은 출애굽 2세대 중에 광야에서 모세와 동행하신 하나님, 그리고 약속의 땅에서 여호수아 및 갈렙과 동행하신 하나님과 그의 행하신 일들을 경험하고 신뢰하는 장로들일 가능성이 높다. 여호수아가 죽은 때를 기준으로 본다면, 장로들 중에 애굽에서 태어난 사람은 최소한 57세 이상이고, 광야에서 태어난 사람은 57세 이하이다. 구약 시대에 장로의 적령기는 30세 이상이다. 그렇다면 당시의 장로들은 애굽 출신과 광야 출신으로 구성되어 있다고 이해해야 한다. 애굽과 광야에서 신적 권능으로 이스라엘 백성을 이끄시는 하나님을 아는 장로들이 무덤에 들어가기 전에는 하나님을 섬겼다고 사사기 저자는 기록한다. 여기에서 장로들의 정체성은 하나님과 그의 위대한 일들을 아는 지식과 결부되어 있다. 하나님을 알지 못하거나 그의 위대한 일들을 알지 못하는 사람에게 장로의 호칭은 과분하다. 나이가 들면 들수록 이마의 주름만큼 하나님을 아는 지식의 눈금도 그만큼 늘어나야 한다. 그래야 어른이다. 그런 어른이 생존해 있는 동안에는 하나님을 섬기는 일은 지속되고 교회는 은총의 저수지가 된다.

>   [8]눈의 아들이요 여호와의 종인 여호수아가 백 십 세에 죽었고
>   [9]그들(백성)이 가아스 산 북쪽 딤낫 헤레스에 있는 그(여호수아)의
>   기업의 영역 안에 그를 장사했다 [10]그 세대의 모든 자들이 그 조상들
>   가운데로 데려감을 당하였고 그 이후에 여호와를 알지 못하고
>   그가 이스라엘을 위해 행하신 일도 알지 못하는 다른 세대가 일어났다

여호수아 및 동시대의 장로들이 "그 조상들 가운데로 데려감"을 당하였다. 하나님의 사람들이 죽으면 믿음의 조상들이 있는 곳으로 합류한다. 그런데 하나님과 그의 위대한 일들을 아는 그들이 죽은 이후에는 하나님도 모르고 하나님의 위대한 일들도 알지 못하는 세대가 일어났다. 사사기 저자는 그 세대를 지금 세대와 구별되는 다음 세대가 아니라 "다른 세대"(דוֹר אַחֵר)라고 표현한다. 이는 이곳에만 유일하게 쓰인 표현이다. 여기에서 "다른"은 이전과 이후라는 시간적인 차이만이 아니라 하나님을 안다는 것과 모른다는 것의 신앙적인 차이도 내포하는 낱말이다. 여기에서 "안다"는 의미를 가진 "야다"(יָדַע)는 사실의 단순한 인식을 의미하지 않고 지식과 존재의 섞임을 의미한다. 즉 "야다"는 남편과 아내가 서로를 알고 사랑하여 침상에서 몸을 섞는 수준의 앎을 의미한다. 하나님을 알되 그 지식이 존재와 인생의 중심을 관통하는 앎을 의미한다. 하나님 자신과 내가 제대로 연합해야 비로소 주어지는 종류의 지식이다. 교회가 그런 식으로 하나님을 알지 못하면 세대가 변질된다. 자기 세대만 변질되지 않고 이후의 세대도 변질된다.
하나님을 아는 지식의 영향력은 막대하다. 한 세대의 흥망이 거기에 달

려 있기 때문이다. 호세아는 하나님을 알지 못하는 백성은 망한다고 기록한다. "내 백성이 지식이 없으므로 망하는도다 네가 지식을 버렸으니 나도 너를 버려 내 제사장이 되지 못하게 할 것이요 네가 네 하나님의 율법을 잊었으니 나도 네 자녀들을 잊어 버리리라"(호 4:6). 하나님을 아는 지식을 버리는 백성은 버림을 당하고 하나님의 말씀을 망각하면 그 자녀 세대가 잊어 버린 바 된다는 내용이다. 어떠한 시대이든 하나님의 역사를 보고 체험한 사람이 생존해 있는 동안에는 교회가 여호와를 섬기는 일은 지속된다. 그렇기 때문에 하나님을 아는 지식의 중요성을 너무도 잘 아는 호세아는 "우리가 여호와를 알자 힘써(רָדַף) 여호와를 알자"(호 6:3)고 절규한다. 하나님을 아는 지식에 의식적인 노력을 기울여야 한다. 하나님을 알기 위해서는 문자로 된 하나님의 목소리를 듣는 것이 최고의 방법이다. 사도 요한은 하나님의 말씀을 "읽는 자와 듣는 자와 그 가운데에 기록한 것을 지키는 자"(계 1:3)에게 복이 있다고 선언한다. 읽기만 해도 하나님을 아는 지식의 복이 주어진다.

하나님을 바르게 아는 것은 우리의 세대를 살리는 방법이고 동시에 다음 세대를 경건하게 세우는 방법이다. 다음 세대가 하나님을 모르는 "다른 세대"가 아니라 하나님을 경외하는 아름다운 세대가 되도록 힘써 여호와를 알자! 이사야는 "물이 바다를 덮음 같이 여호와를 아는 지식이 세상에 충만"(사11:9)하면 열방이 주님께로 돌아와 온 세상이 천국의 모습을 나타내게 될 것이라고 가르친다. 물이 바다를 덮으면 어떻게 되겠는가? 바다 전체에 물이 스며들지 않겠는가! 하나님을 아는 지식의 올바른 소유와 전수는 그런 방식을 요구한다. 하나님을 아는 지식이 뇌와 입술에만 스며들지 않고 온 몸과 영혼에도 스며들어 전인이 그 지식에 완전히 물들어야 한다.

교회의 머리에만 고인 지식은 지금 세대와 다음 세대를 살리지 못하고 오히려 교만하게 한다. 실체가 없는 껍데기 지식은 교만의 주식(主食)이기 때문이다. 교만은 성공이 아니라 패망의 선봉이며 세움이 아니라 넘어짐의 앞잡이다(잠 16:18). 그리스도 예수에 대한 믿음은 성경 전체에 대한 지식으로 이어져야 하고 그 지식은 하나님과 이웃 사랑에 이르러야 한다. 즉 내 영혼에 파고든 하나님의 은총은 머리를 지나 온 몸을 관통하고 손끝과 발끝까지 이르러야 한다. 몸에서 증명되지 않은 지식은 올바른 지식이 아닐 가능성이 높다. 이에 대하여 욥기는 이렇게 기록한다. "만일 그들이 순종하지 아니하면 칼에 망하며 지식 없이 죽을 것이니라"(욥 36:12).

오늘날 교회가 망한다면 쫓아내지 못한 가나안 주민들의 군사적인 가시 때문도 아니고 이방 신들의 종교적인 올무 때문도 아니며 오직 하나님을 알지 못하는 영적인 무지 때문이다. 그러므로 가정에서 자녀를 교육하고 교회에서 다음 세대를 양육할 때 입술만의 요란한 가르침이 아니라 하나님을 아는 지식이 바다를 이루어서 자녀와 다음 세대의 몸과 영혼을 흠뻑 적시는 것이 망하지 않는 비결이다. 그래서 교회에는 믿음의 지도자가 필요하다. 하나님을 체험한 지도자의 가르침이 필요하다. 신앙의 전인적인 교육이 필요하다. 여호수아 세대는 출애굽과 광야생활 그리고 가나안 정복의 기적을 체험했다. 그들이 리더십을 가지고 이스라엘 백성을 이끌어갈 때에는 하나님을 섬기는 문화를 유지했다. 그러나 그들이 죽고 일어난 다음 세대는 "다른 세대"였다. 왜 이런 문제가 생겼을까? 다음 세대에게 하나님을 아는 지식은 과거의 정보에 불과했기 때문이다.

아주 먼 과거의 하나님을 교실에서 그 이름이 닳도록 가르쳐도 다음 세대의 귀에는 실체 없는 정보에 불과하다. 현재의 하나님을 가르쳐야 한다. "라떼는 말이야"를 읊조리며 과거를 소환하는 방식이 아니라 지상에서 가장 강한 애굽에서 해방되는 기적이 지금도 일어나고 있음을 지금의 세대가 증명해야 한다. 척박한 광야에서 풍요로운 삶이 하나님의 은혜로 인해 가능함을 지금의 세대가 다음 세대에게 삶이라는 시청각 교재를 보여주며 가르쳐야 한다. 하나님을 떠나면 망하지만 하나님이 우리와 함께 하신다면 능치 못할 일이 없다는 진리를 우리가 거주하는 약속의 땅에서 입증해야 한다. 이는 하나님을 아는 지식이 이 세대에 가득하게 되는 방식, 즉 물이 바다를 덮은 방식이다. 하나님을 아는 지식은 현대인의 문화적인 욕구를 충족하기 위한 취미나 교양이 아니라 한 세대와 다음 세대의 흥망을 좌우하는 열쇠이다. 나 자신이, 우리 교회가, 지금 세대와 다음 세대를 세우는 열쇠가 되도록 힘써 여호와를 알자. 우리가 사는 동안에는 이 세대가 하나님을 섬기도록 하자.

삿 2:11-23

¹¹이스라엘 자손이 여호와의 목전에 악을 행하여 바알들을 섬기며 ¹²애굽 땅에서 그들을 인도하여 내신 그들의 조상들의 하나님 여호와를 버리고 다른 신들 곧 그들의 주위에 있는 백성의 신들을 따라 그들에게 절하여 여호와를 진노하시게 하였으되 ¹³곧 그들이 여호와를 버리고 바알과 아스다롯을 섬겼으므로 ¹⁴여호와께서 이스라엘에게 진노하사 노략하는 자의 손에 넘겨 주사 그들이 노략을 당하게 하시며 또 주위에 있는 모든 대적의 손에 팔아 넘기시매 그들이 다시는 대적을 당하지 못하였으며 ¹⁵그들이 어디로 가든지 여호와의 손이 그들에게 재앙을 내리시니 곧 여호와께서 말씀하신 것과 같고 여호와께서 그들에게 맹세하신 것과 같아서 그들의 괴로움이 심하였더라 ¹⁶여호와께서 사사들을 세우사 노략자의 손에서 그들을 구원하게 하셨으나 ¹⁷그들이 그 사사들에게도 순종하지 아니하고 오히려 다른 신들을 따라가 음행하며 그들에게 절하고 여호와의 명령을 순종하던 그들의 조상들이 행하던 길에서 속히 치우쳐 떠나서 그와 같이 행하지 아니하였더라 ¹⁸여호와께서 그들을 위하여 사사들을 세우실 때에는 그 사사와 함께 하셨고 그 사사가 사는 날 동안에는 여호와께서 그들을 대적의 손에서 구원하셨으니 이는 그들이 대적에게 압박과 괴롭게 함을 받아 슬피 부르짖으므로 여호와께서 뜻을 돌이키셨음이거늘 ¹⁹그 사사가 죽은 후에는 그들이 돌이켜 그들의 조상들보다 더욱 타락하여 다른 신들을 따라 섬기며 그들에게 절하고 그들의 행위와 패역한 길을 그치지 아니하였으므로 ²⁰여호와께서 이스라엘에게 진노하여 이르시되 이 백성이 내가 그들의 조상들에게 명령한 언약을 어기고 나의 목소리를 순종하지 아니하였은즉 ²¹나도 여호수아가 죽을 때에 남겨 둔 이방 민족들을 다시는 그들 앞에서 하나도 쫓아내지 아니하리니 ²²이는 이스라엘이 그들의 조상들이 지킨 것 같이 나 여호와의 도를 지켜 행하나 아니하나 그들을 시험하려 함이라 하시니라 ²³여호와께서 그 이방 민족들을 머물러 두사 그들을 속히 쫓아내지 아니하셨으며 여호수아의 손에 넘겨 주지 아니하셨더라

❖ ❖ ❖

¹¹이스라엘 자손이 여호와의 눈 앞에서 그 악을 행하고 바알들을 섬기면서 ¹²애굽 땅에서 그들의 조상들을 인도하여 내신 그들의 하나님 여호와를 버리고 다른 신들 즉 그들의 주위에 있는 나라들의 신들을 뒤따라 가며 여호와를 노하시게 했다 ¹³그들은 여호와를 버리고 바알과 아스다롯을 섬기므로 ¹⁴여호와가 이스라엘에게 진노를 격발하사 노략하는 자들의 손에 넘기시니 그들이 노략을 당하였고 또 주위에 있는 그들의 원수들의 손에 팔아 넘기시니 그들이 더 이상 그들의 대적들 앞에 맞서지 못하였다 ¹⁵그들이 나가가는 모든 곳에서 여호와의 손이 그들에게 재앙을 내리셨다 여호와가 그들에게 말씀하신 것처럼, 여호와가 그들에게 맹세하신 것처럼 그가 그들에게 육중한 압박을 가하셨다 ¹⁶여호와가 사사들을 세우시고 노략하는 자들의 손에서 그들을 구하도록 시키셨다 ¹⁷그럼에도 불구하고 그들은 그들의 사사들을 청종하지 않고 오히려 다른 신들을 따르며 음행했고 그들에게 절하였다 그들은 여호와의 계명들을 청종하던 그들의 조상들이 행하던 길에서 속히 떠나 그렇게 행하지 않았더라 ¹⁸여호와가 그들을 위하여 사사들을 세우실 때에는 그 사사들과 함께 하시면서 그 사사들의 모든 날들에 여호와가 그들을 그들의 대적들의 손에서 구하셨다 이는 압제하는 자들과 괴롭히는 자들 앞에서 [쫓아내는] 그들의 신음으로 인해 여호와가 불쌍히 여기셨기 때문이다 ¹⁹그 사사가 죽은 때에는 그들이 돌이켜 그들의 조상보다 부패하여 다른 신들을 따라 가서 그것들을 섬기고 그것들을 향해 절하며 그들의 완고한 행실들과 행보를 그치지 아니했더라 ²⁰이에 여호와가 이스라엘 중에 진노를 격발하며 말하셨다 "이 백성은 내가 그들의 조상에게 명령한 나의 언약을 거스르고 나의 목소리를 청종하지 아니했다 ²¹나 또한 여호수아가 죽을 때에 남겨 둔 그 민족들을 다시는 그들의 면전에서 한 사람도 쫓아내지 않으리라 ²²이는 이스라엘, 그들의 조상들이 지킨 것처럼 그들이 여호와의 도를 지켜 행하나 아니하나 그들을 시험하기 위함이다" ²³여호와는 이 민족들로 하여금 머물게 하셨으며 그들을 속히 쫓아내지 않으셨고 여호수아의 손에도 그들을 넘기지 않으셨다

05   길을 찾아서

본문은 하나님을 알지 못하는 "다른 세대"가 어떠한 잘못을 저지르고 하나님의 어떠한 보응을 받는지에 대해 기록한다. 그 세대는 하나님을 버리고 우상을 숭배했다. 이에 의로우신 하나님은 자기 백성이라 할지라도 죄를 저지르면 그것에 상응하는 형벌을 내리신다. 형벌의 결과로서 노략을 당하고 이방의 손에 넘겨지는 민족적인 재앙의 배후에는 하나님과 관계된 종교적인 불신앙이 있다. 그런데 의로운 형벌 속에서 하나님은 긍휼의 길을 내미신다. 길을 찾으라고 하시면서 그 길을 알리신다. 본문에는 하나님의 차가운 형벌과 자상한 배려가 어우러져 있다.

11이스라엘 자손이 여호와의 눈 앞에서 그 악을 행하고 바알들을 섬기면서
12애굽 땅에서 그들의 조상들을 인도하여 내신 그들의 하나님 여호와를
버리고 다른 신들 즉 그들의 주위에 있는 나라들의 신들을 뒤따라 가며
여호와를 노하시게 했다

"다른 세대"의 위태로운 행보를 가장 극명하게 보여주는 구절이다. 무엇보다 "다른 세대"로 불리는 이스라엘 자손은 "그 악"(הָרַע)을 저질렀다. "악" 앞에 정관사를 사용한 것은 이스라엘 자손의 악이 누구나 알고 계속해서 반복되는 상습적인 악이라는 사실을 강조한다. 게다가 "여호와의 눈 앞에서"(בְּעֵינֵי יְהוָה) 악을 저질렀다. 대부분의 악인은 자신의 죄악을 은밀하게 저지른다. 죄가 부끄러운 일인 줄을 자신도 알기 때문이다. 악인이라 할지라도 죄가 나쁜 것이라는 양심의 감지력이 작동하고 있기 때문이다. 그렇기 때문에 타인 앞에서는 악을 숨기려고 하는 게 정상인데 이스라엘 백성의 "다른 세대"는 하나님의 눈 앞에서도 보란 듯이 악을 저지른다. 그것도 (죄는 모두 심각한 것이지만) '사소한 악'이 아니라 십계명의 상위권에 있는 우상숭배 조항을 하나님의 면전에서 위반한다. 게다가 그들이 섬긴 대표적인 우상은 "바알"이다. "바알"은 "주인"을 의미한다. 바알을 숭배한 것은 주인을 교체하는 행위이며 하나님이 이스라엘 자손의 주인이 아니라는 불경한 고백이다. 더군다나 그들은 "그 바알들"(הַבְּעָלִים)을 숭배했다. 우상은 하나가 아니라 여럿이다. 하나의 우상으로 만족하지 못하고 악의 직성이 풀릴 때까지 우상의 수를 늘려갔다. 참 대범하다. 가장 높은 수위의 신적인 진노를 촉발하는 우상숭배 문제의 심각성에 대해 그들은 너무도 무지하다. 과연 무식하면 용감하다. 우상에게 절하고 섬기는 짓을 은밀하게 조심조심 저지르지 않고 하나님의 눈 앞에서 일부러 전시하듯 저지르는 대범함의 출처는 어디일까! 하나님의 존재에 의해서도 통제되지 않는 악행은 누구도 못말린다. 지금은 이스라엘 자손의 잔뜩 비틀어진 신앙을 통제하는 지도자가 없는 상황이다. 잘못된 것을 잘못된 것이라고 말하는 선지자도 없다. 죄의 경보기가 제대로 작동하지 않는 시대, 양심의 소리가 들리지 않는 사회는 위태롭다.

사사기 저자는 지금 이스라엘 자손이 그들의 하나님을 "버리고"(וַיַּעַזְבוּ) 다른 나라들의 다른 신들을 "뒤따라 갔다"(וַיֵּלְכוּ אַחֲרֵי)고 기술한다. 그들의 두 동사는 각각에게 어울리는 올바른 대상과 연결되지 못하고 이렇게 엇갈렸다. "애굽 땅에서 그들의 조상들을 인도하여 내신 그들의 하나님 여호와"를 버리다니, 이러한 배은망덕 행위가 어디에 또 있겠는가! 그러나 이런 행위는 하나님을 떠난 인간의 전형적인 모습을 고발하고 있다. 무에서 존재로 부르신 창조주도 버리는 아담의 그 고약한 기질이 지금 이스라엘 자손을 움직이고 있다. 노예의 땅에서 해방시켜 자유의 백성으로 만들어 주어도 하나님께 고마운 줄 모르고 오히려 맞서 싸워야 할 대상으로 여기고 맞먹으려 하는 그 태도가 세상만이 아니라 예수를 믿는다고 말하는 교회 중에서도 왕 노릇하는 듯하여 마음이 착잡하다.

이스라엘 자손이 뒤따르는 "바알들"은 누구인가? 아니 무엇인가? "다른 신들"(אֲחֵרִים מֵאֱלֹהֵי)이다. 이스라엘 자손이 "다른 세대"라고 불리는 이유는 "다른 신들"을 따르고 섬겼기 때문이다. 누구를 따르며 섬길 것이냐가 존재의 정체성과 운명을 좌우한다. 분명히 여호수아는 "하나님만 섬기라"는 이한 마디를 위해 마지막 숨을 소비하며 자기 세대의 이스라엘 민족을 가르치고 지도했다. 진실로 하나님께 운명을 맡기면 최고의 행복과 만족과 기쁨이 보장되기 때문에 하나님을 섬긴다는 것은 최고의 선택이다. 그러나 이스라엘 자손은 지도자가 남길 수 있는 최고의 유언을 휴지조각 버리듯이 무시했다. 대수롭지 않게 생각했다. 그러나 그런 생각은 대단히 위태로운 착각이다. 그들의 경박한 배교는 민족의 운명을 벼랑 끝으로 내몰고 전쟁의 불길이 삶의 터전을 잿더미로 만들며 하나님의 백성을 마구 유린하고 농락하는 근거로 작용하게 된다.

무엇보다 그들의 우상숭배 행각은 하나님을 "노하시게 했다"(וַיַּכְעִסוּ). 하나님의 진노는 무엇인가? 지극히 정의롭고 지혜롭고 자비롭고 정직하고 거룩하고 선하고 성실하신 하나님의 진노는 불의하고 어리석고 매정하고 거짓되고 불순하고 악하고 더러운 것에 의해 촉발된다. 사람들은 구약의 하나님에 대해 오해한다. 감정을 잘 다스리지 못하고 분노의 수위도 조절하지 못하는 그저 과도한 복수심에 사로잡힌 보복의 신이라고 생각한다.

그러나 하나님은 분노의 사전적인 개념이 당연하게 적용되는 사람과 같지 않으시다. 사람은 다양한 이유로 분노한다. 대체로 분노 자체가 불의하고 부당하다. 그러나 하나님은 자신의 지극히 아름다운 성품과 반대되는 마귀적인 성품의 소유자에 대해 노하신다. 하나님의 진노는 우리가 가진 성품의 상태를 정확하게 진단하고 교정할 수 있는 인격의 신호등과 같다. 그래서 하나님의 모든 진노는 정의의 구현인 동시에 사랑의 발현이다. 로마서의 표현을 빌리자면, 하나님의 진노는 긍휼과 더불어 역사의 수레를 움직이는 바퀴이다(롬 9:22-23). 이 세상에는 긍휼의 그릇과 진노의 그릇이 있으며 그들의 존재를 통해 하나님의 긍휼과 진노가 드러나고 그분의 사랑과 정의가 표출되고 결국 하나님의 영광이 나타난다. 그런데 지금은 하나님의 사랑을 나타내야 할 이스라엘 자손이 진노의 대상으로 전락한 상황이다.

> 13그들은 여호와를 버리고 바알과 아스다롯을 섬기므로
> 14여호와가 이스라엘에게 진노를 격발하사 노략하는 자들의 손에 넘기시니
> 그들이 노략을 당하였고 또 주위에 있는 그들의 원수들의 손에 팔아 넘기시니
> 그들이 더 이상 그들의 대적들 앞에 맞서지 못하였다

하나님은 자기 백성이라 할지라도 잘못에 대해서는 합당한 징벌을 내리시고 엄중한 책임을 물으신다. 사실 하나님을 알면서도 그를 떠나 우상을 숭배하는 사람들의 죄는 태어날 때부터 하나님을 알지 못하던 사람들이 우상을 숭배하는 죄보다 더 심각하다. 이는 알지 못하고 죄를 짓는 것보다 알고서도 죄를 짓는 것이 더 심각하기 때문에 당연하다(눅 12:47). 오늘날 교회를 보더라도 하나님은 세상에서 별 문제 없이 지나가던 죄가 교회에서 발견되면 아주 엄중한 책망과 형벌을 내리신다. 사사들의 시대에도 하나님은 이스라엘 자손보다 더 많이 우상을 숭배하는 이방 민족들을 이스라엘 손에 넘기

지 않으시고 오히려 이스라엘 자손을 더 악하게 "노략하는 자들의 손에 넘기셨다." 이런 역사는 반복된다. 하박국 시대에도 "악인이 자기보다 의로운 사람을 삼키는" 일들이 일어났다(합 1:13). 그러나 이러한 하나님의 섭리에는 어떠한 부당함도 없다. 하나님은 완전한 공의의 신이시며, 인간이 전혀 알지도 못하는 요소까지 다 고려한 지극히 객관적인 판단을 내리시기 때문이다. 나의 유익과 손해를 기준으로 해석하지 말고 하나님의 성품을 기준으로 이해하면 겉으로는 너무도 부당하게 보이는 상황도 충분히 이해된다.

그런 하나님의 공의로운 판단을 따라 결국 이스라엘 백성은 노략하는 자들에게 노략을 당하고 주위에 사는 원수들의 손에 팔아 넘겨졌다. 그러나 이스라엘 자손은 "더 이상"(עוֹד) 그들의 원수들과 맞서지 못하였다. 그들이 무력하게 당하기만 하고 맞서지도 못한 이유는 무엇일까? 하나님이 그들을 넘기셨기 때문이다. 하나님이 넘기시면 누구든지 그는 반드시 넘어간다. 이스라엘 민족이 앗수르와 바벨론과 페르시아 제국의 손에 넘어간 것은 하나님이 그 민족을 대적들의 손에 넘기셨기 때문이다(스 5:12). 반대로, 모세가 만난 모든 열왕들이 모세에게 패배한 것도 하나님이 그들을 모세의 손에 넘기셨기 때문이다(신 3:3). 작은 체구를 가진 다윗이 육 척의 거구 골리앗을 무찌른 것도 하나님이 그를 다윗의 손에 넘기셨기 때문이다(삼상 17:47).

반대로 하나님이 넘기지 않으시면 어떤 이에게도 넘어가지 않는다는 사실도 유념해야 한다. 다윗은 사울에 의해 죽을 뻔한 상황을 많이 경험했다. 그때마다 사울이 다윗의 생명을 빼앗기 위해 매일 찾았으나 다윗을 죽이지 못한 것은 하나님이 다윗을 사울의 손에 넘기지 않으셨기 때문이다(삼상 23:14). 이 사실을 잘 아는 다윗은 날마다 하나님께 기도했다. "나를 박해하는 자들에게 나를 넘기지 마옵소서"(시 119:121). 이와는 달리 하나님은 사울을 다윗의 손에 넘기셨다(삼상 24:10). 그래서 사울이 다윗의 손아귀에 들어왔다. 칼만 뽑으면 되는 상황이다. 사울을 죽여도 정당방위 개념으로 해석되는 상황이다. 그럼에도 불구하고 다윗의 반응은 특이하다. 다윗은 자신을 죽이려는 사울을 죽이지 않고 옷자락만 조금 절단했다(삼상 24:4).

옷자락을 벤 것으로도 다윗의 마음은 심히 괴로웠다. 왜 그랬을까? 다윗의 사람들은 하나님이 이렇게 말씀하신 것이라고 해석했다. "내가 원수를 네 손에 넘기리니 네 생각에 좋은 대로 그에게 행하라"(삼상 24:4). 이것은 다윗이 사울에게 한 말과 비슷하나 뒷부분이 상반된다. 다윗은 자기의 "생각에 좋은 대로" 사울에게 행해도 된다고 해석하지 않고 하나님의 말씀을 경외하는 방식으로 해석한다. "내가 손을 들어 여호와의 기름 부음을 받은 내 주를 치는 것은 여호와가 금하시는 것이니 그는 여호와의 기름 부음을 받은 자가 됨이니라"(삼상 24:6). 사울이 자신의 손에 넘겨진 것은 하나님의 뜻이지만 그를 죽이는 것은 하나님의 뜻이 아니라고 간파한 다윗은 인간의 본성적인 복수심에 휩싸이지 않고 하나님의 말씀을 따라 처신했다. 왕이 없어서 각자 자신의 소견에 옳은 대로 행하는 사사시대 관행과는 심히 대조되는 처신이다. 이는 원수를 처단하고 극도의 인간적인 행복을 누릴 수 있는 절명의 순간에도 하나님을 왕으로 인정하는 신앙의 행위였다.

이스라엘 자손이 노략자의 희생물이 되고 원수들의 손아귀에 넘어가고 아무런 저항도 하지 못한 이유는 하나님의 징벌적인 허락 때문이다. 그 징벌적인 허락의 단초는 우상숭배 죄악을 저지른 이스라엘 백성에게 있다. 여기에서 우리는 종교적인 이유와 정치적인 문제의 명확한 연관성을 확인한다. 히브리서 저자의 말처럼, "보이는 것은 나타난 것으로 말미암아 된 것이 아니"었다(히 11:3). 노략을 당하고 이방의 손에 넘어간 현상은 이스라엘 백성의 군사력이 약하거나 군비가 없거나 전략가가 없기 때문에 발생한 일이 아니었다. 보이지 않으시는 여호와를 버리고 우상을 섬겼기 때문이다. 그래서 그들에게 가시적인 재앙이 발생했다. 하나님이 징계를 내리시면 그 상황을 원래대로 되돌릴 수 있는 다른 해결책이 없다. 그래서 백성은 노략과 정복을 당할 때에 하나님의 징계를 떠올려야 하고 그 징계의 근거를 제공한 자신의 죄를 성찰하고 인정하고 고백하고 돌이켜야 한다. 발등의 불부터 끄자는 심정으로 눈에 보이는 대적들의 노략과 정복의 아픔만 급하게 없애려는 태도는 온전한 해결책이 아님을 명심해야 한다. 우리도 문제에 봉착할 때마다 나타난 현실의 모든 문제는 보이지 않으시는 하나님과 관계된 문제의 결과라는 사실을 기억해야 한다. 어떠한 문제이든 하나님을 중심으로 생각해야 한다. 어떠한 고통과 재난도 하나님의 섭리적인 허락 없이는 일어날 수 없고 어떠한 문제의 해법도 그분께만 있기 때문이다.

> 15그들이 나아가는 모든 곳에서 여호와의 손이 그들에게 재앙을 내리셨다
> 여호와가 그들에게 말씀하신 것처럼, 여호와가 그들에게 맹세하신 것처럼
> 그가 그들에게 육중한 압박을 가하셨다

이스라엘 자손이 징계를 받는 것은 특정한 이방 민족에 의한 것만이 아니었다. 하나님은 그들이 나아가는 "모든 곳에서"(בְּכֹל) 재앙을 내리셨다. 어디를 가든지 누구를 만나든지 무엇을 행하든지 "여호와의 손"(יַד־יהוה)으로 말미암아 그들 가운데에 괴로운 일들이 발생했다. 이는 지금 그들을 약탈한 원수들의 주머니를 털고 그들을 사로잡은 대적들의 손에서 벗어나는 것이 결코 해법이 아니라는 사실을 분명하게 가르친다. 원수들과 대적들은 그들 자신이 악한 자들이고 죄악을 스스로 범하지만 하나님은 그들조차 자기 백성에게 공의로운 징계의 "손"으로 삼으신다. 이후에도 하나님은 이스라엘 자손이 불의를 저지를 때마다 앗수르, 바벨론, 페르시아, 로마와 같은 굵은 회초리를 잡으셔서 고약하고 고질적인 불순종의 버릇을 고치신다. 그들은 도구에 불과하다. 그 도구를 상대하는 것이 어떻게 해법일 수 있겠는가!

지금 이스라엘 자손이 경험하는 신적인 징계의 손이 누르는 압박은 "육중하다"(מְאֹד). 그냥 참고 버티면서 아무렇지 않은 것처럼 지낼 수는 없는

상황이다. 육중한 압박이 가해지면 누구든지 무거운 신음을 쏟아낸다. 지금 이스라엘 자손도 기대감에 부풀어 하나님이 약속하신 젖과 꿀이 흐르는 땅에 왔는데 오히려 가진 것도 빼앗기고 자기 자신도 빼앗기는 이 역설적인 상황이 낯설기만 하다. 신적인 손의 "육중한 압박"은 무엇을 위함인가? 자신을 배신한 자들에 대한 복수를 위함이 아니고 백성의 고통 자체를 위함도 아니며 정의를 이루면서 그들의 회복과 돌이킴을 위함이다. 그 회복과 돌이킴은 어떻게 가능한가? 사사기의 저자는 하나님의 손이 이스라엘 자손에게 가한 육중한 압박은 하나님이 말씀하고(דָּבַר) 맹세하신(שָׁבַע) 것에 따른 벌이라고 기록한다. 그러므로 하나님의 말씀으로 돌아가고 그의 신적인 맹세를 경외의 대상으로 여기는 것이 회복과 돌이킴의 첩경이다.

하나님의 말씀은 내용을 의미하고 그의 맹세는 그 말씀의 확실한 성취를 의미한다. 하나님은 말씀만 하셔도 충분하다. 그런데 맹세까지 하셨다는 것은 자신에게 필요한 것이 아니라 우리에게 필요하기 때문이다. 우리는 하나님의 말씀도 경청하지 않고 마치 입만 요란하고 실행하지 않는 사람의 습관적인 말처럼 가볍게 듣고 경솔하게 처신한다. 그런 처신이 얼마나 어리석고 위험한 일인지를 모르면 인생이 좌초될 수도 있기 때문에 하나님은 맹세로써 우리의 나태함과 경솔함을 쫓으신다. 하나님은 어떤 분이신가? "내가 말한 것을 반드시 이룰 것이며 계획한 것을 반드시 시행할 것이니라"(사 46:11). 이사야의 기록처럼, 하나님이 의도하신 것은 반드시 일어나며 그가 계획하신 것은 반드시 성취된다(사 14:24). 그분의 의도와 계획이 담긴 말씀은 공허한 메아리가 아니며 한 마디도 헛되이 땅에 떨어짐이 없다(사 55:11). 그 말씀은 맞설 대상이 아니라 순응해야 할 대상이다.

그런 하나님의 말씀에 순종하지 않고 우상을 따르면 어떤 일이 생기는가? 이스라엘 자손이 "손으로 하는 모든 일"에 하나님은 "저주와 혼란과 책망을 내리사 망하며 속히 파멸하게 하실 것"이라고 모세는 경고했다(신 28:20). 나아가 "네 길이 형통하지 못하여 항상 압제와 노략을 당할 뿐이리니 너를 구원할 자가 없을 것"이라고 했다(신 28:29). 이것은 지금 이스라엘 자손이 당하고 있는 현실과 무서울 정도로 일치한다. 이처럼 하나님의 말씀은 한 이오타의 어긋남도 없이 그대로 성취된다. 인생의 모든 문제가 말씀의 이탈에서 초래된 결과라는 사실을 인지하는 것이 중요하다. 동시에 말씀의 궤도로 돌이키는 것이 모든 문제의 열쇠라는 사실도 붙들어야 한다.

16여호와가 사사들을 세우시고 노략하는 자들의 손에서
그들을 구하도록 시키셨다

자신의 배신과 영적인 간음의 결과로 말미암아 노략과 압제를 당하는 이스라엘 자손에게 하나님은 진노 중에라도 자비를 베푸신다. 그들을 위해 "사사들"을 세우셨다. 여기에서 처음 등장하는 단어 "사사들"(שֹׁפְטִים)은 "판결하는 혹은 다스리는 지도자"를 의미한다. 일반적인 의미에서 "사사"는 재판관을 가리킨다. 그러나 사사기에 기록된 "사사"는 형법이나 민법에 근거하여 판결을 내리는 세속의 사사와는 달리 하나님의 율법에 근거하여 공의로운 판결을 내려 하나님의 정의를 세우는 지도자를 가리킨다. 사사가 되기 위해서는 하나님의 율법에 정통해야 한다. 즉 율법에 담긴 하나님의 의도와 계획을 파악하여 백성에게 알리면서 백성이 죄를 뉘우치고 말씀의 길을 따라 하나님께 돌아오게 만드는 사람이다. 그러므로 진정한 사사는 주먹이 다른 누구보다 세고 지략이 뛰어나서 전투마다 승리로 이끄는 싸움꾼이 아니라 하나님을 경외하고 그의 뜻을 바르게 알고 전파하는 말씀의 사람이다. 하나님이 세운 사사들은 "노략하는 자들의 손"에서 이스라엘 자손을 구하였다. 여기에서 "구하다"(יָשַׁע)는 말은 하나님과 관계된 낱말이다. 즉 이스라엘 자손의 진정한 구원은 민족의 독립이나 압제의 없음을 의미하지 않고 하나님께 돌아옴을 의미한다.

17그럼에도 불구하고 그들은 그들의 사사들을 청종하지 않고 오히려 다른 신들을 따르며 음행했고 그들에게 절하였다 그들은 여호와의 계명들을 청종하던 그들의 조상들이 행하던 길에서 속히 떠나 그렇게 행하지 않았더라

하나님은 사사들을 통해 이스라엘 자손을 구원해 주셨지만 그 자손의 반응은 감사가 아니었다. 그들은 구원의 감격을 망각하고 "사사들을 청종하지 않고" 여전히 다른 신들을 따르고 절하는 영적 음행을 고집했다. 이에 대하여 사사기 저자는 "여호와의 계명들을 청종"하지 않는 것이라고 평가한다. 사사들의 말을 청종하지 않는 것은 하나님의 계명을 청종하지 않는 것과 동일하다. 여기에서 우리는 사사들이 전쟁에 유능한 자가 아니라 하나님의 계명을 대언하는 자들임을 확인한다. 하나님을 버린 이스라엘 자손이 사사들의 말을 무시하는 것은 결코 이상하지 않다. 누구든지 하나님을 버리면 그 사람의 인생은 하나님을 버리는 방향을 지향한다. 먹든지 마시든지 무엇을 하든지 여호와 경외의 역방향을 질주한다. 사람과 사건과 사물과 환경의 해석도 그런 방향으로 휘어진다.

이스라엘 자손은 조상들의 경건한 "길"(הַדֶּרֶךְ)을 등지고 떠나 우상을 숭배했다. 여기에서 우리는 사사기의 역사관을 발견한다. 즉 과거보다 현재가 좋고 현재보다 미래가 더 좋다는 진보주의 혹은 낙관적인 역사관이 아니라 시간이 흘러도 진보가 아니라 퇴보할 수도 있다는 사고가 관측된다. 대부분의 사람들은 시간이 흐를수록 문명도 발전하고 인류도 진보할 것이라고 생각한다. 그런데 사사기 저자는 조상들이 간 과거의 길을 주목한다. 과거의 길을 떠나 현대의 새로운 길을 가는 것은 그가 보기에 진보가 아니었기 때문이다. 경건한 조상들이 걸었고 이스라엘 자손이 걸어가야 할 최고의 "길"은 과연 어디인가? 하나님이 예레미야 선지자의 입으로 전달하신 길은 이러하다. "너희는 길에 서서 보며 옛적 길들 곧 선한 길이 어디인지 알아보고 그리로 가라 너희 심령이 평강을 얻으리라"(렘 6:16). 우리가 추구

해야 할 길은 현재의 길도 아니고 미래의 길도 아닌 "옛적 길들"(נְתִבוֹת
עוֹלָם)이다. 여기에서 "옛적"은 주로 시간적인 고대성을 의미하는 것이지만
영원한 지속성을 뜻하기도 한다. 선지자의 기록에 의하면, 영원히 지속되
는 옛적 길과 "선한 길"(הַדֶּרֶךְ הַטּוֹב)은 동일하다. 풀과 꽃도 유한하고 하늘과
땅과 체질이 녹아 없어질 것이지만 하나님의 말씀은 유일하게 영원히 지
속된다. 그 선한 옛 길은 우리의 심령에 평강을 제공한다. 이것을 종합하면,
선한 길은 예수밖에 없다는 사실을 확인한다. 이는 예수가 육신으로 오신
말씀이며(요 1:14) 자신을 길이라고 했고(요 14:6) 세상이 줄 수 없는 평강을
준다(요 14:27)고 말하였기 때문이다.

구약의 문맥에서 보면, 하나님의 율법이 선한 옛적 길이었다. 그 길을 간
다는 것은 율법에 순종하는 것이었다. 여기에서 우리는 옛적 길 즉 조상들
이 걸어간 과거의 모든 길이 선한 것은 아니라는 사실에 주의해야 한다. 스
가랴 선지자는 이렇게 기록한다. "너희 조상들을 본받지 말라…너희가 악
한 길, 악한 행위를 떠나서 돌아오라"(슥 1:4). 옛 길은 두 가지 즉 하나는 하
나님의 말씀에 순종하는 선한 길이고 다른 하나는 하나님의 말씀을 떠나
는 악한 길이었다. 그런데 이스라엘 자손은 두 가지의 길 중에서 경건한 조
상들이 간 선한 길을 "속히"(מַהֵר) 떠났다고 한다. 그들은 악한 옛 길을 급
하게 택하였다. 무엇이 그리도 급했을까! 본래 하나님을 버리고 떠나는 악
한 길은 우리에게 선한 길이 어디인지 알아볼 차분한 시간을 허락하지 않
고 뛰어 오라고 재촉한다. 그러나 교회는 그런 독촉에 휘말리지 말고 길 위
에 서서 신중하게 생각해야 한다. 세상의 사사로서 선한 길을 보여주고 가
르쳐야 한다.

18여호와가 그들을 위하여 사사들을 세우실 때에는 그 사사들과
함께 하시면서 그 사사들의 모든 날들에 여호와가 그들을 그들의 대적들의

손에서 구하셨다 이는 압제하는 자들과 괴롭히는 자들 앞에서 [쏟아내는] 그들의 신음으로 인해 여호와가 불쌍히 여기셨기 때문이다

18절부터 23절까지 사사기 저자는 사사시대 전체를 관통하는 이스라엘 자손의 삶과 신적인 섭리의 패턴을 소개한다. 1) 그들이 압제와 괴롭힘을 당하면 2) 신음을 쏟아내고 3) 그 신음을 들으신 하나님은 4) 사사를 세우시고 5) 그를 통하여 그들을 건지시고 6) 그 사사가 죽으면 7) 이스라엘 자손은 신속하게 다시 우상을 숭배하고 8) 하나님의 진노를 격발하고 9) 형벌이 그들에게 주어진다. 18절에서 저자는 두 가지의 중요한 사실을 설명한다. 첫째, 사사들이 사는 동안에는 하나님이 이스라엘 자손을 대적들의 손에서 건지셨다. 둘째, 그 자손을 건진 이유는 그들의 신음을 듣고 불쌍히 여기셨기 때문이다. 하나님은 사사들을 세우시되 이스라엘 자손을 위하여(לָהֶם) 세우셨다. 여기에서 "그들을 위하다"는 말은 이스라엘 자손의 신앙을 바꾸는 것이 아니라 그들을 대적들의 손에서 건지는 것이었다. 앞에서 본 것처럼 이스라엘 자손은 사사들이 있어도 그들의 말을 청종하지 않고 우상과 영적인 음행을 저질렀다. 그런데도 18절은 사사들이 생존하는 동안에 하나님이 그 자손을 구원해 주셨다고 기록한다. 이스라엘 자손은 여전히 영적으로 무지하고 어리석다. 그럼에도 불구하고 하나님의 뜻을 알고 전달하는 누군가가 곁에 있으면 그들은 안전하다.

성경은 하나님의 백성을 양이라고 한다. 양은 참 어리석다. 시력이 나빠서 한 치 앞을 보지 못하여 바로 앞의 양이 벼랑으로 떨어져도 다른 양들이 깨닫지 못하고 동일하게 벼랑으로 떨어진다. 맹수가 다가오면 스스로 방어하지 못하고 다리가 약하여 빨리 도망가지 못하고 도망을 가다가도 쉽게 넘어진다. 더욱이 넘어지면 스스로 일어나지 못한다고 한다. 방향을 감지하는 능력이 없어 늘 방황한다. 자랑할 것이 아무것도 없으면서 고집은 세서 자기 멋대로 움직인다. 그런데 죽음의 때가 되면 온순하게 된다. 이렇

기 때문에 양에게는 목자가 반드시 필요하다. 예수님은 "큰 무리를 보시고 그 목자 없는 양 같음으로 인하여 불쌍히 여기"셨다(막6:34). 목자가 없으면 왜 불쌍한가? "양 떼가 노략 거리가 되고 모든 들짐승의 밥이 된 것은 목자가 없기 때문"(겔 34:8)이다. 목자가 없는 양은 정글과 같은 세상에서 먹거리의 일순위가 되기 때문이다.

대적들의 손에 사로잡힌 이스라엘 자손을 하나님이 건지시는 방식은 사사들과 "함께"(עם) 하심이다. 이스라엘 자손은 죄와 결탁되어 있기 때문에 하나님이 함께 하실 수 없는 상황이다. 하나님이 함께 하실 수 있는 사람은 거룩한 사람이다. 다윗은 "내가 나의 마음에 죄악을 품"는다면 "주께서 듣지 아니하"실 것이라고 고백한다(시 66:18). 하나님의 마음에 합한 다윗이라 할지라도 그가 죄악을 마음에 품으면 하나님은 귀도 기울이지 않으신다. 그러나 회개하고 통회하는 상한 심령을 하나님은 들으신다. 사사들은 자신의 죄를 하나님께 고백하는 사람이다. 백성의 죄까지도 마치 자신의 죄인 것처럼 가슴에 품고 공동체적 자아로서 하나님께 나아가 회개하는 사람이다. 하나님은 그런 사사들을 통하여 이스라엘 자손의 목을 조이는 대적들의 손을 꺾으신다.

하나님이 사사들을 보내시고 대적들의 손에서 이스라엘 자손을 건지신 이유는 무엇인가? 일차적인 이유는 그 자손의 영혼에서 흘러 나온 신음(נְאָקָתָם) 때문이다. 그러나 궁극적인 이유는 그 신음을 들으시는 하나님의 불쌍히 여기심(יִנָּחֵם) 때문이다. 하나님은 자기 백성의 고난과 아픔을 원하지 않으신다. 오히려 그들의 아픔을 자신의 아픔으로 여기신다. 그들 자신의 잘못 때문에 초래된 고난과 아픔이라 할지라도 '쌤통이다' 하지 않으시고 영혼의 눈물이 묻은 그들의 축축한 신음을 들으신다. 그 신음을 듣는 사람이 주변에 없더라도 하나님은 다 들으신다. 이스라엘 백성이 노예의 땅 애굽에서 살육과 노략을 당할 때에도 하나님은 그들의 신음을 들으셨다(출6:5). 듣기만 하신 것이 아니라 모세를 보내셔서 그들을 대적들의 손에서 건지셨다.

> 19그 사사가 죽은 때에는 그들이 돌이켜 그들의 조상보다 부패하여
> 다른 신들을 따라 가서 그것들을 섬기고 그것들을 향해 절하며
> 그들의 완고한 행실들과 행보를 그치지 아니했다

그러나 사사가 죽으면 이스라엘 자손의 행보가 달라진다. 사사가 죽은 이후에는 "그들의 조상보다 부패했다." 과거에 조상들도 물론 부패했다. 그들은 우상들을 만들기도 하고 외부에서 도입까지 했다. 그러나 지금의 이스라엘 자손은 다른 신들을 "따라 가서"(לָלֶכֶת אַחֲרֵי) 숭배했다. 우상을 숭배하기 위해 원정까지 갈 정도로 우상에 사로잡힌 상황이다. 십계명 중에 가장 엄중한 첫 번째와 두 번째 계명의 열정적인 위반이다. 이것은 죄에 중독된 자들의 전형적인 모습이다. 그들이 처음에는 주어진 상황의 테두리 안에서 소박한 죄악을 저지른다. 그러나 보다 자극적인 만족을 위해 죄악의 수위를 점점 높여간다. 그러다가 자신의 지역을 벗어난 타지역과 타국 원정도 불사하며 죄의 지경을 넓혀간다. 자신에게 만족을 줄 수만 있다면 달이나 화성까지 갈 기색이다. 죄는 이처럼 무저갱과 같다. 이는 그 죄를 잉태한 인간의 욕심이 만족할 줄 모르기 때문이다. 그러나 만족하기 위해 죄악을 저지르고 또 저질러도 만족은 저만치 멀어지고 불만만 증폭된다.

우상에 사로잡힌 이스라엘 자손은 사사의 부재 때문에 하나님을 떠나 다른 신들을 따라갔다. 그것들을 섬기고 그것들을 향해 절하며 온갖 종류의 완고한 악행을 저질렀다. 그들의 이러한 행보는 지칠 줄 모르고 이어졌다. 하나님이 세우신 사사들이 생존할 때와 죽은 때의 상황은 하늘과 땅처럼 판이했다. 여기에서 나는 한 사람의 중요성을 절감한다. 하나님이 함께 하실 거룩한 한 사람, 하나님의 뜻을 올바르게 알고 그 뜻을 묵묵히 수행하

는 한 사람, 향기와 빛으로 하나님의 뜻을 공동체에 드러내는 한 사람의 존재는 한 세대의 운명을 좌우할 만큼 중요하다. 가정이든 교회이든 직장이든 국가이든 한 사람의 사사가 생존해 있을 동안에는 안전하다. 하나님이 그 한 사람으로 말미암아 지극히 강력한 대적들의 솥뚜껑 같은 손에서도 공동체를 건지시기 때문이다.

20이에 여호와가 이스라엘 중에 진노를 격발하며 말하셨다 "이 백성은 내가
그들의 조상에게 명령한 나의 언약을 거스르고 나의 목소리를 청종하지 아니했다

이 구절들은 하나님이 자신을 떠난 자들에게 진노를 격발하며 하신 말씀이다. 지금까지 전개된 이야기의 핵심은 크게 두 가지로 구분된다. 첫째, 이스라엘 자손의 죄는 하나님이 그들의 조상에게 명하신 언약을 거스르고 그의 목소리를 청종하지 않은 것이었다. 모든 죄는 언약과 관계되어 있다. 하나님이 한 사람이나 공동체의 행위를 평가하고 책임을 물으실 때에 그 기준은 언제나 언약이다. 하나님은 우리가 알지도 못하는 기준을 제시하며 심판하는 법이 없으시다. 모두가 알도록 성문화된 언약은 모세를 통해 주신 하나님의 계명이다. 그래서 하신 예수님의 말씀이다. "내가 너희를 아버지께 고발할까 생각하지 말라 너희를 고발하는 이가 있으니 곧 너희가 바라는 자 모세니라"(요 5:45). 교회는 언제나 하나님의 신비로운 뜻이 아니라 명확히 나타내신 하나님의 계시에 근거하여 처신해야 한다. 모세와 같은 그 선지자 예수는 이제 우리에게 그 계시의 궁극적인 실체와 완성과 마침이다. 예수님이 오신 이후로는 그 예수를 기준으로 한 평가가 모든 사람에게 내려진다.

21나 또한 여호수아가 죽을 때에 남겨 둔 그 민족들을 다시는 그들의

면전에서 한 사람도 쫓아내지 않으리라 ²²이는 이스라엘, 그들의 조상들이 지킨 것처럼 그들이 여호와의 도를 지켜 행하나 아니하나 그들을 시험하기 위함이다" ²³여호와는 이 민족들로 하여금 머물게 하셨으며 그들을 속히 쫓아내지 않으셨고 여호수아의 손에도 그들을 넘기지 않으셨다

둘째, 하나님은 여호수아 죽음 이후에도 남겨진 가나안 민족들을 다시는 이스라엘 면전에서 한 사람도 쫓아내지 않으실 것이라고 한다. 남겨진 그 민족들을 이스라엘 자손의 옆구리에 가시로 남겨 두신다는 선언이다. 이 가시의 용도는 무엇인가? 하나님의 말씀을 지켜 행하나 아니하나 시험하기 위함이다. 이런 조치는 비록 양상이 다르지만 광야의 시대에 이스라엘 백성을 인도하실 때 취하신 조치와 동일하다. "네 하나님 여호와가 이 사십 년 동안에 네게 광야 길을 걷게 하신 것을 기억하라 이는 너를 낮추시며 너를 시험하사 네 마음이 어떠한지 그 명령을 지키는지 지키지 않는지 알려 하심이라"(신 8:2). 이스라엘 백성이 광야에서 40년간 지낸 이유는 12 정탐꾼의 보고를 듣고 보여준 그들의 불신앙과 불순종 때문이다. 그런데 광야의 긴 여정은 그 불신앙과 불순종의 보복을 위함이 아니었다. 그들의 신앙과 순종을 회복하고 단련하기 위한 것이었다. 비록 겉으로는 먹을 것이 없고 인간적인 유희의 수단이 없는 황량한 곳이지만 그럼에도 불구하고 하나님의 입에서 나오는 말씀을 먹고 생존하며 하나님을 기뻐하는 것이 삶의 힘이라는 사실을 가르치고 실제로 그렇게 함으로써 진정한 인간의 참된 행복을 누리게 하기 위함이다.

지금의 이스라엘 자손도 자신의 죄로 말미암아 남겨진 가나안 사람들의 뾰족한 괴롭힘이 바늘처럼 옆구리를 찌르는 광야와 유사한 상황에 던져졌다. 그럼에도 불구하고 악을 선으로 바꾸시는 하나님은 그 옆구리의 가시를 통해 하나님의 말씀을 먹고 하나님을 기뻐하는 것이 최고의 삶이라는 사실을 이스라엘 자손에게 가르쳐 주시려고 한다. 지금도 교회의 옆구리를

찌르는 다양한 가시들이 있다. 그 가시들은 모두 교회의 불신앙과 불순종이 초래한 것들이다. 그 가시는 각 개인에게 있을 뿐만 아니라 가정에도 있고 학교에도 있고 직장에도 있다. 그러나 이 가시의 존재는 일종의 시험지와 같다. 하나님의 말씀을 지켜 행하는지 행하지 않는지를 가늠하는 시험의 수단이다. 그 가시는 우리로 하여금 마땅히 걸어가야 할 길을 찾도록 우리를 자극한다. 그래서 우리의 고통과 슬픔과 절망을 위함이 아니라 우리의 회복과 변화와 성장을 위함이다.

하나님은 남겨진 가나안 사람들을 "속히"(מַהֵר) 쫓아내지 않으셨다. 이 것의 의미는 무엇인가? 첫째, 가나안 사람들을 쫓으심에 있어서 하나님의 때와 속도가 있음을 의미한다. 이스라엘 자손이 조상들의 선한 길을 "속히" 떠난 것과 하나님이 가나안 사람들을 "속히" 내쫓지 않으시는 것이 묘하게 대비된다. 둘째, 때가 이르면 쫓아내실 것임을 의미한다. 그런데 나에게는 "속히"가 옆구리의 가시와 같은 가나안 족속이 영구히 이스라엘 자손을 찌르지는 않을 것이라는 희망적인 부사어로 읽혀진다. 답답한 광야의 시간도 지나간다. 약속의 땅이 그 시간을 접수한다. 약속의 땅 속에서의 고단한 삶도 지나간다. 모든 싸움을 끝마치는 때가 도래한다. 그때에는 모든 게 달라진다. 그때가 어쩌면 우리가 생존해 있는 동안에 오지 않고 죽은 이후에 도래할 지도 모르겠다. 그러나 그때는 반드시 도래한다. 때가 이르면 하나님이 백성의 모든 눈물을 닦으시고 다시는 절망과 애통과 슬픔과 아픔이 없을 것이라고 요한은 기록한다(계 21:3-4). 이것은 새 하늘과 새 땅이 도래한 때의 실상에 대한 설명이다. 그러나 우리는 그리스도 안에서 이미 앞당겨 누리는 것이 가능하다. 이것을 가능하게 하시는 그리스도 예수의 설레는 말씀이다. "내가 진실로 속히 오리라"(계 22:20). 우리의 대적을 "속히" 쫓아내지 않으신 주님께서 "속히" 오신다는 약속이다. 그러나 교회는 "주인이 더디 오리라"(마 24:48)고 생각하는 종들의 나태함과 방탕함을 주의해야 한다. 속히 오신다는 말씀에 근거하여 우리는 등불에 기름을 준비하고 깨어

기다려야 한다. 이런 기다림이 새 하늘과 새 땅의 상황을 현재에도 누리는
방법이다.

J

2부_ 12명의 인간 사사들의 이야기

삿 3:1-11

¹여호와께서 가나안의 모든 전쟁들을 알지 못한 이스라엘을 시험하려 하시며 ²이스라엘 자손의 세대 중에 아직 전쟁을 알지 못하는 자들에게 그것을 가르쳐 알게 하려 하사 남겨 두신 이방 민족들은 ³블레셋의 다섯 군주들과 모든 가나안 족속과 시돈 족속과 바알 헤르몬 산에서부터 하맛 입구까지 레바논 산에 거주하는 히위 족속이라 ⁴남겨 두신 이 이방 민족들로 이스라엘을 시험하사 여호와께서 모세를 통하여 그들의 조상들에게 이르신 명령들을 순종하는지 알고자 하셨더라 ⁵그러므로 이스라엘 자손은 가나안 족속과 헷 족속과 아모리 족속과 브리스 족속과 히위 족속과 여부스 족속 가운데에 거주하면서 ⁶그들의 딸들을 맞아 아내로 삼으며 자기 딸들을 그들의 아들들에게 주고 또 그들의 신들을 섬겼더라 ⁷이스라엘 자손이 여호와의 목전에 악을 행하여 자기들의 하나님 여호와를 잊어버리고 바알들과 아세라들을 섬긴지라 ⁸여호와께서 이스라엘에게 진노하사 그들을 메소보다미아 왕 구산 리사다임의 손에 파셨으므로 이스라엘 자손이 구산 리사다임을 팔 년 동안 섬겼더니 ⁹이스라엘 자손이 여호와께 부르짖으매 여호와께서 이스라엘 자손을 위하여 한 구원자를 세워 그들을 구원하게 하시니 그는 곧 갈렙의 아우 그나스의 아들 옷니엘이라 ¹⁰여호와의 영이 그에게 임하셨으므로 그가 이스라엘의 사사가 되어 나가서 싸울 때에 여호와께서 메소보다미아 왕 구산 리사다임을 그의 손에 넘겨 주시매 옷니엘의 손이 구산 리사다임을 이기니라 ¹¹그 땅이 평온한 지 사십 년에 그나스의 아들 옷니엘이 죽었더라

❖ ❖ ❖

¹이 민족들은 여호와가 이스라엘 중에 가나안의 모든 전쟁들을 알지 못하는 모든 자들을 시험하기 위해 머물도록 허락하신 자들이다 ²[이는] 오직 전에 그들을 알지 못하는 이스라엘 자손의 세대들에게 전쟁을 가르쳐서 오직 [그들이] 알게 됨을 위함이다 ³[이 민족들은] 블레셋의 다섯 군주들과 모든 가나안 족속과 시돈 족속과 바알 헤르몬 산에서 하맛 입구까지 레바논 산에 거주하는 히위 족속이다 ⁴그들이 머무는 것은 이스라엘을 시험하여 하나님이 모세의 손으로 그들의 조상에게 명하신 계명들을 듣는지에 대해 아시기 위함이다 ⁵그래서 이스라엘 자손은 가나안 족속과 헷 족속과 아모리 족속과 브리스 족속과 히위 족속과 여부스 족속 가운데에 거주했다 ⁶그들의 딸들을 그들(이스라엘 자손)은 자신을 위하여 아내들로 삼았으며 자신의 딸들을 그들의 아들들에게 주었고 그들의 신들을 숭배했다 ⁷이스라엘 자손이 여호와의 목전에 악을 행하였고 자기들의 하나님 여호와를 잊었고 바알들과 아세라들을 숭배했다 ⁸이에 여호와가 이스라엘 중에 진노를 발하시며 그들을 아람 나하라임 왕 구산 리사다임 손에 파셨으며 이스라엘 자손은 구산 리사다임을 팔 년 동안 받들었다 ⁹이스라엘 자손이 여호와께 부르짖자 여호와는 이스라엘 자손을 위하여 한 구원자를 세우셨고 그로 하여금 그들을 구원하게 하셨는데 그는 갈렙의 동생 그나스의 아들 옷니엘이다 ¹⁰여호와의 영이 그에게 임하시매 그가 이스라엘을 다스렸고 전쟁터에 나가매 여호와가 아람 나하라임 왕 구산 리사다임을 그의 손에 주셨고 그의 손이 구산 리사다임과 맞서 강하더라 ¹¹그 땅이 사십 년 동안 평안했다 그리고 그나스의 아들 옷니엘이 사망했다

옷니엘: 자신을 위한다는 것

본문은 최초의 사사 유다 지파 출신의 옷니엘을 소개한다. 그러나 그 사람보다 그를 세우시고 쓰시는 하나님을 주목한다. 하나님은 이스라엘 자손의 불순종에 대해 일부의 가나안 족속을 남기셨다. 이로 인하여 그 자손은 고통을 당하지만 하나님은 그러한 고통 속에서도 다음 세대에게 전쟁의 본질과 승리의 비결을 가르친다. 그러나 이스라엘 자손은 자신만이 아니라 자신의 자녀들도 통혼을 통해 가나안 문화의 늪에 빠지게 하고 우상까지 숭배하게 만들었다. 이에 하나님은 노를 발하셨고 그들은 비참한 신분으로 전락한다. 고통의 신음을 토하며 부르짖는 이스라엘 자손에게 하나님은 옷니엘을 사사로 세우시고 자신의 영으로 충만하게 한 이후에 보내셔서 그 자손을 건지신다. 옷니엘이 죽을 때까지 40년간 이스라엘 자손은 평화의 수혜자가 된다.

1이 민족들은 여호와가 이스라엘 중에 가나안의 모든 전쟁들을 알지 못하는

모든 자들을 시험하기 위해 머물도록 허락하신 자들이다

²[이는] 오직 전에 그들을 알지 못하는 이스라엘 자손의 세대들에게

전쟁을 가르쳐서 오직 [그들이] 알게 됨을 위함이다

하나님을 떠나고 우상을 숭배하는 다른 세대들의 경건하지 않음 때문에 하나님은 일부의 가나안 족속을 쫓아내지 않고 남기셨다. 이유는 전쟁을 모르는 이스라엘 자손의 다음 세대들을 "시험하기 위함"(לְנַסּוֹת)이다. 이 시험은 이스라엘 자손의 징계 자체나 그들의 고통 자체를 위함이 아니라 훈련과 회복을 위함이다. 여기에는 진노 중에도 긍휼을 잊지 않으시는 하나님의 사랑이 반영되어 있다. 사사기 저자는 시험의 대상을 "가나안의 모든 전쟁들을 알지 못하는"(לֹא יָדְעוּ) 자들이라 한다. 이들은 아직 전쟁터에 나갈 나이가 되지 않아서 한번도 출전하지 않은 사람들일 가능성이 높다. 즉 싸움에 나갈 수 있는 20세 이하의 미성년을 의미한다(민 1:3). 이들은 가나안 3세대이다. 출애굽 1세대가 갈렙과 여호수아 외에는 전부 광야에서 죽었고 출애굽 2세대가 가나안 땅에 들어왔고 그들은 가나안 1세대가 되어 배당된 지역을 정복하기 위해 전쟁을 수행했다. 그러나 그들이 죽은 이후에 등장한 가나안 2세대는 하나님을 버리고 우상을 숭배했다. 이에 하나님은 그들에 대한 희망을 접으시고 이제는 가나안 3세대, 즉 이스라엘 민족의 미래를 준비하고 계신 상황이다.

지금까지 전쟁터에 나간 적이 없어서 가나안 3세대는 가나안의 전쟁들을 하나도 모르는데 가나안 주민들에 대해서도 무지하다. 적도 모르고 적과의 전쟁도 모르는 "이스라엘 자손의 세대들"(דֹּרוֹת)에게 하나님은 전쟁을 가르쳐 알게 하시려고 일부의 가나안 주민을 남기셨다. 이는 형벌의 모양새를 가진 하나님의 사랑이다. 옆구리의 가시조차 교육의 시청각 자료로 쓰시는 하나님은 과연 악조차도 선으로 바꾸시는 분이시다. 우리도 때로는 의식적인 죄를 짓고, 때로는 무의식 중에 죄를 저지른다. 그때마다 의로우신 하나

님은 우리에게 실시간 형벌과 심판을 내리신다. 믿음으로 말미암아 약속의 땅에 들어온 이후에도 이전에 거주하던 옛 사람의 기질이 인생의 옆구리를 가시처럼 파고든다. 그런데 이러한 하나님의 징계는 곤고한 자의 절망이 목까지 차 오르는 인생의 낭떠러지 끝에서도 하나님 의지하는 법을 우리에게 가르치는 도구로 사용된다. 차가운 징계 안에서도 따뜻한 사랑의 온도가 감지된다. 이렇게 하나님의 성품은 범사에 여러 겹으로 나타난다.

3[이 민족들은] 블레셋의 다섯 군주들과 모든 가나안 족속과 시돈 족속과
바알 헤르몬 산에서 하맛 입구까지 레바논 산에 거주하는 히위 족속이다

하나님이 쫓아내지 않으시고 남겨 두신 가나안 족속들의 목록이다. 첫째, 블레셋의 다섯 성읍 즉 가사, 아스돗, 아스글론, 가드, 에그론(수 13:3)을 다스리는 다섯 군주들과 그곳에 사는 모든 가나안 족속이다. 둘째, 아셋 지파와 납달리 지파의 영역 위쪽에 위치한 시돈 족속이다. 셋째, 시돈 족속의 동쪽에 위치한 히위 족속이다. 이 목록의 순서는 블레셋과 연접한 지중해 연안에서 북쪽으로 올라간다. 이러한 족속들이 이스라엘 자손에게 준 시험들은 무엇인가? 이후에 전개되는 사사기의 내용 전반에 시험의 내용이 나오지만 언급된 족속들에 의한 시험과 이스라엘 자손의 죄를 살펴보면 이러하다. 이스라엘 자손이 하나님의 목전에서 행한 악들 중에는 블레셋의 신들을 섬기는 죄가 있으며(삿 10:6), 블레셋은 나중에 이스라엘 자손의 사사인 삼손을 유혹하여 그 자손을 능욕한다(삿 16:21). 이스라엘 자손은 시돈의 신들도 숭배한다(삿 10:6). 히위 족속의 경우에는 본문에 나오는 것으로서 이스라엘 자손으로 하여금 통혼과 우상숭배 문제에 빠지게 만드는 시험을 제공한다.

⁴그들이 머무는 것은 이스라엘을 시험하여 하나님이 모세의 손으로
그들의 조상에게 명하신 계명들을 듣는지에 대해 아시기 위함이다

하나님이 일부의 가나안 족속을 남기신 이유를 다른 각도에서 설명한다.
즉 그 이유는 하나님의 계명을 듣는지의 여부(הֲיִשְׁמְעוּ)를 알기 위함이다.
앞에서는 전쟁을 가르쳐 알게 하려는 이유를 밝혔지만 이번에는 그 이유
의 이면을 설명한다. 사사기 저자는 전쟁과 하나님의 계명을 연결해서 설
명한다. 대부분의 사람들은 전쟁을 배운다는 것이 싸움의 기술을 익히는
것이라고 생각한다. 그러나 사사기의 문맥에서 보면, 하나님의 계명을 경
청하고 준행하는 것이 전쟁을 배운다는 것의 진정한 의미였다. 구약의 이
스라엘 역사 속에서 발생하는 모든 전쟁은 사실상 영적 전쟁이다. 왜냐하
면 다윗이 분명하게 알고 열방에게 알게 한 것처럼 전쟁은 여호와께 속한
것이어서 하나님과 무관한 전쟁이 하나도 없기 때문이다(삼상 17:47). 그래
서 전쟁의 승패는 전쟁에 능하신 하나님의 손에 의해 좌우된다. 이것을 배
우지 못하면 인생이 무너진다. 우리의 인생은 전쟁의 연속이다. 하나님의
명령에 순종해야 그 전쟁에서 승리한다. 이러한 전쟁의 비법을 모르면 겉
으로는 승리의 모양새를 취할지 모르지만 실제로는 조용하게 패배한다. 혹
은 필패를 피하려고 타협하게 되고 비굴하게 된다. 한 개인만이 아니라 한
세대가 그렇게 몰락한다.

이스라엘 자손은 이러한 전쟁의 올바른 개념에 대해 무지했다. 전쟁을
경험하지 못한 사람만이 아니라 전쟁을 경험한 사람도 그러했다. 앞 세대
가 모르니 다음 세대도 배울 가능성이 희박하다. 그러나 하나님은 친히 다
음 세대를 "다른" 세대가 아니라 "바른" 세대가 되도록 전쟁의 참된 개념을
가르치기 위해 일부의 가나안 족속을 교재로 쓰시려고 남기셨다. 여기에서
우리는 비록 이전 세대가 하나님을 모르고 그 무지로 인해 망하여도 다음
세대가 무조건 동일한 멸망에 이르지는 않는다는 사실을 확인한다. 하나님

은 자신이 택하신 백성의 몰락을 방관하지 않으신다. 사람의 힘으로는 민족의 대가 끊어져도 수십 번 끊어졌을 것이지만 하나님은 그때마다 자비와 긍휼의 카드를 꺼내셔서 그 백성의 회복을 친히 이루셨다. 이런 하나님의 섭리는 지금도 유효하다. 우리의 세대가 아무리 악하고 불의해도 하나님은 다음 세대를 당신의 뜻대로 선하게 이끄신다. 그러나 하나님의 이런 선하심을 '믿고' 우리의 세대를 엉망으로 만들어도 된다고 생각하는 자가 있다면 양심에 화인 맞은 사람이다. 이전 세대가 싸 놓은 배설물의 잔재는 삼사 대까지 이어진다. 자기 시대의 쓰레기는 스스로 치우고 가는 게 다음 세대에 대한 기성 세대의 예의 아니던가!

> 5그래서 이스라엘 자손은 가나안 족속과 헷 족속과 아모리 족속과
> 브리스 족속과 히위 족속과 여부스 족속 가운데에 거주했다

하나님의 의도가 현실로 나타났다. 결국 이스라엘 자손은 가나안의 여섯 족속들 즉 가나안, 헷, 아모리, 브리스, 히위, 여부스 사람들에 의해 둘러싸여 있는 상황으로 떨어졌다. 그런데 사사기 저자는 이스라엘 자손이 그들 "가운데에"(בְּקֶרֶב) 있다고 기술한다. 인간은 공간만 차지하는 물건이 아니라 그 안에 무수히 많은 것들이 들어 있는 하나의 거대한 우주이며 복잡한 세상이다. 더불어 산다는 것은 공간의 인접성을 넘어 한 우주와 다른 우주의 공존을 의미한다. 가나안의 원주민들 가운데에 산다는 것은 지리적인 공간의 의미를 넘어 그들이 가지고 있는 문화와 전통과 종교와 가치관 가운데에 산다는 것을 의미한다. 서로의 문화를 호흡하고, 각자가 가진 전통의 수분을 흡수하고, 서로의 종교가 살갗을 닿으며, 다른 가치관의 옆집에서 살아가며 서로의 영향력을 교환한다. 오늘날 이 세상에서 다른 사람들과 더불어 살아가는 것은 누구도 피할 수 없는 현실이다. 문제는 영향의 방

향이다. 내가 주변의 영향을 받는다면 좋은 사람들과 더불어 살아가야 하고 내가 주변에 영향을 끼친다면 좋은 사람이든 악한 사람이든 누구와 더불어 살아가도 좋다. 내가 선하다면 영향력이 클수록 좋고 악하다면 영향력이 작을수록 좋다.

6그들의 딸들을 그들(이스라엘 자손)은 자신을 위하여 아내들로 삼았으며 자신의 딸들을 그들의 아들들에게 주었고 그들의 신들을 숭배했다

이스라엘 자손은 어떠한가? 그들은 남겨진 가나안 거주민들 중에서 악한 영향을 받으며 타락했다. 이방 신들을 숭배한 것이 타락의 명백한 물증이다. "그들의 신들"을 섬겼다는 것은 그곳에서 받을 수 있는 마지막 단계의 악한 영향이다. 더불어 살아가면 영향력의 수위가 변하는데 먼저는 말에 영향을 받고 삶에 영향을 받고 가치관에 영향을 받고 종교관에 영향을 받는 단계로 전개된다. 타락은 겉으로 드러난 행위의 영향에서 시작하여 존재의 심연으로 파고들어 영혼까지 시커멓게 물들인다.

이러한 우상숭배 상태에 이르는 결정적인 진입로는 통혼이다. 이스라엘 자손은 남겨진 가나안 주민들의 딸들을 아내로 맞이했다. 그런데 이 통혼은 하나님의 영광을 위함도 아니고 가나안 주민들의 선한 변화를 위함도 아니었다. 이스라엘 자손이 그저 "자신을 위하여"(לָהֶם) 벌인 일이었다. 자기를 위한다는 것은 대단히 위험한 삶의 방향이다. 그것은 자기를 해롭게 하는 일이기 때문이다. 자신을 향하고 위할수록 그 사람의 자아는 작아지고 그의 삶은 축소되고 초라하게 된다. 그러나 하나님과 이웃을 향하면 그 사람의 자아는 무한히 커지고 인생은 고결하게 된다. 기막힌 역설이다. 인간은 본래 하나님과 이웃을 위하여 사는 존재로 지어졌다. 이는 창조의 질서로서 주어진 것이기 때문에 변경할 수 없고 그대로 순응하는 것이 현명

하다. 그런데도 그 질서를 어기면 창조된 세계 전체를 거스르는 일이어서 자기 자신에게 심각한 해로움이 주어진다.

애굽에서 종 되었던 이스라엘 백성을 해방시킨 이후에 하나님은 그들에게 "너희를 위하여"(לָכֶם) 우상을 만들지도 말고 절하지도 말고 섬기지도 말라는 엄명을 내리셨다(출 20:4-5). 이 명령은 우상숭배 행위를 경고하는 것이지만 우리가 우리를 위하면 필히 우상을 숭배하는 가장 심각한 죄를 저지를 것이라는 말이기도 하다. 그러나 이스라엘 백성은 이 명령을 가볍게 여기고 "우리를 위하여(לָנוּ) 우리를 인도할 신을 만들라"(출 32:1)며 아론에게 금송아지 제조를 촉구했다. 인간의 무수한 욕망들 중에서도 "자기애"(amor sui)는 믿음의 선배들이 한 목소리로 평가한 것처럼 모든 악의 자궁이며 심판과 형벌의 근거이며 고난과 불행과 비참의 원흉이다.

그러나 그리스도 안에서 인생의 방향이 바뀐 사람들은 더 이상 자신을 위하여 사는 위태로운 삶을 중단한다. 이에 대한 바울의 교훈이다. "그가 모든 사람을 대신하여 죽으심은 살아 있는 자들로 하여금 다시는 그들 자신을 위하여(ἑαυτοῖς) 살지 않고 오직 그들을 대신하여 죽었다가 다시 살아나신 이를 위하여 살게 하려 함이라"(고후 5:15). 하나님의 백성은 그리스도 예수를 위하여 살고, 구약의 어법으로 말한다면 하나님을 위하여 사는 사람이다. 이는 인간이 창조된 본래적인 목적의 회복이다. 이사야가 기록한 하나님의 말씀이다. "이 백성은 내가 나를 위하여 지었나니 나를 찬송하게 하려 함이니라"(사 43:21). 교회의 목적도 동일하다. 교회 자체가 아니라 하나님과 이웃을 위해 존재한다. 이 목적을 달성하는 방법은 자기 부인이다. 그것은 자기를 위하지 않음이다. 자기를 부인하는 것은 무섭고 험난하고 억울한 길처럼 보이지만 천상적인 복의 첩경이다. 그런데도 교회가 자기를 위하여 살면 필히 자기애의 늪에 빠지고 자기 욕망의 노예로 전락하게 된다. 하나님과 세상 모두에 의해 버려진다.

이러한 진리를 망각한 이스라엘 자손은 자신을 위하여 가나안의 딸들과 결혼했다. 이는 그 딸들에게 스며들어 있는 가나안 땅의 가치관과 인생관과 세계관과 종교와도 결혼한 것이었다. 이는 결혼이 남편과 아내가 한 몸이 되는 연합이기 때문이다. 계시의 차원에서 보면, 결혼은 배우자가 가진 모든 것을 존중하고 수용하는 일이기 때문에 통혼은 필히 이방 신들과의 영적인 간음을 수반한다. 이러한 원리는 예수님과 교회의 결혼에도 적용된다. 비록 양상은 완전히 다르지만 예수님도 우리를 신부로 맞이하기 위해 "친히 나무에 달려 그 몸으로 우리 죄를 담당하"며 우리의 지극히 부끄럽고 추악한 것까지도 스스로 취하셨다(벧전 2:24). 예수님의 이 죽음은 자신을 위한 것이 아니라 "우리를 위한"(περὶ ἡμῶν) 일이었다. 이것이 결혼의 본질이다. 결혼은 상대방의 좋은 것만이 아니라 나쁜 것까지도 가슴에 품어야 하고 책임을 어깨에 짊어지는 관계의 맺음이다. 이스라엘 자손이 가나안의 여인들과 결혼한 것은 하나님의 사랑으로 품기 위함이 아니라 그녀들의 우상숭배 문화를 자신과 섞는 일이었다.

그런데 이스라엘 자손은 자신들만 통혼하지 않고 다음 세대까지 통혼의 올무에 빠뜨렸다. "자신의 딸들을 그들의 자손에게 주었"기 때문이다. 고대에 자녀의 결혼을 결정할 때에 작용하는 가장 큰 변수는 부모의 의견이다. 믿음의 조상 아브라함도 나이가 많아 늙었을 때에 집안을 관리하는 늙은 종에게 이삭의 결혼에 대해 이렇게 명령했다. "너는 내가 거주하는 이 지방 가나안 족속의 딸 중에서 내 아들을 위하여 아내를 택하지 말고 내 고향 내 족속에게로 가서 내 아들 이삭을 위하여 아내를 택하라"(창 24:3-4). 자녀의 결혼에 대한 이런 지침은 경건한 부모라면 누구나 다음 세대를 위해 삶의 실천으로 본보여야 하는 교훈의 핵심이다. 그러나 가나안에 들어온 이스라엘 자손은 자신들이 먼저 통혼의 늪에 빠졌으며 그런 모습을 다음 세대에게 보여주고 그런 악습에 대해 적극적인 요구까지 하며 자녀들을 하나님이 금하신 통혼의 불경건한 길로 내몰았다. 그래서 자기들과 자녀들이 모두 우상을 숭배했다. 종교적 타락은 이처럼 물귀신과 같아서 자녀까지 타락의 희생물로 만든다.

이렇게 자기를 위하는 인생의 이기적인 방향성은 이스라엘 자손으로 하여금 자신을 둘러싼 가나안의 여인들을 아내로 취하게 만들었고 자신의 딸들을 가나안 자손에게 아내로 제공하는 죄악을 저지르게 했다. 결국 이스라엘 자손은 하나님을 떠나 가나안의 다양한 우상들을 숭배하는 지경까지 이르렀다. 이것은 하나님의 긴급한 조치가 아니었다. 하나님은 모세를 통해 가나안 입성을 코앞에 둔 이스라엘 백성에게 이미 엄중한 경고를 내리셨다. "그들과 혼인하지 말지니 네 딸을 그들의 아들에게 주지 말 것이요 그들의 딸도 네 며느리로 삼지 말 것은 그가 네 아들을 유혹하여 그가 여호와를 떠나고 다른 신들을 섬기게 하므로 여호와가 너희에게 진노하사 갑자기 너희를 멸하실 것임이라"(신 7:3-4). 이스라엘 자손은 이 경고를 무시했다. 하나님이 당신의 나라를 이끄시기 위해 믿음의 조상과 모세를 통하여 공포하신 질서와 규칙을 그들은 가볍게 위반했다.

7이스라엘 자손이 여호와의 목전에 악을 행하였고
자기들의 하나님 여호와를 잊었고 바알들과 아세라들을 숭배했다

하나님의 경고를 무시한 자들의 삶은 여호와 앞에서의 악행이다. 이스라엘 자손이 범한 악행의 핵심은 여호와 망각이고 바알들과 아세라들 숭배였다. 망각은 과거를 지우는 방식이고 하나님을 의식에서 제거하는 방식이다. 모세는 이스라엘 자손을 "애굽 땅 종 되었던 집에서 인도하여 내신 여호와를 잊지" 않도록 "조심"해야 한다고 경고했다(신 6:12). 이 경고의 근거는 이스라엘 자손에 대한 하나님의 영원한 기억이다. "여인이 어찌 그 젖 먹는 자식을 잊겠으며 자기 태에서 난 아들을 긍휼히 여기지 않겠느냐 그들은 혹시 잊을지 몰라도 나는 너를 잊지 아니할 것이라"(사 49:15). 하나님은 자기

백성을 영원히 잊지 않으신다. 이러한 하나님의 자비로운 기억과는 달리 이스라엘 자손은 여호와를 너무도 쉽게 잊었으며 우상으로 그 기억의 빈 자리를 메꾸었다. 이처럼 이 세상에 존재하는 모든 악행의 종착지는 하나님을 겨냥한 종교적인 타락이다. 이런 차원에서 성경은 모든 죄를 하나님께 죄를 범하는 것이라고 규정한다.

최초의 사람 아담과 하와가 선악과를 따먹은 것도 과일을 괴롭힌 범죄가 아니라 하나님의 명령에 불순종한 것이었다. 다윗은 밧세바와 간음하고 그의 남편 우리야를 죽인 자신의 죄에 대하여 나단 선지자의 꾸짖음을 그대로 인정하며 "내가 주께만 범죄하여 주의 목전에 악을 행"했다고 고백했다(시 51:4). 같은 차원에서 베드로도 아나니아 부부가 소유를 팔고 그 값에서 얼마를 빼돌린 행위에 대해 "사람에게 거짓말한 것이 아니요 하나님께" 한 짓이라고 진단했다(행 5:4). 돈에 대한 것이든 사람에게 대한 것이든 모든 잘못이 하나님과 관계되어 있다는 것은 죄의 가장 기본적인 개념이다. 죄라는 말 자체가 "빗나가는 것"(חָטָא) 혹은 "거스르는 것"(פֶּשַׁע)을 의미한다. 빗나가고 거스르는 대상은 하나님의 명령이다. 사물이나 사람이나 생각이나 행동이나 무엇이든 하나님의 명령을 빗나가고 거스르는 것은 모두 하나님께 저질러진 죄로 분류된다. 이렇게 하나님과 관계된 모든 죄에는 하나님의 정의로운 보응이 반드시 뒤따른다.

> 8이에 여호와가 이스라엘 중에 진노를 발하시며
> 그들을 아람 나하라임 왕 구산 리사다임 손에 파셨으며
> 이스라엘 자손은 구산 리사다임을 팔 년 동안 받들었다

하나님은 이스라엘 중에 공의로운 진노를 쏟으셨다. 진노의 내용은 아람 나하라임(אֲרַם נַהֲרַיִם)의 왕 구산 리사다임에게 이스라엘 자손의 주권이 넘어

간 것이었다. "구산 리사다임"(כּוּשַׁן רִשְׁעָתַיִם)은 "두 배로 악한 구산" 사람을 의미한다. 이처럼 갑절의 악을 시전하는 왕에게 이스라엘 자손은 그들의 조상들이 애굽에서 지독하게 겪은 종 노릇을 8년 동안 경험해야 했다. 이러한 재앙의 출발점은 자신을 위한다는 이기적인 욕구였다. 나를 위한 인생의 종착지는 비참한 종 노릇이다. 기가 찰 노릇이다. 그러나 이는 하나님이 정하신 섭리의 규칙을 잘 보여준다. 하나님을 주인으로 섬기며 그분과 함께할 때에는 자유롭고, 나 자신을 위하면 하나님을 떠나게 되고 다른 우상을 만들어 섬기게 되고 타인에게 얽매이고 결국 자신의 자유도 박탈된다.

이 역설적인 진리에 대한 예수님의 다른 표현이다. "자기 생명을 사랑하는 자는 잃어버릴 것이요 이 세상에서 자기의 생명을 미워하는 자는 보존하여 영원한 생명에 이를 것이니라"(요 12:25). 삶 속에서 경험하는 답답함, 곤고함, 괴로움, 서글픔, 절망, 낙심 등의 원인은 다양하다. 그러나 그 중에 심각한 원인은 자신에 대한 사랑이다. 자신을 향한 사랑의 방향을 바꾸어 하나님과 이웃을 향한다면 인생의 많은 문제들이 해결된다. 대부분의 증오와 분노와 폭력과 욕설과 속임은 자기애가 시키는 일들이다. 우리는 매사에 누구를 위하여 생각하고 말하고 행할 것인지를 선택해야 한다. 문제를 만들 것인지, 아니면 해결할 것인지를 결정해야 한다.

9이스라엘 자손이 여호와께 부르짖자 여호와는 이스라엘 자손을 위하여
한 구원자를 세우셨고 그로 하여금 그들을 구원하게 하셨는데
그는 갈렙의 동생 그나스의 아들 옷니엘이다

이스라엘 자손이 두 배로 악한 자에게서 당하는 고통은 극심했다. 그래서 하나님께 나아가 구원해 달라고 부르짖기 시작했다. 이 절규는 뱃심으로 나온 것이 아니라 억지로 넘어가는 숨에 묻어서 힘겹게 나왔을 가능성이

높다. 그 가냘픈 신음을 듣고 하나님은 마치 벼르고 계셨던 것처럼 그들을 위하여 한 구원자를 즉각 세우셨고 그들을 구하셨다. 하나님의 부성애가 느껴지는 대목이다. 하나님이 세우신 구원자의 이름은 옷니엘, 그는 갈렙의 동생 그나스의 아들이다. 그 이름의 의미는 "하나님의 능력"(עָתְנִיאֵל)이다. 그는 사람의 힘과 의지가 아니라 오직 하나님의 힘으로만 이스라엘 백성의 구원이 가능함을 증명하는 인물이다.

노예처럼 살아가는 이스라엘 자손이 하나님께 부르짖은 것은 일종의 항복이다. 스스로는 문제를 해결할 수 없다는 무기력의 자백이다. 이것이 인간문맥 안에서는 심히 부끄러운 모습이다. 그러나 하나님 앞에서 자아의 무장을 완전히 해제하고 바닥에 바짝 엎드리는 것은 겉으로 보기에는 초라하고 내세울 게 없어 보이지만 피조물이 내릴 수 있는 가장 위대한 결정이다. 누구든지 하나님께 기도하며 부르짖는 동안에는 하나님을 향하는 인생이다. 기도하는 동안에는 하나님을 망각할 수 없고 기억하며, 하나님을 떠나갈 수 없고 오히려 가까이 다가간다. 이는 기도의 응답보다 더 중요한 기도 자체의 근본적인 유익이다. 물론 기도의 응답도 중요하다. 그러나 이미 얻은 기도 자체의 유익에 비한다면 부수적인 유익에 불과하다.

하나님은 이스라엘 자손의 기도를 들으시고 옷니엘을 세우셨다. 하나님이 모세를 세우실 때의 패턴도 동일했다. 즉 모세는 이스라엘 백성의 신음 때문에 지도자로 소환된 사람이다. 한 민족을 구원할 사람의 세워짐은 우연이 아니라 누군가가 부르짖은 기도의 응답이다. 민족의 회복을 위해서는 주님을 향하는 기도자가 필요하다. 그러나 기도자 자신이 뛰어나기 때문에 초래되는 회복인 것처럼 오해하지 않도록 주의해야 한다. 하나님은 자비를 베푸시고 긍휼이 무궁한 분이시다. 어떻게 하면 우리에게 바다 분량의 사랑을 쏟으실까 늘 고심하며 그 정당한 계기를 기다리는 분이시다. 지극히 작은 한 사람이 하나님께 도움을 구하기만 하면 잔뜩 고인 저수지의 뚝이 터지듯이 사랑을 아낌없이 쏟으시는 분이시다. 이 사랑은 기도자의 능력과 자질과 조건과는 무관하다. 이런 맥락에서 사사기는 하나님의 그런 무한한 선하심을 드러내는 기록이다.

> 10여호와의 영이 그에게 임하시매 그가 이스라엘을 다스렸고
> 전쟁터에 나가매 여호와가 아람 나하라임 왕 구산 리사다임을
> 그의 손에 주셨고 그의 손이 구산 리사다임과 맞서 강하더라

회복의 원인이 인간의 실력과 위대함을 드러내는 것이 아님을 이 구절도 입증한다. 옷니엘이 전쟁터에 나가기 전에 "여호와의 영"(רוּחַ־יְהוָה)이 그에게 임하셨다. 이런 전쟁의 방식은 구약이나 신약이나 동일하다. 오직 하나님의 영이 임하시면 권능을 받고 전쟁을 수행한다. 구약에서 이스라엘 백성은 칼로 가나안 땅을 정복하고, 신약에서 교회는 복음의 신을 신고 땅끝까지 정복한다. 이는 모두 여호와의 영이 임하실 때에만 가능한 정복이다. 진정한 지도자는 누구인가? 주먹이 강하고 기술이 뛰어나고 전략이 많고 적을 잘 속이는 사람이 아니라 하나님의 영에 사로잡힌 사람이다. 그는 어떤 사람인가? 자신의 실력을 드러내지 않고 자신을 자랑하지 않고 철저하게 자신을 부인하는 사람이다. 나아가 하나님의 뜻을 알고 하나님의 마음을 가지고 하나님의 명령에 순종하며 하나님의 능력과 위엄을 있는 그대로 나타내는 사람이다.

그렇다면 전쟁에서 승리하는 비결은 무엇인가? 물론 지도자도 필요하다. 그러나 궁극적인 면에서는 성령의 도우심이 필요하다. 이런 맥락에서 스가랴가 기록한 하나님의 말씀이다. "이는 힘으로 되지 아니하며 능력으로 되지 아니하고 오직 나의 영으로 되느니라"(슥 4:6). 전쟁의 승리만이 아니라 우리의 인생도, 한 민족의 흥망도, 한 세대의 명운도 하나님의 영에 의존한다. 이처럼 우리에게 하나님의 영이 임한다는 것의 의미는 실로 대

단하다. 옷니엘도 여호와의 영이 임하여 권능을 받고 갑절이나 악한 왕도 능히 맞서서 도발의 엄두도 내지 못하도록 그를 제압했다. 하나님이 대적을 옷니엘의 손에 넘기셨기 때문에 제압이 가능했다. 이러한 전쟁을 자세히 관찰하면, 하나님은 당신이 세우신 사람에게 자신의 영을 보내시고 권능을 베푸시고 그 사람의 손에 원수를 넘기셔서 승리를 이루셨다. 이는 전쟁이 사람에게 속한 것이 아니라 여호와께 속했다는 말의 구체적인 실상이다. 하나님의 영이 임한다는 것은 내가 아니라 하나님이 내 안에서 사시는 것을 의미하고 나를 위하지 않고 하나님과 이웃을 위해 살아가는 비법이다. 그러므로 자기를 위하는 이기적인 삶과 여호와의 영이 임하는 이타적인 삶은 상극이다. 옷니엘의 삶은 후자를 가르친다.

11그 땅이 사십 년 동안 평안했다 그리고 그나스의 아들 옷니엘이 사망했다

옷니엘은 이스라엘 자손을 40년간 지도했다. 그가 통치한 기간은 평화의 나이와 동일했다. 한 사람의 일생이 평화의 시대로 기억되는 것은 큰 은총이다. 이 평화는 이 땅에서 주어지지 않고 하늘에서 주어진 것임에 분명하다. 왜냐하면 그 평화를 가능하게 한 옷니엘의 인간적인 면모에 대해서는 사사기 저자가 침묵하고 있기 때문이다. 성경은 오직 주님만이 평화의 출처라고 가르친다(민 6:26, 대상 23:25, 사 26:3, 10, 렘 16:5, 학 2:9). 예수님의 말씀이다. "평안을 너희에게 끼치노니 곧 나의 평안을 너희에게 주노라"(요 14:27). 요한의 기록은 평화가 예수님의 것이라고 한다. 그래서 바울은 기도한다. "평강의 주께서 친히 때마다 일마다 너희에게 평강 주시기를 원하노라"(살후 3:16). 범사에 매 순간 우리는 평화가 필요하다. 그 평화는 주께서 주신다고 한다. 우리도 바울처럼 무엇을 하든지 어디를 가든지 평화를 주시라고 기도해야 한다. 나아가 바울은 주님께서 "우리에게 화목하게 하는

직분"을 주셨다고 한다(고후 5:18). 평화는 옷니엘의 전유물이 아니라 하나님의 모든 자녀들이 고수해야 한다. 그런데 평화는 막힌 담을 십자가의 희생으로 허물어야 찾아온다. 어느 가정이나 교회나 사회나 국가에 평화가 있다면 누군가가 희생의 피를 뚝뚝 흘리고 있기 때문이다. 십자가는 우리 모두에게 주어진 평화의 직분을 수행하는 유일한 방식이다.

옷니엘이 "사망했다"(יָמָת). 뭔가 어두운 분위기가 동사의 끝자락에 매달린다. 한 사사의 죽음과 더불어 평화도 사라질 듯한 느낌이다. 한 사람의 죽음이 한 시대의 명암을 좌우한다. 우리 중에 이 세상에 있어도 그만 없어도 그만인 사람은 누구인가? 결코 없어서는 안되는 사람은 누구인가? 나는 어떤 부류의 사람인가? 십자가를 붙들지 않는 사람은 평화와 무관한 인생을 살아간다. 자기를 부인하고 십자가를 짊어진 사람만이 우리가 살아가는 시대의 명암을 조절한다. 성령의 사람 옷니엘이 죽으면 세상에 캄캄함이 드리운다. 그는 자신을 위하지 않고 하나님을 위하고 하나님의 백성을 이끌었다. 사사기의 저자는 비록 옷니엘의 실력을 입증할 만한 것을 하나도 언급하지 않았지만 그런 방식으로 옷니엘은 하나님의 영으로 자신의 시대를 밝힌 세상의 빛이었다. 나의 묘비에는 다음과 같은 비문이 새겨지길 소원한다. "이 사람이 사는 동안에는 평화의 시대였다."

삿 3:12-31

¹²이스라엘 자손이 또 여호와의 목전에 악을 행하니라 이스라엘 자손이 여호와의 목전에 악을 행하므로 여호와께서 모압 왕 에글론을 강성하게 하사 그들을 대적하게 하시매 ¹³에글론이 암몬과 아말렉 자손들을 모아 가지고 와서 이스라엘을 쳐서 종려나무 성읍을 점령한지라 ¹⁴이에 이스라엘 자손이 모압 왕 에글론을 열여덟 해 동안 섬기니라 ¹⁵이스라엘 자손이 여호와께 부르짖으매 여호와께서 그들을 위하여 한 구원자를 세우셨으니 그는 곧 베냐민 사람 게라의 아들 왼손잡이 에훗이라 이스라엘 자손이 그를 통하여 모압 왕 에글론에게 공물을 바칠 때에 ¹⁶에훗이 길이가 한 규빗 되는 좌우에 날선 칼을 만들어 그의 오른쪽 허벅지 옷 속에 차고 ¹⁷공물을 모압 왕 에글론에게 바쳤는데 에글론은 매우 비둔한 자였더라 ¹⁸에훗이 공물 바치기를 마친 후에 공물을 메고 온 자들을 보내고 ¹⁹자기는 길갈 근처 돌 뜨는 곳에서부터 돌아와서 이르되 왕이여 내가 은밀한 일을 왕에게 아뢰려 하나이다 하니 왕이 명령하여 조용히 하라 하매 모셔 선 자들이 다 물러간지라 ²⁰에훗이 그에게로 들어가니 왕은 서늘한 다락방에 홀로 앉아 있는 중이라 에훗이 이르되 내가 하나님의 명령을 받들어 왕에게 아뢸 일이 있나이다 하매 왕이 그의 좌석에서 일어나니 ²¹에훗이 왼손을 뻗쳐 그의 오른쪽 허벅지 위에서 칼을 빼어 왕의 몸을 찌르매 ²²칼자루도 날을 따라 들어가서 그 끝이 등 뒤까지 나갔고 그가 칼을 그의 몸에서 빼내지 아니하였으므로 기름이 칼날에 엉겼더라 ²³에훗이 현관에 나와서 다락문들을 뒤에서 닫아 잠그니라 ²⁴에훗이 나간 후에 왕의 신하들이 들어와서 다락문들이 잠겼음을 보고 이르되 왕이 분명히 서늘한 방에서 그의 발을 가리우신다 하고 ²⁵그들이 오래 기다려도 왕이 다락문들을 열지 아니하는지라 열쇠를 가지고 열어 본즉 그들의 군주가 이미 땅에 엎드러져 죽었더라 ²⁶그들이 기다리는 동안에 에훗이 피하여 돌 뜨는 곳을 지나 스이라로 도망하니라 ²⁷그가 이르러 에브라임 산지에서 나팔을 불매 이스라엘 자손이 산지에서 그를 따라 내려오니 에훗이 앞서 가며 ²⁸그들에게 이르되 나를 따르라 여호와께서 너희의 원수들인 모압을 너희의 손에 넘겨 주셨느니라 하매 무리가 에훗을 따라 내려가 모압 맞은편 요단 강 나루를 장악하여 한 사람도 건너지 못하게 하였고 ²⁹그 때에 모압 사람 약 만 명을 죽였으니 모두 장사요 모두 용사라 한 사람도 도망하지 못하였더라 ³⁰그 날에 모압이 이스라엘 수하에 굴복하매 그 땅이 팔십 년 동안 평온하였더라 ³¹에훗 후에는 아낫의 아들 삼갈이 있어 소 모는 막대기로 블레셋 사람 육백 명을 죽였고 그도 이스라엘을 구원하였더라

❖ ❖ ❖

¹²이스라엘 자손이 다시 여호와의 목전에서 악을 행하였다 그들이 여호와의 목전에 악을 행하였기 때문에 여호와가 모압 왕 에글론을 이스라엘보다 강하게 만드셨다 ¹³그가 암몬과 아말렉 자손들과 연대하여 와서 이스라엘을 치고 종려나무 성읍을 점령했다 ¹⁴이에 이스라엘 자손은 모압 왕 에글론을 십팔 년 동안 섬겨야만 했다 ¹⁵그래서 이스라엘 자손은 여호와께 부르짖고 여호와는 그들을 위하여 베냐민 사람 게라의 아들이며 그의 오른손에 문제가 있는 남자 에훗을 구원자로 세우셨다 이스라엘 자손이 그의 손으로 공물을 모압 왕 에글론에게 보내었다 ¹⁶에훗은 자신을 위하여 길이가 반 규빗 되는 양날의 칼을 만들었고 그것을 자신의 옷 속 오른쪽 허벅지에 찼다 ¹⁷그는 공물을 모압 왕 에글론에게 가져갔다 에글론은 매우 살찐 사람이다 ¹⁸공물 바치기를 끝마친 후에 그는 그 공물을 매고 온 사람들을 보내었다 ¹⁹그러나 그(에훗)는 길갈 근처에 우상들이 있는 곳에서 돌아왔다 그리고 말하였다 "왕이여 당신에게 [드릴] 비밀한 말이 나에게 [있습니다]" 그(왕)가 말하였다 "너는 잠잠하라" 그리고 그를 시중들며 선 모든 자들을 떠나가게 했다 ²⁰그래서 에훗이 서늘한 다락방에 홀로 앉아 있는 그에게로 나아갔고 "당신을 위한 하나님의 말씀이 나에게 있다"고 말하였다 이에 그(왕)는 그의 의자에서 일어났다 ²¹그리고 에훗은 왼손을 뻗어 그의 오른쪽 허벅지 위에서 칼을 취하여 그의 배를 찔렀으며 ²²손잡이도 칼날을 따라 들어가게 했다 그가 칼을 그(왕)의 배에서 빼내지 않았고 그것(칼날)이 항문으로 나갔기 때문에 기름이 그 칼의 뒤에 엉기었다 ²³에훗은 현관으로 나와서 뒤에 [있는] 다락방의 문들을 닫고 잠그었다 ²⁴그가 나가고 그(왕)의 신하들이 들어와 보니 다락방의 문들이 잠겼더라 그들이 말하였다 "그는 분명히 시원한 방에서 그의 발을 가리우고 있다" ²⁵그들이 민망할 정도로 주위를 거닐어도 그(왕)가 다락방의 문들을 열지 않자 그들이 열쇠를 가지고 열어 보니 그들의 군주가 땅에 엎드려져 죽은 상태였다 ²⁶그들이 스스로 지체하는 동안에 에훗은 빠져나와 우상들이 있는 곳을 지나서 세이라로 도피했다 ²⁷그가 이르러 에브라임 산지에서 나팔을 불었고 이스라엘 자손은 그 산지에서 그와 함께 내려왔다 그리고 그가 그들의 얼굴들 앞에서 ²⁸그들을 향하여 말하였다 "너희는 나를 따르라 이는 여호와가 너희의 원수들인 모압을 너희의 손에 주셨기 때문이다" 무리가 그를 따라 내려가서 요단 강 나루를 장악하고 한 사람이 건너가는 것도 허용하지 않았다 ²⁹그 때에 그들이 대략 만 명의 모압 사람들을 죽였는데 모두 거대하고 모두 강한 자였으며 어떤 사람도 도망치지 못하였다 ³⁰그 날에 모압은 이스라엘 수하에 굴복했고 그 땅은 팔십 년간 평온했다 ³¹그를 뒤따라서 아낫의 아들 삼갈이 나와 소몰이 막대기로 블레셋 사람 육백 명을 죽였으며 그도 이스라엘을 구원했다

에훗: 하나님의 특이한 징계

이스라엘 자손의 죄는 언제나 하나님의 정의로운 징계를 수반한다. 그 징계는 이스라엘 자손에게 직접 가해지지 않고 주변 사람들을 강하게 만드는 방식으로 주어진다. 참 특이하다. 원수가 강해져서 자신을 괴롭히는 징계는 하나님의 백성을 깨우치고 돌이키게 하는 가장 효과적인 방식이다. 고통 때문에 신음을 쏟아내는 백성을 위해 하나님은 사사를 세우신다. 본문은 두 명의 사사, 왼손잡이 에훗과 소몰이 막대기 삼갈을 소개한다. 두 사람 모두 스펙이 초라하다. 그러나 하나님은 이 연약한 자들을 세우셔서 강한 자를 부끄럽게 하시는 섭리를 이루신다.

12이스라엘 자손이 다시 여호와의 목전에서 악을 행하였다
그들이 여호와의 목전에 악을 행하였기 때문에
여호와가 모압 왕 에글론을 이스라엘보다 강하게 만드셨다

옷니엘이 죽자 이스라엘 자손은 마치 기다린 것처럼 다시 악을 저질렀다. 악행의 속도감이 느껴진다. 이는 악한 성향의 안전핀이 빠진 듯한 현상이다. 믿음의 사람 옷니엘이 생존해 있는 동안에는 그의 경건에 압도되어 적당히 숨죽이고 있다가 경건이 무덤으로 들어가니 곧장 악한 본색을 드러내는 것을 보니 그들은 평소에도 악했음이 분명하다. 사사기 저자는 그들이 여호와의 목전에 악을 행했다는 말을 하나의 구절에서 두 번이나 반복한다. 그들은 평강을 주시는 하나님의 은혜를 사십 년간 향유했다. 그러나 그토록 오랫동안 누린 그 은혜를 그들은 빛의 속도로 망각했다. 하나님을 떠나 악을 행한다는 것은 그 악행으로 말미암아 얻는 유익 혹은 만족이 하나님의 명령에 순종하는 것보다 크다는 것의 반증이다. 그들을 더 행복하고 더 즐겁고 더 부하고 더 강하게 만드는 게 도대체 뭐길래 악을 행하기에 이리도 민첩할까!

하나님은 눈 앞에서 악을 행하는 이스라엘 자손에게 다시 징계를 내리신다. 하나님의 징계는 이스라엘 자손의 악을 도려내는 일시적인 아픔이요 불가피한 수술이다. 그래서 욥기는 "하나님께 징계 받는 자에게는 복이 있다"고 기록한다(욥 5:17). 오히려 히브리서 저자는 징계가 없으면 "사생자요 친아들이 아니"라고 공언한다(히 12:8). 친아들이 징계를 받는 이유는 무엇인가? 바울은 이렇게 답을 제시한다. "우리가 판단을 받는 것은 주께 징계를 받는 것이니 이는 우리로 세상과 함께 정죄함을 받지 않게 하려 하심이라"(고전 11:32). 징계는 하나님의 마지막 심판대 앞에서 세상과 함께 정죄 당할 근거를 제거하는 하나님의 자비로운 조치이다. 세속의 법정도 "이미 심판을 거친 동일한 사건에 대하여는 다시 심판할 수 없다"(ne bis in idem)는 일사부재리의 원칙을 수용하고 있다. 하늘의 법정도 유사하다. 그래서 이스라엘 자손이 다시 악을 저지르면 즉각적인 징계가 더 가혹하게 주어지는 것은 조절되지 못한 신적인 감정의 표출이 아니라 그들을 위한 사랑이다. 그러므로 징계를 받을 때에는 살려 달라고 부르짖는 것보다 긍휼을 구하며 감사하는 것이 합당하다.

이스라엘 자손에게 주어진 징계의 방식이 특이하다. 즉 그들에게 직접적인 고난을 주는 방식이 아니라 그들 주변에 있는 모압 왕 에글론을 그들보다 더 강하게 만드는 것이었다. 여기에서 우리는 두 가지를 주목해야 한다. 첫째, 하나님은 민족을 강하게도 하시고 약하게도 하시는 분이라는 사실이다. 이에 대한 다윗의 고백이다. "부와 귀가 주께로 말미암고 또 주는 만물의 주재가 되사 손에 권세와 능력이 있사오니 모든 사람을 크게 하심과 강하게 하심이 주의 손에 있나이다"(대상 29:12). 이는 사람들이 흠모하는 모든 것들이 하나님의 손에 있다는 고백이다. 내가 스스로 부하고자 하고 강하고자 해도 잘 되지 않는 이유는 부하게 하심과 강하게 하심의 권한이 하나님께 있기 때문이다. 이것의 의미는 무엇인가? 그런 권한만이 아니라 강함과 부함과 존귀와 위대함의 용도와 목적도 하나님께 있음을 의미한다. 이것을 바울의 언어로 말하자면, 많은 자는 적은 자의 적음을, 부한 자는 가난한 자의 가난함을, 존귀한 자는 비천한 자의 비천함을, 강한 자는 약한 자의 약함을 담당하기 위해 존재한다(롬 15:1).

둘째, 하나님은 이스라엘 자손의 주변 민족들을 징계의 도구로 쓰신다는 사실이다. 주님께서 이방 민족을 강하게 하시는 이유는 그들이 의롭고 선하기 때문이 아니라 자기 백성을 징계하기 위함이다. 그 징계는 회복을 위함이다. 바울도 이와 비슷한 하나님의 섭리를 언급한다. 그의 시대에 하나님은 유대인을 버리셨다(롬 11:15). 그리고 이방인의 구원을 이루셨다. 이렇게 하신 이유는 유대인을 "아무쪼록 시기하게 하여 그들 중에서 얼마를 구원하려 함이라"고 바울은 설명한다(롬 11:14). 다른 민족을 복되게 함으로써 이스라엘 자손의 시기심을 촉발하는 것은 그 자손을 직접 징계하는 것보다 그 효력이 더 뛰어나다. 우리도 이것을 빈번하게 경험한다. 내가 실패하는 것보다 나의 라이벌이 나보다 더 성공하면 강력한 시기가 발동하여 전투력이 급속히 상승한다. 자신과 타인을 비교하는 것은 그리 유익하지 않지만 그런 성향조차 쓰셔서 하나님은 우리에게 급속하고 확실한 회복을 이루신다.

강하다는 것의 의미는 무엇인가? 강함의 목적과 결부시켜 이해해야 한다. 악한 자가 강하다는 것은 그가 저지를 악도 강해짐을 의미한다. 선한 자가 강하다는 것은 그가 행할 선도 강해짐을 의미한다. 나는 어떠한가? 나의 강해짐이 주변에 민폐로 작용하고 있다면 약하게 해 달라고 기도하는 것이 지혜롭고 합당하다. 때때로 우리에게 연약함이 특별한 원인도 없이 찾아올 때에 우리는 무조건 벗어나게 해 달라고, 속히 강해지게 해 달라고 부르짖을 것이 아니라 나 자신이 선한지의 여부부터 성찰해야 한다. 바울은 하나님께 받은 계시가 "지극히 크므로 너무 자만하지 않게 하시려고" 육체에 가시가 주어졌을 때에 치유를 위해 세 번 기도했다(고후 12:7-8). 그러나 이 기도는 수락되지 않았고 "내 능력이 약한 데서 온전하여 짐이라"는 하나님의 응답이 주어졌다. 이에 바울은 치유가 되어 강함이 회복되는 것보다 "도리어 크게 기뻐"하며 자신의 약한 것들을 자랑하기 시작했다(고후 12:9). 왜? "이는 내가 약한 그 때에 강"(고후 12:10)하기 때문이다. 그는 삶 속에서 자신의 약함과 주님의 강함 사이의 유기적인 관계 즉 약함과 강함의 역설을 깨달았기 때문이다. 그렇게도 위대한 사도 바울도 자신이 강해지는 것은 자만의 죄에 빠지는 첩경임을 알고 오히려 약해지는 것을 선호했다. 세상 사람들은 모압의 왕 에글론이 강해진 것처럼 강함을 추구한다. 그것이 하나님의 백성을 괴롭히는 수단으로 작용하든 말든 상관하지 않고 마치 마법에 걸린 사람처럼 강함을 추구한다. 그러나 하나님의 사람들은 이런 소원의 역방향을 추구한다. 나는 약해지고 주님의 강함이 내 안에 머물기를 소원하고 나는 죽고 주님께서 내 안에서 사시기를 소원한다(고후 12:9, 갈 2:20).

¹³그가 암몬과 아말렉 자손들과 연대하여 와서 이스라엘을 치고
종려나무 성읍을 점령했다 ¹⁴이에 이스라엘 자손은
모압 왕 에글론을 십팔 년 동안 섬겨야만 했다

이스라엘 자손보다 강해진 모압은 정복의 군침을 흘리며 사냥을 시작한다. 롯과 그의 큰 딸 사이에서 태어난 모압(창 19:37)은 이스라엘 백성이 광야를 건널 때 이방인 주술사 발람에게 이스라엘 저주를 사주했던 족속이다 (민 22:6). 그때에는 이스라엘 백성이 모압보다 강하였기 때문에 전투가 아니라 저주라는 주술적인 방법으로 그들을 막으려고 했다. 그러나 하나님이 허락하지 않으시면 저주의 효력이 발휘되지 않았고 오히려 저주는 축복으로 바뀌었다. 그때와는 달리 이제는 전세(戰勢)가 역전되어 모압은 하나님의 허락 하에 무력으로 이스라엘 백성을 침공하되 암몬과 아말렉 자손들도 이 침공에 가세한다. 모압의 동생인 암몬 그리고 아말렉은 이스라엘 백성을 가장 많이 괴롭힌 대표적인 족속이다. 암몬의 경우, 하나님은 비록 가나안 땅을 이스라엘 백성에게 주었지만 암몬을 "괴롭히지 말고 그들과 다투지도 말"고 명하시며 그들의 땅은 "내가 네게 기업으로 주지 아니"할 것이라는 자비를 베푸셨다(신 2:19). 그런 자비에도 불구하고 암몬은 모압과 단짝을 이루어 이스라엘 백성을 비방하고 조롱했다. 이에 하나님은 "모압의 비방과 암몬 자손이 조롱하는 말"을 들으시고 하나님이 정하신 섭리의 "경계"를 넘어서는 그들의 교만을 책망하며 "장차 모압은 소돔 같으며 암몬 자손은 고모라 같을 것이라"(습 2:9)는 맹세까지 남기셨다. 신명기는 이렇게 기록한다 "암몬 사람과 모압 사람은 여호와의 총회에 들어오지 못하리니 그들에게 속한 자는 십 대뿐 아니라 영원히 여호와의 총회에 들어오지 못하리라"(신 23:3). 모압과 압몬은 롯의 후예여서 이스라엘 백성과는 친족이다. 그런데도 여호와의 총회에 들어오지 못하는 형벌이 주어졌다.

나아가 모압의 도발에 가담한 암몬에 대해 하나님은 그들이 이방 가운

데서 "기억되지 아니하게" 하실 것이라는 결의를 밝히셨다(겔 25:10). 아브라함 시대에 가데스에 거주하던 족속인지(창 14:7), 아니면 에서의 후예인지(창 36:12) 정확히는 모르지만, 아말렉은 "민족들의 으뜸이나 그의 종말은 멸망에 이르"게 될 것이라고 모세는 기록한다(민 24:20). "민족들의 으뜸"(רֵאשִׁית גּוֹיִם)이란 위엄에 걸맞지 않게 아말렉은 대단히 야비한 족속이다. 애굽에서 나오는 이스라엘 백성이 피곤할 때에 "뒤에 떨어진 약한 자들"에게 테러를 가한 자들이다(신 25:18). 그래서 하나님은 이스라엘 자손에게 "너는 천하에서 아말렉에 대한 기억을 지워 버리라"(신 25:19)는 엄명까지 내리셨다.

천하에서 기억이 지워져야 마땅한 암몬과 아말렉 자손들과 연대한 모습은 이스라엘 자손을 공격했고 종려나무 성읍을 점령했다. "종려나무 성읍"은 여리고 혹은 그곳을 둘러싼 인근 지역을 가리킨다(신 34:3). 여리고 일대는 철옹성 같은 도시이며, 종려나무 숲을 방불할 정도로 아름답고 풍요로운 성읍이다. 하나님이 이스라엘 백성에게 가나안 입성의 선물로 준 특별한 의미를 가진 지역이다. 그런데 에글론이 그 종려나무 성읍을 빼앗았다. 이스라엘 자손은 약속의 땅에서 받은 결혼 예물과도 같은 하나님의 첫 번째 선물을 빼앗겼다. 그 자손이 이 사건에 부여한 의미는 무엇일까? 그저 국제질서 속에서 열강이 약소국을 침략하고 탈취한 것으로 여기고 하나님의 엄중한 경고로는 생각하지 않았을 가능성이 높다. 이는 그들이 곧장 회개하지 않은 모습에서 확인된다. 그들은 오랜 시간이 지나서야 하나님께 나아갔다. 주권을 상실하는 심각한 사건의 배후에는 언제나 하나님의 섭리가 있음을 인지해야 한다. 이스라엘 자손을 공격한 모압과 암몬과 아말렉은 도구에 불과하기 때문이다. 시인의 입에서 나온 하나님의 설명이다. "모압은 내 목욕통이라 에돔에는 내 신발을 벗어 던질지며 블레셋 위에서 내가 외치리라 하셨도다"(시 108:9). 세 족속은 이스라엘 백성의 더럽고 추한 죄를 깨끗하게 씻어내고 신발을 깔끔하게 정돈하고 하나님의 말씀을 선포하는 연사의 발판에 불과하다. 당연히 우리는 큰 고통 속에서도 죄를 씻어내는 영혼의 목욕과 출입의 점검과 하나님의 말씀에 대한 경청으로 반응함이 합당하다. 크든지 작든지 문제가 생길 때마다 그 문제 자체에 코를 박고 집착할 것이 아니라 하나님께 나아가는 것이 언제나 상책이다.

전쟁 패배의 결과로서, 이스라엘 자손은 모압 왕 에글론을 18년동안 섬겨야만 했다. 이전에 구산 리사다임 왕을 섬긴 8년보다 두 배 이상으로 길어진 기간이다. 동일한 형벌의 효력은 시간이 지날수록 떨어진다. 형벌에도 면역이 생기기 때문이다. 동일한 형벌이 반복되면 신경과 감각이 둔해진다. 형벌에 대한 관성이 생겨서 민첩하게 회개하지 않고 그냥 그러려니 한다. 그래서 이스라엘 백성을 회개와 회복으로 이끌기 위해서는 형벌의 기간은 길어지고 강도는 올라가야 한다. 이런 원리에 비추어 볼 때, 하나님의 목전에서 악을 행하는 것은 형벌의 수위가 올라가기 전에 서둘러 멈출수록 더 유익하다. 하나님은 자기 백성의 고통을 원하지 않으신다. 지극히 미미한 형벌에 대해서도 우리가 그 메시지를 정확하게 읽고 악의 행보를 멈춘다면 하나님은 진행되는 징계도 속히 거두신다. 지금도 하나님은 다양한 형벌을 통해 회개의 메시지를 보내신다. 교회가 그 메시지를 무시하면 형벌의 키는 자라고 사태는 더욱 악화된다. 이스라엘 백성처럼 18년간 종 노릇을 해야 정신을 차리고 돌이키는 일이 없도록 속히 회개해야 한다.

¹⁵그래서 이스라엘 자손은 여호와께 부르짖고 여호와는 그들을 위하여
베냐민 사람 게라의 아들이며 오른손에 문제가 있는 남자 에훗을 구원자로
세우셨다 이스라엘 자손이 그의 손으로 공물을 모압 왕 에글론에게 보내었다

18년치의 종 노릇은 이스라엘 백성으로 하여금 여호와께 부르짖게 했다. 사실 그들은 즉시 하나님께 나아가서 이 비참한 사태의 종식을 앞당길 수

있었는데 회개의 무릎을 꿇기까지 무려 18년이 필요했다. 이스라엘 자손은 참으로 미련하고 완고하다. 우리를 보더라도 10년이 지나고 20년이 지나도 여전히 고치지 않는 끈질기고 상습적인 죄가 많이 발견된다. 더딘 회개는 하나님에 대한 불신을 입증한다. 그런데도 하나님은 이스라엘 자손이 자신의 잘못으로 초래된 고통으로 인해 부르짖을 때마다 그들의 상습적인 절규에 역정을 내시거나 느긋하게 반응하지 않으시고 부모의 마음으로 언제나 신속하게 구원자를 보내시며 자비와 긍휼을 베푸신다. 이스라엘 백성이 미련하고 악할수록 하나님의 아름다운 사랑의 향기는 더욱 진동한다.

이번에 두 번째 사사로 세워진 사람은 에훗(אֵהוּד)이다. 이는 "힘은 어디에서 나오는가 혹은 영광은 어디에 있는가"를 의미하는 이름이다. 이 이름의 의미는 이스라엘 자손보다 모압 왕 에글론을 더 강하게 하신 하나님의 능력을 떠올리게 한다. 또한 영광이 이 세상의 복수와 칭찬에 있지 않고 사람들이 선호하는 우상들의 개수를 늘리는 것에 있지 않고 오직 하나님께 있음도 생각하게 한다. 에훗은 베냐민 지파 출신이다. "베냐민"(בֶּן־יְמִינִי)의 어원적인 의미는 "오른손의 아들"이다. 그런데 에훗은 "오른손에 문제가 있어서"(אִטֵּר יַד־יְמִינוֹ) 주로 왼손을 사용하는 사람이다. 베냐민 사람들 중에는 에훗처럼 왼손을 사용하는 뛰어난 전사들이 후대에 많았다는 사실을 사사기 저자는 기록한다(삿 20:16). 그런데 이들은 이스라엘 내에서의 전쟁 문맥에서 언급되고 있다. 에훗이 오른손에 문제가 있다는 것은 긍정적인 의미보다 에훗이 베냐민 지파 안에서도 큰 존경을 받거나 뛰어난 리더십을 발휘한 사람이 아닐 것이라고 추측하게 한다. 게다가 그는 에글론 왕에게 "공물"(מִנְחָה)을 전달하는 사람이기 때문에 모압 앞잡이의 오명까지 가져서 동족의 거부감과 혐오감의 표적일 가능성도 높다. 이는 예수의 시대에 로마에게 세금을 거두어 전달한 세리들이 받은 민족적인 멸시와도 유사하다.

그러나 이러한 에훗을 하나님은 이스라엘 자손의 "구원자"(מוֹשִׁיעַ)로 세우셨다. 이스라엘 자손은 왕에게 곡물을 전하는 책임을 에훗에게 맡길 때에 하나님이 그를 자신들의 구원자로 세운 것을 알지 못했을 가능성이 높다. 설마 이토록 비루한 일을 담당하는 왼손잡이 에훗이 자신들을 구원해 줄 위인이 될 거라고는 그들이 상상하지 못했을 것이라고 나는 생각한다. 에훗은 비록 오른손을 제대로 사용하지 못하는 신체를 가졌고 민족의 주권을 빼앗은 자에게 공물을 바치는 부끄러운 역할을 맡은 자이지만 그 이름의 의미처럼 하나님의 영광이 어디에 있는지를 찾고 구한 사람이다. 그런 그가 하나님께 발탁되어 구원자로 세워진 것은 연약한 자를 들어 강한 자를 부끄럽게 하시는 하나님의 전형적인 섭리를 잘 보여준다. 하나님은 비록 에훗이 신체의 상태가 다른 사람보다 열악하고 삶의 내용과 신분이 볼품이 없더라도 그런 외모를 주목하지 않으시고 중심을 보시며 한 민족의 구원자로 세우신다.

> ¹⁶에훗은 자신을 위하여 길이가 반 규빗 되는 양날의 칼을 만들었고
> 그것을 자신의 옷 속 오른쪽 허벅지에 찼다
> ¹⁷그는 공물을 모압 왕 에글론에게 가져갔다 에글론은 매우 살찐 사람이다

에훗은 에글론 왕을 제거하는 거사에 사용할 칼을 자신을 위해(ול) 직접 제작했다. 만약 이스라엘 백성이 에훗을 하나님이 세우신 구원자로 알았다면 최고의 칼을 특별히 제작해서 주었을 것이지만 몰랐기 때문에, 그에게 큰 기대가 없었기 때문에, 에훗은 스스로 거사를 준비해야 했다. 무엇을 위해 어떻게 사용해야 할 것인지를 아는 에훗은 그 용도에 맞도록 예리한 양날의 검을 만들었다. 사용할 때 방향에 착오가 있더라도 계획이 수포로 돌아가는 일이 없도록 칼의 디자인을 세심하게 설계했다. 길이는 "한 규빗"(אַמָּה)이 아니라 "반 규빗"(גֹּמֶד)이다(히브리어 "가메드"는 여기에만 유일하게 사용된 낱말이기 때문에 정확한 길이를 알기 어렵지만 허벅지에 차

서 들키지 않을 정도의 크기라고 생각할 때 반 규빗으로 이해하는 것이 적정하다). 그리고 그 칼이 보이지 않도록 옷 속의 오른쪽 허벅지에 착검했다. 왼손을 사용하는 사람에게 적합한 칼의 위치는 왼쪽 허벅지다. 그런데 오른쪽에 칼을 찬 이유는 모압 왕에게 다가갈 때 받을 몸수색에 걸리지 않기 위함이다. 실제로 에훗은 무사히 통과해서 왕에게로 갔다.

통과에 성공한 이유는 두 가지로 추정된다. 첫째, 에훗은 공물을 왕에게 바치는 이스라엘 민족의 책임자로 오래 활동해서 공물 수령자와 이미 친숙하기 때문에 아무런 의심과 검열도 없이 통과시켜 주었을 가능성이 있다. 둘째, 혹시 미심쩍은 마음에 검열관이 몸을 수색해도 에훗이 왼손잡이 남자라는 사실을 알고 있기 때문에 주로 왼쪽만 검사했을 가능성이 있다. 이로 보건대, 에훗은 자신의 왼손잡이 특성과 자신에 대한 주변의 이해를 고려하여 계획을 세우고 실행하는 대단히 치밀한 사람임에 분명하다. 그는 모든 경우의 상황을 다 대비했다.

사사기 저자는 에글론이 "매우 살찐" 왕이라는 사실을 언급한다. 왕의 몸이 비둔하기 때문에 그를 둘러싼 경호는 더욱 삼엄했을 것으로 추정된다. 이는 경호원이 없다면 그가 자객의 공격에 쉽게 당할 왕이라는 사실도 암시한다. "살찐"을 의미하는 "바리"(בְּרִיא)는 요셉의 꿈에서 풍작을 의미하는 소들을 가리킬 때 사용된 단어였다(창 41:4). 에글론의 "매우 살찐" 몸은 그가 먹고 마시는 쾌락을 즐기고 풍요에 취하고 그럼에도 불구하고 탐욕을 주체하지 못하는 왕임을 나타낸다. 그리고 "바리"는 하나님께 제사를 드릴 때에 바쳐지는 짐승을 표현할 때에도 쓰인다(왕상 4:22)는 관점에서 보면, 하나님의 백성을 구원하기 위한 에훗의 거사가 분명히 성공하여 에글론은 그의 희생물이 될 것임을 암시한다.

[18]공물 바치기를 끝마친 후에 그는 그 공물을 매고 온 사람들을 보내었다

19그러나 그(에훗)는 길갈 근처에 우상들이 있는 곳에서 돌아왔다
그리고 말하였다 "왕이여 당신에게 [드릴] 비밀한 말이 나에게 [있습니다]"
그(왕)가 말하였다 "너는 잠잠하라"
그리고 그를 시중들며 선 모든 자들을 떠나가게 했다

에훗은 공물 바치기를 끝마쳤다. 그리고 그는 공물을 메고 온 사람들을 돌려 보내고 자신은 우상들이 있는 길갈 근처로 돌아왔다. 이는 그곳에 에글론이 있었기 때문이다. 이는 에글론이 많은 우상을 섬기는 자였음을 암시한다. 그리고 그가 하나님의 심판을 받아 마땅한 악행이 가득한 자였음을 짐작하게 하는 대목이다. 에훗은 왕에게 다가갔다. 그런데 그의 몸수색 이야기가 없다. 이는 그와 함께 온 사람들이 모두 돌아가고 혼자만 남았으며 더군다나 오른손을 잘 사용하지 못하기 때문에 왕을 해칠 위협적인 인물이 아니라고 생각하여 안도했을 가능성이 높다. 수행원을 모두 보내서 경비들의 안도감을 유도한 것에서도 에훗의 치밀함이 잘 드러난다.

이제 에훗은 왕의 주변에서 시중을 들며 항시 대기하고 있는 사람들을 따돌려야 한다. 그래서 왕에게 긴히 드릴 말씀이 있다는 '밀담' 카드를 사용한다. "왕이여 당신에게 [드릴] 비밀한 말이 나에게 있습니다." "비밀한" 말하기는 대체로 아주 친한 사람들이 다가와 이전에 알지도 못한 신들을 섬기자는 우상숭배 유혹을 위해 사용된 어법이다(신 13:6-7). 그런데 에훗은 역으로 에글론을 제거하기 위해 우상에 쩌든 왕이 솔깃할 수밖에 없는 "비밀한 말"(דְּבַר־סֵתֶר)을 수단으로 사용한다. 그는 왕에게 시중 드는 자들을 밖으로 보내라는 요청 없이 비밀한 말을 이어가려 했다. 그러나 비밀한 말은 혼자만 들어야 한다고 판단한 왕은 에훗의 말길을 막아서며 시중을 드는 모든 사람들을 스스로 내보낸다. 이런 왕의 조치도 에훗의 계산된 결과일까? 아무튼 에글론의 미신적인 종교성을 자극한 일에서도 에훗의 치밀함이 돋보인다. 이는 에훗이 만약에 그 사람들을 보내라고 왕에게 직접 말

했다면 의심을 유발했을 것이지만, 왕이 스스로 판단하여 그들을 내보낼 분위기만 조성하는 어법을 구사했기 때문이다. 자리를 비우라는 명령은 왕이 내렸기 때문에 시중들던 사람들은 에훗에 대한 일말의 의심도 없이 물러갔다.

> ²⁰그래서 에훗이 서늘한 다락방에 홀로 앉아 있는 그에게로 나아갔고
> "당신을 위한 하나님의 말씀이 나에게 있다"고 말하였다
> 이에 그(왕)는 그의 의자에서 일어났다

에글론은 서늘한 다락방에 홀로 앉아 에훗을 맞이한다. "서늘한 다락방"은 다른 사람들과 격리되어 있고 서늘하기 때문에 그 방에 있는 왕의 마음은 긴장과 경계가 아니라 나른하게 풀어져 있는 상황이다. 에훗은 왕에게 다가가 "당신을 위한 하나님의 말씀이 나에게 있다"고 언급한다. 여기에서 "하나님"(אֱלֹהִים)은 에훗에게 이스라엘 백성의 "하나님"을 뜻하지만 에글론의 귀에는 자신이 섬기는 "신들"을 의미한다. 에훗이 사용한 단어가 "여호와"가 아닌 "하나님"인 이유는 우상에 찌든 모압 왕의 마음에 설렘과 기대감을 유발하기 위한 것이었다. 에훗이 하려던 비밀한 말은 신에게서 온 것이었기 때문에 에글론은 앉은 자리에서 서둘러 일어났다. 이러한 기립은 신들의 말을 존중하며 경청하는 인간의 기본적인 자세였기 때문이다.

> ²¹그리고 에훗은 왼손을 뻗어 그의 오른쪽 허벅지 위에서 칼을 취하여
> 그의 배를 찔렀으며 ²²손잡이도 칼날을 따라 들어가게 했다
> 그가 칼을 그(왕)의 배에서 빼내지 않았고
> 그것(칼날)이 항문으로 나갔기 때문에 기름이 그 칼의 뒤에 엉기었다

에훗은 앉은 자리에서 일어나는 에글론의 방심을 놓치지 않고 칼을 뽑아서 에글론의 배를 찔렀으며 칼의 손잡이도 칼날을 따라 왕의 배 속으로 들어갔다. 이는 에훗이 남다른 힘을 가졌기 때문이 아니라 이스라엘 자손을 구하라는 하나님의 명령을 수행하되 한 치의 실수도 없이 행하고자 하는 에훗의 뜨거운 충정과 민족의 구원에 대한 책임 때문이다. 배로 들어간 칼끝은 항문으로 나올 정도로 에글론의 몸을 관통했다. 에훗은 에글론의 존재를 꿰뚫은 심판의 칼을 뽑아내지 않고 두었으며 그 칼에는 비둔한 왕의 기름이 뒤엉겼다. "기름"(חֵלֶב)은 하나님께 드려지는 제사의 제물들 안에 있는 것으로서 번제의 경우 제단 위에서 불태워 하나님께 화제로 드리는 도구였다(레 7:5). 여러 단어들과 표현들이 에글론의 죽음이 일종의 제사임을 암시한다. 우상을 숭배하고 모든 악의 근원이라 할 탐욕의 화신과도 같은 에글론의 죽음은 악한 민족에 대한 신적인 정의의 제물이고, 이스라엘 자손을 위한 신적인 자비의 선물이다. 이것을 빙자해서 인신을 제물로 드리는 제사를 하나님의 이름으로 드리는 종교적인 의식은 절대로 금물이다.

²³에훗은 현관으로 나와서 뒤에 [있는] 다락방의 문들을 닫고 잠그었다
²⁴그가 나가고 그(왕)의 신하들이 들어와 보니 다락방의 문들이 잠겼더라
그들이 말하였다 "그는 분명히 시원한 방에서 그의 발을 가리우고 있다"

에훗은 현관으로 나왔고 나올 때에 다락방의 문들을 잠그었다. 문을 잠근 이유는 시간을 벌기 위함이다. 거사를 끝내고 아무 일도 없었던 것처럼 나가는 에훗을 본 신하들과 시종들은 비밀한 대화가 끝난 것으로 간주하고 왕이 있는 곳으로 갔지만 다락방의 문들이 다 잠겨 있음을 확인했다. 그들은 왕이 다른 사람들의 방해를 받지 않고 홀로 시원한 방에서 발만 살짝 따뜻하게 덮고 쉬기 위해서 스스로 문들을 잠근 것이라고 이해했다. 그래서

왕이 죽은 줄도 모르고 당연히 떠나가는 에훗을 잡으려고 하지도 않았고 그냥 밖에서 계속해서 기다렸다.

²⁵그들은 민망할 정도로 주위를 거닐어도 그(왕)가 다락방의 문들을 열지 않자
그들이 열쇠를 가지고 열어 보니 그들의 군주가 땅에 엎드려져 죽은 상태였다
²⁶그들이 스스로 지체하는 동안에 에훗은 빠져나와
우상들이 있는 곳을 지나서 세이라로 도피했다

신하들과 시종들의 생각에 왕의 휴식이 너무 길어진다. 낮잠이라 하더라도 수면의 길이가 과도하다. 그들을 불러야 할 시간도 지나간다. 이에 그들의 마음은 초조하게 되고 왕의 거처로 왔다 갔다 하기를 반복한다. 혹시 자신들이 잘못을 저질렀나? 왕의 일상이 평소와 다르다는 점을 인지한 그들의 의식을 이상한 느낌이 두드린다. 다락방 주변을 서성이는 그들의 마음에는 두려움과 걱정과 민망함이 교차한다. 예사롭지 않은 분위기를 감지한 그들은 열쇠를 가지고 다락방의 문을 열기로 결정한다. 열었더니 그들의 군주가 죽어 싸늘한 시체로 엎드려져 있다. 에훗에 의해 왕에게 들려주려 했던 신의 비밀한 말은 사형의 판결일 가능성이 높다. 이처럼 에훗은 왕에게 입술의 언어로 말하지 않고 심판의 칼로 말하였다.

군주의 죽음을 본 사람들의 가슴은 먹먹하다. 시간이 정지된 것처럼, 총알에 심장이 구멍 난 것처럼 몸과 마음이 얼음처럼 굳어진다. 이 상황에서 뭔가를 해야 하겠는데 무엇을 해야 할지, 어디로 가야 할지, 무엇부터 수습해야 할지 모르는 혼돈이 발목을 붙잡는다. 그들이 그렇게 지체하는 동안 에훗은 유유히 빠져나와 우상들이 있는 곳(הַפְּסִילִים)을 지나서 세이라로 안전하게 도피했다. 우상을 생산하고 소비하는 곳을 지나가는 에훗의 동선은 이스라엘 자손이 우상을 숭배하는 죄에서 벗어날 것임을 암시한다. 그

리고 에훗이 도피한 "세이라"(שְׂעִירָה)는 "털이 많다"(שָׂעִיר)는 말에서 파생된 단어로서 수목이 빼곡한 숲과 같은 성읍일 것으로 추정된다. 에훗의 동선은 이스라엘 자손의 내일이 어떠함을 잘 보여준다.

27그가 이르러 에브라임 산지에서 나팔을 불었고 이스라엘 자손은

그 산지에서 그와 함께 내려왔다 그리고 그가 그들의 얼굴들 앞에서

28그들을 향하여 말하였다 "너희는 나를 따르라 이는 여호와가 너희의

원수들인 모압을 너희의 손에 주셨기 때문이다" 무리가 그를 따라 내려가서

요단 강 나루를 장악하고 한 사람이 건너가는 것도 허용하지 않았다

안전한 곳으로 피한 에훗은 "에브라임 산지"에서 나팔을 불며 새로운 시대의 도래를 선포한다. 고대에 수양의 뿔로 만들어진 "나팔"(שׁוֹפָר)을 분다는 것은 악기를 연주하는 것이 아니라 전쟁을 위한 군대의 소집과 전투의 개시를 의미한다. 이에 대해서는 모세가 시내산에 올라가 하나님의 말씀이 임하기 전에 하늘에서 우레와 번개와 더불어 하늘의 양각나팔 소리가 크게 울린 것이 첫 번째 사건이다(출 19:16-19). 나팔이 하늘에서 울렸기 때문에 하나님의 말씀이 우리에게 주어지는 것은 최고의 무장이며 하나님의 말씀에 순종하는 것은 최대의 전쟁이다. 나팔을 "분다"(תָּקַע)는 동사는 앞에서 에글론의 배를 칼로 "찌르다"는 의미로 쓰인 동사와 동일하다. 이는 에훗의 칼에 에글론이 심판을 받는 것과 에훗의 나팔에 의해 이스라엘 자손에게 새로운 미래가 열리는 것이 모두 같은 하나님이 인도하신 일임을 암시한다.

에훗이 분 양각나팔 소리와 함께 이스라엘 자손은 에브라임 산지에서 에훗과 함께 군대를 형성하고 그를 따라 내려왔다. 에훗은 그들 앞에서 "너희는 나를 따르라"고 한다. 이 말을 나는 "에훗을 따르라"로 듣고 "하나님을

따르라"는 말로 이해한다. 전쟁터로 앞장서서 나아가는 것은 전형적인 지도자의 모습이다. 백성의 생명을 방패로 삼고 자신을 지키기 위해 그들 뒤에 숨어서 전쟁터에 나가는 사람은 지도자가 아니라 도둑이다. 백성의 주먹을 이용하여 적국의 재물을 쉽게 탈취하고 백성의 인기까지 차지하며 명예와 부를 축적하는 야비한 날강도다. 그러나 에훗은 자기가 전쟁에 앞장서고 백성을 뒤따르게 했다. 에훗이 믿는 구석은 무엇인가? 하나님의 약속이다. 하나님이 이스라엘 자손의 원수인 모압 사람들을 그들의 손에 넘기셨기 때문이다. 다른 모든 것은 실패해도 하나님의 약속은 반드시 성취된다. 지도자는 하나님의 약속을 분명하게 알고 확고하게 신뢰할 때에 당당하고 주저함이 없다. 에훗은 모압 왕을 죽이면서 하나님의 확실한 약속을 먼저 체험했다. 에글론을 에훗의 손에 넘기신 동일한 하나님은 이번에 모압 사람들을 이스라엘 자손의 손에 넘기셨다. 에훗의 지도를 따라 이스라엘 자손은 요단 강 나루를 먼저 장악하고 사람이 건너는 것을 금지했다. 이처럼 퇴로를 막은 것은 그 자손이 전쟁에서 반드시 승리할 것이며 적들은 도망칠 것이라는 전쟁의 흐름을 확신했기 때문에 나온 선제적인 조치였다. 한 마디로 하나님의 약속이 시킨 작전이다.

> [29]그 때에 그들이 대략 만 명의 모압 사람들을 죽였는데
> 모두 거대하고 모두 강한 자였으며 어떤 사람도 도망치지 못하였다

에훗의 지도를 따라 이스라엘 자손은 만 명의 모압 사람들을 제거했다. 어떠한 사람도 도망치지 못하였다. 사실 제거된 사람들은 모두 거대하고(כָּל־שָׁמֵן) 모두 강한 용사(כָּל־אִישׁ חָיִל)였다. 진실로 모압 사람들은 막강한 군대였다. 그런데도 무려 만여 명이나 죽였다는 것의 의미는 무엇인가? 이스라엘 자손의 군사력과 전략의 뛰어남이 아니라 전쟁에 능하신 하나님의 개

입이 있었음을 암시한다. 사실 하나님은 그들을 거대하고 강한 용사로 만드신 장본인이 아니신가! 그런데도 하나님은 그들의 강함을 강함으로 여기지 않으시고 이스라엘 자손의 연약한 손으로 능히 꺾으신다. 이는 세상의 강함이 사람들에 대해서는 강하나 주님께는 아무것도 아님을 의미한다. 진정한 강함은 하나님과 함께 하느냐의 여부에 의해 좌우된다. 우리는 하나님의 일하심을 주목해야 한다. 약속의 방식으로 전쟁을 시작하신 하나님은 그 전쟁을 친히 승리로 이끄신다. 구약이든 신약이든 우리 안에서 선한 일을 시작하신 하나님과 그 일을 그리스도 예수의 날까지 이루시는 하나님은 동일한 분이시다(빌 1:6). 하나님은 전쟁에 있어서도 우리에게 알파와 오메가요 처음과 끝이시다.

30그 날에 모압은 이스라엘 수하에 굴복했고 그 땅은 팔십 년간 평온했다

결국 일만 용사들의 생명을 잃은 모압은 이스라엘 수하에 굴복했다. 그리고 그 땅은 자그마치 팔십 년간 평온했다. 이스라엘 자손이 모압에게 종 노릇한 기간은 18년이었다. 이에 비하여 모압이 이스라엘 자손에게 종 노릇한 기간은 80년이었다. 시인의 고백처럼 하나님의 "노염은 잠깐이요 그의 은총은 평생"이다(시 30:5). 하나님은 자신을 싫어하는 자들이 지은 죄의 영향력을 3-4세대까지 이르게 하시지만 자신을 사랑하고 자신의 계명을 지키는 자에게는 무려 1,000세대까지 은혜를 베푸신다(출 20:5-6). 이런 맥락에서 우리 하나님은 노하기를 더디 하시고 서둘러 오랫동안 긍휼을 베푸신다.

31그를 뒤따라서 아낫의 아들 삼갈이 나와
소몰이 막대기로 블레셋 사람 육백 명을 죽였으며 그도 이스라엘을 구원했다

에훗의 뒤를 이어서 "삼갈"이 등장한다. 그는 "아낫의 아들"(בֶּן־עֲנָת)이다. 아낫은 누구인가? 성경은 아낫의 정체성에 대해 침묵한다. 대부분의 학자들은 아낫이 가나안의 가장 강력한 신들 중 하나의 이름과 같다는 점과, 이스라엘 중 어느 지파에 속했는지 밝히고 있지 않다는 점에 근거하여 삼갈은 이스라엘 사람이 아닐 것이라고 생각한다. 나아가 삼갈에 대해서는 "구원자"나 "사사"라는 명칭도 부여하지 않는다는 사실이 그러한 생각을 지지하고 있다고 주장한다. 삼갈은 우상을 섬기는 이방인 가정에서 태어난 사람일 가능성이 높다. 그러나 삼갈의 아버지 아낫이 이스라엘 사람이 아니라는 증거가 성경 어디에도 없고, 사사기 저자가 삼갈이 이스라엘 사람이 아니라고 명시하지 않는다는 점을 볼 때 앞의 주장은 오류일 가능성도 열어 두어야 한다고 생각한다. 게다가 사사기 저자는 에훗처럼 삼갈도 또한 (גַם) 이스라엘 자손을 구했다(יָשַׁע)고 기록한다. 삼갈의 민족적인 신분을 밝히지 않은 것은 이스라엘 자손의 구원자가 그 자손이든 아니든 그렇게 중요하지 않음을 암시한다. 룻이라는 모압의 한 여인을 통해서도 하나님은 메시아의 계보를 이으셨다. 분명한 것은 삼갈이 이스라엘 자손의 지도자로 세워질 만큼의 외적인 자격과 조건을 갖추지 못한 연약하고 무명한 자라는 사실이다.

"삼갈"(שַׁמְגַּר)의 이름은 "칼"을 의미한다. 가까이 다가가면 베일 것처럼 날카롭다. 그는 소속된 지파의 이름조차 없는 날카로운 칼이어서 이스라엘 내에서도 주변으로 밀려 소외된 사람일 가능성이 높다. 그러나 삼갈은 "소몰이 막대기로" 600 (בְּמַלְמַד הַבָּקָר)명의 블레셋 사람들을 제거한다. 아무리 천하장사 수준의 용사도 막대기로 600명을 죽인다는 것은 결코 가능하지 않다. 이 승리는 막대기 자체의 마술적인 능력이나 삼갈의 무서운 근육 때문이 아니라 하나님의 뜻이 있었기 때문이고 하나님의 도우심이 있었기 때문에 가능했다. 누구도 알아 주지 않는 무명의 사람, 그를 설명하기 위해 성경이 한 문장만 할애한 삼갈도 하나님의 부르심을 받아 하나님의 도우심을 얻는다면 민족을 구원하는 사사의 역할을 충분히 수행한다. 한 문장짜리 인생 삼갈도 하나님에 의해 구원자로 쓰임을 받았다면 하나님의 쓰임을 받지 못할 사람이 누구인가! 우리가 약한 때일수록 하나님의 능력은 더욱 강하게 나타남을 기억하자. 놀라운 역설이다.

사사기 4장 1절에는 에훗이 죽은 이후의 이야기가 전개된다. 그렇다면 삼갈은 에훗의 시대에 활동한 사람이다. 에훗이 사는 기간은 평화의 시대였다. 그런데도 블레셋의 도발이 있었고 이스라엘 자손이 괴롭힘을 당하였다. 이런 블레셋 전쟁이 있음에도 불구하고 사사기의 저자가 이때를 평화의 시대라고 기록하는 이유는 무엇인가? 평화의 성경적인 의미는 무엇인가? 전쟁의 없음이 아니라 평화의 왕이신 하나님이 이스라엘 백성과 함께 하시기 때문에 그 전쟁이 전혀 두렵지가 않은 상태를 의미한다. 가시적인 전쟁은 종식되지 않았지만 전쟁의 한복판에 있더라도 영적인 평화는 하나님이 함께 계심으로 전혀 흔들림이 없기 때문에 에훗의 시대는 평화의 시대였다. 전쟁의 연속인 우리의 인생도 그러하다. 주변에 온갖 다툼과 폭력이 난무해도 우리의 영혼이 하나님의 말씀에 닻을 내리고 있으면 어떠한 요동함도 없는 평화의 수혜자가 된다.

삿 4:1-10

¹에훗이 죽으니 이스라엘 자손이 또 여호와의 목전에 악을 행하매 ²여호와께서 하솔에서 통치하는 가나안 왕 야빈의 손에 그들을 파셨으니 그의 군대 장관은 하로셋 학고임에 거주하는 시스라요 ³야빈 왕은 철 병거 구백 대가 있어 이십 년 동안 이스라엘 자손을 심히 학대했으므로 이스라엘 자손이 여호와께 부르짖었더라 ⁴그 때에 랍비돗의 아내 여선지자 드보라가 이스라엘의 사사가 되었는데 ⁵그는 에브라임 산지 라마와 벧엘 사이 드보라의 종려나무 아래에 거주하였고 이스라엘 자손은 그에게 나아가 재판을 받더라 ⁶드보라가 사람을 보내어 아비노암의 아들 바락을 납달리 게데스에서 불러다가 그에게 이르되 이스라엘의 하나님 여호와께서 이같이 명령하지 아니하셨느냐 너는 납달리 자손과 스불론 자손 만 명을 거느리고 다볼 산으로 가라 ⁷내가 야빈의 군대 장관 시스라와 그의 병거들과 그의 무리를 기손 강으로 이끌어 네게 이르게 하고 그를 네 손에 넘겨 주리라 하셨느니라 ⁸바락이 그에게 이르되 만일 당신이 나와 함께 가면 내가 가려니와 만일 당신이 나와 함께 가지 아니하면 나도 가지 아니하겠노라 하니 ⁹이르되 내가 반드시 너와 함께 가리라 그러나 네가 이번에 가는 길에서는 영광을 얻지 못하리니 이는 여호와께서 시스라를 여인의 손에 파실 것임이니라 하고 드보라가 일어나 바락과 함께 게데스로 가니라 ¹⁰바락이 스불론과 납달리를 게데스로 부르니 만 명이 그를 따라 올라가고 드보라도 그와 함께 올라가니라

❖ ❖ ❖

¹이스라엘 자손이 또다시 여호와의 목전에 악을 행하였고 에훗은 사망했다 ²여호와가 그들을 하솔에서 통치하는 가나안 왕 야빈과 하로셋 학고임에 머무는 그의 군대장관 시스라의 손에 파셨다 ³이스라엘 자손이 하나님께 절규했다 왜냐하면 그가 자신에게 속한 구백 대의 철 병거를 가지고 이십 년간 이스라엘 자손을 힘으로 짓눌렀기 때문이다 ⁴여자, 여선지자, 랍비돗의 아내, 그때에 이스라엘 재판하는 자 드보라는 ⁵에브라임 산지 안에 라마와 벧엘 사이에 있는 드보라의 종려나무 아래에 머물렀고 이스라엘 자손은 판결을 [받기] 위하여 그녀에게 올라왔다 ⁶그녀는 [사람을] 보내어 납달리 가데스에서 아비노암의 아들 바락을 불러내고 그에게 말하였다 "이스라엘의 하나님 여호와께서 명하시지 않았느냐 너는 가라 다볼 산으로 나아가라 납달리 자손과 스불론 자손 중에서 만 명을 데려가라 ⁷나는 야빈의 군대장관 시스라와 그의 병거들과 그의 무리를 기손 강으로 이끌어 너에게로 가서 그를 너의 손에 넘기리라" ⁸바락이 그녀에게 말하였다 "만약 당신이 나와 함께 가면 나는 가겠지만, 만약 당신이 나와 함께 가지 아니하면 나도 가지 않을 것입니다" ⁹그녀가 말하였다 "내가 반드시 너와 함께 가리라 그러나 네가 이번에 가는 길에서는 너의 영광을 얻지 못하리라 왜냐하면 여호와께서 여인의 손에 시스라를 파실 것이기 때문이다" 드보라가 일어나 바락과 함께 게데스로 갔다 ¹⁰바락이 스불론과 납달리를 게데스로 불렀고 만 명이 그의 걸음을 따라 올라갔다 드보라도 그와 함께 올라갔다

08 드보라: 가르치고 다스리는 여인

선지자나 사사의 성비를 보면 남성 일색이다. 성경을 기록한 저술가 선지자들의 경우에는 16명이 모두 남성이다. 성경에 언급된 선지자들 43여 명 중에서 여성은 4명에 불과하다. 사사기에 등장하는 12명의 사사들 중에 여성은 드보라가 유일하다. 그러나 드보라의 역할은 일당백의 의미를 나타낸다. 하나님의 명령을 정확하게 선포하고 그 명령에 자신도 뛰어든 대단히 용맹한 여인이다. 하나님은 남종과 여종 모두에게 성령의 은사를 내리시고 남성과 여성 모두에게 땅끝까지 이르러 모든 열방에 복음을 전하라고 명하셨다. 그래서 바울은 복음을 전파하는 일에 있어서 남녀를 불문하고 다양한 사람들과 동역했다. 드보라는 단순히 어떤 남성 지도자의 조력자 혹은 동역자가 아니라 가르치고 다스리는 일에 있어서 주도적인 지도력을 발휘했고, 남성 사사들에 비해 어떠한 모자람도 없었던, 어쩌면 그들보다 더 훌륭한 사사였다.

¹이스라엘 자손이 또다시 여호와의 목전에 악을 행하였고 에훗은 사망했다

두 개의 문장으로 이루어진 1절이 특이하다. 영어나 한국어 성경에는 에훗이 사망한 이후에 이스라엘 자손이 악을 행했다는 식으로 일반적인 진술의 순서를 따라 번역했다. 그러나 히브리어 원문의 기록은 그 역순이다. 이스라엘 자손의 악행을 먼저 기록하고 에훗의 사망을 그 이후에 언급한다. 이 두 문장은 "그리고"(١)로 연결되어 있다. 이런 문장의 배열이 의미하는 바는 무엇인가? 2절에서 우리는 그 의미를 유추할 실마리를 발견한다.

²여호와가 그들을 하솔에서 통치하는 가나안 왕 야빈과
하로셋 학고임에 머무는 그의 군대장관 시스라의 손에 파셨다

사사기 저자는 2절에서 하나님이 이스라엘 자손을 이방인의 손에 팔았다고 기록한다. 즉 이야기의 흐름은 이스라엘 자손의 악행에서 에훗의 사망으로, 그리고 하나님의 파심으로 전개된다. 여기에서 우리는 이스라엘 자손이 에훗이 사망하기 이전에도 악을 행했다는 사실과 그럼에도 불구하고 에훗이 죽기 전까지는 그들이 하나님의 심판을 받지 않았다는 사실을 확인한다. 하나님이 보내신 사사가 지도력을 발휘하고 있더라도 이스라엘 백성의 악행은 중단되지 않고 이어졌다. 물론 각각의 악행에 상응하는 하나님의 실시간 심판과 형벌도 집행된다. 3장 끝에서 언급된 블레셋의 괴롭힘과 삼갈의 구원이 이를 입증하고 있다. 그런 악행과 형벌이 진행되고 있음에도 불구하고 하나님의 사사가 다스리는 기간은 평화의 시대로 분류된다. 그 사사가 하나님을 경외하고 백성의 죄를 자신의 죄처럼 여기며 하나님 앞으로 나아가 통회하고 자복하기 때문이다. 이 세상의 모든 평화는 주님과의 평화에서 비롯된다. 회개의 무릎을 꿇고 있는 동안에는 하나님의 평

화가 유지된다. 느헤미야, 에스라 같은 지도자는 실제로 백성의 죄를 자신의 죄로 규정하며 회개의 무릎을 덮고 통곡하며 회개했다(느 1:6).

그리고 하나님은 그런 지도자가 엎드리고 있는 동안에는 심판을 내리지 못하신다. 아브라함 시대에도 유사한 일이 발생했다. 당시의 소돔과 고모라는 악의 숙주였다. 하나님의 심판이 하늘의 유황불로 쏟아지는 상황에서 하나님은 그 심판을 집행하지 못하셨다. 아브라함 조카 롯이 그곳에 머물러 있었기 때문이다. 그래서 급히 명하셨다. "속히 도망하라 네가 거기 이를 때까지는 내가 아무 일도 행할 수 없노라"(창 19:22). 사실 롯은 그렇게 신앙적인 사람도 아니었다. 그런데도 하나님은 롯 때문에 진노의 집행을 늦추셨다. 하나님은 죄악이 가득한 곳이라고 할지라도 한 명의 신실한 사람만 있으면 심판과 형벌을 내리지 않으신다. 하나님은 진노 내리시는 것을 원하지 않으신다. 오히려 진노 막아 설 사람을 찾으신다. 에스겔 선지자는 하나님이 "이 땅을 위하여 성을 쌓으며 성 무너진 데를 막아 서서 나로 하여금 멸하지 못하게 할 사람을 내가 그 가운데서 찾다가 찾지 못하였기 때문에 내가 내 분노를 그들 위에 쏟으며 내 진노의 불로 멸하여 그들 행위대로 그들 머리에 보응"을 하셨다고 기록한다(겔 22:30-31). 같은 맥락에서 예레미야 선지자도 이스라엘 백성의 "온 땅이 황폐함은 이를 마음에 두는 자가 없"기 때문에 초래된 일이라고 기록한다(렘 12:11). 사람들은 죄를 지어도 형벌이 주어지지 않으면 신이 없거나 이 세상에는 정의와 공의가 말라서 없어진 것이라고 착각한다. 그러나 성경은 진노 중에라도 하나님의 사람 때문에 베풀어진 긍휼로 말미암아 형벌의 일시적인 중지 현상이 발생한 것이라고 가르친다. 여기에서 우리는 하나님의 공의와 정의가 그 무엇에 의해서도 중지될 수 없으며 우리 각자가 사는 땅과 시대를 위하여 하나님의 진노를 막아 서서 회개의 무릎을 꿇는 마지막 한 사람이 되도록 힘써야 함을 깨닫는다.

죄를 범하는 이스라엘 자손 중에서도 하나님을 인정하는 한 사람 에훗이 죽자 하나님은 그 백성에게 정의로운 진노를 쏟으셨다. 하솔에서 다스리는 가나안의 왕 야빈에게 그리고 하로셋 학고임(혹은 이방의 하로셋)에 거하는 그의 군대장관 시스라의 손에 그들을 넘기셨다. 여기에서 "손"(יָד)의 상징적인 의미는 "능력, 수단, 권세, 혹은 세력"이다. 선행은 하나님의 손 안에 머무는 행위이고 악행은 하나님의 손에서 벗어나는 행위이다. 이스라엘 자손이 악을 행함으로 하나님의 손을 벗어났다. 그러나 하나님의 권세를 벗어나면 더 좋은 권세가 아니라 야만적인 권세 속으로 필히 들어간다. 이는 죄를 범하는 자마다 죄의 권세 속으로 들어가고 죄의 종으로 전락하는 이치와 일반이다. 악을 행하는 이스라엘 자손이 선하신 하나님의 손을 벗어나 야빈과 시스라의 무자비한 손으로 넘어가는 것은 하나님의 지극히 정의로운 처분이다.

여기에 사용된 "넘기다 혹은 팔다"(מָכַר)라는 동사에는 거래의 의미가 다분하다. 거래라는 것은 주는 것과 받는 것의 가치가 일치할 때에 성사된다. 하나님이 가지고 계신 저울은 지극히 공평하다. 한 치의 어긋남도 없다. 그런데 이스라엘 자손이 악을 저지른 것은 선하신 하나님의 성품을 훼손하는 영적인 실책이다. 신성의 코털을 감히 건드리는 불경한 도발이다. 이러한 악행에 상응하는 하나님의 공평한 처신은 완전한 진멸이다. 그런데도 하나님은 그들이 완전히 진멸되지 않도록 야빈과 시스라의 포악한 손에 잠시 맡기신다. 이것은 진노 중에라도 잊지 않으시는 하나님의 은총이다. 이는 "팔다"는 동사가 쓰여질 수 없는 기울어진 거래이기 때문이다.

가나안 왕 야빈의 거처는 하솔이다. 그곳은 갈릴리 호수에서 북쪽으로 16km 정도 올라가면 나오는 가나안 땅의 북부 지역이다. 그렇기 때문에 그들이 비록 모든 이스라엘 자손을 심히 괴롭게 하였으나 그들 중에서도 북부의 땅을 분배 받은 납달리 지파와 스블론 지파가 가장 크고 직접적인 학대를 받았을 가능성이 높다. 동일한 민족이라 하더라도 두 지파가 느끼는 통증의 크기는 남달랐지 싶다.

3이스라엘 자손이 하나님께 절규했다 왜냐하면 그가 자신에게 속한 구백 대의 철 병거를 가지고 이십 년간 이스라엘 자손을 힘으로 짓눌렀기 때문이다

이스라엘 자손은 하나님께 절규했다. 이는 야빈과 시스라가 그들을 괴롭혔기 때문이다. 억압의 길이가 옷니엘 이전에는 8년, 에훗 이전에는 18년, 드보라 이전에는 20년이었다. 이처럼 고통의 길이는 길어졌다. 고통의 수위도 높아졌다. 처음에는 가나안의 왕들을 섬기는 정도였다. 그러나 이제는 그들이 힘으로 이스라엘 자손을 "짓눌렀다"(לָחַץ). 여기에서 "힘으로"(בְּחָזְקָה)는 따뜻한 표정도 없고 인격적인 배려도 없는 아주 차갑고 거친 이미지를 가진 억압의 상징이다. 그 힘을 강조하기 위하여 사사기 저자는 "구백 대의 철 병거"를 언급한다. "맷돌"을 뜻하기도 하는 "병거"(רֶכֶב)는 이스라엘 백성을 갈아서 진멸하는 끔찍한 형벌의 뉘앙스를 전달하는 낱말이다. 이처럼 강력한 압제로 인한 멸망의 위기가 이스라엘 자손으로 하여금 하나님 앞에 엎드리게 했다. 이런 결과를 본다면, 비록 괴로움이 크고 길었지만 여전히 착한 형벌이다. 하나님을 향한 영적 돌이킴을 가져오는 육신의 고통과 아픔은 결코 아깝지가 않다.

4여자, 여선지자, 랍비돗의 아내, 그때에 이스라엘 재판하는 자인 드보라는

이스라엘 자손의 악행, 에훗의 죽음, 하나님의 심판, 이스라엘 자손의 신음 이후에 "벌"을 의미하는 이름의 드보라(דְּבוֹרָה)가 역사의 무대에 등장한다. 그녀는 "여자, 여선지자, 랍비돗의 아내, 이스라엘 재판하는 자"로 소개된다. 그런데 사사를 소개하는 평소의 어법과는 달리, "하나님이 세우셨다" 내지는 "하나님이 부르셨다 혹은 보내셨다" 같은 신적인 임직의 언급이 없다는 점이 특이하다. 이는 "그때"(בָּעֵת הַהִיא)가 남성을 사사로 부르시고 세

우셔서 이스라엘 자손을 구하시는 하나님의 일반적인 섭리에서 벗어난 뭔가 특별한 상황임을 암시한다.

사사기 저자는 여성을 나타내는 히브리어 용어들(여성, 여선지자, 아내 등)을 최대한 동원하여 드보라의 성별을 주목한다. 이스라엘 자손을 구원할 드보라는 남성이 아니라 "여성"(אִשָּׁה)이다. 아담과 하와의 타락에 따른 하나님의 형벌에 의해 지금까지 여성과 남성의 공적인 관계는 기울어져 있다. 최초의 여성 하와에게 최초의 남성 아담과 관련하여 내리신 형벌의 내용이다. "너는 남편을 원하고 남편은 너를 다스릴 것이니라"(창3:16). 여성에 대한 남성의 다스림은 이처럼 하나님의 형벌이며 타락 이후의 섭리였다. 그래서 바울도 "여자가 남자를 가르치고 주관하는 것이 아니라 잠잠히 있기"(딤전 2:12)를 원하였다. 그러나 하나님은 여성과 남성 사이에 일그러진 다스림의 관계를 기뻐하지 않으신다. 그래서 이후에 우주적인 회복의 아이콘 되시는 그리스도 안에서는 남성과 여성의 동등성이 온전히 회복된다(갈 3:28). 사사시대 중반에 등장한 여성 드보라는 그리스도 안에서의 이러한 회복을 예시한다. 하나님의 백성을 다스리는 사사의 직무는 하나님이 원하시면 남성만이 아니라 여성도 얼마든지 수행할 수 있는 권한과 책임이다. 여기에서 우리는 성별이 사사의 정체성을 결정하는 절대적인 기준이 아니라는 사실을 확인한다. 지금도 다양한 드보라가 다양한 곳의 주어진 범위 안에서 사사의 직무를 수행하고 있다.

그리고 드보라는 다스리는 사사만이 아니라 가르치는 "여선지자"(נְבִיאָה) 직무도 수행하고 있다. "여선지자" 호칭은 사사기 4장 4절만이 아니라 구약에서 다섯 번 더 나오는 단어이며 최초의 사용은 미리암을 가리킬 때에 쓰여졌다(출 15:20). 드보라 이후에도 이 단어는 훌다(왕하 22:14, 대하 34:22), 노아댜(느 6:14), 그리고 이사야의 아내(사 8:3)에게 사용된 호칭이다. 신약 안에서도 "여선지자"(προφῆτις) 호칭은 두 번 등장한다. 신약의 대표적인 과부로서 84년 동안 하나님만 섬기던 안나가 첫째이고(눅 2:36) 요한의 기록에 나타난 자로서 자신을 "여선지자"라고 부른 아합의 아내 이세벨이 두 번째이다(계 2:20). 이처럼 성경의 기록에 의하면, 선지자의 직분은 남성의 전유물이 아니라 하나님이 원하시면 여성들도 가질 수 있는 직분이다.

드보라는 독신이 아니라 "랍비돗의 아내"(אִשָּׁה)였다. "랍비돗"(לַפִּידוֹת)이 가진 이름의 의미로 본다면, 드보라는 "횃불의 여인"이다. 민족의 어두운 길을 밝히는 등불이다. 한 여인의 존재가 이스라엘 자손의 암담한 미래를 밝게 만드는 주역이다. 한 남자의 아내인 선지자는 드보라 이외에도 많다. 선지자 이사야와 결혼한 선지자도 한 남자의 아내였고, 여선지자 훌다도 살룸의 아내였고, 신약의 여선지자 안나도 한 남자의 아내였다. 아담과 하와의 관계는 남성과 여성의 관계인 동시에 남편과 아내의 관계였다. 여기에서 우리는 남성과 여성의 보편적인 관계만이 아니라 남편과 아내의 개별적인 관계에 있어서도 아내에 대한 남편의 다스림은 절대적인 규정이 아님을 확인한다. 바울은 아내가 남편의 가르침과 다스림을 받아야 한다(고전 14:35)고 하였으나 그것은 일반적인 허용의 차원이고 절대적인 규정이 아니었다. 그래서 바울의 지도와 가르침을 받은 아굴라의 아내인 브리스길라는 남편과 함께 "언변이 좋고 성경에 능통한 자"(행 18:24)였으나 복음의 심오한 진리에는 이르지 못한 아볼로를 "데려다가 하나님의 도를 더 정확하게 풀어" 가르쳤다(행 18:26). 아볼로 교육을 남편 아굴라나 사도 바울에게 부탁할 수도 있었지만 부부가 함께 가르친 이유는 믿음의 거인이 생존해 있는 때에라도 얼마든지 여성이 하나님의 나라를 세우는 일에 동역자가 될 수 있음을 가르친다.

그러나 한 여성이고 한 남자의 아내인 드보라는 조력자나 동력자가 아니라 홀로 가르치는 선지자인 동시에 홀로 재판하는 혹은 다스리는 사사였다. 게다가 대부분의 사사들이 전쟁에서 혁혁한 공을 세우는 방식으로 사사의 직분을 입증하고 이스라엘 안에서 공적으로 승인되는 것과는 달리, 드보라는 이미 선지자와 사사의 직무를 전쟁의 승리와 무관하게 수행하고 있다는 점이 특이하다. 사사의 자격을 근육으로 증명하지 않고 지혜와 명철로 갖추었다. 여성이 남성 지도자와 더불어 보조적인 동역자로 가르치고 다스리는 자가 아니라 주도적인 입장에서 그 직무를 수행하고 있다는 이 특별한 상황은 일반적인 섭리가 아니라 당시의 이스라엘 자손이 너무도 악하였기 때문에 내려진 하나님의 책망과 징계일 가능성이 농후하다. 이런 맥락에서 나는 여성이 곳곳에서 교회의 지도자로 가르치고 다스리는 교회의 현실을 비난하고 정죄하고 거부할 대상이 아니라 하나님의 엄중한 교훈과 특별한 섭리로 이해한다.

⁵에브라임 산지 안에 라마와 벧엘 사이에 있는 드보라의 종려나무 아래에 머물렀고 이스라엘 자손은 판결을 [받기] 위하여 그녀에게 올라왔다

드보라는 이스라엘 자손을 판결하는 사람이다. 머무는 장소는 "에브라임 산지 안"이었다. 그 안에서도 "라마와 벧엘 사이"였다. 그 곳에서도 "드보라의 종려나무 아래"였다. 창세기 35장 8절에 보면 "리브가의 유모 드보라"가 죽어서 장사된 곳이 바로 "벧엘 아래에 있는 상수리나무 밑"이었다. 상수리나무와 종려나무이기 때문에 나무의 종류가 다르고, 장사하는 곳과 재판하는 곳이어서 장소의 기능이 다르지만 두 여성의 이름은 동일하다. 이스라엘 국호의 원조인 야곱은 자신의 성장에 큰 도움을 준 드보라가 죽자 벧엘 아래에 장사했다. 그런데 많은 세월이 흐른 이후에 동일한 이름의 드보라가 동일한 장소에서 이스라엘 자손을 가르치는 선지자와 다스리는 사사의 직무를 수행한다. 하나님의 역사는 참으로 신비롭다.

이스라엘 자손은 판결을 받기 위하여 드보라가 있는 곳으로 "올라왔다"(יַעֲלוּ). 이 구절은 모세가 이스라엘 백성에게 "판결하기 어려운 일이 생기거든 너는 일어나 네 하나님 여호와가 택하실 곳으로 올라가서" 물으라

(신 17:8)고 한 신명기의 어법과 유사하다. 모세의 시대에는 이스라엘 자손이 판결하기 어려운 일을 제사장의 도움으로 해결했다. 지금은 이 백성이 드보라의 판결에 의존하고 있다. 그러나 비록 사람에게 판결을 받는 모양을 취하지만 판결의 궁극적인 주체는 위로 올라가면 만나게 되는 하나님 자신이다. 특정한 사람의 기호나 가치관이 반영된 판단과 하나님이 정하신 곳으로 올라가서 받아야 할 판결은 상이하다. 판결하는 지도자는 자신의 직함을 이용하고 판결봉을 이익의 방편으로 악용하는 자가 아니라 하나님의 뜻을 기준으로 삼아 하나님이 이곳에 계셨으면 내렸을 판결을 대리하는 사람이다. 드보라는 하나님이 택하신 "라마와 벧엘 사이"에서 그의 백성을 위해 그분의 의로운 판단력을 행사하는 사사였다.

6그녀는 [사람을] 보내어 납달리 가데스에서 아비노암의 아들 바락을 불러내고 그에게 말하였다 "이스라엘의 하나님 여호와께서 명하시지 않았느냐 너는 가라 다볼 산으로 나아가라 납달리 자손과 스불론 자손 중에서 만 명을 데려가라 7나는 야빈의 군대장관 시스라와 그의 병거들과 그의 무리를 기손 강으로 이끌어 너에게로 가서 그를 너의 손에 넘기리라"

드보라는 사태의 심각성을 직감하고 사람을 납달리 가데스로 파견하여 바락을 소환했다. 앞에서 본 것처럼 드보라는 에브라임 지파의 남부 지역을 중심으로 활동한 사람이다. 그 지역은 가나안의 중부였다. 그런데 바락은 가나안의 북부에 위치한 납달리의 중북부에 있는 가데스에 머물러 있었기 때문에 에브라임 남쪽에 위치한 벧엘 근처까지 오려면 거리가 멀어서 시간도 오래 걸리고 야빈의 본거지인 하솔도 지나가야 했다. 그런데도 바락은 소환에 군말 없이 즉각 응하였고 드보라의 거처로 지체 없이 속히 달려왔다. 이는 드보라가 에브라임 지파 내에서만 지도력을 발휘하지 않았고 이스라엘 전체에 명성을 떨치고 존경을 받는 사사임을 암시한다. 그녀는 뛰어난 분별력과 판단력을 발휘하여 이스라엘 자손으로 하여금 철 병거가 짓누르는 그 혹독한 압제의 긴 세월을 버티게 한 철의 여인이다.

드보라는 바락에게 하나님의 명령을 전달한다. 그런데 그녀가 '여호와가 명하시지 않느냐'는 반어법을 사용한 것은 이 명령을 처음 전달한 것이 아님을 의미한다. 그리고 바락이 드보라의 이야기를 처음 들었을 때에는 납득하기 어렵고 순종하기 힘들다는 부정적인 반응을 보였기 때문일 가능성도 있다. 바락을 비롯한 이스라엘 자손은 자그마치 20년의 압제에 길들여져 있다. 짓눌리고 슬퍼하며 신음을 쏟아내는 것은 그들에게 이젠 익숙하고 당연해진 질서였다. 넘사벽의 대적 야빈과 시스라를 꺾는다는 것은 그림의 떡이라고 생각했다. 악의 일상화와 보편화가 무서운 것처럼 두려움과 열패감에 길들여져 그 테두리를 벗어나지 못하는 문제도 심각하다. 우리의 삶에도 하나님과 무관하게 지배력을 행사하는 악과 죄와 근심과 두려움 같은 신기루가 있다. 아무것도 아닌데 인생을 짓누르는 야빈과 시스라가 삶의 현장에서 다양한 형태로 군림하고 있다. 하나님이 내 인생의 주인이 되시고 그의 말씀이 삶의 질서가 되도록 삶의 전 영역의 거듭남이 필요하다.

드보라는 지금 내리는 명령이 사람의 것이 아니라 하나님의 것이라고 말하면서 단호하게 "너는 가라"(לֵךְ)는 명령을 전달한다. 하나님의 명령에 대한 확신이 있으면 당당하게 된다. 그러나 하나님의 명령을 들었어도 인간적인 생각과 판단을 기준으로 삼으면 망설이게 된다. "주라"는 명령은 우리의 눈에는 부의 증대가 아니라 부의 감소를 초래한다. 그런데도 성경은 "주는 것이 받는 것보다 복이 있다"(행 20:35)고 가르친다. 하지만 이 역설 앞에서 우리는 매 순간 망설인다. 그러나 주면 받는 것보다 더 큰 복이 반드시 우리에게 주어진다. 하나님의 명령이고 약속이기 때문이다. 비록 이해하기 어렵고 인간의 상식이나 논리에 맞지 않는 내용이라 할지라도 하나님이 명하신 것이라면 무조건 순종하는 것이 상책이다. "대저 명령은 등불이요 법은 빛이요 훈계의 책망은 곧 생명의 길이라"(잠 6:23). 하나님은 온 세상에 질서를 세우시고 만물을 다스리는 분이시다. 그런 분의 명령을 거부하는 것은 마치 빛이 없으면 반드시 헤맬 수밖에 없는 어두운 세상에서 유일한 등불을 버리는 것처럼 어리석다.

바락에게 주어진 명령의 구체적인 내용은 "다볼 산으로 가라"는 것이었다. 다볼 산은 군사들이 모이고 전략을 세워 전쟁을 수행하기 좋은 곳이었다. (오리겐과 시릴과 제롬과 같은 교부들은 이 다볼 산을 변화산과 동일한 곳이라고 주장했다.) 해발 588m에 위치한 "다볼"(תָּבוֹר) 산은 갈릴리 호수에서 남서쪽 방향으로 20km 정도 떨어져 있고 이스르엘 골짜기의 북서쪽에 있고 스불론과 납달리와 잇사갈 지파의 지경이 만나는 곳이어서 스불론과 납달리의 군사들이 은밀하게 이동하고 신속하게 모이는 집결지로 최적의 장소였다. 게다가 지대가 높아서 시스라는 자신의 주특기인 철 병거의 기량을 제대로 발휘하기 어려운 곳이었다.

드보라는 스불론과 납달리의 군사 만 명을 데리고 그 산으로 가라고 명하였다. 야빈의 괴롭힘을 가장 극심하게 경험했을 지파들이 전쟁을 수행하는 것은 힘들 것이라는 판단을 바락이 했을 가능성이 높다. 그래서 하나님의 명령이라 할지라도 소극적인 태도를 보였을 것으로 사료된다. 그러나 출전한 군사들의 지파를 명시한 것의 이유는 다양하게 추정된다. 1) 자신의 구역에서 발흥한 가나안 족속이 일으킨 문제는 각 지파가 스스로 수습해야 한다는 점을 암시한다. 2) 12지파의 동맹이 느슨한 상태 혹은 다른 지파의 문제에 관여하지 않는 분열의 상태에 있음을 암시한다. 3) 전쟁은 여호와께 속하였고 그분의 능력은 약한 데서 강하기 때문이다. 그러나 본문은 두 지파의 일만 군사들과 함께 다볼 산으로 가야만 하는 구체적인 이유에 대해 침묵한다. 이는 이유를 불문하고 하나님의 명령에 순종해야 함을 가르치기 위한 의도적인 침묵은 아닌지 모르겠다.

하나님은 자신의 백성에게 전쟁의 명령을 내리신 이후에 뒷짐을 지고 관망하는 분이 아니시다. 드보라는 하나님이 야빈의 군대장관 시스라와 그의 병거들과 군대들을 기손 강으로 이끌어 바락의 손에 넘기실 것이라고 대언한다. 바락과 함께 이스라엘 자손이 다볼 산에서 밥상을 차리고 있으면 최고의 음식처럼 적들을 그곳까지 배달할 것이라는 전략이다. 이스라엘 입장에서 보면, 밥상에 숟가락만 얹는 일이었다. 과연 전쟁은 여호와께 속한 일이었다. 지혜자의 말처럼 하나님은 왕이든 민족이든 원하시는 대로 움직이는 분이시다. "왕의 마음이 여호와의 손에 있음이 마치 봇물과 같아서 그가 임의로 이끄신다"(잠 21:1). 하나님은 왕의 마음만이 아니라 블레셋 사람들과 아라비아 사람들의 마음(대하 21:16)을 움직여 이스라엘 자손에게 채찍질을 가하기도 하시고 애굽인을 격동시켜 다른 애굽인을 쳐서 "각기 형제를 치며 각기 이웃을 칠 것이요 성읍이 성읍을 치며 나라가 나라를" 치게 만들어(사 19:2) 이스라엘 자손을 위기에서 건져 주기도 하시는 분, 모든 왕들과 주권들과 권세들과 능력들을 주관하는 분이시다.

> 8바락이 그녀에게 말하였다 "만약 당신이 나와 함께 가면 나는 가겠지만, 만약 당신이 나와 함께 가지 아니하면 나도 가지 않을 것입니다"

드보라는 하나님의 명령을 그대로 바락에게 전달했다. 그러나 바락은 하나님의 명령에 자신의 목숨을 거는 용단을 내리지 못하고 여전히 주저한다. 드보라가 동행해 준다면 가겠고 동행하지 않는다면 자신도 가지 않겠다고 한다. 조건부 수락이다. 이것은 하나님의 명령 자체에 대한 그의 전폭적인 신뢰와 순종의 결핍을 증명한다. 물론 바락의 제안이 군대의 사기 진작과 전쟁 수행의 효율성 면에서는 타당했다. 군대를 소집하는 것도 하나님의 명령을 직접 들은 드보라가 곁에 있다면 수월할 것이고, 작전을 펼칠 때에도 하나님의 뜻을 분별하는 자가 곁에 있다면 지도자 회의를 백 번 가지는 것보다 정확한 판단을 내릴 수 있을 것이기 때문이다. 그러나 하나님을 향한 바락의 신앙만을 본다면 아쉬움이 큰 제안이다. 하나님의 말씀 한 마디에 목숨을 거는 믿음의 거인들이 있다. 베드로는 예수님의 "오라"('Ελθέ)는 단 한 마디에 자신의 생명을 죽음의 바다에 던지는 일을 주저하지 않고 감행했다(마 14:29). 어느 백부장은 사랑하는 종이 병들어 죽게 되었을 때에 예수님이 자신의 집으로 친히 오시는 것을 감당할 수 없어서 "말씀으로 말하소서"(εἰπὲ λόγῳ) 그러면 자신의 종이 치유될 것이라고 고백했다(눅 7:7). 이에 예수님은 그 백부장의 신앙을 제자들 앞에서 높이셨다. "내가 너희에게 이르노니 이스라엘 중에서도 이만한 믿음은 만나보지 못했노라"(눅 7:9). 신앙이 미지근한 이유는 말씀 한 마디에 목숨을 걸어본 적이 없기 때문이다.

> 9그녀가 말하였다 "내가 반드시 너와 함께 가리라 그러나 네가 이번에
> 가는 길에서는 너의 영광을 얻지 못하리라 왜냐하면 여호와께서
> 여인의 손에 시스라를 파실 것이기 때문이다" 드보라가 일어나
> 바락과 함께 게데스로 갔다 10바락이 스불론과 납달리를 게데스로 불렀고
> 만 명이 그의 걸음을 따라 올라갔다 드보라도 그와 함께 올라갔다

드보라는 바락의 제안을 수락했고 바락과 함께 게데스로 갔다. 그녀는 자신의 몸을 사리지 않고 가장 중요하고 위험한 일을 감행하려 한다. 적군의 표적이 되는 군대장관 바락 곁에서 함께 전쟁을 이끈다는 것은 자신의 생명을 미끼로 삼지 않으면 내릴 수 없는 대단히 위험한 결단이다. 더군다나 군인의 근력과 신체적인 순발력이 약한 여성의 몸으로 군대의 장군처럼 살벌한 전쟁터를 누빈다는 것은 다른 군사보다 더 큰 위험에 노출되는 일이었다. 그런데도 바락의 제안을 어떠한 망설임도 없이 수락했다. 드보라의 용맹이 참으로 눈부시다. 이스라엘 자손의 구원은 이처럼 지도자가 자신의

목숨을 조금도 아끼지 않고 화끈하게 걸어야 하는 일이었다. 드보라는 숨어서 다른 사람에게 명령하고 지시하며 손가락만 놀리는 비겁하고 이기적인 지도자가 아니었다. 아마도 하나님의 명령을 직접 받은 자이기 때문에 비록 여인이라 할지라도 이토록 용감하고 대범했을 것이라고 나는 생각한다. 말씀을 직접 경험하고 신뢰한 자의 담력이다. 그러므로 성경 텍스트의 맨살을 비비며 하나님의 말씀과 직접 대면하는 일은 하나님의 나라와 의를 구하는 복음의 용사인 모든 성도에게 절실히 필요하다. 전하여 듣는 하나님의 명령만이 아니라 우리가 직접 성경을 펼쳐서 성령이 그 안에서 전하는 명령과의 만남이 필요하다.

드보라의 역할과 바락의 역할은 모두 중요하다. 그래서 머리와 몸처럼 하나로 협력해야 한다. 이 전쟁은 드보라나 바락이 혼자서 모든 것을 수행할 수 없고 각자의 기량을 최대한 발휘할 수 있는 역할을 수행하며 협력해야 한다. 영적인 전쟁은 가난한 자도, 연약한 자도, 무지한 자도, 비천한 자도, 외로운 자도, 몸이나 마음에 장애가 있는 자도 동참해야 한다. 왜냐하면 각자에게 부여된 역할이 있기 때문이다. 혈과 육에 속하지 않은 영적 전쟁에는 눈에 보이는 가시적인 무기가 필요하지 않다. 이는 눈에 보이지 않는 하나님의 전신갑주, 즉 구원과 진리와 의로움과 믿음과 진리와 복음으로 무장하여 싸우면 승리하는 싸움이다. 이 무장은 누구든지 가능하다. 그래서 누구든지 참전이 가능한 전쟁이다.

그런데도 안타까운 것은 하나님이 야빈의 군대장관 시스라를 바락의 손에 넘긴다는 약속을 하셨지만 바락의 조건부 순종 때문에 이번 전투에서 바락이 "너의 영광(תִּפְאַרְתְּךָ)을 얻지 못할 것이라"는 사실이다. 바락은 자신에게 주어질 자신의 영광을 의심과 근심 때문에 스스로 거부한 셈이 되었다. 결국 그 영광은 여인의 손에 돌아갔다. 이것은 인류의 역사, 하나님의 섭리를 보여주는 대단히 중요한 장면이다. 시스라를 제거하는 승리의 영광은 먼저 바락에게 주어졌다. 그러나 그는 하나님을 전적으로 신뢰하지 않고 드보라의 동행을 요청했다. 이러한 요청으로 인해 드보라의 곁은 가졌지만 승리의 영광은 여인에게 넘어갔다. 아담과 하와의 경우도 이와 비슷하다. 하나님은 아담에게 온 인류를 정복하고 다스리는 막중한 영광을 맡기셨다. 그러나 아담은 여인의 말에 귀를 기울였고 여인을 의지하여 불순종을 저질렀다. 결국 아담이 하와를, 남편이 아내를 다스리게 된다는 하나님의 말씀이 필요할 정도로 그 반대의 질서가 이면에서 작용하기 시작했다. 여선지자, 여사사, 여성인 드보라가 역사의 무대에 등장한 것은 남성이 이스라엘 자손의 영적인 건강과 삶의 복지를 책임지는 영광을 스스로 포기한 결과일 가능성이 높다.

바락은 하나님의 명령을 따라 스불론과 납달리를 게데스로 불렀고 만 명이 그와 동행했다. 그리고 드보라도 바락과 함께 올라갔다. 이스라엘 자손의 구원을 원하시는 하나님의 계획에는 차질이 없었으나 이 계획에 동참한 사람들이 가질 영광의 지분에는 복잡한 변화가 일어났다.

본문에 소개된 바락의 처신은 우리에게 하나님의 명령을 하나님 자신으로 여기며 존중하고 순종하는 태도의 중요성을 반면교사 차원에서 가르치고 있다. 하나님 이외에 다른 무언가를 얻기 위하여 하나님에 대한 경외와 순종의 영광을 기꺼이 상실하는 바락의 안타까운 모습은 오늘날 하나님께 한 다리를 걸치고 세상에 한 다리를 걸친 우리의 어중간한 신앙을 고발하고 있다. 하나님의 명령에 대해 확신을 가지면 목숨과 인생 전부를 걸고 순종하게 된다. 야빈도 시스라도 두렵지가 않아진다. 명령을 내리시는 하나님은 온 세상을 만드셨고 그 세상의 질서를 세우셨고 그 질서를 마음대로 경영하는 분이시다. 그런 분의 명령에 어찌 추호의 의심이 있을 수 있겠는가! 그분이 명령 수행하는 자들을 호위해 주시는데 무엇이 걱정인가!

삿 4:11-24

11모세의 장인 호밥의 자손 중 겐 사람 헤벨이 떠나 게데스에 가까운 사아난님 상수리나무 곁에 이르러 장막을 쳤더라 12아비노암의 아들 바락이 다볼 산에 오른 것을 사람들이 시스라에게 알리매 13시스라가 모든 병거 곧 철 병거 구백 대와 자기와 함께 있는 모든 백성을 하로셋학고임에서부터 기손 강으로 모은지라 14드보라가 바락에게 이르되 일어나라 이는 여호와께서 시스라를 네 손에 넘겨 주신 날이라 여호와께서 너에 앞서 나가지 아니하시느냐 하는지라 이에 바락이 만 명을 거느리고 다볼 산에서 내려가니 15여호와께서 바락 앞에서 시스라와 그의 모든 병거와 그의 온 군대를 칼날로 혼란에 빠지게 하시매 시스라가 병거에서 내려 걸어서 도망한지라 16바락이 그의 병거들과 군대를 추격하여 하로셋학고임에 이르니 시스라의 온 군대가 다 칼에 엎드러졌고 한 사람도 남은 자가 없었더라 17시스라가 걸어서 도망하여 겐 사람 헤벨의 아내 야엘의 장막에 이르렀으니 이는 하솔 왕 야빈과 겐 사람 헤벨의 집 사이에는 화평이 있음이라 18야엘이 나가 시스라를 영접하며 그에게 말하되 나의 주여 들어오소서 내게로 들어오시고 두려워하지 마소서 하매 그가 그 장막에 들어가니 야엘이 이불로 그를 덮으니라 19시스라가 그에게 말하되 청하노니 내게 물을 조금 마시게 하라 내가 목이 마르다 하매 우유 부대를 열어 그에게 마시게 하고 그를 덮으니 20그가 또 이르되 장막 문에 섰다가 만일 사람이 와서 네게 묻기를 여기 어떤 사람이 있느냐 하거든 너는 없다 하라 하고 21그가 깊이 잠드니 헤벨의 아내 야엘이 장막 말뚝을 가지고 손에 방망이를 들고 그에게로 가만히 가서 말뚝을 그의 관자놀이에 박으매 말뚝이 꿰뚫고 땅에 박히니 그가 기절하여 죽으니라 22바락이 시스라를 추격할 때에 야엘이 나가서 그를 맞아 그에게 이르되 오라 네가 찾는 그 사람을 내가 네게 보이리라 하매 바락이 그에게 들어가 보니 시스라가 엎드러져 죽었고 말뚝이 그의 관자놀이에 박혔더라 23이와 같이 이 날에 하나님이 가나안 왕 야빈을 이스라엘 자손 앞에 굴복하게 하신지라 24이스라엘 자손의 손이 가나안 왕 야빈을 점점 더 눌러서 마침내 가나안 왕 야빈을 진멸하였더라

❖ ❖ ❖

11모세의 장인 호밥의 자손 중 겐 사람 헤벨이 겐 족속에서 분리되어 게데스에 가까운 사아난님 상수리나무 곁에 이르러 장막을 설치했다 12아비노암의 아들 바락이 다볼 산에 올라온 것을 사람들이 시스라에게 알리니 13시스라가 철 병거 구백 대 모두와 자신과 더불어 있는 모든 백성을 하로셋 학고임에서 기손 강으로 소집했다 14그리고 드보라가 바락에게 말하였다 "너는 일어나라 이는 여호와가 시스라를 너의 손에 주신 날이기 때문이다 여호와가 너보다 앞서서 나가시지 않았느냐?" 바락이 다볼 산에서 내려갔고 만 명이 그를 뒤따랐다 15여호와가 바락 앞에서 시스라와 그 모든 병거와 그 모든 군대를 칼날로 혼미하게 만드셨다 시스라는 병거에서 내리고 걸어서 도망쳤다 16바락이 그 병거들의 뒤와 군대의 뒤를 추격하여 하로셋 학고임까지 이르렀고 시스라의 온 군대가 다 칼날에 쓰러졌고 하나도 생존하지 못하였다 17시스라가 걸어서 도망하여 겐 사람 헤벨의 아내 야엘의 장막에 이르렀다 이는 하솔 왕 야빈과 겐 사람 헤벨의 집 사이의 평화 때문이다 18야엘이 나가서 시스라를 영접하고 그에게 말하였다 "돌이켜 오십시오 나의 주여 저에게로 돌이켜 오십시오 두려워 마십시오" 그가 그녀를 향하여 돌이키고 그 장막으로 나아갔다 그녀는 그를 이불로 덮어 주었다 19그가 그녀에게 말하였다 "부탁한다 나에게 물을 조금 마시게 해 달라 이는 내가 목마르기 때문이다" 그녀는 우유 부대를 열어서 그로 마시게 하였고 그를 덮어주니 20그가 그녀에게 말하였다 "너는 장막의 입구에 서 있다가 만약 사람이 와서 너에게 '여기에 사람이 있느냐'고 묻거든 '없다'고 말하여라" 21헤벨의 아내 야엘이 장막의 말뚝을 가지고 손에 방망이를 들고 조용히 그에게로 갔다 그녀가 말뚝을 머리의 옆에 박아 땅에까지 내려가게 했다 그는 잠들었고 실신했고 사망했다 22보라 바락이 시스라를 추격하는 동안에 야엘이 나가서 그를 맞이하고 그를 향하여 말하였다 "오십시오 당신이 찾고 있는 사람을 내가 보여줄 것입니다" 그가 그녀에게 가서 보니 시스라가 엎드러져 죽었으며 말뚝이 그 머리의 옆에 [박혔더라] 23그날에 하나님은 가나안 왕 야빈을 이스라엘 자손의 면전에 굴복하게 만드셨다 24이스라엘 자손의 손은 가나안 왕 야빈을 끊어내는 그 때까지 가나안 왕 야빈을 향해 계속해서 강경했다

09 드보라: 평범한 사람의 영광

드보라의 지시로 시스라와 그의 군대와 병거를 제거하는 작전이 시작된다. 지시를 받은 바락은 그녀와 함께 다볼 산으로 올라가고 만 명의 군대를 조직했다. 하나님의 약속을 따라 기손 강으로 모인 시스라의 군대를 격파했다. 그러나 시스라는 자신의 부하들을 버리고 도망쳤다. 그러나 하나님의 손 안이었다. 시스라는 하나님이 예비하신 헤벨의 아내 야엘의 장막으로 들어갔다. 그곳에서 시스라는 야엘의 손에 잡힌 말뚝에 머리가 뚫리며 사망했다. 결국 적의 사령관을 제거하는 최고의 영광은 바락이 아니라 야엘에게 돌아갔다. 하나님의 명령 한 마디에 자신의 생명도 거는 믿음의 모습을 보이지 못한 바락은 여인에게 죽은 시스라를 보며 언약의 정밀성을 확인한다.

11모세의 장인 호밥의 자손 중 겐 사람 헤벨이 겐 족속에서 분리되어
게데스에 가까운 사아난님 상수리나무 곁에 이르러 장막을 설치했다
드보라가 받은 하나님의 명령을 따라 하솔의 왕 야빈과 그의 군대장관 시

스라를 무찌르는 전쟁의 문맥에서 모세의 장인 호밥의 자손 중 겐 사람 헤벨이 장막을 설치하는 이야기가 등장한다. 이 구절은 앞으로 전개될 전쟁의 핵심적인 배경을 제공한다. "헤벨"(חֶבֶר)은 "동료 혹은 전우"를 의미하는 이름이다. 그는 모세의 장인 호밥의 후손들이 이스라엘 백성의 동료요 전우라는 사실을 잘 보여주는 인물이다. 나아가 헤벨은 드보라와 바락이 수행하는 전쟁에 참전하는 전우가 될 사람임을 암시한다. 헤벨이 게데스 가까운 곳에 장막을 설치한 것은 너무도 평범한 사실이다. 헤벨이 설치한 장막은 나중에 하나님의 영에 사로잡힌 그의 아내 야엘에 의해 적의 군대장관 시스라를 제거하는 도구로 사용된다. 이렇게 평범한 장막의 설치가 하나님의 섭리적인 준비라는 사실은 어떠한 사물과 사건도 하나님의 섭리와 무관하지 않음을 우리에게 가르친다.

¹²아비노암의 아들 바락이 다볼 산에 올라온 것을 사람들이 시스라에게 알리니
¹³시스라가 철 병거 구백 대 모두와 자신과 더불어 있는 모든 백성을
하로셋 학고임에서 기손 강으로 소집했다

드보라의 '군대장관' 바락은 하나님의 명령을 따라 다볼 산으로 올라갔다. 그런데 이 사실이 적에게 알려졌다. 하나님의 명령에 순종한 일인데 왜 적에게 발각되고 말았을까? 우리는 대체로 하나님의 명령에 순종하면 승리와 형통의 대로가 열릴 것이라고 기대한다. 전략과 동선이 절대로 적에게 노출되지 않을 것이라고 확신한다. 그러나 그런 바락의 기대와 확신이 무너졌다. 바락의 움직임을 감지한 시스라는 모든 병거와 백성을 소환하여 군대를 정비했다. 그런데 소집된 곳은 놀랍게도 "기손 강"이었다. 시스라와 그의 병거들과 군대를 기손 강으로 유인하는 것은 주님께서 드보라를 통해 바락에게 미리 알리신 일이었다(삿 4:7). 바락이 발각되고 함정에 빠지는

것 같았지만 이 모든 것은 하나님의 섭리였고 사태는 그 섭리를 따라 흘러갔다. 하나님의 섭리는 참으로 오묘하다. 사건의 한 국면만 보면 나쁜 일처럼 보이지만 전체를 보면 좋은 일로 분류된다.

요셉의 경우도 이와 유사했다. 그는 "해와 달과 열한 별이" 자신에게 절하는 최고의 길몽을 꾸었지만 형들의 시기로 인해 이스마엘 상인에게 팔리고 애굽으로 끌려가 종살이와 옥살이로 17년간 고생했다. 이것만 보면, 요셉의 인생은 참으로 암담했다. 그러나 그의 인생 전체를 보면 그 고난의 오랜 기간도 하나님의 위대한 섭리를 감당하기 위한 영혼의 근육을 키우는 준비였다. 요셉의 인생에 대한 성경의 평가는 특이하다. 대부분의 사람들은 종이나 죄수의 신분에서 벗어나 가정의 총무가 되고 나라의 총리가 되는 것을 성공한 인생으로 간주한다. 그러나 성경은 종이나 죄수의 신분으로 있더라도 하나님이 요셉과 함께하신 것을 형통한 인생으로 규정한다(창 39:3, 23). 우리의 인생이 곤고한 날로 접어들 때 여전히 승리의 하나님이 곁에 계셨던 요셉의 형통을 기억해야 한다.

바락의 움직임이 적에게 들키는 것 자체는 분명 전쟁에서 대단히 위험하고 불리한 일이었다. 그러나 그것은 군대장관 시스라가 하나님의 계획을 따라 기손 강으로 유인되는 전략적 미끼였다. 기손 강에서 "강"으로 번역된 히브리어 단어 "나할"(נַחַל)은 물의 지속적인 흐름이 있는 "강"(נָהָר 혹은 יְאֹר)이 아니라 개울이나 시내였다. 기손 강의 경우, 우기에는 급류의 강을 이루지만 건기에는 물이 없어서 하류가 넓은 평원을 방불한다. 시스라가 기손 강으로 군대와 병거를 소집한 이유는 시점이 건기였고 군대를 집결하기 좋은 곳이었기 때문이다. 그러나 하나님은 시스라가 안심해도 될 건기의 강 상태도 섭리의 일부로 삼으셨다. 이후에 하나님은 기손 강에 주둔한 시스라의 병거와 군대에게 굵은 비를 내리신다(삿 5:4). 평원이던 강의 하류는 질퍽하게 되고 조만간 급류가 만들어질 분위기를 직감한 시스라는 당황하고 병거는 발이 묶이고 바락의 급습을 당한 군대는 전멸한다.

¹⁴그리고 드보라가 바락에게 말하였다 "너는 일어나라 이는 여호와가
시스라를 너의 손에 주신 날이기 때문이다 여호와가 너보다 앞서서
나가시지 않았느냐?" 바락이 다볼 산에서 내려갔고 만 명이 그를 뒤따랐다

드보라는 시스라가 이스라엘 군대를 치려고 병거와 군대를 기손 강으로 이
동하는 것을 알았으나 두려움이 없다. 이는 시스라의 그런 움직임이 하나
님의 섭리 속에서 이루어진 일이라고 믿었기 때문이다. 생명의 위협이 코
앞에 있더라도 하나님의 섭리를 신뢰하는 자에게는 두려움이 없다. 드보라
는 흥분된 어조로 바락에게 다시 명령한다. "일어나라." 그 근거는 하나님
이 시스라를 바락의 손에 주신 날이기 때문이다. 주시지만 생명이 아니라
죽음을 건네신다. 막강한 군대가 이스라엘 군대를 위협하기 위해 전열을
다지는 것은 분명 사람의 눈으로 보면 위기인데, 하나님의 눈으로 보면 준
비된 기회였다. 믿음의 여인 드보라는 위기를 기회로 해석했다. 시스라 군
대와의 전투는 하나님이 자기 백성을 위해 차리신 밥상이다. 드보라는 여
호와가 바락보다 "앞서서"(לִפְנֵ֖י) 나가 마련하신 그 밥상에 순종의 숟가락
을 얹으라고 지시한다. 하나님은 언제나 우리보다 앞서 행하신다. "여호와
이레"(יְהוָ֥ה יִרְאֶֽה)로서 모든 것을 예비하는 분이시다. 우리가 누리는 모든
유익은 언제나 앞서서 행하시는 하나님이 마련해 주신 은총의 밥상이다.
순종은 주님께서 미리 준비하신 은총을 수거하고 누리는 숟가락에 불과하
다. 전쟁의 긴박한 상황 속에서는 어떠한 망설임도 없는 즉각적인 순종이
요구된다. 바락은 질문이나 회의도 없이 즉시 움직였다. 바락과 그의 군대
는 신속하게 다볼 산으로 이동했다. 다볼 산의 이스라엘 군대와 기손 강의
시스라 군대가 대치하는 상황이다.

¹⁵여호와가 바락 앞에서 시스라와 그 모든 병거와 그 모든 군대를 칼날로

혼미하게 만드셨다 시스라는 병거에서 내리고 걸어서 도망쳤다
16바락이 그 병거들의 뒤와 군대의 뒤를 추격하여 하로셋 학고임까지 이르렀고
시스라의 온 군대가 다 칼날에 쓰러졌고 하나도 생존하지 못하였다

모든 전쟁은 여호와께 속하였다. 바락과 시스라의 전투도 예외는 아니었다. 하나님은 바락 앞에서 시스라와 그를 따르는 모든 병거와 군대를 "칼날로"(לְפִי־חֶרֶב) 혼미하게 만드셨다. 여기에서 칼의 소유자가 누구인지, 바락의 칼인지 혹은 시스라의 칼인지, 텍스트만 보면 분명하지 않다. 칼의 소유자를 밝히지 않은 것은 사사기 저자의 의도적인 일이었다. 이는 누구의 손아귀에 있든지 전쟁의 칼자루는 하나님의 것임을 암시하기 위함이다. 우리는 칼자루를 적이 아니라 우리가 쥐어야 승리할 수 있다고 생각한다. 그러나 칼은 적군의 손도 아니고 아군의 손도 아닌 하나님의 손에 잡힐 때에 승리한다. 가정의 주도권, 학교의 주도권, 회사의 주도권, 국가의 주도권도 동일하다. 어떠한 기관이든 주도권이 하나님의 손에 있을 때에 가장 안전하고 평화롭다. 바락은 자신의 손에 잡힌 여호와의 칼날이 시스라와 모든 군대와 병거를 혼미하게 만드는 것을 목격했다.

시스라는 "병거"(מֶרְכָּבָה)에서 내렸고 걸어서 도망쳤다. 철 병거는 최첨단 문명의 표지였고, 야빈과 시스라를 승리자로 만든 최고의 병기였고, 지난 20년간 이스라엘 자손을 괴롭힌 흉기였다. 그런데 그런 철 병거라 할지라도 이제는 시스라에게 성가시고 귀찮은 물건이 되었고 그 위에 머물러 있다가는 자신의 무덤이 될 판이었다. 그래서 시스라는 그렇게도 좋아했던 병거를 버려야만 했다. 이 세상에는 그런 병거들이 많다. 처음에는 최첨단의 문명을 누리는 것 같고, 나에게 행복과 기쁨과 성공을 가져다 줄 것 같았는데, 나중에는 인생에 치명적인 족쇄로 작용하는 돈이나 명예나 인맥이나 섹스라는 자극적인 병거들이 우리를 유혹한다. 이에 우리는 이 모든 병거들이 그리스도 밖으로 벗어나면 불행과 비애의 원흉으로 바뀐다는 사실

을 알고 경계해야 한다.

바락은 도망치는 시스라의 군대를 그들의 본토까지 따라가서 한 사람도 남기지 않고 모조리 제거했다. 완승이다. 한 대의 철 병거도 없이 이룬 쾌거였다. 도무지 이길 수 없는 전쟁에서 승리한 이 기적의 원인은 무엇인가? 그 기적은 바락이 든 칼이 예리했고 검술이 뛰어났기 때문이 아니라 하나님의 명령이 좌우에 날 선 어떠한 검보다도 예리했기 때문에 이루어진 일이었다. 앞서가는 그 말씀의 검을 순종으로 거머쥐고 싸우는 모든 전쟁은 적들이 아무리 예리한 검과 튼튼한 병거로 무장해도 반드시 승리한다. 실질적인 전쟁의 이러한 원리는 영적인 전쟁의 그림자와 같아서 우리의 신앙과 삶에도 그대로 적용된다. 영적 전쟁의 승리를 보증하는 것은 하나님의 말씀이다. 말씀을 따라 순종하고 나아가면 반드시 승리한다. 실패처럼 보이는 것도 역설적인 승리의 한 과정이다.

17시스라가 걸어서 도망하여 겐 사람 헤벨의 아내 야엘의 장막에 이르렀다
이는 하솔 왕 야빈과 겐 사람 헤벨의 집 사이의 평화 때문이다

시스라의 군대는 전멸을 당하였다. 그런데 그들의 대장인 시스라는 생존했다. 군대의 죽음은 곧 대장의 죽음이다. 이것은 모든 대장들의 아주 기본적인 상식이다. 그러나 시스라는 자신의 군대와 운명을 섞지 않고 이기적인 생존을 위해 군대를 버리고 도망쳤다. 부하들이 다 죽어도 자신만은 살겠다고 줄행랑을 치는 사람이 과연 대장인가? 그는 예수님과 극도로 대비되는 사람이다. 예수님은 제자들을 위하여 자신의 생명을 죽음에 내어주는 극단적인 희생을 택하셨다. 그런데 제자들은 자신들을 위해 죽으시는 예수님을 버리고 이기적인 도망을 택하였다. 그런데도 예수님은 비열한 그 제자들을 원망하지 않으시고 오히려 그들이 시험을 당하여 불신앙의 늪에 빠

지는 일이 없도록 기도까지 드리셨다. 이런 분이 진정한 대장이다. 그런 주님의 교회에 야비한 시스라가 많아 심히 안타깝다.

군대가 하로셋 학고임을 향해 도망친 것과는 달리, 시스라는 도망의 걸음을 다른 방향으로 옮겨 헤벨의 아내 야엘의 장막에 이르렀다. 이는 부하들을 미끼로 삼아 이스라엘 군대를 따돌리기 위함이다. 자신의 생명을 건지려고 한 시스라의 이기적인 행보를 잘 보여준다. 시스라가 도착한 야엘의 장막을 세운 사람은 그녀의 남편 헤벨이다. 그런데 사사기 저자는 그 장막을 헤벨의 장막이 아니라 "야엘의 장막"이라 기록한다. 여기에 기록된 사건에서 헤벨이 전혀 등장하지 않고 아내를 장막의 주인으로 표기한 것은 헤벨이 다볼 산에 소집된 군대에 합류했을 가능성도 있지만 죽었기 때문일 가능성이 더 농후하다. 시스라가 우연히 홀로 있는 여인의 장막을 은신처로 삼은 이유는 야빈과 헤벨 사이의 "평화"(שָׁלוֹם) 때문이다. 하솔 왕 야빈은 분명 이스라엘 자손을 심히 학대했다. 그러나 겐 사람 헤벨 가문은 예외였다. 그 가문과는 대립이 아니라 평화를 유지했다. 잔혹한 학대를 당하는 사돈 민족의 불행을 보면서 헤벨과 야엘의 마음은 편하지 않았을 것이고 20년치의 미안함이 마음의 부채로 쌓였을 것이라고 나는 생각된다. 그런데 그런 부채를 청산할 기회가 제 발로 들어왔다.

18야엘이 나가서 시스라를 영접하고 그에게 말하였다 "돌이켜 오십시오 나의 주여 저에게로 돌이켜 오십시오 두려워 마십시오" 그가 그녀를 향하여 돌이키고 그 장막으로 나아갔다 그녀는 그를 이불로 덮어 주었다

시스라는 쫓기는 몸이었다. 사람의 시선을 피해 은밀하게 움직이는 중이었다. 비록 헤벨의 집과 평화의 조약을 맺기는 하였지만 전세가 이스라엘 자손에게 완전히 기울어진 상황에서 야엘이 어떠한 반응을 취할지는 아무도

모르는 일이었다. 그런데 시스라를 알아본 야엘은 그를 영접했다. 수동적인 영접이 아니라 적극적인 환대였다. 그녀는 시스라가 도움을 요청하기 전에 "나의 주"(אֲדֹנִי)라는 표현까지 쓰며 먼저 제안했다. 떠나가지 말고 자신에게 돌이켜 장막으로 들어와서 어떠한 두려움도 없이 편안하게 지내라고. 주인의 반응을 몰라 어정쩡한 자세를 취하던 시스라는 야엘의 긍정적인 반응에 안도감을 느끼며 그녀를 향하여 돌이키고 장막으로 들어갔다. 그녀는 시스라의 마음이 안정을 찾도록 이불로 그 도망자의 몸을 덮어주는 친절도 베풀었다. 어떤 학자들은 자신에게 오라는 야엘의 말과 시스라를 덮어주는 야엘의 행동에 근거하여 시스라와 야엘 사이에 잠자리를 가질 정도로 성적인 친밀감이 있었다고 주장한다. 그러나 20절은 그것이 낭설일 뿐임을 입증한다.

야엘이 시스라를 따뜻하게 환대하고 극도의 친절을 베푼 것은 시스라를 존경하고 사랑했기 때문이 아니었다. 그의 목숨을 제거하기 위해 그의 신뢰를 얻으려는 준비였다. 그렇다면 순수하지 않은 전략적 환대와 친절은 과연 정당한가? 이 사안에 대해 야엘에게 도덕적인 불순함이 있다고 지적하는 사람들도 있다. 그러나 앞선 시대에 기생 라합은 이스라엘 백성의 정탐꾼을 구하기 위해 여리고 왕이 보낸 사람을 거짓말로 따돌렸다. 결국 라합과 그의 모든 가족은 하나님의 심판을 면하였고 이스라엘 자손의 진영에 함께 머물렀다. 자세한 이유는 모르지만 라합의 거짓말은 하나님의 섭리 속에서 허용된 것임에 분명하다. 환대와 친절은 거짓말에 비하면 훨씬 점잖은 전략이다. 20년의 폭정에 대해 하나님의 의로운 심판을 받아야 할 시스라를 야엘은 극진히 대접했다. 불의하고 불법적인 사람에게 최고의 선대를 보여준 야엘의 처신은 지극히 정당하다.

오늘날 교회는 사람들의 신뢰를 얻으려고 노력한다. 정직하게 말하고 성실하게 일하고 인격적인 태도로 타인을 존중하고 심지어 원수라 할지라도 하나님의 형상을 따라 지음을 받았기에 천하보다 귀한 존재로 존중한다. 이러한 노력은 사람들의 신뢰만 얻으려는 것이 아니라 그 신뢰를 기반으로 그들에게 보다 궁극적인 복을 제공하기 위함이다. 즉 예수의 복음을 전파하고 영원한 선물을 전달하기 위함이다. 최고의 선물을 주려고 해도 먼저 환심이나 신뢰를 얻어야 한다는 것이 안타깝다. 그럼에도 불구하고 하나님을 거부하는 사람들의 종교적인 무장을 야엘처럼 환대와 친절로 해제하고 옛 사람의 죄성을 제거하고 새 사람의 옷을 선물하는 일은 교회의 존재 목적이다.

19그가 그녀에게 말하였다 "부탁한다 나에게 물을 조금 마시게 해 달라
이는 내가 목마르기 때문이다" 그녀는 우유 부대를 열어서
그로 마시게 하였고 그를 덮어주니

시스라는 자신에게 신뢰감과 안도감을 준 야엘에게 "부탁한다"(נָא). 비록 자신에게 "주"라는 호칭을 써서 존대를 하였지만 그는 야엘을 종처럼 하대하지 않고 고압적인 자세로 명령을 내리지 않고 부탁한다. "물을 조금 마시게 해 달라"고. 물을 실컷 마시게 해 달라는 것이 아니라 "조금"(מְעַט)의 물을 달라는 시스라의 소박한 부탁은 사령관의 위엄이 아니라 패잔병의 초라한 말로를 잘 보여준다. 시스라는 천하를 자신의 손아귀에 넣은 듯한 시절을 지나 이제 여인의 손에 들린 조금의 물로 연명하는 신세로 전락했다. 이는 대부분의 사람들이 경험하는 인생의 명암이다. 인생은 형통한 날과 곤고한 날로 이루어져 있다. 두 날이 교차하는 지점은 가리워져 있다. 그러나 하나님과 함께 한다면 인생의 표면에서 늘 뒤바뀌는 명암과는 무관하게 항상 형통함을 구가한다. 시스라는 지금 인생 최대의 위기를 맞이하고 있다. 명령에 능숙한 사령관이 부탁하는 신분으로 바뀌었다.

이에 야엘은 시스라의 부탁을 들어 주었으며 물만이 아니라 우유 혹은 우유를 발효시킨 고급 음식까지 대접하고 이불도 덮어주며 요청 이상으로

융숭하게 대접했다. 야엘은 마치 "속옷을 가지고자 하는 자에게 겉옷까지 가지게 하며 또 누구든지 너로 억지로 오 리를 가게 하거든 그 사람과 십리를 동행하고 네게 구하는 자에게 주며 꾸고자 하는 자에게 거절하지 말라"(마 5:40-42)고 하신 예수님의 말씀을 아는 것처럼 행동한다. 부탁하는 자의 입장에서 보면, 대체로 필요의 하한선 혹은 필요의 일부만 요청한다. 부탁을 받은 자는 미안한 마음 때문에 충분히 말하지 못한 상대방의 필요까지 감지하고 채워줄 태도로 반응함이 좋다. 그렇게 하면 우리가 기도하고 기대한 것보다 언제나 더 넘치도록 능히 채우시는 하나님의 관대한 성품을 드러낼 것이기 때문이다(엡 3:20).

그런데 야엘이 적의 대장에게 물보다 더 좋은 영양분을 제공하는 행위는 그에게 안도감과 신뢰를 심어줄 수는 있어도 또 다른 위험을 초래하는 일이기도 했다. 그에게 대접한 우유의 영양분은 야엘이 시스라를 죽일 때에 저항의 밑천으로 사용될 수 있기 때문이다. 자칫 거사를 망치고 요엘의 생명도 빼앗는 요인으로 작용할 가능성이 높다. 그런데도 야엘이 시스라를 극진히 대접한 이유는 무엇일까? 하나님을 신뢰하기 때문이다. 시스라가 오랜 시간 걸어서 도망치는 것은 분명히 고단한 일이지만 그래도 군대와 병거를 이끄는 사령관의 용맹과 무예는 여전히 몸에 지닌 상태였다. 여인의 몸으로 그런 사람에게 테러를 가한다는 것은 그의 전투력이 바닥을 칠 때에나 가능한 일이었다. 그런데도 야엘은 그에게 기력을 회복할 음식을 제공했다. 이는 그녀의 생각에 적장을 제거하는 일이 여호와께 속하였고 그가 이루실 일이라는 확신이 있었기 때문에 취한 행위였다.

20그가 그녀에게 말하였다 "너는 장막의 입구에 서 있다가
만약 사람이 와서 너에게 '여기에 사람이 있느냐'고 묻거든 '없다'고 말하여라"

야엘의 환대를 받은 시스라는 야엘에게 "장막의 입구"에 서 있으라고 명령한다. 지나가는 사람이 "여기에 사람이 있느냐"고 묻는다면 "없다"고 말하라는 대사까지 그녀의 입에 물려준다. 이는 자신이 안식을 취하는 동안 밖에서 보초를 서라는 지시였다. 그래서 야엘은 시스라와 함께 결코 성적인 관계를 가질 수 없었고 밖으로 나가야만 했다. 이것은 야엘이 원하는 바이기도 했다. 이 대목에서 우리는 야엘의 적극적인 섬김을 경험한 시스라가 사령관의 어투로 부하에게 명령을 내리는 듯한 다소 고압적인 자세를 취한다는 것을 감지한다. 섬김을 받는 사람들의 태도는 두 가지로 갈라진다. 좋은 사람은 섬기는 사람에게 감사를 표하며 보답의 기회를 기다린다. 그러나 나쁜 사람은 섬기는 사람을 호구로 간주하고 더 많은 것을 당당하게 요구한다. 시스라는 후자였다.

시스라는 전쟁 중에도, 자신의 군대가 몰살을 당한 위기의 상황 속에서도, 도망자의 비참한 신세 속에서도, 안락하고 융숭한 대접을 받으며 사령관 행세까지 한다. 그러나 아무것도 모르는 그의 코앞에는 조용한 죽음이 기다리고 있다. 나른한 안식과 임박한 죽음의 대조적인 상황은 어리석은 인생의 단면이다. 무엇이 안전이고 무엇이 위기인지 몰라서 안전과 위기의 때에 대한 분별력이 없다. 이에 대한 바울의 지적이다. "평안하다, 안전하다 할 그때에 임신한 여자에게 해산의 고통이 이름과 같이 멸망이 갑자기 그들에게 이르리니 결코 피하지 못하리라"(살전 5:3). 인생에 아무런 일이 일어나지 않는다고 해서 평화의 시대라고 좋아하는 사람들이 있다. 그러나 시대의 표적을 분별해야 한다. 평화는 오직 하나님께 있다. 하나님을 인정하고 그분을 따르고 있지 않다면 아무런 일이 없어도 그것은 평화가 아니라 심판 직전의 적막이다. 하늘에서 심판의 칼이 준비되고 있는 기간이다(시 7:12). 하나님의 백성을 학대한 시스라는 피할 수 없는 멸망의 때가 임박한 것도 모르고 잠자리에 들며 의로운 심판의 병기인 야엘에게 망을 보라는 지시까지 한다. 상황에 근거하여 그는 안심하고 있다. 한 치 앞을 모르는 어리석은 인생의 한심한 객기를 야엘은 싫은 내색도 없이 묵묵히 받아준다.

> 21헤벨의 아내 야일이 장막의 말뚝을 가지고 손에 방망이를 들고
> 조용히 그에게로 갔다 그녀가 말뚝을 머리의 옆에 박아 땅에까지 내려가게 했다
> 그는 잠들었고 실신했고 사망했다

야엘은 시스라의 명령을 따라 장막 밖으로 나가 하나님의 섭리를 차근차근 준행한다. 먼저 장막의 "말뚝"(יָתֵד)을 뽑아 들었고 방망이도 준비했다. 이 말뚝은 야엘의 남편 헤벨이 장막을 치면서 박아 놓은 것이었다. 이것이 시스라를 심판하는 도구로 쓰여질 줄은 전혀 몰랐을 것이지만 하나님의 계획 속에서는 준비된 병기였다. 전혀 무기로 보이지 않는 것들이 하나님의 뜻 안에서는 얼마든지 의로운 심판의 도구로 사용된다. 사람들은 예수님이 짊어지고 그 위에서 못 박히신 십자가 막대기가 온 세상의 죄를 심판하고 마귀의 모든 권세를 제거하는 도구로 사용되리라고는 전혀 생각하지 못하였다. 그러나 하나님은 사람들이 지극히 혐오하는 그 십자가를 인류의 역사에서 가장 중요한 사건이 발생하는 현장으로 택하셨고 인류의 가장 심각한 죄 문제를 푸는 열쇠로 삼으셨다. 말뚝이 그 자체로는 아무것도 아니지만 야엘의 손에서 그것은 하나님의 의로운 심판을 집행하는 영광의 도구였다.

　야엘은 말뚝과 망치를 들고 시스라가 자는 곳으로 조용히 들어갔다. 시스라는 너무도 지친 나머지 그녀의 출입을 감지하지 못할 정도로 곯아 떨어졌다. 야엘은 그에게 다가가서 "말뚝을 머리의 옆에 박아 땅에까지 내려가게 했다." 시스라는 옆으로 누워서 잤던 것으로 추정된다. 말뚝이 머리를 뚫었다면, 야엘은 여인의 몸으로도 괴력을 발휘했을 것이고 시스라는 즉사했을 것임이 분명하다. 시스라는 여인의 말뚝이 두개골을 관통하여 죽임을 당한 최초의 인물이다. 이는 부하들을 다 버리고 자신만 살겠다고 도망친

자의 비참한 최후였다. 전쟁에서 용맹하게 싸우다가 바락의 칼에 배임을 당한 군사들의 장렬한 죽음과는 비교할 수 없을 정도로 치욕적인 죽음이다.

> 22보라 바락이 시스라를 추격하는 동안에 야엘이 나가서 그를 맞이하고
> 그를 향하여 말하였다 "오십시오 당신이 찾고 있는 사람을
> 내가 보여줄 것입니다" 그가 그녀에게 가서 보니
> 시스라가 엎드러져 죽었으며 말뚝이 그 머리의 옆에 [박혔더라]

야엘은 밖에서 보초를 서라는 시스라의 명령을 거역하고 장막으로 들어갔다. 그리고 누군가가 와서 안에 사람이 있는지 묻는다면 없다고 말하라는 명령도 거역하고 바락을 데리고 들어갔다. 시스라의 명령에 대한 그녀의 의도적인 거부는 오직 하나님의 뜻만이 그녀를 움직이는 유일한 명령이기 때문이다. 22절을 보면, 야엘은 바락이 시스라를 추격하며 멀리서 오는 것을 보고 나가서 맞이했다. 그녀는 바락이 묻지도 않았는데 먼저 그를 향하여 말하였다. "오십시오 당신이 찾고 있는 사람을 내가 보여줄 것입니다." 이 언사는 야엘이 가나안 땅의 전반적인 정세를 파악하고 있었으며, 가나안 진영의 사령관 시스라와 이스라엘 진영의 사령관 바락이 누구인지 알고 있었으며, 바락이 시스라를 찾고 있다는 사실도 알고 있었음을 보여준다. 야엘은 평범한 여인이 아니라 시대의 표적도 분별하고 사태의 구체적인 내막도 간파한 전사였다.

야엘은 바락을 데리고 장막으로 들어갔다. 바락은 말뚝이 머리의 옆에 박혀서 죽은 시스라를 봤다. 이번 전투에서 "너의 영광을 얻지 못하리라 왜냐하면 여호와께서 여인의 손에 시스라를 파실 것이기 때문"이라 한 드보라의 말이 바락의 뇌리에 말뚝처럼 박혔을지도 모르겠다. 야엘이 시스라를 죽인 것은 하나님의 뜻이었다. 바락이 가졌어야 할 영광은 야엘에게 넘어

갔다. 시스라의 군대를 한 사람도 남기지 않고 제거한 바락의 영광보다 그 군대의 지휘관인 시스라를 제거한 야엘의 영광은 더 큰 것이었다. 하나님은 이렇게 연약하나 당신을 전적으로 신뢰한 여인 야엘을 택하셔서 비록 강하기는 하나 그분을 전적으로 신뢰하지 않은 남자 바락을 부끄럽게 만드셨다. 여기에서 우리는 하나님의 영광을 세상에서 강하고 똑똑하고 부하고 유명한 자가 차지하는 것이 아니라 하나님을 경외하는 영적인 지혜의 소유자가 가진다는 사실을 확인한다.

야엘은 사사도 아니었고 선지자도 아니었고 군대의 사령관도 아니었다. 어떠한 제도적 지위나 보직도 없는 무명의 과부에게 바락이나 드보라도 얻지 못한 하나님의 영광이 주어진 것의 의미는 무엇인가? 바울은 "해의 영광이 다르고 달의 영광이 다르며 별의 영광도 다른데 별과 별의 영광이 다르다"(고전 15:41)고 한다. 그리고 하나님을 섬기는 다양한 직분들 중에서도 "정죄의 직분"이 가진 영광보다 "의의 직분"이 가진 영광이 더 크고(고후 3:9), '이래라 저래라' 바른 소리를 하는 "율법 조문의 직분"보다 예수의 복음을 전파하는 "영의 직분"이 더 큰 영광을 가진다(고후 3:7-8)고 가르친다. 그런데 오직 하나님만 그 모든 "영광의 왕"이시다(시 24:10). 영광의 분배는 하나님의 권한이다. 영광은 스스로 취하지 못하고 누구에게 주어지든 영광의 주관자 되시는 하나님만 당신의 뜻을 따라 어떤 사람에게 베푸신다(요 8:54). 하나님이 영광을 주시려고 찾으시고 택하시는 자는 누구인가? 하나님께 영광을 돌리는 사람이다(요 13:32). 그에게 하나님은 자신의 영광을 베푸신다. 바락은 하나님의 영광보다 드보라의 동행을 택하였고 야엘은 비록 드보라를 만나지는 못했으나 하나님의 영광을 택하였다. 바락보다 더 연약한 여자의 몸이지만 하나님께 영광을 돌리기 위해 생명의 위험을 무릅쓰고 적의 최고 사령관을 칼도 아닌 말뚝으로 제거했다.

성도의 싸움은 혈과 육에 속한 것이 아니라 적의 최고 사령관인 마귀를 대적하는 영적 전쟁이다. 이런 전쟁에는 육체의 근육과 군사력이 필요하지 않다. 연약한 여인도, 외로운 고아도, 가난한 농부도, 비천한 세리도, 소외된 창녀도 하나님의 전신 갑주만 취한다면 누구든지 이 전쟁의 전사일 수 있고 하늘에서 주어지는 영광의 주인공이 될 수 있는 전쟁이다. 하나님은 혈통적인, 민족적인, 경제적인, 정치적인, 사회적인, 신체적인 외모를 보지 않으시고 중심을 보시는 분이시다. 중심이 전사이면 전사의 영광이, 중심이 사사이면 사사의 영광이 주어진다. 야엘은 비록 평범한 사람이고 평범한 남자보다 연약한 여인이고, 어쩌면 남편과 사별한 과부일지 모르겠다. 그러나 이러한 외모와는 달리 그녀의 중심은 전사였다. 그래서 외모가 전사인 바락의 영광이 그녀에게 주어졌다.

> ²³그날에 하나님은 가나안 왕 야빈을 이스라엘 자손의 면전에
> 굴복하게 만드셨다 ²⁴이스라엘 자손의 손은 가나안 왕 야빈을
> 끊어내는 그 때까지 가나안 왕 야빈을 향해 계속해서 강경했다

시스라의 죽음과 그 군대의 몰살은 비록 야엘과 바락이 행한 일이지만 하나님이 이루신 일이었다. 그래서 사사기 저자는 하나님에 의해 가나안 왕 야빈이 이스라엘 자손의 면전에서 굴복하게 된 것이라고 기록한다. 20년간 야빈의 폭정으로 괴롭힘을 당하는 자기 백성을 하나님은 긍휼히 여기셨다. 그래서 드보라와 바락과 야엘을 통해 괴로움의 늪에서 그들을 건지셨다. 건지심을 받는 이스라엘 자손은 그들을 괴롭히던 가나안 왕 야빈이 가진 권력의 씨가 완전히 마를 때까지 점점 더 "격해졌다"(קָשָׁה). 이는 야빈의 저항도 점점 더 격해졌기 때문이다. 시스라와 그 군대의 죽음은 전쟁의 끝이 아니었다. 전쟁은 적의 왕이 제거될 때에 비로소 종료된다. 오늘날 지상의 교회도 모든 대적들의 사령관인 마귀와의 진행형 전투를 수행하고 있다.

삿 5:1-12

¹이 날에 드보라와 아비노암의 아들 바락이 노래하여 이르되 ²이스라엘의 영솔자들이 영솔하였고 백성이 즐거이 헌신하였으니 여호와를 찬송하라 ³너희 왕들아 들으라 통치자들아 귀를 기울이라 나 곧 내가 여호와를 노래할 것이요 이스라엘의 하나님 여호와를 찬송하리로다 ⁴여호와여 주께서 세일에서부터 나오시고 에돔 들에서부터 진행하실 때에 땅이 진동하고 하늘이 물을 내리고 구름도 물을 내렸나이다 ⁵산들이 여호와 앞에서 진동하니 저 시내산도 이스라엘의 하나님 여호와 앞에서 진동하였도다 ⁶아낫의 아들 삼갈의 날에 또는 야엘의 날에는 대로가 비었고 길의 행인들은 오솔길로 다녔도다 ⁷이스라엘에는 마을 사람들이 그쳤으니 나 드보라가 일어나 이스라엘의 어머니가 되기까지 그쳤도다 ⁸무리가 새 신들을 택하였으므로 그 때에 전쟁이 성문에 이르렀으나 이스라엘의 사만 명 중에 방패와 창이 보였던가 ⁹내 마음이 이스라엘의 방백을 사모함은 그들이 백성 중에서 즐거이 헌신하였음이니 여호와를 찬송하라 ¹⁰흰 나귀를 탄 자들, 양탄자에 앉은 자들, 길에 행하는 자들아 전파할지어다 ¹¹활 쏘는 자들의 소리로부터 멀리 떨어진 물 긷는 곳에서도 여호와의 공의로우신 일을 전하라 이스라엘에서 마을 사람들을 위한 의로우신 일을 노래하라 그 때에 여호와의 백성이 성문에 내려갔도다 ¹²깰지어다 깰지어다 드보라여 깰지어다 깰지어다 너는 노래할지어다 일어날지어다 바락이여 아비노암의 아들이여 네가 사로잡은 자를 끌고 갈지어다

❖ ❖ ❖

¹그날에 드보라가 아비노암 아들 바락과 [함께] 노래하며 말하기를 ²이스라엘 중의 리더들이 이끌고 백성은 즐거이 헌신한다 너희는 여호와를 찬송하라 ³너희 왕들아 들으라 귀인들도 귀를 기울이라 내가 여호와를 향하여 내가 노래하게 하고 이스라엘의 하나님 여호와를 향하여 연주할 것이로다 ⁴여호와여 당신께서 세일에서 나오시고 에돔의 들판에서 행진하실 때에 땅이 진동하고 하늘들도 [물들을] 내리고 구름들도 물들을 내립니다 ⁵산들이 여호와 앞에서 흘러 내리고 저 시내산도 이스라엘 하나님 앞에서 [흘러 내립니다]' ⁶아낫의 아들 삼갈의 날에는 [또는] 야엘의 날에는 대로들이 비었으며 걷는 행인들은 굽은 길들로 다녔도다 ⁷내가 일어날 [때까지는], 드보라인 내가 이스라엘 어미로 일어날 때까지는 이스라엘 중에 방백들이 그쳤으며 그쳤도다 ⁸그(이스라엘)는 새로운 신들을 택하였고 그때에 전쟁이 성문들에 [이르렀다 그러나] 이스라엘 사만 명 중에 방패나 창이 보였던가! ⁹내 마음이 백성 중에 즐거이 헌신하는 이스라엘 방백들을 향하도다 너희는 여호와를 송축하라 ¹⁰하얀 암컷 나귀들을 탄 자들이여, 양탄자에 앉은 자들이여, 그리고 길에 행하는 자들이여 전파하라 ¹¹궁수들의 소리에서, 물 긷는 곳들 사이에서, 그들은 그곳에서 하나님의 의들을, 이스라엘 중에 그의 방백들의 의들을 정말로 칭송한다 그때에 여호와의 백성은 성문으로 내려간다 ¹²너는 깨어나라 깨어나라 드보라여 깨어나라 깨어나라 너는 노래를 노래하라 일어나라 바락이여 너는 너의 포로들을 결박하라 아비노암 아들이여

10 　드보라: 찬양의 숙명

본문에는 노래하라, 칭송하라, 연주하라, 노래를 노래하라 같은 표현들이 많이 등장한다. 전쟁의 승리 이후에 드보라가 부른 노래는 어쩌면 전쟁의 승리가 전하는 궁극적인 의미가 하나님 찬송에 있다고 가르치는 것인지도 모르겠다. 찬양은 하나님이 인간을 창조하실 때에 본성과 인생에 부여하신 숙명이다. 전쟁의 승리는 그 사실을 깨우치는 가장 거대한 목소리와 같다. 즉 전쟁은 하나님께 속하였고 그 전쟁의 승리가 주는 메시지는 하나님 찬양이며 그 찬양은 인간의 본래적인 숙명이다.

1그날에 드보라가 아비노암 아들 바락과 [함께] 노래하며 말하기를

드보라는 전쟁에서 승리한 이후에 바락과 함께 하나님을 향하여 노래한다. 이 노래를 드보라의 것이라고 보는 이유는 노래에 등장하는 일인칭 대명사가 드보라를 가리키고 있기 때문이다. 그러나 드보라가 작사하고 작곡한

것을 바락도 함께 불렀기 때문에 사사기 저자는 드보라와 바락의 노래인 것처럼 기록했다. "노래"(שִׁיר)는 하나의 예술이며 논리적인 언어의 진술로는, 문서의 평면적인 보고로는 다 담아낼 수 없는 감격과 기쁨을 표출하는 소통의 수단이다. 모세가 이스라엘 민족을 애굽에서 인도하여 함께 홍해의 마른 바닥을 밟고 건너가고 쫓아오던 애굽의 병거와 군대가 그 바다에 산 채로 수장되는 것을 목격한 이후에도 모세와 백성은 여호와께 노래를 불렀었다(출 15:1-18). 이번에는 하솔 왕 야빈과 시스라, 그리고 그들의 철 병거와 군대를 기손 강가에서 무찔렀다. 비록 규모는 작지만 상황은 홍해를 건너던 모세의 시대와 유사하다. 그때에도 하나님의 전적인 능력으로 승리했고 이때에도 동일한 분의 능력으로 승리했기 때문이다. 만약 자신에게 승리할 능력이 있고 그래서 예측된 승리라면 노래를 부를 정도로 그렇게 큰 기쁨과 감격이 있지는 않았겠다. 그러나 군사력의 열세와 사기의 부재에도 불구하고 백성보다 앞서서 싸우시는 하나님의 은혜와 권능으로 승리했기 때문에 잠잠할 수 없었고 갑절의 기쁨과 감격이 노래까지 만들었다.

비록 드보라와 바락은 이길 수 없는 전쟁의 승리를 이루시는 하나님의 기적 때문에 노래를 불렀지만 그런 기적은 인생의 본래적인 목적을 알려주는 하나의 표식이다. 하나님을 위하여 지어진 인간은 하나님께 영광의 찬송이다. 인간에게 찬송은 숙명이다. 그런데 죄로 말미암아 그 영광이 이르지 못하여 존재와 인생의 입술에는 찬송이 사라졌다. 이에 하나님은 영광이 떠난 인간에게 찬송의 회복을 위해 구원을 이루신다. 전쟁을 통해 하나의 민족을 일으키는 집단적인 구원도 이루시고 치유와 회복을 통해 죽어가는 사람을 일으키는 개인적인 구원도 이루신다. 이때 개인이나 공동체는 하나님께 감사의 찬송을 노래한다. 이 구원을 계기로 인간의 노래하는 본성이 서서히 치유되고 찬송의 숙명이 회복된다. 이는 하나님의 형상을 따라 지음을 받은 사람들 중에 예외가 없는 숙명이다. 그래서 범사에 감사의 찬양을 드리는 게 합당하다. 매 순간이 기적이기 때문이다. 우리가 하나님께 찬양을 드리면 근심과 두려움과 걱정과 불안을 위한 마음의 빈자리가 없어진다. 항상 찬양하면 우리의 마음은 늘 천국이다. 하나님은 우리가 창조자와 구원자 하나님의 이름을 기념하고 찬양하는 거룩한 성전이며 항구적인 천국이길 원하신다. 그런데도 사람들은 화끈한 전투로 통쾌한 승리를 거둘 때에만 찬양한다. 죽었다가 깨어나야 낯선 찬양의 멜로디를 급조한다. 여전히 환경 의존적인 모습이다. 조건적인 찬양의 인생이다. 찬양하는 본성의 회복은 여전히 아득하다. 인식의 전환이 필요하다. 하나님을 중심으로 이해된 인간은 찬양의 존재이며 이것은 우리가 낙원에 가면 항상 찬양하게 된다는 사실이 입증한다. 낙원은 하나님이 의도하신 찬양의 인간이 온전히 회복된 세상이다.

2"이스라엘 중의 리더들이 이끌고 백성은 즐거이 헌신한다
너희는 여호와를 찬송하라

드보라는 자신의 공로를 앞세우지 않고 전쟁을 전방에서 수행한 리더들과 헌신한 백성을 먼저 언급한다. 드보라는 지혜로운 지도자다. 오늘날 대부분의 지도자는 자신의 치적을 자신의 입술로 자랑하는 일에 앞다툰다. 타인보다 내가 더 잘했다는 입증에 혈안이 된 모습이 참으로 보기에 민망하다. "타인이 너를 칭찬하게 하고 네 입으로는 하지 말며 외인이 너를 칭찬하게 하고 네 입술로는 하지 말지니라"(잠 27:2). 지혜자의 이러한 교훈은 예나 지금이나 유효하다. 여기에서 "타인"은 나를 아는 사람이고 "외인"은 나를 모르는 사람이다. 타인에 의한 칭찬보다 외인에 의한 칭찬이 더 우수하다. 외인의 칭찬은 나를 잘 아는 지인만이 아니라 나를 잘 모르는 사람들도 좋은 소문을 들어서 칭찬할 정도로 덕망이 높은 사람임을 입증하기 때문이다.

병거와 무기와 조직된 군대도 없이 훈련되지 않은 민병대를 앞장서서

이끈다는 것은 전쟁터를 무덤으로 삼겠다는 각오가 아니면 불가능한 모험이다. 당시 전쟁을 일으키고 출전하는 것은 무덤에 뛰어드는 일이었다. 그런데도 이스라엘 리더들은 승산이 제로에 가까운 전쟁을 감행했다. 이러한 결단의 이유는 눈에 보이는 사람들 때문이 아니라 하나님의 약속에 대한 전적인 신뢰 때문이다. 칭찬을 받아 마땅하다. 그리고 백성은 그들의 인도를 따라 "즐거이 헌신했다"(בְּהִתְנַדֵּב). 드보라는 여성의 섬세한 눈으로 백성의 표정과 태도를 관찰했다. 그들은 계란으로 바위를 치는 듯한 전쟁을 감행하는 리더들의 '무모한' 결정을 존중했다. 보병이 철 병거 부대와 싸운다면 패배가 뻔한 일임에도 불구하고 백성은 망설임과 타율적인 떠밀림 없이 기꺼이 헌신했다. 자신을 내어주는 것은 전쟁터를 제단으로 삼고 자신을 산 제물로 바치는 일이었다. 드보라와 바락의 지휘를 따라 이루어진 이 전쟁은 하나님께 드려진 최고의 예배였다. 이는 방백들과 백성 모두가 하나님의 전쟁을 위하여 자신의 생명을 조금도 귀한 것으로 여기지 않고 오히려 기꺼이 내주었기 때문이다.

드보라는 수고한 리더들과 헌신한 백성을 향하여 명령한다. "여호와를 찬송하라." 이 전쟁을 수행한 것은 리더들과 백성이다. 그러나 이스라엘 백성의 승리와 구원은 하나님이 선물로 주신 기적이다. 그래서 그분만이 찬송을 받기에 합당하다. 리더들은 자신의 지도력을 주목하지 않고, 백성은 자신의 자발적인 헌신을 주목하지 않고, 오직 지도력과 자발적인 헌신의 마음을 주신 하나님만 주목해야 한다. 이것이 신앙이다. 각자의 공로를 내세우며 보다 많은 보상을 챙긴다면 그것은 교회가 아니라 최소의 투자로 최고의 수익을 거두려는 세상이다. 드보라는 하나님의 말씀으로 전쟁을 승리로 이끈 사사인 동시에 전쟁 이후에도 이스라엘 백성의 신앙을 아름답게 만드는 영적인 지도자다. 드보라의 이 노래는 리더들과 백성 모두가 더불어 하나님께 드리는 감사의 찬송이다. 하나님은 모든 찬양이 수렴되는 종착지다.

3너희 왕들아 들으라 귀인들도 귀를 기울이라 내가 여호와를 향하여
내가 노래하게 하고 이스라엘의 하나님 여호와를 향하여 연주할 것이로다

드보라는 왕들과 귀인들도 이 찬양의 현장으로 호출한다. 물론 여기에서
"왕들"과 "귀인들"은 드보라와 함께 있는 사람들이 아니라 온 세상의 모든
일반적인 유력자를 의미한다. 드보라의 시대는 아직 이스라엘 중에 왕이
세워지지 않은 왕정시대 이전이기 때문에 "왕들"과 "귀인들"은 이 세상의
모든 이방인들 중의 권세들을 가리킨다. 드보라의 관심사는 이스라엘 민족
에게 제한되지 않고 온 세계를 포괄한다. 하나님은 하늘과 땅의 창조주가
되시기에 관심의 범위가 온 세계인 것은 지극히 합당하다. 드보라는 하나
님이 온 세상의 모든 민족이 찬송해야 하고 찬송을 받으시기 합당한 분이
라고 생각한다. 우리도 교회 안에서만 통용되는 협소한 종교적인 신 개념
을 넘어 온 세계의 모든 사람들이 그분을 찬양할 수밖에 없는 우주적인 하
나님을 인지해야 한다. 그리고 세상 앞에서 '온 세상의 왕들아 귀인들아 이
스라엘 하나님 여호와께 함께 찬양을 드리자'고 당당하게 제안하는 일에
주저하지 말자. 이는 우리의 의식이 세계를 품어야 가능하다.

드보라는 노래하는 주체로서 "내가"(אָנֹכִי)라는 말을 두 번이나 사용한
다. 이는 하나님을 향한 찬송의 의지가 그녀 안에서 강력함을 드러낸다. 하
나님을 찬양하는 것은 그녀에게 종교적인 의무가 아니었고 타율적인 강요
가 아니었다. 그분을 찬양하지 않으면 죽을 것만 같은 감사와 감격의 터질
듯한 마음으로 그녀는 노래했다. 이는 비록 상황은 완전히 다르지만 예레
미야 선지자의 심정과 비슷하다. "내가 다시는 여호와를 선포하지 아니하
며 그의 이름으로 말하지 않으리라 하면 나의 마음이 불붙는 것 같아서 골
수에 사무치니 답답하여 견딜 수 없나이다"(렘 20:9). 이런 마음의 불붙음과
골수의 답답함은 여호와의 이름에 대한 침묵이 초래할 선지자의 상태였다.
드보라의 심정도 이러하다. 노래의 주어인 "나"라는 말을 반복하고, 찬양할

것이라는 말도 반복한다. 목소리로 찬양하고(אָשִׁירָה) 악기로 연주할 것이라(אֲזַמֵּר)고 한다. 하나님을 찬양하기 위해 그녀는 모든 도구를 다 동원한다. 하나님을 찬양하는 사람에게 이 세상의 모든 것들은 악기로 간주된다.

> ⁴여호와여 당신께서 세일에서 나오시고 에돔의 들판에서 행진하실 때에 땅이 진동하고 하늘들도 [물들을] 내리고 구름들도 물들을 내립니다 ⁵산들이 여호와 앞에서 흘러 내리고 저 시내산도 이스라엘 하나님 앞에서 [흘러 내립니다]'

하나님을 향한 드보라의 노래는 웅장하다. 그녀는 하나님이 "세일에서 나오시고 에돔의 들판에서 행진하실 때"를 먼저 언급한다. 세일은 에돔의 다른 이름이다. 드보라 노래의 이 소절은 모세가 죽기 전에 이스라엘 자손을 위하여 빌었던 복의 내용과 비슷하다. 그때 여호와는 "시내 산에서 오시고 세일 산에서 일어나"신 분이시다(신 33:2). 시내 산에서는 말씀으로 나오시고 세일 산에서는 행동으로 나오셨다. 이는 하나님이 명하시고 동시에 이루시는 분이심을 나타낸다. 세일은 광야를 대변한다. 광야의 길을 걸어간 사람은 분명히 이스라엘 백성이다. 그러나 하나님은 그들을 한 순간도 버리지 않으셨다. 하나님이 그들과 함께 계셨기 때문에 일어난 일들은 무엇인가? 첫째, 땅의 진동이다. 이스라엘 자손이 밟는 땅마다 하나님의 동행하심 때문에 흔들렸다. 그들이 어디를 행진하든 그곳에 거주하는 모든 사람들의 간담은 서늘했다. 사람만이 아니었다. 산들도, 저 시내산도 "여호와 앞에서"(מִפְּנֵי יְהוָה) 흘러 내렸다고 한다. 말씀으로 오시든, 행동으로 오시든 이 땅에는 하나님을 감당할 피조물이 없기에 무엇이든 체질이 녹아 흘러 내리는 일이 발생한다. 물론 산들이 물처럼 흘러 내린다는 표현을 당시에 비가 내려서 말랐던 기존 강으로 대규모의 흙탕물이 흘러 내리는 것의 시적인 표현으로 이해하는 것도 가능하다.

드보라는 하나님 앞에서 땅만이 아니라 하늘들과 구름들도 물들을 내린다고 노래한다. 여기에서 "물들"(מַיִם)은 비를 의미한다. 하늘과 구름이 비를 내린다는 것의 의미는 무엇인가? 세일이 상징하는 광야의 길에서는 비가 내렸다는 이야기가 없다. 그래서 사람들은 모세의 시대가 아니라 드보라의 시대에 기손 강으로 집결한 900대의 철 병거를 무용하게 만드는 비였을 것이라고 추정한다. 어떤 사람들은 비가 내린다는 것은 하나님이 지나시는 곳마다 복이 임함을 뜻한다고 해석한다. 이와는 달리 하나님이 지나시는 곳마다 그분의 심판이 임하는 것을 뜻한다고 이해하는 사람들도 있다. 이는 비가 선한 자에게는 복이지만 악한 자에게는 저주라는 해석이다. 실제로 하나님은 가시는 곳마다 선한 자에게는 복을 베푸시고 악한 자에게는 재앙을 내리신다. 어떠한 해석을 선택하든 하늘과 구름이 잠잠하지 못하고 그들의 의사표시 수단인 비를 내린다는 것은 하나님의 무한한 위엄과 영광에 대한 반응인 것은 분명하다. 하늘들과 구름들과 땅과 산들이 모두 하나님 앞에서는 피조물일 뿐임을 나타낸다. 그래서 각자의 고유한 방식으로 하나님 앞에 경의를 표현한다. 하늘들과 구름들의 비, 땅의 흔들림, 산들의 녹아 내림 같은 방식으로! 인간이 하나님께 경의를 표하는 방식은 찬양이다. 입술만이 아니라 온 인생이 하나님께 드려지는 찬송이다.

지금도 하나님은 우리의 곁을 떠나지 않으신다. 우리가 가는 곳마다 말씀으로, 동행으로 우리의 곁을 지키신다. 하늘과 땅이 두렵고 떨림으로 경의를 표하고 구름과 산이 고개를 숙이는 일들이 지금도 일어난다. 이는 믿음의 눈으로 볼 때에만 확인된다. 하늘과 땅과 그 사이에 있는 모든 피조물은 본래 인간에게 주어진 하나님의 선물이며 그래서 인간을 위해 존재한다. 선물의 궁극적인 내용은 그 모든 가시적인 것들이 나타내는 하나님의 보이지 않는 신성과 능력이다. 하늘이 비를 내리고 땅이 흔들리는 방식으로 하나님의 행보에 반응하며 그의 신성과 능력을 나타내는 것은 너무도 당연하다. 산들이 녹아서 흘러 내리는 것도 정상적인 반응이다. 하물며 야빈이나 시스라와 같은 인간이 어떻게 감히 하나님의 행진을 막아 설 수 있겠는가! 바울도 "만일 하나님이 우리를 위하시면 누가 우리를 대적"할 수 있느냐고 반문한다(롬 8:31). 모든 것들이 협력하여 우리에게 선을 이룬다는 바울의 확신(롬 8:28)은 하나님에 대한 그의 확고한 지식에 근거한다.

> 6아낫의 아들 삼갈의 날에는 [또는] 야엘의 날에는 대로들이 비었으며
> 걷는 행인들은 굽은 길들로 다녔도다

드보라는 전쟁의 승리 이전의 이스라엘 상태를 언급한다. 과거와 현재를 비교하는 방식으로 하나님의 은혜와 권능을 노래한다. "삼갈의 날"과 "야엘의 날"에는 "대로들"(אֳרָחוֹת)이 비어 있었다고 한다. 이는 불안정한 시대상을 잘 보여준다. 안전한 여행이나 활발한 무역을 위해서는 대로를 이용해야 한다. 이를 위하여 대로를 만들었다. 그러나 치안이 불안하고 약탈이 심하면 사람들은 눈에 훤히 드러나는 위험한 대로의 이용을 포기한다. 대로가 비었다는 것은 당시에 평화가 아니라 불안이, 선정이 아니라 폭정이, 질서가 아니라 무질서가 만연해 있었음을 의미한다. 사실 삼갈은 소몰이 막대기로 600명의 블레셋 사람을 죽인 용사이고, 야엘은 야빈의 군대장과 시스라를 제거한 여걸이다. 그러나 삼갈의 시대에는 가나안 전역에서 평화를 누리지 못하고 국지적인 평화만 누렸으며, 야엘의 경우도 아직 하솔의 왕은 살아 있었기 때문에 불안한 시국이 평정되기 전이었다. 그러므로 사람들은 대로를 이용하지 못하고 은밀한 "오솔길 혹은 굽은 길들"(אֳרָחוֹת עֲקַלְקַלּוֹת)만 이용해야 했다.

> 7내가 일어날 [때까지는], 드보라인 내가 이스라엘 어미로 일어날 때까지는

그리고 드보라가 이스라엘 어미로서 일어나기 전까지는 이스라엘 중에 용맹한 방백들이 나타나지 않았다고 지적한다. "방백들"(פְּרָזוֹן)을 "성곽이 없는 촌락의 주민들"로 이해하는 사람들도 있다. 이렇게 해석하는 사람들은 이 단어를 해석하되 대로에만 사람들이 사라진 것이 아니라 외진 시골의 농부조차 안정된 삶을 살아가지 못하는 불안한 세태를 반영하는 말이라고 한다. 그러나 나는 이 구절의 시적인 구성과 전쟁의 맥락에서 볼 때에 "방백들"로 이해하는 것이 좋다고 생각한다. 문장을 살펴보면, 방백들이 "그쳤다"(חָדֵל)는 말이 반복되는 것처럼 드보라가 "일어났다"(שַׁקַּמְתִּי)는 말도 동일한 횟수로 반복된다. 이는 방백의 공백을 드보라가 채우고 있다는 인상을 제공하는 문장의 구성이다.

드보라는 자신을 "이스라엘 안에서 어미"(אֵם)라고 인식한다. 이는 욥이 "부르짖는 빈민과 도와 줄 자 없는 고아"를 도왔기 때문에 "내가 빈궁한 자들에게 아비"(אָב)가 되었다고 한 것과 유사하다(욥 29:16). 드보라가 자신을 이스라엘 중의 어미라고 규정한 이유는 무엇인가? 방백들은 백성을 돌보는 사람이다. 그런데 난세에는 방백들도 백성을 자식처럼 돌보며 지켜주지 않고 자신의 생존과 앞가림에 골몰한다. 선한 방백들의 실체는 어려운 때일수록 더 잘 드러난다. 그런데 드보라가 보기에 그런 방백들이 없다. 심지어 바락조차 드보라를 따르기는 하였으나 하나님을 전심으로 신뢰하고 하나님 때문에 백성을 위해 자신의 생명을 드리는 태도를 보이지 않을 정도였다. 실제로 이스라엘 중에 믿음직한 아비들이 없는 상황에서 드보라는 자신을 헌신한다. 자신을 돌보고 생존하는 것을 선택하지 않고 이스라엘 자손의 어머니가 되어 그들을 위해 살겠다고 결단한다.

하와의 타락으로 인해 "너는 남편을 원하고 남편은 너를 다스릴 것"이라는 하나님의 섭리가 하와에게 주어졌다. 이런 섭리와는 달리 하나님은 이따금씩 자기 백성을 다스리는 지도자로 여인을 세우신다. 이는 남자에게 맡겨진 다스림의 책임에 대한 신적인 문책의 일환이다. 드보라가 사사와 여선지자 역할을 하면서 이스라엘 어미의 책임까지 도맡은 것은 이스라엘 아비의 역할과 의무를 수행해야 할 방백들의 무책임에 대한 하나님의 준엄한 책망이다. 남자는 다스림의 권세를 자신의 전유물로 생각하지 않도록 주의해야 한다. 모든 권세는 하나님께 있고 그분은 누구에게 어떠한 권세를 얼마만큼 줄 것인지도 정하신다. 욥의 고백처럼, 하나님은 주기도 하시지만 거두기도 하시는 분이다(욥 1:21). 복을 주기도 하시고 재앙을 주기도 하시는 하나님은 다스림의 권세를 남자에게 주기도 하시고 여자에게 주기도 하시는 분이시다. "이기는 자와 끝까지 내 일을 지키는 그에게 만국을 다스리는 권세를 주신다"(계 2:26)고 하신 예수님의 약속은 남성과 여성 모두에게 주어졌다. "내가 또 내 영을 남종과 여종에게 부어줄 것이라"(욜 2:29)는 하나님의 약속도 같은 맥락이다.

한 사람의 어머니가 되어도 인생이 완전히 달라진다. 하물며 한 민족의 어머니가 되겠다는 것은 자신의 개인적인 인생을 접겠다는 의지의 표현이다. 권력욕이 아니라 희생적인 사랑이다. 모든 시대에 이런 드보라가 필요하다. 한 공동체의 어머니가 필요하다. 왜냐하면 한 공동체를 희생적인 사랑으로 지키고 끝까지 책임질 아비가 교회에 희소하기 때문이다. 자신만 위하고, 자신의 혈통적인 자식만 위하고, 자신에게 수익을 창출하는 무리만 위하는 속 좁고 이기적인 지도자는 많지만 공동체 전체를 사랑하고 돌보려는 지도자는 없다. 지금 전 세계는 코로나 팬데믹 상황이다. 인간의 이기심이 극도로 자극되는 분위기가 유령처럼 곳곳을 장악하고 있다. 가정에도, 회사에도, 학교에도, 국가에도 자아의 한계를 넘어 희생적인 사랑으로 한 공동체를, 온 세상을 품을 어머니의 필요가 절실한 상황이다.

8그(이스라엘)는 새로운 신들을 택하였고 그때에 전쟁이 성문들에

[이르렀다 그러나] 이스라엘 사만 명 중에 방패나 창이 보였던가!

이 구절은 번역과 해석이 난해하다. 많은 사람들이 "하나님이 새로운 자들을 택했다"고 번역한다. "하나님"(אֱלֹהִים)은 복수이고 "택했다"(בָּחַר)는 단수라는 문법적 이탈은 창세기 1장에서 하나님의 창조를 기록할 때에도 나타난 현상이기 때문에 이상하지 않다. 그러나 내용의 전개는 매끄럽지 않다. 그래서 나는 70인경의 헬라어 번역을 따르되 동사의 복수형(ἐξελέξαντο)이 아닌 동사의 단수형을 따라 "그가 새로운 신들을 택했다"고 번역한다. 여기에서 "그"는 백성의 대표성을 나타내는 이스라엘을 가리킨다. 이렇게 번역하면 주어와 동사의 수(number)도 단수로서 일치한다. 내용적인 면에서도 이런 번역이 왜 이스라엘 백성이 불안하고 무질서한 폭정의 희생자가 되었으며 그럼에도 불구하고 그들을 구해줄 방백들이 없었던 것인지를 잘 설명한다. 이스라엘 자손은 하나님의 명령을 거역하고 가나안의 "새로운 신들"(אֱלֹהִים חֲדָשִׁים)을 하나님 대신에 택하였다. 우상숭배 행위는 모든 재앙의 원인이다(왕상 9:9). 전쟁이 그 백성을 노크한 것도 우상숭배 때문이다.

"전쟁"(לָחֶם)은 재앙의 대표적인 유형이다. 드보라는 이스라엘 자손이 "새로운 신들"을 택하여 숭배한 바로 "그때에"(אָז) 전쟁이 발발했고 공동체가 위기에 빠졌다고 설명한다. 게다가 이 전쟁에서 싸워 승리할 신실한 방백들은 하나도 없었으며 심지어 사만의 이스라엘 군대에는 무기로서 "방패나 창"의 그림자도 보이지 않았다고 지적한다. 그들을 막아줄 무기가 하나도 없어서 이스라엘 자손이 전쟁에 벌거벗은 것처럼 노출되어 있다. 적들이 이스라엘 자손의 운명을 좌우할 수 있는 상황이다. 이것을 나 자신에게 적용하면, 내가 내 인생을, 내 가족을, 내 공동체를, 내 민족을 바르게 인도할 수 없는 무기력한 절망의 상황이다.

⁹내 마음이 백성 중에 즐거이 헌신하는 이스라엘 방백들을 향하도다
너희는 여호와를 송축하라

그런데 놀라운 일이 발생했다. 이스라엘 중에 헌신하는 방백들이 나타났다. 그것도 즐겁게 기꺼이 헌신하는 자들이다. 패배가 불을 보듯이 뻔한 전쟁의 상황에서, 아무도 나서지 않고 눈치만 보는 상황에서, 지도자의 총대를 멘다는 것이 세상의 눈으로는 대단히 무모해 보이는 결정이다. 그러나 믿음의 눈으로 본다면 어떠한 불순물도 없는 믿음, 이 세상의 어떠한 도움도 바라지 않고 오직 하나님만 기대하는 순수한 신앙의 결단이다. 드보라의 마음(לִבִּי)은 이러한 방백들의 향기로운 신앙에 매료된다. 이것은 이성적인 끌림이 아니라 신앙적인 끌림이다. 계산되지 않은 신앙의 사람을 만나면 마음이 준동한다. 그리스도 안에서의 사랑이 순수한 믿음의 사람들 사이에서 기지개를 켠다. 자랑하지 않고 떠벌리지 않고 과장하지 않고 연출하지 않는 사람의 순수한 신앙은 진정한 보석이다. 세상 사람들도 어중간한 종교인이 아니라 온전한 신앙인을 존중한다. 왜냐하면 그는 존재 자체로 어두운 세상의 빛이고 부패한 세상의 소금이기 때문이다.

　드보라는 방백들을 향해 하나님 송축을 명령한다(בָּרֲכוּ). 드보라 자신은 즐거이 헌신한 방백들의 출현이 하나님을 찬양해야 할 이유인 것처럼 노래한다. 이는 방백들의 자발적인 헌신이 그들의 인품이나 신앙이 뛰어났기 때문이 아니라 하나님이 그들을 택하여 세우셨기 때문이다. 이스라엘 자손은 새로운 신들을 택했지만 하나님은 새로운 방백들을 택하여 그 자손을 건지셨다. 그래서 드보라는 선한 방백들의 등장이 하나님의 은혜로 말미암은 결과라고 이해한다. 이처럼 드보라는 범사에 하나님을 인정한다. 이는 그녀가 하나님을 알고, 하나님의 사랑도 알고, 그런 사랑의 하나님이 일하시는 방식도 알고 있기 때문이다. 하나님을 알면 범사에 그분을 인정하게 된다. 방백들 자신도 자신의 자발적인 헌신이 하나님의 은혜라는 사실을 인정해야 한다. 그래서 드보라는 찬양을 명령했다. 이 찬양은 드보라와 방백들의 전유물이 아니라 이스라엘 전부의 노래여야 한다.

> 10하얀 암컷 나귀들을 탄 자들이여, 양탄자에 앉은 자들이여,
> 그리고 길에 행하는 자들이여 전파하라

그래서 드보라는 모든 이스라엘 자손에게 하나님의 은혜와 방백들의 자발적인 헌신을 묵상하고 말하라(שִׂיחוּ)고 한다. "하얀 암컷 나귀들을 탄 자들"에게 이 이야기의 전파를 부탁한다. "하얀 암컷 나귀들"은 당시에도 최고급 수레 중의 하나였다. 그래서 그런 나귀들을 타는 자들은 최상위의 지도층 혹은 귀족층을 의미한다. "양탄자"도 일반 서민들의 생활 필수품이 아니라 귀족들과 지도자들 중에서 적어도 중류층에 해당하는 가정의 고급 용품이다. "길에 행하는 자들"은 가난한 소매상들, 서민들, 혹은 가난한 사람들을 의미한다. 드보라는 상류층과 중류층과 하류층을 불문하고 모든 이스라엘 자손은 즐거이 헌신하는 방백들의 아름다운 신앙과 그들을 택하시고 세우신 하나님의 은총을 숙고해야 하고 주변에 알려야 한다고 생각한다.

> 11궁수들의 소리에서, 물 긷는 곳들 사이에서, 그들은 그곳에서 하나님의 의들을,
> 이스라엘 중에 그의 방백들의 의들을 정말로 칭송한다
> 그때에 여호와의 백성은 성문으로 내려간다

드보라가 모든 계층의 사람에게 내린 명령은 공허한 메아리가 아니라 구체적인 현실로 나타났다. 아주 급하게 움직이는 궁수들의 입에서도, 늘 일정한 움직임이 있는 우물들 사이에서, 사람들이 하나님의 의와 방백들의

의를 "정말로 칭송한다"(יְתַנּוּ). 이는 모든 곳에서, 모든 사람들의 입에서, 하나님의 의와 그 신적인 의를 실행하는 방백들의 의가 기념되고 있음을 의미한다. 여기에서 하나님과 방백들의 "의들"(צִדְקוֹת)은 하나님과 방백들이 이룬 의로운 일들을 의미한다. 괴로움을 당하고 절망에 빠져 있던 이스라엘 자손의 구원과 관계된 모든 일들을 가리킨다. 하나님의 의를 칭송하며 기념하는 이유는 무엇인가? 하나님의 구속적인 의는 일회성이 아니기 때문이다. 하나님의 구원은 범사에 매순간 필요하기 때문에 기억해야 한다. 그리고 확신해야 한다.

그런데 사람들은 값없이 주어지는 구원, 하나님의 그 자비로운 의를 경험한 이후에 그것을 너무도 급속하게 망각한다. 그러나 우리가 망각해도 하나님의 의는 결코 변함이 없으시다. 우리를 구원하신 하나님의 의에 대한 소수의 경험은 맛보기에 불과하다. 하나님의 의로움은 영원히 이어진다. 그래서 우리는 결코 멸망하지 않고 반드시 영화롭게 된다. 이런 사실을 오래 기억하기 위해서는 경험을 머리에 떠올리는 것보다 입으로 노래를 부르는 것이 더 유용하다. 멜로디와 리듬에 담긴 경험은 더 오래 보존된다. 우리가 하나님의 의를 칭송하는 동안에는 그 의에 대하여 긍정적인 마음의 태도를 유지한다. 칭송의 대상이 좋은 것이어야 칭송하는 사람들도 선한 마음을 유지한다. 지극히 아름답고 선하신 하나님과 방백들의 의를 칭송하던 바로 "그때에"(אָז) 여호와의 백성이 급하게 이동한다. 선한 마음이 시킨 이동이다. 하나님을 향한 찬송은 찬송하는 사람의 마음에 묘한 자발성과 역동성을 일으킨다. 이스라엘 백성은 성문으로 내려갔다. 그들의 관심과 헌신이 그곳으로 내려갔다. 앞에 언급된 것처럼, 성문은 전쟁이 방문한 곳이었다. 백성은 자발적인 의지를 따라 전쟁의 현장으로 내려갔다. 하나님의 의를 노래하는 백성의 모습이다.

12 '너는 깨어나라 깨어나라 드보라여 깨어나라 깨어나라 너는 노래를 노래하라 일어나라 바락이여 너는 너의 포로들을 결박하라 아비노암 아들이여'

드보라의 노래는 하솔 왕 야빈과 그의 군대장관 시스라를 제거하고 승리한 전쟁의 은밀한 내막을 들려준다. 전쟁은 한 여인의 깨우심과 함께 시작한다. 드보라를 향해 하나님은 깨어나야 한다고 4번이나 명하셨다. 20년의 괴롭힘을 당하고 있는 이스라엘 백성의 신음을 들으신 하나님은 한 여인을 깨워 전쟁을 준비한다. 한 여인의 깨어남이 민족의 구원으로 이어질 수 있음을 보여준다. 드보라를 향한 하나님의 깨우심은 무엇을 위함인가? "너는 노래를 노래하라"(דַּבְּרִי־שִׁיר). 찬양이 깨우심의 이유였다. 전쟁 자체를 위함이 아니었다. 적들을 무찌르고 그들의 괴롭힘에 종지부를 찍고 안전하고 건강하게 부귀영화 누리면서 살라는 것이 아니었다. 전쟁도, 전쟁의 승리도, 그래서 괴롭힘이 없는 인생도 모두 찬양의 숙명을 회복하기 위한 준비였다. 이 세상의 어떠한 것도, 어떠한 일도, 어떠한 상태도 그 자체로 목적인 것은 하나도 없고 오직 하나님의 영광을 찬송하는 도구에 불과하다. 목적을 수단으로 삼고, 수단을 목적으로 삼는 가치의 왜곡이 불행을 초래한다. 하나님을 찬양하는 것과 무관한 시간을 허비하지 말고, 무관한 일에 매달리지 말고, 무관한 것에 매료되지 말라. 인간의 숙명이 하나님을 향한 찬양에 있다면, 그 찬양은 인생의 무게를 가늠하는 기준과 규범이다. 만약 우리가 찬송에 이르지 않았다면 아직 깨어나지 않은 것으로 간주된다. 드보라의 노래에서 이 소절은 자신을 각성하고 이스라엘 자손을 각성하게 한다.

하나님은 아비노암 아들 바락에게 일어날 것을 명하신다. "너는 일어서라"(קוּם). 그리고 그의 포로들을 잡으라고 명하신다. 포로들의 결박은 하나님께 드리는 찬양을 준비하는 바락의 역할이다. 그런데 특이한 것은 적들을 잡으라는 것이 아니라 "너의 포로들"(שֶׁבְיְךָ)을 잡으라는 명령이다. 포로라는 것은 적들이 잡힌 이후의 신분이다. 그런데 아직 잡히지도 않은 적들을 가리켜 "포로"라고 표현한다. 이는 드보라가 시간 속에서 살아가는 인간의 관점이 아니라 영원 속에 계시고 영원한 뜻을 가지고 세상을 이끄시는 하나님의 관점에서 노래하고 있기 때문에 가능한 표현이다. 적의 군대가 하나님의 뜻 속에서는 바락에게 이미 주어졌기 때문에 적들은 잡히기 전이라도 포로였다. 눈에 보이는 현실도 중요하다. 그러나 성도는 하나님의 뜻을 현실로 삼아 살아간다. 세상의 이치에는 황당해 보이지만 믿음은 바라는 것들의 실상이기 때문에 아직 눈앞에서 실현되지 않은 하나님의 뜻도 믿는 자에게는 코앞의 현실이다. 드보라와 바락은 그런 믿음의 현실을 노래하고 있다. 나의 노래는 어떠한가?

삿 5:13-22

¹³그 때에 남은 귀인과 백성이 내려왔고 여호와께서 나를 위하여 용사를 치시려고 내려오셨도다 ¹⁴에브라임에게서 나온 자들은 아말렉에 뿌리 박힌 자들이요 베냐민은 백성들 중에서 너를 따르는 자들이요 마길에게서는 명령하는 자들이 내려왔고 스불론에게서는 대장군의 지팡이를 잡은 자들이 내려왔도다 ¹⁵잇사갈의 방백들이 드보라와 함께 하니 잇사갈과 같이 바락도 그의 뒤를 따라 골짜기로 달려 내려가니 르우벤 시냇가에서 큰 결심이 있었도다 ¹⁶네가 양의 우리 가운데에 앉아서 목자의 피리 부는 소리를 들음은 어찌 됨이냐 르우벤 시냇가에서 큰 결심이 있었도다 ¹⁷길르앗은 요단 강 저쪽에 거주하며 단은 배에 머무름이 어찌 됨이냐 아셀은 해변에 앉았으며 자기 항만에 거주하도다 ¹⁸스불론은 죽음을 무릅쓰고 목숨을 아끼지 아니한 백성이요 납달리도 들의 높은 곳에서 그러하도다 ¹⁹왕들이 와서 싸울 때에 가나안 왕들이 므깃도 물 가 다아낙에서 싸웠으나 은을 탈취하지 못하였도다 ²⁰별들이 하늘에서부터 싸우되 그들이 다니는 길에서 시스라와 싸웠도다 ²¹기손 강은 그 무리를 표류시켰으니 이 기손 강은 옛 강이라 내 영혼아 네가 힘 있는 자를 밟았도다 ²²그 때에 군마가 빨리 달리니 말굽 소리가 땅을 울리도다

❖ ❖ ❖

¹³그때에 남은 자가 유력한 자들을 향해 내려오고, 여호와의 백성이 강한 자들 가운데에 있는 나에게로 내려오네 ¹⁴에브라임 중에서 아말렉에 자신의 뿌리를 둔 자들이 너를 뒤따르고, 베냐민이 너의 백성들과 함께 [뒤따르며], 마길에서 방백들이 내려오고, 스불론 중에서는 지휘관의 막대기를 가진 자들이 [내려오네] ¹⁵잇사갈 중에 나의 방백들이 드보라와 함께 [하니], 잇사갈이 바락과도 함께 그의 발걸음을 따라 골짜기로 보내지네, 르우벤의 분파들 안에서는 마음의 강렬한 다짐들이 [있었도다] ¹⁶어찌하여 너는 양의 우리 가운데서 양들의 울음 소리를 들으려고 머무느냐? 르우벤의 분파들 안에서는 마음의 치열한 탐색들이 [있었도다] ¹⁷길르앗은 요단 강 저쪽에 거주하며 단은 어찌하여 배에 머무는가? 아셀은 해변에 거하면서 자신의 항만에 정착하네 ¹⁸스불론은 죽기까지 자신의 생명을 진실로 홀대한 민족이요 들의 높은 곳에 있는 납달리도 [그리하네] ¹⁹왕들이 와서 싸우도다 그때에 가나안의 왕들이 므깃도 물가 다아낙에서 싸우도다 그들은 한 푼의 탈취물도 취하지 못하도다 ²⁰하늘에서 온 별들이 싸우도다 그들의 길들에서 시스라와 싸우도다 ²¹기손 강이 그들을 쓸어 버리도다 태고의 강은 기손 강이로다 내 영혼아 너는 강한 자를 밟는도다 ²²그때에 말의 발굽들이 [땅을] 두드리며 그것(말)의 강한 자들이 질주에 질주를 [감행하네]

11 드보라: 적당한 불편과 불만

대부분의 사람들은 편리와 만족을 추구하고, 불편과 불만을 싫어한다. 가난함도 싫어하고, 연약함도 싫어하고, 고독도 싫어하고, 비난도 싫어하고, 핍박도 싫어하고, 상처도 싫어하고, 환난도 싫어하고, 손해도 싫어한다. 그러나 이 땅에서는 그런 부정적인 요소들이 자주 말을 걸어온다. 나른한 의식에 잠긴 나에게 정신을 차리라고 찬물을 끼얹는다. 혼돈에 빠진 나에게 본질과 비본질의 구분을 촉구한다. 그래서 사람들이 싫어하는 상황의 적당한 분량도 인생에 요긴하다. 애써서 자초할 필요는 없겠지만 나의 의지와 무관하게 주어진 불가피한 상황이라 한다면 담담히 받아들여 선용하는 것이 지혜롭다. 바울은 모든 사람들이 싫어하는 환난이나 핍박이나 벌거벗은 수치나 위험이나 칼이나 배고픔이 얼마든지 선의 도구로 선용될 수 있음을 지적한다(롬 8:35). 본문은 하나님의 전쟁 앞에서 현재의 안락과 만족에 취하여 그것을 포기하는 출전을 거부하는 지파들과 보다 나은 미래를 위해 자신의 생명도 아끼지 않고 죽어도 좋다는 마음으로 참전한 지파들을 비교한다. 하나님의 전쟁은 하나님이 친히 승리를 이루신다. 이 승리는 우리를 보다 좋은 차원의 행복으로 안내한다. 그런데 이 땅에서의 유익은 그 유익과는 비교할 수 없도록 뛰어난 하늘의 유익을 거부하게 만드는 요인으로 작용한다. 어떠한 불편함과 불만도 없는 궁극적인 안식과 만족은 천국에 있기 때문에 그것을 소망하게 만드는 정도의 적당한 불편과 불만은 유익하다.

<blockquote>

13그때에 남은 자가 유력한 자들을 향해 내려오고,
여호와의 백성이 강한 자들 가운데에 있는 나에게로 내려오네

</blockquote>

여기에서 "그때"는 시스라의 군대와 이스라엘 자손이 싸우는 시점을 가리킨다. "남은 자"(שָׂרִיד)는 20년의 괴롭힘을 받았어도 죽지 않고 생존한 이스라엘 자손을 의미한다. 겨우 생존한 자로서 연약한 이미지를 가진 "남은 자"가 "유력한 자들을 향하여"(לְאַדִּירִים) 오고자 하는 용기와 결단의 근거는 무엇일까? 드보라는 그들에게 "여호와의 백성"(עַם יְהוָה)이란 타이틀을 부여한다. 이것은 남은 이스라엘 자손이 여호와를 자신의 왕으로 여겼다는 점을 암시한다. 우리는 누구의 백성인가? 하나님은 누구의 왕이신가? 우리는 하나님의 백성이고 하나님은 우리의 왕이시다. 이 사실을 확고하게 붙들면 두려움이 사라진다. 남은 자들은 비록 유력한 자들보다 약하지만, 하나님은 유력한 자들보다 더 강하시다. 남은 자들은 자신의 연약함에 근거하지 않고 하나님의 강하심에 근거하여 움직였다.

여기에서 남은 자의 연약함은 하나님의 강하심을 주목하게 하고 그 신적인 강하심의 필요성을 절감하게 하는 원인으로 작용한다. 사람이 강하면 하나님의 강하심이 궁금하지 않고 필요성을 느끼지도 않고 자립을 선택하고 인간의 한계 속에서 살아간다. 그러나 연약한 자는 하나님의 강하심을 인생의 테두리로 삼아 살아간다. 그리고 자기보다 약한 자들을 도울 여력이 없다고

판단하지 않고 하나님이 능력을 주신다면 얼마든지 도울 수 있다고 생각한다. 그래서 남은 자들은 강한 자들 가운데에 있는 더 연약한 여성, 그러나 하나님의 뜻을 분별하는 선지자요 그의 뜻을 따라 백성을 인도하는 사사인 드보라를 향해 나아갔다. 합당한 선택이다. 적당한 연약함은 이렇게 유익하다.

이렇게 믿음의 결단을 내리고 전쟁터로 자발적인 발걸음을 옮겨서 "여호와의 백성"이라 불린 사람들의 구성은 지파별로 다양하다. 즉 에브라임, 베냐민, 스불론, 잇사갈, 납달리, 므낫세 지파가 참전했다. 이들과는 달리, 하나님의 전쟁에 무관심한 지파들도 있었는데 그들에 대해서는 저주의 명령이 떨어진다(삿 5:23). 참전하지 않은 사람들은 르우벤, 갓, 단, 아셀 지파였다.

14에브라임 중에서 아말렉에 자신의 뿌리를 둔 자들이 너를 뒤따르고,
베냐민이 너의 백성들과 함께 [뒤따르며], 마길에서 방백들이 내려오고,
스불론 중에서는 지휘관의 막대기를 가진 자들이 [내려오네]
15잇사갈 중에 나의 방백들이 드보라와 함께 [하니],
잇사갈이 바락과도 함께 그의 발걸음을 따라 골짜기로 보내지네,
르우벤의 분파들 안에서는 마음의 강렬한 다짐들이 [있었도다]

드보라는 먼저 에브라임 중에서 자신에게 나아온 사람들을 언급한다. 다른 지파와는 달리 방백이나 지도자나 명령자에 대한 언급이 없으므로 이들은 평민일 가능성이 높다. 어떻게 에브라임 지파는 앞에서 깃발을 흔드는 사람이 없는데도 평민이 자발적인 참전을 결정할 수 있었을까? 그들은 "아말렉에 자신의 뿌리"(שָׁרְשָׁם בַּעֲמָלֵק)를 둔 자들이다. 그들이 삶의 뿌리를 아말렉에 두었다는 것은 다른 어느 지파보다 더 큰 어려움을 겪었음을 암시한다. 아말렉은 가장 야비하고 교활하게 이스라엘 자손을 괴롭힌 이방 민족이기 때문이다. 나는 아말렉이 가하는 고강도의 괴롭힘을 받은 것이 그들로 하여

금 하나님의 전쟁에 일순위로 동참하게 만든 원인들 중의 하나라고 생각한다. 놀라운 역설이다. 남들보다 더 큰 괴롭힘을 받는다는 것은 누가 보더라도 끔찍한 비극이다. 그러나 그 비극은 하나님께 속한 전쟁을 분별하고 망설임 없는 참전을 결정하게 만든 역설적인 동기로 작용한다. 이는 고난당하는 자녀들을 위한 하나님의 은밀한 보상이다.

다른 사람보다 더 큰 고통과 아픔과 슬픔을 당할 때에 사람들은 운명으로 여기거나 재수가 없다고 여길지 모르지만 하나님은 그 모든 것을 아시고 반드시 그것에 상응하는 은혜를 각 사람에게 베푸신다. 그래서 하나님을 신뢰하는 자에게는 고난도 유익이다. 다윗의 고백이다. "고난 당한 것이 내게 유익이라 이로 말미암아 내가 주의 율례들을 배우게 되었도다"(시 119:71). 자신의 의지와 무관하게 주어진 고난이 있다면 그것조차 유익으로 바꾸실 하나님을 우리는 끝까지 신뢰하고 기대하며 인내해야 한다. 몸에 박혀서 죽을 때까지 괴롭힌 "가시"라는 불편도 바울을 자만하지 않게 만드는 유익한 도구였다(고후 12:7). 나아가 바울은 그리스도 예수만이 자신에게 전부라는 분별력 확보를 위해 자신에게 유익한 것조차도 해로 여기는 판단력을 구사한다(빌 3:8). 적당한 고난의 유익을 아는 사람은 이렇게 수동적인 고난을 넘어 자발적인 고난까지 침노한다.

베냐민 지파도 에브라임 사람들과 함께 드보라를 뒤따른다. 그리고 므낫세 지파를 가리키는 "마길"에서 "방백들"도 드보라를 향해 내려왔다. 스블론 중에서도 "지휘관의 막대기를 가진 자들"이 내려왔다. 잇사갈 중에서도 방백들이 드보라와 동행했다. 여기에 언급된 네 지파들은 지도자가 앞장서서 참전을 이끌었다. 눈에 보이는 지도자의 통솔을 받아 참전을 결정하는 것보다 각자가 하나님의 뜻을 분별하고 참전의 여부를 스스로 결정하는 에브라임 지파가 내 눈에는 더 아름답다. 그래도 올바른 결정을 내린 네 지파들의 리더들은 깨어 있는 자들이다. 특별히 이들은 바락과도 동행하며 전쟁의 골짜기로 내려갔다. 각 지파의 방백들과 백성들은 모두 드보라를 향해 나아왔다.

하지만 그들 모두가 바락과 동행한 것은 아니었다. 필요에 따라 일부가 바락과 동행했다. 여기에서 우리는 드보라가 비록 여성이고 전쟁의 근육을 가지지는 않았지만 하나님의 뜻을 전달하는 선지자요, 전쟁 전체를 지휘하는 사사로서 그 권위가 존중되고 있음을 확인한다.

그런데 르우벤 지파의 경우에는 "마음의 강렬한 다짐들"(גְדֹלִים חִקְקֵי־לֵב)이 있었다고 한다. 그 다짐들은 16절에 나타난 것처럼 시스라의 군대와 치루는 전쟁에 참여하지 않겠다는 것이었다.

16어찌하여 너는 양의 우리 가운데서 양들의 울음 소리를 들으려고 머무르냐?
르우벤의 분파들 안에서는 마음의 치열한 탐색들이 [있었도다]

출전하지 않는 르우벤과 함께 동일하게 출전하지 않은 길르앗과 단과 에셀에 대한 드보라의 추궁이 이어진다. 먼저 어찌하여 르우벤 지파는 이 엄중한 시기에 양의 우리에서 나오는 양들의 울음 소리를 들으며 안주하고 있느냐고 채근한다. 르우벤은 하나님의 전쟁에 출전하는 것보다 일상의 안락한 상태 유지를 택하였다. 이러한 결론에 도달하기 위해 르우벤 내부에서 "마음의 치열한 탐색들"(חִקְרֵי)이 있었다고 한다. 이는 전쟁에의 불참이 치열한 고민 끝에 어렵게 내려진 결정임을 나타낸다. 그렇다면, 르우벤은 지금 벌어지는 전쟁이 대단히 중요한 것임을 인지하고 있음에 분명하다. 그럼에도 불구하고 그에게는 현실의 안락이 하나님의 전쟁보다 중요했다. 그래서 아무리 치열하게 탐구하고 강렬하게 다짐해도 르우벤이 하나님의 뜻에는 이르지 못하였다.

양의 우리에 매달린 르우벨의 결정은 이후에 큰 저주의 씨앗으로 작용한다. 이와 유사한 사건이 사울의 시대에 일어난다. 이스라엘 백성의 태조 사울은 아말렉의 왕 아각을 비롯하여 그의 모든 백성에게 하나님의 정의로운 심판을 집행해야 했다. 그러나 실패했다. 아니 온전한 순종의 의도적인 거부였다. 그 이유는 무엇인가? 사울이 자신의 주관적인 관점으로 보기에 "모든 좋은 것을 남기고" "가치 없고 하찮은 것"만 진멸했기 때문이다(삼상 15:9). 그는 하나님의 명령보다 자신의 합리적인 판단을 선택했다. 이에 하나님의 사람 사무엘은 "내 귀에 들려오는 이 양의 소리와 내게 들리는 소의 소리"가 제보한 사울의 불순종에 대해 추궁한다. 하지만 사울은 사태의 본질을 파악하지 못하고 "백성이 당신의 하나님 여호와께 제사하려 하여 양들과 소들 중에서 가장 좋은 것을 남김이요 그 외의 것은 우리가" 멸했다는 책임회피 및 부분적인 순종의 업적을 내세운다(삼상 15:15). 그러나 문제의 핵심은 양들과 소들의 동물적인 가치 때문에 하나님의 명령을 버렸다는 것이었다. 참 어리석다. 썩어 없어지는 것을 잡으려고 영원히 변하지 않는 가치를 가볍게 내던진다. 에서도 장자권의 신적인 복을 죽 한 그릇과 맞바꿨다. 죽 한 그릇의 경솔한 거래가 그를 망령된 자로 만들었고 일평생 치명적인 독소로 작용했다. 우리는 날마다 무엇을 내려 놓고 무엇을 붙들어야 할지를 결정해야 한다.

17길르앗은 요단 강 저쪽에 거주하며 단은 어찌하여 배에 머무는가?
아셀은 해변에 거하면서 자신의 항만에 정착하네

길르앗도 자신에게 할당된 "요단 강 저쪽"(בְּעֵבֶר)에 머물면서 불편한 이동을 거부하며 전쟁에 불참한다. 이런 결정에서 자신은 전쟁터와 떨어진 강 저편에 있기에 안전할 것이라는 생각도 작용하지 않았을까? 사람은 자신에게 직접적인 위협이 느껴지지 않으면 위기감이 없어서 안일하게 대응한다. 그러나 형제와 나를 동일하게 여긴다면 형제가 받는 위협이 나의 것이라는 인식과 함께 민첩한 대응에 연대하게 된다. 형제에 대한 공격은 곧 나에 대한 공격이다. 예수님은 거듭나기 이전의 바울에게 교회에 대한 핍박이 곧 자신에 대한 핍박이라 했다. 형제라고 일컫는 교회를 자신과 동일시한 예수님을 따라 우리도 형제와 자신을 이쪽과 저쪽으로 구분하지 않고 하나의 몸으로 간주해야 한다. 그리고 드보라는 어찌하여 단이 배에 머물러 있느냐고 책망한다. 배는 생존의 수단이다. 단은 전쟁보다 생업에 열중했다. 삶에 성실한 것은 아름다운 일이지만 생존 자체보다 더 소중한 가치가 있음을 늘 의식해야 한다. 아셀은 해변에 거하면서 자신의 항만에 머물렀다. 해변가에 위치한 아셀 지파의 땅에서 해변과 항만에 집중하면 항만의 반대편은 등져야만 한다. 드보라는 전쟁이 펼쳐지는 그 반대편에 일말의 관심도 기울이지 않고 싸늘한 무관심의 등짝만 보이는 아셀을 꾸짖는다.

편하고 안정적인 삶을 포기하는 것은 대단히 어려운 결단이다. 사실 지도자인 바락도 드보라의 제안에 주저했다. 지금 내가 누리고 있는 행복의 달콤함에 젖어 있으면 사람들은 그것을 포기하는 선택을 대체로 거부한다. 새로운 상황이 더 좋음에도 불구하고 그것의 좋음을 분별하는 감지력이 떨어진다. 그래서 자발적인 불편과 불만과 고난도 분량만 적당하면 나쁘지가 않다. 적당한 불편과 불만과 고난은 우리로 하여금 이 세상을 너무 좋아하지 않고, 현재의 삶에 너무 매달리지 않고, 지금의 행복에 너무 심취하지 않게 하는 역설적인 묘약이다. 이 세상의 삶에서 불편을 늘 불평하고, 불만을 다 해소하고, 고난이면 그림자도 밟지 않으려고 인생을 소비하는 것은 현명하지 않다. 원래 이 세상은 궁극적인 만족이 주어지지 않는 곳임을 늘 의식해야 한다. 은으로도 만족함이 없고, 가족의 가장 친밀한 관계 속에서도 원수가 나타나고, 온 국민과 전 세계의 시민이 열광하는 인기와 명예로도 만족함이 없고 오히려 공허함만 깊어지고, 편안하게 좋은 것을 아무리 많이 보고 들어도 만족함이 없다고 성경은 가르친다(전 1:8, 2:10, 요 12:43). 이러한 가르침을 따라, 히포의 교부 아우구스티누스는 선한 사람들이 약탈을 당하고 악한 사람들이 풍요를 누리는 부당한 현실은 선한 사람들로 하여금 이 땅의 유익에서 정을 떼고 하늘의 궁극적인 만족과 기쁨을 주목하게 하는 하나님의 의도적인 섭리라고 이해했다. 만족이 결코 가능하지 않은 세상에서 만족하고 있다는 것의 의미는 무엇인가? 그것은 대단히 위태로운 최면에 걸린 상태임을 의미한다. 이 땅에서의 만족은 신기루에 불과하다. 속히 깨어나야 한다. 몽롱한 행복에서 깨어나야 하고, 안주하는 삶의 자리에서 일어나야 한다. 우리에게 궁극적인 행복이 기다리고 있음을, 진정한 안식의 처소가 따로 있음을 기억해야 한다. 우리의 모든 만족은 하나님께 있다. 그러나 르우벤과 길르앗과 단과 아셀은 이것을 망각하고 안락한 현실에 안주했다.

> [18]스불론은 죽기까지 자신의 생명을 진실로 홀대한 민족이요
> 들의 높은 곳에 있는 납달리도 [그리하네]

그러나 스불론 지파와 바락이 속한 납달리 지파는 현실의 안락을 거부했다. 그들은 "죽기까지 자신의 생명을 진실로 홀대했다." 이처럼 "자신의 생명 혹은 목숨"(נַפְשׁוֹ)을 대하는 그들의 태도는 남달랐다. 목숨은 거의 모든 사람들이 어떠한 비용을 내더라도 마지막 순간까지 지키고 싶어하는 인생의 보물이다. 그래서 사람들은 일평생 죽음과 씨름하며 죽음에 매여 종처럼 살아간다(히2:15). 그런데 스불론과 납달리는 만인이 소중하게 여기는 목숨을 아끼지 않고 "죽기까지"(לָמוּת) "홀대했다"(חֵרֵף). 하나님의 나라를 위한 전쟁에 임하면서 자신의 생명을 초개와 같이 여긴 지파였다.

자신의 생명에도 휘둘리지 않는 사람은 이 세상의 어떠한 것에도 종속되지 않는 강하고 자유로운 사람이다. 재물을 아끼면 손실을 가져올 위험에 휘둘리고, 인기를 아끼면 올바른 일이라도 대중이 싫어하는 반응에 휘둘려 포기하고, 권력을 아끼면 그 권력을 빼앗을지 모르는 더 강한 권력에 아부하고, 건강을 아끼면 신체에 고통이나 해를 가하는 요소들의 위협에 휘둘리게 된다. 아끼는 것들이 많을수록 더 많은 위협들에 매인 삶을 살아가게 된다.

그런데 만약 재물을 홀대하고, 인기를 홀대하고, 권력을 홀대하고, 건강도 홀대하고, 목숨까지 홀대하면 어떠한 위협에 의해서도 얽매이지 않는 진정한 자유인의 삶을 살아간다. 참으로 놀라운 인생의 역설이다. 자기를 부인하고 십자가를 지라고 하신 예수님의 말씀은 인간이 최고의 자유를 얻는 역설적인 비결이다.

이러한 자유를 가진 사람들의 삶은 바울이 잘 보여준다. 최전방에 뛰어들어 영적 전쟁을 수행한 교회의 사령관인 바울은 주님의 복음을 전파하는 일을 끝마치기 위해 자신의 생명을 조금도 귀한 것으로 여기지 않은 사람이다 (행 20:24). 그의 사명감을 꺾거나 복음의 발걸음을 가로막은 장애물이 없다. 그래서 자신은 어떠한 것에 의해서도 얽매이지 않는다고 단언한다(고전 6:12). 물론 천하의 바울도 복음을 전하다가 갖은 고초를 많이 당하였다. 하지만 바울은 "복음으로 말미암아 내가 죄인과 같이 매이는 데까지 고난을 받았으나 하나님의 말씀은 매이지 않는다"(딤후 2:9)고 확신한다. 만약 자신의 죽음이 복음의 전파에 막대한 지장을 준다고 여겼다면 바울은 복음의 확산을 위해 죽음을 피하려고 했을 가능성이 높다. 그러나 죽어도 말씀은 매이지 않아서 복음의 확산에 아무런 지장이 없다면 죽음을 두려워할 이유가 없다는 것이 바울의 판단이다. 사나 죽으나 우리가 주님의 것이라는 사실을 가르친 바울은 죽음을 "훨씬 더 좋은 일이라"(빌 1:23)고 했다.

바울의 이러한 태도는 죽기까지 목숨을 아끼지 않는 스블론과 납달리의 태도와 무관하지 않다. 그러나 직접적인 모델은 예수님의 처신이다. 예수님은 하나님의 나라를 위하여 자신의 목숨을 아끼지 않으시고 죽기까지 순종한 분이시다(빌 2:8). 불순종과 죽음 사이의 택일에서 예수님은 죽음을 택하셨다. 아버지 하나님께 순종하는 것이 자신의 생명보다 소중했기 때문이다.

드보라와 바락을 중심으로 이루어진 전쟁의 승리가 한 줄로도 설명될 수 있겠지만 그 내막에는 지파별로 혹은 개인별로 아름답고 향기로운 이야기가 많다. 죽기까지 자신의 생명도 아끼지 않고 내어준 스블론과 납달리의 헌신 이야기는 기손 강 전쟁 에피소드 중에서도 백미이다.

> ¹⁹왕들이 와서 싸우도다 그때에 가나안의 왕들이 므깃도의 물가 다아낙에서
> 싸우도다 그들은 한 푼의 탈취물도 취하지 못하도다
> ²⁰하늘에서 온 별들이 싸우도다 그들의 길들에서 시스라와 싸우도다

드보라는 전쟁의 다른 국면을 주목한다. 가나안의 왕들이 므깃도의 물가 다아낙에 와서 싸웠다고 한다. 이로 보건대, 시스라는 하솔 왕의 군대만이 아니라 가나안의 여러 왕들이 거느리는 군대를 이끄는 총괄 지휘관의 자격으로 전쟁에 임하였다. 므깃도와 다아낙은 므낫세 지파에게 분배된 지역의 성읍이다. 그런데 가나안의 왕들은 그곳에서 어떠한 탈취물도 얻지 못하였다. 왜냐하면 "하늘에서 온 별들"(מִן־שָׁמַיִם הַכּוֹכָבִים)이 그들을 대항하여 싸웠기 때문이다. 그 별들이 행진하는 길에서 시스라와 싸우기도 했다. 아브라함 언약에서 "별들"은 믿음의 후손을 가리킨다(창 22:17). 그러나 사사기의 문맥에서 "하늘에서 온 별들"은 천사들을 뜻하기도 하겠지만 마른 기손 강을 급류로 변하게 할 정도로 많이 내린 하늘의 비를 의미한다. 더 중요한 것은 땅에서 이루어진 전쟁에 하늘에서 보낸 별들까지 개입하고 있다는 사실이다. 선지자와 사사인 드보라가 보기에 이 전쟁은 하나님께 속하였고 그가 개입하신 전쟁이기 때문에 아무리 많은 가나안의 왕들이 힘을 합하여 뭉친다고 할지라도 "한 푼의 탈취물"(בֶּצַע כֶּסֶף)도 취하지 못했다고 한다.

　하나님의 허락 없이는 한 푼의 전리품도 적의 손에 넘어가지 않는다는 사실에서, 우리는 하나님의 신실한 보호를 확신한다. 예수님의 말씀처럼, 하나님의 허락이 없다면 한 마리의 참새도 땅에 떨어짐이 없다(마 10:29). 그런데 참새보다 더욱 고귀한 우리에 대해서는 머리털 한 올이라도 다 세신 바 되

어 머리털 수준의 피해나 손실도 일어나지 않을 것이라고 한다(눅 12:7). 요한은 하나님이 우리를 지키시면 악한 자가 우리를 만지지도 못한다고 가르친다(요일 5:18). 예수님과 사도의 이런 가르침은 구약의 가르침과 동일하다. 이사야의 입으로 선포된 하나님의 말씀이다. "네가 물 가운데로 지날 때에 내가 너와 함께 할 것이라 강을 건널 때에 물이 너를 침몰하지 못할 것이며 네가 불 가운데로 지날 때에 타지도 아니할 것이요 불꽃이 너를 사르지도 못하리니 대저 나는 여호와 네 하나님이요 이스라엘의 거룩한 자요 네 구원자가 됨이니라"(사 43:2-3). 시인도 "낮의 해가 너를 상하게 하지 아니하며 밤의 달도 너를 해치지 아니"할 것이라고 노래한다(시 121:6). 이스라엘 백성이 해와 달과 물과 불에 의해 어떠한 피해도 당하지 않는 이유는 무엇인가? "너는 내 것이라"(사 43:1)고 하신 하나님의 선언 때문이다. 머리털 하나도 상하지 않는 이유는 우리가 하나님께 속하였기 때문이다. 우리가 하나님의 것이라는 사실이 외부의 어떤 위협적인 세력보다 강하기 때문이다.

하나님께 속한 전쟁의 승리를 위해 하나님은 하늘에서 별들을 보내신다. 이 땅에서 별들의 공격을 막아낼 방패나 군사력은 없다. 기라성 같은 가나안의 왕들이 이스라엘 자손의 진영에서 "한 푼의 탈취물"도 가져가지 못한 이유는 이스라엘 자손이 강하거나 똑똑하고 예쁘거나 빼앗길 돈이 한 푼도 없었기 때문이 아니라 그 자손이 하나님의 것이었고 이 전쟁이 그분에게 속한 것이었기 때문이다. 우리는 과연 누구인가? 하나님의 것이라고 믿고 살아가는 하나님의 백성인가? 전쟁과 같은 우리의 삶이 하나님께 속한 것이라는 사실을 인정하는 백성인가? 악한 자가 만지지도 못하고, 머리털 한 올도 땅에 떨어지지 않고, 해와 달과 물과 불이 해치지 못함을 우리가 경험하지 못하는 이유는 무엇인가? 내가 나의 주인이 되고 내 삶은 나에게 속한 것이라고 생각하며 살아가기 때문이다. 드보라는 시스라와 벌인 전쟁의 승리가 이 전쟁이 하나님께 속하였고 이스라엘 자손이 하나님의 것이라고 믿었기 때문에 하나님이 친히 하늘의 별들까지 보내어 싸우신 결과라고 노래한다.

²¹기손 강이 그들을 쓸어 버리도다 태고의 강은 기손 강이로다

내 영혼아 너는 강한 자를 밟는도다

하늘에서 온 별들과 같은 폭우로 인해 기손 강은 범람하고 그 강은 가나안의 왕들과 시스라를 패배로 내몰았다. 드보라는 기손 강을 "태고의 강"(נַחַל קְדוּמִים)이라고 표현한다. 내 머리에는 노아의 시대에 하늘에서 쏟아진 폭우로 말미암아 "천하의 높은 산"(창 7:19)이 다 잠길 정도로 컸던 홍수가 떠오른다. 그때에는 하나님이 택하신 노아의 가족들과 짐승들만 생존하고 인간을 비롯한 "지면의 모든 생물"이 사라졌다(창 7:23). 모세의 시대에 갈라지고 말랐던 홍해가 다시 복원되어 마치 홍수처럼 이스라엘 자손을 뒤쫓던 애굽의 군대를 몰살시킨 장면도 떠오른다. 드보라의 시대에도 물은 시스라의 군대를 제거한 심판의 도구였다. 이스라엘 자손은 한 사람도 물에 상하지 않았으나 시스라의 강한 군대는 쓰러져 연약한 드보라의 발에 밟힐 정도로 약해졌다. 이것은 하나님을 영원히 신뢰할 때에 가능하다. 이사야는 "심지가 견고"하여 "여호와를 영원히 신뢰"하는 "빈궁한 자의 발과 곤핍한 자의 걸음"이 "높은 데에 거주하는 자"의 치솟은 성읍을 밟는다고 노래한다(사 26:5-6).

연약한 여인의 발에 강한 군대가 밟히는 것은 구약의 상황만이 아니라 모든 시대의 모든 교회에 적용된다. 이는 예수님의 말씀에 근거한다. "내가 너희에게 뱀과 전갈을 밟으며 원수의 모든 능력을 제어할 권능을 주었으니 너희를 해칠 자가 결코 없으리라"(눅 10:19). 눈에 보이는 전쟁의 판세가 아니라 하나님의 개입 여부가 승패를 좌우하는 것처럼, 예수께서 우리에게 권능을 주시면 우리가 아무리 연약해도 원수의 모든 능력을 제어하는 승리가 보장된다.

²²그때에 말의 발굽들이 [땅을] 두드리며 그것(말)의 강한 자들이
질주에 질주를 [감행하네]

그때에 시스라의 마병들은 발굽들로 땅을 두드리며 도망쳤다. 그 말을 탄 강한 자들은 "질주에 질주를"(מִדַּהֲרוֹת דַּהֲרוֹת) 이어갔다. 질주의 반복적인 언급은 줄행랑을 치는 강한 군대의 체면이 확실하게 구겨지는 끔찍한 치욕을 선명하게 묘사한다. 당시 군마는 전쟁에서 가장 강력한 병기의 상징이다. 그런데 그러한 병기가 이제는 치욕적인 도망의 가장 긴요한 도구로 활용되고 있다. 최고의 병기로 무장한 적들과 싸운다고 할지라도 그 싸움에 하나님의 개입이 있으면 모든 게 그렇게 역전된다. 하나님이 강한 이방 나라에 개입하실 때의 현상을 미가는 다음과 같이 기록한다. "무리가 그 칼을 쳐서 보습을 만들고 창을 쳐서 낫을 만들 것이며 이 나라와 저 나라가 다시는 칼을 들고 서로 치지 아니하며 다시는 전쟁을 연습하지 아니하고"(미 4:3). 이처럼 적의 전투력은 완전히 상실된다. 당연히 전세도 완전히 뒤집힌다. 그래서 "발을 저는 자는 [전쟁에서 살아] 남은 백성이 되게 하며 [연약해서] 멀리 쫓겨났던 자들이 강한 나라가 되"는 일이 발생한다(미 4:7).

도구만이 아니라 인간도 그러하다. 바울은 1세기 중반에 유대인이 하나님의 교회를 공격하기 위해 사용한 최고의 무기였다. 그런데 하나님이 그의 인생에 개입하자 반전이 일어났다. 그는 하나님의 교회를 공격하던 잔혹한 흉기에서 교회를 지키는 최고의 의로운 병기로 변하였다. 교회를 향한 모든 적들의 공격을 자신의 몸으로 막아내며 "교회를 위하여" 그리스도 예수의 "남은 고난"을 자신의 육체에 기쁨으로 채우고자 했다(골 1:24). 날마다 바울의 마음을 짓눌렀던 것은 "모든 교회를 위하여 염려하는 것이라"고 했다(고후 11:28). 하나님의 능력이 임하면 나 자신도 변하고, 강한 군대도 발 아래에 쓰러지고, 그 군대의 강한 병기도 전쟁에는 부적합한 농기구로 뒤바뀐다.

본문이 우리에게 가르치는 것은 무엇인가? 첫째, 적당한 불편은 우리에

게 개선의 필요성을 절감하게 한다. 너무 편하면 안주하게 된다. 보다 나은 미래에 대한 모험을 주저하게 된다. 심하면 거부하게 된다. 둘째, 적당한 불만은 진정한 만족이 하늘에 있다는 의식의 방부제와 같다. 삶의 곳곳에 적당한 불만이 배치되어 있는 것은 하늘을 소망하는 영적인 건강의 유지를 위함이다. 셋째, 하나님의 나라와 의를 위해서는 자신의 일시적인 생명도 수단으로 삼는 판단력이 필요하다. 그러면 생명을 위협하는 어떠한 것에 의해서도 휘둘리지 않고 자유롭게 산다. 넷째, 잠시 있다가 사라지는 일시적인 것을 놓고 영원한 것을 붙들어야 한다. 우리의 손은 두 개이기 때문에 모든 것을 다 붙잡을 수 없고 무언가를 택하기 위해서는 다른 것을 포기해야 한다. 다섯째, 아무리 강한 것이라도 하나님 앞에서는 약한 것으로 바뀌고, 아무리 약한 것이라도 하나님이 잡으시면 강한 것으로 변화된다. 그러므로 우리는 전쟁과 같은 영적 삶의 승리를 위하여 하나님을 영원히 신뢰해야 한다.

삿 5:23-31

²³여호와의 사자의 말씀에 메로스를 저주하라 너희가 거듭거듭 그 주민들을 저주할 것은 그들이 와서 여호와를 돕지 아니하며 여호와를 도와 용사를 치지 아니함이니라 하시도다 ²⁴겐 사람 헤벨의 아내 야엘은 다른 여인들보다 복을 받을 것이니 장막에 있는 여인들보다 더욱 복을 받을 것이로다 ²⁵시스라가 물을 구하매 우유를 주되 곧 엉긴 우유를 귀한 그릇에 담아 주었고 ²⁶손으로 장막 말뚝을 잡으며 오른손에 일꾼들의 방망이를 들고 시스라를 쳐서 그의 머리를 뚫되 곧 그의 관자놀이를 꿰뚫었도다 ²⁷그가 그의 발 앞에 꾸부러지며 엎드러지고 쓰러졌고 그의 발 앞에 꾸부러져 엎드러져서 그 꾸부러진 곳에 엎드러져 죽었도다 ²⁸시스라의 어머니가 창문을 통하여 바라보며 창살을 통하여 부르짖기를 그의 병거가 어찌하여 더디 오는가 그의 병거들의 걸음이 어찌하여 늦어지는가 하매 ²⁹그의 지혜로운 시녀들이 대답하였겠고 그도 스스로 대답하기를 ³⁰그들이 어찌 노략물을 얻지 못하였으랴 그것을 나누지 못하였으랴 사람마다 한두 처녀를 얻었으리로다 시스라는 채색 옷을 노략하였으리니 그것은 수 놓은 채색 옷이리로다 곧 양쪽에 수 놓은 채색 옷이리니 노략한 자의 목에 꾸미리로다 하였으리라 ³¹여호와여 주의 원수들은 다 이와 같이 망하게 하시고 주를 사랑하는 자들은 해가 힘 있게 돋음 같게 하시옵소서 하니라 그 땅이 사십 년 동안 평온하였더라

❖ ❖ ❖

²³여호와의 사자가 말하기를 '너희는 메로스를 저주하라 너희는 그곳의 거민들을 저주하고 저주하라 이는 그들이 여호와를 도우려고, 강한 자들 중에 여호와를 도우려고 오지 않았기 때문이라' [하도다] ²⁴겐 사람 헤벨의 아내 야엘이 여인들 중에 복되도다 그녀는 장막에 있는 여인들보다 더 복되도다 ²⁵그가 물을 구하였고 그녀는 우유를 주되 엉긴 우유를 큰 그릇에 담아 주었구나 ²⁶그녀의 손은 말뚝을 향하여 보내지고, 그녀의 오른손은 일꾼들의 방망이를 향하였다 그녀는 시스라를 쳤고 그의 머리를 깨뜨리되 그의 옆머리를 뚫었도다 ²⁷그는 그녀의 발 사이에 무릎을 꿇고 쓰러지고 엎어졌네 그녀의 발 사이에 무릎을 꿇고 쓰러지고 엎어졌네 무릎을 꿇은 그곳에서 쓰러지고 잔혹한 죽임을 당하였네 ²⁸시스라의 어머니가 창문을 통하여 바라보며 창살을 통하여 부르짖어 말하기를 '어찌하여 그의 병거가 돌아옴이 더디고 어찌하여 그의 병거들의 걸음들이 늦어지고 있나?' 하니 ²⁹그녀의 영리한 공주들이 대답하고 그녀도 그녀의 말들로 자신에게 답하기를 ³⁰'그들이 노략물을 발견하고 나누고 있지 않겠느냐? 남자의 머릿수에 따라 처녀, 두 시녀를 노략물로, 시스라는 채색옷, 노략물로 수놓은 채색옷들, 노획자의 목을 위해 이중으로 수놓은 채색옷을!' ³¹여호와여 당신의 모든 원수들이 이처럼 망하게 하옵소서 주를 사랑하는 자들은 주의 권능으로 태양이 돋는 것처럼 [나오게 하옵소서]" 하니라 그 땅이 사십 년간 평온했다

드보라: 저주를 피하려면

본문은 전쟁에 참전한 자들과 불참한 자들에게 주어지는 결과에 대해 노래한다. 전쟁에 참여하지 않은 자에게는 저주가 떨어지고, 참여한 자에게는 복이 주어진다. 이는 믿음의 조상 아브라함 언약에 담긴 내용과 모세오경 안에 기록된 이스라엘 민족의 헌법 즉 하나님의 율법에 대한 백성의 자세에 수반되는 결과와 일치한다. 하나님의 백성을 축복하면 복을 받고 저주하면 저주를 받으며, 율법에 순종하면 복이 주어지고, 순종하지 않으면 재앙이 떨어진다. 전쟁에 패배한 시스라와 그의 군대에게 나타나는 결과도 뒷부분에 소개한다. 전쟁 자체보다 그 전쟁의 의미로서 결과가 더 중요하다.

23여호와의 사자가 말하기를 '너희는 메로스를 저주하라
너희는 그곳의 거민들을 저주하고 저주하라 이는 그들이 여호와를 도우려고,
강한 자들 중에 여호와를 도우려고 오지 않았기 때문이라' [하도다]

먼저 전쟁에 참여하지 않은 자들에 대하여, 드보라는 여호와의 사자가 한 말을 인용하며 저주를 노래한다. "여호와의 사자"(מַלְאַךְ יְהוָה)가 저주를 명했다는 사실은 중요하다. 저주는 피조물이 개입할 수 없는 하나님의 고유한 권한이다. 최초의 저주는 아담과 하와를 거짓말로 유혹한 뱀에게 내려졌다(창 3:14). 그 다음이 땅이었다. "땅은 너로 말미암아 저주를 받고 너는 네 평생에 수고해야 그 소산을 먹으리라"(창 3:17). 온 인류가 수고의 땀을 흘리는 이유는 땅의 저주 때문이다. 땅의 저주는 인간의 죄 때문이다. 온 땅과 온 인류가 저주 아래에 있었으나 하나님은 믿음의 조상을 부르셨다. 그리고 그에게는 복을 베푸셨다. 복을 주는 것도 하나님의 고유한 권한이다. 욥의 고백처럼, 하나님은 주기도 하시고 거두기도 하시는 분이시다(욥 1:21). 이러한 저주와 복의 권한을 사람에게 돌리고자 한 사례를 성경은 소개한다. 모압 왕 발락이 발람에게 한 말에서 확인된다. "그대가 복을 비는 자는 복을 받고 저주하는 자는 저주를 받을 줄을 내가 앎이니라"(민 22:6). 이에 발람은 "여호와의 사자"가 발락과의 동행과 이스라엘 저주를 금하자 "무엇을 말할 능력"이 인간에게 없고 오직 신이 자신의 입에 주시는 말씀만 말할 뿐이라고 억지로 응수했다(민 22:38). 발람의 시대만이 아니라 드보라의 시대에도, 아니 어떠한 시대이든 복과 저주의 권한은 하나님께 있다.

믿음의 조상에게 주어진 하나님의 복은 "너는 복이 되어라"(הְיֵה בְּרָכָה)는 것이었다(창 12:2). 이것의 의미는 무엇인가? 누구든지 믿음의 조상을 축복하면 복을 받고 저주하면 저주를 받는다는 의미였다(창 12:3). 복과 그 복의 의미 사이에 약간의 비약이 감지된다. "너는 복이 되어라"는 명령형 복은 하나님 앞에서 우리 자신이 복이 되어야 함과 동시에 타인에게 복이 되어야 함을 의미한다. 그런데 그 복의 의미를 보면 타인에게 복을 주는 적극적인 행위가 아니라 복과 저주의 여부가 타인의 태도나 행실에 달려 있다고 가르친다. 이 두 가지를 종합하면, 타인이 우리를 볼 때에 축복할 수밖에 없도록, 칭찬하고 존경하고 따를 수밖에 없도록 가장 아름다운 인간의 모습을 보여야 함을 의미한다. 그런 모습을 갖추면 모든 사람들은 우리를 축복하게 되고 축복하는 그들도 복의 수혜자가 될 것이기 때문이다. 우리가 칭찬을 받아 마땅한 모습을 갖추어도 축복이 아니라 저주를 퍼붓는 사람들이 있겠지만, 그들은 하나님의 형상을 거부하고 역방향을 질주하는 인생이 되어 스스로 저주의 불구덩이 속으로 뛰어는 자들이다. 비록 그런 자들에게 복이 되지는 못하지만 올바른 것을 올바르게 분별하는 자들에게 복이 되도록 우리 자신은 온전한 하나님의 형상으로 빚어져야 한다. 이것이 믿음의 조상에게 주어진 복이고, 이는 모든 시대와 모든 사람에게 적용되는 복과 저주의 규정이다. 이 규정은 드보라의 시대에도 유효하다. 하나님의 백성으로 선택된 이스라엘 안에서도 적용된다.

먼저 드보라는 여호와의 전쟁에 참전하지 않은 사람들에 대한 저주의 명령을 언급한다. 즉 사자는 메로스와 그곳에 거하는 사람들을 저주할 것을 명령한다. "메로스"(מֵרוֹז)는 여기에만 등장하는 지역의 이름이다. 이 지역에 대한 다른 정보가 성경에는 없다. 다만 이곳에 사는 사람들의 행태는 언급되어 있다. 즉 강한 자들 중에 여호와를 도우려고 오지 않은 자들이다. 여호와를 "돕는다"는 표현이 특이하다. 여호와는 사람의 도움이 필요한 분이신가? 결코 필요하지 않다. 그렇다면 여기에서 "여호와"는 여호와의 전쟁을 수행하는 그의 백성을 의미하는 은유일 가능성이 높다. 나는 이 표현이 철 병거와 군마로 무장한 시스라의 강한 군대 가운데에 있는 이스라엘 백성과 하나님을 동일시한 문구라고 이해한다. 예수님이 다메섹 도상에서 거듭나기 전의 사울에게 자신을 핍박하지 말라고 하면서 자신과 교회를 동일시한 것과 유사하다. 그리고 이 표현은 하나님이 백성과 함께 거하심을 뜻하기도 한다. 전쟁터에 출전한 백성을 돕는다는 것은 하나님을 돕는 것과 동일하다.

여호와의 전쟁에 출전하는 것은 하나님의 편에 서서 하나님께 협력하는 것이고, 출전하지 않는 것은 하나님의 편에 서지 않고 하나님을 대적하는 것을 의미한다. 우리는 자신을 중심으로 하나님이 늘 우리의 편이라고 생각한다. 그러나 우리가 하나님의 편이어야 한다. 아브라함 링컨 대통령은 남북전쟁 당시에 북군의 숫자가 많아도 패배하는 것을 보고 고심하는 중에 한 교회의 대표가 찾아와 "하나님이 우리 북군의 편이 되셔서 북군이 승리하게 해달라"고 기도를 드린다고 하자 그렇게 기도하지 말고 "우리가 항상 하나님 편에 서 있게 해달라"고 기도해 줄 것을 요청했다. 링컨의 말처럼, 우리가 하나님의 편에 서 있을 때에 하나님은 우리의 편이시다. 내가 우상을 숭배하고 불의한 일을 저지르고 거짓말을 내뱉어도 하나님이 내 편에 서실 거라는 생각은 아주 심각한 착각이다. 오늘날 교회에서 온갖 불의와 불법이 난무해도 하나님은 교회를 지켜 주실 것이라는 생각도 동일한 착각이다. 베드로의 경우가 이러한 사실을 잘 보여준다. 인간적인 생각으로 사람의 일을 도모하는 베드로에 대해 예수님은 그를 편들어 주지 않으시고 오히려 최고 수위의 꾸지람을 내리셨다. "사탄아 내 뒤로 물러가라 너는 나를 넘어지게 하는 자로다"(마 16:23). 베드로가 사람의 일 도모하는 것을 예수님은 자신을 넘어지게 하는 것과 동일한 것으로 여기신다. 그래서 베드로를 사탄으로 간주하며 물러날 것을 명하셨다. 자신의 제자라 할지라도 예수님께 공사의 구분은 뚜렷했다.

하나님의 전쟁에 출전하지 않고 하나님의 편에 서지 않은 사람들에 대하여 하신 하나님의 말씀도 예수님의 무서운 꾸지람과 비슷하다. "저주하라"(אֹרוּ). 동일한 동사가 한 문장에 세 번이나 등장한다. 이는 대단히 심각한 경고이며 명령임을 나타낸다. 전쟁에 한 번 출전하지 않았다고 해서 이토록 야박하게 저주하는 것이 부당해 보일 수 있겠으나 하나님의 전쟁에 참여하지 않고 안락이나 생계와 같은 인간적인 일만 도모하는 이스라엘 사람들은 베드로와 비슷하게 하나님을 넘어지게 하는 자요 하나님의 나라를 파괴하는 자들로 간주된다. 우리는 하나님의 편에 설지 아니면 사람의 일을 도모할지 선택해야 한다. 하나님의 전쟁은 백성의 인생이다. 하나님을 위하여 싸우지 않고 이 세상의 거짓과 불의에 순응하는 삶은 백성의 인생이 아니라 하나님을 대적하는 자의 인생으로 분류된다. 복의 근원이신 하나님을 대적하는 자의 인생은 그 자체로 저주의 희생물이 된다.

저주의 명령은 전쟁에 불참한 자들에게 저주가 내린다는 의미도 있지만 불참 자체가 저주라는 사실의 강력한 선언이다. 아브라함에게 주신 약속처럼, 이는 하나님의 백성을 축복하는 것 자체가 축복이고 축복하지 않는 것 자체가 저주이기 때문이다. 이것은 단순히 기손 강 전쟁만이 아니라 하나님의 모든 백성이 모든 시대에 싸워야 하는 영적 전쟁에 대한 교훈이다. 죄는 우리가 늘 싸워야 하는 대적이다. 죄와의 항구적인 전쟁은 하나님의 뜻이기 때문에 그 전쟁의 불참은 하나님의 뜻에 대한 거부이고 죄와의 화목을 의미하기 때문에 불참 자체가 죄악과 저주로 귀결된다. 죄는 가인에게 그러했던 것처럼 매 순간 우리가 출입하는 모든 문턱에 엎드린다(창 4:7). 죄의 이 적극적인 욕망이 우리를 가지려고 한다. 그러나 우리는 죄에 결박되어 죄를 욕망하지 말고 그 죄를 다스려야 한다. 싸우지 않으면 평화가 유지되는 게 아니라 죄의 밥이 되기 때문에 반드시 싸워 승리해야 한다.

> ²⁴겐 사람 헤벨의 아내 야엘이 여인들 중에 복되도다
> 그녀는 장막에 있는 여인들보다 더 복되도다

이제 드보라는 전쟁에 참전한 자들에게 주어지는 복을 노래한다. 특별히 참전의 대표적인 인물인 야엘을 지목한다. 그녀는 장막에 거하는 모든 여인보다 더 복된 여인이다. 겉으로 보면, 장막에서 가정의 안락을 누리는 여인들이 더 행복할 것처럼 보이고, 적의 무서운 사령관이 가정에 출입하고 그와 싸워야 하는 상황에 처한 야엘은 인생이 모질게 꼬인 불쌍하고 불행한 여인처럼 보이는 게 사실이다. 그러나 참된 행복은 환경이 결정하지 않고 주님

과의 관계에 근거한다. 야엘에게 주어진 삶의 환경은 고단하다. 그러나 그녀는 여호와의 전쟁에 참전하여 여호와의 편에 서 있는 것으로도 행복하다. 게다가 시스라의 생명까지 그녀의 손에 맡겨 주시니 심히 행복하다.

²⁵그가 물을 구하였고 그녀는 우유를 주되 엉긴 우유를 큰 그릇에 담아 주었구나
²⁶그녀의 손은 말뚝을 향하여 보내지고, 그녀의 오른손은 일꾼들의 방망이를 향하였다 그녀는 시스라를 쳤고 그의 머리를 깨뜨리되 그의 옆머리를 뚫었도다
²⁷그는 그녀의 발 사이에 무릎을 꿇고 쓰러지고 엎어졌네
그녀의 발 사이에 무릎을 꿇고 쓰러지고 엎어졌네
무릎을 꿇은 그곳에서 쓰러지고 잔혹한 죽임을 당하였네

드보라는 야엘이 시스라를 제거한 구체적인 이야기를 노래한다. 야엘은 물을 구한 적장에게 물보다 더 고급한 우유를 주되 큰 그릇에 담아서 구한 것보다 더 풍성한 종류와 분량으로 융숭하게 대접했다. 그리고 왼손으로 말뚝을 잡고 방망이를 오른손에 쥐고 시스라를 쳤다. 말뚝은 시스라의 옆머리를 뚫었고 그의 머리는 그릇처럼 깨어졌다. 시스라는 야엘의 발 사이에 무릎을 꿇고 쓰러지고 엎어졌다. 그리고 사망했다. 이 이야기를 노래하며 드보라는 "무릎을 꿇었다"(כָּרַע)는 말을 세 번이나 사용한다. 당시 최고의 장수인 시스라가 무명의 연약한 여인 야엘의 발 앞에 무릎을 꿇고 쓰러져 죽었다는 사실의 강조가 의미하는 바는 무엇인가? 하나님과 동행하는 여인은 스스로의 힘이 아니라 하나님의 능력으로 아무리 강한 장수도 깃털처럼 가볍게 날려 버릴 수 있음을 보여준다. 하나님과 함께하는 약함은 강한 자의 강함보다 더 강력하다.

이러한 약함과 강함의 역설은 이후의 이스라엘 역사 속에는 심심치 않게 등장한다. 엘리사가 그의 사환이 아람의 군사와 말과 병거가 성읍을 에

워싸는 것을 보고 두려워 할 때에 한 대답이다. "우리와 함께 한 자가 그들과 함께 한 자보다 많으니라"(왕하 6:16). 사환의 눈에는 이스라엘 군대가 너무도 초라하다. 그런데 엘리사의 눈은 보이지 않는 하나님의 군대를 보고 있기에 적보다 많다고 평가했다. 스가랴도 유사한 내용을 기록한다. "그 중에 약한 자가 그날에는 다윗 같겠고 다윗의 족속은 하나님 같고 무리 앞에 있는 여호와의 사자 같을 것이라"(슥 12:8). 이는 누구든지 우리의 사령관 되시는 주님께서 그를 이끄시면 약한 자라도 다 다윗이고 다윗의 백성은 하나님과 같고 하늘의 천사들과 같게 된다는 예언이다. 여기에도 하나님과 백성의 동일시가 등장한다. 동일한 맥락에서 이사야도 이렇게 기록한다. "그 작은 자가 천 명을 이루겠고 그 약한 자가 강국을 이룰 것이라 때가 되면 나 여호와가 속히 이루리라"(사 60:22). 소수가 큰 무리를 이루고 약한 자가 최고의 용사가 되고 강국을 이루고 여호와의 사자와 같아지는 이 놀라운 기적은 모두 하나님이 친히 이루시는 일들이다. 드보라와 바락을 따라 여호와의 전쟁에 참여한 자들은 이러한 하나님의 신실한 약속을 오래 전에 인지하고 신뢰한 자들이다. 야엘은 이 약속의 성취를 보여준 대표적인 증인이다.

> 28시스라의 어머니가 창문을 통하여 바라보며 창살을 통하여 부르짖어 말하기를
> '어찌하여 그의 병거가 돌아옴이 더디고
> 어찌하여 그의 병거들의 걸음들이 늦어지고 있나?' 하니

드보라는 시스라의 어머니 이야기를 언급한다. 그녀는 이스라엘 자손의 어머니인 드보라와 대조적인 인물이다. 이 이야기를 통해 우리는 여인의 손에 요절한 시스라의 가족이 이 전쟁에 걸었던 기대의 내용을 확인한다. 그의 어머니는 오랫동안 창밖을 응시하며 창살 사이로 역정과 수심 가득한

질문을 밀어낸다. 기다리고 또 기다려도 시스라의 병거가 돌아오지 않았기 때문이다. 때가 한참을 지났는데 왜 병거는 돌아오지 않고 병거를 끄는 군마들의 걸음이 어찌하여 이리도 더딘 것이냐며 답답한 심기를 시녀에게 표출한다. 그녀의 초초한 기다림은 시스라가 평소에는 전쟁에서 적을 빠르고 가뿐하게 이기고 회군했을 가능성을 암시한다. 그런 연합군의 사령관인 아들을 둔 어머니는 그에 대한 자부심이 하늘을 찔렀고 이번 전쟁에도 승리의 낭보를 들고 병거에는 전리품을 가득 싣고 개선가를 부르며 속히 돌아올 것이라고 기대했다. 그런데 기대가 큰 만큼 돌아옴의 더딤은 태양이 가던 길을 멈춘 것처럼 답답하고 낯설기만 한 상황이다.

²⁹그녀의 영리한 공주들이 대답하고 그녀도 그녀의 말들로 자신에게 답하기를
³⁰'그들이 노략물을 발견하고 나누고 있지 않겠느냐?
남자의 머릿수에 따라 처녀, 두 시녀를 노략물로, 시스라는 채색옷들,
노략물로 수놓은 채색옷들, 노획자의 목을 위해 이중으로 수놓은 채색옷을!'

시스라의 어머니가 자식의 돌아옴을 애타게 기다리는 이유는 무엇일까? 그 이유를 우리는 그녀의 영리한 "공주들"(שָׂרוֹתֶיהָ) 즉 귀부인들, 며느리들, 혹은 딸들이 한 대답과 그녀의 적극적인 맞장구 반응에서 발견한다. 즉 그 이유는 "노략물"(שָׁלָל)의 취득과 관계되어 있다. 물론 이 세상의 모든 어머니는 자식의 생명을 더 소중하게 생각한다. 그러나 드보라의 노래는 시스라 어머니의 은밀한 속내를 고발한다. 그 어미의 마음은 지금 아들의 존재보다 그 아들로 말미암아 취득하는 노략물에 기울어져 있다. 그래서 그녀는 아들의 신속한 돌아옴을 고대하고 있지만 사실 그녀의 마음을 사로잡고 있는 콩밭은 전리품의 획득이다. 대부분의 전쟁은 생명과 죽음의 싸움이다. 그런데 죽느냐 사느냐의 문제 속에서도 시스라의 어머니와 같은 사

람은 물질에 대한 탐욕에 사로잡혀 있다. 본질과 비본질의 순서가 뒤집어진 인생의 전형적인 모습을 보여준다.

시스라의 어머니가 자식보다 노획물을 더 좋아하고 있다는 게 과연 사실일까? 사실이다. 나는 그 근거를 드보라가 공주들을 "영리한"(חֲכָמוֹת) 자라고 말한 것에서 발견한다. 왜 그녀들은 영리한가? 시스라의 어머니가 좋아할 내용이 무엇인지 알고 그녀의 기호에 맞는 대답을 하였기 때문이다. 공주들이 대답하고 시스라의 어머니도 동의한 내용은 전리품에 관한 것이었다. 그녀의 마음을 차지한 행복은 아들이 살아서 돌아오는 것보다 그가 승리하여 가지고 올 노략물에 있다. 그녀가 열거하는 노략물의 목록은 당시의 전쟁에서 수거하는 전리품이 어떤 것인지를 보여준다. 가장 먼저 언급된 전리품은 "처녀"(רַחַם)이다. 이는 아내나 첩으로 혹은 성적인 노리개로 삼을 목적으로 남자들이 취하는 전리품의 첫 번째 항목이다. 시스라의 어머니에 의하면, 남자들은 대체로 두 명의 여인을 차지하는 것이 당시의 관행이지 싶다. 그러나 시스라의 관심사는 여인이 아니라고 그 어머니는 생각한다.

시스라는 효자이기 때문에 자신을 위한 전리품이 아니라 어머니를 위해 다채로운 색상으로 염색된 최고급 "채색옷"(צֶבַע)을 선택하여 가져올 것이라고 그녀는 상상한다. 옷에 대한 집착이 얼마나 강했으면 "채색옷"을 세번이나 반복해서 읊조린다. 오늘날의 관점으로 보면, 그녀가 바라는 것은 샤넬이나 구찌나 프라다와 같은 명품가방 혹은 최고급 디자이너 손에서 탄생한 수제 옷들이다. 귀부인의 기호는 예나 지금이나 비슷하다. 아들 시스라는 과연 엄마를 위해 어떤 명품을 골랐을까? 연합군 사령관의 자격으로 아들이 최고의 노략물을 차지하고 자신에게 선물해 줄 것이라는 상상에 그녀의 마음은 잔뜩 부풀어 올라 자식의 생사에 관한 관심마저 완전히 사라졌다. 나는 시스라 어머니의 이러한 상태가 드보라가 말하고자 하는 최악의 저주라고 생각한다. 여호와의 전쟁에 참전하지 않은 이스라엘 자손의 저주는 하나님의 복을 누리지 못하는 것이지만, 시스라의 어머니와 지인들은 그 시스라의 사망도 모르고, 그가 죽든 말든 아무런 관심도 없고 그저 노략물 취득에 대한 헛된 기대감에 만취되어 있기 때문이다. 참으로 어리석고 비참한 인생이다.

대부분의 사람들이 직장에서, 학교에서, 국회에서, 교회에서 싸우는 것은 무엇을 위함인가? 자신의 영혼은 영적 전쟁에서 이미 자신이 분출한 분노와 증오와 폭력과 비방과 거짓으로 인해 질식하고 있는데 이 땅에서의 승진, 수석, 당선, 청빙 등과 같은 싸움의 짭짤한 전리품에 대한 기대감에 취하여 미련한 삽질과 헛발질에 몰두하고 있다. 그런데 이런 기대가 헛되다는 사실을 모르고 그 물거품에 절박하게 매달리고 있다는 것은 더욱 비참하다. 시스라는 인간적인 전투의 승리에 매달렸고 그의 어머니와 여인들은 그 전쟁의 전리품에 매달렸다. 모두 본질의 싸움에서 패하고 비본질의 싸움에서 이기고자 하는 어리석은 인생이다.

우리는 제자들도 그런 기미를 보였을 때에 말씀하신 예수님의 교훈에 귀를 기울여야 한다. "내가 너희에게 뱀과 전갈을 밟으며 원수의 모든 능력을 제어할 권능을 주었으니 너희를 해칠 자가 결코 없으리라 그러나 귀신들이 너희에게 항복하는 것으로 기뻐하지 말고 너희 이름이 하늘에 기록된 것으로 기뻐하라"(눅 10:19-20). 예수를 믿는 사람들도 아무리 강력한 독을 가진 원수라고 할지라도 그들의 모든 능력을 제어할 권능이 주어지면 대단히 좋아한다. 자신을 해칠 보다 큰 권능의 소유자가 없다는 사실이 주는 희열은 대단하다. 게다가 그 원수들 중에는 눈에 보이지 않는 귀신들도 포함되어 있다. 그 귀신들도 항복의 무릎을 꿇을 수밖에 없는 권능을 가진다는 것의 기쁨은 실로 막대하다. 온 천하를 노략물로 손에 거머쥔 기분이지 않겠는가! 그런데도 예수님은 그런 비본질적 사안에 기쁨의 감정을 소비하지 말라고 명하신다. 우리의 이름이 하늘의 생명책에 기록된 것이 본질이고 그 본질 때문에 기뻐할 것을 명하신다. 성도의 삶에서 본질과 비본질의 구분은 이처럼 중요하다.

시스라의 어머니는 채색옷과 같은 전리품에 매달렸고, 이스라엘 어머니인 드보라는 가나안 족속에게 유린을 당하는 낡고 헤어진 민족의 운명과 자신을 섞으며 그들의 회복에 매달렸다. 본질에 집중한 드보라는 영광의 여인이고, 비본질에 취한 시스라의 어머니는 비운의 여인이다. 믿음의 선배들은 교회를 어머니로 받지 않으면 하나님을 아버지로 받지 못한다고 생각했다. 교회라는 어머니가 집중해야 하는 본질은 무엇인가? 세상의 물질적인 전리품에 눈독을 들이고 군침을 흘리는 교회는 시스라의 어머니와 동일하다. 그러나 거짓과 불법이 가득한 세상을 품고 그 세상에 빛과 소금의 은혜를 수혈하며 자녀처럼 양육하는 교회는 드보라와 같다.

시스라의 어머니와 그녀의 여인들이 전리품 취득에 대한 상상으로 마음이 잔뜩 부풀어 있는 상황을 언급한 이후에, 드보라는 그들이 맞이하게 될 황망한 결말에 대해 침묵한다. 이것은 의도적인 침묵이다. 이 침묵은 그녀들이 현실의 실제를 인지하지 못하고 상상의 창살에 갇혀 평생 뜬구름만 붙드는 자들임을 암시한다. 만약 시스라가 죽었고 그래서 전리품은 고사하고 최고의 철병거와 명마들도 다 잃었다는 사실을 알았다면 상상에서 깨어나 현실을 자각하고 정신을 차렸을 것이지만 그런 각성의 기회조차 주어지지 않았다는 것은 최악의 인생임을 더욱 선명하게 드러낸다. 희망이 크면 절망의 크기도 그것에 비례한다. 기대하지 않았다면 몰라도 잔뜩 기대한 일이 일시적인 거품일 뿐이라는 것과 정반대의 비참한 현실을 확인하는 순간에 몰려오는 절망의 밀물은 존재와 인생을 송두리째 쓸어버릴 정도로 강력하지 않겠는가! 그런 절망은 죽음보다 더 억울하다. 같은 맥락에서 바울은 부활을 믿기 때문에 타인의 생명을 위해 날마다 사망이 나에게 역사하는 삶을 감수하는 성도는 만약 죽은 자가 다시 살아나는 부활이 없다면 모든 사람들 중에서 가장 "불쌍한 자"라고 가르친다(고전 15:19). 죽음보다 괴로운 것이 기대의 배신이다.

³¹여호와여 당신의 모든 원수들이 이처럼 망하게 하옵소서
주를 사랑하는 자들은 주의 권능으로 태양이 돋는 것처럼
[나오게 하옵소서]" 하니라 그 땅이 사십 년간 평온했다

드보라의 노래는 결론에 도달한다. 그녀는 두 부류의 사람을 언급하며 저주와 복을 간구한다. 그녀는 먼저 하나님을 향해 "당신의 모든 원수들"(כָּל־אֹויְבֶיךָ)을 언급한다. 저주의 대상은 드보라의 원수가 아니라 하나님의 원수라는 사실이 중요하다. 대부분의 사람들은 자신에게 상처와 손해와 아픔과 억울함을 끼친 원수들이 망하게 해 달라고 간절히 소원한다. 그러나 드보라는 그런 사사로운 감정을 종교의 이름으로 해소하지 않고 오직 하나님의 모든 원수들에 대해 멸망을 간구한다. 여기에서 나는 드보라가 하나님을 자신의 편으로 끌어들여 하나님도 자신의 신하로 삼고 자신의 왕국을 세우는 지도자가 아니라 자신이 하나님의 편이 되어서 하나님의 원수를 망하게 해 달라며 하나님의 왕국을 추구하는 사사임을 확인한다. 우리도 드보라와 같이 하나님의 원수에 대해서는 멸망을 소원하고, 자신의 원수에 대해서는 축복하고 기도하며 사랑을 베풀어야 한다.

그리고 드보라는 하나님의 모든 원수들이 "이처럼"(כֵּן) 망하게 해 달라고 간구한다. "이처럼"이 의미하는 멸망의 내용은 무엇인가? "이처럼"은 시스라와 그의 어머니가 망한 것처럼 망하는 것을 의미한다. 거물급 장수가 전쟁에서 싸우다가 적군에 의해 장렬히 전사한 것이 아니라 한 여인의 집에서 쉬다가 연약한 여인의 말뚝에 두개골이 깨지는 죽음을 당했다는 것, 그의 어머니는 그런 아들의 사망도 모른 채 그가 가져올 전리품 취득의 기대로 인해 땅을 치면서 슬퍼해야 마땅한 상황에서 오히려 헛된 설렘과 기쁨에 도취되어 있는 막장 드라마와 같은 최악의 멸망을 의미한다. 드보라는 시스라의 죽음만이 아니라 그의 어머니가 무지 속에서 기대에 부푼 상황도 멸망으로 해석하고 있다.

이와는 달리, "주를 사랑하는 자들"(אֹהֲבָיו)에 대해서는 복을 기원한다. 멸망의 대상과 비슷하게 드보라가 복을 기원하는 대상은 자신을 사랑해 주는 사람들이 아니라 하나님을 사랑하는 자들이다. "너희가 만일 너희를 사랑하는 자만을 사랑하면 칭찬 받을 것이 무엇이냐"(눅 6:32)라고 하신 예수님의 가르침을 드보라는 다 아는 것처럼 사랑의 대상을 정확하게 이해한 여인이다. 하나님을 "사랑하는 자마다 그에게서 난 자를 사랑한다"(요일 5:1)라고 한 요한의 가르침에 따르면, 드보라는 진실로 하나님을 사랑하는 여인임에 분명하다. 바울도 모든 기회를 얻어서 모든 사람에게 선한 일을 행하되 특별히 "믿음의 가정"에게 더욱 그리할 것을 권면한다(갈 6:10). 이것은 사랑의 대상이 혈통에 따른 가족이나 친족이 아니라 믿음에 따른 가족 즉 하나님을 사랑하는 자들이 되어야 함을 의미하고, 그들에게 보다 큰 선을 보다 빈번하게 행해야 함을 가르친다.

하나님을 사랑하는 자들을 위해 드보라가 기원한 복의 내용은 무엇인가? 그들이 "주의 권능으로 돋는 태양처럼" 되게 해 달라는 것이었다. 대부분의 역본들이 "주의 권능으로 혹은 그의 권능으로"(브그브라토, בִּגְבֻרָתוֹ)라는 단어를 "태양의 힘"으로 번역한다(개역개정, 개역한글, 공동번역, 새번역, NIV, KJV, NASB). 성경에서 태양은 특이하게 남성인 동시에 여성으로 사용된다. 그러나 앞에서 "그를 사랑하는 자들"(אֹהֲבָיו)에서 동일한 남성 접미사인 "그"(ו)가 여호와를 가리키는 것처럼 "그의 권능"은 여호와의 권능을 가리키는 말로 이해하는 것이 더 합당하다. 이 단어를 "태양의 힘"이라고 하더라도 하나님은 주어로서 태양의 힘을 주관하는 분이시기 때문에 의미는 동일하다. 이에 우리는 태양이 주의 권능으로 뜨고 진다는 사실을 확인한다. 태양의 존재와 기능 즉 태양의 밝음도, 태양의 움직임도, 태양의 뜨거움도 모두 하나님의 권능에 의존하고 있다. 태양만이 아니라 태양에 의존하는 것처럼 보이는 모든 생물의 존재와 존속도 하나님이 그 권능의 말씀으로 붙드신다(히 1:3). 그래서 바울은 아테네의 학자들을 향해 "우리가 그를 힘입어 살며 기동하며 존재"함을 선언했다(행 17:28). 드보라는 이미 믿음으로 창조주 의존적인 피조물의 그런 본성을 깨달았다. 그런 지식에 기반하여 인간도 하나님의 권능 없이는 아무것도 되지 못한다고 고백한다. 그런데 그녀는 하나님을 사랑하는 사람들이 그의 권능으로 "태양처럼"(הַשֶּׁמֶשׁ) 되기를 기원한다. 세상에서 태양은 가장 화려하고 강력하고 눈부시고 아름다운 존재의 대명사다. 하나님을 사랑하면 그런 태양처럼 된다. 이러한 섭리를 드보라의 기원이 가르친다.

드보라가 구분한 하나님의 원수와 하나님을 사랑하는 자는 전쟁의 맥락에서 보면 어떤 자들인가? 하나님의 원수는 하나님의 전쟁에 참여하지 않은 자들이며, 하나님의 백성 곧 하나님을 도우려고 하지 않은 자들이며, 나아가 하나님의 백성을 공격한 자들이다. 하나님을 사랑하는 자는 하나님의 전쟁에 참여하여, 하나님의 백성 곧 하나님을 도우려고 한 자들이다. 원수에 대한 멸망의 기원과 사랑하는 자들에 대한 형통의 기원이 의미하는 바는 무엇인가? 상황적인 측면에서 보면, 멸망과 형통의 실현이다. 그러나 존재론적 측면에서 보면, 하나님의 원수가 된다는 것 자체가 멸망의 절정임을 의미하고, 하나님을 사랑하는 것 자체가 최고의 형통임을 의미한다. 이것은 하나님이 정하신 섭리이며 인류의 역사는 그 섭리를 증명하고 있다. 원수가 망하고 사랑하는 자가 등극하니 "그 땅이 사십 년간 평온했다." 이러한 샬롬은 신적인 섭리의 절정이다. 평화의 기간은 이스라엘 자손이 괴롭힘을 당한 20년의 갑절이다. 하나님의 은혜는 그분의 형벌을 압도한다. 시인의 고백처럼, "그의 노염은 잠깐이요 그의 은총은 평생이다"(시 30:5).

하나님의 원수가 되는 것은 저주의 첩경이다. 하나님을 사랑하는 것은 그 저주를 피하는 유일한 비결이며 동시에 복의 첩경이다. 왜 복의 첩경인가? "하나님께 가까이 함이 내게 복이라"(시 73:28)는 아삽의 복 개념에 근거해서 보면, 사랑은 하나님을 가장 가까이 하는 유일한 비결이기 때문이다. 사랑하면 하나님이 내 안에 거하시고 내가 하나님 안에 거하기에 사랑은 관계의 빈틈이 전혀 없는 상태를 의미한다. 그러나 종과 주인의 관계는 명령과 순종으로 맺어진 것이기 때문에 사랑의 관계보다 멀다. 창조자와 피조물의 관계는 요청과 도움으로 맺어진 것이기 때문에 사랑의 관계보다 멀다. 하나님과 나 사이의 관계는 어떠한가? 사랑의 관계인가?

전쟁의 승리를 기념하는 드보라의 노래 전체에서 확인되는 것은 무엇인가? 하나님을 사랑하는 것은 영적 전쟁의 승리이고, 사랑하지 않는 것은 영적 전쟁의 패배이다. 성경 전체는 사랑의 이야기다. 하나님을 사랑하는 것, 이와 같은 것으로서 이웃을 나 자신처럼 사랑하는 것은 성경 전체의 요약이다. 성경의 긍정적인 내용은 하나님의 사랑을, 부정적인 내용은 하나님의 질투를 보여준다. 즉 성경은 하나님의 사랑과 질투라는 씨줄과 날줄로 짜여진 직물이다. 전쟁에서 승리하기 위해서는, 하나님 편에 서기 위해서는, 저주를 피하기 위해서는, 최고의 복을 취하고 누리기 위해서는, 사랑해야 한다. 목숨과 마음과 뜻과 힘을 다하여 하나님을 사랑해야 한다. 사랑의 높이와 너비와 길이와 깊이는 나의 전부에서 어떠한 것까지도 수단으로 동원할 수 있느냐와 관계한다. 나에게 있는 것 중에서 어떠한 것도 하나님 사랑이 아닌 보다 하등한 용도로 사용되지 않도록 나의 전부를 사랑의 도구로 삼는 '자기부인' 싸움을 지속해야 한다.

삿 6:1-10

¹이스라엘 자손이 또 여호와의 목전에 악을 행하였으므로 여호와께서 칠 년 동안 그들을 미디안의 손에 넘겨 주시니 ²미디안의 손이 이스라엘을 이긴지라 이스라엘 자손이 미디안으로 말미암아 산에서 웅덩이와 굴과 산성을 자기들을 위하여 만들었으며 ³이스라엘이 파종한 때면 미디안과 아말렉과 동방 사람들이 치러 올라와서 ⁴진을 치고 가사에 이르도록 토지 소산을 멸하여 이스라엘 가운데에 먹을 것을 남겨 두지 아니하며 양이나 소나 나귀도 남기지 아니하니 ⁵이는 그들이 그들의 짐승과 장막을 가지고 올라와 메뚜기 떼 같이 많이 들어오니 그 사람과 낙타가 무수함이라 그들이 그 땅에 들어와 멸하려 하니 ⁶이스라엘이 미디안으로 말미암아 궁핍함이 심한지라 이에 이스라엘 자손이 여호와께 부르짖었더라 ⁷이스라엘 자손이 미디안으로 말미암아 여호와께 부르짖었으므로 ⁸여호와께서 이스라엘 자손에게 한 선지자를 보내시니 그가 그들에게 이르되 여호와께서 이같이 말씀하시기를 이스라엘의 하나님 내가 너희를 애굽에서 인도하여 내며 너희를 그 종 되었던 집에서 나오게 하여 ⁹애굽 사람의 손과 너희를 학대하는 모든 자의 손에서 너희를 건져내고 그들을 너희 앞에서 쫓아내고 그 땅을 너희에게 주었으며 ¹⁰내가 또 너희에게 이르기를 나는 너희의 하나님 여호와이니 너희가 거주하는 아모리 사람의 땅의 신들을 두려워하지 말라 하였으나 너희가 내 목소리를 듣지 아니하였느니라 하셨다 하니라

❖ ❖ ❖

¹이스라엘 자손이 여호와의 목전에 그 악을 행하였다 그래서 여호와께서 미디안의 손에 그들을 칠 년간 넘기셨다 ²미디안의 손이 이스라엘 위에 강하였고 이스라엘 자손은 미디안의 얼굴에서 [피하려고] 자신들을 위하여 언덕에 은닉처와 굴과 산성을 만들었다 ³이스라엘이 파종하면 그때마다 미디안과 아말렉과 동방 자손들이 그를 대항하여 올라와서 ⁴진을 치고 땅의 소산물을 망치되 가사까지 들어가서 이스라엘 가운데에 생명을 유지할 양이나 소나 나귀를 하나도 남기지 않을 정도였다 ⁵이는 그들이 그들의 가축들과 장막들을 가지고 올라오고 메뚜기 떼처럼 많이 들어오되 [그토록] 무수한 그들과 그들의 낙타들이 그 땅에 들어와 파괴했기 때문이다 ⁶이스라엘이 미디안의 면전에서 심하게 궁핍하여 이스라엘 자손이 여호와께 절규했다 ⁷이스라엘 자손이 미디안 때문에 여호와께 부르짖게 되니 ⁸여호와께서 이스라엘 자손에게 한 명의 선지자를 보내셨고 그가 그들을 향해 말하였다 "이스라엘의 하나님 여호와가 이같이 말하셨다 '나는 너희를 애굽에서 올라가게 하였으며 노예들의 땅에서 너희를 나오게 만들었다 ⁹애굽의 손과 너희를 학대하는 모든 자들의 손에서 너희를 구하였고 그들을 너희의 면전에서 쫓아냈고 그들의 땅을 너희에게 주었으며 ¹⁰내가 너희에게 말하기를 나는 너희의 하나님 여호와라 [그러므로] 너희가 거하는 그 땅의 주인 아모리의 신들을 두려워하지 말라[고 하였으나] 너희가 내 목소리를 청종하지 않았다'고 하시니라"

13   기드온: 궁핍함의 의미

다섯 번째 사사인 기드온 이야기가 6장에서 시작하여 8장까지 전개된다. 본문은 기드온 등장의 배경이다. 이스라엘 자손은 하나님의 목전에 악을 저질렀고 하나님은 그들을 미디안의 손에 넘기셨다. 7년 동안 그들의 궁핍함은 극심했다. 그래서 그들은 하나님께 절규했다. 이에 하나님은 해결책을 주시기 전에 문제의 본질적인 원인을 알리셨다. 그 원인은 하나님의 말씀을 경청하지 않은 것이었다. 궁핍함은 이스라엘 자손이 하나님의 말씀을 버려서 발생한 영적 기갈의 증거였다.

> 1이스라엘 자손이 여호와의 목전에 그 악을 행하였다
> 그래서 여호와께서 미디안의 손에 그들을 칠 년간 넘기셨다

이스라엘 자손은 40년의 평화를 누린 이후에 다시 여호와의 목전에 다시 악을 행하였다. 하루가 멀다 하고 비리와 불법과 부도덕한 사건이 터지는

오늘날의 교회보다 어쩌면 이 시대가 더 건전해 보이기도 한다. 그런데 평화의 시대에 대한 설명이 없이 지나가는 사사기 저자의 필법 때문에 이 시대에는 하나님의 백성이 마치 죄에 중독된 것처럼 너무도 빈번하게 악을 저지르는 것처럼 느껴진다. 시간의 길이로 보자면 죄를 짓고 괴롭힘을 당한 기간보다 평화의 기간이 긴데 한 줄로 묘사되고 만다. 평화를 누리는 이스라엘 자손의 구체적인 삶에 대한 설명은 왜 이렇게도 빈약할까? 이에 대해서는 율법을 구성하는 긍정적인 명령과 부정적인 명령의 비율이 힌트를 제공한다. 즉 사람들은 해야 할 일을 하지 않는 경우보다 하지 말아야 할 일을 저지르는 경우가 더 많아서 율법에는 부정적인 명령이 긍정적인 명령보다 많다. 태초의 사람 아담과 하와를 보더라도 해야 할 생육과 번성과 충만과 정복과 다스림의 마땅한 일보다는 하지 말아야 할 일로서 선악과를 따먹었다. 그래서 율법의 분량은 부정적인 요소가 많이 차지하고 있으며 인류의 역사도 부정적인 명령의 필요성을 강조한다. 이스라엘 민족의 역사가 이를 증명한다.

성경 전체를 보더라도 성공보다 실패 이야기가 더 많은 분량을 차지한다. 이는 우리가 좋은 일보다 나쁜 일에서 더 많은 교훈을 발견하고 우리의 삶을 보다 반듯하게 교정하기 때문이다. 물론 우리는 그리스도 예수의 수준까지 자라가야 하는 긍정적인 과제가 무덤에 들어갈 때까지 주어졌다. 성경은 그런 최고의 목적을 제시해 두었지만, 인간이 최소한 악을 행하지는 말아야 한다는 삶의 하한선은 넘으라는 교훈을 더 많이 언급한다. 이는 대부분의 사람들이 그 하한선을 맴돌기 때문이다. 이렇게 성경은 보다 연약하고 어린 신앙의 사람들을 배려한다.

하나님을 경외하는 드보라와 바락이 생존해 있는 40년 동안에는 이스라엘 자손이 하늘의 평화를 향유했다. 그러나 그런 지도자가 떠나자 그들은 다시 악을 저질렀고 이에 대해 하나님은 그들을 미디안의 손에 칠 년간 넘기셨다. 이스라엘 자손이 저지른 "그 악"(הָרַע)은 무엇인가? 특정하지 않아도 "그 악"이라고 말하면 누구든지 아는 그 고질적인 죄는 무엇인가? 아모리의 신들을 두려움의 대상으로 여겼다는 하나님의 지적(10절)과 이후에 사사 기드온을 부르시고 바알의 제단을 헐고 아세라 상을 찍으라고 하신 하나님의 명령(25절)이 증거하는 것처럼 "그 악"은 구원의 하나님을 버리고 이방의 신들을 섬기는 우상숭배 문제였다. 이 죄는 인간이 하나님께 범하는 가장 심각한 죄악이다. 십계명의 첫 계명에서 확인되는 것처럼 하나님은 우리의 마음에서 다른 신을 자신의 곁에 두지 말라고 명하시고, 마귀는 그런 하나님의 명령을 거스르며 하나님의 곁에 무언가를 나란히 두려고 집요하게 매달린다. 지극히 높으신 하나님과 같아지고 싶어하는 마귀의 근성(사 14:14)이 하나님의 백성을 삼키려고 한다. 우상을 숭배하는 것은 하나님께 최악의 슬픔을, 마귀에게 최고의 기쁨을 제공하는 죄악이다. 우리가 마땅히 경배하고 두려워할 하나님은 이사야를 통해 다음과 같은 엄중한 경고를 내리셨다. "너희가 나를 누구에게 비기며 누구와 짝하며 누구와 비교하여 서로 같다 하겠느냐"(사 46:5). 이는 사사기의 가장 핵심적인 주제를 담은 문장이다.

하나님은 악을 행하는 이스라엘 자손을 미디안의 손에 칠 년간 넘기셨다. 미디안 사람들은 누구인가? 모세의 시대에 이스라엘 민족에 의해 모든 남자들이 죽임을 당하고 남자와 동침하여 사내를 아는 여자들도 모두 죽임을 당하였고 아이들 중에서도 남자는 다 죽었으며 가축과 양 떼와 재물은 다 빼앗기고 그들이 거하던 성읍들과 촌락들은 다 불사름을 당한 족속이다(민 31:7, 9-10, 17-18). 이스라엘 민족에 대해 이토록 끔찍한 고통의 기억을 가진 미디안 족속의 손에 이스라엘 자손의 운명이 넘겨졌다. 고난의 기간은 비록 다른 시기에 비해 짧았지만 미디안의 치하에 있었다면 고난의 크기는 다른 어느 때보다도 컸으리라 생각된다.

²미디안의 손이 이스라엘 위에 강하였고 이스라엘 자손은 미디안의 얼굴에서 [피하려고] 자신들을 위하여 언덕에 은닉처와 굴과 산성을 만들었다

앞에서 말한 것처럼 미디안은 남자들이 없었기 때문에 비록 세월이 흐르기는 하였어도 그렇게 강한 족속이 되지는 못하였다. 그런데도 그들의 손이 이스라엘 자손보다 "강했다"(תָּעָז)고 한다. 이는 무엇을 뜻하는가? 하나님은 약한 자를 강하게도 하시고 강한 자를 약하게도 만드신다. 지극히 강하신 하나님의 백성이라 할지라도 그 하나님을 떠나면 필히 약해진다. 주변의 이방 나라들이 아무리 연약한 민족이라 할지라도 하나님을 떠난 그 백성보다 더 강해진다. 여호수아 시대에 아이라는 성읍의 주민은 소수였다. 3,000명의 군대로도 쉽게 제압할 수 있는 규모였다. 그런데도 이스라엘 백성은 하나님의 언약을 깨뜨렸기 때문에 아이 전투에서 패하였고 그들 앞에서 보란듯이 줄행랑을 쳤다(수 7:3-4). 민족의 자존심이 구겨지는 일이었다. 그러나 그 패배는 하나님을 의지하지 않고 스스로가 자신의 주인이 된 백성의 잘못을 가르치는 유용한 도구였다. 자기보다 약한 미디안 족속에게 주권을 빼앗기는 지금의 패배도 하나님의 강력한 메시지를 전달하는 섭리의 수단이다.

미디안이 자기보다 더 강해지자 이스라엘 자손이 보인 첫 번째 반응은 무엇인가? 미디안의 면전에서 벗어나는 것이었다. 이스라엘 자손은 미디안과 마주치지 않으려고 "자신들을 위하여(לָהֶם) 언덕에 은닉처와 굴과 산성을 만들었다." 발등의 불 끄기에 급급했다. 그러나 자신을 위하여 은닉처와 굴과 산성을 만드는 것은 문제의 정확한 진단도 아니었고 해결책도 아니었다. 이스라엘 자손만이 아니라 대부분의 사람들은 자신을 위하여 마땅히 추구해야 할 일을 모르고 엉뚱한 것을 추구한다. 아무리 강한 산성을 만들어 그 속으로 도피해도 원수들의 입에는 하나님을 떠난 자들이 냉장고에 잘 보관된 먹잇감에 불과하다. "네 모든 산성은 무화과나무의 처음 익은

열매가 흔들기만 하면 먹는 자의 입에 떨어짐과 같으리라"(나 3:12). 이와는 달리, 인간은 하나님을 찾으면 살고(암 5:4) 그의 말씀을 따르면 산다(레 18:5)고 성경은 가르친다. 성경의 가르침은 복잡하지 않고 어렵지도 않다. 하나님은 모든 자들이 피해야 할 구원의 유일한 산성이다.

3이스라엘이 파종하면 그때마다 미디안과 아말렉과 동방 자손들이
그를 대항하여 올라와서 4진을 치고 땅의 소산물을 망치되 가사까지 들어가서
이스라엘 가운데 생명을 유지할 양이나 소나 나귀를 하나도
남기지 않을 정도였다 5이는 그들이 그들의 가축들과 장막들을
가지고 올라오고 메뚜기 떼처럼 많이 들어오되
[그토록] 무수한 그들과 그들의 낙타들이 그 땅에 들어와 파괴했기 때문이다

미디안은 이스라엘 자손이 파종할 때를 맞추어서 자신만이 아니라 아말렉과 동방 사람들(이스라엘 동쪽에 위치한 아람, 암몬, 모압, 에돔 등에 속한 사람들)과 함께 이스라엘 자손에게 올라왔다. 장막까지 치고 땅의 소산물을 파괴했다. 심겨진 곡식의 씨앗이 싹을 낼 무렵에 맞추어 그들은 자신의 가축들과 장막들을 가지고 메뚜기 떼처럼 올라왔다. "메뚜기 떼"는 하나님이 애굽을 심판하실 때에 사용하신 징계의 도구였다. "메뚜기 떼처럼"(כְּדֵי־הָאַרְבֶּה)은 지금 이스라엘 자손이 당하는 미디안의 파괴와 약탈이 하나님의 징계임을 암시하는 표현이다. "가축들"과 "낙타들"은 싱싱한 싹들을 먹거리로 삼았고 먹다가 남은 싹들은 짓밟았다. "장막들"을 가지고 온 이유는 그곳에 오래 머물기 위함이다. 이는 이스라엘 자손의 농작물이 초토화될 때까지 이루어진 장기적인 약탈의 물증이다.

미디안이 파괴한 것은 땅의 곡식만이 아니었다. 가사까지 쳐들어가 이스라엘 자손이 생명을 유지하기 위해 필요한 양이나 소나 나귀까지 약탈

하되 한 마리도 남기지 않을 정도였다. "가사"(עַזָּה)는 "강한 사람들"을 의미한다. 이스라엘 중에 강한 사람들도 하나님을 떠나면 이방인의 침략과 약탈에 방패가 되지 못하고 그들에게 짓밟히는 희생물이 됨을 의미한다. 이리하여 곡식만이 아니라 가축까지 모두 이방인의 위장으로 들어갔다. 이러한 일은 하나님의 말씀에 순종하지 않을 때에 나타나는 결과로서 "네 토지의 소산과 네 수고로 얻은 것을 네가 알지 못하는 민족이 먹겠고 너는 항상 압제와 학대를 받을 뿐이라"(신 28:33)는 모세의 예언과 일치한다. 과연 모든 역사는 신적인 약속의 구현이다.

6이스라엘이 미디안의 면전에서 심하게 궁핍하여
이스라엘 자손이 여호와께 절규했다

이스라엘 자손은 7년 동안 미디안과 아말렉과 동방 사람들의 지속적인 침략과 약탈로 "심히 궁핍했다"(יִדַּל מְאֹד). 이처럼 그들은 7년 동안 고난의 의미를 깨닫지 못하였다. 평화의 시기에 누린 40년의 배부름이 그들의 영적인 감각을 둔하게 만들었기 때문이다. 편하고 배부른 시간이 길어지면 안식과 풍요를 주신 하나님께 감사하는 마음도 실종된다. 이는 그 안식과 풍요가 사라졌을 때에 보인 이스라엘 자손의 반응에서 확인된다. 그들은 하나님께 속히 돌아가지 않고 더욱 절박하게 자신을 위하였고 향하였다. 자신을 향할수록 인생의 숨통을 조이는 궁핍의 고통은 강해졌다. 급기야 그 고통의 분량이 임계점에 이르렀다. 결국 그들은 하나님께 나아갔고 고통을 호소하며 절규했다(יִזְעֲקוּ). 이 절규는 스스로 생존할 방법이 사라졌을 때에 이루어진 일이었다. 이는 아직도 믿는 구석이 있는 동안에는 하나님께 나아가지 않는 인간의 전형적인 모습이다. 진실로 인간은 붙잡을 지푸라기 하나조차 없어야 비로소 하나님께 나아가 엎드린다. 그런데 이스라엘 자손의 절규는 하나님을 사랑했기 때문에 그분 앞에서 자신의 잘못을 뉘우치는 마음의 변화가 아니라 궁핍한 환경이 떠민 결과였다. 사랑은 관계의 보석이다. 그런데 이스라엘 자손은 사랑의 회복보다 배고픔의 문제를 해결하기 위해 하나님 앞에 엎드렸다. 그들의 이러한 태도로 보건대, 그들은 관계의 회복이 아니라 상황의 개선에 집착했다. 문제의 근원을 아직도 이해하지 못하였을 가능성이 높다.

7이스라엘 자손이 미디안 때문에 여호와께 부르짖게 되니
8여호와께서 이스라엘 자손에게 한 명의 선지자를 보내셨고 그가 그들을 향해 말하였다 "이스라엘의 하나님 여호와가 이같이 말하셨다 '나는 너희를 애굽에서 올라가게 하였으며 노예들의 땅에서 너희를 나오게 만들었다

사사기 저자는 이스라엘 자손이 여호와께 부르짖은 일을 두 번이나 기록한다. 한번은 그들이 부르짖은 사건을 기록하고, 다른 한번은 신적인 은총의 계기로서 기록한다. 이는 하나님의 은총이 그분을 찾는 자들에게 주어지는 것임을 강조하기 위함이다. 이스라엘 자손은 미디안의 괴롭힘 속에서 스스로 자신을 위하여 해결책을 찾다가 뒤늦게 하나님을 찾기 시작한다. 여호와를 찾는다는 것은 어떠한 절망 속에서도 여전히 소멸되지 않는 최후의 희망이다. "너희는 여호와를 찾으라 그리하면 살리라"(암 5:6)는 아모스의 희망적인 선언도 이스라엘 사회 안에서 말씀의 기강이 완전히 무너져 하나님의 공의와 정의가 그림자도 보이지 않는 절망 속에서 주어졌다.

이스라엘 자손의 부르짖음 속에는 하나님을 향한 사랑의 회복이 보이지는 않았지만 하나님은 그들이 자신에게 나아와 심장을 쏟아낸 것 자체로도 귀하게 여기시고 곧장 긍휼을 베푸셨다. 하나님의 적극적인 사랑이 느껴지는 대목이다. 자신을 배신하고 다른 신에게로 떠난 연인의 신음을 들

고서도 '맛 좀 보라'는 억한 심정으로 가만히 둘 법도 한데 하나님은 이스라엘 자손의 신음에 광속의 반응을 보이신다. 하나님은 밖으로 출고되지 않을 정도로 아주 미미한 신음도 들으시고 응답해 주시는 분이시다. 그래서 하나님의 백성에게 신음은 그 자체로 이미 기도였다.

하나님은 그들에게 "한 명의 선지자"(אִישׁ נָבִיא)를 보내셨다. "선지자"는 하나님의 말씀을 전달하는 사람이다. 하나님의 침묵은 그 자체로 무서운 재앙이다. 하나님을 섬기고 있더라도 그의 말씀이 없으면 재앙의 시대라는 것을 엘리의 시대가 잘 가르친다. "아이 사무엘이 엘리 앞에서 여호와를 섬길 때에는 여호와의 말씀이 희귀하여 이상이 흔히 보이지 않았더라"(삼상 3:1). 엘리가 종교적인 지도력을 발휘할 때에는 여호와에 대한 섬김이 올바른 섬김이 아니었다. 하나님의 말씀과 무관한 것이었기 때문이다. 그런데 기드온의 시대에 하나님은 7년의 침묵을 깨시고 말씀을 보내셨다. 말씀의 보내심은 그 자체가 어리석은 이스라엘 자손의 우둔한 마음을 깨우치는 은혜였다.

그들이 봉착한 문제는 위장의 궁핍함이 아니라 영혼의 주림이고 그런 영적 굶주림의 문제는 말씀의 공급으로 해결되는 것이었다. 이에 대하여 아모스가 기록한 하나님의 말씀이다. "내가 기근을 땅에 보내리니 양식이 없어 주림이 아니며 물이 없어 갈함이 아니요 여호와의 말씀을 듣지 못한 기갈이라"(암 8:11). 이 땅에서의 궁핍함은 빵이 없어서가 아니라 하나님의 말씀이 마음에 없고, 입술에도 없고, 손과 발에도 없기 때문에 발생한다. 나누고자 하는 마음, 칭찬하고 격려하는 입술, 나눔을 실천하는 손과 발이 있으면, 즉 나의 전부를 하나님의 말씀에 맡기면 이 땅에서의 궁핍함은 사라진다. 시인은 고백한다. 하나님의 말씀에 인생을 맡기고 의지하는 사람은 "환난의 때에 수치를 당하지 아니하며 기근의 날에도 풍족할 것"이라고(시 37:19)!

하나님의 섭리에서 말씀의 보내심은 구원의 방식이다. 말씀 자체이신 예수님이 친히 육신을 입고 우리 가운데로 보내어진 사건은 그 방식의 절정이다. 구약에서 선지자를 통해 말씀하신 것은 예수를 통한 말씀의 전조였다. 이에 대하여 히브리서 저자는 이렇게 기록한다. "옛적에 선지자들을 통하여 여러 부분과 여러 모양으로 우리 조상들에게 말씀하신 하나님이 이 모든 날 마지막에 아들을 통하여 우리에게 말씀을 하셨으니"(히 1:1-2). 우리에게 오신 말씀이신 예수는 성정이 우리와 동일하다. 그런데 예수는 말씀 자체이기 때문에 그의 마음과 눈빛과 생각과 뜻과 입과 손과 발에는 말씀이 가득하다. 이처럼 자신의 전 존재가 말씀이다. 이런 예수에게 기근이 있겠는가? 그는 세상에서 40일을 먹지 않았어도 자신을 위하여 돌을 떡으로 만들지 않으셨다. 제자들이 동네에 들어가서 먹거리를 가지고 왔지만 그에게는 제자들이 알지 못하는 다른 양식이 있다고 하시면서 그 양식은 아버지의 모든 말씀을 온전히 이루는 것이라고 밝히셨다(요 4:32-34).

하나님이 궁핍한 이스라엘 자손에게 선지자를 통해 전하신 말씀은 이러하다. 먼저 하나님은 이스라엘 자손의 선조들을 애굽에서 해방시킨 구원자로 자신의 신분을 밝히신다. 출애굽은 이 때로부터 300여 년 이전의 사건인데 하나님이 그때의 출애굽 1세대를 지금의 "너희"(אֶתְכֶם)라고 부르시는 것이 특이하다. 이는 이스라엘 조상의 하나님이 이스라엘 자손의 하나님과 동일한 분이심을 나타낸다. 조상의 경험이 후손의 경험과 다르지 않다는 사실을 강조한다. 이 사실은 또한 성경에 기록된 과거의 모든 사람들과 사건들이 오늘날의 우리와 무관하지 않음을 암시한다. 그리고 하나님은 애굽을 "노예들의 집"(בֵּית עֲבָדִים)이라고 부르신다. 이는 애굽이 주변의 여러 민족들을 노예로 삼을 정도로 강력한 제국임을 암시한다. 즉 하나님은 아무리 강력한 최고의 제국이 이스라엘 자손을 노예로 삼아 심히 궁핍하게 만들어도 얼마든지 그 제국의 손에서 구원하실 능력과 의지가 있으신 분이심을 의미한다.

⁹애굽의 손과 너희를 학대하는 모든 자들의 손에서 너희를 구하였고
그들을 너희의 면전에서 쫓아냈고 그들의 땅을 너희에게 주었으며

하나님은 애굽의 손만이 아니라 광야와 가나안 땅에서 "너희를 학대하는
모든 자들의 손에서"도 능히 구원을 이루셨다. "손"(יָד)은 힘의 상징이다.
그 손의 강함과 약함을 결정하는 권한은 하나님께 있다. 그분은 이스라엘
자손을 학대할 수 있는 모든 강력한 이방 족속들의 손을 강하게도 하시고
약하게도 만드신다. 힘의 주권을 가지신 하나님은 자기 백성을 어떠한 절
망 속에서도 건지신다. 건지시는 것만이 아니라 그 백성을 괴롭히던 자들
을 "너희의 면전에서"(מִפְּנֵיכֶם) 쫓으신다. 이스라엘 자손은 미디안의 면전
에서 피하려고 하였으나 하나님은 그 자손의 면전에서 대적을 쫓아내는 분
이시다. 게다가 이방 민족들이 쫓겨나서 비워진 땅을 하나님은 자기 백성
에게 선물로 넘기신다. 하나님의 말씀을 버리면 자기 백성을 이방인이 손
에 넘기시고 말씀에 순종하면 이방인의 땅을 그 백성에게 넘기신다. 무엇
이 누구에게 넘겨짐은 하나님의 권한이다. 여기에서 우리는 하늘과 땅과
그 사이에 있는 모든 열방과 만물이 하나님의 소유라는 사실을 확인한다.
이처럼 하나님은 자신의 것을 가지고 자신의 백성에게 구원의 복만이 아
니라 정복의 은총도 베푸신다.

¹⁰내가 너희에게 말하기를 나는 너희의 하나님 여호와라 [그러므로]
너희가 거하는 그 땅의 주인 아모리의 신들을 두려워하지 말라[고 하였으나]
너희가 내 목소리를 청종하지 않았다'고 하시니라

하나님이 이스라엘 자손에게 구원을 베푸시고 대적을 쫓으시고 그 대적의
땅을 선물로 베푸시는 이유는 무엇인가? 하나님이 그들의 하나님이 되시

기 때문이다. 이스라엘 자손에게 베푸시는 모든 복은 하나님이 그들의 하나님이 되신다는 사실의 설명이다. 그래서 시인은 이렇게 노래했다. "이러한 백성은 복이 있나니 여호와를 자신의 신으로 삼은 백성은 복되도다" (시 144:15). 하나님을 나의 신으로 삼는 것보다 더 큰 복이 이 세상에는 없다. "나는 너희의 하나님 여호와라." 심장이 터질 것 같은 복의 선언이다. 지금 선지자를 통해 전달된 이 선언의 주체는 "이스라엘 하나님 여호와"며 (삿 6:8), 이 선언의 핵심적인 내용도 "너희의 하나님 여호와"다(삿6:10). 하나님 자신이 선언의 주체와 내용이다. 이것은 기독교의 가장 중요한 진리의 핵심이다.

이 진리를 믿음으로 받는 사람은 하나님의 백성이다. 여호와가 나의 하나님이 되신다는 말의 의미는 다양하다. 나의 여호와는 "나의 빛", "나의 구원", "내 생명의 능력"이고(시 27:1), "나의 산업과 내 잔의 소득"이고(시 16:5), "나의 능력과 찬송"이고(시 118:14), "나의 요새와 반석"이고(시 94:22), 나의 바위시요 나의 방패시요 나의 구원의 뿔이시요 나의 산성"이고(시 18:2), "나의 소망"이고(시 71:5), "나의 큰 기쁨"(시 43:4)과 "나의 사랑"이고(시 144:2), "나의 힘이요 노래"이며(출 15:2), "나의 피난처"와 "거처"이고(시 91:9), "나의 구속자"(시 19:14)와 "나의 왕"이요(시 84:3), "나의 목자"이고(시 23:1), "나의 영광"이며 "나의 머리를 드시는 자"이시다(시 3:3).

우리는 하나님의 백성이고 하나님은 우리의 신이라는 말은 성경과 인류의 역사 전체를 관통하는 언약이다. 이 언약은 기독교의 중심이다. 모든 만물과 역사가 이 언약의 성취를 위해 존재한다. 시간의 역사가 종결되는 시점에 지어질 새 하늘과 새 땅은 이 언약이 완성되는 현장이다(계 21:1-4). 이러한 언약의 완성을 방해하는 것이 마귀의 일이며, 방해하는 방식은 하나님의 백성이 하나님 이외에 다른 무언가를 그들의 신으로 삼도록 만드는 우상숭배 유혹이다. 이와는 달리 하나님은 이 세상의 어떠한 것도 두려움의 대상으로 삼지 말라고 명하신다. 두려움은 지배력이 강한 감정이다. 그래서 우리로 하여금 두려움의 대상에 얽매여 그 대상의 노예로 살아가게 한다. 하나님이 이스라엘 백성을 노예들의 집 애굽에서 구원하신 출애굽 자체는 다른 어떠한 것도 두려움의 대상으로 삼지 말라는 명령의 표시였다. 그의 백성을 위해 그 명령을 따르는 순종의 기반을 마련하신 일이었다.

그러나 이스라엘 백성은 하나님의 말씀을 "청종하지 않고"(לֹא שְׁמַעְתֶּם) 다른 신들을 숭배했다. 여호와를 청종하지 않음은 필히 다른 신들을 경외하는 우상숭배 문제로 귀결된다. 두 문제는 절묘하게 연결되어 있다. 여기에서 "청종하지 않는다"는 말은 나단이 하나님의 말씀에 불순종한 다윗을 책망할 때에 언급한 것처럼 하나님을 경외하는 마음으로 그의 명령에 순종하는 것을 거부하며 이로써 하나님 자신과 그의 말씀을 무시하고 멸시하는 것을 의미한다(삼하 12:9-10). "하나님의 말씀을 거역하며 지존자의 뜻을 멸시"하는 사람은 "흑암과 사망의 그늘에 앉으며 곤고와 쇠사슬에 매임"을 당한다고 시인은 고백한다(시 107:10-11). 이러한 재앙은 빛과 생명의 하나님을 멸시하고 즐거움과 자유의 하나님을 거부한 자들이 자초한 것이며 그들에게 합당한 보응이다.

청종하지 않는 것의 결과가 왜 이토록 가혹한가? 이는 하나님의 말씀을 청종하지 않으면 하나님이 아닌 다른 무언가를 청종하게 되고, 이는 필히 우상숭배 문제로 이어지기 때문이다. 하나님을 섬긴다고 하면서도 자신의 생각을 따라 행동한 사울 왕에게 쏟은 사무엘의 호통이 이를 증거한다. "거역하는 것은 점치는 죄와 같고 완고한 것은 사신 우상에게 절하는 죄와 같음이라"(삼상 15:23). 사무엘의 말에 따르면, 지극히 작은 하나님의 계명이라 할지라도 그것을 청종하지 않고 거역하는 것은 점쟁이를 찾아가 점괘를 보는 죄와 동일한 것으로 간주된다. 그리고 자신의 뜻을 굽히지 않으면서 하나님의 뜻을 끝까지 거부하는 완고함은 우상을 숭배하는 죄와 동일하다. 모든 계명이 우상숭배 조항과 관계되어 있다. 어떠한 계명이든 청종하지 않으면 모두 우상숭배 행위로 간주되기 때문이다. 하나님을 경청하는 자가 그의 백성이고, 하나님은 그를 경청하는 자의 신이시다. 하나님과 그의 백성을 연결하는 관계의 끈은 청종이다. 하나님의 말씀을 청종하는 그의 백성은 하나님을 두려움의 유일한 대상으로 여기며 그분 이외의 다른 어떠한 신들도 경외하지 않는 사람을 의미한다.

지금 사사기 저자는 다섯 번째 사사인 기드온이 등장하는 배경에 대해 설명하고 있다. 이스라엘 자손은 지금 미디안의 침략과 탈취 때문에 심히 궁핍하다. 그러나 미디안은 궁핍함의 표면적인 원인이고 궁극적인 원인은 우상숭배 때문이다. 그래서 궁핍함의 의미는 양식의 부족이 아니라 말씀의 기갈이다. 영혼의 위장이 비어 있어서 초래된 결과가 바로 궁핍이다. 궁핍함은 하나님의 말씀이 필요함을 알리는 신호등과 같다. 말씀의 핵심 즉 언약의 총화가 하나님이 우리의 하나님이 되시고 우리는 그의 백성이 된다는 것임을 우리는 깨달아야 한다. 미디안에 의한 7년의 지독한 궁핍함은 이 언약을 배우기 위해 지불해야 하는 등록금과 같다.

삿 6:11-24

¹¹여호와의 사자가 아비에셀 사람 요아스에게 속한 오브라에 이르러 상수리나무 아래에 앉으니라 마침 요아스의 아들 기드온이 미디안 사람에게 알리지 아니하려 하여 밀을 포도주 틀에서 타작하더니 ¹²여호와의 사자가 기드온에게 나타나 이르되 큰 용사여 여호와께서 너와 함께 계시도다 하매 ¹³기드온이 그에게 대답하되 오 나의 주여 여호와께서 우리와 함께 계시면 어찌하여 이 모든 일이 우리에게 일어났나이까 또 우리 조상들이 일찍이 우리에게 이르기를 여호와께서 우리를 애굽에서 올라오게 하신 것이 아니냐 한 그 모든 이적이 어디 있나이까 이제 여호와께서 우리를 버리사 미디안의 손에 우리를 넘겨 주셨나이다 하니 ¹⁴여호와께서 그를 향하여 이르시되 너는 가서 이 너의 힘으로 이스라엘을 미디안의 손에서 구원하라 내가 너를 보낸 것이 아니냐 하시니라 ¹⁵그러나 기드온이 그에게 대답하되 오 주여 내가 무엇으로 이스라엘을 구원하리이까 보소서 나의 집은 므낫세 중에 극히 약하고 나는 내 아버지 집에서 가장 작은 자니이다 하니 ¹⁶여호와께서 그에게 이르시되 내가 반드시 너와 함께 하리니 네가 미디안 사람 치기를 한 사람을 치듯 하리라 하시니라 ¹⁷기드온이 그에게 대답하되 만일 내가 주께 은혜를 얻었사오면 나와 말씀하신 이가 주 되시는 표징을 내게 보이소서 ¹⁸내가 예물을 가지고 다시 주께로 와서 그것을 주 앞에 드리기까지 이 곳을 떠나지 마시기를 원하나이다 하니 그가 이르되 내가 너 돌아올 때까지 머무르리라 하니라 ¹⁹기드온이 가서 염소 새끼 하나를 준비하고 가루 한 에바로 무교병을 만들고 고기를 소쿠리에 담고 국을 양푼에 담아 상수리나무 아래 그에게로 가져다가 드리매 ²⁰하나님의 사자가 그에게 이르되 고기와 무교병을 가져다가 이 바위 위에 놓고 국을 부으라 하니 기드온이 그대로 하니라 ²¹여호와의 사자가 손에 잡은 지팡이 끝을 내밀어 고기와 무교병에 대니 불이 바위에서 나와 고기와 무교병을 살랐고 여호와의 사자는 떠나서 보이지 아니한지라 ²²기드온이 그가 여호와의 사자인 줄을 알고 이르되 슬프도소이다 주 여호와여 내가 여호와의 사자를 대면하여 보았나이다 하니 ²³여호와께서 그에게 이르시되 너는 안심하라 두려워하지 말라 죽지 아니하리라 하시니라 ²⁴기드온이 여호와를 위하여 거기서 제단을 쌓고 그것을 여호와 살롬이라 하였더라 그것이 오늘까지 아비에셀 사람에게 속한 오브라에 있더라

❖ ❖ ❖

¹¹여호와의 사자가 와서 아비에셀 사람 요아스에게 속한 오브라에 있는 상수리나무 아래에 앉았다 그(요아스)의 아들 기드온은 미디안의 면전에서 벗어나기 위해 포도주 틀에서 밀을 타작하는 중이었다 ¹²여호와의 사자가 그에게 나타나 그에게 말하였다 "여호와가 너와 함께 계시도다 강한 용사여" ¹³기드온이 그에게 말하였다 "오 나의 주님이여 여호와께서 우리와 함께 계시다면 어찌하여 우리에게 이 모든 일들이 일어난 것인지요? 그리고 여호와께서 우리를 애굽에서 올라오게 하신 게 아니냐고 말한 우리 조상들이 우리에게 설명한 그의 모든 경이로운 일들이 어디에 있습니까? 이제는 여호와께서 우리를 버리셨고 우리를 미디안의 손아귀에 넘기셨습니다" ¹⁴여호와께서 그에게로 돌아서서 말하셨다 "너는 너의 이 힘을 가지고 가서 이스라엘을 미디안의 손에서 구원하라 내가 너를 보내는 것이 아니냐" ¹⁵그(기드온)가 그에게 말하였다 "오 주님이여 제가 무엇을 가지고 이스라엘을 구원할 수 있습니까? 보십시오 저의 가족은 므낫세 중에 가장 미약하고 제 아버지의 집에서 저는 가장 작습니다" ¹⁶여호와께서 그에게 말하셨다 "진실로 내가 너와 함께 할 것이기 때문에 너는 미디안을 한 사람처럼 치게 되리라" ¹⁷그(기드온)가 그에게 말하였다 "만일 제가 지금 당신의 목전에서 은총을 입었다면 저를 위하여 저와 말하는 이가 당신이라는 표징을 행하소서 ¹⁸제가 돌아와서 저의 예물을 가져 당신 앞에 둘 때까지 이 곳을 떠나지 마시기를 원합니다" 그가 말하셨다 "네가 돌아올 때까지 내가 머물리라" ¹⁹기드온이 가서 어린 숫염소를 준비하고 가루 한 에바로 무교병을 만들고 고기를 소쿠리에 담고 스프를 냄비에 담아 상수리나무 아래 그에게로 가져다가 제공했다 ²⁰하나님의 사자가 그에게 말하였다 "너는 고기와 무교병을 가져다가 이 바위 위에 놓고 스프를 부으라" 기드온이 그렇게 행하였다 ²¹여호와의 사자가 손에 [있는] 그의 지팡이 끝으로 고기와 무교병을 건드리니 불이 바위에서 나와 고기와 무교병을 삼키더라 여호와의 사자는 그의 목전에서 떠나갔다 ²²기드온은 그가 여호와의 사자인 줄 깨닫고 기드온은 말하였다 "오 주 여호와여 내가 여호와의 사자를 대면하여 보았나이다" ²³여호와께서 그에게 말하셨다 "너에게 평화로다 두려워 말라 네가 죽지 않으리라" ²⁴기드온이 거기에 여호와를 위하여 제단을 쌓고 그것에 대해 여호와 살롬이라 칭하였고 그것은 이 날까지 아비에셀 사람에게 속한 오브라에 있다

14   기드온: 하나님이 함께 하신다는 말

본문은 고기 잡는 어부를 사람을 낚는 어부로 바꾸신 것처럼 비좁은 포도
주 틀에서 타작하는 기드온을 주님께서 이스라엘 자손을 괴롭히는 잔혹한
이방 민족들을 타작하는 지도자로 부르시는 이야기를 소개한다. 우상을 숭
배하는 아버지의 집에서 무수히 많은 신학적 질문들을 던지며 민족의 현
실과 미래를 생각하고 또 생각하던 기드온은 하나님의 급작스런 방문과 하
나님이 함께 하신다는 약속으로 민족의 지도자로 거듭난다. 평소에 그는
지극히 연약한 므낫세 지파의 한 가정에서 태어나고 자신의 가족 중에서
도 가장 작은 자로 자랐다는 생각을 가지고 있었으나 이제 하나님의 선언
으로 말미암아 강한 용사로 다시 태어난다.

11여호와의 사자가 와서 아비에셀 사람 요아스에게 속한 오브라에 있는
상수리나무 아래에 앉았다 그(요아스)의 아들 기드온은 미디안의 면전에서
벗어나기 위해 포도주 틀에서 밀을 타작하는 중이었다

"기드온"(גִּדְעוֹן)은 "찍어 넘김" 혹은 "베는 사람"을 의미한다. 그 이름의 의미에 맞게 기드온은 이후에 바알의 제단을 파괴하고 아세라를 찍어낸다(삿 6:25-27). 기드온을 사사로 세우기 위해 "여호와의 사자"가 등장한다. 그의 등장은 이스라엘 역사에 대한 하나님의 직접적인 개입을 의미한다. 이 사자는 아비에셀(도움의 아버지) 사람 요아스의 구역으로 왔다. 그곳에서 요아스의 아들 기드온은 밀을 타작하는 중이었다. 타작의 장소는 넓고 평평한 마당이 제격이다. 그러나 기드온은 포도주 틀에서 타작한다. "포도주 틀"(נַת)은 대체로 크기가 작아서 타작에 적합하지 않은 공간이다. 그럼에도 불구하고 그곳에서 타작한 이유는 훤히 드러나는 넓은 마당에서 타작을 하면 미디안의 눈에 발각되어 곡식을 빼앗길 것이 뻔하였기 때문이다. 한편으로 보면 무모하지 않고 지혜로운 처신이며, 다른 한편으로 보면 기드온의 소심함이 드러나는 대목이다. 사실 미디안은 이스라엘 자손의 곡식과 가축을 모조리 약탈한 궁핍함의 흉흉이다. 그래서 기드온을 비롯한 이스라엘 자손은 모두 미디안의 매정한 눈에 띄지 않으려는 성향으로 길들여져 있고 어깨는 위축되어 있다. 지금 이들의 상황은 애굽에 종 되었던 상황보다 심각하다. 그때에는 "값없이 생선과 오이와 참외와 부추와 파와 마늘들을 먹"을 수도 있었기 때문이다(민 11:5). 그러나 지금은 곡식의 소유조차 불가능한 상황이다. 그런데도 파종을 하고 수확을 하고 타작을 하고 곡식을 소유한 기드온은 수완이 뛰어나고 영리한 사람임에 분명하다.

12여호와의 사자가 그에게 나타나 그에게 말하였다
"여호와가 너와 함께 계시도다 강한 용사여"

여호와의 사자가 기드온을 찾아가서 말하였다. 하나님은 언제나 우리를 먼저 찾으신다. 이는 역사의 주도권이 하나님께 있음을 보여주고 구원을 베푸시는 그분의 적극적인 긍휼과 자비를 나타낸다. 그 사자는 "여호와가 너와 함께 계신다"(יְהוָה עִמָּךְ)고 선언한다. 이런 언급은 신적인 소명의 전형적인 방식이다. 하나님이 함께 하신다는 것은 이전 시대에도 암시되어 왔으나 특별히 여호수아 시대에 지도자의 유일한 조건으로 제시된 것이었다(수 1:5, 17). 인간의 운명은 누구와 함께 하느냐에 따라 결정된다. 나는 지금 누구와 함께 하고 있는지를 보면 나의 운명이 대체로 파악된다. 나는 무엇을 추구하고 어떠한 일을 하고 왜 사는지를 안다. 모든 인생은 하나님과 함께 하느냐 아니면 함께 하지 않느냐에 의해 분류된다. 성경은 이러한 두 종류의 운명을 대조하며 설명하고 있다.

여호와의 사자는 기드온을 향해 "강한 용사"(גִּבּוֹר הֶחָיִל)라고 규정한다. 하나님 편에서의 선언이다. 이는 기드온의 기골이 장대하기 때문도 아니고 근육질의 몸짱이기 때문도 아니며 오직 하나님이 그와 함께 계시다는 사실에 근거한다. "오직 성령이 너희에게 임하시면 너희가 권능을 받는다"(행 1:8)는 예수님의 말씀도 같은 맥락이다. 개역개정 역본에는 이런 뉘앙스가 사라졌다. "큰 용사여 여호와께서 너와 함께 계시도다." 이 역본만이 아니라 모든 한국어 번역본(개역한글, 공동번역, 새번역, 현대인의성경 등)은 큰 용사에게 하나님이 함께 계시는 듯한 인상을 주지만 히브리어 원문은 하나님이 함께 계시기 때문에 강한 용사라는 점이 부각되는 어순을 고집한다.

이 세상에서 아무리 연약한 사람도 하나님과 함께 하면 반드시 강해진다. 모세의 몸종으로 섬기던 여호수아, 선임의 위대한 지도력 앞에서 위축되어 있던 신임 지도자를 향해 하나님은 담대할 것을 명하신다. "네 평생에 너를 능히 대적할 자가 없으리니 내가 모세와 함께 있었던 것 같이 너와 함께 있을 것이기 때문이라 내가 너를 떠나지 아니하며 버리지 않으리니 강하고 담대하라"(수 1:5-6). 모세의 지도력은 모세의 것이 아니라 하나님의 것이었다. 그 지도력은 모세의 전유물이 아니라 하나님이 함께 하시는 모든 사람에게 얼마든지 주어진다. 그래서 이는 특정한 소수의 사람에게 해당되지 않고 모든 사람에게 차별 없이 적용되는 말씀이다. 하나님과 함께 하는 사람을 대적하는 것은 하나님을 대적하는 것과 동일하다. 그런데 하나님은 우주 최강의 신이시기 때문에 그를 능히 대적할 자가 없고 그와 함께 하는 자의 대적도 동일하게 없다.

¹³기드온이 그에게 말하였다 "오 나의 주님이여 여호와께서
우리와 함께 계시다면 어찌하여 우리에게 이 모든 일들이 일어난 것인지요?
그리고 여호와께서 우리를 애굽에서 올라오게 하신 게 아니냐고 말한
우리 조상들이 우리에게 설명한 그의 모든 경이로운 일들이 어디에 있습니까?
이제는 여호와께서 우리를 버리셨고 우리를 미디안의 손아귀에 넘기셨습니다"

하나님이 함께 하신다는 사자의 말을 듣고 기드온이 반응한다. 그의 반응은 한 개인의 안위가 아니라 "우리"라는 공동체에 대한 생각으로 가득하다. 이는 그가 평소에 자신의 행복과 성공과 평강을 추구하는 이기적인 사람이 아님을 잘 보여준다. 그는 가슴에 고인 7년치의 울분을 격하게 쏟아낸다. 하나님이 이스라엘 자손과 함께 계신다면 어떻게 이토록 지독한 궁핍함이 발생할 수 있고 장기간 지속될 수 있으며, 과거에 애굽에서 행하신 하나님의 모든 경이로운 기적들은 어찌하여 코빼기도 보이지 않는 것이며, 어떻게 우리를 버려 미디안의 잔인한 손아귀에 넘기실 수 있느냐고 항변한다. 이처럼 기드온은 평소에 "이 모든 일들"(כָּל־זֹאת)을 의식하고 있다. 그는 자신의 이득과 관계된 소수의 사안만이 아니라 "모든 일들"을 살피면서 이스라엘 자손의 모든 형편에 관심을 기울였던 사람이다. 그는 하나님이 함께 계시다면 궁핍함이 없었어야 하고 초자연적 기적들이 있었어야 하고 이방 민족들의 손에 주권이 넘어가는 일은 발생하지 않았어야 한다고 생각한다. 이런 생각과는 정반대인 지금의 상황을 보니 하나님은 우리와

함께 계시지 않았던 것이라고 그는 항변한다.

이는 상황에 근거한 기드온의 판단이다. 현실의 속박과 궁핍함을 그는 기적과 해방을 주시는 그런 하나님이 이스라엘 자손과 함께 하시지 않았다는 명백한 증거라고 해석한다. 하나님에 대한 이해와 현실의 괴리 속에서 기드온은 문제의 근원이 하나님께 있다고 생각한다. 그러나 기적과 해방을 베푸시는 것은 하나님의 절대적인 주권이다. 모세의 시대에 일어난 기적과 해방이 지금도 일어나야 한다는 생각은 하나님의 자유에 대한 간섭이다. 기적과 해방이 일어나지 않는 문제의 근원은 하나님이 아니라 언제나 인간에게 있다. 궁핍한 상황의 배후에 이스라엘 자손의 우상숭배 죄가 있다는 사실을 기드온은 간과했다. 그 죄를 고려하면 모든 상황이 이해된다. 하나님은 이스라엘 자손과 분명히 함께 계셨지만 그들은 하나님을 버렸으며 결국 아모리의 신들을 두려움의 대상으로 여기며 섬기는 그들의 우상숭배 때문에 하나님은 그들을 미디안의 손에 넘기셨다. 미디안의 박해로 이스라엘 자손은 극심한 궁핍함에 이르렀다. 이것이 사태의 전말이다. 과거에 애굽의 노예가 되었던 이유도 하나님의 부재 때문이 아니라 조상의 불순종 때문이다. 그래서 기드온이 자신과 그의 조상 때문이 아니라 하나님께 책임을 돌리는 것은 부당하다.

게다가 하나님이 "우리를 버렸다"(נְטָשָׁנוּ)는 기드온의 주장과는 달리 하나님은 이스라엘 자손을 버리지 않으셨다. 그들이 자신의 죄 때문에 스스로 하나님과 단절되어 멀어졌던 것이고, 그분은 응징의 차원에서 그들을 버리신 것이 아니라 징계 차원에서 미디안의 손에 잠시 넘기신 것이었다. 그들이 미디안에 의해 "박해를 받아도 버린 바 되지 아니하며"(고후 4:9) 궁핍함 때문에 "넘어지나 아주 엎드러지지 아니함은 여호와께서 그의 손으로 붙드"(시 37:24)시기 때문이다. 우리는 비록 하나님의 손을 놓아도 하나님은 결코 우리의 손을 놓지 않으신다. 그것이 바로 늘 죄를 저지르고 너무나도 쉽게 넘어지는 나약한 우리의 마지막 소망이며 혹독한 현실 속에서도 여전히 비빌 마지막 언덕이다. 그분은 우리가 인생의 종착지에 도착할 때까지 결코 우리를 버리시지 않고 끝까지 이끄신다.

¹⁴여호와께서 그에게로 돌아서서 말하셨다 "너는 너의 이 힘을 가지고 가서 이스라엘을 미디안의 손에서 구원하라 내가 너를 보내는 것이 아니냐"

비록 이스라엘 자손은 최악의 죄를 범하여 미디안의 손에 넘김을 당했으나 하나님은 절규하는 그들에게 다시 회복의 손을 뻗으신다. 기드온이 바로 그분의 손이었다. 하나님은 그에게 명하신다. 이스라엘 자손을 미디안의 손에서 구하라고! 그런데 빈 손이 아니었다. 기드온이 가지고 가는 "너의 이 힘"(כֹּחֲךָ)은 무엇인가? 하나님의 능력을 가리킨다. 이는 "내가 너를 보내는 것이 아니냐"는 하나님의 반문에서 확인된다. 하나님의 보내심을 받은 자가 그의 백성을 구원하는 일은 보내어진 인간의 힘이 아니라 그를 통하여 역사하는 하나님의 힘을 통해 성취된다. 그래서 구원자는 기드온이 아니라 하나님 자신이다. 이것은 기독교의 모든 역사에 적용된다. 하나님의 보내심을 받은 모든 사람들은 자신이 능력을 가졌기 때문에 보내심을 받은 것이 아니며 자신의 능력으로 소명을 완수하는 것도 아니라는 사실을 깨달아야 한다. 하나님의 모든 일은 인간의 재능이 아니라 하나님의 능력으로 성취된다. 그래서 우리는 베드로의 교훈을 존중해야 한다. "만일 누가 말하려면 하나님의 말씀을 하는 것처럼 하고 누가 섬기려면 하나님이 베푸시는 힘으로 하는 것처럼 하라"(벧전 4:11). 우리는 나의 생각을 나의 실력으로 전파하는 자가 아니라 주님의 증인으로 보내심을 받은 자들이기 때문에 하나님이 위탁하신 복음의 말씀을 그분이 주시는 능력으로 선포해야 한다.

¹⁵그(기드온)가 그에게 말하였다 "오 주님이여 제가 무엇을 가지고 이스라엘을 구원할 수 있습니까? 보십시오 저의 가족은 므낫세 중에 가장 미약하고 제 아버지의 집에서 저는 가장 작습니다"

기드온은 "무엇을 가지고"(בַּמָּה) 자신의 민족을 구원할 수 있느냐고 반문한다. 그는 자신에게 무언가가 있어야 자기 민족을 구원할 수 있다고 생각한다. 그러나 하나님만 함께 계신다면 민족의 구원을 위해 다른 무언가가 필요하지 않다. 하나님은 어떠한 것에 대해서도 능하지 못하심이 없고 모든 것이 가능한 분이시기 때문이다. 그래서 시인은 "날마다 우리 짐을 지시는 주 곧 우리의 구원이신 하나님을 찬송"(시 68:19)했다. 같은 맥락에서 이사야는 이렇게 기도한다. "주는 아침마다 우리의 팔이 되시며 환난 때에 우리의 구원이 되소서"(사 33:2).

우리는 하나님 외에 구원의 다른 병기를 가지고 있다는 엉뚱한 확신의 역기능을 경계해야 한다. 하나님 없이도 그 병기만 있으면 강해지고 이긴다는 착각에 빠지기 쉽기 때문이다. 그런 착각은 우상숭배 행위를 촉발한다. 이는 엘리의 시대에 이스라엘 백성이 아벡 전투의 패배에서 확인된다. 그들은 4,000명이 전사하는 참패의 원인을 언약궤의 부재라고 생각했다. 그래서 실로에 있는 그 언약궤를 전쟁터로 가져왔다. 그런데 30,000명의 전우가 죽는 패배를 당하였고 언약궤는 빼앗겼고 그것을 관리하던 홉니와 비느하스 또한 사망했다(삼상 4:1-11). 언약궤가 있으면 강해지고 승리할 것이라는 이스라엘 민족의 주술적인 착각이 산산조각 났다. 이 사건에서 우리는 하나님 이외에 다른 어떠한 것도 구원의 근거가 아니라는 사실을 깨달아야 한다. 기드온은 이러한 사실에 대한 깨달음이 확고하지 않아서 구원의 다른 병기가 있어야 한다고 생각했다.

그리고 기드온은 구원의 도구가 필요하지 않느냐고 반문하기 이전에 이미 선언된 "너의 이 힘"이라는 표현을 이해하지 못하였다. 그 "힘"은 하나님이 그와 함께 계심이다. 하나님이 함께 계시다는 것은 그 자체로 능력이다. 이것을 모르는 기드온은 다른 힘을 달라고 호소한다. 우리도 각자에게 주어진 하나님의 재능에 대해 대체로 무지하다. 베드로가 모든 성도에게 강조한 내용이다. "각각 은사를 받은 대로 하나님의 여러 가지 은혜를 맡은 선한 청지기 같이 서로 봉사하라"(벧전 4:10). 그런데 우리는 각자가 어떠한 은사를 받았고 어떠한 은혜를 맡고 있는지에 대해 무지하기 때문에 주어진 은사와 무관하게 살고 맡겨진 은혜의 전달과 무관한 삶의 방향을 추구한다. 하나님의 나라와 의를 추구하는 청지기의 삶을 외면하고 육체의 사사로운 소욕이 이끄는 대로 살아간다. 게다가 능력이 부족하니 뭔가 화끈한 힘을 달라고 하나님을 독촉한다.

그리고 하나님의 소명을 받은 기드온은 자신을 주목한다. 그의 가정은 자신이 속한 므낫세 지파 중에서 "가장 미약하고"(הַדַּל) 자신의 가족 안에서는 "가장 작은"(הַצָּעִיר) 자라고 고백한다. 예전에 모세도 하나님의 부르심과 보내심을 받고 기드온과 비슷하게 자신은 "입이 뻣뻣하고 혀가 둔한 자"라고 말하며 순종을 망설였다(출 4:10). 이후에 예레미야 선지자도 "나는 아이라 말할 줄을 알지 못하"는 자라고 대답하며 하나님의 부르심과 보내심을 사양했다(렘 1:6). 물론 자신의 작음을 인지하는 것과 스스로 낮아지는 것은 경건의 모습이다. 바울도 자신은 죄인들 중의 "괴수"이며(딤전 1:15) 사도들 중에 "맨 나중에 만삭되지 못하여 난 자"이며(고전 15:8), "모든 성도 중에 지극히 작은 자보다 더 작은 나"(엡 3:8)라고 이해했고 그런 겸손한 낮아짐을 추구했다.

그러나 모세와 예레미야 선지자와 비슷하게 기드온의 고백은 강하고 위대한 자라면 구원의 도구가 없어도 얼마든지 이스라엘 자손을 구원해낼 수 있겠지만 자신은 전혀 그런 사람이 아니라는 반론이며 변명이다. 이런 기드온의 태도에서 신적인 선택의 원리에 대한 그의 무지가 읽어진다. 하나님은 우리가 강하고 똑똑하고 위대하고 부하다고 해서 택하지는 않으신다.

오히려 지극히 연약하고 무지하고 가난하고 작은 자이기 때문에 택하신다. 바울이 관찰하고 평가한 것처럼 실제로 택하심을 받은 하나님의 사람들을 보면 "육체를 따라 지혜로운 자가 많지 아니하며 능한 자가 많지 아니하며 문벌 좋은 자가 많지 아니"(고전 1:26)하다. 이들의 면면은 왜 이렇게도 부실한가! 이는 하나님의 의도적인 섭리 때문이다. 즉 하나님은 미련한 자들을 택하셔서 지혜로운 자들을, 약한 자들을 택하셔서 강한 자들을 없는 것들을 택하셔서 있는 것들을 부끄럽게 하시려고 한다. "이는 아무 육체도 하나님 앞에서 자랑하지 못하게 하려 하심이라"(고전 1:27-29).

그런데도 나는 연약하고 무지하고 가난하고 무명하고 작은 자이기 때문에 하나님의 택하심을 받지 않을 것이라고 생각하는 사람들이 있다. 하나님의 택하심은 우리의 어떤 조건이나 자격에 근거하지 않고 그분의 무조건적 사랑에 근거한다. 이스라엘 백성을 택하실 때에도 그러했다. "너희를 택하심은 너희가 다른 민족보다 수효가 많기 때문이 아니니라 너희는 오히려 모든 민족 중에 가장 적으니라"(신 7:7). 하나님의 택하심은 이스라엘 백성의 어떠함 때문이 아니라 그들에 대한 하나님의 사랑하심, 하나님의 기뻐하심, 그들의 조상에게 하신 맹세를 지키시는 하나님의 신실하심 때문이다(신 7:7-8). 택하심을 받은 이스라엘 백성은 가장 적기 때문에 하나님 이외에 다른 어떠한 것도 자랑할 수 없고 자랑하지 말아야 할 민족이다. 하나님의 백성으로 택하심을 받은 우리도 그러하다. 우리 중에 누가 과연 그분으로 하여금 수동적인 반응을 일으켜서 택하시게 만들 정도로 매력적인 인간인가? 스스로 계신 하나님은 언제나 스스로 판단하고 결정하고 택하신다. 외부에서 촉발된 택하심이 아니기 때문에 택하심을 받은 자라면 모두가 자랑의 입을 다물어야 한다.

16여호와께서 그에게 말하셨다 "진실로 내가 너와 함께 할 것이기 때문에 이에 하나님은 기드온의 항변과 질문에 대해 이스라엘 자손을 위해 기드온이 가져야 할 구원의 병기는 하나님이 그와 함께 하시는 것 자체라고 친절하게 답하신다. 그리고 하나님이 함께 하시면 그 결과로서 기드온이 "미디안을 한 사람처럼(כְּאִישׁ אֶחָד) 치게 되리라"는 예언도 잊지 않으셨다. 민족과 사람은 단위가 다름에도 불구하고 하나의 민족을 한 사람처럼 쳐서 이긴다는 것은 구원의 실행에서 기드온이 놀라운 능력을 나타낼 것임을 암시한다. 이는 또한 기드온의 연약함과 작음이 어떠한 심술도 부리지 못하게 할 것이라는 하나님의 약속이다. 실제로 기드온은 미디안을 한 사람처럼 물리치는 괴력을 나타낸다. 이에 대하여 히브리서 기자는 "연약한 가운데서 강하게 되기도 하며 전쟁에 용감하게 되어 이방 사람들의 진을 물리"치고 "믿음으로 나라들을 이기기도" 한 사사들 중에 기드온을 거명한다(히 11:32-34). 하나님이 함께 하신다는 것은 한 민족을 한 사람처럼 물리치고 한 사람이 한 민족을 구원하게 하는 최고의 선물이다. 하나의 연약한 사람이 자기가 속한 직장이나 학교나 교회나 국가에서 주변의 불의한 대적들을 제거하는 것도 가능하고 자신의 공동체를 세우는 것도 가능하다. 하나님이 함께 하신다는 것의 의미는 이처럼 굉장하다. 그런 의미에서 "하나님이 우리와 함께 하신다"는 임마누엘 하나님 되시는 예수는 온 세상을 구원하신 최고의 선물이다. 하나님이 함께 하신다면, 두려움이 없어지고(수 1:9), 구원이 성취되고(습 3:17), 하나님의 나라가 확장된다(마 28:20). 하나님은 기드온을 통하여 이러한 섭리를 보이시고 성경의 기록으로 남기신다.

17그(기드온)가 그에게 말하였다 "만일 제가 지금 당신의 목전에서 은총을 입었다면 저를 위하여 저와 말하는 이가 당신이라는 표적을 행하소서

18제가 돌아와서 저의 예물을 가져와 당신 앞에 둘 때까지 이곳을 떠나지 마시기를 원합니다" 그가 말하셨다 "네가 돌아올 때까지 내가 머물리라"

기드온은 하나님의 사자에게 자신과 대화하는 분이 자신과 함께 하실 분이라는 사실을 입증할 "표적"(אוֹת)을 부탁한다. 기드온이 표적을 구하는 이유는 무엇인가? 지금 대화를 나누고 있는 분의 신적인 정체성에 대한 확신이 없기 때문이다. 이런 의문은 여전히 자신의 연약함과 작음을 많이 의식하고 있기 때문에 발생한다. 어떻게 이토록 연약하고 작은 자신에게 여호와의 사자가 찾아와 민족을 구원하는 막중한 사명을 맡기실 수 있는지가 도무지 믿어지지 않았기 때문이다. 이는 대부분의 사람들이 가지는 의심이다. 그리고 이 의심은 하나님이 모세에게 하신 말씀 때문이다. "네가 내 얼굴을 보지 못하리니 나를 보고 살 자가 없기 때문이라"(출 33:20). 모세의 기록에 의하면 하나님은 인간이 그의 얼굴을 볼 수 없는 분이시다. 이것이 맞다면, 여호와의 사자가 지금 기드온과 대면하여 대화를 나누고 있다는 것은 그가 하나님이 아님을 증명한다. 그런데도 자신이 기드온과 함께 할 하나님이 되신다고 하니 기드온이 믿지 못하고 표적을 통한 증명을 요구하는 것은 당연하다.

요구의 내용은 자신이 예물을 드릴 텐데 이곳을 떠나지 말아 달라는 것이었다. 이에 여호와의 사자는 기드온이 예물을 준비해서 돌아올 때까지 떠나지 않겠다고 했다. 여호와의 사자는 기드온의 의심을 책망하지 않고 그의 확신을 도우려고 한다. 하나님은 우리의 의심으로 인해 믿음에서 떨어지는 불신보다 표적을 써서라도 우리가 하나님에 대한 확신에 이르기를 원하신다. 물론 우리는 의심 많은 도마에게 하신 예수님의 말씀을 존중한다. "예수께서 이르시되 너는 나를 본 고로 믿느냐 보지 못하고 믿는 자들은 복되도다"(요 20:29). 그럼에도 불구하고 의심이 불신으로 악화되는 것보다는 본 고로 믿는 게 더욱 유익하기 때문에 예수님도 도마에게 손의 못자

국과 옆구리의 창자국을 보이면서 "믿음 없는 자가 되지 말고 믿는 자가 되라"(요 20:27)고 권하셨다.

> 19기드온이 가서 어린 숫염소를 준비하고 가루 한 에바로 무교병을 만들고 고기를 소쿠리에 담고 스프를 냄비에 담아 상수리나무 아래 그에게로 가져다가 제공했다 20하나님의 사자가 그에게 말하였다 "너는 고기와 무교병을 가져다가 이 바위 위에 놓고 스프를 부으라" 기드온이 그렇게 행하였다 21여호와의 사자가 손에 [있는] 그의 지팡이 끝으로 고기와 무교병을 건드리니 불이 바위에서 나와 고기와 무교병을 삼키더라 여호와의 사자는 그의 목전에서 떠나갔다

기드온은 어린 숫염소를 준비하고 가루 한 에바로 무교병을 만들고 고기를 소쿠리에 담고 스프를 냄비에 담아 여호와의 사자에게 가져갔다. 이에 여호와의 사자는 고기와 무교병을 가져다가 바위 위에 놓고 스프를 부으라고 했다. 기드온은 시키는 그대로 행하였다. 이제 고기와 무교병은 스프로 인해 축축하다. 그런데 여호와의 사자가 지팡이를 잡고 그 끝으로 고기와 무교병을 건드리자 불이 바위에서 나와 고기와 무교병을 소각했다. 이 표적을 보여준 이후에 여호와의 사자는 기드온의 목전에서 떠나갔다. 이 사건은 비록 규모는 다르지만 예전에 일어난 모세의 므리바 기적과 이후에 일어난 엘리야의 갈멜 산 기적과 유사하다. 모세는 믿음이 없어서 불평하는 이스라엘 백성 앞에서 지팡이를 손에 잡고 반석을 두 번 치니까 그곳에서 기드온의 때와는 달리 불이 아니라 많은 물이 솟아났다(민 20:11). 갈멜 산에서 엘리야는 바알과 아세라 선지자 850명과 대결하며 제단을 쌓고 나무를 놓고 송아지를 잡아 그 위에 번제물로 둔 이후에 네 통의 물을 세 번이나 반복해서 부었으나 하나님께 기도를 드리자 "여호와의 불이 내려서 번제물과 나무와 돌과 흙을 태우고 또 도랑의 물"까지 핥는 기적이 일

어나 승리했다(왕상 18:38). 기드온의 시대에는 불이 하늘에서 내려오지 않고 바위에서 나왔으나 그것을 가능하게 한 것은 여호와의 사자였다. 도구를 보면 불이 땅에서 나왔지만, 주체를 보면 기드온의 이 불도 엘리야의 시대처럼 하늘에서 내려왔다. 기드온과 모세는 바위에서 나왔다는 것이 일치하고, 기드온과 엘리야는 불이 고기를 태웠다는 것이 일치한다.

<blockquote>
22기드온은 그가 여호와의 사자인 줄 깨닫고 기드온은 말하였다

"오 주 여호와여 내가 여호와의 사자를 대면하여 보았나이다" 23여호와께서

그에게 말하셨다 "너에게 평화로다 두려워 말라 네가 죽지 않으리라"
</blockquote>

표적을 본 기드온은 자기가 대면하여 대화한 상대가 여호와의 사자라는 사태의 심각성을 인지했다. 그래서 슬픔의 감탄사 "아하흐"(אֲהָהּ)를 내뱉는다. 곧 죽을 것이라는 낭패감에 젖어 "내가 여호와의 사자를 대면하여 보았"다며 "주 여호와"(אֲדֹנָי יְהֹוִה)의 이름을 부르면서 속히 이실직고 했다. 기드온이 죽을 두려움에 빠진 이유는 무엇인가? 이는 여호와를 본 자만이 아니라 여호와의 사자를 통해 여호와와 대면한 자도 무사하지 못할 것이라고 생각했기 때문이다. 타당하다. 게다가 기드온의 아버지는 바알과 아세라를 위해 제단을 만들고 숭배했기 때문에(삿 6:25) 율법에 따르면 그 자체로 죽음이 마땅했기 때문이다(신 13:6-10). 그러나 더 중요한 이유는 그가 아직도 여호와 혹은 주님과의 관계에 대하여 "나의"라는 소유격을 사용하지 않고 있다는 사실에서 발견된다. 하나님은 자신을 "너희의 하나님 여호와"로 알리셨다. 그러나 기드온은 여전히 하나님이 친히 밝히신 관계성을 수용하지 않은 채 의심하고 있다. 우리의 하나님 여호와는 어떤 분이신가? 하나님은 자비와 긍휼이 무궁한 분이시고 노하기를 더디하는 분이시다. 우리의 하나님은 결코 자신의 백성이나 자녀를 죽이려고 먼저 대면을 시도하

지 않으신다. 지금 여호와의 사자를 통한 하나님과 기드온의 만남은 기드온이 아니라 하나님이 먼저 시작하신 일이었다. 하나님이 우리에게 행하시는 모든 일은 우리의 멸망을 위함이 아니라 우리의 구원을 위함이다. 아무리 힘들고 위태로운 일이 발생해도 하나님의 섭리 안에 있음을 믿으며 하나님의 구원을 기대해도 된다.

하나님은 두려움에 떨며 절망에 빠진 기드온을 향해 "평화"(שָׁלוֹם)를 명하셨다. 죽지 않을 것이라는 확신을 주면서 그의 두려움을 거두셨고 절망을 제하셨다. 평화와 사망의 두려움은 상극이다. 두려움이 있으면 평화가 파괴되고 평화가 있으면 두려움이 제거된다. 평화는 사망에 대한 두려움의 없음이다. 하나님은 우리에게 유일하게 평화를 명하실 자격과 권능을 가지셨다. 이는 그가 생명의 주(시 36:9)이시며 평화의 왕(히 7:2)이시기 때문이다. 생명의 절대적인 주권을 가지신 하나님이 주신 평화를 감히 제거하려 하거나 제거할 수 있는 피조물은 없다. 그래서 평화는 피조물과 구별되는 하나님의 신적인 정체성을 드러내는 중요한 항목이다. 그래서 기드온을 향해 평화를 명하시며 모든 두려움을 제거하는 방식으로 자신을 알리셨다.

평화의 선언은 무엇을 뜻하는가? 교회를 향한 바울의 기도에서 그 의미의 실마리를 발견한다. "평강의 주께서 친히 때마다 일마다 너희에게 평강을 주시고 주께서 너희 모든 사람과 함께 하시기를 원하노라"(살후 3:16). 평화를 주시는 것과 하나님이 함께 계시는 것은 서로 결부되어 있다. 평화를 주신다는 것은 평화의 소유권이 이전되는 것을 의미하지 않고 하나님이 함께 계신다는 것을 의미한다. 바울이 선언한 것처럼 주님 자신이 우리의 평화가 되시기에(엡 2:14), 주님께서 함께 하지 않으시면 평화가 없고 그가 함께 하시면 평화가 주어진다. 이로 보건데, 기드온을 향한 평화의 선언은 하나님이 기드온과 함께 하신다는 약속의 다른 표현임에 분명하다.

²⁴기드온이 거기에 여호와를 위하여 제단을 쌓고 그것에 대해 여호와 샬롬이라 칭하였고 그것은 이 날까지 아비에셀 사람에게 속한 오브라에 있다

평화의 선언을 듣고 기드온은 곧장 그곳에 여호와를 위한 제단을 쌓고 그곳을 "하나님은 평화"라는 의미의 "여호와 샬롬"(יְהוָה שָׁלֹום)이라 칭하였다. 사사기를 기록하는 당시에도 여호와 샬롬이 아비에셀 사람에게 속한 오브라에 있다고 저자는 증언한다. "여호와 샬롬"은 기드온을 만나신 하나님의 이름이다. 우리가 만나는 하나님의 이름은 무엇인가? 내가 만약 하나님을 위하여 인생의 제단을 쌓고서 이름을 붙인다면 "여호와 카보드"(יְהוָה כָּבֹוד) 즉 "하나님은 영광"이라 부르려고 한다.

삿 6:25-40

²⁵그 날 밤에 여호와께서 기드온에게 이르시되 네 아버지에게 있는 수소 곧 칠 년 된 둘째 수소를 끌어 오고 네 아버지에게 있는 바알의 제단을 헐며 그 곁의 아세라 상을 찍고 ²⁶또 이 산성 꼭대기에 네 하나님 여호와를 위하여 규례대로 한 제단을 쌓고 그 둘째 수소를 잡아 네가 찍은 아세라 나무로 번제를 드릴지니라 하시니라 ²⁷이에 기드온이 종 열 사람을 데리고 여호와께서 그에게 말씀하신 대로 행하되 그의 아버지의 가문과 그 성읍 사람들을 두려워하므로 이 일을 감히 낮에 행하지 못하고 밤에 행하니라 ²⁸그 성읍 사람들이 아침에 일찍이 일어나 본즉 바알의 제단이 파괴되었으며 그 곁의 아세라가 찍혔고 새로 쌓은 제단 위에 그 둘째 수소를 드렸는지라 ²⁹서로 물어 이르되 이것이 누구의 소행인가 하고 그들이 캐어 물은 후에 이르되 요아스의 아들 기드온이 이를 행하였도다 하고 ³⁰성읍 사람들이 요아스에게 이르되 네 아들을 끌어내라 그는 당연히 죽을지니 이는 바알의 제단을 파괴하고 그 곁의 아세라를 찍었음이니라 하니 ³¹요아스가 자기를 둘러선 모든 자에게 이르되 너희가 바알을 위하여 다투느냐 너희가 바알을 구원하겠느냐 그를 위하여 다투는 자는 아침까지 죽임을 당하리라 바알이 과연 신일진대 그의 제단을 파괴하였은즉 그가 자신을 위해 다툴 것이니라 하니라 ³²그 날에 기드온을 여룹바알이라 불렀으니 이는 그가 바알의 제단을 파괴하였으므로 바알이 그와 더불어 다툴 것이라 함이었더라 ³³그 때에 미디안과 아말렉과 동방 사람들이 다 함께 모여 요단 강을 건너와서 이스르엘 골짜기에 진을 친지라 ³⁴여호와의 영이 기드온에게 임하시니 기드온이 나팔을 불매 아비에셀이 그의 뒤를 따라 부름을 받으니라 ³⁵기드온이 또 사자들을 온 므낫세에 두루 보내매 그들도 모여서 그를 따르고 또 사자들을 아셀과 스불론과 납달리에 보내매 그 무리도 올라와 그를 영접하더라 ³⁶기드온이 하나님께 여쭈되 주께서 이미 말씀하심 같이 내 손으로 이스라엘을 구원하시려거든 ³⁷보소서 내가 양털 한 뭉치를 타작 마당에 두리니 만일 이슬이 양털에만 있고 주변 땅은 마르면 주께서 이미 말씀하심 같이 내 손으로 이스라엘을 구원하실 줄을 내가 알겠나이다 하였더니 ³⁸그대로 된지라 이튿날 기드온이 일찍이 일어나서 양털을 가져다가 그 양털에서 이슬을 짜니 물이 그릇에 가득하더라 ³⁹기드온이 또 하나님께 여쭈되 주여 내게 노하지 마옵소서 내가 이번만 말하리이다 구하옵나니 내게 이번만 양털로 시험하게 하소서 원하건대 양털만 마르고 그 주변 땅에는 다 이슬이 있게 하옵소서 하였더니 ⁴⁰그 밤에 하나님이 그대로 행하시니 곧 양털만 마르고 그 주변 땅에는 다 이슬이 있었더라

❖ ❖ ❖

²⁵그 날 밤에 여호와께서 그에게 말하셨다 "너는 네 아버지의 소떼들 중에서 수소 즉 칠 년 된 둘째 수소를 취하여라 그리고 네 아버지에게 있는 바알의 제단을 허물고 그 위의 아세라를 찍어내라 ²⁶그리고 네 하나님 여호와를 위하여 이 산성의 꼭대기에 제단을 가지런히 쌓고 그 둘째 수소를 잡아 네가 잘라낸 아세라 나무로 번제를 드려라" ²⁷이에 기드온은 그의 종들을 열 명 취하여서 여호와께서 그에게 말씀하신 대로 행하되 낮에 행하기엔 그의 아버지 집과 그 성읍의 사람들이 두려워서 밤에 행하였다 ²⁸그 성읍의 사람들이 아침에 일찍 일어나서 보니 바알의 제단은 파괴되고 그 위의 아세라는 찍혔으며 세워진 제단 위에는 그 둘째 수소가 올려져 있었더라 ²⁹그들은 각자가 그의 이웃에게 말하였다 "누가 이런 짓을 하였는가?" 그들은 조사하고 탐색하여 요아스의 아들 기드온이 이 짓을 하였다고 말하였다 ³⁰성읍의 사람들이 요아스에게 말하였다 "너의 아들을 끌어내고 그로 죽게 하라 이는 그가 바알의 제단을 파괴했기 때문이며 그 위의 아세라를 찍어냈기 때문이다" ³¹요아스가 자기를 둘러선 모든 자들에게 말하였다 "너희가 바알을 위하여 싸우느냐 너희가 그를 구하려고 하느냐 그를 위하여 싸우는 자는 아침까지 죽임을 당하리라 그가 신이라면 그가 자신을 위하여 싸우리라 이는 그(기드온)가 그(바알)의 제단을 허물었기 때문이다" ³²그 날에 그(아버지)는 그(기드온)가 그(바알)의 제단을 파괴하여 바알이 그와 더불어 싸울 것이라고 말하면서 그(기드온)를 향하여 여룹바알이라 불렀다 ³³미디안과 아말렉과 동방의 자손들이 모두 연대하여 모였으며 [요단 강을] 건너와서 이스르엘 골짜기에 진을 쳤다 ³⁴여호와의 영이 기드온에게 입혀지고 그가 나팔을 부니 아비에셀이 그의 뒤를 따라 부름을 받았더라 ³⁵기드온이 전령들을 온 므낫세에 두루 보내어 그의 뒤를 따르도록 소집했고 아셀과 스불론과 납달리에 전령들을 보내어 그들을 만나도록 올라오게 했다 ³⁶기드온이 하나님께 말하였다 "당신께서 약속하신 것처럼 만약 나의 손으로 이스라엘을 구원하려 하신다면 ³⁷보소서 제가 양털 한 뭉치를 타작하는 마당에 둘 것입니다 만약 이슬이 양털에만 생기고 땅 전체는 마른다면 당신께서 약속하신 것처럼 당신께서 나의 손으로 이스라엘을 구원하게 하실 것임을 제가 알 것입니다" ³⁸[그의 말대로] 그렇게 되었더라 이튿날 기드온이 일어나서 양털을 가져다가 그 양털에서 이슬을 짜니 물이 그릇에 가득했다 ³⁹기드온이 하나님께 말하였다 "저에게 진노를 발하지 마옵소서 이번 한번만 말씀을 드립니다 부디 한번만 저로 하여금 양털로 시험하게 하옵소서 이제는 양털만 마르고 땅 전체에는 이슬이 있게 하옵소서" ⁴⁰그 밤에 하나님이 그대로 행하셨다 양털에는 마름이 있고 땅 전체에는 이슬이 있었더라

15   기드온: 물증을 요구하는 신앙

이스라엘 자손의 하나님 여호와가 그들과 함께 계시다는 사실을 신뢰한 기
드온은 하나님의 명령을 듣고 순종한다. 명령을 따라 아버지께 속한 바알
의 제단과 아세라 우상을 제거했다. 그리고 아버지의 수소를 잡아서 번제
로 드렸으며 이를 위하여 아세라 우상의 찍힌 나무 조각들을 연료로 사용
했다. 우상의 타파와 번제를 통해 이스라엘 자손의 죄를 해결한 기드온은
7년간의 괴롭힘을 준 미디안을 제거하는 전쟁에 돌입한다. 그런데 이번에
도 기드온은 이스라엘 자손을 구원해 주신다는 하나님의 약속에 대한 물
증을 요구한다. 이에 자비의 하나님은 그가 요구한 그대로 응하셨다.

> [25]그 날 밤에 여호와께서 그에게 말하셨다 "너는 네 아버지의 소떼들 중에서
> 수소 즉 칠 년 된 둘째 수소를 취하여라 그리고 네 아버지께 있는
> 바알의 제단을 허물고 그 위의 아세라를 찍어내라

사사로 부르심을 받은 기드온을 향한 하나님의 첫 번째 명령이 떨어졌다. 하나님의 정체성을 확인하기 위해 표적을 요구한 기드온은 이제 하나님의 시험대를 통과해야 한다. 테스트의 내용은 제물로서 아버지의 소를 잡고 아버지의 우상을 허물고 그 조각들을 사용하여 번제를 드리라는 것이었다. 기드온이 아버지의 소를 허락도 없이 사용하는 것은 도둑질로 보인다는 사실을 주목하고 싶다. 나는 도둑질이 아니라고 생각한다. 이는 하늘과 땅과 그 가운데에 있는 모든 것들의 주인이신 하나님의 직접적인 명령에 근거한 번제이기 때문이다(신 10:14). 비록 이 땅의 누군가가 임시적인 소유권을 가진 것이라도 하나님은 그것에 대해 궁극적인 소유권을 가진 분이시기 때문에 누구도 반대할 수 없는 절대적인 처분권을 행사할 수 있으시다. 그래서 아버지의 소로 번제를 드리라는 하나님의 명령은 정당하고 기드온이 번제를 드리는 것은 도둑질이 아니라 순종으로 간주된다. 여기에서 제물로 사용된 아버지의 소는 7년 된 둘째 수소였다. 아마도 7년간의 괴롭힘을 초래한 이스라엘 자손의 죄 용서를 의미하는 제물이지 아닐까 생각한다. 이 사안은 이후에 조금 더 다루겠다.

기드온의 아버지 요아스는 바알의 제단을 쌓고 아세라 우상을 나무로 만들어서 숭배한 사람이다. 여기에서 우리는 기드온이 왜 그토록 자신을 지극히 연약한 집안의 사람이고 그 중에서 가장 작은 자라고 했는지를 이해한다. 기드온은 경제적인 기준이나 정치적인 기준이나 사회적인 기준이 아니라 신앙적인 기준으로 자신의 집과 자신을 이해했다. 자신의 아버지가 하나님이 보시기에 가장 불경한 우상을 숭배했기 때문에 기드온이 보기에 자신과 자신의 가족은 최악의 존재였다. 기드온은 영적인 촉이 살아 있고 그의 관점은 건강하다. 관점이 병들면 가치관이 병들고 인생도 거짓과 불의라는 질병으로 고생하게 된다. 어떤 안경으로 보느냐에 따라 나 자신도 달라지고 인생도 달라지고 이웃도 달라지고 세상도 달라진다. 나 자신을 비롯하여 누구를 관찰하고 무엇을 보더라도 주님께서 보시듯이 볼 때에 사물을 있는 그대로 인식하게 된다. 하나님의 눈으로 모든 것을 보는 방식은 믿음이다. 기드온은 하나님의 관점으로 가정사를 이해한 믿음의 사람이다.

여기에서 우리는 또한 우상을 만들고 숭배하는 일을 주도한 사람의 가정에서 한 민족을 구원할 사사를 세우시는 하나님의 무한한 자비와 긍휼을 목격한다. 이는 소망이 없는 가족에게, 가망성이 전혀 없는 민족에게 베푸시는 하나님의 일방적인 은총이다.

하나님은 이스라엘 자손의 사사로서 누군가를 세우실 때에 가장 작은 일부터, 가장 가까운 일부터 명하신다. 하나님의 가정을 바르게 섬기기 전에 기드온은 지금 자신이 속한 혈통적인 자기 가족의 종교적인 문제부터 해결해야 했다. 이는 그의 사사로운 판단이 아니라 하나님의 명령이다. 이것은 교회에서 집사나 장로와 같은 공직자를 세우고자 한 바울의 규정과도 동일하다. "사람이 자기 집을 다스릴 줄 알지 못하면 어찌 하나님의 교회를 돌보리요"(딤전 3:5). 공적인 직무를 수행하는 사람의 자질을 검증하는 현장은 가정이다. 이는 가정이 꾸며지지 않은 리더십의 맨살을 드러내는 곳이기 때문이다. 특별히 가장이나 부모의 권력은 임기가 없기 때문에 권력의 유지나 정권의 재창출을 위해 선거용 표정관리 및 아부가 필요하지 않아서 가정의 권력자는 가식과 허영의 무장을 해제하고 민낯을 드러낸다. 그러나 가정 밖에서는 대부분 연출된 자아로 살아간다. 그래서 한 사람의 솔직한 됨됨이는 가정에서 확인된다. 어떤 권력이 한 사람에게 주어지면 그 사람은 그 이전의 모습과 달라진다. 어떻게 달라질 것인지를 확인하고 검증하기 위해서는 최고의 권력을 이미 행사하고 있는 가정 안에서의 모습을 관찰하면 된다. 권력의 일상화가 이루어진 가정이 한 사람의 본색을 드러내기 때문이다.

²⁶그리고 네 하나님 여호와를 위하여 이 산성의 꼭대기에 제단을 가지런히 쌓고

그 둘째 수소를 잡아 네가 잘라낸 아세라 나무로 번제를 드려라"

하나님은 가정의 우상숭배 문제를 해결한 이후에 이 산성의 꼭대기에 제단을 쌓고 그 위에서 나무로 만들어진 아세라의 찍긴 조각들을 태워 번제를 드리라고 명하신다. "산성의 꼭대기"(רֹאשׁ הַמָּעוֹז)는 모든 사람들의 눈에 보이는 지점이다. 이스라엘 전체가 보도록 성읍의 정상에서 우상을 섬기던 아버지의 수소를 번제로 드리되 우상의 조각들을 번제의 땔감으로 삼았다는 것은 언약의 파기에 따르는 형벌을 암시한다. 이는 우상이 아무것도 아닌 땔감에 불과하고 그 우상을 숭배하는 자는 결코 무사하지 못하고 불의 심판을 받는다는 것을 보여준다. 하나님과 아브라함 사이에 맺어진 언약에는 대단히 중요한 조항이 하나 있었는데 그것은 누구든지 언약을 파기하면 번제로 드려지는 제물처럼 존재가 두 동강으로 쪼개지고 불살라질 것이라는 조항이다(창 15:17, 렘 34:18-21).

이 조항을 따라 이스라엘 백성이 실제로 하나님의 언약을 어겼을 때에 주어지는 형벌의 구체적인 내용으로 선언된 하나님의 말씀이다. "내가 너희를 세계 여러 나라 가운데에 흩어지게 할 것이며 송아지를 둘로 쪼개고 그 두 조각 사이로 지나매 내 앞에 언약을 맺었으나 그 말을 실행하지 아니하여 내 계약을 어긴 그들을…원수의 손과 그들의 생명을 찾는 자의 손에 넘기리니 그들의 시체가 공중의 새와 땅의 짐승에게 먹이가 될 것이며…바벨론 왕의 군대의 손에 넘기기라"(렘 34:17-21). 이처럼 언약을 어기면 하나님의 손에서 대적들의 손으로 넘어가게 된다. 이스라엘 자손은 가장 공개적인 장소에서 드려진 기드온의 번제를 통해 자신들이 하나님의 언약을 파기한 결과로서 미디안의 손에 넘어갔고 궁핍하게 되었음을 모두가 깨달아야 했다. 그리고 하나님께 돌이키는 것이 정상이다. 나아가 이 번제는 기드온에 의해 바알이나 아세라가 아니라 하나님께 드려졌다. 이는 이스라엘 자손의 죄 용서를 암시한다. 이스라엘 자손을 미디안의 손에서 꺼내기 위해서는 하나님 앞에서의 죄 문제 해결이 우선이다. 이는 과거에 애굽에서 종 되었던 이스라엘 백성이 유월절 어린 양의 피로서 죄의 가려짐을 경험한 이후에 애굽의 손에서 놓여진 것과 동일한 상황이다.

> 27이에 기드온은 그의 종들을 열 명 취하여서 여호와께서
> 그에게 말씀하신 대로 행하되 낮에 행하기엔 그의 아버지 집과
> 그 성읍의 사람들이 두려워서 밤에 행하였다

하나님의 명령을 받은 기드온은 순종했다. 먼저 "종들을 열 명" 선별했다. 집안에 열 명보다 많은 종들이 있다는 것은 기드온의 가정이 민족의 궁핍한 상황 속에서도 가난하지 않았음을 암시한다. 기드온 가정의 재산은 바알의 제단을 쌓고 아세라를 섬기는 종교적인 타협의 대가일 가능성이 높다. 부정한 방식으로 취득한 재물이라 할지라도 그것을 포기하기 위해서는 결연한 각오가 요구된다. 그런데 기드온의 모습에는 막대한 소득의 원천을 스스로 파괴하고 찍어내는 순종에 주저함이 없다. 그러나 포도주 틀에서 타작하는 모습에서 확인된 것처럼 기드온은 겁이 많고 소심하다. 소심한 사람은 눈치가 빠르고 분위기 감지력이 예리하다. 우상의 파괴가 아버지 집과 성읍 사람들의 분노를 격발할 것이라는 사실을 정확하게 인지했다. 그래서 기드온은 두려워서 우상의 파괴를 낮에 행하지 못하고 야밤에 실행해야 했다. 다른 한편으로 보면, 소모적인 실랑이를 피하고 방해 없이 거사를 이루려는 지혜로운 전략이다. 이런 사실은 우상에 사로잡혀 있는 기드온의 아버지 집과 모든 성읍 사람들의 영적인 완고함도 암시한다. 이런 공동체의 불경한 분위기 속에서도 기드온이 하나님을 생각하며 민족의 운명을 고민하고 있었다는 것은 놀랍기만 하다.

더군다나 기드온은 가정의 실권자가 아니었다. 가정에서 최고의 권한을

가졌다면 우상을 파괴하는 일이 누구도 거역하지 못하기에 쉬웠을 것이지만 부모의 권위 아래에 있는 자녀가 아버지의 권위에 도전하는 일이었기 때문에 기드온은 호적에서 이름이 파이고 죽임을 당하는 것까지도 감수해야 했다. 죽지 않더라도 가정과 그 성읍이 전부였던 그에게는 자신의 우주를 상실할 수 있는 일이었다. 그런데도 기드온은 그 우주보다 하나님을 선택했다. 이처럼 신앙은 그에게 전부를 거는 일이었다. 그래서 하나님은 회복의 역사를 이루고자 요아스가 아니라 기드온을 택하셨다. 요아스는 혈통적인 가장이고 기드온은 신앙적인 가장이다. 부모가 아니라 자녀이든, 남편이 아니라 아내이든, 어른이 아니라 아이이든 가리지 않고 영적인 가장의 권한은 믿음이 어른인 사람에게 주어진다.

> ²⁸그 성읍의 사람들이 아침에 일찍 일어나서 보니 바알의 제단은 파괴되고
> 그 위의 아세라는 찍혔으며 세워진 제단 위에는
> 그 둘째 수소가 올려져 있었더라 ²⁹그들은 각자가 그의 이웃에게 말하였다
> "누가 이런 짓을 하였는가?" 그들은 조사하고 탐색하여
> 요아스의 아들 기드온이 이 짓을 하였다고 말하였다

성읍 사람들이 아침 "일찍 일어났다"(וַיַּשְׁכִּימוּ). 그들이 일찍 일어나는 이유는 우상 때문이다. 우상에 대한 그들의 열심은 특별하다. 우상과 함께 하루를 시작하고 우상과 더불어 하루를 마감한다. 하나님을 기쁘시게 하지 않고 진노를 촉발하는 일인데도 이렇게 성실하다. 불의한 일로 분주한 인생은 어리석다. 하루를 시작하는 첫 순간마다 그들의 음란한 관심은 바알과 아세라가 차지했다. 이 날도 눈을 뜬 그들의 시선은 제단과 우상을 향하였다. 그런데 오늘은 그들의 동공이 심하게 흔들렸고 존재의 지반까지 진동했다. 이는 그들이 신봉하는 우상은 찍혀 조각조각 나뒹굴고 제단은 무너

져 있었기 때문이다. 그리고 특이한 제단 하나와 그 위에 번제물로 놓여 있는 수소가 눈에 들어왔다.

그들의 제단과 우상은 사라지고 출처 모를 제단이 가장 두드러진 자리에 세워진 것을 본 그들의 마음은 어땠을까? 그들의 눈에는 새로운 제단만 있고 다른 어떠한 형상도 없는 장면이 생소했다. 기독교가 다른 종교와는 달리 형상이 없는 이유는 주님께서 제단의 축조에 대한 명령을 주셨지만 하나님에 대한 형상을 만들라는 명령을 주신 적이 없으시고 오히려 어떠한 형상도 만들지 말라는 명령을 내리셨기 때문이다. 그들의 눈에 이처럼 특이한 짓을 저지른 사람은 누구일까? 상상할 수 없는 일을 저지른 사람에 대해 오브라 성읍의 주민들은 최고의 수사팀을 꾸려 조사하고 탐색했다. 주범을 찾기까지 오랜 시간이 걸리지는 않았다. 그들은 요아스의 아들 기드온의 짓임을 확증했다.

³⁰그 성읍의 사람들이 요아스에게 말하였다 "너의 아들을 끌어내고
그로 죽게 하라 이는 그가 바알의 제단을 파괴했기 때문이며
그가 그 위의 아세라를 찍어냈기 때문이다"

성읍 사람들은 요아스를 찾아가 아들을 끌어내어 죽이라고 했다. 이유는 바알의 제단을 파괴하고 아세라를 찍어냈기 때문이다. 이것은 성경의 입장과 완전히 반대되는 기준에 따른 정반대의 판결이다. 성경은 우상을 만드는 자에게, 그것을 위한 제단을 세우는 자에게, 그 우상을 숭배하는 자에게 저주와 멸망이 임한다고 가르친다(신 7:26). 이와는 달리 기드온을 죽이려고 하는 사람들의 모습은 그때의 시대상을 잘 드러낸다. 성경의 우상숭배 금지령이 그림자도 보이지 않는 시대였다. 사회의 종교적인 질서가 완전히 뒤집혔다. 살아야 하고 복을 받아야 하는 자를 저주 받아 마땅한 자들이 죽

이려고 하는 무질서가 질서처럼 군림하고 있다. 죽음의 심판을 받아야 하는 죄인들이 심판자가 되어 보상을 받아야 할 의인에게 사형을 언도하는 적반하장 상황이 연출되고 있다. 불법이 합법으로 둔갑하고, 불의가 정의처럼 활보하고, 거짓이 진리처럼 행세하는 시대의 출현은 그때만이 아니라 지금도 얼마든지 가능하다. 우리가 그런 시대에 산다면 과연 기드온의 판단력을 실행할 수 있겠는가? 시대의 흐름에 편승하지 않고 무질서로 오해되고 있는 하나님의 질서를 바르게 세우기 위해 우주를 상실하는 것도 각오하며 저항할 수 있겠는가?

³¹요아스가 자기를 둘러선 모든 자들에게 말하였다
"너희가 바알을 위하여 싸우느냐 너희가 그를 구하려고 하느냐 그를 위하여 싸우는 자는 아침까지 죽임을 당하리라 그가 신이라면 그가 자신을 위하여 싸우리라 이는 그(기드온)가 그(바알)의 제단을 허물었기 때문이라"

아들을 죽이려는 오브라 사람들을 향해 아버지가 반격한다. 사실 요아스는 바알의 제단을 쌓고 아세라를 세운 사람이다. 그래서 기드온은 성읍의 주민만이 아니라 아버지도 두려웠기 때문에 낮이 아니라 캄캄한 밤에 제단과 우상을 파괴했다. 그런 아버지가 자신이 소중하게 여기던 물건을 파괴한 아들을 보호한다. 주민들의 심기를 건드리고 그들의 분노를 촉발하여 아버지의 명예를 실추시킨 아들을 위하여 변론한다. 요아스의 행동이 이상하다. 그런데 우상 건축자가 우상 파괴자의 옹호자가 된 원인에 대해 사사기 저자는 침묵한다. 그러나 그 원인에 대한 추정은 가능하다. 무엇보다 요아스는 바알이나 아세라와 같은 우상보다 아들의 생명을 더 소중하게 생각했다. 그리고 그는 바알이 주민을 지키는 것이 정상인데 주민이 바알을 지켜주는 것은 모순임을 깨닫는다. 도대체 누가 누구를 구하고 누가 누구를 위하여 싸우는가? 요아스의 마음을 사로잡은 이 모순은 성읍의 주민들이 바알을 위하여 싸우고 바알을 구하려는 태도가 귀띔해 준 것이었다. 우리도 한 발짝만 물러서면 모순 투성이의 세상이 눈에 읽어진다. 허락도 없이 우리의 습관과 의식의 아랫목을 차지하며 아무런 검증도 없이 인생의 주인인 것처럼 군림하는 모순을 색출해야 한다.

만약 바알이 "신"(אֱלֹהִים)이라면 반드시 자신의 제단을 파괴한 기드온과 스스로 싸워 이길 것이기 때문에 주민들은 나서지 말라고 요아스는 제안한다. 이 제안은 바알이 참된 신이 아닐지도 모른다는 의심이 시킨 일이었다. 이 제안은 또한 바알이 만약 기드온도 이기지 못한다면 결코 신이 아니라는 공적인 확증의 포석이다. 사람의 도움 없이는 자신도 지키지 못하는 바알이 무슨 신이며, 그런 바알을 누가 믿겠는가? 그렇게 나약한 바알이 어떻게 나를 지켜줄 것이라고 믿을 수 있겠는가? 이에 대한 예레미야 선지자의 따끔한 외침이다. "금장색은 누구든지 자기가 만든 신상으로 말미암아 수치를 당하나니 이는 부어 만든 우상은 거짓이요 그 속에 생기가 없음이라"(렘 51:17). 우상은 인간에게 어떠한 도움도 주지 못하고 오히려 거짓으로 속여서 부끄럽게 만드는 수치의 원흉이다.

우리는 기드온이 받은 우상과 제단 파괴의 명령을 지금의 시대에 액면가로 적용하지 않도록 주의해야 한다. 비록 우상은 아무것도 아니지만 오늘날 단군상과 마리아상 혹은 선황당과 불상을 태우거나 파괴하는 행위는 타 종교에 대한 결례이며 타인의 기물을 훼손하는 불법이다. 우리는 우상의 물리적인 파괴와 제거를 통해 우상의 무용성을 입증하지 않고 하나님의 살아 계심을 성령으로 입증해야 한다. 나를 본 자는 아버지 하나님을 목격한 자이도록 주님의 증인으로 살아가야 한다. 살아 계신 하나님을 보여주지 못하면서 타 종교의 기물을 파손하는 것은 경건과 의로움이 아니라 종교적인 혈기에 불과하다.

바알을 위하여 싸우는 자는 아침이 되기 전에 죽을 것이라는 요아스의 말은 우상을 숭배하던 그의 회심을 보여주는 대목이다. 자신에게 복을 주어야 할 바알을 위해 싸우는데 그런 싸움 때문에 죽임을 당한다는 말은 우상의 실체를 알았으며 우상을 숭배하는 것이 하나님 앞에서 사형에 해당하는 심각한 죄임을 알았다는 간접적인 고백이다. (우상을 옹호하는 자들의 징벌적인 죽음은 갈멜 산에서 이루어진 엘리야와 이방 선지자들 사이의 대결에서 확인된다.) 이러한 신앙적인 회심의 계기는 기드온이 아버지 요아스의 소를 잡아서 번제로 드린 것과 무관하지 않다고 생각한다. 자신이 섬기던 아세라의 쪼개짐과 자신의 소가 번제로 드려진 것을 본 요아스는 하나님의 언약을 파기하고 우상을 섬긴 자는 결국 쪼개진 아세라나 각이 떠지고 불태워진 수소와 동일한 운명의 배를 탈 것이라는 하나님의 섭리를 직감했다. 번제가 요아스의 돌이킴과 죄 문제를 해결했다. 이는 어쩌면 아들의 신앙적인 행위로 아버지의 변질된 신앙을 회복하려 하신 하나님의 세밀한 뜻인지도 모르겠다. 어쨌든 우상 파괴와 번제라는 아들의 과감한 순종이 아버지의 회심을 촉발한 것은 분명한 사실이다. 눈에 보이는 혈통적인 아버지가 아니라 보이지 않으시는 하나님 아버지께 순종하면 우상숭배 같은 절망의 늪에 빠진 혈통적인 아버지도 거듭나게 한다. 우리가 속한 공동체를 사랑하는 최고의 비법은 하나님을 사랑하고 경외하고 그에게 순종함에 있다.

32그 날에 그(아버지)는 그(기드온)가 그(바알)의 제단을 파괴하여 바알이 그와 더불어 싸울 것이라고 말하면서 그(기드온)를 향하여 여룹바알이라 불렀다

요아스는 아들의 이름을 바꾸었다. 기드온의 새로운 이름 "여룹바알"(יְרֻבַּעַל), 이는 "바알로 싸우게 하라 혹은 바알이 싸울 것이라"는 의미의 이름이다. 이 이름이 다윗의 시대에는 "여룹베셋"(יְרֻבֶּשֶׁת) 즉 "수치로 싸우

게 하라"는 의미로 변경된다(삼하 11:21). 이는 바알이 민족적인 수치 자체이고 그 수치의 원흉이기 때문이다. 기드온은 바알을 옹호하고 구원하는 자가 아니라 바알을 수치로 여기며 멸시하고 파괴하여 바알의 진노를 격발하고 그로 하여금 싸우게 만드는 사사였다. 바알이 그 사사에게 싸움을 건다는 것은 기드온이 하나님을 경외하고 그의 백성을 구원하고 올바르게 인도하는 자라는 사실을 증거한다. 나는 누구인가? 마귀의 분노를 격발하는 기드온 같은 하나님의 사람인가? 마귀가 작심하고 싸우고자 하는 대상인가? 만약 그렇지 않다면 우리는 하나님을 위하지도 않고 마귀를 대적하는 자도 아닐 가능성이 높다. 차지도 않고 뜨겁지도 않아 주님께서 토하여 내칠 미지근한 맹탕이다(계 3:16). 마귀에게 집요한 공격을 무고하게 당하는 사람이 있다면 수치와 두려움이 아니라 영광과 기쁨으로 여기는 게 합당하다. 마귀의 공격이 그리스도 안에서 경건하게 살아가는 하나님의 진실한 자녀임을 인증하기 때문이다(딤후 3:12).

기드온은 하나님의 부르심을 받고 첫 번째 명령에 순종했다. 순종의 핵심은 이스라엘 백성의 죄 문제를 해결하는 번제였고 동시에 이스라엘 자손의 영혼을 사로잡고 있던 우상들과 싸우고 파괴하여 결국 바알과 아세라의 손에서 백성을 건져내는 것이었다. 이것은 하나님의 백성을 위하여 사사로 세움을 받은 자들의 가장 중요한 사명이다. 비록 이스라엘 자손은 미디안의 손에서 7년간의 궁핍함에 짓눌려 있었지만 위장의 문제보다 시급한 것은 영혼의 문제였다. 내적인 문제가 해결되면 외적인 문제도 해결된다. 순서가 중요하다. 이것은 하나님의 질서이기 때문에 우리에게 어려움이 있을 때에도 적용해야 한다. 하나님 앞에서의 죄 문제가 해결되지 않은 채 삶의 문제가 해결되면 우리는 하나님 없이 살아가게 되고 하나님과 무관한 이 땅에서의 일시적인 행복만 추구하게 된다. 내적인 문제를 해결한 기드온은 이제 외적인 문제의 해결을 주목한다.

³³미디안과 아말렉과 동방의 자손들이 모두 연대하여 모였으며 [요단 강을] 건너와서 이스르엘 골짜기에 진을 쳤다 ³⁴여호와의 영이 기드온에게 입혀지고 그가 나팔을 부니 아비에셀이 그의 뒤를 따라 부름을 받았더라 ³⁵기드온이 전령들을 온 므낫세에 두루 보내어 그의 뒤를 따르도록 소집했고 아셀과 스불론과 납달리에 전령들을 보내어 그들을 만나도록 올라오게 했다

당시 팔레스틴 지역의 상황은 미디안과 아말렉과 동방의 자손들이 연대하여 이스르엘 골짜기에 진을 치고 이스라엘 자손에게 민족적인 따돌림과 지속적인 괴롭힘을 가하고 있는 상황이다. 이런 위협적인 상황에서 기드온은 하나님의 영에 휩싸인다. 여기에서 사사기 저자는 성령의 임재와 관련하여 옷을 "입는다"(לָבַשׁ)는 의미의 동사를 사용한다. 즉 하나님의 영이 그에게 갑옷처럼 입혀졌다. 성령의 갑옷을 입은 강한 용사 기드온을 당해낼 자가 누구인가? 연약하고 작은 기드온은 여전히 연약하고 작지만 강한 용사라고 부르신 하나님은 성령의 옷을 입혀주는 방식으로 자신의 말에 책임을 지는 분이시다. 기드온은 나팔을 불며 전쟁을 준비한다. 나팔은 주로 왕의 등극이나 민족의 절기나 적의 침입이나 군사의 모집이나 전쟁의 시작 등을 알리는 일에 사용된다.

기드온의 나팔에 처음으로 반응한 사람들은 그가 소속된 아비에셀 가문이다. 그들은 바알 제단과 아세라 우상의 파괴로 인해 기드온을 죽이고자 했던 아버지의 집이 속한 가문이다. 그들이 군대의 소집에 적극적인 동참의 의사를 보인 것은 아마도 그들이 기드온 덕분에 자신들이 저지른 심각한 우상숭배 죄악을 깨달았고 제대로 회개를 하였으며 이제는 바알을 위해 싸우지 않고 하나님의 영광을 위해 싸우려는 열의가 다른 이들보다 더 뜨거웠기 때문이다. 놀라운 것은 그들이 죽이고자 했던 기드온을 자신들의 지도자로 삼았다는 사실이다. 놀라운 반전이다. 하나님의 은총이 주어지면 이처럼 원수가 동지로 변하는 일은 손바닥을 뒤집는 것처럼 쉽게 발생한

다. "사람의 행위가 여호와를 기쁘시게 하면 그 사람의 원수라도 그와 더불어 화목하게 하시느니라"(잠 16:7). 지혜자의 이러한 교훈을 믿는다면, 오늘의 원수가 내일의 동지일 수 있기 때문에 우리도 바울처럼 모든 사람들과 더불어 화목을 추구해야 한다(롬 12:18, 히 12:14). 혈과 육에 속한 자들은 원수라고 할지라도 우리가 끝까지 싸워야 할 대적이 아니라 얼마든지 동지가 될 수 있는 사랑과 화목의 대상이다.

기드온은 나팔 소리를 들을 수 없는 지역에 있는 이스라엘 자손들도 군대로 소집하기 위해 그들에게 전령들을 파견한다. 특별히 온 므낫세와 아셀과 스불론과 납달리 지파에게 참전할 것을 독려했다. 그리고 이들은 기드온 군대에 합류했다.

36기드온이 하나님께 말하였다 "당신께서 약속하신 것처럼 만약 나의 손으로 이스라엘을 구원하려 하신다면 37보소서 제가 양털 한 뭉치를 타작하는 마당에 둘 것입니다 만약 이슬이 양털에만 생기고 땅 전체는 마른다면 당신께서 약속하신 것처럼 당신께서 나의 손으로 이스라엘을 구원하게 하실 것임을 제가 알 것입니다" 38[그의 말대로] 그렇게 되었더라 이튿날 기드온이 일어나서 양털을 가져다가 그 양털에서 이슬을 짜니 물이 그릇에 가득했다
39기드온이 하나님께 말하였다 "저에게 진노를 발하지 마옵소서 이번 한번만 말씀을 드립니다 부디 한번만 저로 하여금 양털로 시험하게 하옵소서 이제는 양털만 마르고 땅 전체에는 이슬이 있게 하옵소서" 40그 밤에 하나님이 그대로 행하셨다 양털에는 마름이 있고 땅 전체에는 이슬이 있었더라

군대를 소집한 기드온은 갑자기 하나님께 나아가 두 가지의 표적을 다시 요청한다. 이러한 요청의 목적은 이스라엘 자손에게 구원을 주신다는 하나님의 약속에 대한 확증이다. 이는 또한 기드온이 하나님의 약속에 대해 의

심하고 있다는 반증이다. 사실 인간의 합리적인 사고에 의하면 그의 의심은 정당하다. 나팔과 전령들을 통해 소집된 이스라엘 군대의 규모는 전체 32,000명이었다(삿 7:3). 이에 비하여 미디안의 연합군은 군인의 수가 "메뚜기의 많은 수"처럼 헤아릴 수 없을 정도로 큰 규모였다(삿 7:12). 하나님의 약속은 이스라엘 자손의 구원이다. 그런데 군사력의 현저한 차이라는 상황을 보면 구원의 가능성이 희박하고 전쟁을 지휘해야 하는 기드온의 마음은 당연히 불안하다. 이는 대부분의 성도가 경험하는 삶의 현실이다. 하나님의 약속과 상황의 괴리 문제에 봉착한 하나님의 사람들은 선택의 벼랑 끝으로 내몰린다. 이런 괴리에도 불구하고 하나님의 약속을 끝까지 신뢰할 것인가 아니면 상황에 무릎을 꿇으며 그 약속은 없던 것으로 여길 것인가를 선택해야 한다.

기드온은 그 괴리 속에서 다른 대안을 선택했다. 그 대안은 하나님의 약속에 대한 확증을 위해 표적을 요청하는 것이었다. 이것은 표적을 보여 주면 약속을 믿겠다는 제안이다. 기드온이 제시한 것은 양털 뭉치와 이슬에 대한 표적이며 하나님에 대한 일종의 시험이다(אֲנַסֶּה). 첫 번째는 이슬이 양털에만 내리고 땅은 마르도록 해 달라는 것이고, 두 번째는 반대로 이슬이 땅에만 내리고 양털은 마르도록 해 달라는 것이었다. 두 번째로 표적을 요구할 때에 기드온은 하나님께 이 요구에 대해 "진노를 발하지 말아 달라"(אַל־יִחַר אַפְּךָ)고 부탁한다. 이 부탁에는 반복적인 표적의 요구가 자칫 하나님의 진노를 자극할지 모른다는 기드온의 의식이 반영되어 있다. 군사력의 현저한 빈곤 때문에 전쟁에 대한 패배감이 밀물처럼 파고드는 기드온의 절박한 마음은 이해한다. 본인도 출전하고 싶지 않은 마음이 굴뚝 같았을 것이라고 나는 생각한다. 그러나 하나님의 약속에 대한 신앙의 물증을 과도하게 요구하는 것은 하나님 자신이나 하나님의 약속 자체가 기드온이 보기에 미덥지 않다는 불신의 반증이다. 물증을 요구하는 것 자체가 신앙의 닻을 하나님이 아닌 다른 무언가에 두겠다는 의지의 표명이다. 이것은 가시적인 증거물을 자신의 눈으로 확인해야 비로소 믿겠다는 것이며 이는 결국 하나님이 아니라 자신의 인식과 판단을 믿겠다는 선언이다.

기드온은 하나님이 그에게 약속하신 사실, 이스라엘 자손을 구원할 것이라는 약속의 내용을 확실하게 인지하고 있다. 그런데 이 구원을 기드온 자신의 손으로(בְּיָדִי) 이루실 것이라는 사실의 확신을 위해서는 표적을 보여 주셔야 한다고 강조한다. 우리의 신앙도 기드온의 상태와 비슷하다. 성경에 기록된 모든 말씀을 믿기는 하지만 자신의 삶에 적용할 때에는 증거를 요구한다. 배우자를 결정할 때에는 부모의 승락이 없으면 하나님이 짝지어 주신 것이 아닌 줄 알겠다는 깜찍한 협박도 시도한다. 수동성이 강한 우리는 결혼만이 아니라 하나님의 모든 명령에 대해 적극적인 순종의 태도를 취하지 않고 항상 조건을 걸고 그것이 충족되면 수동적인 반응으로 순종한다. 하나님의 백성은 한 사람도 예외 없이 다 돌아와 역사의 마지막 날에는 그의 나라가 완성될 것이라는 사실과 하나님이 친히 이루실 것이기 때문에 실패함이 없을 것이라는 사실을 우리는 확신한다. 그러나 그 일이 우리를 통하여 이루어질 것이라는 약속 앞에서는 대부분 확신을 망설인다. 이는 나처럼 연약하고 무지하고 가난하고 무명한 사람의 손으로 어떻게 인류의 역사에서 가장 위대하고 장구하고 고결한 하나님의 나라가 세워질 수 있느냐는 의구심 때문이다. 이러한 의구심은 대체로 하나님의 나라와 세상 나라들이 완전히 다르다는 사실의 망각과 무지에서 발생한다.

예수님의 단호한 말씀이다. "내 나라는 이 세상에 속한 것이 아니니라" (요 18:36). 바울은 하나님의 나라를 이렇게 설명한다. "하나님의 나라는 먹는 것과 마시는 것이 아니요 오직 성령 안에 있는 의와 평강과 희락이라" (롬 14:17). 하나님의 나라는 먹고 마시는 것을 약탈하는 전쟁으로 세워지는 나라가 아니라 의와 평강과 희락으로 세워지는 왕국이다. 그래서 그 나라에 합당한 자는 부자가 아니라 심령이 가난한 자이며, 오만하지 않고 애통하는 자이며, 근육질이 아니라 온유한 자이며, 의에 주리고 목마른 자이며,

긍휼히 여기는 자이며, 마음이 청결한 자이며, 화평하게 하는 자이며, 의를 위하여 박해를 감수하는 자라고 예수님은 가르친다(마 5:3-10). 여기에는 어린 아이도, 연약한 여인도, 노인도, 장애인도 배제됨이 없다.

왜 그러한가? 하나님의 나라는 사람의 힘과 능력으로 건설되지 않고 오직 성령에 의해서만 건설되기 때문이다. 이에 대한 하나님의 설명이다. "이는 힘으로 되지 아니하며 능력으로 되지 아니하고 오직 나의 영으로 되느니라"(슥 4:6). 예수님도 "오직 성령이 너희에게 임하시면 권능을 받"기 때문에 하나님의 나라가 땅끝까지 확장될 것이라는 유언을 남기셨다(행 1:8). 기드온은 자신에게 입혀진 여호와의 영이 아니라 지극히 연약하고 작은 자신을 주목했기 때문에 구원의 약속을 신뢰할 만한 외부의 물증을 요구했다. 그러나 이미 그에게 입혀진 여호와의 영이 권능의 근원이며 승리의 확실한 보증이다. 그러나 기드온은 그것을 이해하지 못하였다. 만약 우리에게 성령이 계시다면 하나님은 충분히 우리의 손으로 당신의 나라를 세우신다.

기드온은 하나님의 인도를 받아 이스라엘 자손의 내적인 문제를 우상숭배 파괴와 번제로 해결하고 그들의 외적인 문제인 미디안의 괴롭힘을 해결하는 우선순위 문제에 있어서 지혜롭게 처신했다. 그러나 그는 하나님이 자신과 함께 계실 것이라는 약속과 자신의 손으로 그분께서 이스라엘 자손에게 구원을 베푸실 것이라는 약속에 대해 모두 가시적인 표적을 요구했다. 기드온은 그 표적에 근거하여 하나님의 약속을 믿었고 그의 명령에 순종했다. 신앙의 진실성은 신앙의 근거에 의존한다. 나의 신앙은 어디에 닻을 내리는가? 가시적인 증거인가, 그 증거물에 대한 나의 인식과 판단인가, 어떤 매개물도 없는 하나님의 약속 자체인가, 아니면 약속과 증거물을 주신 하나님 자신인가? 증거가 있어야 유지되는 신앙과 내가 분명히 인식해야 유지되는 신앙은 아직도 채소나 우유를 먹는 신앙이다. 그러나 약속 자체와 그 약속을 주신 하나님 자신을 신앙의 근거로 삼는 것은 단단한 음식도 먹는 장성한 신앙이다. 장성한 신앙의 모델은 "바랄 수 없는 중에 바라고 믿"은 아브라함 신앙이다. 하나님 이외에 신앙의 다른 근거들과 전제들이 하나씩 제거되는 것은 이상한 일이 아니며 오히려 성도의 지극히 정상적인 여정의 한 국면이다.

삿 7:1-12

¹여룹바알이라 하는 기드온과 그를 따르는 모든 백성이 일찍이 일어나 하롯 샘 곁에 진을 쳤고 미디안의 진영은 그들의 북쪽이요 모레 산 앞 골짜기에 있었더라 ²여호와께서 기드온에게 이르시되 너를 따르는 백성이 너무 많은즉 내가 그들의 손에 미디안 사람을 넘겨 주지 아니하리니 이는 이스라엘이 나를 거슬러 스스로 자랑하기를 내 손이 나를 구원하였다 할까 함이니라 ³이제 너는 백성의 귀에 외쳐 이르기를 누구든지 두려워 떠는 자는 길르앗 산을 떠나 돌아가라 하라 하시니 이에 돌아간 백성이 이만 이천 명이요 남은 자가 만 명이었더라 ⁴여호와께서 또 기드온에게 이르시되 백성이 아직도 많으니 그들을 인도하여 물 가로 내려가라 거기서 내가 너를 위하여 그들을 시험하리라 내가 누구를 가리켜 네게 이르기를 이 사람이 너와 함께 가리라 하면 그는 너와 함께 갈 것이요 내가 누구를 가리켜 네게 이르기를 이 사람은 너와 함께 가지 말 것이니라 하면 그는 가지 말 것이니라 하신지라 ⁵이에 백성을 인도하여 물 가에 내려가매 여호와께서 기드온에게 이르시되 누구든지 개가 핥는 것 같이 혀로 물을 핥는 자들을 너는 따로 세우고 또 누구든지 무릎을 꿇고 마시는 자들도 그와 같이 하라 하시더니 ⁶손으로 움켜 입에 대고 핥는 자의 수는 삼백 명이요 그 외의 백성은 다 무릎을 꿇고 물을 마신지라 ⁷여호와께서 기드온에게 이르시되 내가 이 물을 핥아 먹은 삼백 명으로 너희를 구원하며 미디안을 네 손에 넘겨 주리니 남은 백성은 각각 자기의 처소로 돌아갈 것이니라 하시니 ⁸이에 백성이 양식과 나팔을 손에 든지라 기드온이 이스라엘 모든 백성을 각각 그의 장막으로 돌려보내고 그 삼백 명은 머물게 하니라 미디안 진영은 그 아래 골짜기 가운데에 있었더라 ⁹그 밤에 여호와께서 기드온에게 이르시되 일어나 진영으로 내려가라 내가 그것을 네 손에 넘겨 주었느니라 ¹⁰만일 네가 내려가기를 두려워하거든 네 부하 부라와 함께 그 진영으로 내려가서 ¹¹그들이 하는 말을 들으라 그 후에 네 손이 강하여져서 그 진영으로 내려가리라 하시니 기드온이 이에 그의 부하 부라와 함께 군대가 있는 진영 근처로 내려간즉 ¹²미디안과 아말렉과 동방의 모든 사람들이 골짜기에 누웠는데 메뚜기의 많은 수와 같고 그들의 낙타의 수가 많아 해변의 모래가 많음 같은지라

❖ ❖ ❖

¹여룹바알 즉 기드온과 그와 함께 한 모든 사람이 일찍 일어나서 하롯 샘 가까이에 진을 쳤으며 미디안의 진영은 그들의 북쪽이요 모레 산 앞 골짜기에 있었더라 ²여호와께서 기드온에게 말하셨다 "내가 미디안을 그들의 손에 넘겨 주기에는 너와 함께한 사람이 너무나도 많다 이스라엘이 '내 손이 나를 구원한 것이라'고 말하며 나를 거슬러 스스로 자랑할 것이라 ³이제 너는 백성의 귀에 고하여 말하기를 '두려워서 떠는 자는 누구인가? 그는 길르앗 산지에서 돌이켜 일찍 떠나가라' 하라" 이에 백성 중에 이만 이천 명이 돌아가고 만 명이 남았더라 ⁴여호와께서 기드온에게 말하셨다 "백성이 아직도 많으므로 너는 그들을 물가로 데려가라 거기에서 내가 그(백성)을 제련하고 너에게 '이 사람이 너와 함께할 것이라'고 말하면 그가 너와 함께할 것이고 내가 너에게 '이 사람은 너와 함께하지 않을 것이라'고 말하는 모든 자들은 가지 않을 것이니라" ⁵그가 백성을 물가로 데려가자 여호께서 기드온에게 말하셨다 "너는 개가 핥는 것처럼 물을 혀로 핥는 모든 자들과 무릎을 굽히고 마시는 자들을 분리하라" ⁶삼백 사람이 [물을] 그들의 손에서 입으로 [가져가서] 핥았고 그 외의 모든 백성은 무릎을 굽히고 물을 마셨더라 ⁷여호와께서 기드온에게 말하셨다 "내가 [이 물을] 핥[아 먹]는 삼백의 사람으로 너희를 구원하며 미디안을 너의 손에 넘기리라 모든 백성은 각자 자신의 장소로 갈 것이니라" ⁸이에 백성이 그들의 손에 양식과 나팔을 들었더라 그(기드온)는 모든 이스라엘 사람을 각각 그들의 장막으로 보냈고 그 삼백 명의 사람은 머물게 하였더라 미디안 진영은 그 아래 골짜기에 있었더라 ⁹그날 밤에 여호와께서 그에게 말하셨다 "일어나 진영으로 내려가라 이는 내가 그것을 너의 손에 주었기 때문이다 ¹⁰만일 네가 내려가는 것이 두렵다면 너의 부하인 부라와 함께 그 진영으로 내려가라 ¹¹그리고 너는 그들이 무엇을 말하는지 들으라 이후에 너의 손이 강해져서 진영으로 내려갈 것이니라" 그가 그의 부하 부라와 함께 진영 안에 무장된 군대의 변방으로 내려가니 ¹²미디안과 아말렉과 동방의 모든 사람들이 골짜기에 누웠는데 많기가 무수한 메뚜기와 같았고 낙타들은 많기가 해변의 모래처럼 무수했다

16

기드온: 전쟁의 본질

하나님의 존재를 확신하고 구원의 약속에 대한 하나님의 확고한 표적까지 경험한 기드온은 본격적인 전쟁 모드로 접어든다. 그런데 하나님은 기드온이 나팔을 불어 소집한 군대가 많다고 대대적인 감축을 두 차례나 명하셨다. 결국 32,000명의 군대는 1%에 불과한 300명의 규모로 작아졌다. 기드온의 마음도 콩알처럼 작아졌다. 두려움에 떠는 기드온을 향해 하나님은 적진으로 들어가 그들이 하는 이야기를 엿들어 보면 믿음이 강해져서 싸워 이길 것이라는 약속으로 흔들리는 마음의 무릎을 일으켜 세우신다. 겉으로는 패색이 짙은 전쟁이다. 그러나 약속을 붙드는 믿음으로 보면 반드시 이기는 싸움이다. 전쟁의 본질은 이 믿음과 무관하지 않다.

1여룹바알 즉 기드온과 그와 함께 한 모든 사람이 일찍 일어나서
하롯 샘 가까이에 진을 쳤으며 미디안의 진영은 그들의 북쪽이요
모레 산 앞 골짜기에 있었더라

기드온이 이끄는 이스라엘 군대와 미디안 연합군이 하롯 샘 근처에서 대진하고 있다. 기드온은 전날 밤에 하나님의 표적을 경험하고 전투를 결심했다. 그리고 승리를 확신한 그는 아침에 "일찍 일어났다"(וַיַּשְׁכֵּם). 우상을 숭배하기 위해 일찍 일어난 오브라 성읍 사람들과 대조된다(삿 6:28). 기드온은 하나님의 명령에 순종하기 위해 일찍 기상했다. 그가 하나님의 인도를 받아 진영으로 자리를 잡은 곳은 하롯 샘이었다. "하롯"(חֲרֹד)은 "떨림 혹은 두려움"을 의미한다. "두려움"은 전쟁을 수행해야 하는 이스라엘 군대의 현실적인 기지였다. 특이한 뉘앙스를 풍기는 장소의 선택이다. 미디안 연합군의 진영은 모레 산 앞이었다. "모레"(מוֹרֶה)의 의미는 "선생"이다. 장소의 관점에서 보면, 이스라엘 자손과 미디안 연합군의 전쟁은 마치 두려움의 교실에서 어떤 가르침을 주는 수업 분위기를 연출한다.

인생의 모든 골목에는 다양한 두려움이 매복하고 있다. 모든 종류의 두려움은 우리의 현실이다. 그것과의 전쟁은 우리 모두에게 인생의 전공필수 같은 수업이다. 두려움이 아예 없으면 인생의 낙오자도 없을 것 같은데, 실상은 두려움의 존재가 인생에서 거품은 빼고 근육은 키워주고 단단하게 만드는 역설적인 스승이다. 실제로 살다가 두려움을 만나서 극복하면 그 두려움의 크기보다 더 큰 담대함의 소유자가 된다. 그래서 두려움이 가까이에 있다는 사실에 위축되지 말고 오히려 그 두려움을 담력의 발판과 성장의 동력으로 전환시켜 활용해야 한다. 그렇지 않고 두려움에 무릎을 꿇으면 인생의 바퀴는 후진한다. 두려움 앞에서 뒤로 물러가는 자는 하나님께 합당하지 않다(히 10:38). 게다가 두려움에 굴복하는 자에게는 형벌이 따른다는 사실도 기억해야 한다(요일 4:18).

²여호와께서 기드온에게 말하셨다 "내가 미디안을 그들의 손에 넘겨 주기에는 너와 함께한 사람이 너무나도 많다 이스라엘이 '내 손이 나를 구원한 것이라'고

말하며 나를 거슬러 스스로 자랑할 것이라 ³이제 너는 백성의 귀에 고하여
말하기를 '두려워서 떠는 자는 누구인가? 그는 길르앗 산지에서 돌이켜 일찍
떠나가라' 하라" 이에 백성 중에 이만 이천 명이 돌아가고 만 명이 남았더라

진영에 모인 군사의 규모는 32,000명이었다. 그런데 하나님은 이들이 "너
무나도 많다"(רב)고 하시면서 이런 규모로 미디안 군대와 싸운다면 그들
을 이스라엘 군대의 손에 넘겨주지 않으실 것이라고 한다. 하나님의 셈법
은 이상하다. 상대편의 군사력에 비하면 군대의 규모를 두 배로 늘려도 현
저히 부족한데 줄이라고 한다. 이스라엘 군인의 수가 많다고 평가하는 하
나님의 기준은 무엇인가? "내 손이 나를 구원할 것이라"(יָדִי הוֹשִׁיעָה לִּי)는
인간의 자랑이다. 미디안 전쟁에서 반드시 승리할 것인데 그 승리의 공로
를 자신에게 돌리며 자랑할 정도의 군사력을 가졌다면 그 군대는 하나님
이 보시기에 많다. 자랑은 나에게 있는 것들 중에 하나님의 선물은 하나도
없다는 거짓이 뿜어내는 누런 하품이다. 자랑은 내가 남보다 낫다는, 심지
어 하나님에 대해서도 그분 위에 높아지고 싶어하는 교만의 표출이다. 그
래서 하나님은 "나를 거슬러(עָלַי) 스스로 자랑할 것이라"는 진단을 내리셨
다. 이것은 우리도 명심해야 하는 신적인 섭리의 비밀이다.

　내가 내 것이라고 여긴 소유물이 나를 교만의 늪에 빠뜨린다. 우리가 어
떠한 것에 의해서도 자랑하지 않는다면 하나님은 우리에게 있는 것이 적
다는 판단을 내리시고 우리를 더 풍성하게 만드신다. 주님께서 아무리 많
이 퍼 주셔도 우리가 자랑하지 않으면 온 천하를 소유해도 여전히 적다는
판단을 내리시고 하늘의 것까지 더 주시고자 한다. 이처럼 자랑의 근거를
제거하는 것이 형통의 근거로 작용한다. 이스라엘 자손이 승리를 거둔다면
자신이 32,000명의 군인을 가졌다는 의식으로 인해 교만이 부풀어 올라 자
랑하게 될 것이 분명했다. 그래서 하나님은 자기 백성이 교만의 희생물이
되지 않도록 자랑의 근거를 없애신다. "두려워서 떠는 자는 누구인가(מִי

יָרֵא וְחָרֵד)? 그는 길르앗 산지에서 돌이켜 일찍 떠나가라." 이는 "두려움" 곁에서 "두려움에 빠진" 사람들, 히브리어 표현을 빌리자면 "하롯" 곁에서 "하렛"에 빠진 사람들은 여호와의 전쟁에 합당하지 않기 때문이다.

신명기는 이렇게 기록한다. "두려워서 마음이 허약한 자가 있느냐 그는 집으로 돌아가라 그 형제들의 마음도 그의 마음과 같이 낙심될까 하노라"(신 20:8). 이 구절은 두려움의 강한 전염성을 경계한다. 나쁜 것은 좋은 것보다 빠르게 확산된다. 두려움은 결코 잠잠하지 않고 지배력의 경계를 집요하게 넓혀간다. 게다가 두려움의 영적인 부작용은 교만이다. 오히려 패배와 죽음의 두려움에 떠는 자들은 이스라엘 자손에게 교만의 구실을 제공한다. 두려움에 떠는 자들은 하나님을 두려움의 요인보다 작다고 생각한다. 그래서 전쟁에서 승리하면 그들은 두려움을 제거한 승리가 하나님께 있지 않고 자신에게 있다고 생각한다. 그래서 스스로 자랑한다. 이러한 자들의 교만이 이스라엘 자손의 마음을 차지하지 않도록 그들을 전쟁에서 배제하는 것은 부당한 차별이 아니라 신중한 배려라고 해석해야 한다.

기드온이 전한 하나님의 말씀을 듣고 이스라엘 군대의 2/3 이상이 집으로 돌아갔다. 이제 두려움이 빠져 나간 후 군대의 규모는 10,000명이었다. 군대가 크면 두려움이 쫓겨날 것 같은데 두려움을 제거하는 하나님의 방법은 군대의 축소였다. 겉으로 볼 때 군대가 줄면 전쟁의 두려움은 증대된다. 그런데 하나님의 관점은 특이하다. 약할수록 강해지고 강할수록 약해지는 역설이 여기에 적용된다. 그러므로 우리는 전력의 손실이 2/3에 육박해서 전투력이 초라하게 되더라도 두려움을 과감하게 제거해야 한다. 군대의 규모가 작아지면 승리의 인간적인 자신감이 떨어져서 교만 가능성도 줄어든다. 신앙적인 관점에서 보면 군대의 축소로 인한 이득이 손실을 능가한다.

⁴여호와께서 기드온에게 말하셨다 "백성이 아직도 많으므로 너는 그들을

물가로 데려가라 거기에서 내가 그(백성)를 제련하고 너에게 '이 사람이 너와 함께할 것이라'고 말하면 그가 너와 함께할 것이고 내가 너에게 '이 사람은 너와 함께하지 않을 것이라'고 말하는 모든 자들은 가지 않을 것이니라" ⁵그가 백성을 물가로 데려가자 여호께서 기드온에게 말하셨다 "너는 개가 핥는 것처럼 물을 혀로 핥는 모든 자들과 무릎을 굽히고 마시는 자들을 분리하라"

하나님은 기드온의 지시를 통해 남은 이스라엘 군대를 물가로 모으셨다. 두려움과 관련된 하나님의 1차 검증이 끝나자 2차 검증이 그곳에서 시작된다. 하나님의 시험에 통과한 자들은 미디안 전쟁에 출전하게 된다. 그런데 이 검증을 통해 군대의 규모는 더욱 줄어든다. 그 의미는 무엇인가? 하나님은 군대의 축소를 "제련하는 것"(צָרַף)이라고 밝히신다. 제련은 불순물을 제거하고 순도를 높이는 정제의 과정을 의미한다. 1차 검증에서 하나님은 두려움의 불순물을 제하셨다. 이번 검증에서 제거되는 불순물은 무엇인가? 그것은 무엇을 하더라도 자신을 향하는 "자기애"(amor sui)다.

하나님의 시험은 물가에서 물을 마시는 방식과 결부되어 있다. 손으로 물을 떠서 마시느냐 아니면 무릎을 꿇고 그냥 입으로 마시느냐! 하나님은 서서 주변을 경계하며 물을 손으로 떠서 마시는 사람과 갈증을 해소하는 일에만 급급하여 무릎을 꿇고 물을 마시는 사람의 구분을 명하셨다. 물을 마시는 순간에도 적은 얼마든지 우리를 공격한다. 그런데 서서 손으로 물을 떠서 마시는 사람들은 시야를 확보할 수 있어서 적의 기습에 대해 즉각적인 대응이 가능한 자들이다. 물을 마시는 목적도 자신의 만족이 아니라 전쟁을 충실하게 수행하기 위한 에너지의 보충을 위함이다. 그러나 자신의 긴급한 욕구 충족에 무릎을 꿇으면서 물가에 코를 박고 마시는 사람들은 자기애가 군인 정신과 전쟁 의식마저 잠식하여 민첩한 대응이 가능하지 않다. 이들은 전쟁의 공적인 필요보다 자신의 사적인 필요에 더욱 민감하다. 전쟁 중에 공과 사의 대립이 발생하면 사적인 판단을 내릴 가능성이 높다.

이와는 달리 자신의 욕심에 이끌리지 않는 사람들은 대체로 자신보다 타인을, 개인보다 공동체를, 이 땅보다 하늘을 먼저 생각한다. 하나님의 요구보다 자신의 욕구를 따르는 자는 여호와의 전쟁에 합당하지 않다.

무릎을 꿇지 않은 사람들은 "개가 핥는 것처럼"(כַּאֲשֶׁר יָלֹק הַכֶּלֶב) 물을 손으로 떠서 마시는 자들이다. 사실 부정함과 가증함의 상징(신 23:18)인 "개"처럼 물을 핥는다는 것은 자신의 이미지가 망가지는 것을 암시한다. 그러나 자신은 비록 개처럼 보여지고 여겨진다 할지라도 군인의 신분을 망각하지 않고 전투의 자세를 유지하는 것은 부르신 자에게 대단히 충성된 모습이다. 게다가 개는 비록 부정한 짐승 취급을 받지만 물을 마실 때에는 촉을 세워서 주변의 움직임을 감지하며 경계한다. 군인은 겉으로 폼을 잡는 것보다 군인답게 되는 것이 중요하다. 비록 미물이라 할지라도 다양한 교훈의 도구인데, 거머리는 타인의 피를 허락도 없이 빨아 먹는데 그러고도 도무지 만족할 줄 모르는 불만의 상징이고, 개미는 누가 시키지 않더라도 부지런한 성실의 교사이고, 개는 주위를 살피는 경계의 스승이다. 만물이 모두 교육의 수단이다.

하나님은 자신이 "이 사람이 너와 함께할 것이라"고 지명하신 "모든"(כֹּל) 자들이 기드온과 동행할 것이라고 말씀하고, 손으로 물을 마시는 "모든"(כֹּל) 자들은 따로 세우라고 명하셨다. 하나님이 지명하신 사람은 하나도 배제됨이 없고 지명하지 않은 사람은 하나도 참전함이 없다. 전쟁은 여호와께 속한 일이기 때문에 군사의 선발은 하나님의 권한이다. 그래서 군사는 한 사람도 예외 없이 하나님에 의해서만 선발된다. 두려움과 욕심에 이끌리는 사람은 전쟁에서 배제된다. 두려움과 욕심의 노예가 아닌 군사는 인간 지도자가 소집한 것이 아니라 하나님이 부르셨다. 그러므로 하나님의 모든 군사는 인간 지도자의 지휘를 받기는 하겠지만 자신을 부르신 최고의 사령관인 하나님께 충성해야 한다.

하나님의 2차 검증을 지켜보는 기드온의 마음은 어땠을까? 그는 군소리

없이 어떠한 이의도 제기하지 않고 하나님께 순종했다. 군대를 물가로 데려갔다. 군대가 1/3 크기로 줄어든 경험을 가진 기드온이 이번에도 군대의 현저한 축소가 이루어질 것을 알았지만 기꺼이 순종한 것은 하나님을 신뢰했기 때문이다. 얼마든지 주저할 수 있었지만 그는 이미 하나님의 존재를 확인하고 그의 약속을 확신할 표적들을 경험한 효력이 남아 있어서 믿음으로 반응했다. 지금 교회는 코로나로 인해 규모가 무서운 속도로 줄어들고 있다. 교회의 몰락을 예견하는 급진적인 사람들도 있다. 그러나 기독교의 거품이 빠지고 있는 중인지도 모르겠다. 두려움과 욕심에 의해 조용하게 이끌리던 사람들이 수면 위로 올라오는 것인지도 모르겠다. 어쩌면 코로나 시대가 담대하고 관용적인 군사를 선발하는 기간은 아닐까! 70% 이상의 성도들이 집에서 편안하게 누워 있더라도 예배가 가능하고 교회의 등록도 취소되지 않아 양심의 종교적인 가책이 전혀 느껴지지 않으니까 안락한 삶을 영위하며 살아간다. 어쩌면 신앙은 그렇게 가마솥 안의 개구리가 되어 서서히 죽어가고 있는지도 모르겠다. 나는 코로나 시대에 의도적인 불편을 선택하고 강한 용사의 대열에 서서 영적 전쟁을 수행하는 사람들이 되기를 권고한다.

6삼백 사람이 [물을] 그들의 손에서 입으로 [가져가서] 핥았고 그 외의
모든 백성은 무릎을 굽히고 물을 마셨더라 7여호와께서 기드온에게 말하셨다
"내가 [이 물을] 핥[아 먹는 삼백의 사람으로 너희를 구원하며
미디안을 너의 손에 넘기리라 모든 백성은 각자 자신의 장소로 갈 것이니라"

손으로 물을 입으로 가져가서 마신 군사의 수는 만명 중에서 3%에 불과한 300명이었다. 그런데 하나님은 자신 때문에 두려움의 어떠한 요인에 의해서도 흔들리지 않고 여호와의 전쟁을 위해 자신의 이미지와 만족도 후순

위로 밀어낼 줄 아는 300명의 용사들을 통해 이스라엘 자손을 구원하고 미디안을 그들의 손에 넘기실 계획을 밝히신다. 영화 〈300〉은 100만의 페르시아 군대와 300명의 스파르타 군대 사이의 무모한 전쟁 이야기를 다루었다. 여기에서 스파르타 군대는 패하였다. 그런데 기드온이 이끄는 300명의 용사는 승리할 것이라고 한다. 이것은 현실과 너무나도 동떨어진 하나님의 약속이다. 하나님의 약속과 현실의 괴리 속에서 군대와 기드온의 반응은 무엇인가?

> 8이에 백성이 그들의 손에 양식과 나팔을 들었더라 그(기드온)는
> 모든 이스라엘 사람을 각각 그들의 장막으로 보냈고 그 삼백 명의 사람은
> 머물게 하였더라 미디안 진영은 그 아래 골짜기에 있었더라

하나님의 약속을 들은 군대는 자신의 손에 양식(צֵידָה)과 나팔(שׁוֹפָר)을 들었다고 한다. "양식과 나팔"은 무기로서 적합하지 않은 것들이다. 군사의 수가 적다는 사실도 전쟁에 전혀 어울리지 않지만 그렇게도 적은 군대의 손이 무기가 아니라 양식과 나팔을 쥐고 있다는 것은 더더욱 어색하다. 최신식 무기를 한 트럭으로 공급해도 부족할 판에 전쟁을 수행하기 어렵게 만드는 것들을 손에 쥐어 주는 것은 전쟁에 대한 의욕이 전혀 없는 군대의 포기한 모습이다. 이는 승리가 아니라 패배의 완벽한 조건이다. 전쟁에서 승리하고 이스라엘 자손을 구원해 낼 외관상의 근거가 하나도 보이지 않는 현실은 무엇을 위함인가? 이는 전쟁이 오직 여호와께 속한 것임을 가르친다. 자신이 아니라 하나님을 전적으로 의지해야 함을 가르친다. 승리의 공로를 하나님께 돌려야 함을 가르친다.

기드온은 군사로 선발되지 않은 모든 이스라엘 사람을 각자의 장막으로 보내며 하나님의 명령에 온전히 순종했다. 쉽지 않은 순종이다. 자신이 나

팔을 불어서 소집한 군사들 중에 탈락하여 집으로 돌아가는 자들의 등을 보는 기드온의 마음은 어떠할까? 만감이 교차했을 것인데, 무엇보다 전쟁의 본질에 대해 숙고했을 것이라고 나는 생각한다. 일반적인 전쟁은 군사력의 기본기를 갖추고 뛰어난 전략을 구사하여 적군을 무찌르는 싸움이다. 그런데 여호와의 전쟁은 뭔가 이상하다. 군사력은 너무 초라하고 전략은 군사학의 어떠한 교본에도 등장하지 않은 내용이다. 진짜 전쟁은 무엇인가? 내가 만든 적들과의 싸움이다. 군사의 선발에서 보인 것처럼, 눈에 보이는 미디안 군대를 제거하는 것이 아니라 눈에 보이지 않는 나 자신의 자만과 두려움과 욕심을 제거하는 것이 전쟁의 본질이다.

<blockquote>
9그날 밤에 여호와께서 그에게 말하셨다 "일어나 진영으로 내려가라

이는 내가 그것을 너의 손에 주었기 때문이다
</blockquote>

하나님은 군사의 선발이 이루어진 "그날 밤에"(בַּלַּיְלָה הַהוּא) 기드온을 깨우셨다. 여호와의 전쟁은 환한 대낮이 아니라 캄캄한 야밤에 전개된다. 어두운 두려움이 엄습할 때에 더욱 치열하다. "일어나라 내려가라"(קוּם רֵד). 상황이 급하게 돌아간다. 야밤에 그를 깨우는 것은 하나님의 성급하심 때문이 아니라 기드온과 군대의 생각에 의심과 두려움이 파고들 시간적인 여지를 차단하기 위한 의도적인 깨움이다. 인간은 눈에 보이는 현실을 하루만 응시해도 그 현실을 판단의 기준으로 삼으려는 성향이 발동한다. 군사력과 무기의 등급을 비교하며 승리의 가망이 전혀 없어 보이는 현실을 직시하게 되고 하나님의 약속은 무모하게 여겨져 의식에서 서서히 소멸될 가능성이 높아진다. 그래서 하나님은 미디안을 "너의 손에 주었다"는 약속과 함께 기드온을 급하게 깨우신다.

¹⁰만일 네가 내려가는 것이 두렵다면
너의 부하인 부라와 함께 그 진영으로 내려가라

사실 기드온의 마음에는 두려움이 몸집을 불리고 있는 중이었다. 하나님의 다양한 표적들을 보았고 너무도 분명한 하나님의 약속들을 들었지만 기드온도 인간이기 때문에 현실을 주목한다. 자신이 300명의 용사들을 무덤으로 인솔하는 듯한 느낌이 거북하다. 그런 현실이 기드온을 설득한다. 둘은 서서히 합의점에 도달한다. 합의점의 끝에 두려움이 있다. 이것을 다 아시는 하나님은 기드온을 향해 적의 진영으로 가기가 두렵다면 그의 부하인 부라와 함께 가라고 명하신다. 이는 기드온의 두려움을 책망하며 꾸짖지 않으시고 그의 영적인 연약함을 존중하며 부라와의 동행을 권하시는 하나님의 자상한 모습이다.

홀로 떠나는 여행은 춥고 외롭고 불안하다. 그러나 동행자가 있으면 지구의 끝이라도 간다. 사망의 음침한 골짜기에 들어가는 것도 두렵지가 않다. 전도자의 말처럼 두 사람이 함께 누우면 따뜻하다(전 4:11). 그래서 하나님은 태초에 아담만 만드시지 않고 하와를 평생의 동반자로 지으셨다. 전쟁에 있어서도 한 사람이면 패하지만 두 사람이 함께하면 어떠한 대적과의 싸움도 가능하다. 그래서 하나님은 기드온과 부라를 묶어 두 겹으로 만드셨다. 사실 기드온과 동행할 부라는 전우가 아니라 하나님이 기드온의 곁을 지킨다는 사실의 든든한 비유였다. 하나님은 기드온이 어디를 가든지 누구를 만나든지 무엇을 행하든지 세상 끝날까지 항상 그의 우편에 계시면서 그를 지키신다. 이런 영적인 사실의 물증을 그에게 붙이셨다. 우리 주변에도 그런 물증들이 가득하다.

¹¹그리고 너는 그들이 무엇을 말하는지 들으라

이후에 너의 손이 강해져서 진영으로 내려갈 것이니라"
그가 그의 부하 부라와 함께 진영 안에 무장된 군대의 변방으로 내려가니
12미디안과 아말렉과 동방의 모든 사람들이 골짜기에 누웠는데
많기가 무수한 메뚜기와 같았고 낙타들은 많기가 해변의 모래처럼 무수했다

하나님은 기드온을 향해 부라와 함께 적의 진영으로 내려가서 그들이 말하는 것을 들으라고 명하신다. 정탐에 대한 명령이다. 그런데 그들의 목소리가 들릴 정도로 가까이 접근해야 한다. 그들의 소리가 들린다면 기드온과 부라의 소리도 적들에게 들리는 발각의 위험을 각오해야 한다. 그런데 하나님은 기드온의 손이 이후에 강해질 것이라고 한다. 모세의 시대에 열두 정탐꾼이 정탐한 이후에 그들의 상태는 둘로 갈라졌다. 적을 거인으로, 자신을 메뚜기로 여기며 싸우기도 전에 열패감에 빠진 자들이 대다수를 이루었고 두 사람만이 적을 자신의 끼니로 여기면서 용맹을 불태웠다. 하나님은 기드온도 갈렙과 여호수아 같이 강한 믿음의 사람이 될 것이라고 말씀한다.

대적은 자신의 정체를 은닉한다. 대적은 상대방의 두려움이 상상한 이미지로 승부한다. 그러나 대적의 실체를 알면 아무것도 아니라는 사실을 깨닫는다. 미디안 연합군의 규모는 대단하다. 그러나 그들의 거대한 겉모습은 실체의 거품이다. 하나님의 눈에는 잔잔한 바람에도 존재의 뿌리가 뽑혀 날아갈 겨와 동일하다. 그래서 하나님은 "세상의 군왕들이 나서며 관원들이 서로 꾀하여 여호와와 그의 기름부음 받은 자를 대적하며 우리가 그들의 맨 것을 끊고 그의 결박을 벗어 버리자"(시 2:2-3)고 할 때에 웃으신다. 아무리 거대한 군대가 시야를 압도해도 하나님이 웃으시면 우리도 웃어야지 우거지상 쓰면서 통곡하면 되겠는가! 하나님의 눈에는 군대만이 아니라 지구라는 거대한 행성도 하나의 먼지 알갱이에 불과하다. "열방이 통의 한방울 물과 같고 저울의 작은 티끌 같으며 섬들은 떠오르는 먼지 같으

리니"(사 40:15). 나아가 "그분 앞에서는 모든 열방이 아무것도 아니라 그는 그들을 없는 것처럼, 빈 것처럼 여기신다"(사 40:17).

기드온은 부라와 함께 적의 진영으로 내려갔다. 미디안 연합군의 규모가 눈에 들어온다. 그들은 실로 무수한 메뚜기와 같았고 그들의 낙타는 해변의 모래처럼 무수했다. 이것은 숫자의 많음을 표시하는 동시에 그들의 실체가 메뚜기와 모래 알갱이에 불과함도 나타낸다. 그들만이 아니라 이 땅에 사는 모든 사람들이 뭉친다고 하더라도 "땅 위 궁창에 앉으"신 하나님의 눈에는 그러하다. "땅에 사는 사람들은 메뚜기 같으니라"(사 40:22). 모세의 시대에 믿음의 두 정탐꾼은 적군의 숫자와 크기가 아니라 실체를 보고 그들을 밥이라고 했고 다른 정탐꾼은 적군의 겉모습만 보고 오히려 자신을 메뚜기로 규정했다. 기드온과 부라가 믿음으로 목격한 것은 적군이 비록 겉으로는 수를 헤아릴 수 없을 정도로 많았지만 그들의 실체로는 메뚜기와 해변의 모래 알갱이에 불과했다.

이제 기드온은 300명에 불과한 아군과 무수한 적군의 규모를 모두 인지했다. 군사력의 현저한 격차는 외형적인 현실이다. 이제 기드온은 곧 적군이 하는 이야기를 듣고 하나님의 말씀대로 강해진다. 그리고 미디안 진영으로 용감하게 내려간다. 여기에서 우리가 주목해야 할 교훈은 하나님의 말씀은 한 마디도 헛되이 땅에 떨어지지 않는다는 사실이다. 말씀과 현실이 톱니바퀴 같이 절묘하게 맞물린다. 이러한 영적 현실을 관찰하고 거기에 참여하기 위해서는 믿음이 필요하다. 믿음으로 인해 보이지 않으시는 하나님을 분명하게 보고 하나님의 말씀을 기준으로 현실을 바라보라. 믿음으로 인해 우리는 마음 속에 정체를 숨기고 있는 모든 종류의 두려움을 극복하고 나의 사사로운 욕망을 위함이 아니라 하나님의 나라를 위하여 결단을 내리고 순종의 걸음을 내딛는다.

다시, 전쟁은 무엇인가? 무기의 경쟁이나 군사력의 대결이 아니라 내면의 두려움과 욕심을 제거하는 믿음의 싸움이다. 그 싸움에서 승리하는 비결인 동시에 승리의 내용은 믿음 자체이다. "세상을 이긴 이김은 이것이니 우리의 믿음이라"(요일 5:4). 전쟁과 같은 인생에서 "나"라는 부패한 세상과 싸워 이기는 의인은 믿음으로 산다. 믿음을 지키는 것 자체가 이김이다. 믿음은 나 자신과 나의 인생을 하나님께 전적으로 맡김이다. 주님께서 친히 싸우신다. 내가 성실하게 노력하고 마병과 전차를 동원하여 전쟁을 준비해도 "이김은 여호와께 있"다(잠 21:31). 그래서 바울의 고백처럼 우리도 그리스도 예수로 말미암아 "우리에게 이김을 주시는 하나님께 감사"(고전 15:57)해야 한다.

삿 7:13-25

¹³기드온이 그 곳에 이른즉 어떤 사람이 그의 친구에게 꿈을 말하여 이르기를 보라 내가 한 꿈을 꾸었는데 꿈에 보리떡 한 덩어리가 미디안 진영으로 굴러 들어와 한 장막에 이르러 그것을 쳐서 무너뜨려 위쪽으로 엎으니 그 장막이 쓰러지더라 ¹⁴그의 친구가 대답하여 이르되 이는 다른 것이 아니라 이스라엘 사람 요아스의 아들 기드온의 칼이라 하나님이 미디안과 그 모든 진영을 그의 손에 넘겨 주셨느니라 하더라 ¹⁵기드온이 그 꿈과 해몽하는 말을 듣고 경배하며 이스라엘 진영으로 돌아와 이르되 일어나라 여호와께서 미디안과 그 모든 진영을 너희 손에 넘겨 주셨느니라 하고 ¹⁶삼백 명을 세 대로 나누어 각 손에 나팔과 빈 항아리를 들리고 항아리 안에는 횃불을 감추게 하고 ¹⁷그들에게 이르되 너희는 나만 보고 내가 하는 대로 하되 내가 그 진영 근처에 이르러서 내가 하는 대로 너희도 그리하여 ¹⁸나와 나를 따르는 자가 다 나팔을 불거든 너희도 모든 진영 주위에서 나팔을 불며 이르기를 여호와를 위하라, 기드온을 위하라 하라 하니라 ¹⁹기드온과 그와 함께 한 백 명이 이경 초에 진영 근처에 이른즉 바로 파수꾼들을 교대한 때라 그들이 나팔을 불며 손에 가졌던 항아리를 부수니라 ²⁰세 대가 나팔을 불며 항아리를 부수고 왼손에 횃불을 들고 오른손에 나팔을 들어 불며 외쳐 이르되 여호와와 기드온의 칼이다 하고 ²¹각기 제자리에 서서 그 진영을 에워싸매 그 온 진영의 군사들이 뛰고 부르짖으며 도망하였는데 ²²삼백 명이 나팔을 불 때에 여호와께서 그 온 진영에서 친구끼리 칼로 치게 하시므로 적군이 도망하여 스레라의 벧 싯다에 이르고 또 답밧에 가까운 아벨므홀라의 경계에 이르렀으며 ²³이스라엘 사람들은 납달리와 아셀과 온 므낫세에서부터 부름을 받고 미디안을 추격하였더라 ²⁴기드온이 사자들을 보내어 에브라임 온 산지로 두루 다니게 하여 이르기를 내려와서 미디안을 치고 그들을 앞질러 벧 바라와 요단 강에 이르는 수로를 점령하라 하매 이에 에브라임 사람들이 다 모여 벧 바라와 요단 강에 이르는 수로를 점령하고 ²⁵또 미디안의 두 방백 오렙과 스엡을 사로잡아 오렙은 오렙 바위에서 죽이고 스엡은 스엡 포도주 틀에서 죽이고 미디안을 추격하였고 오렙과 스엡의 머리를 요단 강 건너편에서 기드온에게 가져왔더라

◆ ◆ ◆

¹³기드온이 갔다 보라 어떤 사람이 그의 친구에게 꿈을 얘기하며 말하였다 "야! 내가 꿈을 꾸었는데, 봐봐! 보리떡 한 덩어리가 미디안 진영으로 이리저리 돌면서 장막으로 왔고 그것을 쳤는데 그것을 무너지게 했어 윗 부분을 때렸는데 그게 무너졌지 뭐야!" ¹⁴그의 친구가 대답하여 말하였다 "이것은 분명히 이스라엘 사람 요아스의 아들 기드온의 칼이로구나 하나님이 미디안과 그의 모든 진영을 그의 손에 넘겼나봐" ¹⁵기드온이 그 꿈 이야기와 해몽을 듣고 [여호와를] 경배했다 그가 이스라엘 진영으로 돌아와 말하였다 "너희는 일어나라 여호와께서 미디안 진영을 너희의 손에 넘기셨다" ¹⁶그가 삼백 명의 사람을 세 무리로 나누고 모두의 손에 나팔과 빈 항아리와 그 항아리 안에 횃불을 주며 ¹⁷그들에게 말하였다 "너희는 나에게서 보고 그렇게 행하여라 내가 그 진영의 변방으로 가는 것을 보고 내가 행하는 것처럼 너희도 그렇게 행하여라 ¹⁸나와 나를 따르는 모두가 나팔을 불거든 너희도 모든 진영 주위에서 나팔을 불며 말하여라 '여호와를 위하여, 기드온을 위하여'" ¹⁹기드온이 자신과 함께한 백 명과 더불어 진영의 변방으로 자정의 초입 즉 보초들이 [임무를] 교대하는 때에 갔고 그들이 나팔을 불었으며 그들의 손에 있던 항아리를 깨뜨렸다 ²⁰세 무리가 나팔을 불고 그 항아리를 깨뜨리고 강해져서 왼손에 횃불을 들고 오른손에 나팔을 들고 불면서 외치기를 "여호와와 기드온의 칼이로다" 하고 ²¹그 진영을 둘러싼 각자의 자리에 섰는데 그 온 진영[의 군사들이] 달리고 부르짖고 도망쳤다 ²²삼백 명이 나팔을 불었고 여호와는 그 온 진영에서 사람이 그의 친구를 칼로 치게 하시므로 적군이 스레라의 벧 싯다로, 답밧에 가까운 아벨 므홀라의 경계까지 도망갔다 ²³납달리와 아셀과 므낫세 전체에서 부름을 받은 이스라엘 사람들이 미디안을 추격했다 ²⁴기드온이 사자들을 에브라임 온 산지로 보내어 말하기를 "너희는 미디안을 만나도록 내려가고 그들보다 앞서 벧바라와 요단 강에 이르는 수로를 장악하라" 하니 에브라임 사람들이 모두 소집되고 벧바라와 요단으로 향하는 수로를 점령했다 ²⁵그들은 미디안의 두 방백 오렙과 스엡을 체포했다 그들이 오렙은 오렙 바위에서 죽었고 스엡은 스엡 포도주 틀에서 죽였다 그들은 미디안을 추격했고 오렙과 스엡의 머리를 요단 강 건너편에 있는 기드온에게 가져갔다

17 기드온: 최고의 전략

17

미디안 진영에서 이야기를 듣고 강해질 것이라는 하나님의 약속이 본문에서 실제로 구현된다. 적진에서 두 사람의 이야기를 들은 기드온은 여호와의 이름에 대한 미디안의 두려움을 확인했다. 이에 그는 하나님께 경배를 드리면서 실천적인 순종의 첫발을 내딛었다. 그의 전략은 엉뚱했다. 고대 근동 시대의 병법에는 한 번도 소개되지 않은 것이었다. 전략의 핵심은 오른손에 나팔을 들고, 왼손에 횃불을 들고 여호와와 기드온의 이름을 부르는 것이었다. 그렇게 순종하자 놀랍게도 기적이 일어났다. 완승을 거두었다. 승리의 기쁨을 배분하는 기드온의 신중함도 돋보이는 본문이다.

¹³기드온이 갔다 보라 어떤 사람이 그의 친구에게 꿈을 얘기하며 말하였다
"야! 내가 꿈을 꾸었는데, 봐봐! 보리떡 한 덩어리가 미디안 진영으로
이리저리 돌면서 장막으로 왔고 그것을 쳤는데
그것을 무너지게 했어 윗 부분을 때렸는데 그게 무너졌지 뭐야!"

기드온은 하나님의 명령에 순종하여 대적의 진영으로 갔다. 궁금증이 뒤를 밟는다. 이는 기드온이 그곳으로 가면 무슨 이야기를 들을 것이라는 하나님의 귀띔 때문에 데려온 물음표다. 주님께서 기드온을 위해 예비하신 이야기는 무엇일까? 적진으로 들어간 기드온은 이야기를 나누는 두 사람을 발견하고 그들의 입술에 귀를 바짝 기울인다. 한 사람은 꿈을 꾸었고 다른 사람은 그 꿈 이야기를 듣고 해몽한다. 그런데 그들 사이에 오가는 대화의 내용은 신비롭다. 꿈에는 보리떡 한 덩어리가 등장한다. 그것이 미디안 진영으로 굴러서 장막을 가격한다. 그 장막은 무너진다. 보리떡이 가격한 장막의 부위는 윗부분이다. 윗부분을 때렸는데 장막 전체가 무너졌다. 그런데 광야에서 주식으로 먹는 초라한 먹거리에 불과한 "보리떡 한 덩어리"(צְלִיל לֶחֶם שְׂעֹרִים)가 이리저리 굴러서 미디안 장막을 무너뜨린 것은 하나의 이변이다. 굴러서 장막을 때렸다면 장막의 아래를 가격하는 것이 정상인데 위를 가격한 것도 특이하다. 전쟁의 상황에서 칼이나 창과 같은 병기가 아니라 떡 덩어리에 의해 장막이 무너진 것도 예사롭지 않다. 그래서 꿈의 해몽이 궁금하다.

14그의 친구가 대답하여 말하였다 "이것은 분명히 이스라엘 사람 요아스의 아들 기드온의 칼이구나 하나님이 미디안과 그의 모든 진영을 그의 손에 넘겼나봐"

이제 꿈을 꾼 사람의 친구가 해몽을 시작한다. 보리떡 한 덩어리는 기드온의 칼(חֶרֶב)이라고 한다. 그런데 보리떡과 칼의 공통점은 없다. 해몽에 논리적인 인과성이 없다. 그래서 비약이다. 그런데 보리떡이 기드온의 칼이라면 장막이 무너진 이유는 설명된다. 장막은 칼을 견디지 못하니까! 해몽의 뒷부분이 더 중요하다. 즉 보리떡에 무너진 장막 이야기는 하나님이 미디안과 그 모든 진영을 기드온의 손에 넘기신 것이라고 한다. 장막의 무너짐은 기드온의 칼 배후에 있는 하나님의 뜻이었다. 현상 너머의 이러한 신비를 그들이 어떻게 알았을까? 적이 사용한 해몽의 교본이 궁금하다. 꿈을 꾸기도 하고 해석도 한 요셉은 꿈의 해석이 여호와께 있다고 가르친다(창 40:8). 다니엘이 바벨론의 왕 느부갓네살의 꿈을 듣지도 않고 해석할 수 있었던 것도 하나님께 "모든 환상과 꿈을 깨달아" 아는 지혜를 받았기 때문이다(단 1:17). 꿈을 해석하는 능력을 하나님은 믿음의 사람만이 아니라 하나님을 알지 못하는 적들에게 주시기도 한다. 그래서 우리는 적에게도 귀를 기울여야 한다. 실제로 다윗은 자신을 온갖 거짓으로 능욕하며 저주하는 시무이의 경박한 언어에도 귀를 기울였고 하나님의 명령을 읽어냈다(삼하 16:11). 이를 위해서는 언어의 심연을 읽어내는 믿음이 필요하다. 믿음의 사람 기드온은 적들의 이야기를 듣고 변화된다. 스토리 텔링의 위력이다.

보리떡은 어쩌면 기드온의 자기 인식이다. 그런데 적들은 그 보리떡을 칼이라고 한다. 거대한 군대 앞에서 메뚜기나 보리떡과 같은 그들의 먹거리에 불과한 자신이 칼이 되어 그 군대의 모든 진영을 차지하게 된다는 꿈 이야기를 들은 기드온의 마음에는 묘한 확신과 용기와 기쁨이 치솟는다. 적들의 대화가 비록 맥락의 앞뒤는 엉뚱해도 주님께서 짜준 대본에 충실했고 그분의 의도는 적중했다. 데자뷔가 느껴지는 상황이다. 여호수아 시대에 철옹성과 같은 여리고의 모든 주민들이 이스라엘 백성으로 인해 간담이 녹았던 상황의 재연이기 때문이다(수 2:9). 이는 아군의 가짜뉴스 유포를 통해 조작된 상황이 아니고, 지도자의 비위를 맞추기 위해 아부나 격려 차원에서 남발한 부하들의 사탕발림 칭찬도 아니며, 그저 적이 꿈꾸고 다른 적이 해몽한 꾸며지지 않은 팩트였기 때문에 기드온의 마음은 더욱 흐뭇했다. 어떤 승리가 주어질까? 여리고의 경우에는 검술이 아니라 나팔과 고함 소리에 적들이 무너졌다. 미디안 전쟁의 승리도 여리고 성에서의 승리와 비슷하다.

¹⁵기드온이 그 꿈 이야기와 해몽을 듣고 [여호와를] 경배했다
그가 이스라엘 진영으로 돌아와 말하였다
"너희는 일어나라 여호와께서 미디안 진영을 너희의 손에 넘기셨다"

하나님이 말씀하신 대로 적진에서 꿈 이야기를 들은 기드온은 곧장 그분을 경배했다. 적들의 이야기를 들은 것도 하나님의 일이고, 미디안 진영을 점령하는 것도 하나님의 뜻이라는 사실을 확신했기 때문이다. 본격적인 전쟁을 수행하기 전에 기드온이 하나님을 경배하며 엎드린 것의 의미는 무엇인가? 이는 전쟁이 여호와께 속한 것이지만 그 전쟁의 수행은 그에게 실천적인 예배임을 고백하는 일종의 의식이다. 하나님의 뜻을 거슬러 불의의 칼을 뽑은 무리를 제거하는 전쟁은 정의이고, 이런 정의의 구현을 통해 다른 거주민들 모두로 하여금 약속의 땅에서 평화롭게 살아가게 만드는 것은 자비이기 때문이다. 기드온의 경배는 하나님의 약속에 대한 신뢰의 반응이다. 하나님을 신뢰하게 된 기드온은 이스라엘 진영으로 돌아왔다. 그리고 자신이 두 귀로 들은 이야기, 자신의 마음을 강하게 만든 그 이야기를 그대로 전하였다. 이야기를 들은 그들에게 미디안 진영은 이제 잘 차려진 밥이었다. 기드온은 자신이 꿈 이야기 때문에 의심과 두려움의 자리에서 일어난 것처럼 그들도 속히 일어날 것을 명하였다.

참으로 기묘한 사건이다. 두려움에 떠는 기드온은 하나님의 말씀을 듣고서도 승리의 확신에 이르지 못했는데, 적들의 꿈 이야기를 듣고 담대함에 이르렀기 때문이다. 하나님은 필요에 따라 돌덩이(눅 19:40)나 당나귀(민 22:28)의 입도 쓰시듯이 적들의 입도 쓰셔서 사람의 마음을 바꾸신다. 하나님의 거룩한 오지랖은 온 세상의 모든 만물과 사건에 닿아 있음에 분명하다. 그런 방식을 따라 만물은 하나님의 입술이다. 모든 사건은 현상 너머에 있는 하나님 이야기를 전달한다. 사실 하나님은 "빛을 입으시며 하늘을 휘장 같이 치시며 물에 자기 누각의 들보를 얹으시며 구름으로 자기 수레를 삼으시고 바람 날개로 다니시며 바람을 자기 사신으로 삼으시고 불꽃으로 자기 사역자를 삼으시"는 분이시다(시 104:2-4). 창조된 모든 만물이 그분에게 봉사한다. 이런 섭리에서 미디안 군사들도 배제됨이 없다.

> 16그가 삼백 명의 사람을 세 무리로 나누고 모두의 손에 나팔과 항아리와 그 항아리 안에 횃불을 주며 17그들에게 말하였다 "너희는 나에게서 보고 그렇게 행하여라 내가 그 진영의 변방으로 가는 것을 보고 내가 행하는 것처럼 너희도 그렇게 행하여라 18나와 나를 따르는 모두가 나팔을 불거든 너희도 모든 진영 주위에서 나팔을 불며 말하여라 '여호와를 위하여, 기드온을 위하여'"

기드온은 지혜를 발휘하여 어렵게 선발된 삼백 명의 군사들을 세 무리로 나누고 그들에게 세 가지의 물건을 제공한다. 중심과 좌측과 우측으로 나뉘어서 군대의 규모가 거대한 것처럼 보이려고 세 무리로 나누고, 적들에게 그런 착시를 일으키기 위하여 군사들의 손에 쥐어 준 물건은 나팔과 빈 항아리와 횃불이다. 그리고 기드온이 군사들을 향하여 말하였다. 자신이 행하는 것처럼 그들도 행하라고. 즉 자신이 침투조와 함께 적진의 변방으로 가서 나팔을 불면 따라서 나팔을 불면서 이렇게 외치라고 한다. "여호와를 위하여, 기드온을 위하여!" 아주 단순한 전략이다. 피가 묻어 있지 않은 전략이다. 기존의 병법서들 안에서는 유사한 것조차 찾아볼 수 없는 기이한 전략이다. 나팔과 빈 항아리와 그 안에 담긴 횃불이 어떻게 승리를 그들에게 안겨줄까? 셋 다 승리를 안겨줄 병기로는 전혀 어울리지 않는 물건이다. 군사들이 보기에 꿈 이야기를 들은 기도온이 아직도 꿈 속에서 헤매고 있으면서 현실로 돌아오지 못했다는 평가를 내리기에 충분했다.

그러나 기드온은 어떠한 의심도 없고 흔들림도 없다. 지금 대적들은 이스라엘 군대의 크기에는 관심이 없고 오직 꿈과 해몽을 통해 그들에게 멸망을 가져다 줄 기드온의 칼과 여호와의 뜻을 인지하고 두려움에 떠는 중이었다. 그래서 기드온의 핵심적인 전략은 미디안 진영의 간담을 서늘하게하는 여호와와 기드온의 이름을 가장 분명하게 그들의 귀에 선언하는 것이었다. 나팔과 햇불은 이런 선포의 보조적인 도구였다. 이러한 전략은 기드온이 세운 것이 아니라 하나님의 것이라고 나는 생각한다. 이는 기드온의 전략과 비슷한 것으로서 예전에 여리고 성을 이스라엘 자손의 손에 넘겨 주실 때에 이스라엘 백성이 그 성 주위를 돌고 마지막에 나팔을 불게 한전략도 하나님에 의해 세워진 것이었기 때문이다(수 6:2-5).

"여호와를 위하여, 기드온을 위하여"(לַיהוָה וּלְגִדְעוֹן). 이는 이스라엘 군대가 "햇불"이란 조명 속에서 "나팔"이란 확성기를 들고 외쳐야 하는 구호였다. 여호와의 이름은 이처럼 그 자체로 승리를 안겨줄 최고의 병기였다. 기드온의 병법은 여호와의 이름이다. 그 이름이 전쟁의 승패를 좌우한다. 모세가 신명기에 기록한 것처럼 이스라엘 자손의 정체성이 여호와의 이름으로 규정될 때에는 놀라운 일이 발생한다. "땅의 모든 백성이 여호와의 이름이 너를 위하여 불리는 것을 보고 너를 두려워하리라"(신 28:10). 땅의 모든사람이 하나님의 백성을 두려움의 대상으로 여기는 이유는 그들 자신 때문이 아니라 하나님의 이름 때문이다. 그래서 예레미야 선지자는 여호와의이름이 권능에 있어서 심히 크다고 증거한다(렘 10:6). 시인에 의하면, 온 땅에서 가장 아름다운 것은 그분의 이름이다(시 8:1). 예수님이 가르치신 기도의 내용처럼, 우리는 그분의 이름을 거룩하게 여기고 타인도 그 이름을 거룩하게 여기도록 만들기 위해 목숨도 걸어야 함이 마땅하다. 이것은 주기도문 안에서도 일순위를 차지한다. 여호와의 이름을 거룩하게 여기는 것은인생의 목적이다.

그런데도 이스라엘 백성은 하나님의 이름을 더럽혔다(겔 36:20). 하나님의 백성이 그분의 이름을 더럽히면 하늘의 보호막을 스스로 제거하는 자해이며 결국 땅의 모든 사람들이 우습게 여기는 대상으로 전락하게 된다.

이에 대한 지혜자의 조언을 늘 기억하자. "여호와의 이름은 견고한 망대라 의인은 그리로 달려가서 안전함을 얻느니라"(잠 18:10). 인생이 왜 불안한가? 여호와의 이름을 망령되게 만들었기 때문이다. 의인의 안전한 인생을 원한다면 여호와의 이름을 항상 거룩하게 여기고 나팔을 불어서 들리도록 하고 횃불을 들어서 보이도록 하라.

오늘날의 교회는 하나님의 이름을 더럽히고 있는가 아니면 거룩하게 여기는가? 대부분의 교회가 하나님을 위하지 않고 자신을 위하여 그의 이름을 경제적인 도구와 정치적인 수단으로 사용한다. 이에 대해 하나님은 어떻게 하시는가? "여러 나라 가운데서 더럽혀진 이름 곧 너희가 그들 가운데서 더럽힌 나의 큰 이름을 내가 거룩하게 할지라"(겔 36:23). 하나님은 자신의 거룩한 이름을 위하여 이 세상의 모든 일들을 행하신다. "나는 나를 위하며 나를 위하여 이를 이룰 것이라"(사 48:11). 교회가 하나님의 이름이 세상에서 조롱을 받도록 만들어도 진멸되지 않는 이유는 무엇인가? 그것도 하나님의 이름 때문이다. "내 이름을 위하여 내가 노하기를 더디 할 것이며 내 영광을 위하여 내가 참고 너를 멸절하지 않으리라"(사 48:9). 여호와의 이름과 교회의 운명은 결부되어 있다.

기드온은 어쩌면 민족의 이러한 운명을 깨닫고 미디안 군대와의 결전이 여호와를 위한 것임을 외친 것인지도 모르겠다. 기드온은 자신의 희생적인 용맹으로 이 전략이 하나님에 의해 세워진 것이고 이스라엘 민족을 위한 일임을 입증해야 했다. 그래서 그는 위험을 무릅쓰고 한 무리와 함께 "그 진영의 변방으로"(בִּקְצֵה הַמַּחֲנֶה) 직접 들어갈 것이라고 한다. 지도자는 가장 안전한 후방에서 명령하고 지시하며 정작 자신은 몸을 사리는 자가 아니라 적진의 가장 가까운 곳까지 직접 들어가는 모범을 보이는 사람이다. 그런 희생적인 태도로 기드온은 자신보다 더 큰 두려움과 의구심에 사로잡힌 300명의 군대에게 우리가 반드시 승리할 것이라는 하나님의 약속에 대한 확신을 공유한다.

19기드온이 자신과 함께한 백 명과 더불어 진영의 변방으로 자정의 초입 즉 보초들이 [임무를] 교대하는 때에 갔고 그들이 나팔을 불었으며 그들의 손에 있던 항아리를 깨뜨렸다 20세 무리가 나팔을 불고 그 항아리를 깨뜨리고 강해져서 왼손에 횃불을 들고 오른손에 나팔을 들고 불면서 외치기를 "여호와와 기드온의 칼이로다" 하고 21그 진영을 둘러싼 각자의 자리에 섰는데 그 온 진영[의 군사들]이 달리고 부르짖고 도망쳤다

하나님의 명령과 전략을 전우에게 알린 기드온은 즉시 100명의 무리와 함께 적진의 변방으로 갔다. 그들은 기드온의 지시를 받아 일시에 나팔을 불었으며 들고 간 항아리를 깨뜨렸다. 횃불을 왼손에 들고 나팔을 오른손에 들고 불면서 "여호와와 기드온의 칼"이라는 외침을 최고의 데시벨로 쏟아냈다. 어떻게 하면 여호와의 이름이 가장 강력하게, 가장 명확하게 선포되고 기념될 수 있을까는 인생의 고민이다. 기드온 군대의 강력한 외침으로 적들은 혼비백산하여 괴성을 지르며 도망쳤다. 기드온이 한 무리와 더불어 적진에 침투한 시점은 미디안의 보초들이 근무를 교대하는 "자정의 초입"(רֹאשׁ הָאַשְׁמֹרֶת הַתִּיכוֹנָה)이다. 이는 어두워서 적들의 시선을 피할 수 있고, 무리의 이동이 소리를 내도 보초들의 발걸음 소리와 섞이어 은닉이 가능하고, 교대할 때에 그들의 주의는 가장 산만하기 때문에 작전 수행의 가장 절묘한 시점이다.

비록 미디안을 넘겨 주신다는 하나님의 약속을 받았지만 그 과정도 그분의 전략을 따라 신중하고 치밀하게 실행하는 것은 영적 전투의 기본이다. 하나님의 약속을 신뢰하는 사람들 중에서 발견되는 이상한 현상은 기도만 하고 소망만 하고 행하지는 않는 습성이다. 입만 벌리고 있으면 응답의 감이 떨어질 것이라고 믿으며 가만히 엎드려서 기다리는 것은 지극히 나태하고 어리석은 성도의 모습이다. 공부하지 않으면서 좋은 성적을 기도하고, 실력을 기르지 않으면서 취업을 기도하고, 사랑을 베풀지 않으면서

존경을 기도하고, 규칙적인 생활을 하지 않으면서 건강을 기도하고, 성숙을 도모하지 않으면서 멋지고 아름다운 배우자를 기도하는 것은 성도의 삶과 무관하다. 하늘만이 아니라 세상도 그런 기독교를 비웃는다. 기적의 역사는 순종할 때에 일어난다.

이미 꿈으로 여호와와 기드온의 이름에 대한 두려움을 가지고 있던 미디안 연합군은 실제로 세 곳에서 나팔 소리와 함께 귀청을 파고드는 "여호와와 기드온의 칼"(חֶרֶב לַיהוָה וּלְגִדְעוֹן)이라는 웅장한 소리를 듣고 곳곳에서 번뜩이는 현란한 횃불을 본 이후에 더 큰 두려움에 빠져 사방으로 도망쳤다. 주께서 전쟁의 칼을 잡으시면 누구도 승패의 결과를 뒤집을 수 없다는 것은 자명하다. 명백한 패배의 판단이 내려지면 도망이 상책이다. 미디안 연합군의 도망은 민첩했다. 그러나 이스라엘 군대가 작전을 개시하기 전까지는 도망가지 않고 사태를 주시했다. 그들의 두려움은 이스라엘 군대의 순종 앞에서 밖으로 범람했다. 두려움의 효력은 순종과 더불어 발휘된다. 심지어 죄악을 행하는 자들은 "두려움이 없는 곳에서"도, 두려워할 상황이 아니어도, "크게 두려워"할 것이라고 시인은 노래한다(시 53:5). 사실 세상은 하나님의 진노와 그 진노의 두려움이 얼마나 큰 것인지에 대해 무지하다. 그래서 모세는 기록한다. "누가 주의 노여움의 능력을 알며 누가 주의 진노의 두려움을 알리이까"(시 90:11). 그러나 일단 하나님의 진노와 두려움을 감지하면 누구든지 혼비백산 한다. 귀신들도 두려움에 떤다(약 2:19). 진노의 실제 크기를 모르기 때문에 두려움은 증폭된다.

> 22삼백 명이 나팔을 불었고 여호와는 그 온 진영에서 사람이
> 그의 친구를 칼로 치게 하시므로 적군이 스레라의 벤 싯다로,
> 답밧에 가까운 아벨 므홀라의 경계까지 도망갔다

300명의 이스라엘 군대가 하나님의 말씀에 순종하여 나팔을 불었을 때에 적들이 도망친 것은 그들의 나팔이나 횃불이 무서웠기 때문이 아니라 하나님이 친히 싸우셨기 때문이다. 사사기 저자는 적들이 서로를 칼로 죽이고 사방으로 도망치게 된 원인을 여호와께 돌리면서 역사가의 신중함을 드러낸다. 기드온과 300명의 용사는 승리의 주역이나 전쟁의 영웅이 아니었다. 그들은 전쟁이 하나님께 속하였고 승리의 공로는 오로지 여호와께 있음을 증명하는 증인이다. 이는 전쟁의 승리가 군대의 규모나 군사들 각자의 개인기나 전력이나 팀워크나 지도자의 전략으로 말미암은 것이 아니었기 때문이다. 승리의 이유는 하나님이 친히 미디안 연합군을 자멸하게 만드셨기 때문이다.

이는 우리에게 원수가 생기거나 위협을 가할 때에 어떻게 처신해야 하는지를 가르친다. 위기에 처할 때마다 우리의 해결책은 간단하다. 하나님께 돌아와 그의 말씀에 순종하면 된다. 그러면 원수들과 그들의 위협 때문에 불평하지 않고 칼을 뽑지 않고 피를 흘리지 않아도 조용히 승리한다. 시인은 이렇게 노래한다. "악을 행하는 자들 때문에 불평하지 말며 불의를 행하는 자들을 시기하지 말지어다"(시 37:1). 이는 그들에게 실력을 행사하지 않더라도 "그들은 풀과 같이 속히 베임을 당할 것이며 푸른 채소 같이 쇠잔할 것"이기 때문이다(시 37:2). 그래서 "여호와를 의뢰하고 선을 행하라"고 한다(시 37:3). 이런 처신의 근거는 악한 자들을 자멸하게 하시는 하나님의 섭리 때문이다.

²³납달리와 아셀과 므낫세 전체에서 부름을 받은 이스라엘 사람들이 미디안을 추격했다 ²⁴기드온이 사자들을 에브라임 온 산지로 보내어 말하기를 "너희는 미디안을 만나도록 내려가고 그들보다 앞서 벧바라와 요단 강에 이르는 수로를 장악하라" 하니 에브라임 사람들이 모두 소집되고 벧바라와

요단으로 향하는 수로를 점령했다 ²⁵그들은 미디안의 두 방백
오렙과 스엡을 체포했다 그들이 오렙은 오렙 바위에서 죽였고
스엡은 스엡 포도주 틀에서 죽였다 그들은 미디안을 추격했고
오렙과 스엡의 머리를 요단 강 건너편에 있는 기드온에게 가져갔다

도망가는 미디안 연합군을 추격하는 것은 먼저 납달리와 아셀과 므낫세 지파에서 소집된 자들에게 맡겨졌다. 그들은 승리한 군대로서 패배하고 도망치는 자들을 보며 추격하는 기쁨을 만끽한다. 그리고 기드온은 사자들을 에브라임 온 산지에 보내어 사람들을 소집한다. 그리고 도망치는 미디안을 추격하되 그들이 이용할 벧바라와 요단 강에 이르는 수로를 장악하게 했다. 소집된 사람들은 기드온의 명령을 따라 수로를 점령했다. 그리고 미디안의 두 방백인 오렙과 스엡을 체포했다. 그리고 오렙은 오렙 바위에서, 스엡은 스엡 포도주 틀에서 제거했다. 이렇게 적들은 자신의 인생을 든든하게 받쳐주는 바위에서, 생명의 보존을 가능하게 하는 포도주 틀에서 생을 마감한다. 심판의 날에는 아무리 든든한 것도, 아무리 푸짐한 것도 무익하다(잠 11:4). 오히려 무덤으로 사용된다. 임무를 완수한 에브라임 사람들은 두 방백의 머리를 요단 강 건너편에 있는 기드온에게 가져갔다.

여기에서 기드온의 지도력이 번쩍인다. 좋은 지도자는 나쁜 일의 책임은 자신이 짊어지고 좋은 일의 공로는 타인에게 양도한다. 나쁜 지도자는 정반대를 추구한다. 자신의 잘못에 대한 책임은 타인에게 떠넘기고 타인의 공로는 자신이 탈취하여 차지한다. 예수님은 좋은 지도자의 모델이다. 온 세상의 죄를 자신의 어깨에 짊어지고 우주적인 책임의 무게를 홀로 견디셨다. 그러나 율법의 모든 요구를 이루신 그 결과로서 주어지는 구원의 기쁨과 영원한 생명의 유익은 모든 믿는 자들에게 나누셨다. 우리는 구원의 성취에 땀 한방울도 섞지 않았는데 그 성취의 결과를 누리기만 한다.

기드온이 미디안 전투에서 믿음으로 얻은 승리는 막대했다. 그런데 그

는 승리의 환희에 동참하지 못하고 배제되는 지파들이 발생하지 않도록, 수고하지 않은 지파들도 승리의 수혜자가 되도록, 세심하게 배려했다. 특별히 덩치가 가장 큰 에브라임 지파는 기드온의 초기 소집에 응하지 않고 외면했다. 그들의 도움 없이도 승리를 거둔다면 체면이 제대로 구겨질 지파였다. 이에 기드온은 참전하지 않고 몸을 사린 그들의 이기적인 비겁함을 지적하는 대신에 방귀 뀐 놈이 성낸다는 속담과 유사한 그 지파의 불평 가능성을 감지하고 말썽의 소지를 제거하기 위해 그들에게 사자들을 보내어 퇴각의 길목인 수로를 장악하게 하여 승리에 숟가락을 얹을 기회를 제공했다. 혹시 에브라임 내에서도 소집의 통지를 받지 못해서 특정한 가문이 배제되면 불만을 표출할지 몰라서 기드온은 에브라임 지역 내에서도 일부가 아니라 "모든(כל) 산지"에 사자들을 파견하는 신중함도 시전했다. 이렇게 함으로써 통지를 받지 못해서 승리감을 누리지 못했다는 불평을 사전에 차단했다. 이처럼 불평의 꼼꼼한 차단에도 불구하고 8장에는 에브라임 지파의 불평이 쏟아진다.

본문을 통해 우리는 전쟁과 같은 인생에서 하나님의 이름을 거룩하게 여긴다는 것이 승리의 비결임을 기억해야 한다. 하나님을 경배하여 그의 이름이 내 인생에서 거룩하게 기념되면 나는 여호와의 이름으로 일컬음을 받고 이로써 나는 세상을 두려움의 대상으로 여기지 않고 세상의 모든 사람들이 여호와의 이름 때문에 나를 두려워할 것이기에 늘 승리한다. 이것이 바로 세상에 대한 이김이다. 기드온은 전쟁에서 나팔과 횃불을 동원하여 여호와의 이름을 적들에게 분명하게 들리고 보이도록 했다. 그래서 세상의 병법으로 설명할 수 없는 기적의 승리를 거두었다. 그는 이 승리의 기쁨을 독점하지 않고 참전하지 않는 이에게도 공유하는 너그러운 지도자의 관용도 실천했다.

삿 8:1-17

¹에브라임 사람들이 기드온에게 이르되 네가 미디안과 싸우러 갈 때에 우리를 부르지 아니하였으니 우리를 이같이 대접함은 어찌 됨이냐 하고 그와 크게 다투는지라 ²기드온이 그들에게 이르되 내가 이제 행한 일이 너희가 한 것에 비교되겠느냐 에브라임의 끝물 포도가 아비에셀의 맏물 포도보다 낫지 아니하냐 ³하나님이 미디안의 방백 오렙과 스엡을 너희 손에 넘겨 주셨으니 내가 한 일이 어찌 능히 너희가 한 것에 비교되겠느냐 하니라 기드온이 이 말을 하매 그 때에 그들의 노여움이 풀리니라 ⁴기드온과 그와 함께 한 자 삼백 명이 요단 강에 이르러 건너고 비록 피곤하나 추격하며 ⁵그가 숙곳 사람들에게 이르되 나를 따르는 백성이 피곤하니 청하건대 그들에게 떡덩이를 주라 나는 미디안의 왕들인 세바와 살문나의 뒤를 추격하고 있노라 하니 ⁶숙곳의 방백들이 이르되 세바와 살문나의 손이 지금 네 손 안에 있다는거냐 어찌 우리가 네 군대에게 떡을 주겠느냐 하는지라 ⁷기드온이 이르되 그러면 여호와께서 세바와 살문나를 내 손에 넘겨 주신 후에 내가 들가시와 찔레로 너희 살을 찢으리라 하고 ⁸거기서 브누엘로 올라가서 그들에게도 그같이 구한즉 브누엘 사람들의 대답도 숙곳 사람들의 대답과 같은지라 ⁹기드온이 또 브누엘 사람들에게 말하여 이르되 내가 평안히 돌아올 때에 이 망대를 헐리라 하니라 ¹⁰이 때에 세바와 살문나가 갈골에 있는데 동방 사람의 모든 군대 중에 칼 든 자 십이만 명이 죽었고 그 남은 만 오천 명 가량은 그들을 따라와서 거기에 있더라 ¹¹적군이 안심하고 있는 중에 기드온이 노바와 욕브하 동쪽 장막에 거주하는 자의 길로 올라가서 그 적진을 치니 ¹²세바와 살문나가 도망하는지라 기드온이 그들의 뒤를 추격하여 미디안의 두 왕 세바와 살문나를 사로잡고 그 온 진영을 격파하니라 ¹³요아스의 아들 기드온이 헤레스 비탈 전장에서 돌아오다가 ¹⁴숙곳 사람 중 한 소년을 잡아 그를 심문하매 그가 숙곳의 방백들과 장로들 칠십칠 명을 그에게 적어 준지라 ¹⁵기드온이 숙곳 사람들에게 이르러 말하되 너희가 전에 나를 희롱하여 이르기를 세바와 살문나의 손이 지금 네 손 안에 있다는거냐 어찌 우리가 네 피곤한 사람들에게 떡을 주겠느냐 한 그 세바와 살문나를 보라 하고 ¹⁶그 성읍의 장로들을 붙잡아 들가시와 찔레로 숙곳 사람들을 징벌하고 ¹⁷브누엘 망대를 헐며 그 성읍 사람들을 죽이니라

❖ ❖ ❖

¹에브라임 사람이 그에게 말하였다 "네가 미디안과 싸우러 갈 때에 우리를 부르지 않는 이런 일을 어찌 우리에게 하였느냐?" 그들이 그와 격렬하게 다투었다 ²그가 그들에게 말하였다 "내가 이제 행한 것이 어찌 너희 같을 수 있겠느냐 주은 에브라임 이삭이 수확한 아비에셀 포도보다 낫지 아니하냐 ³하나님은 미디안의 방백 오렙과 스엡을 너희 손에 주셨는데 내가 무엇을 너희처럼 할 수 있겠느냐" 그가 이 말을 할 때에 그들의 숨이 풀어졌다 ⁴기드온은 그와 함께하는 삼백 명의 지친 사람과 더불어 요단으로 가서 건너고 추격하며 ⁵숙곳 사람에게 말하였다 "나의 발걸음[을 따르는] 백성이 지쳤으니 부탁한다 그들에게 떡덩이를 주어라 나는 미디안의 왕들인 세바와 살문나의 뒤를 추격하고 있다" ⁶숙곳의 방백들이 말하였다 "우리가 너의 군대에게 떡을 주어야 할 이유로서 세바와 살문나의 손바닥이 지금 너의 손에 있다는 것이냐?" ⁷기드온이 말하였다 "그렇다면 여호와께서 세바와 살문나를 나의 손에 넘기신 후에 내가 들가시와 찔레로 너희의 살을 때릴 것이니라" ⁸그는 거기에서 브누엘로 가서도 그들에게 동일하게 말하였다 브누엘 사람들은 숙곳 사람들이 대답한 것처럼 그에게 답하였다 ⁹그가 브누엘 사람들을 향해서도 이르기를 "내가 평안히 돌아올 때이 망대를 헐리라"고 말하였다 ¹⁰세바와 살문나 및 그들과 함께하는 그들의 군대가 갈골에 있었는데 [그들은] 동방 자손들의 모든 군대 중에서 살아남은 만 오천 명 가량으로 쓰러진 자들은 칼을 뽑는 십이만 명의 사람이다 ¹¹기드온은 노바와 욕브하 동쪽의 장막들에 거주하는 자들의 길로 올라가서 안전함이 있는 진영과 군대를 공격하니 ¹²세바와 살문나는 도망쳤고 그는 그들의 뒤를 추격하여 미디안의 두 왕 세바와 살문나를 잡았으며 그 모든 군대를 떨게 만들었다 ¹³요아스의 아들 기드온은 헤레스 비탈의 전쟁에서 돌아왔다 ¹⁴그가 숙곳의 사람들 중에서 젊은이를 잡아 심문했다 그(젊은이)가 그(기드온)를 위하여 숙곳의 방백들과 칠십칠 명의 장로들[의 이름]을 기재했다 ¹⁵그가 숙곳 사람에게 와서 말하였다 "너희가 [이전에] 나에게 희롱하며 말하기를 '우리가 너의 지친 사람들에게 떡을 주어야 할 이유로서 세바와 살문나의 손바닥이 지금 너의 손에 있다는 것이냐?'고 한 세바와 살문나를 보라" ¹⁶그가 그 성읍의 장로들과 들가시와 찔레를 취하였고 그것들로 숙곳 사람들을 가르쳤고 ¹⁷그가 브누엘의 망대를 허물었고 그 성읍 사람들을 죽이니라

18

기드온: 내부의 적들

전쟁의 승리를 이룬 기드온과 삼백의 용사는 생각지도 못한 난관에 봉착한다. 그 난관은 내부의 적이었다. 전쟁은 외부의 적을 제거하는 것보다 내부의 적을 해결하는 것이 더 힘들고 시급하다. 에브라임 지파가 기드온을 찾아와 트집을 잡으며 전쟁의 승리에서 자신들을 소외시킨 혐의를 제기했다. 이에 기드온은 지혜로운 처신으로 형제간의 불화와 분열의 내부적인 위기를 모면한다. 그리고 기드온은 도망치는 미디안 왕들을 추격하며 요단강을 건너갔다. 그는 지친 군대를 이끌고 가다가 숙곳 사람들과 브누엘 사람들의 도움을 요청한다. 그러나 희롱 섞인 거절을 경험한다. 두 번째 난관이다. 차가운 냉대와 자극적인 희롱의 대가로서 그는 이 사람들을 징계한다. 동포에게 칼을 겨눈다는 것은 큰 아픔이요 실책이다. 기드온과 그 사람들 모두가 반성해야 하는 대목이다.

1에브라임 사람이 그에게 말하였다

"네가 미디안과 싸우러 갈 때에 우리를 부르지 않는 이런 일을
어찌 우리에게 하였느냐?" 그들이 그와 격렬하게 다투었다

에브라임 사람이 기드온을 향해 불만을 표시한다. 미디안과 싸우러 갈 때에 자신들을 부르지 않았다는 것이 그 이유였다. 그들은 얼마든지 발생할 수 있는 일이라고 넘어가지 않고 이것 때문에 기드온과 "격렬하게"(בְּחָזְקָה) 다투었다. 감정과 의지가 강하게 반영된 다툼이다. 과연 기드온은 그들을 부르지 않았는가? 맞기도 하고 틀리기도 하다. 기드온은 하나님의 부르심을 받고 그의 영으로 입혀진 이후에 전우들을 소집하기 위해 나팔을 불었었다. 그때 아비에셀 가문만 반응했다. 그래서 몇몇 지파에게 전령들을 보내어 출전을 요청했다. 나팔은 모든 이스라엘 자손을 소환하는 것이었고 전령들은 소수의 지파들을 소환하는 것이었다. 그러므로 에브라임 지파는 전령들에 의한 소환의 대상에서 배제된 지파였다. 그러나 기드온의 나팔은 모든 이스라엘 자손의 소집을 위한 신호였다. 만약 전령을 에브라임 지파에게 보내어 참전을 권했다면 어떤 결과가 나왔을까? 비겁한 그들은 거절했을 가능성이 높다. 이로써 그들의 비겁함은 온 이스라엘 중에 드러나 수치를 당하였을 것이 분명하다. 기드온이 전령을 보내지 않은 것은 어쩌면 에브라임 지파의 이러한 수치를 가려주고 체면을 세워준 배려가 아니었나 싶다. 전령을 보내지 않아 몰라서 참전하지 못했다는 변명의 여지를 마련해 주는 방식으로!

사실 전령들에 의한 소집 통지서를 받지 못한 이스라엘 자손은 에브라임 지파만이 아니었다. 그런데도 유독 이 지파만은 기드온을 찾아와 끝장을 보려는 기세로 불만과 분노를 쏟아낸다. 이는 사돈이 땅을 사면 배가 아프다는 현상과 동일하다. 기드온은 므낫세 지파 소속이다. 에브라임 지파와 므낫세 지파는 동일한 요셉의 가문 소속이다. 그렇다면 연락을 하지 않더라도 자발적인 참전을 결정함이 마땅하다. 누가 누구를 탓하는가! 그런

데 이들은 시한폭탄 같은 라이벌 의식이 있는 형제 지파였다. 이사야 선지자는 "므낫세가 에브라임을, 에브라임은 므낫세를 먹을 것"이라고 기록한다(사 9:21). 적과의 화목보다 더 어려운 것이 틀어진 형제와의 화목이다. "노엽게 한 형제와의 화목은 견고한 성을 취하는 것보다 어려운즉 이러한 다툼은 산성 문빗장 같으니라"(잠 18:19).

에브라임 지파는 전쟁에서 이스라엘 자손 전체가 승리하는 것보다 자기 지파의 자존심과 명예를 챙기는 것을 더 좋아했다. 미디안에 의한 7년의 국가적인 괴롭힘이 종식되는 기쁨보다 자신들이 미디안 전쟁에서 승리의 중심에 서야 하고 공로의 노른자를 차지해야 한다는 생각에 사로잡혀 있다. 하나님의 나라가 회복되는 일보다 승리의 주도권을 행사하지 못한 불쾌함에 더 집착한다. 이 모든 태도와 행동은 에브라임 지파의 이기적인 시기심 때문이다. 자신들이 좋은 결과의 주인공이 되어야 한다는 허영심 때문이다. 무엇보다 그들의 말과 행동을 움직이는 가치의 옹졸한 기준 때문이다. 기준이 어떠하면 행동도 그러하기 때문이다.

어떠한 기준을 가지고 사느냐가 인생의 질을 좌우한다. 사람은 저마다 선과 악, 진리와 거짓, 만족과 불만, 행복과 불행, 합리와 불합리, 정의와 불의, 만족과 불만의 기준을 가지고 살아간다. '나는 이렇게 말하고 이렇게 행동해야 해, 나는 이런 말을 듣고 이런 대접을 받아야 해, 너는 이렇게 말하고 이렇게 행동해야 해, 나는 너에게 이렇게 말하고 너는 이렇게 반응해야 해' 등의 지침들이 매 순간 자신을 지도한다. 그러나 자신의 기준이 조금만 높았다면 분노하지 않았을 것이고, 짜증내지 않았을 것이고, 미워하지 않았을 것이고, 아부하지 않았을 것이고, 차갑게 대하지 않았을 것이고, 큰 소리를 지르지 않았을 것이고, 절교하지 않았을 것이고, 포기하지 않았을 것이고, 무시하지 않았을 것인데 낮은 가치의 기준이 자신을 불행하게, 비참하게, 부끄럽게, 초라하게, 잔인하게 몰아간다. 행위를 고치는 것보다 기준을 높이는 것이 중요하다. 내면의 기준은 여전히 낮으면서 가시적인 외모만 고치는 행위의 화장발은 위선이다. 모든 사람은 가상적인 기준이 아니라 자신의 진짜 기준을 따라 말하고 행동한다. 그러므로 한 사람의 행위를 보면 그 사람의 진짜 기준이 파악된다. 자신의 기준을 제대로 높이기를 원한다면 자아를 거부하는 연습, 기준을 갱신하는 성실, 기호를 개선하는 노력이 필요하다.

에브라임 지파는 자신이 칭찬과 존경과 높아짐의 중심에 서 있어야 한다는 기준 때문에 기드온의 멱살을 붙잡았다. 301인분의 최고급 커피와 케이크를 포장해서 식기 전에 배달하여 수고하고 지친 기드온과 300용사들의 공복을 달래며 극진히 대접하고 응원하고 고마움을 표현해도 모자랄 상황에서 그들은 자신의 이미지 관리와 승리의 지분 챙기기에 급급한 치졸함의 극치를 연출했다. 이렇게 유치한 기준과 마주친 기드온의 마음은 어떠할까? 그는 피아를 식별하지 못하는 형제 지파의 어리석은 행실을 자신의 높은 기준으로 드러내어 부끄럽게 하는 처신보다 오히려 그들의 눈높이에 맞춘 대응을 시도한다. 지금은 시시비비 가리는 것보다 하나님의 뜻 이루는 것이 중요했기 때문이다. 변론은 다툼을 일으키는 주범이다(딤후 2:23). 야고보는 "사람이 성내는 것이 하나님의 의를 이루지 못"한다고 했다 (약 1:20). 형제들 사이에는 겸손이 화목의 지혜로운 첩경이다.

²그가 그들에게 말하였다 "내가 이제 행한 것이 어찌 너희 같을 수 있겠느냐 주은 에브라임 이삭이 수확한 아비에셀 포도보다 낫지 아니하냐 ³하나님은 미디안의 방백 오렙과 스엡을 너희 손에 주셨는데 내가 무엇을 너희처럼 할 수 있겠느냐" 그가 이 말을 할 때에 그들의 숨이 풀어졌다

기드온은 자신과 용사들이 이룩한 전쟁의 승리는 에브라임 지파가 수행한 것에 비하면 아무것도 아니라고 설명한다. 자신의 업적이 "수확한 아비에

셀 포도"(בְצִיר אֲבִיעֶזֶר)라고 한다면 에브라임 지파의 공로는 "주은 에브라임 이삭"(עֹלְלוֹת אֶפְרָיִם)이라고 비유한다. 포도의 수확은 적들의 심판을 의미한다(계 14:19). 그런데 그저 줍기만 한 에브라임 이삭도 작심하고 수확한 아비에셀 포도보다 뛰어난 것이라고 평가한다. 이는 기드온의 가장 큰 공로가 에브라임 지파의 가장 작은 공로보다 못하다는 자신의 낮춤이다. 자신을 드러내지 않는 겸손은 타인의 질시를 극복하는 최고의 비법이다. 그런데 하나님은 실제로 결코 사소하지 않은 승리의 공로로서 미디안의 지도자인 오렙과 스엡을 제거하는 일을 에브라임 지파에게 맡기셨다. 그들은 맡겨진 사명을 충실히 수행했다. 이는 땅에서 주은 것이 아니라 정식으로 수확한 포도의 수준이다. 주은 에브라임 이삭보다 못한 자신의 공로가 어찌 제대로 수확한 수준의 에브라임 포도와 능히 비교할 수 있느냐는 것이 기드온의 논법이다. 그의 외교력은 뛰어나고 화술은 탁월하다. 상대방의 낮은 가치관을 무시하지 않고 그들의 어설픈 기준으로 낮아져서 설득하고 내부의 불필요한 갈등과 분열 가능성을 제거하는 기드온은 지혜롭다.

기드온의 칭찬은 적중했다. 그가 에브라임 지파에게 높여주는 말을 할 "때에"(אָז) 비로소 "그들의 숨이 풀어졌다"(רָפְתָה רוּחָם). 그들의 분노가 해소된 이유는 자신들을 높여주는 기드온의 칭찬이다. 그들의 기분을 춤추게 만든 원인은 사람의 말이었다. 그러나 지어낸 말이 아니라 사실에 근거한 말이었다. 에브라임 지파가 도망치는 미디안의 방백을 잡아서 제거하는 것은 실제로 하나님의 뜻이었다. 하나님의 이런 뜻이 장차 어떻게 쓰일지도 모른 채, 기드온은 그 뜻을 진실로 존중하여 에브라임 지파를 소환했고 그 지파는 그 뜻을 실행했다. 그러므로 기드온의 칭찬은 위기를 모면하기 위해 급조된 아부나 계산된 수사학이 아니었다. "칭찬은 고래도 춤추게 한다"는 격언처럼, 에브라임 지파도 공감하는 사실에 근거한 기드온의 진실한 칭찬은 그 지파의 감정을 분노에서 춤으로 바꾸었다.

나의 기분은 어떠한 기준에 장단을 맞추는가? 에브라임 지파처럼 사람의 칭찬을 받고 높임을 받고 존경을 받고 인정을 받고 보상을 받아야 기분이 풀리는가? 아니면 오직 하나님만 진정한 칭찬의 출처라는 사실(롬 2:29)을 믿고 그분의 칭찬만 있으면 얼마든지 기분이 풀리는가? 칭찬은 내가 타인에게 강요해서 받아내는 것이 아니라 내가 합당한 근거를 보여주면 돌아오는 타인의 자발적인 반응이요 영예로운 훈장이다. 지혜자는 이렇게 조언한다. "인자와 진리가 네게서 떠나지 말게 하고 그것을 네 목에 매며 네 마음판에 새기라 그리하면 네가 하나님과 사람 앞에서 은총과 귀중히 여김을 받으리라"(잠 3:3-4). 이것이 칭찬의 정석이다. 인자와 진리가 나의 마음과 몸에 가득해야 한다. 이러한 요건을 구비함도 없이 타인의 존경만 기대하고, 기대하는 존경이 주어지지 않으면 부당한 대우를 받는 것처럼 분노하고 보복하는 것은 오만과 탐심이다.

⁴기드온은 그와 함께하는 삼백 명의 지친 사람과 더불어 요단으로 가서 건너고 추격하며 ⁵숙곳 사람에게 말하였다 "나의 발걸음[을 따르는] 백성이 지쳤으니 부탁한다 그들에게 떡덩이를 주어라 나는 미디안의 왕들인 세바와 살문나의 뒤를 추격하고 있다"

에브라임 지파의 불평을 지혜롭게 해소한 기드온은 이제 두 번째의 내부적인 문제에 직면한다. 지금 기드온과 300명의 군대는 도망치는 적들을 추적하기 위해 요단 강도 건넜기 때문에 심히 지쳐서(עֲיֵפִים) 쓰러지기 직전이다. 이들은 "오두막"을 의미하는 숙곳(סֻכּוֹת)에 이르렀다. 이곳은 모세가 갓 지파에게 분배한 지역이다(수13:27). 그곳에 거주하는 동포의 도움이 절실했다. 그래서 기드온은 떡덩이를 달라고 부탁한다(נָא). 하나님의 자리에서 고고한 명령을 하달하지 않고 부탁한 것은 기드온의 겸손을 드러낸다. 자신을 위해 성찬을 마련해 달라는 부탁도 아니었다. 자신을 따르며 이스라엘 자손을 대표해서 민족의 전쟁을 수행하는 용맹한 군사들의 허기진 위장을 위한 것이었다. 도움이 너무도 절박하여 미디안의 왕들인 세바와 살문나의 뒤를 추격하고 있다는 기밀까지 누설했다. 기드온이 중요하게 여긴 것은 무엇인가? 전쟁의 승리나 그 승리의 만끽이 아니라 사람이다. 지도자는 일보다 사람을 더 중요하게 여기는 사람이다. 기드온은 전우들의 상태를 정확하게 파악하고 긴급한 필요를 채우고자 비밀한 전략의 노출도 불사했다.

> 6숙곳의 방백들이 말하였다 "우리가 너의 군대에게 떡을 주어야 할 이유로서 세바와 살문나의 손바닥이 지금 너의 손에 있다는 것이냐?"

기드온의 부탁을 받은 숙곳 사람들은 거절했다. 거절을 하면서 "세바와 살문나의 손바닥"(כַּף)을 언급한 것은 적장의 손목을 자르는 고대 전쟁의 풍습을 반영한 것으로서 죽음을 가리킨다. 기드온의 "손"(יָד)에 그들의 손바닥이 없다는 말은 전쟁의 승리에 대한 물증이 없다는 사실을 강조한다. 그들의 거절은 세바와 살문나를 아직 잡지도 못한 군대가 떡을 요구하는 것이 합당하지 않다는 뉘앙스의 거절이다. 이는 또한 자신들의 값진 떡에 합당한 공로를 세우지도 못한 주제에 군량미를 요구하는 것은 웃기는 짓이라는 조롱이다. 숙곳 사람들이 보인 이러한 반응의 이유는 무엇인가? 이에 대하여 사사기 저자는 침묵한다. 추론을 하자면, 그들의 차가운 비아냥은 당시의 식량 사정과 무관하지 않다. 미디안은 이스라엘 자손의 가축과 곡식을 하나의 벼 이삭조차 남기지 않고 착취했다. 그래서 "떡"(לֶחֶם)은 이스라엘 자손에게 생명처럼 소중했다. 기드온의 군대에게 떡을 준다는 것은 배고픔의 역선택을 의미했다. 숙곳 사람들이 보기에 미디안의 왕들을 잡거나 죽이지도 않고 그저 추격하고 있다는 것은 떡을 희생할 정도의 명분은 아니었다. 그래서 그들은 추격보다 떡을 택하였다.

다른 추정을 한다면, 숙곳 사람들의 거절은 그들의 무지 때문이다. 지금 기드온이 군대와 함께 세바와 살문나를 추격하는 것은 특정한 개인의 사익을 위함이 아니라 이스라엘 전체의 공익을 위한 하나님 나라의 공무였다. 그러나 숙곳 사람들은 하나님의 나라와 일보다는 자연인 기드온의 사적인 일이라고 생각했다. 그래서 하나님의 뜻보다는 자신에게 유익이 될 만한 증거의 유무에 수락과 거절의 여부를 내맡겼다. 기드온의 손에는 미디안의 왕들이 내민 항복의 "손바닥"이 없었기 때문에 그들은 군량미 납부의 타당한 근거를 제시하지 못한 기드온의 요청을 거절했다. 이러한 거절은 보이지 않는 하나님의 뜻보다는 현실의 가시적인 결과에 얽매이는 불신앙의 모습이다. 영적 전쟁에는 전방에서 싸우는 군사도 있고 후방에서 물자를 조달하는 일반인도 있다. 숙곳 사람들은 전방에서 싸우는 기드온과 군대에게 필요한 물자를 제공할 기회와 의무를 거부하고 자신의 위장을 택하였고 동기보다 결과를 중시하는 자신의 낮은 판단력을 고집했다.

어떠한 이유로도 숙곳 사람들의 거절은 부당하다. 지나가는 나그네의 부탁도 부탁한 것 이상으로 섬기는 반응은 나그네를 대접하는 이스라엘 문화의 상식이다. 그런데 동족의 부탁이며 하나님의 전쟁을 수행하는 엄선된 용사들을 위한 부탁인데 거절을 했다는 것은 조롱의 의도가 역력하다.

7기드온이 말하였다 "그렇다면 여호와께서 세바와 살문나를
나의 손에 넘기신 후에 내가 들가시와 찔레로 너희의 살을 때릴 것이니라"

숙곳 사람들의 비상식적 거절에 대해 기드온은 분개했다. 먼저 미디안의 왕들을 추적하고 제거하는 것은 기드온의 사사로운 일이 아니라 하나님의 공적인 일이라는 사실을 지적한다. 주께서 친히 그 왕들을 기드온의 손에

넘기실 것임을 명시한다. 그리고 돌아오면 숙곳 사람들을 "들가시와 찔레로" 징계할 것이라고 경고한다. "들가시와 찔레"를 징계의 수단으로 삼는 것은 다소 잔인하다. 이 징계는 하나님의 명령인가? 아니면 기드온의 사적인 분노인가? 둘 다 가능하다. 하나님의 뜻을 성취하는 일에 마땅한 도리를 다하지 못하고 오히려 조롱하며 방해한 사람들의 등에는 징계의 회초리가 가해진다. 사실 하나님의 일과 나의 일이 서로 다르다는 상태 자체가 문제의 본질이다. 아버지 하나님의 뜻이 자신의 뜻인 사람들의 일은 하나님의 일과 동일하다. 그래서 선택의 갈등이 필요하지 않다. 하나님께 충성하는 것과 자신의 일에 충실하는 것이 동일하기 때문이다. 그러나 숙곳 사람들의 삶은 하나님의 뜻과 무관했다. 우상을 숭배하고 미디안의 괴롭힘 속에서도 자신의 밥그릇만 빼앗기지 않고 연명할 수 있다면 그것으로 족하였다. 그래서 하나님의 뜻 앞에서도 선택의 갈등이 일어났고 결국 자신의 안락을 택하였다. 어쩌면 그들은 지칠 대로 지친 300명의 군사들이 안전하게 휴식을 취하고 있는 15,000명의 동방 사람들을 결코 이기지 못하고 참패를 당할 것이라고 예상했을 지도 모르겠다. 그렇다면 그들은 여전히 "여호와와 기드온의 칼"을 우습게 여겼음에 분명하다.

다른 한편으로, 숙곳 사람들의 징계에 대한 엄포는 기드온의 분노일 가능성도 있다. 하나님이 세바와 살문나를 넘기시는 주체인 것과는 달리 들가시와 찔레로 숙곳 사람들의 살을 때리는 주체는 기드온 자신이기 때문이다. "내가" 응징할 것이라고 했다. 하나님의 공적인 직무를 수행할 때라도 우리는 계획에 차질이 생기면 자칫 인간적인 감정으로 대응하기 쉽다. 감정을 앞세우면 공사(公私)의 경계가 쉽게 무너진다. 공을 사로서 이용하고 사를 공으로써 위장한다. 하나님의 뜻은 분명히 하나님이 이루신다. 그러나 나의 감정 때문에 이따금씩 방해하는 자들을 들가시와 찔레로 찔러서 응징하고 싶은 충동에 휩싸여 하나님의 일을 그르친다. 나 자신의 일이라면 그르쳐도 된다. 그러나 하나님의 일이기 때문에 감정을 다스려야 한다. 지도자는 감정의 사적인 격분을 제어하고 주님께서 분노하실 때에만 분노하는 감정의 공적인 활용에 능숙해야 한다. 실제로 기드온의 징계 경고에는 약간의 사적인 분노가 감지된다. 에브라임 지파의 부당한 짜증을 지혜롭게 해결하는 중에 남은 감정의 찌꺼기가 심술을 부리는 듯하기도 하다. 이런 상태에서 기드온의 감정은 숙곳과 브누엘 사람들에 의한 반복적인 거절과 고의적인 조롱으로 인해 점점 경직되고 격앙된다.

⁸그는 거기에서 브누엘로 가서도 그들에게 동일하게 말하였다 브누엘 사람들은 숙곳 사람들이 대답한 것처럼 그에게 답하였다 ⁹그가 브누엘 사람들을 향해서도 이르기를 "내가 평안히 돌아올 때 이 망대를 헐리라"고 말하였다

군량미 요청에 대한 숙곳 사람들의 거절로 인해 기드온은 발걸음을 브누엘로 돌려 그곳 사람들의 도움을 "동일하게"(כָּזֹאת) 요청했다. "브누엘"(פְּנוּאֵל)은 "하나님의 얼굴"을 의미한다. 그러나 그 이름의 의미와는 달리 브누엘 사람들의 반응도 동일하게 쌀쌀했다. 희롱하며 거절했다. 그들의 거절에 대한 기드온의 재반응도 동일하게 거절에 합당한 징계의 엄포였다. 자신이 "평안히"(בְּשָׁלוֹם) 돌아와서 브누엘 사람들의 망대를 허물 것이라고 그들에게 경고한다. 이는 기드온이 하나님의 뜻을 수행하기 때문에 그것을 반드시 성취하여 자신은 하늘의 평안을 소유하게 될 것이지만 브누엘은 그런 평안과는 달리 하나님의 뜻 거부에 따르는 징계의 두려움에 결박될 것이라는 대조적인 발언이다.

하나님께 속한 전쟁을 수행함에 있어서 동포들의 지지와 도움도 없이 오히려 두 번이나 조롱과 박대를 당한 기드온과 300명의 지친 군사들의 마음은 어떠할까? 한편으로, 이스라엘 자손을 구원하기 위해 자신들이 지불하는 수고와 희생을 아무도 알아주지 않는 허망함이 손짓을 하고 좌절이

슬그머니 다가온다. 다른 한편으로, 아직 이스라엘 자손이 하나님께 돌이키기 위해서는 7년치의 괴롭힘이 턱없이 부족함을 절감한다. 기드온과 군대의 입에는 자기 백성이 제정신을 차리려면 아직도 멀었다는 질긴 한숨이, 하나님의 일을 하는데 배고픔도 해결되지 않는다는 딱딱한 불평이 섞여 불편하다. 그런데도 이들은 포기하지 않고 추격을 감행했다.

> 10세바와 살문나 및 그들과 함께하는 그들의 군대가 갈골에 있었는데
> [그들은] 동방 자손들의 모든 군대 중에서 살아남은 만 오천 명 가량이며
> 쓰러진 자들은 칼을 뽑는 십이만 명의 사람이다

기드온이 추격하는 세바와 살문나는 갈골에 피신하여 있다. 그들과 함께 있는 군대는 동방 자손들의 군대 중에서 살아남은 15,000명이었다. 이들을 제외하고 칼을 뽑아서 서로를 죽이고 죽은 군사들은 120,000명이었다. 그러므로 기드온과 300명의 용사들이 싸운 미디안 연합군의 규모는 전체 135,000명이었다. 즉 이 전쟁은 450배나 큰 규모의 군대와 맞선 전투였다. 지금은 비록 400배 규모의 군사들이 죽었지만 남은 15,000명도 이스라엘 군대에 비한다면 여전히 50배에 달하는 위협적인 규모였다. 전투력의 이러한 격차를 보면 전면전을 하더라도 패배가 농후하다. 숙곳과 브누엘 사람들이 기드온과 그의 초라한 군대를 조롱하는 것은 전력의 격차에 비추어 보면 정당했다. 승산이 없어 보이는 군대를 도왔다가 낭패를 당할 지도 모를 일이었다.

　이 장면에서 안타까운 마음이 엄습한다. 미디안 연합군은 민족이 달라도 연합하여 이스라엘 자손과 싸우는데, 정작 이스라엘 자손은 전쟁의 전방에서 목숨을 걸고 싸우는 동포 전우들을 돕지는 않고 조롱만 하는 기드온 시대의 상황이 오늘날의 교회를 보는 듯하기 때문이다. 갈라진 교회나

기관이나 교파의 양 진영은 서로를 적으로 규정하고 하나님의 나라를 도모하기 위해 협력하는 것보다 상대방의 멸망만 고대한다. 이런 현상은 교회만이 아니라 정부나 학교나 직장이나 법원이나 검찰이나 정당 안에서도 발견된다. 공동체 전체의 발전과 번영을 위하여 자신을 희생하며 경쟁의 전방에서 섬기는 사람들의 도움 요청을 거절하고 오히려 조롱하는 사람들이 어떤 기관이든 많다.

11기드온은 노바와 욕브하 동쪽의 장막들에 거주하는 자들의 길로 올라가서
안전함이 있는 진영과 군대를 공격하니 12세바와 살문나는 도망쳤고
그는 그들의 뒤를 추격하여 미디안의 두 왕 세바와 살문나를 잡았으며
그 모든 군대를 떨게 만들었다

동포들의 도움은 없었고 군대도 지쳤지만 기드온은 미디안 왕들의 생명을 자신에게 건져 주신다는 하나님의 약속을 신뢰했다. 외적인 도움의 여부가, 군사력의 규모와 상태가, 전쟁의 승패를 좌우하지 못한다는 것은 기드온 군대의 지극히 미미한 규모를 통해서도 승리를 이루었기 때문에 흔들리지 않는 그의 신념이다. 그래서 그는 세바와 살문나가 "안전함이 있다"(הָיָה בֶטַח)고 생각한 진영으로 가서 그들의 군대를 공격했다. 세바와 살문나는 안전함이 있을지 모르는 또 다른 곳으로 도망쳤다. 그러나 하나님이 심판의 손에 넘기기로 한 자들에게 안전함은 어디에도 없다. 기드온은 그들의 뒤를 추격하여 생포했다. 그들과 함께한 모든 군사들도 장악했다. 이는 빵과 물이 없었어도 타인에게 불평하지 않고 환경을 탓하지 않고 끝까지 하나님만 신뢰하는 자에게 주어지는 기적이다. 이것은 또한 기드온의 추격이 업적을 더 쌓으려는 욕망이나 영웅심의 발로가 아니라 하나님의 뜻임을 나타낸다.

동포들에 의한 두 번의 거절을 경험한 기드온과 군대는 지극히 작은 규모의 지친 군사력을 가지고도 거대한 적군을 무찌르게 만드시는 하나님에 의한 두 번의 기적을 경험한다. 우리는 여기에서 가장 가까운 사람들의 거절과 조롱을 받더라도 하나님의 약속을 신뢰하는 사람의 영적인 인생은 실패하지 않는다는 사실을 깨닫는다. 우리는 또한 사사기가 인간 사사들의 행적을 기록한 책이지만 오직 주님만이 우리의 유일한 사사가 되신다는 사실을 읽고 깨닫는다. 이는 인간 사사인 기드온은 비록 사람에게 두루두루 도움을 구했으나 하나님은 모든 요청의 거절로 인해 더더욱 지친 기드온과 군사들을 통해서도 승리가 불가능한 전쟁에서 승리를 이루셨기 때문이다.

¹³요아스의 아들 기드온이 헤레스 비탈의 전쟁에서 돌아왔다
¹⁴그가 숙곳의 사람들 중에서 한 젊은이를 잡아 심문했다 그(젊은이)가
그(기드온)를 위하여 숙곳의 방백들과 칠십칠 명의 장로들[의 이름]을 기재했다

전쟁을 끝낸 기드온이 숙곳으로 돌아왔다. 그는 미디안의 왕들인 세바와 살문나를 생포해서 왔다. 그런데 전쟁에서 승리한 기드온의 돌아옴 때문에 숙곳 사람들의 마음은 불편하고 불안하다. 하나님의 승리가 달갑지 않은 자들이다. 여호와께 속한 전쟁에 참전하지 않고 다양한 방식으로 지원하지 않고 오히려 조롱했기 때문이다. 자신들을 구원하기 위한 전쟁의 승리인데 그 승리의 수혜자가 되지 못하는 자들이다. 오히려 그 승리는 그들에게 무서운 형벌과 무덤처럼 느껴진다. 기드온은 숙곳 사람들 중에 한 젊은이를 잡아서 심문했다. 이전에 떡덩이 요청의 거절을 주도한 인물들의 명단을 확보하기 위함이다. 이에 그 젊은이는 기드온을 위하여 숙곳의 방백들과 장로들의 이름을 적어서 제출했다. 잘못된 판단을 따르는 사람보다 그런 판단을 내리는 사람의 책임이 더 크다는 것은 상식이다. 책임자를 물색하

고 그들에게 책임을 추구하는 기드온의 판단은 정당하다.

> 15그가 숙곳 사람에게 와서 말하였다 "너희가 [이전에] 나에게 희롱하며
> 말하기를 '우리가 너의 지친 사람들에게 떡을 주어야 할 이유로서 세바와
> 살문나의 손바닥이 지금 너의 손에 있다는 것이냐?'고 한 세바와 살문나를 보라"
> 16그가 그 성읍의 장로들과 들가시와 찔레를 취하였고 그것들로 숙곳 사람들을
> 가르쳤다 17그가 브누엘의 망대를 허물었고 그 성읍 사람들을 죽이니라

기드온은 숙곳 사람들을 향해 그들이 조롱하며 도움의 요청을 거절할 때에 했던 말을 되돌려 주는 방식으로 말하였다. 기드온의 말은 세바와 살문나를 잡지도 못한 주제에 떡을 달라고 요청하는 것은 가당치 않은 일이라는 뉘앙스로 반응하며 숙곳 사람들이 내뱉은 말이었다. 그들이 한 말이 부메랑이 되어 돌아왔다. 기드온은 모세에게 하신 하나님의 말씀을 의식하고 있다. "너희 말이 내 귀에 들린 대로 내가 너희에게 행하리니"(민 14:28). 기드온은 그들에게 약속한 것처럼 숙곳 사람들을 죽이지는 않고 들가시와 찔레로 살을 찢으며 심판의 엄중함을 가르쳤다. 그런데 브누엘 사람들에 대해서는 보다 가혹한 응징이 주어졌다. 기드온은 하나님과 무관하게 인간의 관점을 의지하고 인간의 자존심만 높이는 교만의 망대를 허물었다. 거기에 만족하지 않고 기드온은 성읍 사람들을 멸절했다. 사사기 저자는 "망대를 헐리라"는 기드온의 말만 기록하고 그가 브누엘 사람들을 죽인다는 말을 기록하지 않았음을 기억하자. 뒷부분은 기드온이 말하지 않았을 가능성이 높다. 그렇다면 말하지 않는 심판의 내용까지 실행한 것은 기드온의 감정이 이전보다 격앙되어 있었음을 암시한다.

숙곳과 브누엘 사람들을 응징한 것은 기드온의 사적인 보복인가? 아니면 하나님의 공의로운 심판인가? 드보라의 노래에서 보면 여호와의 전쟁

에 참전한 지파들은 축복을 받았고 참전하지 않은 지파들은 저주를 당하였다(삿 5장 참조). 이러한 이해의 연장으로 기드온의 처신을 해석하면 하나님의 공의로운 심판인 것처럼 여겨진다. 이러한 심판의 성격을 완전히 배제할 수는 없지만 하나님의 뜻이라는 분명한 언급이 없기 때문에 이 사건은 기드온의 인간적인 분노와 보복의 성격도 농후하다. 승리의 공로를 에브라임 지파에게 나누고자 미디안의 두 방백들을 제거하는 일을 맡기는 너그러운 지도자의 면모를 보이기도 했으나, 시간이 흐르면서 승리감과 피로감과 좌절감과 배신감이 미묘한 비율로 섞이면서 그의 감정이 과격하게 변했다는 의구심이 든다. 마음을 다스리고 분노를 조절하는 일에 능숙한 지도자의 면모가 사라지고 잔인하고 난폭한 심판자의 모습을 드러낸다.

연단의 과정 속에서 자신의 마음을 지키는 것이 다른 무엇보다 중요한 지도자의 자질이다. 지혜자의 교훈이다. "노하기를 더디하는 자는 용사보다 낫고 자기의 마음을 다스리는 자는 성을 빼앗는 자보다 나으니라"(잠 16:32). 기드온은 초기에 마음의 겸손을 유지하며 지혜로운 처신으로 놀라운 지도자의 면모를 보였으나 시험의 단계가 올라가면서 서서히 무너진다. 그러나 하나님의 나라에 협력하지 않고 자신에게 도움을 주지 않는 동포라고 할지라도 인자와 진리를 보여야만 했다. 하지만 기드온은 들가시와 찔레로 변하였고 살육의 칼을 휘둘렀다. 고통과 죽음을 당한 자에게는 하나님의 정의로운 심판일 수 있겠으나 기드온 편에서는 선을 넘어간 행위였다. 내부의 적은 누구인가? 공동체 안에서의 타인도 아니었고 공동체 내부의 환경도 아니었고 자기 자신이 바로 내부의 적이었다. 우리도 자신의 낮은 기준, 통제되지 않는 감정과 분노라는 적들을 다스려야 한다.

삿 8:18-35

¹⁸이에 그가 세바와 살문나에게 말하되 너희가 다볼에서 죽인 자들은 어떠한 사람들이더냐 하니 대답하되 그들이 너와 같아서 하나 같이 왕자들의 모습과 같더라 하니라 ¹⁹그가 이르되 그들은 내 형제들이며 내 어머니의 아들들이니라 여호와께서 살아 계심을 두고 맹세하노니 너희가 만일 그들을 살렸더라면 나도 너희를 죽이지 아니하였으리라 하고 ²⁰그의 맏아들 여델에게 이르되 일어나 그들을 죽이라 하였으나 그 소년이 그의 칼을 빼지 못하였으니 이는 아직 어려서 두려워함이었더라 ²¹세바와 살문나 이르되 네가 일어나 우리를 치라 사람이 어떠하면 그의 힘도 그러하니라 하니 기드온이 일어나 세바와 살문나를 죽이고 그들의 낙타 목에 있던 초승달 장식들을 떼어가지니라 ²²그 때에 이스라엘 사람들이 기드온에게 이르되 당신이 우리를 미디안의 손에서 구원하셨으니 당신과 당신의 아들과 당신의 손자가 우리를 다스리소서 하는지라 ²³기드온이 그들에게 이르되 내가 너희를 다스리지 아니하겠고 나의 아들도 너희를 다스리지 아니할 것이요 여호와께서 너희를 다스리시리라 하니라 ²⁴기드온이 또 그들에게 이르되 내가 너희에게 요청할 일이 있으니 너희는 각기 탈취한 귀고리를 내게 줄지니라 하였으니 이는 그들이 이스마엘 사람들이므로 금 귀고리가 있었음이라 ²⁵무리가 대답하되 우리가 즐거이 드리리이다 하고 겉옷을 펴고 각기 탈취한 귀고리를 그 가운데에 던지니 ²⁶기드온이 요청한 금 귀고리의 무게가 금 천칠백 세겔이요 그 외에 또 초승달 장식들과 패물과 미디안 왕들이 입었던 자색 의복과 또 그 외에 그들의 낙타 목에 둘렸던 사슬이 있었더라 ²⁷기드온이 그 금으로 에봇 하나를 만들어 자기의 성읍 오브라에 두었더니 온 이스라엘이 그것을 음란하게 위하므로 그것이 기드온과 그의 집에 올무가 되니라 ²⁸미디안이 이스라엘 자손 앞에 복종하여 다시는 그 머리를 들지 못하였으므로 기드온이 사는 사십 년 동안 그 땅이 평온하였더라 ²⁹요아스의 아들 여룹바알이 돌아가서 자기 집에 거주하였는데 ³⁰기드온이 아내가 많으므로 자기 몸에서 낳은 아들이 칠십 명이었고 ³¹세겜에 있는 그의 첩도 아들을 낳았으므로 그 이름을 아비멜렉이라 하였더라 ³²요아스의 아들 기드온이 나이가 많아 죽으매 아비에셀 사람의 오브라에 있는 그의 아버지 요아스의 묘실에 장사되었더라 ³³기드온이 이미 죽으매 이스라엘 자손이 돌아서서 바알들을 따라가 음행하였으며 또 바알브릿을 자기들의 신으로 삼고 ³⁴이스라엘 자손이 주위의 모든 원수들의 손에서 자기들을 건져내신 여호와 자기들의 하나님을 기억하지 아니하며 ³⁵또 여룹바알이라 하는 기드온이 이스라엘에 베푼 모든 은혜를 따라 그의 집을 후대하지도 아니하였더라

❖ ❖ ❖

¹⁸그가 세바와 살문나에게 말하였다 "너희가 다볼에서 죽인 사람들은 어디에 있느냐?" 그들이 말하였다 "그들이 너처럼 왕의 아들들의 모습 같더라" ¹⁹그가 말하였다 "그들은 내 형제들, 내 어머니의 아들들! 여호와의 사심[을 두고 맹세한다] 만일 너희가 그들을 살게 하였다면 내가 너희를 죽이지 않았을 것이다" ²⁰그가 그의 장남 여델에게 말하였다 "너는 일어나라 이들을 죽이라" 그러나 그는 그의 칼을 뽑지 못하였다 이는 그가 아직 어려서 두려웠기 때문이다 ²¹세바와 살문나가 말하였다 "너 자신이 일어나서 우리와 마주하라 이는 사람이 그의 힘과 같기 때문이다" 기드온이 일어나 세바와 살문나를 죽이고 그들의 낙타 목에 있던 그 초승달 [모양의 장식]들을 취하였다 ²²이스라엘 사람이 기드온에게 말하였다 "당신이 우리를 구원해 주셨으니 당신, 당신의 아들, 그리고 당신의 손자가 우리 가운데서 다스려 주십시오" ²³기드온이 그들에게 말하였다 "나는 너희 가운데서 다스리지 않겠고 나의 아들도 너희 가운데서 다스리지 않을 것이고 여호와께서 너희 가운데서 다스리실 것이다" ²⁴기드온이 그들을 향해 말하였다 "내가 너희에게 요청할 것이 있는데 너희는 나에게 각자가 탈취한 귀고리를 달라 이는 그들이 이스마엘 사람이니 금 귀고리가 그들에게 [있음이 분명하기] 때문이다" ²⁵그들이 말하였다 "우리가 기꺼이 드릴 것입니다" 그들이 겉옷을 펼치고 거기에 각자가 탈취한 귀고리를 던지더라 ²⁶그가 요청한 금 귀고리의 무게가 금 천칠백 [세겔]이며 이 외에도 초승달 장식들과 패물과 미디안 왕들이 입었던 자색 옷들, 그 외에도 그들의 낙타 목을 두른 목걸이가 있었더라 ²⁷기드온이 그것으로 에봇을 만들어 자신의 성읍 오브라에 두었는데 온 이스라엘이 거기에 있는 그것을 따라 음행하여 그것이 기드온과 그의 집에 올무가 되었더라 ²⁸미디안이 이스라엘 자손의 면전에서 겸손하게 되어 다시는 그 머리를 들지 못하였다 기드온의 날들에 그 땅이 사십 년간 평온했다 ²⁹요아스의 아들 여룹바알이 그의 집으로 가서 머물렀다 ³⁰기드온에게 많은 아내들이 있었기 때문에 그에게는 그의 허리에서 나온 칠십 명의 아들들이 있다 ³¹첩이 세겜에 있었는데 그녀도 그에게 아들을 낳았으며 그(기드온)가 그의 이름을 아비멜렉으로 정하였다 ³²요아스의 아들 기드온이 좋은 나이에 죽어서 아비에셀 사람의 오브라에 있는 그의 아버지 요아스의 묘실에 묻히었다 ³³기드온이 죽자 이스라엘 자손은 돌아서서 그 바알들을 따라 음행하고 자신들을 위하여 바알브릿을 신으로 정하였다 ³⁴이스라엘 자손은 주변의 모든 원수들의 손에서 자기들을 구원하신 여호와 자기들의 하나님을 기억하지 않았으며 ³⁵여룹바알 즉 기드온이 이스라엘에게 모든 선행을 베푼 것처럼 그들은 그의 집에 인애를 베풀지도 않았더라

19 기드온: 승리에 숨은 실패

본문은 기드온이 미디안의 두 왕 세바와 살문나를 생포하여 죽이는 내용을 기록한다. 이 장면을 목격한 이스라엘 백성은 기드온과 그의 자녀들을 왕으로 옹립하려 한다. 그러나 기드온은 하나님의 유일한 통치를 강조하며 백성의 제안을 거절한다. 그러나 백성이 취한 전리품을 달라고 요청한다. 자신을 향한 백성의 존경심과 충성심을 이용한 요청이다. 기드온은 취합한 이교도의 물건들을 가지고 에봇을 만들었다. 백성의 종교성은 에봇으로 이동했고 그들은 영적인 음행을 저질렀다. 기드온은 이러한 사태의 심각성을 감지하지 못하는 듯 에봇을 제거하지 않고 집안에 계속 보관한다. 외부의 물리적인 적들이 감히 고개를 들지 못하는 평화의 상태와 수면으로 드러나지 않은 백성의 영적인 음행이 이렇게 40년간 나란히 이어졌다. 기드온의 죽음 이후에는 영적인 타락이 고개를 내밀었다. 여기에서 우리는 군사적인 승리와 영적인 패배의 공존이 얼마든지 가능함을 확인한다. 그리고 영적 패배자가 되지 않으려면 승리의 감격을 사람이나 물건이 아닌 하나님의 자비에 두어야 함을 깨닫는다.

¹⁸그가 세바와 살문나에게 말하였다 “너희가 다볼에서 죽인 사람들은 어디에 있느냐?” 그들이 말하였다 “그들이 너처럼 왕의 아들들의 모습 같더라”

기드온은 미디안의 두 방백 오렙과 스엡의 생포와 처형을 에브라임 지파에게 맡겼지만 미디안의 두 왕 세바와 살문나를 제거하는 일에는 자신의 칼을 사용한다. 방백보다 높은 왕들의 제거를 에브라임 지파에게 맡겼다면 미디안과 싸울 때에 부르지 않았다는 그 지파의 불평도 나오지 않았을 텐데 왜 그랬을까? 그 이유는 그 왕들이 기드온의 형제들을 죽였기 때문이다. 본문에서 세바와 살문나를 생포한 기드온은 그들이 다볼에서 죽인 형제들의 사체가 “어디에”(אֵיפֹה) 있는지가 궁금하다. 그래서 그 위치를 추궁한다. 그들의 입에서 나온 답변은 엉뚱하다. 장소를 말해야 하는데 그 형제들의 용모에 대해 설명했기 때문이다. 그 설명은 아부였다. 질문하는 기드온의 눈빛에서 복수의 살기를 느낀 그들은 언어적인 아부에 돌입했다. 자기들이 죽인 사람들이 기드온을 닮았다는 사실도 감지했다. 그래서 기드온이 궁금한 내용이 아니라 자신들이 하고 싶은 말을 내뱉으며 “그들이 너처럼 왕의 아들들의 모습 같더라”고 대답했다. 기드온이 왕의 훌륭한 풍모를 지녔다는 의미에서 “너처럼”(כָּמוֹךָ)을 먼저 언급하며 기드온의 호의를 자극한다. 이스라엘 민족은 당시에 왕정제가 아니었기 때문에 아직 왕은 아니고 장차 왕이 될 상이라는 의미에서 “왕의 아들들”(בְּנֵי הַמֶּלֶךְ)이라는 표현을 사용했다. 치밀하다. 과하지도 않고 빈하지도 않은 수준의 단어를 엄선했기 때문이다. 다른 면에서는 기드온이 아직은 왕이 아니라는 지적과 함께 자신들은 이미 왕이라는 사실을 대조하며 자신의 위상을 은근히 드러내고 싶어하는 의도도 감지된다.

¹⁹그가 말하였다 “그들은 내 형제들, 내 어머니의 아들들!

여호와의 사심[을 두고 맹세한다]
만일 너희가 그들을 살게 하였다면 내가 너희를 죽이지 않았을 것이다"

기드온은 두 왕들이 죽인 사람들이 어머니의 아들이며 자신의 형제라는 사실을 언급한다. 여기에서 쓰인 "형제"(אָח)라는 단어는 친 형제만이 아니라 동포를 가리키는 포괄적인 낱말이기 때문에 "어머니의 아들들"(בְּנֵי־אִמִּי)이라는 표현을 추가하여 죽임을 당한 형제들이 친 형제임을 명시한다. 그래서 기드온은 하나님께 맹세한다. 하나님 앞에서 맹세할 때에 통용되는 문구로서 "여호와의 사심"(חַי־יְהוָה)이라는 표현은 구약에서 44번이나 언급되고 있지만 기드온에 의해서 처음 사용된다. 이는 하나님이 사신다면 이 맹세를 반드시 이룰 것이라는 절대적인 다짐의 표현이다. 하나님은 불사의 신이시기 때문에 죽음이 없으시다. 그렇다면 이는 필히 성취할 맹세임을 나타낸다. 하나님의 사심으로 맹세한 내용은 그 왕들이 기드온의 친 형제들을 죽이지 않았다면 너희를 죽이지 않았을 것인데 그들이 죽였기 때문에 자신도 그들을 죽인다는 것이었다. 이러한 맹세는 가족을 살해한 사람들이 눈 앞에 있어서 참을 수 없는 격정과 울분을 쏟아낸 것이라고 생각된다.

기드온의 맹세에서 우리는 그가 직계가족 의식이 강하다는 사실을 확인한다. 친 형제들이 아니라 이스라엘 민족의 다른 지파나 다른 가족이 죽었어도 기드온은 동일한 맹세를 하였을까? 기드온은 자신의 혈통적인 가족 외의 이스라엘 자손에 대해서도 동일한 형제애를 느꼈을까? 그렇지 않았을 가능성이 높다. 내 생각에 이러한 관계성은 기드온 개인만의 독특한 현실이 아니라 이스라엘 전체의 차갑고 느슨한 관계를 대변한다. 각자가 자신의 기준과 관점을 따라 생각하고 판단하며 살아가는 시대에는 그나마 보존할 수 있는 관계의 테두리가 혈통적인 가족이 아니었나 싶다. 여기에서 우리는 예수님이 정하신 가족의 개념을 주목해야 한다. "누구든지 하늘에 계신 내 아버지의 뜻대로 하는 자가 내 형제요 자매요 어머니이니라 하시더라"(마 12:50). 이는 예수님을 믿는 많은 사람들이 대부분 터무니 없는 말씀이고 실현될 수 없는 것이라고 생각하여 주목하지 않는 내용이다. 그러나 인간적인 혈통에 기초한 가족의 개념은 그리스도 예수의 보혈에 기초한 가족의 개념으로 거듭나야 한다. 거듭난 개념은 기존의 개념을 배제하지 않고 확장한다. 땅끝까지, 온 세상의 모든 민족까지 확장한다.

기드온의 맹세에서 주목할 부분은 미디안 왕들이 그의 형제들을 살렸다면 자신들도 살아날 수 있었다는 사실이다. 이는 죽임이 죽임을 낳고 살림은 살림을 낳는다는 정의의 한 유형이다. 지금 내가 누군가를 사랑하고 살린다면 그것은 훗날에 나의 죽음을 면하는 구원의 공정한 밑천으로 작용한다. 지금 내가 누군가를 미워하고 죽인다면 훗날에 나의 생명이 제거되는 심판의 공정한 원인으로 작용한다. 이는 만사가 심은 대로 거두고 뿌린 대로 수확하는 하나님의 공정하심 때문이다. 오늘 어떻게 사느냐가 내일을 좌우한다. 타인에 대해 생각하고 말하고 행하는 모든 것들이 나에게 하는 것이라고 생각해야 한다. 나 자신처럼 사랑해야 하는 이웃은 실상 나 자신이기 때문이다. "남에게 대접을 받고자 하는 대로 너희도 남을 대접하라"(눅 6:31)는 예수님의 말씀도 이와 같은 맥락이다.

²⁰그가 그의 장남 여델에게 말하였다 "너는 일어나라 이들을 죽이라" 그러나
그는 그의 칼을 뽑지 못하였다 이는 그가 아직 어려서 두려웠기 때문이다

기드온은 형제들을 죽인 왕들에게 보복을 행사한다. 고대의 근동에는 "눈에는 눈, 이에는 이"라는 동일보복 개념이 있어서 한 사람이 죽임을 당하면 그 가족의 다른 구성원이 보복하는 것이 당연했다. 기드온은 이런 기본적인 정의의 문화를 아들에게 가르치려 한다. 장남 여델에게 일어나 이 왕들을 죽이라고 명령한다. 이러한 명령에는 미디안의 왕이 어린 사람의 칼에

죽는다는 수치심을 느끼게 하려는 의도도 내포되어 있다. 그러나 여델은 칼을 뽑지 못하였다. 두려웠기 때문이다. 어렸기 때문에 두려웠다. 여델의 거절이 의미하는 바는 무엇인가? 여델의 반응은 하나님의 부르심에 대한 기드온의 반응과 유사하다. 과거에 그는 자신을 지극히 작은 집안에서 지극히 작은 자라고 생각하여 그를 큰 용사라고 평가하신 하나님의 부르심도 거절하고 주저했다. 그러나 기드온은 이후에 하나님의 부르심을 따랐지만 그의 아들 여델은 적의 사령관을 제거하는 절호의 기회를 완전히 상실한다. 이것은 기드온 다음 세대에 펼쳐질 역사의 급한 기울기를 암시하고 있다. 여델은 오직 하나님만 섬겨야 하고 다른 신들은 결코 섬기지 않아야하는 영적인 전쟁에 있어서 기드온 사후에 어린아이 같이 두려움에 빠져칼도 뽑지 않고 우상에게 무릎을 꿇는 이스라엘 후손의 안타까운 부패를예시한다.

[21]세바와 살문나가 말하였다 "너 자신이 일어나서 우리와 마주해라
이는 사람이 그의 힘과 같기 때문이다" 기드온이 일어나 세바와 살문나를
죽이고 그들의 낙타들의 목에 있던 그 초승달 장식들을 취하였다

여델의 거절을 보면서 세바와 살문나가 요청한다. 기드온이 직접 자신들을 상대해 달라는 요청이다. 이 요청에는 어린 사람의 칼에 죽임을 당하는 수치를 면하려는 그들의 의도가 내포되어 있다. 그런데 그들이 밝힌 요청의 이유는 인간을 그의 "힘"(גְּבוּרָה)과 동일한 것으로 여기는 그들의 생각 때문이다. 나이가 어리면 힘이 없고 힘이 없으면 인간이 아니라고 그들은 생각한다. 이는 힘 지상주의 사상으로 빠지기 쉬운 생각이다. 인간의 정체성과 가치를 힘이 의미하는 권력이나 성공이나 업적으로 규정하는 이러한 유형의 사고는 오늘날의 사회에도 만연되어 있다. 재산의 크기나 직위의 높

낮이를 기준으로 사람을 평가한다. 부자가 되려고 불의를 불사하고 권력자가 되려고 거짓과 결탁하는 사람들을 추앙하고, 공의와 정직을 고수한 가난하고 연약한 사람들은 멸시한다. 미디안 왕들은 지금 약해졌다. 그래서 자신들을 죽이라고 한다. 그들은 어린 겁쟁이 아들이 아니라 큰 용사인 기드온이 직접 칼을 뽑으라고 주문한다. 여기에는 은밀한 속임수가 있다. 기드온은 망설임 없이 미디안 왕들의 제안을 수락했다. 강자는 약자를 죽여도 된다는 힘의 논리도 무의식 중에 승인했다. 기드온은 단숨에 그들을 제거했다. 그러나 그는 왕들의 배후에 있는 어둠의 영들을 의식하며 경계해야 했다.

이제 미디안의 두 방백 오렙과 스엡은 에브라임 지파의 손에 의해서, 미디안의 두 왕 세바와 살문나는 기드온의 손에 의해서 죽임을 당하였다. 네 명의 미디안 지도자는 이후의 이스라엘 역사에서 하나님의 원수들 혹은 하나님을 미워하는 대적들의 전형으로 언급된다. "그들의 귀인들이 오렙과 스엡 같게 하시며 그들의 모든 고관들은 세바와 살문나와 같게 하소서"(시 83:11). 하나님의 공정한 심판이 바로 미디안 왕들과 방백들이 당한 죽음의 의미였다. 나의 죽음은 어떤 의미를 남기는가? 하나님은 경건한 사람들의 죽음을 귀중히 보신다고 시인은 노래한다(시 116:15).

그리고 기드온은 그 왕들이 소유한 낙타들의 목에서 "그 초승달 [모양의 장식]들"(הַשַּׂהֲרֹנִים)을 취하였다. 고대 근동에서 해는 바알을 상징하고 달은 아세라를 상징한다. 초승달 모양의 장신구는 바알의 보호를 요청하기 위해 충성과 숭배를 맹세하는 일종의 부적과 같은 것이었다. 그런데 왜 기드온은 이것을 취했을까? 성경은 분명히 조각한 신상들 혹은 거기에 입혀진 금이나 은을 탐내지 말고 취하지도 말라고 분명히 가르친다(신 7:25). 이는 그것들이 하나님께 가증하고 나중에 "올무"에 걸리는 원인으로 작용할 것이기 때문이다. 사사기의 저자는 기드온이 그 장식들을 취한 행위만 적시하고 그 이유에 대해서는 침묵한다. 그러나 8장의 끝자락에 기드온 이후의 이스라엘 역사가 바알들을 따라가 언약을 맺으며 영적인 음행으로 점철되는 이야기를 기록한다. 그러한 기록으로 기드온의 개인적인 취향 혹은 사사로운 탐심이 어떻게 온 민족을 영적인 타락의 늪에 빠지게 만들 수 있는지를 가르친다. 지도자는 장신구를 수집하는 취미에 있어서도 신중해야 한다. 인간은 대단히 연약하다. 지극히 사소한 것에 의해서도 인생이 무너진다. 나는 괜찮아도 타인의 인생은 무너지게 한다. 지도자는 범사에 자신의 인생만 생각하지 않고 섬기는 모든 사람들의 인생을 고려해야 한다.

²²이스라엘 사람이 기드온에게 말하였다 "당신이 우리를 구원해 주셨으니 당신, 당신의 아들, 그리고 당신의 손자가 우리 가운데서 다스려 주십시오" ²³기드온이 그들에게 말하였다 "나는 너희 가운데서 다스리지 않겠고 나의 아들도 너희 가운데서 다스리지 않을 것이고 여호와께서 너희 가운데서 다스리실 것이다"

"이스라엘 사람"이 미디안 전쟁을 승리로 이끈 지도자 기드온을 찾아왔다. 이는 기드온과 그의 자녀와 그 후손이 자기들을 다스려 달라고 간청하기 위함이다. 절박함을 표현하기 위해 명령형(מְשֹׁל)을 사용한다. 이러한 간청의 이유는 기드온이 이스라엘 자손을 구원했기 때문이다. 사실 기드온은 왕자의 풍모를 가졌다는 세바와 살문나의 평가를 기억하고 있다. 한 민족을 구원한 업적은 그 민족의 왕이 될 최고의 자질이다. 백성의 간청을 수락해도 전혀 이상하지 않은 상황이다. 그런데도 기드온은 거절한다. 자신만이 아니라 자신의 자녀들도 이스라엘 자손을 다스리지 않을 것이라고 한다. 오직 주님만이 이스라엘 백성을 다스리는 분이라고 한다. 비록 이스라엘 백성은 기드온을 자신들의 구원자로 여겼으나 기드온이 보기에는 주님만이 그들의 유일한 구원자가 되시며 자신은 그저 그분의 도구일 뿐이었기 때문이다. 참으로 겸손하고 정확한 판단이다. 시인도 이렇게 노래한다.

"구원은 여호와께 있사오니 주의 복을 주의 백성에게 내리소서"(시 3:8). 그렇다면 왕의 자질은 오직 주님만이 갖추셨다. 그래서 그분만이 이스라엘 자손을 다스리실 유일한 왕이시다. 태초에 하나님은 땅과 피조물을 다스리는 권한을 인간에게 베푸셨다. 그러나 인간을 다스리는 권한은 다른 인간에게 주지 않으시고 자신의 고유한 권한으로 남기셨다.

　왕이 되어 달라는 민족의 제안에 대한 기드온의 거절은 사사기의 핵심적인 주제를 잘 드러낸다. 왕이 없었기 때문에 모든 사람이 각자의 소견에 옳은 대로 살던 사사시대, 모든 사람들이 따라야 할 소견을 제시하는 왕이 절박하게 필요한 그 시대에 기드온은 그런 왕의 자격을 갖추지 못했다고 거절했다. 그가 보기에 오직 주님만이 진정한 왕의 자격을 갖춘 유일한 분이시다. 그래서 모든 사람들은 자기의 소견이 아니라, 기드온의 소견이 아니라, 하나님의 뜻을 따라 살아가야 한다. 사사기 저자는 기드온의 말을 통하여 오직 주님만이 우리를 다스리는 영원한 사사이며 왕이라는 사사기의 주제를 가르친다. 고대만이 아니라 지금도 인간은 인간을 다스리고 싶어한다. 인간만이 아니라 하나님도 다스리고 싶어한다. 이러한 인간의 부패한 성향에 대해 사사기는 인간의 타락과 심판과 회개, 그리고 하나님의 구원으로 이어지는 패턴을 보여주며 역사의 진리를 가르친다. 인간은 하나님의 구원이 필요하고 감히 그분을 다스리는 것이 아니라 그분의 다스림을 받아야만 한다는 진리를!

24기드온이 그들을 향해 말하였다 "내가 너희에게 요청할 것이 있는데 너희는 나에게 각자가 탈취한 귀고리를 달라 이는 그들이 이스마엘 사람이니 금 귀고리가 그들에게 [있음이 분명하기] 때문이다" 25그들이 말하였다 "우리가 기꺼이 드릴 것입니다" 그들이 겉옷을 펼치고 거기에 각자가 탈취한 귀고리를 던지더라 26그가 요청한 금 귀고리의 무게가 금 천칠백 [세겔]이며

이 외에도 초승달 장식들과 패물과 미디안 왕들이 입었던 자색 옷들,
그 외에도 그들의 낙타 목을 두른 목걸이가 있었더라

왕으로의 요청에 대한 기드온의 거절은 지혜롭고 훌륭하다. 그러나 주변의
추앙은 조용히 수용한다. 그래서 왕위에 오르지는 않았지만 왕이 된 것처
럼 행동한다. 이는 귀중품에 대한 기드온의 확대된 탐심을 아무런 거리낌
도 없이 밖으로 드러낸 것에서 확인된다. 그는 이스라엘 자손 개개인이 탈
취한 모든 금 귀고리를 자신에게 달라고 요청한다. 이는 비록 "요청"(שְׁאֵלָה)
의 모양새를 취하지만 속으로는 자신을 왕처럼 대하는 사람들의 적극적인
응답을 예상한 것이었다. 실제로 이스라엘 자손은 기드온의 요청을 흔쾌히
수락하며 "기꺼이 드릴 것"(נָתוֹן נִתֵּן)이라고 했다. 즉 "준다"는 동사를 반복
해서 사용하며 기부의 적극적인 의사를 나타냈다. 실제로 겉옷을 펼치고
그곳에 각자가 탈취한 모든 귀고리를 수거해서 전달했다. 수집된 금 귀고
리의 무게가 무려 1,700세겔(20kg 정도)이었다. 기드온이 요청한 것만이
아니라 패물과 왕복과 다양한 목걸이도 그에게 기꺼이 기부했다. 재물이
있는 곳에 마음이 있다는 관점에서 본다면 이스라엘 자신은 진실로 기드
온을 존경하고 있다. 그러나 진정한 지도자는 타인의 적극적인 호의를 교
묘하게 이용하지 않도록 자신의 부패한 본성을 엄하게 다스려야 한다. 주
변의 환호는 아주 크고 너무나도 달콤한 시험이다. 지혜자는 칭찬을 연단
의 도구라고 한다(잠 27:21). 그 환호를 사적인 유익의 방편으로 사용하면 그
지도자의 영광은 딱 거기까지! 아니 지금까지 얻은 영광도 반납해야 한다.
그것은 순식간에 거품처럼 사라진다. 지도자가 백성의 호의를 이용하지 않
는다는 가장 분명한 증거는 재산 증가의 없음이다. 지갑 다이어트 없는 참
된 지도자는 없다. 이런 맥락에서 고위 공직자는 매년 자신의 재산을 공개
해야 한다.

기드온은 자신이 금 귀고리를 달라고 한 이유를 밝히면서 두 가지를 언

급한다. 첫째, 이스라엘 자손이 탈취한 사람들은 이스마엘 족속 소속이다. 둘째, 그들은 평소에 금 귀고리를 소지하고 있다. 기드온은 미디안 연합군을 하나의 덩어리로 이해하지 않고 다양한 족속들의 집합체로 이해하고 있으며 어떤 적들이 어느 족속에 속한 자인지도 식별할 수 있고 각 족속의 특성까지 상세하게 파악하고 있다. 중국의 〈손자〉 모공편에 나오는 금언을 살짝 변경한 이순신의 말이 떠오른다. "지피지기 백전백승"(知彼知己 百戰百勝). 즉 "적을 알고 나를 알면 백번 싸워도 백번 승리한다." 미디안 전쟁의 승리는 아군과 적군을 완벽하게 아시는 하나님의 은혜였다. 그런데 승리를 거두시는 방법은 이스라엘 군대의 리더로서 기드온을 선택하신 것이었다. 그는 자기 시대의 상황을 대단히 정밀하게 파악한 사람이다. 게다가 자신의 뛰어난 지력과 판단력을 의지하지 않고 하나님의 명령에 순종했다. 그런데 기드온이 전리품을 독점하는 일에 자신의 예리한 지식을 사용한 것은 대단히 어리석고 안타까운 용도의 변경이다. 이러한 지식의 악용은 지금도 곳곳에서 발견된다. 천재라는 소리를 들으면서 대통령이 되고, 의원이 되고, 총장이 되고, 사장이 되고, 법조인이 되고, 의료인이 되고, 대표가 되고, 목사가 되면 그런 자리까지 가게 만든 자신의 뛰어난 지성을 공동체의 윤택과 유익을 위해 사용하지 않고 자신의 돈벌이와 명예 챙기는 수단으로 활용한다. 그 좋은 재능을 고작 지갑 챙기는데 사용한다. 정말 안타깝다. 위대한 재능과 은사를 가지고도 위대하게 사용할 줄 모르는 졸부들이 세상에도 많고 교회에도 많다.

²⁷기드온이 그것으로 에봇을 만들어 자신의 성읍 오브라에 두었는데
온 이스라엘이 거기에 있는 그것을 따라 음행하여 그것이 기드온과 그의 집에
올무가 되었더라 ²⁸미디안이 이스라엘 자손의 면전에서 겸손하게 되어 다시는
그 머리를 들지 못하였다 기드온의 날들에 그 땅이 사십 년간 평온했다

사사기 저자는 여기에서 이스라엘 자손의 내적인 타락과 외적인 평화를 대조한다. 내적인 타락은 무엇인가? 한심한 기드온은 이스라엘 자손이 기부한 모든 탈취물로 "에봇"(אֵפוֹד)을 만들었다. 그것을 자신의 성읍인 오브라에 두었는데 이스라엘 전체가 그 에봇에 마음이 끌려서 영적인 음행을 저지르는 문제가 발생했다. 기드온과 그의 가정에도 그것이 "올무"(מוֹקֵשׁ)가 되었다고 사사기 저자는 설명한다. 에봇이 무엇인가? 출애굽기 28장 4-6절에 따르면 그것은 제사장이 입는 복장이다. 그러나 실제로 제사장이 입지는 않고 기드온의 성읍에 보관했다. 에봇을 만드는데 사용된 금만 20kg이 넘는다면 그것은 실질적인 사용을 위함이 아니라 에봇의 모양을 가진 하나의 작품이다. 대제사장이 공적인 직무(하나님께 나아가는 일과 그의 뜻을 묻는 일)를 수행할 때에 입는 옷은 그 자체로 효험을 가진 부적처럼 작용하여 이스라엘 자손에게 미신적인 마음의 격정을 일으킨다. 즉 그들을 신에게로 인도하고 신의 뜻을 알려 주며 죄를 깨끗하게 제거하고 번영과 확장을 가져다 줄 것 같은 기대감을 자극한다.

기드온과 그의 자녀와 자손을 왕으로 삼고자 하는 이유는 이제 미디안 전쟁에서 거둔 기드온의 기적적인 승리에서 그의 가정에 보관되어 있는 에봇으로 이동한다. 에봇이 자신들을 지켜줄 것이라는 우상숭배 의식이 기지개를 켠다. 에봇이 기드온과 그의 가정에도 올무가 되었다는 것은 이들도 에봇에 과도한 종교적 의미를 부여했고 에봇을 향하는 이스라엘 자손의 숭앙심을 인지하고 어떤 식으로든 활용했을 가능성을 암시한다. 왕이 되지 않겠다는 외적인 표현과 제도적인 즉위 없이도 왕 노릇하는 기드온의 행실은 이렇게 심각한 모순을 자아낸다. 처음에 아버지의 아세라 신상을 파괴하고 바알의 제단을 허물면서 시작된 기드온의 리더십은 이제 이스라엘 자손의 영적인 음행을 유발한 에봇을 만드는 행위로 추락했다.

나아가 사사기 저자는 외적인 평화를 기록한다. 기드온이 사는 40년 동안에는 그 땅에 미디안의 괴롭힘이 없이 평화를 누렸다고 한다. 그런데 평화를 가리키는 동사 "솨카트"(שָׁקַט)는 "잠잠하다, 방해 받지 않다, 흔들리지 않다"를 의미한다. 내적인 평화가 아니라 적들의 물리적인 공격과 위협의 없음을 가리킨다. 미디안은 이스라엘 앞에서 교만하지 않고 자신의 머리를 낮추었다. 이렇게 하여, 사사기 저자는 외부의 적들에 의한 공격의 없음과 이미 인간 기드온과 에봇에 대한 이스라엘 자손의 영적인 음행을 절묘하게 대비한다. 이는 물리적인 평화를 깨뜨리는 적의 위협이 제거된 상황 속에서도 마귀의 유혹과 공격은 중단되지 않고 백성의 내면에서 은밀하게 진행되고 있음을 우리에게 가르친다. 예레미야 선지자의 기록은 우리에게 평화의 시대에도 작용하는 마귀의 활동에 대한 경계를 촉구한다. "이는 그들이 가장 작은 자로부터 큰 자까지 다 탐욕을 부리며 선지자로부터 제사장까지 다 거짓을 행함이라 그들이 내 백성의 상처를 가볍게 여기면서 말하기를 평강하다 평강하다 하나 평강이 없도다"(렘 6:13-14). 탐욕과 거짓이 연합하여 평강을 강조한다. 그러나 선지자는 그런 강조와는 달리 진정한 평강이 없다는 실상을 지적한다. 대부분의 사람들은 원하는 일이 성취되면 영적인 전쟁의 무장도 해제한다. 경계의 느슨한 빈틈을 마귀는 놓치지 않고 파고든다. 외부의 화려한 성취를 다 주면서 몰래 영혼을 빼앗는다. 이게 마귀의 은밀한 전략이다.

²⁹요아스의 아들 여룹바알이 그의 집으로 가서 머물렀다 ³⁰기드온에게 많은 아내들이 있었기 때문에 그에게는 그의 허리에서 나온 칠십 명의 아들들이 있다 ³¹첩이 세겜에 있었는데 그녀도 그에게 아들을 낳았으며 그(기드온)가 그의 이름을 아비멜렉으로 정하였다 ³²요아스의 아들 기드온이 좋은 나이에 죽어서 아비에셀 사람의 오브라에 있는 그의 아버지 요아스의 묘실에 묻히었다

사사기 저자는 인간 기드온의 삶을 소개한다. 그의 이름을 "여룹바알" 즉

바알과 다투는 자로 언급하며 전쟁이 끝난 이후에 기드온은 자신의 집으로 가서 살았다고 기록한다. 그런데 기드온의 아내는 하나둘이 아니었다. "많은 아내들"(נָשִׁים רַבּוֹת)이 있었다고 꼬집어서 기록한다. 그렇기 때문에 그들을 통해 낳은 아들만 해도 칠십 명이었다. 많은 아내들과 많은 자녀들은 기드온이 타락한 왕처럼 살아가고 있다는 것을 고발하는 물증이다. 사사기 저자는 특별히 세겜에 있는 첩을 소개한다. 그녀는 기드온의 아들을 낳았으며 기드온은 그 아들에게 "아비멜렉"(אֲבִימֶלֶךְ) 즉 "나의 아버지는 왕"이라는 이름을 부여했다. 왜 이런 이름을 지었을까? 이는 미디안의 두 왕들이 왕자와 같다고 한 아부와 이스라엘 자손이 자신들을 다스려 달라고 한 요청과 무관하지 않다. 기드온은 아부와 칭찬에 흔들렸다. 비록 다스리지 않을 것이라는 공적인 입장을 밝히기는 하였으나 속으로는 자신이 왕이라는 의식을 가졌으며 그의 이러한 내심은 아들의 작명으로 드러났다. 백성의 전리품을 수거하는 행실에서 확인된 것처럼 그는 비록 제도적인 외관을 갖추지는 않았으나 왕관을 쓰지 않은 왕이었고 보좌에 앉지 않은 왕이었다. 하지만 인간이 왕이 되면 심각한 문제가 발생한다. 장차 아비멜렉이 70명의 형제들을 죽인 사건에서 확인된다.

지도자가 하나님을 완전하고 절대적인 왕으로 여기지 않으면 무의식 중에 자신을 왕으로 높이는, 혹은 왕이신 하나님과 비기려는 마음이 밖으로 표출된다. 그런 마음의 표출은 함께 거하는 사람들로 하여금 자신을 왕으로 여기고 받들게 만드는 촉매로 작용한다. 그래서 그런 일이 생기지 않도록 지도자는 오직 하나님을 왕으로 의식하고 받들어야 한다. 그러나 기드온은 실패했다. 그의 내재된 욕망이 이방인의 종교적인 물건들로 에봇을 만들었고, 그 에봇은 이스라엘 자손만이 아니라 기드온과 그의 집에도 영적인 올무로 작용했다.

이제 기드온은 사망했다. 그의 사체는 그의 아버지 요아스의 묘실로 들어갔다. 그런데 사사기 저자는 기드온이 죽은 시점을 '좋은 나이'(שֵׂיבָה

הַטּוֹבָה)라고 표현한다. 이렇게 표현한 이유는 무엇인가? 죽은 때의 나이를 "좋다"고 표현하는 것이 나에게는 생소하다. 그래서 추정하면, 하나님의 섭리에 있어서 기드온이 사십년을 살고 죽은 것이 최적의 시점이기 때문에 좋다고 평가했다. 40년간 영적인 음행과 사회적인 평화가 공존했다. 40년보다 짧았다면 혹은 길었다면 좋지 않고 나빴을까? 40은 인간의 수인 4와 완전한 수인 10의 곱으로 만들어진 기간이다. 그래서 인간에게 가장 완전한 시간의 길이가 대체로 40년이다. 종의 근성이 사라지고 자유인의 의식을 확립하는 광야의 생활도 40년이었고, 예수님이 인간의 죄 문제를 해결하는 메시아의 본격적인 행보를 시작하기 위한 성령의 시험도 40일이었고, 모세가 미디안 광야에서 연단을 받은 기간도 40년이었다. 기드온과 이스라엘 자손에게 음행과 평화의 모순적인 공존은 40년이 딱이었다. 이제는 그 모순으로 내부에 축적된 영적 부패라는 고름을 빼내야 할 시점이다. 그 부패를 감싸고 있는 외적인 평화라는 막을 제거해야 할 시점이다.

33기드온이 죽자 이스라엘 자손은 돌아서서 그 바알들을 따라가 음행하고 자신들을 위하여 바알브릿을 신으로 정하였다 34이스라엘 자손은 주변의 모든 원수들의 손에서 자기들을 구원하신 여호와 자기들의 하나님을 기억하지 않았으며 35여룹바알 즉 기드온이 이스라엘에게 모든 선행을 베푼 것처럼 그들은 그의 집에 인애를 베풀지도 않았더라

기드온이 죽은 직후에(כַּאֲשֶׁר) 터진 영적 타락의 내용은 바알 숭배였다. 바알과 다투었던 기드온의 이름 여룹바알, 그러나 기드온은 죽고 바알은 여전하다. 미디안은 이겼으나 바알은 이기지 못한 것처럼 묘사되고 있다. 이스라엘 자손은 기드온의 죽음과 함께 자신들을 구원하신 하나님을 급하게 떠나고 돌아서서 "그 바알들"(הַבְּעָלִים)을 추종했다. 바알은 단수가 아니라

복수였다. 초승달 모양만이 아니라 다양한 문양을 가진 장신구들 혹은 신상들의 개수만큼 많았을 것으로 추정된다. 바알에 대해 일부러 복수형을 사용한 이유는 다양한 종류의 바알들을 섬길 정도로 이스라엘 자손의 영혼이 바알에게 사로잡혀 있고 그들의 종교성도 심히 곪아 있었음을 나타내기 위함이다. 다양한 바알들 중에서도 그들이 "신으로" 삼은 것은 "바알브릿"(בַּעַל בְּרִית) 즉 "언약의 바알"이다. 이는 바알과 이스라엘 자손이 언약의 가락지를 끼고 부부 수준의 친밀함과 연합이 이루어진 최악의 상태임을 암시한다.

이제 이스라엘 자손은 바알을 맞이하기 위해 등돌린 "여호와 그들의 하나님"(יְהוָה אֱלֹהֵיהֶם)을 떠나기만 한 것이 아니라 이제는 기억에서 완전히 삭제한다. 기억의 부정을 나타내기 위해 "로"(לֹא)라는 강한 부정어를 사용한다. 이스라엘 자손의 망각은 그들을 향한 하나님의 강렬한 기억과 심히 대조된다. "여인이 어찌 그 젖 먹는 자식을 잊겠으며 자기 태에서 난 아들을 긍휼히 여기지 않겠느냐 그들은 혹시 잊을지라도 나는 너를 잊지 아니할 것이라"(사 49:15). 하나님은 우리를 결코 잊지 않으신다. 이 세상의 모든 기억들은 우리를 향한 하나님의 자비로운 기억을 가리키는 비유이며 그 모든 기억들을 합쳐도 턱없이 짧을 정도로 한 분 하나님의 기억은 영원하다. 기드온은 하나님을 잊지 않도록 보내신 기억의 끈이었다. 그런데 그가 죽자 그 끈이 끊어졌다. 이스라엘 자손의 기억력이 짧았기 때문이 아니었다. 그들의 망각은 의도적인 것이었고 능동적인 것이었다(זָכְרוּ). 이것은 하나님의 흔적인 기드온, 기드온의 흔적인 그의 가족에게 인애(חֶסֶד)를 베풀지 않는 그들의 태도에서 확인된다. 짐승도 은혜를 기억한다. 단 한 번의 은혜에 대해서도 보답한다. 그러나 이스라엘 자손은 자신들을 미디안의 압제에서 구원한 기드온이 베푼 "모든 선행"(כָל־הַטּוֹבָה)에 걸맞은 예우를 그의 가정에 보여주지 않았다고 사사기 저자는 지적한다. 이 백성은 하나님의 은총을 망각하고, 기드온의 선행을 망각하고, 그의 가족도 무시하며, 하나님과 관계된 모든 흔적을 그렇게 지우고자 했다. 이는 바알을 섬기는 자들의 전형적인 모습이다.

이스라엘 자손은 하나님이 보내시고 세우신 사사 기드온의 신앙과 용맹으로 미디안의 무서운 압제에서 벗어났다. 외부의 적을 무찌른 승리에 대한 그들의 영적인 시선은 구원의 근원이신 하나님을 주목하지 않고, 기드온이 이교도의 장신구와 신상들로 만든 에봇에게 빼앗겼다. 그들의 감각은 에봇의 재료인 이교도의 물건들을 음란하게 더듬었다. 거기에서 바알의 기운을 감지하고 숨결을 흡입했다. 범사에 뿌리로 소급하는 인간의 근성이 시킨 일이었다. 이러한 움직임이 승리의 수면 아래에서 지속되어 왔다. 그 움직임의 표출을 저지하던 기드온이 죽자 그들의 영적인 음행은 수면 위로 올라왔다. 사사기의 저자는 하나님을 "모든 원수들"(כָּל־אֹיְבֵיהֶם)의 압제에서 자기 백성을 구원하신 분이라고 한다. 당연히 그 백성의 모든 감격은 하나님의 사랑에 뿌리를 내렸어야 했다. 그런데 그 감격을 사람이 차지하고 어떤 우상이 번갈아 차지했다. 인간을 그들의 왕으로 세우고자 했고 어떤 물건에 영적인 의미를 부여했다. 하나님께 뿌리 내리지 않은 감격은 그저 감정의 요염한 거품이다. 영적인 음행에만 막대한 에너지를 공급한다. 무엇이 승리이고 무엇이 실패인지, 그리고 진정한 지도자의 품행에 대해서도 생각하게 된다. 기드온은 하나님의 부르심 앞에서 겸손했다. 승리 이후에도 겸손했다. 백성이 왕으로 삼으려고 할 때에도 하나님의 직접적인 통치를 앞세우며 겸손했다. 그러나 기드온은 귀중품을 좋아했다. 그래서 백성의 손에서 그것들을 취하였다. 그것으로 불필요한 형상을 만들었다. 그리고 많은 아내들을 취하였다. 당연히 배가 다른 자식들도 집안에 가득했다. 왕관과 보좌는 없었지만 이미 기드온의 행실은 왕이었다. 미디안과 같은 가시적인 적들의 위협과 공격에서 이스라엘 백성을 지켜 평온하게 살았지만 내부의 적들은 그가 감지하지 못하고 경계하지 못하였다. 바알과 싸우는 자였지만 죽었으며 결국 언약의 바알에게 승리의 깃발을 넘겨야만 했다. 그는 바알에 대한 저항력과 전투력을 이스라엘 자손과 공유하지 못한 리더였다.

삿 9:1-21

¹여룹바알의 아들 아비멜렉이 세겜에 가서 그의 어머니의 형제에게 이르러 그들과 그의 외조부의 집의 온 가족에게 말하여 ²청하노니 너희는 세겜의 모든 사람들의 귀에 말하라 여룹바알의 아들 칠십 명이 다 너희를 다스림과 한 사람이 너희를 다스림이 어느 것이 너희에게 나으냐 또 나는 너희의 골육임을 기억하라 하니 ³그의 어머니의 형제들이 그를 위하여 이 모든 말을 세겜의 모든 사람들의 귀에 말하매 그들의 마음이 아비멜렉에게로 기울어 이르기를 그는 우리 형제라 하고 ⁴바알브릿 신전에서 은 칠십 개를 내어 그에게 주매 아비멜렉이 그것으로 방탕하고 경박한 사람들을 사서 자기를 따르게 하고 ⁵오브라에 있는 그의 아버지의 집으로 가서 여룹바알의 아들 곧 자기 형제 칠십 명을 한 바위 위에서 죽였으되 다만 여룹바알의 막내 아들 요담은 스스로 숨었으므로 남으니라 ⁶세겜의 모든 사람과 밀로 모든 족속이 모여서 세겜에 있는 상수리나무 기둥 곁에서 아비멜렉을 왕으로 삼으니라 ⁷사람들이 요담에게 그 일을 알리매 요담이 그리심 산 꼭대기로 가서 서서 그의 목소리를 높여 그들에게 외쳐 이르되 세겜 사람들아 내 말을 들으라 그리하여야 하나님이 너희의 말을 들으시리라 ⁸하루는 나무들이 나가서 기름을 부어 자신들 위에 왕으로 삼으려 하여 감람나무에게 이르되 너는 우리 위에 왕이 되라 하매 ⁹감람나무가 그들에게 이르되 내게 있는 나의 기름은 하나님과 사람을 영화롭게 하나니 내가 어찌 그것을 버리고 가서 나무들 위에 우쭐대리요 한지라 ¹⁰나무들이 또 무화과나무에게 이르되 너는 와서 우리 위에 왕이 되라 하매 ¹¹무화과나무가 그들에게 이르되 나의 단 것과 나의 아름다운 열매를 내가 어찌 버리고 가서 나무들 위에 우쭐대리요 한지라 ¹²나무들이 또 포도나무에게 이르되 너는 와서 우리 위에 왕이 되라 하때 ¹³포도나무가 그들에게 이르되 하나님과 사람을 기쁘게 하는 내 포도주를 내가 어찌 버리고 가서 나무들 위에 우쭐대리요 한지라 ¹⁴이에 모든 나무가 가시나무에게 이르되 너는 와서 우리 위에 왕이 되라 하매 ¹⁵가시나무가 나무들에게 이르되 만일 너희가 참으로 내게 기름을 부어 너희 위에 왕으로 삼겠거든 와서 내 그늘에 피하라 그리하지 아니하면 불이 가시나무에서 나와서 레바논의 백향목을 사를 것이니라 하였느니라 ¹⁶이제 너희가 아비멜렉을 세워 왕으로 삼았으니 너희가 행한 것이 과연 진실하고 의로우냐 이것이 여룹바알과 그의 집을 선대함이냐 이것이 그의 손이 행한 대로 그에게 보답함이냐 ¹⁷우리 아버지가 전에 죽음을 무릅쓰고 너희를 위하여 싸워 미디안의 손에서 너희를 건져냈거늘 ¹⁸너희가 오늘 일어나 우리 아버지의 집을 쳐서 그의 아들 칠십 명을 한 바위 위에서 죽이고 그의 여종의 아들 아비멜렉이 너희 형제가 된다고 그를 세워 세겜 사람들 위에 왕으로 삼았도다 ¹⁹만일 너희가 오늘 여룹바알과 그의 집을 대접한 것이 진실하고 의로운 일이면 너희가 아비멜렉으로 말미암아 기뻐할 것이요 아비멜렉도 너희로 말미암아 기뻐하려니와 ²⁰그렇지 아니하면 아비멜렉에게서 불이 나와서 세겜 사람들과 밀로의 집을 사를 것이요 또 세겜 사람들과 밀로의 집에서도 불이 나와 아비멜렉을 사를 것이니라 하고 ²¹요담이 그의 형제 아비멜렉 앞에서 도망하여 피해서 브엘로 가서 거기에 거주하니라

❖ ❖ ❖

¹여룹바알의 아들 아비멜렉이 그의 어머니의 형제들을 [만나려고] 세겜으로 가서 그들에게, 그리고 그의 외조부의 온 가족에게 말하여 이르기를 ²청합니다 당신들은 세겜의 모든 가장들의 귀에 [이렇게] 말씀해 주십시오 '당신들을 위하여 무엇이 좋습니까? 여룹바알의 모든 아들들 즉 칠십 명이 당신들을 다스리는 것입니까? 아니면 한 사람이 당신들을 다스리는 것입니까? 저는 당신들의 뼈와 살임을 기억해 주십시오' 하니 ³그의 어머니의 형제들이 그를 위하여 이 모든 말을 세겜의 모든 가장들의 귀에 말하였다 이에 그들이 "그는 우리의 형제"라고 말하므로 그들의 마음은 기울어서 아비멜렉을 뒤따랐다 ⁴그들이 바알브릿 신전에서 그에게 은 칠십을 주니 아비멜렉이 그것으로 방탕하고 경박한 사람들을 고용했다 ⁵그는 오브라에 있는 그의 아버지 집으로 가서 자신의 형제들 즉 여룹바알의 아들들 칠십 명을 한 바위 위에서 죽였으나 여룹바알의 막내 아들 요담은 스스로 생존했다 ⁶세겜의 모든 가장들과 밀로의 모든 족속이 스스로 모였으며 [세겜으로] 가서 아비멜렉을 세겜에 있는 상수리나무 기둥 곁에서 왕으로 옹립했다 ⁷그들이 요담에게 [이 소식을] 알리니 그가 그리심 산 꼭대기로 가서 서서 그의 목소리를 높여 그들에게 외쳐 말했다 "세겜의 가장들이여 당신들은 나에게 들으시오 하나님도 당신들을 들으실 것입니다 ⁸나무들이 나가서 자신들 위에 왕에게 기름을 부으려고 나가 올리브 나무에게 말합니다 '당신은 우리 위에 왕이 되십시오' ⁹올리브 나무가 그들에게 말합니다 '내가 하나님과 사람들을 영화롭게 하는 나의 기름을 중단하고 어찌 나무들 위에 우쭐대러 가겠어요?' ¹⁰나무들이 무화과 나무에게 말합니다 '당신은 우리 위에 왕이 되십시오' ¹¹무화과 나무가 그들에게 말합니다 '내가 나의 달콤함과 나의 좋은 열매를 중단하고 어찌 나무들 위에 우쭐대러 가야 하겠어요?' ¹²나무들이 포도나무에게 말합니다 '당신은 와서 우리 위에 왕이 되십시오' ¹³포도나무가 그들에게 말합니다 '내가 하나님과 사람들을 기쁘게 하는 포도주를 중단하고 어찌 나무들 위에 우쭐대러 가겠어요?' ¹⁴그 모든 나무들이 가시나무에게 말합니다 '당신은 와서 우리 위에 왕이 되십시오' ¹⁵가시나무가 나무들에게 말합니다 '만일 너희가 확실하게 내게 기름을 부어 너희 위에 왕으로 삼는다면 너희는 와서 나의 그늘에 피하여라 그렇지 않는다면 가시나무에 불이 [나와] 레바논의 백향목을 삼키리라' ¹⁶지금 당신들이 만약 아비멜렉을 옹립함에 있어서 진실함과 온전함 속에서 행했다면, 당신들이 여룹바알 및 그의 가족을 선하게 대했다면, 당신들이 그의 손이 행한 것처럼 그에게 행했다면 [좋았을 것입니다] ¹⁷나의 아버지는 당신들을 위하여 싸우셨고 자신의 생명을 [위험으로, lxx] 던지셨고 당신들을 미디안의 손에서 구하신 분입니다 ¹⁸[그런데도] 당신들은 오늘 내 아버지의 집에 맞서서 일어섰고 한 바위 위에서 그의 아들 칠십 명을 죽였고 그의 여종의 아들 아비멜렉을 당신들의 이유로 세겜의 가장들 위에 왕으로 삼았으니 [어찌된 일입니까?] ¹⁹만약 당신들이 오늘날 진실함과 온전함을 가지고 여룹바알 및 그의 집에 행했다면 당신들은 아비멜렉을 기뻐할 것이고 아비멜렉도 당신들을 기뻐할 것입니다 ²⁰만약 그렇지 않다면 아비멜렉에게서 불이 나와 세겜의 가장들과 밀로의 집을 태울 것입니다 세겜의 가장들과 밀로의 집에서도 불이 나와 아비멜렉을 태울 것입니다" ²¹요담이 그의 형제 아비멜렉 면전에서 도망하여 피하였고 브엘로 가서 거기에 거하였다

아비멜렉: 저급한 정치

"나의 아버지는 왕"이라는 의미의 이름 아비멜렉, 그가 왕이 되려고 형제들을 도륙한다. 먼저 세겜에 있는 외가 친척들을 찾아가 같은 피와 살을 나눈 사이라는 점을 강조하며 혈통적인 연대를 호소하며 대단히 세속적인 정치력을 발휘한다. 생각이 짧은 세겜 사람들은 기드온의 아들들을 제거하는 일에 동조하고 공직자의 자질도 없는 아비멜렉을 자신들의 왕으로 옹립한다. 그런데 살육을 당한 기드온의 아들들 중에 요담이 스스로 피하여 생존하는 기적이 일어난다. 아무도 주목하지 않는 가장 작은 막내는 첩의 아들에 의해 벌어진 쿠데타 혹은 역모의 진상을 고발하고 그 일에 가담한 자들의 불의와 배신을 지적한다. 그리고 하나님의 정의를 무시하고 사람과의 신의를 져버린 자들의 최후는 멸망임을 선포한다. 회복의 비결이 진실함과 온전함에 있다는 희망도 역설한다.

1여룹바알의 아들 아비멜렉이 그의 어머니의 형제들을 [만나려고]

세겜으로 가서 그들에게, 그리고 그의 외조부의 온 가족에게 말하여 이르기를

기드온의 시대가 끝나고 그의 아들 아비멜렉 시대가 도래했다. 사사기 저
자는 새롭게 등장하는 그의 이름을 "여룹바알의 아들 아비멜렉"(אֲבִימֶלֶךְ
בֶּן־יְרֻבַּעַל)이라고 적시한다. "바알과 싸우는 자"라는 아버지의 이름과 "나의
아버지는 왕"이라는 아들의 이름이 묘하게 대비된다. 어떤 사람들은 "아비
멜렉" 안에 "아비"가 기드온을 가리키지 않고 하나님을 가리키는 말이라고
한다. 이들은 기드온이 아들의 이름을 그렇게 지은 것은 자신을 왕으로 여
긴 것이 아니라 하나님을 왕으로 여긴 경건의 표시라고 주장한다. 하나님
을 "아비"라는 호칭으로 부른 최초의 사람은 모세였다. "그는 네 아버지
(אָבִיךָ)시요 너를 지으신 이가 아니시냐"(신 32:6). 그러나 사사기의 문맥을
보면 "아비"는 하나님이 아니라 기드온을 가리키는 호칭이다. 즉 기드온은
자신에게 왕이라는 호칭을 직접 부여하지 않고 아내들의 아들이 아니라 첩
에게서 난 아들의 이름에 감추어 둔 것이었다. 어쩌면 첩에게서 난 아들이
차별을 당하여 열등감과 소외감을 느끼는 일이 발생하지 않도록 '너의 아
버지는 왕이니까 당당하게 살아'라는 격려의 차원에서 지어준 이름은 아
닐까도 생각한다. 그럼에도 불구하고 기드온의 행실에서 그의 마음에 왕의
욕망이 있었음은 확실하다.

왕위에 대한 공적인 거절의 배후에 숨죽이고 있던 기드온의 야심은 그
의 아들 아비멜렉에게 흘러갔고 그 아들의 마음을 지배했고 손발을 움직
였다. 그 아들은 왕이 되려는 끔찍하고 치밀한 계략을 세우고 단계별로 실
행한다. 그의 어머니는 세겜에서 사는 첩이었다. 그는 그녀의 형제들을 먼
저 찾아갔다. 권력을 차지하기 위해 자신의 인격이나 자질과는 무관하게
자신을 무조건 지지해 줄 친인척을 동원한다. 어머니의 형제들은 그들의
누이가 당하는 첩의 차별과 설움을 공감하고 있었음에 분명하다. 그들이
거주하는 세겜은 기드온이 사는 오브라 성읍보다 더 유서가 깊은 도시였

다. 즉 세겜은 여호수아가 이스라엘 모든 지파를 소집하여 마지막 총회를 개최하고 '오직 하나님만 섬길 것이라'는 언약을 갱신한 곳이었고(수 24:1) 이스라엘 자손이 제국의 지도자로 자신들을 구원한 요셉의 뼈를 장사한 곳이었다(수 24:32). 세겜의 친족들은 비록 기드온이 만든 황금 에봇이 보관되어 있어서 민심이 음란하게 오브라로 기울어져 있었지만 그 민심을 세겜으로 돌이키고 과거의 영예를 회복하고 싶었을 가능성이 높다.

평소에 서자의 차별을 당하였을 아비멜렉은 그런 세겜으로 갔다. 역사의식 때문이 아니었다. 그저 핏줄에 호소하기 위함이다. 이는 가장 가까운 외가의 사람들을 설득하여 잔혹한 살육의 공모를 꾀하기 위함이다. 혈통적인 관계는 선한 일을 도모함에 있어서도 좋은 파트너가 될 수 있지만 악한 일을 위해서도 종종 악용된다. 가까운 사람들을 신적인 은총의 수혜자가 되도록 섬겨야 할 대상으로 여기지 않고 자신의 사악한 야망을 성취하는 유용한 도구로 여기며 동원하는 일은 세상에서 흔한 모습이다. 그런데 교회 안에서도 하나의 혈통적인 가족이 공동체의 주도권을 장악하고 과도한 지배력을 행사하는 꼴사나운 모습이 빈번하게 연출된다. 목회자나 중직을 자신들의 입맛대로 선발하고 조정하여 교회 공동체를 이기적인 수익의 모델로 삼아 마음껏 주무른다.

2 "청합니다 당신들은 세겜의 모든 가장들의 귀에 [이렇게] 말씀해 주십시오
'당신들을 위하여 무엇이 좋습니까? 여룹바알의 모든 아들들 칠십 명이
당신들을 다스리는 것입니까? 아니면 한 사람이 당신들을 다스리는 것입니까?
저는 당신들의 뼈와 살임을 기억해 주십시오'" 하니

아비멜렉은 외가에 가서 부탁한다. 세겜의 모든 어른들을 설득해서 세겜이 이스라엘 전체를 지배하는 왕을 배출하는 곳이 되게 해 달라는 부탁이다.

그의 도모는 치밀하다. 무엇보다 먼저 "세겜의 모든 가장들의 귀"를 지배하려 한다. 이는 백성의 귀를 차지하면 그들의 생각을 지배할 수 있기 때문이다. 어느 시대이든 모든 종류의 믿음은 들음에서 시작된다. 무엇을 듣느냐가 믿음을 지배하고 믿음은 인생을 지배한다. 아비멜렉은 세겜의 귀에 달콤한 독극물을 주입한다. 아비멜렉 자신은 오브라에 있어서 세겜 내에서의 인지도가 낮다. 그래서 세겜의 거주민인 외가 사람들의 친밀한 입을 스피커로 활용한다. 그의 머리에서 계산기가 돌아가는 소리가 요란하다. 이는 같은 문화를 공유하고 있는 사람들 사이의 원활한 소통력을 활용하는 전략이 일으키는 잡음이다. 이러한 일은 오늘날의 정치계 안에서도 쉽게 목격된다.

세겜 사람들의 귀에 들어가는 말은 기드온의 모든 아들들 70명이 그들을 다스리는 것이 좋은지 아니면 한 사람이 그들을 다스리는 것이 좋은지에 대한 선택을 촉구하는 물음이다. 내용은 단순하고 명료하다. 그런데 정보를 단순하게 전달하는 것보다 물음을 던지는 것이 타인의 의식을 장악하고 지배하는 데에는 더욱 유용하다. 사람은 질문을 받으면 스스로 생각하게 되고 스스로 옳다고 판단한 자신의 자율적인 결론을 더 소중하게 생각한다. 자신이 내린 결론은 보다 강력한 추진력을 발휘하고 보다 강력하게 그 사람을 움직인다. 물음의 위력이다. 내용에 있어서 다스리는 자가 많은 것보다 적을수록 좋다는 것은 다스림을 받는 모든 백성의 상식이다. 이 뻔한 상식에 이르는 방식이 그 상식의 주입이 아니라 스스로 도달한 결론이 되게 하는 것은 대단히 교묘한 전략이다.

이에 더하여 아비멜렉은 자신에게 유리한 여론을 형성하기 위해 세겜 사람에게 자신이 "당신들의 뼈와 살"(עַצְמֵכֶם וּבְשַׂרְכֶם)이라는 사실을 추가한다. 세겜 사람들을 다스려야 할 한 명은 바로 자신임을 드러낸다. 이는 "내 아들도 너희를 다스리지 아니할 것이라"는 아버지 기드온의 말과 상충된다. 그럼에도 불구하고 왕이 되겠다는 노골적인 야심을 표출한다. '너희들은 내 편이어야 한다'는 당위성의 공감을 호소한다. 핏줄에 기대어 이루고자 하는 목적은 과연 선할 수 있겠는가! 없다. 이는 선한 것이라면 하늘에 의존해야 하고 하나님에 의해서만 성취되기 때문이다. 도구와 방식을 보면 목적의 질이 파악된다. 선거철이 되면 대부분의 후보들이 지방색을 드러낸다. 그런 식으로 자신의 불순한 목적을 드러낸다. 당선되면 지방색에 협조한 사람들의 편의를 봐 주어야 하는 불의가 꼬리에 꼬리를 물고 자행된다. 혹시 선한 의도를 가졌다고 할지라도 육신적인 방식을 피하는 게 상책인데 피와 살이 같다는 사실을 앞세우며 도모하는 아비멜렉, 그의 목적과 방식은 모두 불순하다.

3그의 어머니의 형제들이 그를 위하여 이 모든 말을
세겜의 모든 가장들의 귀에 말하였다 이에 그들이 "그는 우리의 형제"라고
말하므로 그들의 마음은 기울어서 아비멜렉을 뒤따랐다

어머니의 형제들은 아비멜렉의 부탁을 수용하고 실행한다. 그의 모든 말을 세겜의 모든 가장들의 귀에 전달한다. 이렇게 신속하게 반응한 이유는 그가 "우리의 형제"(אָחִינוּ)였기 때문이다. 그 사실 때문에 그들의 마음은 아비멜렉에게 완전히 기울었다. 피가 물보다 진하다는 말은 고대의 이스라엘 역사에도 유효했다. 이는 한국의 정치사에 영남과 호남의 지역적인 대립에 기름을 부은 문구로서 "우리가 남이가"를 떠오르게 한다. 이런 구호는 대체로 '일단 당선부터 되자'는 낮은 가치를 추구할 때에 동원된다. 사람들은 부정한 야망을 성취하기 위해 육신에 속한 사실을 선택의 근거로 제시하며 설득의 도구로 악용한다. 하늘에 속한 사실을 기준으로 삼으면 그 부정한 야망은 명백히 드러나고 결국 낙마하고 말 것이기 때문이다. 그래서 육신적인 것을 남들보다 먼저 장악하기 위해 앞다투며 육신적인 것과의 은

밀한 결탁을 시도한다. 이와는 달리 선한 목적은 그 목적의 성취를 위해 선한 방법을 모색한다. 이처럼 땅의 것을 생각하면 부정한 야망에 군침을 흘리며 멸망의 희생물이 되고, 하늘의 것을 생각하면 하나님의 뜻에 대한 갈증이 유발되고 생명과 평안의 수혜자가 된다.

4그들이 바알브릿 신전에서 그에게 은 칠십을 주니 아비멜렉이
그것으로 방탕하고 경솔한 사람들을 고용했고 그들은 그를 뒤따랐다

피와 살이 같은 형제라는 이유로 외가의 사람들은 아비멜렉에게 은 칠십의 자금도 후원했다. 부정한 정치 자금을 전한 곳은 바알브릿 즉 언약의 바알 신전이다. 이는 이들의 연합이 하나님의 영광을 위함이 아니라 우상의 소굴에서 이루어진 불경건의 극치라는 의미를 암시한다. 아비멜렉은 비릿한 거래의 냄새가 풍기는 장소에서 전달받은 혈족의 후원금을 가지고 경건하고 단정한 사람들이 아니라 "방탕하고 경솔한"(רֵיקִים וּפֹחֲזִים) 사람들을 고용했다. 이러한 고용은 그런 사람들과 호흡이 잘 맞을 것이라는 판단에 근거한다. 유유상종 현상이다. 이들은 그의 최측근 경호와 계획의 실행을 담당하는 조폭의 어깨들과 같다. 한 사람의 됨됨이는 그에게 가장 가까운 사람들의 면면을 볼 때에 쉽게 파악된다. 아비멜렉은 그가 고용한 자들처럼 방탕하고 경솔한 사람임에 분명하다.

5그는 오브라에 있는 그의 아버지 집으로 가서 자신의 형제들
즉 여룹바알의 아들들 칠십 명을 한 바위 위에서 죽였으나
여룹바알의 막내 아들 요담은 스스로를 숨겨서 생존했다

아비멜렉은 자신이 고용한 세겜 사람들과 함께 오브라로 갔다. 아버지의 집으로 가서 자신의 형제들 70명을 "한 바위" 위에서 살해했다. "하나"(אַחַת)의 바위 위에서 그렇게 많은 형제들을 동시에 죽이지는 않았을 것이기에 아마도 한 사람씩 차례로 처형했을 가능성이 높다. 여기에 쓰인 "바위"라는 의미를 가진 "에벤"(אֶבֶן)은 야곱이 벧엘에서 머리에 배고 잤던 "돌배개"를 언급할 때에 사용된 말이었다(창 28:11). 야곱은 이튿날 아침에 그 돌배개에 기름을 붓고 거룩하게 구별했다(창 28:18). 모세는 십계명이 새겨진 돌판을 언급할 때에도 "에벤"이란 단어를 사용했다. 종교적인 색체가 짙은 낱말이다. 이런 측면에서 본다면, 바알브릿 신전에서 받은 정치 자금으로 살인 병기들을 고용하여 아버지 여룹바알 즉 기드온의 70 아들들을 하나의 "에벤" 위에서 하나씩 처형한 것은 바알에게 사람을 제물로 바치는 제의적인 행위처럼 보이는 게 사실이다. 이 사건은 은 70의 비용으로 기드온의 아들들 70명을 바알에게 제물로 바치는 일종의 우상숭배 행위였다.

그런데 죽은 기드온의 아들들은 70명이 아니었다. 막내인 요담이 스스로 피하고 생존했기 때문이다. "가장 작은"(הַקָּטֹן) 요담이 스스로 피하여 살아날 수 있었던 이유는 그 막내의 유능함 때문이 아니라 하나님의 은혜 때문이다. "요담"(יוֹתָם)은 "완벽하신 여호와"를 의미하는 이름이다. 가장 작은 자가 가장 완전하신 하나님을 증거한다. 요담은 가장 작은 자였기 때문에 아비멜렉 일당은 한 조각의 관심도 기울이지 않았지만 하나님은 지극히 작은 막내 요담을 통하여 당신의 완전함을 보이신다. 놀라운 역설이다. 진실로 하나님은 한 치의 오차도 없으시다. 멸망 속에서도 한 가문의 그루터기 같은 희망의 씨앗을 남기는 분이시다. 진실로 하나님은 시체의 뼈다귀가 나뒹굴고 악취가 진동하는 아골 골짜기도 "소망의 문"으로 삼으신다(호 2:15). 밑반찬도 없고 풀 한 포기도 없는 광야에서 "식탁"을 능히 베푸신다(시 78:19). 요담은 살육과 배신과 우상숭배 문화가 편만한 절망의 도성이 결코 제거하지 못한 소망의 문이었다. 신앙이 무너진 이스라엘 백성이 더 심각하게 무너지지 않고 회복하게 하실 하나님의 은밀한 식탁이다. 가장 작은 자로 인하여 아비멜렉의 포악성은 더욱 극명하게 드러나고 그의 광기는 저지된다.

6세겜의 모든 가장들과 밀로의 모든 족속이 스스로 모였으며 [세겜으로] 가서 아비멜렉을 세겜에 있는 상수리나무 기둥 곁에서 왕으로 옹립했다

형제들의 생명을 제물로 바쳐 바알을 숭배한 아비멜렉, 이제 그것에 대한 보답으로 세겜의 모든 가장들과 밀로의 모든 족속들은 그를 왕으로 옹립한다. 기드온이 오브라의 상수리 나무 아래에서 부르심을 받은 것처럼, 아비멜렉 또한 세겜의 상수리 나무 아래에서 왕으로 등극한다. 오브라와 세겜의 미묘한 대결이다. 하나님에 대한 신앙과 바알에 대한 숭배가 묘하게 대립된다. 여기에서 우리는 마귀가 하나님과 비기려고 하는 속성이 발휘되고 있음을 목격한다. 하나님의 섭리와 유사한 모양새를 취하면서 악을 도모하는 마귀의 모방쟁이 습성이 세겜 사람들의 아비멜렉 옹립에서도 확인된다. 이와 유사하게 오늘날 이단들도 기독교의 겉모습을 흉내 내며 경건한 신앙과 비기려고 한다.

7그들이 요담에게 [이 소식을] 알리니 그가 그리심 산 꼭대기로 가서 서서 그의 목소리를 높여 그들에게 외쳐 말하기를 "세겜의 가장들이여 당신들은 나에게 들으시오 하나님도 당신들을 들으실 것입니다

하나님의 특별한 섭리로 인해 기적처럼 생존한 요담의 지혜로운 반격이 시작된다. 아비멜렉 일당의 야비한 배신과 잔혹함을 드러내고 그들의 비참한

몰락을 선언한다. 요담은 자신의 목소리가 모든 사람들의 귀에 들리도록 그림심 산 꼭대기로 갔다. 이는 자신을 죽이고자 했던 자들의 눈에 발각되는 위험도 감수해야 하는 일이었다. 그는 그곳에서 목소리를 높여 세겜의 가장들을 향해 절규했다. 그는 칼이 아니라 진실을 가지고 승부하려 했다. 요담은 세겜의 가장들이 자신의 이야기를 들으면 하나님도 그들의 이야기를 들으실 것이라고 했다. 요담은 개인의 사사로운 보복 차원에서 그리심 산 선언을 기획한 것이 아니었다. 세겜 사람들의 신앙적인 회복을 위한 일이었다.

아비멜렉은 자신의 유익을 추구했다. 그러나 요담은 자신을 죽이고자 했던 세겜 사람들을 위한 하나님의 들으심에 관심을 기울였다. 그리고 아비멜렉은 소위 대언정치 즉 자신의 됨됨이와 자질로 승부하지 않고 타인의 입술 뒤에 숨어서 성공하면 자신에게 공로를 돌리고 실패하면 타인에게 책임을 돌리는 방식으로 정치했다. 그러나 요담은 타인의 인격이나 업적이나 자질로 포장된 정치가 아니라 자신의 목숨을 내놓고 자신의 목소리로 절규하며 자신의 됨됨이로 승부했다. 아비멜렉은 외가 쪽 사람들을 동원하여 핏줄에 호소하는 정치를 하였지만 요담은 자신을 죽이고자 한 원수의 소굴로 들어가서 하나님의 정의에 호소하며 정치했다. 자신의 아버지가 왕이라는 의미의 아들과 하나님은 완전하신 분이라는 의미의 아들은 이렇게 서로 다른 자리에 서서 다른 정치력을 구사하며 대치했다. 한 아들과 다른 아들 사이의 대결이 아니라 그들의 이름에 담긴 두 의미의 격돌이다.

8나무들이 나가서 자신들 위에 왕에게 기름을 부으려고 나가 올리브 나무에게 말합니다 '당신은 우리 위에 왕이 되십시오' 9올리브 나무가 그들에게 말합니다 '내가 하나님과 사람들을 영화롭게 하는 나의 기름을 중단하고 어찌 나무들 위에 우쭐대러 가겠어요?' 10나무들이 무화과 나무에게 말합니다

'당신은 우리 위에 왕이 되십시오' ¹¹무화과 나무가 그들에게 말합니다
'내가 나의 달콤함과 나의 좋은 열매를 중단하고 어찌 나무들 위에 우쭐대러
가야 하겠어요?' ¹²나무들이 포도나무에게 말합니다 '당신은 와서 우리 위에
왕이 되십시오' ¹³포도나무가 그들에게 말합니다 '내가 하나님과 사람들을
기쁘게 하는 포도주를 중단하고 어찌 나무들 위에 우쭐대러 가겠어요?'

요담은 세겜 사람들을 향해 지금의 정치적인 상황을 나무들의 비유로 설
명한다. 나무들은 자신들을 다스릴 왕을 세우려고 한다. 그래서 차례대로
올리브 나무에게, 무화과 나무에게, 포도 나무에게 가서 자신들의 왕이 되
어 달라고 부탁한다. 그러나 세 나무들은 모두 그 부탁을 거절한다. 거절의
이유로서, 올리브 나무는 하나님과 사람들을 영화롭게 하는 자신의 기름
제공하는 일을 중단할 수 없다는 점을 제시한다. 무화과 나무는 자신의 달
콤함과 좋은 열매 제공하는 일을 중단할 수 없다는 이유를 제시한다. 그리
고 포도 나무는 하나님과 사람을 기쁘게 하는 포도주 제공하는 일을 중단
할 수 없다는 이유를 제시한다. 이 나무들은 각자가 나무들 위에 왕으로 등
극하여 다스리는 것이 자신의 본분도 아니고 그러한 다스림이 자신과 타
인에게 기쁨과 행복을 주는 것도 아니라는 사실을 직시한다. 자신의 재능
과 주특기에 어울리지 않는 자리에 앉아 동료 나무들 위에 군림하는 것은
자신과 타인의 참된 행복과는 무관하다. 그래서 세 나무들의 거절은 지혜
롭고 정당하다. 그들은 왕이 되는 것보다 지금 하고 있는 일들을 더 소중한
것이라고 확신한다. 그들의 거절은 또한 나무들 사이에는 동료끼리 군림하
는 나무 왕이 필요하지 않음을 가르친다.
　올리브 나무와 무화과 나무와 포도 나무는 각각의 재능과 은사를 가지
고 하나님과 사람 모두를 이미 "영화롭게 하고"(יְכַבְּדוּ) 있어서 존재의 목적
을 달성하고 있다. 기름과 달콤함과 포도주는 그것들의 고유한 기능과 사
명이 있는데 모두가 하나님과 인간을 영화롭게 하는 궁극적인 목적에 기

여하고 있다. 태초에 6일 동안 창조된 모든 만물은 하나님과 인간을 위해 지어졌다. 마지막에 창조된 인간은 하나님을 위해 지어졌다. 자연의 만물만이 아니라 인간들도 창조의 원리를 따라 각자에게 부여된 재능과 기능은 모두 다르고 다양하다. "우리가 한 몸에 많은 지체를 가졌으나 모든 지체가 같은 기능을 가진 것이 아니니…우리에게 주신 은혜대로 받은 은사가 각각 다르니"(롬 12:4, 6). 다르지만 모두가 동일한 목적을 지향한다. 각 지체는 재능과 기능의 다름에 근거하여 차별하지 말고 동일한 목적 때문에 서로를 동등하게 존중해야 한다. 올리브와 무화과와 포도는 다 다르지만 기여하는 목적에 있어서는 동등하다. 인간도 하나님을 영화롭게 하는 동일한 목적을 위해 존재한다. 그러나 재능과 기능에 있어서는 하나님이 부탁하고 맡기신 각자의 고유한 것을 파악하고 개발하고 활용해야 한다.

8절에는 특별히 "기름을 붓는다"를 의미하는 "마샤"(מָשַׁח)라는 동사가 등장한다. 나무들은 기름 부음 받은 왕을 세우려고 했다. "마샤"를 받은 자를 가리켜 "메시아"(מָשִׁיחַ)라 한다. 사사기 저자는 이 나무들의 비유를 통해 메시아에 대한 이야기를 풀어가고 있는지도 모르겠다. 나무들 사이에는 메시아가 없다. 당연히 자격과 조건과 능력도 없는 세 나무들이 메시아가 되는 것을 거절하는 것은 지극히 당연하다. 인간의 경우도 동일하다. 사람들 중에는 인간 위에 군림하고 다스리는 메시아가 없다. 메시아의 자격과 조건과 능력을 갖춘 사람은 이 세상에 어떤 시대에 어디에도 존재하지 않기 때문이다. 사람들이 감동하여 자신들의 메시아가 되어 달라고 부탁해도 거절하는 것이 정상이다.

14그 모든 나무들이 가시나무에게 말합니다 '당신은 와서 우리 위에 왕이 되십시오' 15가시나무가 나무들에게 말합니다 '만일 너희가 확실하게 내게 기름을 부어 너희 위에 왕으로 삼는다면 너희는 와서 나의 그늘에 피하여라

그렇지 않는다면 가시나무에서 불이 [나와] 레바논의 백향목들을 삼키리라'

그런데 이번에는 "그 모든 나무들"(כָל־הָעֵצִים)이 가시나무에게 가서 자신들을 다스리는 왕이 되어 달라고 부탁한다. 가시나무는 사실 올리브의 기름과 무화과의 달콤함과 포도주의 즐거움이 하나도 없는 다소 무가치한 것이며 오히려 주변에 피해를 주는 해로운 나무를 상징한다. 왕위의 제안을 받은 가시나무는 자신을 그들의 왕으로 삼는다면 자신의 그늘 아래로 와서 피하라고 한다. 여기에서 요담은 "와라" 그리고 "피하라"는 명령형을 사용하여 가시나무의 고압적인 태도를 은근히 지적한다. 가시나무는 태양의 뜨거움을 차단해 줄 만큼의 충분한 "그늘"(צֵל)이 없는데도 그 아래로 피하라고 한다. 가시나무 아래로 피하면 오히려 가시에 찔려서 아픔과 상처가 발생한다. 그런데도 아래로 와서 피하라고 명령한다. 이는 자신의 주제를 파악하고 있지 못한 가시나무의 어리석은 고집과 폭력적인 독재를 고발한다. 자신이 어떠한 장점을 가지고 있으며 다른 나무들을 다스릴 때에 어떤 방식으로 다스려야 하고 그렇게 함으로써 그들에게 어떤 유익을 줄 것인지에 대해 가시나무는 관심도 없고 알지도 못한다. 그런데도 차가운 명령을 내리는 일에는 망설임이 없다.

가시나무는 터무니 없는 자신의 명령에 순응하지 않으면 그에게서 불이 나와서 레바논의 백향목을 태워 버릴 것이라고 위협한다. 요담은 지금 세겜 사람들이 처한 상황을 나무들의 비유로 설명하고 있다. 그들은 지금 아비멜렉의 꾀임에 빠져 그를 왕으로 옹립했다. 나무들은 세겜 사람들을 가리키고 가시나무는 아비멜렉을 가리킨다. 그리고 백향목은 레바논의 고급 목재이기 때문에 특별히 세겜의 가장들을 가리킨다. 그런데 세겜 사람들이 처한 현실은 아비멜렉에게 순응해도 위태롭고 순응하지 않더라도 동일하게 위태로운 진퇴양난 상황이다. 요담의 설명은 정확하고 그의 언변은 뛰어나다. 그의 비유는 세겜 사람들의 마음으로 들어갔다.

¹⁶지금 당신들이 만약 아비멜렉을 옹립함에 있어서 진실함과 온전함 속에서
행했다면, 당신들이 여룹바알 및 그의 가족을 선하게 대했다면,
당신들이 그의 손이 행한 것처럼 그에게 행했다면 [좋았을 것입니다]

요담은 이제 가시나무 이야기를 이해한 세겜 사람들을 향해 그들의 그릇
된 행실에 대해 가정법의 형태로 아쉬움을 토로한다. 요담의 말투는 정죄
와 복수의 다짐이 아니라 과거의 비극을 아파하고 회개와 회복을 설득하
고 있다. 요담은 먼저 세겜 사람들의 아비멜렉 옹립이 "진실함과 온전함 속
에서"(בֶּאֱמֶת וּבְתָמִים) 이루어진 일이 아님을 안타깝게 생각한다. "진실함과
온전함"은 여호수아가 하나님을 섬기는 방식을 설명할 때 사용한 낱말이
다(수 24:14). 신중한 검토도 거치지 않고 어떤 가짜뉴스 때문에 호도된 논
리를 따라 성급한 결정을 내린 것은 아닌지를 반성하게 한다. 그렇다면 세
겜 사람들이 왕을 세움에 있어서 고려해야 하는 진실함과 온전함은 무엇
인가? 그것은 "여룹바알 및 그의 가족에게 선대하는 것"이어야 했다. 그러
나 그들은 선대하지 않았다고 요담은 지적한다. 그리고 그들의 선대는 여
룹바알 가족이 그들에게 행한 선에 상응하는 것이어야 했다. 그런데 전혀
상응하지 않았고 오히려 상반된 것이었다. 이러한 언급을 통하여 요담은
세겜 사람들을 향해 정의와 신의의 중요성과 필요성을 강조한다. 이는 핏
줄의 진함을 근거로 왕의 옹립까지 이끌어낸 아비멜렉 전략과는 판이하다.
행한 대로 갚아야 하는 정의와 선의를 보인 사람에게 선대하는 신의는 인
간의 사회적 관계에 있어서 상식이요 기본이다. 선을 선으로 갚고 악을 악
으로 갚는 것은 정의이고, 악을 선으로 갚는 것은 자비이나, 선을 악으로
갚는 것은 파렴치한 배신이다. 기드온과 그의 가족이 세겜 사람들을 향해
이룬 선의 내용은 무엇인가?

¹⁷나의 아버지는 당신들을 위하여 싸우셨고 자신의 생명을
[위험으로, LXX] 던지셨고 당신들을 미디안의 손에서 구하신 분입니다

요담은 아버지의 선행을 설명한다. 그는 세겜 사람들을 위하여 싸웠다고
한다. 고작 300명의 용사를 데리고 메뚜기 떼처럼 많고 거대한 군대와 맞
서는 싸움이기 때문에 목숨을 걸지 않으면 안되는 일이었다. 그래서 요담
은 자신의 아버지가 "자신의 생명을 던졌다"(יַשְׁלֵךְ אֶת־נַפְשׁוֹ)고 한다. 자신
의 생명도 아끼지 않고 던지는 희생의 결과는 무엇인가? 세겜 사람들의 구
원이다. 자신의 생명을 던져서 그들의 생명을 미디안의 손에서 건져냈다.
신약의 관점에서 보면, 요담의 아버지 이야기는 그리스도 예수의 희생적인
사랑을 잘 드러낸다. 그분은 죄인인 우리를 위하여 죄와 싸우셨다. 싸우는
방식은 자신의 생명을 던지는 것이었다. 그 결과는 우리의 생명을 죄의 손
에서 건지는 것이었다. 우리를 향한 예수님의 이러한 선대에 상응하는 행
위는 무엇인가? 요담은 세겜 사람들을 향해 예수님의 사랑을 예시한 기드
온의 희생적인 사랑에 어울리는 그들의 선대를 촉구한다.

¹⁸[그런데도] 당신들은 오늘 내 아버지의 집에 맞서서 일어섰고 한 바위 위에서
그의 아들들 칠십명을 죽였으며 그의 여종의 아들인 아비멜렉을 당신들의 형제
라는 이유로 세겜의 가장들 위에 왕으로 삼았으니 [어찌된 일입니까?]

그러나 세겜 사람들의 반응은 어떠한가? 요담은 그들이 아버지의 집을 위
하지 않고 맞서서 봉기한 것을 지적한다. 합당한 보답이 아니라 기드온의
아들들을 살육한 최악의 배신을 꼬집는다. 나아가 이토록 잔혹한 학살을
주도한 아비멜렉, 그와 동일한 혈통을 가졌다는 유치한 이유로 그를 왕으
로 옹립한 그들의 경솔한 처신도 꾸짖는다. 요담은 "그의 아들들"과 "여종

의 아들"(בֶּן־אֲמָתוֹ), 그리고 "여종의 아들"과 "왕으로 삼는다"(מָלַךְ)는 말을 일부러 대비한다. 다른 아들들과 구별하여 아비멜렉을 "여종의 아들"로 표현한 것은 그가 서자 출신이기 때문에 무시하고 차별하기 위함이 아니라 자격이 없는 자를 왕으로 세운 어처구니 없는 현실을 개탄하기 위함이다. 다른 아들들은 누구도 왕이 되려는 발칙한 생각을 하지 않았으나 아비멜렉은 부당하게 그리했다. 가시나무 같이 장점이 없고 해롭기만 한 사람이 세겜의 가장들 위에 군림하는 것은 결코 합당하지 않은 일이었다.

세겜 사람들의 행실은 오늘날 교회를 파괴하는 자들의 모습과 유사하다. 그들은 이념이나 사상의 차이를 명분으로 삼아 하나님의 나라와 의를 구하는 경건한 자들을 교회에서 찍어내려 한다. 그리고 이념과 사상이 자신들과 같다는 이유로 너무도 잔혹한 사람을 형제로 여기고 그의 잘못도 감싸주며 자격과 자질이 없는데도 동일한 이유로 자신들의 지도자로 추대하려 한다. 하나님의 정의나 신의와 무관하게 이념과 사상만 일치하면 무조건 두둔한다. 정치하는 사람들은 교회의 이런 어리숙한 상태를 교묘하게 이용한다. 복음 이외에는 다른 무엇에 의해서도 준동하지 말아야 할 교회가 자극적인 이념에 사로잡혀 휘둘리는 것은 일종의 신적인 징벌이다.

요담은 세겜 사람들이 죽인 기드온의 아들들이 70명이라고 한다. 실제로 죽음을 당한 아들들의 수는 69명인데 70명이라고 말한 이유는 무엇인가? 두 가지의 설명이 가능하다. 첫째, 살인자 아비멜렉 및 세겜 사람들의 입장에서 보면 그들은 70명의 아들들을 죽이고자 했다. 실제로 죽지 않았어도 죽이고자 하는 그들의 미움은 이미 살인이기 때문에 요담이 살았어도 70명을 죽인 것이라고 표현했다. 둘째, 요담의 입장에서 보면 자신이 그들의 칼에 죽었어야 하는데 하나님의 특별한 은혜로 생존한 것이기 때문에 자신을 죽은 자로 간주했다. 이제 그가 사는 것은 기드온의 아들로서 사는 것이 아니라 죽었다가 살아난 것처럼 이스라엘 자손을 향한 하나님의 들으심을 위한 부활의 삶이었기 때문에 자신을 포함한 70명의 아들들이 죽었다고 표현했다.

> 19만약 당신들이 오늘날 진실함과 온전함을 가지고
> 여룹바알 및 그의 집에 행했다면 당신들은 아비멜렉을 기뻐할 것이고
> 아비멜렉도 당신들을 기뻐할 것입니다

요담은 다시 "진실함과 온전함"의 중요성을 강조하고 그런 자세의 부재를 개탄한다. 세겜 사람들이 만약 기드온과 그의 집에 대해 진실함과 온전함을 저버리지 않았다면 모두가 서로에게 기쁨의 대상이 되었을 것이라고 설명한다. "진실함과 온전함"은 하나님을 섬길 때만이 아니라 사람을 대할 때에도 요구되는 덕목이다. 사람이 다른 사람을 기뻐하며 누리는 방법은 서로를 향한 태도의 진실함과 온전함에 있다. 누군가를 기뻐할 때에 과연 나는 그의 무엇을 기뻐하고 누리는가? 진실함과 온전함 속에서만 누려지는 내용은 무엇인가? 그 내용은 태초에 하나님이 의도하신 공동체 의식, 소속감, 혹은 하나됨의 기쁨이다. 서로를 뼈 중의 뼈요 살 중의 살로 느껴지는 유기적인 연대의 행복과 기쁨은 진실함과 온전함에 의해서만 주어진다. 진실함과 온전함이 배제된 관계는 불행하다. 어떤 관계에 불행과 슬픔이 있다면 서로에게 진실함과 온전함이 없기 때문이다. 그래서 요담은 서로에 대한 "진실함과 온전함"의 회복을 촉구한다.

> 20만약 그렇지 않다면 아비멜렉에게서 불이 나와 세겜의 가장들과
> 밀로의 집을 태울 것입니다 세겜의 가장들과 밀로의 집에서도 불이 나와
> 아비멜렉을 태울 것입니다" 21요담이 그의 형제 아비멜렉 면전에서
> 도망하여 피하였고 브엘로 가서 거기에 거하였다

"진실함과 온전함"을 가지고 서로를 대하지 않을 때에 발생한 재앙에 대해 요담은 경고한다. 나무들이 자신들의 왕으로 삼은 가시나무에서 불이 나온 것처럼 세겜 사람들이 왕으로 삼은 아비멜렉에게서 불이 나와서 세겜 가장들과 밀로의 집을 태울 것이라고 한다. 아비멜렉 또한 무사하지 못할 것은 세겜의 가장들과 밀로의 집에서도 불이 나와서 그를 태워버릴 것이기 때문이다. 진실함과 온전함이 빠진 관계의 빈 자리는 거래와 계약과 배신과 보복이 차지한다. 상대방을 있는 그대로 존중하고 존재의 가치에 합당한 대우를 하는 것이 아니라 나에게 유익을 주는 수단으로, 해로움을 끼치는 원흉으로 이해하게 된다.

요담은 여전히 첩의 아들이 무서웠다. 그래서 그의 면전을 피하여 브엘로 도망쳤다. 이유는 요담이 말한 것처럼 그와 아비멜렉 사이에는 진실함과 온전함이 없었기 때문이다. 동일한 아버지를 가졌지만 함께 있으면 살인이 벌어지는 관계가 되었다는 것은 기드온 가정의 큰 비극이다. 진실함과 온전함이 없는 관계를 계속 유지하는 것은 일종의 고문이다. 진실함과 온전함을 회복하지 못한다면 떠나서 적당한 거리를 유지하는 것이 차선의 해법이다. 요담이 도망친 장소는 "우물"을 뜻하는 도시 "브엘"(בְּאֵר)이다. 광야의 상황 속에서도 생존이 가능한 오아시스 같은 곳이었다. 절망이 사방으로 펼쳐진 인생의 광야에서 우리의 브엘은 어디인가? 각자가 브엘 하나쯤은 마련해야 한다.

²²아비멜렉이 이스라엘을 다스린 지 삼 년에 ²³하나님이 아비멜렉과 세겜 사람들 사이에 악한 영을 보내시매 세겜 사람들이 아비멜렉을 배반하였으니 ²⁴이는 여룹바알의 아들 칠십 명에게 저지른 포학한 일을 갚되 그들을 죽여 피 흘린 죄를 그들의 형제 아비멜렉과 아비멜렉의 손을 도와 그의 형제들을 죽이게 한 세겜 사람들에게로 돌아가게 하심이라 ²⁵세겜 사람들이 산들의 꼭대기에 사람을 매복시켜 아비멜렉을 엿보게 하고 그 길로 지나는 모든 자를 다 강탈하게 하니 어떤 사람이 그것을 아비멜렉에게 알리니라 ²⁶에벳의 아들 가알이 그의 형제와 더불어 세겜에 이르니 세겜 사람들이 그를 신뢰하니라 ²⁷그들이 밭에 가서 포도를 거두어다가 밟아 짜서 연회를 베풀고 그들의 신당에 들어가서 먹고 마시며 아비멜렉을 저주하니 ²⁸에벳의 아들 가알이 이르되 아비멜렉은 누구며 세겜은 누구기에 우리가 아비멜렉을 섬기리요 그가 여룹바알의 아들이 아니냐 그의 신복은 스불이 아니냐 차라리 세겜의 아버지 하몰의 후손을 섬길 것이라 우리가 어찌 아비멜렉을 섬기리요 ²⁹이 백성이 내 수하에 있었더라면 내가 아비멜렉을 제거하였으리라 하고 아비멜렉에게 이르되 네 군대를 증원해서 나오라 하니라 ³⁰그 성읍의 방백 스불이 에벳의 아들 가알의 말을 듣고 노하여 ³¹사자들을 아비멜렉에게 가만히 보내어 이르되 보소서 에벳의 아들 가알과 그의 형제들이 세겜에 이르러 그 성읍이 당신을 대적하게 하니 ³²당신은 당신과 함께 있는 백성과 더불어 밤에 일어나 밭에 매복하였다가 ³³아침 해 뜰 때에 당신이 일찍 일어나 이 성읍을 엄습하면 가알 및 그와 함께 있는 백성이 나와서 당신을 대적하리니 당신은 기회를 보아 그에게 행하소서 하니 ³⁴아비멜렉과 그와 함께 있는 모든 백성이 밤에 일어나 네 떼로 나누어 세겜에 맞서 매복하였더니 ³⁵에벳의 아들 가알이 나와서 성읍 문 입구에 설 때에 아비멜렉과 그와 함께 있는 백성이 매복하였던 곳에서 일어난지라 ³⁶가알이 그 백성을 보고 스불에게 이르되 보라 백성이 산 꼭대기에서부터 내려오는도다 하니 스불이 그에게 이르되 네가 산 그림자를 사람으로 보았느니라 하는지라 ³⁷가알이 다시 말하여 이르되 보라 백성이 밭 가운데로 따라 내려오고 또 한 때는 므오느님 상수리나무 길을 따라 오는도다 하니 ³⁸스불이 그에게 이르되 네가 전에 말하기를 아비멜렉이 누구이기에 우리가 그를 섬기리요 하던 그 입이 이제 어디 있느냐 이들이 네가 업신여기던 그 백성이 아니냐 청하노니 이제 나가서 그들과 싸우라 하니 ³⁹가알이 세겜 사람들보다 앞에 서서 나가 아비멜렉과 싸우다가 ⁴⁰아비멜렉이 그를 추격하니 그 앞에서 도망하였고 부상하여 엎드러진 자가 많아 성문 입구까지 이르렀더라

❖ ❖ ❖

²²아비멜렉이 이스라엘을 3년 다스렸다 ²³하나님이 아비멜렉과 세겜의 가장들 사이에 악한 영을 보내셨고 세겜의 가장들은 아비멜렉을 배신했다 ²⁴[이는] 칠십 명의 여룹바알의 아들들에게 [가해진] 폭력이 [되돌아] 온 것이며, 그들의 피가 그들을 죽인 그들의 형제 아비멜렉 위에 [놓인 것이며], 그리고 그의 형제들을 죽이도록 그의 손을 강하게 한 세겜의 가장들 위에 놓인 것이었다 ²⁵세겜의 가장들이 그 산들의 꼭대기에 그를 대항하여 사람들을 매복시켜 그 길로 지나가는 모든 것을 탈취하게 하였는데 이것이 아비멜렉에게 알려졌다 ²⁶에벳의 아들 가알과 그의 형제들이 세겜을 가로질러 왔다 세겜의 가장들이 그를 신뢰했다 ²⁷그들은 밭으로 가서 그들의 포도를 수확하고 밟아서 [포도즙을 짜고] 연회를 베풀었다 그들은 그들의 신당으로 가서 먹고 마시며 아비멜렉을 저주했다 ²⁸에벳의 아들 가알이 말하였다 "아비멜렉은 누구이며 세겜은 누구길래 우리가 아비멜렉을 섬기는가? [그는] 여룹바알의 아들이 아닌가? 스불은 그의 신복이 아닌가? 너희는 세겜의 아버지 하몰의 사람들을 섬겨라 어찌 우리가 아비멜렉을 섬기는가? ²⁹누군가가 나에게 이 백성을 준다면 나는 아비멜렉을 [반드시] 제거할 것이다" 그가 아비멜렉을 향해 말하였다 "너는 너의 군대를 증원하여 나오라" ³⁰그 성읍의 방백 스불이 에벳의 아들 가알의 말을 듣고 분노로 격발했다 ³¹그가 전령들을 비밀리에 아비멜렉에게 보내어 말하였다 "보십시오 세겜으로 오는 에벳의 아들 가알과 그의 형제들을! 보십시오 그들이 당신과 맞서며 그 성읍을 장악하고 있습니다 ³²당신 및 당신과 함께한 백성은 이제 밤에 일어나 밭에서 매복을 하십시오 ³³아침에 태양이 떠오를 때 당신은 일찍 일어나서 이 성읍으로 불시에 침투하면 그 및 그와 함께한 사람이 당신에게 나아오는 것을 보십시오 당신은 당신의 손이 발견한 것처럼 그에게 하십시오" ³⁴아비멜렉과 그와 함께 있는 모든 백성이 밤에 일어나 네 무리로 나누어 세겜에 맞서 매복했다 ³⁵에벳의 아들 가알은 나와서 그 성읍의 문 입구에 섰고 아비멜렉과 그와 함께한 백성은 매복한 곳에서 일어났다 ³⁶가알이 그 백성을 보고 스불에게 말하였다 "저 산들의 정상에서 내려오는 백성을 보아라" 스불이 그에게 말하였다 "너는 산들의 그림자를 사람처럼 보았구나" ³⁷가알은 말하기를 추가하며 다시 말하였다 "보아라 백성이 저 땅의 가운데로 내려오고 있고 한 무리가 므오느님 상수리나무 길을 따라 들어오고 있다" ³⁸스불이 그에게 말하였다 "네가 '아비멜렉은 누구길래 우리가 그를 섬기는가' 라고 말하던 너의 입은 어디에 있느냐 이는 네가 멸시하던 그 백성이 아니냐 이제 제발 너는 나가서 그들과 싸우라" ³⁹가알이 세겜 가장들의 면전으로 나가 아비멜렉과 접전했다 ⁴⁰아비멜렉은 그를 추격했고 그(가알)는 그들의 면전에서 도망쳤다 성문 입구까지 부상을 당하여 엎드러진 자들이 수다했다.

21 　아비멜렉: 배신의 배후

왕이 되려고 70여 명의 무고한 사람들을 죽이는 일을 공모하고 저지른 사람들 사이에 배신이 일어난다. 그 배신은 악한 영에 의해 촉발된 일이었다. 악한 영은 하나님의 심판을 위해 파견된 섭리의 도구였다. 배신은 에벳의 아들 가알로 말미암아 세겜 가장들에 의해 일어났다. 그들은 그들의 신전에 모여서 아비멜렉 왕을 저주했다. 그를 섬기지 않고 하몰의 후손을 섬기기로 결의했다. 왕과 더불어 비방을 받은 스불은 이 역모를 왕에게 보고했고 해결책도 마련해서 전달했다. 결국 아비멜렉 왕은 배신을 진압하고 배신자의 무리를 소탕했다. 배신과 진압은 그들 모두에게 가해진 하나님의 정의로운 벌이었다. 그러나 이 영적인 사실에 그들은 무지했다.

²²아비멜렉이 이스라엘을 ³년 다스렸다

사사기 저자는 아비멜렉을 언급할 때에 "왕"이라는 직분을 생략한다. 왕으

로 인정하지 않으려는 그의 의도를 따라 저자는 그의 다스림를 설명하기 위해 특이한 단어를 사용한다. 즉 왕의 통치를 표현하는 동사 "말라크"(מָלַךְ)가 아니라 제후나 재판관의 다스림을 묘사할 때(잠 8:16, 사 32:1)에 사용되는 동사 "사라르"(שָׂרַר)를 채택한다. 이로써 사사기 저자는 사람들이 누군가를 왕이라고 칭하고 그가 왕의 보좌에 앉아 있다고 해서 왕의 권위를 저절로 가지는 것은 아님을 가르친다. 그리고 그가 다스린 "이스라엘"은 백성 전체가 아닐 가능성이 높고 전체라고 하더라도 왕이 통치하는 개념과는 다른 종류의 다스림일 가능성이 높다. 사사기 저자가 보기에 그는 이스라엘 전체를 선하게 이끈 사사도 아니었고 왕도 아니었다.

아비멜렉이 이스라엘을 다스린 기간은 3년이었다. 지금까지 이렇게 짧은 기간 통치한 지도자가 있었는가! 게다가 그는 고작 3년치의 형통과 다스림을 위해 모든 형제들을 배신하고 그렇게도 많은 생명을 빼앗았다. 이는 빈대 잡으려다 초가삼간 다 태운다는 속담과 유사하다. 인생은 이처럼 어리석고 잔인하다. 아비멜렉은 그런 인생의 대명사다. 우리가 사는 시대에도 인간의 욕망이 저지르는 문제와 피해는 대단히 심각하다. 지극히 사소한 탐심의 해소를 위한 일이라 할지라도 인간은 거침없이 사람을 죽이고 지구도 더럽히고 우주도 파괴한다. 시력이 나쁘고 안목이 짧은 양처럼 코 앞의 욕구에만 집착하며 살아간다.

²³하나님이 아비멜렉과 세겜의 가장들 사이에 악한 영을 보내셨고
세겜의 가장들은 아비멜렉을 배신했다

3년간의 통치 이후에 하나님은 세겜의 가장들과 아비멜렉 사이에 "악한 영"(רוּחַ רָעָה)을 보내셨다. 눈을 의심하게 하는 구절이다. 이는 선하신 하나님은 선한 영을 보내시는 분이라는 우리의 신앙적인 상식을 뒤흔들기 때

문이다. 선하신 하나님이 어떻게 악한 영을 보낼 수 있으신가? 그런데 성경은 사사시대 이후에도 그런 사건들이 있었음을 기록하고 있다. 이스라엘 백성의 태조인 사울이 하나님의 말씀을 거역하고 여호와의 영이 그를 떠나셨을 때에 발생한 사건이다. 그때 "여호와로부터 악한 영"(רוּחַ־רָעָה מֵאֵת יְהוָה)이 사울에게 임하였다(삼상 16:14). 다른 사례로서, 하나님은 아합을 죽게 하시려고 "거짓의 영"(רוּחַ שֶׁקֶר)을 아합 주변에 있는 모든 선지자의 입에 보내셨다(왕상 22:23). 여기에서 우리는 악한 영 혹은 거짓의 영을 보내시는 하나님의 의도가 형벌이나 심판과 관계되어 있음을 확인한다.

이러한 사건들에 대해 바울은 이렇게 해석한다. "하나님이 미혹의 역사를 그들에게 보내사 거짓 것을 믿게 하심은 진리를 믿지 않고 불의를 좋아하는 모든 자들로 하여금 심판을 받게 하려 하심이라"(살후 2:11-12). 선하신 하나님은 언제나 선을 이루신다. 그런데 선한 자에게는 보상으로 선을 이루시고, 악한 자에게는 심판으로 선을 이루신다. 보상은 선한 영으로, 심판은 악한 영으로 행하신다. 죄로 말미암아 이 세상에는 거짓과 기근과 폭력과 음란과 살인과 도둑질과 탐욕이 가득하다. 그런데 이러한 부정적인 것들도 하나님은 진리를 믿고 불의를 싫어하는 모든 자들의 연단을 위해서, 진리를 부정하고 불의를 좋아하는 모든 자들의 심판을 위해서 통치의 도구로 삼으신다. 하나님의 명령을 거역한 사울에게 악한 영이, 우상을 숭배한 아합에게 거짓의 영이 주어진 것은 그들의 심판을 위함이다. 세겜의 가장들과 아비멜렉 사이에 악한 영이 보내진 것도 그들의 악행에 대한 심판을 의미한다. 여기에서 "보내다"(שָׁלַח)는 말은 물리적인 공간의 이동을 의미하는 것이 아니라 허락을 의미한다. 영적인 존재인 마귀는 이미 우리를 사방으로 우겨 싸고 있기 때문에 보냄이 필요하지 않고 다만 만물과 역사의 통치자 하나님의 허락만이 필요하다.

세겜의 가장들은 그들이 왕으로 세운 아비멜렉을 실제로 배신한다. 배신은 신의를 저버리는 행위를 가리킨다. 이러한 배신의 배후에는 악한 영의 작용이 있고 악한 영의 배후에는 하나님의 보내심이 있고 그 보내심의 이유로는 하나님의 정의로운 심판이 있음을 우리는 주목해야 한다. 욥의 경우에도 끔찍한 재앙의 배후에는 가시적인 갈대아 폭군들과 하늘의 불이 있고, 그 배후에는 악한 영의 심술과 광기가 있고, 그 배후에는 하나님의 섭리적인 허락이 있음을 성경은 가르친다. 이처럼 세상의 모든 일들에는 다수의 인과율이 작용하고 있음을 호세아는 이렇게 기록한다. "여호와께서 이르시되 그 날에 내가 응답하리라 나는 하늘에 응답하고 하늘은 땅에 응답하고 땅은 곡식과 포도주와 기름에 응답하고 또 이것들은 이스르엘에 응답하리라"(호 2:21-22). 이 세상의 모든 일들은 일종의 신적인 응답이다. 그런데 눈에 보이는 가시적인 응답을 이해할 때에 우리는 여러 겹의 인과율이 있음을 인정하고 고려해야 한다. 인간의 지성으로 추적할 수 있는 인과율의 최대치는 하늘이다. 그 이상의 영적인 인과율은 파악할 수도 없고, 설명할 수도 없는 영역이다. 그러므로 어떠한 문제에 대해서도 궁극적인 해결책은 눈에 보이는 가시적인 원인을 제거하는 것이 아니라, 악한 영의 활동을 제어하는 것이 아니라, 하나님께 돌아감에 있음을 명심해야 한다.

²⁴[이는] 칠십 명의 여룹바알의 아들들에게 [가해진] 폭력이 [되돌아] 온 것이며,
그들의 피가 그들을 죽인 그들의 형제 아비멜렉 위에 [놓인 것이며],
그리고 그의 형제들을 죽이도록
그의 손을 강하게 한 세겜의 가장들 위에 놓인 것이었다

배신의 이유는 무엇인가? 사사기 저자는 그 이유를 세겜 가장들의 내면적인 욕심이나 아비멜렉 편에서의 어떤 잘못에서 찾지 않고 정의의 성취와 결부시켜 이해한다. 아비멜렉은 세겜 가장들과 함께 형제들을 배신했다. 그들을 죽여서 바알에게 제물로 바치는 폭력을 가하였다. 사사기 저자는

배신을 그 "폭력"(חָמָס)이 그들에게 되돌아간 것이라고 규정한다. 배신은 배신이 낳은 결과였다. 칼로 일어선 자는 칼로 망한다(마 26:52)는 예수님의 말씀은 예수님 이전에도 하나님의 섭리였다. 배신으로 말미암아 아비멜렉 형제들의 피는 그들의 죽음을 주도한 아비멜렉 위에, 그를 도운 공모자인 세겜 가장들 위에 뿌려진다. 생명의 피를 흘린 자는 반드시 자신의 생명도 빼앗긴다. 이는 태고의 때로부터 정해진 하나님의 섭리였다. "사람이나 사람의 형제면 그에게서 그의 생명을 찾으리라"(창 9:5).

25세겜의 가장들이 그 산들의 꼭대기에 그를 대항하여 사람들을 매복시켜 그 길로 지나가는 모든 것을 탈취하게 하였는데 이것이 아비멜렉에게 알려졌다

사사기 저자는 세겜 가장들의 비리를 고발한다. 그들은 산들(아마도 에발산과 그리심산 등)의 꼭대기에 숨어서 행인들의 모든 것을 탈취했다. 이 약탈은 그들이 아비멜렉 왕의 등극에 혁혁한 공을 세웠으나 충분한 대접을 받지 못했기에 그 대접을 스스로 챙기려는 심산의 결과일 가능성이 높다. 왕에 대한 그들의 불만이 읽히는 대목이다. 사사기 저자는 이 약탈이 왕을 향하여(לֹו) 저질러진 일이라고 지적한다. 이 약탈은 왕에 대한 서운함의 표출과 충성심의 회수를 암시한다. 그러나 이런 암시에 대한 언급이 전혀 없는 것은 세겜 가장들의 배신이 인간적인 원인을 넘어 하나님의 심판과 직결되어 있음을 사사기 저자가 강조하기 위함이다. 세겜 가장들의 매복과 약탈 소식은 비록 누가 귀띔해 준 것인지는 모르지만 아비멜렉 왕의 귀에 들어갔다. 만약 왕이 이 사실을 몰랐다면 세겜 가장들의 일방적인 배신으로 끝났을 일이지만 왕에게 알려진 이상 쌍방간의 배신으로 증폭된다. 그들은 모두 서로를 의심하고 경계하고 없애려는 악한 생각에 휩싸인다. 그런 생각이 족쇄처럼 양 진영의 마음과 삶을 결박하고 있는 것은 그 자체로

이미 하늘의 심판이다.

> 26에벳의 아들 가알과 그의 형제들이 세겜을 가로질러 왔다
> 세겜의 가장들이 그를 신뢰했다 27그들은 밭으로 가서
> 그들의 포도를 수확하고 밟아서 [포도즙을 짜고] 연회를 베풀었다
> 그들은 그들의 신당으로 가서 먹고 마시며 아비멜렉을 저주했다

서로에 대한 적대적인 마음을 입으로 꺼낸 사람이 등장한다. 그는 세겜 바깥에서 온 외지인 에벳의 아들 가알이다. "가알"(גַּעַל)은 "혐오"를 의미하는 이름이다. 그의 아버지 "에벳"(עֶבֶד)은 "종 혹은 노예"를 의미하는 이름이다. "나의 아버지가 왕"이라는 이름을 가진 왕의 아들과 "혐오"라는 이름을 가진 종의 아들이 절묘하게 대비된다. 종은 왕을 혐오하는 신분이다. 그 혐오가 자신의 형제들을 데리고 세겜으로 왔다. 세겜의 가장들은 이스라엘 출신의 왕을 혐오하는 가알을 신뢰했다. "신뢰하다"(בָּטַח)는 주로 하나님에 대한 신뢰를 묘사할 때 사용되는 낱말이다(왕하 18:5, 22, 30; 시4:5, 9:10, 13:5, 125:1). 그런데 세겜 사람들은 하나님이 아니라 사람을 신처럼 신뢰했다. 그들이 신뢰하는 가알과 그의 형제들을 위해 밭으로 가서 싱싱한 포도를 수확하고 달콤한 즙을 만들어서 최고의 연회를 베풀었다. 이는 그들 사이의 끈끈한 신뢰를 보여주는 물증이다. 배신의 거시적인 분위기 속에서 신뢰의 미시적인 관계가 정변을 도모하고 있다. 배신이 가알과 세겜의 가장들을 하나로 묶은 신뢰의 끈이라는 역설이 참으로 기묘하다. 배신의 공감대는 신뢰의 기반이고 신뢰는 배신의 든든한 밑천이다. 배신을 위한 신뢰와 신뢰를 위한 배신, 둘 중에서 어느 것이 더 올바른가? 비교할 수 없을 정도로 둘 다 올바르지 않다. 그런데 세상에서 합리적인 사람은 신뢰에 기초한 하나됨을 선호한다. 나도 그런 사람이다. 그러나 세상에는 그 신뢰의

용도가 선행을 위한 연대가 아니라 사익을 위한 배신일 경우가 태반이다.

가알과 세겜의 가장들은 연회에 흠뻑 취하여 그들을 하나로 묶어준 신뢰의 본색을 드러낸다. 그들이 서로를 신뢰하는 것은 종교적인 근거와 정치적인 근거 때문이다. 종교적인 근거로서, 그들은 함께 그들의 신을 모신 신당으로 가서 먹고 마시며 우상을 숭배했다. 정치적인 근거로서, 그들이 가장 엄숙하게 여기는 신당에서 한 마음으로 행한 것은 아비멜렉을 저주하는 것이었다. 하나님의 승인 없는 인간의 저주는 효력이 없지만 이들은 연대를 위해 동일한 대상을 저주했다. 이로써 이들은 서로의 신뢰를 확보하는 동시에 하나님에 대한 신의는 저버렸고 왕에 대한 신의도 저버렸다. 종교적인 배신이 정치적인 배신으로 이어졌다. 이처럼 공동의 이중적인 배신이 가알과 세겜의 가장들로 하여금 서로를 묶어주는 신뢰의 끈이었다.

28에벳의 아들 가알이 말하였다 "아비멜렉은 누구이며 세겜은 누구길래
우리가 아비멜렉을 섬기는가? [그는] 여룹바알의 아들이 아닌가?
스불은 그의 신복이 아닌가? 너희는 세겜의 아버지
하몰의 사람들을 섬겨라 어찌 우리가 아비멜렉을 섬기는가?

가알은 아비멜렉과 세겜의 정체성 문제를 제기하며 자신의 야심을 드러낸다. 자신에게 권력이 주어지면 아비멜렉 왕부터 제거할 것이라고 한다. 이러한 야심의 성취를 위해 그는 세겜 사람들과 아비멜렉 사이의 관계성 즉 그들이 아비멜렉을 왕으로 섬기고 아비멜렉은 그들을 다스리는 이런 지배와 종속의 관계성에 의문을 제기한다. 가알은 세겜 사람들이 섬기는 아비멜렉은 자신들이 섬기는 바알을 적대시한 기드온의 아들임을 지적하며 종교적인 적대감을 부추긴다. 왕은 세겜 사람들의 바알 숭배에 전혀 도움이 되지 않는 자라는 편견을 주입한다. 그리고 이스라엘 출신인 아비멜렉 왕

과는 달리 세겜은 하몰의 아들이다. 지금 가알은 자신의 리더십 확보를 위해 세겜 성읍의 장구한 역사와 전통을 건드린다. 세겜의 역사는 창세기 34장으로 소급된다. 그의 아버지는 하몰이다. 세겜은 이스라엘 즉 야곱의 딸 디나를 강간했다. 여동생을 욕보인 세겜의 범죄 때문에 야곱의 아들 시므온과 레위는 하몰의 가문에 속한 모든 남자들을 몰살했다. 가알은 두 민족 사이의 이러한 역사적 적대감을 은근히 부추긴다. 하몰의 가문은 몰락하여 노예로 전락했다. 가알은 세겜 사람들이 마치 그런 노예의 자식들인 것처럼 억울한 분위기를 조성한다. 과거에 아비멜렉이 세겜 사람들을 선동한 방식과 유사하다. 혈통적인 선동을 혈통적인 선동으로 갚는 모양새다.

이로써 가알은 하몰의 자손이 기드온의 아들에 비해 세겜 사람과의 혈통적인 연대감이 더 크다는 점을 강조한다. 그리고 왕이 신봉하는 스불의 정체성에 대해서도 의문을 제기한다. 혹시 세겜 출신의 방백이라 할지라도 그는 자신의 신들을 파괴한 기드온의 아들 아비멜렉 왕의 측근이며 그의 복심이다. 하몰이 아니라 이스라엘 소속일 가능성이 높다. 사실 세겜에는 다양한 민족들이 오랜 역사 속에 섞이면서 공존하고 있다. 그런데 가알은 스불도 하몰의 후손이 아니라는 분위기를 조성한다. 그리고 가알은 질문한다. 세겜 사람들이 섬겨야 할 사람은 누구인가? 왕과 그의 신복을 섬기는 것은 종교적인 관점과 혈통적인 관점 모두에서 보더라도 부당하다. 그래서 왕보다는 세겜의 아버지 하몰의 후손들을 섬기는 것이 그들에게 합당한 일이라고 주장하며 그들의 '합당한' 배신을 선동한다. 이러한 가알의 주장은 실제로 세겜 사람들의 귀에 대단히 솔깃한 말이었다. 가알의 주장은 타당했다. 게다가 사람이 사람을 다스리고 지배하는 것은 창조의 질서에도 위배된다. 상식을 가진 자라면 누구든지 가알의 논지에 동의하게 된다.

여기에서 나는 두 가지를 생각한다. 첫째, 인간은 혈통에 따른 친밀감과 창조의 질서에 대한 올바른 지식도 배신을 도모하기 위한 신뢰 구축의 명분으로 얼마든지 활용한다. 바른 지식을 사용하되 공적인 유익을 위해 선용하지 않고 사적인 유익을 위해 악용한다. 악한 목적을 위해 선한 수단들을 동원한다. 둘째, 아비멜렉은 혈통적인 친분을 앞세우며 외가의 사람들을 동원하여 형제들을 죽이고 왕으로 등극했다. 그런데 그를 배신하는 자들이 앞세운 명분도 동일하게 혈통적인 것이었다. 이에는 이로, 눈에는 눈으로 갚으시는 하나님의 무서운 정의의 실현을 여기에서 확인한다.

²⁹누군가가 나에게 이 백성을 준다면 나는 아비멜렉을 [반드시] 제거할 것이다"
그가 아비멜렉을 향해 말하였다 "너는 너의 군대를 증원하여 나오라"
³⁰그 성읍의 방백 스불이 에벳의 아들 가알의 말을 듣고 분노를 격발했다

가알은 세겜 사람들을 자신에게 맡긴다면 그들과 혈통적인 관계가 빈약한 아비멜렉 왕을 제거할 것이라고 장담한다. 세겜 사람들이 자신을 신뢰하고 환대하고 있기 때문에 자신에게 전폭적인 지지를 보낼 것이라고 믿고 가알은 아비멜렉 왕을 향하여 군대를 증원하여 덤비라고 부추긴다. 이는 왕이 지금 가진 군대의 규모도 능히 이기지만 군사력을 키운다고 할지라도 너끈히 이길 것이라는 허풍이다. 가알의 허풍을 들은 그 성읍의 방백 스불은 분노했다. 이는 그들이 아비멜렉 왕만이 아니라 왕에게 충성한 자신까지 세겜의 적자가 아니라 기도온의 아들을 섬기는 배신자로 몰아가기 때문이다. 상황이 묘하게 돌아간다. 세겜 사람들과 아비멜렉 사이만이 아니라 세겜 내에서도 갈등과 분열이 일어나고 있다. 그런데 이것은 권력을 독점하기 위해 구원의 은인과 형제들을 배신한 자들의 필연적인 운명이다. 그리스도 밖에서 이루어진 연합의 한계를 잘 드러낸다.

³¹그가 전령들을 비밀리에 아비멜렉에게 보내어 말하였다

"보십시오 세겜으로 오는 에벳의 아들 가알과 그의 형제들을! 보십시오
그들이 당신과 맞서며 그 성읍을 장악하고 있습니다
32당신 및 당신과 함께한 백성은 이제 밤에 일어나 밭에서 매복을 하십시오
33아침에 태양이 떠오를 때 당신은 일찍 일어나서 이 성읍으로 불시에 침투하면
그 및 그와 함께한 사람이 당신에게 나아오는 것을 보십시오
당신은 당신의 손이 발견한 것처럼 그에게 하십시오"

스불은 전령들을 비밀리에 아비멜렉 왕에게 급파해서 게셈의 상황을 보고
했다. 어떤 학자들은 "속여서 혹은 비밀리에"(בְּתָרְמָה)를 의미하는 단어가
"아로마에"(בָּאֲרוּמָה)을 의미하는 단어의 필사 부주의로 발생한 오탈자일
것이라고 주장한다. 그러나 나는 70인경의 헬라어 번역을 존중하며 본래
의 히브리어 의미와 상응하는 "은밀하게"(ἐν κρυφῇ)로 해석한다. 배신과 반
역의 분위기가 뜨거워진 상황에서 스불은 가알의 눈치를 살피며 약간의 속
임수를 쓴다. 전령들을 통해 은밀하게 가알과 그의 형제들이 세겜으로 와
서 세겜 성읍으로 하여금 왕을 대적하게 만든다는 사실을 왕에게 보고한
다. 이 사태를 조기에 진압하는 최적의 방법으로 매복과 기습 공격을 제안
한다. 아무도 보이지 않는 밤에 매복하고 밝은 아침에 공격해야 한다는 작
전의 순서와 시간까지 조언한다. 매복한 군사들이 아침에 왕에게 나아오는
반역자를 보면 그때 마음대로 처단하는 것이 좋다고 제안한다. 스불은 세
겜 성읍을 관리하는 방백이기 때문에 그쪽 지형에 밝은 사람이고 세겜 사
람들의 동선을 정확히 파악하고 있다. 그러나 가알과 그의 사람들은 스불
이 그들의 쿠데타 공모를 알고서 아비멜렉 왕에게 전령들을 보내어 보고
하고 치밀한 전략을 세웠다는 사실을 모르고 있는 상황이다. 이처럼 전쟁
의 운동장은 기울어져 있다.

³⁴아비멜렉과 그와 함께 있는 모든 백성이 밤에 일어나 네 무리로 나누어
세겜에 맞서 매복했다 ³⁵에벳의 아들 가알은 나와서 그 성읍의 문 입구에 섰고
아비멜렉과 그와 함께한 백성은 매복한 곳에서 일어났다

아비멜렉 왕과 그의 모든 백성은 스불의 조언을 따라 밤에 일어났다. 네 무리로 나누었다. 그리고 세겜 사람들의 진격을 대비하여 매복했다. 과거에 아이성 전투에서 여호수아도 매복했다. 그러나 이것은 아비멜렉 경우와는 달리 사람의 조언이 아니라 하나님의 명령에 따른 것이었다(수 8:2). 스불이 예상한 것처럼 아침에 가알이 나타났다. 그가 성읍의 문 입구로 들어섰다. 지금 가알과 그의 사람들은 세겜의 성문을 차지하고 있다. 그들의 허락 없이는 출입이 불가능할 정도로 세겜 성읍은 가알에 의해 장악되어 있다. 가알은 성문 입구에 서서 주변을 시찰한다. 이때 왕과 그의 백성은 매복한 곳에서 일어섰다. 이들의 움직임이 가알의 눈에 발각된다. 이것은 스불의 조언에 따른 아비멜렉 왕과 그 백성의 의도적인 노출일 가능성이 있다.

³⁶가알이 그 백성을 보고 스불에게 말하였다
"저 산들의 정상에서 내려오는 백성을 보아라" 스불이 그에게 말하였다
"너는 산들의 그림자를 사람처럼 보았구나" ³⁷가알은 말하기를 추가하며
다시 말하였다 "보아라 백성이 저 땅의 가운데로 내려오고 있고
한 무리가 무오느님 상수리나무 길을 따라 들어오고 있다"

아비멜렉 왕과 그를 따르는 백성을 발견한 가알은 평소에 수상한 첩자처럼 불쾌하게 여긴 스불에게 세겜을 둘러싼 산들의 정상에서 내려오는 백성을 보라고 말하였다. 가알의 의심을 감지한 스불은 가알이 본 것은 백성이 아니라 산들의 그림자일 뿐인데 사람인 것처럼 보았다고 했다. 가알은

스불의 답변에 흥분한다. 왜냐하면 자신은 산들의 그림자가 아니라 사람을 분명히 보았기 때문이다. 그래서 스불에게 다시 말하며, 백성이 산에서 성읍으로 내려오고 있고 무오느님 상수리나무 길로 들어오고 있음을 강조한다. 이러한 대화의 분위기도 스불의 전략일 가능성이 높다. 가알로 하여금 스불과 아비멜렉 왕이 공모를 해서 자기를 공격하고 있다는 느낌을 받도록 하여 성급한 조치를 취하게 만드는 전략이다. 가알은 이전에 아비멜렉 왕과의 전쟁을 선포했다. 그의 마음에는 전쟁의 열기가 타오르고 있다. 게다가 자신이 속았다고 생각하면 그 속임수가 일으키는 분노 때문에 분별력도 떨어진다. 스불은 그런 성향의 역이용을 도모하고 있는 것은 아닌지 모르겠다.

38스불이 그에게 말하였다 "네가 '아비멜렉은 누구길래 우리가 그를 섬기는가'라고 말하던 너의 입은 어디에 있느냐 이는 네가 멸시하던 그 백성이 아니냐 이제 제발 너는 나가서 그들과 싸우라" 39가알이 세겜 가장들의 면전으로 나가 아비밀렉과 접전했다 40아비멜렉은 그를 추격했고 그(가알)는 그들의 면전에서 도망쳤다 성문 입구까지 부상을 당하여 엎드러진 자들이 수다했다

스불은 가알의 무리가 수습할 수 없을 정도로 전세가 왕에게로 기운 것을 확인하고 가알에게 싸움을 촉구한다. 그는 가알이 이전에 했던 발언 즉 핏줄이 다른 아비멜렉을 섬길 하등의 이유가 없다고 한 그의 말을 가알에게 들려주며 그렇게 말하던 "너의 입은 어디에 있느냐"고 다그친다. '너의 말이 공허한 구호가 아니라면 말한 대로 행하라'고, '네가 그렇게도 멸시하던 이스라엘 백성이 드디어 눈 앞에 있으니까 그들과 싸우라'며 그를 자극한다. 자기의 눈에는 산들의 그림자로 보이는데, 가알의 눈에는 백성으로 보인다면 나가서 그 백성을 마음대로 없애라고 부추긴다. 스불은 영리하다.

이에 가알은 스불의 화술에 넘어간다. 술기운에 내뱉은 말이 부메랑이 되어 자신에게 돌아왔다. 자신의 허풍이 자신의 발목을 잡은 셈이었다. 결국 가알은 대적이 자신을 기만하고 꼬드겨서 이기기 위해 매복해 있는 줄도 모르고 경솔하게 상대방이 판 함정으로 뛰어든다. 세겜의 가장들과 더불어 아비멜렉 무리와 싸우러 나갈 때에 다른 누구보다 앞장섰다. 아비멜렉은 이 기회를 놓치지 않고 매복해 있는 군사들을 통해 가알과 그의 무리를 사방에서 공격한다. 패색이 짙은 상황을 감지한 가알은 세겜 가장들의 면전에서 도망치고 왕은 그를 추격한다. 이 싸움으로 부상을 당하여 엎드러진 사람들이 숱하였다. 가알은 자신을 지지하는 사람들의 면전에서 용맹한 장군처럼 앞장을 섰지만 결국 그들의 면전에서 도망치는 부끄러운 수치를 당하였다. 자랑이 치욕으로 변하였다.

아비멜렉은 가알의 반역과 세겜 가장들의 배신을 스불의 도움으로 진압했다. 이 사건에서 우리는 두 진영의 승패 문제보다 배신으로 인한 분열의 문제가 더욱 심각한 것임을 확인한다. 이 분열의 원인은 악한 영이었다. 그 영이 세겜 가장들과 아비멜렉 사이에 주어진 것은 행한 대로 갚으시는 하나님의 정의로운 심판에 따른 결과였다. 이러한 사태의 본질을 만약 아비멜렉이 알았다면 하나님께 엎드려 진노 중에라도 긍휼을 베풀어 달라고 기도하며 돌이켜야 했다. 그러나 그는 하나님께 돌아오지 않았고 자잘한 싸움의 승리를 만끽했다. 이 싸움에서 패하고 죽임을 당한 자들은 이전에 자신의 거사를 도운 동료였다. 그 많은 동료들을 죽인 것이 무슨 승리인가! 세상은 그것을 승리로 간주하고 좋아한다. 그러나 정확하게 보면 승리가 아니라 비극이다. 하나님을 배신하고 떠나 우상을 숭배하는 자의 마땅한 비극이다.

세상에는 타인을 죽이고 그의 눈에 피눈물을 흘리게 하면서도 자신의 권력과 이득을 챙기기 위해 연대하는 사람들이 많다. 하나님의 정의를 오물로 바꾸고 하나님의 긍휼을 멸시하는 이러한 폭력에 가담한 사람들 사이에는 반드시 배신이 개입한다. 정치계, 예술계, 경제계, 교육계, 스포츠계, 산업계 등을 불문하고 모든 곳에서 비열한 결탁과 야비한 배신이 난무하고 있다. 그러한 상황 속에서 어떤 진영을 편들고 줄을 대는 것은 하나님의 뜻과 전혀 무관하다. 교회는 배신의 표면이 아니라 배신의 배후를 주목해야 한다. 특정한 이념이나 특정한 정파나 특정한 학파나 특정한 이익을 편드는 것이 아니라 범사에 하나님의 나라와 의를 추구해야 한다. 우리가 누구의 편이어야 하는가? 아비멜렉 편에 설 것인가? 아니면 가알에게 줄을 댈 것인가? 둘 다 나쁜 놈들이다. 오늘날의 사람들은 대체로 가알과 아비멜렉 사이의 선택에 내몰리고 있다. 무언가를 택하는 것 자체가 함정인 상황이다. 이에 우리는 언제나 하나님의 편이어야 한다. 사사기는 세상의 본질을 드러내고 세상에서 세상이 된 교회 이야기를 기록하고 있다. 배신이 범람하는 사사의 시대에, 신뢰가 배신의 도구로 활용되는 지금의 시대에, 우리는 진실로 하나님을 배신하지 말고 마지막 순간까지 그분을 신뢰해야 한다. 하나님의 정의를 드러내고 하나님의 긍휼을 실천해야 한다. 배신과 분열의 배후에는 악한 영들의 참소가 있고, 그 배후에는 하나님의 심판이 있음을 늘 의식해야 한다. 교회는 세상에서 소소한 승리에 도취되지 말고 하나님께 가까이 나아가는 싸움에서 승리해야 한다. 이 세상을 불쌍히 여겨 달라고 회개하며 하나님의 무궁한 긍휼에 호소해야 한다.

삿 9:41-57

⁴¹아비멜렉은 아루마에 거주하고 스불은 가알과 그의 형제들을 쫓아내어 세겜에 거주하지 못하게 하더니 ⁴²이튿날 백성이 밭으로 나오매 사람들이 그것을 아비멜렉에게 알리니라 ⁴³아비멜렉이 자기 백성을 세 무리로 나누어 밭에 매복시켰더니 백성이 성에서 나오는 것을 보고 일어나 그들을 치되 ⁴⁴아비멜렉과 그 떼는 돌격하여 성문 입구에 서고 두 무리는 밭에 있는 자들에게 돌격하여 그들을 죽이니 ⁴⁵아비멜렉이 그 날 종일토록 그 성을 쳐서 마침내는 점령하고 거기 있는 백성을 죽이며 그 성을 헐고 소금을 뿌리니라 ⁴⁶세겜 망대의 모든 사람들이 이를 듣고 엘브릿 신전의 보루로 들어갔더니 ⁴⁷세겜 망대의 모든 사람들이 모인 것이 아비멜렉에게 알려지매 ⁴⁸아비멜렉 및 그와 함께 있는 모든 백성이 살몬 산에 오르고 아비멜렉이 손에 도끼를 들고 나뭇가지를 찍어 그것을 들어올려 자기 어깨에 메고 그와 함께 있는 백성에게 이르되 너희는 내가 행하는 것을 보나니 빨리 나와 같이 행하라 하니 ⁴⁹모든 백성들도 각각 나뭇가지를 찍어서 아비멜렉을 따라 보루 위에 놓고 그것들이 얹혀 있는 보루에 불을 놓으매 세겜 망대에 있는 사람들이 다 죽었으니 남녀가 약 천 명이었더라 ⁵⁰아비멜렉이 데베스에 가서 데베스에 맞서 진 치고 그것을 점령하였더니 ⁵¹성읍 중에 견고한 망대가 있으므로 그 성읍 백성의 남녀가 모두 그리로 도망하여 들어가서 문을 잠그고 망대 꼭대기로 올라간지라 ⁵²아비멜렉이 망대 앞에 이르러 공격하며 망대의 문에 가까이 나아가서 그것을 불사르려 하더니 ⁵³한 여인이 맷돌 위짝을 아비멜렉의 머리 위에 내려 던져 그의 두개골을 깨뜨리니 ⁵⁴아비멜렉이 자기의 무기를 든 청년을 급히 불러 그에게 이르되 너는 칼을 빼어 나를 죽이라 사람들이 나를 가리켜 이르기를 여자가 그를 죽였다 할까 하노라 하니 그 청년이 그를 찌르매 그가 죽은지라 ⁵⁵이스라엘 사람들이 아비멜렉이 죽은 것을 보고 각각 자기 처소로 떠나갔더라 ⁵⁶아비멜렉이 그의 형제 칠십 명을 죽여 자기 아버지에게 행한 악행을 하나님이 이같이 갚으셨고 ⁵⁷또 세겜 사람들의 모든 악행을 하나님이 그들의 머리에 갚으셨으니 여룹바알의 아들 요담의 저주가 그들에게 응하니라

❖ ❖ ❖

⁴¹아비멜렉은 아루마에 머물렀고 스불은 가알과 그의 형제들이 세겜에 머물지 못하도록 몰아냈다 ⁴²이튿날이 되니 그 백성이 그 밭으로 나왔고 [이 사실은] 아비멜렉에게 알려졌다 ⁴³그는 [자기] 백성을 세 무리로 나누었고 매복했다 그 백성이 성읍에서 나오는 것을 보고 일어나 그들을 공격했다 ⁴⁴아비멜렉 및 그와 함께한 무리는 침투하여 성문 입구에 섰고 두 무리는 그 밭에 있는 모든 자들을 공격하고 그들을 제거했다 ⁴⁵아비멜렉은 그 날 종일토록 그 성읍에서 싸웠으며 그 성읍을 점령하고 거기에 있는 그 백성을 죽이고 그 성읍을 허물고 소금을 뿌렸다 ⁴⁶세겜 망대의 모든 주인들이 [이 사실을] 듣고 엘브릿 신당의 밀실로 들어갔다 ⁴⁷세겜 망대의 모든 주인들이 모였다는 것이 아비멜렉에게 알려졌다 ⁴⁸아비멜렉 및 그와 함께한 모든 백성이 살몬 산으로 올라갔다 아비멜렉이 자신의 손으로 도끼를 취하고 나뭇가지를 잘라 들어올려 자신의 어깨에 두면서 그 백성에게 말하였다 "너희는 내가 행하는 것을 보고 너희도 나처럼 서둘러 행하라" ⁴⁹그 모든 백성도 각자가 그 가지를 찍어서 아비멜렉을 따라 밀실 위에 놓고 그것들이 얹혀 있는 밀실에 불을 놓으매 세겜 망대의 모든 사람들이 죽었는데 남녀가 천 명이었다 ⁵⁰아비멜렉이 데베스로 가서 데베스에 진을 치고 그것을 점령했다 ⁵¹성읍 가운데에 견고한 망대가 있었는데 그 성읍의 모든 남녀와 모든 주인들이 그곳으로 도망갔다 그들은 그들의 뒤에 [있는 문을] 잠그고 그 망대의 꼭대기로 올라갔다 ⁵²아비멜렉이 그 망대까지 와서 그 안을 공격하며 거기에 불을 지르려고 그 망대의 입구까지 갔다 ⁵³그리고 한 여인이 맷돌의 위짝을 아비멜렉의 머리 위에 던져서 그의 두개골을 깨뜨렸다 ⁵⁴아비멜렉은 자신의 무기들을 든 젊은 이를 급하게 불러서 그에게 말하였다 "너는 너의 검을 뽑아 나를 죽여라 사람들이 나를 가리켜 '여자가 그를 죽였다'고 말하지 못하도록!" 그 젊은이가 그를 찌르니 그가 죽었더라 ⁵⁵이스라엘 사람들은 아비멜렉이 죽은 것을 보고 각자 자신의 처소로 [돌아갔다 ⁵⁶하나님은 아비멜렉이 그의 형제들 ⁷⁰명을 죽이면서 자기 아비에게 행한 악을 갚으셨다 ⁵⁷하나님은 또한 세겜 사람들의 모든 악을 그들의 머리에 갚으셨다 여룹바알의 아들 요담의 저주가 그들에게 응하였다

22   아비멜렉: 정의가 이끄는 역사

본문은 세겜과 세겜 망대의 사람들이 저지른 악행과 아비멜렉이 저지른 악행에 대한 신적인 갚음을 설명한다. 악행을 저지른 자들에 대한 하나님의 정의로운 심판이 악행의 피해자가 악행의 가해자를 응징하는 방식이 아니라 하나는 함께 쿠데타를 일으킨 동료들 사이의 불화와 배신을 통해, 다른 하나는 이전의 악행과 아무런 연관성도 없는 한 여인이 던진 맷돌을 통해 집행되는 것이 특이하다. 이 세상의 모든 사건들은 비록 외적인 연관성이 약하거나 없다고 할지라도 하나님의 거대한 섭리 속에서는 어떤 식으로든 서로 연결되어 있다. 연관성이 없어 보이는 사건들이 오히려 하나님의 섭리를 더 잘 드러낸다. 이 세상을 바르게 이해하기 위해서는 하나님의 정의를 중심으로 모든 사건의 은밀한 연관성을 영적인 안목으로 파악해야 함을 깨닫는다.

41아비멜렉은 아루마에 머물렀고

스불은 가알과 그의 형제들이 세겜에 머물지 못하도록 몰아냈다

세겜 성읍의 입구에서 승리한 아비멜렉은 가알과 그의 형제들을 세겜에서 몰아내는 일을 스불에게 맡기고 자신은 아루마에 머물렀다. 아루마의 위치는 세겜의 남동쪽에 8km 정도 떨어진 키르벳 엘 오르메로 추정하는 사람들도 있지만 명확하지 않다. "아루마"(אֲרוּמָה)는 "내가 높임을 받을 것이라"는 의미의 지명이다. 이러한 지명의 의미를 고려할 때, 아비멜렉이 아루마에 머문 것은 성읍의 문턱에서 이룬 소소한 승리에 근거하여 높임을 받을 것이라는 기대감 속에서 '높아짐'에 머문 것이었다. 높아짐을 인생의 목적으로 삼은 자의 어리석은 모습이다. 이는 자신의 아버지가 왕이라는 의미의 이름을 가졌고 자신도 왕으로 높임을 받으려고 70여명의 형제들을 잔혹하게 죽인 사람다운 처신이다. 어쩌면 그의 강한 서자의식 때문에 높아짐의 욕망에 사로잡힌 것인지도 모르겠다. 그러나 하나님의 사람은 출신이 어떠하든 높아짐을 경계하고 낮아짐을 추구해야 한다. 이는 "누구든지 자기를 높이는 자는 낮아지고 누구든지 자기를 낮추는 자는 높아질 것이라"(마 23:12)는 신적인 섭리의 질서 때문이다. 왕은 가알이 세겜에 머물지 못하도록 몰아내는 일을 스불에게 위탁했다. 왕을 조롱하며 도전장을 내민 반역자를 직접 상대하는 것이 높아진 왕의 자존심을 구기는 일이었기 때문일까? 죽이는 것이 아니라 추방하는 것은 그에게 싱거운 일이었기 때문일까?

⁴²이튿날이 되니 그 백성이 그 밭으로 나왔고 [이 사실은] 아비멜렉에게
알려졌다 ⁴³그는 [자기] 백성을 세 무리로 나누었고 매복했다
그 백성이 성읍에서 나오는 것을 보고 일어나 그들을 공격했다
⁴⁴아비멜렉 및 그와 함께한 무리는 침투하여 성문 입구에 섰고
두 무리는 그 밭에 있는 모든 자들을 공격하고 그들을 제거했다

이튿날에 세겜 백성이 성읍에서 밭으로 나오자 이 소식이 왕에게 곧장 알려졌다. 세겜 사람들의 움직임을 염탐하던 스파이가 왕에게 보고했기 때문일 가능성이 높다. 왕은 이미 반역의 주범인 가알을 내쫓았다. 그런데도 남은 반역의 불씨가 있을지 몰라서 스파이를 통해 성읍을 감시했다. 백성의 수상한 움직임이 포착되자 왕은 전투를 지시했다. 이번에는 네 무리가 아니라 세 무리로 나누어서 매복했다. 성문을 열고 나오는 모습이 보이자 매복한 군사들이 일어나 그들을 공격했다. 아비멜렉 및 그와 함께한 무리는 성문 입구로 가서 밭으로 나간 백성의 퇴로를 재빠르게 차단했다. 나머지 두 무리가 밭에 있는 모든 자들을 공격하여 진멸했다. 여기에서 우리는 밭으로 나온 세겜 사람들이 무장을 했다거나 위협을 가했다는 내용의 언급이 전혀 없다는 사실을 주목해야 한다. 이런 사실에서 보면, 그 사람들은 싸우려고 밭으로 나온 것이 아니라 생업 때문에 나왔을 것으로 추정된다.

> [45]아비멜렉은 그 날 종일토록 그 성읍에서 싸웠으며 그 성읍을 점령하고
> 거기에 있는 그 백성을 죽이고 그 성읍을 허물고 소금을 뿌렸다

아비멜렉은 밭에서의 살육을 끝내고 성읍으로 들어갔다. 싸우면서 그곳을 점령했고 그곳에 거하던 사람들도 몰살했다. 그들이 거주하던 성읍도 허물었다. 거기에 소금까지 뿌렸다고 사사기 저자는 기록한다. 왕은 자신을 왕으로 세운 사람들의 반역에 대해 설득이나 타협을 시도하지 않고 오직 응징의 칼만 휘둘렀다. 이 사건은 백성의 마음을 바꾸어 관계의 회복을 추구하지 않고 반역자의 목숨 끊기에만 급급한 왕의 잔혹함을 드러낸다. 아비멜렉은 과거에 같은 아버지의 자식들도 차갑게 죽였는데 자신을 추종하던 부하들에 불과한 자들을 죽이는 것은 얼마나 쉬운 일로 여겼을까! 대체로 소 도둑은 바늘 도둑을 우습게 생각한다. 아비멜렉이 그 백성의 성읍까지

허문 것은 혹시라도 생존한 자들이 있어서 돌아와 둥지를 틀까봐 살아갈 삶의 터전마저 제거한 것이었다. 이는 반역자의 목숨을 제거하는 것으로도 채워지지 않는 무저갱 같은 그의 복수심을 잘 드러낸다. 성읍이 허물어진 폐허에 소금을 뿌리는 것은 신에 의한 저주로 말미암아 옥토가 변하여 앞으로도 생명체가 살아갈 수 없는 염전이 되게 해 달라(시 107:34)는 일종의 종교적인 저주였다. 이것을 아비멜렉 편에서 보면 반역의 완벽한 응징이다. 그러나 세겜 사람들의 입장에서 보면 이는 자신의 왕이 뒤끝의 작렬, 복수의 극치, 포악의 최대치를 드러낸 일이었다. 왕은 누구인가? 잠언이 가르치는 올바른 왕은 무력으로 자신의 힘을 과시하여 인위적인 높임을 받는 자가 아니라고 한다. 그는 "인자와 진리로 스스로 보호하고 그의 왕위도 인자로 말미암아 견고하"게 된다(잠 20:28). 그러나 아비멜렉은 왕이 가져야 할 기본적인 소양이 바닥이고, 폭군의 기질로 똘똘 뭉친 사람이다.

46세겜 망대의 모든 주인들이 [이 사실을] 듣고 엘브릿 신당의 밀실로 들어갔다
47세겜 망대의 모든 주인들이 모였다는 것이 아비멜렉에게 알려졌다

아비멜렉의 복수심은 아직도 해소되지 않고 여전히 배고프다. 이번에는 왕의 칼끝이 세겜의 망대가 세워진 요새에 거주하는 모든 주인들의 심장을 겨냥한다. 그들은 왕이 세겜 성읍에서 행한 살육의 소식을 접하였다. 그래서 엘브릿 신당의 "밀실"(צְרִיחַ)로 도피했다. 세겜 망대의 주인들이 자신을 감출 최고의 방법은 신당의 밀실이다. 그 이상의 피난처는 없다. 그들이 신당의 밀실로 간 이유는 무엇인가? 이에 대하여 성경은 침묵하고 있어서 추론해야 한다. 정치적인 이유로는, 자신들의 경제적인 도움을 받은 왕이 그 물증과 같은 신당에서 후원자를 죽이는 일은 없을 것이라는 기대감 때문이다. 신당은 아비멜렉이 왕으로 옹립되기 전에 그를 위한 정치자금 전달

의 장소(삿 9:4)였기 때문에 타당한 추론이다. 종교적인 이유로는, 바알을 언약의 주인으로 섬기는 세겜 망대의 사람들이 그 언약을 따라 자신들을 어떠한 보복의 칼에서도 지켜줄 것이라는 허망한 믿음 때문이다. 그들이 비록 은밀한 곳에 숨었지만 그들의 도피와 은신처는 왕에게 알려졌다. 이는 사람이 "언약의 주인"(אֵל בְּרִית) 즉 바알을 위해 마련된 신당의 가장 은밀한 곳에 숨더라도 숨길 수 없음을 보여준다. 가장 안전한 곳이라고 생각하고 비빈 언덕도 결코 안전하지 않음을 암시한다.

> 48아비멜렉 및 그와 함께한 모든 백성이 살몬 산으로 올라갔다
> 아비멜렉이 자신의 손으로 도끼를 취하고 나뭇가지를 잘라 들어올려
> 자신의 어깨에 두면서 그 백성에게 말하였다
> "너희는 내가 행하는 것을 보고 너희도 나처럼 서둘러 행하라"

세겜 망대 사람들의 기대는 무너졌다. 첩보를 들은 아비멜렉 및 그의 사람들이 그들의 은신처를 향해 포위망을 좁혀 왔기 때문이다. 그들은 "살몬 산"으로 올라갔다. 세겜 망대의 위치는 그 산 근처였다. 그곳에서 아비멜렉 일당은 도끼로 나무를 준비했다. 왕은 구두로 설명하기 전에 먼저 도끼를 취하여 나무를 잘라서 어깨에 짊어지는 모범을 보여주며 "나처럼 서둘러 행하라"고 명령했다. "서둘러 행하라"(מַהֲרוּ עֲשׂוּ)는 명령에서 왕의 조급함과 보복의 강렬함이 느껴진다. "나처럼"(כְמוֹנִי) 행하라는 것은 참으로 위험한 발언이다. 아비멜렉, 타인의 피를 흘려서 무력으로 왕의 보좌를 차지한 이 사람이 무슨 자격으로 자기처럼 행하라고 명하는가? "나처럼"은 자기처럼 행해도 될 만한 모범이 하나도 없는 사람이 사용할 수 없는 표현이다. 그런데 이 표현은 신적인 섭리의 이면도 가르친다. 즉 백성은 그의 지도자를 어떤 식으로든 닮는다는 사실이다. 내가 섬기는 사람들이 결국 나처럼 된다

는 것은 얼마나 무서운 사실인가! 지도자를 둘러싼 모든 구성원이 "나처럼" 행한다는 것은 부모를 비롯한 모든 종류의 리더들이 두려운 마음으로 유념해야 하는 사실이다.

아비멜렉 일당이 나무를 준비한 것은 밀실에 불을 지르기 위함이다. 그런데 나무로 신당을 불태우는 이유는 무엇인가? 그것은 세겜 사람들과 밀로의 집에 불의 보응이 있을 것이라는 요담의 예언(삿 9:20), 즉 그의 입으로 선포된 하나님의 정의로운 섭리 때문이다. 아비멜렉 일당은 요담의 말을 귀담아 듣지 않았고 오히려 요담의 말이 헛소리에 불과한 것임을 입증하고 싶었을 가능성이 높다. 그러나 그들은 자신도 모르게 나무를 찍어서 방화를 준비한다. 그들은 분명히 자신들의 자유로운 의지와 선택을 따라서 행하고 있지만 어떠한 강요나 강제를 느끼지 않으면서 무언가에 홀린 것처럼 그런 종류의 악행을 준비한다. 지극히 작은 막내 요담의 입에서 나온 말이라고 할지라도 그 말이 하나님의 뜻이라면 역사의 청사진과 같다. 모든 만물과 모든 사건이 그 말 앞에 엎드린다. 한 사람의 사소한 행동 하나도 그 청사진을 따라간다. 하나님의 섭리는 그렇게 도도하다. 사람이 바꿀 수 없으며 바꾸려는 인간의 어떠한 시도도 반드시 실패한다. 뒤집어서 생각하면 그렇게 도도하기 때문에 하나님의 뜻이 곧 역사라는 사실을 신뢰하게 된다.

⁴⁹그 모든 백성도 각자가 그 가지를 찍어서 아비멜렉을 따라
밀실 위에 놓고 그것들이 얹혀 있는 밀실에 불을 놓으매
세겜 망대의 모든 사람들이 죽었는데 남녀가 천 명이었다

아비멜렉의 명령을 들은 그의 백성은 그를 따라서 도끼로 가지를 찍어서 밀실 위에 놓고 밀실을 불질렀다. 바알의 신당은 잿더미로 변하였다. 그곳

에 거주하던 "모든 사람들"(כָּל-אַנְשֵׁי)은 바알의 가장 은밀한 곳에서 몰살을 당하였다. 사망한 자들의 규모는 무려 천 명이었다. 그들 중에 하나라도 생존하는 기적은 일어나지 않았다는 사실에서 신적인 섭리의 엄중함이 느껴진다. 보응의 칼끝은 감추어진 밀실도 찾아간다. 불경건한 바알의 신당에서 정의를 휘두른다. 빗나감이 없다. 이처럼 안전의 보루라고 여긴 밀실은 세겜 망대의 사람들을 지켜주지 못하였다. 바알은 환란의 때에 무능했다. 한편으로, 아비멜렉 일당은 너무도 잔인했다. 산 사람을 화염으로 익혀서 죽이다니! 무엇이 그들을 이토록 잔인하게 만들었나? 이러한 잔인함의 분출을 통해 얻고자 하는 유익은 무엇인가? 내가 보기에는 높임을 받으려는 그들의 욕심이 일으킨 광기가 그들을 괴물로 만들었다. 죄가 추하고 지저분한 자들의 고질적인 욕심들을 자극하여 비극을 저질렀다.

밀실로 도피해서 불태움을 당한 세겜 망대의 사람들은 천 명이었다. 이는 밀실이 그렇게 많은 사람들을 수용할 정도로 큰 것임을 암시한다. 동시에 그 밀실이 포함되어 있는 바알의 신당이 얼마나 거대한 규모를 가진 것인지도 나타낸다. 신당의 규모로 볼 때, 세겜 망대의 주민에게 바알은 너무도 소중한 인생의 중심이요 전부였다. 이로써 우리는 그들 모두가 바알의 밀실로 들어갈 정도의 강력한 종교성이 그 도성을 사로잡고 있었음을 확인한다. 그들의 종말은 참으로 비참했다. 이는 잘못된 신앙으로 우상을 숭배한 자들의 끔찍한 말로를 보여준다. 그러나 이러한 사건을 빌미로 삼아 기독교가 다른 종교를 가진 사람들을 그들의 신당에 넣고 그 신당의 밀실과 함께 불태우는 것은 하나님의 거룩한 이름으로 사적인 복수와 사적인 이익을 위해 저지르는 종교적인 만행이다. 우리는 온전한 기독교가 칼의 폭력이 아니라 사랑의 십자가를 들고 땅끝까지 정복하는 평화의 종교임을 명심해야 한다.

⁵⁰아비멜렉이 데베스로 가서 데베스에 진을 치고 그것을 점령했다
⁵¹성읍 가운데에 견고한 망대가 있었는데 그 성읍의 모든 남녀와
모든 주인들이 그곳으로 도망갔다 그들은 그들의 뒤에 [있는 문을] 잠그고
그 망대의 꼭대기로 올라갔다 ⁵²아비멜렉이 그 망대까지 와서
그 안을 공격하며 거기에 불을 지르려고 그 망대의 입구까지 갔다

천 명의 사람들을 불로 태워도 아비멜렉 일당의 보복심은 해소되지 않아 그들은 세겜 인근에 있는 데베스로 갔다. 그들의 저돌적인 행보는 살육과 승리에 취한 전쟁광의 모습이다. "데베스"(תֵבֵץ)는 "눈에 잘 띈다"는 의미의 지명이다. 이곳은 적들이 은닉할 만한 장소가 아님에도 불구하고 아비멜렉 일당은 마치 피맛에 중독된 자들처럼 사람들을 사냥하고 탐욕의 지배력을 확장하기 위해 이곳까지 왔다. 공격해서 점령했다. 두려움에 빠진 데베스의 "모든 남녀와 모든 주인들"은 모두 성읍 가운데에 있는 견고한 망대로 도피했다. 사사기 저자는 단어를 선택함에 있어서 신중하다. 특별히 세겜과 세겜 망대와 데베스 사람들을 언급할 때에 언제나 "주인" 즉 "빠알"(בַּעַל) 이라는 단어를 사용한다. "빠알"은 바알을 섬기는 백성이 바알과 같다는 사사기 저자의 신학적인 의도를 반영하는 낱말이다. 같은 맥락에서 시인은 "우상들을 만드는 자들과 그것을 의지하는 자들이 다 그와 같을 것이라"(시 115:8)고 한다. 세겜과 세겜 망대와 데베스의 진정한 주인은 누구인가? 바알이 과연 그곳들의 "빠알"인가? 주인의 의미를 가진 바알을 추종하면 그곳들의 "빠알"이 되는가?

데베스 사람들은 문을 잠그고 그 망대의 꼭대기로 올라갔다. 아비멜렉 일당은 세겜 망대를 점령할 때에 썼던 전략을 다시 구사한다. 화염은 높은 곳을 좋아하고 한 방울의 수고도 없이 망대의 꼭대기로 순식간에 타오른다. 아비멜렉은 데베스의 망대를 불태우기 위해 망대의 입구까지 갔다. 이제 나무를 쌓고 불만 붙이면 데베스의 모든 사람들도 단숨에 소탕되는 상

황이다. 그는 코앞에 놓인 짜릿한 승리의 재연에 입맛을 다시는 중이었다. 그런데 예기치 않은 사건이 발생했다.

> 53그리고 한 여인이 맷돌의 위짝을 아비멜렉의 머리 위에 던져서
> 그의 두개골을 깨뜨렸다

한 여인이 맷돌의 위짝을 아비멜렉 위로 투척했다. 그의 두개골이 박살났다. 지금까지 무적의 승리를 이어온 왕의 부푼 기대가 그렇게 순식간에 쪼개졌다. 여성이 던진 이 맷돌은 하늘에서 떨어진 날벼락이 되어 왕의 머리를 가격했다. 이 세상에서 누구도 예상하지 못한 일이었다. 사사기 저자는 이 사건에서 한 여성을 주목한다. 싸우기만 하면 승리하는 왕과 그로 말미암은 두려움 때문에 달아나는 무명의 "여인"(אִשָּׁה)을 나란히 언급한다. 그런데 강한 왕이 연약한 여성에 의해 죽임을 당하였다. 게다가 왕과 싸워서 승리한 여성은 여럿이 아니라 단 "한 명"(אֶחָד)이었다. 이처럼 한 여성이 전쟁에서 패배한 적이 없는 왕에게 유일한 패배를 안겨준 것은 이 세상에서 설명할 문법이 없는, 신의 개입을 고려하지 않고서는 이해할 수 없는 희한한 사건이다.

불패의 신화를 써 내려간 왕을 제거하기 위해서는 그의 전략과 용기와 군사력을 능가하는 책사(策士)나 전사나 군대가 있어야 한다는 것은 병법의 기본이다. 그러나 그것은 사람의 생각이다. 하나님이 전쟁의 지휘관이 되시면 모든 이야기가 달라진다. 하나님의 생각은 모든 사람의 생각이 모인 땅보다 높은 하늘보다 높다. 그분에게 모압은 "목욕통"에 불과하고 에돔은 신발장에 불과하다(시 108:9). 한 나라만이 아니라 열방도 그에게는 "통의 한 물방울과 같고 저울의 작은 티끌 같으며 섬들은 떠오르는 먼지"에 불과하다(사 40:15). 그에게 "땅에 사는 사람들은 메뚜기"와 같다(사 40:22). 가

벼운 "입김"만 부셔도 적들은 태풍에 날아가는 "초개"의 운명을 맞이한다 (사 40:24). 한 명의 여인만 있어도 최강의 제국을 능히 무너뜨릴 분이시다. "귀인들을 폐하시며 세상의 사사들을 헛되게 하시"(사 40:23)는 섭리를 이루시기 위해 하나님은 무슨 굉장한 도구가 전혀 필요하지 않은 분이시다.

54아비멜렉은 자신의 무기들을 든 젊은이를 급하게 불러서 그에게 말하였다 "너는 너의 검을 뽑아 나를 죽여라 사람들이 나를 가리켜 '여자가 그를 죽였다'고 말하지 못하도록!" 그 젊은이가 그를 찌르니 그가 죽었더라

너무도 황당한 일을 순식간에 당한 아비멜렉의 즉각적인 반응은 무엇인가? 자신의 무기들을 관리하는 젊은 병사를 급히 불러서 자신을 죽이라고 (동사의 강의형 능동(Piel)을 사용하며) 강하게 명령했다. 이는 자신이 여자의 손에 죽임을 당했다는 말이 나오고 그 말이 수많은 사람들의 귀에 들어갈 것을 우려했기 때문이다. 머리가 깨어진 아비멜렉은 사경을 헤매는 상황 속에서도 생존보다 체면을 더 중요하게 여긴 사람이다. 구겨진 체면의 회복을 위해 마지막 숨을 소비할 정도였다. 어쩌면 생존이 불가능할 정도의 위중한 상황이기 때문에 살기를 포기하고 체면 하나라도 건지려는 마지막 욕망의 표출일 가능성도 있다. 높임을 받으려는 사람이 가장 싫어하는 것은 자신의 이미지가 실추되는 거다. 결국 왕은 부하의 칼에 찔려서 생을 마감했다. 자신의 칼로 무수히 많은 타인의 생명을 삼킨 왕은 자신도 자신의 칼에 삼킴을 당하였다. 칼로 일어선 자에게 어울리는 최후였다. "여자가 그를 죽였다"는 말도 막지 못하여 야엘에게 죽임을 당한 야빈의 군대장관 시스라의 최후와 동일한 운명으로 끝난 사람으로 알려졌다.

⁵⁵이스라엘 사람들은 아비멜렉이 죽은 것을 보고 각자 자신의 처소로 [돌아]갔다

아비멜렉이 사라졌다. 권력의 욕망이 사라졌다. 살인의 병기가 사라졌다. 전쟁의 광기가 사라졌다. 복수의 기운이 사라졌다. 그가 죽은 것을 본 이스라엘 사람들은 각자 자신의 처소로 돌아갔다. 한 사람의 지도자가 이처럼 중요하다. 악한 지도자의 존재가 살아있는 동안에는 이스라엘 백성이 악의 벼랑으로 내몰렸다. 그러나 그가 죽자 다시 삶의 제자리로 돌아갔다. "의인이 형통하면 성읍이" 기뻐하고 "악인이 패망"해도 동일하게 기뻐한다(잠 11:10). "의인이 많아지면 백성이 기뻐하고 악인이 권세를 잡으면 백성이 탄식한다"(잠 29:2). 이스라엘 백성은 그동안 악인이 권력을 잡고 득세하는 바람에 악으로 물들었고 마치 살육이 정의인 것처럼 악을 저질렀다. 그런데 악인이 패망하자 그 백성은 마법에서 풀려난 것처럼 전쟁터를 떠나 삶의 현장으로, 일상으로 돌아갔다.

⁵⁶하나님은 아비멜렉이 그의 형제들
⁷⁰명을 죽이면서 자기 아비에게 행한 악을 갚으셨다

사사기 저자는 이 사건을 아비멜렉이 저지른 악행에 대해 하나님이 보응하신 것으로 해석한다. 그 악행의 내용은 자신의 형제들을 70여명이나 죽이는 것이었고, 악행의 표적에 있어서는 "그의 아비에게"(לְאָבִיו) 저질러진 것이라고 설명한다. 특이한 해석이다. 사사기 저자의 해석에 의하면, 아비멜렉의 만행은 죽은 아비에게 악을 저지르기 위해 그의 자식들을 죽인 것이었다. 이는 또한 그가 아버지 기드온에 대해 앙심을 품었다는 것을 의미한다. 이 앙심의 실체는 무엇일까? 기드온이 서자인 그에게 "나의 아버지는 왕"이라는 최고의 이름을 주었기 때문에 아비멜렉은 아버지에 대해 좋

은 마음을 가졌을 것 같은데 어떻게 그의 자식들을 몰살할 정도로 끔찍한 앙심을 품었을까? 아마도 그의 어머니와 관련된 혈통적인 앙심일 것이라고 나는 추정한다.

아비멜렉은 기드온이 머물렀던 오브라 성읍이 아니라 세겜에서 태어났다(삿 8:31). 아버지의 집에서 태어나지 않았고 태어나는 순간에도 아버지는 다른 곳에 머물렀다. 어쩌면 어머니가 첩이라는 이유로 오브라에 사는 기드온의 많은 아내들이 그녀를 따돌리며 세겜으로 내쫓았고 그런 악행을 아버지 기드온이 방관했을 가능성도 있다. 동시에 나는 그 앙심의 종교적인 근거도 의심한다. 즉 기드온의 자녀들을 한 사람씩 바위라는 제단 위에서 바알에게 제물을 바치듯이 처형한 그의 악행을 볼 때, 하나님을 올바르게 섬기고자 한 아버지의 경건과 신앙에 대해서도 앙심을 품지 않았을까? 한 사람이 싫으면 그의 신념도 싫어지고 그의 종교도 싫어진다. 어쨌든 기드온이 죽고 그의 자녀들도 살육을 당한 상황에서 기드온 가문의 억울함을 풀어줄 자가 하나도 없는 상황에서 마지막 보루처럼 하나님의 정의가 기드온의 그 모든 억울함을 맷돌로 말미암아 아비멜렉의 머리가 터지는 터무니 없는 사망의 방식으로 갚으셨다.

아비멜렉은 이렇게 하나님의 정의로운 심판을 받았지만, 그 심판 이전에 하나님은 그를 통하여 세겜 사람들의 모든 악, 즉 바알을 숭배하는 종교적인 타락과 나그네의 주머니를 터는 약탈에 대해서도 철저하게 갚으셨다. 그러면 악을 갚은 여인과 아비멜렉은 정의로운 사람인가? 이 모든 사람들은 비록 악행을 갚는 하나님의 도구로 쓰였지만, 그들의 잔인한 행위는 또 다른 정의로운 보응이 뒤따라야 할 악행이다. 겉으로는 아비멜렉의 악을 데베스의 한 여인이 갚았고, 세겜 사람들의 악은 아비멜렉이 갚았으나 이 보응의 배후에는 하나님이 계시며 그 보응이 그의 정의로운 심판임을 사사기 저자는 강조한다. 그래서 하나님을 보응의 주어로서 기술했다.

하나님은 모든 악행을 다양한 방식으로 반드시 갚으신다. 세상에 존재하는 무수한 악들을 통하여도 악행의 정의로운 갚음을 이루신다. 인간 편에서는 악으로 간주되는 것들이 하나님 편에서는 심판의 방편들과 정의의 도구들로 사용된다. 정의를 집행하는 도구로 쓰였다고 해서 그 행위 자체가 선으로 간주되는 것이 아니며 하나님의 기준에 따른 별도의 평가를 요청한다. 유다는 그리스도 예수를 팔아서 십자가에 달려 죽으시는 일에 기여했다. 그러나 그의 행위는 선으로 간주되지 않고 태어나지 않았으면 좋았을 사람의 행위로 평가된다. 세겜 사람들의 배신은 분명 아비멜렉의 악을 갚으시는 하나님의 도구였다. 그렇다고 해서 그들의 배신이 선으로 분류되는 것은 아니며 오히려 또 하나의 악행으로 간주된다. 아비멜렉이 세겜 사람들을 죽인 것도 그들에 대한 하나님의 정의로운 심판임에 분명하나 그의 학살이 선으로 분류되는 것이 아니라 악행으로 간주된다. 형제들과 세겜 사람들에 대한 아비멜렉의 모든 살육에 대해 하나님은 한 여인의 맷돌이 그의 두개골을 깨뜨리는 방식으로 갚으셨다. 하나님의 갚으시는 섭리에서 우리는 유다, 아비멜렉, 세겜 사람들 등의 악행들과 같은 배역을 맡지 말고 한 여인처럼 정당방위 차원에서, 혹은 젊은 병사처럼 왕의 명령에 따른 불가피한 순종 차원에서 악행을 갚는 배역을 담당하는 정의로운 도구여야 한다. 이것보다 중요한 역할은 적극적인 선의 도구로만 하나님께 쓰임을 받는 배역이다.

⁵⁷하나님은 또한 세겜 사람들의 모든 악을 그들의 머리에 갚으셨다
여룹바알의 아들 요담의 저주가 그들에게 응하였다

끝으로 사사기 저자는 이 모든 사건을 여룹바알의 아들 요담의 저주가 그들에게 응한 것이라고 평가한다. "저주"(קְלָלָה)의 실현은 인간의 사악한 소원이 아니라 하나님의 승인이 필요하다. 이에 대해서는 브올의 아들 발람

의 말이 정확하게 설명한다. "하나님이 저주하지 않으신 자를 내가 어찌 저주하며 여호와께서 꾸짖지 않으신 자를 내가 어찌 꾸짖으랴"(민 23:8). 하나님은 비록 인간의 저주를 통해서 저주를 명하기도 하시지만 친히 저주를 내리기도 하시는 분이시다. 요담의 저주는 전자에 해당한다. 그것은 인간의 사사로운 저주가 아니었다. 그래서 사사기 저자는 모든 악행의 심판을 하나님이 하셨다고 적시한다. 요담의 저주가 실현된 것을 보면서 우리는 사람들의 입에서 나오는 저주를 극심하게 염려할 필요도 없지만 가볍게 무시하는 것도 경계해야 함을 깨닫는다.

사람의 입에서 나오는 저주도 주의하는 것이 옳다면 하물며 성경이 선언한 저주에는 얼마나 큰 주의를 기울여야 하겠는가! 대표적인 사례로서, 모세는 "네 하나님 여호와의 말씀을 순종하지 아니"하고 "그의 모든 명령과 규례를 지켜 행하지 아니하면 이 모든 저주가 네게 임하며 네게 이를 것"이라고 했다(신 28:15). 이는 불순종에 대한 저주의 선언이다. 하나님의 모든 명령과 규례를 다 지키는 방법은 그리스도 예수의 사랑이다. 그래서 바울은 "누구든지 주를 사랑하지 아니하면 저주를 받을" 것이라고 했다(고전 16:22). 바울도 다른 저주도 선언했다. "우리가 혹은 하늘에서 온 천사라도 우리가 너희에게 전한 복음 외에 다른 복음을 전하면 저주를 받을지어다"(갈 1:8). 이는 성경의 가감을 통한 복음의 변경에 따르는 저주의 선언이다. 이 저주는 지금도 구현되고 있다. 특별히 하나님의 말씀을 맡은 모든 자들에게 주어진 이 저주의 선언은 한 치의 어긋남도 없이 반드시 실현된다. 그러므로 모든 성도와 목회자는 시내산에 올라간 모세가 경험한 두려움과 떨림을 가지고 성경을 읽고 묵상하고 연구하고 실천하며 온 세상에 가감 없이 선포해야 한다.

본문은 악행이 악행을 갚는 도구로 쓰이면서 결국 하나님의 정의로운 저주가 구현되는 내용을 기록한다. 저주의 맥락에서 악행이 다른 악행과 연결되어 있다. 로마서의 기록에 의하면, 하나님을 알면서도 영화롭게 하지 않고 감사를 돌리지도 않고 썩어질 사람과 새와 짐승과 벌레의 우상을 숭배하는 자들이 "마음의 정욕대로 더러움에" 버려지는 것과 "남자가 남자로 더불어 부끄러운 일을 행하"는 것은 "그들의 그릇됨에 상당한 보응"이다(롬 1:21, 23, 26-27). 겉으로는 아무런 관계가 없어 보이는 악행과 다른 악행이 저주의 응답에 있어서는 절묘하게 결부되어 있다. 거짓말이 질병으로 보응되는 경우, 게으름이 폭력으로 보응되는 경우, 비난과 정죄가 경제적인 손실로 보응되는 경우 등 악행과 다른 악행의 섭리적인 조합은 다양하다. 이처럼 하나님의 섭리가 "이에는 이로, 눈에는 눈으로"의 규칙에 제한되지 않고 때때로 벗어난다. 그래서 인간은 모든 사건들의 섭리적인 내막을 정확하게 파악하지 못하는 한계 때문에 성급하게 하나님의 심판을 언급하는 것은 경계해야 한다. 그럼에도 불구하고 우리는 범사에 하나님을 인정하고 그분의 촘촘한 섭리를 의식해야 한다. 역사는 모든 악을 하나도 빠뜨리지 않고 다 정확하게 갚으시는 하나님의 정의에 의해 이끌리기 때문이다. 아주 좁은 단위의 시간 속에서는 잘 파악되지 않는 하나님의 정의도 시간의 역사 전체를 보면 파악된다. 그럼에도 불구하고 아침마다 순간마다 침 삼킬 동안에도 진행되는 하나님의 실시간 정의가 비록 사람의 의식에는 감지되지 않더라도 분명히 있음을 믿음으로 인정해야 한다.

삿 10:1-18

¹아비멜렉의 뒤를 이어서 잇사갈 사람 도도의 손자 부아의 아들 돌라가 일어나서 이스라엘을 구원하니라 그가 에브라임 산지 사밀에 거주하면서 ²이스라엘의 사사가 된 지 이십삼 년 만에 죽으매 사밀에 장사되었더라 ³그 후에 길르앗 사람 야일이 일어나서 이십이 년 동안 이스라엘의 사사가 되니라 ⁴그에게 아들 삼십 명이 있어 어린 나귀 삼십을 탔고 성읍 삼십을 가졌는데 그 성읍들은 길르앗 땅에 있고 오늘까지 하봇야일이라 부르더라 ⁵야일이 죽으매 가몬에 장사되었더라 ⁶이스라엘 자손이 다시 여호와의 목전에 악을 행하여 바알들과 아스다롯과 아람의 신들과 시돈의 신들과 모압의 신들과 암몬 자손의 신들과 블레셋 사람들의 신들을 섬기고 여호와를 버리고 그를 섬기지 아니하므로 ⁷여호와께서 이스라엘에게 진노하사 블레셋 사람들의 손과 암몬 자손의 손에 그들을 파시매 ⁸그 해에 그들이 요단 강 저쪽 길르앗에 있는 아모리 족속의 땅에 있는 모든 이스라엘 자손을 쳤으며 열여덟 해 동안 억압하였더라 ⁹암몬 자손이 또 요단을 건너가 유다와 베나민과 에브라임 족속과 싸우므로 이스라엘의 곤고가 심하였더라 ¹⁰이스라엘 자손이 여호와께 부르짖어 이르되 우리가 우리 하나님을 버리고 바알들을 섬김으로 주께 범죄하였나이다 하니 ¹¹여호와께서 이스라엘 자손에게 이르시되 내가 애굽 사람과 아모리 사람과 암몬 자손과 블레셋 사람에게서 너희를 구원하지 아니하였느냐 ¹²또 시돈 사람과 아말렉 사람과 마온 사람이 너희를 압제할 때에 너희가 내게 부르짖으므로 내가 너희를 그들의 손에서 구원하였거늘 ¹³너희가 나를 버리고 다른 신들을 섬기니 그러므로 내가 다시는 너희를 구원하지 아니하리라 ¹⁴가서 너희가 택한 신들에게 부르짖어 너희의 환난 때에 그들이 너희를 구원하게 하라 하신지라 ¹⁵이스라엘 자손이 여호와께 여쭈되 우리가 범죄하였사오니 주께서 보시기에 좋은 대로 우리에게 행하시려니와 오직 주께 구하옵나니 오늘 우리를 건져내옵소서 하고 ¹⁶자기 가운데에서 이방 신들을 제하여 버리고 여호와를 섬기매 여호와께서 이스라엘의 곤고로 말미암아 마음에 근심하시니라 ¹⁷그 때에 암몬 자손이 모여서 길르앗에 진을 쳤으므로 이스라엘 자손도 모여서 미스바에 진을 치고 ¹⁸길르앗 백성과 방백들이 서로 이르되 누가 먼저 나가서 암몬 자손과 싸움을 시작하랴 그가 길르앗 모든 주민의 머리가 되리라 하니라

❖ ❖ ❖

¹아비멜렉 이후에 잇사갈 사람 도도의 아들 부아의 아들 돌라가 일어나서 이스라엘을 구원했다 그는 에브라임 산지 사밀에 거주했다 ²그는 이스라엘을 이십삼 년을 다스렸고 죽어서 사밀에 장사되었다 ³그 후에 길르앗 사람 야일이 일어나서 이십이 년 동안 이스라엘을 다스렸다 ⁴그에게는 삼십 마리의 나귀를 탄 삼십 명의 아들이 있었고 그들에게 삼십 성읍들[이 있었는데], 그것들은 길르앗 땅에 [있으며] 오늘까지 하봇 야일이라 불려진다 ⁵야일은 죽었고 가몬에 장사되었다 ⁶이스라엘 자손이 다시 여호와의 목전에 악을 행하였다 바알들, 아스다롯들, 아람의 신들, 시돈의 신들, 모압의 신들, 암몬 자손의 신들, 블레셋 사람들의 신들을 섬기고 여호와를 버리고 그를 섬기지 아니했다 ⁷여호와께서 이스라엘에게 진노를 발하셨고 블레셋 사람들의 손과 암몬 자손의 손에 그들을 파셨다 ⁸그들이 그해에 이스라엘 자손을 학대하고 박살냈다 요단 강 건너편 길르앗에 있는 아모리 족속의 땅에 있는 이스라엘 자손 전부를 십팔 년 동안이나! ⁹암몬 자손이 또 요단을 건너서 유다와 베나민과 에브라임 집안과 싸우므로 이스라엘은 너무도 괴로웠다 ¹⁰이스라엘 자손이 여호와께 부르짖어 말하였다 "우리가 당신에게 죄를 지었는데 [이는] 우리 하나님을 버리고 그 바알들을 섬긴 것입니다" ¹¹여호와께서 이스라엘 자손에게 이르시되 "애굽과 아모리와 암몬 자손과 블레셋 자손으로부터 [내가 너희를 구원하지] 않았느냐? ¹²또 시돈과 아말렉과 마온이 너희를 압제할 때 너희가 내게 절규해서 내가 너희를 그들의 손에서 구원했다 ¹³[그런데도] 너희가 나를 버리고 다른 신들을 섬기므로 내가 다시는 너희를 구원하지 않으리라 ¹⁴너희는 가서 너희가 선택한 신들에게 부르짖어 너희 환란의 때에 그들로 하여금 너희를 구원하게 하라" 하니 ¹⁵이스라엘 자손이 여호와께 말하였다 "우리가 범죄를 했습니다 당신의 눈에 좋을 대로 무엇이든 우리에게 행하소서 그러나 오늘날 비나이다 우리를 건지소서" ¹⁶그들이 자기들 가운데서 이방 신들을 제하여 버리고 여호와를 섬기니 그의 생명이 이스라엘의 역경으로 인하여 짧아졌다 ¹⁷암몬 자손이 소집되어 길르앗에 진을 쳤고 이스라엘 자손도 소집되어 미스바에 진을 쳤다 ¹⁸길르앗 백성과 방백들이 서로에게 말하였다 "암몬 자손과 싸움을 시작하고 길르앗에 거주하는 모든 자들의 머리가 될 사람은 누구인가?"

23 돌라와 야일: 우상의 평범성

본문에는 아비멜렉 이후로 이스라엘 민족을 구원한 두 명의 소사사 돌라와 야일 이야기가 등장한다. 그들의 이야기는 짧다. 종교적인 교훈이나 윤리적인 선행 이야기가 없다. 그냥 이방인에 의한 압제와 괴로움이 없는 시대였다. 그러나 그런 시대가 끝나자 이스라엘 백성은 과거의 모든 타락을 한꺼번에 몰아서 시연한다. 그들은 자신들이 경험한 모든 이방 민족들의 모든 우상들을 도입하고 숭배했다. 하나님은 진노를 발하셨다. 백성은 18년의 고통을 견디다가 그 고통의 신적인 섭리를 깨닫고 하나님께 엎드려 절규했다. 하나님의 반응은 차가웠다. 구원하지 않겠다는 대답을 들은 백성은 다시 엎드렸다. 어떠한 형벌도 달게 받겠다고 했다. 구원해 달라고 간구했다. 구원의 절박함이 그들의 눈에서 홍수를 이루었다. 하나님의 마음은 찢어졌다. 생명이 짧아질 정도였다. 본문은 이스라엘 백성의 일상화된 우상숭배 속에서도 식지 않는 하나님의 애틋한 사랑을 진술한다.

¹아비멜렉 이후에 잇사갈 사람 도도의 아들 부아의 아들 돌라가 일어나서 이스라엘을 구원했다 그는 에브라임 산지 사밀에 거주했다
²그는 이스라엘을 이십삼 년을 다스렸고 죽어서 사밀에 장사되었다

아비멜렉 이후에 이스라엘 백성은 어려움을 당하였다. 이번에는 잇사갈 사람이 그들을 구원했다. 여기에서 "구원하다"(יָשַׁע)는 말은 억압이나 압제에서 건져 주었다는 것을 의미한다. 그런데 억압의 주체와 내용이나 어떤 족속들과 싸워 이겼다는 전쟁 이야기는 없다. 사사기 저자는 그 백성을 구해낸 자의 신상만 언급한다. 그 구원자는 "잇사갈 사람 도도의 아들 부아의 아들 돌라"였다. 3대에 걸친 족보의 소개에서 역설 하나가 눈에 밟힌다. "잇사갈"은 "보상이 있다"는 의미이고, "도도"는 "그의 사랑을 받는 자"를 의미하고, "부아"는 "정말 좋다"는 의미인데, "돌라"(תּוֹלָע)는 "벌레"를 의미한다. 잇사갈 사람이 자식의 이름을 "벌레"로 지었다는 것은 하나님의 사랑을 받아 늘 좋은 보상을 받아야 하는 삶이 좌초된 절망의 상황 속에서 태어나 벌레와 같은 인생을 살아갈 수밖에 없는 잇사갈 지파의 암담한 현실을 암시한다. 동시에 잇사갈의 장남 이름을 먼 후손이 다시 사용하는 것은 과거의 번영에 대한 현재의 갈망도 드러낸다. "돌라"는 "나의 아버지는 왕"이라는 의미의 화려한 아비멜렉 이름과 또한 대조된다. 어떤 사람이 훌륭한 이름을 가졌다고 해서 이스라엘 백성에게 항상 유익을 주는 것은 아니고 초라한 이름을 가졌다고 해서 그 백성에게 반드시 해를 끼치는 것은 아니라는 사실, 오히려 그 반대의 영향을 끼치기도 한다는 점에서 두 이름은 대조된다.

돌라의 인격에 대해서는 어떠한 언급도 없어서 전혀 모르겠다. 그는 에브라임 산지에 거하였다. 잇사갈의 구역을 벗어나 다른 지파의 지역에 거주한 이유에 대해서 사사기 저자는 침묵한다. 그러나 자신의 지파 출신의 측근들을 중심으로 이스라엘 백성을 다스리는 파벌 정치와는 무관한 인물임에 분명하다. 돌라는 이스라엘 백성을 23년간 다스렸다. 다스리는 동안

그는 에브라임 산지 사밀에 거주했고 사밀에서 사망했다. 자신의 뼈까지 사밀에 묻히기를 원했다는 사실에서 볼 때, 돌라는 어쩌면 고향보다 자신이 섬긴 지역을 더 사랑했을 가능성이 높다. 게다가 "가시"를 의미하는 사밀(שָׁמִיר)에 거주한 것으로 보아, 그는 광활하고 아름답고 비옥한 땅이 아니라 부동산의 상태가 열악한 곳도 마다하지 않고 자신의 주거지로 삼은 소박한 인물이다. 다스리는 자는 막대한 권력을 가지고 최고의 환경과 최고의 거주지를 차지하는 게 일반적인 일이지만 돌라는 신분의 상승이나 거주지의 개선이나 보다 융숭한 대접을 백성에게 요구하지 않은 사사임에 분명하다. 돌라의 다스림은 자신의 유익을 추구하는 폭정이 아니라 이스라엘 백성을 위한 섬김인 듯해 향기롭다. 잇사갈은 "건장한 나귀"로서 "쉴 곳"만 있어도 "좋게 여기며 토지를 보고 아름답게 여기고 어깨를 내려 짐을 메고 압제 아래에서 섬"길 것이라는 야곱의 예언(창 49:14-15)에 비추어 보면, 돌라는 그런 잇사갈 사람의 진수였다. 그러나 후대에 교훈이 될 유의미한 선행이나 악행이 그에게는 없기 때문인지 돌라에 대한 사사기 저자의 설명은 다소 인색하다.

3그 후에 길르앗 사람 야일이 일어나서 이십이 년 동안 이스라엘을 다스렸다 4그에게는 삼십 마리의 나귀를 탄 삼십 명의 아들이 있었고 그들에게 삼십 성읍들[이 있었는데], 그것들은 길르앗 땅에 [있으며] 오늘까지 하봇 야일이라 불려진다 5야일은 죽었고 가몬에 장사되었다

돌라가 죽은 이후에 길르앗 사람 야일이 일어나 이스라엘 백성을 22년간 다스렸다. 여기에서 길르앗은 지파의 이름이 아니라 지역의 이름이다. 사사기 저자는 야일을 혈통적인 소속이 아니라 지역을 기준으로 소개한다. 이에 대하여 어떤 학자는 "열두 지파라는 그룹을 규정하고 있는 고대의 내

러티브" 안에서도 "지파의 체계가 가변성을 가지고 있었다"는 증거라고 주장한다. 다소 과장된 주장이다. 그러나 최소한 사사기 10장의 맥락에서 보면 합당하다. 앞에서 자신의 고향이 아니라 섬기던 지역에 뼈를 묻은 돌라와 거주지 이름으로 신상이 소개된 야일처럼 자신이 거주하는 지역에 의해 자신의 정체성이 규정되는 현상이 고대에도 있었다는 지적은 타당하다. "야일"(יָאִיר)은 "빛을 비추다"는 의미의 이름이다. 야일은 민족의 어두운 시대에 빛을 비추어서 길을 보여주고 방향을 제시한 사사였을 가능성이 있다. 그에 대한 인상은 용사보다 지혜자의 느낌이다. 방향을 상실한 지금의 교회에도 길과 방향을 제시하는 빛의 지도자가 필요하다. 지금은 용사의 우람한 근육과 대단한 용맹보다 순수한 진리의 선명한 빛이 지도자가 갖추어야 할 보다 본질적인 자질이다.

그런데 야일은 30명의 아들이 있었다고 한다. 이는 그의 아내가 여럿임을 암시한다. 자녀들이 나귀를 타고 다니면서 관할하는 각자의 성읍이 하나씩 있었기에 길르앗에 가문의 소유지로 총 30개의 성읍들도 있었다고 한다. 그래서 그 일대는 "야일의 동네"(חַוֺּת יָאִיר)라고 불려졌다. 이처럼 야일은 재산분할 혹은 권력분할 차원에서 성읍을 자녀에게 분배했다. 이는 가문의 번성과 풍요의 시대상을 잘 드러낸다. 하지만 세상에 빛을 비추어야 할 야일이 아내를 많이 거느리고 권력과 땅을 많이 차지하고 자녀에게 세습하는 지도자의 모습을 보였다는 것은 뭔가 불안하고 위태로운 미래를 암시한다. 지도자는 등불이다. 섬기는 사람들의 관심을 독점하고 그들에게 막대한 영향력을 행사하는 사람이다. 그래서 지도자는 좋은 것이든 나쁜 것이든 타인에게 영향을 주고 있다는 사실을 늘 기억해야 한다. 사사기 저자는 야일이 죽었고 그의 무덤이 가몬에 있다는 짧은 문장으로 야일 이야기를 끝맺는다. 이는 종교적인 교훈이나 도덕적인 선행이나 하나님의 언약과는 무관한 사사였기 때문이다.

⁶이스라엘 자손이 다시 여호와의 목전에 악을 행하였다 바알들, 아스다롯들,
아람의 신들, 시돈의 신들, 모압의 신들, 암몬 자손의 신들,
블레셋 사람들의 신들을 섬기고 여호와를 버리고 그를 섬기지 아니했다

두 명의 소사사 돌라와 야일의 시대가 끝나자 이스라엘 자손은 "다시" 여
호와의 목전에 악을 행하였다. "다시"(יֹסֵף)라는 말의 본래 의미는 "추가하
다 혹은 증가하다"이기 때문에 그들의 악은 과거 행악의 단순한 반복이 아
니라 이전보다 더 심각하고 증대된 악행을 의미한다. 그들의 악은 "여호와
의 목전에서"(בְּעֵינֵי יְהוָה) 저지른 지독한 우상숭배 행위였다. 하나님이 보
고 계시지만 존재하지 않는 분인 것처럼 하나님을 전혀 의식하지 않고 우
상을 숭배했다. 이는 존재의 가장 깊은 곳에서 일어나는 이스라엘 민족의
만성적인 범죄였다. 그런데 이번에는 숭배하는 우상의 종류가 아주 다양하
다. 최초의 사사인 옷니엘이 등장할 당시의 상황보다 더 심각하다. 가장 유
명한 바알과 아스다롯 뿐만이 아니라 아람과 시돈과 모압과 암몬과 블레
셋 사람들의 신들까지 숭배했다. 이는 과거에 보여준 이스라엘 백성의 부
분적인 타락이 쌓이고 또 쌓여서 이제는 최고조에 이른 총체적인 타락의
절정이다. 이번의 타락에는 우상계의 유명한 선수들이 모두 등판해서 세기
의 우상 박람회를 방불했다. 십계명 중에서도 주제와 요약과 종합에 해당
하는 제1계명의 철저한 묵살이다.

사사기 저자는 타락의 심각성을 더욱 부각하기 위해 하나님에 대한 그
들의 태도도 지적한다. 즉 그들은 하나님을 버렸으며 하나님을 섬기지 않
았다고 꼬집는다. 율법은 오직 하나님만 섬길 것을 요구한다. 다른 어떠한
신도 하나님 곁에 혹은 이스라엘 안에 두지 말라고 엄중히 명하였다. 그런
데 이스라엘 백성은 지금 존재의 노른자에 해당하는 그들의 영이라는 지
성소에 다양한 이방 민족들의 무수한 신들을 두고 섬겼으나 하나님은 이
스라엘 백성이 섬기는 무수한 잡신들 중의 하나보다 못한 홀대를 받으면

서 무참히 버려졌다. 그들은 최악의 불순종을 시연했다. 이스라엘 역사 전체에서 지금보다 종교적인 타락과 부패가 더 심각한 시대는 없었다는 것이 사사기 학자들의 중론이다.

이스라엘 백성이 섬긴 우상들의 면면을 보면 하늘의 영적인 복을 추구하지 않고 폭풍과 가뭄을 피하고 이 땅에서의 풍요와 번영과 쾌락을 추구하는 그들의 기호와 가치관의 타락이 확인된다. 나아가 이스라엘 백성이 숭배한 우상들이 많았다는 것은 단순히 종교적인 부패만이 아니라 한 국가의 총체적인 부패를 의미한다. 하나의 신을 제대로 섬기기 위해서는 이스라엘 자손이 거주하는 모든 지역에 그 신을 위한 독립적인 신당을 만들어야 하고 그 신의 형상을 조각하여 그 신당에 안치해야 한다. 그리고 각각의 우상을 섬기는 방법에 무지하기 때문에 외국에서 전문적인 교육과 훈련을 받은 우상 숭배 전문가를 영입하고 그들의 가르침을 통해 제사장과 봉사자를 많이 육성해야 한다. 우상에게 제물을 바쳐야 하기 때문에 무수히 많은 짐승들을 제물로 준비해야 한다. 사람의 신체를 제물로 바치는 우상의 경우에는 제물로 바칠 인간 희생물도 물색해야 한다. 다양한 이방 민족들의 문화와 언어와 관습과 사상과 기술을 수용해야 할 뿐만이 아니라 이처럼 다양한 종류의 신당들, 다양한 종류의 우상들, 다양한 종류의 제사장들, 다양한 종류의 제물들, 다양한 종류의 의식들, 다양한 종류의 관습들이 이스라엘 민족의 영혼과 인생에서 각자의 고유한 지분을 요구하는 상황이다.

이스라엘 백성은 참으로 무지하고 어리석다. 우상들의 목록에는 자신들을 그렇게도 괴롭혔던 대부분의 이방 민족들이 섬기는 신들이 언급되어 있다. 자신들의 가까운 역사를 조금만 돌아봐도 우상은 허황된 약속만 남발하고 그 우상을 숭배하는 이방 민족들이 자신을 이용하고 약탈하고 유린하고 괴롭히고 멸망시킨 사실을 알 텐데 그 어두운 역사를 답습한다. 게다가 언제나 용서와 구원을 베푸시고 참된 풍요와 평화를 주신 하나님은 버리고 이방의 신들을 숭배하며 멸망을 자초한다. 너무도 단순한 역사의 진리를 그들은 늘 망각하고 줄기차게 외면한다. 이스라엘 백성이 주변의 많은 열족들과 교류하며 빼앗기도 하고 뺏기기도 하면서 결국 그들에게 남은 것은 하나님을 버리고 우상을 숭배하는 것이었다. 그들은 우상이 일상이고 상식인 우상의 평범성에 사로잡혀 있다. 이는 대단히 중요한 종교적 진실을 가르친다. 우상 금지령은 십계명의 제2계명과만 관련된 것이 아니라 모든 계명과 결부되어 있다. 그래서 사무엘은 하나님의 말씀을 경청하지 않고 순종하지 않는 것이 우상을 숭배하고 점을 치는 행위가 같다고 강조한다(삼상 15:23). 오늘날 세상과의 부단한 교류 속에서 우리에게 남겨지는 것은 무엇인가? 고상하게 보이는 지식과 객관성의 보루인 것 같은 과학을 배우면서 하나님의 말씀을 경청하지 않고 순종하지 않는 우상숭배 행위가 아니던가! 비록 지식도 익히고 세상 돌아가는 사정도 배우지만 그것이 올무가 되어 결국 하나님을 떠나고 다른 무언가를 하나님의 말씀보다 더 앞세워 우상처럼 숭배하는 것은 아닌지를 교회는 늘 점검해야 한다.

7여호와께서 이스라엘에게 진노를 발하셨고
블레셋 사람들의 손과 암몬 자손의 손에 그들을 파셨다

절정에 이른 이스라엘 백성의 우상숭배 행위에 대해 하나님은 진노를 발하셨다. 그들을 마음대로 처분할 수 있는 권한을 블레셋과 암몬 사람들의 손에 넘기셨다. 여기에 사용된 "팔다"(מָכַר)는 단어는 잠시 빌려준 것도 아니고 일시적인 대출이나 양도가 아니라 이스라엘 백성의 소유권도 이방인의 손으로 완전히 넘어가서 그들이 이스라엘 백성을 얼마나 강하게 괴롭히고 어떤 식으로 유린하고 어느 정도로 파괴하고 멸한다고 할지라도 전혀 관여하지 않겠다는 하나님의 상심과 분노를 드러내는 낱말이다. 욥기가 잘 보여준 것처럼 하나님은 마귀의 활동에 대해서도 행악의 범위를 제한

하고 욥의 생명을 건드리는 것을 금하셨다. 그런데 이번에 하나님은 어떠한 제한도 없이 이스라엘 백성을 이방인의 손에 넘기셨다. 한도가 없는 형벌이다.

8그들이 그해에 이스라엘 자손을 학대하고 박살냈다 요단 강 건너편 길르앗에 있는 아모리 족속의 땅에 있는 이스라엘 자손 전부를 십팔 년 동안이나!

이스라엘 백성의 종교적인 타락은 이방 민족들의 정치적인 탄압으로 이어졌다. 소유권을 거머쥔 그들은 "그해에"(בַּשָּׁנָה הַהִיא) 이스라엘 백성을 "학대하고 박살냈다"(יִרְעֲצוּ וַיְרֹצֲצוּ). 백성의 살은 뜯기고 뼈는 조각조각 부서지고 으깨졌다. 이방인의 학대와 압제는 지체하지 않고 하나님의 승인이 떨어진 직후부터 곧장 펼쳐졌다. 이는 이스라엘 백성이 자유와 평화를 누릴 때에는 하나님의 지속적인 보호와 돌보심이 있었다는 사실을 반증한다. 이스라엘 중에서 18년 동안 학대와 멸절을 당한 사람들은 길르앗에 있는 아모리 족속의 땅에 있던 백성 전부였다. 사사 야일이 자녀들과 함께 통치하던 길르앗에 거주하는 이스라엘 백성이 학대와 박살의 표적이 되었다는 것의 의미는 무엇인가?

첫째, 길르앗이 하나님을 버리고 우상을 숭배한 악행이 가장 극심한 곳이었을 가능성이 높다. 둘째, 이스라엘 백성을 다스리던 야일 가문이 하나님을 섬기고 우상을 배격하는 모범을 그 백성에게 제대로 보이지 않았을 가능성이 높다. 셋째, 하나님이 세우신 사사가 직접 통치하던 지역에 거주하는 이스라엘 백성을 학대하고 박살내는 것이 하나님을 싫어하는 이방인의 눈에는 그의 이름을 모독하는 악행의 상징적인 효과가 가장 커 보였을 가능성이 높다. 넷째, 너무도 분명한 의미로서 신명기에 기록된 말씀의 성취였다. 한 성읍이 우상을 숭배하면 "너는 마땅히 그 성읍 주민을 칼날로 죽이고 그 성읍과 그 가운데에 거주하는 모든 것과 그 가축을 칼날로 진멸하고 또 그 속에서 빼앗아 차지한 물건을 다 거리에 모아 놓고 그 성읍과 그 탈취물 전부를 불살라 네 하나님 여호와께 드릴지니 그 성읍은 영구히 폐허가 되어 다시는 건축되지 아니할 것이라"(신 13:15-16). 우상을 숭배하는 성읍은 다양한 방식으로 멸망한다. 구약의 시대에는 하나님의 심판을 인과가 분명히 드러나는 방식으로 묘사하고 있다. 지금은 비록 분명한 묘사는 없지만 우상을 숭배하는 나라와 민족과 공동체에 동일한 심판이 때로는 내부의 분란으로 때로는 외부의 공격으로 집행되고 있다.

9암몬 자손이 또 요단을 건너서 유다와 베냐민과
에브라임 집안과 싸우므로 이스라엘은 너무도 괴로웠다

이제 암몬 자손이 이스라엘 백성을 괴롭히는 자로 역사의 무대에 등장한다. 암몬의 공격으로 인하여 이스라엘 백성은 "너무도(מְאֹד) 괴로웠다." "다른 신에게 예물을 드리는 자는 괴로움이 더할 것이라"(시 16:4)는 시인의 고백이 사사들의 시대에는 현실의 질서였다. 하나님의 심판은 요단 강 서편에 거주하던 이스라엘 백성도 예외가 아니었다. 지파별로 보더라도 예수님의 계보를 이어가는 유다 지파나, 가장 왜소한 베냐민 지파나, 가장 큰 규모를 자랑하는 에브라임 지파도 공격을 받아 극심한 괴로움을 당하였다. 이는 이방 민족들의 무수한 신들을 섬긴 것이 이스라엘 전체의 행위였기 때문이다. 이는 또한 하나님이 소수의 지파가 아니라 이스라엘 전체를 이방인의 손에 파셨음을 의미한다.

10이스라엘 자손이 여호와께 부르짖어 말하였다 "우리가 당신에게 죄를 지었는데 [이는] 우리 하나님을 버리고 그 바알들을 섬긴 것입니다"

이스라엘 백성이 최대의 우상들을 숭배해서 받은 고통의 연수가 18년이었다. 그런데도 그들은 고통 자체만 주목하고 고통 너머의 신적인 섭리는 감지하지 못하였다. 고통 중에 깨어나고 고통과 함께 걷고 고통과 함께 눕는 고단한 삶 속에서 고통을 미워하고 없애려고 노력하는 일에 골몰했다. 오랜 고통의 세월이 지난 이후에 이스라엘 백성은 드디어 고통이 전하는 메시지를 뒤늦게 이해하고 하나님께 엎드렸다. 그들은 자신들이 하나님께 죄를 지었다고 고백했다. 죄의 핵심은 "하나님을 버리고 그 바알들을 섬긴 것"이었다. 너무도 상습적인 타락 때문에 면목이 없어서 구원해 달라는 말은 입에서 꺼내지도 못하였다. 종교적인 타락은 존재의 가장 깊은 타락이다. 이스라엘 백성의 규모가 작고, 경제가 어렵고, 정치가 혼란하고, 사회적 공평이 무너지고, 법치의 기강이 흔들리고, 가난한 자들의 입에서 신음이 쏟아지는 일도 대단히 위중하다. 그러나 그것들은 파생적인 문제임을 이해해야 한다. 그 모든 문제들의 배후에는 근원적인 죄가 있었는데, 그것은 하나님을 버리고 다른 무언가를 숭배하는 것이었다. 사람들은 눈에 보이는 가시적인 문제를 과도하게 주목하며 그 배후의 본질을 규명하고 해소하는 일은 대체로 간과한다. 그래서 문제를 해결하기 위해 사람을 바꾸고 방법을 바꾸고 제도를 바꾸고 때와 장소를 바꾸는 기술을 구사한다. 외적인 문제의 해결을 도모하는 것도 귀한 일이기는 하다. 그러나 아무리 노력해도 보란 듯이 실패한다. 그런데도 눈길을 문제의 표면에서 문제의 근원으로 돌리지 않고 수년을, 아니 수십년을 동일한 문제에 매달리며 동일한 실패를 반복한다. 나타난 문제를 해결하는 것에 집착하다 문제의 본질을 외면하면 사단의 속임수에 놀아나는 거다.

11여호와께서 이스라엘 자손에게 이르시되 "애굽과 아모리와 암몬 자손과 블레셋 자손으로부터 [내가 너희를 구원하지] 않았느냐? 12또 시돈과 아말렉과 마온이 너희를 압제할 때 너희가 내게 절규해서 내가 너희를 그들의 손에서 구원했다 13[그런데도] 너희가 나를 버리고 다른 신들을 섬기므로 내가 다시는 너희를 구원하지 않으리라 14너희는 가서 너희가 선택한 신들에게 부르짖어 너희 환란의 때에 그들로 하여금 너희를 구원하게 하라" 하니

이스라엘 백성의 죄 고백에 대한 하나님의 응답은 구원의 거부였다. 이유는 무엇인가? 하나님은 과거에 애굽과 아모리와 암몬과 블레셋의 손에서 이스라엘 백성을 구하셨다. 그리고 시돈과 아말렉과 마온의 압제하는 손에서도 그들을 건지셨다. 하나님께 돌이키고 죄를 고백하고 절규하며 도움을 구하면 항상 들으셨다. 그런데도 백성은 그 구원의 은혜를 망각하고 하나님을 버렸고 다른 신들을 섬기는 영적인 간음을 저질렀다. 이러한 이유로 하나님은 그 백성을 "다시는" 구원하지 않으실 것이라는 엄포를 쏟으신다. 그들이 선택한 신들에게 가서 환란의 때에 부르짖어 보라고, 그래서 그 신들이 그들을 구원하게 하라고 명하신다. 실제로 어떤 신을 숭배하는 이유는 무엇인가? 그 신이 구원해 줄 것이라는 기대와 신뢰 때문이 아니던가! 즉 이스라엘 백성이 숭배할 충분한 이유가 다른 신들에게 있는지를 환란의 때에 제대로 확인해 보라는 하나님의 명령이다. 여기에는 이방의 신들이 그들을 전혀 구원하지 못하는 허깨비일 뿐이라는 사실을 체험하기 전까지는 구원의 그림자도 베풀지 않겠다는 하나님의 의도가 반영되어 있다.

오늘날 하나님을 떠나고, 교회를 떠나는 사람들이 많다. 교회에 실망했기 때문이다. 그런 실망의 원인을 교회가 제공했기 때문이다. 다 교회의 잘못이다. 그러나 교회는 온전하지 못한 사람들이 하나님의 치유를 구하는 병원이고, 가난한 사람들이 하나님의 도우심을 구하는 은행이고, 무지한 사람들이 하나님의 진리를 배우는 교실이다. 교회를 섬기는 목사와 장로와

집사라고 불리는 기독교의 공무원도 자질이 많이 부족하다. 그래서 교회는 모든 제직들을 비롯하여 모든 성도가 하나님을 의지하며 그의 은혜와 긍휼을 구하는 기관이다. 교회는 연약함 속에서 하나님의 강함을 경험하고 그분을 세상에 증거하는 아주 특이한 기관이다. 만약 이런 교회를 갖가지 이유로 싫어서 떠나고, 심지어는 하나님도 떠난다면 세상의 근원적인 문제를 해결할 다른 신들에게 가서 도움을 구해 보라고 사사기의 저자는 권면한다. 그런데 가장 심각한 문제는 사람들이 교회를 떠나는 것보다 교회 자체가 하나님을 떠나고 있다는 사실이다. 하나님의 이름으로 장사를 하면서 세속적인 이득을 추구하는 목회자가 많고, 그것을 좋게 여기는 성도들도 많다. 교회는 목적과 수단을 교묘하게 바꾸는 방식으로 아주 은밀한 우상숭배 행위를 저지른다. 그런 교회에 대해 하나님은 환란의 때에 돈으로 스스로를 구원해 보라고, 재물이 진노의 날에 얼마나 무익한 것인지를 체험해 보라고 명하신다. 이는 그것을 뼈저리게 체험하기 전까지는 교회에 구원의 그림자도 보내지 않을 것이라는 그분의 단언이다.

15이스라엘 자손이 여호와께 말하였다
"우리가 범죄를 했습니다 당신의 눈에 좋을 대로
무엇이든 우리에게 행하소서 그러나 오늘날 비나이다 우리를 건지소서"

하나님의 단호한 거절에 대해 이스라엘 백성은 하나님께 자신들의 죄를 다시 고하였다. 그 죄 때문에 하나님이 보시기에 좋을 대로 무엇이든 그들에게 행하시는 것은 합당한 것이라고 인정한다. 이는 어떠한 형벌도 달게 받겠다는 진심이다. 하나님의 뜻에 따르면 손해보는 것이 하나도 없다는 판단이다. 비록 형벌은 형벌대로 받더라도 제발 구원해 주시라고 하나님께 빈다. 하나님의 거절에도 불구하고 포기하지 않고 도우심을 구하는 것은 백성의 바람직한 처신이다. 백성의 요청에 대한 하나님의 차가운 거절은 역설이다. 더 가까이 오라고, 자신에게 전부를 향하라고, 전부를 걸라고, 양다리 걸치기의 여지를 하나도 남기지 말라는 하나님의 역설이 바로 신적인 거절의 이면이다. 다윗은 그런 하나님을 정확하게 이해한 사람이다. 그래서 하나님은 그의 입술로 당신을 이렇게 알리셨다. "환난 날에 나를 부르라 내가 너를 건지리니 네가 나를 영화롭게 하리로다"(시 50:15). 나아가 예수님은 실패함이 없으신 하나님의 절대적인 응답에 대해 이렇게 가르친다. "구하는 이마다 받을 것이요 찾는 이는 찾아낼 것이요 두드리는 이에게는 열릴 것이니라"(마 7:8). 하나님은 비록 징계 차원에서 자기 백성을 잠시 버리시는 듯하여도 아주 버리지는 않으신다(시 119:8). 하나님은 자기 백성을 결코 버리지도 않으시고 떠나지도 않으신다(히 13:5).

16그들이 자기들 가운데서 이방 신들을 제하여 버리고 여호와를 섬기니
그의 생명이 이스라엘의 역경으로 인하여 짧아졌다

이스라엘 백성의 지혜로운 처신이 이어진다. 자신의 죄를 고백하고 구원을 위해 하나님께 지속적인 기도로 매달린 이후에 그들은 이제 입술의 언어가 아니라 몸의 언어를 사용하여 기도한다. 그들 가운데서 이방의 신들을 제하였다. 그리고 하나님을 섬기기 시작했다. 귀에 들리는 언어보다 눈에 보이는 언어의 호소력은 언제나 어디서나 더 강력하다. 하나님은 그들의 보이는 기도를 들으셨다. 들으신 이후에 이상한 현상이 일어났다. 하나님의 생명이 이스라엘 백성의 역경 때문에 짧아졌다. 신의 "생명이 짧아진다"(תִּקְצַר נַפְשׁוֹ)? 하나님의 사랑이 아프도록 느껴지는 표현이다. 이는 하나님과 이스라엘 사이의 유기적인 관계를 잘 드러낸다. 자기 백성이 고통을 당하는데 자신의 생명이 짧아질 정도로 하나님은 사랑으로 그 백성과

자신을 묶으신다. 사랑은 서로의 고통을 공유한다. 상대방이 아픈데 나의 수명이 짧아진다. 이러한 현상은 예수님과 교회 사이에도 확인된다. 바울이 교회를 핍박하던 시절에 예수님은 그에게 나타나 교회를 아프게 했는데 자신을 아프게 박해한 것이라는 반응을 보이셨다(행 9:4). 주님은 교회의 아픔을 그 교회보다 더 아파하며 생명의 단축 현상을 겪으신다. 그런데도 교회는 주님의 이름이 모독을 당해도 아픔은 고사하고 어떠한 느낌도 없이 살아간다. 게다가 세상이 아니라 교회가 나서서 주님을 잡신보다 못한 존재로 여기고 버리며 멸시한다.

17암몬 자손이 소집되어 길르앗에 진을 쳤고 이스라엘 자손도 소집되어 미스바에 진을 쳤다 18길르앗 백성과 방백들이 서로에게 말하였다 "암몬 자손과 싸움을 시작하고 길르앗에 거주하는 모든 자들의 머리가 될 사람은 누구인가?"

이스라엘 백성이 하나님께 죄를 고백하고 구원을 요청한 이후에 전쟁 분위기가 조성된다. 이스라엘 백성에게 싸움의 의욕이 살아났다. 암몬은 군대를 소집하여 길르앗에 진을 쳤고 이스라엘 자손도 길르앗의 미스바에 군대를 소집하여 대진한다. 길르앗에 거주하는 이스라엘 백성과 방백들은 서로에게 말하였다. 이 전쟁을 이끌 용사는 누구인가? 누가 암몬 자손과 싸움을 시작하고 이스라엘 백성의 머리가 될 사람인가? 지금 이스라엘 백성은 비록 전쟁을 위해 암몬 자손과 대치하며 진까지 쳤지만 전쟁을 지휘할 사령관이 없는 상황이다. 이런 상황에서 하나님이 택하신 이스라엘 백성의 사령관은 누구인가? 입다, 즉 창녀의 아들이다. 이스라엘 백성은 창녀의 아들을 자신의 "머리"(ראש)로 삼을 것인가? 하나님이 보시기에 좋으실 대로 행하시며 구원해 주시라고 한 그들의 고백은 하나님의 판단에 모든 것을 맡긴다는 전적인 신뢰였다. 그 신뢰가 이제 도마 위에 올라간다.

본문은 이스라엘 백성의 만성적인 우상숭배 행위가 절정에 달한 부패의 극치를 진술한다. 그 백성이 다양한 이방 민족과 무수히 교류하는 중에 자신에게 남은 것은 무엇인가? 우상을 숭배하는 타락의 맷집만 길러졌다. 그들은 오랜 역사 속에서 만난 모든 지파들의 모든 신들을 모조리 선택하고 섬기는 영혼의 가장 깊은 종교적인 죄악을 저질렀다. 하나나 둘이 아니라 너무나도 많은 우상들을 숭배하는 상황 속에서도 문제의 심각성에 대한 깨달음이 없다. 우상을 숭배하는 것이 몸에 배어 일상과 상식과 의식을 모조리 접수했다. 영적으로 무신경한 그들을 일깨우기 위해 18년의 고통이 필요했다. 그 고통의 오랜 세월 속에서 몽롱해진 그들의 시선은 드디어 생기를 얻어 하나님을 향하였고 그들의 고고한 배신은 하나님께 엎드렸다. 그러나 하나님은 그들의 상습적인 회개에 싸늘한 외면의 등을 돌리셨다. 이에 백성은 죄를 지었으며 구원해 달라는 말이 목구멍에 걸려 나오지를 않는다고 호소했다. 정말 면목이 없지만 어떠한 징계도 달게 받겠다는 각오로 다시 엎드렸다. 그리고 구원해 달라고 절규했다. 이스라엘 백성의 고통으로 인해 하나님의 생명이 짧아지는 현상을 사사기 저자는 기록한다. 자기 백성의 아픔을 그들보다 더 강하게 아파하는 사랑 때문에 하나님께 나타난 현상이다. 그런 사랑 때문에 하나님은 그들이 지구촌의 모든 우상들을 대규모로 숭배할 때에 느끼셨을 질투는 얼마나 컸을까? 큰 질투의 강을 건너온 하나님의 심정을 백성은 알기나 할까?

삿 11:1-11

¹길르앗 사람 입다는 큰 용사였으니 기생이 길르앗에게서 낳은 아들이었고 ²길르앗의 아내도 그의 아들들을 낳았더라 그 아내의 아들들이 자라매 입다를 쫓아내며 그에게 이르되 너는 다른 여인의 자식이니 우리 아버지의 집에서 기업을 잇지 못하리라 한지라 ³이에 입다가 그의 형제들을 피하여 돕 땅에 거주하매 잡류가 그에게로 모여 와서 그와 함께 출입하였더라 ⁴얼마 후에 암몬 자손이 이스라엘을 치려 하니라 ⁵암몬 자손이 이스라엘을 치려 할 때에 길르앗 장로들이 입다를 데려오려고 돕 땅에 가서 ⁶입다에게 이르되 우리가 암몬 자손과 싸우려 하니 당신은 와서 우리의 장관이 되라 하니 ⁷입다가 길르앗 장로들에게 이르되 너희가 전에 나를 미워하여 내 아버지 집에서 쫓아내지 아니하였느냐 이제 너희가 환난을 당하였다고 어찌하여 내게 왔느냐 하니라 ⁸그러므로 길르앗 장로들이 입다에게 이르되 이제 우리가 당신을 찾아온 것은 우리와 함께 가서 암몬 자손과 싸우게 하려 함이니 그리하면 당신이 우리 길르앗 모든 주민의 머리가 되리라 하매 ⁹입다가 길르앗 장로들에게 이르되 너희가 나를 데리고 고향으로 돌아가서 암몬 자손과 싸우게 할 때에 만일 여호와께서 그들을 내게 넘겨 주시면 내가 과연 너희의 머리가 되겠느냐 하니 ¹⁰길르앗 장로들이 입다에게 이르되 여호와는 우리 사이의 증인이시니 당신의 말대로 우리가 그렇게 행하리이다 하니라 ¹¹이에 입다가 길르앗 장로들과 함께 가니 백성이 그를 자기들의 머리와 장관을 삼은지라 입다가 미스바에서 자기의 말을 다 여호와 앞에 아뢰니라

❖ ❖ ❖

¹길르앗 사람 입다는 큰 용사였다 매춘부의 아들이다 길르앗이 입다를 태어나게 했다 ²길르앗의 아내도 그에게 아들들을 낳았는데 그 아내의 아들들이 성장하여 입다를 내쫓으며 그에게 말하였다 "너는 다른 여자의 아들이기 때문에 우리 아버지의 집에서 기업을 잇지 못하리라" ³이에 입다가 그의 형제들의 얼굴을 피하여 돕 땅에 머물렀다 잡류가 입다의 사람들에 합류하여 그와 함께 출입했다 ⁴얼마 후에 암몬 자손이 이스라엘과 싸우려 했다 ⁵암몬 자손이 이스라엘과 싸우려고 하자 길르앗 장로들이 입다를 데려오기 위해 돕 땅으로 가서 ⁶입다에게 말하였다 "와서 우리의 사령관이 되라 [그러면] 우리가 암몬 자손과 싸우려고 한다" ⁷입다가 길르앗 장로들을 향해 말하였다 "너희가 [예전에] 나를 미워하여 내 아버지의 집에서 나를 쫓아내지 않았느냐? 이제는 어찌하여 나에게로 왔느냐? 너희에게 [일어난] 어려움 때문이냐?" ⁸길르앗 장로들이 입다에게 말하였다 "그래서 지금 우리가 너에게로 돌아왔다 너는 우리와 함께 가서 암몬 자손과 전쟁을 벌인다[면] 길르앗에 거하는 우리 모두에게 머리가 되리라" ⁹입다가 길르앗 장로들을 향해 말하였다 "너희가 나를 암몬 자손과 싸우도록 데려가고 여호와가 그들을 나에게 주신다면 내가 너희에게 머리가 되겠노라" ¹⁰길르앗 장로들이 입다에게 말하였다 "너의 말처럼 우리가 그렇게 행하지 않는다면 여호와가 우리 사이에서 들으신 분이시다" ¹¹입다는 길르앗 장로들과 함께 갔고 그 백성은 그를 자기들의 머리와 장관으로 정하였다 입다는 미스바에서 자신의 모든 말을 여호와의 면전에서 말하였다

24   입다: 코람데오

이스라엘 백성은 암몬 자손과의 전쟁이 곧 발발할 위기에 봉착했다. 군대를 지휘해서 승리로 이끌 사령관이 필요했다. 변방의 비주류로 살아가는 입다가 물망에 올랐으며 그를 포섭하기 위해 그에게로 갔다. 사령관과 머리가 되어 달라는 그들의 절박한 부탁을 들은 입다는 하나님의 승인을 조건으로 수락한다. 입다는 비록 잡류들과 삶을 섞었지만 하나님의 면전에서 산 사람이다. 그의 생각과 말과 행동에는 "코람데오" 즉 "하나님 앞에서의 의식"이 스며들어 있다. 범사에 하나님을 인정하며 하나님의 면전에서 살아간 사람을 하나님은 친히 지도하며 이끄신다. 입다는 그 물증이다.

> 1길르앗 사람 입다는 큰 용사였다 매춘부의 아들이다
> 길르앗이 입다를 태어나게 했다

암몬과 길르앗 사람들 사이에 전쟁의 분위기가 고조된다. 각각 길르앗과

미스바에 진을 치고 점화를 기다리는 상황이다. 그런데 이스라엘 진영에는 전쟁을 개시하고 승리로 이끌 지도자가 없다. 이때 입다라는 사람이 역사의 무대에 등장한다. 그는 "길르앗 사람"이다. 길르앗은 므낫세의 자손 이름이기 때문에(민 26:29) 입다는 므낫세 지파 소속일 것이라고 추정된다. 야일처럼 입다의 경우도 지파의 이름이 아니라 지역의 이름으로 그의 정체성을 기술한다. 게다가 입다는 "큰 용사"였기 때문에 길르앗 군대를 이끌지도자로 적격이다. 그런데 어두운 출생의 비밀이 출전의 발목을 붙잡는다. 그는 기생의 아들이다. 동시에 유력자 길르앗의 씨앗이다. 그는 이러한 신분의 기구한 명암 때문에 사사 기드온과 그의 첩 사이에 태어난 아비멜렉 이상으로 홀대를 당한 인물이다.

입다의 어머니는 "매춘부"다. 개역개정 역본에서 "기생"으로 번역된 "조나"(זוֹנָה)는 "술자리나 잔치에서 춤이나 노래나 기악으로 흥을 돋우는 것을 직업으로 하는 여인"이 아니라 "몸을 파는 매춘부"를 의미한다. 아버지 길르앗이 성적인 욕구를 채우다가 태어난 육체적인 쾌락의 자식이 바로 입다였다. 사랑의 열매가 아니었다. 입다는 아버지를 아버지라 부르지 못하는 딱한 처지였다. 그러나 매춘부의 자녀라는 사실이 입다의 운명을 결정하는 근거는 아니었다. 매춘부의 운명과 그 자식의 운명은 별개이기 때문이다. 하나님은 입다를 이스라엘 백성의 머리로 세우신다. 매춘부라 할지라도 하나님이 원하시면 얼마든지 귀하게 쓰임을 받는다는 사실은 라합의 경우에서 확인된다. 매춘부의 자녀는 더더욱 그러하다. 다말의 아들 베레스를 보라. 야곱의 넷째 아들 유다는 예수님의 계보를 잇는 혈통적인 조상이다. 그런데 유다의 계보는 유다의 아내가 낳은 자식이 아니라 그가 창녀라고 생각한 그의 며느리 다말의 자식 베레스가 이어갔다. 베레스의 운명을 좌우하는 것이 아버지의 불륜이 아닌 것처럼 입다의 운명도 그 부모의 성적인 일탈이 좌우하지 못하였다. 물론 사회적인 차별과 따돌림은 입다가 감수해야 했다.

²길르앗의 아내도 그에게 아들들을 낳았는데 그 아내의 아들들이 성장하여
입다를 내쫓으며 그에게 말하였다 "너는 다른 여자의 아들이기 때문에
우리 아버지의 집에서 기업을 잇지 못하리라"

길르앗의 아내가 낳은 아들들이 성장하여 입다를 괴롭혔다. 아버지 길르앗
의 집에서 아예 내쫓았다. 입다의 그림자가 집 문턱에도 출입하지 못하도
록 배격했다. 배격의 이유는 입다가 길르앗의 집에서 유산의 단 한 조각도
차지하지 못하도록 상속의 여지를 제거하기 위함이다. 입다는 자타가 공인
하는 "큰 용사"였다. 그의 형제들이 입다를 쫓아낸 것은 큰 용사가 자기들
을 쫓아내고 상속의 주도권을 행사하며 아버지의 재산을 독식할지 모른다
는 의구심과 두려움 때문에 선수를 친 것인지도 모르겠다. 큰 인물이 너무
일찍 드러나면 시기와 질투의 대상으로 내몰리기 쉽다. 입다를 아버지의
기업에서 배제시킨 명분은 그가 "다른 여자의 아들"(בֶּן־אִשָּׁה אַחֶרֶת)이었기
때문이다. 사실 입다의 어머니를 가리키는 "다른 여자"라는 표현은 그리 무
례한 언사가 아니었다. 길르앗의 아들들이 큰 용사에게 그의 어머니를 과
도하게 비하하며 그의 심기를 잘못 건드리면 뼈도 추리지 못할 상황이 펼
쳐질 수 있었기 때문일까? 실제로 길르앗의 아들들이 "매춘부"라는 단어를
입다의 귀에 넣었다면 그가 영원히 아물지 않을 마음의 상처를 입었을지
모르겠다. 나아가 그들은 입다를 "너"로 표기하고, 자신들을 "우리"로 구분
한다. 인칭 대명사로 관계의 경계선을 긋고 따돌린다. 아들들의 관심사는
입다를 언어의 발톱으로 할퀴어 그의 영혼을 괴롭히는 것이 아니라 아버
지의 기업을 더 많이 차지하는 것이었다. 입다를 쫓아낼 때 길르앗 장로들
이 추방의 주체로서 7절에 언급되는 것으로 보아 길르앗의 아들들은 장로
들 앞으로 입다를 데려 가서 재판을 받았으며 장로들은 입다에게 상속권
이 없다는 판결을 내린 것으로 추측된다.

그런데 동일한 아버지의 아들인데 배가 다르다는 이유로 유업을 이어가

지 못한다는 아들들의 사고는 과연 적법한가? 아브라함 시대에 고대 메소포타미아의 법서들에 따르면, 첩들이나 하녀들이 낳은 자식은 아버지의 기업을 잇지 못하였다. 그런 맥락에서 사라도 여종 하갈의 아들에 대하여 이렇게 말하였다. "이 여종과 그 아들을 내쫓으라 이 종의 아들은 내 아들 이삭과 함께 기업을 얻지 못하리라"(창 21:10). 하나님은 믿음의 조상에게 사라의 말을 들으라고 명하셨다. 그러나 그럼에도 불구하고 하나님은 하갈에게 그녀의 자녀가 "큰 민족을 이루게 하리라"(창 21:18)는 약속을 베푸셨다. 아버지의 기업을 잇지 못한다는 것이 종이나 첩이나 매춘부의 자녀에게 인생의 결정적인 올무가 되지는 않음을 잘 보여준다. 길르앗의 아들들은 상속에 대한 당시의 전통을 따라 정당한 입장을 취하였다. 다만 부모의 결정이 아니라 배 다른 입다의 형제들이 주장한 것이어서 그들의 재물욕이 드러났다. 재물에 대한 욕심이 형제를 배척한 셈이었다.

3이에 입다가 그의 형제들의 얼굴을 피하여 돕 땅에 머물렀다
잡류가 입다의 사람들에 합류하여 그와 함께 출입했다

비벼도 될 외가라는 언덕이 있었던 아비멜렉 경우와는 달리, 입다는 딱히 자신을 받아줄 외가댁 혹은 친척들이 없어서 길바닥에 나앉을 신세였다. 그는 자신을 쫓아내는 형제들의 얼굴을 피하기에 급급했다. 그는 "돕 땅에 머물렀다." "돕"이라는 지역의 의미는 "토브"(טוֹב) 즉 "선"이었다. 쫓겨난 입다의 거주지는 놀랍게도 "선"이었다. 이곳은 고달픈 운명이 아니라 꼬인 인생의 매듭이 선하게 풀릴 것만 같은 느낌을 제공한다. 사사기 저자는 "입다의 사람들"(יִפְתָּח אֲנָשִׁים)을 언급한다. 입다는 돕에서 "입다의 사람들"로 불려지는 무리를 거느릴 정도로 리더십을 발휘했다. 게다가 다른 "잡류들"도 그들에게 합류하고 있다. "잡류들"(רֵיקִים)은 "헛된 혹은 쓸모 없는 사람들"

을 의미한다. 이 단어는 과거에 아비멜렉이 세겜 사람들의 정치 자금으로 영입한 용병들을 가리킬 때에 사용된 낱말이다. 사회에서 버림을 받은 사람들은 같은 처지에 있는 동류들을 찾아 입다에게 왔다. 이처럼 입다는 좋은 땅에서 쓸모 없는 사람들과 어울렸다. 그럼에도 불구하고 돕은 입다가 집에서도 받지 못한 사람 대접을 받는 곳이었다. 아비멜렉 사람들과 입다의 사람들을 가리킬 때 잡류들을 의미하는 동일한 단어를 쓰지만 그들의 인격과 삶은 동일하지 않다. 아비멜렉 잡류들은 이스라엘 백성을 괴롭히는 쿠데타의 도구였다. 그러나 입다의 잡류들은 도망자 신세의 다윗에게 모여든 자들처럼(삼상 22:1-2) 머리 둘 곳이 없어서 불안정한 삶을 하루하루 꾸역꾸역 살아가는 불쌍한 사람들을 가리킨다. 잡류라고 할지라도 무조건 부정적인 이미지를 덧씌우는 것은 편견이고 차별이다.

⁴얼마 후에 암몬 자손이 이스라엘과 싸우려고 했다
⁵암몬 자손이 이스라엘과 싸우려고 하자 길르앗 장로들이
입다를 데려오기 위해 돕 땅으로 가서 ⁶입다에게 말하였다
"와서 우리에게 사령관이 되라 [그러면] 우리가 암몬 자손과 싸우려고 한다"

10장 마지막에 기록된 것처럼 암몬 자손이 이스라엘 백성에게 싸움을 걸었고 양 진영은 길르앗에 진을 치는 대치의 상황이 펼쳐졌다. 이스라엘 중에 누구도 이 전쟁을 이끄는 사령관이 되려고 하지 않았던 것으로 보아 이스라엘 군대가 암몬보다 약했을 것으로 추정된다. 길르앗 장로들은 부를 축적하고 관리하는 일에는 능했으나 공동체를 지키기 위해 희생적인 지도력을 발휘하는 일에는 미숙했다. 그들이 보기에 군대를 지휘하며 암몬의 도발을 막아줄 지도자는 입다였다. 그래서 돕 땅으로 내려갔다. 그에게 부탁했다. "우리에게 사령관"(לָנוּ לְקָצִין)이 되어 암몬 자손과의 전투를 이끌어

달라는 부탁이다. 입다의 출생과 성장의 환경은 남들보다 열악했다. 그런데 그런 환경의 열악함이 그를 남들보다 더 단단하게 만들었다. 이는 그가 자신의 생존을 책임질 보호자가 없어서 자력으로 살아남기 위해 잡류들 속에서 스스로 생각하고 결정하고 책임져야 했고 이를 위하여 누구보다 예리한 관찰력과 정확한 판단력과 신속한 추진력을 갖추어야 했기 때문이다. 입다는 그들 안에서도 인정을 받아 "입다의 사람들"로 불리는 무리가 생길 정도였고 그의 이런 소문을 들은 잡류들이 계속해서 몰려와 세력은 더욱 커져갔다. 이와는 달리 좋은 신분으로 막대한 유산을 받아서 인생의 근육을 움직이지 않아도 잘 살아갈 수 있었던 길르앗 장로들과 입다의 형제들은 허약해져 갔다. 이들은 세월이 흘러 뒤바뀐 입다의 강인함과 자신들의 허약함을 인지했다. 그래서 암몬과의 전투를 이끌 최고의 적임자로 입다를 선택했고 자신들의 사령관이 되어 달라고 부탁했다.

> 7입다가 길르앗 장로들을 향해 말하였다 "너희가 [예전에] 나를 미워하여 내 아버지의 집에서 나를 쫓아내지 않았느냐? 이제는 어찌하여 나에게로 왔느냐? 너희에게 [일어난] 어려움 때문이냐?"

입다는 장로들의 부탁을 수락하기 전에 쓰라린 과거의 불편했던 관계를 언급한다. 과거에 길르앗의 장로들은 입다를 아버지의 집에서 몰아낸 자들이다. 여기에서 입다는 "내 아버지의 집"이라고 표현한다. "우리"라는 무리에 속하지 못하여 아버지를 "내 아버지"(אָבִי)라 부르지 못한 과거의 회한이 떠밀어낸 표현이다. 자신을 내쫓은 자들이 "이제는"(עַתָּה) 그에게로 왔다. 그들이 찾아온 이유는 그들에게 닥친 "어려움"(צַר)을 해결하기 위함이다. 쫓아냄과 모셔옴이 교차하고 있다. 이제 그들 사이에는 갑과 을의 관계가 바뀌었다. 이처럼 관계는 생물이다. 특정한 시기의 상태를 관계의 전부로 규정하여 지속적인 불안감 혹은 안도감을 가지는 건 금물이다. 형통할 때의 안정적인 동맹이 곤고한 때를 만나면 깨어질 수 있고 곤고한 때에 맺은 끈끈한 우정이 형통의 때를 만나면 끊어지는 경우도 발생한다. 이러한 관계의 가변성 때문에 사람들은 늘 불안하다. 남편과 아내, 부모와 자녀, 친구와 동료, 사장과 직원, 교수와 학생, 목사와 성도 사이의 관계는 모두 가변성에 노출되어 있다. 관계가 틀어질 때를 대비해서 사람들은 요긴하게 써먹을 서로의 약점을 탐색하고 증거물을 수집하고 보관한다. 그런 식으로 관계를 관리한다.

"어려움"은 모든 사람들의 인생에 예고도 없이 때로는 광풍처럼 때로는 폭풍처럼(잠 1:27) 찾아온다. 출생의 약점을 빌미로 입다를 내쫓으며 길르앗의 유산을 삼킬 입 하나를 줄이는데 성공한 그의 형제들과 길르앗 장로들은 훗날에 치명적인 어려움이 자신에게 발생하여 입다에게 찾아가 도움을 요청하는 것은 전혀 예상하지 못한 일이었다. 입다는 그들에게 어려움 때문에 찾아온 것이냐고 묻는다. 이는 집에서 쫓김을 당한 과거의 쓴 뿌리가 내뱉은 질문이다. 그는 이들이 과거의 야박한 괄시를 반성하고 형제의 친밀한 관계를 회복하기 위해 찾아온 것인지가 궁금했다. 만약 그들이 위기를 모면하기 위한 도구가 필요해서 찾아온 것이라면 그것은 관계의 회복 자체가 목적이 아니라 그를 이용하기 위한 방문이다. 관계의 일시적인 개선 때문에 찾아온 것이라면 입다의 기능적인 가치에 근거한 조건부 관계의 회복을 위한 방문이다. 그러나 입다는 전쟁에서 승리하는 것보다 진실한 관계에 목마르다. 하지만 관계의 진실성은 주먹을 쥔다고 회복되는 것이 아니었다.

좋은 관계는 무엇인가? 관계는 그 관계를 지탱하는 조건이 적을수록 좋다. 그 자체가 목적인 관계를 사랑이라 한다. 조건이 적을수록 그 사랑은 순수하다. 다른 어떤 목적의 수단인 관계는 사랑이 아니라 환경이다. 그때의 관계는 진실이 아니라 전략이다. 오늘날 우리는 진실한 사랑의 관계가 실종된 시대를 살아가고 있다. 도움이 필요하면 관계의 거리를 좁히고 수가 틀어지면 관계의 등에 배신의 칼을 꼽는데 주저함이 없다. 어제의 적이 오늘의 동지, 오늘의 동지가 내일의 적이 된다는 말은 한반도를 활보하는 현실이고 날마다 목격되는 일상이다. 매춘부의 아들로 태어난 입다를 재물에 대한 탐심이 쫓아내고 그 재물을 지키기 위해 전쟁용 병기가 필요하자 내쫓은 자들이 뻔뻔한 얼굴로 그에게 찾아오는 모습이 낯설지가 않다는 것이 그 증명이다. 그러나 우리는 이것도 하나님의 섭리라는 관점을 유지해야 한다. 즉 입다와 길르앗 장로의 대화는 비천한 자들을 택하셔서 스스로 존귀한 자들을 부끄럽게 하시는 하나님의 보편적인 섭리를 잘 보여준다.

8길르앗 장로들이 입다에게 말하였다 "그러해서 지금 우리가
너에게로 돌아왔다 너는 우리와 함께 가서 암몬 자손과
전쟁을 벌인다[면] 길르앗에 거하는 우리 모두에게 머리가 되리라"

어려움 때문에 찾아온 것이냐는 입다의 물음에 길르앗 장로들은 솔직하게 인정한다. 그리고 자기들과 함께 이스라엘 군대가 진을 친 미스바로 가자고 요청한다. 그곳에서 암몬 자손과 전쟁을 벌인다면 입다가 "우리 모두에게 머리"가 될 것이라고 약속한다. "사령관"(קָצִין)은 전쟁에서 기능적인 지도자의 지위를 강조하는 말이지만 신체의 한 부분인 "머리"(ראשׁ)는 유기적인 관계 속에서의 권위 있는 지도자를 의미한다. 군사적인 지도자의 지위를 넘어 전쟁이 끝나도 소멸되지 않는 정치적인 지도자의 지위까지 나타낸다. 그래서 이 단어는 왕을 표현할 때에도 사용된다(삼하 22:44, 렘 31:7). 앞의 대화와는 달리 이 약속에는 길르앗 장로들의 절박한 마음과 진정성이 느껴진다. 입다를 존대하는 그들의 낮은 자세는 연출이 아니었다. 매춘부의 자식을 멸시하던 그들이 이렇게 변화된 이유는 무엇인가? 그들은 10장 15절에 기록된 것처럼 하나님께 자신의 범죄를 철저하게 반복해서 회

개했기 때문이다. 그들은 하나님의 뜻이라면 형벌이든 심판이든 달게 받겠다고 했고 동시에 하나님의 도우심을 간절히 기도했다. 그동안 소중하게 관리해 오던 체면을 내던지고 하나님과 그들의 진실한 관계라는 본질에 집중했다. 하나님을 기쁘시게 하면 원수라도 더불어 화목하게 된다는 지혜자의 말은 어느 때나 진실이다. 하나님께 진실한 회개를 하기 전까지는, 그분과의 관계가 건강하게 회복되기 전까지는, 인간 사이에 맺어진 관계가 온전히 회복됨은 없다. 길르앗 장로들과 입다 사이의 갈등도 예외는 아니었다. 사람들 사이에 깨어진 관계의 회복을 원한다면 먼저 천하보다 소중한 인간을 함부로 대한 죄를 하나님께 회개하고 상대방을 존중하라. 어떠한 관계도 회복되는 기적이 일어난다.

[9]입다가 길르앗 장로들을 향해 말하였다 "너희가 나를 암몬 자손과 싸우도록 데려가고 여호와가 그들을 나에게 주신다면 내가 너희에게 머리가 되겠노라"

자신을 그들의 머리로 삼겠다는 길르앗 장로들의 말이 입다의 귀에 솔깃했다. 과거에 길르앗 장로들이 입다를 만물의 찌끼처럼 여기던 기억이 아직도 생생한데 설마 자신을 그들의 머리로 삼겠다는 말이 진심일까? 물음표 하나가 남은 입다는 장로들의 말에 그들의 머리가 되는 조건을 하나 추가하여 이렇게 다짐한다. 즉 1) 그들을 따라가서 암몬과 싸운다는 조건만이 아니라 2) 여호와가 그들을 자신에게 주신다는 조건까지 갖춘다면 자신이 그들의 머리가 되겠다고! 여기에서 길르앗 장로들이 말하지 않은 추가된 조건은 두 번째 것으로서 하나님과 관계된 것이었다. 이 조건에는 하나님이 궁극적인 사령관이 되셔서 적들을 입다의 손에 넘기시는 경우에만 머리가 될 수 있다는 입다의 신앙이 반영되어 있다. 길르앗 장로들이 입다에게 제시한 약속은 사람의 약속이다. 입다는 사람의 약속이 현실의 궁극적인 보증이 아니라는 사실을 인지하고 있다. 사람들의 합의가 아무리 견고해도 하나님의 승인 없이는 그림의 떡에 불과하다. 마음의 계획과 경영은 사람에게 있어도 일의 결재와 승인은 하나님의 권한이다(잠 16:1). 그런 역사의 주관자가 약속하면 누구도 변경하지 못하고 반드시 이루어질 것이기에 수락해야 한다. 입다는 이러한 진리를 아는 "강한 용사"였다. 전쟁이 하나님께 속하였고 승리도 하나님의 것이라는 사실을 알고 확신하는 사람이 훌륭한 지도자다.

입다와 길르앗 장로들의 대화를 보면 입다의 신중함이 번뜩인다. 평생 괄시를 받다가 갑자기 인정을 받으면 사람은 마음이 부풀어 올라 어떠한 제안에도 쉽게 넘어간다. 그러나 입다는 가장 안전하게 보이는 돌다리도 두드린다. 유력한 자들의 입에서 쏟아지는 공약이라 할지라도 공수표의 남발일 가능성이 높기 때문에 꼼꼼히 확인하는 절차가 필요하다. 입다는 장로들의 말을 한 마디도 건성으로 듣지 않고 그 말의 심층적 의미를 확인하기 위해 그 말의 진위와 진정성을 파악한다. 나아가 대화의 차원을 사람들의 소통에서 하나님을 증인으로 모시는 차원으로 이끄는 신앙도 뛰어나다. 흥분을 다스리고 하나님을 인정하며 상대를 파악하는 대화법도 지도자의 중요한 자질이다.

10길르앗 장로들이 입다에게 말하였다 "너의 말처럼
우리가 그렇게 행하지 않는다면 여호와가 우리 사이에서 들으신 분이시다"

입다가 길르앗 장로들의 요청에 대해 신앙적인 반응을 보이자 그들도 신앙적인 태도로 응수한다. 입다의 답변에 대해 그들도 자신들이 약속한 그대로 입다에게 행하지 않는다면 하나님의 심판을 받아 멸망할 것이라는 뉘앙스로 하나님의 이름을 거명한다. "여호와가 우리 사이에서 들으신 분이시다"(יִהְיֶה שֹׁמֵעַ בֵּינֹתֵינוּ). 장로들이 입다에게 머리가 될 것이라고 약속할 때에 그들은 하나님이 듣고 계시다는 사실을 의식했다. 즉 하나님을 증인으로 세운 약속이다. 하나님이 들으신 자신들의 약속은 결코 파기하지 않겠다는 다짐이다. 이상에서 언급된 인간의 약속에 대해 우리는 두 가지의 교훈을 깨닫는다. 첫째, 인간의 약속은 하나님의 승인 혹은 허락이 있어야 진실한 약속이다. 둘째, 인간의 모든 약속은 하나님이 들으신다. 그래서 지극히 작은 사람과의 약속도 준수해야 한다.

하나님이 인간의 약속을 듣고 계시다는 것은 약속하는 사람이 약속의 상대에게 신의를 지키는 것만이 아니라 그 약속을 들으신 하나님에 대해서도 신의를 지켜야 한다는 각오를 요청한다. 하나님을 증인으로 삼은 약속은 사람의 입장에서 보면 약속이고, 하나님의 들으심을 기준으로 보면 일종의 서원이다. 사람에게 한 약속을 서원에 준하는 무게로 신중하게 여김이 마땅하다. 전도자는 하나님께 서원을 했다면 반드시 이행해야 한다고 가르친다. 이러한 이행의 필연성 때문에 전도자는 이렇게 조언한다. "서원하고 갚지 아니하는 것보다 서원하지 아니하는 것이 더 나으니 네 입으로 네 육체가 범죄하게 하지 말라 천사 앞에서 내가 서원한 것이 실수라고 말하지 말라"(전 5:5-6). 이는 서원의 불이행이 서원하지 않음보다 나쁘다는 것이며, 서원하고 이행하지 않으면 자신의 입으로 자신의 육체로 하여금 범죄하게 만드는 것이며, 비록 천사 앞에서 한 서원이라 할지라도 실수라는 말로 넘겨서는 안된다는 교훈이다. 이것은 사람 앞에서의 서원도 동일하게 적용된다. 왜냐하면 하나님이 인간의 모든 약속을 듣는 분이시기 때문이다. 사람들은 약속을 자발적인 부채라고 한다. 부채는 적을수록 좋다. 그러므로 오래 묵은 약속보다 당장의 신속한 거절이 현명하다. 나의 경우를 보면, 입으로는 꺼냈으나 아직 배송하지 못한 약속이 산더미 분량이다. 또한 분명히 들었는데 아직 나의 손에 도착하지 않은 약속들도 많다. 약속은 기억력이 짧다는 말을 실감하고 있다.

¹¹입다는 길르앗 장로들과 함께 갔고 그 백성은 그를 자기들의 머리와 장관으로 정하였다 입다는 미스바에서 자신의 모든 말을 여호와의 면전에서 말하였다

입다와 길르앗 장로들은 하나님의 승인을 전제로 하고 하나님을 증인으로 삼은 합의에 도달하여 함께 미스바로 갔다. 그곳에서 이스라엘 자손은 약속을 이행했다. 입다를 자기들의 머리와 장관으로 정하였다. 이견이나 반대가 없는 만장일치 결정이다. 입다는 먼저 약속한 사람들의 충실한 이행을 보고 감격했다. 그리고 전쟁의 승리를 확신했다. 이스라엘 백성이 입다를 자신들의 머리로 삼았다는 것이 그에게는 하나님이 이 전쟁에서 암몬 자손을 그의 손에 넘겨 주셨다는 신호였기 때문이다. 그래서 입다도 이스라엘 백성에게 길르앗 장로들과 나눈 모든 이야기를 말하였다. 그런데 사사기 저자는 입다가 "여호와의 면전에서"(לִפְנֵי יְהוָה) 말했다고 기록한다. "여호와의 면전에서" 말한다는 것의 의미는 무엇인가? 우리가 생각하든 말하든 행하든 무엇을 하든지 "코람데오"(CoramDeo) 의식 즉 하나님 앞에서의 일이라는 의식을 가져야 함을 의미한다. 그리고 코람데오 의식이 없더라도 하나님은 우리의 모든 생각과 말과 행동을 아시고 들으시고 보신다는 사실을 가리킨다. 하나님은 우리에게 언제나 행한 대로 정의롭게 갚으신다. 뿌리고 심은 대로 정확하게 딱 그 만큼만 거두신다.

여호와의 면전에서 사는 것은 범사에 하나님을 의식하며 인정하는 삶을 가리킨다. 입다는 비록 형제들과 동포의 버림을 받았으나 범사에 하나님을 의식하며 산 사람이다. 범사에 하나님을 인정하는 자는 하나님이 책임지고 이끄시는 사람이다(잠 3:6). 때가 이르러서 하나님은 오래 준비된 입다를 이스라엘 백성의 머리와 장관으로 삼으셨다. 코람데오 정신으로 산 입다는 우리에게 경건한 삶의 태도를 도전한다. 우리는 범사에 누구 앞에서 생각하고 말하고 행할 것인지를 결정해야 한다.

다윗은 코람데오 인생의 좋은 모델이다. 하나님의 말씀을 사랑한 다윗

은 여호와의 궤가 자신의 성으로 돌아오자 "여호와 앞에서 힘을 다하여 춤을" 춘 사람이다(삼하 6:14). 그러다가 아마도 옷이 벗겨졌기 때문인지 알몸을 여종들 앞에서 드러냈다. 다윗의 아내는 경박하게 보이는 남편을 멸시했다. 그러나 다윗은 미갈에게 말하였다. "이는 여호와 앞에서 한 것이니라…내가 여호와 앞에서 뛰놀리라 내가 이보다 더 낮아져서 스스로 천하게 보인다 할지라도 네가 말한 여종에게 내가 높임을 받으리라"(삼하 6:21-22). 다윗은 생각과 말만이 아니라 춤추기도 하나님 앞에서 행하였다. 이러한 행위를 이해하지 못한 미갈은 죽을 때까지 자식을 낳지 못하는 일종의 형벌을 받아야만 했다. 다윗은 자신이 살아가는 세상에서 언제나 "여호와 앞에서 행"할 것이라고 다짐한다(시 116:9). "여호와의 모든 백성 앞에서 나는 나의 서원을 여호와께 갚"겠다고 다짐한다(시 116:14).

오늘날 코람데오 의식이 실종된 교회에서 하나님은 무시를 당하신다. 교회가 하나님 앞에서가 아니라 사람 앞에서의 눈가림 차원에서 생각하고 말하고 행동하기 때문이다. 그러나 하나님은 세상 끝날까지 항상 우리와 함께 거하신다. 그래서 무의식 중에 행한 우리의 생각과 말과 행위도 하나님 앞에서 행한 것으로 간주된다. 교회가 코람데오 의식 없이 하나님을 무시하면 세상도 하나님의 신적 기운이 사라진 교회를 무시한다. 불의한 출생의 짓눌림 속에서도 입다는 하나님을 범사에 존중하며 그의 면전에서 살아갔다. 그런 입다를 하나님은 높이셨다. 사람들이 그를 머리로 추대하게 했다. 아비멜렉 경우에는 스스로 왕이 되려고 혈통에 호소하며 백성을 선동하고 무고한 피를 흘리며 쿠데타를 일으키는 방식으로 왕이 되었으나, 입다는 오히려 장로들이 찾아와 사령관과 머리가 되어 달라고 부탁하여 결국 지도자가 된 인물이다. 첩의 아들로 태어난 것보다 더 힘들고 열악한 출생의 환경 속에서도 얼마든지 큰 용사가 되고 민족을 이끄는 사령관과 머리가 될 수 있다는 사실을 우리는 입다의 인생에서 확인한다. 외모를 보는 인간과는 달리 중심을 보시는 역사의 주관자 하나님은 편견과 차별이 없으시다.

삿 11:12-28

¹²입다가 암몬 자손의 왕에게 사자들을 보내 이르되 네가 나와 무슨 상관이 있기에 내 땅을 치러 내게 왔느냐 하니 ¹³암몬 자손의 왕이 입다의 사자들에게 대답하되 이스라엘이 애굽에서 올라올 때에 아르논에서부터 얍복과 요단까지 내 땅을 점령했기 때문이니 이제 그것을 평화롭게 돌려 달라 하니라 ¹⁴입다가 암몬 자손의 왕에게 다시 사자들을 보내 ¹⁵그에게 이르되 입다가 이같이 말하노라 이스라엘이 모압 땅과 암몬 자손의 땅을 점령하지 아니하였느니라 ¹⁶이스라엘이 애굽에서 올라올 때에 광야로 행하여 홍해에 이르고 가데스에 이르러서는 ¹⁷이스라엘이 사자들을 에돔 왕에게 보내어 이르기를 청하건대 나를 네 땅 가운데로 지나게 하라 하였으나 에돔 왕이 이를 듣지 아니하였고 또 그와 같이 사람을 모압 왕에게도 보냈으나 그도 허락하지 아니하므로 이스라엘이 가데스에 머물렀더니 ¹⁸그 후에 광야를 지나 에돔 땅과 모압 땅을 돌아서 모압 땅의 해 뜨는 쪽으로 들어가 아르논 저쪽에 진 쳤고 아르논은 모압의 경계이므로 모압 지역 안에는 들어가지 아니하였으며 ¹⁹이스라엘이 헤스본 왕 곧 아모리 족속의 왕 시혼에게 사자들을 보내어 그에게 이르되 청하건대 우리를 당신의 땅으로 지나 우리의 곳에 이르게 하라 하였으나 ²⁰시혼이 이스라엘을 믿지 아니하여 그의 지역으로 지나지 못하게 할 뿐 아니라 그의 모든 백성을 모아 야하스에 진 치고 이스라엘을 치므로 ²¹이스라엘의 하나님 여호와께서 시혼과 그의 모든 백성을 이스라엘의 손에 넘겨 주시매 이스라엘이 그들을 쳐서 그 땅 주민 아모리 족속의 온 땅을 점령하되 ²²아르논에서부터 얍복까지와 광야에서부터 요단까지 아모리 족속의 온 지역을 점령하였느니라 ²³이스라엘의 하나님 여호와께서 이같이 아모리 족속을 자기 백성 이스라엘 앞에서 쫓아내셨거늘 네가 그 땅을 얻고자 하는 것이 옳으냐 ²⁴네 신 그모스가 네게 주어 차지하게 한 것을 네가 차지하지 아니하겠느냐 우리 하나님 여호와께서 우리 앞에서 어떤 사람이든지 쫓아내시면 그것을 우리가 차지하리라 ²⁵이제 네가 모압 왕 십볼의 아들 발락보다 더 나은 것이 있느냐 그가 이스라엘과 더불어 다툰 일이 있었느냐 싸운 일이 있었느냐 ²⁶이스라엘이 헤스본과 그 마을들과 아로엘과 그 마을들과 아르논 강 가에 있는 모든 성읍에 거주한 지 삼백 년이거늘 그 동안에 너희가 어찌하여 도로 찾지 아니하였느냐 ²⁷내가 네게 죄를 짓지 아니하였거늘 네가 나를 쳐서 내게 악을 행하고자 하는도다 원하건대 심판하시는 여호와께서 오늘 이스라엘 자손과 암몬 자손 사이에 판결하시옵소서 하였으나 ²⁸암몬 자손의 왕이 입다가 사람을 보내어 말한 것을 듣지 아니하였더라

❖ ❖ ❖

¹²입다가 암몬 자손의 왕에게 사자들을 보내어 말하였다 "내 땅에서 싸우려고 나에게로 온 이유는 나에게 그리고 너에게 무엇이냐?" ¹³암몬 자손의 왕이 입다의 사자들에게 말하였다 "이스라엘이 애굽에서 올라오며 아르논에서 얍복과 요단까지 내 땅을 점령했기 때문이다 이제 너희는 그곳들이 평화롭게 반환되게 하라" ¹⁴입다가 암몬 자손의 왕에게 다시 사자들을 다시 보내어 ¹⁵그에게 말하였다 "입다가 이같이 말하였다 '이스라엘은 모압의 땅과 암몬 자손의 땅을 탈취하지 않았다 ¹⁶이유는 이러하다 이스라엘이 애굽에서 올라올 때 광야로 행하였고 홍해까지 이르고 가데스로 갔다 ¹⁷이스라엘이 사자들을 에돔 왕에게 보내어 '청하건대 나를 네 땅 가운데로 지나가게 하라'고 말했지만 에돔 왕은 듣지 않았으며 모압 왕에게도 보냈으나 그도 거절하여 이스라엘은 가데스에 머물렀다 ¹⁸그리고 [그들은] 광야로 들어가고 에돔 땅과 모압 땅을 돌아가고 모압 땅에서 해 뜨는 쪽으로 갔고 아르논 저편에 포진했다 모압의 경계 안으로는 들어가지 않았는데 이는 아르논이 모압의 경계이기 때문이다 ¹⁹이스라엘이 헤스본 왕 즉 아모리 족속의 왕 시혼에게 사자들을 보내어 '청하건대 우리를 당신의 땅으로 지나가서 우리의 땅에 이르도록 하라'고 그에게 말했으나 ²⁰시혼은 이스라엘이 그의 지역으로 지나가는 것을 승인하지 않고 [오히려] 그의 모든 백성을 소집하여 야하스에 포진하여 이스라엘과 싸웠다 ²¹[그래서] 이스라엘의 하나님 여호와가 시혼과 그의 모든 백성을 이스라엘 손에 넘겨졌고 그들(이스라엘)은 그들을 쳐서 그 땅에 거주하는 아모리 [사람들]의 모든 땅을 점령했다 ²²아르논에서 얍복까지, 광야에서 요단까지 아모리의 모든 지역을 점령했다 ²³이스라엘의 하나님 여호와가 자신의 백성 이스라엘 면전에서 아모리를 쫓겨나게 하셨는데 너희는 지금 그곳을 취하려고 한다 ²⁴네 신 그모스가 너에게 주어 차지하게 한 것을 네가 차지하지 않겠느냐? [같은 논리로] 우리의 하나님 여호와가 우리 앞에서 모든 이들을 쫓으시면 그것을 차지하지 않겠느냐? ²⁵이제 네가 모압 왕 십볼의 아들 발락보다 낫고 나으냐? 그가 이스라엘과 더불어 다투고 다퉜느냐? 그가 그들과 싸우고 싸웠느냐? ²⁶이스라엘은 삼백 년간 헤스본과 그 마을들에, 아로엘과 그 마을들에, 그리고 아르논 강 가에 있는 모든 성읍들에 거주했다 그 동안에는 너희가 어찌하여 도로 찾지 않았느냐? ²⁷나는 너에게 잘못하지 않았는데 너는 나를 치면서 나에게 악을 행하고자 한다 판단을 내리시는 여호와가 오늘 이스라엘 자손과 암몬 자손 사이에 판결해 주시리라'" ²⁸암몬 자손의 왕은 입다가 보낸 메시지를 듣지 않았더라

25 입다: 유일한 사사, 하나님

본문에는 암몬 자손과 이스라엘 백성 사이의 전쟁 이전에 벌어진 외교적인 협상의 내용이 기록되어 있다. 여기에는 에돔, 모압, 암몬과 같은 다양한 이름들이 등장한다. 에돔은 야곱의 형 에서의 별명이며 그의 후손을 가리킨다. 모압과 암몬은 아브라함의 조카 롯이 자신의 딸들과 맺은 부적절한 관계에서 낳은 아들들의 이름이며 그 후손들을 가리킨다. 암몬 자손과 이스라엘 백성은 길르앗 땅을 서로 자신의 것이라고 주장한다. 이를 위하여 역사적인 사실을 언급한다. 그러나 암몬 자손의 왕은 역사를 왜곡했고 입다는 올바른 역사를 주장했다. 하나님은 이스라엘 백성에게 에돔과 모압과 암몬의 땅을 빼앗지 말라고 명하셨다. 이에 대해서는 양 진영이 동의한다. 그러나 암몬 왕은 이스라엘 백성이 하나님의 명령을 어기고 길르앗을 빼앗았기 때문에 되돌려 주어야 한다고 주장했고 입다는 하나님이 이후에 이스라엘 백성에게 넘겨주신 것이기에 적법한 소유라고 반박했다. 누구의 주장이 사실일까?

¹²입다가 암몬 자손의 왕에게 사자들을 보내어 말하였다
"내 땅에서 싸우려고 나에게로 온 이유는 나에게 그리고 너에게 무엇이냐?"

암몬과의 대치 속에서 길르앗의 머리가 된 입다는 기습이나 전면전이 아닌 협상을 시도한다. 전쟁보다 더 좋은 해결책을 찾으려는 의지의 표명이다. 그리고 협상에는 문사철의 인문학적 내공도 필요하다. 객관성과 논리력과 설득력이 부실하고 주먹이 성급한 사람이면 시도할 수 없는 것이 협상이기 때문이다. 비록 잡류와 섞여 살았지만 입다는 소통에 능하고 내면이 탄탄한 사람이다. 그는 먼저 사자들을 적군에게 파견하여 싸움의 이유를 질문한다. 사자들의 파견은 입다의 침착한 지도력을, 전달한 질문은 왕의 능숙한 어법을 증거한다. 질문에서 입다는 "내 땅"(אַרְצִי)이라는 표현을 사용한다. 즉 암몬이 싸워서 빼앗으려 하는 땅은 그들의 것이 아니라 이스라엘 백성의 땅이며 그 백성을 대표하는 자신의 땅이라는 전제 위에서 던진 질문이다. 남의 땅을 빼앗는 싸움은 탐욕이 시킨 침략과 약탈일 뿐이라는 뉘앙스를 전달하며 상대방의 듬직한 명분을 해체하는 질문이다.

¹³암몬 자손의 왕이 입다의 사자들에게 말하였다
"이스라엘이 애굽에서 올라오며 아르논에서 얍복과 요단까지
내 땅을 점령했기 때문이다 이제 너희는 그곳들이 평화롭게 반환되게 하라"

암몬 자손의 왕이 입다의 질문에 대답한다. 암몬 왕이 주장하는 싸움의 이유는 역사에 뿌리를 둔 것이었다. 즉 과거에 이스라엘 백성이 애굽에서 해방될 때 암몬의 땅을 불법으로 점령한 것이기 때문에 왕도 입다와 동일하게 자신이 취하려는 지역은 자기 조상의 땅이었고 이제는 "내 땅"이어야 한다는 점을 내세운다. 그러므로 이스라엘 자손이 점령한 아르논과 얍복 및

요단 사이의 땅들을 자신에게 돌려주면 싸움 없이도 "평화롭게" 해결될 것이라고 한다. 암몬 왕의 주장은 사실인가? 신명기 2장의 기록에 의하면, 애굽에서 나온 이스라엘 백성을 향하여 하나님은 "암몬 족속에게 가까이 이르거든 그들을 괴롭히지 말고 그들과 다투지도 말라 암몬 족속의 땅은 내가 네게 기업으로 주지 아니"(신 2:19)할 것이라고 분명히 밝히셨다. 그러나 암몬 자손의 왕이 주장한 것과는 달리, 당시의 이스라엘 백성은 하나님의 명령에 순종하여 그들의 땅을 취하지 않았다고 모세는 증거한다. 그에 의하면, "우리가 모든 높은 성읍을 점령하지 못한 것이 하나도 없었으나 오직 암몬 족속의 땅"은 주께서 "우리가 가기를 금하신" 곳이었기 때문에 점령하지 못했다고 한다(신 2:37). 역사에 대한 암몬 왕의 잘못된 이해와 무관하게 지금의 이스라엘 백성이 암몬의 땅을 차지하고 있다는 것은 신명기 2장의 관점에서 보면 명백한 불법이다. 이에 대한 입다의 반응은 무엇인가?

> 14입다가 암몬 자손의 왕에게 다시 사자들을 다시 보내며
> 15그에게 말하였다 "입다가 이같이 말하였다
> '이스라엘은 모압의 땅과 암몬 자손의 땅을 탈취하지 않았다

대화에 응한 암몬 왕에게 입다는 다시 사자들을 보내어 그의 주장을 논박한다. 특별히 그의 조상이 애굽에서 나올 때에 암몬의 땅을 취했다는 암몬 왕의 주장이 역사적 사실과는 다르다는 점을 지적한다. 즉 이스라엘 자손이 모압과 암몬 자손의 땅을 "탈취하지 않았다"(לֹא־לָקַח)는 것이 논박의 핵심이다. 입다는 조상과 주변 민족들의 역사에 대한 인식이 정확하다. 암몬 왕은 역사의 정확한 사실을 알지도 못하면서 그저 이스라엘 백성의 하나님도 자신의 땅을 취하지 말라고 하셨다는 명령만 부각시켜 일부의 사실로 전체의 사실을 왜곡하려 했다. 그러나 입다는 암몬의 땅을 이스라엘 백성에게

넘겨주지 않으신 하나님의 뜻을 인정하는 동시에 왜곡된 역사의 주름을 펴면서 역사에 대한 암몬 왕의 무지를 드러내며 논쟁의 기반을 흔들었다. 실질적인 유불리를 떠나 인정할 것은 인정하고 잘못된 것만 틀렸다고 지적하는 비판의 객관성 유지는 논쟁의 기분이다. 이득을 취하기에 급급하여 일부의 사실에 대한 선택적인 강조는 필히 논쟁의 실패를 초래한다.

> 16이유는 이러하다 이스라엘이 애굽에서 올라올 때 광야로 행하였고
> 홍해까지 이르고 가데스로 갔다 17이스라엘이 사자들을 에돔 왕에게 보내어
> '청하건대 나를 네 땅 가운데로 지나가게 하라'고 말했지만
> 에돔 왕은 듣지 않았으며 모압 왕에게도 보냈으나 그도 거절하여
> 이스라엘은 가데스에 머물렀다 18그리고 [그들은] 광야로 들어가고
> 에돔 땅과 모압 땅을 돌아가고 모압 땅에서 해 뜨는 쪽으로 갔고
> 아르논 저편에 포진했다 모압의 경계 안으로는 들어가지 않았는데
> 이는 아르논이 모압의 경계이기 때문이다

입다는 논쟁에 있어서 목소리의 크기로 승부하지 않고 자신의 주장에 대한 논거를 제시한다. 즉 이스라엘 백성이 애굽에서 올라올 때 광야로 행하였고 홍해를 건너고 가데스로 갔는데 에돔의 땅을 지나야만 했다. 그래서 그 땅을 지나가게 해 달라고 부탁했다(א). 입다가 언급한 사건은 민수기 20장 14-21절에 기록되어 있다. 거기에서 이스라엘 백성은 부탁할 때에 "우리가 밭으로나 포도원으로 지나가지 아니하고 우물물도 마시지 아니하고 왕의 큰 길로만 지나가고 당신의 지경에서 나가기까지 왼쪽으로나 오른쪽으로나 치우치지 아니"할 것이라는 다짐까지 했다. 한방울의 물도 축내지 않겠다는 이스라엘 백성의 말은 평소에 에돔 족속이 다른 민족들을 향해 얼마나 야박하게 굴었는지 짐작하게 한다. 이스라엘 백성의 부탁에는

탈취의 의도도 없고 어떠한 강제성도 없다. 최대한의 예를 갖추었다. 동일한 부탁을 모압 왕에게도 했다. 그러나 이러한 부탁을 에돔 왕과 모압 왕은 모두 거절했다. 이 거절의 배후에는 이스라엘 백성의 불신에 대한 형벌을 내리시는 하나님의 섭리가 있지만 인간문맥 안에서는 두 족속의 완고함을 드러내는 거절이다. 이에 이스라엘 백성은 그 거절의 벽을 뚫고 관통하는 과격한 판단을 내리지 않고 그냥 가데스에 머물렀다. 이는 하나님의 명령, 내리시는 형벌, 그 족속들의 거절을 모두 존중했기 때문이다. 이스라엘 백성은 가데스에 머물다가 광야로 들어갔다. 에돔과 모압 땅은 들어가지 않고 해 뜨는 쪽으로 돌아갔다. 그리고 아르논 저편에 포진했다. 아르논에 들어가지 않고 변방에 포진한 이유는 그곳이 들어가지 말아야 할 모압의 경계였기 때문이다.

19이스라엘이 헤스본 왕 즉 아모리 족속의 왕 시혼에게 사자들을 보내어 '청하건대 우리를 당신의 땅으로 지나가서 우리의 땅에 이르도록 하라'고 그에게 말했으나 20시혼은 이스라엘이 그의 지역으로 지나가는 것을 승인하지 않고 [오히려] 그의 모든 백성을 소집하여 야하스에 포진하여 이스라엘과 싸웠다 21[그래서] 이스라엘의 하나님 여호와가 시혼과 그의 모든 백성을 이스라엘 손에 넘기셨고 그들(이스라엘)은 그들을 쳐서 그 땅에 거주하는 아모리 [사람들]의 모든 땅을 점령했다 22아르논에서 압복까지, 광야에서 요단까지 아모리의 모든 지역을 점령했다

이제 세월이 흘러서 모압 왕의 모든 땅은 아모리 족속의 왕 시혼에게 빼앗겼다(민 21:26). 그래서 이스라엘 백성은 모압이 아니라 아모리 족속의 왕 시혼에게 사자들을 보내어 "당신의 땅"으로 지나가게 해 달라고 부탁했다. 그러나 시혼은 거절했다. 거절하는 정도가 아니라 야하스에 군대를 소집하고

이스라엘 백성을 공격했다. 그래서 전쟁이 벌어졌다. 이스라엘 편에서는 탈취를 위한 전쟁이 아니라 정당한 방위였다. 이 전쟁에서 이스라엘 백성이 승리했다. 이에 대하여 입다는 하나님이 시혼과 그의 모든 백성을 이스라엘 백성의 손에 넘기신 것이라고 해석한다. 그의 해석은 정확했다. 당시 모세에게 하신 하나님의 말씀이 이를 입증한다. "내가 헤스본 왕 아모리 사람 시혼과 그의 땅을 네 손에 넘겼은즉 이제 더불어 싸워서 그 땅을 차지하라"(신2:24). 그래서 이스라엘 백성은 "그 땅에 거주하는 아모리 [사람들]의 모든 땅"을 소유했다. "아르논에서 얍복까지, 광야에서 요단까지 아모리의 모든 지역을 점령했다." 여기에서 입다는 이스라엘 백성이 차지한 땅은 암몬의 땅이 아니라 "아모리의 모든 땅"(כָּל־גְּבוּל הָאֱמֹרִי)임을 강조한다. 그리고 하나님에 의해 주어진 것이기 때문에 불의하게 "빼앗은 것"(לָקַח)이 아니라 적당하게 "점령한 것"(יָרַשׁ)이라고 주장하기 위해 동사를 엄선해서 사용한다. 이스라엘 백성이 암몬과 싸운 적도 없었고 그들의 땅을 빼앗은 적도 없었다는 입다의 주장은 이처럼 역사적 사실이다. 그들은 암몬이 아닌 아모리 족속과 싸웠으며 암몬의 소유지가 아닌 아모리의 모든 땅을 정당방위 차원에서 점령했다. 그 점령은 하나님에 의해 허락되고 의도된 것이었기 때문에 정당하고 적법한 일이었다.

> 23이스라엘의 하나님 여호와가 자신의 백성 이스라엘 면전에서
> 아모리를 쫓겨나게 하셨는데 너희는 지금 그곳을 취하려고 한다

하나님이 이스라엘 백성의 면전에서 아모리를 쫓으시고 그 백성에게 주신 아모리의 땅을 이제 암몬이 자신의 땅이라고 주장하며 취하려고 한다. 암몬 족속이 자신의 땅을 아모리 족속에게 빼앗긴 것은 이스라엘 백성과 무관하다. 그러므로 그들이 아모리 족속과 더불어 해결해야 할 문제의 책임

을 이스라엘 백성에게 돌리는 것은 부당하다. 그 땅을 자신의 땅이라고 우기며 돌려 달라고 군대를 소집하는 것은 역사의 왜곡이며 약탈자의 위협이다. 입다는 이스라엘 백성이 아모리의 땅을 차지한 것이 하나님의 주도적인 일임을 말하면서 암몬 자손의 행위가 하나님의 뜻에도 어긋나고 결국 하나님을 대적하는 무모한 짓임을 명시한다. 과거의 정확한 역사를 무시한 채 "지금"(עַתָּה) 이스라엘 백성의 땅을 역사의 한 시점에서 이루어진 점령을 근거로 삼아 그 땅을 달라고 억지를 부리는 것은 역사를 이끄시는 하나님의 주권에 대한 도전이다.

성경은 "모든 땅"(כָּל־הָאָרֶץ)이 여호와의 것이라고 분명히 가르친다(출 19:5). 이사야가 기록한 하나님의 말씀이다. "하늘은 나의 보좌요 땅은 나의 발판이니"(사 66:1). 하나님은 자신의 땅을 어떤 사람에게 혹은 어떤 민족에게 주기도 하시고 취하기도 하시는 분이시다(시 115:16). 주었다고 할지라도 소유권이 그 사람이나 민족에게 이전되는 것이 아니라 그들은 "거류민"에 불과하고 하나님과 "동거하는 자"일 뿐이라고 레위기는 가르친다(레 25:23). 땅의 취함과 빼앗김은 모든 땅의 주인이신 하나님과 어떠한 관계를 가지고 있느냐에 의해 좌우된다. 하나님께 순종하면 땅을 소유하고 순종하지 않으면 빼앗긴다. 입다는 길르앗 땅을 그 땅의 주인께서 암몬에게 주셨다가 취하시고 아모리의 손에 주셨다가 취하시고 이스라엘 백성에게 주셨다고 주장한다.

24너의 신 그모스가 너에게 주어 차지하게 한 것을 네가 차지하지 않겠느냐?
[같은 논리로] 우리의 하나님 여호와가
우리 앞에서 모든 이들을 쫓으시면 그것을 차지하지 않겠느냐?

입다는 암몬의 종교도 이해하고 있다. 그는 그모스를 암몬 족속의 신이라고 한다. "그모스"는 "힘센 자"라는 의미를 가졌으며 전쟁의 신으로 알려졌다. 그러나 열왕기상 11장은 "모압의 신 그모스와 암몬의 신 밀곰"을 언급하고 있다(왕상 11:33). 왕정시대 이전에는 모압과 암몬이 인접해 있었고 동일한 왕에 의해서 통치되는 경우에 그모스를 신들의 하나로 섬기고 있었을 것으로 추정된다. 암몬 자손은 그들이 차지하고 있는 땅을 그모스가 준 것이라고 생각한다. 입다는 만약 그모스가 암몬에게 주어서 차지하게 한 다른 땅이 있다면 그것을 차지하지 않을 것이냐고 질문한다. 당연히 그들은 차지할 것이라고 생각한다. 같은 논법으로 입다는 하나님이 이스라엘 백성에게 주어서 차지하게 한 땅이 있고 그 땅에 거하는 모든 자들을 쫓으시면 그 땅을 차지하는 것이 당연한 것임을 강조한다. 길르앗 지역은 바로 그런 땅이라고 주장한다.

여기에서 입다가 그모스의 신성을 하나님과 동등한 것으로 인정하고 있다거나 그것에게 땅의 소유권이 있다고 믿는다는 오해는 금물이다. 입다의 이러한 어법은 믿음의 표명이 아니라 협상과 설득의 기술이다. 이것은 지금도 다양한 종교들이 공존하고 있는 사회에는 필요한 기술이다. 다른 신을 믿는다고 욕설을 퍼붓고 형상을 부수거나 불태우고 폭력을 가한다면 복음의 확산보다 기독교에 대한 혐오감과 거부감의 사회적인 증대만 초래한다. 교회는 사회에 대해 빛과 향기의 방식으로 감동과 호감을 일으켜야 한다. 다른 종교들을 존중하며 예수님이 삶의 모범으로 보여주신 것처럼 원수라도 사랑하고 봉사하고 섬기고 희생하고 양보하고 용서하는 성령의 열매로 승부해야 한다.

25이제 네가 모압 왕 십볼의 아들 발락보다 낫고 나으냐?
그가 이스라엘과 더불어 다투고 다퉜느냐? 그가 그들과 싸우고 싸웠느냐?

입다의 논증은 한 걸음 더 나아간다. 이번에는 암몬과 동일한 조상을 가진 모압 왕 십볼의 아들 발락을 언급한다. 발락은 아모리 족속을 정복한 이스라엘 백성이 "심히 두려워서" 브올의 아들 발람에게 저주를 세 번이나 부탁한 모압의 왕이었다(민 22:2-6). 그러나 발람은 발락의 기대와는 달리 하나님의 뜻을 따라 이스라엘 백성을 세 번이나 축복해야 했다(민 24:10). 야곱의 장막은 아름답고 그의 거처들은 눈이 부시도록 황홀했다(민 24:5). 발람의 예언에 의하면, 이스라엘 백성은 "모압을 이쪽에서 저쪽까지 쳐서 무찌"를 것이라고 한다(민 24:17). 결국 발락은 이스라엘 백성에 대한 저주를 포기하고 두려움을 삭히며 다투지도 않고 싸우지도 않고 "자기 길로" 돌아갔다(민 24:25). 저주를 시도하면 할수록 그들의 복만 더욱 증대될 것이었기 때문이다. 발락과 발람에 대한 하나님의 이러한 행하심에 대해 미가 선지자는 "여호와가 공의롭게 행한 일"이라고 해석하고 기록한다(미 6:5).

이러한 발락 이야기를 암몬 자손의 왕도 알고 있을 것이라고 생각한 입다는 지금의 왕이 발락보다 더 나으냐고 질문한다. 이 질문은 왕의 지도력에 대한 나음의 여부에 관한 것이기도 하지만 각자가 처한 상황과 명분에 있어서의 나음에 관한 것이기도 하다. 과거에 아모리 왕의 침략으로 말미암은 최대의 피해자는 발락이다. 가장 많은 영토를 상실했기 때문이다. 그 땅에 이스라엘 백성이 들어오자 이스라엘 백성에 대해 심히 큰 두려움과 위협을 느낀 왕은 자신의 땅이라고 우기되 이스라엘 백성과 다투지 않았으며 그냥 멀리서 저주의 마음만 품었다가 결국 포기했다. 그러나 지금 암몬 자손의 왕은 아모리 왕에게 직접적인 피해도 입지 않았으며 이스라엘 백성에 의해 무슨 대단한 위협을 받은 것도 아니고 어떠한 두려움을 느낀 것도 아니기 때문에 발락의 때보다 훨씬 더 좋은 상황이다. 전쟁의 명분에 있어서 발락의 상황보다 부실한 지금의 상황 속에서도 부당한 도발을 행한다면 그것은 발락보다 못한 왕이라는 것을 자증하는 것과 일반이다. 입다는 암몬 자손의 왕이 발락보다 낫지 않고, 발락이 이스라엘 백성과 다투거나 싸우지 않았다는 사실을 강조하기 위해 동일한 동사를 세 번이나 반복하여 사용한다. 즉 낫고 나으냐, 다투고 다퉜느냐, 싸우고 싸웠느냐? 입다의 이러한 어법은 역사적 사실에 근거한 변증의 자신감이 반영된 표현이다.

26이스라엘은 삼백 년간 헤스본과 그 마을들에,
아로엘과 그 마을들에, 그리고 아르논 강 가에 있는 모든 성읍들에 거주했다
그 동안에는 너희가 어찌하여 도로 찾지 않았느냐?

입다의 외교적인 화술이 이어진다. 이번에는 이스라엘 백성이 차지하고 있는 땅에 대해 암몬 자손의 조상들이 취한 태도에 대해 언급한다. 그는 이스라엘 백성이 비록 가나안 땅에 거하면서 침략을 받아서 다른 민족의 지배를 받기도 하였지만 아모리 족속의 손에서 넘겨받은 헤스본과 아로엘과 아르논 강가와 그 주변 성읍들에 무려 300년간 거주한 사실을 지적한다. 그리고 그 기간 동안 암몬 자손은 자신의 땅을 다시 찾으려는 노력과 시도를 하지 않았다는 사실을 입다는 꼬집는다. 이는 이스라엘 백성과 아모리 족속 사이에 일어난 땅의 뺏김과 취함에 대해 그 적법성에 있어서 만약 문제가 있었다면 암몬 자손의 조상들이 어떻게 해서라도 되찾으려 했을 것인데 300년간 어떠한 문제도 느끼지 못하였기 때문에 잠잠했다. 이러한 잠잠함은 그 땅이 암몬 족속의 영토가 아니라는 사실을 그 조상도 인정한 것이었다. 입다는 암몬 자손의 조상이 취한 오랜 태도를 언급하며 지금의 암몬 자손이 그 땅을 되돌려 달라고 고집하면 조상의 입장과도 상충되는 것이고 조상도 무시하는 일이라고 주장한다. 이스라엘 역사와 주변 민족들의 역사와 모압의 역사와 암몬의 역사를 골고루 언급하고 엮어낸 입다의 논증은 참으로 촘촘하고 단단하다.

> ²⁷나는 너에게 잘못하지 않았는데 너는 나를 치면서
> 나에게 악을 행하고자 한다 판단을 내리시는 여호와가
> 오늘 이스라엘 자손과 암몬 자손 사이에 판결해 주시리라'"

이제 입다는 논증의 마지막 카드를 사용한다. 논증의 초점은 과거에서 현실로 돌아왔다. 즉 입다 자신은 암몬 자손의 영토를 빼앗으려 하지 않았고 어떠한 해코지도 가하지 않았는데 그들은 아무런 이유도 없이 자신에게 악을 저지르는 황당한 현실을 고발한다. 만약 지금까지 입다가 말한 역사적인 내용을 암몬 왕이 사실로서 인정한다 할지라도 입다가 암몬의 영토를 침략하는 행위를 하였다면 암몬 왕은 적법하게 자기 방어권을 발동하여 침략자를 막고 그의 영토까지 쳐들어가 점령하는 것이 합당하다. 그러나 그런 빌미를 입다는 전혀 제공한 적이 없다는 점을 강조한다.

입다는 준비한 모든 카드를 사용했다. 그러나 역사적인 논증과 현실적인 사실에 호소한 외교적 대화가 불발로 끝날 수도 있기에 입다는 하늘 법정의 절대적인 재판관인 하나님께 호소한다. 그분께서 이스라엘 자손과 암몬 자손 사이에 가장 합당하고 객관적인 판결을 내리실 것이라고 한다. 여기에서 입다는 하나님을 "판단을 내리시는 분"(הַשֹּׁפֵט) 즉 사사라고 한다. 사사기 한 가운데에 등장하는 이 단어는 다양한 사사들이 이 책에 나오지만 그들은 진정한 사사가 아니라 진정한 사사 되시는 하나님을 가리키는 비유들일 뿐임을 암시한다.

인간 사사가 진정한 사사일 수 없는 이유는 판단의 기준과 객관성을 구비하지 않았기 때문이다. 태초부터 인간은 자신이 선과 악을 판단하려 했다. 인간에게 판단하는 행위는 가능하나 판단의 기준은 자신이 아니었다. 그래서 외부의 어떤 기준이 필요하다. 그런데 판단의 기준을 외부에서 가져오는 경우에는 그 기준을 있는 그대로 수용하지 못하고 자신의 관점에서 해석하게 된다. 그러면 해석된 기준은 어떤 식으로든 본래의 기준과는

달라진다. 달라지지 않는다고 할지라도 그 기준을 따라 판결을 내릴 때에 기준을 적용함에 있어서 엄밀한 객관성을 유지하는 것은 인간에게 결코 가능하지 않다. 아무리 사사라는 제도적인 판단자의 지위를 가졌다고 할지라도 휘어진 판단의 기준과 굽은 객관성을 가지고 판단하는 인간 사사의 한계를 정직한 사람들은 모두가 인지하고 인정한다. 그렇기 때문에 판단의 궁극적인 권한과 자격은 판단의 기준이며 최고의 객관성을 가지신 하나님께 있다. 하나님의 판결에 호소하는 입다의 처신은 지혜롭고 정직하다. 인간 사사가 진정한 사사이신 하나님을 의지하는 것은 지극히 정상이다. 여호와의 이름을 부른 것은 암몬 왕에게 겁을 주거나 외교적 우위를 차지하기 위함이 아니라 입다의 신앙에서 나온 고백이다. 신앙은 주관적인 것이지만 그 신앙에서 나온 고백은 객관적인 사실이다. 바울도 가시적인 증명이 불가능한 사실에 대해서는 하나님이 자신의 증인이 되신다고 고백한다(롬 1:9, 빌 1:8). 이는 우리에게 만사의 궁극적인 판단이 하나님께 있음을 가르친다.

²⁸암몬 자손의 왕은 입다가 보낸 메시지를 듣지 않았더라

입다는 역사적 사실과 현실의 상황을 암몬 왕에게 설명했다. 그러나 입다가 사신들을 통해 보낸 메시지를 왕은 듣지 않고 무시했다. 아무리 성실하게 준비한 일이라도 얼마든지 거절의 벽에 부딪친다. 암몬 왕의 경청하지 않음과 그의 어리석은 거절에 대해 실망할 필요가 없음은 그의 무시와 거절조차 사사이신 하나님의 판단이 진행되는 과정의 일부이기 때문이다. 하나님은 사사로서 이스라엘 백성만을 위하지 않고 온 세상과 모든 역사와 모든 열방에게 가장 공정한 분이시다. 우리 편에서 우리의 관점으로 보면 때때로 억울하고 위태로운 상태인 것처럼 보이지만 하나님의 공정한 판단

을 믿는다면 모든 상황에서 어떠한 억울함도, 어떠한 흔들림도 없다.

입다는 창녀의 자식이다. 그러나 그는 잡류와 섞여 살면서도 하나님이 그의 백성을 이끄시는 구속의 역사에 해박했다. 민족의 역사를 인간문맥 안에서의 공정성도 놓치지 않으면서 하나님의 관점에서 이해했다. 그가 보기에 모든 땅은 하나님의 것이고 땅의 소유권과 처분권은 하나님의 권한이다. 하나님의 승인이 있으면 정당한 점령이고 인간적인 욕망만 있으면 부당한 침탈이다. 역사의 한 시점에서 이루어진 일은 땅의 소유권을 주장할 근거가 아니며 소유의 적법성은 하나님과 인간 사이의 관계성에 의존한다. 아담과 하와에게 주어진 에덴 동산은 하나님의 것이었고 관계가 깨어지자 그들은 쫓겨났다. 하나님은 하늘과 땅과 그 사이에 있는 모든 것들의 주인이기 때문에 욥이 고백한 것처럼 무엇이든 자신의 뜻대로 주시기도 하시고 취하기도 하시는 분이시다(욥 1:21). 그런데 이것은 부당하고 편파적인 것이 아니라 "여호와의 이름이 찬송"을 받으실 일이라는 욥의 이어지는 고백은 더욱 중요하다. 같은 차원에서 예수님은 포도원의 주인 비유에서 이런 말씀을 전하셨다. "내 것을 가지고 내 뜻대로 할 것이 아니냐 내가 선하므로 네가 악하게 보느냐"(마 20:15). 땅이 누구에게 속한 것인지를 정하시고 그 소유의 적법성을 판결하는 것도 하나님의 권한이다. 최고의 객관성과 정직성과 공정성과 공평성을 소유하고 계신 분의 판결이기 때문에 전혀 부당하지 않다. 오히려 주시고 거두시는 하나님의 판단은 찬송을 받으심이 마땅하다.

삿 11:29-40

²⁹이에 여호와의 영이 입다에게 임하시니 입다가 길르앗과 므낫세를 지나서 길르앗의 미스베에 이르고 길르앗의 미스베에서부터 암몬 자손에게로 나아갈 때에 ³⁰그가 여호와께 서원하여 이르되 주께서 과연 암몬 자손을 내 손에 넘겨 주시면 ³¹내가 암몬 자손에게서 평안히 돌아올 때에 누구든지 내 집 문에서 나와서 나를 영접하는 그는 여호와께 돌릴 것이니 내가 그를 번제물로 드리겠나이다 하니라 ³²이에 입다가 암몬 자손에게 이르러 그들과 싸우더니 여호와께서 그들을 그의 손에 넘겨 주시매 ³³아로엘에서부터 민닛에 이르기까지 이십 성읍을 치고 또 아벨 그라밈까지 매우 크게 무찌르니 이에 암몬 자손이 이스라엘 자손 앞에 항복하였더라 ³⁴입다가 미스바에 있는 자기 집에 이를 때에 보라 그의 딸이 소고를 잡고 춤추며 나와서 영접하니 이는 그의 무남독녀라 ³⁵입다가 이를 보고 자기 옷을 찢으며 이르되 어찌할꼬 내 딸이여 너는 나를 참담하게 하는 자요 너는 나를 괴롭게 하는 자 중의 하나로다 내가 여호와를 향하여 입을 열었으니 능히 돌이키지 못하리로다 하니 ³⁶딸이 그에게 이르되 나의 아버지여 아버지께서 여호와를 향하여 입을 여셨으니 아버지의 입에서 낸 말씀대로 내게 행하소서 이는 여호와께서 아버지를 위하여 아버지의 대적 암몬 자손에게 원수를 갚으셨음이니이다 하니라 ³⁷또 그의 아버지에게 이르되 이 일만 내게 허락하사 나를 두 달만 버려 두소서 내가 내 여자 친구들과 산에 가서 나의 처녀로 죽음을 인하여 애곡하겠나이다 하니 ³⁸그가 이르되 가라 하고 두 달을 기한하고 그를 보내니 그가 그 여자 친구들과 가서 산 위에서 처녀로 죽음을 인하여 애곡하고 ³⁹두 달 만에 그의 아버지에게로 돌아온지라 그는 자기가 서원한 대로 딸에게 행하니 딸이 남자를 알지 못하였더라 이것이 이스라엘에 관습이 되어 ⁴⁰이스라엘의 딸들이 해마다 가서 길르앗 사람 입다의 딸을 위하여 나흘씩 애곡하더라

❖ ❖ ❖

²⁹여호와의 영이 입다 위에 임하였다 입다는 길르앗과 므낫세를 지나서 길르앗 미스베에 갔다 길르앗 미스베에서 암몬 자손에게 이르렀다 ³⁰입다가 여호와께 맹세를 맹세하며 말하였다 "만약 당신께서 암몬 자손을 저의 손에 주시고 주신다면 ³¹제가 암몬 자손에게서 평안히 돌아올 때에 저를 맞이하기 위해 저의 집 문에서 나오면 누구든지 나오는 그는 여호와를 위한 것이요 제가 그를 번제로 올려 드릴 것입니다" ³²입다가 암몬 자손과 싸우려고 그들에게 갔고 여호와는 그들을 그의 손에 넘기셨다 ³³그는 아로엘에서 민닛까지 이르며 이십 성읍을 쳤고 또 아벨 그라밈에 이르러 매우 큰 정복을 이루었다 암몬 자손은 이스라엘 자손의 면전에서 항복했다 ³⁴입다가 미스바로 가서 집에 이르렀다 그를 맞이하기 위해 소고를 가지고 춤추며 나오는 그의 딸을 보라 그녀는 독녀이고 그에게는 그에게서 [난 다른] 아들이나 딸이 없었더라 ³⁵입다가 그녀를 보고 자기 옷을 찢으며 말하였다 "오 나의 딸아 너는 나를 무너지고 무너지게 하는구나 너는 나를 괴롭히는 자들 중에 있는 자로구나 내가 여호와께 나의 입을 열었으니 능히 무르지 못하리라" ³⁶딸이 그에게 말하였다 "나의 아버지, 당신께서 여호와께 당신의 입을 여셨으니, 여호와께서 당신을 위하여 당신의 원수 암몬 자손에게 보응 행하심을 따라 당신의 입에서 나온 대로 나에게 행하세요" ³⁷그리고 그녀는 그녀의 아버지께 말하였다 "저를 위하여 이것만 행하여 주십시오 제가 가서 제 여자 친구들과 [낮은] 산들로 내려가서 저의 처녀성에 대하여 곡하도록 나를 두 달 동안 홀로 내버려 두십시오" ³⁸그가 말하였다 "가거라" 그는 두 달 동안 그녀를 보내었고 그녀와 그녀의 친구들은 가서 그녀의 처녀성에 대해 산들 위에서 곡하였다 ³⁹두 달이 끝나고 그녀는 그녀의 아버지께 돌아왔고 아버지는 자신이 맹세한 맹세를 따라 그녀에게 행하였다 그녀는 남자를 알지 못하였다 [이후에] 이스라엘 가운데 관습이 생겼는데 ⁴⁰[이는] 해마다 이스라엘 딸들이 가서 길르앗 사람 입다의 딸을 위하여 매년 나흘 동안 기념하는 것이었다

입다: 불신이 부른 죽음

평화를 위한 외교적 대화가 무산되자 입다는 전쟁에 돌입한다. 여호와의 영이 그에게 임하였다. 그런데 그는 하나님께 불필요한 맹세로 맹세한다. 승리를 주신다면 자기를 처음으로 맞이하는 사람을 혹은 짐승을 번제로 드린다는 것이었다. 이런 맹세는 불신의 반증이다. 입다는 전쟁에서 승리했다. 그런데 집에서 자신의 외동딸이 자기를 맞이했다. 참담했다. 결국 입다는 자신의 맹세를 따라 딸을 죽이기로 했다. 딸은 아버지의 맹세가 이행될 수 있도록 아무런 저항도 없이 순응했다. 사사기 저자는 본문에서 전쟁의 승리 자체보다 그 승리를 둘러싼 입다의 딸 이야기를 주목한다. 아버지가 경솔하게 뱉은 어리석은 맹세의 희생물이 된 그의 딸은 너무나도 억울하고 황망하게 죽었지만 이스라엘 딸들이 매년 4일 동안 애곡하며 그의 희생을 기억하는 것이 관습으로 굳어졌다.

²⁹여호와의 영이 입다 위에 임하였다 입다는 길르앗과 므낫세를 지나서

입다가 암몬 자손에게 외교적 대화를 통해 제안한 평화는 거절되고 "여호와의 영"이 그에게 임하였다. 그런데 사사기 저자는 여호와의 영이 입다에게 혹은 "안에"(בְּ) 임한 것이 아니라 "위에"(עַל) 임했다고 기술한다. 이는 입다가 하나님의 다스림을 받고 있음을 강조하는 표현이다. 최초의 사사인 옷니엘의 경우에도 동일한 표현을 사용했다(삿 3:10). 그러나 기드온의 경우에는 여호와의 영으로 "옷을 입는다"(לָבַשׁ)는 표현을 사용했다(삿 6:34). 그러나 신적인 영의 다스림을 받고 있더라도 여전히 입다는 인간이며 인간적인 욕망과 범죄 가능성은 배제되지 않은 상황이다. 이는 이후에 입다가 경솔한 맹세를 하나님께 드리는 것에서도 확인된다.

입다는 여호와의 영에게 이끌림을 받아 군대를 이끌고 길르앗과 므낫세를 지나 길르앗 미스베에 도착했다. 그곳에 있는 암몬 자손에게 다가갔다. 곧 전쟁이 터지려고 한다. 입다에게 여호와의 영이 임했다는 것의 의미는 무엇인가? 암몬 자손과의 전쟁이 여호와께 속한 것이며 그분이 승인한 싸움이며 그분이 친히 싸우시는 전쟁임을 의미한다. 여호와의 사전에 실패 혹은 패배라는 단어가 있겠는가! 전쟁의 승리는 군사력과 전략이 아니라 여호와께 있고, 이 전쟁은 여호와의 영이 이끄는 전쟁이기 때문에 이스라엘 백성은 반드시 승리한다. 입다에게 임한 여호와의 영은 승리의 명확한 보증이다.

³⁰입다가 여호와께 맹세를 맹세하며 말하였다 "만약 당신께서 암몬 자손을 저의 손에 주시고 주신다면 ³¹제가 암몬 자손에게서 평안히 돌아올 때에 저를 맞이하기 위해 저의 집 문에서 나오면 누구든지 나오는 그는 여호와를 위한 것이요 제가 그를 번제로 올려 드릴 것입니다"

그런데도 입다는 하나님께 "맹세를 맹세했다"(יִדַּר נֶדֶר). 사사기 저자는 맹세의 명사형과 동사형을 동시에 쓰면서 입다의 맹세가 대단히 단호한 것이면서 약간의 과도함도 있음을 암시한다. 맹세의 내용은 암몬 자손을 자신의 손에 넘겨 주신다면 승리하고 돌아올 때에 집에서 자신을 영접하는 존재는 무엇이든 하나님을 위한 것이기에 번제로 드린다는 것이었다. 입다가 승리한 이후에 집 문에서 자신을 맞이하기 위해(לִקְרָאתִי) 나올 것이라고 생각한 존재는 무엇일까? 짐승인가 아니면 사람인가? 남편 혹은 아버지가 전쟁에서 승리하여 살아 돌아오면 다른 누구보다 먼저 문으로 뛰어나가 영접할 존재는 동물이 아니라 아내나 자녀와 같은 여성일 가능성이 높다. 이에 대한 학자들의 입장은 엇갈린다. 나는 입다가 맹세를 하면서 머리로는 짐승을 의식하고 있었으나 사람이라 할지라도 번제로 드릴 테니 전쟁의 승리를 보증해 달라는 마음의 절박함이 반영된 맹세였을 것이라고 생각한다. 입다 시대에 이스라엘 백성이 여러 신들과 더불어 암몬의 신 몰렉도 섬겼으며 자녀를 제물로 바치는 종교적인 의식에도 노출되어 있었음을 감안할 때 번제의 내용물이 사람일 가능성도 있다.

입다는 "주시고 주신다면"(נָתוֹן תִּתֵּן) 같은 동일한 동사의 반복으로 하나님의 확실한 행하심을 강하게 요청한다. 이런 요청은 전쟁의 결과에 대한 입다의 불안하고 불확실한 마음을 보여준다. 번제물은 확실한 승리의 신적인 보증에 걸맞은 것으로서 자신의 가장 소중한 것을 하나님께 드린다는 헌신을 의미한다. 맹세의 내용이 강력하다. 이는 하나님의 명령을 따라 이삭을 바치고자 한 아브라함 경우의 번제와는 전혀 다른 양상이다. 입다는 전쟁을 승리로 이끄시는 하나님에 대해 무엇이 미덥지 않았을까? 여호와의 영이 그 위에 임하여도 그는 여전히 의심과 불안을 가질 수 있다는 사실을 주목하고 싶다. 나와 함께 거하시는 여호와의 영을 주목하지 않고 나자신을 주목하면 누구든지 전쟁의 패배에 대한 두려움에 휩싸인다. 입다는 왜 여호와의 영을 신뢰하지 않았을까? 하나님이 무능하신 것도 아니고 패색이 짙은 상황도 아니고 전세가 기울어진 것도 아닌데 그는 왜 하나님께 맹세라는 카드를 꺼냈을까? 그 이유는 다음의 둘 중의 하나일 것이라고 나는 생각한다.

첫째, 하나님의 영이 임했지만 전쟁에서 패할 수도 있다는 그의 의심 때문이다. 이스라엘 백성은 입다를 자신의 사령관과 머리로 삼았으나 과거에 사회적인 따돌림을 오래 당하였던 입다는 그런 존대에 버금가는 확실한 지도력을 화끈하게 증명해야 한다는 강박감을 가지지 않았을까? '도' 아니면 '모'라는 전쟁에서 만약 패한다면 백성도 망하고 자신도 몰락한다. 한 번의 실수로 모든 게 물거품이 되는 상황이다. 그래서 지금 그에게는 전쟁의 승리가 너무도 절실하다. 그는 여호와의 영이라는 최고의 보증이 임한 것으로는 안심이 되지 않아서 그 안심을 흔드는 의심을 잠재우기 위해 맹세라는 마지막 카드를 사용했다. 히브리서 저자의 언급처럼 "맹세는 그들이 다투는 모든 일의 최후 확정"이기 때문이다(히 6:16). 여호와의 영보다 자신을 더 신뢰하는 모습이다. 이 맹세는 맹세하지 않더라도 얼마든지 전쟁을 승리로 이끄실 여호와의 영에 대한 입다의 불신이다. 이는 자신에게 임한 여호와의 영이 아니라 자신이 이 전쟁을 이끄는 주체인 것처럼 착각한 결과일 가능성도 있다.

둘째, 자신을 택하시고 부르시고 이스라엘 백성의 지도자로 세우시고 여호와의 영까지 보내셔서 전쟁을 치루게 하시는 하나님께 너무도 감격한 나머지 드러낸 그의 지나치게 과도한 감사 때문이다. 동포의 천대를 받으며 서러운 삶을 보내다가 하나님의 부르심과 동포의 존대를 받는 것으로도 감사했던 입다는 주님께서 전쟁을 승리로 이끌어 주신다면 자신도 그 승리에 상응하는 보답을 그분께 드리려는 마음이 간절하다. 그러나 입다의 이런 반응은 그가 승리와 보답을 일종의 거래로 여겼으며 그가 한 맹세의 배후에는 하나님을 거래나 협상의 대상으로 여기는 아주 은밀한 교만이 작용한 것인지도 모르겠다. 하나님께 무언가를 드린다는 것은 귀한 마음이다. 그러나 만물의 주인에게 무언가를 드린다는 것은 모순이다.

하나님과 우리의 관계를 어떤 것으로 이해하고 있느냐는 신앙의 본질을 좌우할 정도로 중요한 사안이다. 그런데 놀랍게도 신앙을 거래의 관계로 이해하는 사람들이 많다. 하나님은 우리에게 은혜를 베푸시는 분이지만 우리가 그분에게 보답해 드리는 것은 결코 가능하지 않다. 그리고 우리가 하나님께 무언가를 드린다고 선약하면 그분은 우리의 소원을 이루어 주셔야만 한다는 사고도 발칙하다. 하나님은 언제나 이 땅에 공의와 정직과 인애를 행하신다. 우리의 뇌물을 받으시고 그런 행위를 변경하는 분이 아니시다. 자신의 집에서 나오는 존재를 하나님께 번제물로 드린다는 것은 전쟁의 승리에 어떠한 변수로도 작용하지 못한다는 것을 입다는 몰랐을까? 불필요한 맹세는 반드시 부작용을 일으킨다. 순수한 동기로 했더라도 맹세의 과용은 금물이다.

> [32]입다가 암몬 자손과 싸우려고 그들에게 갔고 여호와는 그들을
> 그의 손에 넘기셨다 [33]그는 아로엘에서 민닛까지 이르며
> 이십 성읍을 쳤고 또 아벨 그라밈에 이르러 매우 큰 정복을 이루었다
> 암몬 자손은 이스라엘 자손의 면전에서 항복했다

입다는 암몬 자손과의 전쟁을 시작했다. 전쟁의 결과는 승리였다. 하나님이 그들을 입다의 손에 넘기셨기 때문이다. 이는 입다의 맹세에 대한 하나님의 반응이 아니었다. 맹세 이전에 이미 입다에게 임하신 여호와의 영이 이루신 일이었다. 여기에서 사사기 저자는 '입다'라는 가시적인 지도자가 아니라 보이지 않으시는 하나님을 문장의 주어로 표기하며 이스라엘 백성의 진정한 사사요 전쟁의 승패를 좌우하는 주관자로 규정한다. 입다는 아로엘과 민닛 사이에 있는 이십 성읍을 정복했다. 아벨 그라밈에 이르는 동

안에는 "매우 큰"(גְּדוֹלָה מְאֹד) 정복을 이루었다. 이는 입다의 압도적인 승리를 의미한다. 개인의 승리만이 아니었다. 암몬 자손은 이스라엘 자손 앞에서도 굴복했다. 자신들을 18년 동안 억압했던 원수가 무릎을 꿇는 장면, 우상을 숭배하던 자들이 하나님을 섬기는 자신들 앞에서 맥없이 투항하는 모습을 본 이스라엘 백성의 마음은 어땠을까? 하나님을 향한 감사와 감격이 목까지 차올랐을 것임에 분명하다.

34입다가 미스바로 가서 집에 이르렀다 그를 맞이하기 위해 소고를 가지고
춤추며 나오는 그의 딸을 보라 그녀는 독녀이고 그에게는 그에게서
[난 다른] 아들이나 딸이 없었더라

너무도 파격적인 승리의 기쁨에 만취된 입다는 구름 위를 걷는 기분으로 미스바에 있는 집에 이르렀다. 그런데 그의 딸이 집 문으로 나와 그를 맞이했다. 아버지가 살아서 집으로 돌아온 것 자체가 승리를 의미했다. 이 딸은 승리를 직감하고 악기를 연주하고 춤을 추면서 아버지의 승리를 함께 기뻐했다. 사사기 저자는 이러한 장면에 "보라"(הִנֵּה)는 말로 독자들의 시선을 딸에게 데려간다. 저자는 전쟁의 승리에서 입다의 전술과 백성의 군사력을 주목하지 않고 하나님의 지도력을 주목하고 입다의 딸이 아버지를 맞이한 것을 주목한다. 입다에게 다른 아들이나 딸이 없었기 때문에 그 딸은 독녀였다. 입다가 세상에서 가장 사랑하는 딸, 입다를 가장 사랑하는 딸이 아버지의 승리를 가장 먼저 축하하며 춤을 선물했다. 그러나 그것은 죽음의 춤이었다. 입다의 표정은 칠흑의 밤처럼 어두웠다. 백색의 승리가 흑색의 재앙으로 바뀐 표정이다. 입다의 마음은 참담했다. 이는 하나님께 드린 경솔하고 불필요한 맹세 때문이다. 누가 자신을 맞이하든 그를 하나님께 번제로 드린다는 맹세가 입다의 의식을 장악하며 승리의 기쁨을 모조리 소멸했기

때문이다. 게다가 번제의 내용물이 자신의 독녀였기 때문이다. 입다는 매우 큰 승리의 매우 큰 기쁨 중에 하나의 조각을 나누기도 전에 바닥이 나버렸다. 인생의 희비가 어쩌면 이리도 급속하고 야속하게 교차할까!

> 35입다가 그녀를 보고 자기 옷을 찢으며 말하였다 "오 나의 딸아 너는 나를 무너지고 무너지게 하는구나 너는 나를 괴롭히는 자들 중에 있는 자로구나 내가 여호와께 나의 입을 열었으니 능히 무르지 못하리라"

입다는 자신을 맞이하는 딸을 보고 옷을 찢으며 극도의 슬픔을 표현했다. 승리의 기쁨으로 소고를 흔들며 춤추는 딸 앞에서 옷을 찢는 아버지의 모습을 본 그녀의 심정은 어땠을까? 기이한 행동을 하던 아버지의 입에서 처참한 절규가 쏟아진다. 그는 딸에게 그녀가 자신을 "무너지고 무너지게 하는 자"(הִכְרַעַ הִכְרַעְתִּנִי)라고, 자신을 "괴롭히는 자들 중의 하나"라는 언어의 수류탄을 터뜨린다. 이는 하나뿐인 자식을 죽여야만 하는 아버지의 비참한 상황과 초토화된 인생, 너무도 서글픈 감정의 무게를 견디지 못하고 무릎을 꿇고 주저앉은 아버지의 절망을 잘 드러낸다. 독생자 예수의 생명을 내어 주신 아버지 하나님의 아프고 황망한 마음이 이러할까?

그런데 입다의 경우는 자신의 잘못으로 딸을 죽여야 하는 상황이다. 그렇다면 딸을 무너짐의 원흉으로 규정한 입다는 왜 마음의 격분을 터뜨리기 전에 미안한 마음을 먼저 표현하기 위해 영문도 모르는 딸을 꼭 껴안아 주지 않았을까! 사죄의 눈물로 딸의 어깨를 적셨다면 더 좋지 않았을까! 전쟁의 승리를 기뻐하는 중에 눈물을 홍수처럼 쏟는 아버지께 딸이 물었을 것이고 아빠는 자신의 헛된 맹세를 고백하며 용서를 구하는 그런 모양새가 더 좋지 않았을까! 자신의 감정부터 배설하는 입다의 처신은 자상한 아버지의 모습과는 무관하다. 입다는 딸을 죽일 수밖에 없다는 점을 자신이 하나님께 "입을 열었다"는 이유를 들어 설명한다. 하나님을 향해 우리의 입에서 나간 말은 누구도 무르지 못한다고 그는 생각한다. 딸이라고 할지라도 하나님께 그녀를 번제로 드려야 한다는 입다의 비정한 생각이 확고하다. 그런데 누가 더 불쌍하고 누가 더 억울한가! 누가 더 괴롭고 비참한가! 아버지가 아니라 딸인데 입다는 자신의 비참함만 생각하고 그 책임을 딸에게 떠넘긴다.

이런 입다와 대비되는 사람이 다윗이다. 그는 아들 압살롬의 반역으로 죽음의 위협을 당하였다. 그러나 아들은 결국 죽임을 당하였다. 이 때 처참한 마음을 쏟아낸 다윗의 고백이다. "내 아들 내 아들 압살롬아 차라리 내가 너를 대신하여 죽었더면, 압살롬 내 아들아 내 아들아 하였더라"(삼하 18:33). 다윗은 비록 아들이 자신의 반역으로 말미암아 죽었지만 그 아들을 대신하여 죽고 싶다는 사랑의 마음을 피력한다. 아버지를 죽이려는 아들은 인륜을 저버린 원수 중에서도 원수인데 그 아들을 대하는 다윗의 모습은 우리가 원수였을 때에 구원하신 아버지 하나님을 떠올리게 한다.

입다의 딸이 잘못된 맹세의 희생물이 된 이 사건에서 우리는 하나님께 드린 맹세라면 타인의 생명을 빼앗는 일이라 할지라도 돌이킬 수 없고 무조건 이행해야 한다고 주장하는 사람들이 있다. 근거는 모세의 율법에 적시되어 있다. "네 하나님 여호와께 서원하거든 갚기를 더디하지 말라 네 하나님 여호와께서 반드시 그것을 네게 요구하시리니 더디면 그것이 네게 죄가 될 것이라"(신 23:21). 시편에는 주님의 장막에 머무는 자의 자질들 중의 하나로서 "그의 마음에 서원한 것은 해로울지라도 변하지" 않아야 한다(시 15:4)고 기록되어 있다. 게다가 고대에는 자녀의 생사 여탈권을 아버지가 가졌다는 근거도 추가한다(신 21:18-21). 신명기와 시편의 기록과 관행에 근거하여 입다의 선택을 해석하면, 그는 맹세의 이행으로 자신에게 죄가 되는 것을 면하였다. 그리고 자신의 외동딸을 잃는 해로움이 있더라도 맹세를 변경하지 않고 이행했다. 그리고 그것은 자녀에 대한 부권의 정당한 행사였다. 그렇게 보면, 입다의 행위가 정당해 보이는 게 사실이다. 그러나 나는 입다가 하나님께 맹세를 했더라도 그 맹세의 철회를 선택해야 했다고 생각한다. 게다가 레위기에 보면 서원의 변경을 가능하게 하는 법조문이 있다. "서원자가 가난하여 네가 정한 값을 감당하지 못하겠으면 그를 제사장 앞으로 데리고 갈 것이요 제사장은 그 값을 정하되 그 서원자의 형편대로 값을 정할지니라"(레 27:8). 서원자의 형편을 존중하는 서원의 변경은 얼마든지 가능하다. 인간은 연약하고 실수도 저지른다. 법이 인간을 위해 있지 인간이 법을 위해 있지 않음을 잘 보여주는 대목이다.

사울의 경우는 맹세의 취하도 가능함을 보여준다. 그는 "내가 내 원수에게 보복하는 때까지 아무 음식물이든지 먹는 사람은 저주를 받을지어다"(삼상 14:24)라고 맹세했다. 그런데 이 맹세를 듣지 못한 그의 아들 요나단이 "손에 가진 지팡이 끝을 내밀어 벌집의 꿀을 찍고 그의 손을 돌려 입에 대"는 일이 발생했다(삼상 14:27). 그는 맹세를 어긴 죄가 "내 아들 요나단에게 있다 할지라도 반드시 죽으리라"(삼상 14:39)는 선언까지 했다. 요나단이 꿀을 먹었다는 사실을 안 사울은 입다와 동일하게 맹세를 이행하려 했다. "요나단아 네가 반드시 죽으리라 그렇지 않으면 하나님이 내게 벌을 내리시고 또 내리기를 원하노라"(삼상 14:44). 이에 백성은 왕의 체면을 유지하기 위해, 하나님의 벌을 면하기 위해 과도한 맹세를 이루려는 비열한 사울을 설득하여 요나단이 죽지 않게 만들었다. 왕이 우매해도 백성이 깨어 있으면 이런 처신이 가능하다. 이는 서로의 자존심과 명예를 건드리지 않으면서 해결된 사례로서 입다의 경우보다 좋다.

나의 어리석은 맹세로 말미암아 딸이 죽어야만 하는 상황에 처한다면 나는 어떠한 해법을 찾았을까? 절대 택하지 말아야 할 가장 나쁜 해법은 딸을 번제로 하나님께 드리는 맹세의 이행이다. 하나님은 인간을 제물로 바치는 이방 종교들의 인신제사 행습을 엄중히 금하셨기 때문이다(레 20:2-5; 겔 16:20-21). "너는 결단코 자녀를 몰렉에게 주어 불로 통과하게 함으로 네 하나님의 이름을 욕되게 하지 말라"(레 18:21). 그가 자신의 백성에게 명하신 것은 짐승이나 곡물을 제물로 삼은 제사였다(레 1-7장). 자녀를 번제로 드리는 입다의 해법은 이스라엘 제사법과 이방의 제사법을 혼합한 형태였다. 딸을 번제로 드리는 것과 드리지 않는 것의 차이는 무엇일까?

첫째, 그가 딸을 번제로 드린다면 자신은 어떠한 맹세도 반드시 이루는 위대한 순종의 사람으로 간주되고 체면을 유지할 수 있는지는 모르겠다. 그러나 문제는 그런 제사를 1) 하나님이 금하셨기 때문에 다른 범법이 발생하고 2) 하나님도 그런 제사를 받지 않으시기 때문에 온전한 순종이라 보기에 어렵고 3) 딸은 무고한 생명을 잃는다는 사실이다. 하나님께 다른 죄도 짓고 타인의 생명까지 희생해서 자신의 알량한 명예를 지키며 하나님도 기뻐하지 않으시는 자신의 맹세를 이루는 것은 아주 이기적인 최악의 해법이다. 자신의 딸을 번제로 드린다는 것은 하나님이 금하신 불법인 동시에 살인이기 때문이다. 두 가지의 율법이 충돌될 때 우리는 언제나 상위법을 존중해야 한다. 천하보다 귀한 생명에 관한 법조문이 가장 중요하다. 그래서 십계명에 나오는 안식일 계명조차 생명을 살리는 선행에 대해서는 후순위로 밀린다고 복음서는 가르친다(마 12:10-12).

둘째, 입다가 딸을 번제로 드리지 않는다면 하나님께 한 맹세를 이행하지 않는 불순종의 죄인으로 전락한다. 그러면 당연히 맹세의 불이행에 따르는 징벌과 불명예가 입다에게 주어진다. 하지만 1) 사람을 제물로 바치는 이교적인 제사를 드리지 않아 하나님께 다른 죄를 저지르지 않게 되고, 2) 딸은 죽지 않아도 되고, 3) 자신의 경솔한 맹세가 잘못된 것임을 인정하고 인간의 연약함을 배우며 하나님께 회개하는 유익도 발생한다. 헛된 맹세를 했으면 자신이 그 맹세의 희생물이 되는 게 마땅한데, 딸에게 희생을 강요하는 것은 잔인하고 사악하다. 입다는 하나님께 입을 열면 무를 수 없다고 말하기 이전에 먼저 하나님께 나아가 도움을 구했어야 했다. 이는 인간이 연약하여 치명적인 실수를 저질러도 하나님은 능치 못하심이 없기 때문이다. 이 사태는 입다의 저돌적인, 편향적인, 인간적인 신앙과 하나님에 대한 그의 편협한 지식이 빚어낸 재앙이다. 하나님에 대해 그는 자신이 자녀를 제물로 드려도 받으실 잔혹한 분이라고 오해했다. 그는 하나님을 너무 엄격한 절대자로 이해하여 일단 그에게 맹세를 하면 아무리 그 맹세가 부당해도 지켜야 한다는 경직된 태도를 고집했다. 하나님을 아는 지도자의 지식이 올바르지 못하면 그가 속한 공동체도 불행하다.

> 36딸이 그에게 말하였다 "나의 아버지, 당신께서 여호와께 당신의 입을 여셨으니, 여호와께서 당신을 위하여 당신의 원수 암몬 자손에게 보응 행하심을 따라 당신의 입에서 나온 대로 나에게 행하세요"

아버지의 말을 들은 딸의 반응이 독특하다. 어떻게 자기 외동딸의 새파란 생명을 전쟁의 승리와 거래할 수 있느냐고 원망하며 울고불고 하지 않고 하나님께 입을 열었다면 입에서 나간 맹세를 자신에게 그대로 행하라고 아버지를 담담히 독려한다. 딸은 아버지의 맹세만이 아니라 암몬 자손과의 전쟁에서 승리를 이루신 하나님의 신실한 은혜도 주목한다. 그 은혜에 근거하여 자신에게 번제의 맹세를 이행하여 하나님 앞에서의 도리에도 충성될 것을 주문한다. 하나님이 아버지를 위하신 것처럼 아버지도 하나님을 위하여 자신의 생명을 드리라고 하는 딸의 답변은 하나님과 아버지 모두를 위하고 모두를 존중하고 있다. 이것만 보더라도 딸의 신앙과 인격은 입다보다 더 위대하다. 이는 딸의 이러한 판단이 비록 자신이 죽더라도 아버지는 하나님 앞에서 맹세를 어기는 사람이 되지 않게 만들려는 사랑에 근거한 것이기 때문이다. 하나님께 약속한 맹세라는 이유로 딸의 생명을 없애려는 아버지의 모습보다 자신이 목숨을 잃더라도 아버지의 유익을 위해 아버지의 잘못이 초래한 맹세의 이행을 선택한 딸의 모습이 예수의 십자가 사랑을 더 잘 보여준다. 입다보다 그의 딸이 본문의 주인공인 이유는 여기에 있다. 제도적인 권세와 사회적인 평판이 아니라 얼마나 예수님을 정확하게 많이 보여주는 증인이 되느냐가 역사의 주인공을 결정하는 기준이기 때문이다.

> ³⁷그리고 그녀는 그녀의 아버지께 말하였다 "저를 위하여 이것만 행하여 주십시오 제가 가서 제 여자 친구들과 [낮은] 산들로 내려가서 저의 처녀성에 대하여 곡하도록 나를 두 달 동안 홀로 내버려 두십시오" ³⁸그가 말하였다 "가거라" 그는 두 달 동안 그녀를 보내었고 그녀와 그녀의 친구들은 가서 그녀의 처녀성에 대해 산들 위에서 곡하였다

딸은 입다에게 한 가지를 부탁한다. 즉 자신이 번제로 드려지기 전에 자신의 친구들과 함께 다른 산으로 내려가서 남자도 알지 못하고 사랑하는 사람과 결혼도 못하고 아름다운 가정도 이루지 못한 채 죽어야만 하는 자신의 슬픈 현실에 대해 2개월간 애곡하고 돌아오게 해 달라는 부탁이다. 이에 입다는 딸의 부탁을 들어 주었으며 딸은 2개월간 친구들과 함께 자신의 처녀성에 대해 애곡했다. 앞서 기쁨과 감격으로 아버지를 가장 먼저 맞이하던 그녀는 이제 너무도 황망한 자신의 죽음을 맞이하기 위해 2개월의 시간을 보냈으나 동일한 기간에 아버지의 심정은 어떠했을까?

> ³⁹두 달이 끝나고 그녀는 그녀의 아버지께 돌아왔고 아버지는 자신이 맹세한 맹세를 따라 그녀에게 행하였다 그녀는 남자를 알지 못하였다 [이후에] 이스라엘 가운데에 관습이 생겼는데 ⁴⁰[이는] 해마다 이스라엘 딸들이 가서 길르앗 사람 입다의 딸을 위하여 매년 나흘 동안 기념하는 것이었다

딸은 약속한 2개월의 애곡이 끝나고 아버지께 돌아왔다. 나라면 친구들의 도움을 받아 도주했을 법도 한데 이 딸은 하나님이 아니라 아버지께 한 말이라 할지라도, 자신의 목숨을 빼앗기는 일인데도, 약속의 엄격한 준수를 택하였다. 아버지는 돌아온 딸을 번제로 바치므로 하나님께 드린 맹세를 이행했다. 비정하다. 지난 2개월은 과연 입다에게 하나님에 대한 자신의 불신과 그것이 급조한 자신의 어리석은 맹세와 그 맹세로 인해 외동딸이 죽어야만 하는 비극적인 상황을 성찰하며 하나님께 회개하며 용서를 구하고 딸을 살리는 결정을 내리는 기간으로 충분하지 않았는가? 2개월간 입다는 자신의 딸을 죽여야 한다는 사실이 충분히 부끄럽고 충분히 괴롭지 않았을까? 잘못과 실수는 모든 사람들이 저지른다. 그러나 문제는 반성할 줄 모르는 잘못이다. 입다는 2개월이 지나도 제정신을 못차렸다. 자신의 잘못이 더 큰 문제를 일으키기 전에 수습해야 할 기간을 허비했다.

그녀는 남자를 알지 못한 채 생을 마감했다. 그녀는 연애도, 결혼도, 임신도, 출산도 경험하지 못한 너무도 안타까운 죽음을 당하였다. 입다의 딸이 처녀로 죽은 사건을 계기로 이스라엘 가운데는 관습이 하나 생겼다고 한다. 그것은 입다의 딸을 위하여 해마다 4일 동안 이스라엘 딸들이 기념했다. 이것은 대단한 사건이다. 한국의 경우, 설이나 추석의 길이도 기껏해야 사흘이다. 무려 4일 동안 한 여인의 죽음을 애곡하는 것은 한국을 기준으로 본다면 무언가를 기념하는 아주 오랜 기간이다. 당시의 가부장적 폭거로 인해 무고한 생명을 잃은 입다의 딸을 기념하는 주체는 이스라엘 딸들이다. 아마도 입다의 딸과 인생의 마지막 2개월을 함께 보낸 친구들을 통해 소문이 퍼지고 결국 제정된 기념일일 것이라고 생각한다. 기념하는 이유는 무엇인가? 비극의 역사를 잊지 않기 위함이다. 역사를 망각하는 민족은 반드시 망한다는 사실은 고대에도 유효했다.

희락의 역사보다 비극의 역사에 대한 기억이 더 장구하고 중요하다. 제2의, 제3의 피해자가 될지 모르는 이스라엘 딸들은 비극을 기억하기 위해 애곡의 관습을 만들었다. 여기에서 "관습"을 가리키는 히브리어 단어 "호크"(חק)는 시행의 강제력을 가진 일종의 법령을 의미한다. 그들은 기억이 잠시 머물다가 사라지지 않고 다음 세대에도 계속 유지될 수 있도록 애곡의 제도적인 장치를 마련한 것이었다. 이 딸들은 참으로 지혜롭다. 입다의 딸은 비록 허망하게 죽었으나 그녀의 숭고한 희생은 헛되지 않아서 여성을 대하는 사회적인 의식을 완전히 바꾸는 역사의 문화적 분기점을 마련했다. 하나님은 한 소녀의 황망한 죽음조차 선으로 바꾸셔서 문화의 갱신을 이루셨다. 그녀의 죽음 이전과 이후는 시대가 달라졌다. 매년 4일 동안 이스라엘 딸들이 입다를 위하여 애곡하는 소리를 해마다 듣는 아버지 입다의 마음은 어떠할까? 입다의 딸에게 가해진 비극이 재발하지 않도록 의식을 새롭게 해야 하는데 입다에게 그런 각오가 보이지 않아 안타깝다.

삿 12:1-15

¹에브라임 사람들이 모여 북쪽으로 가서 입다에게 이르되 네가 암몬 자손과 싸우러 건너갈 때에 어찌하여 우리를 불러 너와 함께 가게 하지 아니하였느냐 우리가 반드시 너와 네 집을 불사르리라 하니 ²입다가 그들에게 이르되 나와 내 백성이 암몬 자손과 크게 싸울 때에 내가 너희를 부르되 너희가 나를 그들의 손에서 구원하지 아니한 고로 ³나는 너희가 도와 주지 아니하는 것을 보고 내 목숨을 돌보지 아니하고 건너가서 암몬 자손을 쳤더니 여호와께서 그들을 내 손에 넘겨 주셨거늘 너희가 어찌하여 오늘 내게 올라와서 나와 더불어 싸우고자 하느냐 하니라 ⁴입다가 길르앗 사람을 다 모으고 에브라임과 싸웠으며 길르앗 사람들이 에브라임을 쳐서 무찔렀으니 이는 에브라임의 말이 너희 길르앗 사람은 본래 에브라임에서 도망한 자로서 에브라임과 므낫세 중에 있다 하였음이라 ⁵길르앗 사람이 에브라임 사람보다 앞서 요단 강 나루턱을 장악하고 에브라임 사람의 도망하는 자가 말하기를 청하건대 나를 건너가게 하라 하면 길르앗 사람이 그에게 묻기를 네가 에브라임 사람이냐 하여 그가 만일 아니라 하면 ⁶그에게 이르기를 쉽볼렛이라 발음하라 하여 에브라임 사람이 그렇게 바로 말하지 못하고 십볼렛이라 발음하면 길르앗 사람이 곧 그를 잡아서 요단 강 나루턱에서 죽였더라 그 때에 에브라임 사람의 죽은 자가 사만 이천 명이었더라 ⁷입다가 이스라엘의 사사가 된 지 육 년이라 길르앗 사람 입다가 죽으매 길르앗에 있는 그의 성읍에 장사되었더라 ⁸그 뒤를 이어 베들레헴의 입산이 이스라엘의 사사가 되었더라 ⁹그가 아들 삼십 명과 딸 삼십 명을 두었는데 그가 딸들을 밖으로 시집 보냈고 아들들을 위하여는 밖에서 여자 삼십 명을 데려왔더라 그가 이스라엘의 사사가 된 지 칠 년이라 ¹⁰입산이 죽으매 베들레헴에 장사되었더라 ¹¹그 뒤를 이어 스불론 사람 엘론이 이스라엘의 사사가 되어 십 년 동안 이스라엘을 다스렸더라 ¹²스불론 사람 엘론이 죽으매 스불론 땅 아얄론에 장사되었더라 ¹³그 뒤를 이어 비라돈 사람 힐렐의 아들 압돈이 이스라엘의 사사가 되었더라 ¹⁴그에게 아들 사십 명과 손자 삼십 명이 있어 어린 나귀 칠십 마리를 탔더라 압돈이 이스라엘의 사사가 된 지 팔 년이라 ¹⁵비라돈 사람 힐렐의 아들 압돈이 죽으매 에브라임 땅 아말렉 사람의 산지 비라돈에 장사되었더라

❖ ❖ ❖

¹에브라임 사람이 소집되고 자폰으로 가서 입다에게 말하였다 "왜 네가 암몬 자손과 싸우려고 건너면서 우리에게 너와 함께 가자고 요청하지 않았느냐 우리가 너를 넘어 너의 집을 불로 태우리라" ²입다가 그들에게 말하였다 "나는 전쟁의 사람이다 나와 나의 백성은 암몬 자손과 크게 [싸웠으며 그때] 나는 너를 불렀으나 너는 나를 그들의 손에서 구하지 않았기에 ³나는 너의 구해주지 아니함을 보고 나의 생명을 내 손에 두고서 암몬 자손에게 건너갔다 그리고 여호와께서 그들을 나의 손에 넘기셨다 그런데 어찌하여 너희가 오늘 나에게 올라와서 나와 더불어 싸우고자 하느냐?" ⁴입다는 길르앗의 모든 사람들을 모으고 에브라임 [사람]들과 싸웠는데 길르앗 사람들이 에브라임 [사람]들을 쳤다 이는 그들이 "너희 길르앗은 에브라임 안에서, 므낫세 안에서 [살아가는] 에브라임 난민이야" 라고 말하였기 때문이다 ⁵길르앗 [사람]이 에브라임 [사람]보다 앞서 요단 강 나루터를 장악했다 도망하는 에브라임 사람들이 말하였다 "나로 건너가게 하라" 길르앗 사람이 그에게 말하였다 "너는 에브라임 사람이냐?" 그가 "아니라"고 말하면 ⁶그들은 그에게 말하였다 "청하건대 너는 '쉽볼렛'을 말하여라" 그가 그렇게 발음하지 못하여 '씹볼렛'을 말하면 그들이 요단 강 나루터에서 그를 잡아 죽였더라 그때에 에브라임 중에 죽은 자들이 사만 이천 명이었다 ⁷입다는 육 년 동안 이스라엘을 다스렸다 길르앗 사람 입다가 죽으매 길르앗 성읍들 가운데에 장사되었다 ⁸그를 뒤이어서 베들레헴 출신의 입산이 이스라엘을 다스렸다 ⁹그에게는 삼십 명의 아들들과 삼십 명의 딸들이 있었는데 삼십의 딸들은 그가 밖으로 내보냈고 아들들을 위해서는 밖에서 데려왔다 그가 칠 년 동안 이스라엘을 다스렸다 ¹⁰입산은 죽었고 베들레헴에 장사되었다 ¹¹그를 뒤따라서 스불론 사람 엘론이 이스라엘을 다스렸다 그는 이스라엘을 십 년 동안 다스렸다 ¹²스불론 사람 엘론은 죽어 스불론 땅 아얄론에 장사되었다 ¹³그를 뒤이어서 비라돈 사람 힐렐의 아들 압돈이 이스라엘을 다스렸다 ¹⁴그에게는 사십 명의 아들들과 삼십 명의 손자들이 있었는데 그들은 칠십 마리의 나귀들을 탔다 압돈은 이스라엘을 팔 년 동안 다스렸다 ¹⁵비라돈 사람 힐렐의 아들 압돈은 죽어 에브라임 땅 아말렉 사람의 산 비라돈에 장사되었다

입다: 무덤으로 들어가는 인생

사사시대 통치의 특징은 이스라엘 백성 전체에 대한 통치가 아니라는 점이었다. 지파들 사이에는 갈등이 있었으며 그 갈등을 중재할 중심적인 기구가 미비했다. 본문은 길르앗과 에브라임 사이에 발생한 갈등과 비극적인 결과를 소개한다. 이스라엘 내부의 헤게모니 싸움은 전체를 다스리는 왕의 부재를 더욱 실감하게 하고 그런 왕의 등장을 갈망하게 한다. 전쟁의 승리로 인한 기쁨과 딸의 죽음으로 말미암은 슬픔으로 혼미한 입다에게 찾아온 에브라임 사람들은 경솔하고 무례했다. 그들을 대하는 입다의 반응도 과격했다. 양 진영의 문제가 끔찍한 비극을 만들었다. 비극의 한 가운데에선 입다도 짧은 사사의 일정을 마치고 무덤으로 들어갔다. 이어 등장하는 세 명의 사사들 즉 입산과 엘론과 압돈도 무덤으로 들어갔다.

1에브라임 사람이 소집되고 자폰으로 가서 입다에게 말하였다
"왜 네가 암몬 자손과 싸우려고 건너면서 우리에게 너와 함께 가자고

요청하지 않았느냐 우리가 너를 넘어 너의 집을 불로 태우리라"

전쟁의 승리가 주는 찰나의 기쁨 직후에 딸의 죽음으로 인해 마음이 무너진 입다에게 에브라임 사람들이 찾아왔다. 슬픔의 물기가 아직 마르지도 않은 시점이다. 그들의 방문은 승리의 공로에 대한 치하나 딸의 죽음에 대한 애도를 위함이 아니었다. 입다에게 가기 위해 사람들을 소집한 것(יִצָּעֵק)을 보면 군사적인 위협을 가하고자 했음이 분명하다. 실제로 그들은 암몬 자손과 싸울 때 자신에게 참전을 요청하지 않았다는 트집을 걸며 입다와 그의 집을 불태워 버린다고 협박했다. 이는 승리의 공로를 독차지한 입다에게 부리는 터무니 없는 시비요 몽니였다. 몸은 존재의 집이고 집은 인생의 자궁이다. 그런 몸과 집을 태운다는 것은 입다와 그의 삶 그리고 그가 속한 공동체 전체를 완전히 궤멸시킬 것이라는 아주 잔인하고 자극적인 협박이다. 기뻐하는 자와 함께 기뻐하고 우는 자와 함께 우는 것은 인간의 기본적인 심성이다. 상식이 고장 나지 않은 사람의 정상적인 반응에는 그러한 정서적 공감의 표현이 다른 무엇보다 우선이다. 그런데 에브라임 사람들은 정서에 오랜 가뭄이 들었는지 감정이 너무도 차갑고 메말랐다. 치하하고 슬픔을 나눈 이후에 서운함을 말해도 되었는데, 승리의 주인공이 되지 못한 현실을 분하게 여기며 정제되지 않은 언어의 폭력을 입다에게 가하였다.

　에브라임 사람들의 노골적인 시비는 상습적인 것이었다. 과거에 그들은 기드온을 찾아와 싸우러 갈 때에 자신을 부르지 않았다고 불평하며 크게 다투었다(삿 8장). 그때 기드온은 그들을 높이고 자신을 낮추며 그들의 부당한 노여움을 잘 다루었다. 어쩌면 이번에 그들이 동일한 문제로 입다를 찾아온 것은 과거에 기드온이 그들에게 취한 유화적인 태도를 기억하고 승리한 입다보다 자신들이 더 높다는 점을 확증하고 싶은 고약한 기대감이 시킨 일인지도 모르겠다. 부르지 않았다는 책임을 입다에게 떠넘기며 에브라임 지파가 참전했을 때에 그들에게 마땅히 돌아가야 할 전리품의 지분을 챙기려는 권리의 명분 만들기일 가능성도 있다. 타인이 목숨을 걸고 이룩한 성취에 숟가락 얹기라는 조잡한 기술을 구사하는 에브라임 사람들은 참으로 야비하다. 어쩌면 그들은 길르앗 사람들을 자신과 동일한 민족으로 여기는 공동체 의식이 없었기 때문에 위험할 때 도망치고 승리할 때 공로 쟁탈전을 벌인 것인지도 모르겠다. 에브라임 사람들의 심술은 지파주의 병폐의 한 단면이다.

2입다가 그들에게 말하였다 "나는 전쟁의 사람이다 나와 나의 백성은 암몬 자손과 크게 [싸웠으며 그때] 나는 너를 불렀으나 너는 나를 그들의 손에서 구하지 않았기에 3나는 너의 구해주지 아니함을 보고 나의 생명을 내 손에 두고서 암몬 자손에게 건너갔다 그리고 여호와께서 그들을 나의 손에 넘기셨다 그런데 어찌하여 너희가 오늘 나에게 올라와서 나와 더불어 싸우고자 하느냐?"

에브라임 지파의 도발에 대해 입다는 기드온의 처신과는 달리 강공으로 대응한다. 자신을 "전쟁의 사람"(אִישׁ רִיב)으로 명명한다. 입다의 언어적 타격감은 뛰어나다. 싸움에 능하고 결코 지지 않을 전사의 주특기를 가진 사람에게 시비를 건 것 자체가 재앙의 자초임을 느끼게 하는 자기 소개이기 때문이다. 그리고 입다는 사실의 규명에도 능숙하다. 전쟁의 때에 자신을 부르지 않았다는 에브라임 사람들의 맹랑한 주장을 정확한 사실로 반박했다. 입다는 그들을 불렀다고 한다. 암몬 자손과의 싸움이 치열했기 때문에 입다와 그의 군대는 도움이 필요했다. 그래서 에브라임 지파에게 구호의 손을 뻗었지만 그들은 암몬의 손에서 입다를 구하지 않았고 남의 일인 것처럼 방관했다. 그들의 구해주지 않음(אֵינְךָ מוֹשִׁיעַ)을 감지한 입다는 자신의 생명을 "자신의 손바닥에"(בְכַפִּי) 쥐고 전쟁의 불구덩이 속으로 뛰어들어 외롭게 싸워야만 했다. 그 위험한 전쟁터 안에서 생명을 손으로 쥐고 뛰며 싸우는 입다에게 도움은 너무도 절박했다. 지혜자의 잠언이다. "친구는 사랑이 끊어지지 아니하고 형제는 위급한 때를 위하여 났느니라"(잠 17:17). 그러나 에브라임 사람들은 그들의 형제가 위태로운 사투를 벌이고 있었지만 도움의 요청을 외면했다. 그들에게 입다는 친구도 아니었고 형제도 아니었다. 차가운 남이었다. 나아가 입다의 명예와 전리품만 탐내는 저질의 깡패였다.

다른 지파의 도움을 받지는 못했지만 순순히 물러설 입다가 아니었다. 하나님의 부르심을 받고 길르앗 형제들의 요청을 받은 입다는 그들의 사령관과 머리가 되어 암몬 자손과 용감하게 접전했다. 하나님은 친히 입다를 도우셔서 암몬을 입다의 손에 넘기셨다. 그래서 자신의 목숨을 쥐고 있던 입다의 손에 암몬의 운명이 넘어왔다. 입다는 전쟁의 승리가 출전하기 전에 하나님께 드린 번제의 맹세 때문이 아니라 하나님의 전적인 은혜에 근거한 것임을 고백한다. 하나님의 은혜 때문에 자신은 팔짱을 끼고 한가하게 논 것이 아니었다. 입다 자신도 목숨을 다하여 전쟁을 수행했다. 하나님의 은혜와 사력을 다한 싸움은 어떠한 것도 배제되지 않는 승리의 필수적인 요인이다. 복음으로 한 영혼을 정복하기 위해서도 은혜 속에서 목숨을 거는 것이 필요하다. 전도를 생의 부수적인 일로 여기는 자에게는 어떠한 영혼도 건지지 못하는 빈 손 인생만 주어진다. 입다처럼 우리도 가장 소중한 우리의 목숨을 걸고 결사적인 자세로 사람을 낚는 영적 어부의 고유한 직무에 매진해야 한다. 그러면 허무한 인생이 아니라 소망과 기쁨과 자랑의 면류관을 거머쥔다(살전 2:19).

참전의 요청도 했고 하나님의 은혜로 승리까지 한 전쟁인데, 전쟁이 끝난 이후에 깡패처럼 몰려와 길르앗 사람들과 싸우려고 하는 에브라임 사람들을 향해 입다는 자신과 싸우려는 그들의 의지를 확인한다. 물러서지 않을 그들의 호전성을 확인한 입다는 '눈에는 눈, 이에는 이'의 원칙을 적용하며 도전장을 받아준다. 입다의 이러한 대응은 기드온의 유화적인 태도와 상반된다. 어쩌면 입다가 과거에 창녀의 자녀라는 신분 때문에 받은 뼈저린 따돌림의 기억이 떠올랐기 때문인지 모르겠다. 지파 차원의 따돌림을 통해 떠올리게 된 그 기억은 입다의 역린이다. 이제 입다는 평화로운 해결책을 마련할 마음이 사라졌다. 이러한 전운(戰雲)은 같은 동포인데 길르앗 사람들을 하대하는 에브라임 사람들의 오만한 태도와 입다의 아픈 기억이 만나서 발생한 안타까운 화학작용 같다.

⁴입다는 길르앗의 모든 사람들을 모으고 에브라임 [사람들]과 싸웠는데 길르앗 사람들이 에브라임 [사람들]을 쳤다 이는 그들이 "너희 길르앗은 에브라임 안에서, 므낫세 안에서 [살아가는] 에브라임 난민이야" 라고 말하였기 때문이다

입다와 길르앗 사람들에 대한 에브라임 사람들의 언어적인 하대가 소개된다. 그들은 길르앗을 형제로 여기지 않고 므낫세와 에브라임 안에서 기생하는 "도망자 혹은 난민"(פְלִיטֵי)으로 여기며 조롱했다. 정치적인 내전이나 경제적인 재난과 같은 문제가 생겨서 타지로 도망하며 떠도는 사람들을 가리키는 "난민"은 입다와 그의 무리에게 대단히 모욕적인 표현이다. 사실 입다가 속한 길르앗은 므낫세 지파의 한 분파였다. 그들도 당연히 하나님과 언약을 맺은 이스라엘 백성이다. 그런데 에브라임 사람들은 길르앗이 다른 지역에서 굴러온 돌멩이에 불과하고 거주지만 자신들과 공유하고 있을 뿐이라고 주장한다. 이는 '너희를 우리의 영토로 너그럽게 받아준 우리에게 늘 고마움을 느끼고 감사를 표하는 것이 마땅하니 전리품을 속히 넘기라'는 주장이다. 입다가 암몬과의 전쟁에서 하나님이 그들을 자신의 손에 넘겼다고 말한 이유는 바로 길르앗도 하나님과 맺은 언약의 백성이며 그 백성됨을 승인한 것이 전쟁의 승리라는 점을 항변하기 위함인 듯하다.

입다의 자존심을 짓밟은 모욕적인 말 "난민"은 또한 동등한 형제에게 신

분적인 등급이나 서열을 매기는 에브라임 사람들의 아주 저열한 차별을 자백하는 낱말이다. 말은 사람의 인격을 보여주는 투명한 보고서다. 형제를 난민으로 규정하고 호명하는 것은 자신의 천박한 인격을 스스로 드러내는 어리석은 자폭이다.

에브라임 사람들은 입다의 몸을 태우기 이전에 입다의 마음을 모욕적인 언어의 칼질로 이미 살해를 시도했다. 입다는 이제 자신과 자신의 공동체를 모욕하고 존재마저 이 땅에서 지우려고 하는 에브라임 사람들과 정당방위 차원에서 싸워야만 했다. 동시에 짐승의 비인격적 사고를 가진 그들에게 인격적인 대우는 사치일 뿐이라고 판단하고 칼의 응전을 택하였을 것이라고 나는 생각한다. 전세는 입다에게 기울었다. 길르앗 사람들이 에브라임 사람들을 쳤다. 그러나 길르앗 사람들은 내전의 승리에 만족하지 않고 에브라임 사람들의 도륙을 단행했다.

⁵길르앗 [사람]이 에브라임 [사람]보다 앞서 요단 강의 여울들을 장악했다
도망하는 에브라임 사람들이 말하였다 "나로 건너가게 하라" 길르앗 사람이
그에게 말하였다 "너는 에브라임 사람이냐?" 그가 "아니라"고 말하면
⁶그들은 그에게 말하였다 "청하건대 너는 '쉽볼렛'을 말하여라" 그가 그렇게
발음하지 못하여 '씹볼렛'을 말하면 그들이 요단 강 나루터에서
그를 잡아 죽였더라 그때 에브라임 중에 죽은 자들이 사만 이천 명이었다

승기를 잡은 길르앗은 쉽게 건너갈 수 있는 요단 강의 여울들을 먼저 장악했다. 이는 그곳의 군사적인 통제권을 행사하며 에브라임 사람들의 퇴로를 차단하기 위함이다. 도망치는 자들을 붙잡았고 그들이 요단 강을 건너가게 해 달라고 요청할 때 길르앗은 그들의 소속 지파를 확인했다. 확인하는 방법은 그들의 말투였다. "시냇물"을 의미하는 히브리어 "쉽볼렛"(שִׁבֹּלֶת)을

발음해 보라고 한 후에 그렇게 발음하지 못하고 "무거운 짐"을 의미하는 "씹볼렛"(סִבֹּלֶת)을 말한다면 그들은 에브라임 사람임에 분명했다. 이것은 경상도 출신의 사람들이 "쌀"을 "살"이라고 발음하고 전라도 출신의 사람들이 "공"을 "꽁"이라고 발음하는 것과 비슷하다. 입다의 전략은 당시에 지파별로 발음의 확연한 차이가 있었음을 증거한다. 요단 강은 지파 특유의 사투리 때문에 "쉽볼렛"을 발음하지 못한 에브라임 사람들의 피로 붉게 물들었다. 길르앗 사람들을 도망치는 자라고 조롱하던 에브라임 사람들이 도망치는 신세가 되는 역전이 일어났다. "난민"이란 말로 길르앗 사람들의 마음을 짓밟은 에브라임 사람들이 "쉽볼렛" 발음의 불능으로 인해 끔찍한 죽임을 당하였다. 혀로 길르앗 사람들의 마음을 벤 에브라임 사람들이 자신의 목 베임을 당하는 모습이 아이러니하다. 그들은 심은 대로 거두었다. 이런 방식으로 지혜자의 금언은 역사에 새겨진다. "죽고 사는 것이 혀의 힘에 달렸나니 혀를 쓰기 좋아하는 자는 혀의 열매를 먹으리라"(잠 18:21). 길르앗을 혀라는 불로 태우려고 했던 에브라임 사람들은 불 같은 자신의 혀로 인하여 망하였다.

요단 강에서 죽은 에브라임 사람들의 수는 무려 사만 이천 명이었다. 과거 광야에서 인구조사 할 때에 에브라임 지파에서 전쟁에 나갈 만한 장정이 삼만 이천 오백 명이었다(민 26:37). 세월이 흘러 사사시대 중기에는 인구의 변동이 있었을 것이지만 그 시점을 기준으로 볼 때 사만 이천 명이 죽었다는 것은 에브라임 지파의 몰락을 의미하는 것이었다. 이것은 입다를 비롯한 길르앗의 잔혹함을 드러낸다. 에브라임 사람들이 아무리 모질게 굴었어도 적당한 선에서 응징을 멈추어야 했다. 그런데 그렇게도 많은 동포를 죽였다는 것은 과도한 감정적 대응이며 불필요한 일이었다. 가나안 중부를 차지하던 에브라임 지파의 씨가 마르면 쾌재를 부를 자들은 정복의 기회를 노리던 주변의 이방 민족이다. 내분의 최대 수혜자는 이방 민족이고 최고의 피해자는 입다 자신이다. 평화로운 관계와 공존은 타인을 위협하지 않는 것만이 아니라 나 자신의 안보에도 중요하다.

입다는 앞서 자신의 딸을 번제물로 드릴 때에도 처신이 과도했다. 이제 형제 지파에 대해서도 멈추어야 할 과도함의 전차는 폭주했다. 자신에게 덤비는 자들이 숨도 쉬지 못하도록 숨통을 제압하는 것은 초라한 강함만 드러낸다. 진정한 강함은 무엇인가? 지혜자는 가르친다. "노하기를 더디하는 자는 용사보다 낫고 자기의 마음을 다스리는 자는 성을 빼앗는 자보다 나으니라"(잠 16:32). 입다는 동포의 부당한 도전장을 찢기는 하였으나 분노를 조절하며 마음을 다스리는 일에는 실패했다. 유덕한 사사가 되기에는 대단히 미흡한 사람이다. 입다의 이러한 부족함을 사사기 저자는 미화나 포장 없이 있는 그대로 기록한다. 이는 이 땅에서의 사사가 다양한 약점들을 가졌으며 하늘의 절대적인 사사가 필요하고 인간 사사는 그의 특정한 부위만 보여주는 소박한 증인임을 가르치기 위함이다. 가정이든 학교이든 국가이든 리더에게 부족함이 있다면 우리 모두의 아버지 하나님, 우리 모두의 랍비이신 주님, 우리 모두의 왕이신 그리스도 예수를 더욱 사모하는 계기로 활용하자.

⁷입다는 육 년 동안 이스라엘을 다스렸다
길르앗 사람 입다가 죽었고 길르앗 성읍들 가운데에 장사되었다

창녀의 자식으로 태어나 동포의 따돌림을 당하던 입다는 극적으로 사사가 되어 6년 동안 이스라엘 백성을 다스렸다. 입다는 6년의 통치 기간 동안 어떤 업적을 남겼는가? 하나님의 영광과 이스라엘 백성을 위하여 입다가 한 일은 암몬 자손과의 싸움에서 승리한 것과 에브라임 사람들의 도발을 잠재운 것이었다. 이처럼 입다는 자신이 고백한 것처럼 싸움의 사람이다. 싸우고 또 싸운 사사였다. 때가 이르러 그는 죽었으며 길르앗 성읍들 가운데

에 묻혔지만 무덤의 정확한 위치에 대해 사사기 저자는 침묵한다. 이는 이후에 언급되는 사사들(입산, 엘론, 압돈)의 구체적인 장지를 명시한 것과 구별된다. 이렇게 모든 사사는 자신의 시대에 잠시 지도력을 발휘하고 무덤으로 들어간다. 지나치게 영웅이 되려고 하거나, 과도한 감격의 노예가 된다거나, 감정의 과도한 분출로 복수를 한다는 것이 무슨 의미인가! 무덤으로 들어가는 자의 운명을 생각하면 모든 게 부질없다. 입다의 삶을 통해 나는 하나님의 거룩한 이름만 남기고 조용히 사라지는 것이 최고의 인생임을 깨닫는다.

⁸그를 뒤이어서 베들레헴 출신의 입산이 이스라엘을 다스렸다
⁹그에게는 삼십 명의 아들들과 삼십 명의 딸들이 있었는데 삼십의 딸들은
그가 밖으로 내보냈고 아들들을 위해서는 밖에서 데려왔다
그가 칠 년 동안 이스라엘을 다스렸다 ¹⁰입산은 죽었고 베들레헴에 장사되었다

입다의 6년 통치 이후에 세 명의 사사들이 간략하게 소개된다. 그들은 7년을 다스린 입산, 10년을 다스린 엘론, 8년을 다스린 압돈이다. 먼저 "빵의 집"이라는 의미를 가진 베들레헴 출신의 입산이 입다의 사사직을 계승했다. 이방 민족들의 괴롭힘에 대한 언급이 없는 것으로 보아 입산은 입다가 구축한 평화의 시대를 이어갔다. 물론 수만명이 죽임을 당한 내전의 후유증이 있었을 것이지만 또 다른 전쟁으로 전염되는 비극은 일어나지 않아 전쟁에 대한 기록은 없고 30명의 아들과 30명의 딸을 가졌다는 이야기만 소개된다. "자식들은 여호와의 기업이요 태의 열매는 그의 상급"이다(시 127:3). 입산의 다산은 외동딸을 잃은 입다의 슬픔과는 대조되는 기쁨을 의미한다. 사사들 개개인을 보면 희비가 엇갈리는 듯하지만 가족의 개념을 직접적인 혈통에 국한하지 않고 사사들 전부를 하나의 가족으로 본다면 입

산의 많은 자녀들은 슬픔 이후에 주어진 하나님의 위로임에 분명하다.

입산은 60명의 자녀들을 정말 기업으로 생각했다. 30명의 딸을 "밖으로"(הַחוּצָה) 내보냈고 30명의 아들들을 위한 신부로 30명의 여인들을 "밖에서"(מִן־הַחוּץ) 데려와 마치 기업가가 영업을 하듯 자녀들을 다루었기 때문이다. 여기에서 "밖"이라는 말의 의미는 모호하다. 입산이 속한 지파의 밖을 의미하는 것인지 이스라엘 백성의 밖을 의미하는 것인지가 명시되어 있지 않기 때문이다. 성경에서 "밖"이라는 단어를 이방인과 결부시켜 사용한 적이 없다는 사실에서 나는 다른 지파와 더불어 혼사가 오고 간 것으로 이해한다. 지파 밖이든 민족 밖이든, 자녀들의 결혼으로 인해 입산에게 주어진 "여호와의 기업"이 두 배로 늘어났다. 입다가 살아 있었다면 큰 위로가 되었음에 분명하다. 입산도 7년의 통치 이후에 죽어 고향인 베들레헴 안에서 무덤으로 들어갔다. 자녀를 많이 가진다고 해서 무덤으로 들어가는 기한이 연기되는 것은 아니었다.

¹¹그를 뒤따라서 스불론 사람 엘론이 이스라엘을 다스렸다 그는 이스라엘을 십 년 동안 다스렸다 ¹²스불론 사람 엘론은 죽어 스불론 땅 아얄론에 장사되었다

입산의 사사직을 계승한 인물은 스불론 사람 엘론이다. 그는 10년 동안 이스라엘 백성을 다스렸다. 그에 대해서는 전쟁에 대한 이야기도 없고 자녀에 대한 이야기도 없다. 전쟁 이야기가 없기 때문에 평화의 시대였을 가능성이 높고 자녀 이야기가 없기 때문에 아직 결혼하지 않은 젊은 사사였을 가능성이 높다. 엘론은 사사의 표식만 가진 사람이다. 그는 죽어서 스불론 땅 아얄론에 있는 무덤으로 들어갔다. 엘론에 대한 이 본문은 사사에 대한 가장 간략한 기록이다. 엘론은 사사의 명부에 올라 이름만 기억되는 사람이다. 그를 통해 얻을 수 있는 교훈은 전무하다. 과거의 모든 기록은 교훈

을 위한 것이라고 했는데(롬 15:4), 왜 사사기 저자는 아무런 사연도 없는 엘론에 대한 기록을 성경에 담았을까? 싸울 근육이 없고 자녀의 생산력이 없거나 젊어도 이스라엘 백성을 다스리는 사사가 될 수 있다는 사실을 가르치고 싶어서 기록한 것이라고 나는 생각한다. 그냥 백성과 함께 지도자의 자리에 머물러 있는 것 자체로도 10년의 통치가 가능할 수 있다는 사실에서 나는 사사의 직분에서 배제되는 사람은 하나도 없다고 생각한다. 첩의 아들도, 창녀의 자식도, 소를 모는 사람도, 젊은 사람도, 늙은 사람도 주님께서 부르시면 누구든지 사사의 직무를 수행할 수 있다는 사실을 사사기는 가르치고 있다. 열악한 출신만이 아니라 사사가 된 이후에 무슨 대단한 업적을 남기지 않더라도 얼마든지 사사들 각자에게 맡겨진 고유한 직무에는 충실한 것으로 평가된다.

¹³그를 뒤이어서 비라돈 사람 힐렐의 아들 압돈이 이스라엘을 다스렸다
¹⁴그에게는 사십 명의 아들들과 삼십 명의 손자들이 있었는데
그들은 칠십 마리의 나귀들을 탔다 압돈은 이스라엘을 팔 년 동안 다스렸다
¹⁵비라돈 사람 힐렐의 아들 압돈은 죽어
에브라임 땅 아말렉 사람의 산 비라돈에 장사되었다

엘론의 후임은 비라돈 사람 힐렐의 아들 압돈이다. 그는 이스라엘 백성을 8년 동안 다스렸다. 그런데 그에게는 40명의 아들들이 있었으며 그들을 통해 태어난 손자들도 30명이었다. 손자들도 나귀들을 탈 정도라면 아주 어리지는 않고 최소한 10살 이상은 되었을 것이라고 추정된다. 그렇다면 압돈은 손자를 본 이후에 사사가 되었음에 분명하다. 할아버지 나이에도 사사가 되었다는 것은 사사가 근력과 기술로 전쟁을 수행하는 역할만이 아니라 오랜 인생을 통해 산전수전 다 겪은 경험자가 백성을 행복한 삶으로

이끄는 역할도 중요함을 가르친다. 사실 외부의 공격에서 백성을 지키는 것과 내부의 풍요로 백성을 행복하게 하는 것은 동일하게 중요하다. 참으로 행복하고 의미 있는 인생은 무엇인가? 그것은 경험해야 안다. 나귀를 탄다는 것은 대체로 존귀와 번영을 의미한다. 솔로몬은 아버지의 명령을 따라 노새를 타고 기혼으로 갔다. 이는 왕위의 계승과 무관하지 않다(왕상 1:35). 압돈은 모든 아들들과 손자들이 나귀를 타는 존귀와 번영을 누리게 한 사람이다. 미리 걸어간 사람이 앞으로 걸어올 사람에게 이러한 경험담을 나누는 것은 평화의 시대에 이스라엘 백성을 다스리는 중요한 지도력의 발휘이다. 그러나 자녀들로 하여금 나귀를 태우고 성읍들을 자식에게 세습한 야일의 행적(삿 10:4)과 동일하게 압돈에 대해서도 하나님의 영광이나 언약과 관련된 중요한 언급이 없다는 점에서는 아쉬움이 크다.

손자들도 풍요로운 삶을 누리도록 한 압돈도 결국에는 죽어 무덤으로 들어갔다. 그런데 "아말렉 사람"의 산 비라돈에 묻혔다는 것이 특이하다. 아말렉의 산이 엘론의 소유가 되었다는 것은 아말렉의 정복을 암시한다. 아말렉은 "내가 아말렉을 없이하여 천하에서 기억도 못하게 하리라"(출 17:14)는 하나님의 선언이 운명이 된 민족이다. 왜냐하면 하나님이 친히 자신의 선언을 이루실 것이기 때문이다. "여호와가 아말렉과 더불어 대대로 싸우리라"(출 17:16). 사사시대 안에서는 12장 15절에서 언급된 것이 아말렉의 마지막 등장이다. 기드온 이후로 이스라엘 백성은 아모리, 암몬, 블레셋, 시돈, 마온, 아말렉 등 다양한 족속들의 압제를 받았는데 하나님이 친히 싸우시는 대적 아말렉의 손에서도 해방되어 그들의 땅을 차지하고 빼앗길 가능성이 없다고 판단하여 장지로 사용하고 있는 상황이다. 이는 언약에 신실하신 하나님의 은혜가 압돈의 시대에 컸음을 의미한다.

본문에는 4명의 사사들이 죽어 땅에 묻혔다는 공통적인 이야기가 반복된다. 업적을 많이 남기는 사사들도 있고, 자녀를 많이 남기는 사사들도 있고, 많은 전쟁의 승리에 대한 기록을 남기는 사사들도 있다. 그런데 사사들 자신이 하나님의 영광과 이스라엘 백성의 행복과 번영을 위해 노력했고 그 노력의 결실을 풍성하게 맺었다는 이야기가 없다. 어쩌면 입다는 자신의 일그러진 명예를 회복하고 감정을 분출한 사람이고, 입산은 가정의 기업을 확대한 사람이고, 엘론은 자기 자신만을 위한 사람이고, 압돈은 가문의 번영을 꾀한 사람일 가능성도 있다. 그런데 이 모든 내용들의 심층적인 의미는 그들이 의도했든 의도하지 않았든 하나님의 은혜와 결부되어 있다. 하나님의 은혜에 대한 흔적만 남기고 사사들은 모두 무덤으로 들어갔다. 무덤에 들어간 이후에 남기는 것이 인생의 질을 좌우한다. 이 세상에서 아무리 유명한 사람이라 할지라도 무덤으로 들어가는 운명에서 배제됨이 없다. 그런데 무덤으로 들어간 이후에 하나님의 이름을 남긴다면 그것은 사사에게 최고의 영광이다. 이것은 최고의 인생이다. 그런데 나의 인생은 과연 그런 인생인가? 혹시 고약한 자아의 찌꺼기만 남기고 겉으로는 종교적인 삶의 모양만 갖추지는 않았는지, 자신을 성찰하게 된다.

삿 13:1-14

¹이스라엘 자손이 다시 여호와의 목전에 악을 행하였으므로 여호와께서 그들을 사십 년 동안 블레셋 사람의 손에 넘겨 주시니라 ²소라 땅에 단 지파의 가족 중에 마노아라 이름하는 자가 있더라 그의 아내가 임신하지 못하므로 출산하지 못하더니 ³여호와의 사자가 그 여인에게 나타나서 그에게 이르시되 보라 네가 본래 임신하지 못하므로 출산하지 못하였으나 이제 임신하여 아들을 낳으리니 ⁴그러므로 너는 삼가 포도주와 독주를 마시지 말며 어떤 부정한 것도 먹지 말지니라 ⁵보라 네가 임신하여 아들을 낳으리니 그의 머리 위에 삭도를 대지 말라 이 아이는 태에서 나옴으로부터 하나님께 바쳐진 나실인이 됨이라 그가 블레셋 사람의 손에서 이스라엘을 구원하기 시작하리라 하시니 ⁶이에 그 여인이 가서 그의 남편에게 말하여 이르되 하나님의 사람이 내게 오셨는데 그의 모습이 하나님의 사자의 용모 같아서 심히 두려우므로 어디서부터 왔는지를 내가 묻지 못하였고 그도 자기 이름을 내게 이르지 아니하였으며 ⁷그가 내게 이르기를 보라 네가 임신하여 아들을 낳으리니 이제 포도주와 독주를 마시지 말며 어떤 부정한 것도 먹지 말라 이 아이는 태에서부터 그가 죽는 날까지 하나님께 바쳐진 나실인이 됨이라 하더이다 하니라 ⁸마노아가 여호와께 기도하여 이르되 주여 구하옵나니 주께서 보내셨던 하나님의 사람을 우리에게 다시 오게 하사 우리가 그 낳을 아이에게 어떻게 행할지를 우리에게 가르치게 하소서 하니 ⁹하나님이 마노아의 목소리를 들으시니라 여인이 밭에 앉았을 때에 하나님의 사자가 다시 그에게 임하였으나 그의 남편 마노아는 함께 있지 아니한지라 ¹⁰여인이 급히 달려가서 그의 남편에게 알리어 이르되 보소서 전일에 내게 오셨던 그 사람이 내게 나타났나이다 하매 ¹¹마노아가 일어나 아내를 따라가서 그 사람에게 이르러 그에게 묻되 당신이 이 여인에게 말씀하신 그 사람이니이까 하니 이르되 내가 그로라 하니라 ¹²마노아가 이르되 이제 당신의 말씀대로 되기를 원하나이다 이 아이를 어떻게 기르며 우리가 그에게 어떻게 행하리이까 ¹³여호와의 사자가 마노아에게 이르되 내가 여인에게 말한 것들을 그가 다 삼가서 ¹⁴포도나무의 소산을 먹지 말며 포도주와 독주를 마시지 말며 어떤 부정한 것도 먹지 말고 내가 그에게 명령한 것은 다 지킬 것이니라 하니라

❖ ❖ ❖

¹이스라엘 자손은 여호와의 목전에 그 악을 다시 행하였다 여호와께서 그들을 블레셋 사람의 손에 사십 년간 넘기셨다 ²소라에서 [온] 단 가문 출신의 한 사람이 있었는데 그의 이름은 마노아다 그의 아내는 임신하지 못하여 출산하지 못하였다 ³여호와의 사자가 그 여인에게 나타나서 그녀에게 말하였다 "보라 너는 임신하지 못하여 출산하지 못하지만 너는 임신하여 아들을 낳으리라 ⁴그러므로 이제 너는 제발 주의하여 포도주와 독주를 마시지 말고 모든 부정한 것을 먹지 말라 ⁵보라 네가 임신하여 아들을 낳을 텐데 그의 머리 위에 삭도를 올리지 말라 이는 이 아이가 그 태로부터 하나님께 나실인이 되며 그가 블레셋 사람의 손에서 이스라엘을 구원하기 시작할 것이기 때문이다 ⁶그 여인이 그녀의 남편에게 가서 말하여 이르기를 "하나님의 사람이 나에게 왔는데 그의 모습은 하나님의 사자의 모습과 같아서 심히 두려웠고 나는 그가 어디에서 왔는지 묻지 못하였고 그도 자신의 이름을 나에게 말하지 않았어요 ⁷그가 나에게 말했어요 '보라 네가 임신하여 아들을 낳을 텐데 포도주와 독주를 마시지 말고 모든 부정한 것을 먹지 말라 이는 이 아이가 그 태로부터 죽음의 때까지 하나님께 나실인이 되기 때문이다' 하니 ⁸마노아가 여호와께 기도하며 말하였다 "주여 청합니다 당신께서 보내셨던 하나님의 사람을 우리에게 다시 오게 하시고 태어날 아이를 위하여 우리가 어떻게 행하여야 할지를 가르쳐 주옵소서" ⁹하나님이 마노아의 목소리를 들으셨다 여인이 밭에 앉았을 때에 그녀의 남편 마노아가 그녀와 함께 있지 않은 [상황에서] 하나님의 사자가 그녀에게 다시 임하였다 ¹⁰여인은 서둘러 그녀의 남편에게 달려가서 그에게 알려줬다 "보십시오 전날에 나에게 왔던 그 사람이 나에게 왔습니다" ¹¹마노아가 일어나 그의 아내를 뒤따라 걸어가서 그 사람에게 갔고 그에게 말하였다 "당신이 이 여인에게 말한 그 사람인가요?" 그가 말하였다 "내가 [그 사람]이다" ¹²마노아가 말하였다 "이제 당신의 말씀은 실현될 것입니다 그러면 무엇이 이 아이의 규율과 업무가 될 것입니까?" ¹³여호와의 사자가 마노아에게 말하였다 "내가 그 여인에게 말한 모든 것들을 그녀는 준수해야 한다 ¹⁴포도나무에서 난 것은 어떠한 것도 먹지 말고 포도주와 독주를 마시지 말고 모든 부정한 것을 먹지 말고 내가 그녀에게 명령한 모든 것을 그녀는 준수해야 한다"

28 삼손: 출생의 비밀

모든 사람은 출생의 방식으로 존재한다. 출생은 엄마와 아빠가 맺은 사랑의 결실이다. 이것이 출생의 자연적인 현상이다. 그러나 그 현상의 배후에는 출생의 영적인 비밀이 감추어져 있다. 그것은 하나님의 개입이다. 이는 보지 못하는 것들의 증거도 감지하는 믿음의 눈에만 보이는 비밀이다. 태초에 하나님은 자신의 형상을 따라 인간을 만드셨다. 그리고 보시기에 심히 좋으셨다. 출생은 지속적인 창조의 방식이다. 아담과 하와의 창조에 버금가는 놀라운 신비이며 하나님이 보시기에 심히 아름다운 기적이다. 그런데 출생은 이제 모든 사람에게 익숙해진 기적이다. 평범해진 기적은 기적의 대우를 받지 못하였고 그 기적에 합당한 감사도 사라졌다. 삼손의 출생 이야기는 평범한 출생의 이면에 감추어진 하나님의 놀라운 개입을 상기시켜 준다. 출생이 기적임을 가르친다.

사사기 13장에서 16장까지는 마지막 사사인 단 지파 소속의 삼손 이야기를 언급한다. 삼손은 20년 동안 사사로서 이스라엘 백성을 다스렸다. 13장은 삼손의 출생과 관련된 이야기를, 14장은 삼손의 결혼 이야기를, 15장은 삼손의 사사적 수행에 대한 이야기를, 16장은 들릴라의 삼손 유혹과 삼손의 비참하고 서글픈 최후에 대한 이야기를 기록한다. 위의 본문은 삼손의 부모인 마노아와 그의 아내가 삼손의 출생에 대해 여호와의 사자와 대화하는 장면을 기술한다. 태어날 삼손은 나실인이 되어 하나님께 구별된 삶을 살도록 하나님의 특별한 은혜로 마노아의 가정에 주어진다. 이 은혜는 삼손의 출생 이전에 마노아의 아내에게 나실인의 도리에 걸맞은 조항들의 준행을 요구한다.

1이스라엘 자손은 여호와의 목전에 그 악을 다시 행하였다
여호와께서 그들을 블레셋 사람의 손에 사십 년간 넘기셨다

앞 시대에 4명의 사사가 31년 동안 이스라엘 백성을 다스린 이후에 이스라엘 자손은 다시 여호와의 목전에서 악을 저질렀다. 악의 내용은 적시되어 있지 않아서 모르지만 "그 악"(הָרַע)이라는 표현에 근거하여 이방의 우상들을 섬긴 것이라고 생각되며, 블레셋 사람의 손에 40년간 넘겨지는 하나님의 형벌에 근거해서 본다면 우상숭배 행위의 죄질이 다른 어느 때보다도 더 나쁜 상태였을 것으로 추정된다. 악과 형벌의 길이는 비례하기 때문이다. 드보라 이전에 20년간 가나안 왕 야빈의 압제를 당한 것이 사사시대 중에 가장 길었던 고난인데, 지금은 무려 그것의 두 배에 해당하는 기간 동안 블레셋의 괴롭힘을 당하였다. 고난은 회개의 경고장인 동시에 심판의 채찍이다. 회개가 빠를수록 고난은 짧아진다. 그러나 이스라엘 백성은 무려 40년간 회개하지 않고 극도의 죄악에 머물렀다. 광야의 곤고한 세월에 버금가는 기간 동안 그들은 죄를 죄로 인지하지 못하였고 알았다고 할지라도 죄를 떠나는 것보다 죄와의 동거를 택하였다.

블레셋은 사사시대 중 40년이라는 최장의 기간 동안 이스라엘 백성을

괴롭힌 민족이다. 블레셋은 아마도 에게해 연안 갑돌의 해양세력 중에서 팔레스틴 지역으로 이동한 민족이며 철제 무기를 사용한 특별히 센 강국이다. 이스라엘 역사에 등장한 블레셋의 존재 이유는 사사기 3장에서 밝힌 것처럼 "아직 전쟁을 알지 못하는" 이스라엘 자손에게 그것을 가르치기 위함이다(삿3:1-2). 이번에도 블레셋은 이스라엘 자손에게 전쟁의 본질을 가르치고 동시에 우리에게 영적인 전쟁의 본질을 깨닫게 할 민족으로 역사에 등장한다. 우리는 삼손과 유사한 영적 나실인과 같은 존재로서 어떠한 전쟁에 직면하여 있고 전쟁을 어떻게 수행해야 하는지를 깨닫는다. 우리도 주변에 우리를 괴롭히는 막강한 세력이 있다면 교훈을 위한 도구라고 생각해야 한다.

²소라에서 [온] 단 가문 출신의 한 사람이 있었는데
그의 이름은 마노아다 그의 아내는 임신하지 못하여 출산하지 못하였다

본문에는 죄에서 고난으로, 고난에서 회개로, 회개에서 회복으로 이어지는 사사기의 사이클 중에서 고난에서 회복으로 건너가는 필수적인 단계로서 회개가 보이지 않는다는 점이 특이하다. 이스라엘 백성이 회개하지 않은 것인지, 회개에 대한 기록을 생략한 것인지는 분명하지 않다. 하나님은 어쩌면 이스라엘 백성의 회개와 무관하게 무조건적 사랑에 근거하여 그들의 구원을 늘 준비하고 계신 분인지도 모르겠다. 하나님은 구원을 위해 소라라는 지역에 거주하는 단 지파의 한 사람 마노아와 그의 아내를 택하신다. 사사기 저자는 그들의 정체성에 대한 구체적인 특징들을 다 생략하고 마노아의 아내가 "임신하지 못하여 출산하지 못"한다는 사실만 언급한다. 임신하지 못하는 이유가 나이가 너무 많아서 생식의 효력이 다하였기 때문인지, 아니면 나이와 무관하게 어떤 질병으로 인한 불임인 것인지는 잘 모

르지만 그들에게 자녀가 하나도 없다는 점은 확실하다.

문맥을 보면 특이한 패턴이 감지된다. 입다에게 유일한 딸이 죽어서 자녀가 없어진 이야기 이후에 60명의 자녀를 가진 사사 입산 이야기가 나오고, 다시 자녀를 비롯한 가족과 관련된 내용이 하나도 언급되지 않은 사사 엘론 이야기 이후에 40명의 아들들과 30명의 손자들을 가진 압돈 이야기가 나오고, 이제 다시 자녀가 하나도 없는 마노아 부부 이야기가 언급된다. 이로 보건대, 사사기 저자는 분명히 자녀의 문제를 중요하게 의식하고 있다. 2절에서 "임신하지 못하는"을 의미하는 히브리어 형용사 "아카르"(עָקָר)는 "뿌리째 파내다"는 동사 "아카르"(עָקָר)의 파생어다. 이는 사라의 불임 (창 11:30)과 리브가의 불임(창 25:21)과 라헬의 불임(창 29:31)을 표현할 때에도 사용된 낱말이다. 자녀가 없다는 것은 미래가 없음을 의미하고, 뿌리가 없다는 것은 희망이 없다는 것을 의미한다. 이스라엘 역사를 보면, 하나님은 희망의 뿌리마저 뽑혀 미래의 가능성도 없는 절망의 사람을 통해 새로운 일을 행하셨다. 뿌리가 없는 곳에 뿌리를 내리시고 싹이 나오고 가지가 뻗어 열매를 맺게 하시는 하나님의 절대적인 은혜와 기적은 지금도 전개되고 있다. 하나님은 모든 절망을 바꾸시는 희망이다. 마노아 부부에게 주어진 불임의 절망은 이스라엘 백성의 배교로 말미암은 어두운 미래 혹은 제거된 미래를 암시하는 것이기도 하지만 구원의 회복을 베푸시는 하나님을 신뢰하는 믿음의 관점에서 보면 위로부터 주어지는 희망의 준비였다.

"안식"을 의미하는 사람 "마노아"(מָנוֹחַ)는 단 "가문" 출신이다. 사사기 저자는 마노아의 소속을 단 "지파"(שֵׁבֶט)가 아니라 단 "가문"(מִשְׁפָּחָה)으로 적시한다. 이것은 성경에서 지파를 가리킬 용어로는 사용된 적이 없으며 유일하게 단 지파에 대해서만 사용된 낱말이다. 단 지파를 가문의 단위로 축소시킨 저자의 의도가 명시되어 있지 않아서 추정해야 한다. 단 지파를 연구한 어떤 학자(Bartusch)는 이 구절이 "단 지파의 위태로운 상태와 관련된 것으로서 그들이 이스라엘 내에서 독자적인 그룹으로 존재할 것인지,

아니면 유다 지파의 영역에 둘러싸인 모습이 될 것인지에 대한 것으로서⋯ [단 지파는] 주변에 머물면서 상대적인 연약함을 보이며 심지어 억압을 받는 그룹으로 묘사되고 있다"고 해석한다(*Understanding Dan*, 168). 일리가 있는 해석이다. 하나님은 안식과 동떨어진 연약함과 억압 속에서 가문의 차원으로 위축된 지파의 어깨를 펴시고 그들에게 이스라엘 전체를 구원할 사사의 배출을 맡기신다. "세상의 천한 것들과 멸시 받는 것들과 없는 것들을 택하사 있는 것들을 폐하려 하시"는 하나님의 섭리(고전1:28)가 삼손의 시대에는 그렇게 나타났다.

> ³여호와의 사자가 그 여인에게 나타나서 그녀에게 말하였다 "보라 너는 임신하지 못하여 출산하지 못하지만 너는 임신하여 아들을 낳으리라

기드온의 경우처럼, 여호와의 사자가 마노아의 아내에게 나타났다. 이 사자는 그녀의 현실과 미래에 대한 메시지를 전달한다. 그녀의 현실은 불임과 자녀의 없음이다. 그러나 그녀의 미래는 임신과 득남이다. 현재와 미래는 너무도 판이하다. 여호와의 사자가 제시한 희망의 미래는 기적이 일어나지 않는다면 그림의 떡에 불과하다. 현실과 그 실재는 무엇인가? 현실은 현실이다. 그러나 현실의 실재는 하나님께 의존하고 있다. 실재는 눈에 보이는 상황이 아니라 아직은 눈에 보이지 않지만 이미 알려진 하나님의 의지와 약속이다. 비록 마노아의 아내는 불임이고 자녀가 없지만 그것은 일시적인 현상이고 실재는 앞으로의 임신과 아들의 낳음에 대한 하나님의 약속이다. 우리의 눈에 보이는 현실과 하나님의 눈에 보이는 실재가 다를 때에 우리는 현실을 부정하지 않는 동시에 하나님의 관점으로 조명된 현실의 실재를 더 크게 존중해야 하고 그 실재를 기준으로 살아가야 한다. 하나님의 약속이 그의 사자를 통해 마노아의 아내에게 전달된 이상, 그녀의 가시적인 현실에는

비록 아무런 변화가 없었지만 그 현실의 실재는 달라졌다.

여기에서 우리는 불임과 임신의 여부가 하나님께 의존하고 있고 자녀의 없음과 있음이 하나님의 주권임을 깨닫는다. 절망과 희망의 여부도 하나님께 의존한다. 그분께서는 낮과 밤, 빛과 어둠이 다르지 않은 것처럼 불임과 임신, 자녀의 없음과 있음, 절망과 희망이 동일하기 때문이다. 창조주 하나님은 불임과 자식의 없음으로 인해 절망에 놓인 이스라엘 백성에게 임신과 득남의 희망을 전하셨다. 마노아 부부가 불임의 상태와 자식이 없는 상황 속에서 어떤 절박한 간청이나 절망적인 심정을 쏟아낸 적이 없었지만 주께서는 임신과 득남의 은혜를 그들에게 베푸셨다. 이러한 구원의 희망이 이스라엘 백성의 회개 없이 진행되는 이유는 무엇일까? 이에 대해서는 두 가지의 해석이 가능하다. 첫째, 하나님은 회개의 여부에 의해 좌우되지 않으시고 자기 백성에 대한 사랑 때문에 죄인과 원수였을 때에도 구원을 베푸신다. 이것이 맞다면, 삼손 이야기는 자기 백성이 회개하지 않은 진행형 죄인의 상태에서 예수님이 이 세상에 오셨고 죽으신 사건의 예고편과 같다. 둘째, 기이하게 출생하고 대단한 활약을 한 삼손은 과연 이스라엘 백성에게 구원의 주역인가 아니면 재앙의 원흉인가? 사사기 13장 5절에 근거해서 보면 삼손은 분명히 이스라엘 구원의 주역이다. 그러나 동시에 호색과 장난기와 유흥에 각별한 애착을 보이는 삼손이 기존의 사사들이 보여준 이미지와 전혀 어울리지 않는다는 점도 사실이다. 그래서 사사직의 격을 떨어뜨린 인물로도 평가된다. 이 두 가지는 성경의 명확한 기록에 근거한 것이 아니라 추론에 의한 해석이다.

마노아의 아내가 아들을 낳을 것이라는 이야기를 들은 것은 사라나 마리아의 경험과 동일하다. 그러나 차이점도 있다. 마노아의 아내에게 소식을 전한 자가 여호와의 사자였던 것과는 달리 사라에게 같은 소식을 전달한 분은 하나님 자신이며(창 17:19), 마리아를 찾아와 같은 이야기를 전한 자는 천사였다(눅 1:30-31). 그리고 사라와 마리아의 경우에는 그녀들이 각각 낳을 아들의 이름, 즉 이삭과 예수라는 이름이 하나님에 의해 정해졌다. 그런데 마노아 아내의 경우에는 낳을 아들의 이름이 하나님에 의해 정해지지 않았고, 삼손의 이름을 지은 사람은 마노아의 아내였다(삿 13:24). 하나님이 친히 이름을 정해 주신다는 것과 부모가 정한다는 것의 차이는 무엇일까?

4그러므로 이제 너는 제발 주의하여 포도주와 독주를 마시지 말고 모든 부정한 것을 먹지 말라 5보라 네가 임신하여 아들을 낳을 텐데 그의 머리 위에 삭도를 올리지 말라 이는 이 아이가 그 태로부터 하나님께 나실인이 되며 그가 블레셋 사람의 손에서 이스라엘을 구원하기 시작할 것이기 때문이다

여호와의 사자는 태어날 아이가 나실인이 될 것이기 때문에 나실인의 간략한 규정과 마노아의 아내가 주의하며 준수해야 할 사항이 있다고 말을 이어간다. "나실인"(נָזִיר)은 "거룩하게 구별된 혹은 바쳐진 사람"을 의미한다. "나실인의 서원을 하고 자기 몸을 구별하여 하나님께 드리"는 것은 남자와 여자 모두에게 가능하다(민 6:2). 다만 다음과 같은 조항들(민 6:3-7)을 준수해야 한다. 1) 포도주와 독주를 멀리하라. 2) 포도의 소산은 식초도, 포도즙도, 생포도나 건포도도, 심지어 씨나 껍질도 먹지 말라. 3) 삭도를 머리에 대지 말라. 4) 시체를 가까이 하지 말라. 나실인의 모든 기간에는 심지어 부모나 형제나 자매가 죽은 때에라도 가까이 하지 말라고 가르친다. 하나님께 자신의 몸을 구별하여 드리는 나실인의 기간 동안에는 그가 "여호와께 거룩한 자"이기 때문이다(민 6:8). 삼손의 경우, 사사기 저자는 나실인의 네 가지 조항 중에서 머리에 삭도를 대지 말라는 조항만 언급한다. 이것이 다른 네 가지의 조항을 어겨도 된다는 면죄부는 아닐 것이다. 포도주에 대한 조항은 세상의 쾌락에 취하지 말라는 의미이고, 부정한 음식과 시체에 관한 조항은 죄의 부패성에 관여하지 말라는 의미이고, 머리에 관한

조항은 주님의 영광을 건드리지 말라는 의미이다.

여호와의 사자가 삼손에게 머리에 관한 조항만 강조하는 이유는 무엇일까? "이는 자기의 몸을 구별하여 하나님께 드리는 표가 그의 머리에 있음이라"(민 6:7). 나실인의 가시적인 징표가 머리에 있기 때문이다. 신약에서 머리는 무엇을 뜻하는가? 문맥이 조금 다르지만, 바울은 하나님께 구별된 교회의 머리가 그리스도 예수라고 한다(엡 1:22-23). 교회는 그 머리 되신 그리스도 없이는 결코 하나님께 구별되어 드려질 수 없고 오직 그에 의해서만 나실인과 같이 하나님께 드려진다. 나실인의 존재 이유는 자신이 아니라 머리 되시는 주님의 영광이다. 이러한 사실을 나실인은 일평생 머리에 삭도를 대지 않는 방식으로 기억하고 명심해야 한다.

여호와의 사자는 나실인의 부모가 될 마노아의 아내에게 두 가지의 조항을 요구한다. 첫째, 포도주와 독주를 마시지 말라. 제사장은 하나님께 구별된 사람 중의 하나인데 그가 "회막에 들어갈 때에는 포도주나 독주를 마시지 말라"(레 10:9)는 명령을 준수해야 했다. 둘째, 모든 부정한 것을 먹지 말라. 제사장은 또한 거룩한 것과 속된 것, 부정한 것과 정한 것을 구별해야 하고 하나님께 드려진 제물로서 지극히 거룩한 음식을 제단 곁에서 먹어야만 했다.

그런데 나실인 자신도 아닌 부모까지 나실인의 규정에 포함된 일부의 조항을 준수해야 하는 이유는 무엇인가? 그것은 이 아이가 "그 태로부터"(מִן־הַבֶּטֶן) 나실인이 될 것이기 때문이다. 이는 삼손이 출산한 이후가 아니라 어머니의 자궁 안에 있을 때에도 나실인이 될 것임을 의미한다. 이것은 우리에게 참으로 많은 교훈을 시사한다. 첫째, 자녀들이 하나님께 구별된 거룩한 사람이길 원한다면 부모부터 자신을 하나님께 거룩하게 구별해야 한다. 둘째, 하나님께 구별된 다음 세대를 원한다면 기성 세대는 자신부터 하나님께 구별해야 한다. 셋째, 교회는 하나님의 거룩한 사람을 임신하고 출산하는 영적 자궁이다. 세상에서 하나님께 구별된 사람들이 출산하기 위해서는 교회 자체부터 먼저 하나님께 거룩해야 한다. 포도주가 아니라 성령에 취하여야 하고 그리스도 예수만을 머리로 모시고 그분의 뜻과 명령에만 순종해야 한다.

한 사람이 어떤 선이나 악과 무관하게 태로부터 미리 하나님께 거룩하게 구별되는 것은 결코 이상하지 않다. 다윗과 예레미야 선지자의 경우에는 태로부터 하나님께 구별된 삼손보다 더 놀라운 구별이 나타난다. 다윗은 모태에서 자신이 인간의 형태로 빚어지기 이전에도 하나님이 아셨다고 고백한다. "내 형질이 이루어지기 전에 주의 눈이 보셨으며 나를 위하여 정한 날이 하루도 되기 전에 주의 책에 다 기록이 되었나이다"(시 139:16). 이는 자궁에서 빚어지기 전에 다윗의 존재를, 삶을 시작하기 전에 이미 다윗의 일생을 훤히 아시고 이끄시는 하나님의 사랑을 의미한다. 예레미야 선지자의 경우도 다윗과 유사하다. "내가 너를 모태에 짓기 전에 너를 알았고 네가 배에서 나오기 전에 너를 성별했고 너를 여러 나라의 선지자로 세웠노라"(렘 1:5). 선지자는 어머니의 자궁에서 밖으로 나오기 전만이 아니라 그 자궁 안에서 수정이 일어나기 전에도 하나님은 자신을 아셨으며 열방의 선지자로 구별이 되었다고 기록한다. 물론 다윗과 예레미야 선지자의 고백은 영원 속에서 이루어진 하나님의 예정과 무관하지 않다.

여호와의 사자는 삼손이 태로부터 나실인의 신분으로 하나님께 구별된 것을 알림과 동시에 이스라엘 백성의 구원을 시작할 것이라는 그의 삶과 사명에 대해서도 언급한다. 삼손은 이스라엘 백성을 구원하기 위해 하나님께 구별된 사람이다. 여기에는 자신의 사사로운 기호나 욕망을 추구하는 자가 되지 말아야 한다는 의미도 내포되어 있다. 삼손은 공동체적 운명이 어깨에 놓여 있는 개인이다. 마노아의 아내는 이 사실을 직접 들은 사람이다. 과연 그녀는 아들에게 이 사실을 제대로 가르쳐 주었을까? 여호와의 사자가 나타난 것은 임신과 득남, 그리고 아들의 신분과 역할에 대한 정보만 전달하려 함이 아니라 그 정보가 이스라엘 백성의 운명과 직결되어 있기 때문에 "제발 주의하여"(הִשָּׁמְרִי נָא) 실행해야 함도 강조하기 위함이다. 자녀에게 나실인의 신분과 사명을 가르치기 위해 마노아의 아내는 정보를 전달하는 방식이 아니라 포도주와 독주과 부정한 음식을 금하는 순종의 구체적인 본을 보여야만 한다.

6그 여인이 그녀의 남편에게 가서 말하여 이르기를 "하나님의 사람이 나에게 왔는데 그의 모습은 하나님의 사자의 모습과 같아서 심히 두려웠고 나는 그가 어디에서 왔는지 묻지 못하였고 그도 자신의 이름을 나에게 말하지 않았어요

여호와의 사자를 만난 마노아의 아내는 남편에게 가서 자신에게 일어난 일과 여호와의 사자가 말한 내용을 전달한다. 그런데 그녀는 "여호와의 사자"가 아니라 "하나님의 사람"(אִישׁ הָאֱלֹהִים)을 만났다고 한다. 이는 그녀가 어떤 관념이나 목소리로 만난 것이 아니라 실제로 사람을 만났으며 여호와의 사자가 사람처럼 대면할 수 있도록 사람의 모습으로 왔음을 증거한다. 그러나 그 사람은 그녀가 보기에 이스라엘 사람이나 주변의 이방인은 아니었다. 일반적인 사람과는 달리, "여호와의 사자"라는 정체성을 인지할 수 있을 정도의 특별한 "모습"(מַרְאֶה)을 가졌다고 한다. 그녀가 그 모습이 여호와의 사자와 같다고 말한 것은 그녀가 과거에 여호와의 사자를 경험한 적이 있었음을 암시한다. 아니면 여호와의 사자가 가진 특징이 이스라엘 백성의 보편적인 지식이기 때문에 그녀도 알았을 가능성도 있다. 아무튼 그녀에게 여호와의 사자는 두려운 존재였다. 그래서 그녀는 이번에 그 사자를 만났을 때 "심히 두려웠다"(נוֹרָא מְאֹד). 너무도 두려워서 그녀는 그 사자가 어디에서 왔는지도 묻지 못하였다. 고대에 이스라엘 사람이 낯선 사람의 정체성을 파악하기 위해 처음으로 건네는 물음은 출신지에 대한 것이었다. 이는 여호와의 사자가 하갈에게 던진 질문과(창 16:8), 여호와가 사

탄에게 던지신 질문과(욥 2:2), 다윗이 요나단의 죽음을 알린 청년에게 던진 질문(삼하 1:13) 등에서 확인된다. 그 사자도 그녀에게 자신의 이름을 말하지 않았다고 한다.

여인이 사람의 모습으로 온 여호와의 사자를 만났는데 그의 이름도 모르고 출신지도 모른다고 말한 이유들 중의 하나는 아마도 일어난 사실의 전달만이 아니라 혹시 부부 사이에 발생할지 모를 의심을 예방하기 위함이다. 마노아와 그의 아내는 자녀가 생기지 않는 원인이 남편에게 있는지, 아니면 아내에게 있는지에 대해 정확한 의학적 진단의 결과를 알지 못하는 상황이다. 그런데 만약 그녀가 아들을 가진다면 불임의 원인이 남편에게 있고 아내가 다른 남자와 부정한 관계를 가졌다는 오해가 생길 가능성이 높다. 이런 가능성이 어떤 작용을 했는지는 모르겠다. 아무튼, 마노아의 아내는 낯선 남자를 만났지만 그가 여호와의 사자 같다고 하였고 자신에게 아주 이상한 이야기만 들려 주었다고 고백한다. 이 고백은 꾸민 것이 아니라 사실이다.

> 7그가 나에게 말했어요 '보라 네가 임신하여 아들을 낳을 텐데
> 포도주와 독주를 마시지 말고 모든 부정한 것을 먹지 말라 이는 이 아이가
> 그 태로부터 죽음의 날까지 하나님께 나실인이 되기 때문이다'" 하니

여인은 여호와의 사자가 말한 내용을 남편에게 전달하되, 들은 그대로가 아니라 그것의 일부를 삭제하고 듣지 않은 내용도 약간 추가하여 전달한다. 삭제된 내용에는 삭도에 관한 조항과 이스라엘 백성을 구원하는 사명에 관한 조항이다. 여기에서 우리는 마노아의 아내가 삭도의 조항에 대한 중요성을 간과하고 있음을 확인한다. 이후에 이것은 삼손에게 자신의 머리 위에 삭도를 두지 말아야 한다는 조항의 무시 혹은 위반으로 이어진다. 이

처럼 인식의 중요한 조각 하나가 빠지면 나중에 심각한 불상사가 발생한다. 사자의 말에 추가된 내용은 나실인의 기간이 "죽음의 날까지"(עַד־יוֹם
מוֹתוֹ)란 부분이다. 앞에서 살펴본 것처럼 민수기 6장에는 나실인의 기간이 평생일 수도 있지만 평생의 한 부분일 수도 있는데 마노아의 아내는 삼손의 나실인 기간이 인생 전체라고 이해한다. 물론 삼손의 평생이 나실인 기간일 수 있겠으나 천사가 "죽음의 날까지"로 표명하지 않은 이유는 밝힐 필요가 없었기 때문임을 간과했다. 미래의 일은 적당히 가려져 있을 때에 설렘으로 채색된다. 아무리 거룩한 신분과 삶으로의 부르심을 받았어도 당사자가 그것을 복으로 이해하고 감사할 인격의 충분한 성장과 마음의 준비가 되었을 때에 아는 것이 유익하다. 마노아의 아내가 추가한 이 한 마디가 삼손의 삶에 어떠한 영향을 주었을까? 자신의 기호와 무관하게 일평생 나실인의 삶을 살아야 한다는 압박감이 젊음의 숨통을 조이지는 않았을까? 반항 차원에서 창녀들을 찾도록 자극하고 호색과 희롱을 즐기도록 만들지는 않았을까? 무식과 유식의 적정한 비율은 행복한 삶의 요건이다.

8마노아가 여호와께 기도하며 말하였다 "주여 청합니다
당신께서 보내셨던 하나님의 사람을 우리에게 다시 오게 하시고
태어날 아이를 위하여 우리가 어떻게 행하여야 할지를 가르쳐 주옵소서"

아내의 말을 들은 마노아는 하나님께 나아가 기도한다. 그는 기도의 사람이다. 아내가 낯선 남자와 만나 나쁜 짓을 했을지도 모른다는 의구심의 어떠한 기색도 없이 그는 아내를 전적으로 신뢰한다. 아내의 임신과 득남에 대한 하나님의 약속도 전적으로 수용한다. 이는 그의 기도에서 확인된다. 그는 하나님께 하나님의 사람을 다시 "우리에게"(אֵלֵינוּ) 보내 주시라고 기도한다. 태어날 아이를 위하여 "우리가 어떻게 행하여야 할지"(מַה־נַּעֲשֶׂה)를 가르쳐 달라고 간구한다. 이런 기도에는 하나님과 아내에 대한 신뢰가 전제되어 있다. 기도의 핵심은 임신과 득남의 여부가 아니라 태어날 아들을 올바르게 양육해야 하는 부모의 도리에 관한 것이었다. 이는 아내만이 아니라 남편도 양육의 주체로서 함께 행해야 할 것을 지도해 달라는 기도였다.

부모는 하나님께 구별된 자녀를 어떻게 키울 것인지에 대해 기도해야 한다. 하나님께 구별된 자녀를 키우기 위해서는 하나님의 가르침이 필요하다. 이것은 삼손의 부모에게 국한되지 않고 모든 부모에게 해당되는 양육의 원리라고 바울은 가르친다. "아비들아 너희 자녀를 노엽게 하지 말고 오직 주의 교훈과 훈계로 양육하라"(엡 6:4). 마노아는 아내의 불임과 자식의 없음으로 인해 자식에 대한 애착이 남달랐다. 그런데도 그는 태어날 아들이 일평생 하나님께 구별된 나실인이 된다는 말씀에 어떠한 불평이나 낭패감도 드러내지 않고 즉각 수용했다. 자신의 뒤를 이어갈 가문의 계승자가 아니라 하나님께 바쳐진 아들이기 때문에 자칫 양육에 소홀할 수도 있겠지만 마노아는 그렇지가 않다. 득남의 약속을 듣고 곧장 하나님께 엎드렸다. 내 자식이면 내 뜻과 방식대로 키워도 되겠지만 하나님께 바쳐진 아들이기 때문에 하나님의 뜻과 방식을 알아야만 했고 따라야만 했다.

9하나님이 마노아의 목소리를 들으셨다 여인이 밭에 앉았을 때에 그녀의 남편 마노아가 그녀와 함께 있지 않은 [상황에서] 하나님의 사자가 그녀에게 다시 임하였다 10여인은 서둘러 그녀의 남편에게 달려가서 그에게 알려줬다 "보십시오 전날에 나에게 왔던 그 사람이 나에게 왔습니다" 11마노아가 일어나 그의 아내를 뒤따라 걸어가서 그 사람에게 갔고 그에게 말하였다 "당신이 이 여인에게 말한 그 사람인가요?" 그가 말하였다 "내가 [그 사람이다]"

하나님은 마노아의 기도를 들으셨다. 그의 기도가 하나님의 마음에 합하였기 때문이다. 그런데 하나님이 보내신 여호와의 사자는 여인이 홀로 있는 밭으로 찾아왔다. 마노아가 함께 있지 않아서 그녀는 서둘러 남편에게 달려갔다. 지난번에 찾아온 하나님의 사람이 지금 자신에게 왔다고 설명했다. 마노아는 아내를 따라서 그 사람에게 갔다. 그리고 아내에게 말한 사람이 맞는지 확인했다. 마노아는 아내의 말도 믿었지만 아내에게 찾아온 하나님의 사람을 자신도 직접 대면하고 싶어했다. 하나님은 그의 소원에 응하셨다. 아무리 신뢰하는 사람의 말을 들었다고 할지라도 지극히 중요한 일에 대해서는 하나님께 직접 나아가 확인하는 것이 필요하다. 이는 간접적인 들음이 주는 동기보다 직접적인 들음이 주는 동기가 훨씬 확실하고 강력하기 때문이다. 그리고 직접 들으면 들은 내용과 관련하여 문제가 생길 때에 책임을 아내에게 떠넘기는 일이 발생하지 않을 것이기 때문이다. 마노아의 기도에는 문제의 모든 책임을 자신이 지겠다는 남편의 도의가 반영되어 있다.

12마노아가 말하였다 "이제 당신의 말씀은 실현될 것입니다
그러면 무엇이 이 아이의 규율과 업무가 될 것입니까?"

마노아는 여호와의 사자가 전한 말씀이 실현될 것이라고 확신한다. 대부분의 부모는 자식을 하나님께 완전히 구별할 때에 갈등한다. 자식을 아끼는 마음으로 하나님께 온전히 드리기를 주저한다. 심한 경우에는 드리기를 거부하고 이루어질 일도 부정한다. 그러나 마노아는 기적으로 태어날 자식이 태로부터 죽음의 때까지 하나님께 나실인이 될 것이라는 말씀의 실현을 기꺼이 수용한다. 그리고 그 이후의 상황에 대한 관심을 표명한다. 이는 자식을 하나님의 온전한 사람으로 키우고자 하는 아름다운 신앙이다. 그는 마음의 소원만 밝히는 것으로 생색내지 않고 말씀의 실현을 위한 구체적인

실천의 내용, 즉 태어날 아이의 규율과 업무에 대해 질문한다. 태어날 아이가 따라야 할 규율(מִשְׁפָּט)과 이루어야 할 업무(מַעֲשֶׂה)는 나실인이 알아야 할 필수적인 삶의 내용이다. 성도도 동일하다. 하나님의 자녀가 되는 누림의 권세만 추구하지 않고 지켜야 할 규율과 이루어야 할 사명을 인지하고 존중해야 한다. 이것을 망각하면 성도의 정체성도 흔들린다.

13여호와의 사자가 마노아에게 말하였다 "내가 그 여인에게 말한
모든 것들을 그녀는 준수해야 한다 14포도나무에서 난 것은 어떠한 것도
먹지 말고 포도주와 독주를 마시지 말고 모든 부정한 것을 먹지 말고
내가 그녀에게 명령한 모든 것을 그녀는 준수해야 한다"

여호와의 사자는 마노아의 질문에 일치하는 답변이 아니라 부모가 준수해야 할 가르침만 준다. 그런데 나실인이 될 삼손과 유일하게 관련된 것으로서 삭도에 대한 이야기가 없다. 마노아는 아들의 머리에 삭도를 대서는 안 된다는 조항 자체를 모르고 있으며 당연히 이것에 대한 훈육도 소홀하게 된다. 사자의 가르침은 포도나무 소산의 어떠한 것도 먹지 말고 포도주와 독주와 부정한 모든 것을 먹지 말라는 것이었다. 이 가르침의 직접적인 대상은 아내였다. 마노아의 역할은 아내가 이 가르침을 잘 지킬 수 있도록 돕는 일이었다. 여호와의 사자가 명령한 모든 것을 준수하는 주체는 그의 아내였기 때문이다. 아내가 포도주와 독주와 부정한 음식을 금한다면 조력하는 남편도 곁에서 함께 준수함이 아름답다. 이 명령의 준행은 그녀가 출산하기 전까지만 요구된 것이 아니라 삼손과 동일하게 "죽음의 날까지" 요구된다. 나실인의 부모가 되려면 이처럼 막대한 비용을 지불해야 한다.

나실인 삼손의 출생 배후에는 부모에게 나타난 여호와의 사자, 하나님의 약속, 하나님의 명령, 나실인의 신분과 사명 등과 같은 요소들이 있다.

다윗과 예레미야 선지자의 경우에는 이러한 요소들에 대한 언급이 대단히 간결하다. 다른 사람들은 어떠한가? 성경에 등장하는 무수히 많은 하나님의 사람들도 출생의 비밀이 생략된 채 성경에 기록되어 있다. 물론 나는 하나님의 부르심을 받은 모든 사람들 중에서 삼손의 부모가 경험한 출생의 요소들 중 전부 혹은 일부를 경험하는 사람들도 있지만 전혀 경험하지 못한다는 사람들이 훨씬 더 많다는 사실을 인정한다. 그러나 경험하지 않았다는 것이 하나님의 개입도 없다는 것을 의미하는 것은 아님을 강조하고 싶다. 여호와의 사자가 나타나지 않고, 하나님의 약속이 귀를 출입하지 않고, 자신을 거룩하게 하나님께 구별해야 한다는 명령이 주어지지 않고, 나실인과 같은 호칭이나 하나님의 백성을 구원하게 된다는 사명을 들은 바가 없더라도 삼손에게 나타난 출생의 신비로운 요소들이 나에게는 없다고 단정하지 말라. 감추어져 있음은 없음과 결코 동일하지 않기 때문이다. 우리 모두는 하나도 예외 없이 각자에게 하나님의 약속과 명령과 사명이 고유하게 있다고 확신한다. 나 자신이나 내 자식만이 아니라 다른 형제들과 자매들 혹은 그들의 자녀들에 대해서도 이런 출생의 아름다운 비밀이 있음을 존중해야 한다. 삼손에게 주어진 괴력이 주어지지 않더라도 나실인의 부르심과 삶은 가능하다. 삼손의 막대한 근력은 십자가의 도라는 하나님의 능력에 비하면 맛보기에 불과하기 때문이다. 때가 늦어 보인다고 해서 나실인과 무관한 자라고 포기하지 말라. 태로부터 죽음의 때까지 나실인인 경우도 있지만 인생의 특정한 기간에만 나실인인 경우도 있기 때문이다. 태교에 실패한 자녀만이 아니라 자신이 중년이나 노년이라 할지라도 오늘부터 나실인의 삶 1일을 시작하라.

삿 13:15-25

¹⁵마노아가 여호와의 사자에게 말하되 구하옵나니 당신은 우리에게 머물러서 우리가 당신을 위하여 염소 새끼 하나를 준비하게 하소서 하니 ¹⁶여호와의 사자가 마노아에게 이르되 네가 비록 나를 머물게 하나 내가 네 음식을 먹지 아니하리라 번제를 준비하려거든 마땅히 여호와께 드릴 지니라 하니 이는 그가 여호와의 사자인 줄을 마노아가 알지 못함이었더라 ¹⁷마노아가 또 여호와의 사자에게 말하되 당신의 이름이 무엇이니이까 당신의 말씀이 이루어질 때에 우리가 당신을 존귀히 여기리이다 하니 ¹⁸여호와의 사자가 그에게 이르되 어찌하여 내 이름을 묻느냐 내 이름은 기묘자라 하니라 ¹⁹이에 마노아가 염소 새끼와 소제물을 가져다가 바위 위에서 여호와께 드리매 이적이 일어난지라 마노아와 그의 아내가 본즉 ²⁰불꽃이 제단에서부터 하늘로 올라가는 동시에 여호와의 사자가 제단 불꽃에 휩싸여 올라간지라 마노아와 그의 아내가 그것을 보고 그들의 얼굴을 땅에 대고 엎드리니라 ²¹여호와의 사자가 마노아와 그의 아내에게 다시 나타나지 아니하니 마노아가 그제야 그가 여호와의 사자인 줄 알고 ²²그의 아내에게 이르되 우리가 하나님을 보았으니 반드시 죽으리로다 하니 ²³그의 아내가 그에게 이르되 여호와께서 우리를 죽이려 하셨더라면 우리 손에서 번제와 소제를 받지 아니하셨을 것이요 이 모든 일을 보이지 아니하셨을 것이며 이제 이런 말씀도 우리에게 이르지 아니하셨으리이다 하였더라 ²⁴그 여인이 아들을 낳으매 그의 이름을 삼손이라 하니라 그 아이가 자라매 여호와께서 그에게 복을 주시더니 ²⁵소라와 에스다올 사이 마하네단에서 여호와의 영이 그를 움직이기 시작하셨더라

❖ ❖ ❖

¹⁵마노아가 여호와의 사자에게 말하였다 "부디 우리가 당신을 붙들고 당신을 위하여 암염소 새끼 하나를 준비하게 해 주십시오" ¹⁶여호와의 사자가 마노아에게 말하였다 "만약 네가 나를 붙든다면 나는 너의 음식을 먹지 않으리라 만약 네가 번제를 드린다면 여호와께 올리거라" 이는 그가 여호와의 사자임을 마노아가 알지 못하였기 때문이다 ¹⁷마노아가 여호와의 사자에게 말하였다 "당신의 이름은 무엇입니까? 당신의 말씀이 실현될 때 우리는 당신을 존귀히 여길 것입니다" ¹⁸여호와의 사자가 그에게 말하였다 "어찌하여 내 이름에 대하여 이것을 묻느냐 그[이름]은 기묘하다" ¹⁹마노아가 암염소 새끼와 소제물을 취하고 바위 위에서 여호와께 올렸는데 기이한 일이 일어났다 마노아와 그의 아내가 보는데 ²⁰불꽃이 제단에서 하늘로 올라갔고 여호와의 사자도 제단의 불꽃 가운데서 올라갔다 마노아와 그의 아내가 [그것을] 보고 그들의 얼굴을 땅에 대고 엎드렸다 ²¹여호와의 사자가 마노아와 그의 아내에게 다시 추가하여 보이지 않으니까 그때서야 마노아는 그가 여호와의 사자인 줄 깨달았다 ²²마노아가 그의 아내에게 말하였다 "우리가 하나님을 보았으니 우리는 반드시 죽겠구나" ²³그의 아내가 그에게 말하였다 "만약 여호와께서 우리를 죽이기로 하셨다면 우리의 손에서 번제와 소제를 받지 않으셨을 것이고 이 모든 일을 보이지 않으셨을 것이고 [그]때처럼 이와 같은 것을 우리로 하여금 듣게 하지도 않으셨을 것입니다" ²⁴그 여인은 아들을 낳았고 그의 이름을 삼손이라 불렀더라 그 아이는 성장했고 여호와는 그에게 복을 베푸셨다 ²⁵소라와 에스다올 사이 마하네단 안에서 여호와의 영이 그를 움직이기 시작했다

29   삼손: 하나님을 본다는 것

믿음의 선배들은 "하나님 보기"(visio Dei)가 경건의 최고봉 혹은 최고의 복이라고 생각했다. 이와는 정반대로 성경은 하나님을 보는 자는 죽을 것이라고 선언한다. 가장 위험한 일이 최고의 복이라는 이 역설을 이해하기 위해서는 죄인과 의인의 구분이 필요하다. 죄인과 관련하여, 하나님은 죄와 함께하실 수 없으시기 때문에 죄인과 하나님의 대면은 둘 중의 하나가 없어져야 가능하다. 지극히 거룩하신 하나님 앞에 더러운 죄인이 서면 생존할 수도 없지만 존재하는 것 자체도 가능하지 않다. 이런 의미에서 쓰는 표현이 죽음이다. 그러나 의인과 관련하여, 하나님은 그와 영원히 세상 끝날까지 함께 하신다는 약속을 따라 지금도 그와 함께 거하신다. 나아가 성경에 기록된 다양한 사례처럼 특별한 은혜로 말미암아 하나님을 대면하는 최고의 행복도 가능하다. 그러나 여기에서 하나님을 본다는 것은 그의 본질 혹은 신성을 본다는 의미가 아니라 인간의 제한적인 지각에 맞추어진 봄을 의미한다. 본문에서 마노아 부부는 하나님의 사자와 만나서 대화한 것을 하나님과 대면한 것이라고 해석한다. 하나님을 본 자는 죽는다는 모세의 기록 때문에 즉사의 두려움에 떤다. 그러나 죽지 않았으며 그런 종류의 대면이 하나님의 사람에게 가능함을 보여준다.

> 15마노아가 여호와의 사자에게 말하였다 "부디 우리가 당신을 붙들고 당신을 위하여 암염소 새끼 하나를 준비하게 해 주십시오"

마노아는 여호와의 사자에게 암염소 새끼를 잡아서 푸짐한 식탁을 제공하려 한다. 고대근동 시대에 나그네를 극진히 대접하는 것은 이스라엘 안에 보편화된 문화였다. 받는 것보다 주는 것이, 섬김을 받는 것보다 섬기는 것이 문화로 자리잡은 사회는 복되다고 생각한다. 아브라함 경우에는 여호와의 천사들이 사람의 모습으로 방문했을 때에 그들의 발을 씻기고 떡을 주고 좋은 송아지를 잡아서 극진히 대접했다(창 18:4-7). 이는 나그네를 대접하다 천사들을 대접한 대표적인 사례였다(히 13:2). 기드온도 여호와의 사자가 방문하여 사사로 세우시는 하나님의 뜻을 전해 주었을 때에 감사한 마음을 표하기 위하여 고기와 무교병과 국을 준비해서 제공했다(삿 6:19). 그러나 음식을 먹었던 아브라함 대접의 경우와는 달리 기드온을 방문한 그 사자는 먹지 않고 바위에서 불이 나와서 그 음식을 태우는 표징을 행하였다. 마노아의 대접은 기드온의 경우와 비슷하다. 그의 대접은 그 시대의 문화적인 행위일 수도 있겠지만 자신과 아내에게 득남의 희망을 귀띔해 준 여호와의 사자에게 감사의 마음을 전달하기 위함이다. 감사한 마음으로 인해 그에게는 대접의 열정이 다른 때보다 더 타오른다. 그래서 사자에게 "부디"(נָא) 대접해 드릴 기회를 달라는 호소까지 했다. 누군가를 대접할 기회가 생긴다는 것은 하나님의 은총이다. 절박하게 붙들어야 한다. 그런데 마노아의 호의와 호소에 대해 보인 사자의 반응은 이전의 반응과는 다른 것이었다.

¹⁶여호와의 사자가 마노아에게 말하였다 "만약 네가 나를 붙든다면
나는 너의 음식을 먹지 않으리라 만약 네가 번제를 드린다면 여호와께
올리거라" 이는 그가 여호와의 사자임을 마노아가 알지 못하였기 때문이다

여호와의 사자는 마노아의 호의를 거절하고 동시에 그의 처신을 지도한다. 첫째, 사자는 자신에게 염소 요리를 먹이고자 한다면 먹지 않을 것이라며 마노아의 접대를 거절한다. 하나님의 말씀을 전달하는 자는 목사이든 교수이든 그 전달로 말미암아 발생하는 수혜자의 대접을 당연하게 여기거나 그를 압박하며 대접을 요구하지 않도록 주의해야 한다. 둘째, 사자는 번제를 권하면서 만약 번제를 드린다면 자신이 아니라 하나님께 올려 드리라고 가르친다. 이것은 여호와의 사자가 긴급하게 공복의 필요를 채우려는 인간 나그네가 아니라는 것, 아들을 낳는다는 기적은 사자의 능력이나 은혜가 아니라 하나님의 능력과 은혜라는 것, 그래서 득남의 은총에 대해 감사와 경배의 번제를 드리되 사자에게 드리지 말고 하나님께 드려야 한다는 것을 나타낸다. 하나님의 종들은 하나님의 은총을 배달하는 사환이다. 자신이 자혜를 베푸는 것처럼 연출하고 보답을 챙기려는 사환은 하나님의 종이 아니라 야비한 삯꾼이다. 사자가 하나님께 드리라고 권한 번제(עֹלָה)는 자신을 전부 태워서 드리는 완전한 헌신과 감사와 경배를 의미한다. 아들이 생긴다는 것은 가문의 대를 이어갈 계승자가 생긴다는 의미도 있지만 하나님의 나라와 의를 계속해서 추구할 수 있음을 의미한다. 부모나 자식이나 출생의 은총을 베푸신 하나님께 보여야 할 반응은 헌신과 충성이다. 번제의 목소리가 전하는 메시지는 바로 그것이다. 마노아는 그 메시지를 알았을까? 나라면 어땠을까?

사사기 저자는 지금까지 마노아가 자신과 대화하는 상대를 여호와의 사자로 알지 못하였기 때문에 음식을 대접하려 했고 여호와의 사자는 그를 깨우치기 위해 번제를 권한 것이라고 설명한다. 여호와의 사자는 인간 나

그네도 아니지만 하나님도 아닌, 하나님과 마노아의 소통을 가능하게 하는 인격적인 매개물에 불과하다. 그 사자는 마노아가 자신을 인간으로 대하지 않도록, 그렇다고 신으로 대하지도 않도록 지혜로운 어법을 구사했다. 여호와의 사자는 여호와의 사자로 알려지기 원하였다. 마노아가 그를 인간으로 대한다면 하나님의 약속과 뜻이 충분히 강하고 확실하게 전달되지 못할 가능성이 있고, 그를 신으로 대한다면 하나님을 사자 정도로 낮추어서 생각할 가능성이 있다. 여호와의 사자는 존재의 질서를 파괴하지 않고 사자의 수준에 맞게 말하였고 행하였다. 목회자도 어법과 처신의 수위를 과하지도 않고 빈하지도 않게 적당히 조절해야 한다. 그가 전하는 말씀의 격이 떨어지지 않을 정도로, 교회가 그를 어떤 신령한 존재로 여기지 않도록 조절함이 적당하다. 당시 마노아와 그의 아들 삼손은 이스라엘 백성의 명운을 좌우할 신앙적인 목회자, 민족적인 지도자로 부르심을 받은 자들이다. 마노아는 여호와의 사자가 보인 지혜로운 말과 처신을 보면서 지도자의 자질을 학습할 수 있었다고 생각한다.

17마노아가 여호와의 사자에게 말하였다 "당신의 이름은 무엇입니까?
당신의 말씀이 실현될 때 우리는 당신을 존귀히 여길 것입니다"

마노아의 대접을 받아도 먹지는 않겠다며 거절하고 하나님께 번제를 드리라고 한 여호와의 사자를 마노아는 여전히 천사나 하늘의 어떤 존재로 여기지 않고 사람으로 이해했다. 그런데 음식을 거절하는 것을 보니 평범한 나그네는 아닐 것이라고 생각했다. 하나님께 감사와 헌신의 번제를 드리라고 권하는 것을 보니 하나님이 보내신 예언자가 틀림없을 것이라고 생각했다. 사사시대 안에서 드보라 외에는 선지자 혹은 예언자로 활동한 사람이 없기 때문에 마노아는 예언자 같은 그 사자의 정체성이 더욱 궁금했다.

그래서 그 사자의 이름을 물으면서, 아들을 낳을 것이라고 한 사자의 말씀이 실현될 때에 마노아는 아내와 함께 이 사자의 이름을 기억하며 존경을 표할 것이라고 한다. 예언의 말씀이 불발되어 성취되지 않는 것이 예언자의 굴욕이라 한다면, 예언된 말씀의 성취는 예언자의 영광이다. 그런 영광 돌리기를 원하기에 이름을 묻는 것이라고 한다.

여기에서 말씀이 실현되는 것을 표현할 때에 사용하는 마노아의 문장이 특이하다. 직역하면 "당신의 말씀이 온다"(יָבֹא דְבָרֶיךָ)이다. 말씀이 오는 것과 말씀이 성취되는 것은 그 의미가 동일하다. 여기에서 나는 하나님의 말씀이 육신으로 우리에게 오신 예수님을 생각한다. 구약에서 "말씀이 온다"는 표현은 마노아와 같이 초라해진 단 지파의 평범한 사람의 입에서도 일상 용어 같이 사용되고 있다(시 105:19). 하나님의 말씀이 오면 약속이 성취되는 것이고 그러면 그 약속의 주체와 전달자의 이름을 기념해야 한다는 것, 이것은 마노아의 머리에는 상식이다. 말씀이 올 때 존경심을 표현할 자의 이름을 묻는 그에게 여호와의 사자는 말을 아끼며 명확한 답변을 거부한다.

18여호와의 사자가 그에게 말하였다 "어찌하여 내 이름에 대하여
이것을 묻느냐 그 [이름]은 기묘하다"

여호와의 사자는 자신의 이름에 대해 묻는 것이라면 대답할 수 없다는 입장을 표명한다. 왜냐하면 그의 이름은 "기묘한 혹은 이해할 수 없는"(פִּלְאִי) 것이기 때문이다. 이름과 관련하여 쓰인 이 단어 "펠리이"는 이사야서 9장 6절에 나오는 "기묘자"를 의미하는 "펠레"(פֶּלֶא)와 동일한 어근을 가지고 있기 때문에 많은 사람들이 여호와의 사자를 천사가 아니라 성자라고 해석한다. 단어의 유사성이 의미의 연결고리 하나 쯤은 충분히 만든다는 주장이 비록 약간의 비약은 있지만 부당하지 않은 추론이다. 실제로 "말씀이

온다"고 말한 마노아가 만난 여호와의 사자는 약속의 방식으로 온 말씀이지 않았을까? 가시적인 육신이 되신 말씀과는 다르기 때문에 자신의 이름을 인간이 이해할 수 없는 기묘한 것이라고 말하지는 않았을까? 마리아의 경우에는 자신이 가브리엘 천사라는 이름을 밝혔는데 마노아의 경우에는 사자가 자신의 이름을 이해할 수 없다는 식으로만 답한 것을 보면 성자의 개연성이 다분하다.

마노아와 비슷한 경험을 한 사람은 야곱이다. 그는 얍복 나루에서 어떤 사람과 씨름했다. 자신을 축복하지 않으면 보내지 않겠다고 했다. 그러자 "야곱"에서 "이스라엘"로 바꾸는 개명의 복을 베풀었다. 이에 야곱이 그에게 이름을 물어서 그는 답했는데 마노아가 만난 천사의 답변과 동일했다. 즉 "어찌하여 나의 이름에 대하여 이것을 묻느냐"(창 32:29 사역). 결국 그 사람은 야곱에게 자신의 이름을 알려 주지 않고 사라졌다. 이에 대한 야곱의 해석과 반응이 특이하다. 하나님을 대면하여 보았다고 해석하고 그런데도 죽지 않았다고 감격한다. 교회에 대한 구약의 '이스라엘' 예표를 고려할 때, 교회의 머리이신 주님께서 야곱을 이스라엘로 바꾼 것이라고 해석하는 것은 얼마든지 가능하다. 마노아는 자신의 이름을 밝히지 않으면 그가 하나님일 수 있다는 점을 야곱의 경험에 근거하여 알았을까? 그가 창세기의 그 대목을 읽고 마음에 두었다면 그럴 수 있겠지만 마노아는 모세나 야곱의 이름을 전혀 거명하지 않고 있기에 야곱에 대한 역사적 지식에 근거한 행동이 아니라 이스라엘 민족의 오랜 문화가 주입한 감각일 가능성이 높다고 나는 생각한다.

"이름"(שֵׁם)은 존재의 등본이며 의미의 그릇이다. 그래서 동양의 예법에는 어른의 존함을 함부로 부르는 것을 문화적인 차원에서 금하였다. 모세는 애굽에서 하나님의 이름을 묻는 자들에게 어떻게 설명해야 하는지를 하나님께 여쭈었다. 이에 하나님은 즉답을 피하시며 "스스로 있는 자"라고 밝히셨다(출 3:14). 그리고 이스라엘 조상의 하나님 여호와, 즉 아브라함, 이삭,

야곱의 하나님이 자신의 "영원한 이름"이요 "대대로 기억할 나의 칭호"라고 답하셨다(출3:15). 그런데 이것은 하나님이 모세를 처음 만나실 때에 밝히신 자신의 정체성에 대한 설명이다. 이것이 이름이면 하나님은 모세가 그의 이름을 묻기 이전에 이미 알리셨다(출 3:6). 모세에게 준 이름은 하나님의 존재를 다 담아내지 못하는 이름이다. 하나님의 존재에 상응하는 이름이 이 세상에는 없기 때문이다. 모세의 경우처럼 마노아가 여호와의 사자에게 이름을 물은 것은 그의 정체성을 밝히라는 요구였다. 그러나 한 두 단어로 이루어진 "이름"이라는 언어적 공간 속에 신적인 정체성의 전부를 구겨 넣는다는 것은 불가능한 일이기도 하고, 이름에 근거하여 유추해도 전혀 짐작할 수 없는 무한한 크기의 존재에 대해서는 이름을 안다는 것 자체가 무의미한 일이기도 하다. 그래서 여호와의 사자도 야곱의 경우처럼 왜 묻느냐는 반문과 함께 자신의 이름을 인간의 이성으로 이해할 수 없는 기묘한 것이라는 말로 답변을 대신했다.

19마노아가 암염소 새끼와 소제물을 취하고 바위 위에서 여호와께 올렸는데
기이한 일이 일어났다 마노아와 그의 아내가 보는데 20불꽃이 제단에서
하늘로 올라갔고 여호와의 사자도 제단의 불꽃 가운데서 올라갔다
마노아와 그의 아내가 [그것을] 보고 그들의 얼굴을 땅에 대고 엎드렸다

여호와의 사자가 시킨 대로 마노아는 암염소 새끼와 소제물을 취하여 하나님께 올렸는데 기이한 일이 일어났다. 불꽃이 제단에서 하늘로 올라갔고 여호와의 사자도 그 불꽃 속에서 함께 올라갔다. 마노아와 그의 아내는 너무도 기이했기 때문에 자신의 눈을 의심했다. 그러나 그들이 본 것은 헛것이 아니었다. 눈속임을 통한 마술도 아니었다. 기이한 일(פֶּלֶא, 펠라)은 기묘한 이름(פִּלְאִי, 필리)을 가진 여호와의 사자가 자신의 정체성을 밝히는

행위였다. 눈 앞에서 펼쳐진 이 기이한 일은 마노아 부부가 두 눈으로 볼 수 없는 것이어서 얼굴을 땅에 대고 엎드려야 했다. 눈부심과 경외심이 시킨 행위였다. 마노아 부부가 본 "불꽃"(לַהַב)은 과거에 모세가 본 떨기나무 가운데에 나타났던 동일한 "불꽃"을 연상하게 한다. 모세는 마노아 부부처럼 엎드리지 않고 "이 엄청난 광경"을 자세히 보려고 다가갔다. 불꽃과 하나님의 임재는 결부되어 있다. 바위 제단에서 일어난 불꽃, 그리고 하늘로 올라가는 그 불꽃 가운데서 함께 하늘로 올라가는 여호와의 사자를 본 마노아 부부는 모세의 떨기나무 체험을 떠올리며 자신과 대면하고 대화한 존재가 누구인지 깊이 숙고하지 않았을까?

²¹여호와의 사자가 마노아와 그의 아내에게 다시 추가하여 보이지 않으니까 그때서야 마노아는 그가 여호와의 사자인 줄 깨달았다 ²²마노아가 그의 아내에게 말하였다 "우리가 하나님을 보았으니 우리는 반드시 죽겠구나"

하늘로 올라간 여호와의 사자는 마노아 부부에게 다시 나타나지 않았다고 한다. 그때서야 그들은 그가 여호와의 사자인 줄 알았다고 사사기 저자는 기록한다. 마노아가 여호와의 사자를 제대로 알아본 것은 그 사자의 표징도 한 몫 했겠지만 보다 직접적인 이유는 그 사자가 그에게 다시는 나타나지 않았기 때문이다. "그때서야"(אָז) 인지했다. 마노아는 여호와의 사자가 눈앞에 보이는 동안에는 그를 여호와의 사자로 알아채지 못하였다. 눈앞에 명확한 물증이 있으면 깨달음에 도움이 될 것이라는 상식과 달리, 눈에 보이지 않았기 때문에 오히려 깨닫게 되었다는 것이 특이하다. 부재의 역설이다. 눈에 보이지 않으니까 보이지 않던 진실이 보이고 곁에 없으니까 그 없음의 빈자리가 있음의 의미를 강변한다. 마노아는 이런 역설을 체험했다. 여호와의 사자가 보이는 사람의 모습으로 그의 곁에 있는 것은 올바른 인식에 장애물로 작용했다. 우리의 신앙도 이와 동일하다. 신적인 것을 보았을 때 그것을 올바르게 해석하는 것보다 본 그것의 가시적인 현상에 의식이 결박될 가능성이 높다. 그러면 신앙에 도움이 되는 것보다 걸림돌이 된다.

제자들을 향한 예수님의 말씀이다. "내가 너희에게 실상을 말하노니 내가 떠나가는 것이 너희에게 유익이라"(요 16:7). 보혜사 성령을 보내실 것이라는 문맥에서 나온 말씀이다. 제자들은 당시의 석학들도 알지 못하는 지혜를 발설하고 자연의 질서로는 설명할 수 없는 초자연적 기적을 빵빵 터뜨리는 예수님이 영원히 자신들과 함께 거하기를 원하였다. 그런 제자들의 소원에 예수님은 찬물을 끼얹는다. 떠남이 유익이라 한다. 사실 예수님이 제자들의 눈에 보이는 동안에는 그들이 예수님의 참된 정체성을 인지하지 못하였다. 그들을 떠나신 이후에 그들의 눈이 성령의 도움으로 밝아졌다. 그때에야 비로소 예수님을 제대로 깨달았다. 사람들은 떠남과 이별을 싫어하고 만남과 대면을 좋아한다. 그러나 떠남과 이별도 인생의 절반이다. 만남의 유익도 있지만 이별의 유익도 그와 비등하다. 떠남도 유익이고 죽음도 유익이다. 인생은 형통한 날과 곤고한 날의 절묘한 비율로 구성되어 있다. 우리로 하여금 진리를 비로소 진리로 깨닫게 하시려는 하나님의 의도적인 설정이다. 그러므로 곤고한 날이 들려주는 인생의 의미에도 귀를 기울여야 한다.

마노아의 경험은 기드온의 경험과 유사했다. 기드온도 여호와의 사자가 일으킨 표징을 본 이후에 자신을 만나 대화한 존재가 여호와의 사자인 줄 알았다고 사사기 저자는 기록한다. 그때 기드온은 죽음이 두려웠다. 하나님의 사자를 대면하여 보았기 때문이다. 하나님의 얼굴이 아니라 그가 보내신 사자의 얼굴을 본 것인데도 죽을 것이라는 인식이 그때에는 당연했나 보다. 이에 하나님은 그에게 죽지 않을 것이라는 평화의 말씀을 전하셨다(삿 6:22-23). 마노아는 자기가 만나서 대화를 나눈 존재가 하늘로 올라간 이후에 그가 "여호와의 사자"라는 사실을 분명히 깨달았다. 그런데 자신은 "하나님을 보았다"고 이해한다. 그런 이해에 근거하여 "우리는 반드시 죽을 것이라"고 확신한다. 아브라함, 야곱, 모세, 기드온은 마노아와 유사한 경험을 하였지만 모두 즉사하지 않았는데 마노아가 두려움에 빠진 이유는 무엇인가? 자신이 본 존재는 하나님 자신이 아니라는 사실, 여호와의 사자를 대면하여 본다고 해도 죽지는 않는다는 사실, 그리고 하나님은 인간이 볼 수 없는 분이라는 사실에 대해 마노아는 무지했기 때문이다.

그럼에도 불구하고 마노아를 즉사의 두려움에 휩싸이게 만든, 하나님을 보았다는 인식은 그의 불신이나 감정적인 연약함을 드러내는 것을 넘어 독자로 하여금 여호와의 사자가 하나님 자신과 무관하지 않음을 생각하게 한다. 게다가 기드온은 하나님이 아니라 그의 사자를 보고서도 죽음의 두려움에 빠졌다는 사실은 사사시대 사람들이 여호와의 사자를 하나님에 준하는 존재로 여겼다는 추론을 가능하게 한다. 여기에서 "사자"(מַלְאַךְ)는 하나님의 말씀을 전달하는 존재를 의미한다. 선지자나 천사도 말씀을 전달할 수 있지만, 기드온과 마노아가 만난 여호와의 사자는 선지자도 아니었고 천사도 아니었다. 여호와의 사자를 경험한 자들의 깨달음(죽을지도 모른다는 것과 하나님을 보았다는 것)을 존중하며 이해할 때 이 사자는 사자의 모습으로 오신 말씀 즉 성자 하나님일 가능성이 크다. 히브리서 기록에 의하면, 하나님은 이 모든 날 마지막 날에 아들을 보내셔서 당신의 말씀을 전하셨다(히 1:1-2). 여기에서 하나님의 보내심은 어떤 모습으로 보내신 것이 아니라 아들을 인간으로 보내신 것을 의미한다. 말씀 자체이신 성자는 구약에서 때로는 사람의 모습으로, 때로는 천사의 모습으로 오셨지만, 신약에서 그는 육신의 모습으로 오신 것이 아니라 육신이 되었다는 것이 과거에 이루어진 현현과의 뚜렷한 구별이다.

구약이든 신약이든 사람의 모습을 통해서나 천사의 모습을 통해서나 하나님을 보았다는 것은 하나님의 실체를 보았다는 것을 의미하지 않고 인간적인 지각의 한계 속에서 하나님을 경험한 것이라고 이해해야 한다. 하나님을 본 자는 반드시 죽는다는 말씀(출 33:20)을 모세에게 하신 이유는 하나님의 얼굴을 보려는 도모나 보는 행위를 금지하기 위함이 아니었다. 하나님의 본질, 즉 그분이 계신 그대로를 볼 능력이 인간에게 아예 없음을, 그리고 죄인의 경우에는 즉사의 위험을 가르치기 위함이다. 하나님의 얼굴을 보는 것은 인간의 의지와 능력에 근거하지 않고 오직 하나님 자신이 보이실 때에만 가능하다. 그러나 하나님은 자신을 보여주는 방식으로 누군가를 죽게 만드실 의도나 기호가 전혀 없으시다. 그러므로 하나님을 볼 가능성은 없다. 물론 성경에는 하나님을 보았다고 말하는 사람들의 이야기가 기록되어 있다. 그 기록이 사실이라 할지라도 그것은 하나님의 나타남 혹은 그분의 등을 본 것이고 하나님 자신 혹은 그분의 얼굴을 본 것이 아니라는 사실은 "어느 때나 하나님을 본 사람이 없"다는 요한의 기록이 잘 증거한다(요일4:12). 물론 하나님의 나타남을 경험하고 그에 대한 경외심을 가지는 것은 아름답고 합당하다. 그러나 하나님을 볼 가능성도 없는데 그런 일로 사망의 두려움에 빠지는 것은 어리석다.

> 23그의 아내가 그에게 말하였다 "만약 여호와께서 우리를 죽이기로 하셨다면
>
> 우리의 손에서 번제와 소제를 받지 않으셨을 것이고
>
> 이 모든 일을 보이지 않으셨을 것이고
>
> [그]때처럼 이와 같은 것을 우리로 하여금 듣게 하지도 않으셨을 것입니다"

죽음의 두려움에 빠진 남편과는 달리, 그의 아내는 침착하고 지혜롭다. 사태를 정확하게 관찰하고 분석한다. 그녀가 내린 결론은 죽지 않는다는 것이었다. 그녀는 두려움에 떠는 겁쟁이 남편에게 한 바가지의 면박을 퍼붓지 않고 남편도 바른 결론에 도달할 수 있도록 세 가지의 객관적인 근거를

제시했다. 첫째, 그들의 손으로 드린 번제와 소제가 하나님에 의해 거부되지 않았다는 사실이다. 고대에 제사를 받았다는 것의 의미는 용서와 축복의 상징이기 때문에 죽임과는 무관했다. 둘째, 바위 제단에서 불꽃이 올라가는 것과 그 불꽃 가운데서 여호와의 사자가 함께 올라가는 장면을 보이신 것의 용도도 그녀가 보기에 그들을 죽이기 위함이 아니었다. 불꽃이 얼마든지 마노아 부부를 삼킬 수도 있었는데 하늘로 올라간 것은 임무의 완수를 의미한다. 여호와의 사자도 임무가 끝났기 때문에 불꽃과 함께 올라갔다. 이것은 그 부부를 죽이는 것이 사자의 임무에 포함되어 있지 않음을 의미한다. 셋째, 아들을 낳을 것이라는 희소식과 준행해야 할 지침을 알려주었다는 사실이다. 이는 그들이 죽음으로 인해 가문의 문을 닫는다는 절망과는 정반대로 미래의 희망을 수혈하는 일이었다. 만약 그 부부가 죽는다면 아들을 낳을 것이라는 하나님의 예언도 물거품이 된다. 약속의 주체가 그 약속을 스스로 엎는 모순을 하나님은 범하지 않으신다.

　마노아가 보여준 하나님에 대한 막연한 두려움은 하나님에 대한 무지에서 왔다. 우리도 하나님에 대해 무지하면 동일한 두려움에 휩싸인다. 악한 자들은 우리의 그런 두려움을 반드시 악용한다. 이것은 하나님 편에서 보면 일종의 섭리적인 형벌이다. 형벌이 두려움의 뒤를 밟는다는 것은 요한의 확고한 교훈이다(요일 4:18). 하나님에 대하여 근거 없는 두려움에 빠진 성도를 이용하는 목사들도 많다. 그들은 자신을 하나님의 사자로 간주한다. 하나님의 종을 비판하고 공격하면 하나님의 저주를 받는다는 식으로 성도에게 종교적 두려움을 자극한다. 목회자를 잘 대접하지 않거나 헌금을 많이 하지 않고 하늘에 가면 거지가 되고 이 땅에서 하나님의 복이 끊어질 것이라고 위협한다. 이러한 위협의 성경적인 정당성을 확보하기 위해 "잘 다스리는 장로들은 배나 존경할 자로 알되 말씀과 가르침에 수고하는 이들에게는 더욱 그리할 것"(딤전 5:17)이라는 바울의 글까지 뻔뻔하게 인용한다. 그러나 성도가 목회자를 존경하는 것은 복의 근거가 아니라 목회자가 교회에서 보여준 후덕한 인격과 헌신적인 삶에 뒤따르는 자발적인 행위이다. 하나님은 목회자에 대한 태도와 저주를 결부시켜 말씀하신 적이 없으시다. 마노아의 아내처럼 하나님과 그의 섭리를 바르게 이해하면 죽음의 공포에서 해방된다. 예수님의 말씀처럼 진리에 대한 올바른 지식이 우리를 자유롭게 한다(요 8:32).

²⁴그 여인은 아들을 낳았고 그의 이름을 삼손이라 불렀더라
그 아이는 성장했고 여호와는 그에게 복을 베푸셨다 ²⁵소라와 에스다올 사이
마하네단 안에서 여호와의 영이 그를 움직이기 시작했다

여인의 말처럼 마노아 부부는 죽지 않았으며 여호와의 사자가 준 약속대로 득남했다. 그들은 아들의 이름을 삼손이라 했다. 이삭이나 예수처럼, 하나님이 정해주신 이름은 아니었다. "삼손"(שִׁמְשׁוֹן)은 "태양과 같은 사람"을 의미한다. 이 이름에는 어두운 시대에 태양처럼 이스라엘 백성의 빛이 되라는 소원이 반영되어 있다. "그 아이는 성장했고 여호와는 그에게 복을 베푸셨다." 그에게 베풀어진 복의 내용은 무엇인가? 삼손이 성장하는 것과는 다른 복임에 분명하다. 나는 그 복이 여호와의 사자가 알려준 나실인의 지침들을 준수할 수 있도록 그에게 도움을 주신 것이라고 생각한다. 나실인의 서원에 충실한 삶은 삼손에게 최고의 복이기 때문이다. 올바른 순종은 하나님의 은혜에 의해서만 가능하다. 순종은 비록 우리가 수행하는 겉모양을 취하지만 우리 안에서 하나님이 소원을 두시고 행하게 하시지 않으면 불가능한 일이기에 바울은 이렇게 고백한다. "하나님은 자신의 기쁘신 뜻을 위하여 우리 안에서 의지하고 행하도록 일하시는 분이시다"(빌 2:13 사역).

삼손의 성장과 축복 이후에 여호와의 영은 그의 삶을 이끄신다. 영의 인도함은 소라와 에스다올 사이에 위치한 마하네단 안에서 시작된다. "마하

네단"의 문자적 의미는 "단의 진영"이다. 자신의 지파가 점령하여 진을 치고 활동하던 장소였다. 성령의 인도가 시작된 이곳은 이후에 삼손이 죽어서 묻힌 곳이기도 하다(삿 16:31). 성령의 인도가 시작된 곳에서 삼손의 공생애는 그렇게 마감된다. 우리의 공생애는 어떠한가? 성령의 인도함이 없는 인생은 살아 있어도 죽은 인생이다. 20년 동안 이스라엘 사사의 공생애를 산 삼손의 본격적인 활동이 시작되는 이 장소는 아버지 마노아가 묻힌 곳이기도 하다. 기성 세대가 끝난 지점에서 다음 세대가 이어진다. 우리가 과연 다음 세대에게 사명의 바통을 물려줄 지점은 어디인가? 성령의 인도가 있는 지점이길 소원한다.

여호와의 사자를 통하여 하나님을 본 마노아 부부는 얼마나 행복하고 기뻤을까? 우리는 하나님 보기를 사모해야 한다. 모세가 주의 영광을 보여 달라고 기도한 것처럼 간구해야 한다. 비록 하나님의 신성을 가리키는 얼굴을 보지는 못할 것이지만 등이라도 보여 주시기를 소망해야 한다. 이러한 태도를 가진다는 것 자체가 하나님 앞에서 부끄럽지 않은 삶을 살겠다는 의지의 표명이다. 그렇지 않고 죄를 짓는다면 하나님을 만나는 것 자체가 저주일 것이기 때문이다. 거룩함을 간절히 추구하며 하나님 보기를 소원하는 사람에게 하나님은 자신을 보이신다. 하나님의 약속이다. "너희가 온 마음으로 나를 구하면 나를 찾을 것이요 나를 만나리라"(렘29:13).

믿음의 선배들이 생각한 것처럼, 하나님을 만나고 본다는 것은 최고의 복이면서 경건의 절정이다. 이 땅에서의 다른 부수적인 은총을 얻기 위하여 할애하는 막대한 관심과 시간과 에너지와 재능의 궁극적인 쓸모는 하나님 보기여야 한다. 우리가 원하는 은총들의 대부분은 우리에게 이미 주신 그리스도 예수의 생명보다 덜 귀한 것들이다. 최소한 우리의 소원은 그리스도 자신이다. 나아가 우리는 예수님이 자신을 본 자는 아버지를 보았다고 하신 말씀과 자신을 아버지께 나아가는 유일한 길이라고 하신 말씀에 근거하여 길 되신 예수를 지나 아버지께 나아가 그분 보기를 사모해야 하고 아버지

하나님 만나기를 추구해야 함을 깨닫는다. 우리 각자가 하나님의 눈을, 하나님의 등을, 하나님의 손가락을, 하나님의 발을, 하나님의 어깨를 보고 하나님을 본 각자의 경험 조각을 공유하여 교회 전체가 하나님의 전부를 보게 하는 거룩한 모자이크 신앙에 이르도록 모두가 힘써야만 한다.

마노아 부부는 하나님을 보았다고 생각했다. 그 기쁨과 만족은 득남의 유익보다 더 컸을 것이라고 생각한다. 그들이 아들 삼손에게 기대하며 가르친 것은 무엇일까? 삼손에게 하나님을 보는 것이 최고의 기쁨이며 그 기쁨을 누리라고 가르쳤을 것이고 그 기쁨을 자신만 누리지 말고 이스라엘 전체에게 나누라고 가르치지 않았을까? 그것이 사사의 궁극적인 사명이다. 예수님도 제자들을 향해 '나를 본 자는 아버지를 보았다'고 가르쳤다. 제자들을 향한 예수님의 사명은 아버지의 하신 말씀과 보여주신 것을 그대로 순종하고 성취하여 하나님을 보여주는 것이었다. 하나님을 보는 것보다 더 큰 복은 없고, 그 하나님을 세상에 보여주는 것보다 더 큰 선물은 없기에 우리도 먼저 하나님 보기를 절박하게 간구해야 하고 나아가 최고의 선물을 온 세상에 공유하는 사명에 충성해야 한다.

삿 14:1-9

¹삼손이 딤나에 내려가서 거기서 블레셋 사람의 딸들 중에서 한 여자를 보고 ²올라와서 자기 부모에게 말하여 이르되 내가 딤나에서 블레셋 사람의 딸들 중에서 한 여자를 보았 사오니 이제 그를 맞이하여 내 아내로 삼게 하소서 하매 ³그의 부모가 그에게 이르되 네 형제들의 딸들 중에나 내 백성 중에 어찌 여자가 없어서 네가 할례 받지 아니한 블레셋 사람에게 가서 아내를 맞으려 하느냐 하니 삼손이 그의 아버지에게 이르되 내가 그 여자 를 좋아하오니 나를 위하여 그 여자를 데려오소서 하니라 ⁴그 때에 블레셋 사람이 이스 라엘을 다스린 까닭에 삼손이 틈을 타서 블레셋 사람을 치려 함이었으나 그의 부모는 이 일이 여호와께로부터 나온 것인 줄은 알지 못하였더라 ⁵삼손이 그의 부모와 함께 딤나에 내려가 딤나의 포도원에 이른즉 젊은 사자가 그를 보고 소리 지르는지라 ⁶여호와의 영이 삼손에게 강하게 임하니 그가 손에 아무것도 없이 그 사자를 염소 새끼를 찢는 것 같이 찢었으나 그는 자기가 행한 일을 부모에게 알리지 아니하였더라 ⁷그가 내려가서 그 여자 와 말하니 그 여자가 삼손의 눈에 들었더라 ⁸얼마 후에 삼손이 그 여자를 맞이하려고 다 시 가다가 돌이켜 그 사자의 주검을 본즉 사자의 몸에 벌 떼와 꿀이 있는지라 ⁹손으로 그 꿀을 떠서 걸어가며 먹고 그의 부모에게 이르러 그들에게 그것을 드려서 먹게 하였으나 그 꿀을 사자의 몸에서 떠왔다고는 알리지 아니하였더라

❖ ❖ ❖

¹그리고 삼손은 딤나로 내려갔다 그리고 그는 딤나에서 블레셋 사람의 딸들 중에서 한 여인을 보고 ²올라가서 그의 아버지와 어머니께 통보했다 "제가 딤나에서 블레셋 사람 의 딸들 중에서 한 여자를 보았는데 이제 그녀를 나의 아내로 맞이하게 해 주십시오" ³그의 아버지와 어머니가 그에게 말하였다 "네가 할례 받지 아니한 블레셋 사람에게 가서 아내를 취하고자 하다니 네 형제들의 딸들 중에서나 나의 모든 백성 중에서는 없었느냐?" 이에 삼손이 그의 아버지께 말하였다 "제 눈에는 그녀가 적격이니 저를 위하여 그녀를 데 려와 주십시오" ⁴그의 아버지와 어머니는 블레셋을 칠 기회를 궁구하는 것이 여호와에게 서 온 것임을 알지 못하였다 그때에는 블레셋 사람이 이스라엘 중에서 다스렸다 ⁵삼손은 그의 부모와 함께 딤나로 내려갔고 딤나의 포도원에 이르렀다 보라 젊은 사자가 그를 만 나면서 포효했다 ⁶여호와의 영이 그의 위에 급히 임하였다 그의 손에는 어떠한 것도 없었 으나 그는 염소 새끼를 찢는 것처럼 그것을 찢었는데 자기가 행한 일을 아버지와 어머니 께 알리지는 않았더라 ⁷그가 내려가서 그 여인과 말하니 그녀가 삼손의 눈에 들었더라 ⁸며 칠 후에 그는 그녀를 취하려고 돌아갔다 [가다가] 그는 그 사자의 사체를 보려고 [가던 길 을] 벗어났다 보라 그 사자의 몸에 벌떼와 꿀이 있었다 ⁹그는 그것을 손으로 떠서 그의 아 버지와 어머니께 걸어가며 먹고 먹으면서 걸어갔다 그리고 그것을 그들에게 주었고 그들 도 먹었더라 그러나 그 꿀을 사자의 몸에서 떴다고 그들에게 알리지는 않았더라

30　삼손: 하나님을 본다는 것

삼손은 태어날 때부터 다른 사사들이 경험하지 못한 하나님의 특별한 간섭을 받은 사사였다. 그에게 주어진 권능도 남달랐다. 그러나 삼손은 자신의 고유한 매력과 재능을 전쟁터에 투입하여 이스라엘 백성을 구원하는 공적인 사명에 몰두하지 않고 사사로운 연애와 결혼을 도모한다. 본문은 성령의 인도함을 받은 삼손이 딤나로 가서 한 여인에게 반하고 부모를 독촉하여 그녀와의 결혼에 이르는 이야기와 삼손의 신중하지 않은 행실을 소개한다. 하나님의 섭리와 삼손 개인의 욕망이 혼재된 이 이야기를 통해 우리는 하나님의 독특한 일하심을 더 잘 이해하게 된다.

1그리고 삼손은 딤나로 내려갔다 그는 딤나에서 블레셋 사람의 딸들 중에서
한 여인을 보고 2올라가서 그의 아버지와 어머니께 통보했다
"제가 딤나에서 블레셋 사람의 딸들 중에서 한 여자를 보았는데
이제 그녀를 나의 아내로 맞이하게 해 주십시오"

하나님의 직접적인 개입에 의한 삼손의 긴 출생 이야기와 짧은 성장 이야기를 나눈 직후에 사사기 저자는 삼손의 결혼 이야기로 넘어간다. 사사에게 어울리는 전쟁이 아니라 결혼 이야기가 먼저 등장하는 것이 특이하다. 삼손은 본래 단 지파에게 배당된 땅이지만(수 19:43) 블레셋의 손에 넘어간 딤나로 내려갔다. 문장의 첫 단어로 "그리고"를 나타내는 접속사(1)가 쓰였다는 사실에서 볼 때, 그의 딤나 행보는 여호와의 영이 그를 움직이기 시작한 섭리의 연장이다. 하나님은 한 사람의 "걸음을 정하시고"(시 37:23) "그의 걸음을 인도하"(잠 16:9)는 분이시다. 언제 어디로 어떻게 가서 얼마나 머무를 것인지에 대해서도 하나님의 섭리는 관여한다. 그러나 삼손은 그의 걸음을 정하시고 이끄시는 하나님의 은혜로운 섭리 속에서도 자신의 거룩한 사명보다 자신의 사사로운 욕구를 해소할 한 여인을 주목했다. 그녀는 딤나에서 사는 블레셋 사람의 딸들 중에 하나였다. 삼손이 그녀에 대해 아는 것은 한번 "보았다"(יַּרְא)는 것이 전부였다.

눈이 한 여인을 만나서 취득한 정보는 외모와 관련된 것이었을 가능성이 높다. 즉 삼손은 블레셋 여인의 겉모습에 반하였다. 이는 오랜 세월이 흘러야 겨우 확인할 수 있는 인격과 성품의 파악도 없이 그가 그의 부모에게 곧장 달려간 사실에서 확인된다. 물론 한 여인의 중심을 꿰뚫어 보는 초자연적 안목이 삼손에 있을 가능성도 있다. 그는 자신이 본 여인을 아내로 맞이하게 해 달라고 부모에게 요청한다. 고대의 이스라엘 문화에는 결혼하기 위해 신랑측이 신부측에 결혼 지참금을 주어야 했기 때문에 부모의 승락과 협력이 필요했다. 그런데 "말하다"는 단어의 능동 사역형(יַּגֵּד)이 보여주는 것처럼, 삼손의 어투는 부모와의 협의가 아니라 통보와 지시에 가까웠다. 자신의 운명을 첫 눈에 알아보는 것도 가능하나 삼손의 처신에는 과도한 성급함이 느껴진다. 결혼은 하나의 우주를 맞이하는 일이어서 우주적인 준비가 필요할 정도로 막중한 사안이다. 우주를 파악하기 위해서는 막대한 시간이 필요하다. 그래서 결혼은 한번의 눈길이 목격한 존재의 얄팍

한 겉모습에 모든 것을 급하게 걸기에는 너무도 중차대한 인생의 사건이다. 그러나 삼손은 무엇이 그리도 급하여 다짜고짜 부모에게 통보와 협조 요청까지 하였을까!

게다가 삼손은 자신이 그 여인을 보았을 뿐인데 아내로 삼기로 결정한다. 그리고 자신이 일단 결정하면 실제로 아내로 삼는 것은 식은 죽 먹기인 것처럼 확신한다. 부모의 동의와 그 여인의 동의만이 아니라 그녀를 낳아주고 길러준 부모의 동의도 필요한 사안인데 무슨 자신감이 있었길래 이토록 단호할까! 이러한 단호함의 뒷배는 무엇일까? 그것은 그에게 주어진 나실인의 은총과 권위라고 나는 생각한다. 그러나 하나님의 백성을 구원하기 위해 지도자로 부르시고 사명을 잘 감당할 수 있도록 맡기신 하늘의 놀라운 권능은 공적인 용도로 사용해야 한다. 삼손의 경우에는 출생의 방식도 특별했다. 이런 특별함도 타인에게 자신의 영적 우월성을 증명할 간증의 소재로 베풀어진 은총이 아니기에 사명에 더욱 정진하는 동기여야 했다. 그러나 삼손은 한 여인의 마음을 사로잡아 아내로 삼는 사적인 일에 나실인의 매력과 재능을 마음껏 발산한다.

목회자나 선교사나 신학자를 비롯하여 하나님께 자신의 인생을 제대로 헌신한 사람들은 우울하고 불쌍하고 비참하고 꾀죄죄한 모습이 아니라 오히려 영적인 빛과 인격적인 향기가 남다르다. 이로 인하여 사람들의 이목은 자석처럼 그들에게 이끌린다. 이는 헌신된 자들이 전하는 보다 순수한 복음의 진리를 더 잘 듣게 하시려는 하나님의 섭리 때문이다. 괜찮은 목회자도 처음에는 순수한 마음을 지키다가 시간이 흐르면서 목회적 성공을 자신의 실력이 거둔 쾌거라고 착각한다. 복음을 위해 주어진 능력과 지혜의 공적인 쓸모도 서서히 바꾸어 사적으로 이용한다. 이용의 초기에는 눈치를 보며 자신의 성적인 욕망과 경제적인 탐심과 사회적인 명예를 들키지 않도록 챙기다가 나중에는 당연한 권리인 것처럼 당당하게 세속적인 이득을 추구한다. 머지 않아서 거룩함은 상실되고 하나님의 영광은 떠나는 목회의 무서운 몰락이 인기척도 없이 찾아온다. 이러한 사실을 인지하지 못한 교회는 서서히 부패의 온상으로 변질되고 급기야 사탄의 회로 전락한다.

> 3그의 아버지와 어머니가 그에게 말하였다 "네가 할례 받지 아니한 블레셋
> 사람에게 가서 아내를 취하고자 하다니 네 형제들의 딸들 중에서나
> 나의 모든 백성 중에서는 없었느냐?" 이에 삼손이 그의 아버지께 말하였다
> "제 눈에는 그녀가 적격이니 저를 위하여 그녀를 데려와 주십시오"

삼손의 조급한 요청에 대해 그의 부모는 단호하게 거절한다. 거절의 이유는 그녀가 할례를 받지 않은 이방 민족 블레셋 사람의 딸이었기 때문이다. 이는 아브라함이 아들 이삭의 아내로서 가나안의 딸이 아니라 이스라엘 중에서 한 여인을 택하라고 종에게 명령한 것(창 24:3-4)과 에서가 헷 족속의 이방인 딸들을 아내로 맞이한 것이 "이삭과 리브가의 마음에 근심이" 된 것(창 26:34-35)과 유사하다. 율법에도 가나안 땅에 들어가서 이방인과 언약도 맺지 말고 결혼도 하지 말고 며느리로 삼지도 말라고 명시되어 있다(신 7:3-4). 이러한 율법에서 우리는 부모가 며느리 선택권을 가지고 있어서 자녀의 결혼에 관여할 수 있다는 결론에 도달한다. 마노아 부모는 삼손과는 달리 그녀의 외모가 아니라 그녀의 민족이 누구냐를 주목하고 하나님의 언약을 결혼의 중요한 요건으로 본다. 이스라엘 백성에게 할례는 한 사람의 민족적인 소속과 종교적인 신분을 결정하는 신체적인 표식이다. 나아가 하나님과 그 백성이 맺은 영원한 언약의 휴대용 물증이다.

그리고 그 부모는 아들에게 블레셋이 아니라 친척들 중에서나 이스라엘 백성 중에서 신부감을 찾으라고 권고한다. 하나님의 언약 안에 머물라고 한다. 이스라엘 민족의 역사를 살펴보면, 다른 나라와 동맹을 맺어서 국가의 생계를 유지하고 타국의 영토를 차지하는 지리적인 번영의 수단으로 동

원된 정략적인 결혼의 비용은 하나님을 떠나는 것이었다. 잘못된 결혼의 가장 심각한 결과는 우상숭배 행위를 통한 여호와 언약의 파기였다. 이러한 문제를 방지하기 위해 족외혼은 철저히 경계함이 좋다. 블레셋의 우상은 다곤이다. 왕정시대 초기에 여호와의 언약궤를 빼앗았을 때 그것을 보관한 곳이 다곤 신전이다(삼상 5:1). 남편은 여호와를 섬기고 아내는 다곤을 섬긴다면 어떻게 나실인의 삶이 유지될 수 있겠는가!

그러나 아들 삼손은 부모의 거절과 제안을 싫어한다. 부모의 판단을 싫어한 이유는 자신이 보기에 그녀는 자신의 신부로서 최고의 조건을 갖추었기 때문이다. "제 눈에는"(בְּעֵינָי)은 블레셋 여인을 아내로 맞이할 것이라는 판단이 하나님의 뜻을 고려한 결과가 아니라 자신의 개인적인 관점에서 나온 것임을 나타내는 표현이다. "적격이다"(יָשַׁר)는 "옳다, 적합하다, 혹은 기쁘게 하다"를 의미한다. 즉 블레셋 여인은 하나님이 보시기에 좋은 신부감이 아니라 삼손의 소견에 옳은 신부 후보였다. 앞에서 살펴본 것처럼, 나실인은 "자기의 몸을 [하나님께] 구별한" 사람이다(민 6:18). 결혼은 한 남자와 한 여자가 하나의 몸을 이루는 사건이다. 그러므로 나실인의 아내가 그 몸의 절반이기 때문에 아내도 하나님께 구별된 몸이어야 나실인의 상태가 유지된다. 이런 관점에서 볼 때, 삼손이 나실인의 신분을 벗어나지 않는 범위 내에서 결혼해야 한다는 마노아 부부의 판단은 어느 정도 합당하다. 여성에게 할례를 행하지는 않기 때문에 그들은 그 여성이 속한 가정이 하나님의 언약에 속하여야 한다고 생각했다. 그래서 이스라엘 밖에서 만난 여인은 아들의 신부가 될 수 없다고 생각하여 삼손의 선택을 거절했다. 과연 그들의 거절은 얼마나 정당한가? 하나님의 뜻을 반영한 거절인가?

자식의 아내를 선택하는 문제에 있어서 마노아 부부의 처신은 비록 언약을 중요하게 여긴 측면이 귀하기는 하지만 그녀의 인격과 성품을 주목하지 않고 가문의 문제만 보았다는 점에서는 안타깝다. 비록 할례를 받지 않은 블레셋 사람의 딸이라고 할지라도 얼마든지 하나님께 돌아와 언약의 자녀로 구별될 수 있다는 가능성을 그들은 간과했다. 대표적인 사례로서, 이스라엘 백성을 저주한 모압 족속에게 속한 룻은 믿음의 여인 나오미의 며느리가 되었다가 과부가 되었는데, 끝까지 신앙을 지켜 이후에 보아스와 재혼하여 다윗의 증조모가 되고 예수님의 계보에 참여하게 된 이방인 여인이다. 블레셋 여인에 대한 삼손의 선택 문제는 그녀가 룻처럼 하나님께 구별될 수 있는지의 여부를 그의 부모가 알아본 이후에 아들과 대화를 나누어도 될 일이었다. 그러나 그들은 거절에 급급했다.

하지만 삼손이 블레셋 여인에게 반하여 결혼을 결심한 것이 성령의 인도가 아니라는 나의 결론은 그가 부모에게 "저를 위하여"(לִֽי) 그 여인을 데려와 달라고 부탁했기 때문이다. 블레셋 여인을 아내로 맞이하고 싶은 삼손의 이유는 하나님의 영광이나 사명의 완수가 아니었다. 자신을 위한 일이었다. 이러한 목적의 변질은 삼손의 가장 심각한 문제였다. 나실인의 무늬를 가졌지만 삶은 나실인의 신분과 무관했다. 바울의 분석에 의하면, 이스라엘 백성이 멸망한 원인도 삼손의 경우와 동일하다. 그들은 하나님께 구별된 제사장 나라였다(출 19:6). 그러나 그들의 삶은 그런 신분과 무관했다. "하나님의 의를 모르고 자기 의를 세우려고 힘써 하나님의 의에 복종하지 않은 것입니다"(롬 10:3). 나실인은 분명히 영예로운 신분이다. 나사렛 사람 예수의 신분적인 모델이다. 그러나 나실인의 구별된 삶을 산다는 것은 세상의 모든 것을 포기하고 하나님을 향한 전적인 헌신 없이는 불가능한 사역이다. 삼손은 부모의 양육 속에서 태생적인 나실인의 신분을 가졌고 그것에 상응하는 규율을 지켜야 한다는 교육을 받았지만 자신의 소견을 따르고 자신의 욕망을 택하였다. 딤나로 간 것은 성령의 인도였다. 그러나 그곳에서 한 여인에게 눈이 팔려 결혼에 집착한 것은 그의 욕망이 저지른 일이었다. 이처럼 나실인의 삶 속에는 하나님의 일과 사람의 일이 뒤섞여 있어서 분별이 필요하다. 아무리 위대한 설교자의 삶에도 욕망의 그늘이 있고 아무리 경건한 전도자의 삶에도 인간적인 어두움이 있다.

⁴그의 아버지와 어머니는 블레셋을 칠 기회를 궁구하는 것이 여호와에게서 온 것임을 알지 못하였다 그때에는 블레셋 사람이 이스라엘 중에서 다스렸다

사사기 저자는 삼손의 결혼에 얽힌 이 사건을 해석한다. 특별히 부모의 무지를 지적한다. 마노아 부부는 "블레셋을 칠 기회를 궁구하는 것"이 하나님의 의도라는 것을 알지 못하였다. 하나님은 삼손을 세우셨고 당시 이스라엘 백성을 다스리고 있던 블레셋 사람을 치시기로 정하셨다. 치실 기회를 마련하기 위해 하나님은 삼손을 딤나로 보내셨다. 그러한 보내심의 이유는 블레셋의 징벌이다. 이것이 마노아 부부가 놓친 무지의 내용이다. 그들의 무지에 대한 사사기 저자의 지적은 삼손의 선택이 옳았다고 두둔한 것이라고 오해된다. 그러나 삼손은 분명히 잘못했다. 그는 사사로서 하나님의 소명과 사명을 망각한 채 한 여인의 육감적인 외모에 마음이 빼앗겨 사명보다 결혼에 매달렸다. 여기에서 우리는 하나님의 오묘한 섭리를 주목해야 한다. 그 섭리 안에는 다양한 요소들이 혼재되어 있다. 삼손을 딤나로 인도한 성령의 역사, 그곳에서 한 여인에게 반한 삼손의 욕망, 단편적인 이유로 이방인 며느리를 거부하다 하나님의 섭리를 놓친 그 부모의 무지함이 있다.

블레셋을 치시려는 하나님의 의도가 있다고 해서 삼손의 욕망마저 정당한 것이라고 옹호하는 것은 금물이다. 하나님은 악을 선으로 바꾸기도 하시고 악으로 선을 이루기도 하시지만 우리가 악을 선으로 간주하고 추구하는 것은 부당하다. 우리의 삶에서 하나님의 섭리를 벗어난 것은 하나도 없으며 모든 사건과 사태와 사물과 상황은 신적인 섭리의 한 조각이다. 바벨론의 이스라엘 정복도 하나님의 섭리였고, 압살롬의 다윗 능욕도 하나님의 섭리였고, 유다의 예수 배신도 하나님의 섭리였다. 그러나 이것들 자체로는 모두 선이 아니라 악이었다. 그런 악들을 통하여 선을 이루신 하나님만 선하시다. 삼손의 경우에 비록 블레셋 여인을 아내로 맞이하는 그의 선택이 섭리의 도구로는 쓰였지만 그렇다고 그 선택을 선한 일이라고 평가

하고 추구하는 것은 주의해야 한다.

⁵삼손은 그의 부모와 함께 딤나로 내려갔고 딤나의 포도원에 이르렀다 보라
젊은 사자가 그를 만나면서 포효했다 ⁶여호와의 영이 그의 위에 급히 임하였다
그의 손에는 어떠한 것도 없었으나 그는 염소 새끼를 찢는 것처럼
그것을 찢었는데 자기가 행한 일을 아버지와 어머니께 알리지는 않았더라

삼손의 성화를 이기지 못하고 그의 부모는 함께 딤나로 내려갔다. 자식 이
기는 부모가 어디에 있겠는가! 그들은 딤나의 포도원에 이르렀다. 그때 젊
은 사자가 삼손을 만나 위협했다. 포도원은 인적이 드문 깊은 산골에 있지
않고 마을 근처에 있었음이 분명하다. 이처럼 고대에는 포도원이 맹수도
자유롭게 출입하는 곳이었다. 그때 여호와의 영이 삼손의 위에 "급히 임하
였다"(תִּצְלַח). 여기에서 우리는 두 가지의 교훈을 주목해야 한다. 첫째, 삼
손에게 임한 여호와의 영은 임한 상태로 있지 않고 역사할 때마다 임하였
다. 성령의 임함은 지속적인 상태가 아니라 그때그때 발생하는 일시적인
사건이다. 둘째, 삼손의 사역은 그의 의지나 재능이 아니라 여호와의 영이
주도한다. 이것을 강조하기 위해, 사사기 저자는 삼손이 올바른 일을 행할
때마다 성령의 임재를 언급하고 문장성분 중에서 주어를 "여호와의 영"에
게 배당한다.

삼손의 손에는 무기가 없었지만 사자를 염소 새끼처럼 손으로 찢었다고
한다. 사자라는 맹수는 분명히 두려움의 대상이다(암 3:8). 더군다나 "젊은 사
자"는 먹고 또 먹어도 좀처럼 위장이 만족하지 못하는 왕성한 식욕의 대명
사다(욥 38:39). 그런 사자 앞에서도 삼손은 두려운 기색을 전혀 보이지 않고
담대하다. 여호와의 영이 이끄는 사람의 모습이다. 이와 유사하게 한 시인
은 "지존자의 은밀한 곳에 거주하며 전능자의 그늘 아래에 사는 자"는 "사자

와 독사를 밟으며 젊은 사자와 뱀을 발로 누른다"고 고백한다(시 91:1, 13). 그럼에도 불구하고 여호와의 영이 임하면 그 두려움이 사라진다. 오히려 두려움의 대상인 사자를 두렵게 만들며 가볍게 제압한다. 영적인 대상에 대해서도 동일한 이해가 가능하다. 사도 베드로는 모든 염려를 주님께 맡기고 주님께서 우리를 지키시면 "우는 사자처럼 두루 다니며 삼킬 자를 찾"는 마귀도 얼마든지 대적할 수 있다고 가르친다(벧전 5:8-9). 사자만이 아니라 영적인 맹수를 퇴치하는 방법도 (신약의 표현을 쓰자면) 성령의 충만이다.

삼손은 포도원에 있던 사자를 찢어 죽인 일을 아버지와 어머니께 알리지 않았다고 사사기 저자는 지적한다. 이렇게 지적하는 이유는 무엇일까? 삼손의 부모가 아들의 기이한 행동을 알았다면 어떤 변화가 있었을까? 사자를 찢은 사건은 여호와의 영이 임하여 행한 첫 번째 초자연적 기적이다. 당시에는 마노아 부부도 여호와의 영이 임한 나실인의 삶이 어떤 것인지에 대해 어떠한 경험도 없는 상태였다. 이 사건을 알았다면 딤나로 내려가는 삼손의 행보가 여호와의 영이 인도하는 것임을 인지하고 나실인의 사명에 더욱 충실할 수 있도록 아들을 지도하고 배려했을 가능성이 높다. 그러나 삼손은 침묵했다. 자신도 처음 경험한 초자연적 능력이 너무도 기이해서 부모도 믿어주지 않을 것이라고 생각한 침묵일까? 밝힐 타이밍이 아니라고 여겼기 때문일까?

⁷그가 내려가서 그 여인과 말하니 그녀가 삼손의 눈에 들었더라

삼손은 딤나로 내려가서 첫 눈에 반한 그 블레셋 여인과 대화를 나누었다. 말을 섞은 이후에도 그녀는 삼손의 눈에 쏙 들었다고 한다. 첫 시선이 만난 그녀가 운명임을 대화를 통해서도 확인했다. 그런데 삼손은 그녀에게 오는 길에 사자를 찢는 성령의 초자연적 능력을 경험했다. 이 경험은 사사의 본

분으로 돌아오라는 하나님의 간섭이다. 그럼에도 불구하고 그는 그 기적이 보낸 영적 신호를 감지하지 못하고 그 여인을 아내로 맞이하는 일에 어떠한 흔들림도 없이 매진했다. 물론 청년이 한 여인과 사랑에 빠지고 결혼을 추구하는 것은 정상이고 아름답다. 그러나 그에게는 하나님의 백성을 위한 부르심이 있다. 초능력을 체험했을 때에 그는 그 부르심을 떠올려야 했다. 그 부르심을 먼저 구하면 다른 모든 것을 더하여 주시는 하나님의 풍성한 자비와 무궁한 긍휼을 믿어야만 했다. 그러나 그는 구별된 삶의 우선순위 확립에 있어서 실패했다.

> [8]며칠 후에 그는 그녀를 취하려고 돌아갔다 [가다가] 그는 그 사자의 사체를
> 보려고 [가던 길을] 벗어났다 보라 그 사자의 몸에 벌떼와 꿀이 있었다
> [9]그는 그것을 손으로 떠서 그의 아버지와 어머니께 걸어가며
> 먹고 먹으면서 걸어갔다 그리고 그것을 그들에게 주었고 그들도 먹었더라
> 그러나 그 꿀을 사자의 몸에서 떴다고 그들에게 알리지는 않았더라

며칠 후에 삼손은 그 여인을 아내로 맞이하기 위해 딤나로 돌아간다. 그러나 초자연적 능력을 발휘하여 젊은 사자를 죽인 기억이 떠올랐다. 범인이 범죄의 현장을 반드시 찾아오듯, 여호와의 영이 임하여 일어난 기적의 현장이 어떻게 되었는지 삼손도 궁금했다. 그래서 자신이 찢은 사자의 사체를 보려고 가던 길을 "벗어났다(סור)." 그런데 가서 보니 그 사자의 몸에 벌떼가 있었고 그것들이 모아 놓은 꿀이 가득했다. 그는 자신의 손으로 찢은 사자의 사체에서 난 꿀이었기 때문에 그 꿀을 자신의 소유처럼 취하였다. 자신의 운명과 같은 여인, 그 아름답고 설레는 우주를 취하는 것보다 꿀을 취하는 것이 그에게는 더 시급했나 보다. 꿀 때문에 그 행복한 걸음마저 멈추었다. 인간의 간사한 변덕이다. 부모에게 강하게 요구하며 결혼을 간절

히 원하였던 여인을 취하는 것보다 입에 달콤한 꿀을 취하려고 그 결혼의 길까지 이탈한 셈이었기 때문이다. 삼손의 관심사는 하나님의 공적인 사명에서 개인의 사사로운 욕망으로, 다시 개인의 사사로운 욕망에서 탐식으로 이동한다. 이는 마치 하나님의 나라를 섬기기로 작정한 목회자가 서서히 변질되고 타락하는 과정와 유사하다. 삼손은 채취한 꿀을 부모에게 걸어가며 실컷 섭취했다. "걸어가며 먹고 먹으면서 걸어갔다." 이 표현에서 삼손이 걷는 것인지 먹는 것인지가 구분되지 않을 정도의 무아지경 상태가 느껴진다.

삼손은 그 꿀을 부모에게 줬고 그들도 먹었으나 그 꿀의 출처가 사자의 사체라는 사실을 알리지는 않았다고 사사기 저자는 지적한다. 삼손이 먹으면서 걷고 걸으면서 먹을 정도로 맛있는 꿀을 맛본 그의 부모는 그 꿀의 출처가 궁금하지 않았을까? 그들이 물었다는 이야기가 없다. 아들이 이미 결혼할 나이에 이른 성인이기 때문에 나실인의 규율이 어떻게 준수되고 있는지에 대해 물어보면 잔소리가 될까봐 그의 부모는 입을 다물었고 아예 관심을 갖지 않았던 걸까? 삼손은 젊은 사자를 죽였다는 것과 그 사자의 사체에서 꿀이 나왔다는 것이 너무도 신기했다. 그리고 자신만의 비밀로 간직했다. 그래서 이 사건은 나중에 친구들과 잔치를 벌이는 자리에서 수수께끼 놀이를 할 때 아무도 모를 것이라고 믿고 꺼낸 비장의 카드로 활용된다.

삼손이 사자의 사체에서 꿀을 채취할 때 그는 분명히 사체를 건드렸다. 그러나 나실인의 규율에는 사체에 가까이 다가가는 것도 금지되어 있다 (민 6:6). 그런데 삼손은 사체에 다가갔을 뿐만 아니라 손으로 만지기도 했다. 이는 타인에게 어떤 피해를 주는 나쁜 행위는 아니지만 하나님과 나실인 사이에는 신의가 깨어지는 불경건한 행위였다. 나실인의 조항은 타인과는 아무런 관계도 없기 때문에 그 조항에 대한 삼손의 태도와 행실은 하나님을 향한 신앙의 실태를 고스란히 드러낸다. 여기에서 확인된 삼손의 신앙에는 하나님이 없다. 하나님이 정하신 그 조항을 전혀 개의치 않고 조금의 망설임도 없이 위반한다. 위반 이후에 어떠한 죄책감도 없다. 하나님께 자신의 생명과 삶을 드린 목회자도 타인이 감지할 수 없는 하나님과 자신 사이의 은밀한 조항이 있는데 준행의 여부가 타인의 피해라는 물증을 남기지 않아서 몰래 위반되는 일이 허다하다. 사람들의 신앙은 아무도 보는 자가 없는 상황에서 대체로 벌거벗은 것처럼 노출된다.

삼손의 결혼 이야기에 나타난 하나님의 섭리는 다채롭다. 그래서 분별이 필요하다. 욥의 경우에 사탄의 참소, 북방 갈대아 사람들의 난폭한 학살, 친구들의 정죄, 하늘에서 떨어진 여호와의 불, 욥의 변명은 모두 하나님의 섭리였다. 그러나 우리가 추구해야 할 내용은 전무하다. 하지만 욥 이야기를 알면, 모든 게 하나님의 섭리이기 때문에 절망적인 악의 시대에도 두려움이 없어진다. 하나님을 경외할 환경의 유익한 까닭들이 다 사라지는 절망 속에서도 하나님을 희망하게 된다. 삼손 이야기를 통해서도 우리는 하나님의 섭리를 더 잘 이해하게 된다. 삼손이 딤나로 내려가고 한 여인에게 반하여 결혼하고 초자연적 능력으로 젊은 사자를 죽이고 그 사자의 사체에서 꿀을 채취하여 먹고 그것을 비밀로 유지하는 이 모든 것은 하나님의 섭리를 구성하는 요소임에 분명하다. 그러나 하나님의 섭리라고 해서 무조건 지향하며 추구해야 할 것들은 아님을 명심해야 한다. 우리는 하나님의 다채로운 섭리 속에서 그의 말씀에 순종하는 배역을 사모하고 추구해야 한다. 재능이 많다고 그저 가질 수 있는 배역이 아니라는 사실을 삼손이 잘 보여준다. 삼손의 삶에서 초자연적 재능의 오용으로 사사로운 이익을 취하는 실패한 사사의 모습이 수면 위로 떠오른다. 그러나 오히려 아무리 초라한 은사라도 하나님의 영광을 위해 사용하면 누구라도 하나님의 섭리에서 독보적인 주인공이 된다.

삿 14:10-20

¹⁰삼손의 아버지가 여자에게로 내려가매 삼손이 거기서 잔치를 베풀었으니 청년들은 이렇게 행하는 풍속이 있음이더라 ¹¹무리가 삼손을 보고 삼십 명을 데려와서 친구를 삼아 그와 함께 하게 한지라 ¹²삼손이 그들에게 이르되 이제 내가 너희에게 수수께끼를 내리니 잔치하는 이레 동안에 너희가 그것을 풀어 내게 말하면 내가 베옷 삼십 벌과 겉옷 삼십 벌을 너희에게 주리라 ¹³그러나 그것을 능히 내게 말하지 못하면 너희가 내게 베옷 삼십 벌과 겉옷 삼십 벌을 줄지니라 하니 그들이 이르되 네가 수수께끼를 내면 우리가 그것을 들으리라 하매 ¹⁴삼손이 그들에게 이르되 먹는 자에게서 먹는 것이 나오고 강한 자에게서 단 것이 나왔느니라 하니라 그들이 사흘이 되도록 수수께끼를 풀지 못하였더라 ¹⁵일곱째 날에 이르러 그들이 삼손의 아내에게 이르되 너는 네 남편을 꾀어 그 수수께끼를 우리에게 알려 달라 하라 그렇지 아니하면 너와 네 아버지의 집을 불사르리라 너희가 우리의 소유를 빼앗고자 하여 우리를 청한 것이 아니냐 그렇지 아니하냐 하니 ¹⁶삼손의 아내가 그의 앞에서 울며 이르되 당신이 나를 미워할 뿐이요 사랑하지 아니하는도다 우리 민족에게 수수께끼를 말하고 그 뜻을 내게 알려 주지 아니하도다 하는지라 삼손이 그에게 이르되 보라 내가 그것을 나의 부모에게도 알려 주지 아니하였거든 어찌 그대에게 알게 하리요 하였으나 ¹⁷칠 일 동안 그들이 잔치할 때 그의 아내가 그 앞에서 울며 그에게 강요함으로 일곱째 날에는 그가 그의 아내에게 수수께끼를 알려 주매 그의 아내가 그것을 자기 백성들에게 알려 주었더라 ¹⁸일곱째 날 해 지기 전에 성읍 사람들이 삼손에게 이르되 무엇이 꿀보다 달겠으며 무엇이 사자보다 강하겠느냐 한지라 삼손이 그들에게 이르되 너희가 내 암송아지로 밭 갈지 아니하였더라면 내 수수께끼를 능히 풀지 못하였으리라 하니라 ¹⁹여호와의 영이 삼손에게 갑자기 임하시매 삼손이 아스글론에 내려가서 그 곳 사람 삼십 명을 쳐죽이고 노략하여 수수께끼 푼 자들에게 옷을 주고 심히 노하여 그의 아버지의 집으로 올라갔고 ²⁰삼손의 아내는 삼손의 친구였던 그의 친구에게 준 바 되었더라

❖ ❖ ❖

¹⁰삼손의 아버지는 그 여자에게 내려가고 삼손은 거기에서 잔치를 베풀었다 이는 그[곳의] 청년들이 그렇게 하는 것이 [관행이]기 때문이다 ¹¹무리가 그를 보았을 때 삼십 명의 친구들을 데려왔고 그 [친구]들은 그와 함께 머물렀다 ¹²삼손이 그들에게 말하였다 "내가 너희에게 수수께끼를 내도 되겠는가 만약 너희가 잔치하는 이레 [동안] 그것[의 답]을 나에게 확실히 알리고 찾는다면 내가 너희에게 삼십 벌의 베옷과 삼십 벌의 겉옷을 주겠노라 ¹³그러나 만약 너희가 능히 나에게 알리지 못한다면 너희가 나에게 삼십 벌의 베옷과 삼십 벌의 겉옷을 줄지니라" 그들이 그에게 말하였다 "너는 그 수수께끼를 내라 우리가 그것을 듣겠노라" ¹⁴그가 그들에게 말하였다 "먹는 자에게서 먹는 것이 나오고 강한 자에게서 달콤한 것이 나왔도다" 그들은 그 수수께끼를 삼일 동안 풀지 못하였다 ¹⁵넷째 날이 되어 그들은 삼손의 아내에게 말하였다 "너는 너의 남편을 꾀어 그 수수께끼[의 답]을 우리에게 알려라 거절하면 우리가 너와 네 아버지의 집을 불로 태우리라 너희가 탈취하기 위해 우리를 불렀느냐 그렇지 아니하냐?" ¹⁶삼손의 아내가 그를 향하여 울며 말하였다 "당신은 분명히 나를 미워하고 나를 사랑하지 않으세요 당신은 내 민족의 자손에게 그 수수께끼를 내고 [그 답을] 나에게[도] 알려 주지 않아요" 삼손이 그녀에게 말하였다 "보라 내가 나의 어머니와 아버지께 알리지도 않았는데 내가 그대에게 알게 하겠는가?" ¹⁷그들이 잔치하는 칠 일 동안 그녀는 그를 향하여 울었고 일곱째 날이 되어 그녀가 그를 압박했기 때문에 그가 그녀에게 말하였다 그녀는 자기 백성의 자손에게 그 수수께끼[의 답]을 알려줬다 ¹⁸그 성읍 사람들이 일곱째 날 태양이 저물기 전에 삼손에게 말하였다 "무엇이 꿀보다 달고 무엇이 사자보다 강한가?" 그가 그들에게 말하였다 "너희가 내 암소와 더불어 밭 갈지 않았다면 내 수수께끼[의 답]을 얻지 못하였을 것이다" ¹⁹여호와의 영이 그의 위에 임하였고 그(삼손)는 아스글론으로 갔다 그는 [그곳에 사는] 자들 중에서 삼십 명의 사람들을 쳤고 그들의 전리품을 취하여 그 수수께끼[의 답]을 알게 된 자들에게 나누었다 그는 분노를 격발하며 그의 아버지 집으로 올라갔다 ²⁰삼손의 아내는 그와 함께하던 그의 친구를 위하게 되었다

삼손: 수수께끼 인생

삼손은 첫눈에 반한 여인과 결혼하고 잔치를 베풀었다. 참석한 블레셋 친구들과 수수께끼 내기를 하며 잔치의 흥을 돋구려고 했다. 자신이 찢은 사자의 사체에서 꿀을 먹은 기억을 되살려 그것으로 퀴즈를 만들었다. 친구들은 답을 도무지 알 수 없어서 삼손의 아내를 협박했고 아내는 삼손을 압박했다. 결국 삼손은 아내에게 정답을 실토했고 아내는 그들에게 전달했다. 삼손과 그의 아내는 신의가 깨어졌고 삼손은 분노에 휩싸인 채 아버지의 집으로 돌아갔다. 아내는 삼손의 친구들 중의 하나에게 넘어갔다. 위대한 출생과 놀라운 능력을 소유한 삼손의 인생이 이렇게도 기구하다. 수수께끼 하나가 인생의 좌표를 생각지도 못한 방향으로 바꾸는 수수께끼 같은 인생이다.

[10]삼손의 아버지는 그 여자에게 내려가고 삼손은 거기에서 잔치를 베풀었다 이는 그[곳의] 청년들이 그렇게 하는 것이 [관행이]기 때문이다

부모를 설득한 삼손은 블레셋 여인과 결혼하고 잔치를 베풀었다. 그런데 이 결혼과 잔치는 이스라엘 관행이 아니라 블레셋 관행이다. 결혼에 대한 이스라엘 관행은 창세기 24장에 기록된 것처럼 아브라함 시대에 잘 나타난다. 즉 신랑의 아버지가 종을 신부의 집으로 보내어 결혼 지참금을 주고 신부를 신랑의 집으로 데려온다. 그런데 삼손의 경우에는 그의 아버지가 신부의 집으로 가서 결혼 지참금만 준다. 신부는 자신의 집에 머물고 신랑도 신부의 집에 기거한다. 사실 태초에 하나님이 세우신 결혼의 규례는 남자가 부모를 떠나 아내와 하나의 몸을 이루는 것이었다(창 2:24). 비교해 보면, 이스라엘 관행보다 블레셋 관행이 태초의 결혼법에 더 충실하다. 이처럼 때로는 택하심을 받은 백성보다 그렇지 않은 세상의 자녀들이 하나님의 질서를 더 잘 보존한다. 이는 이스라엘 백성이 율법을 어기고 이방 민족들이 양심을 따라 행하는 경우들이 있기 때문이다(롬 2:26-27).

삼손은 신부의 집에 거하면서 7일 동안 잔치를 베풀었다. 야곱과 레아의 결혼에 대한 기록에 나타난 것처럼 7일간 혼인 잔치를 벌이는 블레셋의 관행은 이스라엘 관행과 유사하다(창 29:27). 야곱의 경우에는 그의 장인이 장인의 집에서 잔치를 열었다는 점이 다르지만. 7일은 고대의 근동에서 혼인 잔치를 열 때 소요되는 일반적인 기간이지 싶다. "잔치"를 의미하는 히브리어 단어 "미쉬테"(מִשְׁתֶּה)는 "마심"을 뜻하기도 한다. 이는 "마시다"를 의미하는 "솨타"(שָׁתָה)라는 동사에서 파생된 단어이기 때문이다. 그러므로 당시의 "잔치"는 마시는 즐거움이 강조된 축제일 가능성이 높다. 당연히 그 잔치에는 참여한 하객들이 포도주와 포도즙을 실컷 마시며 즐겼음이 분명하다. 내 머리에는 흥청대는 잔치 분위기에 휩쓸려 포도주 잔을 기울이며 또 다시 나실인의 조항을 위반하는 삼손의 무절제한 모습이 그려진다. 자신을 하나님께 거룩히 구별하는 나실인의 본분을 일부러 망각하며 블레셋을 진멸하기 위해 그곳의 청년들과 질펀하게 섞이는 모습은 하나님의 뜻을 이루는 섭리의 방식인가? 아니면 삼손의 세속적인 기질이 하나님의 뜻을 저지하는 모습인가?

이 잔치는 결혼식이 있을 때마다 결혼하지 않은 청년들이 "그렇게 행하던"(כֵּן יַעֲשׂוּ) 블레셋의 풍속이다. 바울의 언어로 말한다면(롬 12:2), 당시 삼손이 잔치를 베푼 일은 그의 기호가 아니라 그 세대의 이방인 풍습을 따른 것이었다. 물론 로마에 가면 로마의 법을 준수해야 한다는 주장도 타당하다. 이는 비본질적 사안에 대한 문화적 타협이며, 그런 타협이 진리를 거스르지 않는 범위 내에서는 얼마든지 가능하다. 그러나 삼손의 경우에는 그런 타협이 나실인의 규례를 어기게 만드는 일이었기 때문에 지혜로운 거부가 필요했다. 그러나 나실인의 규례를 준수하는 것보다 그 세대를 본받았다. 잔치를 하더라도 모두가 행복하게 즐기는 시간이 되도록 수위를 적절하게 조절해야 했다. 문화나 전통의 탈을 쓰고 일상으로 스며들어 경건을 잠식하는 불경건은 없는지 우리도 늘 검토해야 한다. 관행을 오랫동안 검증된 것이라고 여기며 무조건 수용하는 것은 위험하다. 오래된 오류일 수도 있기 때문에 관행마다 분별이 필요하다.

11무리가 그를 보았을 때 삼십 명의 친구들을 데려왔고 그 [친구]들은
그와 함께 머물렀다 12삼손이 그들에게 말하였다 "내가 너희에게
수수께끼를 내도 되겠는가 만약 너희가 잔치하는 이레 [동안] 그것[의 답]을
나에게 확실히 알리고 찾는다면 내가 너희에게 삼십 벌의 베옷과 삼십 벌의
겉옷을 주겠노라 13그러나 만약 너희가 능히 나에게 알리지 못한다면
너희가 나에게 삼십 벌의 베옷과 삼십 벌의 겉옷을 줄지니라"
그들이 그에게 말하였다 "너는 그 수수께끼를 내라 우리가 그것을 듣겠노라"

무리는 삼손을 위해 블레셋의 또래 친구들을 삼십 명이나 데려왔다. 이는 가장 우울하고 어두운 잔치가 사람들이 없는 잔치이기 때문에 잔치를 잔

치답게 만들기 위한 그들의 배려였다. 예수님의 비유 중에 혼인 잔치를 베푼 어떤 임금 이야기가 있다(마 22:1-14). 초청한 사람들이 오기를 싫어하고 보내었던 종들도 죽이자 크게 노하며 군대를 보내서 그들을 죽이고 그 동네를 불태웠다. 잔치는 누구를 위함일까? 임금을 위함일까 아니면 그 동네 사람들을 위함일까? 서로를 위함이다. 그러나 손님들이 없는 잔치는 잔치를 주최한 임금에게 모독이다. 그래서 잔치에는 손님들이 많을수록 좋다. 삼손이 주최한 혼인 잔치에 다수의 친구들을 데려온 것은 당연한 일이었다. 무리는 아마도 결혼식을 주관하던 신부측 사람들일 가능성이 높다.

잔치에 초대된 친구들은 앞으로 삼손이 생소한 블레셋 사회에 더 잘 적응할 수 있는 사회적 관계의 밑천으로 작용할 것이 분명했다. 그러나 이후에 전개되는 이야기를 보면 그 친구들은 삼손의 삶에 걸림돌이 된다. 물론 그렇게 된 원인은 그들을 데려온 무리나 친구들이 아니라 삼손의 잘못이다. 삼손이 잔치 중에 그들에게 수수께끼 내기를 제안한 것이 문제의 단초였다. 당시에 수수께끼는 혼인 잔치에서 손님들의 무료함을 달래고 지성의 키를 재면서 각자의 우월성을 증명하는 도도한 쾌락의 도구였다. 삼손은 그 친구들이 수수께끼를 7일 내로 맞춘다면 삼십 벌의 베옷과 삼십 벌의 겉옷을 주겠다고 제안한다. 동시에 만약 친구들이 수수께끼를 기한 내에 맞추지 못한다면 그만큼의 옷들을 자신에게 주어야 한다는 조항도 곁들인다. 박식의 자랑을 넘어 재산이 오가는 수수께끼 놀이였다.

잔치에 온 친구들은 삼손의 수수께끼 제안을 수락했다. 그런데 "너"는 수수께끼를 내고 "우리"는 듣겠다는 말로 수락했다. 수수께끼의 제안이 수락되는 순간 삼손과 친구들 사이에는 보이지 않는 경계선이 형성되고 편이 갈라진다. 친구들은 협력하여 수수께끼 대결에서 이겨야만 하고 삼손은 홀로 그들과 맞서야 하는 대치의 상황이기 때문이다. 더군다나 청년들의 호주머니 사정을 고려할 때 이 내기에 걸린 판돈의 크기가 예사롭지 않다. 내기는 강한 결속의 긍정적인 효과를 주기도 하지만 과한 경쟁심도 유발한다. 자칫 잔치의 흥을 돋우려는 삼손의 의도가 무산되고 친밀한 관계의 발전이 아니라 경쟁으로, 경쟁에서 대립으로, 대립에서 싸움으로 비화될 가능성도 있다. 초면에 살얼음판 위를 걷는 듯한 위태로운 긴장을 굳이 조성하는 것은 지혜롭지 않다.

14그가 그들에게 말하였다 "먹는 자에게서 먹는 것이 나오고 강한 자에게서 달콤한 것이 나왔도다" 그들은 그 수수께끼를 삼일 동안 풀지 못하였다

삼손이 낸 수수께끼는 자신의 주관적인 경험에 근거한 것이었다. "먹는 자에게서 먹는 것이 나오고 강한 자에게서 달콤한 것이 나왔다"는 것은 경험한 자 외에는 아무도 모르는 명제였다. 이런 수수께끼 내용을 제공한 사건은 삼손이 사자를 어린 염소처럼 찢고 며칠 후에 그 사자의 사체에서 꿀을 떠서 먹은 일이었다. 사자를 찢은 사건은 맹수의 위협에 대한 정당방위 차원에서 얼마든지 이해할 수 있겠지만, 그 사자의 죽음을 만지며 꿀을 먹은 것은 나실인의 규정을 위반하는 일이었다. 그 위반의 꼬리를 문 수수께끼가 친구들의 귀에 들어갔다. 그들은 3일 동안 애썼지만 답을 찾지 못하였다. 인생사가 특이하다. 하나의 사건이 다른 사건과 만나 생각하지 못한 화학반응을 일으키고 그것이 인생의 향방을 좌우하는 영향력을 행사한다. 죽음을 만지는 위반은 포도주를 마시는 또 다른 위반의 자리에서 미끈한 안주처럼 다시 등장하여 급기야 부부가 혼인 잔치 끝에 갈라지는 파경의 가파른 벼랑으로 떨어지는 지경까지 악화된다.

현재에 벌어지는 일이 앞으로의 인생에 어떠한 기능을 하게 될 것인지 누가 알겠는가! "악인의 길은 어둠 같아서 그가 걸려 넘어져도 그것이 무엇인지 깨닫지 못한다"(잠 4:19)는 말씀의 의미는 무엇인가? 악인은 평소에 악을 호흡하며 악을 저지르는 사람이다. 그가 인생의 길목마다 배설한 악

이 이후에 얼굴 없는 걸림돌이 되지만 그것이 무엇 때문인지 깨닫지를 못하고 그저 억울함만 토로한다. 선인의 경우도 동일하다. 평소에 그는 선한 마음으로 선을 행하는데 이후에 그것이 형통의 디딤돌로 작용하면 자신이 왜 하는 일마다 잘 풀리는지 깨닫지를 못하고 그냥 감격한다. 이런 이야기가 마태복음 25장에 잘 묘사되어 있다. 창세부터 예비된 영원한 불에 들어가게 된 자들은 자신이 왜 그렇게 끔찍한 판결을 받는지 이해하지 못하였다. 이에 대한 심판자의 답변이다. "내가 진실로 너희에게 이르노니 이 지극히 작은 자 하나에게 하지 아니한 것이 곧 내게 하지 아니한 것이니라"(마 25:45). 내 인생과 무관하게 보이는 평소의 작은 일상도 신중한 관리의 대상이다. 일상의 크고 작은 조각들이 모두 하나의 돌이킬 수 없는 인생을 같은 비중으로 구성하기 때문이다.

> [15]넷째 날이 되어 그들은 삼손의 아내에게 말하였다 "너는 너의 남편을 꾀어 그 수수께끼[의 답]을 우리에게 알려라 거절하면 우리가 너와 네 아버지의 집을 불로 태우리라 너희가 탈취하기 위해 우리를 불렀느냐 그렇지 아니하냐?"

3일 동안 수수께끼를 풀지 못한 친구들은 4일째에 삼손의 아내를 찾아갔다. 그리고 사주하고 협박했다. 그들은 그녀가 남편을 미혹하여 수수께끼의 답을 알아내고 기한 내에 알려 달라고 사주했고, 이것을 거절하면 그녀와 그녀의 집안을 다 불태울 것이라고 협박했다. 그들이 추정하는 사주와 협박의 정당성은 삼손과 그의 아내가 자신들을 초청한 것이 재산의 탈취를 위해 처음부터 꾸민 일이라는 혐의에 근거했다. 수수께끼로 내기를 할 때에는 양 진영에게 공평성을 보장해야 한다. 그런데 삼손의 수수께끼는 이 세상에 그 누구도 알지 못하는 삼손 자신의 고유한 경험에만 근거한 것이기 때문에 정답과 오답의 가능성이 균등하지 않다. 정답을 맞출 가능성이 너무도 희박한 질문을 자신들의 재산을 탈취하기 위해 판 함정으로 보는 그들의 의심은 정당하다. 내기의 운동장이 심하게 기울어진 것을 직감한 친구들도 삼손의 아내를 협박하는 비겁한 편법으로 응수했다. 사실 친구들도 잘못했다. 수수께끼로 내기를 하자는 삼손의 제안을 그들은 충분한 검토도 없이 수락했기 때문이다. 쌍방의 합의로 내기가 성사된 이후에는 누구든지 편법을 쓰는 것은 부당하다.

> 16삼손의 아내가 그를 향하여 울며 말하였다 "당신은 분명히 나를 미워하고
> 나를 사랑하지 않으세요 당신은 내 민족의 자손에게 그 수수께끼를 내고
> [그 답을] 나에게[도] 알려 주지 않잖아요" 삼손이 그녀에게 말하였다
> "보라 내가 나의 어머니와 아버지께 알리지도 않았는데
> 내가 그대에게 알게 하겠는가?"

삼손의 아내가 친구들의 위협에 넘어갔다. 그녀는 자신과 자기 아버지의 집이 불태움을 당하는 것보다 남편의 패배를 선택했다. 그녀에게 자신의 생명은 남편보다 더 소중했고 아버지의 집보다 남편은 덜 소중했기 때문이다. 그녀는 남편에게 갔다. 말하기도 전에 꺼낸 설득의 카드는 눈물, 즉 눈의 투명한 언어라는 최고의 호소력을 가지고 부부 사이의 가장 민감한 주제인 사랑 이야기를 수수께끼 내기와 결부시켜 활용한다. 즉 삼손이 그녀를 사랑하지 않고 미워하고 있다고 주장한다. 이러한 주장의 이유는 자신의 민족에게 낸 수수께끼의 답을 자신에게 알려주지 않았기 때문이다. 이처럼 삼손은 아내의 사랑 순위에서 그녀 자신과 그녀의 가족만이 아니라 그녀의 민족에 의해서도 밀리는 존재였다. 그녀는 왜 남편에게 블레셋 친구들의 협박을 신고하지 않았을까? 자신과 자신의 가족을 지켜줄 능력이 삼손에게 없다고 의심했기 때문일까? 만약 협박의 사실을 말했다면 삼

손은 자신의 아내와 그의 가족을 끝까지 지켜줄 것이라는 반응을 보이지 않았을까? 만약 그랬다면 친구들의 위협도 해결되고 수수께끼 내기에서 이길 수도 있지 않았을까?

다른 한편으로, 왜 삼손은 아내의 불안한 눈빛에서 친구들의 위협을 감지하고 그녀에게 묻지 않았을까? 그는 아내의 격앙되고 떨리는 말투에서 그녀를 구슬려 정답을 빼내려는 친구들의 잔꾀를 감지해야 했다. 이와 무관하게, 삼손은 그녀의 요청을 단호히 거절했다. 거절의 이유는 부모에게 알리지도 않은 정답을 아내에게 알려 주는 것이 삼손이 보기에 터무니 없는 일이었기 때문이다. 그런데 삼손의 가치관이 더 터무니가 없다. 그에게는 자신의 아내가 자신의 부모보다 못한 존재였다. 삼손이나 그의 아내나 서로를 다른 누구보다 더 소중한 존재로 여기지 않음에 있어서는 동일했다. 이것은 모든 경우가 그렇지는 않겠지만 첫눈에 반한 충동적인 사랑의 씁쓸한 실상이다. 내적인 가치가 작용하는 사안이 발생하면 팔이 안으로 굽는 고질적인 습성이 암내를 풍기며 드러난다. 무덤까지 동행하는 장거리 여정인 결혼은 육체가 흘리는 매력보다 가치관의 향기가 더욱 중요하다.

¹⁷그들이 잔치하는 칠 일 동안 그녀는 그를 향하여 울었고 일곱째 날이 되어
그녀가 그를 압박했기 때문에 그가 그녀에게 말하였다
그녀는 자기 백성의 자손에게 그 수수께끼[의 답]을 알려줬다

삼손의 거절에 굴하지 않은 그녀의 아내는 계속해서 눈물로 남편을 공략했다. 그런데 네 번째 날부터가 아니라 잔치하는 7일 동안 울었다고 사사기 저자는 진술한다. 이는 친구들의 협박이 있기 이전 잔치의 첫날부터 그녀가 삼손에게 수수께끼의 답을 알려 달라고 울었음을 의미한다. 내기의 당사자가 아님에도 불구하고 눈물까지 흘렸다면 그녀는 수수께끼 매니아

일 가능성이 높다. 네 번째 날부터는 친구들의 협박 때문에 눈물의 분량이 늘어났다. 7일 동안 울어도 삼손이 꺾이지 않자 마지막 일곱째 날에는 그에게 답을 말하도록 압박까지 했다(הֱצִיקַתְהוּ). 심하게 괴롭혔다. 그녀의 입장에서 보면, 하룻밤만 지나면 자신과 온 가족이 불태움을 당할 위태로운 상황에서 옷 육십 벌을 희생하는 것이 더 낫다는 판단에 남편을 최고의 수위로 압박했다. 압박의 구체적인 방식은 언급되어 있지 않지만 삼손이 버티지 못할 정도로 가혹한 것임에는 분명하다. 결국 삼손은 아내에게 투항했고 수수께끼의 답을 발설했다. 그녀는 자기 백성의 자손에게 그 답을 누설했다. 여기에서 우리는 예나 지금이나 아내를 이기는 남편이 없다는 진실을 확인한다.

수수께끼 사건은 삼손과 친구들 사이에서 이루어진 일이었다. 그러나 이 사건을 계기로 삼손과 그의 아내가 평소에 가진 가치의 순위가 드러났고 그들 사이에 사랑과 신뢰가 없다는 사실도 드러났다. 인생에는 이렇게 맥락이 없어 보이는 사건과 사건이 하나님의 섭리 속에서 절묘하게 연결되어 하나의 이야기가 된다. 사자를 찢은 사건과 수수께끼 내기, 수수께끼 내기와 관계성의 변화가 모두가 하나의 섭리를 구성한다. 하나의 사건이 현재와 미래에 발휘할 기능은 다양하다. 우리는 다 알지 못하지만 하나님은 다 아시고 그 모든 것들을 종합하여 당신을 사랑하는 자에게는 선을 이루시고, 당신을 미워하는 자에게는 벌을 내리신다(롬 8:28). 그 모든 것들을 도구로 삼아 인류의 모든 각자에게 행한 대로 갚으시고 심고 뿌린 대로 거두시며 겸손한 자들은 높이시고 교만한 자들은 낮추신다. 참새 한 마리나 머리털 하나도 땅에 그냥 떨어짐이 없다. 불필요한 것으로 보이는 사건도 일생의 맥락에서 보면 대단히 요긴하다. 그래서 인생은 대단한 일이 터지지 않아도 결코 지루하지 않다. 지극히 사사로운 사건도 다른 사건과 결부되어 강한 흥미를 유발하기 때문이다.

¹⁸그 성읍 사람들이 일곱째 날 태양이 저물기 전에 삼손에게 말하였다
"무엇이 꿀보다 달고 무엇이 사자보다 강한가?" 그가 그들에게 말하였다
"너희가 내 암소와 더불어 밭 갈지 않았다면
내 수수께끼[의 답]을 얻지 못하였을 것이다"

잔치의 마지막 날 태양이 서쪽에서 종적을 감추기 전에 친구들이 삼손을 찾아와 정답을 말하였다. "무엇이 꿀보다 달고 무엇이 사자보다 강한가?" 이 질문형 답변은 사자가 가장 강하고 꿀이 가장 달다는 취지에서 한 말임에 분명하다. 그러나 삼손은 이 답변에서 무엇을 느꼈을까? 가장 강하다고 여겨지는 사자보다 더 강한 존재는 그 사자를 찢은 삼손이다. 삼손보다 더 강한 것은 그를 괴롭혀서 정답까지 실토하게 만든 그의 아내였다. 그런 아내도 위협하여 수수께끼 내기에서 삼손을 꺾은 그의 친구들은 가장 강하지 않느냐는 비유적인 답변으로 느끼지 않았을까! 그리고 가장 달다고 여겨지는 꿀보다 더 달콤한 것은 삼손의 수수께끼 자체였다. 그러나 그렇게 달콤한 수수께끼 대결에서 친구들은 보란 듯이 승리했다. 그들에게 꿀보다도 더 달콤한 것은 가장 강한 삼손의 패배라는 사체에서 얻은 내기의 승리라는 꿀이었다. 이렇게 친구들의 질문형 답변으로 삼손의 자존심은 화끈하게 구겨진다.

삼손은 친구들이 비열한 방법으로 정답을 알아내고 대답한 것을 직감하고 만약 자신의 아내를 구슬리지 않았다면 결코 수수께끼를 풀지 못했을 것이라는 말로 불편한 심기를 드러냈다. 여기에서 삼손은 아내의 잘못보다 친구들의 간계를 문제의 원흉으로 지목한다. 동시에 아내의 문제점도 그녀를 "암소"라는 짐승으로 표현하며 따끔하게 꼬집는다. "암소와 더불어 밭 갈다"(חרשׁ)는 말에는 어떤 학자들의 해석처럼 다소 성적인 추행이나 부적절한 성관계의 의미도 내포되어 있다. 이후에 그녀가 친구에게 주어진 것에서도 확인된다(삿 14:20). 친구들이 아내와 더불어 부정한 행위를 함으

써 자신과 처가에 불명예를 끼쳤다고 생각한 삼손은 분노가 치밀었다.

19여호와의 영이 그의 위에 임하였고 그(삼손)는 아스글론으로 갔다
그는 [그곳에 사는] 자들 중에서 삼십 명의 사람들을 쳤고
그들의 전리품을 취하여 그 수수께끼[의 답]을 알게 된 자들에게 나누었다
그는 분노를 격발하며 그의 아버지 집으로 올라갔다

삼손은 비록 친구들이 편법으로 정답을 찾았지만 그들과 한 약속을 지키기 위해 베옷과 겉옷을 각각 삼십 벌씩 마련해야 했다. 그때 여호와의 영이 그의 위에 임하였다. 여호와의 영은 삼손에게 능력이 필요할 때마다 임하였다. 공적인 업무가 아닌 사적인 일에 대해서도 성령의 능력이 그에게 주어졌다. 여기에서 우리는 여호와의 영이 역사하는 방식을 발견한다. 즉 하나님은 우리가 하나님의 나라를 위한 공적인 일을 행하든지 자신을 위한 사적인 일을 행하든지 능력을 베푸신다. 공적인 일에서는 하나님의 나라가 도모되고, 사적인 일에서는 인간의 이기적인 본성과 부패한 모습이 드러난다. "계명으로 말미암아 죄로 심히 죄 되게 하려 함이라"(롬 7:13)는 오묘한 섭리와 비슷하게 성령의 임재로 말미암아 죄로 심히 죄 되게 하는 일도 일어난다.

어느 시대이든 교회에는 목회의 성공이나 수익의 증대라는 사사로운 목적을 가지고 기적을 일으키는 사람들이 있다. 그들에 의해서도 조작되지 않은 실질적인 기적이 일어난다. 이런 현상을 처음에는 나도 납득하기 어려웠다. 그러나 신앙의 연륜이 조금씩 쌓이면서 하나님의 은밀하고 오묘하고 복합적인 섭리는 인간이 함부로 판단할 수 없다는 사실을 깨달았다. 하나님은 언제나 하나님의 일을 이루신다. 동시에 경건을 이익의 방편으로 여기며 하나님의 일을 수행한 사람에 대해서는 그의 어두운 동기를 따라

상급이든 징벌이든 정확하게 갚으신다. 하나님의 능력이 나타나는 것 자체가 영광이다. 그러나 그것이 때로는 형벌로도 귀결된다. 그러므로 내가 기적을 행한다고 해서 그것이 나의 경건이나 옳음을 증명하는 수단은 아님을 명심해야 한다. 교만한 자에게 하나님의 능력이 나타나면 그는 대체로 더욱 교만하게 된다. 이처럼 성령의 나타남도 때로는 형벌의 한 방식이다.

삼손은 딤나에서 서쪽으로 상당히 멀리 떨어진 아스글론 지역으로 갔다. 그곳에 사는 사람들 중에서 30명을 죽였고 그들의 소유물을 취하였다. 수수께끼의 답을 맞춘 자들에게 그 소유물을 나누었다. 그는 분노했고 아버지의 집으로 올라갔다. 삼손은 심히 분노한 상태였다. 그래서 그의 격앙된 감정을 표현하기 위해 사사기 저자는 분노를 의미하는 명사(אף)와 동사(חָרָה)를 나란히 언급했다. 분노에 휩싸이면 자신의 말과 행동의 제어가 어려운데, 삼손은 분노 속에서도 자신의 약속을 파기하지 않고 실행했다. 굉장한 자제력을 보여준다. 그러나 자신의 약속을 지키기 위해 다른 사람들을 죽이고 탈취하는 것은 올바르지 않다. 이런 행위로는 하나님께 구별된 거룩한 나실인의 면모로 그분의 정의를 드러내지 못하고 오히려 하나님의 이름이 이방인 중에서 모독을 당하게 할 가능성이 크다. 그리고 친구들 때문에 발생한 분노를 그들에게 쏟아내지 못하고 모르는 사람에게 돌리는 것은 정당하지 않다.

다른 한편으로, 삼손이 격분한 것은 개인의 감정적인 문제인 동시에 하나님의 섭리와 무관하지 않다. 삼손의 시대에 하나님의 섭리는 불의한 이방인의 마음을 설득하여 하나님께 돌이키는 것이 아니라 심판하는 것이었다. 블레셋 친구들의 편법과 삼손의 분노로 인해 블레셋 사람들과 친밀한 관계를 맺을 절호의 기회가 물 건너간 상황은 하나님의 정의로운 심판을 이룸에 있어서는 요긴하다. 만약 하나님의 백성을 괴롭히며 불의를 저지르는 블레셋 족속과 삼손이 친밀한 관계를 맺었다면 어떻게 되었을까? 그들을 정의롭게 응징하고 이스라엘 백성을 구원해야 하는 사사인 삼손은 아마도 자신의 공적인 신분과 직무를 망각하고 잔치를 열어 그들과 흥청대며 아까운 세월을 보냈을 것이 분명하다.

삼손은 아버지의 집으로 돌아갔다. 분노가 차올랐기 때문이다. 분노가 해소되지 않으면 잔치에서 함께 즐기던 야비한 친구들은 물론 신의를 저버린 아내에 대해서도 어떤 보복성 위해를 가할 가능성이 높았기 때문이다. 만약 딤나에 머물러 있었다면, 먼저 비열한 편법으로 수수께끼 내기를 이긴 친구들을 죽였을지 모르고, 삼손의 아내도 생명이 위태로운 상황에 처했을 가능성이 높다. 친구들이 죽었다면 동네 사람들은 딤나의 미래가 다 죽었다고 이 사단의 원인을 제공한 아내의 집안을 불태웠을 것이고 아내도 무사하지 못했을 가능성이 높다. 감정의 온도가 통제의 임계점을 넘어가는 경우에는 상대방과 거리를 유지하는 자가격리 판단을 내리고 격해진 자신의 감정부터 추스르는 것이 훨씬 지혜롭다. 삼손이 자신의 아버지 집으로 아내를 데려가지 않은 것은 아내를 미워하기 때문이 아니라 아내를 사랑하기 때문에 지켜주기 위함이지 않았을까? 삼손의 의도적인 떠남은 그의 격한 성품이 아내에게 제공할 수 있는 최대의 배려였다.

²⁰삼손의 아내는 그와 함께하던 그의 친구를 위하게 되었다

그러나 장인의 집에 남겨둔 그의 아내는 어떻게 되었을까? 참으로 불행한 일이 발생했다. 그녀는 삼손과 함께 잔치를 즐기던 친구들 중의 하나에게 갔다. 그런데 사사기 저자는 "그의 친구를 위하게(?) 되었다"고 표현한다. 그녀는 이제 삼손을 위한 사람이 아니라 그의 친구를 위하는 사람으로 바뀌었다. "내 눈에 딱"이었던 여인이 친구의 '암소'가 되는 이 이야기는 마치 한 편의 드라마와 같다. 이렇게 된 이유는 15장 2절에 기록된 것처럼 장인이 자신의 딸을 삼손의 블레셋 친구에게 주었기 때문이다. 친구에게 딸을

준 이유는 삼손이 그녀를 심히 미워하고 있다는 오해 때문이다. 이런 터무니 없는 오해는 이후에 삼손으로 하여금 블레셋 족속을 크게 응징하는 강력한 불씨로 작용한다. 삼손의 인생이 참으로 기구하고 삼손의 쓰임새가 참으로 특이하다.

삼손의 삶은 쉽게 이해할 수 없는 수수께끼 인생이다. 삼손은 기독교 역사에 등장하는 무수한 종류의 목회자 모습을 골고루 보여준다. 하나님의 장구한 뜻에 무관심한 충동적인 목회자의 모습, 하나님의 능력을 자신의 사사로운 목적 달성에 동원하는 목회자의 모습, 감정이 인격을 대체하는 목회자의 모습, 하나님의 섭리 속에 살면서도 인간의 부패한 본성을 여과 없이 드러내는 목회자의 모습이 골고루 섞인 사사가 삼손이다. 목회자 박람회 같은 인물이다. 그렇다면 이 세상의 빛과 소금의 리더십을 발휘해야 하는 왕 같은 제사장이 된 우리는 삼손의 삶에서 무엇을 깨닫고 본받아야 할까? 삼손의 장점은 배우고 단점은 경계하는 분별력이 필요하다.

삿 15:1-8

¹얼마 후 밀 거둘 때에 삼손이 염소 새끼를 가지고 그의 아내에게로 찾아 가서 이르되 내가 방에 들어가 내 아내를 보고자 하노라 하니 장인이 들어오지 못하게 하고 ²이르되 네가 그를 심히 미워하는 줄 알고 그를 네 친구에게 주었노라 그의 동생이 그보다 더 아름답지 아니하냐 청하노니 너는 그를 대신하여 동생을 아내로 맞이하라 하니 ³삼손이 그들에게 이르되 이번은 내가 블레셋 사람들을 해할지라도 그들에게 대하여 내게 허물이 없을 것이니라 하고 ⁴삼손이 가서 여우 삼백 마리를 붙들어서 그 꼬리와 꼬리를 매고 홰를 가지고 그 두 꼬리 사이에 한 홰를 달고 ⁵홰에 불을 붙이고 그것을 블레셋 사람들의 곡식 밭으로 몰아 들여서 곡식 단과 아직 베지 아니한 곡식과 포도원과 감람나무들을 사른지라 ⁶블레셋 사람들이 이르되 누가 이 일을 행하였느냐 하니 사람들이 대답하되 딤나 사람의 사위 삼손이니 장인이 삼손의 아내를 빼앗아 그의 친구에게 준 까닭이라 하였더라 블레셋 사람들이 올라가서 그 여인과 그의 아버지를 불사르니라 ⁷삼손이 그들에게 이르되 너희가 이같이 행하였은즉 내가 너희에게 원수를 갚고야 말리라 하고 ⁸블레셋 사람들의 정강이와 넓적다리를 크게 쳐서 죽이고 내려가서 에담 바위 틈에 머물렀더라

❖ ❖ ❖

¹며칠 후 밀 추수기가 되자 삼손이 암염소 새끼를 가지고 그의 아내를 방문하여 [장인에게] 말하였다 "제가 방에 있는 아내에게 들어갈 것입니다" 그러나 그녀의 아버지가 들어가는 것을 허락하지 않았더라 ²그녀의 아버지가 말하여 이르기를 "나는 네가 그녀를 대단히 미워하고 있다고 생각하여 그녀를 너의 친구에게 주었노라 그녀의 여동생이 그녀보다 더 아름답지 아니하냐 부탁한다 그녀를 대신하여 그녀(여동생)가 너를 위하리라" 하니 ³삼손이 그들에게 말하였다 "이번에는 내가 블레셋 사람에게 해를 가하여도 허물이 없으리라" ⁴삼손은 가서 삼백 마리의 여우를 잡고 홰를 취하였다 [여우들의] 꼬리를 꼬리에 [맞대게] 돌리고 두 꼬리들 사이에 하나의 홰를 두었더라 ⁵그는 홰들에 불을 붙이고 그것을 블레셋 사람들의 곡식 밭으로 내보냈고 곡식단과 아직 거두지 않은 곡식과 포도원과 올리브를 불태웠다 ⁶블레셋 사람들이 말하였다 "누가 이 일을 하였느냐?" 사람들이 말하였다 "딤나 사람의 사위 삼손이다 그(장인)가 그(삼손)의 아내를 취하여 그의 친구에게 주었기 때문이다" 블레셋 사람들이 올라가서 그녀와 그녀의 아버지를 불태웠다 ⁷삼손이 그들에게 말하였다 "너희가 이처럼 행한다면 내가 너희에게 복수한 이후에야 멈추리라" ⁸그는 정강이와 허벅지에 큰 상처를 주며 그들을 도륙했다 그리고 그는 에담으로 내려가서 [그곳의] 바위 틈에 머물렀다

삼손: 능력 사용법

아내의 배신과 친구들의 편법으로 인해 수수께끼 내기에서 진 삼손은 한 뭉치의 분노를 딤나에 쏟아 놓고 아버지의 집으로 돌아갔다. 며칠이 지나서 아내를 보기 위해 딤나로 돌아왔다. 그런데 장인이 아내를 다른 남자에게 주어 삼손이 분노하며 블레셋 사람들의 양식을 모조리 불태웠다. 이에 블레셋 사람들은 동일한 분노로 삼손의 장인과 아내를 불태웠다. 이에 다시 분노한 삼손은 그들을 도륙했다. 분노가 문제를 낳고 그 문제가 복수를 낳고 그 복수는 다른 복수로 이어졌다. 이는 역사의 단면이다. 복수가 꼬리에 꼬리를 물고 한 세대에서 다음 세대로 이동한다. 그 이동이 반복된다. 삼손은 일평생 자신에게 주어진 하늘의 능력을 그렇게 분노와 복수의 땔감으로 사용한다.

ı며칠 후 밀 추수기가 되자 삼손이 암염소 새끼를 가지고 그의 아내를 방문하여 [장인에게] 말하였다 "제가 방에 있는 아내에게 들어갈 것입니다"

시간이 흘러 밀을 추수하는 시기가 도래했다. 팔레스틴 지역에서 밀의 수확기는 히브리 월력으로 9월 정도이며 계절로 보면 가을이다. 가을이 단비로 땅에 영양을 제공하고 바람으로 수고의 땀을 식히는 계절이 되면 분노하고 미워하고 슬프고 외롭던 사람들의 마음도 어느 덧 가을이다. 분노의 바이러스 때문에 스스로 자가격리 조치를 취했던 삼손의 격분한 마음에도 시원한 가을이 불어 들어오고 첫눈에 반했던 이전의 그 설렘이 바람에 탑승한다. 마음의 체온이 정상으로 회복되면 일상도 정상으로 돌아온다. 삼손의 마음에는 아내에 대한 생각이 먼저 떠오른다. 발이 이미 딤나를 향해 움직이고 있다. 처갓댁 방문길에 빈손이면 무례하다. 한 마리의 암염소 새끼를 정성껏 포장한다. "선물 주기를 좋아하는 자에게는 사람마다 친구가 되느니라"(잠 19:6). 게다가 "은밀한 선물은 노를 쉬게" 한다는 지혜자의 금언도 귀에 달콤하다. 아내를 향하는 발걸음이 빨라진다.

아내를 향한 삼손의 설렘과 흥분이 딤나에 이르렀다. 그런데 아내가 아니라 장인이 그를 맞이한다. 수상한 느낌이 뒤통수에 싸늘하다. 직구의 어법을 좋아하는 삼손은 장인에게 안부도 묻고 며칠 전의 경솔한 행동에 대해 사과도 하는 절차를 모조리 생략하고 자신의 성급한 기호부터 쏟아낸다. 방에 있는 아내에게 들어가 사랑을 나눌 것이라고 통보한다. "아내에게 들어가는 것"은 성적인 사랑의 행위를 암시하는 표현이다. 이에 대한 장인의 반응도 따뜻하지 않다. 장인은 들뜬 사위를 막고 딸의 방 출입마저 불허한다. 아내는 그림자도 보이지 않고 장인은 회복의 기대를 차갑게 묵살하는 상황에서 삼손은 너무도 황당하고 답답하다. 어찌 된 영문인가!

²그녀의 아버지가 말하여 이르기를 "나는 네가 그녀를

대단히 미워하고 있다고 생각하여 그녀를 너의 친구에게 주었노라

그녀의 여동생이 그녀보다 더 아름답지 아니하냐 부탁한다

그녀를 대신하여 그녀(여동생)가 너를 위하리라" 하니

장인이 삼손에게 현실의 상황을 다급하게 해명한다. 자신의 딸을 잔치에서 삼손과 어울렸던 친구들 중의 하나에게 "주었다"(אֶתְּנֶנָּה)고 한다. 삼손이 잔치 자리를 박차고 나온 것은 고작해야 며칠 전이었다. 그런데 이토록 짧은 기간에 딸을 다른 남자에게 넘기다니! 딸이 무슨 아버지의 소품인가! 사위와 딸의 관계성을 정확하게 확인하는 절차도 없이 무엇이 그리도 급했을까! 그렇게 넘겼다고 말하는 장인의 어조는 어땠을까? 만약 태연하게 말했다면, 남편이 며칠 타지로 가서 보이지 않으면 아내가 다른 남자에게 주어지는 것은 고대 근동에서 흔히 발견되는 부패한 이방인의 문화라고 생각해야 한다. 그러나 이야기의 문맥을 보면, 장인은 불안정한 어조로 말했을 가능성이 높다. 이는 딸을 다른 남자에게 준 장인의 이유에서 어느 정도 확인된다. 그 이유는 삼손이 그의 아내를 "대단히 미워하고 있다"(שָׂנֹא שְׂנֵאתָהּ)고 장인이 생각했기 때문이다. 장인은 딸에 대한 사위의 미움을 표현할 때에 동일한 동사를 연거푸 두 번이나 사용한다. 미워하는 것은 살인하는 것과 같다는 요한의 말(요일3:15)에 근거할 때, 장인은 삼손의 눈에서 자신의 딸을 향한 살기를 보았거나 딸을 버렸다고 여겼을 가능성이 높다. 삼손이 너무나도 미워했기 때문에 삼손이 딸을 버렸다면 장인이 보기에 딸을 다른 남자에게 주어도 정당하다. 만약 딸을 죽이려고 했다면 다른 건실한 남자를 피난처로 삼아 그에게 보내 딸을 보호하는 것이 최선이기 때문이다.

삼손의 아내가 다른 친구에게 주어진 것은 누구의 의지일까? 만약 아내의 의지가 반영된 것이라고 한다면, 지금 장인은 그녀의 의지를 감추고 자신이 기획한 일이라고 말하면서 딸에게 돌아갈 분노의 방향을 자신에게 돌려 혹시 모를 삼손의 보복을 자신의 생명으로 받아내고 있다. 혹시 그녀에

게 주도적인 의지가 없었다고 할지라도 아버지의 제안을 수락하고 다른 남자에게 가는 것은 남편에 대한 배신이다. 그녀는 삼손이 자신에게 수수께끼 정답을 말해주지 않는 것이 자신을 사랑하지 않고 미워하는 것이라고 단정했다. 그래서 결국에는 삼손이 그녀에게 답을 말하였고 그는 내기에서 패배했다. 그렇다면 그가 그녀를 미워하지 않고 사랑하고 있다는 사실이 증명된 것이었다. 그런데도 이유를 불문하고 결혼한 지 며칠 만에 남편을 떠나 다른 남자에게 순순히 갔다는 것은 그녀도 삼손의 건장한 체력에 반한 껍데기 사랑에 빠졌던 것임을 입증한다.

이와는 달리, 감정이 누그러진 삼손은 여전히 아내를 사랑하고 있다. 그런데 삼손에 대한 장인의 생각은 딸을 향한 살기가 느껴질 정도로 심한 미움이다. 둘은 확인된 각자의 오해에 대해 놀라고 당황한다. 둘 사이에 발생한 사랑과 미움의 극단적인 엇갈림의 원인은 무엇인가? 혈육에 대한 정 때문에 장인이 과도한 예민함을 보였기 때문일 수도 있고, 삼손의 거친 말과 경솔한 행실이 그런 느낌의 주범일 수도 있기 때문에 어느 하나에게 모든 책임을 돌리는 것은 과도하다. 두 감정의 황당한 대조는 둘 사이에 충분한 소통이 없었고 각자가 주관적인 느낌에 충실했기 때문이다. 게다가 의도된 의미보다 의도되지 않은 의미가 때로는 타인에게 더 많이 전해지는 현상에 대해 무지했기 때문이다. 말의 내용보다 말투가 더 호소력이 강한 문장이다. 말 자체보다 몸짓의 속도가 훨씬 더 강렬한 소통의 수단이다. 사람은 자신의 말과 행위에서 자기가 전달하고 싶은 것만 상대방이 이해했을 것이라고 생각하고, 상대방은 그의 말과 행위에서 자신이 원하는 것만 읽어내고 반응한다. 이렇게 전하려는 내용과 전달된 내용의 차이는 두 사람이 가진 두 가치관의 격차에 비례한다.

딸을 타인에게 넘긴 장인은 이미 엎질러진 물을 다시 담을 수는 없다고 판단하여 다른 방법으로 사태를 수습하려 한다. 그가 생각한 최선의 해법은 삼손의 아내 대신에 그녀의 여동생을 삼손에게 새로운 아내로 주는 것이었다. 지금의 관점에서 보면, 터무니 없는 발상이다. 물론 모세의 율법에는 형제들 중의 하나가 자식 없이 죽은 경우에 그 형제의 대를 이어주기 위해 다른 형제가 남은 미망인을 아내로 취하여 자식을 낳게 하는 계대 결혼법(lex leviratus)이 있다(신 25:5-10). 대표적인 사례로서 유다의 며느리 다말의 이야기(창 38:1-11)와 룻과 보아스의 결혼 이야기(룻 4:1-7)가 있다. 엄밀하게 말하면 룻과 보아스의 결혼은 계대 결혼이 아니었다. 룻의 아들은 사별한 그녀의 남편 아들이 아니라 보아스의 아들이 되었기 때문이다. 아무튼 유형을 달리하는 계대결혼 풍습은 이방인 사회에도 편만했다. 삼손의 장인이 제안한 것은 형제가 아니라 자매가 떠난 자매의 빈자리를 채우는 방식이다. 본문에서 이런 제안과 계대결혼 풍습의 연관성은 분명하지 않다. 오히려 삼손의 입장에서 본다면, 아내의 여동생을 취하는 것은 율법에 위배되는 일이었다. "너는 아내가 생존할 동안에 그의 자매를 데려다가 그의 하체를 범하여 그로 질투하게 하지 말지니라"(레 18:18). 삼손은 거절했고 그의 거절은 정당했다. 블레셋 땅에서는 블레셋의 부패한 문화를 따라 쾌락을 누릴 수도 있었는데 삼손이 율법을 따라 거절한 것이라면 신실한 행동이다. 그러나 평소에 나실인의 서원을 무시하는 삼손의 행실들을 보면 율법에 대한 민감도가 그에게는 거의 없었다고 나는 생각한다.

장인이 다른 딸을 삼손에게 주겠다고 제안할 때 삼손의 수락을 유도하기 위해 삼손의 아내보다 그녀의 여동생이 더 예쁘다(טוֹבָה)는 점을 언급한다. 이 언급에는 장인의 가치관과 삼손에 대한 그의 해석도 반영되어 있다. 장인은 어떤 여인이 어여쁘면 사랑하는 여인도 대체할 수 있다고 생각했다. 그에게는 외모가 사랑보다 우선이고 배우자의 다른 어떠한 조건보다 우월했다. 그래서 그 여동생의 성품이나 행실이나 인생의 목적이나 습관이나 재능에 대해서는 한 마디도 안하고 그녀의 미모만 강조했다. 그리고 장인은 여동생이 더 예쁘다는 말이 삼손에게 먹힐 것이라고 생각했다. 이것은 첫눈에 반해서 결혼까지 직진하는 삼손의 저돌적인 스타일을 경험한 장인의 판단이다. 삼손이 눈만 만족되면 현재의 아내가 아니라도 얼마든지 새로운 아내로 맞이할 것이라는 생각이다. 현재의 아내보다 더 아름다운 여인이 "너를 위한다"(ה֣בָה)는 장인의 말을 기록한 사사기 저자는 하나님께 구별된 나실인의 서원을 하였지만 여전히 자신을 위하여 살아가는 삼손을 장인의 입으로 고발한다. 우리는 어떠한가? 남편이나 아내보다 하나님을 먼저 위하는 배우자를 소개하면 우리의 마음은 과연 동하는가? 솔직히 말하면, 우리도 주님을 위하는 것보다 나를 위하는 배우자를 선호한다.

³삼손이 그들에게 말하였다
"이번에는 내가 블레셋 사람에게 해를 가하여도 허물이 없으리라"

장인의 제안에 대해 삼손은 분노한다. 그리고 블레셋 사람들을 이 비참한 사태의 원흉으로 지목하고 그들에게 합당한 해를 가할 것이라고 공언한다. 삼손의 가해는 그들이 자초한 것이기 때문에 자신에게 어떠한 허물도 없다는 점을 삼손은 확언한다. 이 가해를 정당한 것이라고 삼손이 생각하는 이유는 1) 블레셋 친구들이 아내를 위협해서 퀴즈의 답을 부당하게 취하는 편법을 저질렀고, 2) 수수께끼 내기에서 승리한 후 삼손을 조롱했고, 3) 이번에는 장인을 꼬드겨 아내를 위협한 친구들 중의 하나에게 아내로 주게 만들었고, 4) 그 친구는 삼손의 아내를 위협한 것보다 더 심각한 죄로서 자신의 아내로 취하였기 때문이다. 삼손은 믿음의 가정에서 교육을 받았고 근거도 없는 만행을 저지르는 사람은 아니었다. 나름 사태를 파악하고 합리적인 분석과 종합적인 판단에 근거하여 처신한다.

그렇지만 삼손은 여전히 사태의 분석과 처신이 미숙하다. 타인과 상황만 주목하고 정작 자신의 잘못은 의식하지 못하기 때문이다. 어떠한 재난이나 억울함도 자신을 돌아보는 성찰의 계기로 삼지 않고 남만 탓한다면 관계는 악화되고 개인의 발전은 기대할 수 없고 오히려 고통과 슬픔만 가중된다. 그러므로 나에게 일어난 모든 문제의 원인에서 나 자신의 잘못이 얼마의 지분을 차지하고 있는지를 정확하게 파악하고 그 잘못이 반영된 평가에 근거하여 처신해야 한다. 나아가 타인의 잘못도 나의 잘못인 것처럼 간주하고 갑절의 반성으로 문제의 해결책을 찾는다면 진정한 지도자의 자질도 함양된다. 물론 불의한 블레셋 사람들을 심판하는 신적인 섭리의 관점에서 보면 삼손은 지금 사명에 충실한 것으로 평가될 수 있겠지만 인격으로 주님을 드러냄에 있어서는 대단히 부족하다.

⁴삼손은 가서 삼백 마리의 여우를 잡고 화를 취하였다 [여우들의] 꼬리를
꼬리에 [맞대게] 돌리고 두 꼬리들 사이에 하나의 화를 두었더라
⁵그는 화들에 불을 붙이고 그것을 블레셋 사람들의 곡식 밭으로 내보냈고
곡식단과 아직 거두지 않은 곡식과 포도원과 올리브를 불태웠다

삼손은 아주 특이한 보복을 기획한다. 삼백 마리의 여우를 잡고 횃불을 준비하여 두 마리의 꼬리로 묶어서 블레셋 사람들의 곡식 밭으로 보내어 모조리 불태우는 것이었다. 복수의 횃불을 가진 150쌍의 여우들은 꼬리의 뜨거운 고통을 꺼뜨리기 위해 블레셋 사람들의 밭으로 흩어졌다. 그들이 수확한 곡식단과 추수하지 않은 곡식과 포도원과 올리브는 모두 잿더미로 변하였다. 먹고 마시는 음식은 생존의 밑천이다. 그런데 그것이 모두 타버렸다. 블레셋 사람들의 숨통을 끊는 일이었다. 이미 거둔 현재의 양식만이 아니라 아직 거두지도 않은 미래의 양식까지 연기와 함께 사라졌다. 게다가 위장을 신으로 삼는 자들에게 위장을 섬기는 제물로서 곡식이 소각되는 것은 위장을 능멸한 일로서 그들에게 이 세상에서 가장 불경한 짓이었다. 먹거리가 사라지는 것은 그들을 가장 불행하게 만드는 일이 분명했다. 그렇

다고 해서 그것이 하나님의 정의를 드러내어 그분의 이름을 영화롭게 하는 일도 아니었다. 삼손의 사적인 복수였다. 나아가 "복수는 나의 것이라"(신 32:35)고 선언하신 하나님의 주권을 탈취하는 일이었다.

> 6블레셋 사람들이 말하였다 "누가 이 일을 하였느냐?" 사람들이 말하였다
> "딤나 사람의 사위 삼손이다 그(장인)가 그(삼손)의 아내를 취하여
> 그의 친구에게 주었기 때문이다" 블레셋 사람들이 올라가서
> 그녀와 그녀의 아버지를 불태웠다

양식이 전소된 것을 본 블레셋 사람들은 격분했다. 누가 저지른 짓이냐고 묻자 사람들은 딤나 사람의 사위 삼손의 짓이라고 했다. 딤나 사람이 삼손의 아내를 그의 친구에게 주었다는 이유도 언급했다. 이에 블레셋 사람들의 복수는 삼손이 아니라 그의 장인과 아내를 향하였다. 그들은 장인과 아내를 불태웠다. 자신들의 생계를 불태운 대가를 동일한 방식으로 되돌려준 복수였다. 삼손의 입장에서 본다면 장인과 아내라는 삶의 기반이 불타서 심은 대로 거둔 셈이었다. 그런데 그들은 왜 삼손이 아닌 그의 장인과 아내를 죽였을까? 두 가지의 설명이 가능하다. 둘 다 삼손이 행한 일의 이유에 대한 마을 사람들의 증언에 근거한다. 첫째, 블레셋 사람들이 들은 바에 의하면, 양식이 태워진 표면적인 원인은 삼손이고 근원적인 이유는 그를 충동한 그의 장인과 아내였다. 그들은 문제의 표면이 아니라 근원을 제거하는 방식의 정의로운 복수를 선택했다. 둘째, 그들은 가장 야비한 복수를 선택했다. 삼손은 블레셋 사람들의 식량을 모조리 불태울 정도로 격렬하게 대응할 만큼 장인과 아내에 대한 그의 생각이 각별하다. 그렇다면 삼손을 가장 불행하게 만드는 방법은 무엇인가? 삼손 자신의 죽음이 아니었다. 죽으면 불행과 비참함을 느끼지도 못하기 때문이다. 그래서 블레셋 사람들의

결론은 삼손에게 대단히 중요한 존재 즉 장인과 아내의 생명을 빼앗는 것이었다. 이것은 지독한 블레셋 사람들의 치밀하게 계산된 복수였다. 이 둘 중에서 나는 후자의 설명이 옳다고 생각한다. 삼손의 후속 대응이 후자를 지지하기 때문이다.

이전에 혼인 잔치에 참여한 친구들도 삼손의 아내를 협박할 때에 그녀와 그녀 아버지의 집을 불태울 것이라고 했다. 그들의 위협 때문에 그녀는 남편을 압박했고 그 친구들의 요구에 부응하여 남편으로 하여금 내기에서 패하게 만들었다. 그런데 결과적인 면에서 보면 삼손의 아내와 장인은 불태움을 당하였다. 불태움의 재앙은 마치 거부할 수 없는 운명인 것처럼 그녀와 그의 집을 끈질기게 찾아갔다. 불태움을 피하기 위해 남편을 배신하고 다른 남자에게 떠났지만 그런 몸부림은 고작해야 생존을 며칠 연장했을 뿐이었다.

이들의 죽음이 우리의 인생을 돌아보게 한다. 모든 사람이 한번 죽는 것은 정한 이치라고 성경은 가르친다(히 9:27). 이러한 운명을 거슬러 잠시라도 늦게 죽으려고 우리는 발버둥을 친다. 생계에 위협이 가해지면, 불법과 불의도 저지르고 거짓말과 폭력도 가리지 않고 배설한다. 고작 며칠 더 살자고 짐승처럼 살아간다. 그러나 결국에는 모두 사망한다. "짐승이 죽는 것처럼 사람도 죽으니 사람이 짐승보다 뛰어남이 없음은 모든 것이 헛되기 때문이라"(전 3:19)는 전도자의 말은 진실이다. 하루라도, 아니 일초라도 창조의 목적을 따라 하나님의 영광을 위해 산다면 그것은 짐승과의 뚜렷한 구별이다. 그 영광으로 생존의 때를 의미로 바꾸는 유일한 존재가 인간이다.

만약 그녀가 삼손을 배신하지 않았다면 어떻게 되었을까? 삼손이 지켜주지 않았을까? 그래서 훨씬 더 오래 살지 않았을까? 세상은 늘 교회를 미워하고 다양한 방식으로 위협한다. 요한은 주님께서 우리를 택하셨기 때문에 세상이 우리를 미워할 것이고 주님을 박해한 것처럼 우리도 박해할 것이라고 기록한다(요 15:19-20). 그래서 "세상이 너희를 미워해도 이상히 여기지 말라"(요일 3:13)고 가르친다. 위협을 받을 때에 우리의 처신은 무엇인가? 주님을 배신하지 않고 주님을 떠나 나를 지켜줄 다른 남자에게 가지 않고 오히려 주님의 약속을 붙들고 주님을 더욱 찾고 그에게 더욱 다가가야 한다. "나로 말미암아 너희를 욕하고 박해하고 거짓으로 너희를 거슬러 모든 악한 말을 할 때에는 너희에게 복이 있나니…하늘에서 너희의 상이 큼이라"(마 5:11-12). 약간의 연명을 포기하고 주님을 선택한 보상은 천국의 영원한 생명이다. 삼손의 아내가 위협을 받았을 때에 그들과 결탁하지 않고 남편을 찾았다면 이 땅에서도 그런 천국의 기쁨을 누렸을 것이라고 나는 확신한다. 이것도 블레셋 사람들이 저지른 만행에 대한 삼손의 대응에서 확인된다.

7삼손이 그들에게 말하였다 "너희가 이처럼 행한다면 내가 너희에게 복수한 이후에야 멈추리라" 8그는 정강이와 허벅지에 큰 상처를 주며 그들을 도륙했다 그리고 그는 에담으로 내려가서 [그곳의] 바위 틈에 머물렀다

삼손은 아내와 장인을 불태운 자들에게 복수를 다짐한다. 충분한 복수가 이루어질 때까지는 싸움을 중단하지 않을 것이라는 강력한 응징의 다짐이다. 사소한 분풀이가 아니라 끝장을 보겠다는 결의의 표현이다. 여기에서 삼손은 "복수"를 의미하는 구체적인 동사(נקם)를 사용한다. 이후에 자신의 두 눈이 뽑혀서 복수하게 해 달라고 하나님께 기도할 때에도 그는 동일한 동사를 사용한다(삿 16:28). 물론 삼손의 복수는 하나님의 관점에서 보면 행한 대로 갚으시는 섭리의 수단이다. 그러나 삼손의 관점에서 보면, 복수를 일삼는 삼손의 자기중심적인 삶에 대한 자백이다. 삼손에게 하나님의 능력은 사적인 복수의 도구였고 파괴와 살인은 사적인 복수의 실제였다.

실제로 삼손은 블레셋 사람들의 정강이와 허벅지를 쳐서 그들을 도륙했

다. "정강이와 허벅지" 공격은 보복의 혹독함을 암시한다. 즉 하체가 흔들려 직립이 불가능한 상태에서 바닥에 쓰러지고 그 자리에서 죽음을 기다려야 하는 참상을 가리킨다. 어떤 사람은 이것이 "완전한 승리를 표현하는 숙어"라고 주장한다. 삼손이 도륙한 블레셋 사람들의 숫자가 언급되지 않은 것에서 우리는 아무리 많은 사람들이 있었어도 그들을 다 도륙하여 승리하고 마는 삼손의 괴력을 확인한다. 한편으로 참으로 안타깝다. 삼손은 역사상 가장 강력한 능력을 받았지만 그 능력의 단 한 조각도 하나님의 영광을 위해 구별하지 않고 일평생 자신의 사사로운 유익과 복수를 위해 소비했다. 물론 삼손의 이러한 행실이 하나님의 섭리가 아닌 것도 아니었고 삼손이 하나님의 뜻을 추구한 것도 아니었다.

삼손이 블레셋 사람들을 도륙할 때에도 여호와의 영이 임하지 않았을까? 분명히 임하였다. 그런데 삼손은 사자를 찢었을 때에나, 300마리의 여우를 잡았을 때에나, 블레셋 사람들을 혼자서 다 제거했을 때에나 하나님께 감사와 영광을 돌리는 일에 너무도 인색하다. 감사과 영광을 전혀 돌리지 않는다는 것은 그가 자신의 능력을 여호와의 영으로 말미암아 주어진 선물로 여기지를 않고 자기 자신의 것이라고 여겼음을 증거한다. 삼손은 역사상 초유의 초자연적 능력을 가졌지만 자신의 것이라고 여겼기 때문에 위대한 일이 아니라 자신을 위해서만 그 모든 능력을 소진했다.

소유에 대한 인식이 인생의 목적을 좌우한다. 바울은 이렇게 고백한다. "우리가 살아도 주를 위하여 살고 죽어도 주를 위하여 죽나니 그러므로 사나 죽으나 우리가 주의 것이로다"(롬 14:8). 삼손과는 정반대로, 바울은 살든지 죽든지 자신을 위하지 않고 주님을 위한다고 다짐한다. 이러한 다짐의 이유는 우리가 살든지 죽든지 주님의 소유이기 때문이다. 나아가 바울은 우리에게 기막힌 소유의 개념을 가르친다. "네게 있는 것 중에 받지 아니한 것이 무엇이냐"(고전 4:7). 즉 우리에게 무언가가 있다면 그것은 하나도 예외 없이 전부 하나님이 주셔서 받은 선물이다. 우리는 우리의 전부가 주님의 것이기 때문에 우리의 전부를 동원하여 주님을 위하는 것이 마땅하다. 생명과 호흡도 주님께서 주셨다고 바울은 주장한다(행 17:25). 그래서 하나님을 위해 힘과 뜻과 마음만이 아니라 목숨도 다하여 살아가는 것은 성경 전체가 가르치는 최고의 교훈이며 인생의 최우선 규범이다.

삼손의 경우에는 늘 여호와의 영이 임하였기 때문에 능력의 출처가 하나님께 있다는 사실이 너무도 확실했다. 그럼에도 불구하고 자신의 소유인 것처럼 그 능력들을 전부 자신을 위하여 오용했다. 뭔가가 찜찜하여 삼손은 숨어야만 했다. 에담으로 내려갔고 그곳의 "바위 틈"(סֶלַע סְעִיף)에 은신했다. 세상에서 가장 강한 남자가 바위의 좁은 틈새에 숨는다는 것이 특이하다. 마음만 먹으면 뭐든지 할 수 있는 사람인데, 무엇이 그를 바위 틈에 밀어 넣었을까? 블레셋 사람들의 재보복이 두려웠기 때문에 숨었음에 분명하다. 그 두려움의 이유는 자신에게 있는 능력의 크기를 자신이 측량했기 때문이다. 하나님에 의해 주어지는 능력의 크기는 하나님이 정하신다. 블레셋 사람들을 정의롭게 심판하고 이스라엘 백성을 지키라고 나실인의 신분으로 구별하고 사사로 세우시고 막대한 능력까지 주셨는데, 사람이 두려워서 숨었다는 것은 하나님에 대한 무지를 의미한다. 우리는 어떠한가? 하나님은 우리에게 놀라운 능력을 베푸셨다. 그런 하나님을 의지하여 바울은 이렇게 고백한다. "내게 능력 주시는 자 안에서 내가 모든 것을 할 수 있느니라"(빌 4:13). 그래서 하나님 자신 이외에는 "무슨 일에든지 대적하는 자들 때문에"(빌 1:28) 두려움에 빠지는 것은 결코 합당하지 않다. 물론 여기에서 하나님의 능력은 바울이 말한 것처럼 십자가의 능력이다. 누구도 두려워할 필요가 없는 우리의 든든한 뒷배는 바로 십자가의 희생으로 우리에게 주어진 영원한 생명이다. 그래서 바울은 이 땅에서의 생명을 조금도 귀한 것으로 여기지 않는 믿음의 용맹을 구현했다.

삼손이 하나님께 은신하지 않고 "바위 틈"에 숨었다는 것은 불신의 한 표현이다. 하나님을 신뢰하는 예레미야 선지자는 눈물이 홍수처럼 쏟아지던 절망의 상황에서 이렇게 고백한다. "여호와 나의 힘, 나의 요새, 환난날의 피난처시여"(렘 16:19). 하나님은 우리에게 피난처가 되시기 때문에 두려움이 생길 때마다 사람들의 눈에 띄지 않는 바위 틈으로 달아나지 않고 하나님 안에 거하여야 마땅하다. 두려움은 설득력이 강한 감정의 언어이다. 그것이 이따금씩 우리를 찾아와 하나님 안에 거하라는 신호등 기능을 수행한다. 삼손도 예외가 아니었다. 자신의 사명을 점검하고 재능을 정비하기 위해 하나님 안에 거하여야 했다. 그러나 그는 신호등을 오독했다.

삼손을 보면 안타까운 인생의 사이클이 관찰된다. 본인이 문제의 원인을 제공하고, 그것이 타인의 폭력을 자극하고, 행하여진 폭력은 삼손으로 하여금 복수심에 휩싸이게 하고, 그 복수심은 타인으로 하여금 또 다시 범죄하게 만드는 원인으로 작용한다. 삼손은 긴 안목으로 하나님의 나라와 섭리를 주목하지 않고 그때그때 자신에게 일어난 일을 수습하는 방식으로 인생의 바퀴를 굴린다. 그의 인생은 하나님의 뜻을 추구하는 삶도 아니었고, 그분이 주신 사명의 완수를 향해 질주하는 삶도 아니었고, 여호와 경배라는 목적이 이끄는 삶도 아니었다. 맡겨진 사명 즉 이스라엘 백성의 구원을 완수할 수 있는 모든 재능과 은사를 주었는데 그 모든 것을 자신의 소유물로 여기며 자신을 위해서만 사용했다. 그런 삶은 행복하지 않았고 불행이 꼬리를 무는 삶이었다. 능력이 크거나 작은 것은 중요하지 않다. 그 능력의 기능이 무엇을 향하고 있느냐가 중요하다. 하나님의 영광을 위한다면 지극히 평범한 물 마시기와 밥 먹기도 위대하다.

하나님께 영광을 돌리지 않는다면 능력이 작을수록 행복하고 클수록 불행하다. 이는 예수님의 말씀 때문이다. "무릇 많이 받은 자에게는 많이 요구할 것이요 많이 맡은 자에게는 많이 달라 할 것이니라"(눅 12:48). 하나님은 뿌린 대로, 심은 대로 거두신다. 우리에게 맡기신 능력이 많다면 우리에게 많은 일을 요구하실 것이고, 부여된 사명이 크다면 많이 열매를 거두라고 하실 것이라는 교훈이다. 그런데 사용하지 않고 창고에 쌓아 둔다면 악하고 게으른 종이라는 하늘의 책망이 주어진다. 받은 능력이 작더라도 충성하라. 예수님의 말씀처럼, "지극히 작은 것에 충성된 자는 큰 것에도 충성되고 지극히 작은 것에 불의한 자는 큰 것에도 불의하다"(눅 16:10). 누구든지 작은 능력으로 충성하면 주님은 반드시 많은 것을 맡기시기 때문이다(마 25:21).

삼손의 경우에는 아무런 준비도 없이 너무도 큰 능력이 주어졌다. 그 능력에 요구되는 많은 일과 풍성한 열매는 그에게서 외면을 당하였다. 하나님이 보시기에 그는 악하고 게으른 사환이다. 그래도 능력이 많은 삼손이 부러운가? 능력이 적은 것이 억울한가? 주님은 우리에게 "각각 그 재능대로"(마 25:15) 적합한 분량의 은사를 베푸신다. 그렇기 때문에 베드로의 조언에 귀를 기울여야 한다. "각각 은사를 받은 대로 하나님의 여러 가지 은혜를 맡은 선한 청지기 같이 서로 봉사하라"(벧전 4:10). 자신의 몸에 맞는 것이 늘 가장 아름답다. 과하지도 빈하지도 않은 적정한 분량의 은사가 우리 모두에게 주어졌다. 그 은사에 요구되는 일과 열매에 충성을 다하면 착하고 충성된 종이라는 주님의 칭찬이 주어진다.

삿 15:9-20

⁹이에 블레셋 사람들이 올라와 유다에 진을 치고 레히에 가득한지라 ¹⁰유다 사람들이 이르되 너희가 어찌하여 올라와서 우리를 치느냐 그들이 대답하되 우리가 올라온 것은 삼손을 결박하여 그가 우리에게 행한 대로 그에게 행하려 함이로라 하는지라 ¹¹유다 사람 삼천 명이 에담 바위 틈에 내려가서 삼손에게 이르되 너는 블레셋 사람이 우리를 다스리는 줄을 알지 못하느냐 네가 어찌하여 우리에게 이같이 행하였느냐 하니 삼손이 그들에게 이르되 그들이 내게 행한 대로 나도 그들에게 행하였노라 하니라 ¹²그들이 삼손에게 이르되 우리가 너를 결박하여 블레셋 사람의 손에 넘겨 주려고 내려왔노라 하니 삼손이 그들에게 이르되 너희가 나를 치지 아니하겠다고 내게 맹세하라 하매 ¹³그들이 삼손에게 말하여 이르되 아니라 우리가 다만 너를 단단히 결박하여 그들의 손에 넘겨 줄 뿐이요 우리가 결단코 너를 죽이지 아니하리라 하고 새 밧줄 둘로 결박하고 바위 틈에서 그를 끌어내니라 ¹⁴삼손이 레히에 이르매 블레셋 사람들이 그에게로 마주 나가며 소리 지를 때 여호와의 영이 삼손에게 갑자기 임하시매 그의 팔 위의 밧줄이 불탄 삼과 같이 그의 결박되었던 손에서 떨어진지라 ¹⁵삼손이 나귀의 새 턱뼈를 보고 손을 내밀어 집어들고 그것으로 천 명을 죽이고 ¹⁶이르되 나귀의 턱뼈로 한 더미, 두 더미를 쌓았음이여 나귀의 턱뼈로 내가 천 명을 죽였도다 하니라 ¹⁷그가 말을 마치고 턱뼈를 자기 손에서 내던지고 그 곳을 라맛 레히라 이름하였더라 ¹⁸삼손이 심히 목이 말라 여호와께 부르짖어 이르되 주께서 종의 손을 통하여 이 큰 구원을 베푸셨사오나 내가 이제 목말라 죽어서 할례 받지 못한 자들의 손에 떨어지겠나이다 하니 ¹⁹하나님이 레히에서 한 우묵한 곳을 터뜨리시니 거기서 물이 솟아나오는지라 삼손이 그것을 마시고 정신이 회복되어 소생하니 그러므로 그 샘 이름을 엔학고레라 불렀으며 그 샘이 오늘까지 레히에 있더라 ²⁰블레셋 사람의 때에 삼손이 이스라엘의 사사로 이십 년 동안 지냈더라

❖ ❖ ❖

⁹이에 블레셋 사람들이 유다로 올라와 진을 치고 레히로 흩어졌다 ¹⁰유다 사람들이 말하였다 "너희가 어찌하여 올라와서 우리와 맞서느냐?" 그들이 말하였다 "삼손을 결박하기 위해 우리가 올라왔다 그가 우리에게 행한 것처럼 우리도 그에게 행하리라" ¹¹삼천 명의 유다 사람들이 에담의 바위 틈으로 내려가서 삼손에게 말하였다 "너는 블레셋 사람이 우리를 다스리고 있는 줄 알지 못하느냐? 어찌하여 네가 우리에게 이런 일을 하였느냐?" 그가 그들에게 말하였다 "그들이 나에게 행한 것처럼 나도 그들에게 행하였다" ¹²그들이 그에게 말하였다 "우리가 너를 결박하고 내려가서 블레셋 사람들의 손에 너를 넘기리라" 삼손이 그들에게 말하였다 "너희가 나를 치지 않겠다고 나에게 맹세하라" ¹³그들이 그에게 말하였다 "아니다 우리는 다만 너를 결박하고 결박하여 그들의 손에 넘기려는 것이지 우리가 너를 죽여 죽게 하지는 않으리라" 그들은 두 개의 새로운 밧줄로 그를 결박하고 [바위] 틈에서 [나와] 올라갔다 ¹⁴그가 레히에 이르렀다 블레셋 사람들이 그에게로 마주 나가며 소리쳤다 [그때] 여호와의 영이 급히 임하였고 그의 팔 위의 밧줄은 불탄 삼처럼 되었고 그 결박이 그의 손에서 녹아 떨어졌다 ¹⁵그는 숫나귀의 신선한 턱뼈를 발견하고 자신의 손을 내밀어 취하였고 그것으로 천 명을 죽였더라 ¹⁶삼손이 말하였다 "숫나귀의 턱뼈로 더미들에 더미를 쌓았으며] 숫나귀의 턱뼈로 내가 천 명을 죽였도다" ¹⁷그는 말하기를 마치고 턱뼈를 자기 손에서 내던졌다 그리고 그[곳]을 라맛 레히라고 칭하였다 ¹⁸그는 심히 목말라서 여호와께 호소하며 말하였다 "당신은 당신의 종의 손으로 이러한 큰 구원을 베풀어 주셨으나 저는 이제 목말라 죽어서 할례 받지 않은 자들의 손에 떨어질 것입니다" ¹⁹하나님이 레히에서 한 우묵한 곳을 조개시니 물이 나왔고 그가 마시니 정신이 회복되고 살아났다 그러므로 그가 그 샘의 이름을 엔학고레라 불렀으며 이날까지 그것이 레히에 [있었더라] ²⁰그는 블레셋 사람의 때에 이스라엘을 이십 년간 다스렸다

33   삼손: 외로운 인생

삼손은 여우를 통해 블레셋 사람들의 양식을 불태우고 유다 진영의 한 바위 틈으로 은신했다. 그런데 블레셋이 유다로 찾아와 삼손의 일로 위협을 가하였다. 이에 유다는 3,000명의 사람들을 동원하여 블레셋의 삼손 체포에 협조했다. 삼손의 은신처로 직진하여 가장 견고한 최신식 밧줄로 그를 결박했다. 삼손은 자신을 죽이지는 말라고 부탁하고 연행에 순응했다. 블레셋 사람들과 마주치자 여호와의 영이 삼손에게 임하였고 나귀의 턱뼈로 1,000명을 죽이고 시신으로 산더미를 이루었다. 삼손은 대승을 거두었고 환희의 승전가를 부르며 기뻐했다. 그러나 삼손의 곁에는 동역자가 없다. 그는 20년간 이스라엘 백성을 다스렸다. 그러나 외로운 사사의 삶이었다. 이유는 무엇일까?

9이에 블레셋 사람들이 유다로 올라와 진을 치고 레히로 흩어졌다
10유다 사람들이 말하였다 "너희가 어찌하여 올라와서 우리와 맞서느냐?"

그들이 말하였다 "삼손을 결박하기 위해 우리가 올라왔다
그가 우리에게 행한 것처럼 우리도 그에게 행하리라"

보복의 순번이 다시 블레셋 사람에게 넘어왔다. 그들은 삼손이 유다로 몸을 숨겼다는 첩보를 입수하고 유다의 땅으로 가서 진영을 정비하고 레히 전역으로 탐색대를 내보냈다. 진을 치고 활동하는 것으로 보아 삼손을 잡으려고 온 블레셋 군대의 규모는 적지 아니함이 분명하다. 15절에 죽은 사람들의 수에서 확인된 바에 의하면 아마도 1,000여명 정도였을 것으로 추정된다. 탐색의 타겟이 된 "레히"(לֶחִי)는 "턱뼈"를 의미하는 지명이다. 보복의 불똥이 블레셋의 구역도 아니고 삼손이 속한 단 지파의 구역도 아닌 제3의 장소로 번지고 있는 상황이다. 화목도 전염성이 강하지만, 불화도 조용한 무생물이 아니었다. 화목보다 더 왕성한 번식력을 가진 생물처럼 그렇게 몸집을 부풀리고 영역을 넓히는 중에 유다까지 이르렀다. 사사시대 최초의 지도자 옷니엘을 배출한 유다 지파는 역사의 무대에 오랫동안 종적을 감추다가 이제 다시 등장을 하였지만 10장 9절에서 까메오로 출연한 것처럼 지금도 그 이상의 배역은 아니었다. 블레셋 사람들의 급습에 놀란 유다 지파는 불쾌한 내색을 하며 자신과 맞서려는 이유를 그들에게 질문한다. 이는 유다가 영내에서 아무런 말썽도 일으키지 않고 다른 민족의 심기도 건드리지 않았는데, 왜 조용하게 살아가는 자신들을 찾아와서 불안에 떨게 만드냐는 질문이다.

좁은 시야로 보면, 유다가 지금 고래 싸움에 새우등 터지는 듯한 억울함을 느끼는 건 정상이다. 그러나 하나님의 섭리라는 관점에서 보면, 이야기가 달라진다. 유다는 이스라엘 백성의 구원에 대해 다른 어떤 지파보다 더 절박해야 한다. 온 세상의 구원자가 그 지파를 통해 나오기 때문이다. 그런 지파가 나라를 빼앗기고 국권을 상실한 절망적인 시국에 역사의 한 귀퉁이에 찌그러져 어떠한 문제에도 휘말리지 않고 편안하게 몸 사리며 자신

의 안락만 추구하는 것이 정상인가? 유다는 이제 야곱의 예언을 따라 절망의 귀청이 찢어질 정도로 포효하는 사자처럼 강한 리더십을 발휘하여 시대의 공기를 바꾸고 민족의 구원과 세상의 질서를 회복하고 수호하는 막중한 사명을 완수하여 "그에게 모든 백성이 복종하"는 날이 이를 때까지 통치자의 지팡이를 붙들어야 했다(창 49:9-10). 블레셋의 느닷없는 기습은 유다의 영적인 태만을 일깨우는 자명종과 같다. 유다는 블레셋의 침입에 대해 그들에게 질문을 던지며 따지기 이전에 하나님께 먼저 엎드려 여쭈어야 했다. 자신이 직접적인 원인을 제공하지 않은 이 일이 왜 생겼는지, 이 상황에서 자신은 누구이고, 맡겨진 배역은 무엇이고, 지금은 어떤 기능을 수행해야 하는지를! 우리도 예기치 않은 위기가 발생할 때 그 사태의 표면적인 원인과 의미를 규명하기 이전에 먼저 하나님께 엎드려야 한다. 하나님의 자녀로서, 주님의 종으로서 본질적인 사명을 망각하고 있었던 것은 아닌지를! 우리의 삶에는 감각이 무디어진 영혼을 깨우는 착한 위기들이 많다. 위기가 고개를 내밀 때마다 환영해도 된다.

블레셋 사람들이 유다의 질문에 답변한다. 군대가 유다에 온 이유는 유다를 치기 위함이 아니라 삼손을 결박하여 그가 행한 대로 되돌려 주기 위한 것이라고 한다. 많은 사람들의 정강이와 허벅지를 쳐서 죽인 삼손에게 등가의 보복을 하겠다는 답변이다. '이에는 이로, 눈에는 눈으로' 갚는 동해 보복법은 그들에게 합당한 침입의 명분이다. 그러나 아직도 억울할 때가, 억울함이 여전히 해소되지 않은 때가, 보복의 사슬을 끊을 기회가 소멸되지 않은 역설적인 시점이다. 복수의 쳇바퀴가 더 이상 굴러가지 않도록 그 시점을 놓치지 않아야 하는데 삼손이나 블레셋은 놓치기를 고집한다. 그들은 모두 다음 세대까지 지속될 항구적인 평화보다 '이에는 이로, 눈에는 눈으로' 갚는 일시적인 정의의 하한선을 추구하고 있다. 정당한 권리의 행사는 그들에게 신적인 사명의 완수를 위한 용서보다 더 달콤한 순위였다. 주변 사람들이 보기에는 양측이 공멸하는 안타까운 상황이다.

¹¹삼천 명의 유다 사람들이 에담의 바위 틈으로 내려가서 삼손에게 말하였다
"너는 블레셋 사람이 우리를 다스리고 있는 줄 알지 못하느냐?
어찌하여 네가 우리에게 이런 일을 하였느냐?" 그가 그들에게 말하였다
"그들이 나에게 행한 것처럼 나도 그들에게 행하였다"

블레셋의 칼끝이 삼손에게 향하고 있다는 사실을 확인한 유다 지파는 가슴을 쓸어 내리며 곧장 삼손이 은둔해 있는 에담의 바위 틈으로 내려갔다. 그런데 무려 3,000명이 동행했다. 블레셋 사람이나 유다 지파나 한 사람 삼손을 잡으려고 대규모의 인원을 동원한 것으로 보아 그들 모두가 삼손의 막대한 괴력을 인지하고 있었음에 분명하다. 유다가 삼손을 추궁한다. 블레셋의 치하에서 그들의 심기를 건드리고 자기 땅으로 도망쳐 불화의 불씨를 데려오면 어쩌냐는 거냐! 이처럼 블레셋이 유다를 비롯한 이스라엘 전체를 다스리고 있다(מֹשְׁלִים)는 게 당시의 형세에 대한 유다의 인식이다. 유다는 이스라엘 백성을 다스리는 주체가 하나님이 아니라고 생각했다. 참으로 안타까운 인식이다. 이런 인식을 삼손에게 강요하고 있다. 이는 유다의 영적인 상태를 고스란히 드러낸다. 그들은 보이지 않는 것의 증거를 존중하는 믿음이 없었으며 눈에 보이는 것에 근거하여 이해하고 살아갔다. 물론 이스라엘 백성의 가시적인 통치자는 블레셋 사람이다. 삼손도 동의하는 현실이기 때문에 거짓은 아니었다. 그러나 믿음으로 마땅히 보아야 할 하나님을 보지 못하는 영적인 어두움 때문에 유다는 자신이 확신하는 사실에 의해 속임을 당하였다. 겉으로는 사실처럼 보이는 것도 하나님을 고려하면 은밀한 거짓임이 드러나는 일들이 허다하다.

유다는 블레셋이 삼손에게 저지른 일에 대해서는 전혀 반응하지 않다가 삼손이 블레셋 사람에게 행한 일에 대해서는 발끈한다. 삼손이 당할 일에 대해서는 일말의 걱정도 없이 오로지 자신들의 신변만 걱정한다. 삼손이 속한 형제 지파의 상황보다 그들 모두를 다스리는 블레셋 사람들의 노여

움만 걱정한다. 지금 유다의 모습은 강자에게 비굴하고 약자에게 야박하다. 하나님의 나라보다 현세적인 안위를 더 중하게 여기는 그들의 가치관이 맨살을 드러내고 있다. 유다의 추궁에 삼손이 대답한다. 자신은 그들이 자신에게 행한 그대로 갚았을 뿐이라고! 이는 블레셋이 한 말의 판박이 반복이다. 그에게는 하나님께 구별된 나실인의 거룩한 사상과 거룩한 가치관이 없다. 인식이나 윤리의 수준에 있어서 삼손과 블레셋 사람들은 동일하다. 둘 중의 한 쪽이 죽을 때까지 보복의 평행선을 그릴 형국이다.

> 12그들이 그에게 말하였다 "우리가 너를 결박하고 내려가서
> 블레셋 사람들의 손에 너를 넘기리라" 삼손이 그들에게 말하였다
> "너희가 나를 치지 않겠다고 나에게 맹세하라"

유다는 블레셋과 삼손의 동일한 생각을 확인한 후 삼손을 블레셋 사람들의 손에 넘기기로 결정한다. 양측의 입장이 동일한 경우 유다에게 판단의 근거는 무엇인가? 하나님의 뜻이어야 한다. 이를 위하여 유다는 그 뜻을 구하기 위해 하나님께 엎드려야 했다. 하나님의 뜻을 뚜렷한 목소리로 듣지 못하는 것은 중요하지 않다. "너는 범사에 그를 인정하라 그리하면 네 길을 지도해 주시리라"(잠 3:6). 여기에는 하나님의 육성을 들어야 비로소 응답이 된다든지, 우리의 길을 지도해 주실 것이라는 일말의 뉘앙스도 없다. 듣지 못하여도 그분을 인정하고 지혜자를 통해 주신 약속의 말씀을 붙잡으면 된다. 그러면 그분은 왼손이 하는 것을 오른손도 모르도록 은밀하게 우리를 가장 좋은 길로 이끄신다.

위기의 때에 하나님을 전혀 인정하지 않은 유다는 블레셋의 위협 때문에 블레셋의 뜻을 따르며 블레셋에 줄을 대기로 결정한다. 사실상 자신들의 안위를 택한 일이었다. 능력에 근거해서 본다면 블레셋 전체보다 삼손

이 더 강하였다. 여호와의 영이 그에게 임하였기 때문이다. 그러나 유다는 삼손에게 임하시는 하나님의 영을 계산에 넣지 않고 판단했다. 게다가 삼손이 더 강하다는 사실을 알았어도 그가 유다를 위협하지 않았다는 점이 그들의 결정에 중요한 변수였다. 아무리 강한 사람이라 하더라도 그가 우리에게 위협을 가하지 않으면 대부분의 사람들은 그를 우습게 생각한다. 강한 자보다 위협하고 괴롭히는 자를 더 무서운 존재로 생각하고 그런 자에게 매여 살아간다.

사실 삼손을 블레셋에 넘기는 유다의 결정은 자신을 위험에 빠뜨린 삼손에 대한 일종의 보복이다. 유다는 비록 하나님의 다스림이 아니라 이방인의 다스림을 받고 있지만 현세적인 삶의 안락을 유지하고 싶어했다. 안락의 판이 흔들리고 깨지는 어떤 변화가 일어나는 것을 싫어했다. 블레셋의 다스림은 오랫동안 유다를 길들였고 이제는 유다에게 인생의 질서로 굳어졌다. 삼손은 그 익숙해진 질서를 위협하는 변수였다. 그 무질서의 원흉을 위협적인 질서에게 넘겨서 무질서를 제거하는 것은 그들이 보기에 합당한 조치였다. 그러나 실상은 자신에게 구원을 베풀어줄 자를 원수에게 넘기는 어리석은 짓이었다. 이는 하나님의 은밀한 섭리에 무지했기 때문에 저지른 유다의 오판이다.

유다 지파가 삼손의 생명을 블레셋의 손에 넘기는 사건은 훗날에 유대인이 예수의 생명을 로마의 손에 넘기는 것과 유사하다. 동일한 부분은 삼손이 이스라엘 백성을 구원할 사람이고, 예수는 모든 영적 이스라엘 백성을 구원하실 분이라는 사실이다. 그러나 삼손은 구원의 능력이 있지만 구원할 의지와 사명감이 없고, 예수는 구원의 능력도 있고 구원할 의지와 사명감도 목숨을 걸 정도로 크게 느낀다는 면에서는 동일하지 않다. 삼손만 없으면 기존의 안락한 삶이 유지될 것이라고 믿은 유다처럼, 유대인도 예수만 없으면 기존의 종교적인 질서를 유지하고 안락한 삶을 유지할 수 있다고 믿어서 그런 삶을 근원부터 위협하는 예수를 사형의 권한을 가진 자들에게 넘겨야만 했다.

자신이 아니라 블레셋의 손을 들어준 유다에 대한 삼손의 반응은 무엇인가? 유다가 비록 내부총질 사태를 빚었지만 삼손은 자신의 동포를 공격하지 못하고 오히려 보호해야 하는 사사였다. 사사라는 신분에 대한 일말의 의식이 삼손에게 조금은 남아 있어서 동족끼리 피를 튀기는 내전은 모면했다. 삼손은 비록 3,000명의 열 배 규모가 자신을 잡으려고 왔더라도 얼마든지 상대해서 다 제거할 수 있었지만 그들과 대립각을 세우지 않고 동포의 포승줄에 끌려가는 것을 택하였다. 다만 자신을 죽이지는 않겠다는 맹세를 유다에게 부탁했다. 사실 이 부탁은 유다를 위한 배려였다. 평소에 '이에는 이로, 눈에는 눈으로'의 가치관이 삼손에게 발동되어 여호와의 영이 베푸시는 초인적인 힘을 절제하지 못하고 동포를 해치는 참사가 일어나지 않도록 협조해 달라는 말이었기 때문이다.

¹³그들이 그에게 말하였다 "아니다 우리는 다만 너를 결박하고 결박하여
그들의 손에 넘기려는 것이지 우리가 너를 죽여 죽게 하지는 않으리라"
그들은 두 개의 새로운 밧줄로 그를 결박하고 [바위] 틈에서 [나와] 올라갔다

유다는 삼손을 죽이지는 않고 결박만 하겠다고 맹세한다. 그들의 답변에서 결박만 하고 죽이지는 않겠다는 점을 강조하기 위해 "결박하다"(אָסַר) 그리고 "죽이다"(מוּת)는 동사를 각각 두번씩 반복한다. 이는 견고한 맹세와 확실한 준행을 다짐하는 어법이다. 그들이 삼손의 배려를 이해한 것인지는 분명하지 않으나 삼손의 순응을 반겼다는 것은 분명하다. 사실 유다는 삼손이 자신들을 칠까봐 두려웠다. 두려움의 크기는 동원된 인원수와 비례한다. 삼손을 잡으려고 온 블레셋 사람들의 숫자보다 세 배나 더 많은 3,000명이 삼손에게 왔다는 것은 삼손의 능력이 블레셋이 추정하고 있는 크기

보다 훨씬 더 크다는 사실을 유다가 알았음을 입증한다. 그런 삼손이 동족과의 혈전을 선택하지 않고 결박을 선택해 준 것은 그들이 참으로 바라던 일이었다. 그래서 신속한 합의에 이르렀다.

유다 사람들은 두 개의 "새로운 밧줄"(עֲבֹתִים חֲדָשִׁים)로 삼손을 결박했다. 한 번도 사용하지 않은 새로운 밧줄로 삼손을 결박한 이유는 끊어질 염려가 없을 정도로 견고하기 때문이다. 그러나 삼손의 초자연적 능력을 결박할 수 있는 포승줄은 없다. 아무리 견고한 새것이라 하더라도 그가 마음만 먹으면 쉽게 끊어버릴 수 있기 때문이다. 유다는 이것을 몰랐을까? 사람들의 생각은 참 단순하다. 자신이 아주 강한 줄이라고 판단하면 하나님의 능력과 섭리도 묶을 수 있다고 착각하기 때문이다. 최고의 군사력과 정치력과 경제력을 동원해도 하나님은 매이지 않으신다. 그의 말씀을 결박할 정도로 강한 족쇄가 이 세상에는 없다. 하나님의 영이 임하는 삼손을 둘러싼 주변 사람들의 다양한 반응은 하나님을 대하는 인간의 인간적인 태도를 고발하고 있다.

그리고 유다는 결박한 삼손을 바위 틈에서 데리고 나와 레히로 향하였다. 우주 최강의 남자인 삼손은 자기보다 훨씬 약한 사람들에 의해 끌려간다. 훗날에 십자가를 지고 골고다로 끌려가는 예수님의 모습이 엿보인다. 하나님과 동등한 그는 안개와 같이 불면 날아가는 나약한 피조물에 의해 끌려갔다. 엉터리 재판을 받고 사형을 당하였다. 삼손의 삶은 예수님의 모습을 이따금씩 보여준다. 그런데 복음의 본질을 보여주지 않고 예수께서 걸어가신 삶의 무늬만 보여주고 골고다의 발자국만 예고하는 정도의 증인이다. 우리는 과연 예수님의 삶에서 어떤 부위를 증명하는 인생인가? 회 칠한 무덤처럼 입술로는 복음의 증인인 듯 보이지만, 속으로는 썩은 시체의 악취가 풍겨 결국에는 복음의 장애물로 살아가는 인생은 아닌가?

우주의 창조자가 연약한 죄인들의 손에 끌려가는 것, 이 세상의 문법으로 설명이 되지 않는 현상이다. 그러나 이 장면은 이사야가 기록한 천국의 모습과도 유사하다. 선지자는 사자가 어린 아이에게 끌리는 것을 천국의 한 장면으로 묘사했다(사 11:6). 삼손과 예수님과 사자가 보다 약한 자들에게 이끌리는 모습과 우리의 시대를 비교해 보면 천국과의 유사성 정도가 파악될 것이라고 생각한다. 부모가 자녀에게 이끌리고, 교수가 학생에게 이끌리고, 의사가 환자에게 이끌리고, 대통령이 국민에게 이끌리는 것은 질서의 파괴가 아니라 천국에 가까운 모습이다. 자녀의 미래, 학생의 복지, 환자의 치유, 국민의 행복이 강한 자들을 움직이는 기준으로 작용하는 공동체가 천국이다. 하나님의 나라에 대한 바울의 고백이다. "믿음이 강한 우리는 마땅히 믿음이 약한 자의 약점을 담당하고 자기를 기쁘게 하지 아니할 것이라"(롬 15:1). 강한 자가 자신을 기준으로 공동체를 지배하지 않고 약한 자의 약점이 강한 자의 강점을 이끄는 것이 바로 천국의 모습이다. 이런 모습을 보인다면 우리는 이 땅에서 걸어 다니는 천국이다.

¹⁴그가 레히에 이르렀다 블레셋 사람들이 그에게로 마주 나가며 소리쳤다 [그때] 여호와의 영이 급히 임하였고 그의 팔 위의 밧줄은 불탄 삼처럼 되었고 그 결박이 그의 손에서 녹아 떨어졌다 ¹⁵그는 숫나귀의 신선한 턱뼈를 발견하고 자신의 손을 내밀어 취하였고 그것으로 천 명을 죽였더라

삼손과 그를 결박한 유다 사람들이 레히에 도착했다. 블레셋 사람들이 삼손을 맞이하며 소리를 쳤다고 사사기 저자는 기록한다. 그들이 지른 소리의 의미는 무엇인가? 아마도 민족의 원수인 삼손을 잡았기 때문에 촉발된 환희가 밖으로 뛰어나온 것이겠다. 또한 복수심에 사로잡힌 블레셋이 삼손을 보자 잡아 죽여야 한다는 분노의 목소리가 모이고 모여서 거대한 함성이 된 것인지도 모르겠다. 블레셋의 살기가 정점을 찍고 복합적인 의미의 외침이 되었을 때 여호와의 영이 삼손에게 급히 임하였다. 그의 팔을 결박

하던 밧줄은 불탄 삼처럼 맥없이 녹아 없어졌다. 한 번도 사용하지 않아 최고의 강도를 자랑하던 밧줄도 여호와의 영이 임하니까 닿기만 해도 부서지는 썩은 동아줄과 같아졌다. 사람들의 눈에 아무리 강력한 절망과 슬픔과 고통과 위기라는 밧줄도 여호와의 영이 그곳에 임하시면 불탄 삼처럼 썩고 부서진다. 극과 극의 역전이 발생한다. 이는 블레셋 사람들이 지른 쾌재의 함성이 곧장 죽음의 통곡으로 바뀐다는 사실에서 확인된다. 한 치 앞을 내다보지 못하는 무지한 인생의 시끄러운 고함에 흔들리지 말라.

삼손은 "숫나귀의 신선한 턱뼈"를 발견했고 그것으로 1,000명의 블레셋 사람들을 제거했다. 사실 당시의 블레셋 사람들은 가장 강한 무기로 무장하고 왔을 가능성이 높다. 그들은 헷 족속의 지역에서 나는 철을 사용하여 무기를 만든 족속이다. 이스라엘 진영에는 사무엘의 시대까지 "온 땅에 철공이 없었으니"(삼상 13:19) 기술과 문명의 발전에 있어서 블레셋은 훨씬 더 뛰어났다. 그렇다면 그들의 무기를 빼앗아서 싸웠다면 보다 효과적인 승리를 거둘 수 있었을 것 같은데 삼손은 그들의 무기를 사용하지 않고 전혀 무기로 보이지 않아서 아무도 눈길을 주지 않는 나귀의 자연산 턱뼈를 붙잡았다. 이는 무기의 성능 때문에 블레셋을 제압한 것이 아니라 여호와의 능력과 은혜로 말미암은 것임을 잘 드러내는 도구였다. 삼손의 턱뼈만이 아니라 홍해를 가른 모세의 지팡이, 거구 골리앗을 쓰러뜨린 다윗의 물맷돌, 오천 명을 먹인 어린 아이의 도시락 등은 비록 작고 약하지만 하나님의 손에 붙들리고 여호와의 영이 임하시면 기적의 도구로 쓰인다는 사실을 잘 보여준다. 이는 초라하고 무명하고 무지하고 가난한 우리도 여호와의 영이 임하시면 세상을 어지럽게 하고 시대를 흔드는 하나님의 위대한 도구로 쓰여질 수 있다는 사실을 역설한다. 그런데 여호와의 영은 이미 우리에게 양자의 영으로서 임하셨다. 여호와의 영은 세상 끝날까지 우리를 결코 떠나지 않으신다. 그래서 하나님의 자녀가 되는 영원한 권세가 주어졌다. 그러니 강하고 담대하라!

여기에서 주목해야 할 것은 나실인의 신분을 가진 삼손이 다시 시체를 만졌다는 사실이다. 삼손이 무기로 사용한 나귀의 턱뼈는 "신선한"(טְרִיָּה) 것이었다. 즉 그것은 갓 죽은 나귀의 턱뼈였다. 과거에 꿀을 먹을 때에도 사자의 죽음을 만졌는데, 블레셋 사람들을 죽일 때에도 나귀의 죽음을 건드렸다. 달콤한 꿀에도, 승리의 환희에도 언제나 씁쓸한 죽음이 묻어 있다는 것은 삼손의 기구한 인생을 대변한다. 나실인의 서원 깨뜨리는 것이 일상인 삼손에게 승리가 무슨 의미인가! 하나님의 공적인 부르심과 사명에는 관심이 없고 감정이 시키는 대로 살아가는 사사의 사사로운 모습이 안타깝다.

> 16삼손이 말하였다 "숫나귀의 턱뼈로 더미들에 더미를 [쌓았으며]
> 숫나귀의 턱뼈로 내가 천 명을 죽였도다" 17그는 말하기를 마치고
> 턱뼈를 자기 손에서 내던졌다 그리고 그[곳]을 라맛 레히라고 칭하였다

하나님을 고려하지 않는 그의 태도는 그가 부른 짧은 승전가에 고스란히 나타난다. 물론 삼손은 블레셋 족속과의 접전에서 홀로 대승을 거두었다. 참으로 대견하고 놀라운 사건이다. 그런데 노래의 내용을 보면 어린아이 같은 삼손의 모습이 역력하다. 이 노래에서 삼손은 "숫나귀의 턱뼈"라는 초라한 병기를 먼저 언급한다. 그것으로 적들을 죽여 "더미들에 더미"로 쌓았다고 좋아한다. 턱뼈는 하나님의 위대한 능력을 보다 선명하게 드러내는 도구로 간주되지 않고 삼손 자신의 위력을 과시하는 증거물로 제시된다. 그의 생각에 자신의 승리는 여호와의 영과 무관한 일이었다. 승리의 주체를 "내가 죽였다"(הִכֵּיתִי)는 말로 표기했다. 이것은 수많은 승리의 기적을 경험한 모세의 노래와는 현저히 대조된다. "여호와께서 그들을 내주시지 않았다면 어찌 하나가 천을 쫓으며 둘이 만을 도망하게 하였으리요"(신

32:30). 모든 전쟁은 하나님께 속하였고 모든 승리는 하나님의 영광이다. 육안으로 보면 승리의 주체가 나이지만 믿음으로 보면 하나님이 승리의 주체이기 때문이다. 승리에 대한 감격의 근거는 하나님께 두어야 하고 감사와 경배는 하나님께 돌리는 것이 마땅하다.

그런데 삼손은 하나님에 대한 경외심이 거의 없는 사사였다. 대승을 거둔 지역의 이름을 지을 때에도 그러했다. 1,000명의 블레셋 사람들을 죽이고 승리한 지역을 삼손은 "라맛 레히"(רָמַת לֶחִי)라고 명명했다. 그 의미는 "턱뼈의 높이"로서 자신의 노래에도 언급된 것처럼 턱뼈로 죽인 블레셋을 더미들 위에 더미로 쌓았는데 그것이 하늘을 찌를 정도로 높다는 것을 강조하는 이름이다. 턱뼈를 사용하여 적들의 시체로 높은 산더미를 만든 주체는 삼손이다. 결국 자신을 높이는 지명이다. 아브라함은 어디를 가든지 하나님의 거룩한 이름을 기념하기 위해 제단을 쌓는 일부터 시작했다. 하나님의 택하심과 부르심을 받고 떠나서 처음으로 도착한 곳은 벧엘과 아이 사이였다. 그곳에서 무엇을 하였을까? "그가 처음으로 제단을 쌓은 곳이라 그가 거기서 여호와의 이름을 불렀더라"(창 13:4). 언제든지 어디로 가든지 하나님을 인정하고 그의 이름을 기념하는 것은 성도의 인생이고 최고의 영광이다.

> ¹⁸그는 심히 목말라서 여호와께 호소하며 말하였다
> "당신은 당신의 종의 손으로 이러한 큰 구원을 베풀어 주셨으나
> 저는 이제 목말라 죽어서 할례 받지 않은 자들의 손에 떨어질 것입니다"

물론 삼손이 하나님을 찾는 경우도 아주 드물지만 있다. 비록 이스라엘 민족 전체가 블레셋의 억압 속에서 살고 있었어도 하나님의 이름을 입에 담지 않았지만 자신이 고달프고 절박할 때에는 하나님께 엎드렸다. 지금 삼

손은 심히 목마르다. 1,000명의 블레셋 사람들을 턱뼈로 일일이 죽였다면 많은 시간이 걸렸을까? 막대한 에너지를 사용하여 탈진의 상태에 처했을 것이 분명하다. 삼손도 슈퍼맨이 아니라 우리와 동일한 인간이다. 여호와의 영이 임하는 강한 자에게도 목마름은 발생한다. 이 목마름은 아무리 거대한 규모의 적들을 섬멸하는 괴력을 발산해도 물 한 모금이 없으면 죽을 수밖에 없는 나약한 피조물에 불과한 자신을 인식하는 역설적인 계기였다. 비로소 삼손은 자신을 향하던 눈을 돌려 하나님을 주목한다. 많은 블레셋 사람들을 죽인 것도 자신의 승리가 아니라 하나님이 큰 구원을 베풀어 주신 것이었고 자신은 하나님의 "종"(עֶבֶד)이었고 승리의 주체가 아니라 하나님의 손에 잡힌 도구였을 뿐이라고 고백한다. 이는 형통한 인생에 곤고함이 찾아올 때에 주로 쏟아지는 합당한 고백이다. 고통이 겉으로는 괴로운데, 속으로는 이렇게 유용하다.

평소에는 하나님께 조금의 관심도 기울이지 않다가 위기가 찾아오면 비로소 우리의 의식은 하나님의 존재를 더듬는다. 이는 답답한 현실을 속히 벗어나고 싶은 욕구가 지푸라기 하나라도 붙드는 심정으로 하나님께 도움을 요청하는 현상이다. 심각한 목마름이 삼손의 세속화된 신앙을 일깨워 하나님을 찾게 만드는 자극제가 된 것처럼, 많은 계시를 받은 바울의 자만을 방지하기 위해 사단의 가시가 그에게 있었던 것처럼, 우리도 아주 요긴한 고통 하나씩은 가지고 살아간다. 없었으면 좋았을 것이라고 생각한 각자의 아픔은 주님을 떠나지 않게 만드는 인생의 닻으로 작용한다.

삼손은 하나님의 도우심이 없다면 "목말라 죽어서 할례 받지 않은 자들의 손에 떨어질 것"이라는 말로 하나님의 신속한 응답을 촉구한다. 여기에서 삼손은 "할례"를 언급한다. "할례"는 하나님의 영원한 언약이며 하나님의 백성과 그 외에 사람들을 구별하는 유일한 신체적 기준이다. 정작 자신은 하나님께 구별된 나실인의 신분을 가진 자로서 준수해야 할 거룩한 서원을 무시로 멸시하며 살아 놓고, 이제 목이 마르니까 언약의 표징인 할례를 운운하며 도움의 필연성을 강조하는 삼손은 얼마나 이중적인 사람인가! 무슨 낯짝으로 한 번도 하나님의 이름을 언급하지 않고 감사와 찬송이 출입한 적 없는 입술로 영원한 언약을 말하는가!

그런데 이것은 무서울 정도로 삼손과 일치하는 우리의 모습을 고발한다. 행복하고 즐거울 때에는 하나님의 자녀라는 신분증을 장롱에 처박아 놓고 까맣게 잊고 살다가 곤란한 상황이 발생할 때에만 그 신분의 행방이 궁금하여 장롱을 뒤적인다. 곤고한 시기에 찾는 하나님이 형통한 날에는 우리의 하나님이 아니신가! 예수님은 죽음과 부활의 주님이요, 고난과 영광의 주님이다. 하나님은 인생의 기후와 계절에 따라 변하지 않는 분이시다. 어제나 오늘이나 영원토록 항상 동일한 분이시다. 그렇다면 우리는 형통할 때에는 하나님께 감사와 찬송을 드리고, 곤고할 때에는 하나님을 깊이 생각하며 범사에 그를 인정해야 한다. 졸음과 주무심도 없이 우리를 항상 지켜보시는 하나님을 우리도 항상 바라보고 생각해야 한다. 이는 우리에게 유익이요 행복이요 기쁨이다.

19하나님이 레히에서 한 우묵한 곳을 쪼개시니 물이 나왔고
그가 마시니 정신이 회복되고 살아났다 그러므로 그가 그 샘의 이름을
엔학고레라 불렀으며 이날까지 그것이 레히에 [있었더라]
20그는 블레셋 사람의 때에 이스라엘을 이십 년간 다스렸다

하나님은 삼손의 기도를 들으셨고 즉각적인 응답을 베푸셨다. 레히의 한 우묵한 곳을 쪼개어 샘을 만드셨고 그곳에서 물이 솟아나게 만드셨다. 삼손은 정신이 회복되고 살아났다. 하나님이 주신 물은 용서와 치유와 회복의 물이었다. 이 물은 변함이 없으신 하나님의 짙은 사랑을 증거한다. 만약 나였다면 감사할 줄 모르는 삼손에게 따끔한 훈육 차원에서 혹시 응답을

하더라도 더 타는 목마름 때문에 제대로 고통을 당하라고 하루에 한 삽씩 뜨면서 느릿느릿 우물을 파고 물도 아주 서서히 차오르게 했을 것인데, 하나님은 역시 다르시다. 진노에는 걸음이 더디시고 은총에는 빠르시다. 하나님은 그렇게 자녀의 뻔한 엄살에 늘 속으신다. 몰라서 당하시는 것이 아니라 알면서도 일부러 기꺼이 속으신다. 친히 제정하신 '이에는 이로, 눈에는 눈으로'의 정의관을 우리에게 적용하지 않으시고 자신의 고집스런 사랑 때문에 기회가 생길 때마다, 없으면 기회를 만들어서라도 긍휼을 반드시 베풀고야 마는 분이시다. 그래서 인간은 악해도 하나님은 선하시다. 하나님은 인간의 악함과 거짓됨과 비열함에 장단을 맞추지 않으신다. 그렇게 자신의 시은좌를 떠나지 않으신다. 팔을 걷고 멱살을 잡고 육박전을 치루지 않으신다. 바울이 정확하게 지적한 것처럼, 인간의 머리로는 해석되지 않을 정도의 길이 참으심을 모든 자들에게 보이신다(롬 2:4).

하나님이 삼손에게 물을 제공하실 때에 사용된 동사가 중요하다. 즉 하나님은 어떤 장소를 "쪼개셨다"(יִבְקַע). 이 동사는 노아의 시대에 홍수의 심판을 내리면서 큰 깊음의 샘들을 쪼개신 이야기에 사용된 단어였고(창 7:11), 모세의 시대에 홍해를 갈라서 베푸신 유월절의 구원 이야기에 사용된 단어였다(출 14:21). 다른 용도로도 쓰였지만 심판과 구원 이야기에 관여한 이력을 가진 특이한 낱말이다. 삼손은 물의 수혜자로 나오지만 그가 희미하게 혹은 역설적인 방식으로 상징하는 예수님은 친히 심판의 희생자가 되셔서 자신을 쪼개셨고 영원한 생수의 공급자가 되어 누구라도 목마르면 와서 마음껏 마시게 만드셨다(요 7:37). 생수를 공급하는 생수의 강은 성령을 가리키는 말이라고 한다(요 7:39). 여호와의 영이 임한 삼손에게 주어져 정신을 회복하고 살아나게 한 물은 임재하신 여호와의 영을 깨닫게 하는 도구이지 않았을까? 그러나 삼손은 해갈의 기쁨에 매몰되어 있다.

삼손은 작명에 능숙하다. 그는 생수의 회복을 체험한 장소의 이름을 "엔학고레"(עֵין הַקּוֹרֵא) 즉 "부르짖는 자의 샘"이라고 했다. 그런데 이번에도 이

지명에는 자기중심성이 반영되어 있다. "부르짖는 자의 샘"이 아니라 "응답하신 분의 샘"이라고 지었다면 얼마나 좋았을까! 은총을 받은 이후 우리는 그 은총의 의미를 올바르게 해석해야 한다. 수혜자 중심이 아닌 수여자 중심의 사건으로 이해하고 하나님을 어떻게 기념할 것인지를 고민하는 신앙이 지명 결정을 주도해야 한다. 엔학고레는 사사기를 기록하는 시점까지 레히에 있었다고 저자는 명시한다. 이는 삼손의 이야기가 허황된 상상이 아니라 역사 속에서 실제로 발생한 사실임을 증거한다. 삼손은 블레셋이 가나안을 다스리던 시대에 이스라엘 백성을 20년 동안 다스렸다. 앞에서 살핀 사건에서 확인된 것처럼, 삼손의 다스림은 이스라엘 전체에 대한 것이 아니었다. 유다 자파의 경우에는 삼손을 사사로 인정하지 않았고 오히려 그의 영향력이 미치지 않도록 그를 블레셋의 손에 넘기는 관계의 단절을 선택했다.

삼손은 외로운 사사였다. 자신을 위하는 성급한 결혼 추진으로 부모와의 관계가 깨어졌다. 자기를 위한 수수께끼 사건으로 블레셋 친구들은 원수로 변하였고 아내 및 그녀의 가정과의 관계도 깨어졌다. 자신의 무책임한 행동으로 형제 지파인 유다와의 이미 깨어진 관계도 확인했다. 이는 공동체를 위하지 않고 자신을 위하여 하나님의 특별한 은총을 남용한 자의 필연적인 삶이었다. 삼손과는 달리 자신을 위해서는 40일의 배고픔 속에서도 끼니를 포기하며 오로지 하나님과 이웃 사랑을 위해 평생 이타적인 삶을 사셨던 예수님의 삶도 삼손처럼 외로웠다. 육신의 부모도 떠나고, 형제들도 자신을 조롱하고, 제자들도 자기들만 살려고 도망갔다. 그러므로 외로운 삶의 겉모습을 가지고 이기적인 삶과 이타적인 삶의 여부를 판단하는 것은 금물이다.

우리도 자신만을 위하여 하나님의 은혜를 남용하고, 자기가 곤고하고 아쉬울 때에만 하나님의 이름을 부르고, 체험한 은혜의 공로를 하나님께 돌리지 않고 자신에게 돌리면, 삼손처럼 외로운 삶을 살아가게 된다. 아무리 재능이 많더라도 그것으로 자신만 위하면 개인이 외롭고, 자기 가정만 위하면 가정이 외롭고, 자기 직장만 위하면 직장이 외롭고, 자기 나라만 위하면 국가가 고립된다. 우리는 어떤 곳에서든 주어진 권위와 재능과 지위와 신분을 공동체 내에 타인과 타 공동체를 위하여 사용하고, 형통에 대해서는 그 공로를 오롯이 하나님께 돌리며 그에게만 감사와 찬송을 드림이 마땅하다. 그리고 하나님과 이웃을 사랑하는 이타적인 삶을 살더라도 외로운 삶을 각오함이 좋다. 하지만 주님께서 가장 가까운 증인으로 우리를 떠나지 않으시기 때문에 우리의 영혼은 외롭지가 않다. 그러나 삼손은 범사가 아니라 기적 속에서도 하나님을 인정하지 않았기 때문에 소망의 마지막 보루이신 하늘의 증인마저 곁에 없는 외로운 인생이다.

삿 16:1-16

¹삼손이 가사에 가서 거기서 한 기생을 보고 그에게로 들어갔더니 ²가사 사람들에게 삼손이 왔다고 알려지매 그들이 곧 그를 에워싸고 밤새도록 성문에 매복하고 밤새도록 조용히 하며 이르기를 새벽이 되거든 그를 죽이리라 하였더라 ³삼손이 밤중까지 누워 있다가 그 밤중에 일어나 성 문짝들과 두 문설주와 문빗장을 빼어 가지고 그것을 모두 어깨에 메고 헤브론 앞산 꼭대기로 가니라 ⁴이 후에 삼손이 소렉 골짜기의 들릴라라 이름하는 여인을 사랑하매 ⁵블레셋 사람의 방백들이 그 여인에게로 올라가서 그에게 이르되 삼손을 꾀어서 무엇으로 말미암아 그 큰 힘이 생기는지 그리고 우리가 어떻게 하면 능히 그를 결박하여 굴복하게 할 수 있을는지 알아보라 그리하면 우리가 각각 은 천백 개씩을 네게 주리라 하니 ⁶들릴라가 삼손에게 말하되 청하건대 당신의 큰 힘이 무엇으로 말미암아 생기며 어떻게 하면 능히 당신을 결박하여 굴복하게 할 수 있을는지 내게 말하라 하니 ⁷삼손이 그에게 이르되 만일 마르지 아니한 새 활줄 일곱으로 나를 결박하면 내가 약해져서 다른 사람과 같으리라 ⁸블레셋 사람의 방백들이 마르지 아니한 새 활줄 일곱을 여인에게로 가져오매 그가 그것으로 삼손을 결박하고 ⁹이미 사람을 방 안에 매복시켰으므로 삼손에게 말하되 삼손이여 블레셋 사람들이 당신에게 들이닥쳤느니라 하니 삼손이 그 줄들을 끊기를 불탄 삼실을 끊음 같이 하였고 그의 힘의 근원은 알아내지 못하니라 ¹⁰들릴라가 삼손에게 이르되 보라 당신이 나를 희롱하여 내게 거짓말을 하였도다 청하건대 무엇으로 당신을 결박할 수 있을는지 이제는 내게 말하라 하니 ¹¹삼손이 그에게 이르되 만일 쓰지 아니한 새 밧줄들로 나를 결박하면 내가 약해져서 다른 사람과 같으리라 하니라 ¹²들릴라가 새 밧줄들을 가져다가 그것들로 그를 결박하고 그에게 이르되 삼손이여 블레셋 사람이 당신에게 들이닥쳤느니라 하니 삼손이 팔 위의 줄 끊기를 실을 끊음 같이 하였고 그 때에도 사람이 방 안에 매복하였더라 ¹³들릴라가 삼손에게 이르되 당신이 이 때까지 나를 희롱하여 내게 거짓말을 하였도다 내가 무엇으로 당신을 결박할 수 있을는지 내게 말하라 하니 삼손이 그에게 이르되 그대가 만일 나의 머리털 일곱 가닥을 베틀의 날실에 섞어 짜면 되리라 하는지라 ¹⁴들릴라가 바디로 그 머리털을 단단히 짜고 그에게 이르되 삼손이여 블레셋 사람들이 당신에게 들이닥쳤느니라 하니 삼손이 잠을 깨어 베틀의 바디와 날실을 다 빼내니라 ¹⁵들릴라가 삼손에게 이르되 당신의 마음이 내게 있지 아니하면서 당신이 어찌 나를 사랑한다 하느냐 당신이 이로써 세 번이나 나를 희롱하고 당신의 큰 힘이 무엇으로 말미암아 생기는지를 내게 말하지 아니하였도다 하며 ¹⁶날마다 그 말로 그를 재촉하여 조르매 삼손의 마음이 번뇌하여 죽을 지경이라

◆ ◆ ◆

¹삼손이 가사로 갔고 거기에서 한 창녀를 보고 그녀에게 들어갔다 ²"삼손이 여기에 왔다"는 말이 가사 사람들에게 [알려졌다] 그들이 밤새도록 성문에서 그를 에워싸고 매복했다 조용히 있으면서 말하였다 "아침이 밝아올 때까지는 우리가 그를 죽이리라" ³삼손은 밤중까지 누워 있다가 그 밤중에 일어나 성문의 문짝들과 두 문설주를 붙들었고 문빗장과 함께 그것들을 뽑았고 그것들을 자신의 어깨에 메고 헤브론의 앞산 꼭대기로 갔다 ⁴그런 이후에 그는 소렉 골짜기에 [사는] 들릴라라 이름하는 여인을 사랑했다 ⁵블레셋 방백들이 그녀에게 올라와 그녀에게 말하였다 "너는 삼손을 꼬드겨서 무엇으로 그의 힘이 그토록 강하며 우리가 어떻게 그를 결박하여 굴복하게 할 수 있는지를 알아보라 우리는 각각 너에게 은 천백 개씩 주리라" ⁶들릴라가 삼손에게 말하였다 "청합니다 당신의 능력은 무엇으로 그렇게 강하며, 어떻게 하여야 당신을 결박하여 굴복하게 하는지를 저에게 알려 주십시오" ⁷삼손이 그녀에게 말하였다 "만약 마르지 않은 새 줄 일곱으로 나를 묶으면 내가 약해져서 다른 사람과 같아진다" ⁸블레셋 방백들은 마르지 않은 새 활줄 일곱을 가지고 그녀에게 올라갔다 그녀는 그것들로 삼손을 결박했다 ⁹그녀를 위하여 매복한 무리가 그 방안에 머무르는 채 그녀는 그에게 말하였다 "삼손이여, 블레셋 사람들이 당신 위에 덮칩니다" 그가 그 활줄들을 불에 탄 실 끊는 것처럼 끊었다 그의 힘[의 비밀]은 알려지지 않았다 ¹⁰들릴라가 삼손에게 말하였다 "보십시오 당신은 나를 희롱했고 나에게 거짓말을 했습니다 이번에는 제발 알려 주십시오 무엇으로 당신이 결박될 수 있는지를!" ¹¹그가 그녀에게 말하였다 "만일 사용하지 않은 새로운 밧줄들로 나를 결박하면 내가 약해져서 다른 사람과 같아진다" ¹²들릴라가 새 밧줄들을 취하고 그것들로 그를 결박하고 그에게 말하였다 "삼손이여, 블레셋 사람들이 당신 위에 덮칩니다" [이때에도] 매복한 자들이 그 방에 머물렀다 이에 삼손은 팔 위로부터 그것들을 실처럼 뜯어냈다 ¹³들릴라가 삼손에게 말하였다 "당신은 지금까지 나를 희롱하며 나에게 거짓말을 했습니다 무엇으로 당신이 결박될 수 있는지를 나에게 알려주세요" 그가 그녀에게 말하였다 "만일 그대가 나의 머리털 일곱 가닥을 베틀의 날실과 함께 엮는다면 [결박된다]" ¹⁴그녀는 바디로 그것을 단단히 짜고 그에게 말하였다 "삼손이여, 블레셋 사람들이 당신 위에 덮칩니다" 삼손은 잠에서 깨어나 베틀의 바디와 날실을 다 빼내었다 ¹⁵그녀가 그에게 말하였다 "당신은 어떻게 '내가 당신을 사랑한다' 하십니까? 이로써 세 번이나 나를 희롱하고 무엇으로 당신의 힘이 강한지를 나에게 알려주지 않으면서!" ¹⁶그녀가 종일 자신의 말들로 그를 압박하고 다그치니 그의 마음은 죽을 지경이다

34   삼손: 선택의 기로에서

삼손은 식욕을 절제하지 못하여 시체 속에서 꿀을 떠서 먹었으며, 분노를 절제하지 못하여 곡식을 불태우고 사람들을 죽였으며, 이번에는 정욕을 절제하지 못하여 창녀에게 들어가 하나님께 거룩하게 구별된 신분을 더럽혔다. 삼손은 딤나의 여인과 사별한 이후로 재혼을 했다는 이야기가 없다. 창녀와의 하룻밤 잠자리도 불 같이 타오르는 삼손의 정욕을 잠잠케 만들지는 못하였다. 결국 그는 딤나 근처에 위치한 소렉 골짜기로 내려갔고 그곳에서 들릴라를 만나 육적인 사랑을 불태운다. 그곳에서 그는 힘의 비밀에 대한 여인의 집요한 추궁을 당하면서 자신의 힘과 생명의 보존을 선택한다. 이를 위해 나실인의 도리를 멸시하며 술에 만취되고 거짓말로 희롱하고 게임을 즐기다가 결국 수치의 구덩이로 떨어진다. 하나님과 사람을 무시한 그의 거짓말은 최악의 선택이다. 본문은 그 수치에 이르기 직전의 상황을 알려준다. 우리가 삼손의 자리에 있었다면 어떤 선택을 하였을까?

¹삼손이 가사로 갔고 거기에서 한 창녀를 보고 그녀에게 들어갔다

삼손은 가사로 내려갔다. 가사는 삼손의 고향인 소라에서 약 60km 정도 떨어진 곳으로서 블레셋의 5대 도시들 중 최남단에 위치한다. 삼손이 그 먼 곳까지 자유롭게 출입할 수 있을 정도로 블레셋 사람들이 그에게 두려움을 느꼈으며 함부로 건드리지 못하였다. 이렇게도 먼 곳으로 삼손이 내려간 대단한 목적은 무엇인가? 그곳을 점령하기 위해 간 것이 아님은 분명하다. 사사기의 저자가 보기에 보다 중요한 가사 방문의 목적은 성적인 것이었다. 그곳에서 삼손은 한 창녀를 보고 그녀에게 들어갔다. "몸을 파는 여인을 보았다"(יַרְא אִשָּׁה זוֹנָה)는 것은 한 여인을 본 것만이 아니라 몸을 파는 창녀라는 그녀의 직업도 알았음을 의미한다. "그녀에게 들어갔다"(יָּבֹא אֵלֶיהָ)는 말은 성적인 관계를 맺으려고 함께 침실로 들어가는 것을 의미하는 관용구다(창 29:23, 30:4, 38:18, 신 25:5, 삼하 12:24). 사사가 된 지 20년이 되었지만 그는 여전히 정욕의 노예로 살아간다. 오늘날 목회자들 중에 원로들의 성적인 문제가 이따금씩 드러나는 것은 삼손의 성적인 성향과 유사하다. 창녀에게 들어감에 있어서 삼손은 어떠한 망설임도 없다. 그녀의 직업을 알고도 들어갔기 때문에 의도적인 출입이다.

하나님께 구별된 사람들이 창녀를 취하는 것은 레위기에 명시되어 있는 불법이다(레 21:7). 삼손은 그런 불법을 저질렀고 또 다시 나실인의 신분을 망각하고 무시했다. 그가 그러할 때마다 불행하고 비극적인 일들이 일어났다. 사사기 저자는 이곳에서 짧은 가사 이야기를 통해 삼손에게 심상치 않은 비극이 일어날 것임을 암시한다. 실제로 삼손은 이후에 비참한 불행을 당하고 끔찍한 최후를 맞이한다. 이것을 촉발한 원인은 삼손이 일평생 절제하지 못한 정욕이다. 이는 창녀에게 들어간 삼손 이야기가 확증한다. 최남단에 위치한 도시까지 와서 사사기에 기록될 만한 삼손의 행적은 창녀와 하룻밤 잠자리를 했다는 것이 전부였다. 이는 정욕의 해소를 위한 삼손의 집

요한 의지를 증거한다. 본인의 생활권 주변에서 창녀에게 들어가면 지인에게 쉽게 발각될 수 있어서 원거리 관계를 선택한 것인지도 모르겠다. 이 이야기는 사사기 저자가 삼손의 사사인생 20년을 언급한 이후에 등장한다. 그의 사사생활 전체를 통틀어서 꼭 언급해야 하는 내용이기 때문이다.

2"삼손이 여기에 왔다"는 말이 가사 사람들에게 [알려졌다]
그들이 밤새도록 성문에서 그를 에워싸고 매복했다 조용히 있으면서 말하였다
"아침이 밝아올 때까지는 우리가 그를 죽이리라"

삼손이 가사에 와서 창녀의 집에 들어간 사실은 그곳 주민에게 알려졌다. 이는 삼손의 거동이 신중하지 않았거나 그를 노리는 자들의 끈질긴 감시가 있었음을 의미한다. 가사 사람들은 기민하게 움직였다. 창녀의 집은 성문 주변에 위치한다. 그래서 그들은 삼손을 죽이기 위해 성문으로 와서 그 집을 에워싸고 밤새도록 매복했다. 혼자서 천 명의 장정들을 죽이는 삼손의 괴력 소문은 블레셋 전역에 파다했다. 그들은 섣불리 공격을 가했다가 역습을 당할 수도 있다는 사실을 의식하고 있다. 그래서 그들은 조용한 목소리로 아침이 밝아 오기 전에 삼손을 없앤다는 공동의 결의를 확인하며 기습의 적기를 새벽까지 기다렸다. 삼손에 대한 그들의 적개심은 밤새도록 타올랐다. 이처럼 삼손과 가사 사람들의 관계는 평화롭지 않다. 오히려 가사 사람들의 살기가 불꽃을 튀기는 상황이다. 그런데도 삼손은 이 살벌한 기운을 전혀 모른 채 자신의 정욕에만 집착한다.

요한의 언급에 의하면, 육신의 정욕은 안목의 정욕과 이생의 자랑과 더불어 이 세상의 1/3을 차지하는 인간의 욕망이다(요일 2:16). 정욕이 매년 소비하는 예산의 규모는 막대하다. 성매매의 불법성과 은밀성 때문에 정확한 실태 조사가 어렵지만, 한국의 성매매 시장은 세계 6위이며(세계순위: 중

국, 스페인, 일본, 독일, 미국) 연간 최대 37조 규모라고 한다(형정원, 2015). 이러한 성매매를 포함한 정욕의 총 지출액은 현재 대한민국 정부의 예산 558조원의 1/3에 해당하는 153조원 정도일 것으로 추산된다. 한국남성 10명 중에서 5명이 성구매 경험이 있고 사회적인 직급이 높을수록 성구매 비중도 높아지는 것으로 나타났다. 경제적인 빈곤이나 사회적인 속박에서 자유로운 사람들이 정욕의 허리띠를 더 자주 풀고 더 많은 쾌락을 즐긴다는 것은 상식이다. 삼손은 부모도 제어하지 못하고, 제어할 아내도 없고, 당시 팔레스틴 지역을 다스리던 블레셋의 패권도 두려움의 대상으로 여기지 않은 사람이다. 외부의 브레이크 장치가 하나도 없는 상황이다. 자신의 자발적인 절제가 없다면 그의 정욕은 계기만 마련되면 곧장 밖으로 표출된다. 자신에 대해 복수의 칼을 갈고 있는 사람들이 둘러싼 가사에서 이러한 포위의 사실을 무시하고 그가 창녀에게 들어간 것은 정욕에 대한 그의 거침없는 무절제를 잘 드러낸다.

³삼손은 밤중까지 누워 있다가 그 밤중에 일어나 성문의 문짝들과
두 문설주를 붙들었고 문빗장과 함께 그것들을 뽑았고
그것들을 자신의 어깨에 매고 헤브론의 앞산 꼭대기로 갔다

삼손은 자신이 포위되어 있다는 사실을 알았을까? 포위된 사실을 알았어도 그는 매복한 자들을 가볍게 제압했을 것이지만 그것이 번거로운 일이라고 여겼는지 그는 동트기 훨씬 이전에 일어나서 헤브론의 앞산 꼭대기로 갔다. 그런데 삼손은 성문의 문짝들과 두 문설주와 문빗장을 뽑아냈다. 그리고 그것들을 자신의 어깨에 매고 이동했다. 한 사람이 그 육중한 것들을 뽑아내는 것도 놀랍지만 그 무거운 것들을 가뿐하게 들어 어깨에 짊어지고 유유히 걸어가는 그의 행동도 아주 경이로운 상남자의 모습이다. 매

복해 있던 가사 사람들은 이것을 목격하고 무슨 생각과 어떤 반응을 하였을까? 귀로만 듣던 삼손의 괴력은 그들의 눈으로 들어가고 뇌리를 관통했다. 삼손이 눈치 채지 못하도록 기습하기 위해 매복한 자들은 이제 그에게 들키지 않기 위해 미세한 숨소리의 출고도 자제해야 했다. 그들의 심장은 널뛰기를 했고 다리는 후들후들 떨렸으며 이빨의 시끄러운 부딪힘 때문에 두려움이 발각되지 않도록 그들은 이를 악물어야 했다. 삼손의 실체를 경험한 가사 사람들은 소문의 덩치를 키워 블레셋 전역에 퍼뜨리는 진원지가 되었을 것으로 추정된다.

삼손이 이동한 헤브론은 가사에서 60km의 거리에 위치한다. 게다가 가사는 해변이고 헤브론은 산악이다. 그의 헤브론 여정은 그 무거운 것들을 그렇게도 많이 들고, 그렇게도 먼 거리를 걸으며, 산악으로 오르는 급경사의 심술과도 싸워야 하는 행보였다. 누가 감히 이런 초인적인 삼손에게 기습의 엄두를 낼 수 있겠는가! 가사 사람들의 간담이 겨울의 급습을 맞이했을 것임은 너무도 분명하다. 당시 성문은 성읍이나 민족의 국격을 상징하는 도구였다. "가사"(עַזָּה)는 "강한 것"을 의미한다. 블레셋의 최남단에 있는 강한 가사의 성문짝과 기둥과 빗장까지 뽑아 아브라함 부부와 이삭 부부와 야곱 부부가 묻힌 역사적인 헤브론 성읍으로 옮겨간 것의 의미는 무엇인가? 삼손이 무슨 종교적인 의미를 고려하고 행한 의도적인 일은 아니지만 자신도 모르게 이끌려 이루어진 이 사건은 일찍이 철제 무기를 사용할 정도로 강한 블레셋 족속이라 할지라도 결국 하나님의 백성에게 굴복하게 될 것임을 암시한다. 실제로 삼손은 나중에 결박되어 가사로 돌아오고 그곳에서 기둥을 쓰러뜨려 저택을 무너지게 함으로써 블레셋 방백들을 비롯한 많은 적들을 제거한다. 삼손은 비록 자신의 기호를 따라 하나님과 무관한 자기중심적인 인생을 살지만 하나님은 그를 통해 당신의 뜻을 알리시고 이루신다. 그러나 그의 인생은 그런 이기적인 기호의 대가를 고스란히 지불하게 된다.

⁴그런 이후에 그는 소렉 골짜기에 [사는] 들릴라라 이름하는 여인을 사랑했다

가사-헤브론 사건이 일어난 이후에 삼손은 소렉 골짜기로 갔다. 소렉 골짜기는 삼손의 고향인 소라와 첫 아내를 맞이한 딤나가 위치한 곳이었다. 그곳에는 들릴라라 이름하는 한 여인이 살았는데 삼손은 그녀를 "사랑했다"(יֶאֱהַב). "들릴라"(דְּלִילָה)는 "매달린 자 혹은 약하게 하는 자"를 의미한다. 그녀의 이름이 가진 의미는 한번 마음을 먹으면 해결될 때까지 매달리는 집요함을 암시한다. 삼손은 "매달린 자"를 의미하는 이 여인에게 매달렸다. 그녀에게 매달리다 그는 우여곡절 끝에 그녀로 말미암아 약해진다. 여인은 연약함을 이용하여 강한 남자를 연약하게 만들었다. 사랑은 그 대상이 누구냐에 따라 운명이 극과 극으로 달라진다. 마땅히 사랑해야 할 대상을 사랑하면 아름답게 되며 강해지고, 사랑하지 말아야 할 대상을 사랑하면 추해지고 약해진다. 삼손은 들릴라를 만나 추해지고 약해진다. 잘못된 만남일 가능성이 높다. 그녀는 블레셋 사람이 아닐까도 의심한다.

"소렉"(שֹׂרֵק) 골짜기는 블레셋과 단 지파의 경계 지역이며 "선택의 포도주"를 의미하는 지명이다. 소렉에서 삼손은 포도주와 같은 두 여인을 택하였다. 처음에는 딤나의 한 여인을 아내로 택하였고 이제는 들릴라라 불리는 여인을 사랑의 파트너로 택하였다. 그가 처음에 선택한 포도주는 삼손을 취하게 만들었고 둘의 관계는 삼손의 분노와 여인의 죽음으로 끝맺었다. 이번에도 삼손은 포도주에 취하였고 블레셋과 삼손의 확대된 관계는 수치와 분노와 모두의 죽음으로 끝맺는다. 이번의 선택이 삼손의 생사를 결정하는 막대한 영향을 끼쳤기 때문인지, 딤나의 여인과 가사의 창녀에 대해서는 이름도 밝히지 않은 사사기 저자가 이번에는 여인의 이름을 거명했다. 그러나 들릴라는 삼손에게 영광이 아니라 비운의 이름이다.

⁵블레셋 방백들이 그녀에게 올라와 그녀에게 말하였다 "너는 삼손을 꼬드겨서 무엇으로 그의 힘이 그토록 강하며 우리가 어떻게 그를 결박하여 굴복하게 할 수 있는지를 알아보라 우리는 각각 너에게 은을 천백 개씩 주리라"

블레셋 방백들은 블레셋의 주요 도시들(아스돗, 아스글론, 에그론, 가드, 가사)을 다스리던 군주였다. 그들은 삼손의 동선을 정확하게 파악하고 있다. 삼손과 들릴라가 사랑의 관계로 돌입한 것을 인지한 그들은 곧장 삼손의 새 포도주인 그녀를 찾아간다. 예나 지금이나 적을 공격하기 위해서는 아킬레스건을 건드리는 게 정석이다. 그것만 건드리면 초인을 직접 상대하지 않아도 그를 조정할 수 있고 손쉽게 정복할 수 있다고 생각하기 때문이다. 천하무적 삼손에게 들릴라는 아킬레스건이었다. 사랑은 사랑하는 대상에게 굴복할 마음의 각오를 의미한다. 사랑하는 대상이 원하면 거절하지 못하고 수락한다. 이러한 사랑의 생리를 이용하는 사람들에 의해 그 자체로 고유한 목적인 사랑이 교활한 수단으로 악용된다. 블레셋 방백들은 각각 은 천백의 뇌물로 들릴라를 꼬드겨 삼손을 꼬드기게 했다. 삼손이 가진 힘의 근원과 그 근원을 제거하는 방법을 알려 달라는 스파이 사주였다. 학자들은 방백들의 뇌물 5,500은이 총 2억 원을 상회하는 액수라고 짐작한다. 딤나의 여인에게 접근할 때에는 그녀와 그녀의 아버지 집을 불태울 것이라는 협박을 썼었는데, 이번에는 달달한 뇌물을 사용한다. 이처럼 평민과 방백 사이에는 목적을 달성하는 수단과 방법이 판이하다. 자신과 부모를 삼손보다 더 사랑하는 딤나의 아내와 비슷하게, 들릴라는 자신을 사랑하는 남자 삼손보다 뇌물을 더 사랑했다. 그래서 방백들의 제안을 수락했다. 그녀는 망설임 없이 자신에게 매달리는 남자를 유혹하기 시작했다. 참 사랑을 만나지 못한 삼손은 참으로 불쌍한 사람이다.

들릴라는 누구인가? 이스라엘 사람인가 아니면 블레셋 사람인가? 이에 대해 성경은 침묵한다. 앞에서 언급한 것처럼 블레셋 사람일 가능성이 높다. 블레셋을 다스리는 권력자가 식민지 주민이라 할 이스라엘 백성을 대하는 방식과는 달랐기 때문이다. 게다가 방백들이 삼손을 생포하기 위한 협력을 그녀에게 명령한 것도 아니고 그녀를 협박한 것도 아닌 뇌물의 방식을 제안한 점에서 그녀가 창녀도 아니고 방백들의 다스림을 받는 평범한 일반인도 아니라고 나는 추측한다. 그녀는 자발적인 의지로 매수를 당하였다. 들릴라는 자신의 이름을 가진 독립적인 정체성이 뚜렷하고 자립적인 삶이 가능했고 자신의 성적인 매력도 알고 그것을 수익의 방편으로 활용하되 유력한 자들과 흥정하며 대등한 거래도 하는 노련하고 비범한 여자였다. 게다가 이후에 전개되는 이야기를 보면 들릴라는 방백들의 지휘를 받지 않고 오히려 그들을 지휘한다. 삼손의 비밀을 알아내고 결박하기 위한 도구가 필요하면 사람을 보내어 방백들로 하여금 그 도구를 마련하여 제공하게 한다. 전략을 세우고 준비를 지휘하며 서서히 압박의 강도를 높이며 출구를 막고 삼손을 유혹의 코너로 몰아넣어 결국 삼손의 입을 열어 스스로 비밀을 발설하게 한다.

6들릴라가 삼손에게 말하였다
"청합니다 당신의 능력은 무엇으로 그렇게 강하며,
어떻게 하여야 당신을 결박하여 굴복하게 하는지를 저에게 알려 주십시오"

거액의 뇌물에 매수된 들릴라의 작전이 시작된다. 어떤 학자는 여기에서 시작되는 삼손과 들릴라의 대화가 여러 겹의 시험들로 이루어져 있다고 주장한다. 블레셋 사람들은 뇌물로 들릴라를 시험하고, 들릴라는 사랑으로 삼손을 시험하고, 하나님은 나실인의 서원에 대해 삼손을 시험하고, 삼손은 거짓말로 하나님을 시험한다. 일리가 있는 지적이다. 두 사람의 대화를 중심으로 보자. 들릴라는 자세를 낮추고 부탁의 잔잔한 저음으로 삼손의 귀를 공략한다. 삼손의 능력이 대단히 크다는 유쾌한 기분을 건드리며 자랑스런 능력의 배후를 밝히라고 부추긴다. 사랑하는 여인을 이기는 남자는 대장부가 아니라는 세간의 상식을 요염한 눈빛으로 행간에 삽입한 후, 그녀는 자신을 사랑하고 있다면 자신에게 사랑의 결박을 당하고 사랑의 무릎을 꿇는 것은 부끄러운 일이 아니기에 그렇게 만드는 비결을 귀띔해 주는 것이 사내답지 않느냐며 통큰 발설을 애원한다. 사랑하면 아무리 강한 남자도 정복자가 아니라 지배를 당하기 위해 자발적인 패배자가 되는 것을 선택한다. 예수님도 교회에 대한 사랑에 빠지셨기 때문에 교회 위에 군림하는 것보다 교회의 못에 찔리고 교회의 채찍으로 맞고 교회의 뾰족한 가시에 머리가 찔리는 패배를 택하셨다. 이는 하늘과 땅과 그 가운데에 있는 모든 것을 지으시고 소유하신 분의 선택이다. 삼손의 선택은 무엇인가?

7삼손이 그녀에게 말하였다 "만약 마르지 않은 새 활줄 일곱으로
나를 묶으면 내가 약해져서 다른 사람과 같아진다"

삼손의 반응은 답변의 거절이나 묵비권이 아니라 거짓된 정보를 흘리는 것이었다. 곤란한 대화의 상황에서 거짓을 동원하는 것은 삼손의 상습적인 화법이다. 그는 묘한 데자뷰를 느끼지 않았을까? 이는 딤나의 아내가 수수께끼 정답을 알아내기 위해 사랑을 무기로 삼손의 입을 벌리려고 애원하던 경우와 유사한 상황이기 때문이다. 삼손은 "마르지 않는 새 활줄 일곱으로" 자신을 묶으면 약해질 것이라고 대답한다. 이것은 굳이 말할 필요가 없는 거짓이다. 이후에 이 거짓은 삼손에게 실재가 되어 삼손의 신세는 소처럼 놋 줄에 묶여 맷돌을 돌리는 볼거리로 전락한다. 어리석은 말이나 거짓말은 우리의 입에서 출입을 단속해야 한다. "사람은 입에서 나오는 열매로 말미암아 배부르게 되나니 곧 그의 입술에서 나는 것으로 말미암아 만족

하게 되느니라"(잠 18:20). 입에서 나오는 말이 우리의 배를 채운다고 지혜자는 가르친다. 즉 거짓을 말하면 거짓의 열매로 배부르게 된다. 이것은 하나님이 정하신 섭리이기 때문에 존중해야 한다. 하나님의 귀는 늘 열려 있으며, "너희 말이 내 귀에 들린 대로 내가 너희에게 행"할 것이라는 하나님의 말씀을 신뢰해야 한다(민 14:28).

여인은 교활하다. 삼손이 대답할 수도 없고, 대답하지 않을 수도 없는 내용을 질문하기 때문이다. 대답하면 삼손은 약해지고 살해된다. 대답하지 않으면 사랑하는 사람이 슬퍼진다. 자신도 약해지지 않고 사랑하는 여인도 슬퍼하지 않는 유일한 방법은 대답을 하면서도 정답을 숨기는 거짓이다. 그런데 거짓은 거짓의 아비인 마귀의 왕궁이며 진리 자체이신 하나님에 대한 능멸이다. 삼손은 자신의 연약해짐, 여인의 슬픔, 그리고 하나님 능멸 중에서 택일해야 했다. 삼손은 마지막을 택하였다. 자신의 강함과 여인의 기쁨을 택하기 위해 거짓과 결탁했다. 그런데 "거짓 입술은 하나님께 미움을 받"고(잠 12:22), 거짓말을 내뱉어서 하나님을 능욕한 자는 망할 것이라고 지혜자는 경고한다(잠 19:9). 그런데 이후로도 삼손은 거짓말을 두 번이나 더 동원한다.

8블레셋 방백들은 마르지 않은 새 활줄 일곱을 가지고 그녀에게 올라갔다
그녀는 그것들로 삼손을 결박했다 9그녀를 위하여 매복한 무리가
그 방안에 머무른 채 그녀는 그에게 말하였다
"삼손이여, 블레셋 사람들이 당신 위에 덮칩니다" 그가 그 활줄들을
불에 탄 실 끊는 것처럼 끊었다 그의 힘[의 비밀]은 알려지지 않았다

블레셋 방백들은 들릴라의 제보를 받아 새 활줄 일곱을 준비하여 그녀에게 전달했다. 그녀는 그 활줄로 삼손을 결박했다. 지금 행하는 여인의 삼손 결

박은 장난도 아니고 애교도 아니었다. 진지하게 삼손의 괴력을 없애려고 있는 힘을 다하여 결박했다. 그리고 블레셋 사람들이 삼손을 잡으려고 왔다고 소리쳤다. 실제로 방백들은 여인을 위하여 방안에서 매복해 있었기에 들릴라의 말은 거짓이 아니었다. 삼손은 자신을 결박한 일곱 가닥의 활줄을 불에 탄 실처럼 끊어냈다. 삼손을 생포하기 위해 방안에 머물던 방백들은 자신들을 드러내지 못하고 계속 매복해 있어야만 했다. 결국 삼손이 가진 괴력의 출처는 밝혀지지 않았으나 그것은 삼손의 승리가 아니었다. 힘의 비밀이 들키느냐 마느냐의 문제가 아니라 하나님 앞에서의 삶과 태도가 더 중요했기 때문이다. 하나님께 구별된 나실인은 계속 거룩한 말과 행실로 구별되어 있어야만 하는데 삼손은 거짓말로 입술을 더럽혔기 때문이다.

배가 고프면 우리는 음식을 확보하는 것이 승리라고 생각한다. 그러나 그 음식을 훔친다면 그것은 해법이 아니라 기근보다 더 심각한 문제의 촉발이다. 삼손은 거짓말을 동원한 답변으로 비록 힘은 약해지지 않았으나 나실인의 정직성과 거룩함은 상실했다. 하나님을 기쁘시게 하지 않으면 여인과의 관계도 깨어진다. 왜 그러한가? "사람의 행위가 여호와를 기쁘시게 하면 그 사람의 원수라도 그와 더불어 화목하게 하시느니라"(잠 16:7). 이는 하나님을 기쁘시게 하면 원수와도 화목하게 된다는 교훈이다. 그러나 이것을 뒤집으면 하나님을 기쁘시게 하지 않으면 친구라도 불화하게 된다는 교훈이다. 삼손의 거짓은 하나님 및 여인과의 관계성을 파괴했고 자신의 물리적인 힘만 보존했다. 결과를 놓고 본다면, 거짓과의 결탁은 가장 이기적인 선택이고 가장 불행한 선택이다.

¹⁰들릴라가 삼손에게 말하였다
"보십시오 당신은 나를 희롱했고 나에게 거짓말을 했습니다
이번에는 제발 알려 주십시오 무엇으로 당신이 결박될 수 있는지를!"

들릴라는 격분했다. 삼손의 거짓말은 그녀를 희롱한 것이었기 때문이다. 삼손의 신뢰도는 이제 하나님 앞에서나 사람 앞에서나 바닥으로 떨어졌다. 그러나 뇌물을 취하려는 욕망에 사로잡힌 여인은 집요하다. 삼손의 거짓말과 희롱이 불쾌함을 주었지만 결별하지 않고 가벼운 바가지를 긁는 선에서 멈추었다. 사실 여인은 삼손의 거짓말과 희롱에 마음이 상하지 않았을 가능성이 높다. 믿는 도끼에 발등이 찍혀야 마음이 상하는데 그녀가 삼손을 진실로 신뢰한 것은 아니었기 때문이다. 그녀에게 보다 중차대한 사안은 삼손의 떠남보다 고액의 뇌물이 사라지는 것이었다. 그래서 삼손의 잘못을 발판으로 삼아 곧장 한 수 더 들어가서 결박의 비법 누설을 재촉했다. 재촉하는 들릴라는 영리하다. 먼저 그녀는 "보라"는 말로 그녀에게 저지른 삼손의 잘못을 보도록 그의 주의를 이끌었다. 그리고 "제발" 알려 달라고 애원하며 남자의 취약한 연민을 자극했다. 게다가 이번에는 재촉을 하되 순조로운 발설을 유도하기 위해 굴복과 관련된 문구는 일부러 삭제했다. 이처럼 들릴라는 거짓말로 자신을 희롱한 삼손의 잘못을 먼저 지적하여 기선을 제압하고, 자신은 요청하는 을의 낮은 태도를 계속해서 유지하며 경계심을 해제하고, 발설해도 큰 탈이 나지 않을 것이라는 안도감이 들도록 답변의 수위를 살짝 조절하는 노련한 화술을 구사한다. 이것을 보면서 나는 그녀의 손아귀에 걸려든 희생물로 삼손은 첫 사람이 아니었을 것이라고 생각한다.

[11]그가 그녀에게 말하였다 "만일 사용하지 않은 새로운 밧줄들로
나를 결박하면 내가 약해져서 다른 사람과 같아진다"
[12]들릴라가 새 밧줄들을 취하고 그것들로 그를 결박하고 그에게 말하였다
"삼손이여, 블레셋 사람들이 당신 위에 덮칩니다" [이때에도] 매복한 자들이
그 방에 머물렀다 이에 삼손은 팔 위로부터 그것들을 실처럼 뜯어냈다

이번에는 삼손이 다른 거짓말을 구사한다. 즉 한 번도 사용하지 않은 새로운 밧줄들로 자신을 결박하면 약해져서 일반인과 같아질 것이라고 대답한다. 두 번째 대답에서 그는 어떤 끈으로 묶는다는 내용은 그대로 두고 끈의 종류만 바꾸었다. 물론 이 대답도 거짓이다. 그러나 이 대답에서 삼손은 끈 이야기를 반복하며 정답에 한 걸음 다가갈 수 있는 힌트 하나를 제공한다. 즉 삼손이 약해지는 비결은 어떤 끈과 관계되어 있다는 사실이다. 삼손의 대답을 신뢰한 들릴라는 새 밧줄들을 가지고 삼손을 결박했다. 그리고 블레셋 사람들이 덮친다고 소리쳤다. 이번에도 방백들이 그녀의 방 안에 매복한 상황이다. 이는 삼손이 약해지면 그가 도망치기 전에 현장에서 생포하기 위함이다. 그러나 이때에도 삼손은 팔을 결박한 밧줄들을 얇은 실처럼 끊었으며 힘의 비밀도 유지했다.

> [13]들릴라가 삼손에게 말하였다 "당신은 지금까지 나를 희롱하며
> 나에게 거짓말을 했습니다 무엇으로 당신이 결박될 수 있는지를
> 나에게 알리세요" 그가 그녀에게 말하였다 "만일 그대가
> 나의 머리털 일곱 가닥을 베틀의 날실과 함께 엮는다면 [결박된다]"

삼손의 두 번째 거짓말을 경험한 들릴라는 만남이 시작된 이후로 삼손이 "지금까지" 자신에게 한 것은 희롱과 거짓말이 전부라고 토로한다. 거짓말을 통한 희롱의 강조는 진실을 통한 존중의 강한 바람을 역설한다. 이는 결박의 비결에 대한 진실만 자신에게 알려 준다면 지금까지 이루어진 모든 잘못을 만회할 것이라는 의도적인 힌트였다. 이에 삼손은 세 번째로 대답한다. 이번에는 자신의 머리털 일곱 가닥을 베틀의 날실과 엮으면 약해지고 결박을 당할 것이라고 한다. 물론 이것도 거짓이다. 그런데 이번에도 정답으로 건너가는 징검다리 하나를 제공한다. 즉 삼손의 힘은 머리털과 관계되어 있

다는 사실이다. 그의 머리털은 앞에서 두 번이나 말한 끈의 정체였다.

> ¹⁴그녀는 바디로 그것을 단단히 짜고 그에게 말하였다
> "삼손이여, 블레셋 사람들이 당신 위에 덮칩니다"
> 삼손은 잠에서 깨어나 베틀의 바디와 날실을 다 빼내었다

들릴라는 삼손의 대답을 따라 그의 머리털을 베틀의 날실로 단단히 엮었고 블레셋 사람들이 삼손을 잡으러 왔다고 동일하게 소리쳤다. 이번에도 삼손은 잠에서 깨어나 베틀에 엉긴 머리털을 유유히 빼내었다. 여인의 소리에 삼손은 "잠에서 깨어났다"(וַיִּיקַץ מִשְּׁנָתוֹ). 이것은 지금까지 언급되지 않은 표현이다. 이 말로 유추하면, 삼손은 시험을 당할 때마다 항상 잠들어 있는 상태였다. 잠자리에 들어도 활줄로 몸을 묶거나, 밧줄로 몸을 묶거나, 머리털을 베틀과 엮더라도 깨우기 전까지는 삼손이 깨어나지 못했다는 것은 그가 대단히 깊은 잠에 빠졌음을 의미한다. 사람이 아무리 깊이 잠들어도 자신의 몸을 결박하는 정도의 자극을 받는다면 깨어나는 것이 정상이다. 그런데도 삼손이 깨어나지 않았다는 것은 그가 술과 성에 만취된 상태로 잠에 빠졌음을 암시한다. 삼손은 밤마다 술에 취하여 여인과 사랑을 나누면서 깊이 잠들었을 가능성이 높다. 이는 나실인의 신분을 또 다시 망각한 모습이다.

> ¹⁵그녀가 그에게 말하였다 "당신은 어떻게 '내가 당신을 사랑한다' 하십니까?
> 이로써 세 번이나 나를 희롱하고 무엇으로 당신의 힘이 강한지를
> 나에게 알려주지 않으면서!" ¹⁶그녀가 종일 자신의 말들로
> 그를 압박하고 다그치니 그의 마음은 죽을 지경이다

세 번이나 삼손의 속임수를 당한 들릴라는 이제 최고 수위의 카드를 사용한다. 즉 그녀를 향한 삼손의 사랑이다. 그녀의 마지막 카드는 세 번이나 거짓말로 희롱하고 자신의 질문에 대한 정답을 꽁꽁 숨겨두는 남자는 자신을 결코 사랑하는 사람이 아니라는 항변이다. 실제로 남녀의 관계는 가장 깊은 비밀도 공유할 때에 진정한 사랑이다. 둘 사이에 비밀이 많으면 많을수록 그 비밀의 두께만큼 관계는 멀어진다. 들릴라는 힘의 비밀을 자신과 공유하지 않을 거면 앞으로 "나는 당신을 사랑해"와 같은 헛소리는 하지도 말라고 경고한다. 그녀는 한번만 경고하지 않고 날마다 같은 경고로 삼손을 압박했다. 이러한 압박이 반복되어 삼손의 마음은 말 그대로 죽을 지경이다. 그의 인내는 바닥이 드러났고 힘의 비밀에 대한 정답의 발설이 그의 목까지 차올랐다. 뇌물 때문에 자신을 들들 볶으며 괴롭히는 들릴라를 삼손은 떠나지 않고 그렇게 죽을 지경에서 망설이고 있다. "사랑해"와 같은 말을 봉쇄하는 것이 삼손에게 죽을 정도까지 고통을 주었다면 이는 들릴라에 대한 삼손의 사랑이 진실함을 입증한다. 그럼에도 불구하고 이 사랑은 하나님의 영광과 무관한 세속적인 사랑이다.

들릴라의 요구에 대해 삼손은 세 가지의 선택이 가능했다. 첫째, 자신을 희생하는 선택이다. 즉 힘의 비밀을 발설하여 약해지며 다른 사람들과 같아진다. 그렇게 한다면 블레셋 사람들에 의해 죽임을 당할 가능성이 높다. 그러나 진실을 말하였기 때문에 여인의 사랑이 보존된다. 그것보다 더 중요한 것으로서, 어쩌면 하나님 앞에서 거짓을 말하지 않고 진실했기 때문에 삼손의 머리에 삭도를 대더라도 힘이 약해지지 않을 가능성도 있다. 그러나 문제는 들릴라가 이스라엘 백성을 구원하기 위해 하나님의 택하심과 부르심을 받은 삼손의 힘을 약하게 함으로써 돈벌이를 하는 여자라는 사실이다. 돈을 사랑하는 여자와의 사랑이 지속되는 것은 하나님과 이스라엘 백성과 삼손 모두에게 불행이다. 둘째, 여인과의 관계를 희생하는 선택이다. 즉 답변의 거절이다. 이것은 힘의 원천을 함부로 발설하지 않고 주님과의 비밀을 보존하는 선택이다. 소중한 비밀을 가볍게 여기지 않고 힘까지 강한 남자를 싫어하는 여자가 누구일까! 들릴라도 생각이 있는 여자라면 비록 답변의 거절이 잠시는 서운할 수 있어도 진실하고 신뢰를 주고 자신을 지켜줄 삼손에게 돌아와 돈독한 관계로 발전될 가능성이 높다. 그런데 삼손은 이 두 가지의 가능성을 버리고 마지막 세 번째 경우를 택하였다. 즉 결국에는 상실할 힘을 보존하고 생존하기 위해 거짓말을 택하였다. 그러나 힘과 생명을 보존하는 선택은 하나님이 맡기신 구원의 공적인 사명을 완수하기 위함이 아니었다. 일신의 안락을 위한 것이었다.

인생은 선택의 연속이다. 하나님과 사랑하는 님과 자신의 생명이 걸린 선택의 기로에 서면 모든 사람들이 갈등한다. 나는 과연 하나님을 선택할까, 연인을 선택할까, 아니면 삼손처럼 자신의 생명을 선택할까? 우선순위 차원에서 볼 때, 성경이 가르친 선택의 정석은 하나님, 연인, 자신이다. 우리는 언제나 하나님을 일 순위로 선택해야 한다. 그리고 연인 혹은 이웃을 이 순위로 선택해야 한다. 그러나 하나님의 뜻을 거스르는 선택이 될 경우에는 이것이 선택의 목록에서 제외된다. 그리고 자신을 삼 순위로 선택해야 한다. 그러나 그것이 하나님의 뜻을 거스르고 연인이나 이웃을 사랑하지 않는 것이라면 역시 선택의 목록에서 제외된다. 자신의 힘을 보존하고 생명을 지키기 위해 거짓말을 한 삼손의 선택은 최악이다. 하나님도 능욕하고 사랑하는 여인도 희롱했기 때문이다. 그는 적법한 선택의 항목에도 없는 경우를 택하였다. 삼손의 어리석은 선택을 통해 우리는 사사기의 주제를 상기하게 된다. 즉 "너희가 섬길 자를 오늘 택하라"는 여호수아의 명령은 사사기 전체를 관통하고 있다. 하나님을 섬길 것인지, 이방인의 우상을 섬길 것인지에 대해 이스라엘 백성은 사사시대 내내 선택해야 했다. 삼손은 마지막 사사로서 하나님의 택하심과 부르심과 특별한 은총을 입은 자였지만 진실이 아니라 거짓을, 하나님과 이웃이 아니라 자신을 택하였다. 목록에도 없는 선택의 최후는 무엇인가? 삼손의 비참한 최후는 그런 선택의 끔찍한 종말을 가장 확실하게 보여준다.

삿 16:17-31

¹⁷삼손이 진심을 드러내어 그에게 이르되 내 머리 위에는 삭도를 대지 아니하였나니 이는 내가 모태에서부터 하나님의 나실인이 되었음이라 만일 내 머리가 밀리면 내 힘이 내게서 떠나고 나는 약해져서 다른 사람과 같으리라 하니라 ¹⁸들릴라가 삼손이 진심을 다 알려 주므로 사람을 보내어 블레셋 사람들의 방백들을 불러 이르되 삼손이 내게 진심을 알려 주었으니 이제 한 번만 올라오라 하니 블레셋 방백들이 손에 은을 가지고 그 여인에게로 올라오니라 ¹⁹들릴라가 삼손에게 자기 무릎을 베고 자게 하고 사람을 불러 그의 머리털 일곱 가닥을 밀고 괴롭게 하여 본즉 그의 힘이 없어졌더라 ²⁰들릴라가 이르되 삼손이여 블레셋 사람이 당신에게 들이닥쳤느니라 하니 삼손이 잠을 깨며 이르기를 내가 전과 같이 나가서 몸을 떨치리라 하였으나 여호와께서 이미 자기를 떠나신 줄을 깨닫지 못하였더라 ²¹블레셋 사람들이 그를 붙잡아 그의 눈을 빼고 끌고 가사에 내려가 놋 줄로 매고 그에게 옥에서 맷돌을 돌리게 하였더라 ²²그의 머리털이 밀린 후에 다시 자라기 시작하니라 ²³블레셋 사람의 방백들이 이르되 우리의 신이 우리 원수 삼손을 우리 손에 넘겨 주었다 하고 다 모여 그들의 신 다곤에게 큰 제사를 드리고 즐거워하고 ²⁴백성들도 삼손을 보았으므로 이르되 우리의 땅을 망쳐 놓고 우리의 많은 사람을 죽인 원수를 우리의 신이 우리 손에 넘겨 주었다 하고 자기들의 신을 찬양하며 ²⁵그들의 마음이 즐거울 때에 이르되 삼손을 불러다가 우리를 위하여 재주를 부리게 하자 하고 옥에서 삼손을 불러내매 삼손이 그들을 위하여 재주를 부리니라 그들이 삼손을 두 기둥 사이에 세웠더니 ²⁶삼손이 자기 손을 붙든 소년에게 이르되 나에게 이 집을 버틴 기둥을 찾아 그것을 의지하게 하라 하니라 ²⁷그 집에는 남녀가 가득하니 블레셋 모든 방백들도 거기에 있고 지붕에 있는 남녀도 삼천 명 가량이라 다 삼손이 재주 부리는 것을 보더라 ²⁸삼손이 여호와께 부르짖어 이르되 주 여호와여 구하옵나니 나를 생각하옵소서 하나님이여 구하옵나니 이번만 나를 강하게 하사 나의 두 눈을 뺀 블레셋 사람에게 원수를 단번에 갚게 하옵소서 하고 ²⁹삼손이 집을 버틴 두 기둥 가운데 하나는 왼손으로 하나는 오른손으로 껴 의지하고 ³⁰삼손이 이르되 블레셋 사람과 함께 죽기를 원하노라 하고 힘을 다하여 몸을 굽히매 그 집이 곧 무너져 그 안에 있는 모든 방백들과 온 백성에게 덮이니 삼손이 죽을 때에 죽인 자가 살았을 때에 죽인 자보다 더욱 많았더라 ³¹그의 형제와 아버지의 온 집이 다 내려가서 그의 시체를 가지고 올라가서 소라와 에스다올 사이 그의 아버지 마노아의 장지에 장사하니라 삼손이 이스라엘의 사사로 이십 년 동안 지냈더라

❖ ❖ ❖

¹⁷[결국] 그는 그녀에게 자신의 모든 마음을 밝히면서 그녀에게 말하였다 "나의 머리 위에는 삭도를 올리지 않았는데 이는 내가 어머니의 태로부터 하나님께 성별된 자였기 때문이다 만약 내 [머리털]이 잘린다면 나에게서 나의 힘이 떠나겠고 나는 약해져서 모든 사람과 같아진다" ¹⁸들릴라는 그가 그의 모든 마음을 자신에게 알려준 것을 인지하고 [사람을] 보내어 블레셋 방백들을 불러 말하기를 "그가 자신의 모든 마음을 나에게 알렸으니 한번 [더] 올라와 주십시오" 블레셋 방백들이 그 여인에게 올라오되 자신들의 손에 은을 가지고 올라왔다 ¹⁹그녀는 삼손을 자신의 무릎 위에 잠들게 하고 사람을 불러서 일곱 가닥의 머리털을 밀고 그를 괴롭히기 시작했다 그리고 그의 힘이 그에게서 떠나갔다 ²⁰그녀가 말하였다 "삼손이여 블레셋 사람들이 당신 위에 덮칩니다" 삼손이 잠에서 깨어나며 말하였다 "내가 이따금씩 [그런] 것처럼 나가서 몸을 떨치리라" 그러나 그는 여호와가 그에게서 떠나신 것을 알지 못하였다 ²¹블레셋 사람들은 그를 결박하고 그의 눈을 뽑았으며 그를 데리고 가사로 내려갔다 그들은 그에게 동으로 된 멍에를 멨고 그는 감옥에서 맷돌질을 하게 되었다 ²²그의 머리털이 밀린 이후로 자라기 시작했다 ²³블레셋 방백들은 그들의 신 다곤에게 큰 제사와 즐거움을 위해 모여서 말하였다 "우리의 신들이 우리의 원수 삼손을 우리의 손에 넘겼구나!" ²⁴백성도 그를 보고 자신들의 신들을 찬양하며 확실히 말하였다 "우리의 신들이 우리의 손에 우리의 땅을 파괴하고 우리의 사상자가 많아지게 한 우리의 원수를 넘겼도다!" ²⁵그들의 마음이 즐거울 때 말하였다 "너희는 삼손을 불러내어 우리를 위해 재주를 부리게 하라" 그들이 삼손을 감옥에서 불러냈고 그는 그들의 면전에서 재주를 부렸으며 그들은 삼손을 기둥들 사이에 세웠더라 ²⁶삼손은 그의 손을 붙들고 있는 소년에게 말하였다 "너는 나로 하여금 이 집을 떠받치는 기둥들을 만지게 하라 내가 그것들에 기대리라" ²⁷그 집은 남녀로 가득했다 블레셋 방백들도 모두 거기에 있었으며 지붕 위에 있는 남녀도 삼천 명 정도였다 그들은 다 삼손이 재주 부리는 것을 관람했다 ²⁸삼손이 여호와께 부르짖어 말하였다 "나의 주 여호와여! 제발 나를 기억해 주시고 제발 이번만 나를 강하게 하옵소서 오 하나님! 나의 두 눈을 위하여 블레셋 사람들을 한 번의 복수로 보복하게 하옵소서" ²⁹삼손은 그 집을 가운데서 떠받치는 두 기둥 하나는 오른손으로, 또 하나는 왼손으로 붙들었다 ³⁰삼손이 말하였다 "나의 생명이 블레셋 사람들과 함께 죽으리라" 그는 힘껏 [팔을] 뺐으며 그 집은 그 안에 있는 방백들과 모든 백성 위에 무너졌다 그가 자신의 죽음에서 죽게 한 사망자가 그가 살아있는 동안에 죽게 한 자들보다 더욱 많았더라 ³¹그의 형제와 아버지의 온 가족이 내려가서 그를 들어서 올렸으며 소라와 에스다올 사이에 있는 그의 아버지 마노아의 묘지에 매장했다 그는 이스라엘을 이십 년간 다스렸다

35   삼손: 나는 어떤 삼손인가?

시스라를 말뚝으로 죽인 여인 야엘과 아비멜렉 머리에 맷돌을 던져서 죽인 한 여인의 이야기는 하나님을 대적한 자들에 대한 심판을 나타낸다. 그러나 삼손을 몰락시킨 여인 들릴라의 이야기는 하나님의 택하심을 받은 지도자에 대한 일종의 심판을 보여준다. 삼손은 들릴라의 집요한 괴롭힘에 항복하고 힘의 비밀을 실토한다. 결국 머리털이 밀리고 약해지고 눈이 뽑히고 멍에를 메고 소처럼 맷돌을 돌리는 신세로 전락한다. 그러나 마지막에 그는 개인적인 복수의 의도를 가지고 하나님께 기도하고 권능을 받아서 블레셋 방백들과 무수히 많은 사람들을 제거한다. 이는 이기적인 삼손의 사적인 보복과 하나님의 의로운 심판이 맞물린 사건이다. 이는 사사가 맞이하는 쓸쓸한 인생의 겨울이다. 삼손은 우리 모두의 자화상과 같다. 그런데 나는 과연 어떤 삼손인가?

17[결국] 그는 그녀에게 자신의 모든 마음을 밝히면서 그녀에게 말하였다

"나의 머리 위에는 삭도를 올리지 않았는데 이는 내가 어머니의 태로부터
하나님께 성별된 자였기 때문이다 만약 내 [머리털]이 잘린다면
나에게서 나의 힘이 떠나겠고 나는 약해져서 모든 사람과 같아진다"

날마다 들릴라의 성화에 시달리던 삼손은 그녀에게 백기투항 하며 힘의 비밀을 발설한다. 들릴라를 사랑했기 때문이 아니라 그녀의 괴롭힘이 마음의 숨통을 끊을 정도였기 때문이다. 삼손은 타인을 위하여 무언가를 선택한 적이 없고 무엇을 하든지 자기를 위했던 사람이다. 지독한 이기심이 한 사람의 인생을 통째로 삼키는 현상을 나는 삼손의 삶에서 확인한다. 그는 여인에게 자신의 "모든 마음"을 밝혔다고 한다. 밝힌 내용을 보면 평소에 삼손의 마음을 다 차지하고 있던 핵심적인 내용의 실체가 확인된다. 그는 자신이 "어머니의 태로부터 하나님께 성별된 자"라는 사실을 인지하고 있다. 그러나 "하나님께 성별된" 것의 의미에 대해서는 무지를 드러낸다. 그저 외적인 의미로서 머리에 삭도를 대지 말아야 한다는 것만 강조한다. 머리에 삭도를 대지 않는다는 것은 헤어스타일을 관리하는 것이 아니라 성별의 핵심적인 의미로서 그의 머리이신 하나님의 뜻에 인간의 인위적인 변경을 가하지 말고 있는 그대로 수용하고 순종해야 함을 의미한다. 머리를 위해 살아야 하는데 삼손은 자신을 위해 살았기 때문에 자신을 자기 인생의 머리로 여겼음이 분명하다. 하나님께 성별되는 것은 이발의 문제가 아니라 인생의 목적과 방향의 문제라는 사실에 대해 삼손은 무지했다.

이런 무지에 근거하여 삼손은 자신의 머리털에 삭도를 대면 자신의 힘이 떠나가고 약해져서 다른 사람과 같아질 것이라고 설명한다. 이것도 나실인의 핵심에 대한 삼손의 착각이다. 아담과 하와가 선악과를 따 먹고 범죄한 것은 선악과의 탈취 때문이 아니라 그 과일과 결부된 하나님의 말씀에 대한 거역 때문이다. 선악과 범법은 에덴에서 희귀한 과일 하나를 축낸 것이 아니라 하나님의 권위를 무시하며 그에게 무례한 도전장을 내민 행

위였다. 삼손의 경우, 나실인의 본질은 머리털에 있지 않고 백성의 구원을 위해 특별한 은혜를 베푸시는 하나님의 택하심과 관계한다. 강해짐과 약해짐의 근거는 머리털이 아니라 여호와의 영이었다. 만약 힘의 근원이 긴 머리털에 있었다면 기적을 행할 때마다 여호와의 영이 임할 필요가 없으셨다. 그런데도 삼손의 마음을 차지하고 있던 나실인 의식은 보이지 않는 여호와의 영이 아니라 눈에 보이는 머리털이 전부였다. 우리의 신앙은 어떠한가? 외적인 요소만 갖추면 하나님의 자녀이고 천국의 시민이고 영원한 생명의 소유자가 된다는 착각에 사로잡힌 삼손은 아닌가? 하나님의 택하심과 부르심과 의롭다 하심과 거룩하게 하심을 붙들어야 한다. 그것이 기독교 신앙의 핵심이다.

18들릴라는 그가 그의 모든 마음을 자신에게 알려준 것을 인지하고 [사람을] 보내어 블레셋 방백들을 불러 말하기를 "그가 자신의 모든 마음을 나에게 알렸으니 한번 [더] 올라와 주십시오" 블레셋 방백들이 그 여인에게 올라오되 자신들의 손에 은을 가지고 올라왔다

들릴라는 꽁꽁 감추어둔 마음을 드러내는 순진한 삼손의 눈빛에서 이전의 희롱과는 다른 뉘앙스를 감지했다. 이번에는 진심이 분명했다. 그녀는 신속하게 사람을 보내 블레셋 방백들을 호출했다. 세 번이나 속았던 그들에게 삼손이 가진 괴력의 비밀을 확실히 알았다는 사실을 강조했다. 방백들도 확신에 찬 들릴라의 달라진 어조를 읽고 즉시 반응했다. 처음에 보상으로 줄 것이라고 약속한 은도 잊지 않고 챙겨서 그녀에게 올라갔다. 방백들은 들릴라를 이용만 하고 버리는 야비한 태도를 취하지 않고 그녀의 공로를 인정하며 정당한 보상을 제공할 것이라는 계약에 충실했다.

¹⁹그녀는 삼손을 자신의 무릎 위에 잠들게 하고 사람을 불러서 일곱 가닥의 머리털을 밀고 그를 괴롭히기 시작했다 그리고 그의 힘이 그에게서 떠나갔다

들릴라는 방백들이 자신에게 온 상황에서 삼손을 자신의 무릎에서 잠재웠다. 요세푸스가 잘 지적한 것처럼, 그녀는 이번에도 육체의 황홀함과 술이라는 수면제를 사용했을 가능성이 높다. 삼손은 영적인 신경도 완전히 마비되는 수면 속으로 골아 떨어졌다. 진실로 그녀는 삼손의 나실인 신분을 제대로 잠재웠다. 여호와의 영이 임하여 통제하던 삼손의 영적인 운명이 이제 블레셋 여인의 손으로 넘어가 그녀의 무릎 위에 올려졌다. "음녀로 말미암아 사람이 한 조각 떡만 남게 됨"(잠 6:26)이라는 지혜자의 말은 삼손의 비참한 현실을 잘 묘사한다. 삼손의 경우처럼, 하나님의 특별한 부르심을 받은 사람도 그 부르심에 합당하게 살지 않으면 하나님의 백성을 구원하여 그분의 영광을 드러내는 위대한 일에 쓰임을 받지 못하고 돈벌이에 능숙한 이방 여인의 마수에 걸려 짭짤한 이득의 방편으로 소비된다.

삼손을 완전히 장악한 들릴라는 사람을 불러서 그의 머리털 일곱 가닥을 밀게 만들었다. 여기에서 "밀다"(תְּגַלַּח)는 동사의 주어는 여성이다. 삼손의 머리털을 제거한 주체는 들릴라다. "밀다"는 말은 대머리가 될 정도로 조금의 잔털도 남기지 않고 완전히 제거하는 것을 의미한다. 들릴라의 완벽주의 기질이 드러나는 대목이다. 그리고 삼손을 성가시게 했다. 그런데도 능력자의 움직임이 없음을 본 그녀는 삼손의 힘이 그에게서 떠났음을 확인했다. 사실 삼손은 지금 일곱 가닥의 머리털만 상실했다. 그러나 일곱 가닥의 분량에 해당하는 힘만 없어지지 않고 그의 모든 힘이 사라졌다. 아직도 그의 머리에는 그것보다 훨씬 더 많은 머리털이 있음에도 불구하고 그가 완전히 약해진 것은 힘의 근원이 머리털이 아님을 입증한다. 머리털이 그를 떠났기 때문이 아니라 머리이신 주님께서 그를 떠나셨기 때문에 삼손은 약해졌다.

예수라는 언약의 실체가 주어진 우리는 "음부의 권세가 이기지 못하"고 (마 16:18), "악한 자가 그를 만지지도 못하"(요일 5:18)기 때문에 "머리털 하나도 상하지 아니하"는 사람이다(눅 21:18). 그 이유는 무엇인가? 우리가 교회에 출석하고 헌금을 내고 기도와 찬송을 드리기 때문이 아니라 그리스도 예수께서 친히 우리를 지키시기 때문이다. 하나님의 사람은 종교적인 의식의 행위 때문이 아니라 교회의 머리이신 그리스도 때문에 누구도 건드리지 못하는 강한 사람이다. 그런데 교회가 이 사실을 삼손처럼 망각한다. 교회의 진정한 능력과 권위에 대해서도 오해한다. 바울은 교회에서 세상이 감당하지 못하는 기적을 일으키는 하나님의 능력이 십자가의 도 즉 희생적인 사랑이라 한다(고전 1:18). 세속적인 권력이나 경제력이 아니라 십자가의 사랑이 교회의 권위이고 능력이다. 그러나 오늘날 교회는 이러한 힘의 근원을 망각하고 정치적인 득세를 위해 유력한 자들에게 줄을 대고 끈적한 관계를 만들려고 몹시 분주하다. 고위직에 있는 정치인 하나가 출석하면 상석으로 안내하고 위축된 어깨를 펴면서 그 정치인의 출석과 등록을 무슨 훈장처럼 자랑한다. 그리고 교세의 확장과 건물의 증축을 위해 불법을 떳떳하게 도모한다. 이런 면에서, 모든 능력을 상실한 삼손 이야기는 기독교의 역사에서 멈추지 않는 부끄러운 교회 이야기와 무관하지 않다.

²⁰그녀가 말하였다 "삼손이여 블레셋 사람들이 당신 위에 덮칩니다"
삼손이 잠에서 깨어나며 말하였다 "내가 이따금씩 [그런] 것처럼 나가서 몸을 떨치리라" 그러나 그는 여호와가 그에게서 떠나신 것을 알지 못하였다

들릴라는 삼손에게 블레셋 사람들이 그를 잡으려고 왔다고 말하였다. 이것은 이제 삼손의 귀에 익숙한 말이었다. 이번에는 끊어야 할 활줄이나 밧줄도 없어서 서두르지 않고 유유히 일어났다. 어쩌면 블레셋 사람들을 끊어

야 할 줄로 여기면서 제대로 몸의 기운을 떨치려고 했는지도 모르겠다. 블레셋 사람들이 덮친다는 들릴라의 반복적인 말은 같았지만 삼손의 상태는 달라졌다. 달라진 것은 무엇인가? 이제는 여호와가 삼손을 떠나셨다. 이것은 세상에서 가장 무서운 현상이고 표현이다. "나를 떠나서는 너희가 아무 것도 할 수 없"(요 15:5)다고 하신 예수님의 말씀에 비추어 보면, 삼손은 완전히 무기력한 상태로 떨어졌다. 삼손도 그런 상태를 인지했다. 그러나 약해짐의 원인이 여호와의 떠나심에 있다는 사실에 대해서는 여전히 무지했다. 사사기 저자는 여호와가 떠나가신 것을 삼손이 알지 못했다는 점을 강조한다. 이 강조가 독자로 하여금 그 이유를 생각하게 한다.

사람은 변화가 있어야 무언가를 인지한다. 아무런 변화가 없으면 인지도 휴무 상태로 들어간다. 삼손이 여호와의 떠나심을 인지하지 못한 이유는 두 가지라고 나는 생각한다. 첫째, 삼손은 머리털과 같은 가시적인 것을 중요하게 생각한다. 그런데 일곱 가닥의 머리털이 없어진 것을 인지하는 사람은 거의 전무하다. 머리만 감아도 수십 가닥의 머리털이 빠지지만 그 이전과 이후의 변화를 대부분의 사람들은 느끼지 못하기 때문이다. 여호와의 떠나심은 눈에 보이지 않아서 삼손이 주목하지 않는 현상이다. 그러므로 여호와의 떠나심에 대한 그의 무지는 당연하다. 둘째, 삼손은 평소에도 여호와를 인정하고 그와 동행하는 그런 사람이 아니었다. 그렇게 여호와와 무관한 삶을 산 삼손에게 여호와의 떠나심은 어떠한 변화도 아니었다. 그것을 인지하지 못하는 것은 당연하다. 참으로 비참한 상황이다. "악인의 길은 어둠 같아서 그가 걸려 넘어져도 그것이 무엇인지 깨닫지 못한다"(잠 4:19)는 지혜자의 말에 근거해서 보면, 삼손은 지금까지 악인의 길을 걸었다고 해도 무방하다.

사사시대 삼손과 비슷한 왕정시대 사람은 사울이다. 그는 "이스라엘 자손 중에 그보다 더 준수한 자가 없고 키는 모든 백성보다 어깨 위만큼 더 컸"는데도 "나는 이스라엘 지파의 가장 작은 지파 베냐민 사람"이라 하고

"나의 가족은 베냐민 지파 모든 가족 중에 가장 미약하지" 않느냐며 사무엘의 왕위 제안도 거절했던 아주 겸손한 사람이다(삼상 9:2, 21). 하나님은 그를 택하셨고 왕으로 세우셨고 이스라엘 백성을 보호하고 그 백성을 괴롭히는 불의한 민족들과 싸워 이기라는 사명을 맡기셨다. 그러나 그는 처음에 순종하는 듯하다가 나중에 하나님이 아니라 자신을 위하여 하나님의 명령에 대한 순종을 교묘하게 거부했다. 불순종의 잘못을 책망하자 책임을 백성에게 돌리며 비열하게 변명했다. 이에 하나님은 사울을 버리셨고(삼상 15:26), 여호와의 영이 그에게서 떠나셨다(삼상 16:14). 그때부터 사울은 하나님이 세우신 다윗을 죽이고 체면을 유지하는 일에 여생을 할애하며 하나님을 대적했다. 물론 삼손은 마지막에 뉘우치고 하나님께 돌아왔기 때문에 사울보다 낫다.

²¹블레셋 사람들은 그를 결박하고 그의 눈을 뽑았으며
그를 데리고 가사로 내려갔다 그들은 그에게 동으로 된 멍에를 멨고
그는 감옥에서 맷돌질을 하게 되었다

블레셋 사람들은 삼손에게 맺힌 한을 풀기 위해 적극적인 조치에 돌입했다. 그를 강하게 결박했다. 하나님 편에서 본다면, 무한한 능력의 무절제한 사용을 결박했다. 그리고 눈을 뽑아냈다. 이것은 사람에게 모욕을 주는 잔혹한 행위인데, 이는 이후에 암몬 사람 나하스가 이스라엘 백성에게 모욕감을 주기 위해 "너희 오른 눈을 다 빼야 너희와 언약"할 것이라는 말에서도 확인된다(삼상 11:2). 섭리적인 관점에서 본다면, 눈에 보이지 않는 본질적인 것을 주목하지 않고 가시적인 것만 중요하게 여기며 비본질적 사안에 매달리는 안목의 정욕을 뽑아낸 것인지도 모르겠다. 여인의 외모만 탐하던 눈의 오용보다 눈 기능의 중지가 삼손에게 더 유익하기 때문에 이토

록 모욕적인 눈 뽑힘도 하나님의 섭리 속에서 허락된 것이라고 나는 생각한다. 이런 관점에서 예수님도 유대인을 향해 눈의 오용이 죄의 원인으로 작용하고 오히려 눈의 기능이 없었다면 그들의 죄도 없었을 것이라는 특이한 판단을 내리셨다(요 9:41). 무엇이 더 유익인가? "만일 네 오른 눈이 너로 실족하게 하거든 빼어 내버리라 네 백체 중 하나가 없어지고 온 몸이 지옥에 던져지지 않는 것이 유익하며"(마 5:29).

삼손은 눈이 뽑힌 채로 가사로 이송되어 갔다. 가사는 삼손이 1,000명의 블레셋 사람들을 살해한 곳이었다. 복수의 용광로에 빠진 셈이었다. 가사 감옥에서 그는 동으로 된 멍에를 메고 맷돌질을 했다. "맷돌을 가지고 가루를" 가는 것은 구약에서 "네 속살이 드러나고 네 부끄러운 것이 보"이는 것과 관계된 표현이다(사 47:2-3). 삼손의 맷돌질은 그의 속살과 수치를 드러내는 상징적인 현상이며, 노예보다 못한 가축처럼 된 그의 비참한 모습을 암시한다. 이는 하나님의 놀라운 은혜와 권능을 받았지만 사사로 부르신 그분의 뜻 안에 거하지 않고 자기 멋대로 살았기 때문에 초래된 결과였다. 예수님의 말씀이 떠오른다. "사람이 내 안에 거하지 아니하면 가지처럼 밖에 버려져 마르나니 사람들이 그것을 모아다가 불에 던져 사르리라"(요 15:6). 삼손의 비극적인 이야기는 비록 하나님의 자녀가 되는 최고의 은혜를 받았지만 그 자녀의 본분을 망각한 우리의 이야기와 같다.

²²그의 머리털이 밀린 이후로 자라기 시작했다

그러나 하나님은 노하시는 것보다 은혜 베푸시는 것에 능숙하고 민첩한 분이시다. 그래서 삼손의 머리털이 자라난다. 맷돌질을 하며 자신의 어리석고 부끄러운 맷돌질 인생을 돌아본다. 눈 뽑힌 가축으로 죽기에는 너무도 억울하다. 울분이 솟구친다. 그의 머리에는 "복수"라는 단어가 떠오른다. 복수에 사용할 에너지가 머리털에 서서히 충전된다.

²³블레셋 방백들은 그들의 신 다곤에게 큰 제사와 즐거움을 위해 모여서 말하였다 "우리의 신들이 우리의 원수 삼손을 우리의 손에 넘겼구나!" ²⁴백성도 그를 보고 자신들의 신들을 찬양하며 확실히 말하였다 "우리의 신들이 우리의 손에 우리의 땅을 파괴하고 우리의 사상자가 많아지게 한 우리의 원수를 넘겼도다!"

삼손의 머리털 회복의 사실을 모르는 블레셋 방백들과 그들의 백성은 그들의 신 다곤이 자신들의 원수 삼손을 넘겼다고 좋아한다. 한 사람을 생포한 것 때문에 이들은 그들의 신에게 성대한 제사까지 드리며 승리를 만끽한다. 이는 삼손의 결박과 굴복이 그들에게 민족적인 소망의 대대적인 성취였기 때문이다. 이 사건을 그들은 종교적인 관점에서 보았다는 점이 특이하다. 고대 시대에 민족들의 전쟁은 각 민족이 모시는 신들 사이의 전쟁으로 여겨졌다. 삼손을 결박하여 굴복시킨 것은 블레셋 족속이 보기에는 그들의 신 다곤이 삼손의 여호와를 꺾은 승리였다. 그래서 그들은 "우리"의 신들이 "우리"의 땅을 파괴하고(그들의 농지를 불태움) "우리"의 사상자를 많아지게 한(나귀의 턱뼈로 1,000명을 죽임) "우리"의 원수를 "우리"의 손에 주었다고 했다. 승리의 구호에서 블레셋은 "우리"라는 말을 여덟 번이나 사용한다. 한 사람 삼손 때문에 형성된 그들의 강한 결속력을 보여주는 대목이다.

삼손은 하나님 안에 거하지 않아서 합당하게 결박되고 굴욕을 당했지만 그래도 그는 하나님이 택한 사람이다. 불의한 블레셋 방백들과 시민들이 손을 잡고 하나님의 사람을 대적하는 것은 신적인 진노의 분량을 축적하는 자해적인 행동이다. "악인은 피차 손을 잡을지라도 벌을 면하지 못할 것"이라는 지혜자의 말(잠 11:21)은 조만간 블레셋 족속에게 실현된다. "이방 나라들"과 "세상의 군왕들이" 나서서 "여호와와 그의 기름 부음 받은 자를 대적하고" 분노하며 그들의 결박을 끊어내고 오히려 하나님의 사람을 결박한다 해도(시 2:1-3) 결과는 동일하다. 종말의 관점에서 보면, 진노의 축적이다. 그래서 하나님은 그들을 보며 웃으신다. 온 인류가 그 웃음의 무서운 의미를 종말에는 깨닫는다. 그러나 삼손 자신은 이러한 하나님의 섭리에 대해 무지하다. 하지만 우리는 대적들이 집단으로 몰려와 에워싸고 우리를 굴복시킬 때 미가 선지자의 고백처럼 믿음으로 하나님의 도우심을 확신해야 한다. "나의 대적이여 나로 말미암아 기뻐하지 말지어다 나는 엎드러질지라도 일어날 것이요 어두운 데에 앉을지라도 여호와께서 나의 빛이 되실 것임이로다"(미 7:8). 그러나 대적들에 대해 우리는 그들의 멸망이 아니라 그들이 하나님께 돌아오는 회복을 위해 기도해야 한다.

²⁵그들의 마음이 즐거울 때 말하였다 "너희는 삼손을 불러내어 우리를 위하여 재주를 부리게 하라" 그들이 삼손을 감옥에서 불러냈고 그는 그들의 면전에서 재주를 부렸으며 그들은 삼손을 기둥들 사이에 세웠더라

블레셋 사람들은 그들의 신 다곤에게 드리는 큰 제사로 만족하지 않고 자신들을 괴롭힌 삼손의 망가지는 모습을 보며 조롱하고 싶어졌다. 사사기 저자는 그들의 이런 욕망이 "그들의 마음이 즐거울 때" 분출한 것이라고 기록한다. 그들은 이미 즐거운데 그것에 만족하지 않고 보다 자극적인 즐거움을 위해 삼손을 불러내어 재주를 부리게 하자고 합의했다. 삼손은 감옥에서 다곤 신전으로 불려 나와 그들의 면전에서 재주를 부리는 곰처럼 행동했다. 그의 행동은 블레셋 사람들의 술맛과 잔치의 흥을 돋구었다. 고통 당하는 자의 모욕적인 모습을 즐기는 블레셋 사람들의 야만성이 잘 드러난다. 천하의 상남자 삼손이 이방인 블레셋의 그런 노리개가 된 비참한 심정의 크기는 어떠할까? 사랑을 이용한 들릴라의 교활한 배신보다, 눈이 뽑힌 굴욕보다,

칙칙한 감옥에서 짐승처럼 맷돌질을 하는 것보다 더 괴로웠을 것임에 분명하다. 뭐든지 마음대로 하던 삼손이 자유의 완전한 박탈 속에서 가장 치욕적인 강압의 희생물이 되었다는 것은 참으로 역설적인 섭리이다. 블레셋 사람들은 삼손의 처절한 몰락을 보며 안목의 정욕을 마음껏 불태웠다. 블레셋 족속처럼 세상 사람들은 눈에 보이지 않는 자신들의 신을 숭배하고 하나님을 조롱하는 종교적인 즐거움에 만족하지 않고 눈에 보이는 가시적인 교회의 보이는 몰락도 갈망한다. 이제 삼손은 신전의 기둥들 사이에 잠시 세워졌다. 우연히 세워진 그곳이 그에게는 반전의 진지였다.

> ²⁶삼손은 그의 손을 붙들고 있는 소년에게 말하였다 "너는 나로 하여금
> 이 집을 떠받치는 기둥들을 만지게 하라 내가 그것들에 기대리라"
> ²⁷그 집은 남녀로 가득했다 블레셋 방백들도 모두 거기에 있었으며 지붕 위에
> 있는 남녀도 삼천 명 정도였다 그들은 다 삼손이 재주 부리는 것을 관람했다

삼손은 자신의 손을 붙들고 있는 소년에게 조용히 부탁한다. 겉으로는 신전을 지탱하는 기둥들에 기대어 있게 해 달라는 소박한 부탁이다. 그러나 삼손은 블레셋 사람들의 민족적인 승리와 종교적인 환희를 떠받치는 두 기둥의 위치가 궁금했다. 눈 뽑힌 삼손에게 그 소년은 발 달린 눈이었다. 소년은 삼손의 부탁에 호의를 보이며 기둥으로 인도했다. 기둥은 이방인의 우상숭배 및 타락과 불의를 유지하는 신전의 핵심이다. 사사의 공적인 삶으로 부르심을 받았으나 항상 사명의 변죽만 울리던 삼손이 눈 뽑힌 이후로는 사명의 본질을 감지한다. 놀라운 역설이다.

당시 다곤 신전에는 남녀가 가득했다. 블레셋의 주요 도시들을 다스리던 모든 방백들도 참여했고, 신전의 지붕 위에도 3,000명의 사람들이 있었다고 한다. 신전의 규모는 3,000명 이상의 인원이 수용될 정도로 심히 웅

장했을 것으로 추정된다. 초청된 백성들은 블레셋 사회를 움직이는 유력한 인사들일 가능성이 높다. 마치 블레셋 전체가 신전에 모여서 우상을 숭배하고 하나님의 사사를 조롱하며 그 조롱으로 즐거움을 만끽하는 상황이다. 블레셋 역사에서 이보다 더 통쾌하고 유쾌한 시기가 있었을까! 그러나 블레셋의 이 역사적 정점은 아무도 상상하지 못한 나락의 준비였다. 정점과 나락의 격차가 클수록 민족의 역사적인 비극도 심해진다.

> ²⁸삼손이 여호와께 부르짖어 말하였다 "나의 주 여호와여!
> 제발 나를 기억해 주시고 제발 이번만 나를 강하게 하옵소서 오 하나님!
> 나의 두 눈을 위하여 블레셋 사람들을 한 번의 복수로 보복하게 하옵소서"

신전의 기둥들 사이에 선 삼손은 하나님께 부르짖어 기도한다. "부르짖어"(יִקְרָא) 기도했기 때문에 주변 사람들도 그의 기도를 들었을 가능성이 높다. 삼손은 하나님께 기도를 드리면서 사람들의 귀에도 들리도록 기도했다. 의도적인 기도였다. 그는 하나님을 "나의 주 여호와"로 표현한다. 하나님이 자신의 주인임을 인정하는 표현이다. 여기에서 삼손은 하나님과 자신의 올바른 관계성을 처음으로 고백했다. 신앙의 첫 단추는 하나님과 우리 개개인의 관계성 설정이다. 이 고백은 삼손의 인생에서 가장 중요한 회복이다. 하나님을 인정하지 않고 하나님의 사람을 조롱하며 자신들의 신들만 숭배하는 블레셋 방백들과 유력자들 가운데에 서서 하나님을 자신의 주인으로 인정하는 삼손의 모습에서 우리는 히브리서 기자가 삼손을 믿음의 증인으로 언급하는 것(히 11:32)은 전혀 이상하지 않다.

그리고 삼손은 하나님께 자신을 "기억해 달라"(זָכְרֵנִי)고 기도한다. 이것은 하나님의 부르심을 받아 나실인이 된 첫 순간의 상태에서 맺은 온전한 관계로 회복되길 바라는 삼손의 소원이다. 그때에는 그가 무엇을 하든 하나님의 초인적인 능력이 임했었다. 그래서 그런 기억 속에서 자신을 한번 만 더 강하게 해 달라고 기도한다. 사실 삼손의 머리털은 감옥에서 맷돌질을 하며 자라기 시작했고 지금은 어느 정도 자란 시점이다. 그런데 이제 그의 생각에는 머리털이 힘의 근원이 아니었다. 자신의 모든 능력이 여호와의 영으로 말미암아 주어지는 것임을 알았기 때문이다. 그래서 하나님께 기도했다. 삼손은 극단적인 고통 속에서 본질에 대한 인식의 긍정적인 변화를 경험했다. 삼손의 인생에서 전성기는 바로 이때였다. 인생의 나락에서 정점에 이른 삼손은 블레셋 사람들의 운명과 정반대로 엇갈린다. 우리의 인생에서 전성기는 언제인가? 언제나 우리의 전성기는 오늘이다. 그러나 최고의 전성기는 "아직"이다. 죽을 때까지 우리는 전성기를 갱신하는 인생을 하루하루 살아간다.

그런데 삼손이 간구한 초인적 능력의 목적은 무엇인가? 그 목적은 자신의 두 눈을 뽑아버린 블레셋 사람들을 단번에 제거하는 복수(נָקָם)였다. 삼손의 복수심이 얼마나 컸는지를 표현하기 위해 "복수로 보복하게"라는 기도에는 "복수"라는 동일한 의미의 동사와 명사가 동시에 등장한다. 이런 어법에는 복수가 완성될 때까지 복수를 멈추지 않을 것이라는 삼손의 결의가 표현되어 있다. 나는 이 대목이 심히 안타깝다. 삼손은 지금까지 공인으로 부름을 받아 사적으로 살아왔다. 그 과정에서 사적인 욕망을 추구할 때마다 갈등이 빚어졌고 원수가 늘어났다. 삼손을 따르는 사람들은 없고 그를 죽이려는 원수들은 많다. 그래서 보복이 꼬리에 꼬리를 문 복수의 인생을 살아왔다. 그러나 복수는 하나님의 것이라고 성경은 분명히 가르친다. 물론 그 복수를 수행하는 도구로 쓰임을 받을 수는 있겠지만 자신의 복수를 위해 스스로 병기가 되는 것은 불법이고 월권이다. 그런데도 삼손은 하나님의 공적인 복수를 수행하지 않고 자신의 사적인 복수만 일삼았다. 다곤 신전에서 하나님께 드린 마지막 기도도 사적인 복수의 기도였다. 그에게 복수는 인생의 전부였다. 서서히 자라다가 죽음 직전에는 극에 달하였다. 너무도 안타까운 대목이다. 당시의 실세인 블레셋의 모든 유력자들 앞에서 하나님을 "나의 주"로 당당하게 고백하는 믿음은 너무 귀하지만, 그의 사사로운 복수심은 우리가 분별하고 경계해야 한다. 삼손의 가장 아름다운 신앙은 다음 구절에서 확인된다.

²⁹삼손은 그 집을 가운데서 떠받치는 두 기둥을 움켜잡되 하나는 오른손으로,
또 하나는 왼손으로 붙들었다 ³⁰삼손이 말하였다
"나의 생명이 블레셋 사람들과 함께 죽으리라" 그는 힘껏 [팔을] 뻗었으며
그 집은 그 안에 있는 방백들과 모든 백성 위에 무너졌다 그가 자신의 죽음에서
죽게 한 사망자가 그가 살아있는 동안에 죽게 한 자들보다 더욱 많았더라

삼손은 오른손과 왼손을 뻗어서 신전의 두 기둥을 붙들었다. 그리고 말하였다. "나의 생명이 블레셋 사람들과 함께 죽으리라." 자신의 생명을 아끼지 않고 하나님의 백성을 괴롭히는 블레셋을 없애려는 삼손의 결의는 마치 십자가에 자신의 생명을 던지며 우리의 원수인 죄와 마귀를 제거하신 예수님의 결의를 떠올리게 한다. 사망이 자신에게 역사하는 방식으로 원수도 사망하고 결국 이스라엘 백성은 블레셋의 억압에서 벗어나는 자유를 누리게 하는 희생적인 삼손의 최후는 칭찬 받아 마땅하다. 그는 사활을 걸고 두 팔을 힘껏 뻗었으며 두 기둥은 자빠졌고 온 신전은 그 안에 있던 모든 방백들과 백성들 위로 무너졌다. 이로써 다곤 신전은 무너졌고 다곤 신상은 부서졌다. 종교적인 치욕이 그들에게 돌아갔다. 죽은 사람들은 모두 삼손이 재주 부리는 것을 보며 즐겼던 자들이다.

죽음보다 더 괴로운 한 사람의 몰락을 즐기던 자들의 코 앞에는 이처럼 집단적인 사망의 냉혹한 섭리가 기다리고 있었지만 그들은 한 치 앞도 내다보지 못하였다. 여기에서 우리는 지혜자의 교훈을 명심해야 한다. "네 원

수가 넘어질 때에 즐거워하지 말며 그가 엎드러질 때에 마음에 기뻐하지 말라"(잠 24:17). 왜냐하면 하나님이 이런 행실을 기뻐하지 않으시기 때문이다(잠 24:18). 지혜자는 원수의 몰락을 보고 기쁨이 밖으로 새지 않도록 표정만 관리하면 되는 것이 아니라 마음으로 기뻐하지 말라고 가르친다. 하나님은 중심을 보시기 때문이다. 우리는 원수의 멸망을 기뻐하지 않는 소극적인 태도를 넘어 원수의 돌이킴과 회복을 위해 기도하며 원수도 사랑해야 한다. 동시에 우리는 혹시 원수들이 형통하고 부하게 되더라도 시기하지 말고, 불평하지 말자(시 37:1, 7). 잠시 후에 그들은 샅샅이 찾더라도 찾을 수 없도록 소멸될 것이기 때문이다(시 37:10).

사사기 저자는 삼손이 과거에 죽였던 자들의 숫자보다 자신의 죽음과 더불어 죽인 자들이 더 많았다고 지적한다. 살아 있어야 원수를 제대로 갚는다는 상식을 뒤집고 오히려 죽음으로 원수를 보다 화끈하게 갚았다는 지적이다. 이 대목에서 내 머리에는 예수님의 십자가 죽음이 떠오른다. 그는 삼 년의 공생애를 통해 대단히 놀라운 비밀을 말하셨고 기막힌 기적을 행하셨다. 그러나 그는 십자가 위에서 자신의 죽음을 통하여 훨씬 더 신비로운 메시지를 전하셨고 훨씬 더 위대한 성취를 이루셨다. "한 알의 밀이 땅에 떨어져 죽지 아니하면 한 알 그대로 있고 죽으면 많은 열매를 맺느니라"(요 12:24). 예수님은 말하시는 것과 행하시는 것이 같으셨다.

³¹그의 형제와 아버지의 온 가족이 내려가서 그를 들어서 올렸으며
소라와 에스다올 사이에 있는 그의 아버지 마노아의 묘지에 매장했다
그는 이스라엘을 이십 년간 다스렸다

삼손의 형제와 아버지의 온 가족이 다곤 신전으로 왔다. 그들은 삼손의 시신을 발견했다. 그리고 그 시신을 "들어서 올렸다"(וַיִּשְׂאוּ וַיַּעֲלוּ)고 한다. 이

표현에 근거하여 나는 삼손이 주님의 품으로 갔다고 생각한다. 가족들은 그의 몸을 "소라와 에스다올 사이 그의 아버지 마노아의 묘지에" 매장했다. 조상의 묘지에 그의 시신을 넣었다는 것은 하나님의 사하심을 뜻하기도 한다. 비록 삼손은 방탕한 삶의 결과로서 다곤 신전에서 죽기는 하였으나 주님은 그를 사하셨다. 비록 몸은 땅에 묻혔지만 하나님의 뜻으로 태어난 그는 20년의 부끄러운 공생애를 사사로이 보내다가 마지막에 다시 주님께로 돌아와 죽음과 함께 올라갔다. 하늘로 올라감과 묘지에 매장함은 두 겹으로 이루어진 인생의 실상을 절묘하게 드러낸다. 인생을 달관한 전도자의 말처럼, 모든 사람들은 다 흙에서 왔기 때문에 흙으로 돌아가는(전 3:20) 동시에 사람들의 영혼은 위로 올라간다(전 3:21).

지금까지 길게 살펴본 삼손의 인생은 참으로 기구하다. 모든 성경이 그리스도 예수를 가리켜 기록된 것이라는 전제에서 보면 삼손의 인생도 예수를 가리켜 기록된 예언이다. 그러나 그는 비록 나실인의 신분으로 태어나서 나사렛 예수의 모델로 부름을 받았으나 긍정적인 측면이 아니라 대체로 반면교사 차원에서 예수를 증거한 사람이다. 인생의 마지막에 열방 가운데서 하나님을 자신의 주인으로 인정한 것과 자신의 생명을 아끼지 않고 원수를 몰락시킨 삼손의 장렬한 죽음은 심히 아름답다. 그러나 삼손은 여자를 사랑했다. 그녀의 외모를 주목했다. 예수도 신부인 교회에 대한 사랑이 극진했다. 하지만 외모가 아니라 중심을 주목했다. 삼손은 행하는 일마다 여호와의 영이 임하여 초자연적 능력을 발휘하며 자신의 뜻을 이루었다. 예수는 행하는 일마다 보다 강력한 성령의 권능이 나타나 죽은 자들도 살리면서 아버지 하나님의 뜻을 이루었다. 삼손은 하나님의 능력을 사적인 욕망과 복수에 동원했다. 그러나 예수는 배가 고프고 조롱을 당하고 찔리고 찍히고 박히고 맞아도 하나님의 아들이 가진 최고의 권능을 사사로이 행사하지 않고 극도의 유혹 속에서도 자제했다. 삼손은 마음이 죽을 정도로 괴로우면 하나님과 자신 사이의 고유한 비밀도 원수에게 기꺼이 발설한다. 그러나 예수는 죽음 앞에서 얼마든지 성자의 위엄과 권능으로 그 죽음을 면할 수 있었지만 그런 비밀한 하나님의 존재감을 드러내지 않고 그냥 십자가에 매달렸다. 삼손은 복수심에 사로잡혀 원수를 갚기 위해서는 자신의 목숨을 조금도 귀한 것으로 여기지 않았지만, 예수는 아버지에 대한 충성심에 사로잡혀 우리 모두의 원수인 마귀와 그의 일을 제거하기 위해 자신의 목숨을 조금도 귀한 것으로 여기지 않고 기꺼이 구원의 비용으로 지불했다. 삼손은 죽음 앞에서 복수를 위해 기도했고, 예수는 죽음 앞에서 용서를 위해 기도했다. 삼손은 죽음으로 최고의 복수를 실현했고, 예수는 죽음으로 최고의 구원을 성취했다. 구약의 삼손은 대단히 부실하다. 그러나 신약의 삼손인 예수는 완전하다. 삼손처럼 놀라운 은총과 막대한 능력은 사실 나에게도, 너에게도 주어졌다. 하나님의 자녀가 되는 권세가 주어졌고, 무엇이든 원하는 대로 구하면 주님께서 이루시는 기도의 은총이 주어졌다. 능치 못하심이 없는 최고의 삼손이신 예수께서 우리에게 주신 약속이다. "내 이름으로 무엇이든 내게 구하면 내가 행하리라"(요 14:14). 그런데 나는 누구를 닮은 삼손인가?

J

3부_ 종교적인 혼란과 도덕적인 부패

삿 17:1-13

¹에브라임 산지에 미가라 이름하는 사람이 있더니 ²그의 어머니에게 이르되 어머니께서 은 천백을 잃어버리셨으므로 저주하시고 내 귀에도 말씀하셨더니 보소서 그 은이 내게 있나이다 내가 그것을 가졌나이다 하니 그의 어머니가 이르되 내 아들이 여호와께 복 받기를 원하노라 하니라 ³미가가 은 천백을 그의 어머니에게 도로 주매 그의 어머니가 이르되 내가 내 아들을 위하여 한 신상을 새기며 한 신상을 부어 만들기 위해 내 손에서 이 은을 여호와께 거룩히 드리노라 그러므로 내가 이제 이 은을 네게 도로 주리라 ⁴미가가 그 은을 그의 어머니에게 도로 주었으므로 어머니가 그 은 이백을 가져다 은장색에게 주어 한 신상을 새기고 한 신상을 부어 만들었더니 그 신상이 미가의 집에 있더라 ⁵그 사람 미가에게 신당이 있으므로 그가 에봇과 드라빔을 만들고 한 아들을 세워 그의 제사장으로 삼았더라 ⁶그 때에는 이스라엘에 왕이 없었으므로 사람마다 자기 소견에 옳은 대로 행하였더라 ⁷유다 가족에 속한 유다 베들레헴에 한 청년이 있었으니 그는 레위인으로서 거기서 거류하였더라 ⁸그 사람이 거주할 곳을 찾고자 하여 그 성읍 유다 베들레헴을 떠나 가다가 에브라임 산지로 가서 미가의 집에 이르매 ⁹미가가 그에게 묻되 너는 어디서부터 오느냐 하니 그가 이르되 나는 유다 베들레헴의 레위인으로서 거류할 곳을 찾으러 가노라 하는지라 ¹⁰미가가 그에게 이르되 네가 나와 함께 거주하며 나를 위하여 아버지와 제사장이 되라 내가 해마다 은 열과 의복 한 벌과 먹을 것을 주리라 하므로 그 레위인이 들어갔더라 ¹¹그 레위인이 그 사람과 함께 거주하기를 만족하게 생각했으니 이는 그 청년이 미가의 아들 중 하나 같이 됨이라 ¹²미가가 그 레위인을 거룩하게 구별하매 그 청년이 미가의 제사장이 되어 그 집에 있었더라 ¹³이에 미가가 이르되 레위인이 내 제사장이 되었으니 이제 여호와께서 내게 복 주실 줄을 아노라 하니라

❖　❖　❖

¹에브라임 산지 출신의 미가라 이름하는 사람이 있었는데 ²그가 그의 어머니께 말하였다 "당신께서 잃고 저주하며 내 귀에도 말씀하신 은 천백! 보십시오 그 은은 저에게 있습니다 그것을 취한 것은 저입니다" 그의 어머니가 말하였다 "내 아들이 여호와께 복 받기를 [원하노라]" ³그가 그 은 천백을 그의 어머니께 돌려주자 그의 어머니가 말하였다 "내가 내 아들을 위하여 조각한 우상과 주조한 우상을 만들기 위해 이 은을 내 손에서 여호와께 성별하고 성별한다 그리고 이제 내가 그것을 너에게 돌려 주겠노라" ⁴그는 그 은을 그의 어머니께 돌려 드렸으며 그의 어머니는 그 은 이백을 취하여 제련하는 사람에게 주며 조각한 우상과 주조한 우상을 만들게 하였는데 그것이 미가의 집에 있었더라 ⁵그 사람 미가는 자신을 위한 하나님의 집[을 가졌으며] 그는 에봇과 드라빔을 만들었고 그의 아들들 중 하나의 손을 채웠고 그 [아들]은 그를 위한 제사장이 되었더라 ⁶그때에는 이스라엘 중에 왕이 없었으며 사람은 자신의 눈에 옳은 것을 행하였더라 ⁷유다 가족 중에서 유다 베들레헴 출신의 한 청년이 있었는데 그는 레위 사람이고 그곳에 거류했다 ⁸그 사람은 [앞으로] 거류하기 위한 곳을 찾기 위하여 유다 베들레헴 성읍에서 떠나 자신의 길을 만들면서 에브라임 산지 미가의 집에까지 이르렀다 ⁹미가가 그에게 말하였다 "당신은 어디에서 오느냐?" 그가 그에게 말하였다 "나는 유다 베들레헴 출신의 레위 사람이다 나는 내가 거류할 곳을 찾으려고 간다" ¹⁰미가가 그에게 말하였다 "당신은 나와 함께 머물러라 나를 위하여 아버지와 제사장이 되면 나는 당신에게 며칠에 은 십만이 아니라 옷과 필수품도 주겠노라" 그 레위인이 [미가의 집으로] 갔고 ¹¹그 레위인은 그 사람[과 함께] 머물기로 합의했다 이에 그 청년은 그의 아들들 중 하나처럼 되었더라 ¹²미가는 그 레위인의 손을 채웠고 그 청년은 그에게 제사장이 되어 그 집에 머물렀다 ¹³미가가 말하였다 "레위인이 나를 위한 제사장이 되었으니 이제 나는 여호와가 나로 하여금 잘되게 하실 것을 안다"

36

기복적인 신앙

12명의 사사들에 대한 이야기가 끝나고 17장에서 21장의 이야기는 이스라엘 가운데에 왕이 없다는 전제 속에서 전개된다. 다섯 장에서는 순종의 실천적인 실패와 종교의 신앙적인 실패로 구성된 서론과 대응하는 것으로서 크게 두 가지의 결론, 즉 종교적인 타락과 그것으로 말미암은 도덕적인 하극상이 언급된다. 이는 하나님을 진정한 왕으로 섬기지 않고 각자의 소견에 옳은 대로 살아가며 이방인의 종교와 사상과 문화와 규례라는 세상 안에서 세상이 되어버린 교회의 추악한 몰골을 잘 보여준다. 17장에서 21장까지 이야기의 중심에 레위인이 있다는 점이 독특하다. 이는 이스라엘 백성의 종교적인 타락과 도덕적인 부패의 중심에 제도적인 종교인 혹은 성직자가 있다는 점을 강조한다. 본문은 종교적 타락의 단초를 제공한 인물인 미가와 레위 청년 이야기를 소개한다. 그는 어머니의 재산을 훔쳤다가 돌려준다. 그의 어머니는 아들을 위하여 두 개의 신상을 만들어서 그의 집에 보관하게 한다. 레위 사람 하나가 그의 집으로 가서 그 가문의 제사장이 된다. 이는 하나님을 섬기는 종교적인 공직자를 교육하고 인준하는 공적인 시스템이 무너지고 개인의 현세적인 복을 위하여 자신의 제사장을 세우는 사적인 임직제가 아무런 검증도 없이 도입된 시대임을 증거한다. 하나님의 뜻과 무관하게 한 개인의 기호를 따라 제사장이 세워지는 시대였다.

¹에브라임 산지 출신의 미가라 이름하는 사람이 있었는데

에브라임 산지는 요셉 자손에게 주어진 땅으로서 팔레스틴 중앙, 요단강 남서쪽에 위치한다. 사사 에훗과 드보라가 활동한 지역이다. 사무엘의 가족도 이곳 출신이고 사울이 나귀를 찾은 곳이면서 이스라엘 백성이 블레셋 사람들을 피한 곳이기도 하다(WBC 주석 참조). 그보다 중요한 사실로서, 그 산지에 위치한 실로는 여호와의 법궤가 보관되어 있고 예루살렘 이전에 이스라엘 백성의 종교적인 수도였다. 이런 산지에 "미가"라는 이름을 가진 사람이 있었다고 사사기 저자는 소개한다. "미가"는 "누가 여호와와 같으냐"를 의미한다. 그러나 앞으로 미가의 삶을 통해 설명되는 여호와는 그 이름의 의미와는 달리 기복적인 신앙의 대상에 불과하다. 미가 이야기는 각자의 소견에 옳은 대로 살았던 사사시대 기간에 왜곡되고 부패한 여호와 신앙의 실상을 고발한다. 그 부패에는 돈의 종교적 악취가 진동한다.

　여기에서 나는 좋은 이름이 한 사람의 고결한 인격과 경건한 삶을 보증하는 것은 아니라는 것을 강조하고 싶다. 아마도 미가의 부모는 이 세상에 어떠한 것도 하나님과 비길 수 없다는 여호와의 신적인 절대성과 유일성을 드러내는 자녀가 되라고 "미가"라는 이름을 지어주지 않았을까? 그러나 미가의 삶은 부모의 그런 의도를 벗어난다. 물론 배신이 아닐 가능성도 있다. 이는 부모가 "미가"라는 이름으로 의도한 것이 현세적인 복을 제공함에 있어서 하나님과 비교할 자가 없다는 기복적인 의미일 수도 있기 때문이다. 교회는 번들번들한 언어의 윤기에 미혹되지 않도록 주의해야 한다. 하

나님을 사랑하고, 이웃을 사랑하고, 세계를 선교하고, 공의와 정의를 세운다는 기독교 정신의 언어적인 무늬에 홀려 정작 실천적인 내용의 충실함에 대해서는 소홀할 수 있기 때문이다.

> 2그가 그의 어머니께 말하였다 "당신께서 잃고 저주하며 내 귀에도 말씀하신 은 천백! 보십시오 그 은은 저에게 있습니다 그것을 취한 것은 저입니다" 그의 어머니가 말하였다 "내 아들이 여호와께 복 받기를 [원하노라]"

저자는 미가와 그의 어머니 사이에 일어난 사건을 설명한다. 어머니는 은 천백을 소유하고 있었는데 도둑질을 당하였다. 그녀가 잃어버린 돈의 액수는 "은 천백"이다. 이것은 들릴라가 삼손을 블레셋 방백들의 손에 넘기며 받은 개별적인 보상금의 액수와 일치한다. 이는 미가의 어머니가 그 돈을 불의한 방법으로 취득한 것일지도 모른다는 추측을 가능하게 한다. 은을 잃은 그녀는 도둑에게 저주를 퍼부었다. 이 사건을 아들의 귀에도 말하였다. 이에 아들은 그 은이 자신에게 있고 그것을 취한 도둑이 자기라고 자백한다. 부모의 재산을 자녀가 훔치는 것은 불효 중에서도 가장 심각한 경우이다. 이는 부모 재산의 도둑질이 유산의 강압적인 가불이고 부모로 하여금 빨리 죽으라는 저주의 행위적인 언어이기 때문이다. 미가의 자백은 어머니의 저주에 대한 아들의 신속한 반응이다. 이는 미가가 보기에 은 천백의 유익보다 저주의 해로움이 더 컸음을 의미한다. 그런데 그의 어머니는 아들에게 여호와의 복이 임하기를 기원한다. 물론 부모가 자신의 잘못을 뉘우치는 자녀에게 여호와의 복을 비는 것은 지극히 정상적인 사랑이다. 그러나 중요한 것은 그 복의 올바른 개념이다. 미가 어머니의 동일한 입에서 나간 저주와 복의 실질적인 내용은 무엇인가? 우리는 자녀에게 하나님의 어떠한 복이 임하기를 원하는가? 올바른 신앙인가? 아니면 세속적인 성공인가?

미가의 어머니는 그의 근본적인 잘못을 간과했다. 그는 비록 부모의 재산을 훔쳤지만 도둑질을 금지하신 하나님께 범죄를 저질렀다. 부모는 자녀가 자신에게 저지른 죄를 용서하는 동시에 죄의 본질적인 개념을 자녀에게 정확하게 가르치고 하나님께 회개할 수 있도록 지도해야 한다. 죄를 사하는 권세는 하나님께 있기 때문이다. 이것은 이스라엘 백성의 상식이다. 부모의 저주가 무서워서 부모에게 훔친 물건을 돌려주는 것으로써 도둑질의 문제가 다 해결된 것처럼 오해하지 않도록 미가가 하나님께 회개의 무릎을 꿇기 전까지는 여호와의 복을 비는 것을 유보해야 한다. 그러나 그의 어머니는 아들의 도벽이 드러난 사건을 영적인 회복의 기회로 삼는 일에 실패했다. 부모는 자녀에게 저주와 복을 좌우하는 절대자가 아니라 하나님의 대리자 기능을 수행하는 사람이다. 하나님의 복을 받기 위해서는 그분 앞에서의 진실한 회개가 다른 무엇보다 우선이다. 그래서 주기도문 안에서도 예수님은 하나님께 "우리 죄를 사하여" 달라는 기도를 드리라고 우리에게 명하신다.

³그가 그 은 천백을 그의 어머니께 돌려주자 그의 어머니가 말하였다
"내가 내 아들을 위하여 조각한 우상과 주조한 우상을 만들기 위해
이 은을 내 손에서 여호와께 성별하고 성별한다 그리고 이제 내가 그것을
너에게 돌려 주겠노라" ⁴그는 그 은을 그의 어머니께 돌려 드렸으며
그의 어머니는 그 은 이백을 취하여 제련하는 사람에게 주며 조각한 우상과
주조한 우상을 만들게 하였는데 그것이 미가의 집에 있었더라

미가는 훔친 은 천백을 어머니께 돌려준다. 말로만 잘못을 자백하지 않고 뉘우침을 행동으로 옮기는 미가의 처신은 올바르다. 이에 그녀는 그 은을

하나님께 성별하고 "조각한 우상과 주조한 우상"을 제작하는 방식으로 아들에게 다시 돌려줄 것이라고 한다. 그런데 그녀는 제련하는 사람에게 하나님께 성별한 은 200을 지불하고 자신의 "아들을 위하여"(לִבְנִי) 두 개의 우상을 만들었다. 그런데 우상의 제작이 하나님께 구별된 은의 올바른 용도인가? 그것이 과연 자녀를 위한 부모의 기원인가? 성경은 "너를 위하여 조각한 우상을 만들지 말라"고 분명히 가르친다(출 20:4). 미가의 어머니는 자녀에게 임하기를 원하는 여호와의 복에 대해 참으로 무지하다. 하나님의 계명을 어기는 방식으로 자녀에게 하나님의 복이 임하기를 바란다는 것이 얼마나 황당한 모순인가! 여호와를 가까이 하는 것이 복인데, 여호와와 자녀 사이에 우상을 만들어서 관계를 차단하면 복이 아니라 저주가 임하지 않겠는가! 설마 미가의 어머니가 진심으로 의도한 것은 자녀의 복이 아니라 저주였나? 자식이 자신의 재산을 건드린 것이 분하고 괘씸해서 입으로는 여호와의 복을 구했지만 실제로는 은밀한 저주로 보복하기 위해 고의로 두 개의 우상을 만든 것은 아닌가? 나는 두 개의 우상이 계산된 저주의 의도 속에서 만들어진 것이 아니라 하나님의 말씀에 대한 무지의 소치라고 생각한다.

미가의 어머니는 조각한 우상과 주조한 우상을 만들어 자신의 집이 아니라 아들의 집에 보관한다. 그녀의 입장에서 보면 이것은 자녀의 집에 여호와의 복이 임하기를 바라는 마음에서 취해진 배려였다. 그러나 그녀의 기대와는 달리 그것은 앞으로 펼쳐질 거국적인 우상숭배 문제의 단초로 작용한다. 여기에서 지혜자의 교훈이 마음에 떠오른다. "어떤 길은 사람이 보기에 바르나 필경은 사망의 길이니라"(잠 14:12). 사람의 눈에는 올바르게 보이는 길이 때때로 하나님의 관점에서 보면 사망에 이르는 첩경이다. 하나님이 보시기에 심히 좋은 것이 복의 본질이다. 자녀로 하여금 그런 복을 추구하고 기대하게 만드는 것은 부모의 책임이다. 자녀에게 우상을 선물하는 것은 축복이 아니라 자녀의 불행과 사망을 재촉하는 저주가 아니고 무엇인가!

⁵그 사람 미가는 자신을 위한 하나님의 집[을 가졌으며]
그는 에봇과 드라빔을 만들었고 그의 아들들 중 하나의 손을 채웠고
그 [아들]은 그를 위한 제사장이 되었더라

미가는 어머니가 선물로 준 우상을 계기로 삼아 여호와 신앙의 본격적인 사유화 작업에 돌입한다. 그는 먼저 "하나님의 집 혹은 신들의 집"(בֵּית אֱלֹהִים)을 만들었고 제사장이 입을 에봇을 제작하고 드라빔도 만들었다. 그리고 자기 아들들 중의 하나를 불러 그의 손을 채우며 자신을 위한 제사장으로 임명했다. 여기에서 "손을 채웠다"(יְמַלֵּא אֶת־יַד)는 말은 한 사람을 구별하여 제사장을 세울 때에 사용하는 관용적인 표현이다(출 28:41, 29:9, 레 8:33, 21:10, 민 3:3, 왕상 13:33). 이처럼 미가와 그의 어머니는 하나님께 성별된 돈으로 우상들을 만들고 신당을 만들고 에봇과 드라빔을 만들고 제사장을 고용했다. 이런 식으로 개인의 집을 성전으로 만들었다. 이러한 기록은 어머니와 아들과 손자가 3대에 걸쳐 저지른 종교적인 불법과 여호와 신앙의 사유화를 고발한다.

여호수아 시대부터 사무엘 시대까지 이스라엘 백성을 위한 회막이 세워지고 여호와의 법궤가 보관되어 있는 곳은 실로였다. 그러나 에브라임 산지 출신의 미가는 개인적인 "하나님의 집"을 지어서 실로를 대체했다. 같은 산지에 살면서도 실로를 배제하고 개인의 독자적인 신당을 만든다는 것은 종교의 심각한 타락을 역설한다. 이후의 이스라엘 역사에서 민족적인 분열의 주범이 되었던 북 이스라엘 왕국의 여로보암 왕도 에브라임 지파 출신이다. 그도 같은 가나안 땅에 살면서 예루살렘 성전을 대체할 성소를 벧엘과 단에 건축하고 거기에 하나님의 법궤 대신 금송아지 우상을 축조하여 보관한다(왕상 12:26-30). 이러한 조치는 이스라엘 백성이 우상을 숭배하는 죄의 원인으로 작용한다. 그래서 여로보암 왕은 이후에 이스라엘 백성으로 하여금 범죄케 한 왕의 대명사가 된다(왕상 22:52-53). 사적인 신당의 건축이

이토록 심각한 사안이다.

　미가는 에봇도 만들었다. 에봇은 제사장이 공적인 직무를 수행하기 위해 입는 가운이다. 이런 에봇을 어떤 공적인 지시도 없이 민간인이 제작하는 것은 불법이다. 미가는 드라빔도 만들었다. 고대에 드라빔의 용도는 다양하다. 부모의 대를 이어갈 자녀에게 유산과 권위를 넘긴다는 상징적인 도구이고, 징조를 구하거나 점을 치는 도구이고, 한 가정을 수호하는 신으로서 신들 중에서 가장 작은 신이기도 하다. 이러한 다용도는 미가의 경우에도 적용된다. 후대에 요시야가 종교개혁 단행의 하나로서 드라빔을 파괴한 것은 그것의 부정적인 용도를 증명한다(왕하 23:24). 미가는 자신의 아들을 제사장으로 임명했다. 제사장은 레위 지파에게 부여된 고유한 직분이다. 레위 사람도 아닌 자신의 아들을 사사로운 성직자로 삼은 것은 불법이다. 자녀를 불법의 도구로 만들면서 복을 받겠다는 미가의 이기적인 욕망은 참으로 집요하다. 여로보암 왕도 "레위 자손 아닌 보통 백성으로 제사장을 삼"고 우상에게 제사를 드리게 하는 동일한 불법을 저지른다(왕상 12:31-32). 이는 남 유다로의 국부 유출을 막아 부국을 이루고자 하는 세속적인 욕망이 저지른 짓이었다.

　　　　　6그때에는 이스라엘 중에 왕이 없었으며
　　　　　사람은 자신의 눈에 옳은 것을 행하였다

사사기 저자는 미가의 가정에서 일어나는 일들을 평가한다. 즉 그때에는 이스라엘 중에 왕이 없었고 모든 사람이 각각 자신의 눈에 옳다고 여기는 바를 행하였기 때문에 벌어진 일이라고 한다. 왕은 누구인가? 모세는 이스라엘 백성이 장차 왕을 세워 달라고 요구하는 왕정시대 도래를 예측하고 미리 왕의 도리와 책임에 대해 신명기에 자세히 기록했다(신 17:15-20). 왕은 하나님이 택하신 사람이다. 타국인이 아닌 형제들 중의 한 사람이다. 그러므로 왕은 하나님의 택하심 없이는 세워질 수 없고 형제 위에 군림하는 지배자가 아니라 여전히 형제와 동등한 사람이다. 왕은 무엇보다 인격과 삶의 질서인 하나님의 율법을 기록하고 그 율법과 동거하고 그 율법을 숙독하여 여호와 경외함을 깨달아 그의 모든 규례들을 실천하는 사람이다. 하나님이 세우신 우주의 질서인 이 율법을 기준으로 좌로나 우로 치우치지 않는 사람이다. 그래서 모든 백성에게 하나님이 창조하신 온전한 인간의 모습을 보여주는 사람이다. 그래서 왕은 백성에게 일종의 기준이고 규범이고 모델이다. 그런 왕다운 왕이 이스라엘 역사에서 과연 있었는가? 그런 왕은 장차 오실 예수밖에 없다. 예수는 창세 전부터 하나님의 택하심을 받았고 이스라엘 형제들 중의 하나였고 말씀 자체이기 때문에 그의 말과 행위는 말씀의 필사였고 말씀과 항상 동거했고 묵상된 말씀의 의미 자체였고 가장 완전한 여호와 경외를 모든 규례들의 완벽한 순종으로 가르치고 본보인 분이시다. 왕의 부재와 개개인의 사사로운 소견에 대한 언급은 성경 전체의 맥락에서 보면 예수의 부재가 가져오는 영적인 혼돈의 심각성을 암시한다.

왕다운 왕이 없으면 사람들은 기준을 잃고 규범을 벗어나고 본받아야 할 모델이 없어 인생의 방향과 목표를 상실한다. 자신의 눈이 기준이고 자신의 눈에 옳은 것이 규범이며 자신의 삶 자체가 인생의 모델이다. 주님께서 주기를 원하시는 것을 소원하지 않고 자기의 소견에 옳은 것만 추구한다. 여호와의 왜곡된 복을 추구하기 위해 자기 집에 여호와의 집을 세우고 거기에 우상들을 두고 제사장을 임명하고 에봇을 입히고 드라빔을 가지고 점을 치게 하는 미가와 그의 어머니가 보여준 종교의 사유화는 이스라엘 백성이 각자가 자신에게 질서가 되는 종교적 무질서의 극치를 보여준다. 이스라엘 중에 왕이 없다는 문제의 심각성은 사사기가 끝날 때까지 다양한 측면에서 드러난다.

⁷유다 가족 중에서 유다 베들레헴 출신의 한 청년이 있었는데
그는 레위 사람이고 그곳에 거류했다 ⁸그 사람은 [앞으로]
거류하기 위한 곳을 찾기 위하여 유다 베들레헴 성읍에서 떠나
자신의 길을 만들면서 에브라임 산지 미가의 집에까지 이르렀다

유다 베들레헴 출신의 한 청년 이야기가 시작된다. 그는 레위 사람이다. 그런데 유다 가족 가운데에 섞여서 생활했다. 가나안 땅에는 레위 지파에게 배당된 고유한 영역이 없기 때문에 레위 사람들은 12지파의 땅에 흩어져 살아야만 했다. 가나안 전역에서 모든 지파들이 레위 지파에게 제공한 성읍들은 48개였다(수 21:4-7). 본문에 언급된 레위 청년의 출생지는 분명 유다 베들레헴 성읍이다. 그러나 그가 속한 가문에게 할당된 곳이 아니었기 때문인지 잠시 "거류하고 있다"가 어떠한 사연으로 인해 "거류하기 위한" 곳을 찾기 위하여 그곳을 떠나야만 했다. 일시적인 거류(גּוּר)와 항구적인 거주(יָשַׁב)는 구별해야 한다. 아브라함 가족은 흉년 때문에 애굽으로 내려가 거류했고, 그랄에서 거류했고, 블레셋 땅에서도 거류했다(창 12:10, 20:1, 21:34). 그는 그렇게 나그네의 정상적인 인생을 살아갔다. 하나님은 가나안 땅을 아브라함, 이삭, 야곱이 "거류했던 곳"이라고 모세에게 말씀한다(출 6:4). 이는 이 세상이 우리가 거주할 땅이 아니라 거류하는 땅이라는 사실을 암시한다.

본문에서 레위 청년은 거류하던 곳을 떠나 다른 거류지를 찾아간다. 학자들은 생필품이 충분하지 않아 쪼들린 생활을 견디고 견디다가 기근이 심해지자 떠나게 되었다고 설명한다. 레위 사람들을 수용한 지파는 그들과 고아와 과부에게 소득의 십일조를 생계유지 차원에서 기부해야 했다(신 14:28-29). 그러나 베들레헴 사람들은 그런 기부의 의무를 다하지 못했을 가능성이 높다. 사실 각자의 소견에 옳은 것을 행하던 시대였기 때문에 십일조 기부법이 준수될 리는 만무했다. 그러나 베들레헴 성읍은 레위 지파에

게 주어진 성읍의 목록에 들어있지 않기 때문에(수 21:8-40) 그 청년이 레위 사람인 줄 몰랐고 그래서 십일조를 주어야 한다는 의식도 없었을 가능성도 있다. 정확한 이유는 모르지만, 베들레헴 성읍을 떠난 레위 청년의 발걸음은 에브라임 산지에 위치한 미가의 집에까지 이르렀다. 에브라임 산지는 그핫 자손에게 네 개의 성읍을 제공한 곳이었기 때문에 그 청년이 그곳으로 갔다는 것은 그가 레위의 가문들인 게르손, 그핫, 므라리 중에서도 그핫 가문에 속했음을 암시한다.

9미가가 그에게 말하였다 "당신은 어디에서 오느냐?" 그가 그에게 말하였다 "나는 유다 베들레헴 출신의 레위 사람이다 나는 내가 거류할 곳을 찾으려고 간다" 10미가가 그에게 말하였다 "당신은 나와 함께 머물러라 나를 위하여 아버지와 제사장이 되면 나는 당신에게 며칠에 은 십만이 아니라 옷과 필수품도 주겠노라" 그 레위인이 [미가의 집으로] 갔고 11그 레위인은 그 사람[과 함께] 머물기로 합의했다 이에 그 청년은 그의 아들들 중 하나처럼 되었더라

미가가 레위 청년에게 어디서 오느냐고 질문한다. 이에 그 청년은 유다 베들레헴 출신의 레위 사람인데 거주할 곳을 찾는다고 대답한다. 그의 대답에서 "레위"라는 단어가 미가의 귀에 심히 달콤했다. 이는 미가의 종교성이 특별했기 때문이다. 우상과 여호와의 집과 제사장과 에봇과 드라빔을 자신의 집에 구비해 놓을 정도였다. 그런데 미가의 아들은 레위가 아니었기 때문에 제사장의 자격이 없고 신전의 구색을 맞추기 위한 인간 장신구에 불과했다. 그런데 자기 아들과 비슷한 연령대의 레위 청년이 자기 발로 찾아왔다. 미가에게 생각지도 못한 횡재였다. 그는 발 달린 횡재의 포섭에 곧장 돌입했다. 레위 청년의 스펙이나 인성이나 자질을 확인하는 절차도 생략하고 다짜고짜 자신의 집에서 자신과 함께 머물자고 그에게 제안했다. 집에서 그의

지위에 대해서는 극도의 존경을 표현하는 "아버지와 제사장"이 되어 달라고 요청했다. 미가는 그 청년에게 자신의 판단을 위임하고 신과의 교통도 위임한다. 여기에서 레위 지파라면 꺼뻑 죽는 미가의 맹목적인 종교성이 드러난다. 목사도 사람이고 목사의 자녀도 사람이다. 무조건 다른 종류의 사람인 것처럼 대우하지 말라. 목사나 선교사가 기도하면 응답이 더 잘될 것이라고 생각하는 것도 미신이다. 성경에는 그리스도 예수의 이름 때문에 응답이 주어진다. 기도자의 제도적인 직분은 전혀 중요하지 않다.

미가의 요청은 공짜가 아니었다. 며칠에 한번씩 은 십의 사례비를 지급하는 것만이 아니라 옷과 생필품도 제공해 주겠다고 약속했다. "며칠"을 일주일 정도로 본다면 주급으로 은 십이라고 계산할 때 그의 사례비만 보더라도 연봉 2천만 원 정도였다. 미가는 떠돌이의 약점을 이용하며 부당한 조건으로 레위 청년의 종교적인 노동력을 착취하는 악덕 기업주가 아니었다. 그의 제안은 제사장 경력이 없는 레위 청년의 귀에도 솔깃했다. 조건과 대우도 훌륭했다. 그래서 수락했다. 떠돌아 다니면서 나그네의 고단한 삶을 살아가는 것보다 안정된 가정의 입주 제사장이 되는 것이 더 안락한 삶이었다. 그는 미가의 집에서 그의 아들들 중의 하나처럼 여겨졌다. 미가의 제사장 제안을 수락한 이 청년도 비록 무늬는 레위 지파지만 제사장의 규례에 대해서는 무지한 사람임에 분명하다. 물론 "이스라엘 온 땅 어떤 성읍이든 거주하는 레위인이 간절한 소원이 있어 그가 사는 곳을 떠"나는 것은 가능하다(신 18:6). "하나님이 택하신 곳에 이르면 여호와 앞에 선 그의 모든 형제 레위인과 같이 그의 하나님 여호와의 이름으로 섬"기는 것도 가능하다(신 18:7). 그러나 한 가정의 사적인 제사장이 되는 것은 성경 어디에도 규정되지 않은 불법이다. 그 청년은 제안을 거절해야 했다.

12미가는 그 레위인의 손을 채웠고 그 청년은 그에게 제사장이 되어 그 집에 머물렀다 13미가가 말하였다 "레위인이 나를 위한 제사장이 되었으니 이제 나는 여호와가 나로 하여금 잘되게 하실 것을 안다"

미가는 합의에 따라 레위 청년을 자기 가정의 제사장으로 임명했고 그는 그 집에 머물렀다. 일시적인 체류자나 나그네가 아니라 가족의 당당한 구성원이 되어 종교 공동체를 이루었다. 미가가 생각하는 종교의 완전체는 제사장과 우상과 에봇과 드라빔과 여호와의 집이었다. 이런 요소들만 구비하면 삶이 달라질 것이라고 기대했다. 그런데 그동안 제사장이 자격을 갖추지 못한 자신이 아들이란 사실은 목에 걸린 가시였다. 이제 자격을 갖춘 레위인이 자신을 위한 제사장이 되었기 때문에 미가는 여호와가 자기를 형통하게 만드실 것임을 안다고 확신했다. 기복적인 신앙의 특징이다. 외적인 조건만 구비하면 여호와의 복은 자판기와 같이 주어질 것이라는 신앙이다. 여기에는 하나님과 미가 사이의 인격적인 관계가 전무하다. 주님을 가까이 하는 복과 무관하다. 삶이 편하기만 하면 복을 받았다고 생각하고 불편하면 저주를 받았다고 생각하는 신앙이다.

미가의 제사장 채용과 종교의 사유화는 왕의 부재로 말미암은 종교적 타락이다. 정치와 경제와 사회와 문화만이 아니라 종교도 개개인의 사사로운 소견에 옳은 대로 변질된 결과였다. 여기에서 안타까운 부분들을 세 가지로 요약하고 싶다. 첫째, 미가가 "나를 위한"(לִי) 제사장을 고용한 것은 종교의 이기적인 사유화를 의미한다. 미가가 기대하는 여호와 신앙의 목적은 자신과 자신의 가정이 형통하게 되는 것이었다. 그에게는 여호와 신앙이 형통의 방편이다. 이는 종교의 외적인 요소들만 제대로 구비하면 형통은 저절로 주어질 것이라는 기복주의 신앙이다. 하나님의 영광과 무관한 신앙이다. 이러한 기복주의 신앙은 오늘날 교회를 비롯한 대부분의 기관을 장악하고 있다. 하나님을 믿는 성도들은 대체로 개인과 자신의 가정과 직장과 민족과 국가의 형통을 추구한다. 이 형통을 위하여 적정한 조건을 제시하고 목회자를 채용한다. 하나님의 나라와 의를 추구하는 것보다 먹는 것과 마시는 것과 입는 것과 거주하는 것이 우선이다. 이는 성경의 가르침과 다른 모습이다.

둘째, 하나님의 복이 임하기를 원하면서 다른 모든 외적인 요소들을 갖추되 미가는 하나님의 법궤를 빠뜨렸다. 하나님의 복은 어떠한 조건을 구비해야 임하는가? 성경은 하나님의 복이 우리에게 주어지는 일방적인 은혜라고 설명한다. 동시에 그 은혜를 수락하고 누리는 방식은 말씀에 대한 순종이다. 순종은 복의 유일한 비결이다(신 28:2). 여호와의 진정한 복은 우리가 말씀을 경청하고 순종할 때, 우리가 발 달린 말씀, 움직이는 말씀, 살아내는 말씀일 때에 비로소 주어지고 다음 세대에게 물려줄 건강한 신앙의 유산도 준비된다. 그러나 우리가 순종하지 않으면 주어진 복도 받지 못하고 그 복을 받았다고 할지라도 누리지를 못하고 다음 세대의 올바른 신앙에 대한 희망도 사라진다.

이처럼 법궤 없는 성전은 앙꼬 없는 찐빵과 동일하다. 순종해야 할 내용은 바로 하나님의 모든 말씀인데 그것이 빠진 신앙은 경건이 없는 껍데기 종교성에 불과하다. 그런 신앙은 비록 숙련된 제사장이 흠 없는 제물로 하나님께 완벽한 예배를 드린다고 할지라도 하나님의 말씀을 경청하지 않고 순종하지 않으면 우상을 숭배하는 것과 동일하다(삼상 15:22-23). 오늘날 십일조를 드리고, 새벽기도 드리고, 찬송과 기도를 드리고, 봉사와 전도에 힘써도 하나님의 말씀을 듣고 순종하지 않으면 모두 헛수고가 된다. 하나님의 말씀을 듣고 순종할 때에 자신에게 변화가 일어나고 은혜가 파고든다. 말씀의 경청과 순종은 주님과의 은밀한 교통이기 때문이다.

셋째, 레위 청년은 자신의 안락한 삶을 위하여 사적인 제사장이 되라는 제안을 수락했다. 레위인이 고대에 이스라엘 백성의 성직자가 된 이유는 하나님의 뜻에 순종하기 위한 혈연과의 단절 때문이다. 레위 지파는 모세가 시내산에 올라갔을 때 산 아래에서 금송아지 형상을 숭배하여 하나님을 능멸했고 이 사실을 안 모세가 여호와의 편에 설 자를 찾았을 때 레위 자손이 그에게로 갔고 하나님의 정의를 집행하기 위한 칼을 뽑아 자신의 형제와 자신의 친구와 자신의 이웃을 공의롭게 제거했다(출 32:26-27). 이는 혈육에 매이지 않은 결단이다. 그런데 이러한 레위 자손의 결연한 신앙심은 어디론가 사라졌다. 레위 청년은 사사로운 형통의 종교적인 수단으로 전락했다. 목회자가 특별히 주목해야 할 대목이다. 진심으로 하나님의 나라와 의를 구하는 목회자가 있는가? 자신과 가족과 친족의 생계와 형통을 과감히 내려놓고 하나님 편에 설 목회자는 누구인가?

목회자를 보면 대체로 잠시 체류하고 언제든지 떠나야 하는 나그네가 아니라 오래오래 거주할 사역지와 좋은 조건을 흠모하며 기다리는 모습이 보여 안타깝다. 안정되고 안락한 삶의 가능성이 목회자 청빙의 수락 여부를 좌우한다. 나 자신도 이러한 목회자의 부류에서 자유롭지 않다. 그러나 성경이 말하는 목회자는 오직 하나님만 그의 분깃이고 다른 기업이 주어지지 않은 사람이다. 하나님 이외에 다른 분깃을 기대하지 않고 추구하지 않는 사람이다. 오직 하나님의 나라와 의를 추구하기 위해 떠나기도 하고 머물기도 한다. 바울처럼 자신에게 맡겨진 사역지에 더 이상 할 일이 없을 때에 어떠한 미련도 없이 떠나 다른 곳으로 이동한다(롬15:23). 나아가 교회에서 목사만이 아니라 하나님의 사람들도 이 세상에서 왕 같은 제사장의 직분을 가지고 살아간다. 그래서 그들의 유일한 분깃도 하나님 자신이고, 하나님의 나라와 의가 떠남과 머묾의 기준임을 인정해야 한다.

삿 18:1-13

¹그 때에 이스라엘에 왕이 없었고 단 지파는 그 때에 거주할 기업의 땅을 구하는 중이었으니 이는 그들이 이스라엘 지파 중에서 그 때까지 기업을 분배 받지 못하였음이라 ²단 자손이 소라와 에스다올에서부터 그들의 가족 가운데 용맹스런 다섯 사람을 보내어 땅을 정탐하고 살피게 하며 그들에게 이르되 너희는 가서 땅을 살펴보라 하매 그들이 에브라임 산지에 가서 미가의 집에 이르러 거기서 유숙하니라 ³그들이 미가의 집에 있을 때에 그 레위 청년의 음성을 알아듣고 그리로 돌아가서 그에게 이르되 누가 너를 이리로 인도하였으며 네가 여기서 무엇을 하며 여기서 무엇을 얻었느냐 하니 ⁴그가 그들에게 이르되 미가가 이러이러하게 나를 대접하고 나를 고용하여 나를 자기의 제사장으로 삼았느니라 하니라 ⁵그들이 그에게 이르되 청하건대 우리를 위하여 하나님께 물어 보아서 우리가 가는 길이 형통할지 우리에게 알게 하라 하니 ⁶그 제사장이 그들에게 이르되 평안히 가라 너희가 가는 길은 여호와 앞에 있느니라 하니라 ⁷이에 다섯 사람이 떠나 라이스에 이르러 거기 있는 백성을 본즉 염려 없이 거주하며 시돈 사람들이 사는 것처럼 평온하며 안전하니 그 땅에는 부족한 것이 없으며 부를 누리며 시돈 사람들과 거리가 멀고 어떤 사람과도 상종하지 아니함이라 ⁸그들이 소라와 에스다올에 돌아가서 그들의 형제들에게 이르매 형제들이 그들에게 묻되 너희가 보기에 어떠하더냐 하니 ⁹이르되 일어나 그들을 치러 올라가자 우리가 그 땅을 본즉 매우 좋더라 너희는 가만히 있느냐 나아가서 그 땅 얻기를 게을리 하지 말라 ¹⁰너희가 가면 평화로운 백성을 만날 것이요 그 땅은 넓고 그 곳에는 세상에 있는 것이 하나도 부족함이 없느니라 하나님이 그 땅을 너희 손에 넘겨 주셨느니라 하는지라 ¹¹단 지파의 가족 중 육백 명이 무기를 지니고 소라와 에스다올에서 출발하여 ¹²올라가서 유다에 있는 기럇여아림에 진 치니 그러므로 그 곳 이름이 오늘까지 마하네 단이며 그 곳은 기럇여아림 뒤에 있더라 ¹³무리가 거기서 떠나 에브라임 산지 미가의 집에 이르니라

❖ ❖ ❖

¹그때에는 이스라엘 중에 왕이 없었으며 그때에는 단 지파가 자신을 위하여 거주할 기업을 찾고 있었는데 이는 이스라엘 지파들 중에 그때까지 기업이 그에게 주어지지 않았기 때문이다 ²단 자손이 그 땅으로 가서 정탐하게 하려고 소라와 에스다올 가운데서 그들의 가족 중에 변두리 출신의 용맹스런 다섯 사람을 보내며 말하였다 "너희는 가서 그 땅을 정탐하라" 이에 그들이 에브라임 산지에 가서 미가의 집에 이르러 거기에서 유숙했다 ³그들이 미가의 집에 있을 때에 그들은 그 레위 청년의 음성을 알고 그리로 돌아가서 그에게 말하였다 "누가 너를 여기에 오게 하였느냐? 너는 여기에서 무엇을 하느냐? 여기에서 너를 위한 것은 무엇이냐?" ⁴그가 그들에게 미가가 그를 위하여 행한 것을 이것저것 말하였다 "그는 나를 고용했고 나는 그의 제사장이 되었다" ⁵그들이 그에게 말하였다 "부탁한다 너는 우리를 위하여 하나님께 여쭈어라 우리가 걸어가는 우리의 길이 형통할 것인지를 우리가 알도록!" ⁶그 제사장이 그들에게 말하였다 "너희는 평화롭게 가라 너희가 가는 너희의 길이 여호와 앞에 있느니라" ⁷그 다섯 사람이 걸어서 라이스로 들어갔다 그 가운데서 안전하게 거하는 백성을 보니 시돈 사람들의 규례를 따라 평온하고 안전하다 그 땅에는 부끄럽게 하는 것과 취하려는 강압이 없다 시돈 사람들과 거리가 멀고 그들을 위하여 사람과 더불어 [교류하는] 것이 없었다 ⁸그들은 소라와 에스다올 형제들에게 갔다 그들의 형제들이 그들에게 말하였다 "너희가 [보기에 그 땅이] 어떠하냐?" ⁹그들이 말하였다 "너희는 일어나라 우리가 그들을 대항하여 올라가자 이는 우리가 그 땅을 보니 참으로 심히 좋았기 때문이다 그런데 너희는 잠잠하다 너희는 태만하지 말고 그 땅으로 나아가고 들어가서 차지하라 ¹⁰너희가 가면 안정적인 백성을 만나고 그 땅에 있는 모든 것들이 부족함이 없는 넓은 곳을 만나리라 하나님이 그 땅을 너희의 손에 넘기셨다" ¹¹단 지파의 가족 중 전쟁의 도구로 무장된 육백 명의 사람들이 소라와 에스다올에서 출발하고 ¹²올라가서 유다에 있는 기럇여아림에 진을 쳤다 그곳이 오늘까지 마하네단이라 불렸으며 [그들의 진은] 기럇여아림 뒤에 [위치한다] ¹³그들이 그곳에서 에브라임 산지로 건너갔고 미가의 집에까지 이르렀다

37 고용된 제사장

이스라엘 중에 왕이 없다는 전제 위에서 이야기가 전개된다. 앞에서 살펴 본 것처럼 지금은 이스라엘 백성이 인생의 방향과 목적을 상실하고 그런 상실의 회복을 가능하게 할 인생의 모델도 없고 방황하는 인생을 올바르 게 인도할 지도자도 없는 시대임을 나타낸다. 미가는 자신의 사사로운 종 교심과 자기 가문의 번영을 위하여 레위 청년을 제사장으로 삼는 종교적 불법을 저질렀다. 하나님의 영광과 나라와 의를 추구하는 인생의 방향을 상실하면 무엇을 하든 자신을 향한다는 인간의 본성적인 기질을 잘 드러 낸다. 이어서 등장하는 단 지파 이야기는 규모가 커졌을 뿐 자기 지파의 번 영을 위한다는 면에서는 미가 이야기의 반복이다. 이들도 하나님의 나라와 의보다는 자신의 번영을 위해 종교를 이용하는 태도로 미가의 집에서 일 하는 사적인 제사장을 회유한다. 미가 이야기와 단 지파 이야기는 하나님 에 의해 세워지지 않고 사람에 의해 고용된 제사장을 중심으로 전개된다.

¹그때에는 이스라엘 중에 왕이 없었으며 그때에는 단 지파가
자신을 위하여 거주할 기업을 찾고 있었는데 이는 이스라엘 지파들 중에
그때까지 기업이 그에게 주어지지 않았기 때문이다

이스라엘 백성 중에 단 지파는 야곱이 라헬의 몸종인 빌하를 통해 낳은 다섯 번째 아들의 후손이다. "단"이라는 이름은 "심판관"을 의미한다. 이는 하나님이 라헬의 모든 상황을 공의롭게 판단하여 자신의 억울함을 풀어 주셨다는 의미를 담은 이름이다. 그래서 야곱은 단이 이스라엘 백성을 심판할 것이라고 축복했다(창 49:16). 모세는 단이 "바산에서 뛰어 나오는 사자의 새끼"라고 축복했다(신 33:22). 단은 실제로 젊은 사자를 염소처럼 찢은 사자 중의 사자 삼손을 배출한 지파였다. 그가 있었지만 단 지파에게 큰 도움이 되지 않았는지, 그들은 지금 거주할 장소가 필요하여 부지런히 찾고 있는 상황이다. 이는 당시에 그들에게 배당된 가나안 땅을 아직도 점령하지 못하였기 때문이다. 단 지파에게 배당된 땅을 여호수아 시대에는 점령했다. 나아가 사사기 18장 7절에 나오는 "라이스"와 동일한 장소를 가리키는 레셈의 주민과 싸워 그곳을 점령하여 거주하고 "단"이라는 이름을 붙인 이 사건은 "단 자손의 경계는 더욱 확장"될 것이라는 말이 실현된 증거였다(수 19:47).

그러나 사사기 1장에는 단 지파가 배당된 땅을 정복한 것이 아니라 오히려 아모리 족속에 의해 산지로 내몰린 이야기가 기록되어 있다(삿 1:34). 여러 지파들이 각자에게 배당된 땅을 점령하지 못하고 오히려 쫓겨난 이유에 대해 사사기 2장은 "이 땅의 주민과 언약을 맺지 말며 그들의 제단들을 헐라"(삿 2:2)는 하나님의 목소리를 경청하지 않았다는 점을 지적한다. 단 지파의 경우도 예외가 아니라고 나는 생각한다. 하나님의 말씀을 거역한 대가는 혹독했다. "그들이 너희 옆구리에 가시가 될 것이며 그들의 신들이 너희에게 올무가 되리라"(삿 2:3)는 말씀이 그대로 응하였다. 단 지파는

자신에게 배당된 땅에서도 평지가 아니라 산지로 내몰려 불편한 삶을 살아야만 했다. 급기야 거처를 옮겨야 할 필요성을 절감하고 거주할 보다 안락한 곳을 탐색했다.

하나님이 당신의 종을 통해 한 지파에게 배당하신 땅을 "유업"(נַחֲלָה)이라 한다. 그것은 각 지파에게 주어진 하나님의 고유한 선물이다. 배당된 땅은 소유권의 신적인 기원을 주장할 수 있는 유일한 땅이었다. 그런데 그렇게 배당된 땅을 정복하지 못한 단 지파는 주어지지 않은 다른 땅을 찾아 거주하려 한다. 언제든지 쫓겨날 수 있고 쫓겨나도 소유권을 주장할 수 없고 반환도 요구할 수 없는 거주지다. 그런데도 사사기 저자는 단 지파가 다른 거주지를 "자신을 위하여"(לוֹ) 찾는다고 기록한다. 이런 표현의 뉘앙스는 앞에서 미가가 자신을 위하여 개인적인 제사장을 둔 것과 유사하다. 미가는 종교적인 이기심을 보였지만 단 지파는 경제적인 이기심을 드러내고 있다. 하나님의 나라와 뜻이라는 가치를 알고 구현하는 왕이 없으면 개인이든 지파이든 모두 종교만이 아니라 경제에 있어서도 자신의 소견을 따라 하나님이 주시지 않은 땅까지 빼앗으며 자신의 번영을 추구한다.

> ²단 자손이 그 땅으로 가서 정탐하게 하려고 소라와 에스다올 가운데서
> 그들의 가족 중에 변두리 출신의 용맹스런 다섯 사람을 보내며 말하였다
> "너희는 가서 그 땅을 정탐하라" 이에 그들이 에브라임 산지에 가서
> 미가의 집에 이르러 거기에서 유숙했다

단 자손은 거주할 땅을 살피려고 용감한 정탐꾼 다섯 명을 선발하고 파견한다. 과거에 모세가 이스라엘 전체를 위해 가나안에 파견한 정탐꾼은 열두 명이었다. 여호수아 시대에는 두 명이었다. 단 자손이 단일 지파로서 파견한 정탐꾼 다섯은 적지 않은 숫자였다. 이 정탐은 새롭게 거주할 곳의 지

형적인 특징과 거주민의 성향과 군사력의 수준과 생활의 조건을 두루 살피기 위함이다. 선발된 정탐꾼은 모두 소라와 에스다올 출신이다. 그곳의 "변방 출신"(מִקְצוֹתָם)이다. 거주지의 변방은 외부 사람들의 공격에 가장 먼저 노출되어 있 기 때문에 용감하지 않으면 살아가기 힘든 지역이다. 그런 곳에 사는 사람들 중에서도 선발된 다섯 정탐꾼은 더욱 용감했다. 그래서 지파의 명령이 떨어지자 그들은 주저하지 않고 곧장 순종하여 출발했다. 단 자손이 정탐하는 자들에게 명령할 때에 "그 땅"이라고 했다. 그들이 정탐해야 할 목적지는 이미 정해졌다. 그곳은 바로 "라이스"다. 그곳은 납달리 지파와 동 므낫세 지파 사이에 위치하고 헤르몬 산 밑이었다. 단 지파에게 배당된 땅에서 170km 정도 떨어진 곳이었다. 그곳에 가기 위해 그들은 에브라임 산지를 지나가야 했다. 그곳에 있는 미가의 집에 이르렀고 그 집에서 유숙했다.

> ₃그들이 미가의 집에 있을 때에 그들은 그 레위 청년의 음성을 알고
> 그리로 돌아가서 그에게 말하였다 "누가 너를 여기에 오게 하였느냐?
> 너는 여기에서 무엇을 하느냐? 여기에서 너를 위한 것은 무엇이냐?"

미가의 집에서 정탐꾼은 레위 청년의 음성을 인지한다. 이전에 알고 있었기 때문에 그의 음성을 식별한 것인지, 아니면 제사장의 직무를 수행하기 위해 기도하고 있어서 그의 목소리를 들었다는 것인지는 분명하지 않다. 그 청년이 레위 사람인 것을 알았다는 것은 분명하다. 그래서 그들은 수상한 낌새의 실체를 확인하기 위해 그에게로 갔다. 그리고 세 가지를 질문한다. 첫째, 그들은 목소리를 듣고 레위 청년이 에브라임 지파 출신이 아니라는 것을 인지했기 때문에 누가 혹은 무엇이 다른 지파의 가정으로 오게 했는지를 질문한다. 둘째, 레위 사람이 레위 지파에게 할당된 성읍에서 공적

인 직무를 수행하지 않고 한 개인의 가정에서 어떠한 일 하는지를 질문한다. 셋째, 레위 사람의 공적인 직무도 아닌 사적인 일을 함으로써 그가 어떤 보상을 받는지에 대해 질문한다.

4그가 그들에게 미가가 그를 위하여 행한 것을 이것저것 말하였다
"그는 나를 고용했고 나는 그의 제사장이 되었다"

레위 청년은 정탐꾼의 세 번째 질문부터 대답한다. 미가가 그를 위하여 행한 것 즉 보상을 이것저것 말하였다. 그리고 첫째 질문에 대해서는 자신을 고용한 자가 미가라고 대답하고, 둘째 질문에 대해서는 미가의 집에서 제사장의 직무를 수행하고 있다고 대답한다. 여기에서 자신이 레위 지파 출신인 것을 밝히지 않은 것은 그 청년이 레위 지파 소속임을 정탐꾼이 이미 알았기 때문이다. 이 청년의 설명에 따르면 하나님이 그를 제사장의 직분으로 지명한 것이 아니라 미가가 그를 "고용했다"(שָׂכַר). 레위 청년은 자신이 고용된 것으로 이해했다. 성경에서 고용은 대체로 부정적인 의미로 사용된다(신 23:4, 삿 9:4, 느 13:2). 대표적인 사례는 암몬 사람과 모압 사람이 이스라엘 백성을 저주하기 위해 발람을 고용한 것이었다(신 23:4). 사회에서 고용은 사용자와 노동자 사이에서 일어나는 노동과 보상의 거래를 가리키는 표현이다. 고용된 사람은 고용한 사람에게 충성해야 한다. 그러나 레위 사람은 성전에서 섬기는 방식으로 하나님께 충성하기 위해 지명된 사람이다. 하나님은 자기 자신을 그들에게 분깃으로 주시는 방식으로 보상을 베푸신다. 이런 레위인의 정체성을 망각한 이 청년의 모습에서 우리는 종교 담당자의 부패와 몰락을 확인한다.

성경에서 제사장이 되는 방식은 변화되어 왔다. 아담과 가인과 아벨과 노아와 아브라함 같은 족장들의 시대에는 각자 자신이 제사장이 되어 하

나님께 제사를 드렸으며, 출애굽 직전 애굽의 시대에는 하나님이 이스라엘 백성 "각자가 어린 양을 취할지니 각 가족대로 그 식구를 위하여 어린 양을 취하"라고 명하셨다(출 12:3). 제사장 제도가 확립된 율법의 시대에는 하나님이 모세에게 "너는 이스라엘 자손 중 네 형 아론과 그의 아들들을…나아오게 하여 나를 섬기는 제사장 직분을 행하게 하"라고 명하셨다(출 28:1). 여기에 명시된 제사장은 이스라엘 백성에 의해 고용된 사람이 아니라 하나님에 의해 지명된 사람이며 사람이 아니라 하나님을 섬기는 직분이다. 그리고 제사장은 에봇을 착용하는 것만이 아니라 "그의 머리에 관을 씌우고 그 위에 거룩한 패를 더하고 관유를 가져다가 그의 머리에 부어 바르"는 방식으로 임명된다(출 29:6-7). 제사장은 선지자 및 왕과 더불어 기름부음 받은 하나님의 공직자들 중의 하나였다. 예수님의 죽음과 부활 이후로는 하나님의 모든 사람들이 "왕 같은 제사장"(벧전 2:9) 혹은 "거룩한 제사장"(벧전 2:5)이 되었다고 베드로는 선언한다. 이러한 변화에 근거하여 오늘날 하나님의 사람들도 인간에게 고용된 제사장이 아니라 하나님의 부르심을 받아 그리스도 예수로 말미암아 하나님을 섬기는 제사장이 된다.

율법의 시대에서 살아가는 미가는 레위 청년을 아론의 계보에 속한 사람인지 확인하지 않았고, 율법의 제사장 규례를 따르지도 않았으며 하나님의 임명도 없이 자신의 마음대로 고용했고 그 청년은 자신이 고용된 제사장일 뿐이라고 의식했다. 오늘날 목회자는 어떠한 정신을 가지고 교회에서 섬기는가? 고용의 개념을 가지고 하나님이 아니라 사람에게 충성하는 노동자의 의식을 가졌다면 그것은 목회자의 심각한 부패와 몰락을 가리키고 기독교의 치명적인 위기를 의미한다. 일반 노동자도 주님께 충성하기 위해 고용한 자들에게 충성한다(엡 6:5). 하물며 하나님을 섬기라는 부르심을 받은 목회자는 더더욱 하나님께 충성해야 한다.

예수님에 의하면, 보상을 받으려고 고용된 목회자는 목회자도 아니며 이리가 오면 양을 버리고 도망치는 삯꾼이다(요 10:12-13). 자신을 고용된 종교

전문가로 인식하는 목회자는 하나님과 교회가 아니라 자신을 위하여 사람에게 잘 보이려고 그의 귀에 달콤한 말을 주입하는 일에 몰두한다. 꿀보다 달콤한 하나님의 말씀으로 죽어가는 영혼도 살려내는 복음의 종이 아니라 농담과 아첨의 말로 육신의 귀만 유쾌하게 하는, 사제복 입은 광대로 살아간다. 해학과 예술과 재능으로 웃음과 감동을 선사하는 연예인의 사회적인 기능을 종교인이 차지하려 한다. 그런 방식으로 몸값을 높인 목회자는 대형교회 담당자로 고용되어 보다 많은 보상의 수혜자가 되기를 소원하고 고용의 기회만 열리면 그곳으로 곧장 달려간다. 그런데 적잖은 수의 교인들도 그런 목회자를 선호한다. 이렇게 말하는 것은 대형교회 자체나 대형교회 담임목사 자체가 나쁘다고 비난하는 것이 아니라 고용과 성공의 의식을 가지고 교회를 섬기고자 하는 변질된 목회자의 썩은 정신을 지적하기 위함이다.

⁵그들이 그에게 말하였다 "부탁한다 너는 우리를 위하여 하나님께 여쭈어라 우리가 걸어가는 우리의 길이 형통할 것인지를 우리가 알도록!"

레위 청년이 미가의 집에서 제사장의 직무를 수행하고 있다는 사실을 안 정탐꾼은 곧장 부탁에 들어간다. 자신이 걸어가는 길이 형통할 것인지 아닌지를 하나님께 물어봐 달라는 부탁이다. "하나님께 묻는다"(שָׁאַל בֵּאלֹהִים)는 것은 구약에서 제사장이 우림과 둠밈을 통해 하나님의 뜻을 분별할 때에 사용되는 표현이다. 그런데 레위 청년은 형식적인 면에서도 우림과 둠밈이 없었고 두 개의 우상과 드라빔과 불법으로 제작된 에봇만 가지고 있었기 때문에 가짜 제사장일 가능성이 높다는 것을 정탐꾼은 감지해야 했다. 오히려 미가의 집에서 가까운 실로에는 하나님의 법궤가 있고 제사장이 있기 때문에 그곳으로 가서 하나님의 뜻을 구하는 것이 마땅했다. 그러나 그들은 하나님의 말씀에 무지하고 제사장에 대해서도 무지했기 때문에 그저 제사장의 외형적인 무늬만 비슷하면 신의 뜻을 분별하고 알려줄 수 있는 자라고 생각했다. 자신에게 형통한 것만 알려 준다면 우상과 드라빔을 통한 주술적인 행위도 문제삼지 않으려고 한다.

정탐꾼은 자신들이 걸어가는 길의 형통함 여부가 궁금하다. 미래에 대한 궁금증은 대체로 불안 때문에 발생한다. 그러나 하나님의 약속을 견고하게 붙들고 있으면 미래가 전혀 불안하지 않다. "나는 네 하나님이 됨이라 내가 너를 굳세게 하리라 참으로 너를 도와 주리라 참으로 나의 의로운 오른손으로 너를 붙들리라"(사 41:10). 하나님은 자신의 가장 강력한 손으로 우리를 강하게 만드시고 도우시고 붙드신다. 변하는 무언가를 붙들고 있으면 불안하다. 그러나 어떤 것에 의해서도 흔들림이 없는 견고한 하나님과 그의 약속을 붙들고 있으면 결코 불안하지 않다. 게다가 우리가 하나님을 붙드는 것이 아니라 불변의 하나님이 우리를 붙드시기 때문에 더더욱 불안하지 않다. 그리고 형통이 나의 번영을 의미하는 것이 아니라 사나 죽으나 하나님께 영광이 되는 것이라는 이해를 가지고 있다면 불안하지 않다. "나는 나를 위하며 나를 위하여 이를 이룰 것이라 어찌 내 이름을 욕되게 하리요 내 영광을 다른 자에게 주지 않으리라"(사 48:11). 하나님의 영광은 누구도 빼앗을 수 없고 하나님은 결코 빼앗기지 않으신다. 그러니 무엇이 걱정인가! 내일 일을 염려하지 말라. 하나님을 믿으면 우리에게 염려와 걱정과 두려움의 출입이 전혀 가능하지 않다.

6그 제사장이 그들에게 말하였다
"너희는 평화롭게 가라 너희가 가는 너희의 길이 여호와 앞에 있느니라"

그 제사장은 정탐꾼의 부탁을 들어준다. 하나님께 묻고 하나님의 뜻을 전달한다. 그들의 길이 하나님 앞에 있기 때문에 평화롭게 가라고 설명한다. 우상과 드라빔을 통해 점괘를 본 결과가 실제로 하나님의 뜻이라고 말하는 것은 합당하지 않다. 그러나 정탐꾼의 귀에는 참으로 달콤한 설명이다. 그 제사장은 미가의 집에서 하나님의 뜻을 분별하고 전달하는 것과 무관하게 사람의 귀를 달콤하게 하는 직무에 능숙하다. "평화롭게 가라"는 말의 의미는 무엇일까? 에스겔의 시대에도 "허탄한 묵시를 보며 거짓 것을 점"치는 거짓 선지자가 등장한다. 하나님은 그를 치실 것이라고 한다. "이렇게 칠 것은 그들이 내 백성을 유혹하여 평강이 없으나 평강이 있다 함이라"(겔 13:10). 평화롭게 가는 것은 점괘의 결과가 아니라 주님과 동행할 때에만 가능하다. 주님은 평강의 왕이시기 때문이다. "왕"이라는 것은 소유하고 통치하고 주관하는 사람을 의미한다. "평강의 왕" 즉 평강의 주인, 평강의 통치자, 평강의 주관자는 주님임을 의미한다. 그래서 바울은 이렇게 기도한다. "평강의 주께서 친히 때마다 일마다 너희에게 평강을 주시고 주께서 너희 모든 사람과 함께 하시기를 원하노라"(살후 3:16). 지금도 사람들의 마음을 달래려고 전혀 평강의 상황이 아닌데 평강의 때라고 거짓으로 말하는 목회자가 많다. 그런 목회자만 있고 진실한 목회자가 없다는 것은 일종의 형벌이다. 하나님은 어떤 개인이나 공동체나 특정한 시대를 징계하실 때에 선견자의 눈과 선지자의 머리를 덮으시기 때문이다(사 29:10).

7그 다섯 사람이 걸어서 라이스로 들어갔다 그 가운데서 안전하게 거하는 백성을 보니 시돈 사람들의 규례를 따라 평온하고 안전하다 그 땅에는 부끄럽게 하는 것과 취하려는 강압이 없다 시돈 사람들과 거리가 멀고 그들을 위하여 사람과 더불어 [교류하는] 것이 없었다

정탐꾼 다섯 사람은 제사장의 말을 듣고 가던 길을 가며 목적지인 라이스에 이르렀다. 라이스는 산악에 위치하여 외부에 노출되지 않고 외부인의

침략도 피할 수 있어서 안전하고 평화로운 곳이었다. 사사기 저자는 라이스의 상태를 시돈 사람들의 생활양식 혹은 문화와 비교한다. 시돈은 성경에서 바다에 왕래하며 무역을 하면서 부요하게 된 사람들의 대명사로 언급된다(사23:2). 게다가 라이스 내부에도 사람들을 수치에 빠뜨리고 모멸감을 주는 것이 없고 타인의 소유물을 취하려고 강제력을 행사하는 사람들이 없다. 라이스는 부요한 시돈처럼 풍요롭기 때문에 이웃과 서로 경쟁하지 않고 타인을 정복하지 않고 남의 것을 탈취하지 않는, 그렇게 할 필요도 없는 도시였다. 시돈 사람들과 거리가 멀었으며 교류도 없었기 때문이다. 그래서 시돈 사람들의 문화를 따랐어도 종속적인 관계는 아니었다. 내부와 외부의 동시적인 평화와 안전은 행복한 삶에 필요한 최적의 조건이다. 라이스는 마치 동양적인 개념의 무릉도원 같다.

8그들은 소라와 에스다올 형제들에게 갔다 그들의 형제들이 그들에게 말하였다
"너희가 [보기에 그 땅이] 어떠하냐?" 9그들이 말하였다
"너희는 일어나라 우리가 그들을 대항하여 올라가자 이는 우리가
그 땅을 보니 참으로 심히 좋았기 때문이다 그런데 너희는 잠잠하다
너희는 태만하지 말고 그 땅으로 나아가고 들어가서 차지하라
10너희가 가면 안정적인 백성을 만나고 그 땅에 있는 모든 것들이
부족함이 없는 넓은 곳을 만나리라 하나님이 그 땅을 너희의 손에 넘기셨다"

이렇게 안전하고 평화로운 라이스를 정탐한 다섯 사람이 단 지파에게 돌아왔다. 사람들은 그들의 보고가 궁금해서 질문했다. 그곳이 어떠냐고! 정탐꾼은 흥분을 감추지 못하고 단 지파가 당장 자리에서 일어나 라이스를 점령하기 위해 올라가야 한다고 제안했다. 왜냐하면 그들이 보기에 라이스는 "심히 좋은"(טוֹבָה מְאֹד) 땅이었기 때문이다. 정탐꾼이 심히 좋은 땅이라

고 말했지만 단 지파는 잠잠했다. 너무도 놀라웠기 때문에 말문이 막힌 것이 아니라 언어적인 보고로는 실감이 나지 않아서 호응할 수 없었기 때문이다. 그래서 정탐꾼 다섯은 강한 어조로 동족에게 태만하지 말고 당장 무장을 하고 라이스로 가서 차지해야 한다고 강조한다. 시돈 사람들과 친밀한 관계를 가지지도 않고 교류도 없었기 때문에 라이스를 공격해도 저항할 주변의 강한 세력이 전혀 없을 것이라는 짐작도 작용한 강조였다. 그리고 라이스로 가면 "진실한 백성"을 만나고 모든 것들이 하나도 부족함이 없는 넓은 곳을 목격하게 될 것이라고 단언한다. 이런 정탐꾼의 보고는 갈렙과 여호수아의 보고를 떠올리게 한다. 그들도 자신들이 정탐한 여리고가 "심히 아름다운 땅"이며 "젖과 꿀이 흐르는 땅"이라고 했다(민 14:7-8). 그런데 차이점이 있다. "여호와가 우리를 기뻐하시면 우리를 그 땅으로 인도하여 들이시고 그 땅을 우리에게 주시리라"(민 14:8). 이는 하나님의 기뻐하심 없이는 이스라엘 백성이 그 땅으로 들어갈 수도 없지만 그들에게 주어지는 것도 아니라는 보고였다. 이러한 과거의 보고와는 달리, 단 지파의 정탐꾼은 하나님의 기뻐하신 뜻과 무관하게 하나님이 그들에게 주셨다고 확신한다. 이 확신은 미가의 집에서 만난 레위 청년의 말에 근거한 것이었다.

그러나 라이스는 과연 단 지파에게 주어지는 하나님의 선물인가? 성경 어디를 보더라도 라이스는 단 지파에게 배당된 하나님의 선물이 아니었다. 보기에 너무나도 좋은 땅이라는 사실이 하나님의 선물임을 보증하는 것은 아니었다. 하나님이 가나안에 입성한 이스라엘 백성의 각 지파에게 분배하신 땅은 각각에게 충분했다. 분배의 방식은 공정했다. 분배할 땅의 위치는 제비를 뽑아 정하였고 땅의 크기는 각 지파의 인구에 비례하여 정하였다(민 26:53-56). 라이스를 취하려고 할 때에는 땅의 분배 이후에 세월이 지나면서 단 지파의 인구가 급증하여 분배된 땅이 비좁게 된 상황도 아니었다. 오히려 인구가 줄었다는 정황이 포착된다. 가나안에 들어가기 직전에 단 지파는 장정의 수가 유다 지파 다음으로 많은 64,400명의 규모였다(민 26:43).

그런데 이번에 라이스를 정복하기 위해 선발되고 떠난 사람들의 숫자는 고작 육백 명이었다. 물론 단 지파의 일부 장정들만 떠났을 수도 있겠지만!

전쟁은 하나님께 속하였다. 그래서 하나님이 허락하신 전쟁은 합당하고 반드시 승리한다. 그러나 라이스를 점령하는 전쟁은 하나님의 허락과 동행이 없는 불법적인 폭력이다. 나아가 그곳에서 살아가는 "안정적인 백성"(עַם בֹּטֵחַ)을 치는 것은 하나님의 백성이 보여야 할 모습도 아니었다. 안정과 평화의 땅을 폭력과 전쟁의 땅으로 바꾸고, 무언가를 취하려는 억압과 강제가 없는 땅을 살인자와 약탈자의 군홧발로 밟고 피로 물들이는 것은 더더욱 천국의 시민과는 무관했다.

11단 지파의 가족 중 전쟁의 도구로 무장된 육백 명의 사람들이 소라와 에스다올에서 출발하고 12올라가서 유다에 있는 기럇여아림에 진을 쳤다 그곳이 오늘까지 마하네단이라 불렸으며 [그들의 진은] 기럇여아림 뒤에 [위치한다] 13그들이 그곳에서 에브라임 산지로 건너갔고 미가의 집에까지 이르렀다

정탐꾼의 보고를 들은 단 지파 사람들은 600명의 사람들을 소집했다. 전쟁의 도구로 무장했다. 그리고 출발하여 먼저 유다에 있는 기럇여아림 지역에 진을 치고 머물렀다. 그곳의 이름은 마하네단, 과거에 삼손이 처음으로 여호와의 영에 이끌림을 받기 시작한 곳이었다. 이곳의 방문은 삼손의 신적인 기운에 대한 그들의 막연한 기대감이 시킨 것인지도 모르겠다. 그리고 그들은 에브라임 산지로 가서 미가의 집에까지 이르렀다. 라이스 전쟁을 위한 단 지파의 집단적인 행동의 배후에는 미가의 집에 머무는 레위 청년의 답변이 작용하고 있다. 단 지파가 원하는 바는 그들이 머물 안전하고 평화로운 땅이었다. 그들은 그런 땅으로서 라이스를 선택했다. 그곳으로 가는 길에 미가의 제사장이 긍정적인 징조를 제공했다. 그것은 정탐꾼의

마음에 순풍으로 여겨졌다. 라이스로 가서 실제로 보니 상상 이상으로 안전하고 평화로운 주거를 보증할 최적의 땅이었다. 그들이 보기에 모든 과정이 순조롭고 조화롭다. 그래서 그들은 하나님이 라이스를 그들의 손에 주셨다는 확신에 이르렀다. 지금까지 이루어진 모든 일들이 그런 확신의 객관적인 증거처럼 여겨졌다.

그러나 비록 모든 상황이 단 지파의 소원과 계획에 부응하고 있더라도 하나님이 기뻐하지 않으시고 허락하지 않으시면 멈추어야 한다. 이것을 분별하는 사람이 필요하다. 어떤 새로운 일을 하거나 중요한 결정을 내릴 때에 많은 사람들이 목회자를 찾아간다. 그러나 그런 점괘의 숙제를 내는 건 합당하지 않다. 목회자가 해 줄 수 있는 말은 하나님을 기쁘시게 하는 것인지를 분별하고 확신이 들면 무엇이든 택하라는 조언이다. 하나님을 기쁘시게 하는 목적이 분명하면 실패해도 진리가 실패의 고통 속에서 우리의 존재에 새겨지는 유익이 주어지고 성공하면 이웃을 더 많이 더 오래 사랑하게 하는 도구가 마련되기 때문에 유익하다. 하나님의 기쁨을 분별하는 기준은 당연히 하나님의 말씀이다. 말씀의 종합적인 주제로서 하나님을 사랑하고 이웃을 사랑하는 것인지를 점검하면 된다. 이러한 점검을 위해서는 때때로 하나님이 택하시고 부르시고 기름을 부어 임명하신 제사장이 필요하다. 마귀의 유혹과 시험은 너무도 교활하고 은밀하여 분별하기 어렵기 때문이다. 구약의 시대에도 거짓 선지자가 있었지만, 신약의 시대에도 거짓 사도가 교회를 활보했다. 그래서 바울은 거짓 사도들이 그리스도 예수의 사도인 것처럼 행세하는 것을 보고 이렇게 말하였다. "이것은 이상한 일이 아니니라 사탄도 자기를 광명의 천사로 가장하나니 그러므로 사탄의 일꾼들도 자기를 의의 일꾼으로 가장하는 것이 또한 대단한 일이 아니니라"(고후 11:14-15). 교회의 제사장인 목회자와 세상의 왕 같은 제사장인 성도는 모두 자신이 하나님의 부르심을 받아 각자의 처소에 세워진 직분임을 명심해야 한다. 그리고 세상을 기쁘게 하는 것이 아니라 하나님을 기쁘시게 하며 그분을 섬기는 자라는 의식을 가지고 교회와 세상을 미혹하는 사탄과 그 졸개들의 교묘한 둔갑술을 분별하고 경계해야 한다.

단 지파의 번영 추구처럼, 교회는 무분별한 번영의 추구를 경계해야 한다. 하나님을 기쁘시게 하는 것이 무엇인지 분별해야 한다. 교회는 양보다 질을 추구해야 한다. 세상을 바꾸기 위해서는 많은 누룩이 필요하지 않다. 제대로 된 소량의 누룩이면 충분하다. 세상에서 제대로 된 제사장 같은 교회가 있다면 아무리 작더라도 그 교회에 의해 세상은 뒤집힌다. 왕 같은 제사장 한 사람이 한 나라를 이기기도 하고 한 세대를 바꾸기도 한다. 주님께서 우리 각자에게 배당하신 재능과 은사라는 땅에 만족하고 그것을 발견하고 개발하여 활용하면 각자가 직면한 세상의 변화는 충분히 가능하다.

삿 18:14-31

¹⁴전에 라이스 땅을 정탐하러 갔던 다섯 사람이 그 형제들에게 말하여 이르되 이 집에 에봇과 드라빔과 새긴 신상과 부어 만든 신상이 있는 줄을 너희가 아느냐 그런즉 이제 너희는 마땅히 행할 것을 생각하라 하고 ¹⁵다섯 사람이 그 쪽으로 향하여 그 청년 레위 사람의 집 곧 미가의 집에 이르러 그에게 문안하니 ¹⁶단 자손 육백 명은 무기를 지니고 문 입구에 서니라 ¹⁷그 땅을 정탐하러 갔던 다섯 사람이 그리로 들어가서 새긴 신상과 에봇과 드라빔과 부어 만든 신상을 가져갈 때에 그 제사장은 무기를 지닌 육백 명과 함께 문 입구에 섰더니 ¹⁸그 다섯 사람이 미가의 집에 들어가서 그 새긴 신상과 에봇과 드라빔과 부어 만든 신상을 가지고 나오매 그 제사장이 그들에게 묻되 너희가 무엇을 하느냐 하니 ¹⁹그들이 그에게 이르되 잠잠하라 네 손을 입에 대라 우리와 함께 가서 우리의 아버지와 제사장이 되라 네가 한 사람의 집의 제사장이 되는 것과 이스라엘의 한 지파 한 족속의 제사장이 되는 것 중에서 어느 것이 낫겠느냐 하는지라 ²⁰그 제사장이 마음에 기뻐하여 에봇과 드라빔과 새긴 우상을 받아 가지고 그 백성 가운데로 들어가니라 ²¹그들이 돌이켜서 어린 아이들과 가축과 값진 물건들을 앞세우고 길을 떠나더니 ²²그들이 미가의 집을 멀리 떠난 때에 미가의 이웃집 사람들이 모여서 단 자손을 따라 붙어서 ²³단 자손을 부르는지라 그들이 얼굴을 돌려 미가에게 이르되 네가 무슨 일로 이같이 모아 가지고 왔느냐 하니 ²⁴미가가 이르되 내가 만든 신들과 제사장을 빼앗아 갔으니 이제 내게 오히려 남은 것이 무엇이냐 너희가 어찌 하여 나더러 무슨 일이냐고 하느냐 하는지라 ²⁵단 자손이 그에게 이르되 네 목소리를 우리에게 들리게 하지 말라 노한 자들이 너희를 쳐서 네 생명과 네 가족의 생명을 잃게 할까 하노라 하고 ²⁶단 자손이 자기 길을 간지라 미가가 단 자손이 자기보다 강한 것을 보고 돌이켜 집으로 돌아갔더라 ²⁷단 자손이 미가가 만든 것과 그 제사장을 취하여 라이스에 이르러 한가하고 걱정 없이 사는 백성을 만나 칼날로 그들을 치며 그 성읍을 불사르되 ²⁸그들을 구원할 자가 없었으니 그 성읍이 베드르홉 가까운 골짜기에 있어서 시돈과 거리가 멀고 상종하는 사람도 없음이었더라 단 자손이 성읍을 세우고 거기 거주하면서 ²⁹이스라엘에게서 태어난 그들의 조상 단의 이름을 따라 그 성읍을 단이라 하니라 그 성읍의 본 이름은 라이스였더라 ³⁰단 자손이 자기들을 위하여 그 새긴 신상을 세웠고 모세의 손자요 게르솜의 아들인 요나단과 그의 자손은 단 지파의 제사장이 되어 그 땅 백성이 사로잡히는 날까지 이르렀더라 ³¹하나님의 집이 실로에 있을 동안에 미가가 만든 바 새긴 신상이 단 자손에게 있었더라

❖ ❖ ❖

¹⁴라이스 땅을 정탐하러 갔던 다섯 사람이 주의하며 그 형제들에게 말하였다 "이 집에 에봇과 드라빔과 조각한 우상과 주조한 우상이 있다는 것을 너희가 아느냐? 이제 너희가 무엇을 행하여야 할지를 알라" ¹⁵그들이 그곳 으로 돌이켜 그 레위 청년의 집 즉 미가의 집에 이르러 그에게 평강을 구하였다 ¹⁶단 자손 중에서 전쟁의 도구 로 무장된 육백 명은 문 입구에 서서 [대기했다] ¹⁷그 땅을 정탐하러 갔던 다섯 사람은 올라와서 그곳으로 들어 갔고 조각한 우상과 에봇과 드라빔과 주조한 우상을 취하였다 그 제사장과 전쟁의 도구로 무장된 육백 명은 문 입구에 서 있었다 ¹⁸이들이 미가의 집에 들어가서 그 조각한 우상과 에봇과 드라빔과 주조한 우상을 취하였을 때에 그 제사장이 그들에게 말하였다 "너희가 무엇을 하느냐?" ¹⁹그들이 그에게 말하였다 "너는 잠잠하라 네 손 을 너의 입에 두고 우리와 함께 가자 너는 우리의 아버지와 제사장이 되라 네가 한 사람의 집을 위한 제사장이 되는 것, 혹은 이스라엘의 지파와 족속의 제사장이 되는 것, [어느 것이 더] 낫겠느냐?" ²⁰그 제사장이 마음에 기 뻐하며 에봇과 드라빔과 조각한 우상을 취하고 그 백성 가운데로 들어갔다 ²¹그들이 돌이켜 걸어가되 어린 아 이들과 가축과 소유물을 그들 앞에 두었더라 ²²그들이 미가의 집에서 멀어졌을 때에 미가의 집 곁에 있는 집들 에 [사는] 사람들이 소리치며 단 자손을 쫓아가서 ²³단 자손을 부르자 그들이 그들의 얼굴을 돌려 미가에게 말 하였다 "너희를 위하여 부르짖는 것이 무엇이냐?" ²⁴그가 말하였다 "내가 만든 나의 신들과 제사장을 너희가 취 하여 떠나니 나에게 무엇이 남겠느냐? [그런데도] 너희가 어찌하여 '너를 위한 것이 뭐냐'는 이런 [소리]를 나 에게 하느냐?" ²⁵단 자손이 그에게 말하였다 "너는 너의 목소리를 우리[의 소리]와 함께 들리게 하지 말라 [그렇 지 않으면] 생명이 쓰라린 사람들이 너희를 침해하여 너의 생명과 네 가족의 생명을 거두리라" ²⁶단 자손은 자 신의 길로 떠나갔다 미가는 단 자손이 자기보다 강하다는 것을 인지하고 돌이켜 자신의 집으로 돌아갔다 ²⁷그 들은 미가가 만든 것과 그를 위한 제사장을 취하였고 라이스에 [사는] 평온하고 안정적인 백성에게 가서 그들 을 칼날로 치고 그 성읍을 불살랐다 ²⁸구해줄 자가 없었으니 이는 [그 성읍이] 시돈에서 멀리 떨어져 있고 그곳 이 베드르홉 가까운 골짜기에 있어서 그들에게 사람과 [교류하는] 일이 없었기 때문이다 그들은 그 성읍을 재 건하고 거기에 거주했다 ²⁹그들은 이스라엘에 태어난 그들의 조상 단의 이름을 따라 그 성읍을 단이라고 불 렀으나 라이스가 그 성읍의 본래 이름이다 ³⁰단 자손은 자기들을 위하여 그 조각한 우상을 세웠으며 모세의 후 손이요 게르손의 후손인 요나단과 그의 자손은 단 지파의 제사장이 되고 그 땅이 포로가 될 때까지 이르렀다 ³¹그들은 하나님의 집이 실로에 있는 모든 날에 자신들을 위하여 미가가 만든 조각한 우상을 두었더라

38   힘이 지배하는 시대

라이스를 정탐한 사람들과 600명의 무장된 단 자손은 미가의 집에 이르러 에봇과 드라빔과 우상들을 취하고 레위 청년을 데려갔다. 미가는 자신의 소유를 되돌려 받으려고 이웃과 함께 그들을 쫓아갔다. 그러나 그들의 힘에 압도되어 빈손으로 돌아와야 했다. 라이스에 도착한 단 자손은 그곳의 주민들을 다 죽이고 그 성읍을 불태웠다. 그곳을 재건하고 신당을 세우고 탈취한 물건들을 그곳에 두고 레위 청년으로 하여금 관리하게 했다. 본문은 자신의 힘을 사용하여 약한 미가의 소유를 빼앗고 평화로운 라이스 주민의 생명과 거처를 빼앗는 단 자손의 잔혹한 폭력성을 가감 없이 드러낸다. 그리고 그 시대는 힘이 있으면 자신의 전용 신당과 제사장과 우상을 자의로 마련하는 종교적인 문란함이 만연한 시대임을 드러낸다.

¹⁴라이스 땅을 정탐하러 갔던 다섯 사람이 주의하며 그 형제들에게 말하였다
"이 집에 에봇과 드라빔과 조각한 우상과 주조한 우상이 있다는 것을

정탐꾼 다섯과 600명의 무장된 단 자손은 라이스로 가는 도중에 미가의 집을 먼저 방문했다. 가장 중요한 방문의 이유는 거기에 에봇과 드라빔과 우상들이 있었기 때문이다. 그들은 자신들과 동행한 단 자손에게 먼저 이런 사실을 "아느냐"고 질문한다. 그리고 무장된 형제들을 향해 "무엇을 행하여야 할지를 알라"고 당부한다. 알아서 척척 움직일 것에 대한 당부인데, 그 물건들을 다른 무엇보다 먼저 챙겨야 한다는 의도와 공모가 반영되어 있다. 사람은 자신에게 보다 소중한 것을 먼저 언급한다. 그런데 미가의 집에 도착한 정탐꾼의 그 언급에는 제사장에 대한 이야기가 없다. 이는 그들이 사람보다 종교적인 물건들을 더 소중하게 여겼음을 나타낸다. 이는 그것들을 부적처럼 소지하고 있으면 새로운 거주지를 찾아 떠나는 여행이 성공을 거둘 것이라는 주술적인 종교성의 표출이다. 나아가 하나님 자신보다 그분의 인위적인 대체물을 더 신뢰하는 것은 우상숭배 행위이고 미신이다.

조각한 우상들이 아니라 거룩한 법궤라 하더라도 그것이 하나님을 대체하는 것이라고 생각하면 동일한 미신의 도구로 전락한다. 사무엘의 시대로 접어들 때, 이스라엘 백성은 블레셋과 싸웠으나 패배하여 사천 명의 군사가 사망했다. 이스라엘 장로들은 패배의 원인이 법궤의 부재라고 진단했다. 그래서 실로에 있던 법궤를 이스라엘 진영으로 가져왔다. 그 법궤가 이스라엘 가운데에 있으면 원수들의 손에서 구원할 것이라고 믿었기 때문이다. 그러나 그들의 기대와는 달리 삼만 명의 군사가 전사하는 참패를 당하였다(삼상 4:2-10). 이 이야기의 핵심은 전쟁의 승리와 패배의 여부가 아니었다. 아무리 거룩한 물건이라 할지라도 그것으로 하나님을 대체하면 그 자체가 이미 영적인 범죄와 패배라는 사실을 가르친다. 엘리의 시대처럼 오늘날의 사람들도 신발을 신고 강단에 올라가면 저주를 받는 것처럼, 십자가를 가슴에 품으면 질병도 치유되고 귀신도 쫓아낼 것처럼, 요단강의 물을 사용하면 더 은혜로운 세례가 주어지는 것처럼, 물질에 과도한 의미를 부여한다. 지금도 인위적인 의식과 물건의 영적 효력에 대한 중세적 맹신을 답습하고 있는 듯해 안타깝다.

15그들이 그곳으로 돌이켜 그 레위 청년의 집 즉 미가의 집에 이르러
그에게 평강을 구하였다 16단 자손 중에서 전쟁의 도구로 무장된 육백 명은
문 입구에 서서 [대기했다] 17그 땅을 정탐하러 갔던 다섯 사람은 올라와서
그곳으로 들어갔고 조각한 우상과 에봇과 드라빔과 주조한 우상을 취하였다
그 제사장과 전쟁의 도구로 무장된 육백 명은 문 입구에 서 있었다

종교적인 물품들의 중요성과 탈취의 완수를 주지시킨 정탐꾼 다섯은 미가의 집으로 들어가 레위 청년에게 안부를 물었고 무장된 사람들은 문 입구에 서서 대기했다. 안부를 물은 다음에 그들은 우상들과 에봇과 드라빔이 있는 미가의 신당으로 들어가 의도한 대로 그것들을 취하였다. 당시 미가는 그 집에 없는 상태였다. 주인도 없는 집에 함부로 들어가 타인의 소유물을 허락도 없이, 양해도 구하지 않고, 심지어 눈치도 보지 않고 떳떳하게 취한다는 것은 얼마나 무례하고 폭력적인 행위인가! 같은 민족끼리 빼앗고 뺏기는 것도 꼴사나운 일이지만 영적인 안목이 얼마나 썩었길래 미신적인 물건들에 눈독을 들이고 쟁탈전을 벌이는가!

그러나 다른 관점에서 보면 이스라엘 사람의 집에서 아무런 쓸모도 없는 소유물을 없앴다고 무슨 문제가 되겠는가! 오히려 그런 탈취는 영적으로 해로운 흉물들을 제거하는 것이어서 미가의 집에 유익을 끼치는 일이기도 하다. 우리의 소유물은 다 유익한가 아니면 어떤 것은 해로운가? 때로는 도둑질로, 때로는 분실로, 때로는 망가짐을 통해 어떤 소유물이 사라지는 경우에 우리는 미가의 집에서 일어난 이 사건을 기억하자. 물론 타인

의 소유물을 탐하거나 취하는 도둑질은 불법이다. 절대 저지르지 말자. 그러나 도둑질의 피해자가 되었을 때에 잃어버린 물건이 우리에게 반드시 필요한 것인지, 혹시 해로운 것은 아닌지를 생각하며 너무 슬퍼하지 말자. 어떤 소유물의 경우에는 분실이나 빼앗김이 오히려 우리에게 영적인 유익을 제공하기 때문이다.

이스라엘 내에서 미가와 단 지파 사이의 우상 쟁탈전은 당시의 영적인 무질서와 부패의 심각성을 고발한다. 경쟁할 게 없어서 우상의 소유권을 놓고 싸우는가! 참으로 한심하다. 무의미한 것, 심지어 영적으로 해로운 것을 서로 취하려고 제사장의 규례를 어기고 십계명을 위반하니 어찌 어리석지 아니한가! 오늘날 교회는 어떠한가? 성도들 사이에, 목회자들 사이에, 신학자들 사이에, 교단들 사이에 너무도 무익하고 사소하고 무의미한 일로 서로의 멱살을 뜯으려고 한다. 관계를 찢고 교회를 해체한다. 무엇에 씌었길래 이렇게도 무모한가! 위대한 복음을 믿고 무한한 은총을 동일하게 입었으면 여유가 있고 배려와 포용을 베풀어야 하는데, 감정의 털끝만 건드려도 곧장 원수의 살벌한 관계로 돌아설 만큼 우리는 영적으로 빈곤하고 경박하다.

18이들이 미가의 집에 들어가서 그 조각한 우상과 에봇과 드라빔과 주조한 우상을 취하였을 때에 그 제사장이 그들에게 말하였다 "너희가 무엇을 하느냐?" 19그들이 그에게 말하였다 "너는 잠잠하라 네 손을 너의 입에 두고 우리와 함께 가자 너는 우리의 아버지와 제사장이 되라 네가 한 사람의 집을 위한 제사장이 되는 것, 혹은 이스라엘의 지파와 족속의 제사장이 되는 것, [어느 것이 더] 낫겠느냐?" 20그 제사장이 마음에 기뻐하며 에봇과 드라빔과 조각한 우상을 취하고 그 백성 가운데로 들어갔다

밖에서 단 자손의 탈취를 지켜보던 제사장이 그들에게 무엇을 하느냐고 질문한다. 무장한 단 자손이 곁에 있어서 그들의 군기에 눌렸기 때문일까? 그들의 공공연한 도둑질을 눈으로 보면서도 제사장은 아주 소극적인 질문을 던졌고 그것이 저항의 전부였다. 그는 머릿수의 차이를 파악했고 힘의 기울기를 감지했다. 어떠한 저항도 승산이 없는 분위기를 간파한 제사장의 최선은 의례적인 궁금증 하나를 꺼내서 단 자손의 심기를 건드리지 않고 위태롭지 않을 만큼만 멀찍이 던져보는 것이었다. 이에 대한 단 자손의 반응은 칼이 아니었다. 그냥 '입을 다물라, 너의 손으로 네 입을 틀어 막으라'는 말이었다. 그들의 이런 반응도 레위 청년에게 참 무례하다. 이는 그들이 원하기만 하면 그냥 탈취해도 문제가 되지 않는다고 생각했고 이런 탈취에 대하여 굳이 설명할 필요성을 느끼지도 않을 정도로 그들의 인성이 무너졌기 때문이다. '묻지마' 탈취와 설명하지 않음의 배후에는 힘의 논리가 작용하고 있다. 강한 자가 약한 자를 대하는 전형적인 태도가 소유물의 약탈이고 언론의 박탈이다.

단 자손은 레위 청년에게 자기들과 함께 가자고 제안하고 그들의 "아버지와 제사장이 되라"고 명령한다. 한 사람의 집에서 제사장이 되는 것과 한 지파의 제사장이 되는 것 중에 어느 것이 더 좋으냐고 질문한다. 당연히 자기들과 함께 가는 것이 더 화려한 출세라는 점의 강조와 설득을 위한 질문이다. 이러한 제안과 명령과 질문에 대해 그 청년은 진심으로 기뻐했다 (יִיטַב לֵב). 힘의 논리에 압도된 그 청년은 규모의 논리에도 넘어갔다. 작은 곳에서 섬기는 것보다 큰 곳에서 섬기는 것이 더 기쁜 일이라고 판단했다. 앞으로 더 큰 무대에 올라가 한 지파의 전담 제사장이 되면 생계만이 아니라 두둑한 명예도 짭짤하게 챙길 것이라는 기대감이 그의 마음을 춤추게 만들었다. 이제 정탐꾼은 미신적인 물건들을 챙길 필요가 없어졌다. 레위 청년이 외부의 어떠한 강압도 없이 즐거이 우상들과 에봇과 드라빔을 챙겨서 자기 발로 단 지파에게 들어왔기 때문이다. 예나 지금이나 적잖은 종교인이 질보다 양을 추구한다. 사명보다 출세를 갈망한다. 즉 대형교회, 대형사찰, 대형성당 추구의 고질적인 마법에 걸려 무대를 넓히고 사역의 규모를 키우는 일에 몰두한다. 만족할 줄 모르고 계속해서 덩치 키우는 일을 즐기고 자랑한다. 더 큰 무대를 제안하는 자와 그 제안을 기쁜 마음으로 기꺼이 수락하는 자의 영적인 상태는 동일하게 심각하다.

²¹그들이 돌이켜 걸어가되 어린 아이들과 가축과 소유물을 그들 앞에 두었더라 ²²그들이 미가의 집에서 멀어졌을 때에 미가의 집 곁에 있는 집들에 [사는] 사람들이 소리치며 단 자손을 쫓아가서 ²³단 자손을 부르자 그들이 그들의 얼굴을 돌려 미가에게 말하였다 "너희를 위하여 부르짖는 것이 무엇이냐?"

단 자손은 라이스 여정에서 뒤로 처지거나 낙오되는 사람들이 없도록, 그리고 적들의 기습에 대비하기 위해 어린 아이들과 가축과 소유물을 행렬의 선두에 앞세우며 이동했다. 이는 600명의 장정들 외에도 어린 아이들과 그들을 돌보는 여인들이 동행하고 있음을 암시한다. 이는 또한 단 자손의 여정이 전쟁만을 위함이 아니라 그곳에 정착하기 위해 떠나는 이주임을 나타낸다. 미가의 집에서 멀리 떠나온 때에 미가와 그의 이웃 사람들이 소리를 지르며 그들을 쫓아왔다. 이웃 사람들이 동행한 것은 단순히 미가를 돕기 위함이 아니었다. 미가의 집에 있던 제사장과 종교적인 물품들은 미가 자신만이 아니라 그의 이웃들도 종교적인 차원에서 유의미한 것으로 귀히 여겼기 때문이다. 한 사람의 잘못된 신앙은 부지불식 중에 이웃에게 스며든다. 영향력이 클수록 전염성도 커서 유력한 자일수록 자신의 신앙을 보다 책임 있게 관리해야 한다. 단 자손은 자신들을 쫓아온 미가 일행에게 고개를 돌려서 말하였다. 무엇 때문에 소리를 지르며 자신들을 쫓아 왔느냐고! 이런 질문을 하는 이유는 단 자손이 데려온 제사장과 물품들의 주인인 미가의 얼굴을 몰랐기 때문이다.

²⁴그가 말하였다 "내가 만든 나의 신들과 제사장을 너희가 취하여 떠나니
나에게 무엇이 남겠느냐? [그런데도] 너희가 어찌하여
'너를 위한 것이 뭐냐'는 이런 [소리]를 나에게 하느냐?"

미가가 대답한다. 단 자손이 탈취하는 우상들은 자신이 만들었고 데려가는 제사장도 자신의 것이라고! 여기에서 미가는 조각하고 주조한 우상들을 "나의 신들"(אֱלֹהַי)이라 한다. 기막힌 자백이다. 그에게 우상은 신을 상징하는 것이 아니라 신 자체였다. 신이 하나의 물건이면, 그런 신은 누군가가 던지면 던져지고 버리면 버려지고 불태우면 없어진다. 그 신의 소유권도 이 사람에게 저 사람에게 이리저리 옮겨진다. 신의 신세가 참으로 불쌍하고 처량하다. 사람들의 힘겨루기 때문에 신의 운명이 좌우되는 것을 보고서도 미가는 자신의 신을 가져가고 신을 모시는 제사장도 데려간 단 자손에게 분노가 치솟아서 단숨에 쫓아왔다. 단 자손보다 약해서 쉽게 빼앗겨서 소유자가 바뀌는 그런 나약한 신이 뭐가 좋다고 그렇게 매달릴까! 우리는 어떠한가? 우리도 미가처럼 언제든지 빼앗기고 덧없이 지나가는 것에 미련을 두고 매달린다. 그것에 기쁨과 슬픔의 목줄을 매고 스스로 휘둘린다. 그러나 우리는 누구도 건드리지 못하고 무엇에 의해서도 빼앗기지 않을 하나님 한 분에게만 매달리고 우리의 인생과 감정을 그분에게 위탁해야 한다. 주님께 존재의 닻을 내린 자에게는 다른 변동적인 무언가에 결코 매달림이 없다.

미가는 신상들과 제사장이 없으면 자신에게 남는 것이 하나도 없다고 대답한다. 그것들이 없으면 빈털터리 신세가 된다는 것은 그에게 신상들과 제사장이 인생의 전부임을 의미한다. 여기에서 신상에 대한 미가의 맹신적

인 종교성이 잘 드러난다. 미가는 자신에게 그토록 소중한 것을 빼앗아 가면서도 자기에게 "너를 위한 것이 뭐냐"고 묻는 것은 터무니가 없다는 어투로 단 지파에게 항변한다. 이렇게 항변하는 이유는 단 지파도 자신의 생각에 공감할 것이라고 여겼기 때문이다. 즉 신상들과 제사장이 인생의 전부라는 의식을 단 지파도 가지고 있다는 전제 위에서 이루어진 항변이다. 그 시대가 이러했다. 사람의 손으로 만든 우상들과 그것들을 관리하는 종교 전문가가 인생의 기준과 규범과 의미를 장악하던 시대였다. 그때에는 그 따위 무익한 것을 사이에 두고 웃지 못할 다툼이 진지하게 벌어졌다.

²⁵단 자손이 그에게 말하였다 "너는 너의 목소리를 우리[의 소리]와 함께 들리게 하지 말라 [그렇지 않으면] 생명이 쓰라린 사람들이 너희를 침해하여 너의 생명과 네 가족의 생명을 거두리라" ²⁶단 자손은 자신의 길로 떠나갔다 미가는 단 자손이 자기보다 강하다는 것을 인지하고 돌이켜 자신의 집으로 돌아갔다

쫓아온 미가에게 단 자손이 반응한다. 찍소리도 내지 말라고 겁박한다. 입을 다물지 않으면 그들의 미세한 소리에도 신경이 거슬리는 단 사람들 중 누군가가 미가와 그 가족의 생명을 끊을 것이라고 위협한다. 살벌하다. 내가 듣기에는 존재의 질서가 깡그리 무시된 발언이다. 고작 제사장과 우상이 동포의 숨통을 끊더라도 반드시 취해야 하는 것이라는 사실이 비참하다. 무엇이 중요한가! 하나님은 안중에도 없고, 천하보다 귀한 인간이라 할지라도 조각한 나무 막대기의 가치에 밀리는 무질서가 사회적인 질서로 군림하고 있다. 마음만 먹으면 타인의 생명도 얼마든지 제거할 수 있는 힘의 지배가 그 시대의 공기를 장악하고 있다. 단 자손은 고압적인 문장 하나를 던져 놓고 자신의 길을 걸어갔다. 미가도 순응하며 자신의 집으로 돌아갔다. 그 이유는 "단 자손이 자기보다 강하다(חֲזָקִים)는 것을 인지"했기 때문

이다. 이렇게 당시는 주먹이 움직이는 시대였다. 힘이 설득이고, 힘이 공정이고, 힘이 법이었다. 상대방이 가진 힘의 월등한 크기가 확인되면 아무리 억울해도 저항을 멈추어야 했다. 힘이 있으면 주인이 두 눈 시퍼렇게 뜨고 있어도 그 눈 앞에서 당당하게 탈취한다. 도둑들도 상도라는 게 있어서 주인에게 들키지 않도록 은밀하게 숨어서 도둑질을 한다. 그런데 단 자손은 미가가 보고 있는데도 보란듯이 그의 소유물을 취하고 반항의 입도 뻥긋하지 말라고 위협한다. 왕이 없었던 그때는 이런 공공연한 도둑질을 제어할 도덕이나 제도가 전무한 시대였다.

> 27그들은 미가가 만든 것과 그를 위한 제사장을 취하였고 라이스에 [사는]
> 평온하고 안정적인 백성에게 가서 그들을 칼날로 치고 그 성읍을 불살랐다

단 자손은 미가의 소유물을 취하고 라이스에 도착했다. 그곳에는 평온하고 안정적인 백성이 거주했다. 그런데 단 자손은 그들을 칼날로 죽이고 그 성읍을 불태웠다. 친밀한 동포에게 완력을 행사하던 그들의 고약한 버릇이 낯선 이방인에 대해서는 그 고삐가 얼마나 더 풀렸을까! 힘이 강하면 약한 자들을 죽이고 약탈하고 불질러도 괜찮은가! 바울의 말처럼 약한 자의 약점은 강한 자가 담당하며 보호하는 것이 마땅하다(롬 15:1). 하지만 단 자손에게 연약한 타인의 약점은 공격의 빌미이며 약탈과 파멸의 요긴한 조건이다. 약자를 힘으로 제거하며 더 좋은 삶의 환경을 갖겠다는 단 자손의 야만성이 참 대단하다. 여기에서 사사기 저자는 잔혹한 단 자손과 평온한 라이스 주민을 절묘하게 대조한다. 이 장면에서 누가 하나님의 백성이고 누가 세상의 족속인가? 단 자손은 가나안 땅에서 이방 족속과 같아지는 변질을 넘어 그들보다 못한 폭력적인 집단으로 전락했다. 이는 교회가 세상 속에서 세상이 되는 것을 넘어 세상보다 못한 종교 집단으로 전락하는 것이

얼마든지 가능함을 예시한다.

> ²⁸구해줄 자가 없었으니 이는 [그 성읍이] 시돈에서 멀리 떨어져 있고
> 그곳이 베드르홉 가까운 골짜기에 있어서 그들에게 사람과 [교류하는]
> 일이 없었기 때문이다 그들은 그 성읍을 재건하고 거기에 거주했다

라이스 주민들은 그들을 구해줄 이웃이 없었다고 한다. 지리적인 면에서 보면 산지에 고립되어 있고 문화적 연대감을 가진 시돈에서 멀리 떨어져 있었기 때문이고, 그 결과로서 사회적인 면에서는 다른 사람들과 교류하는 일이 없었기 때문이다. 이 세상에는 동떨어져 있어서 외부 사람들의 출입과 위협이 없기 때문에 안전하고 평화로운 곳이라고 할지라도 공격을 받으면 그곳의 안전과 평화의 원인이 안전한 약탈과 조용한 패망의 원인으로 돌변한다. 이 세상에 어디가 과연 안전한가?

한 친구의 큰 아버지 이야기다. 그분은 수많은 조폭들을 감옥에 넣은 강력범죄 담당 검사였다. 그들 중의 하나가 출소하는 날에 복수하기 위해 그 검사의 집을 찾아가 그의 아내와 자녀들을 결박하고 그 검사를 도끼로 찍으려고 했다. 그러나 다행히도 벽에 머리를 치며 도끼를 거두었다. 이것을 경험한 검사는 앞으로도 발생할 조폭들의 보복성 공격에서 가족들을 지키기 위해 미국으로 갔다. 당시에 미국 내에서 가장 안전한 곳은 인디애나 블루밍턴 도시였다. 그런데 그곳에서 그분이 출석하는 한인교회 예배 시간에 총기난사 사건이 발생했다. 보다 안전한 곳을 찾으려고 이번에는 서부의 샌디에고 지역으로 이주했다. 그곳은 지진이 발생하는 '불의 고리'에서 벗어나 지진의 손끝이 미치지 못하여 안전하고 살기에도 좋은 곳이었다. 그러나 그 근처에 대형 산불이 나서 집 근처까지 타 들어와 호텔로 피신해야 했다. 이러한 이야기를 전해 들은 내 친구는 그분에게 "이 세상에 안전한

곳은 없다"는 말을 전했다고 한다. 천국에 가기 전까지는 이 세상의 어떠한 곳도 안전하지 않다. 이러한 이야기를 통해 우리는 하나님 자신만이 우리의 영원한 안식처가 되심을 깨닫는다.

　이 세상에 안전한 곳이 없다는 것은 분명한 사실이다. 그러나 세상에 안전한 곳이 없다는 사실을 깨닫게 하는 파괴적인 원인에 대해서는 별도의 평가가 필요하다. 라이스 주민의 안전과 평화를 파괴한 단 자손의 만행은 묵과할 수 없는 폭력이다. 단 자손은 피비린내 나고 잿더미가 된 라이스를 재건하고 그곳에 거주했다. 그 성읍에서 부모 세대가 보여준 약탈자와 파괴자의 모습을 본 다음 세대는 과연 무엇을 배우며 성장할까? 강하면 먹고 약하면 먹힌다는 약육강식 개념을 인생의 질서로 삼지 않겠는가! 하나님의 뜻이 아니라 힘을 숭배하며 살지 않겠는가!

²⁹그들은 이스라엘에게 태어난 그들의 조상 단의 이름을 따라 그 성읍을 단이라고 불렀으나 라이스가 그 성읍의 본래 이름이다

단 자손은 "조상 단의 이름을 따라" 라이스를 "단"으로 개명한다. 지명을 변경하는 방식으로 거주의 정통성을 확립하려 한다. 그러나 배당되지 않은 땅을 하나님의 허락도 없이 저지른 전쟁으로 차지하는 것은 결코 정당하지 않다. 그렇기 때문일까? 그곳이 단의 합법적인 땅이 아니라는 사실을 밝히려는 의도 때문인지, 사사기 저자는 "라이스"가 그 성읍의 본명임을 명시한다. 성경에서 이름이 변경될 때에는 주님의 뜻과 섭리가 개입한다. 아브람의 이름이 아브라함, 사래의 이름이 사라, 야곱의 이름이 이스라엘, 시몬의 이름이 게바 혹은 베드로로 바뀐 것은 모두 하나님의 뜻이었고 긍정적인 변화였다. 그러나 단 자손이 라이스를 단으로 개명한 것은 자의적인 것이었다.

³⁰단 자손은 자기들을 위하여 그 조각한 우상을 세웠으며
모세의 후손이요 게르손의 후손인 요나단과 그의 자손은
단 지파의 제사장이 되고 그 땅이 포로가 될 때까지 이르렀다

단 자손은 자신들을 위하여 탈취한 우상을 적당한 곳에 세웠으며, 데려온 레위 청년을 단 지파의 제사장으로 임명했고, 그 청년의 후손으로 하여금 라이스가 함락될 때까지 제사장의 직무를 계승하게 했다. 단 자손의 이러한 조치를 보면서 우리는 그들이 라이스 주민을 학살하고 그 성읍을 불태우고 이름까지 바꾼 것이 예수님의 성전정화 같은 영적인 청소나 여호와 신앙의 회복을 위한 발판 마련이 아님을 확인한다. 그것은 하나의 우상이 다른 우상으로 바뀌는 교체에 불과했다. 이러한 현상을 나는 더러운 귀신이 쫓겨난 후 다시 청소되고 수리된 집으로 돌아오되 "저보다 더 악한 귀신 일곱을 데리고"(눅 11:26) 들어가는 영적인 악화로 이해한다. 실제로 단 성읍은 분열왕국 시대에 북 이스라엘 왕조의 여로보암 왕이 제작한 두 금송아지 형상 중 하나를 세우는 곳으로 악화된다(왕상 12:29). 지파 차원을 넘어 왕조 차원에서 우상숭배 행각을 벌이는 영적 음행의 소굴로 전락한다. 이처럼 단의 종교적인 악명은 점점 높아진다. 그러한 악명의 행보는 포로가 될 때까지 멈추지 않았다고 사사기 저자는 설명한다. 지금 우리는 미가에 의한 개인적인 우상숭배, 단 지파에 의한 집단적인 우상숭배, 북 이스라엘 왕조에 의한 거국적인 우상숭배 등의 차원으로 악화됨을 본다.

사사기 저자는 그 레위 청년의 이름과 족보를 소개한다. 그 청년의 이름은 요나단이며 모세와 게르손의 후손이다. 그는 레위인의 행세를 한 가짜가 아니었다. 그렇지만 아론과 그의 후손에게 할당된 제사장의 자격을 가진 가문 소속은 아니었다. 본문에서 "손자"나 "아들"로 번역될 수 있는 "벤"(בֵּן)은 요나단이 모세의 직접적인 손자나 게르손의 직접적인 아들이 아니라 먼 "후손"으로 이해하는 것이 더 적합하다. 모세는 레위 지파 중에

서 고핫 계열에 속하기에 레위 청년 요나단도 앞에서 추론한 것처럼 고핫 소속이다. 그러므로 제사장의 규례에 따라 그는 제사장이 되어 달라는 미가나 단 자손의 부탁을 거절해야 했다. 그런데도 수락한 것은 일종의 제사장 사칭이다.

31그들은 하나님의 집이 실로에 있는
모든 날에 자신들을 위하여 미가가 만든 조각한 우상을 두었더라

사사기 저자는 단 자손이 실로에 하나님의 집이 있음에도 불구하고 그곳으로 내려가지 않고 자신의 지파용 신당을 세우고 "자신을 위하여 미가가 만든 조각한 우상을" 단 성읍에 항상 두었다고 지적한다. 신약에서 하나님의 모든 사람은 발 달린 성전이다. 몸이 가는 모든 곳에서 예배 드리는 것이 가능하다. 그러나 구약에서 성전의 위치는 하나님이 정하신다. 그의 정하심을 따라 하나님의 집은 당시 실로에 위치했다. 그런데도 단 지파는 별도의 신당을 차리는 종교적 분가를 단행했다. 게다가 순순한 여호와 신앙이 아니라 우상을 두고 숭배했다. 우상을 둔 이유는 하나님을 경배하기 위함이 아니라 자신을 위한 것이었다. 이처럼 우상을 두는 행위 자체와 목적은 모두 이스라엘 백성에게 "너를 위하여⋯어떤 형상도 만들지 말라"(출 20:4)고 하신 하나님의 계명과 정면으로 대치된다. 하나님의 집이 있음에도 불구하고 별도의 신당을 만들고 우상을 세우고 그곳에서 주술적인 숭배를 행하는 것은 너무도 명백한 우상숭배 행위이다.

그러나 우상의 핵심적인 문제는 우리가 숭배의 외적인 겉모양을 취하지 않더라도 "자신들을 위하여"(לָהֶם) 무언가를 도모하고 행하는 변질된 목적성에 있다. 오늘날 우리는 신당을 세우고 무당을 임명하고 굿판을 벌이는 외적인 우상숭배 행위를 멀리한다. 그러나 만약 우리가 범사에 무엇을 하

든지 우리를 위하여 도모하고 행한다면 그것은 자신을 위한다는 목적 때문에 우상숭배 행위로 간주된다. 그래서 자신을 향하지 않는 싸움이 필요하다. 바울은 자신이 사랑하는 고린도 성도에게 "우상 숭배하는 일을 피하라"(고전 10:14)고 말하면서 "너희가 먹든지 마시든지 무엇을 하든지 다 하나님의 영광을 위하여 하라"(고전 10:31)는 결론적인 비결을 제시한다. 캄캄한 혼돈과 절망적인 상황 속에서도 길을 잃지 않도록 안내하는 인생의 북극성은 하나님의 영광이다.

자신을 위해 살아가는 사람은 힘이라는 우상을 숭배하고 힘의 증대를 성공으로 이해하고 남들보다 강한 힘의 소유를 추구한다. 힘을 키울수록 자기보다 약한 자들이 많아지고 자기가 자유롭게 가질 수 있는 소유의 범위도 넓어지기 때문이다. 단 지파처럼 타인이 약하다고 판단되면 그의 자유를 짓밟고 그의 소유를 탈취한다. 그러나 하나님과 이웃을 위한 삶을 추구하는 자는 힘의 크기보다 힘의 방향을 더 중요하게 생각한다. 약하든지 강하든지 방향이 올바르면 어떠한 상황 속에서도 경건한 삶이 가능하다. 오히려 약할수록 주님의 강하심이 드러나기 때문에 경건에는 강함보다 약함이 유익하다. 그래서 바울은 자신의 연약한 것을 자랑했다. 스스로 낮아지고 약해지는 것, 예수님이 걸어가신 십자가의 길이었다. 자신을 위해서는 인간의 힘이 필요하나 하나님과 이웃을 위해서는 하나님의 능력이 필요하다. 성경이 분명히 가르치는 것처럼, 후자의 삶을 추구하는 자에게는 여호와를 기뻐하는 것이 힘이고(느 8:10) 사랑의 십자가를 짊어지는 것이 하나님의 능력이다(고전 1:18).

삿 19:1-15

¹이스라엘에 왕이 없을 그 때에 에브라임 산지 구석에 거류하는 어떤 레위 사람이 유다 베들레헴에서 첩을 맞이하였더니 ²그 첩이 행음하고 남편을 떠나 유다 베들레헴 그의 아버지의 집에 돌아가서 거기서 넉 달 동안을 지내매 ³그의 남편이 그 여자에게 다정하게 말하고 그를 데려오고자 하여 하인 한 사람과 나귀 두 마리를 데리고 그에게로 가매 여자가 그를 인도하여 아버지의 집에 들어가니 그 여자의 아버지가 그를 보고 기뻐하니라 ⁴그의 장인 곧 그 여자의 아버지가 그를 머물게 하매 그가 삼 일 동안 그와 함께 머물며 먹고 마시며 거기서 유숙하다가 ⁵넷째 날 아침에 일찍이 일어나 떠나고자 하매 그 여자의 아버지가 그의 사위에게 이르되 떡을 조금 먹고 그대의 기력을 돋운 후에 그대의 길을 가라 하니 ⁶두 사람이 앉아서 함께 먹고 마시매 그 여자의 아버지가 그 사람에게 이르되 청하노니 이 밤을 여기서 유숙하여 그대의 마음을 즐겁게 하라 하니 ⁷그 사람이 일어나서 가고자 하되 그의 장인의 간청으로 거기서 다시 유숙하더니 ⁸다섯째 날 아침에 일찍이 일어나 떠나고자 하매 그 여자의 아버지가 이르되 청하노니 그대의 기력을 돋우고 해가 기울도록 머물라 하므로 두 사람이 함께 먹고 ⁹그 사람이 첩과 하인과 더불어 일어나 떠나고자 하매 그의 장인 곧 그 여자의 아버지가 그에게 이르되 보라 이제 날이 저물어 가니 청하건대 이 밤도 유숙하라 보라 해가 기울었느니라 그대는 여기서 유숙하여 그대의 마음을 즐겁게 하고 내일 일찍이 그대의 길을 가서 그대의 집으로 돌아가라 하니 ¹⁰그 사람이 다시 밤을 지내고자 하지 아니하여 일어나서 떠나 여부스 맞은편에 이르렀으니 여부스는 곧 예루살렘이라 안장 지운 나귀 두 마리와 첩이 그와 함께 하였더라 ¹¹그들이 여부스에 가까이 갔을 때에 해가 지려 하는지라 종이 주인에게 이르되 청하건대 우리가 돌이켜 여부스 사람의 이 성읍에 들어가서 유숙하십시다 하니 ¹²주인이 그에게 이르되 우리가 돌이켜 이스라엘 자손에게 속하지 아니한 이방 사람의 성읍으로 들어갈 것이 아니니 기브아로 나아가리라 하고 ¹³또 그 종에게 이르되 우리가 기브아나 라마 중 한 곳에 가서 거기서 유숙하자 하고 ¹⁴모두 앞으로 나아가더니 베냐민에 속한 기브아에 가까이 이르러 해가 진지라 ¹⁵기브아에 가서 유숙하려고 그리로 돌아 들어가서 성읍 넓은 거리에 앉아 있으나 그를 집으로 영접하여 유숙하게 하는 자가 없었더라

◆ ◆ ◆

¹이스라엘 가운데에 왕이 없던 그때에 에브라임 산지의 구석에 거류하는 레위 사람이 있었는데 자신을 위하여 유다 베들레헴 출신의 한 여인을 첩으로 취하였다 ²첩은 그에 대항하여 음행하고 그에게서 떠나 유다 베들레헴 아버지의 집으로 돌아갔다 그녀는 그곳에서 사 개월간 있었는데 ³그녀의 남편이 일어나서 그녀가 돌아오게 되도록 그녀의 마음을 말하려고 그녀를 뒤따라서 왔다 그의 하인과 두 마리의 나귀가 그와 함께 [동행했다] 그녀는 그를 자기 아버지의 집으로 데려왔고 그녀의 아버지는 그를 기쁘게 맞이했다 ⁴그의 장인이 된 소녀의 아버지는 그를 삼 일 동안 머물도록 강권했다 그들은 먹고 마시며 거기에 머물렀다 ⁵넷째 날 아침에 그들이 일찍 일어나 떠나려고 일어나자 소녀의 아버지가 그의 사위에게 말하였다 "너는 빵 조각으로 너의 속을 든든하게 하고 너희는 떠나거라" ⁶두 사람이 앉아서 함께 먹고 마시는데 그 소녀의 아버지가 그 남자에게 말하였다 "부탁한다 너는 [이 밤에 이곳에] 유숙하며 너의 마음을 즐겁게 하기로 결정해라" ⁷그러나 그 사람은 가려고 일어났다 이에 그의 장인이 그를 압박하여 그는 거기에 [하루 더] 유숙했다 ⁸그는 다섯째 날 아침에 일찍 떠나려고 일어났다 그 소녀의 아버지가 말하였다 "부탁한다 너는 너의 속을 든든하게 하고 날이 기울어질 때까지 더 머물러라" 두 사람이 함께 먹고 ⁹그 사람이 자신의 첩과 자신의 하인과 함께 떠나려고 일어났다 이에 그의 장인이 된 그 소녀의 아버지가 그에게 말하였다 "부탁한다 보라 날이 저물었고 저녁이 되어가니 부탁한다 너희는 유숙하라 보라 날이 기울었다 여기에 유숙하며 너의 마음을 즐겁게 하라 너희의 여정을 위하여 내일 일찍 일어나서 너의 거주지로 가라" ¹⁰그 사람은 유숙에 동의하지 않고 일어나 떠났으며 여부스 즉 예루살렘 맞은편에 이르렀다 안장을 지운 두 마리의 나귀가 그와 함께 [있었고] 그의 첩이 그와 동행했다 ¹¹그들이 여부스에 이르자 날이 심히 저물었다 그 하인이 그의 주인에게 말하였다 "가시지요 우리가 여부스 사람의 이 성읍으로 이탈하여 그곳에 유숙하길 원합니다" ¹²주인이 그를 향하여 말하였다 "우리는 이스라엘 자손에게 속하지 아니한 이방 성읍으로 벗어나지 말고 기브아로 건너가자" ¹³그가 그의 종에게 말하였다 "와라 우리가 거처들 중의 하나로 다가가되 기브아나 라마에서 유숙하자" ¹⁴들은 건너가서 걸어갔다 베냐민에 속한 기브아에 가까이 이르자 해가 저물었다 ¹⁵기브아에 가서 유숙하기 위해 그들은 그곳을 벗어났다 그 성읍의 광장으로 들어가 앉았으나 그들을 유숙할 집으로 받아줄 사람이 없었더라

39 왕이 없으므로

미가와 단 지파의 제사장 쟁탈전을 통해 이스라엘 백성의 종교적인 타락을 지적한 사사기 저자는 이제 19장부터 21장까지 그들의 도덕적인 타락과 잔혹한 내전을 언급한다. 이로써 하나님을 왕으로 삼지 않은 백성의 만성적인 죄악과 비참한 몰골을 드러낸다. 본문은 베냐민 지파와 나머지 이스라엘 지파 사이의 내전 발발의 뇌관과 같은 레위인의 첩 이야기를 소개한다. 이 이야기는 비록 삼손 이야기 이후에 나오지만 그 시점은 삼손 이후의 시대라고 보기 어렵고 아론의 손자 엘르아살의 아들 비느하스가 벧엘에서 제사장의 직분을 수행하고 있다(삿 20:27)는 점에서 사사시대 초기였을 것으로 추정된다. 본문에서 레위인과 첩의 관계는 첩의 음행으로 인해 4개월간 깨어진다. 이후에 레위인은 첩의 친정으로 가서 관계를 회복하고 극진한 대접을 받고 흡족한 마음으로 돌아오려 한다. 그러나 해가 저물어서 가던 길을 벗어나 하룻밤 묵으려고 베냐민 지파에게 속한 기브아 성읍으로 들어간다. 영접하는 사람이 하나도 없어서 그들은 광장의 바닥에 주저앉아 있다. 그 바닥에서 올라오는 냉기는 밤이어서 더욱 차가웠다.

¹이스라엘 가운데에 왕이 없던 그때에 에브라임 산지의 구석에 거류하는
레위 사람이 있었는데 자신을 위하여
유다 베들레헴 출신의 한 여인을 첩으로 취하였다

에브라임 산지의 구석에 거류하는 레위인이 있다. 여기에서 "구석"(יַרְכְּה)
은 에브라임 산지의 중심이 아니라는 사실을 꼬집은 낱말이다. 레위인은
여호와 신앙의 모델이기 때문에 모든 지파들 속으로 들어가 48개의 성읍
에서 거주하되 변두리가 아니라 모든 사람들이 관찰할 수 있는 중심에 위
치했을 가능성이 높다. 그런데도 지금 그들이 "구석"으로 내몰린 것은 당시
의 종교적인 상황, 즉 귀퉁이로 내몰린 여호와 신앙의 집단적인 배척을 암
시한다. 혹은 레위인 스스로 공적인 사명의 중심을 떠나 구석으로 가서 사
적인 삶을 추구했을 가능성도 있다. 이러한 상황의 원인은 이스라엘 백성
의 타락과 부패도 일부분 있겠지만 무엇보다 레위인 자신의 변절 때문이
다. 사사기 저자는 본문에서 레위인이 유다 베들레헴 출신의 한 여인을 첩
으로 "취했다"(יִקַּח)고 고발한다. 여인의 자발적인 수락이 있었을까? 레위
인의 강압적인 결정에 끌려간 것은 아닐까? 본처가 아니라 첩으로서 결혼
하기 위해 자발적인 의지의 결정을 내리는 여인이 어디에 있겠는가? 그렇
지만 강압의 여부는 분명하지 않다. 그러나 레위인의 능동적인 의지에 근
거한 일이라는 점은 명확하다.

"첩"(פִּילֶגֶשׁ)은 몸 파는 여인을 가리키는 "창녀 혹은 음녀"(זוֹנָה)와는 달
리 첫 아내(אִשָּׁה)와 결혼한 이후에 사별 혹은 이혼하고 맞이하는 다른 아
내를(아브라함 경우에 그두라는 그의 아내인 동시에 첩, 창 25:1, 대상 1:32), 혹은 아
내가 있음에도 불구하고 함께 사는 외처를(아브라함 경우 그두라 외에 어떤 첩,
창 25:6; 갈렙의 경우 두 명의 첩들, 대상 2:46-48; 야곱의 경우 라헬과 빌하와 실바, 창
35:24-26) 의미한다. 레위인의 첩은 유다 베들레헴 출신이기 때문에 유다 지
파 소속이다. 당시에 이스라엘 내에서의 결혼은 레위인을 비롯한 모든 사

람에게 잘못이 아니었다. 그러나 아내라는 말도 사용한 그두라와 라헬과 빌하와 실바와는 달리, 사사기 저자는 계속해서 그녀를 "첩"이라고 적시한다. 이는 순수한 여호와 신앙을 보존하고 그런 신앙의 범민족적 보편화에 힘써야 할 성직자가 성적인 욕구의 충족에 매달리는 종교적인 혼돈과 도덕적인 부패를 암시한다.

²첩은 그에 대항하여 음행하고 그에게서 떠나

유다 베들레헴 아버지의 집으로 돌아갔다 그녀는 그곳에서 사 개월간 있었는데

레위인과 그의 첩에게 불미스런 사건이 발생한다. 첩이 음행을 저질렀다. 남편에 대한 가장 심각한 도발이다. 그녀는 음행을 "그에 대항하여"(עָלָיו) 저질렀다. 남편에게 대항하는 것 외에 다른 이유가 언급되지 않는다는 것을 고려할 때, 이 음행은 그녀가 자신의 정욕을 절제하지 못하여 실수로 저지른 우발적인 일이 아니라 어떠한 불만 때문에 남편과 맞서려는 의도를 따라 저지른 고의적인 일임에 분명하다. 그녀가 남편에게 대항한 이유는 무엇일까? 내가 보기에, 레위인의 첩이 된 것은 그녀의 자발적인 선택이 아니라 그의 강제력이 작용했기 때문일 가능성이 농후하다. 그녀는 음행을 저지른 후 유다 베들레헴 아버지의 집으로 돌아갔다. 레위인에 의해 쫓겨난 것이 아니었다. 그녀의 능동적인 의지를 따라 친정으로 갔다. 그녀의 떠남도 레위인에 대한 저항의 한 방식일 가능성이 높다. 레위인이 그녀의 떠남을 말리지 않았다는 것은 그에게 그녀를 붙잡을 명분이 없었기 때문인지 모르겠다. 혹은 레위인이 자신에게 대항하는 그녀의 음행에 분노했고 용서하지 않아서 그녀의 떠남이 오히려 잘된 일이라고 동의했을 가능성도 있다. 어쨌든 그녀는 자기 아버지의 집에서 4개월간 머물렀다.

³그녀의 남편이 일어나서 그녀가 돌아오게 되도록 그녀의 마음에
말하려고 그녀를 뒤따라서 왔다 그의 하인과 두 마리의 나귀가
그와 함께 [동행했다] 그녀는 그를 자기 아버지의 집으로 데려왔고
그녀의 아버지는 그를 기쁘게 맞이했다

4개월의 별거 이후에 레위인은 첩에게로 갔다. 4개월간 어떠한 조치도 취하지 않은 이유에 대해서는 의견이 분분하다. 크게 두 가지인데 첫째는 레위인이 첩에게 관심이 없었거나 자존심에 난 흠집과 마음의 상처가 그때까지 아물지 않아서, 혹은 아내가 있기 때문에 첩의 성적인 필요성이 그에게 절박하지 않았다는 점이 언급된다. 둘째는 그녀가 간음을 저질렀기 때문에 임신을 했는지의 여부를 확인하는 기간이 필요했기 때문이란 점을 지적한다. 사사기 저자는 이러한 이유가 중요하지 않다고 여겼는지 그것에 대해 일절 언급하지 않고 지나간다. 분명한 것은 첩이 레위인을 찾아오지 않고 그가 첩에게 갔다는 사실이다. 이러한 사실에서 나는 첩이 도발적인 음행을 감행한 잘못보다 그 원인을 제공한 레위인의 잘못이 더 컸을 것이라고 추정한다. 본처로서 한 남성과 결혼하지 않고 첩으로서 부득이한 이유로 결혼을 당했다면 결혼 이후에 그녀의 삶은 시작부터 분노와 고단함이 가득했을 것임에 분명하다. 레위인이 그녀에게 찾아온 이유는 그녀의 행음을 비난하고 정죄하기 위함이 아니라 그녀를 자신에게 돌이키게 하려고 설득하기 위함이다.

남편이 먼저 깨어진 관계에 화평의 손을 내밀었다. 그녀를 돌이키게 만들려고 그는 "그녀의 마음에"(עַל־לִבָּהּ) 말하였다. 마음의 귀에 말하는 기술은 화평을 도모하는 자만이 구사할 수 있는 어법이다. 말에 가시가 있거나 언어가 차갑고 딱딱한 이유는 화평의 의지가 없기 때문이다. 레위인이 마음에 말한 것은 아마도 그가 과거에 첩의 마음에 준 상처를 치유하기 위함이지 싶다. 귀가 아니라 마음에 말한다는 것은 공허한 관자놀이 진동이 아

니라 진심을 전하는 일이었다. 남자는 눈이 예민하고 여자는 귀가 예민하다. 그는 이러한 사실을 알았을까? 남자든 여자든 상대방의 마음에 말하는 것은 아무리 심각하게 깨어진 관계라도 돌이키게 하는 회복의 비결이다. 게다가 레위인은 그녀를 말로만 설득하지 않고 하인과 두 마리의 나귀까지 대동했다. 집으로 돌아갈 때에 자신과 첩이 탈 자가용과 운전수를 데려온 것이었다. 그녀는 자신을 위하여 정겨운 마음의 소리를 들려주고 걸어가는 어려움을 방지하기 위해 탈것까지 세심하게 준비한 남편을 문전박대하지 않고 아버지의 집으로 데려갔다. 얼굴에 행복의 꽃이 만개한 딸을 본 아버지도 사위를 기쁘게 맞이했다. 장인의 입장에서 보면, 이전에 딸을 한 남자의 첩으로 보내는 심정이 어땠을까? 저항적인 음행을 저지르고 친정으로 돌아온 딸을 맞이할 때에 아비의 심정은 또 어땠을까? 실제로 결혼할 때부터 좋지 않았는데 지난 4개월간 장인의 마음은 더더욱 문드러질 대로 문드러진 상태였다. 그런데 답을 찾지 못한 장인에게 사위가 찾아왔다. 관계의 회복 가능성이 자기 발로 찾아왔다. 얼마나 기뻤을까? 찾아와 준 사위는 그의 눈에 얼마나 예쁘게 보였을까?

사실 율법의 관점에서 보면 레위인이 자신의 첩을 찾아간 행위는 불법이다. 물론 성경에는 첩에 관한 조항이 없어서 첩과 관련된 문제에 대해 율법의 잣대를 엄밀하게 들이대는 것 자체가 곤란하다. 그래도 상식적인 적용을 하자면 모세의 율법에는 레위인이 "창녀 짓을 하는 더러운 여인을 취하"는 것은 금지되어 있다(레 21:14). 첩의 음행에 대한 사사기 저자의 진술에서 사용된 "자나"(זָנָה)라는 단어는 한 번의 우발적인 음행을 의미하지 않고 직업적인 혹은 상습적인 음행을 가리킨다. 즉 첩은 "창녀 짓"을 저질렀다. 그런데도 율법의 금지령이 고려되지 않은 것은 그때가 율법에 대한 지식과 준행을 기대하기 어려운 무법의 시대임을 나타낸다. 동시에 레위인 자신이 첩의 음행보다 더한 잘못을 저질렀기 때문에 율법을 알았어도 감히 적용할 수 없었다는 점도 드러낸다. 율법을 관리하고 신앙의 모범을 보여야 할 레위인이 자신의 본분을 망각할 때 율법의 제도적인 효력도 이렇게 마비된다. 하나님의 말씀을 맡은 성직자의 책임과 역할이 얼마나 중요한가! 하나님의 말씀은 당연히 어떤 경우에도 매이지 않겠지만, 말씀의 입과 손발로서 섬겨야 할 성직자가 오히려 말씀의 숨통을 조이는 훼방자가 된다는 것은 한 시대의 큰 형벌이다.

⁴그의 장인이 된 소녀의 아버지는 그를 삼 일 동안 머물도록 강권했다
그들은 먹고 마시며 거기에 머물렀다

사위가 집으로 찾아와 딸과의 관계가 회복된 것을 본 장인은 기쁨에 겨워 그에게 자기 집에 3일 동안 머물라고 강권하며 붙들었다. 고대 사회에서 자신의 집을 개방하고 숙박을 제공하는 것은 환대와 친절의 표시였다(창 18:5). 그런데 여기에서 사사기 저자가 레위인의 장인을 "소녀의 아버지"로 칭하면서 레위인의 첩을 "소녀"(נַעֲרָה)라고 표현한 대목은 특이하다. 레위인은 종까지 거느리고 두 마리의 나귀도 휴대할 정도의 안정된 성인이다. 그런데 그의 첩은 어린 소녀였다. 물론 사랑에는 나이도 없고 국경선도 없다. 그러나 이스라엘 백성의 여호와 신앙을 관리하는 사람이 자신의 직무에 충실하지 않고 미성년자 소녀를 첩으로 들이는 행위는 변명의 여지가 없는 종교적 부패와 도덕적 타락을 증거한다. 모세에게 하신 하나님의 말씀처럼, 레위인은 "이스라엘 자손 중에 태를 열어 태어난 모든 자를 대신"하는 대표성을 가졌으며 "레위인은 내 것이라"고 구별하여 이스라엘 전체가 하나님께 속했음을 보여주는 모델이다(민 3:12). 이런 중차대한 사명과 책임을 망각하고 여인을 첩으로 삼되 어린 소녀를 성의 파트너로 삼다니 이는 종교적인 공직자의 본분만이 아니라 한 성인의 사회적인 도리도 깡그리 무시하는 처신이다. 레위인이 이랬으니 그때의 일반적인 시대상은 어

땠을까? 더 심했겠지! 그는 장인의 권유를 따라 온 가족과 함께 먹고 마시면서 그곳에 3일 동안 머물렀다. 다른 일 없이 벌어진 3일간의 잔치는 관계의 온전한 회복을 보이기에 충분하다.

⁵넷째 날 아침에 그들이 일찍 일어나 떠나려고 일어나자 소녀의 아버지가
그의 사위에게 말하였다 "너는 빵 조각으로 너의 속을 든든하게 하고
너희는 떠나가라" ⁶두 사람이 앉아서 함께 먹고 마시는데 그 소녀의 아버지가
그 남자에게 말하였다 "부탁한다 너는 [이 밤에 이곳에] 유숙하며
너의 마음을 즐겁게 하기로 결정해라" ⁷[그러나] 그 사람은 가려고 일어났다
이에 그의 장인이 그를 압박하여 그는 거기에 [하루 더] 유숙했다

장인의 요청을 따라 그곳에 머물기로 한 3일이 지나갔다. 레위인은 첩을 데리고 일어나 떠나려고 한다. 그때 장인이 사위에게 빵으로 배를 든든하게 채우고 떠나라고 명령한다. 자식에게 뭐든지 하나라도 더 먹이려고 하는 것이 부모의 마음이다. 허기진 배로 에브라임 산지까지 가다가 쓰러지면 치안도 불안한 시대에 딸과 사위의 신변이 심히 위태로울 수 있다는 우려가 작용한 명령이다. 동시에 딸이 친정으로 돌아오는 일이 또다시 발생하지 않도록 사위에게 딸을 맡기며 잘 봐 달라는 부탁 차원에서 푸짐한 식탁을 제공하기 위한 것이기도 하다. 장인의 마음을 이해한 사위는 앉아서 먹고 마시기로 했다. 그렇게 식탁을 둘러앉아 먹고 마시며 대화하는 중에 또 시간이 흘러서 해가 많이 기울었다. 이에 장인이 다시 사위에게 부탁한다. 하루를 더 묵으라고. 이는 해가 떨어지는 시간대에 어두운 여정을 떠난다는 것은 배고픈 여행만큼 위험하고, 어쩌면 그것보다 더 위험하기 때문이다.

장인은 "너의 마음을 즐겁게 하"며 하루를 그곳에서 보내라고 사위를 부추긴다. 그러나 사위는 장인의 호의를 존중하는 뜻에서 이미 3일간 충분히

머물렀기 때문에 그의 제안을 거절하고 일어났다. 그런데 장인은 그를 "압박하며"(רַצָּפ) 다시 붙들었다. 결국 사위는 장인의 압박에 굴복하고 그곳에서 하루 더 유숙했다. 계획과는 달리 하루 더 머무는 것 자체는 문제가 아니었다. 일정에 불청객 같은 차질이 생겨서 급하게 수정해야 하는 상황은 이상하지 않은 보편적인 일상이다. 예수님도 엠마오로 내려가는 제자들이 자신들과 함께 더 머물자는 강권을 뿌리치지 않으시고 처음에 세운 계획보다 더 오래 그들과 함께 거하셨다(눅 24:28-29). 그러나 어떠한 기호를 표출하고 관철하기 위해 상대방을 압박하는 것은 상대방이 가진 자율적인 판단력의 기능 저하를 초래한다. 자녀를 양육할 때에도 부모의 강압으로 자유로운 분별과 선택의 기회를 박탈하면 자녀의 자율성은 성장하지 못하고 분별력과 판단력도 떨어지게 된다. 강압에 의한 자녀의 언어와 행실의 빠른 교정이 지불해야 하는 비용은 그렇게 막대하다. 물론 직접적인 결과는 아니지만, 장인의 압박을 경험한 레위인은 이튿날에 떠나고 이후의 일정을 제대로 조율하지 못해 하루 만에 집에 도착하지 못하고 낯선 곳에서 유숙해야 하는 불상사가 발생한다. 그 이후의 일은 아무도 예측하지 못한 것이었다.

8그는 다섯째 날 아침에 일찍 떠나려고 일어났다
그 소녀의 아버지가 말하였다 "부탁한다 너는 너의 속을 든든하게 하고
날이 기울어질 때까지 더 머물러라" 두 사람이 함께 먹고

밤이 지나고 장인 집에서의 다섯 번째 태양이 떠오른다. 레위인은 첩과 함께 떠나려고 일찍 일어났다. 하룻길에 에브라임 산지까지 가려면 서둘러야 했기 때문이다. 그러나 이때 장인은 전날의 부탁과 압박을 반복한다. 속을 든든하게 채우고 날이 기울어질 때까지 머물라고. 장인의 부탁을 들은 사

위는 또 다시 당장 떠나서 집에 안전하게 도착하는 것보다 배를 든든하게 채우는 것을 택하였다. 여기에서 "날이 기울어질 때까지 머물라"는 장인의 말은 딸과 사위로 하여금 하루 더 유숙하게 하려는 속셈을 드러내는 노골적인 표현이다. 장인의 부탁과 압박이 과도하다. 그의 과도한 대접은 주님의 넘치는 사랑을 보여주는 것이기도 하지만 이후에 심각한 문제의 원인으로 작용한다. 그 대접이 사위와 딸의 출발을 지체하게 했고 그들로 하여금 도중에 낯선 성읍에 머무르게 했고 끔찍한 참변을 당하게 만들었기 때문이다. 이 참변에 대해서는 장인의 부탁을 정중하고 단호하게 거절하지 못한 레위인의 물렁한 판단력도 주요한 원인으로 작용했다.

9그 사람이 자신의 첩과 자신의 하인과 함께 떠나려고 일어났다
이에 그의 장인 된 그 소녀의 아버지가 그에게 말하였다
"부탁한다 보라 날이 저물었고 저녁이 되어가니 부탁한다
너희는 유숙하라 보라 날이 기울었다 여기에 유숙하며 너의 마음을 즐겁게 하라
너희의 여정을 위하여 내일 일찍 일어나서 너의 거주지로 가라"

충분히 먹고 마셔서 배가 채워진 레위인과 첩과 하인은 떠나려고 일어났다. 그런데 날이 저물었다. 이에 장인은 전날과 같이 저녁이 되었다는 동일한 이유를 두 번이나 언급하며 지금은 늦었으니 하루 더 자고 내일 "일찍 일어나서"(הַשְׁכַּמְתֶּם) 떠나라고 강권한다. 먼 길은 일찍 떠나야 한다는 사실을 알면서도 사위의 걸음을 저지하고 저녁까지 머물게 만든 장인의 고의적인 부탁은 과욕이다. 물론 딸의 행복을 위해 사위를 보다 융숭하게 대접하고 싶은 것은 모든 장인과 장모의 바램이다. 그러나 무엇이든 적당해야 한다. 우리는 지나침과 모자람을 모두 경계해야 한다. 잠언에서 어떤 지혜자는 이렇게 기도한다. "나를 빈하게도 마옵시고 부하게도 마옵시고 오

직 필요한 양식으로 나를 먹이소서"(잠 30:8). 그는 지나침을 나타내는 부와 모자람을 나타내는 빈을 모두 거절하며 적정함을 하나님께 간구한다. 그러나 사람들은 모자람은 싫어해도 지나침은 격렬하게 좋아한다.

모든 시대에 사람들의 의식은 많을수록 더 좋다는 다다익선 개념에 중독되어 있다. 그래서 배가 불러도 더 먹으려고 하고, 일용할 양식이 있어도 더 가지려고 하고, 자신의 재능에 맞는 자리에 있어도 보다 높은 자리로 오르려고 하고, 이미 유명해도 더 큰 유명세를 추구한다. 그러나 아무리 좋은 것이라고 할지라도 적당해야 한다. 꿀은 좋은 것이지만(잠 24:13) 지혜자는 적당히 먹으라고 한다. 꿀도 과식하면 토할까 두렵기 때문이다(잠 25:16). 전도자는 음식만이 아니라 의로움과 지혜에 대해서도 지나침을 피하라고 가르친다. "지나치게 의인이 되지도 말며 지나치게 지혜자도 되지 말라 어찌하여 스스로 패망하게 하겠느냐"(전 7:16). 전도자에 의하면, 지나친 의로움과 지혜는 무덤으로 과속하는 원인으로 작용한다. 레위인 이야기는 과도한 것이 부족한 것보다 더 심각한 문제를 일으킬 수 있다는 진실의 사례를 제공한다. 지나침을 제공한 장인과 지나침을 수용한 레위인이 함께 어떤 이에게는 딸이고 어떤 이에게는 첩인 소녀를 결국 처참한 죽음으로 내몰았기 때문이다.

10그 사람은 유숙에 동의하지 않고 일어나 떠났으며
여부스 즉 예루살렘 맞은편에 이르렀다
안장을 지운 두 마리의 나귀가 그와 함께 [있었고] 그의 첩이 그와 동행했다

레위인은 하루 더 머물라는 장인의 요청을 거절한다. 때늦은 거절이다. 자신을 좋아하고 너그러운 마음으로 대접하는 사람이 아예 더불어 살면 좋겠다는 제안을 하더라도 떠나야 할 때를 놓치면 아무리 절친한 관계라도

위태롭게 된다. 그래서 절묘한 밀당의 기술이 필요하다. 적당한 거리와 시간의 헤어짐은 관계의 온도와 신선도를 유지하는 검증된 비결이다. 하나님도 우리에게 독생자의 생명을 주실 정도로 사랑하고 머리털 하나도 세시지만 우리의 인생에서 노골적인 개입이 아니라 자신을 적당히 감추신다. 이것은 하나님의 밀당이다. 나를 너무도 좋아해서 내 인생을 맡겨도 되겠다고 여겨지는 사람의 확실한 호의에도 안심하지 말고 의지하지 말고 적당한 간격을 유지하라.

장인의 호의에 대해 이른 아침에 거절하지 않고 날이 저물었을 때 비로소 거절하고 여정을 시작한 것은 레위인의 잘못이다. 거절도 타이밍이 중요하다. 전도자는 "범사에 기한이 있고 천하 만사가 다 때가 있"(전 3:1)다며 타이밍의 중요성을 강조한다. 하나님이 정하신 정확한 타이밍에 이루어진 모든 일들은 "아름답다"(יָפֶה). 말에 있어서도, 지혜자는 "때에 맞는 말"(דָּבָר בְּעִתּוֹ), "제때에 이루어진 말"(דָּבָר עַל־אָפְנָיו)은 "아로새긴 은쟁반에 금사과"와 같아서 너무나도 아름다운 것이라고 강조한다(잠15:23, 25:11). 그러나 그 시기를 놓치면 만사가 추해지고 위태롭게 된다. 말만이 아니라 처신도 제때에 이루어질 때에 아름답다. 그런데 레위인은 머물러야 할 때와 떠나야 할 때의 정확한 분별에 실패했다. 이는 장인의 과도한 호의와 대접에 책임을 전가할 수 없는 본인의 실패였다. 이후에 그가 치르게 된 실패의 대가는 심히 혹독했다. 이것을 보면서 우리는 사소한 주의가 막대한 비용을 아끼고, 사소한 부주의가 심각한 재앙을 부른다는 점을 명심하자.

11그들이 여부스에 이르자 날이 심히 저물었다 그 하인이 그의 주인에게
말하였다 "가시지요 우리가 여부스 사람의 이 성읍으로 이탈하여 그곳에
유숙하길 원합니다" 12주인이 그를 향하여 말하였다 "우리는 이스라엘 자손에게
속하지 아니한 이방 성읍으로 벗어나지 말고 기브아로 건너가자"

레위인은 두 마리의 나귀와 하인과 첩을 데리고 가다가 여부스 즉 예루살렘 맞은편에 도착했다. 여부스는 당시 예루살렘 성읍의 다른 이름이다(수 18:28). 베들레헴과 예루살렘 사이는 걸어서 한 시간 반 정도의 거리였다. 어두워서 더 이상 걸어갈 수 없다고 판단한 하인은 주인에게 가던 길을 벗어나서 코앞에 있는 여부스 사람의 성읍에서 유숙할 것을 제안했다. 여부스는 이방 족속이며 다른 핏줄이다. 그래서 레위인은 하인의 제안을 거부하며 "이스라엘 자손에게 속하지 아니한 이방 성읍으로 벗어나지 말고" 이스라엘 자손에게 속한 기브아로 가자고 말하였다. 그의 거절과 제안은 합리적인 것이었다. 낯선 이방인의 성읍에 머문다는 것은 누가 봐도 리스크가 크기 때문이다. 그러나 비록 하인의 말이라고 할지라도 귀를 기울이고 잠시 멈추어서 하나님께 뜻을 물었다면 얼마나 좋았을까! 하나님은 당나귀의 입도 쓰시지 않았던가(민 22:30)! 하나님은 돌들도 찬양의 입술로 능히 만드실 수 있는 분이심을 그는 몰랐을까(눅 19:40)? 그리고 비록 피가 섞인 민족의 거주지가 아니지만 그런 곳에서도 유숙의 가능성을 열어 두는 것은 나쁘지가 않다. 레위인은 성경에서 가르치는 레위인의 규례에는 마음에 두지 않으면서 동포의 거처에 유숙해야 한다는 의식은 강한 사람이다.

13그가 그의 종에게 말하였다 "와라 우리가 거처들 중의 하나로 다가가되 기브아나 라마에서 유숙하자" 14그들은 건너가서 걸어갔다 베냐민에 속한 기브아에 가까이 이르자 해가 저물었다 15기브아에 가서 유숙하기 위해 그들은 그곳을 벗어났다 그 성읍의 광장으로 들어가 앉았으나 그들을 유숙할 집으로 받아줄 사람이 없었더라

레위인은 하인에게 기브아나 라마에서 하루를 머물자고 반복해서 제안한다. 기브아는 예루살렘 북쪽으로 5km 정도 떨어진 성읍이다. 라마는 북쪽

으로 3km 정도 더 올라가야 했다. 여기에 두 장소의 지명이 추가된다. 레위인 이야기에 사람들의 이름은 하나도 등장하지 않고 다양한 지명들이 나온다는 것은 무엇 때문일까? 지금까지 레위인 이야기에 등장한 지명들(베들레헴, 여부스 혹은 예루살렘, 기브아, 라마)은 사사시대 이후에 전개될 역사의 중요한 인물들과 연관되어 있다. 베들레헴은 다윗과 예수의 고향이고, 장차 솔로몬이 하나님의 성전을 세울 곳으로서 여부스 혹은 예루살렘은 이스라엘 전체의 영적인 고향이고, 기브아는 사울의 고향이고, 라마는 사무엘의 고향이다. 앞으로 계속 이어지는 레위인 이야기를 통해 우리는 이스라엘 역사에서 아주 중요한 장소들의 도덕적, 사회적, 종교적 상태를 파악한다. 그 성읍들은 모두 볼품 없는 장소였고 나그네가 하룻밤 묵는 정도의 도시였고 부패하고 타락한 자들이 사는 곳이었다. 그런데 하나님은 그런 곳에서도 당신의 사람들을 세우셔서 그들을 통해 당신의 나라를 이끄신다.

레위인이 베냐민에 속한 기브아에 가까이 이르자 해가 저물었다. 이제 캄캄하다. 서둘러 기브아 성읍으로 들어갔다. 지인이나 친척이 없는 곳이어서 어디로 가야 할지 몰라 많은 사람들이 오가는 광장으로 갔다. 그들의 행색을 보면 현지인이 아님을 분명히 알았을 것이지만 그들을 집으로 영접하는 사람이 하나도 없었다(אֵין אִישׁ)고 사사기 저자는 기록한다. 이 기록은 아브람 시대부터 나그네를 융숭하게 대접하던 이스라엘 백성의 좋은 문화조차 실종된 시대임을 고발한다. 기브아의 푸대접은 장인의 집에서 받은 과도한 대접과 심히 대조되는 상황이다. 동포의 성읍에서 자신들을 가족처럼 맞이해 줄 것이라는 기대를 하였지만 그 창백한 기대는 조용히 무너졌다. 광장의 바닥에 앉은 레위인 일행은 땅에서 올라오는 냉기와 기브아의 유독 차가운 밤공기에 아래위로 노출된 채 그들을 집으로 맞아줄 누군가를 하염없이 기다려야 했다. 자칫 죽을지도 모르는 노숙을 각오해야 하는 위태로운 상황이다. 이러한 분위기 자체가 앞으로 전개될 사건의 암시처럼 느껴진다.

레위인 이야기 속에서 하인이 제안한 여부스와 주인이 제안한 기브아가 절묘하게 대조된다. 여부스와 기브아는 모두 베냐민 지파에게 분배된 땅이었다(수 18:28). 그러나 분배된 땅을 다 정복하지 못하여서 여부스는 이방인이 거주한 땅이었고 기브아는 베냐민 지파가 거주한 곳이었다. 이방 사람들이 사는 여부스와 이스라엘 자손이 사는 기브아 중 어느 곳이 더 따뜻하고 안전할까? 사건의 전개를 보면 기브아는 이스라엘 역사에서 대단히 냉혹한 비극의 단초를 제공한 곳이었다. 그때는 이스라엘 백성의 성읍보다 이방인의 성읍이 더 안전한 시대였고, 세상 사람보다 하나님의 사람이 더 위험한 존재로 여겨진 시대였다. 이는 사사기 전체가 말하고자 하는 바를 잘 드러낸다. 즉 이 사건도 하나님의 백성이 세상 사람처럼 타락하는 것을 넘어 세상 사람보다 더 타락한 모습을 보여준다. 이는 동시에 오늘날 교회가 세상 속에서 세상이 되는 세속화의 단계를 지나 세상보다 더 거짓되고 부패한 최악의 공동체로 전락한 것은 아닌지를 돌아보게 한다.

레위인 이야기를 보면서, 나는 하나님을 믿는 사람이면, 신자들이 사는 마을이면 무조건 더 좋고 안전할 것이라는 맹목적인 생각을 내려놓게 된다. 교회에 다니는 사람이 그렇지 않은 사람보다 더 위험하고 차가운 것을 이따금씩 경험한다. 기브아의 밤이 심히 차갑고 스산했던 이유는 무엇일까? 1절이 대답한다. 이스라엘 가운데, 그들이 거주하는 기브아에 왕이 없었기 때문이다. 하나님을 왕으로 모시지 않은 인생은 차디찬 냉대가 지배하는 성읍이다. 영혼의 온도, 인생의 온도, 성읍의 온도를 따뜻하게 만들고 유지하는 비결은 무엇일까? 그것은 사랑이다. 그런데 하나님만 사랑이다. 용서하고 배려하고 포용하고 불쌍히 여기고 인내하며 기다리는 사랑이다. 보이지 않는 영혼의 기온은 그런 사랑에 의해서만 조절된다. 이와는 반대로 미워하고 싫어하고 배척하고 공격하는 영혼의 계절은 항구적인 겨울이다. 따뜻한 영접과 환대를 기대할 수 없는 겨울이다. 그러나 아무리 차갑고 으슥한 겨울도 하나님의 통치를 받으면 따뜻한 봄으로 교체된다. 누구든지, 어디든지, 그 가운데에 하나님이 왕으로 계시면 모든 게 달라진다. 이스라엘 백성의 진정한 왕 다윗이 태어나고 그가 상징하는 예수님이 태어나는 베들레헴 안에서는 레위인과 그의 첩에게 지나칠 정도의 환영과 대접이 있었다는 것이 그 물증이다.

삿 19:16-30

¹⁶저녁 때에 한 노인이 밭에서 일하다가 돌아오니 그 사람은 본래 에브라임 산지 사람으로서 기브아에 거류하는 자요 그 곳 사람들은 베냐민 자손이더라 ¹⁷노인이 눈을 들어 성읍 넓은 거리에 나그네가 있는 것을 본지라 노인이 묻되 그대는 어디로 가며 어디서 왔느냐 하니 ¹⁸그가 그에게 이르되 우리는 유다 베들레헴에서 에브라임 산지 구석으로 가나이다 나는 그 곳 사람으로서 유다 베들레헴에 갔다가 이제 여호와의 집으로 가는 중인데 나를 자기 집으로 영접하는 사람이 없나이다 ¹⁹우리에게는 나귀들에게 먹일 짚과 여물이 있고 나와 당신의 여종과 당신의 종인 우리들과 함께 한 청년에게 먹을 양식과 포도주가 있어 무엇이든지 부족함이 없나이다 하는지라 ²⁰그 노인이 이르되 그대는 안심하라 그대의 쓸 것은 모두 내가 담당할 것이니 거리에서는 유숙하지 말라 하고 ²¹그를 데리고 자기 집에 들어가서 나귀에게 먹이니 그들이 발을 씻고 먹고 마시니라 ²²그들이 마음을 즐겁게 할 때에 그 성읍의 불량배들이 그 집을 에워싸고 문을 두들기며 집 주인 노인에게 말하여 이르되 네 집에 들어온 사람을 끌어내라 우리가 그와 관계하리라 하니 ²³집 주인 그 사람이 그들에게로 나와서 이르되 아니라 내 형제들아 청하노니 이같은 악행을 저지르지 말라 이 사람이 내 집에 들어왔으니 이런 망령된 일을 행하지 말라 ²⁴보라 여기 내 처녀 딸과 이 사람의 첩이 있은즉 내가 그들을 끌어내리니 너희가 그들을 욕보이든지 너희 눈에 좋은 대로 행하되 오직 이 사람에게는 이런 망령된 일을 행하지 말라 하나 ²⁵무리가 듣지 아니하므로 그 사람이 자기 첩을 붙잡아 그들에게 밖으로 끌어내매 그들이 그 여자와 관계하였고 밤새도록 그 여자를 능욕하다가 새벽 미명에 놓은지라 ²⁶동틀 때에 여인이 자기의 주인이 있는 그 사람의 집 문에 이르러 엎드러져 밝기까지 거기 엎드러져 있더라 ²⁷그의 주인이 일찍이 일어나 집 문을 열고 떠나고자 하더니 그 여인이 집 문에 엎드러져 있고 그의 두 손이 문지방에 있는 것을 보고 ²⁸그에게 이르되 일어나라 우리가 떠나가자 하나 아무 대답이 없는지라 이에 그의 시체를 나귀에 싣고 행하여 자기 곳에 돌아가서 ²⁹그 집에 이르러서는 칼을 가지고 자기 첩의 시체를 거두어 그 마디를 찍어 열두 덩이에 나누고 그것을 이스라엘 사방에 두루 보내매 ³⁰그것을 보는 자가 다 이르되 이스라엘 자손이 애굽 땅에서 올라온 날부터 오늘까지 이런 일은 일어나지도 아니하였고 보지도 못하였도다 이 일을 생각하고 상의한 후에 말하자 하니라

❖ ❖ ❖

¹⁶보라 한 노인이 밭에서 일하다가 저녁에 돌아왔다 그 사람은 에브라임 산지 출신이고 기브아에 거류한다 그곳 사람들은 베냐민 자손이다 ¹⁷그 노인은 자신의 눈을 들어서 광장에 있는 나그네를 보고 말하였다 "그대는 어디로 가며 어디에서 왔습니까?" ¹⁸그가 그에게 말하였다 "우리는 유다 베들레헴에서 에브라임 산지의 구석으로 가고 있습니다 저는 그곳(에브라임 산지) 출신이며 유다 베들레헴에 갔다가 여호와의 집으로 가려는 [중인데] 저를 집으로 맞이하는 사람이 없습니다 ¹⁹[저에게는] 나귀들을 위한 짚과 여물이 있고 나를 위한, 당신의 여종을 위한, 당신의 종들과 함께 있는 청년을 위한 양식과 포도주가 있습니다 모든 것에서 부족함이 없습니다" ²⁰그 노인이 말하였다 "그대에게 평강이 [있기를 원합니다] 그대의 모든 필요를 오직 나에게 [맡기시오] 광장에서 오직 유숙하지 마십시오" ²¹그는 자기 집으로 그를 데려가고 나귀들을 먹이고 그들은 그들의 발을 씻고 먹고 마시더라 ²²그들이 그들의 마음을 즐겁게 할 때에, 보라 사람들을, 그 성읍 사람들을, 불량한 자식들을! 그들이 그 집을 둘러싸고 문을 두들기며 그 집의 주인인 그 노인에게 이르기를 "너는 네 집으로 들어온 그 사람을 끌어내라 우리가 그와 관계하려 한다"고 말하였다 ²³그 집의 주인인 그 사람이 그들에게 나와서 그들에게 말하였다 "안된다 내 형제들아 너희는 악해지지 말라 부탁한다 뒤에 있는 이 사람은 내 집으로 들어왔다 이런 어리석은 짓을 저지르지 말라 ²⁴보라 처녀인 내 딸과 그의 첩을! 내가 그들을 데리고 나오겠다 제발 너희가 그들을 유린하고 너희의 눈에 좋은 대로 그들에게 행하되 이 사람에겐 이런 어리석은 짓을 저지르지 말라" ²⁵그러나 그 사람들이 그에게 귀를 기울이려 하지 않았기에 그 사람(레위인)은 자신의 첩을 붙잡아서 그들을 향해 밖으로 나아가게 했다 이에 그들은 그녀와 관계하며 밤새도록 아침까지 그녀를 가혹하게 대하였고 새벽이 오르려 하자 그녀를 보내 주었다 ²⁶그 여인은 새벽에 돌아왔고 자기의 주인이 있는 그 사람의 집 문에서 쓰러졌다 밝아질 때까지 거기에 [쓰러져 있었다] ²⁷그녀의 주인이 아침에 일어나서 집 문을 열고 여정을 가려고 하는데, 보라, 그 집 문에 쓰러져 있는 그 여인 첩을, 그리고 문지방 위에 있는 그녀의 두 손을! ²⁸그가 그녀에게 말하였다 "일어나라 우리가 떠나가자" 그러나 아무런 대답이 없어서 그는 그녀를 나귀 위에 실었으며 일어나 자신의 주거지로 갔다 ²⁹그는 자신의 집에 도착하여 칼을 잡고 자기 첩을 붙잡고 그녀의 뼈들을 열두 조각으로 절단했다 그리고 그녀를 이스라엘 온 지역으로 보냈다 ³⁰이에 [그녀를] 본 모든 자들이 말하였다 "이스라엘 자손이 애굽 땅에서 올라온 날로부터 이날까지 이런 일은 일어나지 않았으며 보지도 못하였다 너희는 그녀에 대해 주의하고 상의하고 말하여라"

40 부도덕의 끝

기브아 사람들의 냉대로 광장에 주저앉아 있는 레위인 일행에게 반전이 일어난다. 베냐민 지파 출신이 아닌 에브라임 산지 출신의 노인이 그들을 발견하고 자기 집으로 데려간다. 그는 그들을 융숭하게 대접한다. 그런데 기브아의 비류들이 노인의 집에 찾아와 레위인을 내어 놓으라고 압박하자 첩을 내어준다. 그녀는 비류들에 의해 유린을 당하고 싸늘한 새벽에 사망한다. 이에 레위인은 그녀의 몸을 나누어서 이스라엘 전체에게 보내며 보복을 준비한다. 왕이 없기 때문에 발생하는 다양한 문제들이 이스라엘 역사에서 가장 기괴한 비극을 연출한 이야기가 본문에서 전개된다. 이 이야기를 통해 우리는 하나님의 백성이라 할지라도 그분을 왕으로 삼지 않으면 저지르는 부도덕의 끝을 경험한다.

16보라 한 노인이 밭에서 일하다가 저녁에 돌아왔다 그 사람은
에브라임 산지 출신이고 기브아에 거류한다 그곳 사람들은 베냐민 자손이다

기브아 사람들이 광장에 막연하게 앉아 누군가를 기다리는 레위인 일행을 외면한 것과는 다른 분위기가 전개된다. 사사기 저자는 "보라"(הִנֵּה)는 말로 독자의 시선을 한 노인께로 안내한다. 그는 밭에서 일하다가 저녁이 되어서야 돌아왔다. 그는 몸이 쇠약한 노인이나 저녁까지 일해야 생계를 유지할 수 있는 가난한 사람임에 분명하다. 그는 기브아 출신이 아니었다. 그 성읍을 차지하고 있는 베냐민 지파 소속도 아니었다. 그는 에브라임 산지라는 타지역 출신이며 기브아에 거주하지 못하고 "거류하고 있다." 그곳에서 그는 출신지와 가문이 다른 뜨내기 인생이다. 사사기 저자가 연약하고 가난한 떠돌이 노인을 주목하는 목적은 자신의 앞가림 하기에도 빠듯한 사람이 나그네를 자신의 집으로 영접하여 섬긴다는 역설적인 상황이 기브아의 현실임을 보여주기 위함이다. 뜨내기로 살아본 사람이 뜨내기의 심정을 이해한다.

17그 노인은 자신의 눈을 들어서 광장에 있는 나그네를 보고 말하였다
"그대는 어디로 가며 어디에서 왔습니까?"

노인은 기브아 광장에 들어선다. 그런데 오갈 데 없는 레위인 일행이 눈에 들어온다. 보고 있더라도 그에 대한 애정이 없으면 눈으로 들어오지 않고 투명인간처럼 취급한다. 광장을 오가는 많은 사람들이 레위인 일행을 지나친 것은 그들의 애정 없음을 증거한다. 이는 솔로몬 성전에서 구걸하던 앉은뱅이 이야기와 유사하다. 성전에는 하나님을 예배하고 기도하기 위해 출입하는 수많은 유대인이 있었지만 그 걸인을 모두 지나쳤다. 그런데 성령의 감동을 받은 베드로는 요한과 더불어 그를 주목했다(행 3:24). 영혼에 대한 애정이 그들의 발목을 붙들었고 그들은 걸인을 치유했다. 사랑이 없으면 눈이 있어도 보지 못하고 귀가 있어도 듣지 못하고 마음이 있어도 생각

하지 못하는 허수아비 같다. 광장에 주저앉아 있는 불쌍한 행색의 레위인을 본 노인은 그들을 외면하지 않고 그들의 정체성과 필요를 묻고 챙겨주려 한다. 그는 레위인이 어디로 가며 어디에서 왔는지를 질문한다. 대체로 출신지를 묻고 행선지를 묻는 것이 질문의 일반적인 순서인데 노인은 그의 행선지가 더 궁금하다. 출신지는 과거를 의미하고 광장은 현재이고 행선지는 미래를 의미한다. 레위인의 미래를 확인한 다음에 현재의 필요를 채워주는 것은 환대의 정석이다. 그러나 대부분의 사람들은 도움을 주기 이전에 상대방의 출신부터 확인한다. 동향이면 도와주고 지역적인 갈등이 있는 곳의 출신이면 외면한다. 나아가 이용하고 학대한다. 모든 인간의 궁극적인 출신지는 하나님 자신이다. 그분의 뜻과 창조의 능력을 따라 모든 인간이 존재하기 때문이다. 범사에 하나님을 인정하는 자는 어떠한 출신의 사람도 배제하지 않고 존중하고 포용한다.

> 18그가 그에게 말하였다 "우리는 유다 베들레헴에서 에브라임 산지의 구석으로 가고 있습니다 저는 그곳(에브라임 산지) 출신이며 유다 베들레헴에 갔다가 여호와의 집으로 가려는 [중인데] 저를 집으로 맞이하는 사람이 없습니다

레위인이 노인에게 물음의 순서를 따라 대답한다. 자신은 에브라임 산지의 구석으로 간다며 행선지를 밝히고 자신의 출생지도 그곳 에브라임 산지라고 한다. 지금 레위인은 노인이 그 산지에서 온 동향 사람이란 사실을 모르고 있으며 노인도 그 사실을 밝히지 않은 상황이다. 상대방을 잘 모르지만 말을 걸어준 것으로도 감사해서 묻지도 않은 현실의 문제까지 쏟아낸다. 에브라임 산지에 있는 여호와의 집으로 가려고 하는데 잠시 방문한 기브아에 자신을 영접하는 사람이 없다며 하소연을 한다. 자신의 행선지를 에브라임 산지라고 한 이후에 고쳐서 "여호와의 집"(בֵּית יְהוָה)이라고 말한 이

유는 무엇일까? "에브라임 산지"는 지리적인 행선지를 나타내고, "여호와의 집"은 종교적인 행선지를 가리킨다. 아마도 자신의 집은 에브라임 산지에 있지만 여호와의 집으로 간다고 함으로써 자신이 에브라임 지파 소속이 아니라 그곳에서 종교적인 공직자로 섬기는 레위 지파에 소속되어 있음을 전하려고 하지 않았을까! 나아가 레위인은 12지파가 거처할 곳도 내어주고 먹을 것도 나누면서 돌보아야 할 지파 소속임을 은근히 나타낸다. 물론 레위인을 밤공기가 차가운 광장에 방치하는 것이 이스라엘 민족의 도리에 어긋나는 일임에는 분명하다. 하지만 환대의 필연성을 강조하기 위해 종교적인 신분을 강조하는 것은 마땅하지 않다. 하지만 마땅하지 않음을 알면서도 레위인의 심정, 즉 캄캄한 야밤에 일행 전체가 동사할 정도로 절박하기 때문에 지푸라기 하나라도 잡으려는 그의 심정을 이해하면 크게 탓할 일은 아니라고 생각한다.

> ¹⁹[저에게는] 나귀들을 위한 짚과 여물이 있고 나를 위한,
> 당신의 여종을 위한, 당신의 종들과 함께 있는
> 청년을 위한 양식과 포도주가 있습니다 모든 것에서 부족함이 없습니다"

레위인은 노인에게 혹시라도 경제적인 민폐를 끼치는 존재로 비쳐지는 일이 없도록 일행이 먹을 충분한 양식과 포도주가 있으며 나귀들을 위한 짚과 여물까지 있다고 대답한다. 모든 것에서 부족함이 없다고 확언한다. 이것은 노인이 묻지 않은 내용이다. 이는 등 붙일 공간만 제공하면 충분함을 알리면서 노인에게 혹시 있을지 모를 경제적인 부담감을 사전에 해소하기 위한 의도적인 답변이다. 나아가 레위인은 자신과 첩을 낮추어서 노인에게 "당신의 종들"(עֲבָדֶיךָ)이라고 표현하며 자신을 편안하게 대해도 괜찮다는 관계의 안도감을 주려고 노력한다. 처음으로 자신에게 다가온 사람에게 어

떠한 거부감도 주지 않으려는 레위인의 노력이 참으로 애잔하다.

대부분의 사람들은 유력한 자들의 눈 밖에 나지 않으려고 그들의 비위를 맞추는 일에 막대한 노력을 기울인다. 그러나 하나님의 눈에 들려고 노력하는 사람들은 없다. 그들은 주님의 기분을 맞추지 않더라도 자신에게 심각한 탈이 생기지 않을 것이라고 여기기 때문이다. 물론 하나님은 어떤 조건을 갖춘 사람들만 편애하지 않으시고 자신의 신적인 기준을 따라 모든 사람들을 공평하게 대하신다. 그런데 인간은 이러한 공의의 신적인 속성을 이용한다. 인간이 지혜롭고 의로운들 무한하신 하나님께 아무런 유익도 되지 않는다는 점을 역이용해 어리석고 거짓되고 불의한 일들을 마구 저지른다. 하나님은 그들이 신경 쓰지 않아도 되는 분이라고 생각한다. 믿음이 있더라도 하나님을 인생의 아주 미미한 변수 정도로만 존중한다. 대신 조그마한 문제만 생겨도 자신에게 즉각적인 피해를 줄 유력한 자들의 비위는 온 맘으로 맞추려고 한다. 그러면서 그들에게 얽매인다. 불쌍하다. 레위인이 그렇게 불쌍한 자라는 말은 아니지만 그의 사정이 절박한 것만은 분명하다. 그는 노인에게 잘 보이려고 꾸미거나 조작하는 것이 아니라 있는 사실을 그대로 전달하고 있다. 동시에 문전박대 가능성의 최소화를 위해 아주 신중한 어법을 구사하고 있다.

20 그 노인이 말하였다 "그대에게 평강이 [있기를 원합니다] 그대의 모든 필요를 오직 나에게 [맡기시오] 광장에서 오직 유숙하지 마십시오" 21 그는 자기 집으로 그를 데려가고 나귀들을 먹이고 그들은 그들의 발을 씻고 먹고 마시더라

레위인의 답변을 들은 노인이 반응한다. 먼저 그에게 평화를 기원한다. 자기가 그의 모든 필요를 채워줄 것이라고 대답한다. 그리고 절대 광장에서 유숙하지 말라고 당부한다. 노인은 자신의 제안이 유일한 선택이 되어야

한다는 취지에서 "오직"(רק)이라는 단어를 두번이나 연거푸 사용한다. 이처럼 노인의 반응은 특이하다. 그는 레위인의 입술을 보지 않고 마음을 관찰했다. 자신에게 부족함이 없다는 것은 대체로 사회에서 무시와 거절을 많이 당한 사람들의 어법이다. 아무도 반겨주지 않아 집단적인 버림을 당한 사람의 서늘한 목구멍에 서식하는 표현이다. 그러한 레위인의 속마음에 귀를 기울인 노인은 자신에게 부담을 주지 않으려는 레위인을 안쓰러운 마음으로 보듬으며 자신이 어떠한 부족함도 채워줄 것이라고 한다. 노인은 도움을 베푸는 자의 고고한 자세를 취하지 않고 자신의 섬김을 받아 달라고 간절하게 부탁한다. 실제로 노인은 레위인을 자기 집으로 데리고 가서 나귀들을 먹이고 그에게 음식과 안식을 제공했다. 노인이 그에게 기원한 "평강"은 빈 말이 아니었다. 종교적인 수사도 아니었다. 구체적인 실천으로 말미암아 실체가 있는 평강의 기도였다. 이는 말과 행동이 일치하는 나그네 사랑이다.

노인은 일상 속에 찾아온 나그네를 자신의 집으로 영접하며 구제했다. 나는 여기에서 구제의 일상화를 목격한다. 물론 구제는 교회가 어떤 곳인지를 보여주는 정체성의 한 기둥이다. 기관 차원에서 가난하고 연약한 자들을 항상 구제해야 한다. 그러나 성도 개개인은 일상에서 만나는 나그네를 구제해야 한다. 일상 속 구제가 더 아름답고 향기롭다. 어떤 사람은 교회를 통해 구제하는 것이 더 거룩한 일이라고 오해한다. 물론 교회가 구제하면 구제금의 출처를 숨길 수 있어서 은밀함이 유지된다. 그러나 개인들도 얼마든지 은밀하게 구제하는 게 가능하다. 오른손이 하는 일을 왼손도 모를 정도의 은밀함을 위해 주머니에 한 손 찌르고 구제하면 된다. 성경에는 우리 주변에 가난한 자들이 없을 날이 없다고 단언한다(마 26:11). 그렇다면 우리는 우리의 주변에 구제의 대상자가 일평생 있다고 생각해야 한다. 교회에만 구제금을 내고 약한 이웃을 외면하면 하나님 앞에서 직무유기 죄가 우리 각자에게 적용된다. 절약해서 모은 뭉칫돈을 교회에 헌금하는 것도 아름답다. 그러나 평소에 이웃의 가난을 해소하는 일상적인 구제는 더욱 아름답다.

노인은 레위인의 위급함을 보고 구제에 돌입했다. 사람들은 대체로 자신의 약점을 타인에게 노출하는 것을 꺼려한다. 사회에는 약자들을 이용하여 이득을 취하려는 양아치가 많기 때문이다. 특별히 오갈 데 없는 사람들은 일 순위로 그런 자들의 먹잇감이 된다. 그러나 노인은 오갈 데 없는 나그네의 약점을 자신의 책임으로 인식한다. 모세의 율법에 충실한 사람이다. 그 율법에는 나그네에 대한 두 가지의 태도가 언급되어 있다. 첫째, "너는 이방 나그네를 압제하지 말며 그들을 학대하지 말라"(출 22:21). 나그네는 낭만적인 삶을 살아가는 사람이 아니라 집이 없어서 방랑하는 사람을 의미한다. 이 율법은 그런 나그네에게 최소한 압제와 학대를 가하지는 말라는 소극적인 명령이다. 둘째, "너희는 나그네를 사랑하라"(신 10:19). 이것은 나그네를 괴롭히지 않는 것에 만족하지 말고 그들의 필요를 채우는 적극적인 사랑으로 섬기라는 적극적인 명령이다.

이러한 명령의 이유는 하나님이 "나그네를 사랑하여 그에게 떡과 옷을 주시"는 분이시기 때문이다(신 10:18). 레위인을 대하는 노인의 태도에는 어떠한 명령에도 소홀함이 없다. 그런데 칭찬을 받아 마땅한 노인의 자비로운 태도는 자신이 기브아에 거주하지 않고 거류하는 나그네로 살아가기 때문에 가진 감각일까? 열악한 상황 속에서 살아가는 자의 천상적인 보상일까? 요한은 "나그네 된 자들에게 행하는 것은 신실한 일"이라고 한다(요삼 1:5). 왜 신실한가? 나그네는 즉각적인 보답을 기대할 수 없고 다시 만난다는 보장이 없어서 먼 미래의 보답도 기약할 수 없는 사람이기 때문이다. 그래서 나그네 대접은 대가를 바라지 않는 섬김이다. 요한은 그 나그네가 "교회 앞에서 너의 [진실한] 사랑을 증언"할 것이라고 가르친다(요삼 1:6). 진실로 나그네는 꾸며지지 않은 순수한 사랑의 증인이다. 우리가 "이 같은 자들을 영접하는 것"은 마땅하다(요삼 1:8).

²²그들이 그들의 마음을 즐겁게 할 때에, 보라 사람들을, 그 성읍 사람들을, 불량한 자식들을! 그들이 그 집을 둘러싸고 문을 두들기며 그 집의 주인인 그 노인에게 이르기를 "너는 네 집으로 들어온 그 사람을 끌어내라 우리가 그와 관계하려 한다"고 말하였다

노인은 레위인의 입과 위장만이 아니라 마음도 즐거울 정도로 그를 융숭하게 대접했다. 그러나 그들이 누린 즐거운 평강은 잠시였다. 성읍에 거주하는 불량한 자들 혹은 비류들이 나그네의 냄새를 맡고 찾아왔기 때문이다. 여기에서 사사기 저자는 독자의 관심사를 특정한 사람에게 모으기 위해 "보라 사람들을, 그 성읍 사람들을, 불량한 자식들을" 같은 표현을 사용한다. 이는 그 시대 사람들이, 특별히 그 성읍 사람들이, 그들 중에서도 아주 질이 나쁜 그 성읍의 자식들이 심각한 도덕적 타락에 빠졌음을 고발하는 듯한 어법이다. 사사기의 70인경 역본(Codex Alexandrinus)에는 "불량한 자식들"(בְּנֵי־בְלִיַּעַל)이 "벨리알의 자식들"(τοὺς υἱοὺς Βελιάλ)로 번역되어 있다. 신약에서 "벨리알"은 그리스도 예수와 대척점에 있는 최악의 존재를 가리킨다(고후 6:15). 이런 점에서 기브아의 이 불량한 자들이 얼마나 사악한 자인지가 짐작된다.

노인과 레위인이 즐거워할 때 끔찍한 불행이 문을 두드린다. 즐거움 중에도 불행의 노크를 수시로 받으며 살아가는 것이 인생이다. 지혜자가 고백하는 인생의 역설이다. "웃을 때에도 마음에 슬픔이 있고 즐거움의 끝에도 근심이 있느니라"(잠 14:13). 웃는 것이 웃는 게 아니고, 즐거움도 근심의 눈치를 보아야 하는 게 우리의 현실이다. 노인의 집에 몰려온 불량배의 규모는 그 집을 둘러쌀 정도였다. 그들은 노인의 집으로 들어간 레위인을 자신들의 욕정 쏟아낼 성적 파트너로 지목했다. 그리고 그를 자신들이 가지고 놀 수 있도록 밖으로 보내라고 노인을 압박했다. 그들은 노인에게 "우리가 그와 관계하려 한다"(נֵדְעֶנּוּ)는 뜻을 전달했다. 집을 둘러쌀 정도로 많은

불량배가 돌아가며 한 사람을 성적으로 유린할 것이라는 잔인한 통보였다.

<blockquote>
23그 집의 주인인 그 사람이 그들에게 나와서 그들에게 말하였다
"안된다 내 형제들아 너희는 악해지지 말라 부탁한다
뒤에 있는 이 사람은 내 집으로 들어왔다 이런 어리석은 짓을 저지르지 말라
</blockquote>

비류들의 성적인 광기와 대범한 통보를 접한 노인은 밖으로 나가서 그들과 대면하며 답하였다. 그들을 설득하기 위해 "형제"라고 칭하면서 자신의 집을 방문한 나그네를 범하면 안된다는 의사를 전달했다. 노인은 나그네를 유린하는 것이 유린하는 자들 스스로가 악해지는 일이라며 그들을 저지하고 타이른다. 여기에서 우리는 노인에게 선악에 대한 어느 정도의 도덕적인 의식이 있음을 확인한다. 그리고 그는 자신의 집을 방문한 나그네를 지킬 의무가 집 주인에게 있다는 점을 알리면서 "어리석은 짓"을 저지르지 말라고 재차 당부한다. 노인의 말대로, 거주민이 나그네를 괴롭히는 것, 남자들이 한 남자를 성적으로 유린하는 것은 악하고 어리석은 짓이었다. 타인에게 피해를 주기에 악하고, 하나님의 진노를 촉발하는 일이기에 어리석다. 달리 본다면, 불량한 비류들의 등장과 성적인 위협은 어린 소녀를 첩으로 취한 레위인의 성적인 문란에 대한 하나님의 공의로운 보응과 무관하지 않다. 그러나 레위인은 여기에서 하나님의 신호를 읽지는 못하였다.

<blockquote>
24보라 처녀인 내 딸과 그의 첩을! 내가 그들을 데리고 나오겠다
제발 너희가 그들을 유린하고 너희의 눈에 좋은 대로 그들에게 행하되
이 사람에겐 이런 어리석은 짓을 저지르지 말라"
</blockquote>

노인은 비류들의 행패를 막아서는 동시에 대안도 제시한다. 그 대안은 자신의 딸과 레위인의 첩을 내보내 준다는 것이었다. 이것은 자신의 딸과 상의하지 않은 제안이다. 첩에 대해서도 그녀와 그녀의 남편인 레위인과 어떠한 상의도 없이 주겠다고 제안한다. 여성에 대한 노인의 태도는 너무도 심각하다. 비류들의 무분별한 욕정을 위해 딸과 첩을 건네 줄 권한을 누가 노인에게 주었는가! 그는 무슨 자격으로 사람의 생명을 불량배의 손에 넘기는가? 당사자와 상의도 없이 생명이 걸린 문제를 혼자서 결정한 것은 노인의 개인적인 문제를 지적하는 것을 넘어 상의할 필요도 없이 모두가 동의하는 보편화된 문화의 문제는 아닌지도 나는 의심한다. 어쩌면 노인의 제안은 부모나 남자가 딸과 첩의 생사를 좌우하는 당시의 패륜적인 시대상을 드러낸 것인지도 모르겠다. 이는 왕이 없으므로 생명에 대해서도 자신의 소견에 옳은 대로 행하는 고삐 풀린 방종이다.

나아가 노인은 기브아 비류들을 향해 레위인 대신에 딸과 첩을 유린하고 그들의 눈에 좋을 대로 행하라고 명령한다. 유린에 대해 노인은 명령형과 강조형(יִנּוּ)을 사용한다. 어떻게 유린의 강력한 명령까지 내리는가! 도대체 윤리적인 몰락의 끝은 어디인가! 정상적인 윤리관을 가진 사람은 돌봄의 우선적인 대상이 강한 자가 아니라 약한 자라고 생각한다. 노인은 다른 누구보다 스스로 방어할 수 없는 자신의 연약한 딸과 레위인의 첩을 먼저 보호하는 태도를 취했어야 했다. 그러나 그는 그녀들을 레위인 보호의 방패막이 희생물로 간주했다. 해괴한 발상이다. 나그네에 대한 사랑과 약자에 대한 일그러진 윤리가 어떻게 한 사람 안에 공존할 수 있는지가 나에게는 더 해괴하다. 인간은 다양한 종류의 모순들이 공존하는 하나의 우주와 같다는 말에 수긍하게 된다. 이러한 인간을 제대로 해석할 문법이 이 세상에는 없다. 그런데도 한 사람의 일면만 보고 그 사람을 다 알았다고 여기는 것은 어리석다. 죽을 때까지 한 사람도 제대로 이해하지 못한다고 함이 솔직한 고백이다. 인간의 신비는 하나님에 의해서만 풀어진다.

²⁵그러나 그 사람들이 그에게 귀를 기울이려 하지 않았기에
그 사람(레위인)은 자신의 첩을 붙잡아서 그들을 향해 밖으로 나아가게 했다
이에 그들은 그녀와 관계하며 밤새도록 아침까지 그녀를 가혹하게 대하였고
새벽이 오르려고 하자 그녀를 보내 주었다

딸과 첩을 주겠다는 노인의 제안은 거절된다. 기브아의 비류들은 그의 말에 귀도 기울이지 않았다고 한다. 이때 레위인이 나서서 사태를 수습한다. 그런데 수습이 아주 이상하다. 자신의 첩을 붙잡아서 그들의 포악한 손에 넘기는 짓을 저질렀다. 마음의 귀에 다정한 말을 건네며 첩에게 돌아와 달라고 애원하던 때가 얼마나 지났다고 이렇게 자신을 지키려고 불량한 욕정의 구덩이로 첩의 등을 떠미는가! 레위인은 이기적인 사람이다. 잔인한 사람이다. 이는 당시 있어도 그만이고 없어도 그만인 첩을 위하여 먼 길을 찾아와 정중하게 모셔 가는 남편의 자상한 모습과는 심히 대조된다. 한 사람의 됨됨이는 자신의 생명이 위태로울 때에 본색을 드러내나 보다. 노인만 모순적인 인격의 소유자가 아니었다. 하나님께 구별된 레위인도 두 얼굴의 남자였다. 그나마 상식이 통하는 사람들의 경우도 이렇게 인격의 한 켠에는 상식을 벗어난 부도덕이 있다. 신학자나 목회자를 볼 때에도 주의해야 한다. 잘 가르치고 설교를 잘하고 상담을 잘하고 겸손하고 온후한 태도와 눈빛의 소유자라 하더라도 어두운 성격이 감추어져 있을 가능성을 늘 고려하며 주의해야 한다.

레위인의 처신에 대한 비류들의 반응이 특이하다. 노인과 대화할 때에는 딸과 첩을 주더라도 레위인 겁탈의 의지를 꺾지 않았는데 첩을 본 그들이 레위인 대신에 그녀를 취하였다. 그렇다면 레위인의 전략은 통했는가? 레위인 자신은 비류들의 위협에서 벗어났다. 첩의 포기는 자신과 노인과 그의 딸을 구하기 위함인가? 어떠한 명분이 있더라도 자신을 보호하기 위해 악인의 손에 첩을 제물로 바쳤다는 것은 기브아 비류들이 저지른 성폭

력과 대등한 행악이다. 비류들은 첩을 밤새도록 가혹하게 유린했다. 다시 말하지만 그 첩은 소녀였다. 비류들은 베냐민 지파였다. 한 소녀를 불량배가 집단으로 유린하며 밤새도록 괴롭히는 일도 온 인류가 공노할 범죄지만, 동포끼리 연약한 소녀를 죽을 정도로 윤간하는 일이 어찌 인두겁을 쓰고 할 행실인가! 짐승보다 못한 이스라엘 백성의 타락상을 이것보다 더 생생하게 고발하는 사건이 어디에 있겠는가!

태양이 고개를 내밀기 직전에 비류들은 유린하던 첩을 자유롭게 했다. 그 소녀는 망가진 몸을 끌고 자신의 주인이 있는 노인의 집으로 걸어갔다. 도대체 저녁을 먹은 이후로 첩이 돌아올 때까지 노인과 레위인은 무엇을 하고 있었을까? 잘못된 판단으로 첩을 주었지만 서둘러서 여인을 도와줄 사람들과 함께 비류들의 만행을 저지하고 첩을 구해내야 하는데 그들은 계속해서 먹고 마시며 놀지는 않았을까? 사사기 저자는 이 대목에서 레위인을 "주인"(אָדוֹן)으로 묘사한다. 사라도 자신의 남편을 "주인"으로 표현했다 (창 18:12). 이는 남편을 높이려는 아내의 자발적인 칭호였다. "주인"은 "주권자 혹은 조정하는 자 혹은 강한 자" 등을 의미한다. 주인은 권한을 강조하는 말이지만 책임도 비등하게 부과된 호칭이다. 그런데 레위인은 책임을 지지 않는 소유자의 권한만 행사하는 사람이다. 첩은 그에게 아내가 아닌 재산목록 중 하나에 불과했다. 자신의 목숨을 지키기 위해서는 버려도 되는 카드였다. 사정이 이러한데 어찌 그에게서 하나의 소유물에 목숨을 거는 판단력을 기대할 수 있겠는가!

26그 여인은 새벽에 돌아왔고 자기의 주인들이 있는 그 사람의 집 문에서 쓰러졌다 밝아질 때까지 거기에 [쓰러져 있었다] 27그녀의 주인이 아침에 일어나서 집 문을 열고 여정을 가려고 하는데, 보라, 그 집 문에 쓰러져 있는 그 여인 첩을, 그리고 문지방 위에 있는 그녀의 두 손을!

²⁸그가 그녀에게 말하였다 "일어나라 우리가 떠나가자" 그러나 아무런
대답이 없어서 그는 그녀를 나귀 위에 실었으며 일어나 자신의 주거지로 갔다

몸이 처참하게 망가진 소녀는 새벽에 노인의 집으로 돌아왔다. 노크할 힘
도 없어서 문지방에 손을 얹은 채 쓰러졌다. 그렇게도 힘들게 집까지 왔으
나 그녀에 대한 노인과 레위인의 관심은 고개도 내밀지 않았다는 것은 참
으로 잔인한 현실이다. 이토록 무심한 레위인은 "아직도 거리가 먼데" 아들
을 인지하고 달려가 "목을 안고 입을 맞"추었던 탕자의 아버지(눅 15:20)와
너무도 대조된다. 그 아버지는 밤새 돌아올 아들을 기다렸다. 레위인은 "아
침에 일어났다." 이 말은 레위인이 밤새 숙면을 취했다는 우회적인 표현이
다. 그에게는 첩을 향한 기다림과 관심이 전혀 없었다는 사사기 저자의 은
근한 고발이다. 며칠 전에 나귀까지 대동해서 첩을 데리러 처갓댁을 찾아
간 레위인이 이번에는 죽을 만큼 힘든 첩을 의식조차 하지 않았다니!

어둠이 걷히고 햇살이 그녀의 몸 위로 쏟아졌다. 그때에 그녀는 이미 새
벽의 추위가 체온을 다 빼앗아간 시체였다. 소녀에게 노크할 힘만 있었다
면, 쓰러진 그녀를 조금만 일찍 발견한 자가 있었다면 얼마나 좋았을까! 그
흔한 우연 하나만 있었어도 그녀는 살지 않았을까!

소녀의 주인은 태양이 떠오른 이후에 일어나 노인의 집 문을 열고 길을
떠나려고 했다. 이는 아직 첩의 상황과 생사를 확인하지 않은 상태였다. 여
기에서 나는 레위인이 첩과 함께 떠나려는 마음이 전혀 없었음을 감지한
다. 첩이 비류들의 손에서 밤새도록 희롱과 폭력을 당했는데 그에게는 슬
픔이 없고 그녀의 등을 떠민 것에 대한 미안함이 없다. 문 밖으로 쫓겨날
때 나가지 않으려고 저항하는 소녀의 두렵고 절망적인 표정은 어땠을까?
레위인은 그것을 생생하게 보지 않았는가! 그러나 그는 살려 달라고 저항
하는 소녀를 뿌리치며 그녀를 밖으로 떠밀었다. 그는 참으로 비정하다. 그
때 사위를 뜨겁게 환대하고 넘치도록 대접한 장인의 얼굴은 떠오르지 않

았을까? 의리도 빵점이다. 정황을 볼 때, 그는 지난 저녁에 이미 첩을 포기했다. 그런데 아침에 문 앞에 쓰러져 있는 첩을 발견한다. 문지방 위에 올려진 그녀의 두 손을 관찰한다. 그리고 그녀에게 일어나서 떠나자고 한다. 그녀가 자는 줄 알았을까? 왜 곧장 일으켜 주지 않았을까! '많이 두렵고 힘들었지, 많이 추웠지, 내가 떠밀어서 미안해, 내가 미쳤나봐' 등의 언사가 쏟아져야 마땅한데, 그의 뻣뻣한 입은 퉁명스런 명령문이 점유했다. "일어나라 우리가 떠나가자"(קוּמִי וְנֵלֵכָה). 일으켜 주어도 일어날 수 없는 사람에게 손 하나 까딱하지 않고 명령하는 레위인의 모습이 참 가관이다. 너무도 황망해서 다른 어떠한 말도 생각나지 않아 가장 단순한 동사 두 개만 겨우 밀어낸 것일까? 첩의 죽음을 확인한 레위인은 그녀를 나귀에 싣고 에브라임 산지로 돌아갔다.

29그는 자신의 집에 도착하여 칼을 잡고 자기 첩을 붙잡고
그녀의 뼈들을 열두 조각으로 절단했다 그리고 그녀를 이스라엘 온 지역으로
보냈다 30이에 [그녀를] 본 모든 자들이 말하였다 "이스라엘 자손이 애굽 땅에서
올라온 날로부터 이날까지 이런 일은 일어나지 않았으며 보지도 못하였다
너희는 그녀에 대해 주의하고 상의하고 말하여라"

레위인은 오는 길에 기브아 사건을 생각하고 또 생각하며 집에 도착했다. 칼을 잡고 첩의 몸을 열두 조각으로 나누었다. 레위인은 제사를 드리기 위하여 칼로 짐승을 잡고 각을 뜨는 일에 능숙하다. 레위인은 자기가 당한 일의 복수를 위해 자신에게 가장 익숙한 방식을 택하였다. 그러나 짐승에게 행하던 자신의 종교적 주특기를 사람에게 적용한 것은 합당하지 않다. 그는 소녀의 조각들을 이스라엘 온 지역으로 배송했다. 이는 사법적 제도가 확립되지 않아 합법적인 재판에 회부할 수 없는 상황에서 기브아의 베냐

민 지파가 저지른 만행의 전모를 알리고 응징하기 위해 그가 고안한 가장 자극적인 방식이다. 첩의 몸 조각을 본 사람들이 반응한다. 애굽에서 해방된 이후로 이날까지 한 번도 일어나지 않았고 보지도 못했던 일이라고 격분한다. 레위인은 이스라엘 역사에서 한 번도 일어나지 않았고 그 이후로도 일어나지 않을 대단히 기괴한 일을 저질렀다. 왜 그는 여인의 사체를 훼손하는 방식이 아니라 하나님 앞에서 무릎을 꿇고 회개하고 도움을 구하는 방법을 택하지 않았을까? 소녀를 기브아 비류들의 손에 넘긴 것은 레위인 자신의 이기심이 아니던가! 여인을 죽음으로 내몬 자신부터 성찰하며 책임을 통감함이 마땅했다. 그런데 자신의 부도덕은 숨기고 끔찍한 방식으로 범국민적 복수심을 자극하는 것이 과연 최선인가? 이스라엘 백성은 소녀의 처참한 모습을 보고서 숙고하고 서로 의견을 교환하며 정리된 생각을 말하라고 백성 전체에게 공지한다.

사람들은 상상을 초월하는 끔찍한 사건이 발생하면 자신의 잘못을 돌아보지 않고 타인의 문제를 지적하고 그 사건을 방지하지 않은 하나님의 부재와 무관심을 강조한다. 사람이 아무리 악해도 하나님이 거기에 계셨다면 이런 일이 생기지 않았을 것이라는 원망과 불평을 그분의 면전에 수북이 쏟아낸다. 그러나 모든 문제의 원인은 하나님이 인간의 세계에 계시지 않았기 때문이 아니라 인간이 하나님을 왕으로 모시지 않았기 때문이다. 인간이 하나님을 왕으로 모시지 않아서 초래된 하나님의 징벌적인 부재 속에서도, 양심을 적당히 달래며 살아가는 것은 가능하다. 그러나 하나님을 배제하면 윤리의 기본과 본질에 해당하는 생명의 존중이 무너진다. 생명의 위협이 다가오면 사람들이 평소에 안심하고 걸치던 도덕의 껍데기는 벗겨지고 시커먼 이기심이 고약한 모습을 드러낸다. 하나님을 버린 사회 속에서는 나보다 타인을 먼저 생각하고 배려하는 십자가의 이타적인 사랑이 완전히 실종된다. 오히려 대단히 적극적인 자세로 타인의 등을 멸망의 구덩이로 떠밀며 그런 타인의 희생을 통해 자신의 생존을 도모한다. 그러면서

도덕적인 의식 몇 가닥을 내세우며 자위(自慰)한다. 참으로 잔인하고 비열하다. 그런데 그게 왕이 없는 인생의 실상이다. 왕이 있으면 나보다 남을 먼저 생각한다. 사망은 나에게 역사하고 생명은 타인에게 역사하는 복음의 상식이 득세한다.

삿 20:1-25

¹이에 모든 이스라엘 자손이 단에서부터 브엘세바까지와 길르앗 땅에서 나와서 그 회중이 일제히 미스바에서 여호와 앞에 모였으니 ²온 백성의 어른 곧 이스라엘 모든 지파의 어른들은 하나님 백성의 총회에 섰고 칼을 빼는 보병은 사십만 명이었으며 ³이스라엘 자손이 미스바에 올라간 것을 베냐민 자손이 들었더라 이스라엘 자손이 이르되 이 악한 일이 어떻게 일어났는지 우리에게 말하라 하니 ⁴레위 사람 곧 죽임을 당한 여인의 남편이 대답하여 이르되 내가 내 첩과 더불어 베냐민에 속한 기브아에 유숙하러 갔더니 ⁵기브아 사람들이 나를 치러 일어나서 밤에 내가 묵고 있던 집을 에워싸고 나를 죽이려 하고 내 첩을 욕보여 그를 죽게 한지라 ⁶내가 내 첩의 시체를 거두어 쪼개어 이스라엘 기업의 온 땅에 보냈나니 이는 그들이 이스라엘 중에서 음행과 망령된 일을 행하였기 때문이로다 ⁷이스라엘 자손들아 너희가 다 여기 있은즉 너희의 의견과 방책을 낼지니라 하니라 ⁸모든 백성이 일제히 일어나 이르되 우리가 한 사람도 자기 장막으로 돌아가지 말며 한 사람도 자기 집으로 들어가지 말고 ⁹우리가 이제 기브아 사람에게 이렇게 행하리니 곧 제비를 뽑아서 그들을 치되 ¹⁰우리가 이스라엘 모든 지파 중에서 백 명에 열 명, 천 명에 백 명, 만 명에 천 명을 뽑아 그 백성을 위하여 양식을 준비하고 그들에게 베냐민의 기브아에 가서 그 무리가 이스라엘 중에서 망령된 일을 행한 대로 징계하게 하리라 하니라 ¹¹이와 같이 이스라엘 모든 사람이 하나 같이 합심하여 그 성읍을 치려고 모였더라 ¹²이스라엘 지파들이 베냐민 온 지파에 사람들을 보내어 두루 다니며 이르기를 너희 중에서 생긴 이 악행이 어찌 됨이냐 ¹³그런즉 이제 기브아 사람들 곧 그 불량배들을 우리에게 넘겨 주어서 우리가 그들을 죽여 이스라엘 중에서 악을 제거하여 버리게 하라 하나 베냐민 자손이 그들의 형제 이스라엘 자손의 말을 듣지 아니하고 ¹⁴도리어 성읍들로부터 기브아에 모이고 나가서 이스라엘 자손과 싸우고자 하니라 ¹⁵그 때에 그 성읍들로부터 나온 베냐민 자손의 수는 칼을 빼는 자가 모두 이만 육천 명이요 그 외에 기브아 주민 중 택한 자가 칠백 명인데 ¹⁶이 모든 백성 중에서 택한 칠백 명은 다 왼손잡이라 물매로 돌을 던지면 조금도 틀림이 없는 자들이더라 ¹⁷베냐민 자손 외에 이스라엘 사람으로서 칼을 빼는 자의 수는 사십만 명이니 다 전사라 ¹⁸이스라엘 자손이 일어나 벧엘에 올라가서 하나님께 여쭈어 이르되 우리 중에 누가 먼저 올라가서 베냐민 자손과 싸우리이까 하니 여호와께서 말씀하시되 유다가 먼저 갈지니라 하시니라 ¹⁹이스라엘 자손이 아침에 일어나 기브아를 대하여 진을 치니라 ²⁰이스라엘 사람이 나가 베냐민과 싸우려고 전열을 갖추고 기브아에서 그들과 싸우고자 하매 ²¹베냐민 자손이 기브아에서 나와서 당일에 이스라엘 사람 이만 이천 명을 땅에 엎드러뜨렸으나 ²²이스라엘 사람들이 스스로 용기를 내어 첫날 전열을 갖추었던 곳에서 다시 전열을 갖추니라 ²³이스라엘 자손이 올라가 여호와 앞에서 저물도록 울며 여호와께 여쭈어 이르되 내가 다시 나아가서 내 형제 베냐민 자손과 싸우리이까 하니 여호와께서 말씀하시되 올라가서 치라 하시니라 ²⁴그 이튿날에 이스라엘 자손이 베냐민 자손을 치러 나아가매 ²⁵베냐민도 그 이튿날에 기브아에서 그들을 치러 나와서 다시 이스라엘 자손 만 팔천 명을 땅에 엎드러뜨렸으니 다 칼을 빼는 자였더라

❖ ❖ ❖

¹단에서 브엘세바 및 길르앗 땅까지의 모든 이스라엘 자손이 미스바에 나아와 한 사람처럼 여호와를 향해 총회로 모였으며 ²온 백성 즉 이스라엘 모든 지파들의 어른들은 하나님 백성의 총회에 자신들을 드러냈고 칼을 빼는 보병은 사십만 명이었다 ³이스라엘 자손이 미스바에 올라간 것을 베냐민 자손이 [레위인 일행에게] 말하였다 "너희는 이 악한 일이 어떻게 일어나게 되었는지 진술하라" ⁴그 레위인 즉 죽임 당한 여인의 남편이 주의하여 듣고 말하였다 "나와 나의 첩은 유숙하기 위해 베냐민에 속한 기브아에 갔다 ⁵기브아의 주인들이 나를 대항하여 일어나 밤에 나를 대항하며 그 집을 에워싸고 나를 죽이려고 했고 나의 첩을 유린했고 그녀는 사망했다 ⁶그리고 나는 나의 첩을 붙잡고 나누어서 이스라엘 소유의 모든 곳으로 그녀를 내보냈다 이는 그들이 악하고 어리석은 일을 이스라엘 중에 행하였기 때문이었다 ⁷보아라 너희 이스라엘 모든 자손들아 여기에서 너희의 의견과 방책을 제시하라" ⁸모든 백성이 한 사람처럼 일어나 말하였다 "우리가 한 사람도 자신의 장막으로 가지 않고 한 사람도 자기 집으로 벗어나지 않으리라 ⁹이제 우리가 기브아에 대해 행할 것은 이것이다 즉 제비를 뽑아서 그들을 대항하되 ¹⁰우리가 이스라엘 모든 지파 중에서 백 명에 열 명, 천 명에 백 명, 만 명에 천 명을 취하여 그 백성을 위하여 양식을 준비하고 그 [나머지]는 베냐민의 기브아에 가서 이스라엘 중에 행하여진 모든 어리석은 일을 따라 [그대로] 행하리라" ¹¹이스라엘 모든 사람이 한 사람처럼 모여서 연대를 이루었다 ¹²이스라엘 지파들이 베냐민 지파 전역에 사람들을 보내어 말하였다 "너희 중에서 생긴 이 악행이 어찌된 일이냐 ¹³이제 너희는 기브아의 그 사람들, 즉 그 불량한 자식들을 우리에게 넘겨서 우리가 그들을 죽이고 불태워서 이스라엘 중에서 악을 제거하게 하라" 그러나 베냐민은 그들의 형제들 즉 이스라엘 자손의 목소리를 들으려고 하지 아니하였고 ¹⁴이스라엘 자손을 대항하기 위해 기브아의 도성들로부터 나와 모였더라 ¹⁵그날에 그 도성들로부터 나온 베냐민 자손의 수는 칼을 빼는 자가 이만 육천 명이었고 그 외에도 기브아 거주민들 중 선발된 사람의 수가 칠백 명이었다 ¹⁶이 모든 백성 중에서 선발된 칠백 명은 오른손에 장애가 있는 자들인데 이들 모두는 물매로 돌을 머리털 하나에 던져도 빗나감이 없는 자들이다 ¹⁷베냐민 외에 이스라엘 사람은 칼을 빼는 자의 수가 사십만 명이었고 이들 모두는 전사였다 ¹⁸이스라엘 자손이 일어나 벧엘로 올라가서 하나님께 말하였다 "우리를 위하여 누가 먼저 베냐민 자손과의 싸움을 위해 올라갈까요?" 여호와가 말하셨다 "유다가 먼저 [올라가라]" ¹⁹이스라엘 자손이 아침에 일어나 기브아를 대항하여 진을 쳤다 ²⁰이스라엘 사람이 베냐민과 싸우려고 나아갔고 이스라엘 사람이 그들과 싸우기 위해 기브아에 전열을 갖추었다 ²¹베냐민 자손이 기브아에서 나아가 그날에 이스라엘 사람 이만 이천 명을 무찔러서 이들 모두는 전사였다 [쓰러지게 했다] ²²이스라엘 사람이 스스로 용기를 내어 전날에 전열을 갖춘 곳에서 다시 전열을 갖추었다 ²³이스라엘 자손이 올라가 여호와 앞에서 저물도록 울며 여호와께 여쭈며 말하였다 "제가 나의 형제 베냐민 자손과의 싸움을 위해 다시 나갈까요?" 여호와가 말하셨다 "너는 그를 대항하여 올라가라" ²⁴이스라엘 자손이 그 이튿날에 베냐민 자손에게 나아갔다 ²⁵베냐민도 그 이튿날에 기브아에서 그들을 만나려고 나아와 다시 이스라엘 자손 중에서 만 팔천 명을 무찔러서 땅에 [쓰러지게 했다] 이들 모두는 칼을 빼는 자였더라

기도의 특이한 응답

사사기가 다른 곳에서는 소수의 지파들에 관한 국지적인 이야기를 주로 다루지만 2장과 3장과 20-21장에서는 "이스라엘 자손들" 전체에 대해 언급한다. 20장에서는 계속해서 이스라엘 가운데에 왕이 없다는 전제 속에서 이야기가 전개되고 있다. 본문은 베냐민 자손과 이스라엘 지파들의 연합군 사이의 내전을 소개한다. 레위인이 보낸 첩의 조각을 본 이스라엘 자손은 격분했고 곧장 총회를 개최하고 대규모의 군대를 소집했다. 그리고 이 끔찍한 사건의 진상을 파악하기 위해 레위인의 입술에 총회의 귀를 기울였다. 이에 레위인은 첩의 잔혹한 죽음이 베냐민의 소행이라며 응징의 정당성을 역설했고 신속한 조치를 촉구했다. 이스라엘 연합군은 레위인의 진술만 듣고 베냐민과 싸우기로 결의하고 전열을 갖추었다. 전쟁을 결의한 이후에 그들은 하나님께 여쭙고 베냐민과 싸웠으나 두 번이나 패하였고 40,000명이 전사했다. 군대의 십일조 규모가 맥없이 쓰러졌다. 일방적인 진술만 듣고 전쟁의 결의부터 하고 하나님께 통보하듯 드려진 기도의 응답과 함께 진행된 복수의 내전은 그렇게 생각지도 못한 아픔을 가져왔다.

1단에서 브엘세바 및 길르앗 땅까지의 모든 이스라엘 자손이
미스바에 나아와 한 사람처럼 여호와를 향해 총회로 모였으며
2온 백성 즉 이스라엘 모든 지파들의 어른들은 하나님 백성의 총회에
자신들을 드러냈고 칼을 빼는 보병은 사십만 명이었다

레위인이 보내 첩의 조각난 신체를 본 이스라엘 자손은 곧장 총회를 개최했고 군대를 소집했다. 단에서 브엘세바 및 길르앗 땅까지의 모든 이스라엘 자손이 미스바에 나아왔다. 단 성읍은 이스라엘 백성이 점령한 가나안의 최북단을, 브엘세바 성읍은 최남단을 의미한다. 총회는 이스라엘 전체가 모인 자리였고 유일하게 배제된 사람들은 베냐민 지파였다. 이스라엘 백성은 미스바에 "여호와를 향해 한 사람처럼" 모였다고 한다. "한 사람처럼" 모였다는 말은 그들이 같은 마음과 뜻을 가져서 한 사람처럼 단결된 모습을 보였다는 것을 의미한다. 각자의 소견에 옳은 대로 행하던 시대에 공동체가 하나의 사람처럼 뭉치는 모습은 다소 특이하다. 지파별로 교류와 공감이 약해 보였던 사사기의 전반적인 분위기와 사뭇 다른 양상이다. 그러나 사람들이 일치된 생각과 마음과 행동을 보인다고 해서 그것을 각자가 판단의 기준과 주체가 되는 근본적인 혼돈과 무질서가 제거된 것이라고 여기는 건 과도하다. "여호와를 향해"(אֶל־יְהוָה)의 의미는 무엇인가? 이스라엘 중에 왕이 없음에도 불구하고 "여호와를 향해" 모이는 현상이 가능함을 의미한다. 하나님을 왕으로 모심이 없이도 하나님의 이름을 사용하는 모임은 지금도 곳곳에서 목격된다. 이스라엘 총회에는 이스라엘 모든 지파의 어른들이 다 모였다고 한다. 이는 레위인의 첩 사건을 민족의 명운이 달린 문제로 여기는 그들의 엄중한 인식을 반영한다.

여기에 모인 군사들의 수는 사십만 명이었다. 대한민국 군인의 수가 600,000명 정도이다. 이렇게 많은 400,000명의 군인이 한 곳에 모인다는 것은 그 자체로 엄청난 사건이다. 그래서 많은 학자들이 과장법의 사용을

의심한다. 그러나 나는 여기에 과정법이 있더라도 그것을 사용하는 저자의 의도를 존중하여 과장된 내용을 존중하며 읽는 것이 성경을 해석하는 올바른 태도라고 생각한다. 사사시대 속에서 어떤 대적과 싸우기 위해 이렇게 이스라엘 전체가 연합하여 군대를 결성한 때가 있었던가! 악의 응징에 대한 이스라엘 자손의 강한 열망과 건강한 도덕성이 느껴진다. 한편으로, 첩을 잃은 레위인의 자극적인 인원동원 방법은 진실로 압도적인 성공을 거두었다. 이스라엘 전체의 관심을 모아 최대 규모의 미스바 총회라는 결과를 가져왔기 때문이다. 그러나 이후에 내전으로 인해 양 진영의 장정들이 육만 명 이상이나 사망하는 희생을 감수한 승리이기 때문에 이 총회의 성사에 대한 객관적인 평가는 간단하지 않다. 오히려 부패한 이스라엘 백성에 대한 하나님의 엄중한 징계라는 차원에서 보면 확실한 성공이다. 그 총회는 이스라엘 백성의 눈에는 성공적인 단결의 겉모양을 취했지만 나는 그 총회를 신적인 징계의 은밀한 준비라고 생각한다.

3이스라엘 자손이 미스바에 올라간 것을 베냐민 자손이 들었다
이스라엘 자손이 [레위인 일행에게] 말하였다
"너희는 이 악한 일이 어떻게 일어나게 되었는지 진술하라"

베냐민 자손은 자신들 외에 모든 이스라엘 지파들이 모인 미스바 총회에 대해 들었다고 한다. 레위인은 첩의 시신을 열두 조각으로 나누어서 이스라엘 전역에 보냈기 때문에 베냐민도 하나의 조각을 분명히 수령했다. 그래서 지금 미스바 총회에서 상정되는 안건이 어떤 것인지에 대해서도 파악하고 있다. 그런데 베냐민 지파는 왜 총회에서 빠졌을까? 이것은 베냐민 지파가 총회 소집에 대한 공식적인 통지를 받지 않았기 때문에 참여의 기회마저 차단된 의도적인 배제일까? 아니면 통지서를 받았지만 자기 지파

의 일부가 거주하는 기브아 사건에 대한 것이라고 생각하여 스스로 소집에 응하지 않은 자발적인 거부일까? 나는 다른 모든 지파들도 레위인의 첩 사건에서 피의자가 베냐민 지파 소속임을 모르고 모였기 때문에 총회 소집에서 베냐민 지파를 일부러 배제한 것은 아니라고 생각한다. 이는 베냐민 지파가 미스바 총회에 대해 "들었다"(יִשְׁמְעוּ)는 것은 확실하기 때문이다. 그렇다면 자신의 지파와 관련된 사안으로 모이는 총회에 스스로 출석해서 충실하게 해명하고 내전이 일어나지 않도록 스스로 문제의 해결책을 찾겠다는 의사를 표명하는 것이 현명하지 않았을까? 아무튼 미스바 총회에는 첩의 사망 사건에 연루된 베냐민 지파 소속의 가해자가 출석하지 않고 레위인만 출석했다. 총회는 그에게 사건의 진상을 밝히라고 요청했다.

4그 레위인 즉 죽임 당한 여인의 남편이 주의하여 듣고 말하였다
"나와 나의 첩은 유숙하기 위해 베냐민에 속한 기브아에 갔다 5기브아의
주인들이 나를 대항하여 일어나 밤에 나를 대항하며 그 집을 에워싸고
나를 죽이려고 했고 나의 첩을 유린했고 그녀는 사망했다 6그리고 나는
나의 첩을 붙잡고 나누어서 이스라엘 소유의 모든 곳으로 그녀를 보냈는데
이는 그들이 악하고 어리석은 일을 이스라엘 중에 행하였기 때문이다 7보아라
너희 이스라엘 모든 자손들아 여기에서 너희의 의견과 방책을 제시하라"

레위인은 자신의 첩이 억울하게 죽은 사건의 구체적인 경위를 간략하게 진술한다. 이 대목에서 사사기 저자는 레위인을 첩의 "남편"으로 표기하고 레위인은 자신의 첩을 "첩"이라고 표현한다. 호칭의 차이가 미묘하다. 이스라엘 모든 지파의 어른들과 사십만 명의 장정들이 모인 자리에서 "첩"이라는 말을 스스로 사용하는 레위인은 어떤 생각을 하였을까? 아무런 느낌도 없었을까? 그 시대는 자신이 아내 이외에 첩을 가졌다는 사실을 공공연히 밝

히는 것이 전혀 부끄럽지 않은 때였구나! 진술에서 레위인은 기브아의 "주인들"(בַּעֲלֵי)이 자신을 죽이려고 했다는 것을 강조하기 위해 "나를 대항하여" 라는 말을 두 번이나 반복한다. 그리고 그들이 자신의 첩을 유린했고 그녀는 죽게 되었다고 설명한다. 여기에서 그는 자신의 생명을 지키기 위해서 자신이 첩을 불량배의 손에 직접 건넨 사실에 대해서는 침묵으로 조용히 지나간다. 만약에 레위인 자신이 그녀를 사망의 궁지로 내몰은 간접적인 가해자의 하나라는 사실을 밝혔다면 총회의 분위기가 아주 심하게 과열되지 않고 범민족적 내전까지 이르지는 않았을 가능성이 높다. 그러나 레위인은 사태에 대한 조금의 책임도 자신에게 돌리지 않고 자신을 전적으로 억울한 희생자로 묘사하고 사건의 모든 책임을 기브아 거민에게 떠넘겼다. 게다가 가해자로 "기브아의 주인들"을 지목하여 마치 기브아의 거민 전체가 사건의 주범들인 것처럼 말하였다. 소수의 불량한 자식들이 저지른 사건의 이러한 과장은 이스라엘 전체의 공분을 격발하기 위한 의도적인 발언이다. 대부분의 공동체 안에는 불량한 무리들이 있다. 첩의 사망은 바로 그런 불량배의 소행이다. 아무리 가슴 아픈 일이라고 할지라도 법정에서 사실을 진술할 때에는 감정을 잘 다스리며 객관적인 사실만 언급하는 것이 중요하다. 하나님의 관점에서 사건을 본 것처럼 진술하는 것이 객관성 확보의 첩경이다.

레위인의 진술에 의하면, 그가 자신의 첩을 나누어서 이스라엘 전역에 보낸 이유는 "기브아의 주인들"이 "악하고 어리석은 일을 이스라엘 중에 행하였기 때문이다." 타인을 죽이고 하나님의 진노를 일으키는 악하고 어리석은 일은 당연히 이스라엘 중에서 근절되어야 한다. 레위인의 진술에서 이 대목은 정당하다. 교회에도 악하고 어리석은 일들이 발생한다. 그러나 "용서"라는 명분으로 문제를 덮고 지나가는 사람들이 많다. 그 "용서"가 타인에게 손해와 상처를 주거나 가해자 자신으로 하여금 동일한 문제를 다시 일으켜도 된다는 잘못된 판단력의 원인으로 작용하는 경우는 용서의 부적절한 남용이다. 그렇게 선도 악의 도구로 쓰여질 수 있다는 점을 교회는 주의해야 한다. 교회에서 용서의 공적인 사용은 반드시 회개를 전제한다. 돌이키지 않는 경우에 교회는 사안의 경중에 맞도록 적합한 형벌을 부과해야 한다. 하나님의 말씀에 근거하여 선을 권하고 악을 징벌하는 권징은 교회에서 덕을 세우고 영적인 부패의 고름을 짜내는 성경적인 방법이다. 권징의 가장 중요한 목적은 사건 당사자의 회복과 공동체의 거룩이다. 파괴와 멸망이 아니라 영적인 돌이킴과 거룩함에 있다. 사람들에 의해서는 정죄를 받아도 하나님 앞에서는 영원한 정죄를 당하지 않도록 죄인을 영적으로 보호함에 있다. 바울은 죄인들의 영혼 구원을 위해 사탄에게 내어주는 징계까지 단행했다(고전 5:5). 레위인은 자신의 관점에서 기브아 사건의 전모를 밝히면서 총회가 의견을 제시하고 방책을 세우라며 강력하고 신속한 대응을 촉구한다.

8모든 백성이 한 사람처럼 일어나 말하였다 "우리가 한 사람도 자신의 장막으로 가지 않고 한 사람도 자기 집으로 벗어나지 않으리라

레위인의 진술을 들은 모든 이스라엘 백성은 다시 "한 사람처럼" 일어나 말하였다. 나그네를 환대하며 극진히 대접하는 이스라엘 문화와는 달리 오히려 나그네를 유린하고 죽이는 기브아 사람들에 대한 이스라엘 백성의 공분은 극에 치달았다. 그래서 이스라엘 중에 이토록 심각한 문제가 해결되기 전까지는 "자신의 장막으로" 돌아가 안락을 취하는 사람이 하나도 없을 것이라고 다짐한다. 여기에서 "장막"(אֹהֶל)은 각자의 집이 아니라 전쟁터에 세운 군사들의 쉼터를 의미한다. 즉 징계의 사명을 완수하기 전까지는 "집"(בַּיִת)에 돌아가지 않는 것은 물론이고 전쟁 중에 잠시 숨을 돌리는 일시적인 쉼도 누리지 않겠다는 다짐이다. 이 다짐에 이스라엘 모든 백성이

한 사람처럼 동의하고 있다. 이것은 이스라엘 민족의 막강한 동맹을 보여 준다. 타 지파에 대해서 관심을 기울이지 않던 과거의 상황과는 확연한 다른 분위기다. "악하고 어리석은 일"을 이스라엘 중에서 제거하는 일에 뜻을 같이한 것이어서 건강한 단합으로 보이는 것은 분명하다.

> 9이제 우리가 기브아에 대해 행할 것은 이것이다 즉 제비를 뽑아서 그들을 대항하되 10우리가 이스라엘 모든 지파 중에서 백 명에서 열 명을, 천 명에서 백 명을, 만 명에서 천 명을 취하여 그 백성을 위하여 양식을 준비하게 하고 그 [나머지]는 베냐민의 기브아에 가서 이스라엘 중에 행하여진 모든 어리석은 일을 따라 [그대로] 행하리라"

총회는 기브아 사람들을 징벌할 것이라고 결의한다. 이 결의에서 기브아의 불량한 자식들이 십계명을 위반하며 저지른 악에 대하여 하나님께 나아가 통곡하며 회개하는 범민족적 통회가 무엇보다 우선이지 않았을까! 그러나 총회의 지혜로운 처신도 확인된다. 그것은 징벌을 위해 총회가 "제비를 뽑도록 한 것"인데, 그 이유는 기브아 응징에 출전할 사람들과 남아서 음식을 제공할 사람들을 구별하기 위함이다. 특정한 지파의 특정한 가문이 음식을 담당하지 않고 이스라엘 모든 지파가 각 무리마다 백 명에서 열 명을, 천 명에서 백 명을, 만 명에서 천 명을 취하는 방식으로 음식 지원군을 선발한다. 음식을 공급하는 자들의 소속이 특정한 지파에 치우치면 전쟁에 참여한 군인들에게 배식을 할 때 음식의 종류와 분량에 있어서 편파성이 작용하기 쉽다. 초대교회 안에서는 헬라파 유대인이 자기 소속 "과부들이 매일의 구제에 빠지므로 히브리파 사람을 원망"했다(행 6:1). 이러한 문제를 방지하기 위해 이스라엘 총회는 그들 가운데서 죄를 제거하는 중차대한 일을 수행하는 중에 사소한 배식 문제로 내분이 일어나지 않도록 하려는 지혜를 발휘하고 있다.

기브아 사람들을 징계함에 있어서 형량의 기준은 무엇인가? 총회는 기브아에 사는 베냐민 불량배가 레위인과 그의 첩에게 행한 "어리석은 일을 따라" 그들을 징계해야 한다고 결의한다. 당시 이스라엘 백성은 모세의 율법을 기억하고 있다. 모세는 하나님이 기업으로 주시는 가나안 땅에 들어가서 형제들 사이에 악이 발생하는 경우 그들 중에서 그 악을 제하는 방법을 이렇게 가르쳤다. "네 눈이 긍휼히 여기지 말라 생명에는 생명으로, 눈에는 눈으로, 이에는 이로, 손에는 손으로, 발에는 발로니라"(신 19:21). 지금 이스라엘 총회는 이런 모세의 동일 보복법에 충실하다. 그러나 모세의 율법에 근거한 총회의 합리적인 결의를 실제로 집행함에 있어서 선을 넘지 않는 것은 더욱 중요하다. 그러나 20장의 뒷부분에 보면 아쉽게도 이스라엘 연합군은 베냐민 지파에게 과도한 응징을 가하면서 모세의 율법이 규정한 선을 넘어간다.

11이스라엘 모든 사람이 한 사람처럼 모여서 연대를 이루었다

사사기의 저자는 이스라엘 모든 사람이 한 사람처럼 모여서 연대를 이룬 것을 다시 한번 강조한다. 선한 뜻을 가지고 연대하는 것은 아름답다. 이스라엘 모든 사람은 신약적인 차원에서 본다면 그리스도 예수를 머리로 삼은 하나의 몸이기 때문에 "한 사람"(אִישׁ אֶחָד)이다. 그러나 문제는 이스라엘 백성이 그리스도 없이 한 사람처럼 연대함에 있다. 앞서 말한 것처럼 지금은 이스라엘 백성이 하나님을 그들의 왕으로 모시지 않은 상황이다. 그래서 나는 기브아 징계를 중심으로 한 이스라엘 백성의 끈끈한 연대가 불안하다. 아쉽게도 총회는 피해자의 진술만 듣고 가해자의 해명이나 회개의 기회가 주어짐이 없이 곧바로 사형을 결의했다. 베냐민 지파의 의도적인 불참 가능성이

높지만, 그래도 이러한 결의는 추후에 한 지파의 따돌림과 발언의 기회조차 박탈한 것으로 간주되어 감정적인 앙금을 남기는 단초로 작용할 가능성이 높다. 그래서 절차가 중요하다. 모세는 이스라엘 백성을 향하여 "너희가 너희의 형제 중에서 송사를 들을 때에 쌍방간에 공정히 판결할 것이며 그들 중에 있는 타국인"에 대해서도 동일한 공정성을 고수해야 한다고 가르쳤다(신 1:16). 지혜자도 소송에서 "먼저 온 사람의 말이 바른 것 같으나 그의 상대자가 와서" 정확한 진상을 밝힌다고 조언한다(잠 18:17). 총회는 출석하지 않은 베냐민 지파를 찾아가서 피의자를 정확하게 조사하는 신중함을 보여야만 했다. 판결이 혹시 옳더라도 공정한 절차는 꼭 필요하다.

그리고 더 중요한 것으로서, 한 여인의 끔찍한 죽음과 비참한 사체를 보면서 총회는 어떤 의결에 들어가기 전에 하나님 앞에 무릎을 꿇고 이 사건이 이스라엘 백성 전체에게 전하고자 하는 하나님의 뜻이 무엇인지 물었어야 했다. 한 개인의 잘못, 한 지파의 문제, 특정한 지역의 악으로만 축소시켜 이해하지 말고 하나님의 백성 전체를 향한 그분의 의도를 파악해야 했다. 그런 방식으로 무엇보다 먼저 하나님을 그들의 사사로 모셔야만 했다. 하나님을 왕으로 모시지 않은 사람들의 집단적인 의분이 때로는 또 다른 복수의 빌미로 작용한다. 반복되는 복수의 사슬을 끊는 방법은 가장 공정하고 적정한 절차와 판결과 집행이다. 기브아 사람들을 응징하기 전까지는 집으로 돌아가지 않고 전쟁터의 장막에서 쉬지도 않겠다는 것은 사건을 대하는 총회의 과도하게 격앙된 모습을 증거한다.

12이스라엘 지파들이 베냐민 지파 전역에 사람들을 보내어 말하였다 "너희 중에서 생긴 이 악행이 어찌된 일이냐 13이제 너희는 기브아의 그 사람들, 즉 그 불량한 자식들을 우리에게 넘겨서 우리가 그들을 죽이고 불태워서 이스라엘 중에서 악을 제거하게 하라" 그러나 베냐민은 그들의 형제들

즉 이스라엘 자손의 목소리를 들으려고 하지 아니하고

14이스라엘 자손들을 대항하기 위해 기브아의 도성들로부터 나와 모였더라

이스라엘 총회는 베냐민 지파 전역에 사람들을 보내어 기브아 불량배의 악한 소행이 어떻게 된 것이냐는 말로 징계의 기선을 제압한다. 입에 담기에도 힘든 만행을 저지른 기브아의 "그 불량한 자식들"을 총회에 넘기라고 통첩한다. 사건의 당사자인 레위인은 "기브아의 주인들"이 사건의 주범인 것처럼 말했지만, 총회는 그의 과장된 어법을 감지하고 기브아의 "그 불량한 자식들"이 저지른 악이라고 판단하여 베냐민 지파 전체나 기브아 거주민 전체가 아니라 불량한 자들만 피의자로 특정했다. 그리고 총회는 그들을 죽이고 불태우는 사형과 화형을 겸한 방식으로 이스라엘 중에서 악을 제거할 수 있도록 협조할 것을 베냐민 지파에게 요청한다. 판결을 집행하기 이전에 범인들만 죽이고 불태우는 방식으로 악을 제거하고 정의를 세우려고 한다는 총회의 통보는 정당하다. 그러나 집행 이전이 아니라 판결을 내리기 이전에 사람을 파견하여 베냐민의 입장을 경청하는 절차를 가졌다면 얼마나 좋았을까!

베냐민 지파는 전달된 이스라엘 총회의 결정에 귀도 기울이지 않는 태도를 취하였다. 여기에서 사사기 저자는 이스라엘 총회를 베냐민 지파의 "형제"라고 표현한다. 이는 비록 총회의 결정이 베냐민의 참여 없이 이루어진 일이지만 형제들의 충성된 권고라는 의미를 부여하는 표현이다. 베냐민은 형제의 충성된 권고를 거절했다. 만약 베냐민이 소수의 불량배에 대해 적법한 절차를 따라 내려진 총회의 결정을 경청하고 협조하는 태도를 취했다면 범민족적 내전의 비극은 피할 수 있었을 것이라고 나는 생각한다. 그러나 베냐민 지파는 총회의 결정을 인정하지 않고 오히려 죄인들을 옹호하며 총회와의 항전을 선택했다. 그리고 군대를 소집했다. 그런데 베냐민 지파 전역이 아니라 기브아에 위치한 성읍들에 사는 베냐민 자손들만

차출했다. 같은 고장 사람들이 전우이기 때문에 항전의 의지와 결속력은 더욱 강했을 것이라고 생각된다.

> ¹⁵그날에 그 도성들로부터 나온 베냐민 자손의 수는 칼을 빼는 자가
> 이만 육천 명이었고 그 외에도 기브아 거주민들 중 선발된 사람의 수가
> 칠백 명이었다 ¹⁶이 모든 백성 중에서 선발된 칠백 명은 오른손에
> 장애가 있는 자들인데 이들 모두는 물매로 돌을 머리털 하나에 던져도
> 빗나감이 없[는 자들이]다 ¹⁷베냐민 외에 이스라엘 사람은
> 칼을 빼는 자의 수가 사십만 명이었고 이들 모두는 전사였다

베냐민 군대의 규모는 칼을 빼는 자가 26,000명이었고 다른 역할을 수행하기 위해 선발된 사람들이 700명이었다. 가나안에 입성하기 전에 인구를 계수할 때 베냐민 지파의 규모는 장정이 45,600명이었다. 베냐민의 장정들이 많이 줄어서 이번에 모인 군대의 수는 그때에 비해 절반이 조금 모자라는 규모였다. 별도로 선발된 700명의 사람들은 오른손을 사용하지 못하였다. 이들은 칼을 사용하지 않는 대신에 물매로 돌을 던지는 전문적인 기술을 익힌 자들이다. 그들의 전문성은 물맷돌을 머리털 하나에 던질 때에라도 빗나감이 없을 정도였다. 그러나 이들이 아무리 대단한 명중률을 자랑한다 할지라도 이스라엘 총회가 소집한 군대의 규모와 기량에 비한다면 대단히 미약했다. 총회의 군대가 400,000명이었고 그들은 모두 칼을 잡은 "전쟁의 사람"(אִישׁ מִלְחָמָה)이기 때문이다. 비록 연합군에 전쟁의 고수들이 모였어도 전쟁은 군사력의 크기에 좌우되지 않기에 승패의 성급한 단정은 금물이다. 전쟁은 여호와께 속하였고 그분의 뜻에 의해 승패가 좌우되기 때문이다.

¹⁸이스라엘 자손이 일어나 벧엘로 올라가서 하나님께 여쭈며 말하였다 "우리를 위하여 누가 먼저 베냐민 자손과의 싸움을 위해 올라갈까요?" 여호와가 말하셨다 "유다가 먼저 [올라가라]" ¹⁹이스라엘 자손이 아침에 일어나 기브아를 대항하여 진을 쳤다 ²⁰이스라엘 사람이 베냐민과 싸우려고 나아갔고 이스라엘 사람이 그들과 싸우기 위해 기브아에 전열을 갖추었다

이스라엘 자손은 벧엘로 올라가 하나님께 여쭈었다. 벧엘은 야곱이 하나님의 사자를 만나 이름이 이스라엘로 바뀌는 인생의 혁신을 체험한 곳이었다. 이 시기에는 언약궤도 그곳에 있었을 정도로(삿 20:26-27) 벧엘은 대단히 종교적인 도시였다. 이스라엘 자손은 자신의 명운을 바꿀 혁신의 장소로 벧엘을 택하였다. 그곳에서 하나님께 드린 질문의 내용에서 나는 세 가지를 주목하고 싶다. 첫째, 그들은 기브아 불량배의 죄악을 자신의 것으로 여기며 통회하지 않았다는 사실이다. 기브아에 사는 베냐민 사람들은 그들에게 여전히 정서적인 남이었다. 그들의 악은 그들의 것이었다. 이들과는 달리 훗날에 이사야 선지자는 백성의 죄를 "우리의 허물"이며 "우리의 죄"라고 고백하며 하나님 앞에서 회개했다(사 59:12). 공동체 안에서 발생하는 모든 악을 나의 악으로 여기고 회개하는 지도자가 필요하다. 이스라엘 중에는 아직도 그런 지도자가 없다. 둘째, 그들은 하나님의 영광을 위하지 않고 "우리를 위하여"(לָנוּ) 전쟁을 수행하고 있다는 사실이다. 이는 이스라엘 백성이 하나님께 기도를 드리는 중에도 그분을 자신들의 왕으로 모시지 않고 자기중심적인 사고에 사로잡혀 있음을 드러낸다. 그리고 형제들 사이의 전쟁에서 자신들의 편을 들어 달라고 하나님께 부탁하는 기도는 교정이 필요하다. 이 전쟁은 누가 이기고 지는 싸움이 아니라 하나님의 백성 가운데서 악을 제거하는 일이기에 하나님의 선하심과 뜻의 성취를 위해 기도하는 것이 올바르다. 하나님을 위하지 않은 전쟁은 어떠한 명분을 걸어도 미화될 수 없는 폭력의 다른 이름이다.

셋째, 베냐민 지파와의 싸움에 대해서는 총회가 이미 결정을 내리고서 누가 먼저 싸움에 앞장설 것이냐에 대해서만 하나님께 문의하고 있다. 이것은 전쟁의 본질이 아니라 전쟁의 방법에 대한 질문이다. 하나님이 방법에 대해 상의할 대상인가? 하나님께 나아갈 때에는 가장 근원적인 것, 본질적인 것, 핵심적인 것, 궁극적인 것을 질문해야 한다. 물론 누가 먼저 전쟁을 앞장서서 수행할 것인지에 대해서는 여호수아 시대에도 하나님께 문의했다(삿 1:1). 그리고 유다가 먼저 올라가 싸우라는 하나님의 답변도 동일했다. 하지만 여호수아 시대에는 가나안 땅을 유다의 손에 붙였다는 하나님의 언급이 있었으나 지금의 답변은 전쟁의 승패에 관해 침묵한다. 어쨌든 하나님의 답변을 받은 이스라엘 자손은 아침에 일어나 기브아와 접전하기 위해 진을 구축하고 기브아에 전열을 갖추었다.

> 21베냐민 자손이 기브아에서 나아가 그날에 이스라엘 사람
> 이만 이천 명을 무찔러서 땅에 [쓰러지게 했다] 22그 백성 이스라엘 사람이
> 스스로 용기를 내어 전날에 전열을 갖춘 곳에서 다시 전열을 갖추었다

400,000명의 이스라엘 연합군과 26,700명의 베냐민 자손 사이에 기브아 전쟁이 발발했다. 결과는 의외였다. 이스라엘 총회가 패하였다. 무려 22,000명이 전사했다. 하나님 앞에서 총회도 개최했고 하나님께 묻고 이스라엘 백성이 대대적인 연합을 이루었고 막강한 군사력을 구비했고 하나님의 말씀을 따라 유다가 먼저 싸우러 나갔으나 승리는 연합군을 외면하고 베냐민 지파에게 갔다. 패배의 원인을 알 수 없어서 그들은 너무도 황당했다. 나는 그들이 하나님께 기브아 사건의 본질에 대해 묻지 않고 방법에 대해서만 물었기 때문에 혼돈에 빠진 것이라고 생각한다. 총회의 개최, 이스라엘 백성의 연합, 강한 군사력, 전쟁의 방법은 모두 주변적인 것들이다. 이

사태의 본질은 이스라엘 자손이 하나님께 돌이키고 그분을 그들의 왕으로 모시고 있느냐에 있다. 그런 본질이 아닌 주변적인 사안으로 하나님의 이름을 소비하는 종교적 활동은 하나님의 눈에 가증하다. 이는 우리의 기도에 대해 깊이 성찰하게 하는 대목이다.

> 23이스라엘 자손이 올라가 여호와 앞에서 저물도록 울며
> 여호와께 여쭈며 말하였다 "제가 나의 형제 베냐민 자손과의 싸움을 위해
> 다시 나갈까요?" 여호와가 말하셨다 "너는 그를 대항하여 올라가라"

전쟁에서 패배한 이스라엘 자손은 여호와 앞에서 저물도록 울면서 그분에게 다시 여쭈었다. 패배한 이후에 하나님 앞에서 우는 것은 지혜롭다. 패배의 책임을 어떤 특정한 자나 무리에게 전가하며 내분을 일으키는 것이 아니라 모두가 눈물로 하나님께 나아가는 것은 민족의 경건이다. 그러나 이 눈물은 회개의 눈물이 아니라 하나님의 응답을 받고 싸웠는데 승리하지 못한 것은 하나님 때문이 아니냐는 원망과 불평의 눈물이다. 그런데 이번에는 질문의 온도가 달라졌다. 첫째, 현재 자신들과 싸우는 베냐민 자손에 대해 "나의 형제"(אָחִי)라는 대단히 친근한 호칭을 사용했다. 대적으로 여기지 않고 가족으로 여기는 마음의 변화가 이 호칭에서 감지된다. 둘째, 어느 지파가 먼저 전쟁을 시작해야 하느냐는 방법적인 문제가 아니라 전쟁의 여부에 대해 질문했다. 이는 본질에 한 발짝 다가가는 질문이다. 이에 하나님은 그들에게 베냐민과 싸우러 가라고 답하신다.

> 24이스라엘 자손이 그 이튿날에 베냐민 자손에게 나아갔다 25베냐민도
> 그 이튿날에 기브아에서 그들을 만나려고 나아와 다시 이스라엘 자손 중에서
> 만 팔천 명을 무찔러서 땅에 [쓰러지게 했다] 이들 모두는 칼을 빼는 자였더라

이제 이스라엘 자손은 두 번째 하나님의 응답을 받고 다음날 베냐민 자손에게 나아갔다. 베냐민도 다음날 기브아로 왔다. 그런데 싸움의 결과는 1차전과 동일한 패배였다. 이번에는 18,000명이 전사했다. 1차전과 2차전의 패배로 전사한 이스라엘 연합군의 규모는 총 40,000명이었다. 연합군 전체가 400,000명이었다. 그렇다면 전사자는 연합군 전체의 십일조에 해당한다. 대단히 종교적인 수의 전사자가 기브아 전투에서 발생했다. 1차전에는 싸움의 방법에 대해 유다가 먼저 싸우라는 하나님의 응답을 받았고, 2차전에는 싸움의 여부에 대해 올라가서 싸우라는 하나님의 응답을 받았는데 어떻게 하나님의 응답이 있는 전쟁에서 두 번이나 패하게 되었을까? 기도의 응답과 패배가 어떻게 공존하는 것이 가능한가! 도대체 신적인 응답의 의미는 무엇인가?

베냐민과 싸우는 것과 유다가 먼저 싸우는 것은 분명히 하나님의 응답이다. 그러나 이것은 기도자의 승리를 보증하는 응답이 아니었다. 기도는 기도자의 소원이 아니라 하나님의 뜻이 성취되는 방향으로 응답된다. 이사야를 통해 주신 하나님의 말씀이다. "내 입에서 나가는 말도 이와 같이 헛되이 내게로 되돌아오지 아니하고 나의 기뻐하는 뜻을 이루며 내가 보낸 일에 형통함이니라"(사 55:11). 이 말씀에 근거해서 본다면, 하나님의 입에서 나온 응답이 하나님의 뜻과 그가 명하신 일의 성취와 관계되어 있다. 우리의 욕망을 해소하는 응답이 아님에 분명하다. 이스라엘 백성이 기브아 사건을 해결하기 위해 총회를 소집하고 기브아의 불량배를 처형하는 판결을 내리고 베냐민 자손의 거부로 전쟁에 돌입한 것은 하나님께 나아가서 결정하고 하나님의 말씀에 따른 것이었다. 그래서 이스라엘 연합군의 패배는 하나님의 뜻이 이루어진 것이며 하나님이 명하신 일의 성취라고 이해해야 한다. 그러나 이스라엘 연합군이 기대한 성취는 아니었다.

전쟁의 패배는 무엇을 위한 성취인가? 이스라엘 백성 전체에 대한 징계이며 그들 전체의 각성과 돌이킴을 위함이다. 물론 기브아 사건을 둘러싼 많은 요소들이 있다. 그것들은 레위인이 자신의 정욕을 위해 첩을 두었다는 것, 그 첩에 대한 레위인의 매정한 버림, 기브아의 불량한 자식들이 왜곡된 성욕을 분출하고 그 첩을 윤간하고 죽게 한 것, 피해자의 진술에만 근거하여 가해자에 대해 사형과 화형을 언도한 총회의 판결, 전쟁의 여부에 대해 하나님께 먼저 문의하지 않은 총회의 인간적인 성급함, 이 사태의 본질을 파악하지 못하고 승패에만 집착하는 이스라엘 백성의 모습이다. 우리의 관심은 이것들 중에 어떠한 요소를 주목해야 할까? 무엇을 기준으로 이 사건 전체를 해석해야 할까? 무엇을 위해 하나님께 기도해야 할까?

나는 이스라엘 연합군이 패할 때 사망한 사만 명의 전사자를 주목하고 싶다. 그들은 연합군 전체의 십일조에 해당한다. 십일조의 의미는 우리에게 있는 모든 것이 하나님의 것이며 소유권과 처분권이 모두 하나님께 있다는 고백이다. 그러므로 우리는 사사기 저자가 사사기 전체에서 가장 강조하는 구절로서 이스라엘 가운데에 왕이 없다는 사실, 즉 그들이 하나님을 자신들의 왕으로 삼지 않았기에 사사들이 세워져 인간이 왕처럼 활동해도 여전히 왕이 없는 것으로 간주되어 왔다는 사실을 주목해야 한다. 그나마 하나님이 세우신 사사조차 없어서 이스라엘 백성의 모든 개개인이 각자의 소견에 옳다고 여기는 대로 자신이 자신에게 왕이 되는 시대임도 주목해야 한다. 전쟁에서 두 번이나 패하고 대규모의 군인들을 잃은 이스라엘 연합군은 눈에 보이는 전쟁이나 베냐민 지파를 주목하는 것보다 보이지 않는 자신의 영적인 상태를 주목해야 했다. 이스라엘 백성은 하나님이 아니라 자신들을 자신들의 주인과 왕으로 여겼다는 사실을 통회하고 하나님을 그들의 진정한 왕으로 인정하고 고백해야 했다. 하나님의 택하심을 받은 이스라엘 백성이 하나님을 주인과 왕으로 여기지 않는 것이 문제의 가장 심각한 본질이다. 연합군 중에 사망한 십일조의 전사자는 이러한 본질을 깨우치는 이정표와 같다.

우리도 살면서 다양한 문제 때문에 하나님께 기도의 무릎을 꿇고 엎드린다. 그런데 기도하다 보면 기도의 계기가 되었던 주변적인 문제에 대한 관심이 어느 순간 사라지고 본질적인 사안을 붙들고 기도하게 된다. 기도는 우리의 관심을 기독교의 본질로 이끄는 안내자와 같다. 이스라엘 연합군도 기도하는 중에 관심사가 전쟁의 방법에서 전쟁의 여부로 이동했다. 전쟁의 여부에 대한 하나님의 응답도 그들의 패배로 나타났기 때문에 그들이 보다 본질적인 사안으로 더 가까이 나아갈 것을 기대하게 된다.

본문을 통해 우리는 하나님께 드리는 기도의 내용과 그분의 응답에 대해 숙고하게 된다. 우리는 과연 주변적인 사안이 아니라 본질적인 문제를 가지고 하나님께 기도를 드리는가? 하나님께 기도의 응답을 받았을 때 그 응답은 무엇을 위함인가? 하나님의 응답은 무엇이든 좋다. 그러나 그 응답의 결과는 우리의 소원과 다른 경우가 허다하다. 왜 그러한가? 하나님의 응답이 좋은 이유는 하나님의 뜻이 성취되는 것이기 때문인데, 우리의 소원은 때때로 그 뜻과 어긋나기 때문이다. 그래서 하나님의 응답을 받아도 때로는 그 결말이 행복하지 않고 즐겁지가 않다. 사람의 기쁨과 행복은 소원의 성취에 좌우된다. 그런데 바울은 우리가 항상 기쁘고 행복한 것이 우리를 향한 하나님의 뜻이라고 가르친다. 그런데 정말 항상 기뻐하는 것이 어떻게 가능할까? 모든 소원이 항상 성취되면 가능하다. 모든 소원이 항상 성취되는 비결은 무엇인가? 그것은 아버지의 소원을 우리의 소원으로 삼으면 우리의 모든 소원은 반드시 성취된다. 하나님은 당신이 뜻하신 바를 반드시 이루시는 분이시기 때문이다(사 14:24). 이런 면에서 예수님은 가장 지혜로운 분이시다. 그분은 죽음의 잔을 두고서도 이렇게 기도하기 때문이다. "나의 원대로 마시옵고 아버지의 원대로 하옵소서"(마 26:39). 전쟁의 여부나 전쟁의 방식에 대해 하나님께 묻는 것도 범사에 하나님을 인정하는 경건에 해당한다. 그러나 하나님의 뜻을 나의 뜻으로 삼는 것은 최고의 경건이며, 모든 기도가 기쁨과 행복으로 응답되는 비결이다. 만약 우리가 슬픔과 불행 속에서 산다면 무엇 때문일까? 나의 뜻을 내려놓고 주님의 뜻 붙들기를 시도하라!

²⁶이에 온 이스라엘 자손 모든 백성이 올라가 벧엘에 이르러 울며 거기서 여호와 앞에 앉아서 그 날이 저물도록 금식하고 번제와 화목제를 여호와 앞에 드리고 ²⁷이스라엘 자손이 여호와께 물으니라 그 때에는 하나님의 언약궤가 거기 있고 ²⁸아론의 손자인 엘르아살의 아들 비느하스가 그 앞에 모시고 섰더라 이스라엘 자손들이 여쭈기를 우리가 다시 나아가 내 형제 베냐민 자손과 싸우리이까 말리이까 하니 여호와께서 이르시되 올라가라 내일은 내가 그를 네 손에 넘겨 주리라 하시는지라 ²⁹이스라엘이 기브아 주위에 군사를 매복하니라 ³⁰이스라엘 자손이 셋째 날에 베냐민 자손을 치러 올라가서 전과 같이 기브아에 맞서 전열을 갖추매 ³¹베냐민 자손이 나와서 백성을 맞더니 꾀임에 빠져 성읍을 떠났더라 그들이 큰 길 곧 한쪽은 벧엘로 올라가는 길이요 한쪽은 기브아로 들로 가는 길에서 백성을 쳐서 전과 같이 이스라엘 사람 삼십 명 가량을 죽이기 시작하며 ³²베냐민 자손이 스스로 이르기를 이들이 처음과 같이 우리 앞에서 패한다 하나 이스라엘 자손은 이르기를 우리가 도망하여 그들을 성읍에서 큰 길로 꾀어내자 하고 ³³이스라엘 사람이 모두 그들의 처소에서 일어나서 바알다말에서 전열을 갖추었고 이스라엘의 복병은 그 장소 곧 기브아 초장에서 쏟아져 나왔더라 ³⁴온 이스라엘 사람 중에서 택한 사람 만 명이 기브아에 이르러 치매 싸움이 치열하나 베냐민 사람은 화가 자기에게 미친 줄을 알지 못하였더라 ³⁵여호와께서 이스라엘 앞에서 베냐민을 치시매 당일에 이스라엘 자손이 베냐민 사람 이만 오천백 명을 죽였으니 다 칼을 빼는 자였더라 ³⁶이에 베냐민 자손이 자기가 패한 것을 깨달았으니 이는 이스라엘 사람이 기브아에 매복한 군사를 믿고 잠깐 베냐민 사람 앞을 피하매 ³⁷복병이 급히 나와 기브아로 돌격하고 나아가며 칼날로 온 성읍을 쳤더라 ³⁸처음에 이스라엘 사람과 복병 사이에 약속하기를 성읍에서 큰 연기가 치솟는 것으로 군호를 삼자 하고 ³⁹이스라엘 사람은 싸우다가 물러서매 베냐민 사람은 이스라엘 사람 삼십 명 가량을 쳐죽이기를 시작하며 이르기를 이들이 틀림없이 처음 싸움 같이 우리에게 패한다 하다가 ⁴⁰연기 구름이 기둥 같이 성읍 가운데에서 치솟을 때에 베냐민 사람이 뒤를 돌아보매 온 성읍에 연기가 하늘에 닿았고 ⁴¹이스라엘 사람은 돌아서는지라 베냐민 사람들이 화가 자기들에게 미친 것을 보고 심히 놀라 ⁴²이스라엘 사람 앞에서 몸을 돌려 광야 길로 향하였더라 그러나 싸움이 급히 그들을 추격하였고 각 성읍에서 나온 자를 그 가운데에서 진멸하니라 ⁴³그들이 베냐민 사람을 에워싸고 기브아 앞 동쪽까지 추격하며 그 쉬는 곳에서 짓밟으매 ⁴⁴베냐민 중에서 엎드러진 자가 만 팔천 명이니 다 용사더라 ⁴⁵그들이 몸을 돌려 광야로 도망하였으나 림몬 바위에 이르는 큰 길에서 이스라엘이 또 오천 명을 이삭 줍듯 하고 또 급히 그 뒤를 따라 기돔에 이르러 또 이천 명을 죽였으니 ⁴⁶이 날에 베냐민 사람으로서 칼을 빼는 자가 엎드러진 자가 모두 이만 오천 명이니 다 용사였더라 ⁴⁷베냐민 사람 육백 명이 돌이켜 광야로 도망하여 림몬 바위에 이르러 거기에서 넉 달 동안을 지냈더라 ⁴⁸이스라엘 사람이 베냐민 자손에게로 돌아와서 온 성읍과 가축과 만나는 자를 다 칼날로 치고 닥치는 성읍은 모두 다 불살랐더라

❖ ❖ ❖

²⁶모든 이스라엘 자손이 벧엘로 올라가고 그 모든 백성이 가서 그곳에서 여호와의 얼굴을 향하여 앉아 울면서 그 날이 저물도록 금식했다 그리고 여호와의 얼굴을 향하여 번제와 화목제를 올리면서 ²⁷이스라엘 자손이 여호와께 여쭈었다 (그때에는 하나님의 언약궤가 그곳에 있고 ²⁸아론의 아들 엘르아살의 아들 비느하스가 그 앞에 서서 [섬기더라] 말하기를 "내가 나의 형제 베냐민 자손과의 싸움을 위하여 나갈까요? 아니면 멈출까요?" 여호와가 말하셨다 "너희는 올라가라 내가 내일 그를 너의 손에 넘기리라" ²⁹이스라엘이 기브아를 향해 사방에서 매복했다 ³⁰이스라엘 자손이 셋째 날에 베냐민 자손을 향하여 올라가서 이번에도 기브아를 향해 그때처럼 전열을 갖추었다 ³¹베냐민 자손이 그 백성을 맞으려고 나아왔다 그들은 [꾀임에 빠져] 그 성읍에서 떨어졌다 그들은 이번에도 그 백성 중에서 부상당한 자들을 [치되], 하나는 벧엘로 올라가고 다른 하나는 기브아로 올라가는 큰 길들에서 이스라엘 중에서 삼십 명 정도를 치기 시작했다 ³²베냐민 자손이 [서로에게] 말하였다 "이들은 처음처럼 우리 앞에서 패배하고 있다" 이스라엘 자손은 [사전에 전략을 세우면서] 말하였다 "우리는 도망하여 그들을 그 성읍에서 큰 길로 꾀어내자" ³³이스라엘 사람이 모두 자신의 처소에서 일어나 바알 다말에서 전열을 갖추었고 그 장소 곧 기브아 초장에서 출동했다 ³⁴모든 이스라엘 중에서 선택된 사람 만 명이 기브아를 향해 앞으로 나아갔고 싸움은 치열했다 그러나 그들(베냐민 자손)은 화가 그들에게 미친 줄을 알지 못했다 ³⁵여호와가 이스라엘 앞에서 베냐민을 치시므로 그날에 이스라엘 자손이 베냐민 사람 이만 오천백 명을 죽였는데 이들은 모두 칼을 빼는 자들이다 ³⁶그리고 베냐민 자손은 [이제서야] 자신이 패한 것을 깨달았다 [자세히 설명하자면] 이스라엘 사람은 베냐민 사람에게 [그들의] 장소를 내주었다 이는 그들이 기브아에 포진한 그 복병들을 신뢰했기 때문이다 ³⁷그 복병은 서둘러 기브아로 돌격했다 그리고 그 복병은 진격하여 온 성읍을 칼날로 공격했다 ³⁸[원래] 이스라엘 사람과 그 복병 사이에 기약이 있었는데 그들이 그 성읍에서 연기의 신호를 보내는 것이었다 ³⁹이스라엘 사람은 싸우다가 돌이켰고 베냐민 사람은 이스라엘 사람 중에서 삼십 명 정도를 쳐죽이기 시작했다 이는 그들이 "첫 번째 전투처럼 그들이 확실하게 우리 앞에서 패한다" [속으로] 말하였기 때문이다 ⁴⁰그 성읍에서 연기의 기둥이 오르는 그 신호가 시작되니 베냐민 사람이 뒤로 돌아서니 보라 온 성읍이 하늘로 올라간다 ⁴¹이스라엘 사람도 돌아섰다 베냐민 사람은 화가 자신에게 미친 것을 보고 극심한 공포에 휩싸였다 ⁴²이스라엘 사람 앞에서 돌이켜 광야 길로 향했으나 싸움이 그들을 덮쳤으며 그 성읍들에서 온 자들이 그들을 그 가운데서 진멸하고 있다 ⁴³그들은 베냐민을 에워싸고 그들을 추격하고 태양이 떠오르는 기브아의 맞은 편까지 [가서] 그들을 쉬는 곳에서 [MT/LXXa] 짓밟았다 ⁴⁴베냐민 중에서 엎드러진 자가 만 팔천 명이었고 이들은 모두 용사였다 ⁴⁵[남은] 이들은 돌이켜 림몬 바위로 향하는 광야로 도피했다 이에 그들은 큰 길에서 오천 명을 이삭처럼 주웠으며 기돔까지 그들의 뒤를 따라잡아 그들 중에서 이천 명을 죽였으니 ⁴⁶이날에 칼을 빼는 베냐민 사람들 중에서 엎드러진 자가 모두 이만 오천 명이었고 이들은 모두 용사였다 ⁴⁷[베냐민 중에] 육백 명이 돌이켜 광야로, 림몬 바위로 도망갔고 림몬 바위에서 사 개월을 머물렀다 ⁴⁸이스라엘 사람이 베냐민 자손에게로 돌아와서 온 성읍과 가축까지, 발견되는 모든 것들까지 칼날로 치고, 발견되는 모든 성읍들에 그들은 불을 보내었다

과도한 정의

두 번의 패배로 실의에 빠진 이스라엘 연합군은 통곡하며 금식했고 번제와 화목제를 드리며 하나님께 여쭈었다. 이번에는 베냐민을 그들의 손에 넘겨 주신다는 답변이 그들에게 주어졌다. 비록 승리의 확답을 받았으나 연합군은 월등한 군사력에 안주하지 않고 치밀한 전략을 세워서 전투에 승리한다. 그러나 이 승리는 절제되지 않은 이스라엘 백성의 잔혹함을 드러냈다. 군사들만 죽이지 않고 온 성읍의 모든 사람들과 가축들, 베냐민 지파의 흔적이 발견되는 모든 성읍들을 몰살하고 불태웠다. 물론 연합군 중에 사망한 사만 명의 전사자에 비한다면 그리 과도한 대응은 아니었다. 그러나 민간인을 몰살한 것은 일반적인 전쟁의 상도에도 맞지 않은 일이었다. 비록 내전은 끝나고 연합군은 승리를 얻고 베냐민은 징계를 받았지만 이스라엘 전체가 패배한 것처럼 느껴진다. 승리와 실패의 차이가 무색하다.

²⁶모든 이스라엘 자손이 벧엘로 올라가고 그 모든 백성이 가서

그곳에서 여호와의 얼굴을 향하여 앉아 울면서 그 날이 저물도록 금식했다 그리고 여호와의 얼굴을 향하여 번제와 화목제를 올리면서 27이스라엘 자손이 여호와께 여쭈었다 (그때에는 하나님의 언약궤가 그곳에 있었고 28a아론의 아들 엘르아살의 아들 비느하스가 그 앞에 서서 [섬기더라])

이스라엘 연합군은 하나님의 말씀을 따라 싸우기 위해 올라갔고 유다가 먼저 나갔으나 결과는 모두 패배였다. 하나님의 말씀을 따랐어도 패배인 경우에 사용할 수 있는 마지막 카드는 무엇일까? 연합군은 다시 하나님의 집 즉 벧엘로 올라갔다. 그곳에서 그들은 금식과 제사의 카드를 택하였다. 모든 백성이 날이 저물도록 울면서 금식했다. 눈물이 축축한 그 금식은 "여호와의 얼굴"(פְּנֵי יְהוָה)을 향하였다. 요나처럼 하나님께 순종하지 않으려는 자들은 여호와의 얼굴을 피하려고 한다(욘 1:3). 그러나 하나님께 순종하려 하는 자들은 여호와의 얼굴을 주목한다(시 24:6). 성경에서 여호와의 얼굴은 "악을 행하는 자"에게는 진노를 의미하고(시 34:16) 선을 행하는 자에게는 복을 의미하기 때문이다(시 4:6). 그래서 의로운 자는 여호와의 얼굴이 가려지면 근심하고(시 30:7) 불의한 자는 좋아한다.

이스라엘 연합군은 금식했다. 사사들의 시대에 금식이라는 경건이 처음으로 고개를 내민 사건이 전개되고 있다. 금식은 곡기를 끊는 것이며, 사람이 떡으로만 살지 않고 하나님의 입에서 나오는 말씀으로 산다는 고백이며, 자기를 부인하는 것이며, 주님만이 자신의 생명이고 전부임을 의미한다. 그러나 이런 의미가 교회에서 왜곡되어 금식이 마치 자신의 소원을 이루기 위해 하나님께 드리는 최후의 통첩인 것처럼 간주된다. 이사야 선지자는 하나님이 기뻐하는 금식에 대해 "흉악의 결박을 풀어 주며 멍에의 줄을 끌러 주며 압제 당하는 자를 자유하게 하며 모든 멍에를 꺾는 것"이며 "주린 자에게 네 양식을 나누어 주며 유리하는 빈민을 집에 들이며 헐벗은 자를 보면 입히며 또 네 골육을 피하여 스스로 숨지 아니하는 것"이라고 기록한다(사 58:6-7). 그런데 지금 여호와의 얼굴을 향한 이스라엘 연합군의 금식은 어떠한가? 하나님이 기뻐하는 금식인가? 나에게는 그 금식이 동족을 응징하게 해 달라는 승리의 독촉처럼 느껴진다.

그들은 금식하며 번제와 화목제를 드리기도 했다. "번제"(עלה)는 "올리는 것"을 의미한다. 번제는 속죄와 감사와 헌신의 의미로 드려진다. 번제는 흠 없는 소나 양의 전부를 불태우는 것이기 때문에 제사장의 몫으로 돌아가는 것이 없고 전부가 하나님께 올라간다. 올라가는 것은 "여호와께 향기로운 냄새"라고 한다(레 1:9). 자신의 전부가 재로 변하면서 하나님께 향기가 된다는 역설적인 사실의 의미는 무엇인가? 인생의 본질이다. 인간은 전부가 죄로 물들어 있어서 제물의 전부가 불로 태워져야 죄가 해결되는 인생이다. 인간이 죄로부터 해방되기 위해서는 고치거나 수리하는 것이 아니라 완전히 거듭나야 한다. 인생은 내가 살아있는 만큼 악취를 풍기고 자신을 부인하는 만큼 하나님의 코에 향기롭다. 나는 없고 오직 하나님만 나의 왕과 주인으로 계실 때가 비로소 최고의 인생임을 번제가 가르친다. 그리고 온 이스라엘 백성은 하나님께 "화목제"(שלמים)를 드렸는데 이는 "평화의 제사"로서 하나님과 올바른 관계를 맺는 것이 다른 무엇보다 우선적인 것임을 가르친다. 나 자신이 하나님께 먼저 돌이킨 이후에 형제를 돌아보는 것은 매사의 합당한 수순이다(눅 22:32). 베냐민 지파의 문제를 해결하기 위해서는 이스라엘 백성의 나머지 지파들이 자신들의 죄 문제를 해결하고 주님과의 평화로운 관계로 회복되는 것이 우선이다. 그렇게 한 다음에 그들은 하나님께 여쭈었다.

여기에서 사사기 저자는 벧엘에 대해 하나님의 언약궤가 그곳에 있었다고 설명한다. 사사기 내에서 하나님의 말씀과 임재를 의미하는 언약궤는 유일하게 여기에만 등장한다. 이는 여호수아 이후의 시대가 하나님의 말씀과 무관했고, 그 말씀이 이스라엘 백성에게 인생의 질서가 아니었고, 그들이 그 말씀에 관심도 기울이지 않은 때임을 암시한다. 당시 하나님의 집에서 섬긴 제사장은 비느하스 즉 아론의 손자, 엘르아살의 아들이다. 이는 지금 전개되고 있는 레위인의 첩 이야기와 이스라엘 내전의 시점이 여호수아 시대 직후일 것이라는 추정을 가능하게 한다. 사사기는 대체로 시간의 순서를 따라 이야기를 전개하고 있지만 특별한 신학적 이유 때문에 이스라엘 내전을 사사기 뒷부분에 배치했다. 사사기 앞부분에 불순종과 도덕적인 부패와 영적인 타락이 기록된 것처럼 사사기 끝부분에 영적인 타락과 도덕적인 부패와 불순종을 보여주는 사사시대 초기의 이야기를 배치시켜 수미쌍관 구조를 만들었다. 이처럼 사사기는 단순히 시간적인 사건의 나열이 아니라 신학적 의도가 있는 기록이다. 여기에 언급된 비느하스는 누구인가? 과거에 그는 이스라엘 백성이 모압 여자들과 음행하여 염병으로 24,000명이 사망했을 무렵에 하나님의 질투를 표출하며 음행하는 남녀를 죽여 그 염병을 멈추게 한 사람이다(민 25:1-9). 그의 거룩한 의분이 민족을 구원했다. 이스라엘 내에서 죄인을 제거하는 방식으로 이스라엘 전체의 멸망을 막은 사람의 이름이 여기에 등장한 것은 하극상을 저지른 베냐민 지파 제거의 합당한 명분을 온 이스라엘 백성에게 상기시켜 준다.

²⁸b말하기를 "내가 나의 형제 베냐민 자손과의 싸움을 위하여 나갈까요?
아니면 멈출까요?" 여호와가 말하셨다
"너희는 올라가라 내가 내일 그를 너의 손에 넘기리라"

이스라엘 자손은 베냐민 자손과의 싸움을 다시 할지 아니면 멈출지에 대해 하나님께 여쭈었다. 이에 하나님은 그들에게 싸우라고 답하셨다. 그런데 이번에는 베냐민 지파를 그들의 손에 넘긴다는 승리의 약속이 그들에게 주어졌다. 하나님의 약속은 실패함이 없다. 이스라엘 자손은 이제 베냐민 자손과의 싸움에서 반드시 승리한다. 그렇다면 승리의 약속을 받은 자의 자세는 어떠해야 할까? 확실한 승리가 보장된 전쟁에 임하는 이스라엘 자손의 적합한 자세는 나태일까? 아니면 결사의 각오일까? 성경에는 하나님의 백성을 위해 주어진 무수히 많은 하나님의 약속들이 있다. 성경의 약속들은 모두 하나님의 약속이기 때문에 누구도 패하지 못하고 반드시 성취된다. 주님께서 세상을 이기셨기 때문에 우리가 아무리 큰 환난을 당하여도 담대할 것을 가르친다(요 16:33). 그렇다면 그러한 약속을 받은 우리는 어떻게 살아가야 할까? 주님께서 다 이루셨기 때문에 우리의 대부분은 긴장의 끈을 풀고 안도하며 느슨하게 살아간다. 그러나 "하나님의 약속은 얼마든지 그리스도 안에서 예가" 된다는 사실을 기억하자(고후 1:20). 그리스도 밖에서는 어떠한 약속도 "예"가 아니라 "아니다"가 된다. 그래서 우리는 치열하게 그리스도 안에 머물도록 노력해야 한다. 동일하게, 당시의 이스라엘 자손도 확실한 승리의 약속을 받았지만 안주하지 말고 하나님 안에 머물도록 최고의 노력을 기울여야 했다.

> 29이스라엘이 기브아를 향해 사방에서 매복했다
> 30이스라엘 자손이 셋째 날에 베냐민 자손을 향하여 올라가서
> 이번에도 기브아를 향해 그때처럼 전열을 갖추었다

이스라엘 자손은 이번에도 예전처럼 동일한 곳에서 동일한 전열을 갖추었다. 그런데 그들의 움직임이 조금 달라졌다. 그들은 자신을 드러내지 않고 "매복했다"(אֹרְבִים). 베냐민 지파를 향해 조롱의 손가락을 까딱이며 화끈한 전투력을 보란듯이 과시하며 승자의 너스레를 떨지 않고 오히려 자신들의 모습을 은밀하게 감추었다. 그런데 전투에서 매복은 소수의 군대가 다수의 적을 공격할 때에 사용하는 전쟁의 기술이다. 군사력의 압도적인 크기를 가진 이스라엘 연합군이 매복을 사용하는 것은 이 전투에 임하는 그들의

신중한 자세를 잘 드러낸다. 전쟁의 승패가 군사력의 크기에 좌우되지 않음을 깨달았다. 우리도 확실한 구원의 약속을 받았지만 아직 예수를 영접하지 못하고 교회를 대적하는 사람들에 대해 지옥의 땔감인 것처럼 비하하고 무시하는 짓은 올바르지 않다. 우리는 언제나 두렵고 떨림으로 우리의 구원을 이루어야 한다. 타인의 구원을 위해서도 동일한 자세로 모든 이들에게 겸손하고 온유해야 한다.

> 31베냐민 자손이 그 백성을 맞으려고 나아왔다 그들은 [꾀임에 빠져]
> 그 성읍에서 떨어졌다 그들은 이번에도 그때처럼 그 백성 중에서
> 부상당한 자들을 [치되], 하나는 벧엘로 올라가고 다른 하나는
> 기브아로 올라가는 큰 길들에서 이스라엘 중에서 삼십 명 정도를 치기 시작했다

베냐민 자손은 그 연합군과 맞서려고 나아왔다. 그래서 그들의 안식처인 성읍에서 멀어졌다. 베냐민의 전술은 동일했다. 이번에도 예전처럼 백성 중에 부당상한 자들을 먼저 공격했다. 벧엘과 기브아로 가는 큰 길들이 있었는데 그곳에서 연합군 중에 30명 정도를 죽이기 시작했다. 베냐민이 "예전처럼"(כְּפַעַם) 싸웠다는 것은 전술과 전략의 동일함을 의미한다. 변화가 없으면 적에게 읽혀진다. 나를 알고 상대방을 알면 백번의 전투에서 백승을 거둔다는 말은 예나 지금이나 진실이다. 연합군은 베냐민 지파의 동일한 전술을 이미 두 번이나 경험했다. 연합군의 동일한 행동에 대한 베냐민의 반응이 동일하면 베냐민을 조종하는 것이 한결 쉬워진다. 연합군은 주도권을 가지고 전술을 구사하고 베냐민은 수동적인 반응으로 이끌리게 된다.

인생도 비슷하다. 생각과 행동이 변하지 않고 동일하면 다른 사람들에 의해 이용당하기 쉬워진다. 계속해서 성장해야 한다. 생각을 더 깊게, 행동을 더 신중하게, 말을 더 진실하게 하라. 나에게서 동일한 패턴이 반복되면

나의 인생은 지루하고 타인도 지루하게 한다. 나도 행복하지 않고 타인의 행복도 저지한다. 신앙의 성장에 있어서도 많은 사람들이 신비로운 체험과 초자연적 기적으로 비약적인 변화가 일어나길 기대한다. 이는 이런 체험을 신앙의 크기로 이해하기 때문이다. 그런 체험과 기적 이후에는 그것을 자랑하는 일에만 골몰한다. 일상적인 삶 자체가 기적이고 신비인데 그것과는 구별된 나만의 고유한 체험에 과도한 의미를 부여하며 타인과의 영적인 차별화를 시도한다. 신비와 기적의 체험은 때때로 하나님의 은혜로 주어진다. 좋은 것임에는 분명하나 그것은 대체로 신앙의 주식이 아니라 간헐적인 보약으로, 때로는 각성제로 작용한다. 신앙의 성장은 영혼의 일상적인 양식을 섭취하고 그 에너지로 사랑을 실천할 때에 일어난다.

32베냐민 자손이 [서로에게] 말하였다 "이들은 처음처럼 우리 앞에서 패배하고 있다" 이스라엘 자손은 [사전에 전략을 세우면서] 말하였다 "우리는 도망하여 그들을 그 성읍에서 큰 길로 꾀어내자"

베냐민은 예전처럼 약한 사람들을 먼저 치는 전술이 통하자 "처음처럼"(כְּבָרִאשֹׁנָה) 연합군이 그들 앞에서 패배하고 있다고 진단한다. 그래서 동일한 전술이 계속 유효할 것이라고 생각한다. 큰 유혹이다. 유효성에 대한 경험의 과신은 자만으로 이어지고 변화와 발전을 저해하기 때문이다. 이는 성장하지 않아도 사는 데 아무런 문제가 없으면 성장도 포기하려는 유혹이다. 유효성을 경계하라. 승리라는 달콤한 유혹도 뿌리치라. 승리의 경험에 도취된 베냐민의 뻔한 행동과 판단을 다 읽고 있는 이스라엘 연합군은 도망치는 흉내를 내면서 그들을 성읍에서 사방이 노출되어 있는 큰 길로 유인한다. 여기에서 우리는 과거의 성공적인 경험도 인생의 항구적인 질서나 규범이 아님을 생각해야 한다. 물론 우리는 매사에 과거의 경험에서 교훈을 얻고 지혜롭게 처신해야 하겠으나 무엇보다 범사에 하나님을 인정하는 인생의 본질적인 원리를 존중해야 한다. 어떠한 상황 속에서도 여호와를 인정하는 것이 최고의 전략이다. 인생의 경륜은 그 다음으로 유용하다. 경륜의 유효성 때문에 하나님을 망각하면 인생이 망가진다.

33이스라엘 사람이 모두 자신의 처소에서 일어나 바알 다말에서 전열을 갖추었고 이스라엘 복병이 그 장소 곧 기브아 초장에서 출몰했다 34모든 이스라엘 중에서 선택된 사람 만 명이 기브아를 향해 앞으로 나아갔고 싸움은 치열했다 그러나 그들(베냐민 자손)은 화가 그들에게 미친 줄을 알지 못하였다

사사기 저자는 이스라엘 연합군의 전략을 자세히 설명한다. 그들의 전략은 바알 다말에서 전열을 갖춘 주력 부대와 기브아 초장에서 매복한 부대로 나누는 것이었다. 매복한 부대의 규모는 만 명이었다. 그 매복군은 생각지도 못한 시점과 지점에서 출몰했다. 싸움은 대단히 치열했다. 그래서 누구도 전세의 기울기에 신경 쓸 겨를이 없는 상황이다. 서서히 냐민의 패색이 짙어졌다. 그러나 베냐민은 자신이 패하고 있다는 사실을 깨닫지 못하였다. 전쟁의 치열함 때문이 아니라 승리의 확신에 도취되어 있었기 때문이다. 승리를 반복하면 패배에 대한 감지력, 현실에 대한 인지력이 떨어진다. 실패가 성공의 어머니인 것처럼, 성공은 실패의 준비라는 말은 진실이다. 거듭된 승리를 경험한 베냐민은 자신의 치명적인 패배를 "알지 못하였다"(לֹא יָדְעוּ). 여기에서 나는 바울의 교훈을 주목하고 싶다. "누구든지 무엇을 아는 줄로 생각하면 아직도 마땅히 알 것을 알지 못하는 것이요"(고전 8:2). 이것은 지식의 은밀한 배신을 가르친다. 지식이 배신하는 이유는 바울의 고백처럼 우리가 이 땅에서는 모든 것의 일부분만 희미하게 아는 게 우리의 절대적인 현실인데(고전 13:12) 마치 전체를 선명하게 아는 것처럼 착

각하기 때문이다. 전쟁의 승패에 있어서도 "선 줄로 생각하는 자는 넘어질까 조심하라"(고전 10:12).

> 35여호와가 이스라엘 앞에서 베냐민을 치시므로 그날에 이스라엘 자손이 베냐민 사람 이만 오천백 명을 죽였는데 이들은 모두 칼을 빼는 자들이다
> 36a그리고 베냐민 자손은 [이제서야] 자신이 패한 것을 깨달았다

베냐민이 패배한 이유는 무엇인가? 사사기 저자는 그 이유가 이스라엘 연합군의 매복술이 아니라 하나님의 뜻이라고 설명한다. 하나님이 이스라엘 앞에서 베냐민을 치셨기 때문에 그들은 패하였다. 패배의 가까운 원인은 연합군의 전술이고, 궁극적인 원인은 하나님의 정의였다. 연합군은 정의의 도구이고 베냐민의 패배는 패륜적인 악을 결코 간과하지 않으시는 하나님의 정의를 증거한다. 정의의 칼이 베냐민 사람 25,100명을 제거했다. 전멸에 가까운 패배였다. 이에 베냐민 자손은 자신들의 패배를 비로소 깨달았다. 승리의 환상에서 깨어났다. 돌이킬 수 없는 비참한 상황에 이르렀을 때에 비로소 찾아온 현실의 자각이다. 이는 실현된 패배가 준 역설적인 선물이다. 그러나 베냐민은 자신들의 패배가 하나님의 정의에서 비롯된 것임을 이해하지 못하고 그저 패배만 인지했다. 마땅히 알아야 할 지식은 그들에게 부재했다. 범사에 하나님을 인정해야 하되, 실패 속에서도 그러해야 한다. 하지만 베냐민은 무지했다.

> 36b[자세히 설명하면] 이스라엘 사람은 베냐민 사람에게 [그들의] 장소를 내주었다 이는 그들이 기브아에 포진한 그 복병들을 신뢰했기 때문이다

사사기 저자는 연합군의 구체적인 전략을 설명한다. 연합군은 기브아에 만명의 부대를 매복시킨 후에 자신의 진지를 베냐민 자손에게 내주었다. 이보 전진을 위한 의도적인 일보 후퇴였다. 자신의 진지까지 내줄 수 있었던 것은 감추어진 부대의 성공적인 활동을 신뢰했기 때문이다. 이와 비슷하게 보이지 않으시는 하나님의 은총을 믿는다면 우리도 이 땅에서 양보하지 못할 것이 무엇인가? 보지 못하는 것들의 증거인 믿음을 가진다면 이 세상에서 모든 것을 포기하고 잃어도, 그래서 아무것도 없는 자처럼 되더라도 우리는 모든 것들의 모든 것 되시는 하나님이 우리에게 주어진 지극히 큰 상급이기 때문에 모든 것을 가진 자라는 신비로운 진리를 체험한다(고후 6:10). 연합군은 믿는 구석이 있어서 과감히 진지를 포기했다.

³⁷그 복병은 서둘러 기브아로 돌격했다 그리고 그 복병은 진격하여
온 성읍을 칼날로 공격했다 ³⁸[원래] 이스라엘 사람과 그 복병 사이에
기약이 있었는데 그들이 그 성읍에서 연기의 신호를 보내는 것이었다

베냐민 지파의 주력 부대가 성읍에서 멀어진 사이에 복병들은 기브아로 돌격했다. 베냐민 군대의 대부분이 빠져나간 온 성읍을 복병들은 칼날로 공격했다. 복병들은 베냐민을 유인하는 연합군의 주력 부대와 군호를 맞추었다. 즉 성읍을 점령한 후 연기를 올리는 것이었다. 연기의 오름이 발견되면 더 이상 도망가지 않고 반격해도 된다는 그들 사이의 신호였다. 우리 주변에도 인위적인 연약함을 연출하는 사람들이 있다. 그러면 자기보다 약한 사람인 줄 알고 자신의 주특기를 조심성 없이 그에게 자랑하며 노출한다. 결국 상대방은 그의 은밀한 전투력을 손쉽게 파악하고 최적의 기술을 구사하며 반격한다. 한 사람을 맞이할 때에 그가 아무리 연약하고 가난하고 무지해도 우리는 우주 앞에 서 있다고 생각해야 한다. 그러면 상대방의 정

체성을 몰라도, 누구에 의해서도, 속아 넘어감이 없다. 최고의 예를 갖추어서 존대하는 것이 매사의 상책이다.

> ³⁹이스라엘 사람은 싸우다가 돌이켰고 베냐민 사람은 이스라엘 사람 중에서
> 삼십 명 정도를 쳐죽이기 시작했다 이는 그들이 "첫 번째 전투처럼
> 그들이 확실하게 우리 앞에서 패한다"고 [속으로] 말하였기 때문이다

이스라엘 연합군은 계획을 세운 대로 싸우다가 패배하여 도망가는 것처럼 연출했다. 이에 베냐민 사람들은 그들을 따라가며 30명 정도를 쳐죽였다. 눈 앞에서 쓰러지는 상대편의 죽음을 보면서 베냐민은 첫 번째 전투처럼 이번에도 자기들이 승리하고 그들은 패한다고 생각했다. 베냐민의 생각에는 과거의 승리가 지금의 상황을 인식하는 기준으로 작용하고 있다. 연합군은 그들의 이러한 성향을 다 파악하고 기만술을 썼으며 베냐민은 그들의 전술에 완전히 넘어갔다. 이것을 베냐민의 입장에서 영적으로 적용하면, 마귀도 우리의 인간적인 성향을 다 파악하고 있다. "육신의 정욕과 안목의 정욕과 이생의 자랑"을 건드리며 우리가 마음만 먹으면 세상의 모든 것을 차지할 수 있다는 착각을 주입한다. 이러할 때에는 우리의 욕망을 너무 존중하지 말고 우리의 판단을 너무 신뢰하지 말고 오직 성령의 소욕을 추구하고 주님의 생각을 가슴에 품어야 마귀의 기만술을 극복한다. 자기를 부인하고 주님을 왕으로 모시는 사람을 마귀는 당해내지 못한다. 이는 마귀가 손쉽게 조정할 수 있는 인간의 욕망이 없어지고 주님의 생각은 모르기도 하고 조정할 수도 없기 때문이다. 주님의 마음은 너무도 은밀하게 성령만이 그 속의 깊은 것까지 통달하고 있고 외부에 변수를 두지도 않기 때문이다. 하나님의 생각은 누구도 염탐할 수 없는 최고의 병기이기 때문에 그분의 생각을 따라 범사에 움직이라.

⁴⁰그 성읍에서 연기의 기둥이 올라오는 그 신호가 시작되니 베냐민 사람이 뒤로 돌아섰다 보라 온 성읍이 하늘로 올라간다 ⁴¹이스라엘 사람도 돌아섰다 베냐민 사람은 화가 자신에게 미친 것을 보고 극심한 공포에 휩싸였다

복병은 약속 대로 연기의 기둥을 올려서 연합군의 주력 부대에게 그들의 확실한 기브아 점령을 고지했다. 연기의 기둥에 먼저 반응한 사람들은 베냐민 군대였다. 그들이 돌아보니 자신들의 성읍이 연기가 되어 하늘로 올라가고 있다. 존재가 소각되는 절망감이 그들을 엄습하고 그들의 마음은 잿더미로 변해갔다. 그래서 전투력도 완전히 상실했다. 베냐민이 돌아선 것을 보고 이스라엘 사람들도 돌아섰다. 이제 반격의 시점이다. 자신들의 거처가 불에 타오르는 것을 본 베냐민 사람들의 견고한 사기는 녹아서 바닥으로 떨어졌다. "화"(רע)가 임한 것을 보고서 그들은 "극심한 공포에 휩싸였다." 극도의 두려움에 휩싸이면 사람들의 의식과 몸은 마비된다. 정상적인 기능을 상실한다. 싸움에서 두려움의 주입은 가장 은밀하고 치명적인 전략이다. 두려움이 마음을 점령하면 자멸하기 때문에 피흘림 없이도 승리하는 비결이다. 신앙에 있어서도 성경은 두려움을 금하라고 가르친다. 하나님 자신만이 두려움의 유일한 대상이다. 이 두려움을 가지면 우리는 약해지지 않고 오히려 강해진다. 하나님을 경외하는 자는 사망에서 멀어지고 확실히 장수하기 때문이다(잠 10:27). "여호와를 경외함의 보상은 재물과 영광과 생명"이기 때문이다(잠 22:4). 하나님을 경외하면 지극히 견고하신 그분이 우리의 피난처가 되시기 때문이다(잠 14:26). 그러나 베냐민의 마음은 다른 두려움이 차지했다. 자신들이 거하던 안식처와 소유하고 있던 모든 것들의 상실에서 오는 세속적인 두려움의 노예로 전락했다. 사실 이 세상의 모든 것들은 지나간다. 때로는 망각의 방식으로, 때로는 도둑질 당함의 방식으로, 때로는 낡음과 분실의 방식으로, 끝으로는 우리 자신이 죽는 방식으로 이 세상의 것들과 결별한다. 그러나 영원토록 상실하지 않는 대상

은 하나님 자신이다. 그분은 세상 끝날까지, 아니 영원토록 우리와 항상 함께 거하시기 때문이다.

42이스라엘 사람 앞에서 돌이켜 광야 길로 향했으나 싸움이 그들을 덮쳤으며
그 성읍들에서 온 자들이 그들을 그 가운데서 진멸하고 있다
43그들은 베냐민을 에워싸고 그들을 추격하고 태양이 떠오르는 기브아의
맞은 편까지 [가서] 그들을 쉬는 곳에서(MT/LXXa) 짓밟았다
44베냐민 중에서 엎드러진 자가 만 팔천 명이었고 이들은 모두 용사였다

베냐민 군대는 이스라엘 연합군 앞에서 등을 보이며 광야 길로 도망쳤다. 그러나 따라오는 연합군의 칼날을 피하지는 못하였다. 그들은 흩어진 다양한 성읍에서 진멸을 당하였다. 어떤 무리는 태양이 떠오르는 기브아의 동편까지 도망쳤다. 연합군은 그곳까지 쫓아갔다. 그들은 "쉬는 곳에서" 그들을 무참하게 짓밟았다. 여기에서 나는 마소라 사본과 레닌그라드 사본에 근거하여 히브리어 "메누하흐"(מְנוּחָה)를 "쉬는 곳"으로 번역했다. 이와는 달리 70인경의 판본들 중에 바티카누스 역본은 그 단어를 "노바로부터"(ἀπὸ Nουα)로 번역했다. 그러나 이 단어에 대한 성경의 많은 용례들은 그 의미로서 "쉬는 곳"을 더 지지한다. 도망치던 베냐민 군대는 비록 안식처를 찾았으나 곧장 무덤으로 변하였다. 이때 베냐민 중에서 전사한 자들의 수는 18,000명이었다. "그들은 모두 용사였다." 이 표현은 44절과 46절에 반복해서 등장한다. 그들은 칼로 무장하고 있었기 때문에 비무장의 민간인이 아니었다. 이는 이스라엘 연합군이 지금까지 민간인을 함부로 죽이는 일은 없었음을 암시한다.

⁴⁵[남은] 이들은 돌이켜 림몬 바위로 향하는 광야로 도피했다 이에 그들은 큰 길에서 오천 명을 이삭처럼 주웠으며 기돔까지 그들의 뒤를 따라잡아 그들 중에서 이천 명을 죽였으니 ⁴⁶이날에 칼을 빼는 베냐민 사람들 중에서 엎드러진 자가 모두 이만 오천 명이었고 이들은 모두 용사였다

베냐민 군대의 나머지는 림몬 바위로 향하는 광야로 도망쳤다. 그러나 이들도 뒤따르는 이스라엘 연합군의 칼날에 맞아 쓰러졌다. 큰 길에서 5,000명이, 기돔에서 2,000명이 사망했다. 여기에서 "이삭처럼 주웠다"는 말은 추수한 이후에 남은 곡식을 수거하듯 전사하지 않고 남은 군인들을 다 찾아서 죽이는 행위를 의미하며 연합군의 집요한 살상을 보여준다. 지금까지 죽은 베냐민 전사자의 수는 기브온 동편에서 18,000명, 큰 길에서 5,000명, 기돔에서 2,000명이었다. 총 25,000명인데, 35절에는 이날에 죽은 사망자가 25,100명이라고 한다. 이러한 차이는 아마도 계산에 들어가지 않은 자들로서, 기브아 성읍 안에서 사망한 베냐민 군사들이 100명이었기 때문일 가능성이 높다. 이들 모두는 용사였다. 기브아 성읍에서 사망한 100명의 베냐민 사람들도 35절에 보면 칼을 빼는 자였기 때문에 분명히 용사였다. 대단히 많은 사람들이 전사했다. 십여 명 안팎의 기브아 불량배를 소탕하기 위해 지불한 비용이 너무도 막대하다. 물론 이스라엘 총회의 결의를 거부한 베냐민 지파가 자초한 일이었다. 연합군 편에서 본다면, 1차와 2차 전투에서 40,000명의 군사가 전사했기 때문에 그런 전사의 규모보다 훨씬 적은 상대편을 처단하는 것은 부당한 일이 아니었다.

⁴⁷[베냐민 중에] 육백 명이 돌이켜 광야로, 림몬 바위로 도망갔고 림몬 바위에서 사 개월을 머물렀다 ⁴⁸이스라엘 사람이 베냐민 자손에게 돌아와서 온 성읍과 가축까지, 발견되는 모든 것들까지

칼날로 치고, 발견되는 모든 성읍들에 그들은 불을 보내었다

림몬 바위로 가는 광야로 도피한 베냐민의 군사들 중에 림몬 바위까지 이르러서 숨은 사람들이 있었는데 600명이었다. 이들이 살아남은 것은 이스라엘 전체와 베냐민 지파에 대한 진노 속에서도 긍휼을 베푸시는 하나님의 자비로운 섭리 때문이다. 하나님의 엄밀한 심판이 실행되면 우리 모두는 예외 없이 진멸된다. 그래서 우리는 시인처럼 기도해야 한다. "여호와여 주의 분노로 나를 책망하지 마시오며 주의 진노로 나를 징계하지 마옵소서"(시 6:1). 이러한 기도의 응답으로 우리가 진멸되지 않는 이유는 "여호와의 인자와 긍휼이 무궁"하기 때문이다(애 3:22). 마치 진멸되어 회복이 불가능한 절망처럼 보이는 상황 속에서도 하나님은 마지막 소망의 문은 닫지 않으신다. 아무리 빈번하게 엎어지고 넘어져도 완전히 자빠지지 않는 이유는 여호와의 오른손이 우리를 붙드시기 때문이다(시 37:24).

베냐민 군사의 규모는 26,700명이었다. 그런데 3차 전쟁에서 베냐민 군사가 25,100명이 사망했고 600명이 남았기 때문에 1차와 2차 전쟁에서 이미 사망한 베냐민의 수는 1,000명이었던 것으로 추산된다. 림몬 바위에 숨어서 살아남은 자들은 그곳에서 4개월간 머물렀다. 연합군은 그들을 더 이상 추격하지 않고 돌아섰다. 그리고 다시 베냐민 성읍으로 왔다. 지금까지 연합군은 베냐민 군인들과 싸우고 죽였지만 이제는 민간인을 학살한다. 성읍의 모든 사람들을 칼날로 처단했다. 그곳에 있던 가축까지 제거했다. 성읍에서 발견되는 모든 것들은 칼날의 희생물로 쓰러졌다. 그리고 베냐민 지파가 살던 모든 성읍들을 찾아가며 불질렀다. 마치 베냐민의 씨를 말리려는 듯한 분노의 불길로 베냐민의 모든 사람들과 모든 성읍들과 모든 가축들을 소각했다. 하나님 앞에서 번제를 드린 이스라엘 연합군은 베냐민 지파 전체를 번제물로 바치듯이 무자비한 처형과 화형을 단행했다. 기브아의 불량한 자식들에 대해 이스라엘 총회에서 결의된 처형과 화형의 실행

은 이렇게 베냐민 전체에게 일어났다. 이것은 하나님의 공의로운 징계가 아니라 잔혹한 보복이다. 이 사건에서 나는 이스라엘 백성의 야만성과 폭력성을 목격한다. 그들은 하나님의 정의를 구현하는 것이 아니라 감정이 시키는 인간적인 복수를 자행하고 있다.

"지나치게 의인이 되지 말라"는 전도사의 말이 떠오른다(전 7:16). 베냐민 지파의 불량한 자식들은 패륜적인 죄를 저질렀기 때문에 중벌에 처함이 마땅했다. 그런 죄인들을 감싼 베냐민 지파의 오판도 징계를 받아 마땅한 일이었다. 그러나 전쟁에서 군인들과 싸워서 승리하는 것에서 멈추지 않고 아녀자와 아이들과 노인들을 몰살하고 모든 가축들과 성읍들도 불태우는 것은 심히 과도했다. 양심도 도덕도 상식도 다 불태웠기 때문이다. 이것이 과연 하나님이 받으시는 순종인가? 과연 하나님이 원하시는 정의의 집행인가? 내가 보기에는 인간의 분노와 보복심이 이스라엘 백성으로 하여금 신적인 정의의 선을 훌쩍 넘어가게 했다. 하나님은 테스트를 하시거나 심판을 내리실 때에 항상 넘지 못하도록 징벌의 경계를 정하신다. 욥의 경우에는 사탄에게 욥의 생명을 건드리지 말라는 경계를 정하셨다. 그 경계를 범하면 순종도 아니고 정의도 아닌 폭력이다. 신명기를 보면 과도한 정의에 대한 모세의 우려가 적시되어 있다. "사십까지 때리지만 그것을 넘기지는 못할지니 만일 그것을 넘겨 매를 지나치게 때리면 네가 네 형제를 경히 여기는 것이 될까 하노라"(신 25:3). 하나님은 때때로 우리를 징계의 도구로 쓰시지만 형제를 멸시하는 것은 금하신다. 모든 것은 적정해야 한다. 과도하면 지혜도 정의도 순종도 과유불급 이상의 부작용을 일으킨다.

삿 21:1-12

¹이스라엘 사람들이 미스바에서 맹세하여 이르기를 우리 중에 누구든지 딸을 베냐민 사람에게 아내로 주지 아니하리라 하였더라 ²백성이 벧엘에 이르러 거기서 저녁까지 하나님 앞에 앉아서 큰 소리로 울며 ³이르되 이스라엘의 하나님 여호와여 어찌하여 이스라엘에 이런 일이 생겨서 오늘 이스라엘 중에 한 지파가 없어지게 하시나이까 하더니 ⁴이튿날에 백성이 일찍이 일어나 거기에 한 제단을 쌓고 번제와 화목제를 드렸더라 ⁵이스라엘 자손이 이르되 이스라엘 온 지파 중에 총회와 함께 하여 여호와 앞에 올라오지 아니한 자가 누구냐 하니 이는 그들이 크게 맹세하기를 미스바에 와서 여호와 앞에 이르지 아니하는 자는 반드시 죽일 것이라 하였음이라 ⁶이스라엘 자손이 그들의 형제 베냐민을 위하여 뉘우쳐 이르되 오늘 이스라엘 중에 한 지파가 끊어졌도다 ⁷그 남은 자들에게 우리가 어떻게 하면 아내를 얻게 하리요 우리가 전에 여호와로 맹세하여 우리의 딸을 그들의 아내로 주지 아니하리라 하였도다 ⁸또 이르되 이스라엘 지파 중 미스바에 올라와서 여호와께 이르지 아니한 자가 누구냐 하고 본즉 야베스 길르앗에서는 한 사람도 진영에 이르러 총회에 참여하지 아니하였으니 ⁹백성을 계수할 때에 야베스 길르앗 주민이 하나도 거기 없음을 보았음이라 ¹⁰회중이 큰 용사 만 이천 명을 그리로 보내며 그들에게 명령하여 이르되 가서 야베스 길르앗 주민과 부녀와 어린 아이를 칼날로 치라 ¹¹너희가 행할 일은 모든 남자 및 남자와 잔 여자를 진멸하여 바칠 것이니라 하였더라 ¹²그들이 야베스 길르앗 주민 중에서 젊은 처녀 사백 명을 얻었으니 이는 아직 남자와 동침한 일이 없어 남자를 알지 못하는 자라 그들을 실로 진영으로 데려오니 이 곳은 가나안 땅이더라

❖ ❖ ❖

¹이스라엘 사람들이 미스바에서 맹세하며 "우리 중에 누구도 자신의 딸을 베냐민 사람에게 아내로 주지 않겠다"고 말하였다 ²그 백성이 벧엘에 가서 저녁까지 하나님의 얼굴을 향해 앉아 그들의 목소리를 높이고 큰 울음으로 울며 ³말하였다 "이스라엘의 하나님 여호와여 어떻게 이스라엘 가운데서 한 지파가 없어지는 일이 일어날 수 있습니까?" ⁴이튿날에 그 백성이 일찍 일어나서 거기에 제단을 쌓고 번제와 화목제를 드렸더라 ⁵이스라엘 자손이 말하였다 "이스라엘 온 지파 중에서 여호와께 총회로 올라오지 않은 자는 누구인가?" 이는 그들이 미스바로 여호와께 올라오지 아니하는 자는 반드시 죽을 것이라는 엄중한 맹세가 있었기 때문이다 ⁶이스라엘 자손이 그의 형제 베냐민을 위해 마음 아파하며 말하였다 "이스라엘 가운데에 한 지파가 끊어졌다 ⁷남아있는 그들에게 우리가 여인들을 [얻게 하기] 위해 무엇을 할 것인가? 우리는 우리의 딸들을 그들에게 아내로 주지 않겠다고 하나님께 맹세했다 ⁸그들이 또 말하였다 "미스바로 여호와께 올라오지 아니한 이스라엘 지파들 중의 하나는 누구인가?" 보라 야베스 길르앗 중에서는 사람이 진영에 이르러 총회로 오지 않았더라 ⁹계수된 백성을 보라 야베스 길르앗에 거주하는 사람이 하나도 없었더라 ¹⁰그 회중은 만 이천 명의 강한 자손을 거기로 보내며 그들에게 명령하여 말하였다 "너희는 가서 칼날로 야베스 길르앗 주민과 부녀와 어린 아이들을 치되 ¹¹너희가 행할 것은 이것이다 즉 너희는 모든 남자와 침대에서 남성을 안 모든 여자를 진멸하라" ¹²그들은 야베스 길르앗 거주민들 중에서 사백 명의 소녀 즉 침대에서 남자를 남자로 알지 않은 처녀를 찾았고 그들을 가나안 땅 실로 진영으로 데려갔다

43 욕망의 종교적인 은닉

이스라엘 백성은 커다란 희생을 치루고 결국 베냐민 지파와의 전투에서 승리했다. 그런데 그 전투가 너무도 격렬해서 베냐민 지파의 존속이 위태로운 상황까지 이르렀다. 그 지파에서 생존자가 남자들만 600명이었기 때문이다. 지파의 존속을 위해 그들에게 필요한 것은 아내였다. 이에 그들은 하나님께 번제와 화목제를 드리며 문제의 해결책을 모색한다. 결국 그들은 미스바 총회에 출석하지 않은 야베스 길르앗 사람들을 죽이되 남자를 모르는 처녀들만 살리기로 한다. 이는 그 처녀들을 베냐민의 남은 자들에게 아내로 주기 위함이다. 너무도 황당하고 무자비한 해법이다. 이스라엘 총회는 실제로 이 일을 단행한다. 그 과정에서 두 개의 맹세가 등장한다. 둘다 하나님의 영광과는 무관한 맹세였다. 그런데도 그들은 그럴듯한 맹세 뒤에 숨어서 자신들의 야만성과 이기심에 신적 정당성을 부여하려 한다. 이는 오늘날 교회의 부끄러운 실상도 고발한다.

¹이스라엘 사람들이 미스바에서 맹세하며 "우리 중에 누구도
자신의 딸을 베냐민 사람에게 아내로 주지 않겠다"고 말하였다

이 구절은 미스바 총회에서 이스라엘 백성이 맹세한 내용을 소개한다. 이 총회는 베냐민 지파와의 내전 이후에 이루어진 것인지, 아니면 그 이전에 이루어진 것인지, 그 시점이 분명하지 않다. 그러나 베냐민 사람에게 자신의 딸을 아내로 주지 않겠다는 맹세의 내용을 보면 베냐민 지파에 여인들이 몰살된 상황을 전제하기 때문에 내전 이후의 총회라고 나는 생각한다. 그리고 이 구절은 내전으로 인해 베냐민 지파의 씨가 거의 말랐지만 이스라엘 사람들의 분은 여전히 풀리지 않은 상태임을 증거한다. 다른 지파들이 보기에 베냐민은 여전히 상종할 수 없는, 섞이고 싶지 않은 지파였다. 그래서 한 지파가 여인이 없어서 사라질 위기 속에서도 자신들의 딸만큼은 주지 않겠다는 냉혹한 맹세까지 했다. 이 맹세는 이후에 벌어지는 재앙적인 사건의 발단으로 작용한다.

²그 백성이 벧엘에 가서 저녁까지 하나님의 얼굴을 향해 앉아 그들의
목소리를 높이고 큰 울음으로 울며 ³말하였다 "이스라엘의 하나님 여호와여
어떻게 이스라엘 가운데서 한 지파가 없어지는 일이 일어날 수 있습니까?"

이스라엘 백성의 마음은 편안하지 않다. 그래서 언약궤가 있는 벧엘로 올라갔다. 그곳에서 저녁까지 하나님의 얼굴을 향해 앉아서 "큰 울음"(בְּכִי גָדוֹל)을 터뜨렸다. 이런 울음이 주체할 수 없는 기쁨을 표현하는 경우도 있지만(창 45:2, 삼하 13:36), 여기서는 극도의 슬픔과 탄식을 표현한다. 이스라엘 백성의 목구멍을 뚫고 큰 울음으로 나온 슬픔은 형제 지파의 안타까운 형편 때문이다. 하나님의 택하심을 받은 이스라엘 가운데서 베냐민 지파가

사라질 위기에 봉착했기 때문이다. 하나님의 백성이 죽음의 칼로 서로의 심장을 겨냥하고 죽이는 사태의 끝은 이렇게 비참하다. 어떻게 이런 일이 이스라엘 내부에서 일어날 수 있느냐며 그들은 하나님 앞에서 탄식한다. 하염없이 쏟아지는 울음은 참담함이 밀어낸 그들의 불가피한 언어였다. 하나의 지파가 소멸되는 것은 그들에게 이스라엘 전체가 소멸될 수도 있다는 무서운 신호였다. 남의 일이 아니었다. 비록 이스라엘 백성이 하나님의 얼굴을 향하여 큰 울음으로 울며 목소리를 높였지만 그것은 그분의 응답이 없는 공허한 기도였다. 무엇 때문일까? 하나님의 응답 없음에 대해 그들은 자신들의 행실들을 돌아보며 숙고해야 했다.

이스라엘 중에서 한 지파가 소멸될 위기에 처한 이유는 이스라엘 자신의 죄 때문이다. 하나님은 분명히 약속하신 대로 베냐민을 이스라엘 연합군의 손에 넘기셨다. 그러나 이것은 과연 베냐민 지파의 남녀노소 전부를 죽이고 그들의 성읍들 전부를 태우라는 뜻이었나? 하나님이 과연 이스라엘 백성의 무자비한 야만성과 폭력성의 먹거리로 베냐민을 그들에게 주셨는가? 절대 그렇지가 않다. 주님께서 만약 우리에게 무언가를 주신다면 그것은 하나님의 성품을 나타낼 기회로서 주신 선물이다. 베냐민에 대해 정의로운 책망과 지혜로운 설득과 감동적인 모본과 자비로운 회복을 제공하는 하나님의 종으로서 섬기는 것이 바로 '손에 넘긴다'는 말의 의미였다. 태초에 아담과 하와에게 온 세상을 정복하고 다스리라 하신 하나님의 명령도 그 의미는 인간에 의한 세상의 유린과 멸절이 아니라 보호와 관리였다. 하나님의 보이지 않는 신성과 능력이 잘 드러날 수 있도록 우주의 집주인 역할을 부여한 것이었다. 그러나 인간은 죄로 세상의 초토화를 초래했다. 가시와 엉겅퀴가 나오고 과거에는 대홍수로 쑥대밭이 되었고, 미래에는 대화재로 하늘과 땅의 체질도 녹아 잿더미가 될 우주의 운명은 모두 인간의 관리소홀 때문이다.

하나님의 선하심과 공의와 자비와 거룩함과 지혜가 드러나지 않고 인간의 부패한 본성만 드러내는 처신은 선물의 취지에 어긋난다. 한 지파의 멸절은 하나님께 큰 울음으로 따질 문제가 아니라 자신들의 무절제한 죄를 자각하고 허리를 꺾고 무릎을 꿇고 가슴을 치며 통회해야 할 사안이다. 이런 상황에 대해 지혜자는 이렇게 설명한다. "사람이 미련하여 자신의 길을 굽게 하고서는 마음으로 하나님께 원망을 하느니라"(잠 19:3). 어떤 문제가 생긴다면 그것은 나의 죄 때문에 생겼다고 이해하고 마음으로 하나님께 원망이 아니라 회개하며 돌이키는 자세가 필요하다.

⁴이튿날에 그 백성이 일찍 일어나서 거기에 제단을 쌓고
번제와 화목제를 드렸더라

눈물과 절규로도 하나님의 응답을 얻지 못한 이스라엘 백성은 다른 해결책을 모색한다. 베냐민 지파와의 내전에서 두 번이나 패배한 이후에 승리할 수 있었던 것은 벧엘에 올라가 번제와 화목제를 드리는 방식으로 하나님을 존중하고 인정했기 때문이다. 이 승리의 기억을 떠올리며 그들은 베냐민 지파의 존속을 해결함에 있어서도 동일한 방식을 취하였다. 즉 벧엘에 제단을 쌓고 두 종류의 제사를 드리며 하나님의 도우심을 구하였다. 이것은 내가 보기에 진심의 표현이 아니라 마치 종교적인 통과의례 혹은 요식행위 같다. 역시나 하나님의 응답이 없는 제사였다. 하나님께 큰 울음으로 울고 소리를 높이며 기도를 드렸으나 응답이 없었는데 제사에도 그분의 응답이 없어서 이스라엘 백성은 당황한다. 응답의 없음, 하나님의 침묵, 그 의미는 무엇인가?

사람들은 침묵보다 더 아름다운 언어가 없다고 말하지만 하나님의 침묵은 때때로 세상의 귀청이 찢어질 정도로 무서운 메시지를 전달한다. 세상에서 악하고 난폭한 자들의 광기가 사회의 질서를 파괴하고 있는데도 그

들에게 하나님의 심판이 당장 떨어지지 않아 무수히 많은 사람들이 피해를 당하고 심지어는 죽기까지 하면 이런 상황을 우리는 하나님의 침묵으로 간주한다. 그리고 어떻게 이토록 불의하고 참담한 일이 우리에게 발생할 수 있느냐고 하나님께 항변한다. 시인도 그러한 상황에서 하나님께 "잠잠하지 마시고 조용하지 마소서"(시 83:1) 라고 기도했다. 그러나 우리가 하나님의 침묵을 경험할 때에는 회개가 그 상황의 가장 우선적인 해법이다. 다른 시인은 하나님의 침묵을 이렇게 해석한다. "사람이 회개하지 아니하면 그가 그의 칼을 가심이여"(시 7:12). 하나님이 조용하신 이유는 하늘에서 심판의 칼을 갈고 계시기 때문이다. 하나님이 이스라엘 백성의 돌이킴을 촉구하실 때에는 칼을 갈지 않으시고, 칼을 가는 동안에는 입을 다무신다.

이스라엘 역사에서 가장 오랜 침묵은 포로귀환 이후부터 예수님이 오실 때까지의 기간이다. 우리는 그 침묵을 비로소 깬 마지막 선지자인 세례 요한과 예수님이 행하신 첫 설교의 첫 단어에서 그 긴 침묵의 의미를 확인한다. "회개하라"(마 3:2, 4:17). 침묵의 성경적인 의미는 회개였다. 이것은 예수님과 요한이 보증하는 해석이다.

⁵이스라엘 자손이 말하였다 "이스라엘 온 지파 중에서 여호와께 총회로 올라오지 않은 자는 누구인가?" 이는 그들이 미스바로 여호와께 올라오지 아니하는 자는 반드시 죽을 것이라는 엄중한 맹세가 있었기 때문이다

번제와 화목제를 드린 이후에 이스라엘 백성은 미스바 총회를 소집할 때에 했던 맹세를 떠올린다. 즉 "미스바로 하나님께 올라오지 아니하는 자는 반드시 죽을 것이라"는 맹세였다. 이 맹세가 이스라엘 백성의 머리를 장악한다. 여기에서 "맹세"(שְׁבוּעָה)는 하나님 앞에서 구두로 하는 약속이다. 히브리서 저자의 말을 빌리자면, "맹세는 그들이 다투는 모든 일의 최후 확

정"이다(히 6:16). 이처럼 맹세의 의미는 막중하다. 맹세와는 달리 구약에서 "쪼개다"는 동사와 결부되어 있는 "언약"(בְּרִית)은 두 당사자가 짐승을 쪼개고 그 사이로 지나가며 맺는 약속을 의미한다. 거기에는 약속을 어기면 짐승처럼 쪼개어져 죽음의 대가를 지불해야 한다는 의미도 함축되어 있다. 그러나 맹세는 죽음의 조항이 들어가지 않은 구두의 약속이다. 물론 맹세 이든 언약이든 하나님이 그 대상이기 때문에 모두 파기되지 말아야 할 것 들이다. 이스라엘 자손이 미스바로 오지 않는 자를 죽인다는 이 맹세의 기 억은 과연 하나님의 응답일까? 나는 아니라고 생각한다. 그러나 자신의 잘 못을 돌아보지 않고 하나님의 응답을 기다리던 그들에게 이 기억은 하나 님의 응답처럼 여겨졌다. 그래서 질문한다. "이스라엘 온 지파 중에서 여호 와께 총회로 올라오지 않은 자는 누구인가?" 그들은 총회에 참석하지 않은 자들의 색출에 돌입한다. 이는 그런 자들을 반드시 죽이기 위함이다.

총회에 출석하지 않았다는 이유 때문에 불참자를 반드시 죽인다는 맹세 는 도대체 누구를 위함이고 무엇을 위함인가? 하나님과 그의 영광을 위함 인가? 아니면 총회 집행부의 권위와 체면을 위함인가? 하나님과 이웃을 사 랑하기 위함이 아닌 어떠한 맹세도 올바르지 않다. 우리는 입다의 어리석 은 맹세, 즉 승리만 주신다면 자신을 맞이하기 위해 처음으로 문을 열고 나 오는 존재를 하나님께 번제물로 바친다는 맹세의 희생물이 된 그 딸의 슬 픈 죽음을 기억하고 있다. 잘못된 맹세는 맹세한 자가 하나님께 진심으로 회개하며 수습하면 된다. 그런데 지금 이스라엘 백성은 입다의 어리석은 맹세와 완고한 집행을 답습하고 있다. 사실 그들은 총회에 불참한 자들을 색출하지 말고, 하나님의 뜻을 위하여 이스라엘 온 지파가 한 마음으로 모 이도록 독려하기 위해 과도한 맹세를 했노라고 회개하고 맹세의 남용을 용 서해 달라고 하나님께 기도해야 했다.

⁶이스라엘 자손이 그의 형제 베냐민을 위해 마음 아파하며 말하였다
"이스라엘 가운데에 한 지파가 끊어졌다
⁷남아있는 그들에게 우리가 여인들을 [얻게 하기] 위해 무엇을 할 것인가?
우리는 우리의 딸들을 그들에게 아내로 주지 않겠다고 하나님께 맹세했다"

이스라엘 자손은 베냐민 지파의 처지를 보며 마음 아파한다. 그들의 아픈 마음은 자신들의 과격한 살육 자체에 대한 회개가 아니라 한 지파가 소멸될지 모른다는 위기감의 발로였다. 이는 그들과 싸운 베냐민이 이스라엘 가운데서 처음으로 끊어질 위기에 처한 지파이기 때문이다. 지금 이스라엘 자손은 베냐민 사람들 중에서 600명이 남았다는 사실을 인지하고 있다. 그들에게 아내가 필요하고 그런 필요가 채워져 이스라엘 중에서 끊어지지 않아야 한다는 당위성을 절감하고 있다. 그러나 동족에 대한 그들의 실천적인 긍휼과 배려를 또 하나의 맹세라는 걸림돌이 저지하고 있다.

서두에서 살핀 것처럼 그들은 자신들의 딸들을 베냐민의 남은 자들에게 아내로 줄 의향이 없으며 그럴 의향의 없음을 맹세라는 방식으로 못박았다. 이것은 그들의 이기적인 마음을 맹세 뒤로 숨긴 비겁한 행위라고 나는 생각한다. 자신들의 딸을 그들에게 주어서 지파의 존속을 가능하게 하려면 하나님께 드린 그 맹세를 파기해야 한다. 그런데 그들은 자신들의 이기적인 맹세를 고수하기 위해 그 맹세를 상수로 한 다른 해법을 모색한다. 만약 하나님 앞에서 한 맹세를 파기하면 자기들도 베냐민 지파처럼 멸절의 위기에 처할까봐 두려웠기 때문일까? 모든 문제가 그렇지만 베냐민 지파의 존속 문제도 누군가가 십자가를 짊어져야 해결되는 사안이다. 이 세상의 모든 문제들이 십자가가 유일한 답이라고 증거한다. 진실로 십자가는 세상 죄를 짊어지고 그 죄를 해결하신 예수님이 본 보이신 해답이다. 십자가 없는 해결책은 모두 거짓이다.

그런데 이스라엘 백성은 자신들의 딸을 주는 그런 십자가를 지지 않겠

다고 맹세했다. 이 맹세로 인해 만약 자신들이 십자가를 택하면 하나님께 드린 맹세의 파기로 간주되는 상황이다. 십자가의 거부를 맹세의 준행으로 덮으려는 그들의 야비한 속셈에서 끈적한 이기심이 느껴진다. 십자가의 책임을 다른 이에게 떠넘기는 이런 맹세가 하나님 앞에서 어찌 합당한가! 복수심 때문에 정의의 경계도 허문 자신들의 만행에 대한 일말의 책임감이 있다면, 최선의 노력과 수단을 동원하여 스스로 수습하는 것이 마땅하지 아니한가! 자신에게 해결책이 있음에도 불구하고 자기 만행의 수습용 희생물을 다른 곳에서 찾는 일은 얼마나 야비한가! 공자는 "자기가 하고 싶지 않은 것을 남에게 시키지 말라"(己所不欲勿施於人)고 가르쳤다. 동양의 현인도 가르치는 상식적인 내용을 거룩하신 하나님의 백성이 무시하는 게 어찌 합당한가! 예수님은 자신이 싫어하는 것을 타인에게 시키지 않는 소극적인 자세를 넘어 타인에게 대접을 받고자 하는 그대로 타인을 대접해 주라는 적극적인 삶의 태도를 가르친다(마 7:12). 이런 윤리의 황금률이 그 시대의 이스라엘 백성에게 너무도 낯설구나! 지금도 그 황금률에 대한 낯설기는 여전하다.

⁸그들이 또 말하였다
"미스바로 여호와께 올라오지 아니한 이스라엘 지파들 중의 하나는 누구인가?"
보라 야베스 길르앗 중에서는 사람이 진영에 이르러 총회로 오지 않았더라
⁹계수된 백성을 보라 야베스 길르앗에 거주하는 사람이 하나도 없었더라

이스라엘 백성은 미스바 총회에 불참한 자들에 대한 구체적인 조사에 돌입한다. 명단을 보고 야베스 길르앗 중에서는 한 사람도 총회에 출석하지 않았다는 사실을 확인한다. "야베스 길르앗"은 비록 므낫세 반 지파에게 속했지만 기브아와 가까운 거리에 있어서 그들과 긴밀한 관계를 유지했다. 사사

시대 이후에도 야베스 길르앗은 적의 위협을 받으면 기브아에 사람을 보내어 도움을 청할 정도로 친밀하다(삼상 11:1-10). 그런데 그 지역의 이름은 "길르앗의 메마른 땅"을 의미한다. 그 땅의 생기가 마를 것 같은 음산한 비운이 느껴지는 이름이다. 미스바 총회에 참석하지 않았다는 이유로 그곳은 이제부터 주홍글씨 같은 낙인이 찍힌 지역으로 간주된다. 이제부터 그곳에 사는 모든 자에게는 배신자 혹은 반역자에 준하는 신분의 굴레가 씌워진다. 그들은 반드시 죽어야 하는 사람들로 부당하게 분류된다. 이와 유사한 일이 우리나라 현대사 안에서도 발생했다. 1980년대에 "김대중은 빨갱이"고 "전라도는 빨갱이 소굴"이란 낭설이 전국을 휩쓸었다. 어떤 사람이 한번 빨갱이로 몰리면 그의 가족과 친족은 연좌제가 적용되어 사회에서 '합법적인' 차별의 대상이 되어 불이익을 당하거나 숨죽이며 살아야만 했다. 부모들은 전라도에 산다는 것 자체가 자식에게 미안했던 그런 야만적인 시대의 잔재는 지금도 사회의 다양한 분야에서 발견된다. 한반도의 특정한 지역만이 아니라 북한에서, 중국에서, 일본에서 왔다는 이유로 차별과 따돌림을 당하는 일들도 곳곳에서 발생한다. 이는 모든 인간이 하나님의 형상을 따라 지음을 받았다는 사실 때문에 그 자체로 만물보다 소중한 존엄성을 가졌다는 점을 놓치면 필히 발생하는 일들이다. 사사기의 관점으로 볼 때, 차별은 하나님을 왕으로 모시지 않아서 발생하는 사회적 질병이다.

[10]그 회중이 만 이천 명의 강한 자손을 거기로 보내며
그들에게 명령하여 말하였다
"너희는 가서 칼날로 야베스 길르앗 주민과 부녀와 어린 아이들을 치되

이스라엘 총회는 12,000명의 강한 군대를 야베스 길르앗에 파견했다. 그 군대에게 위임된 사명은 야베스 길르앗 주민과 부녀와 어린 아이들을 칼

날로 제거하는 것이었다. "주민"은 야베스 길르앗에 거주하는 모든 사람들을 일컫는다. 여기에는 이스라엘 백성만이 아니라 이방인도 포함되어 있다. "부녀"는 결혼한 여인을 가리킨다. 남편이 있는 모든 아내들은 처형의 대상이다. "어린 아이들"은 야베스 길르앗의 미래를 의미한다. 이후에 발생할지 모르는 보복 가능성을 제거하기 위해 저항하지 못하는 어린 아이들도 처형의 대상으로 분류했다. "주민"은 야베스 길르앗의 모든 계층과 성별을 포함하는 말인데 굳이 부녀와 아이들을 꼬집어서 언급한 이유는 이스라엘 총회의 잔인하고 무자비한 결의를 고발하기 위함이다.

¹¹너희가 행할 것은 이것이다
즉 너희는 모든 남자와 침대에서 남성을 안 모든 여자를 진멸하라"

나아가 총회는 하늘이 두 쪽 나는 일이 있어도 반드시 수행해야 하는 일로서 모든 남자와 남자를 경험한 모든 여자를 죽이라고 명령한다. 여기에 사용된 "진멸하다"는 동사 "하람"(חָרַם)은 "철저한 파괴"를 의미한다. 그래서 하나님의 공의를 구현하는 맥락에서 더럽고 추하고 잔인한 우상숭배 행각에 빠진 이방인에 대하여 주로 사용된다(출 22:20, 신 2:34, 7:2, 수 6:21). 실 한 오라기의 희망도 남지 않도록, 어떠한 자비도 보이지 말고 철저히 응징할 때에 사용하는 단어이기 때문에 이스라엘 총회가 이것을 언약 공동체에 속한 야베스 길르앗 남자와 여자에게 적용한 것은 결코 합당하지 않다. 자신의 정치적인 입장에 동조하지 않으면 남녀노소 가리지 않고 무조건 "오랑캐"로 여기고 "빨갱이"로 간주하는 일이 고대 이스라엘 중에서도 일어났다. 어떻게 동족을 살육의 대상으로 여기는가! 그게 과연 인간인가! 과연 도덕의 세속적인 평균치도 모르는 백성이다.

11절에서 "모든 남자"는 야베스 길르앗 여인들의 결혼 필요성을 채워줄 남성들을 의미한다. 이들이 제거되면 그 여인들은 그곳에서 남편을 얻지 못하고 당연히 결혼할 수도 없는 상황에 봉착하게 된다. "침대에서 남자를 안 모든 여자"는 결혼한 여자만이 아니라 결혼하지 않았어도 남성과 성적인 관계를 맺은 경험이 있는 여자를 의미한다. 이런 여인들이 결혼을 했다면 다른 남자의 신부감이 될 수 없고 결혼 밖에서 남자와 관계를 맺었다면 음행을 저지른 것이기 때문에 신부의 후보에서 배제된다. 이스라엘 총회는 파견되는 군대에게 앞에 언급된 모든 사람들을 처형의 대상으로 규정하고 그들을 죽이되, 특별히 남자들과 잠자리를 가진 여인들과 모든 남자들을 죽이라고 명령했다. 왜? 이로써 야베스 길르앗의 처녀들은 결혼할 외부의 신랑감이 필요하게 되고 베냐민의 남자들은 결혼할 외부의 신부감이 필요한데 그 이중적인 필요가 서로에게 해소될 상황이 조성되기 때문이다. 그러나 그런 필요성 해소의 인위적인 조성을 위해 또 다시 무자비한 학살을 하나님의 응답인 것처럼 저지르는 일은 동일한 죄의 사악한 반복이다.

외부 신랑감의 필요성을 조성하기 위해 내부의 신랑 후보생을 모조리 죽이고 결혼한 남성들과 여성들을 모조리 죽이고 자녀들도 모조리 죽이고 그곳에 산다는 이유로 주민들을 모조리 죽이는 이 끔찍한 만행의 결의와 명령을 어떻게 하나님께 번제와 화목제를 드린 이후에 내리는가! 하나님께 드려지는 번제나 화목제가 인간의 어떠한 만행도 신적인 섭리의 하나로 여기게 만드는 종교적인 세탁의 도구인가! 하나님을 왕과 주인으로 인정한 자들의 행실인가! 이들이 과연 하나님의 백성인가! 도대체 이스라엘 백성의 종교적인 타락과 도덕적인 부패와 사회적인 몰락의 끝은 어디인가! 이것은 과연 고대 이스라엘 백성만의 문제인가? 오늘날 교회의 모습은 어떠한가? 하나님께 예배를 드리고, 새벽을 깨우고, 금식을 하면서도 거짓말을 일삼고 폭력을 가하고 갈등과 파괴와 분열을 조장하고 특정한 사람과 부류를 비방하고 정죄하고 매장한다. 사적인 유익의 극대화를 위해 종교적인 경건의 화려한 겉모양을 연출하며 자신의 불편한 양심을 달래고 타인의 판단을 혼미하게 한다. 종교가 부패를 숨기는 방패인 것처럼 능숙하게 활용된다.

12그들은 야베스 길르앗 거주민들 중에서 사백 명의 소녀 즉 침대에서 남자를 남자로 알지 않은 처녀를 찾았고 그들을 가나안 땅 실로 진영으로 데려갔다

총회의 파견을 받은 군대는 야베스 길르앗에 가서 남자들을 침대에서 경험하지 않은 여인들 이외의 모든 사람들을 죽이라는 몰살의 명령을 수행했다. 그리고 남자를 알지 못하는 400명의 소녀들을 찾아서 가나안 땅 실로 진영으로 데려갔다. 살육을 명령하는 자들이나 그 명령에 어떠한 이의도 제기하지 않고 그대로 수행하는 자들이나 동일하게 당시의 평범해진 야만성을 시전하고 있다.

이스라엘 백성은 본문에서 두 가지의 이기적인 맹세로 인해 베냐민 지파를 제거한 학살의 만행을 야베스 길르앗 사람들에 대해서도 저질러야 했다. 자신의 딸들을 베냐민 지파에게 주지 않겠다는 이기적인 맹세와 미스바 총회에 출석하지 않은 자들은 반드시 죽인다는 야만적인 맹세는 모두 하나님의 영광과 무관하다. 이는 두 맹세가 하나님의 나라와 의를 구하지 않고 미스바 총회에 출석한 사람들의 유익을 위한 맹세이기 때문이다. 예레미야 선지자는 하나님 앞에서 하나님의 살아 계심을 두고 하나님의 이름으로 이루어진 맹세도 "실상은 거짓 맹세"라고 지적한다(렘 5:2). 하물며 특정한 사람들의 사사로운 이익을 위한 맹세가 어찌 참된 것일 수 있겠는가! 그 맹세를 갚기 위하여 무고한 사람들을 죽이는 행위가 어떻게 정당화될 수 있겠는가!

이스라엘 백성은 사회적인 정의를 세우기 위해 살육의 방식을 채택했다. 그 살육으로 말미암아 발생한 문제를 다른 살육으로 해결했다. 이러한

해결의 과정에서 자신에게 피해가 올 것 같으면, 하나님께 드린 맹세를 명분으로 내세우며 방어했다. 그래도 이의를 제기하면, 자신들은 하나님께 번제와 화목제를 드리면서 하나님의 뜻을 따라 행한 일이라고 변론한다. 이러한 변론에서 그들은 어떠한 논리적 하자도, 어떠한 종교적 문제도, 어떠한 윤리적 부패도 없다고 자부한다. 이는 하나님을 왕으로 모시지 않고 자신을 왕의 보좌에 앉힌 시대의 일상이고 상식이다. 그러나 기독교는 한 사람을 천하보다 귀하게 여기며 폭력과 살인을 극도로 싫어한다. 오히려 타인의 유익을 위한 자신의 희생을 추구한다. 생명은 타인에게 역사하고 사망은 자신에게 역사하는 인생에 매료된다. 그러나 하나님을 왕으로 모시지 않으면 이러한 기독교의 미덕은 연기처럼 사라진다.

삿 21:13-25

¹³온 회중이 림몬 바위에 있는 베냐민 자손에게 사람을 보내어 평화를 공포하게 하였더니 ¹⁴그 때에 베냐민이 돌아온지라 이에 이스라엘 사람이 야베스 길르앗 여자들 중에서 살려 둔 여자들을 그들에게 주었으나 아직도 부족하므로 ¹⁵백성들이 베냐민을 위하여 뉘우쳤으니 이는 여호와께서 이스라엘 지파들 중에 한 지파가 빠지게 하셨음이었더라 ¹⁶회중의 장로들이 이르되 베냐민의 여인이 다 멸절되었으니 이제 그 남은 자들에게 어떻게 하여야 아내를 얻게 할까 하고 ¹⁷또 이르되 베냐민 중 도망하여 살아 남은 자에게 마땅히 기업이 있어야 하리니 그리하면 이스라엘 중에 한 지파가 사라짐이 없으리라 ¹⁸그러나 우리가 우리의 딸을 그들의 아내로 주지 못하리니 이는 이스라엘 자손이 맹세하여 이르기를 딸을 베냐민에게 아내로 주는 자는 저주를 받으리라 하였음이로다 하니라 ¹⁹또 이르되 보라 벧엘 북쪽 르보나 남쪽 벧엘에서 세겜으로 올라가는 큰 길 동쪽 실로에 매년 여호와의 명절이 있도다 하고 ²⁰베냐민 자손에게 명령하여 이르되 가서 포도원에 숨어 ²¹보다가 실로의 여자들이 춤을 추러 나오거든 너희는 포도원에서 나와서 실로의 딸 중에서 각각 하나를 붙들어 가지고 자기의 아내로 삼아 베냐민 땅으로 돌아가라 ²²만일 그의 아버지나 형제가 와서 우리에게 시비하면 우리가 그에게 말하기를 청하건대 너희는 우리에게 은혜를 베풀어 그들을 우리에게 줄지니라 이는 우리가 전쟁할 때에 각 사람을 위하여 그의 아내를 얻어 주지 못하였고 너희가 자의로 그들에게 준 것이 아니니 너희에게 죄가 없을 것임이니라 하겠노라 하매 ²³베냐민 자손이 그 같이 행하여 춤추는 여자들 중에서 자기들의 숫자대로 붙들어 아내로 삼아 자기 기업에 돌아가서 성읍들을 건축하고 거기에 거주하였더라 ²⁴그 때에 이스라엘 자손이 그 곳에서 각기 자기의 지파, 자기의 가족에게로 돌아갔으니 곧 각기 그 곳에서 나와서 자기의 기업으로 돌아갔더라 ²⁵그 때에 이스라엘에 왕이 없으므로 사람이 각기 자기의 소견에 옳은 대로 행하였더라

❖ ❖ ❖

¹³온 회중은 림몬 바위에 있는 베냐민 자손에게 [사람을] 보내었고 그들에게 평화를 공포했다 ¹⁴베냐민이 돌아왔다 그들(회중)은 야베스 길르앗 여자들 중에 살려 둔 여자들을 그들에게 주었으나 그들(회중)은 그렇게 그들[의 전부]를 위해 [충분한 수의 여자들을] 찾지는 못하였다 ¹⁵그 백성은 여호와께서 이스라엘 지파들 중에서 파괴를 행하셨기 때문[이라 생각하고] 베냐민을 위하여 마음 아파했다 ¹⁶회중의 장로들이 말하였다 "베냐민의 여인은 멸절이 되었으니 우리가 그 남은 자들을 위하여 어떻게 아내를 [얻도록] 하겠는가?" ¹⁷그들이 말하였다 "도피하여 남은 베냐민을 위한 기업[이 있다면] 이스라엘 중에 한 지파가 사라짐은 없으리라 ¹⁸그러나 우리는 우리의 딸들 중에서 그들에게 아내로 주지는 못하는데, 이는 베냐민을 위해 아내를 주는 자가 저주를 받을 것이라고 이스라엘 자손이 말하며 맹세했기 때문이다" ¹⁹그들이 말하였다 "보라 벧엘 북쪽과 르보나 남쪽에 있고 벧엘에서 세겜으로 올라가는 큰 길 동쪽에 있는 실로에서 해마다 여호와의 축제[가 펼쳐진다]" ²⁰그들이 베냐민 자손에게 명령하며 말하였다 "너희는 포도원에 가서 숨어라 ²¹그리고 보라 실로의 여인들이 춤을 추려고 나오거든 너희는 그 포도원에서 나와 실로의 딸들 중에서 너희를 위하여 한 명의 여인을 취하고 베냐민 땅으로 가라 ²²만약 그녀들의 아버지들 혹은 오빠들이 와서 우리에게 항의하면 우리가 그들에게 '너희는 그들[을 위하여] 우리에게 은택을 베풀어라 이는 우리가 [베냐민] 남자를 위하여 아내를 얻어 주지 못하였[기 때문이]고 마치 너희가 죄를 범하는 경우처럼 너희가 [너희의 딸들을] 그들에게 주는 것이 아니기 때문이라' 말하겠다" ²³베냐민 자손이 그렇게 행하였다 그들은 강탈한 그 춤추는 여인들 중에서 자기들의 숫자만큼 아내를 취하였고 걸어서 그들의 기업으로 돌아갔고 성읍들을 세우고 그곳들에 거주했다 ²⁴그 때에 이스라엘 자손은 그곳에서 각 지파로 떠나갔고, 거기에서 각자 자신의 기업으로 돌아갔다 ²⁵그 시대에는 이스라엘 중에 왕이 없었고 사람은 자신의 눈에 옳은 것을 행하였다

44 평화의 왕을 기다리며

이스라엘 자손은 베냐민의 회복을 위해 노력한다. 600명의 남은 자들에게 아내를 제공하기 위해 두 가지의 방법을 사용했다. 첫째, 한 성읍의 모든 사람들을 죽이고 처녀들만 남기는 방식으로 400명의 아내를 제공했다. 둘째, 베냐민 개개인이 여호와의 명절에 춤추는 처녀들 중의 하나를 취하는 방식으로 200명의 아내를 조달한다. 모두 부당한 방식이다. 온 가족이 살해를 당한 야베스 길르앗 처녀들과 온 가족과의 강제적인 이별을 당한 실로의 처녀들은 가슴에 상처를 품은 채 베냐민 소속으로 살아가게 된다. 학살과 납치의 불법적인 방식으로 베냐민 지파가 존속되는 상황을 어떻게 평가해야 할까? 하나님의 법을 철저히 무시하고 짓밟는 방식으로 이스라엘 자손은 베냐민 지파에게 도리를 다 했다고 생각하여 각 지파는 자신들의 성읍으로, 각자는 자신들의 기업으로 돌아갔다. 이제 보이는 전쟁은 사라졌다. 그러나 그들에게 하나님은 여전히 왕이 아니었기 때문에 개개인과 이스라엘 공동체 안에서는 왕좌를 두고 하나님과 인간 사이의 전쟁은 은밀하게 진행되고 있다. 사사기는 이렇게 왕이 없다는 여운을 남기면서 하나님과 인간 사이에 평화를 가져올 평화의 왕을 기다리는 모양새로 종결된다.

> ¹³온 회중은 림몬 바위에 있는 베냐민 자손에게 [사람을] 보내었고
> 그들에게 평화를 공포했다¹⁴베냐민이 돌아왔다 그들(회중)은 야베스 길르앗
> 여자들 중에 살려 둔 여자들을 그들에게 주었으나 그들(회중)은
> 그렇게 그들[의 전부]를 위해 [충분한 수의 여자들을] 찾지는 못하였다

베냐민의 남은 자들에게 아내로 맞이하게 할 400명의 여인을 준비한 온 회중은 그들에게 사람을 보내어 "평화"(שָׁלוֹם)를 공포했다. 남은 베냐민은 림몬 바위에 은신했다. 그곳에 사신을 보낸 온 회중은 그들의 은신처를 알고 있었지만 베냐민의 씨를 말리지 않고 그곳에 머물도록 했다. 이것은 하나님의 은혜라고 나는 생각한다. 비록 한 지파가 심각하게 넘어져도 완전히 엎어지지 않도록 붙드시는 그분의 긍휼이다(시 37:24). 그리고 4개월이 지나서 그들이 전쟁의 종결과 살육의 없음을 알리는 평화를 공포하자 남은 베냐민은 즉각 돌아왔다. 자신들의 부모와 아내와 형제와 자식을 잔혹하게 학살한 사람들의 말을 어떠한 의심도 없이 믿고 곧바로 돌아온 것은 그들 사이의 신뢰가 빠른 속도로 회복되어 있었음을 증거한다.

사실 온 회중은 이 평화를 4개월간 준비했다. 말로만 전하는 평화를 누가 믿겠는가! 이 평화를 준비하기 위해 온 회중은 야베스 길르앗의 파괴라는 막대한 비용을 지불해야 했다. 남은 베냐민이 지파의 존속을 가능하게 하도록 아내를 맞이한 여인들을 총회가 준비했기 때문에 평화의 공포를 총회의 진정성이 담긴 발언으로 이해했을 것이다. 게다가 베냐민도 총회군의 40,000명을 죽였기 때문에 서로에 대한 분노와 복수심의 상쇄가 일어나는 것은 어쩌면 당연하다. 그러나 지금까지 베냐민의 뉘우침에 대한 기록은 없었기 때문에 온 회중에 대한 마음 아파함이 그들에게 여전히 없을 가능

성도 있다. 그러나 온 회중은 돌아오는 베냐민의 남은 자들에게 야베스 길르앗 여자들 중에 살려 둔 여자들을 아내로 제공했다. 그러나 끔찍한 학살로 마련된 평화가 과연 평화일까? 겉모습은 평화로 보이지만 그런 평화를 평화로 여긴다는 것 자체가 일종의 재앙처럼 여겨진다.

15그 백성은 여호와께서 이스라엘 지파들 중에서
파괴를 행하셨기 때문[이라 생각하고] 베냐민을 위하여 마음 아파했다

600명의 남은 베냐민 전부에게 아내를 마련하기 위해서는 여전히 200명의 여인들이 더 필요했다. 이 난제를 어떻게 해결할까? 이스라엘 백성은 하나님이 이스라엘 중에서 한 지파인 베냐민을 파괴하신 분이라고 이해한다. "여호와께서…파괴를 행했다"는 표현은 사사기 저자의 직접적인 언급이 아니라 이스라엘 백성의 생각이 어떠함을 나타내는 간접적인 인용이다. 파괴당한 베냐민을 위해 이스라엘 백성은 마음 아파한다. 만약 베냐민의 멸절을 자신들의 만행으로 말미암은 결과라는 사실을 알았다면 마음 아파하기 이전에 하나님 앞으로 나아가 회개의 무릎부터 꿇지 않았을까? 이처럼 자신이 잘못한 일을 하나님께 떠넘기는 행위는 태초부터 시작된 인간의 고질적인 버릇이다. 하나님의 은혜로 아내를 맞이하며 "이는 내 뼈 중의 뼈요 살 중의 살이라"고 감격했던 아담은 죄를 저지른 이후에 하나님이 그의 범법을 추궁하자 이렇게 답하였다. "하나님이 주셔서 나와 함께 있게 하신 여자 그가 그 나무 열매를 내게 주므로 내가 먹은 것입니다"(창 3:12). 아담은 금지된 선악과를 먹은 자신의 범행을 가볍게 여기고 선악과를 권한 여인이 하나님에 의해 주어진 것을 문제의 근원으로 지목한다. 그러나 아담은 하나님이 그에게 주신 자유로운 의지의 선택임을 주목해야 했고 선악과를 먹은 범법은 그 자유의 결과라는 사실을 인정해야 했다. 아담처럼 죄의 책

임을 거부하는 모든 자유는 방종이다.

이스라엘 백성은 베냐민을 멸절시킨 자신들의 야만적인 폭력성을 가볍게 여기고 베냐민을 그들에게 넘기신 하나님의 은총을 베냐민 멸절의 원인으로 간주한다. 그러나 하나님은 베냐민의 멸절을 결코 원하지 않으셨다. 에스겔은 이렇게 기록한다. "나는 악인이 죽는 것을 기뻐하지 아니하고 악인이 그의 길에서 돌이켜 떠나 사는 것을 기뻐하노라"(겔 33:11). 악인의 죽음도 기뻐하지 않으시는 하나님이 어떻게 당신의 백성이 멸절되는 것을 원하실까! 베냐민의 멸절을 하나님 탓으로 돌리는 이스라엘 백성은 도대체 하나님을 어떤 분으로 이해한 것인지가 궁금하다. 사실 베냐민 멸절의 이유는 하나님에 대한 이스라엘 백성의 무지였다. 하나님에 대해 무지하면 멸망한다. 오늘날 교회도 하나님을 오해한다. 악한 자들이 아주 화끈한 고통과 슬픔과 절망을 경험해야 하고 그들이 죽는다면 더 좋다고 생각한다. 하나님의 뜻에는 악인의 죽음보다 그의 돌이킴이 우선이다. 우리도 이러한 뜻을 존중하며 원수가 돌이킬 수 있도록 비판과 정죄가 아니라 사랑과 기도의 태도를 유지해야 한다.

> 16회중의 장로들이 말하였다 "베냐민의 여인은 멸절이 되었으니
> 우리가 그 남은 자들을 위하여 어떻게 아내를 [얻도록] 하겠는가?"

회중의 장로들은 고민하며 여인이 멸절된 베냐민의 남은 자들이 아내를 얻을 방안을 궁구한다. 그런데 그들의 말에는 베냐민의 여인이 "멸절을 당했다"(נִשְׁמְדָה)는 수동태가 발견된다. 이는 베냐민의 멸절이 하나님의 행위라는 그들의 고의적인 오해를 잘 보여준다. 장로들의 고민은 자신들이 한 지파의 여인들을 멸절시킨 잘못을 스스로 책임지는 차원에서 그들을 위해 아내들을 구해 주어야 한다는 것이 아니었다. 멸절은 하나님이 행하신 것이

고 멸절을 당한 베냐민의 존속을 가능하게 하는 자비는 자신들의 몫인 것처럼 처신하고 있다. 이는 사태의 불경건한 왜곡이다. 베냐민 성읍들의 모든 사람들을 모조리 죽이고 그 성읍들을 모조리 불태운 것은 하나님이 아니라 그들이 저지른 짓이었다. 이러한 멸절의 도구는 그들의 칼과 불이었다. 그들은 하나님을 왕으로 모시지 않았고 그분의 명령에 따른 것이 아니었기 때문에 학살의 귀책 사유는 그들에게 돌아간다.

[17]그들이 말하였다 "도피하여 남은 베냐민을 위한 기업[이 있다면] 이스라엘 중에 한 지파가 사라짐은 없으리라 [18]그러나 우리는 우리의 딸들 중에서 그들에게 아내로 주지는 못하는데, 이는 베냐민을 위해 아내를 주는 자가 저주를 받을 것이라고 이스라엘 자손이 말하며 맹세했기 때문이다"

장로들은 이스라엘 중에서 한 지파가 사라지지 않는 비결이 여인들의 확보에 있다고 확신한다. 그런데 그 문제를 해결함에 있어서 물러설 수 없는 그들의 마지막 저지선을 언급한다. 자신의 딸들은 결코 주지 않겠다는 맹세가 바로 그것이다. 이 맹세를 어기면 저주를 받을 것이라는 맹세까지 거론한다. 이는 자신들의 딸을 주지 않는 것이 이기심 때문이 아니라 하나님께 드린 맹세를 준수하는 경건 때문임을 강조하기 위한 면피용 언급이다. 자신들의 딸을 주지 않으려고 맹세를 하고 거기에 필사의 저주까지 걸어 두는 장로들의 사고가 참으로 치밀하고 영리하다. 이기심이 반영된 두 개의 연동된 맹세를 문제 해결의 전제로 내세우는 장로들의 신앙과 인격은 당시 이스라엘 백성의 영적인 상태를 대변한다. 자신들의 딸을 주지 않겠다는 맹세를 반복하는 이유는 그들이 이 맹세를 판단의 상수로 삼고 싶기 때문이다. 이렇게 한 지파를 불쌍히 여기는 자비의 모양새를 취하면서 자신은 일말의 희생도 치르지 않겠다는 이기심을 이중적인 맹세로 포장했다.

이는 야비함과 비겁함의 절정이다.

> 19그들이 말하였다 "보라 벧엘 북쪽과 르보나 남쪽에 있고 벧엘에서 세겜으로 올라가는 큰 길 동쪽에 있는 실로에서 해마다 여호와의 축제[가 펼쳐진다]"

장로들의 머리는 실로의 여인들을 베냐민의 남은 자들에게 아내로 주려는 생각으로 분주하다. 그들은 해마다 실로에서 여호와의 축제가 열린다는 사실을 주목한다. 그들은 실로의 위치를 상세하게 설명한다. 즉 실로는 벧엘 북쪽과 르보나 남쪽에 있고, 벧엘에서 세겜으로 올라가는 큰 길 동쪽에 위치한다. 위치에 대한 설명이 상세하다. 실수 없이 찾아가서 반드시 아내를 취하라는 의도가 반영된 설명이다. "안식처"를 의미하는 "실로"(שׁילֹה)는 여호수아 시대부터 엘리 제사장의 시대까지 하나님의 법궤와 성막이 있던 곳이었다. 어떤 이유로 벧엘에 법궤가 이동한 적이 있지만 실로는 이스라엘 백성에게 영적인 안식을 주는 가장 중요한 종교적 장소였다. 그곳에는 매년 열린 "여호와의 축제"는 주로 춤을 추며 기념하는 행사였다. 이는 "축제"(חַג)가 "춤을 추다"(חָגַג)는 동사에서 파생된 명사라는 점과 무관하지 않다.

축제에서 춤은 여인들의 몫이었다. 이스라엘 전통에서 춤을 추는 대표적인 절기는 유월절, 맥추절, 수장절 등이었다(출 23:14-16). 이러한 절기들 중에서 당시에 매년 춤을 추며 기념한 절기가 어떤 것인지는 분명하지 않다. 그러나 하나님께 감사를 드리고 이스라엘 전체가 기뻐하는 날인 것만은 분명하다. 그런데 장로들은 이토록 기쁘고 감사한 날을 여인들 납치의 기회로 삼으려고 한다. 이 여인들은 하나님을 사랑하고 하나님을 위하여 춤으로 감사를 표하는 경건한 자들임에 분명하다. 그런 여인들을 납치하는 계획을 세운다는 거, 참으로 해괴한 발상이다. 장로들이 보기에 "여호와의 축제"는 하나님을 기념하고 하나님께 감사하고 그분을 경배하는 날이 아니었다. 춤을 추기 위하여 처녀들이 거리로 몰려드는 날이기 때문에 그들에게 의미가 된 날이었다. 이처럼 하나님은 그들에게 왕이 아닌 것뿐만이 아니라 그냥 초월적인 존재로도 인정을 받지 못하였다.

20그들이 베냐민 자손에게 명령하며 말하였다 "너희는 포도원에 가서 숨어라
21그리고 보라 실로의 여인들이 춤을 추려고 나오거든
너희는 그 포도원에서 나와 실로의 딸들 중에서
너희를 위하여 한 명의 여인을 취하고 베냐민 땅으로 가라

장로들이 여호와의 절기에 벌일 납치의 구체적인 방안을 기획한다. 그리고 그 내용을 베냐민 자손에게 알리되 여러 단계로 구분해서 실행할 것을 명령한다. 첫째, 포도원에 가서 숨으라고 한다. 둘째, 실로의 여인들이 춤을 추려고 나오면 각자 자신의 아내로 한 명의 여인을 취하라고 한다. 셋째, 그들을 베냐민 땅으로 데려가라 한다. 이처럼 납치가 여호와의 이름을 기념하는 축제의 쓸모였다. 이전에 이스라엘 백성은 번제와 화목제를 드리면서 무자비한 학살을 저질렀다. 그리고 하나님의 영광과 무관한 맹세들을 앞세우며 자신들의 책임을 당당하게 방기했다. 급기야 이제는 여호와의 축제를 납치의 방편으로 이용한다. 이런 기이한 발상이 모두 장로들의 머리에서 나왔다는 것이 참담하다. 민족의 올바른 방향을 제시해야 할 사람들이 여호와의 축제에 여인들의 인생을 완전히 바꿀 비인격적 납치를 도모하는 것 자체가 이미 그들에게 왕이 없으므로 벌어지는 실시간 재앙이다. 하나님의 거룩한 이름만 기념하고 그 이름에 합당한 삶을 살겠다는 제사와 맹세와 절기를 인간의 사사로운 목적에 동원하는 것은 이스라엘 백성이 세상과 동일해진, 어쩌면 세상보다 못한, 아니 세상보다 더 은밀하게 악한 세상으로 타락한 모습이다.

²²만약 그녀들의 아버지들 혹은 오빠들이 와서 우리에게 항의하면
우리가 그들에게 '너희는 그들[을 위하여] 우리에게 은택을 베풀어라
이는 우리가 [베냐민] 남자를 위하여 아내를 얻어 주지 못하였[기 때문이]고
마치 너희가 죄를 범하는 경우처럼 너희가 [너희의 딸들을]
그들에게 주는 것이 아니기 때문이라' 말하겠다"

장로들은 납치 이후에 혹시 발생할지 모르는 문제의 뒤처리 방법도 제시한다. 즉 납치된 여인들의 아버지나 오빠가 와서 왜 자신의 딸이나 여동생을 탈취하여 갔냐고 항의할 경우, 장로들은 여인들이 멸절된 베냐민의 남은 남자들을 위하여 호의를 베풀어 달라고 그들에게 부탁할 것이라는 조치를 귀띔한다. 그들이 납치될 여인들의 아버지나 오빠에게 호의를 부탁하며 내세우는 논리는 맹세에 기초한다. 이 논리는 두 가지로 구성되어 있다. 첫째, 장로들은 자신들의 딸을 베냐민의 남은 자들에게 주지 못하였기 때문에 다른 여인들이 필요함을 강조한다. 둘째, 딸들을 베냐민 자손에게 주지 않겠다는 맹세를 어기면 죽음의 저주를 받는다는 맹세는 아버지나 오빠가 딸을 주는 직접적인 주체가 될 때에만 효력을 갖는다고 설명한다. 이는 만약 딸들이 납치를 당한다면 딸을 스스로 준 것이 아니기 때문에 맹세를 어긴 것이 아니고 죽음의 저주도 당연히 임하지 않을 것이라는 설명이다. 똑같은 논리를 적용하면, 만약 장로들의 딸들이 납치를 당하여도 그들이 딸을 스스로 준 것이 아니기 때문에 죽음의 저주를 당하지 않는다는 결론에 도달한다. 그런데도 자신들의 딸들은 납치의 대상으로 삼지 않으면서 실로의 딸들만 납치되게 하겠다는 것은 그 자체로 이스라엘 백성의 지도자인 장로들이 얼마나 이기적인 존재이고 얼마나 자신들의 유익을 중심으로 민족을 이끌고 있는지를 여실히 드러낸다.

²³베냐민 자손이 그렇게 행하였다
그들은 강탈한 그 춤추는 여인들 중에서 자기들의 숫자만큼 아내를 취하였고
걸어서 그들의 기업으로 돌아갔고 성읍들을 세우고 그곳들에 거주했다

베냐민의 남은 자들은 이스라엘 장로들의 제안을 즉각 수락했다. 이는 이스라엘 내에서 서로를 죽이는 대립적인 관계를 유지하는 것보다 지파의 존속이 중요했고 지파의 앞가림이 시급했기 때문이다. 그들은 곧바로 행동에 돌입했다. 포도원에 숨어서 춤추는 여인들을 기다렸다. 그녀들이 나오자 그들은 그녀들을 강탈했다. "강탈하는"(וְגָזַלְתֶּם) 그들의 행위에서 보건대 여인들은 저항했을 것이고 그들은 저항하는 그녀들을 취하면서 강압적인 힘을 사용했을 가능성이 높다. 한 남자가 한 여인을 아내로 맞이하는 일은 사랑의 결과여야 한다. 최고의 인격적인 소통을 통하여 서로의 지혜로운 분별과 자유로운 선택에 근거하여 이루어진 결과가 남녀의 건강한 관계이며 결혼이다. 그런데 지금 실로에서 무슨 일이 벌어지고 있는가? 지파의 존속을 위해 사랑이 아니라 비인격적 납치를 단행하고 있다. 납치된 여인들은 얼마나 두려울까! 그녀들의 부모와 형제들은 얼마나 슬프고 괴로울까! 강압적인 결혼의 결과로 태어나는 자녀들은 얼마나 건강한 인격과 신앙을 소유할까? 정말 납치 외에는 방법이 없었을까? 형제 지파인 베냐민의 존속을 원하고 진심으로 사랑하기 때문에 남은 자들 중에 누군가와 결혼하고 싶은 여인들의 자발적인 의지를 존중하면 얼마나 좋았을까! 혹시라도 자신들의 딸이 남은 자들과 눈이 맞아서 결혼하는 일이 생길까봐 다른 여식들의 납치라는 방식을 택했을까?

베냐민의 남은 자들은 200명의 여인들이 필요했다. 400명의 야베스 길르앗 여인들과 결혼하지 못한 200명의 남자들이 "자기들의 숫자만큼" 취하였기 때문에 실로에서 납치된 여인들의 수는 200명이었다. 한 남자가 한 여인만 취하였다. 이는 한 여인을 두고 경쟁하며 싸우다가 누군가가 죽는 일도 없었고 한 남자가 두 여인을 차지해서 여인이 모자라는 일도 없었음

을 증거한다. 즉 그들 사이에는 공정하게 각자가 한 여인씩 차지했다. 그리고 그들은 각자의 기업으로 돌아갔다. 그런데 그들은 빈털터리 알거지와 같아서 나귀나 말이 없어서 각자의 고향으로 걸어가야 했다. 그리고 이스라엘 총회가 베냐민의 모든 성읍들을 불태웠기 때문에 별도의 성읍들을 세워야만 했다. 막대한 예산과 에너지와 시간이 필요했다. 그러나 베냐민의 장정들은 소수였고 사용할 재료들은 부족했다. 얼마나 힘들었고 얼마나 많은 시간이 걸렸을까! 만약 이스라엘 자손이 그 성읍들을 파괴하지 않았더라면 얼마나 좋았을까! 그러나 그들은 양처럼 멀리 보지 못하고 코앞의 일만 생각했다. 당장 분출하는 감정의 해소에 과하게 충실했다. 그래서 닥치는 대로 죽이고 불살랐다. 이는 이스라엘 장로들이 베냐민이 돌이키고 그들과의 관계가 회복될 것을 전혀 고려하지 않았음을 증거한다.

우리는 어떠한가? 우리와 더불어 살아가는 모든 사람들은 참으로 소중하다. 지금 당장은 그들이 우리와 의견이 다르기 때문에, 우리를 모독하고 핍박하기 때문에, 우리를 대적하는 원수가 되었기 때문에 그들을 제거하면 좋겠다고 우리는 생각한다. 그러나 이 세상에 영원한 원수나 대적자가 어디에 있겠는가! 세월이 흐르면 적이 아군으로 변하고 아군이 적으로 변절하는 것은 만인의 보편적인 경험이다. 그래서 멀리 보면서 대응해야 한다. 눈앞에 펼쳐지는 하나의 장면에 근거하여 성급한 판단을 내리고 잔혹한 조치를 취하는 것보다 원수의 인생 전체를 의식하며 언젠가는 하나님의 백성이 되고 우리의 친구가 될지도 모른다는 가정 속에서 그 원수를 사랑하고 기도하며 축복하는 것이 합당하다. 좁은 시야로 보면 나에게 무익하고 해로운 사람도 우리가 넓은 시야로 보면 참으로 유익하고 소중한 사람임을 깨닫는다.

24그때에 이스라엘 자손은 그곳에서 각 지파로 떠나갔고,
거기에서 각자 자신의 기업으로 돌아갔다

"그때에 이스라엘 자손은 그곳에서 각 지파로 떠나갔다." "그때"는 언제이고 "그곳"은 어디인가? "그때"는 전쟁이 끝나고 베냐민의 남은 자들이 모두 아내를 취하고 자기 기업으로 돌아가서 성읍들을 세우고 거주할 때를 의미하고, "그곳"은 이스라엘 총회로 소집된 미스바일 수도 있고 베냐민이 새롭게 건축한 성읍들일 가능성도 있다. 그러나 앞에서 베냐민이 성읍들을 건축할 때에 다른 지파들이 도왔다는 언급이 없다는 점에 근거하여 나는 "그곳"이 미스바일 것이라고 추정한다. 미스바는 레위인의 첩이 죽어서 베냐민을 징계하는 사안과 관련된 모든 일들이 발의되고 종결된 곳이었다. 이제 이스라엘 자손은 각자의 지파로 돌아갔다. 각 지파에서 그 지파의 각 구성원은 자신의 기업으로 돌아갔다. 모든 것이 원점으로 돌아갔다. 이러한 현상을 사람들은 평화라고 명명한다.

25그 시대에는 이스라엘 중에 왕이 없었고
사람은 자신의 눈에 옳은 것을 행하였다

이스라엘 가운데에 전쟁이 끝나고 평화가 왔지만 사사기 저자는 그 시대를 부정적인 뉘앙스로 해석한다. 즉 그때는 이스라엘 중에 왕이 없었기 때문에 사람들이 모두 자신의 소견에 옳은 것을 행하는 시대였다. 사사기의 저자는 왜 사사기의 끝자락에 부정적인 마침표를 찍었을가? 본문은 13절에서 "평화"를 언급하고 25절에서 "왕이 없었다"는 사실을 언급한다. 하나님이 왕으로 계시지 않은 이스라엘 내에서의 평화는 무엇일까? 그들은 동포끼리 서로를 수만 명씩 죽이고도 마치 아무런 일도 없었던 것처럼 각자의 처소로, 각자의 기업으로, 각자의 일상으로 돌아갔다. 각자의 소견에 옳은 대로 시대가 흘러가고 있다. 그때는 그렇게 타인의 처소와 기업을 탐하지 않고 타인의 일상을 침해하지 않는 시대였다. 분명 평화로운 시대였다.

그러나 각자가 자신의 왕국을 건설하고 자신의 유익을 추구하고 자신의 인생에서 스스로 왕이 된 시대였다.

그러나 하나님이 배제된 평화는 거짓이다. 하나님은 평화의 왕이시다. 그런 왕이 왕의 자리에서 배제된 시대의 평화가 어찌 평화일 수 있겠는가! 진정한 평화를 갈망하지 못하고 분별하지 못하도록 헛된 만족감과 안도감을 주는 가식적인 평화는 진실로 전쟁보다 위험하다. 이는 전쟁이 평화에 대한 갈증을 키우는 반면 거짓 평화는 진정한 평화의 필요성도 느끼지 못하도록 영혼의 신경을 잠재우는 마취제와 같기 때문이다. 나는 사사들의 시대를 영혼이 마취된 시대라고 평가한다. 무수히 많은 전쟁들이 있었지만 그들은 하나님을 왕으로 모시는 궁극적인 평화를 추구하지 않고 단순히 전쟁의 없음 수준의 외형적인 평화를 추구했다. 그런 평화가 확보되면 이스라엘 자손은 각자가 옳다고 여기는 것을 행하면서 정작 하나님을 그들의 왕으로 모시는 것은 거부했다. 전쟁의 때에는 자신들의 분노와 증오를 분출하는 것이 옳다고 여겼으며, 평화의 때에는 각자의 처소로 돌아가 서로에게 간섭하지 않고 각자의 왕국을 건축하는 것이 옳다고 생각하고 그렇게 행하였다. 빛이 없으면 어둠이 있듯이 하나님이 왕으로 계시지 않는 사람들의 마음에는 마귀가 그들의 자아 뒤에 숨어서 왕 노릇하며 은밀한 지배력을 행사한다.

사사기는 마지막에 이르러 독자로 하여금 평화의 왕에 대한 갈망을 부추긴다. "평화"라는 단어는 사사기 안에서 아홉 번 등장한다. 4장 17절에서는 야빈과 헤벨의 집 사이에 있었던 사적인 평화가 언급된다. 6장 23-24절에서는 하나님이 기드온 개인에게 주신 평화가 언급되고 이에 대해 기드온이 하나님을 "평화의 하나님"으로 고백한다. 8장 9절과 11장 31절에서는 승리를 의미하는 평화가 언급된다. 11장 13절에서는 싸우지 말자는 취지에서 평화가 언급된다. 18장 6절에서는 형통을 의미하는 평화가 언급된다. 19장 20절에서는 걱정의 없음을 의미하는 평화가 언급된다. 21장 13절에서는 전쟁의 없음을 의미하는 평화가 언급된다. 이처럼 사사시대 안에서 이루어진 평화의 의미는 지파들 사이의 사이좋음, 이방인과 이스라엘 사이의 사이좋음, 전쟁의 없음, 근심의 없음, 승리 등으로 나타난다.

사실 "평화"는 하나님이 세상을 창조하실 때에 부여하신 본래의 모든 질서, 즉 만물의 본질과 목적과 상태와 특징과 기능과 역할과 관계가 보존된 혹은 회복된 상태를 의미한다. 첫째 아담의 죄로 말미암아 그 질서는 무너졌다. 모든 만물과 모든 시간과 모든 공간과 모든 관계가 틀어졌다. 온 우주의 총체적인 무질서를 제자리로 돌리는 자는 평화의 주역임에 분명하다. 인간은 자신의 소견을 온 세상의 질서로 간주한다. 그래서 자신의 소견을 따라 살아가는 것이 평화라고 생각한다. 하지만 성경은 하나님의 말씀을 온 세상의 질서라고 가르친다. 그 말씀이 육신으로 오신 분이 이 세상의 평화를 가져온다. 이사야의 기록에 따르면 이새의 줄기에서 태어난 한 아기가 바로 "평화의 왕자"(שַׂר־שָׁלוֹם)라고 한다(사 9:6). 그런 맥락을 이어서 히브리서 기자는 멜기세덱 왕이 "평화의 왕"인데, 그의 반차를 따르는 제사장 즉 하나님과 죄인의 평화를 이루는 궁극적인 제사장의 신분으로 출생하신 분이 바로 그리스도 예수라고 설명한다(히5:6-10). 이런 의미에서 사사기의 손가락 끝은 평화의 왕 그리스도 예수를 가리킨다. 모든 성경이 자신을 가리켜 기록된 것이라는 예수의 말씀(요 5:39)에 대해 사사기 저자도 그 말씀의 확실한 증인이다.

이스라엘과 이방인 사이에 전쟁이 없는 평화, 이스라엘 내부의 평화, 근심과 전쟁의 없음, 그리고 전쟁의 승리라는 평화는 오늘날 교회가 누리는 평화의 내용이다. 그러나 사사기 저자의 마지막 기록처럼 과연 우리는 하나님을 우리의 왕으로 모시고 그분을 섬기는지 질문해야 한다. 평화는 평화의 왕이신 주님께서 우리의 마음 보좌에 좌정하실 때에만 확보된다. 나의 소견과 하나님의 뜻이 대립할 때에 과연 나는 무엇을 따르는가? 나의 소견을 선택하면 종교적인 활동을 아무리 성실하게 행한다고 할지라도, 그래서 주변적인 평화을 얻는다고 할지라도 나의 인생은 사사시대 상황과 동일하다. 자신의 소견을 따르면 우리는 언제나 사사시대 속에서 살아간다. 우리가 진정 추구해야 하는 것은 자기 소견과의 결별이다. 우리는 자신을 부인하고 하나님을 내 마음에 왕으로 모시고 그분에게 내 인생의 전권을 맡기는 그런 영적인 전쟁을 수행해야 한다. 그러한 신적인 왕정의 단계로 넘어가야 한다.

"나"라는 세상과의 싸움에서 이기는 비결은 유일하다. 즉 믿음이다(요일 5:4). 사사시대를 넘어서 왕정시대로 들어가는 비결은 바로 믿음이다. 우리에게 맡겨져서 우리가 해야 하는 하나님의 일도 믿음이다(요 6:29). 히브리서 기자는 이 믿음만이 유일하게 하나님을 기쁘시게 하는 도구라고 가르친다 (히 11:6). 그 믿음의 구체적인 내용은 두 가지인데, 1) 하나님이 계신 것과 2) 그분은 자기에게 나아오는 자들에게 상을 주시는 분이라는 사실이다. 하나님은 관념적인 종교의 대상이 아니라 실재로 우리와 함께 계신 분이시다. 이 사실을 믿지 않으면 관념적인 기독교가 되고 사람에게 보이려는 종교로 전락한다. 그러나 하나님의 실질적인 계심을 믿는다면 인격과 말과 행실이 확실하게 달라진다. 범사에 하나님을 인정하게 되고 그분에게 감사하게 된다. 그리고 하나님은 우리에게 상을 주시는데 자신을 우리의 왕으로서 주시는 분이시다. 그분이 우리의 왕이 되신다는 것은 거북하고 무익하고 위협적인 것이 아니라 우리에게 가장 안전하고 풍성하고 평화로운 은총이다. 그분이 우리의 왕이시면 이 세상의 그 누구도 우리를 대적하지 못하고 음부의 권세도 우리에게 도전장을 내밀지 못하고 머리털 하나라도 상하게 하지 못하며 심지어 만지지도 못하게 된다고 성경은 가르친다. 하나님을 우리의 왕으로 모신다면 우리의 모든 것이, 이 세상의 모든 것이 태초의 본래적인 상태로 회복된다. 아니 그 상태보다 더 좋아진다. 평화 위의 평화가 구현된다. 사사기는 비록 왕의 없음을 모든 이야기의 결론으로 삼고 있지만 그것은 우리에게 주님께서 평화의 왕으로 계심과 그런 왕의 절박한 필요성이 우리에게 있음을 역설한다. 이처럼 사사기는 영적인 무질서와 혼돈이 평화의 왕이신 그리스도 예수를 가르치는 역설적인 교실이다.

J

부록: 사사기 사역 | 한병수
(ETCBC 히브리어 성경, 70인경(LXXa, LXXb)에 기초한 번역)

1장

1 여호수아가 죽게 된 이후에 이스라엘 자손이 여호와께 여쭈었다 "누가 우리를 위해 올라가서 가나안 족속과 먼저 싸울까요?"

2 여호와께서 이르시되 "유다가 올라가라 보라 내가 그 땅을 그의 손에 넘겨 주었노라" 하시더라

3 유다가 그의 형제 시므온에게 말하였다 "나와 함께 나의 분깃으로 올라가서 가나안 족속과 싸우자 그리하면 나도 너와 함께 너의 분깃으로 가리라" 이에 시므온이 그와 함께 가더라

4 유다가 올라갔다 여호와께서 가나안 족속과 브리스 족속을 그들의 손에 넘기시니 그들이 베섹에서 만 명을 제거했다

5 또 베섹에서 아도니 베섹을 발견했고 그를 대항하여 싸웠고 가나안 족속과 브리스 족속을 무찔렀다

6 아도니 베섹이 도망치자 그들은 그를 쫓아가서 잡아 그의 엄지 손가락과 엄지 발가락을 절단했다

7 아도니 베섹이 말하였다 "엄지 손가락과 엄지 발가락이 잘린 칠십 명의 왕들로 내 상 아래에서 주워 먹게 하였더니 내가 그들에게 행한 대로 신들이 나에게 갚았구나" 그들이 그를 예루살렘으로 데려가 거기에서 그를 죽였더라

8 유다 자손이 예루살렘을 공격하고 점령했다 그들은 칼끝으로 그 성읍을 치고 불살랐다

9 이후에 유다 자손은 내려가서 산지와 남방과 평지에 거주하는 가나안 족속과 싸웠더라

10 그리고 유다는 나아가서 헤브론에 거주하는 가나안 족속과 싸웠고 세새와 아히만과 달매를 죽였더라 헤브론의 옛 이름은 기럇 아르바다

11 그(유다)는 거기에서 드빌의 주민들을 향해 나아갔다 드빌의 이름은 기럇 세벨이다

12 갈렙이 "기럇 세벨을 공격하여 점령하는 자에게는 내 딸 악사를 아내로 주리라" 고 말하였다

13 이에 갈렙의 아우 그나스의 아들인 옷니엘이 그곳을 점령했기 때문에 갈렙이

그의 딸 악사를 그에게 아내로 주었더라

14 그녀는 그녀의 아버지께 나아가서 구슬리며 밭을 요구했다 그녀가 나귀에서 내
릴 때 갈렙이 그녀에게 말하였다 "네가 무엇을 원하느냐?"

15 그녀가 그에게 말하였다 "나에게 복을 주십시오 남방의 땅을 내게 주셨으니 그
샘물들도 나에게 주십시오" 갈렙이 윗쪽 샘들과 아랫쪽 샘들을 그녀에게 주었
더라

16 모세의 장인이 속한 겐 족속의 후손은 유다 자손과 함께 종려나무 성읍에서 올
라와 아랏 남방에 위치한 유다의 황무지로 내려가서 그 백성과 함께 머무른다

17 유다가 그의 형제 시므온과 함께 가서 스밧에 거주하는 가나안 족속을 쳐서 그
곳을 진멸했다 그 성읍의 이름을 호르마라 칭하였다

18 그리고 유다는 가사와 그 일대, 아스글론과 그 일대, 에그론과 그 일대를 점령했다

19 유다는 여호와가 그와 함께 계셨기에 산지를 차지했다 그러나 골짜기의 주민들
은 그들에게 있는 철 병거 때문에 그가 정복하지 못하였다

20 모세가 약속한 헤브론을 그들이 갈렙에게 주었더니 그가 그곳에서 아낙의 세
아들을 내쫓았다

21 베냐민 자손은 예루살렘에 거주하는 여부스 족속을 쫓아내지 못하여서 여부스
족속이 오늘까지 베냐민 자손과 함께 예루살렘 안에 거주하고 있다

22 요셉의 가문, 그들도 벧엘로 올라가니 여호와께서 그들과 함께 하시더라

23 요셉 가문이 벧엘 안에서 정탐하게 하였는데 그 도시의 예전 이름은 루스였다

24 정탐하는 사람들이 그 도시에서 나오는 한 사람을 보고 그에게 말하였다 "부탁
한다 이 도시의 입구를 보여라 그리하면 우리가 그대에게 자비를 베풀겠다"

25 그가 그들에게 그 도시의 입구를 보여 주었고 그들은 칼날로 그 성읍을 쳤으며
그 사람과 그의 가족은 모두 보내 주었다

26 그 사람이 헷 사람들의 땅에 가서 도시를 세우고 그것의 이름을 루스라 하였는
데 그것이 오늘까지 그 [도시의] 이름이다

27 므낫세가 벧스안과 그 주변 사람들, 다아낙과 그 주변 사람들, 돌 거주민과 그
주변 사람들, 이블르암과 그 주변 사람들, 므깃도와 그 주변 사람들을 쫓아내지
못하였다 이에 가나안 족속이 이 땅에 머물기를 원하였다

28 그리고 이스라엘이 강할 때가 되어서야 가나안 족속에게 노역을 시켰으며 온전

히 내쫓지는 못하였다

29 에브라임이 게셀에 거주하는 가나안 족속을 쫓아내지 못하여서 가나안 족속은 게셀에서 그(에브라임) 가운데에 머물렀다

30 스불론은 기드론의 거주민과 나할롤의 거주민을 쫓아내지 못하였고 가나안 족속은 그들 중에 거하면서 노역을 감당해야 했다

31 아셀이 악고의 거주민과 시돈의 거주민과 알랍과 악십과 헬바와 아빅과 르홉을 쫓아내지 못하였고

32 아셀 사람들이 그 땅에 사는 가나안 족속 가운데에 거주하게 되었는데 이는 그가 그를 쫓아내지 못하였기 때문이다

33 납달리는 벧세메스 주민과 벧아낫 주민을 쫓아내지 못하여서 그 땅에 사는 가나안 족속 가운데에 거주하고 벧세메스와 벧아낫 주민들은 그들을 위해 노역을 감당해야 했다

34 아모리 족속은 단 자손을 그 산지로 몰아넣고 골짜기에 내려오는 것을 허락하지 않았으며

35 아모리 족속은 헤레스 산과 아얄론과 사알빔에 머물기를 원하였고 요셉 가문의 손이 강해지자 그들은 노역을 감당해야 했다

36 아모리 족속의 경계는 아그랍빔 비탈의 바위 위쪽이다

2장

1 (여호와의 사자가 길갈에서 보김으로 올라와서 말하였다 "내가 너희로 하여금 애굽에서 올라와 너희의 조상에게 맹세한 땅으로 들어가게 했다 그리고 내가 말하기를 '내가 너희와 함께 [맺은] 나의 언약을 영원히 깨뜨리지 않으리라

2 너희는 이 땅의 주민과 언약을 체결하지 말고 그들의 제단들을 허물어라' 하였는데 너희가 내 목소리를 경청하지 않았구나 어찌하여 너희가 이렇게 하였느냐?

3 그래서 또 '내가 그들을 너희 앞에서 쫓아내지 않을 것이기에 그들이 너희의 옆구리에 있고 그들의 신들은 너희에게 올무가 될 것이라'고 내가 말하였다"

4 여호와의 사자가 모든 이스라엘 자손에게 이 말씀들을 언급하니 그 백성은 자

신의 목소리를 높여 울게 되었으며

5 그리고 그들은 그 장소의 이름을 보김이라 하였고 그들이 거기에서 여호와께 제사를 드렸더라

6 [예전에] 여호수아가 백성을 보냈고 이스라엘 자손은 각각 자신의 기업으로 가서 그 땅을 차지했다

7 여호수아의 모든 날들과 여호수아 이후에도 생존한 자들 즉 이스라엘을 위하여 이루신 여호와의 모든 위대한 일들을 본 장로들의 모든 날들 동안에는 그 백성이 여호와를 섬겼다

8 눈의 아들이요 여호와의 종인 여호수아가 백 십 세에 죽었고

9 그들(백성)이 가아스 산 북쪽 딤낫 헤레스에 있는 그(여호수아)의 기업의 영역 안에 그를 장사했다

10 그 세대의 모든 자들이 그 조상들 가운데로 데려감을 당하였고 그 이후에 여호와를 알지 못하고 그가 이스라엘을 위해 행하신 일도 알지 못하는 다른 세대가 일어났다

11 이스라엘 자손이 여호와의 눈 앞에서 그 악을 행하고 바알들을 섬기면서

12 애굽 땅에서 그들의 조상들을 인도하여 내신 그들의 하나님 여호와를 버리고 다른 신들 즉 그들의 주위에 있는 나라들의 신들을 뒤따라 가며 여호와를 노하시게 했다

13 그들은 여호와를 버리고 바알과 아스다롯을 섬기므로

14 여호와가 이스라엘에게 진노를 격발하사 노략하는 자들의 손에 넘기시니 그들이 노략을 당하였고 또 주위에 있는 그들의 원수들의 손에 팔아 넘기시니 그들이 더 이상 그들의 대적들 앞에 맞서지 못하였다

15 그들이 나아가는 모든 곳에서 여호와의 손이 그들에게 재앙을 내리셨다 여호와가 그들에게 말씀하신 것처럼, 여호와가 그들에게 맹세하신 것처럼 그가 그들에게 육중한 압박을 가하셨다

16 여호와가 사사들을 세우시고 노략하는 자들의 손에서 그들을 구하도록 시키셨다

17 그럼에도 불구하고 그들은 그들의 사사들을 청종하지 않고 오히려 다른 신들을 따르며 음행했고 그들에게 절하였다 그들은 여호와의 계명들을 청종하던 그들의 조상들이 행하던 길에서 속히 떠나 그렇게 행하지 않았더라

18 여호와가 그들을 위하여 사사들을 세우실 때에는 그 사사들과 함께 하시면서 그 사사들의 모든 날들에 여호와가 그들을 그들의 대적들의 손에서 구하셨다 이는 압제하는 자들과 괴롭히는 자들 앞에서 [쏟아내는] 그들의 신음으로 인해 여호와가 불쌍히 여기셨기 때문이다

19 그 사사가 죽은 때에는 그들이 돌이켜 그들의 조상보다 부패하여 다른 신들을 따라 가서 그것들을 섬기고 그것들을 향해 절하며 그들의 완고한 행실들과 행보를 그치지 아니했다

20 이에 여호와가 이스라엘 중에 진노를 격발하며 말하셨다 "이 백성은 내가 그들의 조상에게 명령한 나의 언약을 거스르고 나의 목소리를 청종하지 아니했다

21 나 또한 여호수아가 죽을 때에 남겨 둔 그 민족들을 다시는 그들의 면전에서 한 사람도 쫓아내지 않으리라

22 이는 이스라엘, 그들의 조상들이 지킨 것처럼 그들이 여호와의 도를 지켜 행하나 아니하나 그들을 시험하기 위함이다"

23 여호와는 이 민족들로 하여금 머물게 하셨으며 그들을 속히 쫓아내지 않으셨고 여호수아의 손에도 그들을 넘기지 않으셨다

3장

1 이 민족들은 여호와가 이스라엘 중에 가나안의 모든 전쟁들을 알지 못하는 모든 자들을 시험하기 위해 머물도록 허락하신 자들이다

2 [이는] 오직 전에 그들을 알지 못하는 이스라엘 자손의 세대들에게 전쟁을 가르쳐서 오직 [그들이] 알게 됨을 위함이다

3 [이 민족들은] 블레셋의 다섯 군주들과 모든 가나안 족속과 시돈 족속과 바알 헤르몬 산에서 하맛 입구까지 레바논 산에 거주하는 히위 족속이다

4 그들이 머무는 것은 이스라엘을 시험하여 하나님이 모세의 손으로 그들의 조상에게 명하신 계명들을 듣는지에 대해 아시기 위함이다

5 그래서 이스라엘 자손은 가나안 족속과 헷 족속과 아모리 족속과 브리스 족속과 히위 족속과 여부스 족속 가운데에 거주했다

6 그들의 딸들을 그들(이스라엘 자손)은 자신을 위하여 아내들로 삼았으며 자신의 딸들을 그들의 아들들에게 주었고 그들의 신들을 숭배했다

7 이스라엘 자손이 여호와의 목전에 악을 행하였고 자기들의 하나님 여호와를 잊었고 바알들과 아세라들을 숭배했다

8 이에 여호와가 이스라엘 중에 진노를 발하시며 그들을 아람 나하라임 왕 구산 리사다임 손에 파셨으며 이스라엘 자손은 구산 리사다임을 팔 년 동안 받들었다

9 이스라엘 자손이 여호와께 부르짖자 여호와는 이스라엘 자손을 위하여 한 구원자를 세우셨고 그로 하여금 그들을 구원하게 하셨는데 그는 갈렙의 동생 그나스의 아들 옷니엘이다

10 여호와의 영이 그에게 임하시매 그가 이스라엘을 다스렸고 전쟁터에 나가매 여호와가 아람 나하라임 왕 구산 리사다임을 그의 손에 주셨고 그의 손이 구산 리사다임과 맞서 강하더라

11 그 땅이 사십 년 동안 평안했다 그리고 그나스의 아들 옷니엘이 사망했다

12 이스라엘 자손이 다시 여호와의 목전에서 악을 행하였다 그들이 여호와의 목전에 악을 행하였기 때문에 여호와가 모압 왕 에글론을 이스라엘보다 강하게 만드셨다

13 그가 암몬과 아말렉 자손들과 연대하여 와서 이스라엘을 치고 종려나무 성읍을 점령했다

14 이에 이스라엘 자손은 모압 왕 에글론을 십팔 년 동안 섬겨야만 했다

15 그래서 이스라엘 자손은 여호와께 부르짖고 여호와는 그들을 위하여 베냐민 사람 게라의 아들이며 그의 오른손에 문제가 있는 남자 에훗을 구원자로 세우셨다 이스라엘 자손이 그의 손으로 공물을 모압 왕 에글론에게 보내었다

16 에훗은 자신을 위하여 길이가 반 규빗 되는 양날의 칼을 만들었고 그것을 자신의 옷 속 오른쪽 허벅지에 찼다

17 그는 공물을 모압 왕 에글론에게 가져갔다 에글론은 매우 살찐 사람이다

18 공물 바치기를 끝마친 후에 그는 그 공물을 매고 온 사람들을 보내었다

19 그러나 그(에훗)는 길갈 근처에 우상들이 있는 곳에서 돌아왔다 그리고 말하였다 "왕이여 당신에게 [드릴] 비밀한 말이 나에게 [있습니다]" 그(왕)가 말하였다 "너는 잠잠하라" 그리고 그를 시중들며 선 모든 자들을 떠나가게 했다

20 그래서 에훗이 서늘한 다락방에 홀로 앉아 있는 그에게로 나아갔고 "당신을 위한 하나님의 말씀이 나에게 있다"고 말하였다 이에 그(왕)는 그의 의자에서 일어났다

21 그리고 에훗은 왼손을 뻗어 그의 오른쪽 허벅지 위에서 칼을 취하여 그의 배를 찔렀으며

22 손잡이도 칼날을 따라 들어가게 했다 그가 칼을 그(왕)의 배에서 빼내지 않았고 그것(칼날)이 항문으로 나갔기 때문에 기름이 그 칼의 뒤에 엉기었다

23 에훗은 현관으로 나와서 뒤에 [있는] 다락방의 문들을 닫고 잠그었다

24 그가 나가고 그(왕)의 신하들이 들어와 보니 다락방의 문들이 잠겼더라 그들이 말하였다 "그는 분명히 시원한 방에서 그의 발을 가리우고 있다"

25 그들은 민망할 정도로 주위를 거닐어도 그(왕)가 다락방의 문들을 열지 않자 그들이 열쇠를 가지고 열어 보니 그들의 군주가 땅에 엎드려져 죽은 상태였다

26 그들이 스스로 지체하는 동안에 에훗은 빠져나와 우상들이 있는 곳을 지나서 세이라로 도피했다

27 그가 이르러 에브라임 산지에서 나팔을 불었고 이스라엘 자손은 그 산지에서 그와 함께 내려왔다 그리고 그가 그들의 얼굴들 앞에서

28 그들을 향하여 말하였다 "너희는 나를 따르라 이는 여호와가 너희의 원수들인 모압을 너희의 손에 주셨기 때문이다" 무리가 그를 따라 내려가서 요단 강 나루를 장악하고 한 사람이 건너가는 것도 허용하지 않았다

29 그 때에 그들이 대략 만 명의 모압 사람들을 죽였는데 모두 거대하고 모두 강한 자였으며 어떤 사람도 도망치지 못하였다

30 그 날에 모압은 이스라엘 수하에 굴복했고 그 땅은 팔십 년간 평온했다

31 그를 뒤따라서 아낫의 아들 삼갈이 나와 소몰이 막대기로 블레셋 사람 육백 명을 죽였으며 그도 이스라엘을 구원했다

4장

1 1 이스라엘 자손이 또다시 여호와의 목전에 악을 행하였고 에훗은 사망했다

2 여호와가 그들을 하솔에서 통치하는 가나안 왕 야빈과 하로셋 학고임에 머무는 그의 군대장관 시스라의 손에 파셨다

3 이스라엘 자손이 하나님께 절규했다 왜냐하면 그가 자신에게 속한 구백 대의 철 병거를 가지고 이십 년간 이스라엘 자손을 힘으로 짓눌렀기 때문이다

4 여자, 여선지자, 랍비돗의 아내, 그때에 이스라엘 재판하는 자 드보라는

5 에브라임 산지 안에 라마와 벧엘 사이에 있는 드보라의 종려나무 아래에 머물렀고 이스라엘 자손은 판결을 [받기] 위하여 그녀에게 올라왔다

6 그녀는 [사람을] 보내어 납달리 가데스에서 아비노암의 아들 바락을 불러내고 그에게 말하였다 "이스라엘의 하나님 여호와께서 명하시지 않았느냐 너는 가라 다볼 산으로 나아가라 납달리 자손과 스불론 자손 중에서 만 명을 데려가라

7 나는 야빈의 군대장관 시스라와 그의 병거들과 그의 무리를 기손 강으로 이끌어 너에게로 가서 그를 너의 손에 넘기리라"

8 바락이 그녀에게 말하였다 "만약 당신이 나와 함께 가면 나는 가겠지만, 만약 당신이 나와 함께 가지 아니하면 나도 가지 않을 것입니다"

9 그녀가 말하였다 "내가 반드시 너와 함께 가리라 그러나 네가 이번에 가는 길에서는 너의 영광을 얻지 못하리라 왜냐하면 여호와께서 여인의 손에 시스라를 파실 것이기 때문이다" 드보라가 일어나 바락과 함께 게데스로 갔다

10 바락이 스불론과 납달리를 게데스로 불렀고 만 명이 그의 걸음을 따라 올라갔다 드보라도 그와 함께 올라갔다

11 모세의 장인 호밥의 자손 중 겐 사람 헤벨이 겐 족속에서 분리되어 게데스에 가까운 사아난님 상수리나무 곁에 이르러 장막을 설치했다

12 아비노암의 아들 바락이 다볼 산에 올라온 것을 사람들이 시스라에게 알리니

13 시스라가 철 병거 구백 대 모두와 자신과 더불어 있는 모든 백성을 하로셋 학고임에서 기손 강으로 소집했다

14 그리고 드보라가 바락에게 말하였다 "너는 일어나라 이는 여호와가 시스라를 너의 손에 주신 날이기 때문이다 여호와가 너보다 앞서서 나가시지 않았느냐?" 바락이 다볼 산에서 내려갔고 만 명이 그를 뒤따랐다

15 여호와가 바락 앞에서 시스라와 그 모든 병거와 그 모든 군대를 칼날로 혼미하게 만드셨다 시스라는 병거에서 내리고 걸어서 도망쳤다

16 바락이 그 병거들의 뒤와 군대의 뒤를 추격하여 하로셋 학고임까지 이르렀고 시스라의 온 군대가 다 칼날에 쓰러졌고 하나도 생존하지 못하였다

17 시스라가 걸어서 도망하여 겐 사람 헤벨의 아내 야엘의 장막에 이르렀다 이는 하솔 왕 야빈과 겐 사람 헤벨의 집 사이의 평화 때문이다

18 야엘이 나가서 시스라를 영접하고 그에게 말하였다 "돌이켜 오십시오 나의 주여 저에게로 돌이켜 오십시오 두려워 마십시오" 그가 그녀를 향하여 돌이키고 그 장막으로 나아갔다 그녀는 그를 이불로 덮어 주었다

19 그가 그녀에게 말하였다 "부탁한다 나에게 물을 조금 마시게 해 달라 이는 내가 목마르기 때문이다" 그녀는 우유 부대를 열어서 그로 마시게 하였고 그를 덮어 주니

20 그가 그녀에게 말하였다 "너는 장막의 입구에 서 있다가 만약 사람이 와서 너에게 '여기에 사람이 있느냐'고 묻거든 '없다'고 말하여라"

21 헤벨의 아내 야엘이 장막의 말뚝을 가지고 손에 방망이를 들고 조용히 그에게로 갔다 그녀가 말뚝을 머리의 옆에 박아 땅에까지 내려가게 했다 그는 잠들었고 실신했고 사망했다

22 보라 바락이 시스라를 추격하는 동안에 야엘이 나가서 그를 맞이하고 그를 향하여 말하였다 "오십시오 당신이 찾고 있는 사람을 내가 보여줄 것입니다" 그가 그녀에게 가서 보니 시스라가 엎드러져 죽었으며 말뚝이 그 머리의 옆에 [박혔더라]

23 그날에 하나님은 가나안 왕 야빈을 이스라엘 자손의 면전에 굴복하게 만드셨다

24 이스라엘 자손의 손은 가나안 왕 야빈을 끊어내는 그 때까지 가나안 왕 야빈을 향해 계속해서 강경했다

5장

1 그날에 드보라가 아비노암 아들 바락과 [함께] 노래하며 말하기를

2 "이스라엘 중의 리더들이 이끌고 백성은 즐거이 헌신한다 너희는 여호와를 찬송하라

3 너희 왕들아 들으라 귀인들도 귀를 기울이라 내가 여호와를 향하여 내가 노래
하게 하고 이스라엘의 하나님 여호와를 향하여 연주할 것이로다

4 '여호와여 당신께서 세일에서 나오시고 에돔의 들판에서 행진하실 때에 땅이
진동하고 하늘들도 [물들을] 내리고 구름들도 물들을 내립니다

5 산들이 여호와 앞에서 흘러 내리고 저 시내산도 이스라엘 하나님 앞에서 [흘러
내립니다]'

6 아낫의 아들 삼갈의 날에는 [또는] 야엘의 날에는 대로들이 비었으며 걷는 행
인들은 굽은 길들로 다녔도다

7 내가 일어날 [때까지는], 드보라인 내가 이스라엘 어미로 일어날 때까지는 이스
라엘 중에 방백들이 그쳤으며 그쳤도다

8 그(이스라엘)는 새로운 신들을 택하였고 그때에 전쟁이 성문들에 [이르렀다 그
러나] 이스라엘 사만 명 중에 방패나 창이 보였던가!

9 내 마음이 백성 중에 즐거이 헌신하는 이스라엘 방백들을 향하도다 너희는 여
호와를 송축하라

10 하얀 암컷 나귀들을 탄 자들이여, 양탄자에 앉은 자들이여, 그리고 길에 행하는
자들이여 전파하라

11 궁수들의 소리에서, 물 깃는 곳들 사이에서, 그들은 그곳에서 하나님의 의들을,
이스라엘 중에 그의 방백들의 의들을 정말로 칭송한다 그때에 여호와의 백성은
성문으로 내려간다

12 너는 깨어나라 깨어나라 드보라여 깨어나라 깨어나라 너는 노래를 노래하라 일
어나라 바락이여 너는 너의 포로들을 결박하라 아비노암 아들이여

13 그때에 남은 자가 유력한 자들을 향해 내려오고, 여호와의 백성이 강한 자들 가
운데에 있는 나에게로 내려오네

14 에브라임 중에서 아말렉에 자신의 뿌리를 둔 자들이 너를 뒤따르고, 베냐민이
너의 백성들과 함께 [뒤따르며], 마길에서 방백들이 내려오고, 스불론 중에서는
지휘관의 막대기를 가진 자들이 [내려오네]

15 잇사갈 중에 나의 방백들이 드보라와 함께 [하니], 잇사갈이 바락과도 함께 그
의 발걸음을 따라 골짜기로 보내지네, 르우벤의 분파들 안에서는 마음의 강렬
한 다짐들이 [있었도다]

16 어찌하여 너는 양의 우리 가운데서 양들의 울음 소리를 들으려고 머무느냐? 르우벤의 분파들 안에서는 마음의 치열한 탐색들이 [있었도다]

17 길르앗은 요단 강 저쪽에 거주하며 단은 어찌하여 배에 머무는가? 아셀은 해변에 거하면서 자신의 항만에 정착하네

18 스불론은 죽기까지 자신의 생명을 진실로 홀대한 민족이요 들의 높은 곳에 있는 납달리도 [그리하네]

19 왕들이 와서 싸우도다 그때에 가나안의 왕들이 므깃도의 물가 다아낙에서 싸우도다 그들은 한 푼의 탈취물도 취하지 못하도다

20 하늘에서 온 별들이 싸우도다 그들의 길들에서 시스라와 싸우도다

21 기손 강이 그들을 쓸어 버리도다 태고의 강은 기손 강이로다 내 영혼아 너는 강한 자를 밟는도다

22 그때에 말의 발굽들이 [땅을] 두드리며 그것(말)의 강한 자들이 질주에 질주를 [감행하네]

23 여호와의 사자가 말하기를 '너희는 메로스를 저주하라 너희는 그곳의 거민들을 저주하고 저주하라 이는 그들이 여호와를 도우려고, 강한 자들 중에 여호와를 도우려고 오지 않았기 때문이라' [하도다]

24 겐 사람 헤벨의 아내 야엘이 여인들 중에 복되도다 그녀는 장막에 있는 여인들보다 더 복되도다

25 그가 물을 구하였고 그녀는 우유를 주되 엉긴 우유를 큰 그릇에 담아 주었구나

26 그녀의 손은 말뚝을 향하여 보내지고, 그녀의 오른손은 일꾼들의 방망이를 향하였다 그녀는 시스라를 쳤고 그의 머리를 깨뜨리되 그의 옆머리를 뚫었도다

27 그는 그녀의 발 사이에 무릎을 꿇고 쓰러지고 엎어졌네 그녀의 발 사이에 무릎을 꿇고 쓰러지고 엎어졌네 무릎을 꿇은 그곳에서 쓰러지고 잔혹한 죽임을 당하였네

28 시스라의 어머니가 창문을 통하여 바라보며 창살을 통하여 부르짖어 말하기를 '어찌하여 그의 병거가 돌아옴이 더디고 어찌하여 그의 병거들의 걸음들이 늦어지고 있나?' 하니

29 그녀의 영리한 공주들이 대답하고 그녀도 그녀의 말들로 자신에게 답하기를

30 '그들이 노략물을 발견하고 나누고 있지 않겠느냐? 남자의 머릿수에 따라 처녀,

두 시녀를 노략물로, 시스라는 채색옷들, 노략물로 수놓은 채색옷들, 노획자의 목을 위해 이중으로 수놓은 채색옷을!'

31 여호와여 당신의 모든 원수들이 이처럼 망하게 하옵소서 주를 사랑하는 자들은 주의 권능으로 태양이 돋는 것처럼 [나오게 하옵소서]" 하니라 그 땅이 사십 년 간 평온했다

6장

1 이스라엘 자손이 여호와의 목전에 그 악을 행하였다 그래서 여호와께서 미디안 의 손에 그들을 칠 년간 넘기셨다

2 미디안의 손이 이스라엘 위에 강하였고 이스라엘 자손은 미디안의 얼굴에서 [피하려고] 자신들을 위하여 언덕에 은닉처와 굴과 산성을 만들었다

3 이스라엘이 파종하면 그때마다 미디안과 아말렉과 동방 자손들이 그를 대항하 여 올라와서

4 진을 치고 땅의 소산물을 망치되 가사까지 들어가서 이스라엘 가운데에 생명을 유지할 양이나 소나 나귀를 하나도 남기지 않을 정도였다

5 이는 그들이 그들의 가축들과 장막들을 가지고 올라오고 메뚜기 떼처럼 많이 들어오되 [그토록] 무수한 그들과 그들의 낙타들이 그 땅에 들어와 파괴했기 때문이다

6 이스라엘이 미디안의 면전에서 심하게 궁핍하여 이스라엘 자손이 여호와께 절 규했다

7 이스라엘 자손이 미디안 때문에 여호와께 부르짖게 되니

8 여호와께서 이스라엘 자손에게 한 명의 선지자를 보내셨고 그가 그들을 향해 말하였다 "이스라엘의 하나님 여호와가 이같이 말씀하셨다 '나는 너희를 애굽에 서 올라가게 하였으며 노예들의 땅에서 너희를 나오게 만들었다

9 애굽의 손과 너희를 학대하는 모든 자들의 손에서 너희를 구하였고 그들을 너 희의 면전에서 쫓아냈고 그들의 땅을 너희에게 주었으며

10 내가 너희에게 말하기를 나는 너희의 하나님 여호와라 [그러므로] 너희가 거하

는 그 땅의 주인 아모리의 신들을 두려워하지 말라[고 하였으나] 너희가 내 목소리를 청종하지 않았다'고 하시니라"

11 여호와의 사자가 와서 아비에셀 사람 요아스에게 속한 오브라에 있는 상수리나무 아래에 앉았다 그(요아스)의 아들 기드온은 미디안의 면전에서 벗어나기 위해 포도주 틀에서 밀을 타작하는 중이었다

12 여호와의 사자가 그에게 나타나 그에게 말하였다 "여호와가 너와 함께 계시도다 강한 용사여"

13 기드온이 그에게 말하였다 "오 나의 주님이여 여호와께서 우리와 함께 계시다면 어찌하여 우리에게 이 모든 일들이 일어난 것인지요? 그리고 여호와께서 우리를 애굽에서 올라오게 하신 게 아니냐고 말한 우리 조상들이 우리에게 설명한 그의 모든 경이로운 일들이 어디에 있습니까? 이제는 여호와께서 우리를 버리셨고 우리를 미디안의 손아귀에 넘기셨습니다"

14 여호와께서 그에게로 돌아서서 말하셨다 "너는 너의 이 힘을 가지고 가서 이스라엘을 미디안의 손에서 구원하라 내가 너를 보내는 것이 아니냐"

15 그(기드온)가 그에게 말하였다 "오 주님이여 제가 무엇을 가지고 이스라엘을 구원할 수 있습니까? 보십시오 저의 가족은 므낫세 중에 가장 미약하고 제 아버지의 집에서 저는 가장 작습니다"

16 여호와께서 그에게 말하셨다 "진실로 내가 너와 함께 할 것이기 때문에 너는 미디안을 한 사람처럼 치게 되리라"

17 그(기드온)가 그에게 말하였다 "만일 제가 지금 당신의 목전에서 은총을 입었다면 저를 위하여 저와 말하는 이가 당신이라는 표적을 행하소서

18 제가 돌아와서 저의 예물을 가져와 당신 앞에 둘 때까지 이곳을 떠나지 마시기를 원합니다" 그가 말하셨다 "네가 돌아올 때까지 내가 머물리라"

19 기드온이 가서 어린 숫염소를 준비하고 가루 한 에바로 무교병을 만들고 고기를 소쿠리에 담고 스프를 냄비에 담아 상수리나무 아래 그에게로 가져다가 제공했다

20 하나님의 사자가 그에게 말하였다 "너는 고기와 무교병을 가져다가 이 바위 위에 놓고 스프를 부으라" 기드온이 그렇게 행하였다

21 여호와의 사자가 손에 [있는] 그의 지팡이 끝으로 고기와 무교병을 건드리니

불이 바위에서 나와 고기와 무교병을 삼키더라 여호와의 사자는 그의 목전에서 떠나갔다

22 기드온은 그가 여호와의 사자인 줄 깨닫고 기드온은 말하였다 "오 주 여호와여 내가 여호와의 사자를 대면하여 보았나이다"

23 여호와께서 그에게 말하셨다 "너에게 평화로다 두려워 말라 네가 죽지 않으리라"

24 기드온이 거기에 여호와를 위하여 제단을 쌓고 그것에 대해 여호와 샬롬이라 칭하였고 그것은 이 날까지 아비에셀 사람에게 속한 오브라에 있다

25 그 날 밤에 여호와께서 그에게 말하셨다 "너는 네 아버지의 소떼들 중에서 수소 즉 칠 년 된 둘째 수소를 취하여라 그리고 네 아버지께 있는 바알의 제단을 허물고 그 위의 아세라를 찍어내라

26 그리고 네 하나님 여호와를 위하여 이 산성의 꼭대기에 제단을 가지런히 쌓고 그 둘째 수소를 잡아 네가 잘라낸 아세라 나무로 번제를 드려라"

27 이에 기드온은 그의 종들을 열 명 취하여서 여호와께서 그에게 말씀하신 대로 행하되 낮에 행하기엔 그의 아버지 집과 그 성읍의 사람들이 두려워서 밤에 행하였다

28 그 성읍의 사람들이 아침에 일찍 일어나서 보니 바알의 제단은 파괴되고 그 위의 아세라는 찍혔으며 세워진 제단 위에는 그 둘째 수소가 올려져 있었더라

29 그들은 각자가 그의 이웃에게 말하였다 "누가 이런 짓을 하였는가?" 그들은 조사하고 탐색하여 요아스의 아들 기드온이 이 짓을 하였다고 말하였다

30 그 성읍의 사람들이 요아스에게 말하였다 "너의 아들을 끌어내고 그로 죽게 하라 이는 그가 바알의 제단을 파괴했기 때문이며 그가 그 위의 아세라를 찍어냈기 때문이다"

31 요아스가 자기를 둘러선 모든 자들에게 말하였다 "너희가 바알을 위하여 싸우느냐 너희가 그를 구하려고 하느냐 그를 위하여 싸우는 자는 아침까지 죽임을 당하리라 그가 신이라면 그가 자신을 위하여 싸우리라 이는 그(기드온)가 그(바알)의 제단을 허물었기 때문이라"

32 그 날에 그(아버지)는 그(기드온)가 그(바알)의 제단을 파괴하여 바알이 그와 더불어 싸울 것이라고 말하면서 그(기드온)를 향하여 여룹바알이라 불렀다

33 미디안과 아말렉과 동방의 자손들이 모두 연대하여 모였으며 [요단 강을] 건너

와서 이스르엘 골짜기에 진을 쳤다

34 여호와의 영이 기드온에게 입혀지고 그가 나팔을 부니 아비에셀이 그의 뒤를 따라 부름을 받았더라

35 기드온이 전령들을 온 므낫세에 두루 보내어 그의 뒤를 따르도록 소집했고 아셀과 스불론과 납달리에 전령들을 보내어 그들을 만나도록 올라오게 했다

36 기드온이 하나님께 말하였다 "당신께서 약속하신 것처럼 만약 나의 손으로 이스라엘을 구원하려 하신다면

37 보소서 제가 양털 한 뭉치를 타작하는 마당에 둘 것입니다 만약 이슬이 양털에만 생기고 땅 전체는 마른다면 당신께서 약속하신 것처럼 당신께서 나의 손으로 이스라엘을 구원하게 하실 것임을 제가 알 것입니다"

38 [그의 말대로] 그렇게 되었더라 이튿날 기드온이 일어나서 양털을 가져다가 그 양털에서 이슬을 짜니 물이 그릇에 가득했다

39 기드온이 하나님께 말하였다 "저에게 진노를 발하지 마옵소서 이번 한번만 말씀을 드립니다 부디 한번만 저로 하여금 양털로 시험하게 하옵소서 이제는 양털만 마르고 땅 전체에는 이슬이 있게 하옵소서"

40 그 밤에 하나님이 그대로 행하셨다 양털에는 마름이 있고 땅 전체에는 이슬이 있었더라

7장

1 여룹바알 즉 기드온과 그와 함께 한 모든 사람이 일찍 일어나서 하롯 샘 가까이에 진을 쳤으며 미디안의 진영은 그들의 북쪽이요 모레 산 앞 골짜기에 있었더라

2 여호와께서 기드온에게 말하셨다 "내가 미디안을 그들의 손에 넘겨 주기에는 너와 함께한 사람이 너무나도 많다 이스라엘이 '내 손이 나를 구원한 것이라'고 말하며 나를 거슬러 스스로 자랑할 것이라

3 이제 너는 백성의 귀에 고하여 말하기를 '두려워서 떠는 자는 누구인가? 그는 길르앗 산지에서 돌이켜 일찍 떠나가라' 하라" 이에 백성 중에 이만 이천 명이 돌아가고 만 명이 남았더라

4 여호와께서 기드온에게 말하셨다 "백성이 아직도 많으므로 너는 그들을 물가로 데려가라 거기에서 내가 그(백성)를 제련하고 너에게 '이 사람이 너와 함께할 것이라'고 말하면 그가 너와 함께할 것이고 내가 너에게 '이 사람은 너와 함께 하지 않을 것이라'고 말하는 모든 자들은 가지 않을 것이니라"

5 그가 백성을 물가로 데려가자 여호께서 기드온에게 말하셨다 "너는 개가 핥는 것처럼 물을 혀로 핥는 모든 자들과 무릎을 굽히고 마시는 자들을 분리하라"

6 삼백 사람이 [물을] 그들의 손에서 입으로 [가져가서] 핥았고 그 외의 모든 백성은 무릎을 굽히고 물을 마셨더라

7 여호와께서 기드온에게 말하셨다 "내가 [이 물을] 핥[아 먹]는 삼백의 사람으로 너희를 구원하며 미디안을 너의 손에 넘기리라 모든 백성은 각자 자신의 장소로 갈 것이니라"

8 이에 백성이 그들의 손에 양식과 나팔을 들었더라 그(기드온)는 모든 이스라엘 사람을 각각 그들의 장막으로 보냈고 그 삼백 명의 사람은 머물게 하였더라 미디안 진영은 그 아래 골짜기에 있었더라

9 그날 밤에 여호와께서 그에게 말하셨다 "일어나 진영으로 내려가라 이는 내가 그것을 너의 손에 주었기 때문이다

10 만일 네가 내려가는 것이 두렵다면 너의 부하인 부라와 함께 그 진영으로 내려가라

11 그리고 너는 그들이 무엇을 말하는지 들으라 이후에 너의 손이 강해져서 진영으로 내려갈 것이니라" 그가 그의 부하 부라와 함께 진영 안에 무장된 군대의 변방으로 내려가니

12 미디안과 아말렉과 동방의 모든 사람들이 골짜기에 누웠는데 많기가 무수한 메뚜기와 같았고 낙타들은 많기가 해변의 모래처럼 무수했다

13 기드온이 갔다 보라 어떤 사람이 그의 친구에게 꿈을 얘기하며 말하였다 "야! 내가 꿈을 꾸었는데, 봐봐! 보리떡 한 덩어리가 미디안 진영으로 이리저리 돌면서 장막으로 왔고 그것을 쳤는데 그것을 무너지게 했어 윗 부분을 때렸는데 그게 무너졌지 뭐야!"

14 그의 친구가 대답하여 말하였다 "이것은 분명히 이스라엘 사람 요아스의 아들 기드온의 칼이구나 하나님이 미디안과 그의 모든 진영을 그의 손에 넘겼나봐"

15 기드온이 그 꿈 이야기와 해몽을 듣고 [여호와를] 경배했다 그가 이스라엘 진영으로 돌아와 말하였다 "너희는 일어나라 여호와께서 미디안 진영을 너희의 손에 넘기셨다"

16 그가 삼백 명의 사람을 세 무리로 나누고 모두의 손에 나팔과 빈 항아리와 그 항아리 안에 횃불을 주며

17 그들에게 말하였다 "너희는 나에게서 보고 그렇게 행하여라 내가 그 진영의 변방으로 가는 것을 보고 내가 행하는 것처럼 너희도 그렇게 행하여라

18 나와 나를 따르는 모두가 나팔을 불거든 너희도 모든 진영 주위에서 나팔을 불며 말하여라 '여호와를 위하여, 기드온을 위하여'"

19 기드온이 자신과 함께한 백 명과 더불어 진영의 변방으로 자정의 초입 즉 보초들이 [임무를] 교대하는 때에 갔고 그들이 나팔을 불었으며 그들의 손에 있던 항아리를 깨뜨렸다

20 세 무리가 나팔을 불고 그 항아리를 깨뜨리고 강해져서 왼손에 횃불을 들고 오른손에 나팔을 들고 불면서 외치기를 "여호와와 기드온의 칼이로다" 하고

21 그 진영을 둘러싼 각자의 자리에 섰는데 그 온 진영[의 군사들]이 달리고 부르짖고 도망쳤다

22 삼백 명이 나팔을 불었고 여호와는 그 온 진영에서 사람이 그의 친구를 칼로 치게 하시므로 적군이 스레라의 벧 싯다로, 답밧에 가까운 아벨 므홀라의 경계까지 도망갔다

23 납달리와 아셀과 므낫세 전체에서 부름을 받은 이스라엘 사람들이 미디안을 추격했다

24 기드온이 사자들을 에브라임 온 산지로 보내어 말하기를 "너희는 미디안을 만나도록 내려가고 그들보다 앞서 벧바라와 요단 강에 이르는 수로를 장악하라" 하니 에브라임 사람들이 모두 소집되고 벧바라와 요단으로 향하는 수로를 점령했다

25 그들은 미디안의 두 방백 오렙과 스엡을 체포했다 그들이 오렙은 오렙 바위에서 죽였고 스엡은 스엡 포도주 틀에서 죽였다 그들은 미디안을 추격했고 오렙과 스엡의 머리를 요단 강 건너편에 있는 기드온에게 가져갔다

8장

1 에브라임 사람이 그에게 말하였다 "네가 미디안과 싸우러 갈 때에 우리를 부르지 않는 이런 일을 어찌 우리에게 하였느냐?" 그들이 그와 격렬하게 다투었다

2 그가 그들에게 말하였다 "내가 이제 행한 것이 어찌 너희 같을 수 있겠느냐 주은 에브라임 이삭이 수확한 아비에셀 포도보다 낫지 아니하냐

3 하나님은 미디안의 방백 오렙과 스엡을 너희 손에 주셨는데 내가 무엇을 너희처럼 할 수 있겠느냐" 그가 이 말을 할 때에 그들의 숨이 풀어졌다

4 기드온은 그와 함께하는 삼백 명의 지친 사람과 더불어 요단으로 가서 건너고 추격하며

5 숙곳 사람에게 말하였다 "나의 발걸음[을 따르는] 백성이 지쳤으니 부탁한다 그들에게 떡덩이를 주어라 나는 미디안의 왕들인 세바와 살문나의 뒤를 추격하고 있다"

6 숙곳의 방백들이 말하였다 "우리가 너의 군대에게 떡을 주어야 할 이유로서 세바와 살문나의 손바닥이 지금 너의 손에 있다는 것이냐?"

7 기드온이 말하였다 "그렇다면 여호와께서 세바와 살문나를 나의 손에 넘기신 후에 내가 들가시와 찔레로 너희의 살을 때릴 것이니라"

8 그는 거기에서 브누엘로 가서도 그들에게 동일하게 말하였다 브누엘 사람들은 숙곳 사람들이 대답한 것처럼 그에게 답하였다

9 그가 브누엘 사람들을 향해서도 이르기를 "내가 평안히 돌아올 때 이 망대를 헐리라"고 말하였다

10 세바와 살문나 및 그들과 함께하는 그들의 군대가 갈골에 있었는데 [그들은] 동방 자손들의 모든 군대 중에서 살아남은 만 오천 명 가량이며 쓰러진 자들은 칼을 뽑는 십이만 명의 사람이다

11 기드온은 노바와 욕브하 동쪽의 장막들에 거주하는 자들의 길로 올라가서 안전함이 있는 진영과 군대를 공격하니

12 세바와 살문나는 도망쳤고 그는 그들의 뒤를 추격하여 미디안의 두 왕 세바와 살문나를 잡았으며 그 모든 군대를 떨게 만들었다

13 요아스의 아들 기드온이 헤레스 비탈의 전쟁에서 돌아왔다

14 그가 숙곳의 사람들 중에서 한 젊은이를 잡아 심문했다 그(젊은이)가 그(기드온)를 위하여 숙곳의 방백들과 칠십칠 명의 장로들[의 이름]을 기재했다

15 그가 숙곳 사람에게 와서 말하였다 "너희가 [이전에] 나에게 희롱하며 말하기를 '우리가 너의 지친 사람들에게 떡을 주어야 할 이유로서 세바와 살문나의 손바닥이 지금 너의 손에 있다는 것이냐?'고 한 세바와 살문나를 보라"

16 그가 그 성읍의 장로들과 들가시와 찔레를 취하였고 그것들로 숙곳 사람들을 가르쳤다

17 그가 브누엘의 망대를 허물었고 그 성읍 사람들을 죽이니라

18 그가 세바와 살문나에게 말하였다 "너희가 다볼에서 죽인 사람들은 어디에 있느냐?" 그들이 말하였다 "그들이 너처럼 왕의 아들들의 모습 같더라"

19 그가 말하였다 "그들은 내 형제들, 내 어머니의 아들들! 여호와의 사심[을 두고 맹세한다] 만일 너희가 그들을 살게 하였다면 내가 너희를 죽이지 않았을 것이다"

20 그가 그의 장남 여델에게 말하였다 "너는 일어나라 이들을 죽이라" 그러나 그는 그의 칼을 뽑지 못하였다 이는 그가 아직 어려서 두려웠기 때문이다

21 세바와 살문나가 말하였다 "너 자신이 일어나서 우리와 마주해라 이는 사람이 그의 힘과 같기 때문이다" 기드온이 일어나 세바와 살문나를 죽이고 그들의 낙타들의 목에 있던 그 초승달 [모양의 장식]들을 취하였다

22 이스라엘 사람이 기드온에게 말하였다 "당신이 우리를 구원해 주셨으니 당신, 당신의 아들, 그리고 당신의 손자가 우리 가운데서 다스려 주십시오"

23 기드온이 그들에게 말하였다 "나는 너희 가운데서 다스리지 않겠고 나의 아들도 너희 가운데서 다스리지 않을 것이고 여호와께서 너희 가운데서 다스리실 것이다"

24 기드온이 그들을 향해 말하였다 "내가 너희에게 요청할 것이 있는데 너희는 나에게 각자가 탈취한 귀고리를 달라 이는 그들이 이스마엘 사람이니 금 귀고리가 그들에게 [있음이 분명하기] 때문이다"

25 그들이 말하였다 "우리가 기꺼이 드릴 것입니다" 그들이 겉옷을 펼치고 거기에 각자가 탈취한 귀고리를 던지더라

26 그가 요청한 금 귀고리의 무게가 금 천칠백 [세겔]이며 이 외에도 초승달 장식들과 패물과 미디안 왕들이 입었던 자색 옷들, 그 외에도 그들의 낙타 목을 두

른 목걸이가 있었더라

27 기드온이 그것으로 에봇을 만들어 자신의 성읍 오브라에 두었는데 온 이스라엘이 거기에 있는 그것을 따라 음행하여 그것이 기드온과 그의 집에 올무가 되었더라

28 미디안이 이스라엘 자손의 면전에서 겸손하게 되어 다시는 그 머리를 들지 못하였다 기드온의 날들에 그 땅이 사십 년간 평온했다

29 요아스의 아들 여룹바알이 그의 집으로 가서 머물렀다

30 기드온에게 많은 아내들이 있었기 때문에 그에게는 그의 허리에서 나온 칠십 명의 아들들이 있다

31 첩이 세겜에 있었는데 그녀도 그에게 아들을 낳았으며 그(기드온)가 그의 이름을 아비멜렉으로 정하였다

32 요아스의 아들 기드온이 좋은 나이에 죽어서 아비에셀 사람의 오브라에 있는 그의 아버지 요아스의 묘실에 묻히었다

33 기드온이 죽자 이스라엘 자손은 돌아서서 그 바알들을 따라가 음행하고 자신들을 위하여 바알브릿을 신으로 정하였다

34 이스라엘 자손은 주변의 모든 원수들의 손에서 자기들을 구원하신 여호와 자기들의 하나님을 기억하지 않았으며

35 여룹바알 즉 기드온이 이스라엘에게 모든 선행을 베푼 것처럼 그들은 그의 집에 인애를 베풀지도 않았더라

9장

1 여룹바알의 아들 아비멜렉이 그의 어머니의 형제들을 [만나려고] 세겜으로 가서 그들에게, 그리고 그의 외조부의 온 가족에게 말하여 이르기를

2 "청합니다 당신들은 세겜의 모든 가장들의 귀에 [이렇게] 말씀해 주십시오 '당신들을 위하여 무엇이 좋습니까? 여룹바알의 모든 아들들 칠십 명이 당신들을 다스리는 것입니까? 아니면 한 사람이 당신들을 다스리는 것입니까? 저는 당신들의 뼈와 살임을 기억해 주십시오'" 하니

3 그의 어머니의 형제들이 그를 위하여 이 모든 말을 세겜의 모든 가장들의 귀에 말하였다 이에 그들이 "그는 우리의 형제"라고 말하므로 그들의 마음은 기울어 서 아비멜렉을 뒤따랐다

4 그들이 바알브릿 신전에서 그에게 은 칠십을 주니 아비멜렉이 그것으로 방탕하고 경솔한 사람들을 고용했고 그들은 그를 뒤따랐다

5 그는 오브라에 있는 그의 아버지 집으로 가서 자신의 형제들 즉 여룹바알의 아들들 칠십 명을 한 바위 위에서 죽였으나 여룹바알의 막내 아들 요담은 스스로를 숨겨서 생존했다

6 세겜의 모든 가장들과 밀로의 모든 족속이 스스로 모였으며 [세겜으로] 가서 아비멜렉을 세겜에 있는 상수리나무 기둥 곁에서 왕으로 옹립했다

7 그들이 요담에게 [이 소식을] 알리니 그가 그리심 산 꼭대기로 가서 서서 그의 목소리를 높여 그들에게 외쳐 말하기를 "세겜의 가장들이여 당신들은 나에게 들으시오 하나님도 당신들을 들으실 것입니다

8 나무들이 나가서 자신들 위에 왕에게 기름을 부으려고 나가 올리브 나무에게 말합니다 '당신은 우리 위에 왕이 되십시오'

9 올리브 나무가 그들에게 말합니다 '내가 하나님과 사람들을 영화롭게 하는 나의 기름을 중단하고 어찌 나무들 위에 우쭐대러 가겠어요?'

10 나무들이 무화과 나무에게 말합니다 '당신은 우리 위에 왕이 되십시오'

11 무화과 나무가 그들에게 말합니다 '내가 나의 달콤함과 나의 좋은 열매를 중단하고 어찌 나무들 위에 우쭐대러 가겠어요?'

12 나무들이 포도나무에게 말합니다 '당신은 와서 우리 위에 왕이 되십시오'

13 포도나무가 그들에게 말합니다 '내가 하나님과 사람들을 기쁘게 하는 포도주를 중단하고 어찌 나무들 위에 우쭐대러 가겠어요?'

14 그 모든 나무들이 가시나무에게 말합니다 '당신은 와서 우리 위에 왕이 되십시오'

15 가시나무가 나무들에게 말합니다 '만일 너희가 확실하게 내게 기름을 부어 너희 위에 왕으로 삼는다면 너희는 와서 나의 그늘에 피하여라 그렇지 않는다면 가시나무에서 불이 [나와] 레바논의 백향목들을 삼키리라'

16 지금 당신들이 만약 아비멜렉을 옹립함에 있어서 진실함과 온전함 속에서 행했다면, 당신들이 여룹바알 및 그의 가족을 선하게 대했다면, 당신들이 그의 손이

행한 것처럼 그에게 행했다면 [좋았을 것입니다]

17 나의 아버지는 당신들을 위하여 싸우셨고 자신의 생명을 [위험으로, lxx] 던지셨고 당신들을 미디안의 손에서 구하신 분입니다

18 [그런데도] 당신들은 오늘 내 아버지의 집에 맞서서 일어섰고 한 바위 위에서 그의 아들들 칠십명을 죽였으며 그의 여종의 아들인 아비멜렉을 당신들의 형제라는 이유로 세겜의 가장들 위에 왕으로 삼았으니 [어찌된 일입니까?]

19 만약 당신들이 오늘날 진실함과 온전함을 가지고 여룹바알 및 그의 집에 행했다면 당신들은 아비멜렉을 기뻐할 것이고 아비멜렉도 당신들을 기뻐할 것입니다

20 만약 그렇지 않다면 아비멜렉에게서 불이 나와 세겜의 가장들과 밀로의 집을 태울 것입니다 세겜의 가장들과 밀로의 집에서도 불이 나와 아비멜렉을 태울 것입니다"

21 요담이 그의 형제 아비멜렉 면전에서 도망하여 피하였고 브엘로 가서 거기에 거하였다

22 아비멜렉이 이스라엘을 3년 다스렸다

23 하나님이 아비멜렉과 세겜의 가장들 사이에 악한 영을 보내셨고 세겜의 가장들은 아비멜렉을 배신했다

24 [이는] 칠십 명의 여룹바알의 아들들에게 [가해진] 폭력이 [되돌아] 온 것이며, 그들의 피가 그들을 죽인 그들의 형제 아비멜렉 위에 [놓인 것이며], 그리고 그의 형제들을 죽이도록 그의 손을 강하게 한 세겜의 가장들 위에 놓인 것이었다

25 세겜의 가장들이 그 산들의 꼭대기에 그를 대항하여 사람들을 매복시켜 그 길로 지나가는 모든 것을 탈취하게 하였는데 이것이 아비멜렉에게 알려졌다

26 에벳의 아들 가알과 그의 형제들이 세겜을 가로질러 왔다 세겜의 가장들이 그를 신뢰했다

27 그들은 밭으로 가서 그들의 포도를 수확하고 밟아서 [포도즙을 짜고] 연회를 베풀었다 그들은 그들의 신당으로 가서 먹고 마시며 아비멜렉을 저주했다

28 에벳의 아들 가알이 말하였다 "아비멜렉은 누구이며 세겜은 누구길래 우리가 아비멜렉을 섬기는가? [그는] 여룹바알의 아들이 아닌가? 스불은 그의 신복이 아닌가? 너희는 세겜의 아버지 하몰의 사람들을 섬겨라 어찌 우리가 아비멜렉을 섬기는가?

29 누군가 나에게 이 백성을 준다면 나는 아비멜렉을 [반드시] 제거할 것이다" 그가 아비멜렉을 향해 말하였다 "너는 너의 군대를 증원하여 나오라"

30 그 성읍의 방백 스불이 에벳의 아들 가알의 말을 듣고 분노를 격발했다

31 그가 전령들을 비밀리에 아비멜렉에게 보내어 말하였다 "보십시오 세겜으로 오는 에벳의 아들 가알과 그의 형제들을! 보십시오 그들이 당신과 맞서며 그 성읍을 장악하고 있습니다

32 당신 및 당신과 함께한 백성은 이제 밤에 일어나 밭에서 매복을 하십시오

33 아침에 태양이 떠오를 때 당신은 일찍 일어나서 이 성읍으로 불시에 침투하면 그 및 그와 함께한 사람이 당신에게 나아오는 것을 보십시오 당신은 당신의 손이 발견한 것처럼 그에게 하십시오"

34 아비멜렉과 그와 함께 있는 모든 백성이 밤에 일어나 네 무리로 나누어 세겜에 맞서 매복했다

35 에벳의 아들 가알은 나와서 그 성읍의 문 입구에 섰고 아비멜렉과 그와 함께한 백성은 매복한 곳에서 일어났다

36 가알이 그 백성을 보고 스불에게 말하였다 "저 산들의 정상에서 내려오는 백성을 보아라" 스불이 그에게 말하였다 "너는 산들의 그림자를 사람처럼 보았구나"

37 가알은 말하기를 추가하며 다시 말하였다 "보아라 백성이 저 땅의 가운데로 내려오고 있고 한 무리가 무오느님 상수리나무 길을 따라 들어오고 있다"

38 스불이 그에게 말하였다 "네가 '아비멜렉은 누구길래 우리가 그를 섬기는가' 라고 말하던 너의 입은 어디에 있느냐 이는 네가 멸시하던 그 백성이 아니냐 이제 제발 너는 나가서 그들과 싸우라"

39 가알이 세겜 가장들의 면전으로 나가 아비밀렉과 접전했다

40 아비멜렉은 그를 추격했고 그(가알)는 그들의 면전에서 도망쳤다 성문 입구까지 부상을 당하여 엎드러진 자들이 수다했다

41 아비멜렉은 아루마에 머물렀고 스불은 가알과 그의 형제들이 세겜에 머물지 못하도록 몰아냈다

42 이튿날이 되니 그 백성이 그 밭으로 나왔고 [이 사실은] 아비멜렉에게 알려졌다

43 그는 [자기] 백성을 세 무리로 나누었고 매복했다 그 백성이 성읍에서 나오는 것을 보고 일어나 그들을 공격했다

44 아비멜렉 및 그와 함께한 무리는 침투하여 성문 입구에 섰고 두 무리는 그 밭에 있는 모든 자들을 공격하고 그들을 제거했다

45 아비멜렉은 그 날 종일토록 그 성읍에서 싸웠으며 그 성읍을 점령하고 거기에 있는 그 백성을 죽이고 그 성읍을 허물고 소금을 뿌렸다

46 세겜 망대의 모든 주인들이 [이 사실을] 듣고 엘브릿 신당의 밀실로 들어갔다

47 세겜 망대의 모든 주인들이 모였다는 것이 아비멜렉에게 알려졌다

48 아비멜렉 및 그와 함께한 모든 백성이 살몬 산으로 올라갔다 아비멜렉이 자신의 손으로 도끼를 취하고 나뭇가지를 잘라 들어올려 자신의 어깨에 두면서 그 백성에게 말하였다 "너희는 내가 행하는 것을 보고 너희도 나처럼 서둘러 행하라"

49 그 모든 백성도 각자가 그 가지를 찍어서 아비멜렉을 따라 밀실 위에 놓고 그것들이 얹혀 있는 밀실에 불을 놓으매 세겜 망대의 모든 사람들이 죽었는데 남녀가 천 명이었다

50 아비멜렉이 데베스로 가서 데베스에 진을 치고 그것을 점령했다

51 성읍 가운데에 견고한 망대가 있었는데 그 성읍의 모든 남녀와 모든 주인들이 그곳으로 도망갔다 그들은 그들의 뒤에 [있는 문을] 잠그고 그 망대의 꼭대기로 올라갔다

52 아비멜렉이 그 망대까지 와서 그 안을 공격하며 거기에 불을 지르려고 그 망대의 입구까지 갔다

53 그리고 한 여인이 맷돌의 위짝을 아비멜렉의 머리 위에 던져서 그의 두개골을 깨뜨렸다

54 아비멜렉은 자신의 무기들을 든 젊은이를 급하게 불러서 그에게 말하였다 "너는 너의 검을 뽑아 나를 죽여라 사람들이 나를 가리켜 '여자가 그를 죽였다'고 말하지 못하도록!" 그 젊은이가 그를 찌르니 그가 죽었더라

55 이스라엘 사람들은 아비멜렉이 죽은 것을 보고 각자 자신의 처소로 [돌아]갔다

56 하나님은 아비멜렉이 그의 형제들 70명을 죽이면서 자기 아비에게 행한 악을 갚으셨다

57 하나님은 또한 세겜 사람들의 모든 악을 그들의 머리에 갚으셨다 여룹바알의 아들 요담의 저주가 그들에게 응하였다

10장

1 아비멜렉 이후에 잇사갈 사람 도도의 아들 부아의 아들 돌라가 일어나서 이스라엘을 구원했다 그는 에브라임 산지 사밀에 거주했다

2 그는 이스라엘을 이십삼 년을 다스렸고 죽어서 사밀에 장사되었다

3 그 후에 길르앗 사람 야일이 일어나서 이십이 년 동안 이스라엘을 다스렸다

4 그에게는 삼십 마리의 나귀를 탄 삼십 명의 아들이 있었고 그들에게 삼십 성읍들[이 있었는데], 그것들은 길르앗 땅에 [있으며] 오늘까지 하봇 야일이라 불려진다

5 야일은 죽었고 가몬에 장사되었다

6 이스라엘 자손이 다시 여호와의 목전에 악을 행하였다 바알들, 아스다롯들, 아람의 신들, 시돈의 신들, 모압의 신들, 암몬 자손의 신들, 블레셋 사람들의 신들을 섬기고 여호와를 버리고 그를 섬기지 아니했다

7 여호와께서 이스라엘에게 진노를 발하셨고 블레셋 사람들의 손과 암몬 자손의 손에 그들을 파셨다

8 그들이 그해에 이스라엘 자손을 학대하고 박살냈다 요단 강 건너편 길르앗에 있는 아모리 족속의 땅에 있는 이스라엘 자손 전부를 십팔 년 동안이나!

9 암몬 자손이 또 요단을 건너서 유다와 베냐민과 에브라임 집안과 싸우므로 이스라엘은 너무도 괴로웠다

10 이스라엘 자손이 여호와께 부르짖어 말하였다 "우리가 당신에게 죄를 지었는데 [이는] 우리 하나님을 버리고 그 바알들을 섬긴 것입니다"

11 여호와께서 이스라엘 자손에게 이르시되 "애굽과 아모리와 암몬 자손과 블레셋 자손으로부터 [내가 너희를 구원하지] 않았느냐?

12 또 시돈과 아말렉과 마온이 너희를 압제할 때 너희가 내게 절규해서 내가 너희를 그들의 손에서 구원했다

13 [그런데도] 너희가 나를 버리고 다른 신들을 섬기므로 내가 다시는 너희를 구원하지 않으리라

14 너희는 가서 너희가 선택한 신들에게 부르짖어 너희 환란의 때에 그들로 하여금 너희를 구원하게 하라" 하니

15 이스라엘 자손이 여호와께 말하였다 "우리가 범죄를 했습니다 당신의 눈에 좋을 대로 무엇이든 우리에게 행하소서 그러나 오늘날 비나이다 우리를 건지소서"

16 그들이 자기들 가운데서 이방 신들을 제하여 버리고 여호와를 섬기니 그의 생명이 이스라엘의 역경으로 인하여 짧아졌다

17 암몬 자손이 소집되어 길르앗에 진을 쳤고 이스라엘 자손도 소집되어 미스바에 진을 쳤다

18 길르앗 백성과 방백들이 서로에게 말하였다 "암몬 자손과 싸움을 시작하고 길르앗에 거주하는 모든 자들의 머리가 될 사람은 누구인가?"

11장

1 길르앗 사람 입다는 큰 용사였다 매춘부의 아들이다 길르앗이 입다를 태어나게 했다

2 길르앗의 아내도 그에게 아들들을 낳았는데 그 아내의 아들들이 성장하여 입다를 내쫓으며 그에게 말하였다 "너는 다른 여자의 아들이기 때문에 우리 아버지의 집에서 기업을 잇지 못하리라"

3 이에 입다가 그의 형제들의 얼굴을 피하여 돕 땅에 머물렀다 잡류가 입다의 사람들에 합류하여 그와 함께 출입했다

4 얼마 후에 암몬 자손이 이스라엘과 싸우려고 했다

5 암몬 자손이 이스라엘과 싸우려고 하자 길르앗 장로들이 입다를 데려오기 위해 돕 땅으로 가서

6 입다에게 말하였다 "와서 우리의 사령관이 되라 [그러면] 우리가 암몬 자손과 싸우려고 한다"

7 입다가 길르앗 장로들을 향해 말하였다 "너희가 [예전에] 나를 미워하여 내 아버지의 집에서 나를 쫓아내지 않았느냐? 이제는 어찌하여 나에게로 왔느냐? 너희에게 [일어난] 어려움 때문이냐?"

8 길르앗 장로들이 입다에게 말하였다 "그래서 지금 우리가 너에게로 돌아왔다 너는 우리와 함께 가서 암몬 자손과 전쟁을 벌인다[면] 길르앗에 거하는 우리

모두에게 머리가 되리라"

9 입다가 길르앗 장로들을 향해 말하였다 "너희가 나를 암몬 자손과 싸우도록 데려가고 여호와가 그들을 나에게 주신다면 내가 너희에게 머리가 되겠노라"

10 길르앗 장로들이 입다에게 말하였다 "너의 말처럼 우리가 그렇게 행하지 않는다면 여호와가 우리 사이에서 들으신 분이시다"

11 입다는 길르앗 장로들과 함께 갔고 그 백성은 그를 자기들의 머리와 장관으로 정하였다 입다는 미스바에서 자신의 모든 말을 여호와의 면전에서 말하였다

12 입다가 암몬 자손의 왕에게 사자들을 보내어 말하였다 "내 땅에서 싸우려고 나에게로 온 이유는 나에게 그리고 너에게 무엇이냐?"

13 암몬 자손의 왕이 입다의 사자들에게 말하였다 "이스라엘이 애굽에서 올라오며 아르논에서 얍복과 요단까지 내 땅을 점령했기 때문이다 이제 너희는 그곳들이 평화롭게 반환되게 하라"

14 입다가 암몬 자손의 왕에게 다시 사자들을 다시 보내며

15 그에게 말하였다 "입다가 이같이 말하였다 '이스라엘은 모압의 땅과 암몬 자손의 땅을 탈취하지 않았다

16 이유는 이러하다 이스라엘이 애굽에서 올라올 때 광야로 행하였고 홍해까지 이르고 가데스로 갔다

17 이스라엘이 사자들을 에돔 왕에게 보내어 '청하건대 나를 네 땅 가운데로 지나가게 하라'고 말했지만 에돔 왕은 듣지 않았으며 모압 왕에게도 보냈으나 그도 거절하여 이스라엘은 가데스에 머물렀다

18 그리고 [그들은] 광야로 들어가고 에돔 땅과 모압 땅을 돌아가고 모압 땅에서 해 뜨는 쪽으로 갔고 아르논 저편에 포진했다 모압의 경계 안으로는 들어가지 않았는데 이는 아르논이 모압의 경계이기 때문이다

19 이스라엘이 헤스본 왕 즉 아모리 족속의 왕 시혼에게 사자들을 보내어 '청하건대 우리를 당신의 땅으로 지나가서 우리의 땅에 이르도록 하라'고 그에게 말했으나

20 시혼은 이스라엘이 그의 지역으로 지나가는 것을 승인하지 않고 [오히려] 그의 모든 백성을 소집하여 야하스에 포진하여 이스라엘과 싸웠다

21 [그래서] 이스라엘의 하나님 여호와가 시혼과 그의 모든 백성을 이스라엘 손에

넘기셨고 그들(이스라엘)은 그들을 쳐서 그 땅에 거주하는 아모리 [사람들]의 모든 땅을 점령했다

22 아르논에서 얍복까지, 광야에서 요단까지 아모리의 모든 지역을 점령했다

23 이스라엘의 하나님 여호와가 자신의 백성 이스라엘 면전에서 아모리를 쫓겨나게 하셨는데 너희는 지금 그곳을 취하려고 한다

24 너의 신 그모스가 너에게 주어 차지하게 한 것을 네가 차지하지 않겠느냐? [같은 논리로] 우리의 하나님 여호와가 우리 앞에서 모든 이들을 쫓으시면 그것을 차지하지 않겠느냐?

25 이제 네가 모압 왕 십볼의 아들 발락보다 낫고 나으냐? 그가 이스라엘과 더불어 다투고 다퉜느냐? 그가 그들과 싸우고 싸웠느냐?

26 이스라엘은 삼백 년간 헤스본과 그 마을들에, 아로엘과 그 마을들에, 그리고 아르논 강 가에 있는 모든 성읍들에 거주했다 그 동안에는 너희가 어찌하여 도로 찾지 않았느냐?

27 나는 너에게 잘못하지 않았는데 너는 나를 치면서 나에게 악을 행하고자 한다 판단을 내리시는 여호와가 오늘 이스라엘 자손과 암몬 자손 사이에 판결해 주시리라'"

28 암몬 자손의 왕은 입다가 보낸 메시지를 듣지 않았더라

29 여호와의 영이 입다 위에 임하였다 입다는 길르앗과 므낫세를 지나서 길르앗 미스베에 갔다 길르앗 미스베에서 암몬 자손에게 이르렀다

30 입다가 여호와께 맹세를 맹세하며 말하였다 "만약 당신께서 암몬 자손을 저의 손에 주시고 주신다면

31 제가 암몬 자손에게서 평안히 돌아올 때에 저를 맞이하기 위해 저의 집 문에서 나오면 누구든지 나오는 그는 여호와를 위한 것이요 제가 그를 번제로 올려 드릴 것입니다"

32 입다가 암몬 자손과 싸우려고 그들에게 갔고 여호와는 그들을 그의 손에 넘기셨다

33 그는 아로엘에서 민닛까지 이르며 이십 성읍을 쳤고 또 아벨 그라밈에 이르러 매우 큰 정복을 이루었다 암몬 자손은 이스라엘 자손의 면전에서 항복했다

34 입다가 미스바로 가서 집에 이르렀다 그를 맞이하기 위해 소고를 가지고 춤추

며 나오는 그의 딸을 보라 그녀는 독녀이고 그에게는 그에게서 [난 다른] 아들이나 딸이 없었더라

35 입다가 그녀를 보고 자기 옷을 찢으며 말하였다 "오 나의 딸아 너는 나를 무너지고 무너지게 하는구나 너는 나를 괴롭히는 자들 중에 있는 자로구나 내가 여호와께 나의 입을 열었으니 능히 무르지 못하리라"

36 딸이 그에게 말하였다 "나의 아버지, 당신께서 여호와께 당신의 입을 여셨으니, 여호와께서 당신을 위하여 당신의 원수 암몬 자손에게 보응 행하심을 따라 당신의 입에서 나온 대로 나에게 행하세요"

37 그리고 그녀는 그녀의 아버지께 말하였다 "저를 위하여 이것만 행하여 주십시오 제가 가서 제 여자 친구들과 [낮은] 산들로 내려가서 저의 처녀성에 대하여 곡하도록 나를 두 달 동안 홀로 내버려 두십시오"

38 그가 말하였다 "가거라" 그는 두 달 동안 그녀를 보내었고 그녀와 그녀의 친구들은 가서 그녀의 처녀성에 대해 산들 위에서 곡하였다

39 두 달이 끝나고 그녀는 그녀의 아버지께 돌아왔고 아버지는 자신이 맹세한 맹세를 따라 그녀에게 행하였다 그녀는 남자를 알지 못하였다 [이후에] 이스라엘 가운데에 관습이 생겼는데

40 [이는] 해마다 이스라엘 딸들이 가서 길르앗 사람 입다의 딸을 위하여 매년 나흘 동안 기념하는 것이었다

12장

1 에브라임 사람이 소집되고 자폰으로 가서 입다에게 말하였다 "왜 네가 암몬 자손과 싸우려고 건너면서 우리에게 너와 함께 가자고 요청하지 않았느냐 우리가 너를 넘어 너의 집을 불로 태우리라"

2 입다가 그들에게 말하였다 "나는 전쟁의 사람이다 나와 나의 백성은 암몬 자손과 크게 [싸웠으며 그때] 나는 너를 불렀으나 너는 나를 그들의 손에서 구하지 않았기에

3 나는 너의 구해주지 아니함을 보고 나의 생명을 내 손에 두고서 암몬 자손에게

건너갔다 그리고 여호와께서 그들을 나의 손에 넘기셨다 그런데 어찌하여 너희
가 오늘 나에게 올라와서 나와 더불어 싸우고자 하느냐?"

4 입다는 길르앗의 모든 사람들을 모으고 에브라임 [사람들]과 싸웠는데 길르앗
사람들이 에브라임 [사람들]을 쳤다 이는 그들이 "너희 길르앗은 에브라임 안
에서, 므낫세 안에서 [살아가는] 에브라임 난민이야" 라고 말하였기 때문이다

5 길르앗 [사람]이 에브라임 [사람]보다 앞서 요단 강 나루터를 장악했다 도망하
는 에브라임 사람들이 말하였다 "나로 건너가게 하라" 길르앗 사람이 그에게 말
하였다 "너는 에브라임 사람이냐?" 그가 "아니라"고 말하면

6 그들은 그에게 말하였다 "청하건대 너는 '쉽볼렛'을 말하여라" 그가 그렇게 발
음하지 못하여 '씹볼렛'을 말하면 그들이 요단 강 나루터에서 그를 잡아 죽였더
라 그때 에브라임 중에 죽은 자들이 사만 이천 명이었다

7 입다는 육 년 동안 이스라엘을 다스렸다 길르앗 사람 입다가 죽었고 길르앗 성
읍들 가운데에 장사되었다

8 그를 뒤이어서 베들레헴 출신의 입산이 이스라엘을 다스렸다

9 그에게는 삼십 명의 아들들과 삼십 명의 딸들이 있었는데 삼십의 딸들은 그가
밖으로 내보냈고 아들들을 위해서는 밖에서 데려왔다 그가 칠 년 동안 이스라
엘을 다스렸다

10 입산은 죽었고 베들레헴에 장사되었다

11 그를 뒤따라서 스불론 사람 엘론이 이스라엘을 다스렸다 그는 이스라엘을 십
년 동안 다스렸다

12 스불론 사람 엘론은 죽어 스불론 땅 아얄론에 장사되었다

13 그를 뒤이어서 비라돈 사람 힐렐의 아들 압돈이 이스라엘을 다스렸다

14 그에게는 사십 명의 아들들과 삼십 명의 손자들이 있었는데 그들은 칠십 마리
의 나귀들을 탔다 압돈은 이스라엘을 팔 년 동안 다스렸다

15 비라돈 사람 힐렐의 아들 압돈은 죽어 에브라임 땅 아말렉 사람의 산 비라돈에
장사되었다

13장

1   이스라엘 자손은 여호와의 목전에 그 악을 다시 행하였다 여호와께서 그들을
    블레셋 사람의 손에 사십 년간 넘기셨다

2   소라에서 [온] 단 가문 출신의 한 사람이 있었는데 그의 이름은 마노아다 그의
    아내는 임신하지 못하여 출산하지 못하였다

3   여호와의 사자가 그 여인에게 나타나서 그녀에게 말하였다 "보라 너는 임신하
    지 못하여 출산하지 못하지만 너는 임신하여 아들을 낳으리라

4   그러므로 이제 너는 제발 주의하여 포도주와 독주를 마시지 말고 모든 부정한
    것을 먹지 말라

5   보라 네가 임신하여 아들을 낳을 텐데 그의 머리 위에 삭도를 올리지 말라 이는
    이 아이가 그 태로부터 하나님께 나실인이 되며 그가 블레셋 사람의 손에서 이
    스라엘을 구원하기 시작할 것이기 때문이다

6   그 여인이 그녀의 남편에게 가서 말하여 이르기를 "하나님의 사람이 나에게 왔
    는데 그의 모습은 하나님의 사자의 모습과 같아서 심히 두려웠고 나는 그가 어
    디에서 왔는지 묻지 못하였고 그도 자신의 이름을 나에게 말하지 않았어요

7   그가 나에게 말했어요 '보라 네가 임신하여 아들을 낳을 텐데 포도주와 독주를
    마시지 말고 모든 부정한 것을 먹지 말라 이는 이 아이가 그 태로부터 죽음의
    때까지 하나님께 나실인이 되기 때문이다'" 하니

8   마노아가 여호와께 기도하며 말하였다 "주여 청합니다 당신께서 보내셨던 하나
    님의 사람을 우리에게 다시 오게 하시고 태어날 아이를 위하여 우리가 어떻게
    행하여야 할지를 가르쳐 주옵소서"

9   하나님이 마노아의 목소리를 들으셨다 여인이 밭에 앉았을 때에 그녀의 남편
    마노아가 그녀와 함께 있지 않은 [상황에서] 하나님의 사자가 그녀에게 다시
    임하였다

10 여인은 서둘러 그녀의 남편에게 달려가서 그에게 알려줬다 "보십시오 전날에
    나에게 왔던 그 사람이 나에게 왔습니다"

11 마노아가 일어나 그의 아내를 뒤따라 걸어가서 그 사람에게 갔고 그에게 말하
    였다 "당신이 이 여인에게 말한 그 사람인가요?" 그가 말하였다 "내가 [그 사람

이다]"

12 마노아가 말하였다 "이제 당신의 말씀은 실현될 것입니다 그러면 무엇이 이 아이의 규율과 업무가 될 것입니까?"

13 여호와의 사자가 마노아에게 말하였다 "내가 그 여인에게 말한 모든 것들을 그녀는 준수해야 한다

14 포도나무에서 난 것은 어떠한 것도 먹지 말고 포도주와 독주를 마시지 말고 모든 부정한 것을 먹지 말고 내가 그녀에게 명령한 모든 것을 그녀는 준수해야 한다"

15 마노아가 여호와의 사자에게 말하였다 "부디 우리가 당신을 붙들고 당신을 위하여 암염소 새끼 하나를 준비하게 해 주십시오"

16 여호와의 사자가 마노아에게 말하였다 "만약 네가 나를 붙든다면 나는 너의 음식을 먹지 않으리라 만약 네가 번제를 드린다면 여호와께 올리거라" 이는 그가 여호와의 사자임을 마노아가 알지 못하였기 때문이다

17 마노아가 여호와의 사자에게 말하였다 "당신의 이름은 무엇입니까? 당신의 말씀이 실현될 때 우리는 당신을 존귀히 여길 것입니다"

18 여호와의 사자가 그에게 말하였다 "어찌하여 내 이름에 대하여 이것을 묻느냐 그 [이름]은 기묘하다"

19 마노아가 암염소 새끼와 소제물을 취하고 바위 위에서 여호와께 올렸는데 기이한 일이 일어났다 마노아와 그의 아내가 보는데

20 불꽃이 제단에서 하늘로 올라갔고 여호와의 사자도 제단의 불꽃 가운데서 올라갔다 마노아와 그의 아내가 [그것을] 보고 그들의 얼굴을 땅에 대고 엎드렸다

21 여호와의 사자가 마노아와 그의 아내에게 다시 추가하여 보이지 않으니까 그때서야 마노아는 그가 여호와의 사자인 줄 깨달았다

22 마노아가 그의 아내에게 말하였다 "우리가 하나님을 보았으니 우리는 반드시 죽겠구나"

23 그의 아내가 그에게 말하였다 "만약 여호와께서 우리를 죽이기로 하셨다면 우리의 손에서 번제와 소제를 받지 않으셨을 것이고 이 모든 일을 보이지 않으셨을 것이고 [그]때처럼 이와 같은 것을 우리로 하여금 듣게 하지도 않으셨을 것입니다"

24 그 여인은 아들을 낳았고 그의 이름을 삼손이라 불렀더라 그 아이는 성장했고

여호와는 그에게 복을 베푸셨다 25소라와 에스다올 사이 마하네단 안에서 여호와의 영이 그를 움직이기 시작했다

14장

1 그리고 삼손은 딤나로 내려갔다 그리고 그는 딤나에서 블레셋 사람의 딸들 중에서 한 여인을 보고

2 올라가서 그의 아버지와 어머니께 통보했다 "제가 딤나에서 블레셋 사람의 딸들 중에서 한 여자를 보았는데 이제 그녀를 나의 아내로 맞이하게 해 주십시오"

3 그의 아버지와 어머니가 그에게 말하였다 "네가 할례 받지 아니한 블레셋 사람에게 가서 아내를 취하고자 하다니 네 형제들의 딸들 중에서나 나의 모든 백성 중에서는 없었느냐?" 이에 삼손이 그의 아버지께 말하였다 "제 눈에는 그녀가 적격이니 저를 위하여 그녀를 데려와 주십시오"

4 그의 아버지와 어머니는 블레셋을 칠 기회를 궁구하는 것이 여호와에게서 온 것임을 알지 못하였다 그때에는 블레셋 사람이 이스라엘 중에서 다스렸다

5 삼손은 그의 부모와 함께 딤나로 내려갔고 딤나의 포도원에 이르렀다 보라 젊은 사자가 그를 만나면서 포효했다

6 여호와의 영이 그의 위에 급히 임하였다 그의 손에는 어떠한 것도 없었으나 그는 염소 새끼를 찢는 것처럼 그것을 찢었는데 자기가 행한 일을 아버지와 어머니께 알리지는 않았더라

7 그가 내려가서 그 여인과 말하니 그녀가 삼손의 눈에 들었더라

8 며칠 후에 그는 그녀를 취하려고 돌아갔다 [가다가] 그는 그 사자의 사체를 보려고 [가던 길을] 벗어났다 보라 그 사자의 몸에 벌떼와 꿀이 있었다

9 그는 그것을 손으로 떠서 그의 아버지와 어머니께 걸어가며 먹고 먹으면서 걸어갔다 그리고 그것을 그들에게 주었고 그들도 먹었더라 그러나 그 꿀을 사자의 몸에서 떴다고 그들에게 알리지는 않았더라

10 삼손의 아버지는 그 여자에게 내려가고 삼손은 거기에서 잔치를 베풀었다 이는 그[곳의] 청년들이 그렇게 하는 것이 [관행이]기 때문이다

11 무리가 그를 보았을 때 삼십 명의 친구들을 데려왔고 그 [친구]들은 그와 함께 머물렀다

12 삼손이 그들에게 말하였다 "내가 너희에게 수수께끼를 내도 되겠는가 만약 너희가 잔치하는 이레 [동안] 그것[의 답]을 나에게 확실히 알리고 찾는다면 내가 너희에게 삼십 벌의 베옷과 삼십 벌의 겉옷을 주겠노라

13 그러나 만약 너희가 능히 나에게 알리지 못한다면 너희가 나에게 삼십 벌의 베옷과 삼십 벌의 겉옷을 줄지니라" 그들이 그에게 말하였다 "너는 그 수수께끼를 내라 우리가 그것을 듣겠노라"

14 그가 그들에게 말하였다 "먹는 자에게서 먹는 것이 나오고 강한 자에게서 달콤한 것이 나왔도다" 그들은 그 수수께끼를 삼일 동안 풀지 못하였다

15 넷째 날이 되어 그들은 삼손의 아내에게 말하였다 "너는 너의 남편을 꾀어 그 수수께끼[의 답]을 우리에게 알려라 거절하면 우리가 너와 네 아버지의 집을 불로 태우리라 너희가 탈취하기 위해 우리를 불렀느냐 그렇지 아니하냐?"

16 삼손의 아내가 그를 향하여 울며 말하였다 "당신은 분명히 나를 미워하고 나를 사랑하지 않으세요 당신은 내 민족의 자손에게 그 수수께끼를 내고 [그 답을] 나에게[도] 알려 주지 않잖아요" 삼손이 그녀에게 말하였다 "보라 내가 나의 어머니와 아버지께 알리지도 않았는데 내가 그대에게 알게 하겠는가?"

17 그들이 잔치하는 칠 일 동안 그녀는 그를 향하여 울었고 일곱째 날이 되어 그녀가 그를 압박했기 때문에 그가 그녀에게 말하였다 그녀는 자기 백성의 자손에게 그 수수께끼[의 답]을 알려줬다

18 그 성읍 사람들이 일곱째 날 태양이 저물기 전에 삼손에게 말하였다 "무엇이 꿀보다 달고 무엇이 사자보다 강한가?" 그가 그들에게 말하였다 "너희가 내 암소와 더불어 밭 갈지 않았다면 내 수수께끼[의 답]을 얻지 못하였을 것이다"

19 여호와의 영이 그의 위에 임하였고 그(삼손)는 아스글론으로 갔다 그는 [그곳에 사는] 자들 중에서 삼십 명의 사람들을 쳤고 그들의 전리품을 취하여 그 수수께끼[의 답]을 알게 된 자들에게 나누었다 그는 분노를 격발하며 그의 아버지 집으로 올라갔다

20 삼손의 아내는 그와 함께하던 그의 친구를 위하게 되었다

15장

1 칠 후 밀 추수기가 되자 삼손이 암염소 새끼를 가지고 그의 아내를 방문하여 [장인에게] 말하였다 "제가 방에 있는 아내에게 들어갈 것입니다" 그러나 그녀의 아버지가 들어가는 것을 허락하지 않았더라

2 녀의 아버지가 말하여 이르기를 "나는 네가 그녀를 대단히 미워하고 있다고 생각하여 그녀를 너의 친구에게 주었노라 그녀의 여동생이 그녀보다 더 아름답지 아니하냐 부탁한다 그녀를 대신하여 그녀(여동생)가 너를 위하리라" 하니

3 삼손이 그들에게 말하였다 "이번에는 내가 블레셋 사람에게 해를 가하여도 허물이 없으리라"

4 삼손은 가서 삼백 마리의 여우를 잡고 홰를 취하였다 [여우들의] 꼬리를 꼬리에 [맞대게] 돌리고 두 꼬리들 사이에 하나의 홰를 두었더라

5 그는 홰들에 불을 붙이고 그것을 블레셋 사람들의 곡식 밭으로 내보냈고 곡식단과 아직 거두지 않은 곡식과 포도원과 올리브를 불태웠다

6 블레셋 사람들이 말하였다 "누가 이 일을 하였느냐?" 사람들이 말하였다 "딤나사람의 사위 삼손이다 그(장인)가 그(삼손)의 아내를 취하여 그의 친구에게 주었기 때문이다" 블레셋 사람들이 올라가서 그녀와 그녀의 아버지를 불태웠다

7 삼손이 그들에게 말하였다 "너희가 이처럼 행한다면 내가 너희에게 복수한 이후에야 멈추리라"

8 그는 정강이와 허벅지에 큰 상처를 주며 그들을 도륙했다 그리고 그는 에담으로 내려가서 [그곳의] 바위 틈에 머물렀다

9 이에 블레셋 사람들이 유다로 올라와 진을 치고 레히로 흩어졌다

10 유다 사람들이 말하였다 "너희가 어찌하여 올라와서 우리와 맞서느냐?" 그들이 말하였다 "삼손을 결박하기 위해 우리가 올라왔다 그가 우리에게 행한 것처럼 우리도 그에게 행하리라"

11 삼천 명의 유다 사람들이 에담의 바위 틈으로 내려가서 삼손에게 말하였다 "너는 블레셋 사람이 우리를 다스리고 있는 줄 알지 못하느냐? 어찌하여 네가 우리에게 이런 일을 하였느냐?" 그가 그들에게 말하였다 "그들이 나에게 행한 것처럼 나도 그들에게 행하였다"

12 그들이 그에게 말하였다 "우리가 너를 결박하고 내려가서 블레셋 사람들의 손
    에 너를 넘기리라" 삼손이 그들에게 말하였다 "너희가 나를 치지 않겠다고 나에
    게 맹세하라"

13 그들이 그에게 말하였다 "아니다 우리는 다만 너를 결박하고 결박하여 그들의
    손에 넘기려는 것이지 우리가 너를 죽여 죽게 하지는 않으리라" 그들은 두 개의
    새로운 밧줄로 그를 결박하고 [바위] 틈에서 [나와] 올라갔다

14 그가 레히에 이르렀다 블레셋 사람들이 그에게로 마주 나가며 소리쳤다 [그때]
    여호와의 영이 급히 임하였고 그의 팔 위의 밧줄은 불탄 삼처럼 되었고 그 결박
    이 그의 손에서 녹아 떨어졌다

15 그는 숫나귀의 신선한 턱뼈를 발견하고 자신의 손을 내밀어 취하였고 그것으로
    천 명을 죽였더라

16 삼손이 말하였다 "숫나귀의 턱뼈로 더미들에 더미를 [쌓았으며] 숫나귀의 턱뼈
    로 내가 천 명을 죽였도다"

17 그는 말하기를 마치고 턱뼈를 자기 손에서 내던졌다 그리고 그[곳]을 라맛 레
    히라고 칭하였다

18 그는 심히 목말라서 여호와께 호소하며 말하였다 "당신은 당신의 종의 손으로
    이러한 큰 구원을 베풀어 주셨으나 저는 이제 목말라 죽어서 할례 받지 않은 자
    들의 손에 떨어질 것입니다"

19 하나님이 레히에서 한 우묵한 곳을 쪼개시니 물이 나왔고 그가 마시니 정신이
    회복되고 살아났다 그러므로 그가 그 샘의 이름을 엔학고레라 불렀으며 이날까
    지 그것이 레히에 [있었더라]

20 그는 블레셋 사람의 때에 이스라엘을 이십 년간 다스렸다

16장

1   삼손이 가사로 갔고 거기에서 한 창녀를 보고 그녀에게 들어갔다

2   "삼손이 여기에 왔다"는 말이 가사 사람들에게 [알려졌다] 그들이 밤새도록 성
    문에서 그를 에워싸고 매복했다 조용히 있으면서 말하였다 "아침이 밝아올 때

까지는 우리가 그를 죽이리라"

3 삼손은 밤중까지 누워 있다가 그 밤중에 일어나 성문의 문짝들과 두 문설주를 붙들었고 문빗장과 함께 그것들을 뽑았고 그것들을 자신의 어깨에 매고 헤브론의 앞산 꼭대기로 갔다

4 그런 이후에 그는 소렉 골짜기에 [사는] 들릴라라 이름하는 여인을 사랑했다

5 블레셋 방백들이 그녀에게 올라와 그녀에게 말하였다 "너는 삼손을 꼬드겨서 무엇으로 그의 힘이 그토록 강하며 우리가 어떻게 그를 결박하여 굴복하게 할 수 있는지를 알아보라 우리는 각각 너에게 은을 천백 개씩 주리라"

6 들릴라가 삼손에게 말하였다 "청합니다 당신의 능력은 무엇으로 그렇게 강하며, 어떻게 하여야 당신을 결박하여 굴복하게 하는지를 저에게 알려 주십시오"

7 삼손이 그녀에게 말하였다 "만약 마르지 않은 새 활줄 일곱으로 나를 묶으면 내가 약해져서 다른 사람과 같아진다"

8 블레셋 방백들은 마르지 않은 새 활줄 일곱을 가지고 그녀에게 올라갔다 그녀는 그것들로 삼손을 결박했다

9 그녀를 위하여 매복한 무리가 그 방안에 머무른 채 그녀는 그에게 말하였다 "삼손이여, 블레셋 사람들이 당신 위에 덮칩니다" 그가 그 활줄들을 불에 탄 실 끊는 것처럼 끊었다 그의 힘[의 비밀]은 알려지지 않았다

10 들릴라가 삼손에게 말하였다 "보십시오 당신은 나를 희롱했고 나에게 거짓말을 했습니다 이번에는 제발 알려 주십시오 무엇으로 당신이 결박될 수 있는지를!"

11 그가 그녀에게 말하였다 "만일 사용하지 않은 새로운 밧줄들로 나를 결박하면 내가 약해져서 다른 사람과 같아진다"

12 들릴라가 새 밧줄들을 취하고 그것들로 그를 결박하고 그에게 말하였다 "삼손이여, 블레셋 사람들이 당신 위에 덮칩니다" [이때에도] 매복한 자들이 그 방에 머물렀다 이에 삼손은 팔 위로부터 그것들을 실처럼 뜯어냈다

13 들릴라가 삼손에게 말하였다 "당신은 지금까지 나를 희롱하며 나에게 거짓말을 했습니다 무엇으로 당신이 결박될 수 있는지를 나에게 알리세요" 그가 그녀에게 말하였다 "만일 그대가 나의 머리털 일곱 가닥을 베틀의 날실과 함께 엮는다면 [결박된다]"

14 그녀는 바디로 그것을 단단히 짜고 그에게 말하였다 "삼손이여, 블레셋 사람들이

당신 위에 덮칩니다" 삼손은 잠에서 깨어나 베틀의 바디와 날실을 다 빼내었다

15 그녀가 그에게 말하였다 "당신은 어떻게 '내가 당신을 사랑한다' 하십니까? 이로써 세 번이나 나를 희롱하고 무엇으로 당신의 힘이 강한지를 나에게 알려주지 않으면서!"

16 그녀가 종일 자신의 말들로 그를 압박하고 다그치니 그의 마음은 죽을 지경이다

17 [결국] 그는 그녀에게 자신의 모든 마음을 밝히면서 그녀에게 말하였다 "나의 머리 위에는 삭도를 올리지 않았는데 이는 내가 어머니의 태로부터 하나님께 성별된 자였기 때문이다 만약 내 [머리털]이 잘린다면 나에게서 나의 힘이 떠나겠고 나는 약해져서 모든 사람과 같아진다"

18 들릴라는 그가 그의 모든 마음을 자신에게 알려준 것을 인지하고 [사람을] 보내어 블레셋 방백들을 불러 말하기를 "그가 자신의 모든 마음을 나에게 알렸으니 한번 [더] 올라와 주십시오" 블레셋 방백들이 그 여인에게 올라오되 자신들의 손에 은을 가지고 올라왔다

19 그녀는 삼손을 자신의 무릎 위에 잠들게 하고 사람을 불러서 일곱 가닥의 머리털을 밀고 그를 괴롭히기 시작했다 그리고 그의 힘이 그에게서 떠나갔다

20 그녀가 말하였다 "삼손이여 블레셋 사람들이 당신 위에 덮칩니다" 삼손이 잠에서 깨어나며 말하였다 "내가 이따금씩 [그런] 것처럼 나가서 몸을 떨치리라" 그러나 그는 여호와가 그에게서 떠나신 것을 알지 못하였다

21 블레셋 사람들은 그를 결박하고 그의 눈을 뽑았으며 그를 데리고 가사로 내려갔다 그들은 그에게 동으로 된 멍에를 맸고 그는 감옥에서 맷돌질을 하게 되었다

22 그의 머리털이 밀린 이후로 자라기 시작했다

23 블레셋 방백들은 그들의 신 다곤에게 큰 제사와 즐거움을 위해 모여서 말하였다 "우리의 신들이 우리의 원수 삼손을 우리의 손에 넘겼구나!"

24 백성도 그를 보고 자신들의 신들을 찬양하며 확실히 말하였다 "우리의 신들이 우리의 손에 우리의 땅을 파괴하고 우리의 사상자가 많아지게 한 우리의 원수를 넘겼도다!"

25 그들의 마음이 즐거울 때 말하였다 "너희는 삼손을 불러내어 우리를 위하여 재주를 부리게 하라" 그들이 삼손을 감옥에서 불러냈고 그는 그들의 면전에서 재주를 부렸으며 그들은 삼손을 기둥들 사이에 세웠더라

26 삼손은 그의 손을 붙들고 있는 소년에게 말하였다 "너는 나로 하여금 이 집을 떠받히는 기둥들을 만지게 하라 내가 그것들에 기대리라"

27 그 집은 남녀로 가득했다 블레셋 방백들도 모두 거기에 있었으며 지붕 위에 있는 남녀도 삼천 명 정도였다 그들은 다 삼손이 재주 부리는 것을 관람했다

28 삼손이 여호와께 부르짖어 말하였다 "나의 주 여호와여! 제발 나를 기억해 주시고 제발 이번만 나를 강하게 하옵소서 오 하나님! 나의 두 눈을 위하여 블레셋 사람들을 한 번의 복수로 보복하게 하옵소서"

29 삼손은 그 집을 가운데서 떠받치는 두 기둥을 움켜잡되 하나는 오른손으로, 또 하나는 왼손으로 붙들었다

30 삼손이 말하였다 "나의 생명이 블레셋 사람들과 함께 죽으리라" 그는 힘껏 [팔을] 뻗었으며 그 집은 그 안에 있는 방백들과 모든 백성 위에 무너졌다 그가 자신의 죽음에서 죽게 한 사망자가 그가 살아있는 동안에 죽게 한 자들보다 더욱 많았더라

31 그의 형제와 아버지의 온 가족이 내려가서 그를 들어서 올렸으며 소라와 에스다올 사이에 있는 그의 아버지 마노아의 묘지에 매장했다 그는 이스라엘을 이십 년간 다스렸다

17장

1 에브라임 산지 출신의 미가라 이름하는 사람이 있었는데

2 그가 그의 어머니께 말하였다 "당신께서 잃고 저주하며 내 귀에도 말씀하신 은 천백! 보십시오 그 은은 저에게 있습니다 그것을 취한 것은 저입니다" 그의 어머니가 말하였다 "내 아들이 여호와께 복 받기를 [원하노라]"

3 그가 그 은 천백을 그의 어머니께 돌려주자 그의 어머니가 말하였다 "내가 내 아들을 위하여 조각한 우상과 주조한 우상을 만들기 위해 이 은을 내 손에서 여호와께 성별하고 성별한다 그리고 이제 내가 그것을 너에게 돌려 주겠노라"

4 그는 그 은을 그의 어머니께 돌려 드렸으며 그의 어머니는 그 은 이백을 취하여 제련하는 사람에게 주며 조각한 우상과 주조한 우상을 만들게 하였는데 그것이

미가의 집에 있었더라

5 그 사람 미가는 자신을 위한 하나님의 집[을 가졌으며] 그는 에봇과 드라빔을 만들었고 그의 아들들 중 하나의 손을 채웠고 그 [아들]은 그를 위한 제사장이 되었더라

6 그때에는 이스라엘 중에 왕이 없었으며 사람은 자신의 눈에 옳은 것을 행하였다

7 유다 가족 중에서 유다 베들레헴 출신의 한 청년이 있었는데 그는 레위 사람이고 그곳에 거류했다

8 그 사람은 [앞으로] 거류하기 위한 곳을 찾기 위하여 유다 베들레헴 성읍에서 떠나 자신의 길을 만들면서 에브라임 산지 미가의 집에까지 이르렀다

9 미가가 그에게 말하였다 "당신은 어디에서 오느냐?" 그가 그에게 말하였다 "나는 유다 베들레헴 출신의 레위 사람이다 나는 내가 거류할 곳을 찾으려고 간다"

10 미가가 그에게 말하였다 "당신은 나와 함께 머물러라 나를 위하여 아버지와 제사장이 되면 나는 당신에게 며칠에 은 십만이 아니라 옷과 필수품도 주겠노라" 그 레위인이 [미가의 집으로] 갔고

11 그 레위인은 그 사람[과 함께] 머물기로 합의했다 이에 그 청년은 그의 아들들 중 하나처럼 되었더라

12 미가는 그 레위인의 손을 채웠고 그 청년은 그에게 제사장이 되어 그 집에 머물렀다

13 미가가 말하였다 "레위인이 나를 위한 제사장이 되었으니 이제 나는 여호와가 나로 하여금 잘되게 하실 것을 안다"

18장

1 그때에는 이스라엘 중에 왕이 없었으며 그때에는 단 지파가 자신을 위하여 거주할 기업을 찾고 있었는데 이는 이스라엘 지파들 중에 그때까지 기업이 그에게 주어지지 않았기 때문이다

2 단 자손이 그 땅으로 가서 정탐하게 하려고 소라와 에스다올 가운데서 그들의 가족 중에 변두리 출신의 용맹스런 다섯 사람을 보내며 말하였다 "너희는 가서

그 땅을 정탐하라" 이에 그들이 에브라임 산지에 가서 미가의 집에 이르러 거기에서 유숙했다

3 그들이 미가의 집에 있을 때에 그들은 그 레위 청년의 음성을 알고 그리로 돌아가서 그에게 말하였다 "누가 너를 여기에 오게 하였느냐? 너는 여기에서 무엇을 하느냐? 여기에서 너를 위한 것은 무엇이냐?"

4 그가 그들에게 미가가 그를 위하여 행한 것을 이것저것 말하였다 "그는 나를 고용했고 나는 그의 제사장이 되었다"

5 그들이 그에게 말하였다 "부탁한다 너는 우리를 위하여 하나님께 여쭈어라 우리가 걸어가는 우리의 길이 형통할 것인지를 우리가 알도록!"

6 그 제사장이 그들에게 말하였다 "너희는 평화롭게 가라 너희가 가는 너희의 길이 여호와 앞에 있느니라"

7 그 다섯 사람이 걸어서 라이스로 들어갔다 그 가운데서 안전하게 거하는 백성을 보니 시돈 사람들의 규례를 따라 평온하고 안전하다 그 땅에는 부끄럽게 하는 것과 취하려는 강압이 없다 시돈 사람들과 거리가 멀고 그들을 위하여 사람과 더불어 [교류하는] 것이 없었다

8 그들은 소라와 에스다올 형제들에게 갔다 그들의 형제들이 그들에게 말하였다 "너희가 [보기에 그 땅이] 어떠하냐?"

9 그들이 말하였다 "너희는 일어나라 우리가 그들을 대항하여 올라가자 이는 우리가 그 땅을 보니 참으로 심히 좋았기 때문이다 그런데 너희는 잠잠하다 너희는 태만하지 말고 그 땅으로 나아가고 들어가서 차지하라

10 너희가 가면 안정적인 백성을 만나고 그 땅에 있는 모든 것들이 부족함이 없는 넓은 곳을 만나리라 하나님이 그 땅을 너희의 손에 넘기셨다"

11 단 지파의 가족 중 전쟁의 도구로 무장된 육백 명의 사람들이 소라와 에스다올에서 출발하고

12 올라가서 유다에 있는 기럇여아림에 진을 쳤다 그곳이 오늘까지 마하네단이라 불렸으며 [그들의 진은] 기럇여아림 뒤에 [위치한다]

13 그들이 그곳에서 에브라임 산지로 건너갔고 미가의 집에까지 이르렀다

14 라이스 땅을 정탐하러 갔던 다섯 사람이 주의하며 그 형제들에게 말하였다 "이 집에 에봇과 드라빔과 조각한 우상과 주조한 우상이 있다는 것을 너희가 아느

냐? 이제 너희가 무엇을 행하여야 할지를 알라"

15 그들이 그곳으로 돌이켜 그 레위 청년의 집 즉 미가의 집에 이르러 그에게 평강을 구하였다

16 단 자손 중에서 전쟁의 도구로 무장된 육백 명은 문 입구에 서서 [대기했다]

17 그 땅을 정탐하러 갔던 다섯 사람은 올라와서 그곳으로 들어갔고 조각한 우상과 에봇과 드라빔과 주조한 우상을 취하였다 그 제사장과 전쟁의 도구로 무장된 육백 명은 문 입구에 서 있었다

18 이들이 미가의 집에 들어가서 그 조각한 우상과 에봇과 드라빔과 주조한 우상을 취하였을 때에 그 제사장이 그들에게 말하였다 "너희가 무엇을 하느냐?"

19 그들이 그에게 말하였다 "너는 잠잠하라 네 손을 너의 입에 두고 우리와 함께 가자 너는 우리의 아버지와 제사장이 되라 네가 한 사람의 집을 위한 제사장이 되는 것, 혹은 이스라엘의 지파와 족속의 제사장이 되는 것, [어느 것이 더] 낫겠느냐?"

20 그 제사장이 마음에 기뻐하며 에봇과 드라빔과 조각한 우상을 취하고 그 백성 가운데로 들어갔다

21 그들이 돌이켜 걸어가되 어린 아이들과 가축과 소유물을 그들 앞에 두었더라

22 그들이 미가의 집에서 멀어졌을 때에 미가의 집 곁에 있는 집들에 [사는] 사람들이 소리치며 단 자손을 쫓아가서

23 단 자손을 부르자 그들이 그들의 얼굴을 돌려 미가에게 말하였다 "너희를 위하여 부르짖는 것이 무엇이냐?"

24 그가 말하였다 "내가 만든 나의 신들과 제사장을 너희가 취하여 떠나니 나에게 무엇이 남겠느냐? [그런데도] 너희가 어찌하여 '너를 위한 것이 뭐냐'는 이런 [소리]를 나에게 하느냐?"

25 단 자손이 그에게 말하였다 "너는 너의 목소리를 우리[의 소리]와 함께 들리게 하지 말라 [그렇지 않으면] 생명이 쓰라린 사람들이 너희를 침해하여 너의 생명과 네 가족의 생명을 거두리라"

26 단 자손은 자신의 길로 떠나갔다 미가는 단 자손이 자기보다 강하다는 것을 인지하고 돌이켜 자신의 집으로 돌아갔다

27 그들은 미가가 만든 것과 그를 위한 제사장을 취하였고 라이스에 [사는] 평온

하고 안정적인 백성에게 가서 그들을 칼날로 치고 그 성읍을 불살랐다

28 구해줄 자가 없었으니 이는 [그 성읍이] 시돈에서 멀리 떨어져 있고 그곳이 베드르홉 가까운 골짜기에 있어서 그들에게 사람과 [교류하는] 일이 없었기 때문이다 그들은 그 성읍을 재건하고 거기에 거주했다

29 그들은 이스라엘에게 태어난 그들의 조상 단의 이름을 따라 그 성읍을 단이라고 불렀으나 라이스가 그 성읍의 본래 이름이다

30 단 자손은 자기들을 위하여 그 조각한 우상을 세웠으며 모세의 후손이요 게르손의 후손인 요나단과 그의 자손은 단 지파의 제사장이 되고 그 땅이 포로가 될 때까지 이르렀다

31 그들은 하나님의 집이 실로에 있는 모든 날에 자신들을 위하여 미가가 만든 조각한 우상을 두었더라

19장

1 이스라엘 가운데에 왕이 없던 그때에 에브라임 산지의 구석에 거류하는 레위 사람이 있었는데 자신을 위하여 유다 베들레헴 출신의 한 여인을 첩으로 취하였다

2 첩은 그에 대항하여 음행하고 그에게서 떠나 유다 베들레헴 아버지의 집으로 돌아갔다 그녀는 그곳에서 사 개월간 있었는데

3 그녀의 남편이 일어나서 그녀가 돌아오게 되도록 그녀의 마음에 말하려고 그녀를 뒤따라서 왔다 그의 하인과 두 마리의 나귀가 그와 함께 [동행했다] 그녀는 그를 자기 아버지의 집으로 데려왔고 그녀의 아버지는 그를 기쁘게 맞이했다

4 그의 장인이 된 소녀의 아버지는 그를 삼 일 동안 머물도록 강권했다 그들은 먹고 마시며 거기에 머물렀다

5 넷째 날 아침에 그들이 일찍 일어나 떠나려고 일어나자 소녀의 아버지가 그의 사위에게 말하였다 "너는 빵 조각으로 너의 속을 든든하게 하고 너희는 떠나가라"

6 두 사람이 앉아서 함께 먹고 마시는데 그 소녀의 아버지가 그 남자에게 말하였다 "부탁한다 너는 [이 밤에 이곳에] 유숙하며 너의 마음을 즐겁게 하기로 결정

해라"

7 [그러나] 그 사람은 가려고 일어났다 이에 그의 장인이 그를 압박하여 그는 거기에 [하루 더] 유숙했다

8 그는 다섯째 날 아침에 일찍 떠나려고 일어났다 그 소녀의 아버지가 말하였다 "부탁한다 너는 너의 속을 든든하게 하고 날이 기울어질 때까지 더 머물러라" 두 사람이 함께 먹고

9 그 사람이 자신의 첩과 자신의 하인과 함께 떠나려고 일어났다 이에 그의 장인 된 그 소녀의 아버지가 그에게 말하였다 "부탁한다 보라 날이 저물었고 저녁이 되어가니 부탁한다 너희는 유숙하라 보라 날이 기울었다 여기에 유숙하며 너의 마음을 즐겁게 하라 너희의 여정을 위하여 내일 일찍 일어나서 너의 거주지로 가라"

10 그 사람은 유숙에 동의하지 않고 일어나 떠났으며 여부스 즉 예루살렘 맞은편에 이르렀다 안장을 지운 두 마리의 나귀가 그와 함께 [있었고] 그의 첩이 그와 동행했다

11 그들이 여부스에 이르자 날이 심히 저물었다 그 하인이 그의 주인에게 말하였다 "가시지요 우리가 여부스 사람의 이 성읍으로 이탈하여 그곳에 유숙하길 원합니다"

12 주인이 그를 향하여 말하였다 "우리는 이스라엘 자손에게 속하지 아니한 이방 성읍으로 벗어나지 말고 기브아로 건너가자"

13 그가 그의 종에게 말하였다 "와라 우리가 거처들 중의 하나로 다가가되 기브아나 라마에서 유숙하자"

14 그들은 건너가서 걸어갔다 베냐민에 속한 기브아에 가까이 이르자 해가 저물었다

15 기브아에 가서 유숙하기 위해 그들은 그곳을 벗어났다 그 성읍의 광장으로 들어가 앉았으나 그들을 유숙할 집으로 받아줄 사람이 없었더라

16 보라 한 노인이 밭에서 일하다가 저녁에 돌아왔다 그 사람은 에브라임 산지 출신이고 기브아에 거류한다 그곳 사람들은 베냐민 자손이다

17 그 노인은 자신의 눈을 들어서 광장에 있는 나그네를 보고 말하였다 "그대는 어디로 가며 어디에서 왔습니까?"

18 그가 그에게 말하였다 "우리는 유다 베들레헴에서 에브라임 산지의 구석으로

가고 있습니다 저는 그곳(에브라임 산지) 출신이며 유다 베들레헴에 갔다가 여호와의 집으로 가려는 [중인데] 저를 집으로 맞이하는 사람이 없습니다

19 [저에게는] 나귀들을 위한 짚과 여물이 있고 나를 위한, 당신의 여종을 위한, 당신의 종들과 함께 있는 청년을 위한 양식과 포도주가 있습니다 모든 것에서 부족함이 없습니다"

20 그 노인이 말하였다 "그대에게 평강이 [있기를 원합니다] 그대의 모든 필요를 오직 나에게 [맡기시오] 광장에서 오직 유숙하지 마십시오"

21 그는 자기 집으로 그를 데려가고 나귀들을 먹이고 그들은 그들의 발을 씻고 먹고 마시더라

22 그들이 그들의 마음을 즐겁게 할 때에, 보라 사람들을, 그 성읍 사람들을, 불량한 자식들을! 그들이 그 집을 둘러싸고 문을 두들기며 그 집의 주인인 그 노인에게 이르기를 "너는 네 집으로 들어온 그 사람을 끌어내라 우리가 그와 관계하려 한다"고 말하였다

23 그 집의 주인인 그 사람이 그들에게 나와서 그들에게 말하였다 "안된다 내 형제들아 너희는 악해지지 말라 부탁한다 뒤에 있는 이 사람은 내 집으로 들어왔다 이런 어리석은 짓을 저지르지 말라

24 보라 처녀인 내 딸과 그의 첩을! 내가 그들을 데리고 나오겠다 제발 너희가 그들을 유린하고 너희의 눈에 좋은 대로 그들에게 행하되 이 사람에겐 이런 어리석은 짓을 저지르지 말라"

25 그러나 그 사람들이 그에게 귀를 기울이려 하지 않았기에 그 사람(레위인)은 자신의 첩을 붙잡아서 그들을 향해 밖으로 나아가게 했다 이에 그들은 그녀와 관계하며 밤새도록 아침까지 그녀를 가혹하게 대하였고 새벽이 오르려고 하자 그녀를 보내 주었다

26 그 여인은 새벽에 돌아왔고 자기의 주인들이 있는 그 사람의 집 문에서 쓰러졌다 밝아질 때까지 거기에 [쓰러져 있었다]

27 그녀의 주인이 아침에 일어나서 집 문을 열고 여정을 가려고 하는데, 보라, 그 집 문에 쓰러져 있는 그 여인 첩을, 그리고 문지방 위에 있는 그녀의 두 손을!

28 그가 그녀에게 말하였다 "일어나라 우리가 떠나가자" 그러나 아무런 대답이 없어서 그는 그녀를 나귀 위에 실었으며 일어나 자신의 주거지로 갔다

29 그는 자신의 집에 도착하여 칼을 잡고 자기 첩을 붙잡고 그녀의 뼈들을 열두 조각으로 절단했다 그리고 그녀를 이스라엘 온 지역으로 보냈다

30 이에 [그녀를] 본 모든 자들이 말하였다 "이스라엘 자손이 애굽 땅에서 올라온 날로부터 이날까지 이런 일은 일어나지 않았으며 보지도 못하였다 너희는 그녀에 대해 주의하고 상의하고 말하여라"

20장

1 단에서 브엘세바 및 길르앗 땅까지의 모든 이스라엘 자손이 미스바에 나아와 한 사람처럼 여호와를 향해 총회로 모였으며

2 온 백성 즉 이스라엘 모든 지파들의 어른들은 하나님 백성의 총회에 자신들을 드러냈고 칼을 빼는 보병은 사십만 명이었다

3 이스라엘 자손이 미스바에 올라간 것을 베냐민 자손이 들었다 이스라엘 자손이 [레위인 일행에게] 말하였다 "너희는 이 악한 일이 어떻게 일어나게 되었는지 진술하라"

4 그 레위인 즉 죽임 당한 여인의 남편이 주의하여 듣고 말하였다 "나와 나의 첩은 유숙하기 위해 베냐민에 속한 기브아에 갔다

5 기브아의 주인들이 나를 대항하여 일어나 밤에 나를 대항하며 그 집을 에워싸고 나를 죽이려고 했고 나의 첩을 유린했고 그녀는 사망했다

6 그리고 나는 나의 첩을 붙잡고 나누어서 이스라엘 소유의 모든 곳으로 그녀를 보냈는데 이는 그들이 악하고 어리석은 일을 이스라엘 중에 행하였기 때문이다

7 보아라 너희 이스라엘 모든 자손들아 여기에서 너희의 의견과 방책을 제시하라"

8 모든 백성이 한 사람처럼 일어나 말하였다 "우리가 한 사람도 자신의 장막으로 가지 않고 한 사람도 자기 집으로 벗어나지 않으리라

9 이제 우리가 기브아에 대해 행할 것은 이것이다 즉 제비를 뽑아서 그들을 대항하되

10 우리가 이스라엘 모든 지파 중에서 백 명에서 열 명을, 천 명에서 백 명을, 만 명에서 천 명을 취하여 그 백성을 위하여 양식을 준비하게 하고 그 [나머지]는 베

냐민의 기브아에 가서 이스라엘 중에 행하여진 모든 어리석은 일을 따라 [그대로] 행하리라"

11 이스라엘 모든 사람이 한 사람처럼 모여서 연대를 이루었다

12 이스라엘 지파들이 베냐민 지파 전역에 사람들을 보내어 말하였다 "너희 중에서 생긴 이 악행이 어찌된 일이냐

13 이제 너희는 기브아의 그 사람들, 즉 그 불량한 자식들을 우리에게 넘겨서 우리가 그들을 죽이고 불태워서 이스라엘 중에서 악을 제거하게 하라" 그러나 베냐민은 그들의 형제들 즉 이스라엘 자손의 목소리를 들으려고 하지 아니하고

14 이스라엘 자손들을 대항하기 위해 기브아의 도성들로부터 나와 모였더라

15 그날에 그 도성들로부터 나온 베냐민 자손의 수는 칼을 빼는 자가 이만 육천 명이었고 그 외에도 기브아 거주민들 중 선발된 사람의 수가 칠백 명이었다

16 이 모든 백성 중에서 선발된 칠백 명은 오른손에 장애가 있는 자들인데 이들 모두는 물매로 돌을 머리털 하나에 던져도 빗나감이 없[는 자들이]다

17 베냐민 외에 이스라엘 사람은 칼을 빼는 자의 수가 사십만 명이었고 이들 모두는 전사였다

18 이스라엘 자손이 일어나 벧엘로 올라가서 하나님께 여쭈며 말하였다 "우리를 위하여 누가 먼저 베냐민 자손과의 싸움을 위해 올라갈까요?" 여호와가 말하셨다 "유다가 먼저 [올라가라]"

19 이스라엘 자손이 아침에 일어나 기브아를 대항하여 진을 쳤다

20 이스라엘 사람이 베냐민과 싸우려고 나아갔고 이스라엘 사람이 그들과 싸우기 위해 기브아에 전열을 갖추었다

21 베냐민 자손이 기브아에서 나아가 그날에 이스라엘 사람 이만 이천 명을 무찔러서 땅에 [쓰러지게 했다]

22 그 백성 이스라엘 사람이 스스로 용기를 내어 전날에 전열을 갖춘 곳에서 다시 전열을 갖추었다

23 이스라엘 자손이 올라가 여호와 앞에서 저물도록 울며 여호와께 여쭈며 말하였다 "제가 나의 형제 베냐민 자손과의 싸움을 위해 다시 나갈까요?" 여호와가 말하셨다 "너는 그를 대항하여 올라가라"

24 이스라엘 자손이 그 이튿날에 베냐민 자손에게 나아갔다

25 베냐민도 그 이튿날에 기브아에서 그들을 만나려고 나아와 다시 이스라엘 자손 중에서 만 팔천 명을 무찔러서 땅에 [쓰러지게 했다] 이들 모두는 칼을 빼는 자였더라

26 모든 이스라엘 자손이 벧엘로 올라가고 그 모든 백성이 가서 그곳에서 여호와의 얼굴을 향하여 앉아 울면서 그 날이 저물도록 금식했다 그리고 여호와의 얼굴을 향하여 번제와 화목제를 올리면서

27 이스라엘 자손이 여호와께 여쭈었다 (그때에는 하나님의 언약궤가 그곳에 있었고

28 아론의 아들 엘르아살의 아들 비느하스가 그 앞에 서서 [섬기더라]) 말하기를 "내가 나의 형제 베냐민 자손과의 싸움을 위하여 나갈까요? 아니면 멈출까요?" 여호와가 말하셨다 "너희는 올라가라 내가 내일 그를 너의 손에 넘기리라"

29 이스라엘이 기브아를 향해 사방에서 매복했다

30 이스라엘 자손이 셋째 날에 베냐민 자손을 향하여 올라가서 이번에도 기브아를 향해 그때처럼 전열을 갖추었다

31 베냐민 자손이 그 백성을 맞으려고 나아왔다 그들은 [꾀임에 빠져] 그 성읍에서 떨어졌다 그들은 이번에도 그때처럼 그 백성 중에서 부상당한 자들을 [치되], 하나는 벧엘로 올라가고 다른 하나는 기브아로 올라가는 큰 길들에서 이스라엘 중에서 삼십 명 정도를 치기 시작했다

32 베냐민 자손이 [서로에게] 말하였다 "이들은 처음처럼 우리 앞에서 패배하고 있다" 이스라엘 자손은 [사전에 전략을 세우면서] 말하였다 "우리는 도망하여 그들을 그 성읍에서 큰 길로 꾀어내자"

33 이스라엘 사람이 모두 자신의 처소에서 일어나 바알 다말에서 전열을 갖추었고 이스라엘 복병이 그 장소 곧 기브아 초장에서 출몰했다

34 모든 이스라엘 중에서 선택된 사람 만 명이 기브아를 향해 앞으로 나아갔고 싸움은 치열했다 그러나 그들(베냐민 자손)은 화가 그들에게 미친 줄을 알지 못하였다

35 여호와가 이스라엘 앞에서 베냐민을 치시므로 그날에 이스라엘 자손이 베냐민 사람 이만 오천백 명을 죽였는데 이들은 모두 칼을 빼는 자들이다

36 그리고 베냐민 자손은 [이제서야] 자신이 패한 것을 깨달았다 [자세히 설명하면] 이스라엘 사람은 베냐민 사람에게 [그들의] 장소를 내주었다 이는 그들이

기브아에 포진한 그 복병들을 신뢰했기 때문이다

37 그 복병은 서둘러 기브아로 돌격했다 그리고 그 복병은 진격하여 온 성읍을 칼날로 공격했다

38 [원래] 이스라엘 사람과 그 복병 사이에 기약이 있었는데 그들이 그 성읍에서 연기의 신호를 보내는 것이었다

39 이스라엘 사람은 싸우다가 돌이켰고 베냐민 사람은 이스라엘 사람 중에서 삼십 명 정도를 쳐죽이기 시작했다 이는 그들이 "첫 번째 전투처럼 그들이 확실하게 우리 앞에서 패한다"고 [속으로] 말하였기 때문이다

40 그 성읍에서 연기의 기둥이 올라오는 그 신호가 시작되니 베냐민 사람이 뒤로 돌아섰다 보라 온 성읍이 하늘로 올라간다

41 이스라엘 사람도 돌아섰다 베냐민 사람은 화가 자신에게 미친 것을 보고 극심한 공포에 휩싸였다

42 이스라엘 사람 앞에서 돌이켜 광야 길로 향했으나 싸움이 그들을 덮쳤으며 그 성읍들에서 온 자들이 그들을 그 가운데서 진멸하고 있다

43 그들은 베냐민을 에워싸고 그들을 추격하고 태양이 떠오르는 기브아의 맞은 편까지 [가서] 그들을 쉬는 곳에서(MT/LXXa) 짓밟았다

44 베냐민 중에서 엎드러진 자가 만 팔천 명이었고 이들은 모두 용사였다

45 [남은] 이들은 돌이켜 림몬 바위로 향하는 광야로 도피했다 이에 그들은 큰 길에서 오천 명을 이삭처럼 주웠으며 기돔까지 그들의 뒤를 따라잡아 그들 중에서 이천 명을 죽였으니

46 이날에 칼을 빼는 베냐민 사람들 중에서 엎드러진 자가 모두 이만 오천 명이었고 이들은 모두 용사였다

47 [베냐민 중에] 육백 명이 돌이켜 광야로, 림몬 바위로 도망갔고 림몬 바위에서 사 개월을 머물렀다

48 이스라엘 사람이 베냐민 자손에게 돌아와서 온 성읍과 가축까지, 발견되는 모든 것들까지 칼날로 치고, 발견되는 모든 성읍들에 그들은 불을 보내었다

21장

1 이스라엘 사람들이 미스바에서 맹세하며 "우리 중에 누구도 자신의 딸을 베냐민 사람에게 아내로 주지 않겠다"고 말하였다

2 그 백성이 벧엘에 가서 저녁까지 하나님의 얼굴을 향해 앉아 그들의 목소리를 높이고 큰 울음으로 울며

3 말하였다 "이스라엘의 하나님 여호와여 어떻게 이스라엘 가운데서 한 지파가 없어지는 일이 일어날 수 있습니까?"

4 이튿날에 그 백성이 일찍 일어나서 거기에 제단을 쌓고 번제와 화목제를 드렸더라

5 이스라엘 자손이 말하였다 "이스라엘 온 지파 중에서 여호와께 총회로 올라오지 않은 자는 누구인가?" 이는 그들이 미스바로 여호와께 올라오지 아니하는 자는 반드시 죽을 것이라는 엄중한 맹세가 있었기 때문이다

6 이스라엘 자손이 그의 형제 베냐민을 위해 마음 아파하며 말하였다 "이스라엘 가운데에 한 지파가 끊어졌다

7 남아있는 그들에게 우리가 여인들을 [얻게 하기] 위해 무엇을 할 것인가? 우리는 우리의 딸들을 그들에게 아내로 주지 않겠다고 하나님께 맹세했다"

8 그들이 또 말하였다 "미스바로 여호와께 올라오지 아니한 이스라엘 지파들 중의 하나는 누구인가?" 보라 야베스 길르앗 중에서는 사람이 진영에 이르러 총회로 오지 않았더라

9 계수된 백성을 보라 야베스 길르앗에 거주하는 사람이 하나도 없었더라

10 그 회중은 만 이천 명의 강한 자손을 거기로 보내며 그들에게 명령하여 말하였다 "너희는 가서 칼날로 야베스 길르앗 주민과 부녀와 어린 아이들을 치되

11 너희가 행할 것은 이것이다 즉 너희는 모든 남자와 침대에서 남성을 안 모든 여자를 진멸하라"

12 그들은 야베스 길르앗 거주민들 중에서 사백 명의 소녀 즉 침대에서 남자를 남자로 알지 않은 처녀를 찾았고 그들을 가나안 땅 실로 진영으로 데려갔다

13 온 회중은 림몬 바위에 있는 베냐민 자손에게 [사람을] 보내었고 그들에게 평화를 공포했다

14 베냐민이 돌아왔다 그들(회중)은 야베스 길르앗 여자들 중에 살려 둔 여자들을 그들에게 주었으나 그들(회중)은 그렇게 그들[의 전부]를 위해 [충분한 수의 여 자들을] 찾지는 못하였다

15 그 백성은 여호와께서 이스라엘 지파들 중에서 파괴를 행하셨기 때문[이라 생 각하고] 베냐민을 위하여 마음 아파했다

16 회중의 장로들이 말하였다 "베냐민의 여인은 멸절이 되었으니 우리가 그 남은 자들을 위하여 어떻게 아내를 [얻도록] 하겠는가?"

17 그들이 말하였다 "도피하여 남은 베냐민을 위한 기업[이 있다면] 이스라엘 중 에 한 지파가 사라짐은 없으리라

18 그러나 우리는 우리의 딸들 중에서 그들에게 아내로 주지는 못하는데, 이는 베 냐민을 위해 아내를 주는 자가 저주를 받을 것이라고 이스라엘 자손이 말하며 맹세했기 때문이다"

19 그들이 말하였다 "보라 벧엘 북쪽과 르보나 남쪽에 있고 벧엘에서 세겜으로 올 라가는 큰 길 동쪽에 있는 실로에서 해마다 여호와의 축제[가 펼쳐진다]"

20 그들이 베냐민 자손에게 명령하며 말하였다 "너희는 포도원에 가서 숨어라

21 그리고 보라 실로의 여인들이 춤을 추려고 나오거든 너희는 그 포도원에서 나와 실로의 딸들 중에서 너희를 위하여 한 명의 여인을 취하고 베냐민 땅으로 가라

22 만약 그녀들의 아버지들 혹은 오빠들이 와서 우리에게 항의하면 우리가 그들 에게 '너희는 그들[을 위하여] 우리에게 은택을 베풀어라 이는 우리가 [베냐민] 남자를 위하여 아내를 얻어 주지 못하였[기 때문이]고 마치 너희가 죄를 범하 는 경우처럼 너희가 [너희의 딸들을] 그들에게 주는 것이 아니기 때문이라' 말 하겠다"

23 베냐민 자손이 그렇게 행하였다 그들은 강탈한 그 춤추는 여인들 중에서 자기 들의 숫자만큼 아내를 취하였고 걸어서 그들의 기업으로 돌아갔고 성읍들을 세 우고 그곳들에 거주했다

24 그때에 이스라엘 자손은 그곳에서 각 지파로 떠나갔고, 거기에서 각자 자신의 기업으로 돌아갔다

25 그 시대에는 이스라엘 중에 왕이 없었고 사람은 자신의 눈에 옳은 것을 행하였다